Dr. Dirk Zarnack
- Tierarzt -
3131 Meetschow
☎ 0 58 82 / 2 6 5

Das Kalb

Anatomie
Physiologie
Aufzucht
Ernährung
Produktion

Pathologie

P. Mornet,
J. Espinasse
und Mitarbeiter

Das Kalb

Anatomie
Physiologie
Aufzucht

Ernährung
Produktion
Pathologie

Übersetzung
aus dem Französischen

Mit 170 Tabellen und
Übersichten, 77 grafischen
Darstellungen und
26 anatomischen Tafeln

SCHOBER VERLAGS-GMBH

CIP-Titelaufnahme der Deutschen Bibliothek

Das Kalb: Anatomie, Physiologie, Aufzucht, Ernährung, Produktion, Pathologie; Übersetzung aus dem Französischen / P. Mornet, J. Espinasse u. Mitarb. [Übers.: Busse, H. ... Zeichn.: Gras, A. (anatom. Taf.); Marzahn, N. (schemat. Zeich.)]. – Hengersberg: Schober 1990
    Einheitssacht.: Le veau ‹dt.›
    ISBN 3-88620-180-5
NE: Mornet, Paul [Mitverf.]; EST

Titel der französischen Originalausgabe:
Le veau
Anatomie – Physiologie – Elevage –
Alimentation – Production – Pathologie
ISBN 2.224.00344-7
© by Maloine s. a. éditeur, Paris

Lizenzausgabe der
Schober Verlags-GmbH
Donaustraße 23
D-8355 Hengersberg
© by Maloine s. a. éditeur, Paris
Gesamtherstellung: IV/10/5 Druckhaus Freiheit Halle
(Satz: Druckhaus Karl-Marx-Stadt III/6/15,
Reproduktion der anatomischen Tafeln: Grafischer
Großbetrieb Völkerfreundschaft, Dresden)
Text printed in the GDR
1990
ISBN 3-88620-180-5

Mitarbeiterverzeichnis

Asso, J., Dr. med. vet. Dr. sc.	Forschungsdirektor, Laboratorium für Virologie und Immunologie. I.N.R.A., route de Thivernal, 78850 Thivernal-Grignon
Beranger, Cl., Agraringenieur	Stellvertretender Forschungsdirektor, Direktor des Laboratoriums für Fleischproduktion, Forschungszentrum I.N.R.A., Clermont-Ferrand, Theix, 63110 Beaumont
Bonnet, Ph., Agraringenieur	Etablissements Sanders. 17, quai de l'Industrie, 91200 Athis-Mons Cedex
Cazieux, A., Professor	für chirurgische Erkrankungen, Tierärztliche Hochschule, chemin des Capelles, 31076 Toulouse
Coroller, J.-Y., Agraringenieur	Verband der landwirtschaftlichen Genossenschaften/Tierernährung (U.C.A.A.B.), 02400 Chateau-Thierry
Dantzer, R., Dr. med. vet.	Wissenschaftlicher Mitarbeiter, Laboratorium für Pharmakologie und Toxikologie. Forschungszentrum I.N.R.A., 180, chemin de Tournefeuille, 31300 Toulouse
Eeckhoutte, M., Lehrbeauftragter	für Hygiene und Industrie von Lebensmitteln tierischer Herkunft, Tierärztliche Hochschule, chemin des Capelles, 31076 Toulouse
Espinasse, J., Professor	für Großtier- und Geflügelkrankheiten, Tierärztliche Hochschule, 7, avenue du Général de Gaulle, 94701 Alfort
Faye, R.-P., Dr. med. vet.	Forschungslaboratorium am Lehrstuhl für Großtier- und Geflügelkrankheiten. Tierärztliche Hochschule, 7, avenue du Général de Gaulle, 94701 Alfort
Fayet, J.-C.	Wissenschaftlicher Mitarbeiter, Laboratorium für Pathophysiologie der Ernährung, Forschungszentrum I.N.R.A., Clermont-Ferrand, Theix, 63100 Beaumont
Ferrando, R., Dr. sc. Professor	für Ernährung und Fütterung, Tierärztliche Hochschule, 7, avenue du Général de Gaulle, 94701 Alfort
Franck, M., Lehrbeauftragter	für Technologie der Tierproduktion und Agrarökonomie, Tierärztliche Hochschule, 2, quai Chauveau, 69337 Lyon Cedex 01
Froget, Jh., Professor	für Technologie der Tierproduktion und Agrarökonomie, Direktor der Tierärztlichen Hochschule, 2, quai Chauveau, 69337 Lyon Cedex 01
Gilbert, Y., Dr. med. vet.	Chefinspektor des Veterinärwesens beim Amt für Tierzucht der überseeischen Gebiete Frankreichs, Tierärztliche Hochschule, chemin des Capelles, 31076 Toulouse
Griess, D., a.o. Professor	für Tierernährung, Tierärztliche Hochschule, chemin des Capelles, 31076 Toulouse
Guilhermet, R., Agraringenieur	Oberassistent an der Landwirtschaftlichen Hochschule, 65, rue de St-Brieuc, 35042 Rennes Cedex
Jolivet, G., a.o. Professor	an der Tierärztlichen Hochschule, Generalinspektor für Agrarforschung, 149, rue de Grenelle, 74341 Paris Cedex 07
Labie, Ch., Professor	für Hygiene und Industrie von Lebensmitteln tierischer Herkunft, Tierärztliche Hochschule, chemin des Capelles, 31076 Toulouse
Lamand, M., Dr. med. vet.	Leitender Mitarbeiter in der Forschung, Laboratorium für Pathophysiologie der Ernährung, Forschungszentrum I.N.R.A., Clermont-Ferrand, Theix, 63110 Beaumont
Larvor, P., Dr. med. vet.	Forschungsdirektor, Laboratorium für Pathophysiologie der Ernährung, Forschungszentrum I.N.R.A., Clermont-Ferrand, Theix 63110 Beaumont
Lorgue, G., Professor	für Pharmakologie und Toxikologie, Tierärztliche Hochschule, 2, quai Chauveau, 69337 Lyon Cedex 01

Marque, P., Dr. med. vet.	Praktischer Tierarzt, 2, rue du Bourg-Vieux, 64300 Orthez
Mazenc, L., Agraringenieur	Laboratorium für Agrarökonomie, I.N.R.A., Fakultät für Rechts- und Wirtschaftswissenschaften, place Anatole France, 31000 Toulouse
Meissonnier, E., Dr. med. vet.	Technisches Institut für Getreide- und Futterpflanzenanbau (I.T.C.F.), Forschungsanstalt für Ernährung und Krankheiten, 91920 Boigneville
Mercier, P., Dr. med. vet.	Verband der Futtermittelhersteller (U.F.A.C.), 95450 Vigny
Metzger, J.-J., Dr. med. vet.	Wissenschaftlicher Mitarbeiter, Laboratorium für Virologie und Immunologie, I.N.R.A., route de Thiverval, 78850 Thiverval-Grignon
Mornet, P., Dr. med. vet.	ehrenamtlicher Direktor für Agrarforschung, Wissenschaftlicher Berater, I.N.R.A., 149, rue de Grenelle, 75341 Paris Cedex 07
Olive, J. P., Agraringenieur	Technischer Berater der Staatsbank, Bereich landwirtschaftliches Kreditwesen, 91–93, boulevard Pasteur, 75300 Paris Cedex 26
Pavaux, Cl., Professor	für Anatomie, Tierärztliche Hochschule, chemin des Capelles, 31076 Toulouse
Palisse, M., Dr. med. vet.	Direktor für Wissenschaft und Technik, Etablissements Sanders, 17, quai de l'Industrie, 91200 Athis-Mons Cedex
Pery, P., Agraringenieur	Wissenschaftlicher Mitarbeiter, Laboratorium für Virologie und Immunologie, I.N.R.A., route de Thiverval, 78850 Thiverval-Grignon
Queinnec, G., Professor	für Technologie der Tierproduktion und Agrarökonomie, Tierärztliche Hochschule, chemin des Capelles, 31076 Toulouse
Quinchon, Cl., Dr. med. vet.	Leitender Mitarbeiter in der Forschung, Zentrallaboratorium für veterinärmedizinische Forschung, 22, rue Pierre-Curie, 94701 Maisons-Alfort
Renault, L., Dr. med. vet.	Leiter der veterinärmedizinischen Laboratorien, Etablissements Sanders, 17, quai de l'Industrie, 91200 Athis-Mons Cedex
Ruckebusch, Y., Dr. sc., Professor	für Physiologie und Pharmakodynamik, Tierärztliche Hochschule, chemin des Capelles, 31076 Toulouse
Scherrer, R., Dr. sc.	Leitender Mitarbeiter in der Forschung, Laboratorium für Virologie und Immunologie, I.N.R.A., route de Thiverval, 78850 Thiverval-Grignon
Thivend, P., Agraringenieur	Leitender Mitarbeiter in der Forschung, Forschungsanstalt für Wiederkäuerzüchtung, Forschungszentrum I.N.R.A., Clermont-Ferrand, Theix, 63100 Beaumont
Toullec, R., Agraringenieur	Wissenschaftlicher Mitarbeiter, Zootechnische Untersuchungsanstalt, Forschungszentrum I.N.R.A., 65, rue de St-Brieuc, 35042 Rennes Cedex
Toutain, P. L.	Oberassistent im Bereich Physiologie und Pharmadynamik, Tierärztliche Hochschule, chemin des Capelles, 31076 Toulouse
Willemart, J. P., Dr. med. vet.	Wissenschaftlicher Direktor der Veterinärmedizinischen Abteilung der Fa. Roussel-Uclaf, 102, route de Noisy, 93230 Romainville
Übersetzer:	Busse, H., VR Dr. med. vet. et agr. habil, Magdeburg
	Gigas, H., VR Dr. med. vet., Rheinsberg
	Itterheim, R., Dr. rer. nat. Dr. phil., Jena
Gutachter und Bearbeiter:	Gruner, J., OVR Dr. med. vet., Wittenberg
	Niemann, L., Dipl. med. vet., Berlin
	Senf, W., VR Dr. med. vet., Halle
Redaktion:	Zschommler, H.-G., Dr. agr., Berlin
Graphische Gestaltung:	Pfeifer, H., Dipl.-Grafiker, Berlin
Zeichnungen:	Gras, A. (anatomische Tafeln)
	Marzahn, N., Dipl.-Ing., Berlin (schematische Zeichnungen)

Inhaltsverzeichnis

		Einleitung (P. Mornet, J. Espinasse) 13
I	Allgemeines zur Rinderproduktion und zur Kälberaufzucht (M. Franck, Jh. Froget)	Rinderproduktion Frankreichs – statistische und ökonomische Ergebnisse . . . . 17 Stellung der Kälberproduktion in der Rinderzucht 22
II	Anmerkungen zur Anatomie (Cl. Pavaux)	Übersicht über die anatomischen Tafeln 27

III Anmerkungen zur Physiologie

Kapitel 1   *Physiologie des Neugeborenen* (Y. Ruckebusch) 68
              – Cardiovaskuläre und respiratorische Funktionen 68
              – Wärmeregulierung und Nierenfunktionen 70
              – Verdauungsfunktionen 71
              – Neuro-endokrine Funktionen 72

Kapitel 2   *Verdauungsphysiologie* (Y. Ruckebusch) 74
              – Anatomisch-funktionelle Entwicklung des Verdauungsapparates 75
              – Bedeutung der Schlundrinne 78
              – Enzymatische Aktivität der Verdauungssäfte 79
              – Verdauungsmikroben 80

Kapitel 3   *Verdauung, Absorption und Umsetzung der Nährstoffe*
             (P. Thivend, R. Toullec) 83
              – Verdauung und Absorption der Kohlenhydrate 84
              – Verdauung und Absorption der Fette 85
              – Verdauung der N-haltigen Stoffe 87
              – Ausnutzung der Futterenergie 89
              – Stickstoffausnutzung 90
              – Verdauung und Absorption der Mineralstoffe 91

Kapitel 4   *Thermoregulation* (Y. Ruckebusch) 96
              – Zone der thermischen Neutralität 97
              – Kampf gegen die Hitze 99
              – Endokrine Reaktionen 102

Kapitel 5   *Wachstum und Anabolika* (J. P. Willemart, P. L. Toutain) 104
              – Definition und Grundbegriffe 106
              – Wachstum im Uterus 110
              – Postnatales Wachstum 110
              – Den Körperansatz fördernde Substanzen (Anabolika) 116

	Kapitel 6	Zell- und biochemische Parameter des Blutes (J.-C. FAYET, P. L. TOUTAIN) . 123
		– Zytologische Parameter 123
		– Biochemische Werte 124

IV Aufzucht und Ernährung

	Kapitel 1	Allgemeine Daten über die Herstellung von Aufzuchtfuttermitteln (J. P. OLIVE) 126
		– Auswahl der Rohstoffe 126
		– Rezepturen 128
		– Technologie der Herstellung 130
	Kapitel 2	Aufzuchtfuttermittel (R. TOULLEC, J.-Y. COROLLER, P. THIVEND) 132
		– Sortiment an Aufzuchtfuttermitteln 132
		– Rezepturen 132
		– Technologische Gesichtspunkte 134
	Kapitel 3	Ernährung des früh abgesetzten Kalbes (Aufzuchtkalb) (R. GUILHERMET) 142
		– Futteraufnahme bei trockenen Futtermitteln 142
		– Ernährungsphysiologische Entwicklung im Verlaufe des Absetzens ... 143
		– Futterrationen 146
	Kapitel 4	Produktion von Schlacht- und Zuchtkälbern. Praktische Gesichtspunkte (J. P. OLIVE) 158
		– Produktion von Schlachtkälbern 158
		– Fütterung früh abgesetzter Kälber 164
	Kapitel 5	Kälber säugender Kühe (CL. BERANGER) 166

V Allgemeine Pathologie

	Kapitel 1	Epidemiologie (P. MORNET, CL. QUINCHON) 174
		– Sterblichkeit der Kälber 174
		– Einflußfaktoren 177
		– Ursachen der Verendungen 186
		– Bestimmende Faktoren 190
		– Allgemeiner Krankheitsbegriff (L. MAZENC) 193
		– Allgemeine Schlußfolgerungen 195
		– Zusätzliche Bemerkungen 195
	Kapitel 2	Allgemeine Immunologie (P. PERY, J.-J. METZGER) 198
		– Immunreaktionen 198
		– Erwerb der Immunkompetenz 201
		– Schutz des jungen Kalbes 205
	Kapitel 3	Pathophysiologie der Gastroenteritiden. Syndrom der Entwässerung (des Wasserverlustes) (J.-C. FAYET, P. L. TOUTAIN) 213
		– Allgemeine Gesichtspunkte der Gastroenteritis 213
		– Syndrom des hypotonischen Wasserverlustes 213
		– Hypertonischer Wasserverlust 215
	Kapitel 4	Pathophysiologie der Erkrankungen der Atmungsorgane (J. ESPINASSE) .. 216
		– Morphologische Grundlagen der Erkrankungen der Atmungsorgane .. 216

	– Entwicklungsmechanismen respiratorischer Erkrankungen	216
	– Funktionelle Konsequenzen der Erkrankungen der Atmungsorgane	221
Kapitel 5	Pathologie der Gruppe (E. MEISSONNIER, R. DANTZER, L. RENAULT, P. MORNET)	224
	– Von den Kälbern erlittene Streßzustände	225
	– Einfluß der Umgebung in der Massentierhaltung	227
	– Allgemeine Kriterien zur Beurteilung der Gruppenpathologie	230
	– Einige Gesichtspunkte der Pathologie in Gruppen	231
	– Vorbeugende Maßnahmen und Gesundheitskontrolle	232

VI Spezielle Pathologie

Kapitel 1	Infektiöse Magen-Darm-Erkrankungen	235
	Bakterielle Infektionen des Magen-Darm-Traktes (L. RENAULT, M. PALISSE, PH. BONNET)	235
	– Enterotoxämie	235
	– Salmonellosen	236
	– Koliinfektion	237
	Virusinfektionen des Verdauungstraktes (R. SCHERRER)	249
	– Enteritiden der Neugeborenen durch Rota- und Coronaviren	250
	– Schlußfolgerungen	257
Kapitel 2	Nichtinfektiöse Magen-Darm-Erkrankungen (Verdauungsstörungen und Qualität der Milchtränke beim präruminanten Kalb) (D. GRIESS)	259
	– Diarrhoen bei Milchtränken guter Qualität	259
	– Diarrhoen bei Milchtränken schlechter Qualität	261
Kapitel 3	Infektionen des Respirationstraktes (J. ESPINASSE, R.-P. FAYE, J. ASSO)	265
	Enzootische Infektionen des Respirationstraktes	266
	– Klinische Aspekte	266
	– Pathomorphologische Aspekte	268
	– Ätiologische Aspekte	269
	– Allgemeine Pathogenese	275
	– Grundlagen der Diagnostik	279
	– Bekämpfung respiratorischer Erkrankungen	281
	– Prophylaxe respiratorischer Erkrankungen	283
	Infektiöse Rhinotracheitis des Rindes (Y. GILBERT)	291
	– Virologie	292
	– Klinik	294
	– Epizootologie	297
	– Diagnostik	298
	– Immunität	301
	– Immunisierung	302
	– Prophylaxe	304
	– Behandlung	306
Kapitel 4	Parasitosen (G. JOLIVET)	308
	Parasitäre Hautkrankheiten	309
	– Räude	309

– Läuse- und Haarlingsbefall	311
– Dermatomykosen	312
Parasitosen des Verdauungstraktes	313
– Askaridose	313
– Magen-Darm-Strongylosen	314
– Kokzidiose	315
– Candidose	317
Parasitosen des Respirationstraktes	317
– Diktyokaulose	317
– Aspergillose	318
Parasitosen und Gesundheitswesen	319
– Direkte Übertragung von Parasiten	319
– Indirekte Übertragung von Parasiten	320

Kapitel 5 *Stoffwechsel- und Ernährungsstörungen* (P. LARVOR) 320

Störungen des Wasser- und Mineralhaushaltes	321
– Wassermangel	321
– Magnesiummangel	323
– Störungen des Natriumstoffwechsels infolge von Diarrhoen	325
– Urolithiasis bei Mastkälbern	325
Vitaminmangel	327
– Mangel an fettlöslichen Vitaminen	328
– Mangel an wasserlöslichen Vitaminen	333
Enzymmangelzustände	333

Kapitel 6 *Spurenelementmangel* (M. LAMAND) 336

– Risiken eines Spurenelementmangels	337
– Klinische Symptome bei Spurenelementmangel	337
– Diagnostik eines Spurenelementmangels	340
– Prophylaxe und Behandlung	341

Kapitel 7 *Vergiftungen* (G. LORGUE) 342

– Vergiftungen durch Substanzen aus dem Milieu der Tiere oder aus kontaminierten Futtermitteln	343
– Vergiftungen durch therapeutisch eingesetzte Substanzen	347

Kapitel 8 *Genetisch bedingte Krankheiten* (G. QUEINNEC) 348

Grundlagen und Einteilung der Erbkrankheiten	348
– Grenzen und Unterteilungen	348
– Genetische Faktoren und Untersuchungsmethoden	350
Hauptsächlich in Frankreich auftretende Erbkrankheiten	353
– Freemartinismus (Zwickenbildung)	353
– Dysgenesie (Mißbildung) der Keimdrüsen	354
– Keimdrüsenunterentwicklung, Typ Klinefelter	355
– Genetisch bedingte Muskelhypertrophie (Doppellender)	356
– Gelenkversteifung (Ankylose) und erbliche Gaumenspalte	357
– Verstümmelung der Gliedmaßen und des Kopfes	358
– Polydaktylie (Mehrzehigkeit)	358

- Achondroplasie ... 359
- Angeborene bilaterale Beinverdrehung ... 359
- Prädisposition zur generativen Stoffwechselmyopathie des Kalbes ... 360
- Hydrozephalie und Kardiopathie ... 361
- Spastische Paralyse (Lähmung) ... 361
- Probatozephalie (Kranofaziale Dysplasie) ... 362
- Alopezie und Anodontie (Fehlen von Haar und Zähnen) ... 362
- Nanismus (Zwergwuchs) ... 363
- ROBERTSON-Translokation ... 363

Kapitel 9   *Krankheitsbehandlung* (J. ESPINASSE) ... 364
    Verdauungsapparat und Anhangsdrüsen (Pankreas – Leber) ... 364
    - Maulhöhle ... 364
    - Mägen ... 365
    - Därme ... 370
    - Anhangsdrüsen ... 371
    Harnapparat ... 374
    Atmungsapparat ... 375
    Herz-Kreislaufsystem ... 378
    - Herzschäden ... 378
    - Blutkrankheiten ... 379
    Nervensystem ... 382
    - Angeborene Anomalien ... 382
    - Erworbene Affektionen und Krankheiten ... 383
    Auge ... 388
    - Angeboren ... 388
    - Erworben ... 389
    Bewegungsapparat ... 390
    - Angeboren ... 390
    - Erworben ... 393
    Haarkleid (Haut) ... 396
    - Angeboren ... 396
    - Erworben ... 396

Kapitel 10   *Chirurgie zur Krankheitsversorgung* (A. CAZIEUX) ... 398
    Traumatische Einflüsse ... 398
    - Frakturen ... 398
    - Brüche (Hernien) ... 399
    - Besondere Infektionen ... 400
    Angeborene Störungen ... 401
    - Fehler bei der Organrückbildung ... 401
    - Fehler in der Entwicklung ... 401
    Störungen unbestimmter Natur ... 403

VII   Chronologie des Auftretens krankhafter Störungen

Kapitel 1   *Krankhafte Störungen in zeitlicher Reihenfolge* (J. ESPINASSE, P. MORNET) ... 405

VIII	Prophylaxepläne	Kapitel 1	Gesundheitsprogramme (P. MARQUE, J. FARGES, P. MERCIER)	414
			– Mastkälber in industriemäßiger Haltung	415
			– Kälberaufzucht bei Ammenkuhhaltung	417
IX	Nährwert und gesundheitliche Qualität des Kalbfleisches	Kapitel 1	Qualität des Kalbfleisches (CH. LABIE, M. EECKHOUTTE)	419
			– Handelsqualität	421
			– Gesundheitliche Qualität	423
			– Nährwertqualität	431
		Kapitel 2	Einfluß verschiedener Produkte auf den alimentären und hygienischen Wert des Kalbfleisches (R. FERRANDO)	442
			– Nährwertqualitäten	443
			– Gesundheitliche Qualitäten	446
X	Anmerkungen zur Ökonomie	Kapitel 1	Ökonomie der Produktion von Mastkälbern in Frankreich (L. MAZENC)	449
			– Kalb und Tierproduzent: Angebot und seine Entwicklung	451
			– Kalb und Konsument: Nachfrage	456
			– Kalb und Zwischenhändler: Vermarktung	459
XI	Anhang		Katalog über die Erbschäden beim Kalb	463
			Sachwortverzeichnis	475

Einleitung
zur französischsprachigen Ausgabe

Es soll gleich am Anfang auf Fragen geantwortet werden, die von den Lesern gestellt werden könnten.

Warum ein solches Werk?

Hauptgründe zur Schaffung dieses Buches sind die Tatsachen, daß der seinerzeit einzige französische Beitrag zu diesem Thema (CRAPLET, 1963) aktualisiert werden müßte und der darin enthaltene Teil über die Krankheiten (nach unserer Auffassung einer der wichtigsten Faktoren in der Kälberaufzucht) relativ kurz abgehandelt worden ist. Dasselbe gilt für das englischsprachige Werk von J. H. B. ROY (The Calf, 1970). Die Entwicklung einer im Vergleich zur herkömmlichen Kälberzucht »industriemäßigen« Intensivproduktion in den letzten Jahren war ein weiterer Grund, diese Publikation in Angriff zu nehmen. Dabei ist nicht zu vergessen, daß außer der Schlachtkälberproduktion (360000 t Kalbfleisch bereits im Jahre 1972) die Kälberzucht das künftige Kapital für die Rinderproduzenten darstellt. Die Qualität der Kälberproduktion wird nicht nur durch das zootechnische Potential, sondern auch durch den Gesundheitsstatus der Tiere bestimmt.

Hinzu kommt, daß die Mortalitätsrate bei Kälbern nicht zu unterschätzen ist; die jährlichen Verluste werden auf annähernd 800000 Tiere beziffert. Dabei handelt es sich nur um die »sichtbaren« Abgänge. Darüber hinaus treten noch indirekte Verluste im Gefolge von Erkrankungen auf. Im Kapitel 1 des Teiles V (Epidemiologie) wird auf dieses Problem näher eingegangen.

Wer sind die Adressaten?

Mit dem vorliegenden Werk möchten wir eine große Leserschaft erreichen. Die Lehrenden sollen neben ihrem jeweiligen Spezialfach einen Gesamtüberblick erhalten, damit sie letztlich ihre eigene Disziplin in das Wissensspektrum richtig einordnen können. In der Forschung Tätige könnten zu Untersuchungen auf einem vielfältigeren Arbeitsfeld angeregt werden, wobei wir hoffen, daß sich neue Richtungen ergeben oder neue Hypothesen formuliert werden, denn noch bestehen erhebliche Informationslücken. Die praktischen Tierärzte, die täglich mit Erkrankungen der Neugeborenen konfrontiert werden, können erkennen, daß sehr oft Mängel in der Ernährung und Fehler im Management die Ursachen bilden. Für die Tierproduzenten, ob sie nun in Genossenschaften, Zuchtbetrieben, spezialisierten Einrichtungen, Bereichen der Tierernährung o. ä. arbeiten, ergibt sich die Möglichkeit ständiger Informationen im Hinblick auf ein effektiveres Zusammenwirken mit den praktischen Tierärzten. Engagierte Betriebsinhaber lernen mit diesem Buch die Probleme ihrer Unternehmen besser kennen und ersehen, welcher Anstrengungen es bedarf, um zu einer höheren Rentabilität zu kommen.

Wenn das Buch in erster Linie auch für die französischen Spezialisten geschrieben worden ist, so kann es doch gleichzeitig ausländischen Interessenten empfohlen werden, da sich die Hauptsorgen kaum unterscheiden, selbst wenn die Kälberproduktion Frankreichs manche Besonderheiten bietet.

Warum wurde eine solche Darstellungsweise gewählt?

Da von vornherein ein recht unterschiedlich zusammengesetzter Nutzerkreis beabsichtigt war, mußten wir sehr verschiedene Aspekte des gewählten Gegenstandes berücksichtigen. Selbst auf die Gefahr hin, daß bei der Stoffauswahl ein Ungleichgewicht entstand, wurde der Komplex der Kälberkrankheiten in den Mittelpunkt unserer Bemühungen gerückt. Es erschien uns richtig, die Bedeutung der Kälberaufzucht im Rahmen der Rinderproduktion Frankreichs an den Anfang zu stellen. Darauf folgen grundlegende Bemerkungen zur Anatomie und Physiologie. Im Anschluß daran werden die Aufzuchtverfahren sowie die Ernährung der Zucht- und Schlachtkälber und der säugenden Kühe beschrieben. Mehr als die Hälfte des Werkes nehmen die Abschnitte über die Krankheiten ein. Begonnen wird hierbei mit der »Allgemeinen Pathologie«, die Epidemiologie, allgemeine Immunologie, Pathophysiologie und Herdenerkrankungen umfaßt. Bemerkenswert ist der Versuch einer zusammenfassenden, allgemeinverständlichen Darstellung der Herdenerkrankungen, obwohl die experimentellen Studien zu diesem Thema noch unzureichend sind.

Die »Spezielle Pathologie« ist das Kernstück, wobei wegen des beschränkten Platzes nur die Kälberkrankheiten im engeren Sinne behandelt werden konnten. Mit dem Abschnitt über das zeitliche Auftreten der Erkrankungen, der hauptsächlich in Tabellenform abgefaßt ist, haben wir aus didaktischen Gründen versucht, die wesentlichsten Faktoren der speziellen Pathologie in Abhängigkeit vom Alter der Tiere darzustellen, auch wenn sich in den verschiedenen Lebensphasen des Kalbes von der Geburt bis zum Absetzen die Krankheitsbilder mitunter zeitlich überlagern.

In der modernen Tierproduktion gehören die Kosten für die Prophylaxe zu den betriebsökonomischen Kennziffern, so daß ihnen ein besonderer Abschnitt gewidmet ist. Eine synoptische Behandlung des Themas wäre uns unvollständig erschienen, wenn wir nicht die ernährungsphysiologische und lebensmittelhygienische Qualität des Kalbfleisches erörtert hätten, zweifellos auch ein Faktor für die Wirtschaftlichkeit der Kalbfleischerzeugung. Letzteres ist vor allem für französische Verhältnisse dargelegt worden, während es für andere Länder nicht denselben Stellenwert besitzt.

Welche Schwierigkeiten gab es zu bewältigen?

- Zunächst war es durchaus nicht einfach, den Lebensabschnitt des Tieres zu bestimmen, das untersucht werden sollte. Prinzipiell begrenzten wir die Periode auf ungefähr drei Monate, d. h. auf die Zeit vor dem Absetzen. Man könnte diese Festlegung für willkürlich halten, doch stimmt sie mit der in Frankreich und in anderen Ländern geltenden Definition des Begriffes »Kalb« überein.

Drei Kälbertypen (Schlachtkälber, Zuchtkälber, Kälber für die Bestandserneuerung) bedeuten keine Erleichterung für die Einteilung der pathologischen Prozesse, weil die Krankheiten nicht für eine bestimmte Altersgruppe spezifisch sind, sondern lediglich besondere Merkmale (z. B. bezüglich der Epizootiologie) vorliegen. Die Grenzen sind mitunter fließend, auf keinen Fall jedoch starr. Im Hinblick auf mögliche Erkrankungen spielt das Aufzuchtverfahren eine wichtige Rolle, speziell im Falle des bei der Mutter verbleibenden Kalbes (Weidekalb, Saint-Etienne-Kalb, Lyon-Kalb); hier wird das Kalb nicht nach drei Monaten, sondern erst nach acht oder neun Monaten abgesetzt. Beim Weidegang mit der Mutter kann es sich für das Jungrind charakteristische Erkrankungen zuziehen, insbesondere Helminthosen.

- Aus dem Gesagten geht hervor, daß wir das Risiko von Wiederholungen bewußt eingeplant haben. Darunter leidet vielleicht die Einheitlichkeit des Werkes, wobei die Vielzahl der Bearbeiter diese Tendenz verstärkt.

Die Komplexität der Probleme und der sich immer rascher einstellende Wissenszuwachs bewirken, daß ein einzelner Autor ein Publikationsvorhaben mit einem solchen umfassenden Stoffgebiet nicht bewältigen kann, wenn er bestimmte Gesichtspunkte nicht unberücksichtigt lassen oder überhaupt nur an der Oberfläche bleiben will. Eine große Anzahl von Autoren mit Spezialkenntnissen auf bestimmten Gebieten kann dagegen dem inneren Zusammenhang des Werkes durch Wiederholungen und Widersprüche schaden. Solche Ausführungen sind nur dann unnütz, wenn sie lediglich schon allgemein anerkannte Ergebnisse zum Ausdruck bringen (diese Klippe hoffen wir umschifft zu haben). Dagegen können kontroverse Auffassungen durchaus fruchtbar sein, indem sie zu neuartigen Lösungswegen und Erklärungen führen.

Wir wollen die einleitenden Bemerkungen nicht abschließen, ohne uns für das freundschaftliche Zusammenwirken mit allen Autoren zu bedanken, die unserem Angebot gern gefolgt sind. Besonderer Dank gebührt Herrn Prof. RUCKEBUSCH für seine wirksame Hilfe und seine wertvollen Hinweise. Die Herren FÉVRIER und POLY, Generaldirektor bzw. Stellvertretender Generaldirektor des Nationalen Instituts für Agrarforschung, unterstützten uns vielfältig bei der Bewältigung unserer Aufgabe; wir sind ihnen daher sehr verbunden. Schließlich danken wir auch dem Verlag Maloine, der unseren Publikationsplan ohne Zögern akzeptierte und ein stattliches Werk mit einem beeindruckenden Bild- und Tabellenmaterial drucken ließ.

P. MORNET · J. ESPINASSE

Das hiermit vorliegende Buch ist eine Übersetzung des französischen Standardwerkes. Es wurden bewußt keine Anpassungen an die Bedingungen unserer Kälberproduktion oder Textergänzungen vorgenommen. Vielmehr war es das Anliegen des Verlages, das Buch für den deutschsprachigen Leser ohne Sprachhindernisse zugänglich zu machen. Es soll jedem selbst überlassen bleiben, bei den entsprechenden Abschnitten Vergleiche mit hiesigen Verhältnissen anzustellen. Wir wenden uns aber an den gleichen Leserkreis, wie er als Adressatengruppe von den Herausgebern in obiger Einleitung genannt worden ist.

Schober Verlags-GmbH

Allgemeines zur Rinderproduktion und zur Kälberaufzucht I

Die Rinderproduktion Frankreichs mit ihren Produkten Fleisch und Milch erreichte schon im Jahre 1973 einen Umsatz von 28 Milliarden Francs. Dieser außerordentlich hohe Wert entspricht den Umsatzziffern mancher Industriezweige, wie z. B. der Autoindustrie, oder der Gesamtsumme der Getreideproduktion und des Südfrüchteanbaus. Neben der Rolle als nicht zu vernachlässigender nationaler Wirtschaftsfaktor bietet die Rinderproduktion auch eine große Anzahl von Arbeitsplätzen. In den Jahren 1969/1970 belief sich nach Angaben der Zentralabteilung für Umfragen und Statistiken im Landwirtschaftsministerium die Zahl der Voll- oder Teilbeschäftigten in der Rinderproduktion auf 3,8 Mio Personen.

M. FRANCK, JH. FROGET

Rinderproduktion Frankreichs – statistische und ökonomische Ergebnisse

Stellung der Rinderproduktion in der Agrarökonomie

Einige Daten sollen die Entwicklung auf diesem Sektor verdeutlichen:
Im Jahre 1959 entfielen wertmäßig auf die Tierproduktion 58,33 % des von der Landwirtschaft insgesamt erbrachten ökonomischen Ergebnisses. 1966 war dieser Anteil schon auf 61,3 % gestiegen; das entspricht einer Zuwachsrate von 3 %. Seit 1968 ist jedoch eine leichte Rezession festzustellen, denn 1969 ging jener Anteil auf 58,4 % zurück, 1971 erreichte er 57 %, und 1973 betrug er nur noch 53 %. Dabei muß man aber berücksichtigen, daß mit der erbrachten Gesamtsumme von 28 Milliarden Francs im Jahre 1973 die Rinderproduktion mit ihren Finalprodukten Fleisch und Milch die Hälfte der Tierproduktion und 27 % der gesamten landwirtschaftlichen Produktion ausmacht. Die Rinderproduktion nimmt damit gegenüber den anderen Nutztieren deutlich den ersten Rang ein (Tabelle I/1).

(1) Anteil des Umsatzes an der Rinderproduktion
(2) Anteil des Umsatzes an der Gesamtnutztierproduktion
(3) Anteil des Umsatzes an der Gesamtagrarproduktion

Tabelle I/1 Wertmäßiger Vergleich der Rinderproduktion und der Gesamtnutztierproduktion (in Millionen Francs) nach Angaben der S.C.E.E.S., am Beispiel der Jahre 1971 bis 1974

	1971	1972	1973	1974
Rindfleisch, Umsatz	9266	10386	11256	13656
(1)	39 %	40 %	40 %	
(2)	21 %	21 %	21 %	23 %
Kalbfleisch, Umsatz	3954	4460	4581	4573
(1)	16,6 %	17 %	16 %	
(2)	9 %	9 %	8,3 %	7,7 %
Milch, Umsatz	10535	10993	12730	
(1)	44 %	42 %	43 %	
(2)	24 %	22 %	22 %	
Rinderproduktion, Umsatz	23755	25839	28010	
(2)	54 %	52 %	50 %	
(3)	31 %	29 %	27 %	
Gesamtnutztierproduktion, Umsatz	43763	49775	55477	59727
(3)	57 %	57 %	53 %	54 %
Gesamtagrarproduktion	77033	87454	104196	109043

Allgemeines zur Rinderproduktion und zur Kälberaufzucht

Entwicklung der Bestände

Zur Bestandsentwicklung sind drei Anmerkungen erforderlich (Tabelle I/2):
- Im Jahre 1975 betrug die Zahl der in Zuchtherden stehenden weiblichen Rinder 17 Millionen bei insgesamt 24 Millionen Rindern. Von den weiblichen Rindern gehörten 75 % Milchviehrassen an, woraus eine deutliche Orientierung der französischen Rinderpopu-

Tabelle I/2 Schätzung der Rinderbestände seit 1963 (1,2) für den Zeitraum bis 1975

Bestände in 1/1 (× 1000)	1963	1967	1969	1972	1973	1974	1975
Zuchtbestände							
Arbeitstiere	186,5	81,9	85,5	21,6	31,1	34,3	24,5
Männliche Zuchttiere	291,3	284,4	274,6	298,8	285,0	347,6	323,9
Milchkühe	11 905,8	12 554,3	12 806,3	12 293,4	12 814,4	13 208,0	13 432,6
Laktierende Kühe	3 377,6	3 246,3	3 419,1	3 649,4	3 819,5	4 059,9	4 098,8
Weibliche Zuchttiere	15 283,4	15 800,6	16 225,4	15 942,8	16 633,9	17 267,8	17 531,5
Tiere, die den Betrieb verlassen und nicht für eine Schlachtung vorbereitet werden							
Kälber zur Bestandsergänzung	31,9	15,7	24,4	48,6	67,1	108,7	114,0
Tiere, die ungemästet für Schlachtzwecke verkauft werden:							
– männliche Tiere	512,7	638,7	533,1	517,5	516,0	586,7	551,1
– weibliche Tiere	207,0	219,8	225,1	195,1	185,6	208,9	244,6
Tiere, die den Betrieb verlassen, um geschlachtet zu werden							
Männliche Schlachtkälber	598,2	489,0	443,6	549,4	464,3	494,6	450,3
Weibliche Schlachtkälber	266,1	238,2	214,0	264,8	238,5	228,7	220,4
Männliche Jungrinder	48,5	82,4	386,8	639,9	710,6	945,9	1 076,8
Weibliche Jungrinder	20,0	23,7	102,3	146,7	133,1	175,6	188,6
Männliche Mastrinder	1 702,0	2 235,4	1 977,1	2 366,4	2 639,1	2 730,5	2 694,0
Weibliche Mastrinder	613,2	668,2	715,6	706,8	652,8	819,9	907,3
Gesamt	19 760,8	20 778,0	21 207,5	21 698,4	22 557,1	23 949,3	24 327,1

Tabelle I/3 Schätzung der Anzahl der Kühe in Zuchtbeständen (nach Angaben der S.C.E.E.S.)

Art	Zahl (× 1000)	% im Verhältnis zur Gesamtzahl der Kühe
Milchkühe	7 746,3	44,18
Laktierende Kühe	2 460,8	14,03
Gesamtzahl der erwachsenen Kühe	10 207,1	58,22
Färsen, älter als 2 Jahre	1 810,3	10,32
Färsen, 1–2 Jahre alt	2 717,9	15,50
Färsen, unter einem Jahr alt	2 796,2	15,94
	17 531,5	99,98

lation auf die Milcherzeugung abgeleitet werden kann. Dieser Gesamtbestand von 17 Millionen weiblichen Rindern kann in die in Tabelle I/3 wiedergegebenen Anteile untergliedert werden.
- Die zweite wichtige Feststellung ist die zunehmende Bedeutung der Jungrindermast, denn im Zeitraum von 1963 bis 1974 stieg die entsprechende Stückzahl von 70 000 auf 1 200 000. Die Tendenz scheint aber nicht stabil zu sein.
- Schließlich darf man die Kälberproduktion

nicht außer acht lassen, die sich als Produktion mit schneller Rotation darstellt (etwa drei Monate). Im Dezember angestellte Untersuchungen ergaben, daß am 1. Januar 700 000 Kälber für die Schlachtung zur Verfügung standen.

Verteilung der Bestände

Die Rinderzucht erstreckt sich im wesentlichen auf ein Gebiet in Form eines Hufeisens, das vom Westen, Norden, Nordosten und Zentrum Frankreichs gebildet wird. Dieser geographischen Verteilung liegen unterschiedliche Ursachen zugrunde, wobei aber vor allem betriebliche Strukturen, das Klima oder die Bodenbeschaffenheit ausschlaggebend sind.

Rinderrassen

Die Rinderpopulation Frankreichs ist nicht nur sehr bedeutsam, sondern auch äußerst vielgestaltig; als Beweis dafür dient die Übersicht der Rassen in Tabelle I/4. Vier Gesichtspunkte sind dabei hervorzuheben:
- Im Verhältnis zur Gesamtzahl der französischen Rassen überwiegt die Rasse Französisches Schwarzbuntes Friesenrind (FFPN).
- Die auf Milchleistung gezüchteten Rassen überwiegen gegenüber den Fleischrassen. Das drückt sich darin aus, daß allein die Rasse FFPN und das Normannische Rind zusammen 56 % des gesamten Rinderstapels vertreten. Rechnet man die rotbunten Rassen des Ostens mit gemischter Nutzungsrichtung, aber dominierender Milchleistung hinzu (Montbéliarde, Abondance, Pie-Rouge), ergibt sich ein Anteil von 67 % an der gesamten Rinderpopulation Frankreichs.
- Die ausschließlich auf Fleischleistung gezüchteten Rassen beanspruchen einen beachtlichen Prozentsatz (etwa 15 %) der Gesamtpopulation. Es handelt sich um das Charolais-Rind, die hellen Rassen des Südwestens (Blonde d'Aquitaine, Limousine) und die Rasse Maine-Anjou.
- Recht bedeutend sind die aus Kreuzungen hervorgegangenen Tiere, einer geschätzten Zuchtmethode, die jedoch meist unplanmäßig zur Anwendung kommt.

Konzentration der Rinderzucht

Die Zahl der Betriebe mit Rinderhaltung ist im Rückgang begriffen, während man zur gleichen Zeit eine ständige Erhöhung der Zahl der Rinder je Betrieb registriert. In einem Jahrzehnt (1963–1972) verdoppelte sich die Zahl fast (Tabelle I/5). Gegenwärtig befassen sich etwa 900 000 Betriebe mit der Rinderzucht, wobei ein Durchschnittsbestand von 28 Rindern zu verzeichnen ist. Die Zahl der Landwirtschaftsbetriebe, die Rinder halten, lag am 1. 1. 1972 um 15,9 % niedriger als die entsprechende Zahl von 1969. Die kontinuierliche Verminderung seit 1963 beschleunigte sich zwischen 1969 und 1972 (−5,3 % pro Jahr) und zwischen 1972 und 1975 (−9,6 % pro Jahr). Folgen davon sind:
– das Verschwinden von Beständen;
– eine Erhöhung der Durchschnittsgröße der Bestände (im Durchschnitt 28 Rinder je Betrieb im Jahre 1974 gegenüber 13 Rindern im Jahre 1963).
Wenn sich in den nächsten Jahren eine mittlere Bestandsdichte einpegeln wird, bleibt die Frage nach dem Rhythmus von Bestandsauflösungen. Es scheint, daß gegenwärtig (1974) immer noch eine Zunahme der Rinderherden zu verzeichnen ist. Schließlich betrifft der Rückgang der Rinderbestände hauptsächlich Betriebe mit weniger als 20 ha landwirtschaftlicher Nutzfläche (Tabelle I/6).

Produktionsrichtungen

Milchproduktion

Diese Nutzungsrichtung umfaßt 43 % der Rinderproduktion und 22 % der Gesamtnutztierproduktion (s. Tabelle I/1).
Wie aus Tabelle I/2 hervorgeht, nehmen die Milchviehbestände im Rahmen der Zuchther-

Bestände, Rassen, Produktionsrichtungen

Tabelle I/4 Verzeichnis und Bedeutung der französischen Rinderrassen (Angaben in %)

Rasse	1973
FFPN	32
Normande	24
Pie-rouge de l'Est	11
Charolaise	9
Limousine	3,5
Salers	1,8
Brune des Alpes	1,7
Blonde d'Aquitaine	1,6
Maine-Anjou	1,5
Aubrac	0,9
Tarine	0,7
Armoricaine	0,6
Bretonne PN	0,55
Flamande	0,4
Gasconne	0,4
Bazadaise	0,05
Verschiedene	
Kreuzungen	7

Tabelle I/5 Rinderhaltende Betriebe und Zahl der Rinder seit 1963 (1,2) für den Zeitraum bis 1975)

Jahr	Betriebe mit Rinderhaltung	Zahl der Rinder je Betrieb
1963	1 442 000	13,6
1967	1 271 300	16,4
1969	1 171 000	18,1
1972	984 000	22,0
1973	944 700	23,8
1974	913 300	26,2
1975	869 100	28,0

Allgemeines zur Rinderproduktion
und zur Kälberaufzucht

Tabelle I/6 Betriebe mit Rinderhaltung und Zahl der Rinder je Hektar landwirtschaftlicher Nutzfläche (Angaben am Beispiel vom Dezember 1974)

Landwirtschaftl. Nutzfläche in ha	Zahl der Betriebe (× 1000)	Zahl der Rinder (× 1000)
1	116,8	27,0
1 – 4,9	276,4	395,7
5 – 9,9	177,7	1 005,9
10 – 19,9	293,6	3 963,6
20 – 29,9	178,3	4 511,1
30 – 39,9	111,6	3 996,5
40 – 49,9	67,5	2 833,0
50 – 99,9	108,0	5 574,1
100 und mehr	38,6	2 110,2

den einen sehr wichtigen Platz ein. Unter diesen 13 Millionen weiblichen Rindern befinden sich rund 8 Millionen laktierende. Die Angaben sind nicht sehr zuverlässig, da eine genaue Bestimmung der gesamten Milchproduktion Frankreichs nur über den kontrollierten Milchhandel erfolgen könnte; doch lediglich 73 % der gesamten Milchmenge gelangen in die Milchsammelstellen. Die Milchproduktion Frankreichs für das Jahr 1973 wurde auf

Tabelle I/7 Jährliche Entwicklung der Sammelmilchmengen (nach Angaben der S.C.E.E.S.)

Jahr	Alle Milchprodukte in Milchäquivalenten (Millionen hl)	Abgelieferte Milch (in %)	Geschätzte Gesamtmilchproduktion (Millionen hl)
1959	95,0	48,2	197
1960	109,5	49,3	222
1961	115,2	49,8	231
1962	118,4	50,5	234
1963	131,1	53,2	246
1964	133,8	54,7	245
1965	150,7	57,7	261
1966	162,0	59,5	272
1967	174,8	60,7	287
1968	190,0	63,7	298
1969	184,9	63,5	291
1970	180,4	68,0	265
1971	185,4	69,0	268
1972	200,2	72,8	275
1973	204,5	73,2	274

274 Millionen Hektoliter geschätzt. Je nach Wirtschaftslage schwankte die Produktion in den letzten Jahren zwischen 260 und 290 Millionen Hektoliter. Tabelle I/7 zeigt die jährlichen Werte der abgelieferten Gesamtmilchmenge seit 1959. Diese Werte entsprechen gewiß nicht der maximalen Produktionskapazität Frankreichs, und zwar aus den nachfolgenden Gründen.

• Die Ertragsziffer je Hektar ist durch folgende Faktoren steigerungsfähig (von 1 auf 2):
– Optimierung der Produktionstechnologien;
– Verbesserung der Futterflächen;
– Schaffung eines stabilen Marktes, um Schwankungen des Milchpreises auszuschalten.
• Die Selektion auf Milchleistung steckt noch in den Anfängen und dürfte erst in den kommenden Jahren Früchte tragen. Die Verteilung der Milchproduktion ist gemäß der Lokalisation der Milchviehbestände die erwartete. Am produktivsten sind die Landesteile Bretagne, Basse-Normandie und Pays de Loire, denn alle drei zusammen erzeugen 40 % der gesamten Milchmenge Frankreichs (Tabelle I/8).

Der Jahreszyklus der Milchproduktion zeigt in den Monaten April, Mai und Juni die höchsten Leistungen, denn wenn die Abkalbungen im Winter geschehen, stellt sich zwei bis drei Monate später das Produktionsmaximum ein. Bei Vorverlegung der Abkalbungen in den Herbst läßt sich aus den hohen Milchpreisen im Winter länger Nutzen ziehen; die Milchproduktion weist dann eine erhebliche Überschußperiode im Frühjahr, aber eine Mangelphase im Herbst und über einen größeren Zeitraum des Winters auf. Ein solcher Produktionsrhythmus begünstigt beträchtlich die Züchter von Milchviehrassen.

Fleischproduktion

Dieser Sektor umfaßt annähernd 20 % der Nutztierproduktion. Aus den Zahlen in Tabelle I/1 geht hervor, daß sich anteilig die Fleischproduktion von 21 % in den Jahren 1971 bis 1973 auf 23 % im Jahre 1974 erhöht hat. Im folgenden Abschnitt wird lediglich auf das Rindfleisch (geschlachtete Jungrinder, Ochsen, Färsen, zur Schlachtung ausgesonderte Kühe) eingegangen. Der Anteil von Jungrindern an der Fleischerzeugung nimmt jedoch ständig zu, wodurch die Betriebe im Gegensatz zur herkömmlichen Mastrinderproduktion ihr lebendes Kapital rascher rentabel machen können. Dieser Anstieg ist ganz

Tabelle I/8 Regionale Verteilung aller Milchprodukte (in Milchäquivalenten) [3] am Beispiel der Jahre 1966 und 1973

Regionen Frankreichs	Millionen hl 1966	Millionen hl 1973	Veränderungen zwischen 1966/1973 (in %)	Anteil an der Gesamtmenge des Landes 1973 (in %)
Nord	7,97	9,85	+ 23,6	4,73
Picardie	8,50	9,40	+ 10,6	4,68
Pariser Region	2,42	0,42	− 82,6	0,21
Zentralfrankreich	7,35	6,25	− 15,0	3,10
Haute-Normandie	7,78	8,78	+ 12,8	4,33
Basse-Normandie	23,82	25,40	+ 6,6	12,53
Bretagne	15,68	32,93	+110,0	16,30
Pays de Loire	18,43	25,50	+ 38,4	12,30
Poitou-Charentes	10,58	10,52	− 0,6	5,20
Limousin	1,34	1,80	+ 34,3	0,80
Aquitaine	3,83	5,30	+ 38,4	2,57
Midi-Pyrénées	5,67	8,91	+ 57,1	4,48
Champagne	6,91	7,79	+ 12,7	3,83
Lothringen	8,96	11,06	+ 23,4	5,46
Elsaß	2,78	3,13	+ 12,6	1,46
Franche-Comté	7,90	9,73	+ 23,2	4,69
Bourgogne	4,60	4,95	+ 7,6	2,38
Auvergne	5,23	6,95	+ 32,9	3,36
Rhône-Alpes	11,24	13,68	+ 21,7	7,00
Languedoc	0,36	0,39	+ 8,3	0,21
Provence	0,65	0,62	− 4,6	0,31
insgesamt	162,00	203,36	+ 25,5	100,00

Tabelle I/9 Bestätigte Schlachtungen in Frankreich (Stückzahlen in Tausend) am Beispiel der Jahre 1970 bis 1974

Jahr	Kühe	Färsen	Ochsen	Gesamtzahl der Mastrinder
1970	1917	789	869	3575
1971	1925	812	926	3663
1972	1656	670	861	3187
1973	1634	603	866	3103
1974	2030	740	1000	3770

Tabelle I/10 Betriebe mit Rindern zur Arbeitsleistung (nach Angaben der S.C.E.E.S.) in den Jahren 1961 bis 1975

1961	325000
1964	128100
1967	74100
1969	45700
1973	31100
1975	24500

deutlich der Tabelle I/2 zu entnehmen. Es sind zwei Arten der Rindfleischproduktion zu unterscheiden:
– zur Schlachtung vorgesehene Jungrinder;
– Mastrinderhaltung.

Die für die Schlachtung aufgezogenen Jungrinder setzen sich aus Saint-Etienne- und Lyon-Kälbern sowie aus Jungbullen zusammen. Ihre Zahl stieg von 68000 im Jahre 1963 auf 1200000 im Jahre 1974. Es ist jedoch zu berücksichtigen, daß unabhängig von dieser bedeutsamen Zunahme die Mastrinder (Ochsen, Färsen, Schlachtkühe) nach wie vor das Hauptkontingent der Fleischproduktion bilden und unter den Mastrindern wiederum die Schlachtkühe mit etwa 50 % den größten Anteil stellen (Tabelle I/9). Letztgenannte Rindergruppe nimmt also in der Fleischproduktion den ersten Platz ein, gefolgt von den Mastochsen und den für die Schlachtung aufgezogenen Jungrindern.

Rinder als Arbeitstiere

Obwohl die Milch- und Fleischproduktion in der Rinderzucht im Mittelpunkt steht, kann die Haltung von Rindern für Arbeitsleistungen nicht ausgeklammert werden. Sicherlich wird diese Nutzung einmal verschwinden, aber gegenwärtig gibt es noch einige Tausend Rinder, die zu jenem Zweck eingesetzt werden. Tabelle I/10 informiert über die das ganze Territorium Frankreichs einschließende stark fallende Tendenz bei den zu Arbeitsleistungen genutzten Rindern.

ZUSAMMENFASSUNG

Zusammenfassend läßt sich sagen, daß die Milchproduktion der wichtigste Zweig der Nutztierproduktion ist und sowohl für den Staatshaushalt als auch für die Betriebsinhaber hohe Gewinne bringt. Die Bedeutung der Milchviehrassen führt zu der Feststellung, daß die Mastrinderproduktion und die Kalbfleischerzeugung der Milchproduktion eindeutig untergeordnet sind.

Stellung der Kälberproduktion in der Rinderzucht

Der Komplex Kälberproduktion

Der Komplex Kälberproduktion beinhaltet die Gesamtheit der mit der Kälberaufzucht verbundenen Zielstellungen und Maßnahmen. Als Kalb wird ein männliches oder weibliches, noch nicht abgesetztes Rind bezeichnet, dessen Eckzähne des ersten Gebisses nicht abgenutzt sind; sein Alter wird deshalb mit sechs Monaten oder darunter angegeben. Auf Grund seiner zahlenmäßigen und ökonomischen Bedeutung beansprucht das Kalb im Rahmen der Rinderproduktion einen besonderen Rang. Die Gesamtzahl an Kälbern beträgt rund acht Millionen, der Anteil an Schlachtkälbern beläuft sich auf 16% des gesamten Rinderstapels.

Die verschiedenen Kälbertypen

Nach ihrer Nutzung ist zwischen zwei großen Gruppen von Kälbern zu differenzieren:
- das *Schlachtkalb* als gut definierter Produktionstyp wird in einem gesonderten Kapitel behandelt;
- das *Aufzuchtkalb* wird für zwei Nutzungsrichtungen eingesetzt:
  – als Mastkalb für die Produktion von jungen oder älteren Mastrindern,
  – als Zuchtkalb für die Erneuerung der Zuchtbestände.

Das einzige Finalprodukt im Bereich Kälberproduktion liefert das Schlachtkalb. Tabelle I/11 unterrichtet über die Nutzung der verschiedenen Kälbertypen.

Bedeutung der Kälbertypen

Die Verteilung der Kälbertypen im Jahre 1974 gibt Tabelle I/12 wieder. Dazu ist zu bemerken:
- Die zahlenmäßige Produktivität für die Rinderpopulation beträgt 0,85.
- Die Bedeutung der einzelnen Kälbergruppen ist unterschiedlich (Tabelle I/13).
- Der Grad der Bestandserneuerung bei Milch- und Fleischrassen ist ebenfalls unterschiedlich.

Bei Milchrassen beläuft sich die Erneuerungsrate auf 29%, bei Fleischrassen nur auf 24%; der Wert für alle Rassen zusammen beträgt 27,8%, wobei er zwischen 25% und 30% schwankt. Zu beobachten ist eine leichte Steigerung, die auf dem Bestreben der Produzenten beruhen kann, die Zuchtbestände zu vergrößern oder aber die Aussonderungsrate wegen anderer Ursachen zu erhöhen.

Bestandsentwicklung der Kälbertypen

Interessant ist ein Vergleich der Bestände in den Jahren 1970 und 1974, wobei Unter-

Tabelle I/11 Nutzung der verschiedenen Kälbertypen

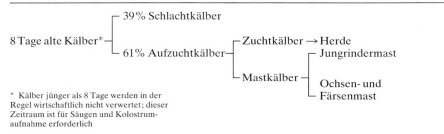

* Kälber jünger als 8 Tage werden in der Regel wirtschaftlich nicht verwertet; dieser Zeitraum ist für Säugen und Kolostrumaufnahme erforderlich

Tabelle I/12 Verteilung der verschiedenen Kälbergruppen (Zahlen × 1000)

		männlich	weiblich
Aufzuchtkälber			
– Zuchtkälber Milchviehherden	2230,5		
Fleischrassen	597,7		
– Bullenkälber für die Reproduktion	100,9		
Schlachtkälber			
– Schlachtkälber im eigentlichen Sinne	3251,6		
– Kälber, die erst später verwertet werden*	108,7		
Mastkälber			
– Kälber für die Jungrindermast	688,9	577,2	111,7
– Kälber für die Mastrinderproduktion	1184,5	933,0	251,5
– Magerwüchsige Kälber**	458,7	336,7	122,0
– Kälber für die Gewinnung von Zugochsen	0,9		
Gesamt	8622,3		

* Diese Kälbergruppe umfaßt Tiere, die anfangs für die Schlachtkälberproduktion vorgesehen waren, aber aus unterschiedlichen Gründen nicht verkauft werden konnten; sie werden weiter aufgezogen, bis eine Verwertung möglich ist

** Es handelt sich um Weidekälber ohne genaue Nutzungsrichtung, doch werden sie entweder zu Jungrindern oder zu erwachsenen Rindern, die schließlich der Schlachtung zugeführt werden

suchungen von BOMBAL (1974) zugrunde gelegt sind (Tabelle I/14). Festzustellen ist ein Rückgang der Schlachtkälber, wenigstens hinsichtlich der Stückzahlen. Die Betriebe bevorzugen mehr die Produktion von Jungmastrindern oder Mastochsen.

Geographische Verteilung

Die regionale Verteilung der Kälberpopulation deckt sich mit der schon beschriebenen Standortverteilung der Rinderproduktion Frankreichs.

Aufzuchtmethoden

Die Aufzuchtmethoden variieren nach geographischen Besonderheiten, Gewohnheiten der Produzenten und klimatischen Verhältnissen. In Anbetracht des allgemeine Gesetzmäßigkeiten in den Vordergrund stellenden Kapitels können die folgenden Schlußfolgerungen gezogen werden:
- Die Bestandsgrößen und die Vielfalt der Typen leiten sich von den Zuchtzielen ab.
- Bei allen Kälbertypen gibt es zeitliche Verschiebungen.
- Es treten Schwankungen in Abhängigkeit von der Rasse und der Nutzungsrichtung auf.
- Es existiert ein einziger Typ mit Finalproduktcharakter: das Schlachtkalb.

Das Schlachtkalb

Schlachtkälber sind Individuen, die zum Zeitpunkt der Schlachtung folgende Merkmale aufweisen:
- Größe bzw. Konstitution liegen deutlich unter den Werten der jüngsten Individuen der Jungrinderkategorie (natürlich in Abhängigkeit von der jeweiligen Rasse);
- weiße oder sehr helle Schleimhäute;
- Lebendmasse, die 220 kg nicht übersteigt;
- intakte oder nur leicht abgenutzte Schneidezähne des ersten Gebisses (die oberste Altersgrenze ist durch geringe Abnutzungserscheinungen der Eckzähne des ersten Gebisses gekennzeichnet).

Quantitative Entwicklung

- *Nationale Produktion*

Eine Einschätzung der nationalen Produktionsergebnisse fällt schwer. Es wird jedoch davon ausgegangen, daß die Schlachtkälberproduktion 16% der Rinderproduktion und 8% der Nutztierproduktion ausmacht. Seit 1963 hat sich die Zahl der Kälber um annähernd 1½ Millionen Stück verringert. Der Rückgang ist aber durch eine Zunahme der durchschnittlichen Lebendmasse der Kälber bis 1968 kompensiert worden. Nach diesem Stichjahr gibt es keinen Ausgleich mehr, die Gesamttonnage der produzierten Schlachtkälber ist zurückgegangen (Tabelle I/15). Es fällt jedoch auf, daß die Produktion des Jahres 1974 mit der des Jahres 1963 fast identisch ist, und prognostische Aussagen lassen sich nicht treffen. Die relative Verbesserung resultiert aus Fortschritten bei den zootechnischen Faktoren der Nutztiere (frühe Geschlechtsreife, besondere Mastkonditionen), bei der Aufzucht (Fütterung, Haltung) und den genetisch-züchterischen Maßnahmen (Kreuzungen). Interessant ist ein Vergleich zwischen der einheimischen Produktion und der einiger anderer Staaten, um die Unterschiede zwischen den Ländern und die Stellung der Kälberproduktion Frankreichs zu erkennen. In Tabelle I/16 wurde gleichzeitig die Fleischproduktion mit erwachsenen Rindern aufgenommen, aufgeschlüsselt auf die BRD, USA, Italien, Kanada und Frankreich.

- *Regionale Produktion*

Drei Landesteile sind in der Kalbfleischerzeugung führend: die Bretagne sowie die Depart-

Tabelle I/13 Prozentuale Verteilung der verschiedenen Kälbertypen (nach Angaben der S.C.E.E.S.)

Aufzuchtkälber	33,8
davon Weibliche Kälber	32,7
Bullenkälber	1,1
Schlachtkälber	38,9
Mastkälber	27,0
Kälber für die Gewinnung von Arbeitstieren	0,01

Tabelle I/14 Veränderungen der Bestände von unterschiedlichen Kälbertypen in einem Zeitraum von 4 Jahren

	1970	1974	
Schlachtkälber	47,7%	39,0%	−8,7%
Mastkälber	20,4%	27,0%	+6,6%
Zuchtkälber	31,8%	34,0%	+2,2%

Tabelle I/15 Bestätigte Produktion an Schlachtkälbern in Frankreich (nach Angaben der S.C.E.E.S.) am Beispiel der Jahre 1963 bis 1974

Jahr	Zahl (× 1000)	Tonnen (× 1000)
1963	4709,4	322,7
1964	4268,2	306,9
1965	4271,9	313,2
1966	4304,1	326,5
1967	4528,6	350,4
1968	4662,1	364,8
1969	4422,5	355,5
1970	4398,0	360,3
1971	4357,9	366,3
1972	3898,9	338,3
1973	3052,6	300,8
1974	3251,6	321,3

Allgemeines zur Rinderproduktion und zur Kälberaufzucht

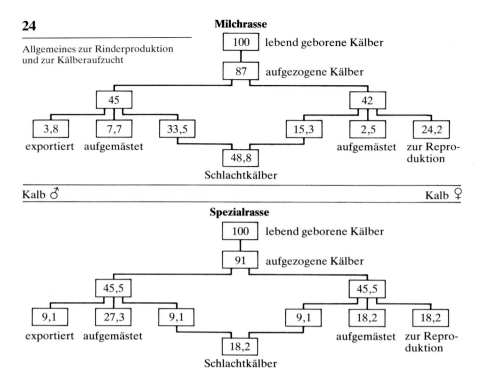

Abb. I/1 Nutzungsrichtungen bei Kälbern von Milchrind- und Fleischrindrassen

Tabelle I/17 Entwicklung der Schlachtgewichte von Kälbern in kg reines Fleisch (nach Angaben der S.C.E.E.S.) in der Zeit von 1963 bis 1975

1963	69,0	1970	87,2
1964	71,9	1971	89,7
1965	74,1	1972	93,6
1966	72,3	1973	98,5
1967	77,5	1974	99,8
1968	79,9	1975	98,5
1969	83,3		

Tabelle I/16 Rindfleischproduktion ausgewählter Länder im Jahre 1970 (mit Ausnahme Frankreichs nach Berichten der FAO)

		BRD	Italien	Kanada	USA	Frankreich
Erwachsene Rinder	in 1000 t	1245	598	818	9828	1200
Kälber	in 1000 t	78	91	44	269	360
Verhältnis Kälber/erwachsene Rinder	in %	6	15	5	2,7	28
Durchschnittsgewicht der Schlachtkörper	in kg	73	91	54	64	88

ments Limousin und Midi-Pyrénées, die zusammen 36% der Gesamtleistung bringen. Fügt man die Gebiete Aquitaine und Rhône-Alpes hinzu, so ergibt sich, daß diese Regionen zusammen 51% der Schlachtkälberproduktion Frankreichs realisieren.

Qualitative Entwicklung

Da die zahlreichen und gut adaptierten französischen Rinderrassen erhalten bleiben sollen, suchten die Züchter nach einer höheren Produktivität, indem sie hinsichtlich des Geschlechts und der Rasse das traditionelle Profil der Schlachtkälberproduktion leicht veränderten.

• *Geschlecht*

Zu verzeichnen ist ein leichter Anstieg der geschlachteten weiblichen Kälber, wobei die Ursache darin liegen dürfte, daß das Tier der Wahl, eben das männliche Kalb, auf dem Markt nicht ausreichend vorhanden ist. Im Jahre 1972 betrug das Verhältnis der männlichen zu den weiblichen Kälbern 65%:35%. Außerdem führte die Optimierung der Aufzuchtverfahren dazu, daß eine größere Anzahl weiblicher Tiere zur Verwertung kommen konnte und männliche Tiere für die Gewinnung von Rindfleisch frei wurden. Für überschüssige weibliche Tiere ergaben sich somit bessere Absatzchancen. Die relative Seltenheit männlicher Schlachtkälber bewirkte z. B., daß Italien Bullenkälber importiert und daß man diese für die Jungrindermast zu gewinnen sucht.

• *Rasse*

Schlachtkälber gehören praktisch allen Rassen an. Allerdings überwiegen im Vergleich zu den Fleischrassen deutlich die frühreiferen Milchviehrassen. Mehr als 60% der Kälber entfallen auf das Normannische Rind und das FFPN-Rind. Jedoch finden sich hier auch häufig die Kreuzungen Charolais-FFPN, Limousin-Normand und Limousin-FFPN, obwohl sie für die Erzeugung von jungen Schlachtrindern sehr geschätzt sind. Die Produzenten versuchen mit diesen Kreuzungen, die sehr oft unregelmäßig und ungeordnet vorgenommen werden, die frühe Reife der Milchrassen mit der ausgeprägten Wachstumsleistung der Fleischrassen zu verbinden. Nach einer Untersuchung von BOMBAL (1974) werden bei Milchrindrassen von 100 lebend geborenen Kälbern etwa die Hälfte zu Schlachtkälbern bestimmt, bei auf Fleischansatz spezialisierten Rassen sind es lediglich rund 20%. Das Schlachtkalb ist deshalb vor allem ein Nebenprodukt der Milchproduktion.

• *Schlachtmasse*
Obwohl die Zahl der geschlachteten Kälber von Jahr zu Jahr abnimmt, bleibt die Schlachtausbeute recht konstant. Das dürfte im wesentlichen auf verbesserte Produktionstechnologien zurückzuführen sein. So hat sich die durchschnittliche Schlachtmasse bei Kälbern in 12 Jahren um annähernd 30 kg erhöht (Tabelle I/17). Nun scheint es, daß es zu einem gewissen Absinken der durchschnittlichen Schlachtmasse der Kälber kommt. Solche Werte stellen aber schon ein sehr gutes Produktionsergebnis dar, wobei die Produzenten ständig an der Optimierung der physiologischen und zootechnischen Bedingungen arbeiten.

• *Qualität der Produktion*
Hinsichtlich der Qualität der Schlachtkälber existieren eine ganze Reihe regionaler Unterschiede. Etwa 40% des produzierten Kalbfleisches werden nach der französischen Schlachtwertklassifizierung (neuerdings EG-Tabellen) in die Kategorie »weiß oder hellrosa« eingestuft, 60% dagegen in die Kategorie »rosa oder rot«. Diese Verteilung bezieht sich in erster Linie auf die zentralen Regionen Frankreichs und den Südwesten, wo man das hellste Fleisch erhält. In den östlichen Landesteilen wird in der Regel rosa Kalbfleisch erzeugt. Die mittleren Gebiete produzieren großrahmige Tiere mit dem höchsten Fleischansatz.

Drei Fakten wirken beim Entstehen regionaler Differenzen zusammen:
• die Rasse (die in den mittleren und südwestlichen Landesteilen anzutreffenden Schlachtkälber gehören den Fleischrassen Charolais, Limousine und Blonde d'Aquitaine an);
• die größere technologische Erfahrung der Produzenten in diesen Regionen (die Kälberaufzucht in Verbindung mit dem Muttertier ist hier noch stark entwickelt; industrielle Methoden werden aber nicht abgelehnt, wobei die Produzenten jedoch von dem in der bäuerlich-traditionellen Wirtschaftsweise erworbenen Erfahrungsschatz profitieren);
• das Fütterungsregime und das Haltungssystem. Weißfleischige Kälber werden mit der Milch ihrer Mütter ernährt und möglichst im Dunkeln gehalten, um eine Anämie herbeizuführen. Dieses Verfahren wird zugunsten zweier Methoden aufgegeben. Dabei handelt es sich zum einen um die Aufzucht mit industriell hergestellten Milchaustauschern, zum anderen um das Saugen an der Mutter, mitunter ergänzt durch eine zweite Kuh (Ammenkuh). Dieses natürliche Aufzuchtverfahren kann entweder im Stall oder auf der Weide praktiziert werden, im letztgenannten Fall entsteht ein stärker rosafarbenes Fleisch.

LITERATUR

[1] Anonyme, 1975 – Note de conjoncture »Production bovine«. Ministère de l'agriculture, 22.
[2] Anonyme, 1975 – Etude sur la structure du cheptel bovin au 1er janvier 1973. Ministère de l'agriculture; collection »Statistiques agricoles« étude n° 130.
[3] Anonyme, 1975 – Le lait et la viande bovine en 1974, perspectives 1975. Journées Institut technique de l'élevage bovin, 14–15 janvier.
[4] Anonyme, 1975 – Bulletin trimestriel de statistiques »Productions animales«; septembre p. 17.
[5] BOMBAL, J., 1974 – Economie de la production de viande de veau de boucherie. Industr. aliment. anim., 2, 30–50.
[6] Anonyme, 1974 – La situation de la production française du veau face au Marché National et aux Marchés Européens dans le contexte économique et agricole actuel. Conférence du 11 avril 1974. Centre d'information de la vitellerie française, Service de presse, 27, rue Vernet, 75008 Paris.

ZUSAMMENFASSUNG

Die Rinderproduktion trägt mit ihren fast 24 Millionen Tieren zum nationalen Wohlstand bei und ist mit Ausnahme der Pariser Region und der mediterranen Landstriche über ganz Frankreich verteilt. In den etwa 900 000 Betrieben des Landes werden vorwiegend Tiere der Milchrindrassen gehalten. Die Kälberproduktion nimmt dabei einen nicht zu unterschätzenden Platz ein, denn allein mit dem Nutzungsziel »Schlachtkalb« werden ungefähr 16% der gesamten Rinderproduktion erfaßt.
Allerdings besteht bei dieser Position eine rückläufige Tendenz mit Bevorzugung der Kälberaufzucht zur Jungrindermast. Dabei sind je nach Konjunktur und den von den Produzenten bevorzugten Zuchtzielen deutliche Schwankungen möglich; manche Betriebe orientieren hauptsächlich auf die Schlachtkälberproduktion, andere mehr auf die Jungrindermast, und dritte legen Wert auf die Vergrößerung der Zuchtbestände, indem sie die Zahl der Zuchtfärsen für die Bestandserneuerung erhöhen. Das Schlachtkalb selbst ist ein Finalprodukt der Rinderhaltung. Die Produktion von Schlachtkälbern befindet sich gegenwärtig auf einem hohen Stand und erfordert von den Züchtern ein großes Maß an Erfahrungen. Regionale Unterschiede beginnen sich mehr und mehr zu verwischen.

II Anmerkungen zur Anatomie

CL. PAVAUX

Die Anatomie des Kalbes ist nicht als Anatomie des Rindes in verkleinerter Form zu verstehen. Auch die ausschließlich dreidimensionale Darstellung der Formen und Strukturen genügt nicht. Man muß den Faktor »Zeit« als eine vierte Dimension hinzuziehen. Sie ist eine Anatomie der Entwicklung und eine Anatomie des Wachstums, bei der die quantitativen Aspekte und Veränderungen eine besondere Rolle spielen.

Um dem Leser dieses Buches, der besonders an pathologischen Problemen interessiert ist, die Möglichkeit zu geben, seine anatomischen Grundkenntnisse schnell wieder aufzufrischen, schien es uns als das einfachste und bequemste Mittel, aber auch das wirkungsvollste, mehrere kurz kommentierte Abbildungen vorzustellen.

Die Frühstadien der Entwicklung, das embryonale und fötale Wachstum, ebenso wie die Organentstehung, besonders des Verdauungssystems, schienen Wert, als erstes Erwähnung zu finden. Die beachtliche Entwicklung der topographischen Situation des Fötus im Mutterleib und die bedeutenden Veränderungen des Kreislaufsystems durch die Geburt konnten nicht vernachlässigt werden.

Zwei Bildtafeln nacheinander schienen uns zu genügen, um den Körperbau des jungen Kalbes und einige Kriterien zur Altersbestimmung zu zeigen.

Es konnte nicht Gegenstand dieses Buches sein, die verschiedenen Organsysteme systematisch zu interpretieren und zu analysieren. Der Bewegungsapparat wurde besonders vom Knochengerüst aus, bei dem der Zeitpunkt der Verknöcherung der Epiphysenknorpel gewählt wurde, und von der Oberflächenmuskulatur her vorgestellt, als bestimmende Elemente des inneren und äußeren Körperbaus. Das Kreislaufsystem konnte durch eine globale und halbschematische Darstellung der wichtigsten Blutgefäße und lymphatischen Elemente erfaßt werden. Bei der Darstellung der Nerven haben wir – vielleicht etwas willkürlich – folgende gewählt: Oberflächennerven, Gliedmaßennerven und Magennerven. Die endokrinen Drüsen und der Thymus boten sich für eine letzte schematische anatomische Tafel an.

Einige topographisch-anatomische Ansichten des Kopfes, Halses und Brustkorbs wurden in den anschließenden sechs Gefrierschnitten dargestellt, die allein zu diesem Zweck angefertigt worden sind. Die Eingeweide wurden in situ, lateral und ventral dargestellt.

Schließlich schien es uns richtig zu sein, daß sich diese Grundlagen auf eine Übersichtsanatomie begrenzen sollten; die wesentlichen inneren Organe und der Schlachtkörper, wie sie sich dem Anatomen darstellen, sind der Inhalt der zwei letzten Tafeln.

In bezug auf die Auswahl können wir keine vollständige Urheberschaft beanspruchen. Wenn die topographisch-anatomischen Bilder auch nach der Natur, auf Teilstücke verteilt, angefertigt wurden, so waren doch Anleihen an das Bildgut notwendig, das seit Jahrzehnten die klassischen Arbeiten über Anatomie, Histologie, Embryologie und sogar über klinische Veterinärmedizin ausstattet. Mehrere Arbeiten, so die von MARTIN, ZIETZSCHMANN und KROLLING, KROLLING und GRAU, RICHTER und GÖTZE sowie von BLIN bildeten die Vorlage für Abbildungen der Entwicklungslehre. Für die Darstellung des Bewegungsapparates haben wir uns von BARONE inspirieren lassen. Hauptzüge der Anatomie des vaskulo-nervösen Systems wurden außerdem den Arbeiten von BAUM, SISSON, NICKEL, SCHUMMER und SEIFERLE nachgestaltet. Es handelt sich um grundlegende Werke, durch deren Lektüre man seine Kenntnisse erweitern und vertiefen kann.

Neben einzelnen und kurzen Kommentaren beschränken sich die Texte zumeist auf eine einfache Legende; grundsätzlich wurden die lateinischen Termini entsprechend der »internationalen anatomischen Nomenklatur (Nomina Anatomica Veterinaria – Wien)« angewendet.

Wir danken an dieser Stelle Frau A. GRAS für die gekonnte Anfertigung der Bildtafeln, die einen ästhetischen Eindruck ohne Beeinträchtigung ihrer Klarheit und Genauigkeit vermitteln.

Übersicht über die anatomischen Tafeln

Entwicklung der Eizelle	Tafel 1
Embryonales und fötales Wachstum	Tafel 2
Entwicklung des Magens	Tafel 3
Entstehung des Magen-Darmkanals	Tafel 4
Der Fötus im Mutterleib	Tafel 5
Veränderung des Blutkreislaufs bei der Geburt	Tafel 6
Exterieur eines zwei Monate alten Kalbes	Tafel 7
Altersbestimmung	Tafel 8
Skelett eines zwei Monate alten Kalbes	Tafel 9
Oberflächenmuskulatur	Tafel 10
Hauptarterien	Tafel 11
Hauptvenen	Tafel 12
Lymphsystem	Tafel 13
Oberflächeninnervierung	Tafel 14
Gliedmaßeninnervierung – Mageninnervierung	Tafel 15
Endokrine Drüsen – Thymus	Tafel 16
Kopf–Hals	Tafel 17/18
Brustkorb:	
Querschnitt durch den ersten Brustwirbel	Tafel 19
Querschnitt durch den vierten Brustwirbel	Tafel 20
Bauchhöhle:	
Querschnitt durch den elften Brustwirbel	Tafel 21
Querschnitt durch den dritten Lendenwirbel	Tafel 22
Brust- und Baucheingeweide eines Kalbes im Alter von einer Woche	Tafel 23/24
Innere Organe	Tafel 25
Schlachtkörper	Tafel 26

LITERATUR

[1] BARONE, R., 1966 – Anatomie comparée des Mammifères domestiques. T. I. Ostéologie, 1968, T. II. Arthrologie et Myologie. Laboratoire d'Anatomie, Ecole Nationale Vétérinaire, Lyon.

[2] BAUM, H., 1912 – Das Lymphgefäßsystem des Rindes. Verlag von August Hirschwald, Berlin.

[3] BLIN, P. C.; FOURNIER, CL., 1963 – Diagnose de l'âge intramaternel et périodisation du développement dans l'espèce bovine. Economie et Médecine Animales, 4e année, 1, 12–32.

[4] KROLLING, O.; GRAU, H., 1960 – Lehrbuch der Histologie und vergleichenden Mikroskopischen Anatomie der Haustiere. Verlag Paul Parey, Berlin und Hamburg.

[5] MARTIN, P.; SCHAUDER, W., 1938 – Lehrbuch der Anatomie der Haustiere. Band III. Anatomie der Hauswiederkäuer. Verlag Schickhard & Ebner, Stuttgart.

[6] NICKEL, R.; SCHUMMER, A.; SEIFERLE, E. – Lehrbuch der Anatomie der Haustiere. Verlag Paul Parey, Berlin und Hamburg. 1954. Band I – Bewegungsapparat. 1960. Band II – Eingeweide. 1975. Band IV – Nervensystem. Sinnesorgane. Endokrine Drüsen.

[7] Nomina Anatomica Veterinaria., 1973 – Published by the International Committee on Veterinary Anatomical Nomenclature under the financial responsability of the World Association of Veterinary Anatomists. Second edition. Printed in Austria by Adolf Holzhausen's Successors, Vienna.

[8] RICHTER, J.; GÖTZE, R., 1960 – Tiergeburtshilfe. Verlag Paul Parey, Berlin und Hamburg.

[9] SISSON, S. revised by GROSSMANN, J., 1953 – The Anatomy of the domestic animals. W. B. Saunders Company, Philadelphia and London.

[10] ZIETZSCHMANN, O.; KROLLING, O., 1955 – Lehrbuch der Entwicklungsgeschichte der Haustiere. Verlag Paul Parey, Berlin und Hamburg.

Anatomische Lagebeschreibung

Tafel 1
Entwicklung der Eizelle

A Keimfurchung

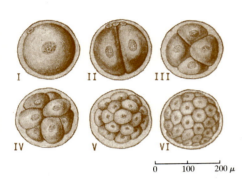

I   Eizelle, vor der Befruchtung
     (14 h nach Follikelsprung)
II   2-Blastomerenstadium
     (46 h nach Follikelsprung)
III 4-Blastomerenstadium
     (56 h nach Follikelsprung)
IV   8-Blastomerenstadium
     (72 h nach Follikelsprung)
V   Morulastadium
     (96 h nach Follikelsprung)
VI   Blastulastadium (vom 5. bis 8. Tag)

– Unmittelbar nach Tubenpassage erreicht die Morula den Uterus, ungefähr 96 h nach Ende der Brunst.
– Am 8. oder 9. Tag bettet sich die Blastula in der Wand des Gebärmutterhorns ein und entwickelt sich zur Blastozyste.
– Nach Verschwinden der Zona pellucida erscheint das Endoblast etwa am 10. bis 12. Tag.

B Entwicklung der Blastozyste

I   13 Tage alte, eiförmige Blastozyste von 2 bis 5 mm Länge
II Vergrößerung der Blastozyste ab 14. Tag zu einem langen Schlauch, der mit einem Zuwachs von 1 cm/h sehr schnell eine Länge von 50 bis 60 cm erreicht.

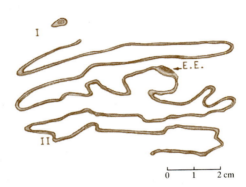

– Die Embryonalweiterbildung durch Differenzierung in Ektoblast und Endoblast stellt eine Übergangssituation dar.

C Embryo von 2,5 cm Länge in der 5. Trächtigkeitswoche (schematisch)

1 Prochorion mit primären Zotten
2 Amnion
3 Allantois
4 Sich zurückbildende Dotterblase
5 Nabelarterie und -vene

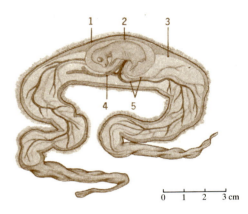

– In diesem Stadium überschreitet die Gesamtlänge der Eihüllen häufig 90 cm; später unterliegen die Enden des Chorionsacks, unberührt durch die Vergrößerung der Allantois, einem degenerativen Prozeß der Nekrobiose und bilden die polaren Anhänge der abgestorbenen Teile.

D Fötus von 24 cm, am Ende des 4. Trächtigkeitsmonats, mit vollständig entwickelten Hüllen (schematisch)

1 Plazenta
2 Kotyledonen
3 Abgestorbene Anhängsel
4 Amnionhöhle
5 Überreste des Dottersacks
6 Nabelstrang-Kanal
7 Allantoishöhle

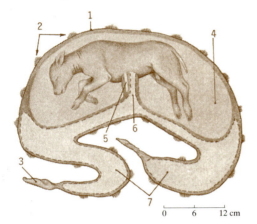

– Die Bildung der Chorionkotyledonen beginnt nach 40 bis 50 Tagen Trächtigkeit.

E Außenansicht der Eihüllen zum gleichen Zeitpunkt wie D (schematisch)

1 Kotyledonen
2 Amniochorion
3 Allantochorion
4 Arterien und Venen der Allantois

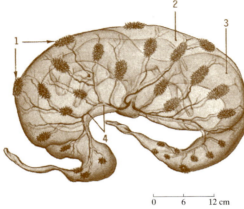

– Beachte die Lage des Amnions und der Allantois zum Inneren des Chorionsacks.
– Die Anzahl der Kotyledonen beträgt etwa 80 bis 120.

F Histologischer Aufbau eines Kotyledons

1 Allantochorion
2 Blutgefäße des Fötus
3 Chorionzotten
4 Chorionhaut

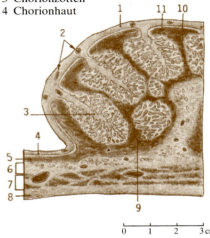

5 Uterusepithel
6 Drüsenschicht des Uterus
7 Uterusmuskulatur
8 Uterusserosa
9 Basis der Zotten
10 Zottenscheidewand
11 Stumpfes Ende einer Scheidewand

**Tafel 2
Embryonales und fötales Wachstum**

A   Embryo von 30 Tagen
9 mm lang,
41 paarige Ursegmente

B   Vorfötus von 60 Tagen
5–7 cm lang, 20 bis 30 g

C   Fötus von 5 Monaten
25 bis 35 cm lang, 1 bis 3 kg

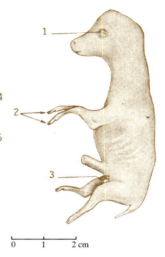
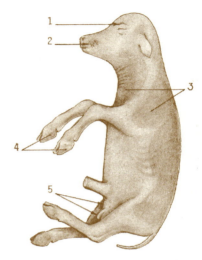

1 Kiembögen
2 Augenanlage
3 Nackenbogen
4 Anlage der Vordergliedmaßen
5 Leber
6 Niere
7 Steißbogen
8 Anlage der Hintergliedmaßen
9 Schwanz
10 Nabelschnur
11 Herzanlage

1 Ausdehnung der Augenlider über dem Augapfel
2 Differenzierung der Klauen
3 Bildung von Geschlecht und Gesäuge

1 Schwache Augenbrauen ab 4. Monat
2 Auftreten der Lippenbehaarung
3 Auftreten des Hautpigments
4 Entwicklungsabschluß und Dunkelfärbung der Klauen
5 Abgleiten der Hoden in den Hodensack; Ausbildung der Zitzen.

D Fötus von 7 Monaten
45 bis 60 cm lang, 8 bis 15 kg

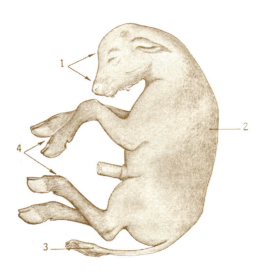

1 Ausbildung des Fells am Kopf ab 6. Monat:
   in Höhe des Nasenrückens,
   der Augenlider (Wimpern),
   am Ohrrand, am Hornansatz
2 Rückenfell im Laufe des 7. Monats
3 Schwanzquaste ab 6. Monat
4 Weiterbildung der Gliedmaßen
   bis Karpus und Tarsus.
   Die Innenseite und die Außenseite der
   Fußwurzeln sind noch weich.

E Alter des Fötus

I   II

nach den Schneidezähnen geschätzt

I Unreifes Kalb: Die Schneidezähne sind noch vom Zahnfleisch bedeckt; nur die Anlagen der Hakenzähne und der äußeren Mittelzähne sind frei.
II Fast ausgereiftes Kalb: Die Ränder der Schneidezähne haben das Zahnfleisch durchstoßen.

I   II

nach der Behaarung des Nabels geschätzt

I Unreifes Kalb mit schwacher Behaarung.
II Ausgereiftes Kalb mit normaler Behaarung.

Masse des Kalbes bei der Geburt 20 bis 45 kg,
Länge 65 bis 85 cm (Stirn bis Schwanz).

Anatomische Lagebeschreibung

**Tafel 3
Entwicklung des Magens**

A Schematische Entwicklung der Organbildung im zweiten Monat

ab Stadium I (Embryo, 12 mm lang, 32 Tage)
bis Stadium IV (Vorfötus 7 cm lang, 60 Tage)

Punktlinie: Anheftung des kleinen Netzes (Omentum minus).
Strichlinie: Anheftung des großen Netzes (Omentum majus).

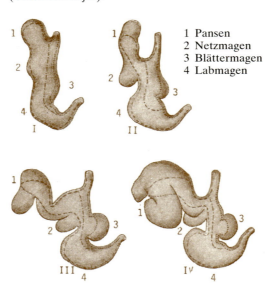

1 Pansen
2 Netzmagen
3 Blättermagen
4 Labmagen

– Der Pansen und Netzmagen entwickeln sich abhängig von der großen Magenkurvatur, der Blättermagen von der kleinen; der Labmagen stellt ohne große Veränderung die rechte Magenhälfte dar. Das kleine Netz heftet sich an der kleinen Kurvatur, das große an der großen des Organs an.

B Anlage des Netzes und Bildung der Netzhöhle, Seitenansicht von rechts (schematisch)

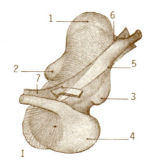

I Embryonalstadium: 12 mm, 32 Tage.
II Fötalstadium: 35 cm, 5 Monate

1 Dorsalsack des Pansens
2 Netzmagen
3 Blättermagen
4 Labmagen
5 Leberband des kleinen Netzes
6 Dorsalband des großen Netzes
7 Mesoduodenum

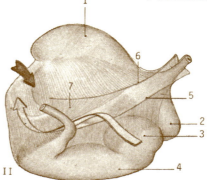

– Der helle Pfeil zeigt auf das WINSLOWsche Loch (Foramen epiploicum) und gibt die kaudale Ausdehnung der hinteren Netzhöhle an (Recessus caudalis omentalis).
– Der dunkle Pfeil zeigt auf den Zugang zur vorderen Netzhöhle (Bursa supraomentalis), Lageplatz der Eingeweide.

C Entwicklung in bezug auf die verschiedenen Magenanordnungen nach Alter und Fütterung

I   Einige Tage nach der Geburt: ausschließliche Milchnahrung.
II Kalb von 8 Wochen, Ende der Säugezeit: gemischte Nahrung.
III Jungrind von 1 Jahr: ausschließliche Pflanzennahrung

Ru.   = Pansen
Re.   = Netzmagen
Om.   = Blättermagen
Abom. = Labmagen

Anatomische Lagebeschreibung

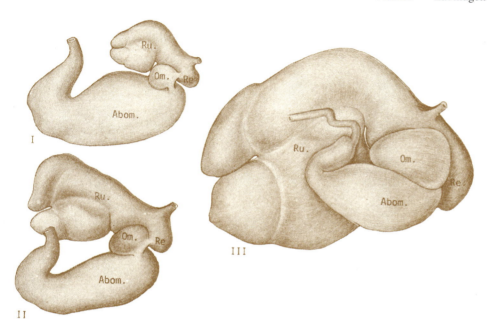

- Beim wachsenden Kalb bedeutet der Übergang von der ausschließlichen Milchnahrung zur reinen Pflanzenfütterung eine bedeutende Verschiebung des Volumens der einzelnen Magenabteilungen. Folgende Daten werden in der Regel angegeben:
  • bei der Geburt steht der Labmagen im Vordergrund: seine Kapazität überwiegt mehr als doppelt die von Pansen – Netzmagen (2 Liter gegenüber 0,75);
  • mit 8 Wochen haben sich beide Werte ausgeglichen und auf etwa 6 Liter vergrößert;
  • mit 12 Wochen erreichen Pansen – Netzmagen die doppelte Kapazität von Blätter- – Labmagen (im Durchschnitt 14 Liter gegenüber 7);
  • mit 4 Monaten erreicht dieser Wert das Vierfache (32:8 Liter).

- Die Gesamtkapazität des Magens beim ausgewachsenen Tier hängt von der Größe und der Rasse ab: sie variiert von 110 bis zu 235 Liter:
  • Pansen – Netzmagen: 102 bis 148 Liter
  • Labmagen: 10 bis 20 Liter
  • Blättermagen: 7 bis 18 Liter
- Die relativen Werte beim ausgewachsenen Tier betragen:
  • Pansen   80 %
  • Netzmagen   5 %
  • Blättermagen   7 %
  • Labmagen   8 %

34

Anatomische Lagebeschreibung

**Tafel 4
Entstehung des Magen-Darmkanals**

A Eingeweide eines Embryos
von 3 cm, 5 Wochen, linke Seitenansicht

a Pansen	1 Duodenum
b Netzmagen	2 Jejunum
c Blättermagen	3 Cäcum
d Leber	4 Colon, aufsteigend
e Labmagen	5 Quercolon
f Allantois	6 Colon, absteigend
g Primitiv-Niere	7 Dotterstiel (MECKELsches Divertikel)

B Organbildung der Eingeweide
rechte Seitenansicht (schematisch)

I Anfangsstadium
II Drehung der Darmschlinge
III Herausbildung des aufsteigenden Colons

a Pyloruspartie des Magens	f Colon, aufsteigend
	g Quercolon
b Duodenum	h Colon, absteigend
c Jejunum	i A. mesenterica cranialis
d Ileum	j A. mesenterica caudalis
e Cäcum	

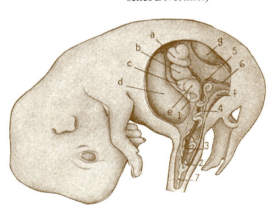

– Das physiologische Einstülpen des Darms in den Nabelstrang bleibt bis zum Ende der Embryonalphase (60. Tag) bestehen.

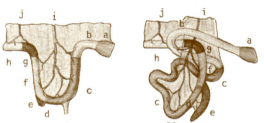

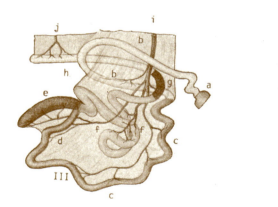

C Voll ausgebildete Eingeweide, rechte Seitenansicht (schematisch)

Anatomische Lagebeschreibung

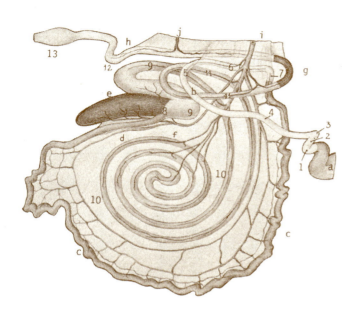

Legende von a–j wie bei B
1–6 Duodenum:
1 S-förmige Schlinge
2 Kranialer Abschnitt
3 Kranialer Duodenalbogen
4 Absteigender Abschnitt
5 Kaudaler Duodenalbogen
6 Aufsteigender Abschnitt
7 Duodenal-Jejunalbogen
8 Ileum-Colonverbindung
9–13 Colon, aufsteigend:
9 Proximale Colonschlinge
10 Colonspirale
11 Distale Colonschlinge
12 S-förmiger Colonabschnitt
13 Rektum

- Der Dünndarm hat eine mittlere Länge von 10 m
  bei der Geburt,
  von 20 m mit 1 Monat,
  von 30 m mit 6 Monaten,
  von 40 m beim erwachsenen Tier;
  sein Fassungsvermögen beträgt
  3 Liter bei der Geburt,
  10 Liter mit 1 Monat,
  20 Liter mit 6 Monaten,
  50 Liter mit 1 Jahr,
  70 Liter beim erwachsenen Tier.
- Das Cäcum mißt
  30 cm bei der Geburt,
  75 cm beim erwachsenen Tier;
  seine durchschnittliche Aufnahmefähigkeit ist
  1 Liter mit 2 Monaten,
  2 Liter mit 6 Monaten,
  5 Liter mit 1 Jahr,
  9 Liter beim erwachsenen Tier.

- Das Colon verdreifacht sich in der Länge:
  2 m bei der Geburt,
  4 m mit 3 Monaten,
  6 m beim erwachsenen Tier;
  seine Aufnahmefähigkeit umfaßt
  2 Liter mit 2 Monaten,
  5 Liter mit 6 Monaten,
  12 Liter mit 1 Jahr,
  18 Liter beim erwachsenen Tier.
- Das Rektum verlängert sich von
  30 cm beim Neugeborenen auf
  85 cm im Durchschnitt beim erwachsenen Tier;
  seine Aufnahmefähigkeit beträgt
  0,5 Liter in den ersten Tagen,
  1 Liter mit 3 Monaten
  und erreicht einen Endwert von 5 Litern.

**Tafel 5
Der Fötus im Mutterleib**

Anatomische Lagebeschreibung

A Veränderungen des Uterus im Verlauf der Trächtigkeit

I Lage des nichtträchtigen Uterus, symmetrisch.
II Asymmetrie des Uterus mit 3 Monaten Trächtigkeit.

1 Breites Mutterband
2 Rechter Eierstock
3 Rechtes Uterushorn
4 Blase
5 Uteruskörper
6 Uterushals
7 Enddarm

B Topographie des Uterus im 6. Monat (halbschematisch)

I Rechte Seitenansicht der Abdominalerweiterung. Arterielle Veränderungen.

1 Bauchaorta
2 Eierstockarterie
3 Uteruszweig der Eierstockarterie
4 Äußere Darmbeinarterie
5 Uterusarterie
6 Vaginalarterie
7 Innere Schamschlagader

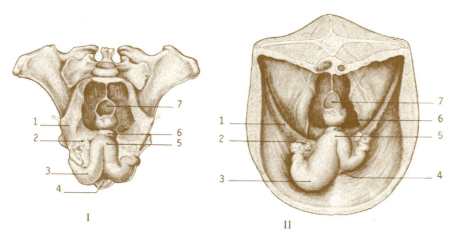
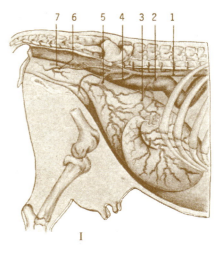

– Am Ende des 3. Monats überragt das trächtige Uterushorn (in 60 % der Fälle das rechte) weit das Schambein; der 15 cm lange Fötus schwimmt in 500 ml Flüssigkeit und ist klinisch durch Fluktuation feststellbar.

– In diesem Stadium wiegt die Frucht etwa 5 kg mit einer Länge von 40 cm; sie schwimmt in 6 bis 8 Liter Fruchtwasser, aber durch ihr Abgleiten in die Bauchhöhle entgeht sie manchmal der rektalen Untersuchung.

C Topographie des Fötusses am Ende der Trächtigkeit
(schematisch)

II Transversalschnitt durch die Bauchhöhle im Bereich des 5. Lendenwirbels (schematisch).

1 Pansen
2 Äußeres Netzblatt
3 Eingeweideteil des Netzblattes
4 Rückwärtiger Netzsack
5 Großes Netz
6 Netzbeutel
7 Uterus
8 Fötus
9 Absteigender Zwölffingerdarmast
10 Darm
11 Linke Niere

I Lage des Kalbes im Uterus im 9. Monat der Trächtigkeit

1 Kolon
2 Enddarm
3 Geschlossener Uterushals
4 Amnion
5 Amnionhöhle
6 Allantoishöhle
7 Kotyledonen

II Fötus in Austreibungsphase: Längsdarstellung, normale Vorderendlage.

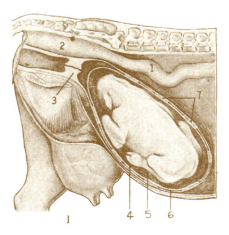
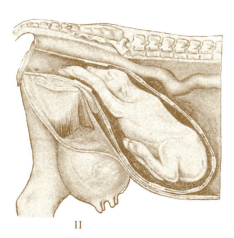

– Im allgemeinen drängt der Pansen, der links liegt, die Uterushörner nach rechts und zwängt sie zwischen die Därme in den Netzbeutel; so rückt der Fötus normalerweise nach rechts.
– Wenn der Uterus nicht im Netz liegt, wird er durch die Netzblätter nicht gehalten und kann dann unter den Pansen gleiten; Trächtigkeiten auf der linken Seite, glücklicherweise selten, sind oft mit Schwergeburt verknüpft.

– Der Uterushals ist voll geöffnet.

38
Anatomische Lagebeschreibung

Tafel 6
Veränderung des Blutkreislaufs bei der Geburt

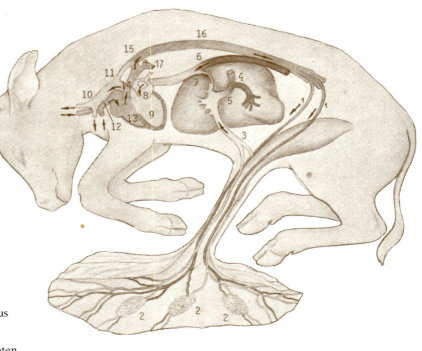

A Der Blutkreislauf des Fötus (halbschematisch)

Durch die Nabelarterien (1) erreicht das venöse Blut des Fötus Plazenta – Kotyledonen (2), wo es sich regeneriert. Ein rein arterielles Blut gibt es nur in der Nabelvene (3); es mischt sich später mit dem der Pfortader (4) durch eine Anastomose (5) und mit dem der hinteren Körperhohlvene (V. cava caudalis) (6) durch den Arantius-Kanal (7). Durch das Foramen ovale (8), Kommunikationsöffnung zwischen den Vorkammern, fließt das Blut von der rechten Herzseite zur linken (9), von wo es in den Truncus brachiocephalicus (10) transportiert wird auf Grund des Vorhandenseins des Isthmus aorticus (11). Das Blut der vorderen Hohlvene (V. cava cranialis) (12) geht von der rechten Herzvorkammer in die rechte Herzkammer (13), dann in den Lungenstamm (Tr. pulmonalis) (14) und von dort durch den Botalli-Kanal (15) in die Aorta (16). Die Lungengefäße sind unterentwickelt und nicht funktionsfähig.

B Blutkreislauf des Kalbes nach der Geburt (halbschematisch)

Die Veränderungen des Blutkreislaufes des Neugeborenen zeigen drei Besonderheiten:
a Verschwinden des Nabelkreislaufes: Verkürzung, Verödung und fibröse Entartung der Gefäße: Bildung der seitlichen Blasenbänder (1), des runden (2) und des sichelförmigen (3) Leberbandes.
b Auftreten eines funktionsfähigen Lungenkreislaufs: Entwicklung der Lungenarterien und -venen (4), Lahmlegung und fibröse Entartung des Botalli-Kanals, der sich in ein Band umwandelt (5), Verschwinden des Isthmus aorticus (6).
c Verschluß der Herzscheidewand durch Verschluß des Foramen ovale: vollständige Trennung beider Kreisläufe.

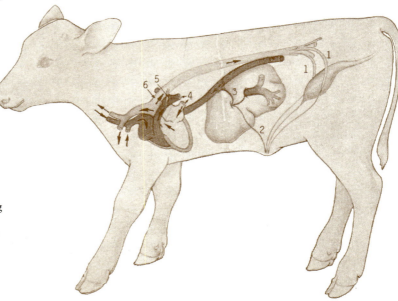

Kopf
1 Stirnbein
2 Horn
3 Stirn
4 Auge
5 Nasenrücken
6 Nasenloch
7 Nasenspiegel
8 Kinnspitze
9–10 Backe:
9 Backentasche
10 Backenplatte
11 Unterkiefer
12 Kieferrinne
13 Kehle
14 Ohrspeicheldrüse
15 Ohr
16 Schläfe

Hals
17 Obere Halsgegend
18 Drosselrinne
19 Wamme

Rumpf
20 Widerrist
21 Rücken
22 Nierengegend
23 Rippengegend
24–26 Flanke:
24 Flankengrube
25 Sehne
26 Muskel
27 Achselhöhle
28 Brust
29 Rippenbogen
30 Bauch
31 Nabelgegend
32 Leistengegend
33 Damm
34 After

Hintergliedmaßenregion
50 Hüfte
51 Hüfthöcker
52 Kruppe
53 Keulenspitze
54 Keule
55 Keulenfalte
56 Oberschenkel
57 Knie
58 Kniefalte
59 Unterschenkel
60–63 Kniekehle:
60 Falte
61 Sehne
62 Höhle
63 Fersenbeinhöcker

Schwanz
64 Schwanzkörper
65 Schwanzquaste

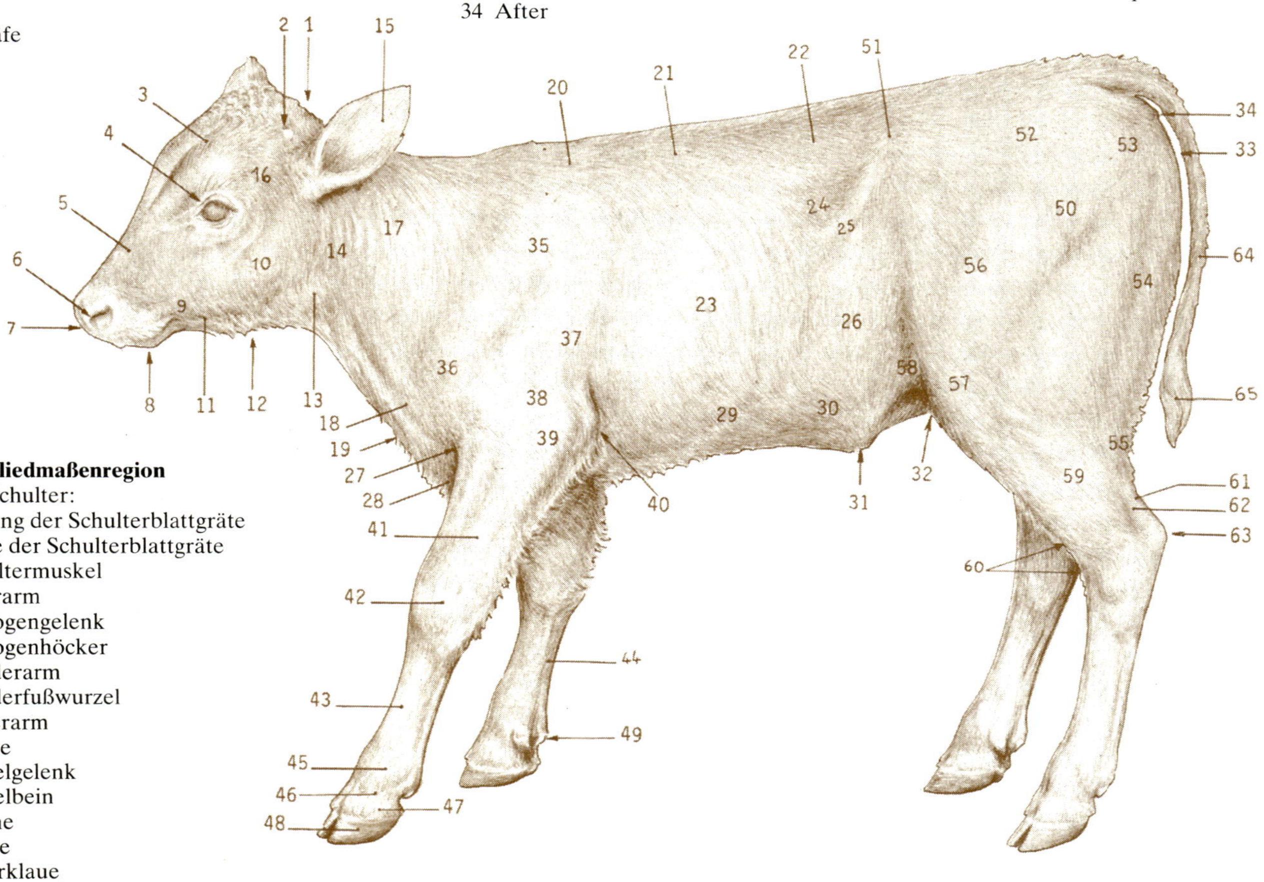

Anatomische Lagebeschreibung

**Tafel 7
Exterieur eines zwei
Monate alten Kalbes**

Vordergliedmaßenregion
35–37 Schulter:
35 Anfang der Schulterblattgräte
36 Ende der Schulterblattgräte
37 Schultermuskel
38 Oberarm
39 Ellbogengelenk
40 Ellbogenhöcker
41 Vorderarm
42 Vorderfußwurzel
43 Unterarm
44 Sehne
45 Fesselgelenk
46 Fesselbein
47 Krone
48 Klaue
49 Afterklaue

Anatomische Lagebeschreibung

**Tafel 8
Altersbestimmung**

B An den Klauen

  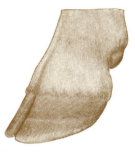

I Bei der Geburt
- Ein Polster von fötalem Horn, weich, gelblich, umgibt die Klauenspitze; dieses Hornpolster vertrocknet sehr schnell und verschwindet mit 4 Tagen.

II Mit einem Monat
- Die neue Klaue, die seit dem 5. Tag angefangen hat sich zu bilden, hat jetzt eine Länge von 6 mm. Da sie bei durchschnittlicher Geschwindigkeit jeden Tag um 1/4 mm wächst, gibt ihre Untersuchung einen ungefähren Eindruck des Alters des Kalbes an.

III Im 5. Monat
- Die Klaue erreicht eine Länge von etwa 3 cm.
- Nach dieser Periode ist diese Methode nicht mehr anwendbar.

A An der Nabelschnur

- Die Nabelschnur wird schwarz und vertrocknet bei einem Kalb von einer Woche. Ab 5. Tag bietet sie, wenn keine Nabelentzündung vorliegt, bereits diesen Anblick.
- Mit etwa 14 Tagen fällt die Nabelschnur unter Hinterlassung eines »Schorfs« ab, der mit einem Monat verschwindet.
- Danach erscheint der endgültige Nabel.

C An den Hornknospen

 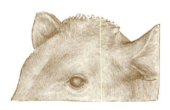 

I 15 Tage
- Bei der Geburt ist die Haut, bedeckt mit einem Flaum sehr feiner Haare, verschiebbar, aber leicht haftend am Stirnbein.
- Mit einem Monat: Vorhandensein einer kleinen Kallusbildung, um die die Haare verschwinden.

II 3 Monate
- In diesem Alter bildet der Hornknospen eine bewegliche Tasche über einem kleinen Knochenauswuchs der Stirn; er mißt 2 cm beim weiblichen und 3 cm beim männlichen Kalb.

III 6 Monate
- Er erreicht 4 cm und verbindet sich fest mit dem Knochen: mit 4 Monaten beim männlichen, mit 5 bis 6 Monaten beim weiblichen Kalb.
- Mit einem Jahr hat die Hornanlage eine Länge von 10 cm; an ihrer Spitze verschwindet die graue Substanz, und das ursprüngliche Gebilde wird undurchsichtig; es ist ein richtiges Horn geworden.
- Mit 18 Monaten beträgt seine Länge 15 bis 16 cm.

D Am Zahnfleisch und an den Schneidezähnen

Anatomische Lagebeschreibung

I Mit 15 Tagen

– Die äußeren Mittel- und die Eckzähne sind noch nicht ganz aus dem Zahnfleisch heraus, das rötlich aussieht;
– die Schneidezähne sind noch übereinander gelagert.

II Mit 1 Monat

– Alle Zahnhälse liegen frei,
– das Zahnfleisch ist weißlich geworden,
– die Zahnkronen liegen nebeneinander.

III Mit 3 Monaten

– Die Abnutzung der sehr empfindlichen Zähne, sehr verschieden je nach dem Abschnitt der Milchzeit und der Art der Fütterung, beginnt sich an allen Zähnen zu zeigen.

IV Mit 6 Monaten

– Abnutzung der Milchzähne sehr fortgeschritten,
– zusätzliches Merkmal: Durchbruch der Prämolaren.

V Mit 12 Monaten

– Die Hakenzähne sind auf gleicher Höhe.

VI Mit 18 Monaten

– Alle Schneidezähne sind auf gleicher Höhe;
– zusätzliches Merkmal: Durchbruch der Molaren,
– die Hakenzähne machen sich unter dem Zahnfleisch bemerkbar.
– Der Wechsel der Hakenzähne findet unterschiedlich zwischen 17 und 24 Monaten statt, durchschnittlich mit 22 Monaten.

42

Anatomische Lagebeschreibung

**Tafel 9
Skelett eines zwei
Monate alten Kalbes**

Kopf
1 Hinterhauptbein
2 Wand und Zwischenwand
3 Schläfenbein
4 Stirnbein
5 Tränenbein
6 Nasenbein
7 Zwischenkieferbein
8 Oberkiefer
9 Zungenbein
10 Unterkiefer

Wirbelsäule
11 Halswirbel
12 Brustwirbel
13 Lendenwirbel
14 Kreuzwirbel
15 Schwanzwirbel

Brustkorb
16 Rippen
17 Rippenknorpel
18–20 Brustbein:
18 Habichtsknorpel
19 Brustbeinkörper
20 Schaufelknorpel

Entwicklung der Stirnknochen

Kalb von 1 Monat:
Wand, Zwischenwand und Hinterhauptschale, bereits zusammengewachsen

Kalb von 4 Monaten:
Kleine Exostose in der Horntasche

Kalb von 9 Monaten:
Die Nasennebenhöhlen breiten sich bis zur Basis des Horns aus

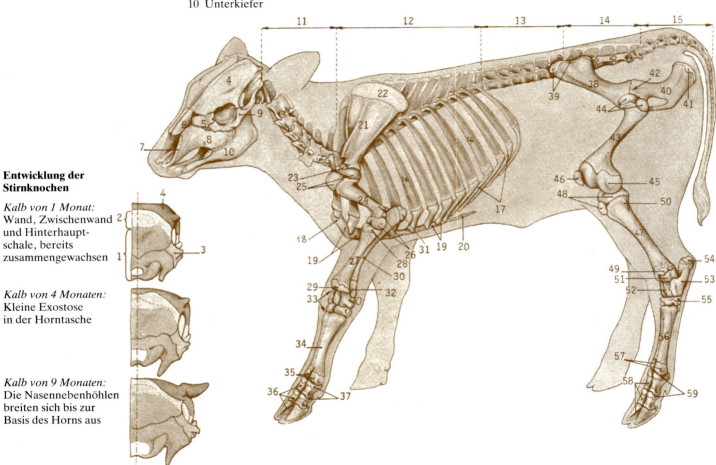

Lage und Teile des Brustkorbs
21 Schulterblatt
22 Schulterblattknorpel
23 Epiphysen des Rabenschnabels (7 bis 10 Monate)*
24 Oberarm
25 Epiphysen des Trochanters und Oberarmkopfes (wenigstens 3½ Jahre)
26 Epiphysen der Trochlea und des Epikondilus (15 bis 20 Monate)
27 Unterarm
28 Proximale Epiphyse des Unterarms (12 bis 15 Monate)
29 Distale Epiphyse des Unterarms (3½ bis 4 Jahre)
30 Elle
31 Epiphyse des Ellbogenhöckers (3½ Jahre)
32 Griffelförmige Epiphyse (3½ Jahre)
33 Handwurzel
34 Mittelhand (Mittelhandknochen III und IV)
35 Epiphysen der Mittelhand (2 bis 2½ Jahre)
36 Erste, zweite und dritte Phalanx
37 Epiphyse der ersten und zweiten Phalanx (18 Monate bis 2 Jahre)

Lage und Teile des Beckens
38 Darmbein
39 Epiphyse des Darmbeinkamms und der kranialen Darmbeinschaufel (5 Jahre)
40 Sitzbein
41 Epiphyse des Sitzbeinhöckers (5 Jahre)
42 Darmbein-Sitzbeinknorpel (zusammengewachsen mit 7 bis 10 Monaten)
43 Oberschenkel
44 Epiphysen des Trochanter und des Oberschenkelkopfes (3½ Jahre)
45 Distale Epiphyse des Oberschenkels (3½ Jahre)
46 Kniescheibe
47 Schienbein
48 Epiphysen des Schienbeinhöckers und der Schienbeinscheibe (3½ Jahre)
49 Distale Epiphyse des Schienbeins (2 bis 2½ Jahre)
50 Wadenbein
51 Malleolarbein
52–54 Fußwurzel:
52 Rollbein
53 Fersenbein
54 Epiphysen des Fersenbeins (3 Jahre)
55 Würfelförmiges Polster
56 Mittelfußknochen III und IV
57 Epiphysen des Mittelfußknochen (2 bis 2½ Jahre)
58 Erste, zweite, dritte Phalanx
59 Epiphysen der ersten und zweiten Phalanx (18 Monate bis 2 Jahre)

Anatomische Lagebeschreibung

* Die Zeiten des Zusammenwachsens der Epiphysenkerne sind in Klammern angegeben.

44

Anatomische Lagebeschreibung

**Tafel 10
Oberflächenmuskulatur**
(nach Weglassung
der meisten Hautmuskeln)

Kopf
1 Ohrspeicheldrüsen-Ohrmuskel
2 Jochbein-Ohrmuskel
3 Oberflächlicher Ohrschild-Ohrmuskel
4 Hals-Ohrschildmuskel
5 Zwischen-Ohrschildmuskel
6 Vorderer Ohrschildmuskel
7 Stirnmuskel
8 Kreisförmiger Augenmuskel
9 Unterer Augenmuskel
10 Nasen-Lippenheber
11 Eigentlicher Oberlippenheber
12 Eckzahnmuskel
13 Oberlippenniederzieher
14 Lippenkreismuskel
15 Niederzieher des Maulwinkels
16 Trompetermuskel
17 Niederzieher der Unterlippe
18 Jochbeinmuskel
19 Kaumuskel

Rumpf
26 Absteigender Brustmuskel
27 Schiefer Brustkorbmuskel
28 Großer Rückenmuskel
29 Kleiner hinterer ausgezackter Muskel
30 Tiefe Rumpffaszie
31 Innerer schiefer Bauchmuskel
32 Äußerer schiefer Bauchmuskel
33 Sehne
34 Aufsteigender Brustmuskel

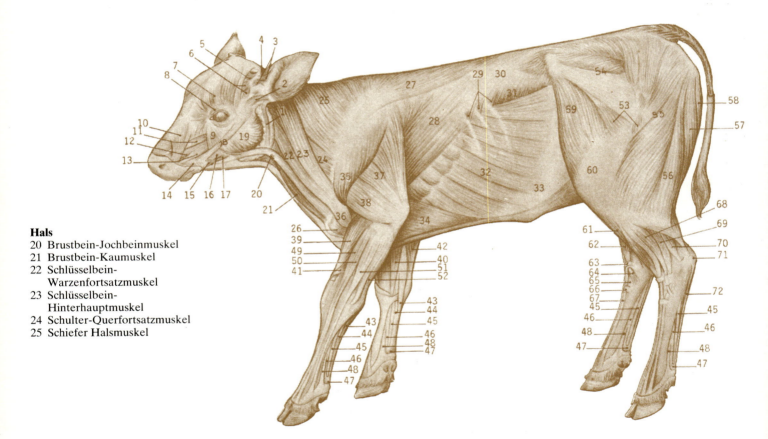

Hals
20 Brustbein-Jochbeinmuskel
21 Brustbein-Kaumuskel
22 Schlüsselbein-Warzenfortsatzmuskel
23 Schlüsselbein-Hinterhauptmuskel
24 Schulter-Querfortsatzmuskel
25 Schiefer Halsmuskel

Brustkorb und seine Gliedmaßen
35 Deltamuskel
36 Schlüsselbein-Vorderarmmuskel
37–38 Dreiköpfiger Armmuskel:
37 Langer Kopf
38 Seitlicher Kopf
39 Radialer Handstrecker
40 Großer Handflächenmuskel
41 Schräger Strecker der Hand
42 Mittlerer Ellenmuskel
43 Oberflächliche Sehne des oberen Zehenbeugers
44 Tiefe Sehne des oberen Zehenbeugers
45 Sehne des tiefen Zehenbeugers
46 Tarsalbrücke
47 Sehnenring
48 Aufhängeband
49 Streckmuskel der mittleren Zehe
50 Gemeinsamer Zehenstrecker
51 Streckmuskel der seitlichen Zehe
52 Seitlicher Ellenmuskel

Becken und seine Gliedmaßen
53 Oberer Gesäßmuskel (rudimentär)
54 Mittlerer Gesäßmuskel
55 Zweiköpfiger Oberschenkelmuskel (kranialer Teil)
56 Kaudaler Teil des zweiköpfigen Oberschenkelmuskels
57 Halbsehniger Muskel
58 Halbhäutiger Muskel
59 Spanner der Schenkelfaszie
60 Schenkelfaszie
61 Vorderer Schienbeinmuskel
62 Fußbeugemuskel
63 Proximales Halteband der Spannmuskeln
64 Sehne des vorderen Schienbeinmuskels
65 Sehne des Fußbeugemuskels
66 Distales Halteband der Spannmuskeln
67 Sehne des Streckmuskels der mittleren Zehe
68 Langer Wadenbeinmuskel
69 Strecker der seitlichen Zehe
70 Beugemuskel der seitlichen Zehen
71 Kappe des Fersenbeinhöckers
72 Fersensehnenstrang

Anatomische Lagebeschreibung

46

Anatomische Lagebeschreibung

**Tafel 11
Hauptarterien**

1 Lungenstamm
2 Linke Lungenarterie
3 Arterienstamm für Arm und Kopf
4 Halsschlagader
5 Äußerer Stamm der Karotis
6 Hinterhauptarterie
7 Zungen-Gesichtsstamm
8 Gesichtsarterie
9 Kaudale Ohrmuschelarterie
10 Oberflächliche Schläfenarterie
11 Vordere Ohrmuschelarterie
12 Hornarterie
13 Transversale Gesichtsarterie
14 Oberkieferarterie
15 Kinnarterie
16 Seitliche Nasenhautarterie
17 Wangenarterie
18 Unteraugenhöhlenarterie
19 Untere Schlüsselbeinarterie
20 Rippen-Gehirnstamm
21 Absteigende Schulterblattarterie
22 Tiefe Halsarterie
23 Wirbelarterie
24 Obere Halsarterie
25 Innere Brustkorbarterie
26 Herzbeutel-Zwerchfellarterie
27 Muskel-Zwerchfellarterie
28 Kraniale Oberbaucharterie
29 Äußere Brustkorbarterie
30 Achselhöhlenarterie
31 Obere Schulterblattarterie
32 Untere Schulterblattarterie
33 Brust-Rückenarterie
34 Kaudale umlaufende Oberarmarterie
35 Seitliche Speichenarterie

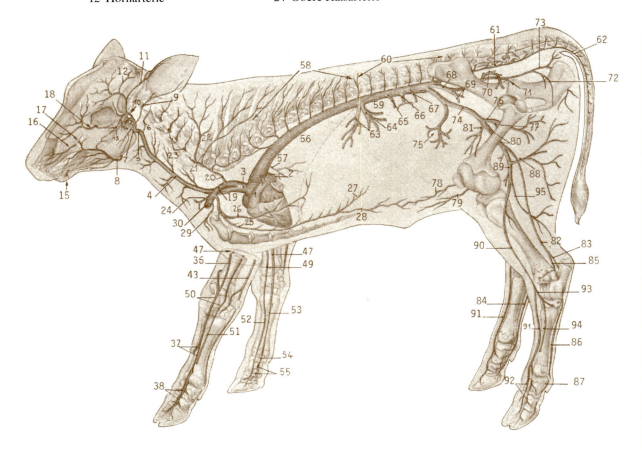

36 Kraniale oberflächliche Unterarmarterie
37 Dorsale gemeinsame Zehenarterie II und III
38 Eigentliche Zehenarterie
39 Umlaufende Schulterblattarterie
40 Umlaufende kraniale Oberarmarterie
41 Armarterie
42 Tiefe Oberarmarterie
43 Seitliche Ellenarterie
44 Gemeinsame Zwischenknochenarterie
45 Kraniale Zwischenknochenarterie
46 Kaudale Zwischenknochenarterie
47 Mediane Schlagader
48 Tiefe Vorderarmarterie
49 Speichenarterie
50 Dorsales Handwurzelnetz
51 Dorsale Mittelhandarterie III
52 Mittlere palmare Mittelhandarterie
53 Gemeinsame palmare Zehenarterie III
54 Zwischenzehenarterie
55 Palmare Zehenarterien III und IV
56 Brustaorta
57 Bronchus-Speiseröhrenarterie
58 Dorsale Zwischenrippenarterien
59 Bauchaorta
60 Lendenarterien
61 Mittlere Kreuzbeinarterie
62 Mittlere Schwanzarterie
63 Bauchhöhlenarterie
64 Kraniale Bauchfellarterie
65 Linke Nierenarterie
66 Kaudale Bauchfellarterie
67 Linke Hodenarterie (Eierstockarterie)
68 Innere Darmbeinarterie
69 Nabelarterie und Uterusarterie
70 Kraniale Kruppenarterie
71 Vorsteherdrüsenarterie
72 Kaudale Kruppenarterie
73 Innere Schambeinarterie
74 Äußere Darmbeinarterie
75 Tiefe umlaufende Darmbeinarterie
76 Tiefe Oberschenkelarterie
77 Schamteil-Bauchstammarterie
78 Kaudale Oberbaucharterie
79 Obere kaudale Oberbaucharterie
   (Vordere Euterschlagader)
80 Oberschenkelarterie
81 Seitliche umlaufende Oberschenkelarterie
82 Arteria saphena
83 Mittlere Sohlenarterie
84 Gemeinsame plantare Zehenarterie
85 Seitliche Sohlenarterie
86 Seitliche plantare Mittelfußarterie
87 Seitliche Zehenarterie
88 Kaudale Oberschenkelarterie
89 Kniekehlarterie
90 Vordere Schienbeinarterie
91 Dorsale gemeinsame Zehenarterie
92 Dorsale Zehenarterien
93 Dorsale Fußarterie
94 Dorsale Mittelfußarterie III
95 Kaudale Schienbeinarterie

Anatomische Lagebeschreibung

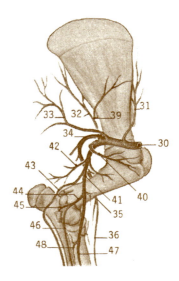

48

Anatomische Lagebeschreibung

**Tafel 12
Hauptvenen**

1 Lungenvenen
2 Große Herzvene
3 Mittlere Herzvene
4 Rechte Herzvenen
5 Linke unpaare Vene
6 Vordere Körperhohlvene
7 Rechte unpaare Vene
8 Rippen-Gehirnvene
9 Absteigende Schulterblattvene
10 Tiefe Gehirnvene
11 Wirbelvene
12 Innere Brustkorbvene
13 Zwerchfell-Muskelvene
14 Kraniale Bauchvene
15 Milchader
16 Innere Jugularvene
17 Drosselvene
18 Oberflächliche Gehirnvene
19 Kopfvene
20 Mittlere Ellbogenvene
21 Zusätzliche Kopfvene
22 Dorsale gemeinsame Zehenvene III
23 Dorsale Zehenvenen
24 Zungen-Gesichtsvene
25 Gesichtsvene
26 Oberkiefervene
27 Kaudale Ohrvene
28 Ventrale Kaumuskelvene
29 Oberflächliche Schläfenvene
30 Aufsteigende Ohrvene
31 Hornvene
32 Transversale Gesichtsvene
33 Wangenvene
34 Unteraugenhöhlenvene
35 Kinngeflecht
36 Achselhöhlenvene
37 Äußere Brustkorbvene
38 Obere Schulterblattvene
39 Untere Schulterblattvene
40 Kraniale umlaufende Oberarmvene
41 Kaudale umlaufende Oberarmvene

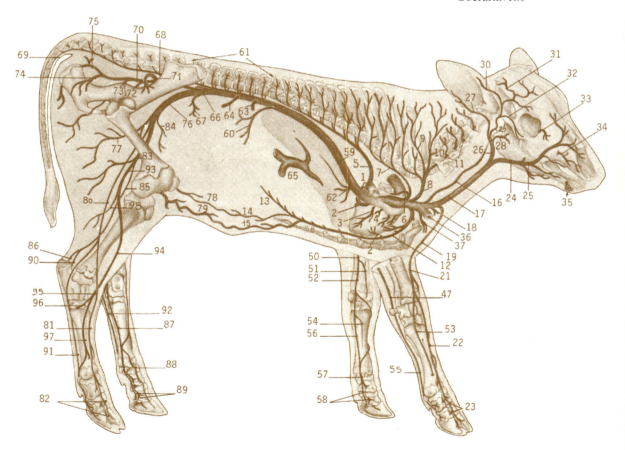

42 Brust-Rückenvene
43 Umlaufende Schulterblattvene
44 Armvene
45 Tiefe Oberarmvene
46 Seitliche Speichenvene
47 Seitliche Ellenvene
48 Gemeinsame Zwischenknochenvene
49 Kraniale Zwischenknochenvene
50 Mittelvene
51 Tiefe Vorderarmvene
52 Speichenvene
53 Dorsale Mittelhandvene
54 Mittlere palmare Mittelhandvene
55 Seitliche palmare Mittelhandvene
56 Gemeinsame palmare Zehenvene III
57 Zwischenzehenvene
58 Palmare Zehenvenen III und IV
59 Hintere Körperhohlvene
60 Kraniale Bauchvene
61 Lendenvenen

62 Lebervenen
63 Rechte Nierenvene
64 Rechte Hoden- (Eierstocks-) Venen
65 Pfortader
66 Gemeinsame Darmbeinvene
67 Tiefe umlaufende Darmbeinvene
68 Mittlere Kreuzbeinvene
69 Kaudale Mittelvene
70 Innere Darmbeinvene
71 Kraniale Kruppenvene
72 Obturata-Vene
73 Prostata- (Scheiden-) Vene
74 Kaudale Kruppenvene
75 Innere Schambeinvene
76 Äußere Darmbeinvene
77 Tiefe Oberschenkelvene
78 Kaudale Oberbauchvene
79 Oberflächliche kaudale Oberbauchvene
80 Seitliche Vena saphena
81 Gemeinsame dorsale Zehenvene III
82 Dorsale Zehenvenen
83 Oberschenkelvene
84 Seitliche umlaufende Oberschenkelvene
85 Mittlere Vena saphena
86 Mittlere Sohlenvene
87 Gemeinsame plantare Zehenvene III
88 Zwischenzehenvene
89 Plantare Zehenvenen III und IV
90 Seitliche Sohlenvene
91 Seitliche plantare Mittelfußvene
92 Mittlere plantare Mittelfußvene
93 Kniekehlvene
94 Kraniale Schienbeinvene
95 Dorsale Fußvene
96 Durchdringende Fußwurzelvene
97 Dorsale Mittelfußvene III
98 Kaudale Schienbeinvene

Anatomische Lagebeschreibung

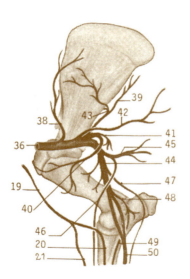

Anatomische Lagebeschreibung

**Tafel 13
Lymphsystem**

A Oberflächliche Lymphgefäße und -knoten

1 Parotis-Lymphknoten
2 Mandibular-Lymphknoten
3 Seitlicher Schlundkopf-Lymphknoten
4 Bug-Lymphknoten
5 Schulter-Lymphknoten der 1. Rippe
6 Eigentlicher Schulter-Lymphknoten
7 Flanken-Lymphknoten
8 Hüft-Lymphknoten
9 Zusätzlicher Hüft-Lymphknoten
10 Sitzbein-Lymphknoten
11 Unterer Darmbein-Lymphknoten
12 Kniekehlen-Lymphknoten

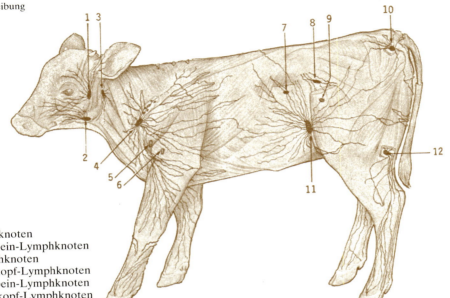

1 Flügelbein-Lymphknoten
2 Vorderer Zungenbein-Lymphknoten
3 Mandibular-Lymphknoten
4 Mittlerer Schlundkopf-Lymphknoten
5 Kaudaler Zungenbein-Lymphknoten
6 Seitlicher Schlundkopf-Lymphknoten
7 Luftröhren-Zweig
8–10 Tiefe Bug-Lymphknoten:
8 kraniale, 9 mittlere, 10 kaudale
11 Bug-Rippen-Lymphknoten
12 Brustkorb-Kanal
13 Zwischenrippen-Lymphknoten
14 Brustkorb-Aorten-Lymphknoten
15 Kranialer Brustbein-Lymphknoten
16 Kaudaler Brustbein-Lymphknoten
17 Zwerchfell-Lymphknoten
18–20 Mittelfell-Lymphknoten:
18 kraniale, 19 mittlere, 20 kaudale
21 Linker Luftröhren-Bronchien-Lymphknoten
22 Hilus-Zisterne
23 Lenden-Zweig
24 Darm-Zweig
25 Bauchhöhlen- und Gekröse-Lymphknoten
26 Mittlere Hüft-Lymphknoten
27 Seitliche Hüft-Lymphknoten
28 Hüft-Oberschenkel-Lymphknoten
29 Oberbauch-Lymphknoten
30 Innerer Kreuzbein-Lymphknoten
31 After-Enddarm-Lymphknoten
32 Sitzbeinhöcker-Lymphknoten
33 Oberflächliche Leisten-Lymphknoten

B Tiefe Lymphgefäße und -knoten

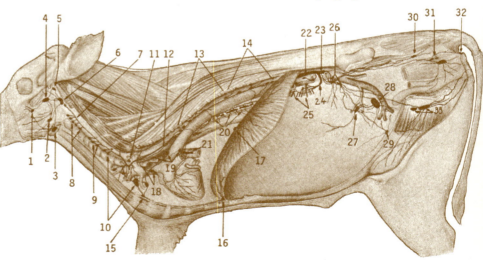

Kopfnerven

N. trigeminus:
1. Jochbogen-Schläfenast
2. Hornast
3. Oberer Augenhöhlennerv
4. Ast des unteren Rollnervs
5. Jochbogen-Gesichtsast
6. Unterer Augenhöhlennerv
7. Äußere Nasenäste
8. Innere Nasenäste
9. Oberkiefer-Lippenast
10. Äste des Kinnervs
11. Gemeinsamer Ast des Ohr-Schläfennervs und des Gesichtsnervs

N. facialis:
12. Gesichtsnerv
13. Ohr-Augenlidnerv
14. Unterkiefernerv
15. Backenäste
16. Backen-Lippenäste

Halsnerven

17. Hautzweige der oberen Halswirbeläste (C 4 bis C 8)
18. Hautzweige der unteren Halswirbeläste (C 2 bis C 8)
19. Großer Ohrnerv
20. Halsquernerv
21–23. Schlüsselbeinnerven:
21. unterer
22. mittlerer
23. oberer

Brustnerven

24. Hautzweige der oberen Rückenwirbeläste (Th 1 bis Th 13)
25. Mittlerer Hautast
26. Seitlicher Hautast
27. Hautzweige der Unterbauch-Rückenwirbeläste (Th 4 bis Th 13)
28. Oberer und 29. Unterer Zweig des seitlichen Hautastes eines Zwischenrippennervs
30. Unterbauch-Hautast eines Zwischenrippennervs
31. Zwischenrippen-Armnerv

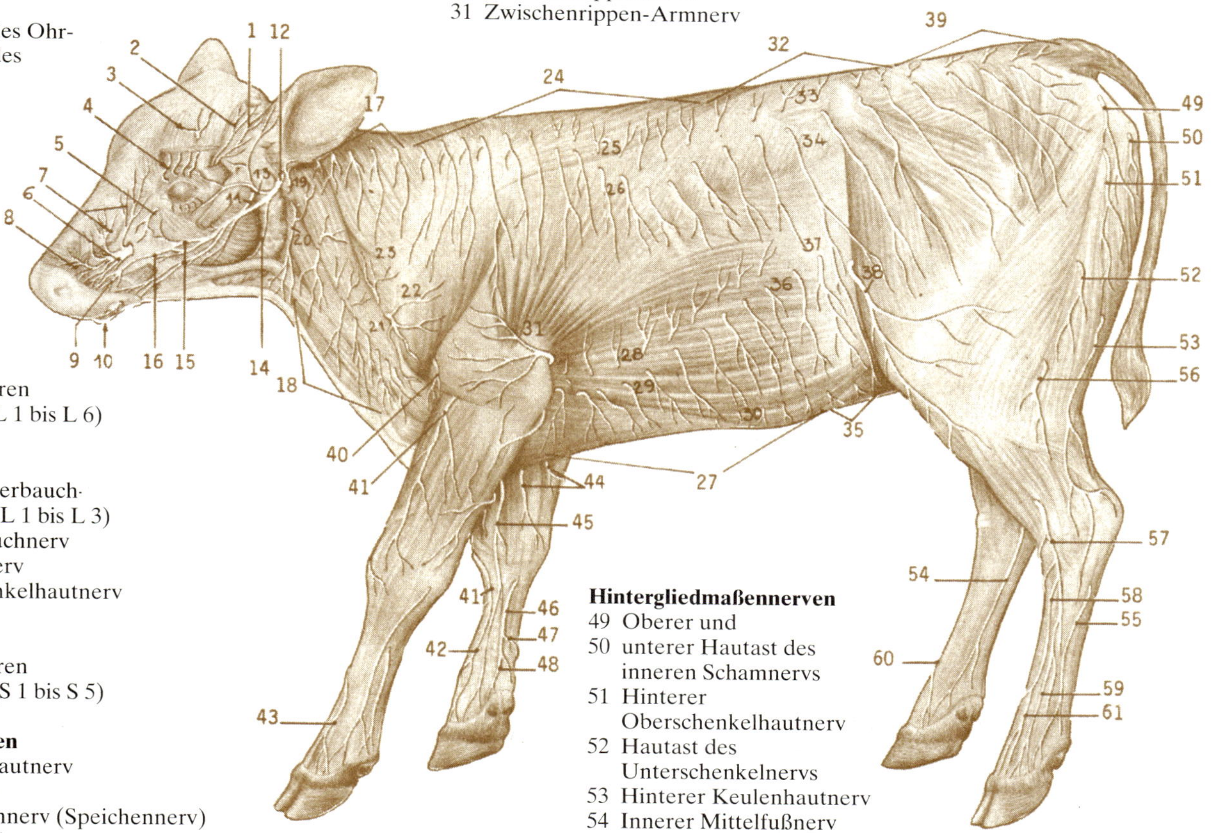

Lendennerven

32. Hautzweige der oberen Rückenwirbeläste (L 1 bis L 6)
33. Mittlerer Hautast
34. Seitlicher Hautast
35. Hautzweige des Unterbauch-Rückenwirbelastes (L 1 bis L 3)
36. Darmbein-Unterbauchnerv
37. Darmbein-Leistennerv
38. Seitlicher Oberschenkelhautnerv

Kreuzbeinnerven

39. Hautzweige des oberen Rückenwirbelastes (S 1 bis S 5)

Vordergliedmaßennerven

40. Oberer Vorderarmhautnerv (Achselhöhlennerv)
41. Seitlicher Vorderarmnerv (Speichennerv)
42. Vorderer Mittelhandnerv
43. Vorderer gemeinsamer Zehennerv III
44. Hinterer Unterarmhautnerv (Ellennerv)
45. Mittlerer Unterarmhautnerv (Hautmuskelnerv)
46. Mittelnerv
47. Seitlicher Handflächennerv
48. Mittlerer Handflächennerv

Hintergliedmaßennerven

49. Oberer und
50. unterer Hautast des inneren Schamnervs
51. Hinterer Oberschenkelhautnerv
52. Hautast des Unterschenkelnervs
53. Hinterer Keulenhautnerv
54. Innerer Mittelfußnerv
55. Seitlicher Mittelfußnerv
56. Seitlicher Keulenhautnerv
57. Oberflächlicher Wadenbeinnerv
58. Oberflächlicher vorderer Mittelfußnerv
59. Vorderer Zehennerv IV
60. Vorderer Zehennerv III
61. Gemeinsamer Zehennerv III

Anatomische Lagebeschreibung

**Tafel 14
Oberflächeninnervierung**

Anatomische Lagebeschreibung

**Tafel 15
Gliedmaßen-
innervierung –
Mageninnervierung**

I Linke Vorderzehe

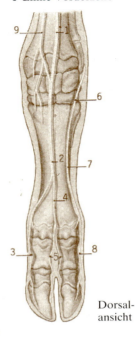
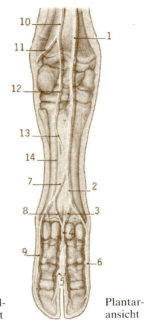

Dorsalansicht / Plantaransicht

II Linke Hinterzehe

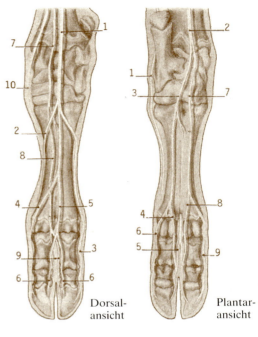

Dorsalansicht / Plantaransicht

A Nerven der Gliedmaßenenden

Linke Vorderzehe – Dorsalansicht:
1. Vorderarm-Hautnerv (Speichennerv)
2. Vorderer dorsaler Mittelhandnerv
3. Vorderer dorsaler Zehennerv III
4. Gemeinsamer dorsaler Zehennerv III
5. Eigentliche dorsale axiale Zehennerven
6. Dorsaler Ast des Ellennervs
7. Seitlicher dorsaler Mittelhandnerv
8. Seitlicher dorsaler Zehennerv IV
9. Mittlerer Vorderarm-Hautnerv (Hautmuskelnerv)

Linke Vorderzehe – Plantaransicht:
1. Mittelnerv
2. Mittlerer Handflächennerv
3. Plantarer seitlicher Zehennerv III
4. Plantarer gemeinsamer Zehennerv III
5. Eigene plantare Seiten-Zehennerven
6. Plantarer äußerer Zehennerv III
7. Seitlicher Handflächennerv
8. Plantarer Zehennerv IV
9. Plantarer äußerer Zehennerv IV
10. Ellennerv
11. Dorsaler Ast
12. Plantarer Ast
13. Tiefer Zweig
14. Oberflächlicher Zweig

Linke Hinterzehe – Dorsalansicht:
1. Oberflächlicher Wadenbeinnerv
2. Hautast
3. Dorsaler äußerer Zehennerv IV
4. Dorsaler äußerer Zehennerv III
5. Gemeinsamer dorsaler Zehennerv III
6. Eigentliche dorsale axiale Zehennerven
7. Tiefer Wadenbeinnerv
8. Dorsaler Mittelfußnerv III
9. Verbindungsäste mit den seitlichen plantaren Zehennerven
10. N. saphenus

Linke Hinterzehe – Plantaransicht:
1. Hinterer seitlicher Keulenhautnerv
2. Unterschenkelnerv
3. Seitlicher Plantarnerv
4. Plantarer seitlicher Zehennerv IV
5. Verbindungsäste des tiefen Wadenbeinnervs
6. Plantarer äußerer Zehennerv IV
7. Mittlerer Plantarnerv
8. Plantarer seitlicher Zehennerv III
9. Plantarer äußerer Zehennerv III

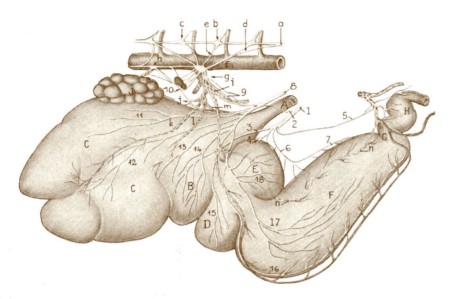

B Magennerven – Eingeweideansicht (schematisch)

A Speiseröhre
B Pansenvorhof
C Pansen
D Netzmagen
E Blättermagen
F Labmagen
G Magenausgang
H Zwölffingerdarm
I Rechte Nebenniere
J Rechte Niere

Sympathische Teile
a Grenzstrang
b Brustganglion des Sympathikus
c 1. Lendenganglion des Sympathikus
d Großer Eingeweidenerv
e Kleiner Eingeweidenerv
f Kranialer Eingeweideknoten
g Bauchganglion
h Nierenganglion
i Bauchgeflecht
j Milzgeflecht
k Pansengeflecht, rechts
l Pansengeflecht, links
m Haubengeflecht
n Magengeflecht

Parasympathische Teile
1 Ventraler Vagusstrang
2 Verbindungsast
3 Panseneingangsäste
4 Kraniale Haubenäste
5 Pansenausgangsast
6 Blättermagenäste
7 Pansenwandäste
8 Dorsaler Vagusstrang
9 Bauchäste
10 Nierenäste
11 Dorsale Pansenäste
12 Rechter Pansenast
13 Kranialer Ast der Pansenfurche
14 Panseneingangsäste
15 Kaudale Haubenäste
16 Ast an der großen Labmagenkrümmung
17 Labmagenäste
18 Blättermagenast

Anatomische Lagebeschreibung

**Tafel 16
Endokrine Drüsen –
Thymus**

A   Epiphyse, Hypophyse. Medianer Gehirnschnitt, rechte Hälfte, mittlere Zone

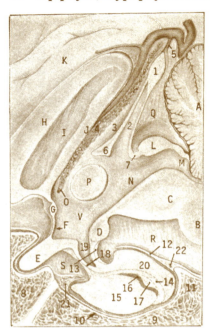

A Kleinhirn (Vorderlappen)
B Ringförmige Auftreibung
C Gehirnstiel
D Hypothalamus
E Sehnervenkreuzung
F Grenzscheide der grauen Substanz
G Vorderer Einschnitt
H Gehirnbalken
I Durchsichtige Scheidewand
J Wölbung
K Rechte Gehirnhälfte (mittlere Oberfläche)
L Vierhügelplatte
M Äquadukt des Mittelhirns
N Dritte Gehirnkammer
O Zwischenkammer-Öffnung
P Zwischenmasse
Q Hohlraum zwischen Hirn und Kleinhirn
R Basis-Hohlraum
S Kreuzungs-Hohlraum

Epiphyse
 1 Zirbeldrüsenkörper
 2 Zirbeldrüsenfortsatz
 3 Oberer Zirbeldrüsenfortsatz
 4 Adlergeflecht der III. Gehirnkammer
 5 Zirbeldrüsenvene
 6 Balkenhöcker
 7 Kaudaler Einschnitt

Hypophyse
 8 Stamm des vorderen Keilbeines
 9 Stamm des unteren Keilbeines
10 Türkensattel
11 Rückenteil des Sattels
12 Scheidewand des Sattels
13–17 *Adenohypophyse* (Hypophysenvorderlappen):
13 Trichterlappen
14 Zwischenlappen
15 Vorderlappen
16 Hypophysenhöhle
17 »Walzen«-Vorsprung
18–20 *Neurohypophyse* (Hypophysenhinterlappen):
18 Proximaler Lappen (Trichter)
19 Trichterfortsatz
20 Vorderlappen
21 Vorderes Säckchen zwischen den Kavernen
22 Hinteres Säckchen zwischen den Kavernen

B Bauchspeicheldrüse. Dorsolaterale Ansicht von rechts (halbschematisch)

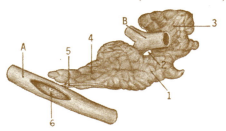

A Zwölffingerdarm, absteigender Ast
B Pfortader
1 Drüsenkörper
2 Pankreaseinschnürung
3 Linker Lappen
4 Rechter Lappen
5 Zusätzlicher Pankreaskanal (nur beim Kalb ausgebildet)
6 Kleine Zwölffingerdarmwarze mit Mündung des zusätzlichen Pankreaskanals

Anatomische Lagebeschreibung

C Nebennieren
Bauchansicht, in situ

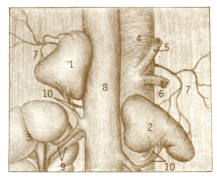

1 Rechte Nebenniere
2 Linke Nebenniere
3 Rechte Niere, kraniale Spitze
4 Aorta
5 Bauchhöhlenarterie
6 Kraniale Gekrösearterie
7 Kraniale Nebennierenäste
8 Hintere Körperhohlvene
9 Rechte Nierenarterie und -vene
10 Nebennierenarterien und -venen

D Schilddrüse und innere Nebenschilddrüse (Epithelkörperchen)

1 Schildknorpel
2 Ringknorpel
3 Luftröhre
4 Speiseröhre
5 Ring-Schlundkopfmuskel
6 Schilddrüsen-Schlundkopfmuskel
7 Schilddrüsen-Zungenbeinmuskel
8 Ring-Schilddrüsenmuskel
9 Linker Schilddrüsenlappen
10 Schilddrüseneinschnürung
11 Epithelkörperchen (verdeckt durch den Schilddrüsenlappen)

E Äußere Nebenschilddrüse – Thymus (Kalb von einem Monat)

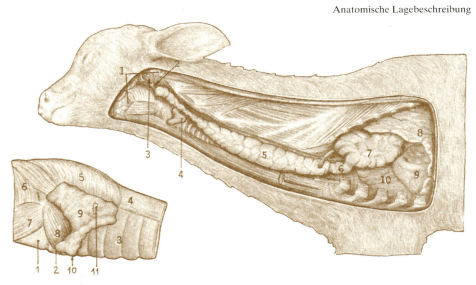

1 Linke Unterkieferdrüse (teilweise entfernt zur Sichtbarmachung der äußeren Nebenschilddrüse)
2 Mündung der Karotis
3 Äußere Nebenschilddrüse
4 Schilddrüse
5–7 Thymus:
5 Linker Halslappen
6 Mittellappen
7 Brustlappen
8 Linker Lungenflügel
9 Herz
10 Rechter Lungenlappen durch das Mittelfell erscheinend

Die Thymusdrüse erreicht ihre größte Entwicklung mit ungefähr vier Monaten; zu dieser Zeit kann ihre Masse auf 700 g anwachsen, in Ausnahmefällen bis 1 kg. Ihre physiologische Rückbildung ist schon am Ende des ersten Jahres abgeschlossen; Reste des Thymus können bis zum sechsten Lebensjahr vorhanden sein, allerdings selten.

56

Anatomische Lagebeschreibung

Tafel 17/18
Kopf – Hals

A Kopf: Längsschnitt*

I Kopfabschnitt
1–3 Hinterhaupt:
1 Seitenteil
2 Basisteil
3 Schuppenteil
4 Zwischenwand
5 Wand
6 Nasennebenhöhle
7 Siebbein
8 Vorderkeilbein
9 Unteres Keilbein
10 Hirnstamm
11 Kleinhirn
12 Hypophyse
13 III. Ventrikel
14 Sehnerv
15 Gewölbe
16 Durchsichtige Scheidewand
17 Gehirnbalken
18 Großhirnhälfte

II Nasen-Gaumenabschnitt
19 Nasenbein
20 Knöcherner Gaumen
21 Pflugscharbein
22 Knorplige Nasenscheidewand (größtenteils entfernt)
23 Dorsale Nasenmuschel
24 Mittlere Nasenmuschel
25 Siebbeinmuscheln (Geruchs-Labyrinth)
26 Ventrale Nasenmuschel
27 Nasenausgang
28 Dorsaler Nasengang
29 Mittlerer Nasengang
30 Ventraler Nasengang
31 Flügelfalte
32 Rechtes Nasenloch
33 Haarspiegel
34 Vorderer Erweiterungsmuskel der Nasenöffnungen
35 Nasen-Lippendrüsen
36 Oberlippe
37 Lippenvorhof
38 Zahnbogen
39 Gaumenvenen und Gaumenkämme
40 Backen und Backenwarzen (»zahnartig«)

III Unterkieferabschnitt
41 Zahnpartie des Unterkiefers und Zange
42–45 Zunge:
42 Spitze, 43 Höcker und Grube
44 Wurzel, 45 Unterseite
46 Kinn-Zungenmuskel
47 Zungengefäße
48 Zungengrundmuskel
49 Zungenbein-Kehldeckelmuskel in der Zungen-Kehldeckelgrube
50 Kinn-Zungenbeinmuskel
51 Unterkiefer-Zungenbeinmuskel
52 Unterkieferdrüse
53 Zungenbeinbasis

IV Schlundkopf-Kehlkopfabschnitt
54 Nasenschlundkopf
55 Schlundkopf-Scheidewand
56 Schlundkopf-Mandel
57 Hinterer mittlerer Schlundkopfnerv
58 Gaumensegel
59–60 Begrenzungen der Schlundkopfhöhle:
59 Freie Spitze des Gaumensegels
60 Gaumen-Schlundkopfbogen
61 Mundrachen
62 Kehlkopf-Schlundkopf
63 Kehlkopfzugang
64 Kehlkopfvorhof

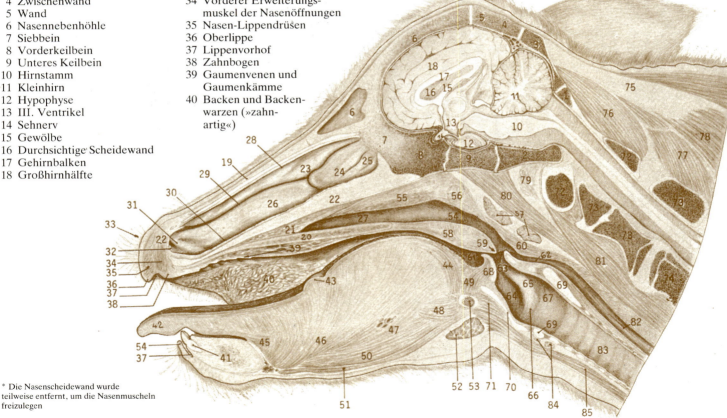

* Die Nasenscheidewand wurde teilweise entfernt, um die Nasenmuscheln freizulegen

65 Gießkannenknorpel
66 Stimmband
67 Untere Zungenhöhle
68 Kehldeckel
69 Ringknorpel
70 Schilddrüsenknorpel
71 Zungenbein-Schilddrüsenmuskel

V Halsabschnitt
72 Erster Halswirbel
73 Zweiter Halswirbel
74 Dritter Halswirbel
75 Nackenstrang
76 Kleiner rechter Dorsalmuskel des Kopfes
77 Großer rechter Dorsalmuskel des Kopfes
78 Durchflochtener Kopfmuskel
79 Rechter Ventralmuskel des Kopfes
80 Langer Kopfmuskel
81 Langer Halsmuskel
82 Speiseröhre
83 Luftröhre
84 Schilddrüse
85 Brustbein-Zungenbeinmuskel

B Hals: Querschnitt

I Dorsaler Abschnitt
1–2 Nackenband:
1 Nackenstrang, 2 Nackenplatte
3 Tiefe Halsarterie und -vene
4 Rautenförmiger Halsmuskel
5 Trapezmuskel, Halspartie
6 Streifenmuskel
7–8 Großer Umfassungsmuskel:
7 Zweibäuchiger Halsmuskel
8 Umfassungsmuskel
9 Vielästiger Halsmuskel
10 Dorn-Halsmuskel
11 Langer Rückenmuskel (Kopfteil)
12 Langer Rückenmuskel (Atlasteil)
13 Schulter-Querfortsatzmuskel
14–15 Arm-Kopfmuskel:
14 Schlüsselbein-Hinterhauptmuskel
15 Schlüsselbein-Schläfenmuskel
16 Dorsaler Ast der Rückenmarknerven

II Mittlerer Abschnitt
17–19 V. Halswirbel: 17 Körper,
18 Wirbelbogen, 19 Kaudaler Fortsatz
20–21 VI. Halswirbel:
20 Kranialer Fortsatz, 21 Querfortsatz
22 Duralscheide
23 Rückenmark
24 Wirbel-Blutkanal
25 Wirbelarterie und -vene
26 Ventraler Ast des V. Halsnervs
27 M. scalenus ventralis
28 Dorsaler Zwischenquerfortsatzmuskel
29 Ventraler Zwischenquerfortsatzmuskel
30 Ventraler querer Halsmuskel
31 Langer Kopf- und 32 Langer Halsmuskel
33 Tiefes Blatt der Halsfaszie

III Ventraler Abschnitt
34 Luftröhre, 35 Speiseröhre
36 Halsthymus
37 Drosselvene
38 Dorsaler Ast des Rückenmarknervs
39–40 Brustbein-Kopfmuskel:
39 Brustbein-Schläfenbeinmuskel
40 Brustbein-Unterkiefermuskel
41 Vagus-Sympathikusstamm
42 Halsschlagader
43 Zweig der Drosselvene
44 Rücklaufender Kehlkopfnerv
45 Brustbein-Zungenbeinmuskel
46 Brustbein-Schilddrüsenmuskel
47 Oberflächliches Blatt der Halsfaszie

58

Anatomische Lagebeschreibung

**Tafel 19
Brustkorb:
Querschnitt durch
den ersten
Brustwirbel**

I Nackenabschnitt
1–4 Erster Brustwirbel:
1 Körper
2 Bogen
3 Dornfortsatz
4 Querfortsatz
5 Kopf der II. Rippe
6 Nackenband
7 Großer Komplexmuskel
8 Langer Rückenmuskel
9 Gefiederte Muskeln
10 Dreher-Muskeln
11 Gemeinschaftlicher Rippenmuskel

II Schulterblattabschnitt
12–13 Schulterblatt:
12 Ventrale Kante
13 Schulterblattgräte
14 Rautenmuskel
15 Ventraler Fächermuskel des Halses
16 M. scalenus dorsalis
17 Unterer Schulterblattmuskel
18 Trapezmuskel, Brustteil
19 Oberer Schulterblattgräten-Muskel
20 Unterer Schulterblattgräten-Muskel
21 Deltamuskel

III Oberarmabschnitt
22–23 Oberarm:
22 Oberarmkopf
23 Oberarm-Mittelstück
24 Zweig des Armgeflechts
25 Achselhöhlenarterie
26 Achselhöhlenvene
27 Kleiner runder Muskel
28 Dreiköpfiger Armmuskel (seitlicher Kopf)
29 Rabenschnabel-Armmuskel
30 Aufsteigender Brustmuskel
31 Zweiköpfiger Armmuskel
32 Arm-Kopfmuskel
33 Absteigender Brustmuskel
34 Transversaler Brustmuskel

IV Brustabschnitt
35 Erste Rippe
36 Brustbein (Habichtsknorpel)
37 Langer Halsmuskel
38 Linker Lungenflügel (kranialer Lappen)
39 Rechter Lungenflügel (kranialer Lappen)
40 Thymus (Brustlappen)
41 Speiseröhre
42 Luftröhre
43 Zweig des Arm-Kopfmuskels und obere linke Schlüsselbeinarterie
44 Vordere Körperhohlvene
45 Brustkorbkanal
46 Linker Lungenmagennerv
47 Rechter Lungenmagennerv
48 Linker Rekurrentnerv
49 Linker Zwerchfellnerv
50 Rechter Zwerchfellnerv
51 Innere Brustkorbarterie und -vene
52 Sympathikuszweig
53 Zwischenrippenmuskeln

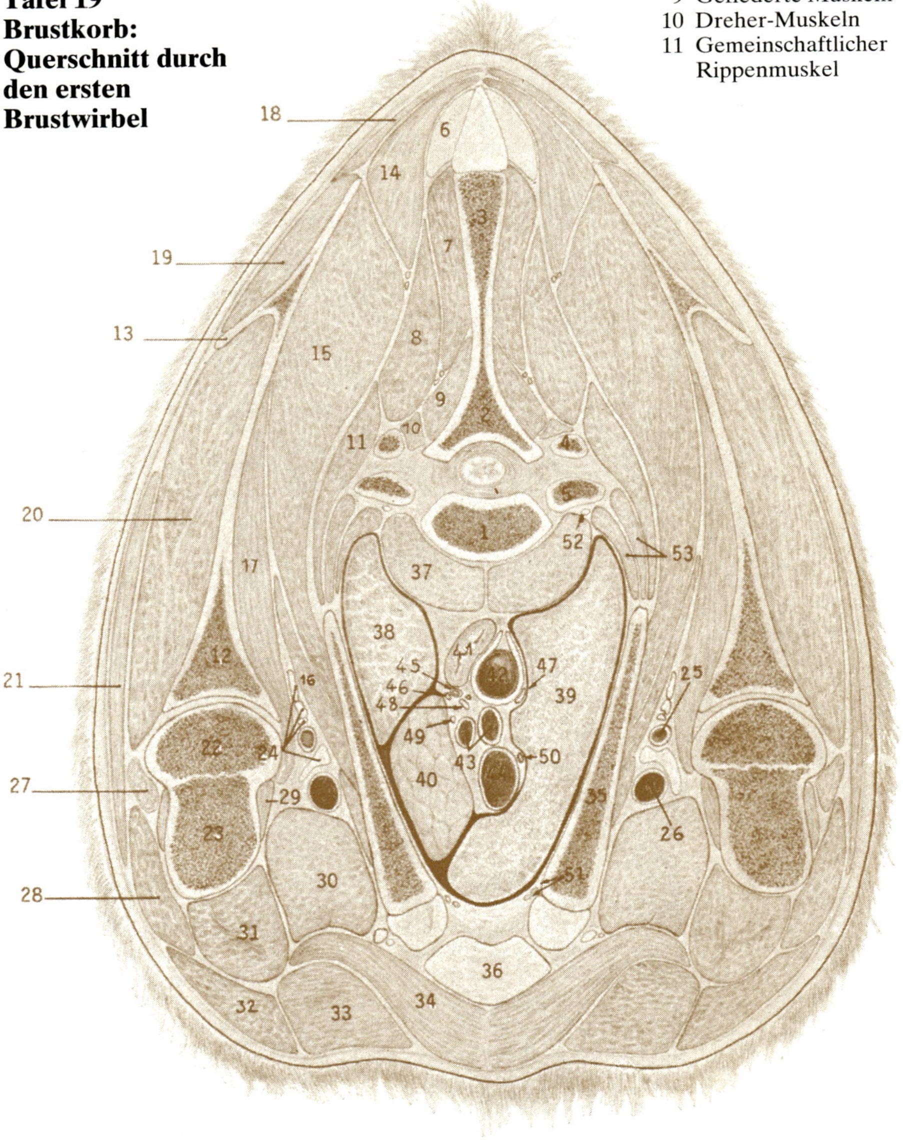

I Nackenabschnitt
1–2 Vierter Brustwirbel:
1 Körper
2 Bogen
3 Knorpelfortsatz des dritten Brustwirbels
4 Nackenband
5 Fortsatz-Zwischenband
6 Großer Komplexmuskel
7 Langer Rückenmuskel (Brustteil)
8 Gemeinschaftlicher Rippenmuskel
9 Gefiederte Muskeln
10 Dreher-Muskel
11 Rippenheber
12 Zwischenrippenmuskeln

III Oberarmabschnitt
22 Ellbogenhöcker
23 Dreiköpfiger Armmuskel (langer Kopf)

IV Brustabschnitt
24 Vierte Rippe
25 Dritte Rippe
26 Vierter Rippenknorpel
27 Brustbein
28 Langer Halsmuskel
29 Speiseröhre
30 Luftröhre
31 Aortenbogen
32 Zweig des Arm-Kopfmuskels
33 Lungenzweig
34 Vordere Körperhohlvene
35 Rechte Tasche
36 Rechte Kammer
37 Fibröser Herzbeutel
38 Linker Lungenflügel, kranialer Lappen
39 Rechter Lungenflügel, kranialer Lappen
40 Thymus, Brustlappen
41 Brustkorbkanal
42 Lungenmagennerven
43 Linker Rekurrentnerv
44 Linker Zwerchfellnerv
45 Rechter Zwerchfellnerv
46 Sympathikuszweig
47 Rechter Brustkorbmuskel
48 Aufsteigender Brustmuskel
49 Innere Brustkorbarterie und -vene
50 Quermuskel des Brustkorbs
51 Hintere Brustnerven und äußere Brustkorbvene

II Schulterblattabschnitt
13 Schulterblatt
14 Schulterblattknorpel
15 Trapezmuskel, Brustteil
16 Rautenmuskel
17 Ventraler Fächermuskel des Brustkorbs
18 Unterer Schulterblattmuskel
19 Großer runder Muskel
20 Dorsaler großer Muskel
21 Unterer Schulterblattgräten-Muskel

Anatomische Lagebeschreibung

**Tafel 20
Brustkorb:
Querschnitt durch den vierten Brustwirbel**

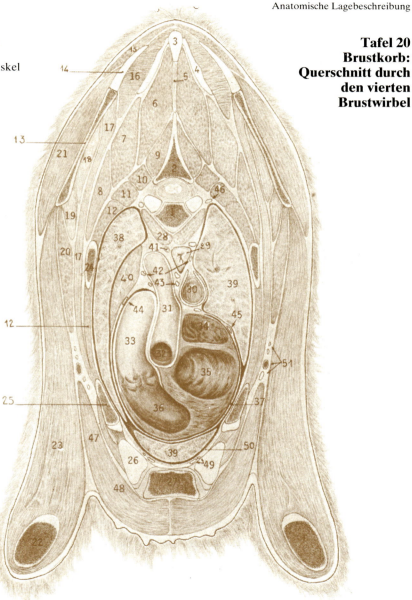

Anatomische Lagebeschreibung

Tafel 21
Bauchhöhle: Querschnitt durch den elften Brustwirbel

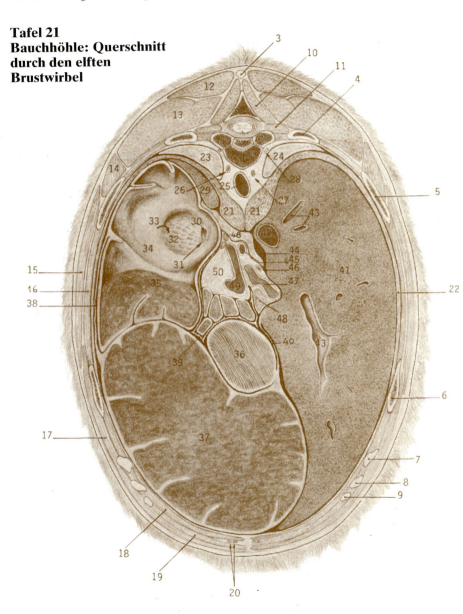

I Seitlicher Abschnitt
1–2 Elfter Brustwirbel:
1 Körper
2 Bogen
3 Knorpelfortsatz des zehnten Brustwirbels
4 Zwölfte Rippe
5 Elfte Rippe
6 Zehnte Rippe
7 Zehnter Rippenknorpel
8 Elfter Rippenknorpel
9 Zwölfter Rippenknorpel
10 Gefiederte Muskeln
11 Rippenheber (M. scalenus dorsalis)
12 Schulterblattgräten-Muskel
13 Langer Rückenmuskel (Brustteil)
14 Gemeinschaftlicher Rippenmuskel
15 Dorsaler großer Muskel
16 Zwischenrippenmuskeln
17 Äußerer schiefer Bauchmuskel
18 Querer Bauchmuskel
19 Rechter Bauchmuskel
20 Kraniale Oberbaucharterie und -vene
21 Zwerchfellpfeiler
22 Rippenpartie des Zwerchfells

II Brustabschnitt
23 Linker Lungenflügel, kaudaler Lappen
24 Rechter Lungenflügel, kaudaler Lappen
25 Brustaorta
26 Linke unpaare Vene
27 Ductus thoracicus (Lymphkanal)
28 Grenzstrang (Sympathikus)

III Bauchabschnitt
29 Milz
30 Mageneingang
31 Schlundrinne
32 Netzmagen
33 Pansen-Netzmagenmündung
34–35 Pansen:
34 Eingang
35 Bauchsack
36 Blättermagen
37 Labmagen
38–39 Großes Netz:
38 Seitlicher Teil
39 Eingeweideteil
40 Kleines Netz
41 Leber
42 Hintere Körperhohlvene
43 Lebervenen
44 WINSLOWsches Loch
45 Bauchhöhlenarterie
46 Leberarterie
47 Pfortader
48 Bauchspeicheldrüse
49 Quer-Colon
50 Jejunum

I Seitlicher Abschnitt
1 Dritter Lendenwirbel
2 Gefiederte Muskeln
3 Langer Rückenmuskel (Lendenteil)
4 Gemeinschaftlicher Rippenmuskel (Lendenteil)
5 Viereckiger Lendenmuskel
6 Großer Lendenmuskel
7 Kleiner Lendenmuskel
8 Sympathikus-Äste
9 Querliegender Bauchmuskel
10 Innerer schiefer Bauchmuskel
11 Äußerer schiefer Bauchmuskel
12 Rumpfhautmuskel
13 Rechter Bauchmuskel
14 Unterhaut-Bauchvene

II Bauchabschnitt
15 Bauchaorta
16 Hintere Hohlvene
17 Fettkapsel der Niere
18 Linke Niere
19 Rechte Niere
20–21 Pansen:
20 Dorsaler Pansensack
21 Ventraler Pansensack
22 Labmagen
23–24 Großes Netz:
23 Wandteil
24 Eingeweideteil
25 Leber, hinterer Lappen
26 Gallenblase
27–28 Duodenum:
27 Absteigender Teil
28 Aufsteigender Teil
29 Jejunum
30–32 Aufsteigendes Kolon:
30 Proximale Schlinge
31 Spiralschlinge
32 Distale Schlinge
33 Absteigendes Kolon

Anatomische Lagebeschreibung

**Tafel 22
Bauchhöhle: Querschnitt durch den dritten Lendenwirbel**

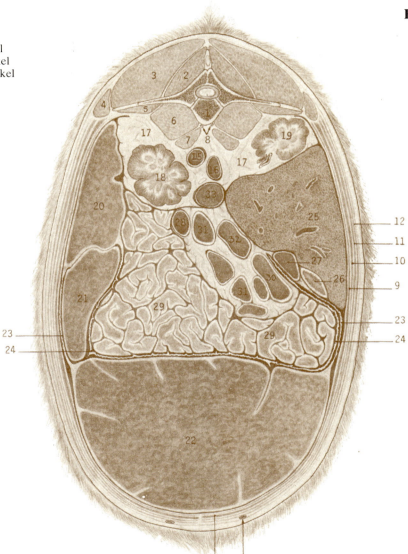

Anatomische Lagebeschreibung

**Tafel 23/24
Brust- und Baucheingeweide
eines Kalbes im
Alter von einer Woche**

A Seitenansicht, linke Seite

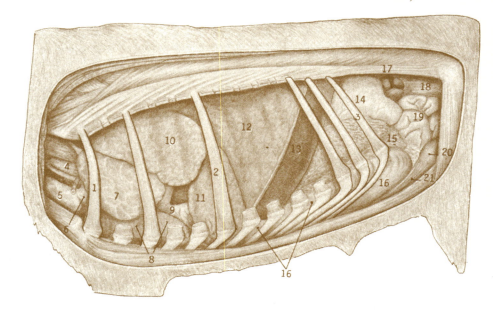

B Seitenansicht, rechte Seite

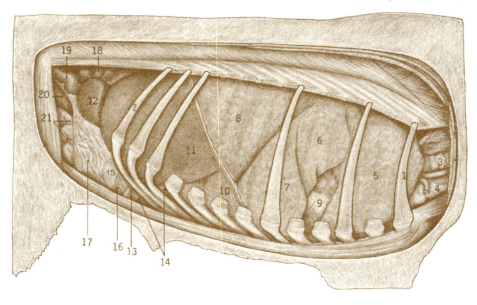

1	Erste Rippe
2	Sechste Rippe
3	Dreizehnte Rippe
4	Speiseröhre
5–7	Thymus:
5	Linker Halslappen
6	Mittellappen
7	Brustlappen
8	Rechter Lungenflügel, Spitzenlappen durch das Mittelfeld gesehen
9	Herz
10–12	Linker Lungenflügel:
10	Spitzenlappen, kranialer Teil
11	Spitzenlappen, kaudaler Teil
12	Kaudal-Lappen
13	Milz
14	Pansen
15	Großes Netz
16	Labmagen
17	Linke Niere
18	Absteigendes Kolon
19	Jejunum
20	Blase
21	Mittleres Blasenband

1	Erste Rippe
2	Dreizehnte Rippe
3	Luftröhre
4	Thymus, rechter Halslappen
5–8	Rechter Lungenflügel:
5	Spitzenlappen, kranialer Teil
6	Spitzenlappen, kaudaler Teil
7	Mittellappen
8	Hinterlappen
9	Herz
10–12	Leber:
10	Linker Lappen
11	Rechter Lappen
12	Fortsatz des geschwänzten Lappens
13	Nabelvene
14	Sichelförmiges Leberband
15	Labmagen, Pylorusteil
16	Kleines Netz
17	Großes Netz
18	Rechte Niere
19	Duodenum, absteigender Teil
20	Blinddarm
21	Jejunum

C Ventralansicht, obere Übersicht

1	Luftröhre
2	Speiseröhre
3–6	Thymus:
3	Rechter Halslappen
4	Linker Halslappen
5	Mittellappen
6	Brustlappen
7–9	Rechter Lungenflügel:
7	Spitzenlappen
8	Mittellappen
9	Hinterlappen
10–11	Linker Lungenflügel:
10	Spitzenlappen
11	Hinterlappen
12–13	Herz:
12	Rechte Herzkammer
13	Linke Herzkammer
14	Zwerchfell
15	Leber
16	Nabelvene (in Rückbildung)
17	Milz
18–19	Labmagen:
18	Körper
19	Pylorusteil
20	Kleines Netz
21	Großes Netz
22	Jejunum
23	Blase
24	Nabelarterie (in Rückbildung)

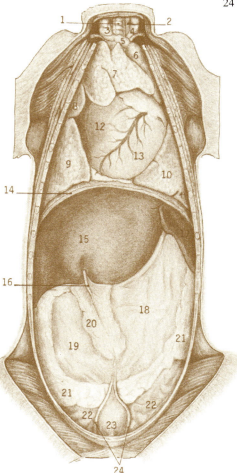

D Ventralansicht, tiefe Übersicht

1	Nabelvene
2	Gallenblase
3	Gallengang
4	Leber
5	Pankreas
6	Pfortader
7	Speiseröhre
8	Milz
9	Bauchaorta
10	Hintere Hohlvene
11	Rechte Nebenniere
12	Linke Nebenniere
13	Rechte Niere
14	Linke Niere
15	Harnröhre
16	Enddarm
17	Weibliche Geschlechtsorgane
18	Blase
19	Seitliches Blasenband
20	Mittleres Blasenband

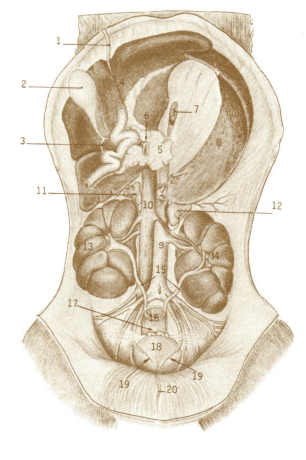

**Tafel 25
Innere Organe**

Anatomische Lagebeschreibung

A Gehirn
Dorsalansicht

B Zunge
Dorsolateralansicht

C Milz
Viszeralansicht

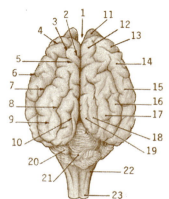
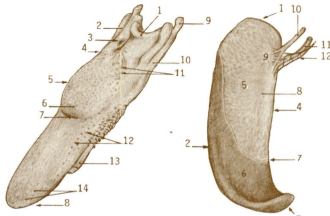

1 Längsrinne des Gehirns
2 Kreuzfurche
3 Kranzfurche
4 Vordere Mittelhirnfurche
5 Zwischenfurche
6 Mittelhirnrinne
  (oder seitlich des Gehirns)
7 Obere Mittelhirnfurche
8 Randfurche
9 Äußere Randfurche
10 Innere Randfurche
11 Riechkolben
12 Kranzförmige Erhebung
13 Schnabelförmige Erhebung
14 Schnabelförmige
   Mittelhirnerhebung
15 Kaudale Mittelhirnerhebung
16 Obere Mittelhirnerhebung
17 Äußere Randerhebung
18 Randerhebung
19 Innere Randerhebung
20–21 Kleinhirn:
20 Hirnhälfte
21 Wurm
22 Zwiebel
23 Dorsales Rückenmark

1 Kehldeckel
2 Gaumen-Zungenbogen
3 Gaumenmandeln
4 Zungenwurzel
5 Zungenkörper
6 Zungenhöcker
7 Zungengrube
8 Zungenspitze
9 Zungenbein
10 Zungenbein-Muskel
11 Wall-Papillen
12 Pilzförmige Warzen
13 Kinn-Zungenmuskel
14 Fadenförmige Papillen

1 Dorsale Spitze
2 Kaudaler Rand
3 Ventrale Spitze
4 Kranialer Rand
5 Pansenpartie
6 Bauchfellpartie
7 Serosa-Überzug
8 Kapsel
9 Hilus
10 Milzarterie
11 Milzvene
12 Milzgeflecht

D Nieren Ansicht vom Hilus aus

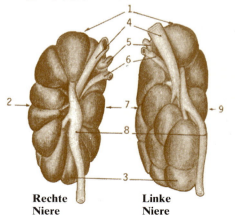

Rechte Niere   **Linke Niere**

1 Kranialer Pol
2 Seitenrand
3 Kaudaler Pol
4 Nierenvene
5 Nierennerv
6 Nierenarterie
7 Mittelrand
8 Harnleiter
9 Ventralrand

E Leber
Viszeralansicht

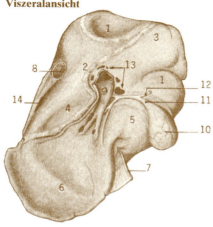

F Lunge
Dorsalansicht

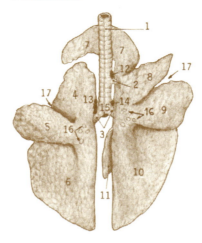

G Herz
Linke Lateralansicht

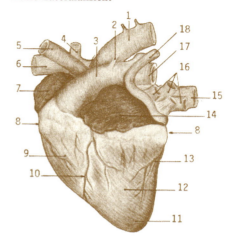

1 Rechter Lappen
2 Hinterer Lappen
3 Hinterer Fortsatz
4 Warzenfortsatz
5 Viereckiger Lappen
6 Linker Lappen
7 Rundband
8 Hintere Hohlvene
9 Pfortader
10 Gallenblase
11 Blasengang
12 Gallengang
13 Lebernerven
14 Akzessorische Lebernerven

1 Luftröhre
2 Trachealbronchus
3 Hauptbronchen (rechte und linke)
4–6 Linker Lungenflügel:
4 Kranialteil des vorderen Lappens
5 Kaudalteil des vorderen Lappens
6 Hinterer Lappen
7–11 Rechter Lungenflügel:
7 Kranialteil des vorderen Lappens
8 Kaudalteil des vorderen Lappens
9 Mittellappen (herzseitig)
10 Hinterlappen
11 Nebenlappen
12–15 Luftröhren-Bronchen-Nerven:
12 kranialer
13 linker
14 rechter
15 mittlerer
16 Lungennerven
17 Herzfalte

1 Brustaorta
2 Herzarterien-Band
3 Lungenast
4 Rippen-Halsvene
5 Arm-Kopfast
6 Kraniale Hohlvene
7 Rechte Vorkammer
8 Kranzfurche
9 Rechte Herzkammer
10 Linke Zwischenkammerfurche
11 Herzspitze
12 Linke Herzkammer
13 Linke Herzwandgefäße
14 Linke Vorkammer
15 Kaudale Hohlvene
16 Lungenvenen
17 Linke Lungenarterie
18 Linke unpaare Vene

Anatomische Lagebeschreibung

**Tafel 26
Schlachtkörper**

A Körperhälfte, Innenansicht

a Halsvenen
b Brustvenen
c Lendenvenen
d Kreuzvenen
e Schambeinsymphyse
f Brustbein
g Cervical-Band

Muskeln der Hinterhand
1 Dorsale Schenkelmuskeln
2 Schlanker Muskel
3 Zarter Muskel
4 Vierköpfiger Oberschenkelmuskel (M. vastus medialis)
5 Strecker der tiefen Oberschenkelfaszie
6 Rumpfhautmuskel
7 Rechter Bauchmuskel
8 Großer Lendenmuskel
9 Kleiner Lendenmuskel
10 Schiefer innerer Bauchmuskel
11 Querliegender Bauchmuskel
12 Halbsehniger Muskel
13 Halbhäutiger Muskel
14 Schenkel-Einwärtszieher
15 Wadenmuskel
16 Zweiköpfiger Oberschenkelmuskel
17 Unterer Gesäßmuskel
18 Oberflächlicher Gesäßmuskel
19 Mittlerer Gesäßmuskel
20 Schiefer äußerer Bauchmuskel

Muskeln der Vorhand
21 Zwerchfell
22 Aufsteigender Brustmuskel
23 Querer Brustkorbmuskel
24 Innere Vorderarmmuskeln
25 Radialer Handstrecker
26 Armmuskel
27 Absteigender Brustmuskel
28 Brustbein-Kopfmuskel
29 Rippenhalter-Muskeln
30 Langer Halsmuskel
31 Dorsale Halsmuskeln
32 Großer Dorsalmuskel
33 Dreiköpfiger Armmuskel, langer Kopf
34 Trapezmuskel des Brustkorbs
35 Deltamuskel
36 Trapezmuskel des Halses
37 Arm-Kopfmuskel
38 Haut-Schulter-Oberarmmuskel
39 Dreiköpfiger Armmuskel, lateraler Kopf
40 Dorsale Vorderarmmuskeln
41 Schulter-Querfortsatzmuskel

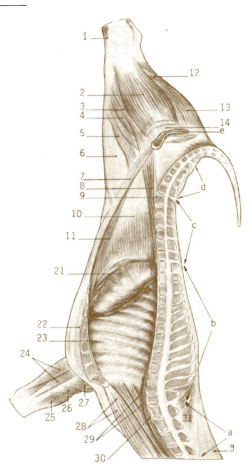

B Ganzkörper, Rückenansicht   **C Körperhälfte, Seitenansicht**

Anatomische Lagebeschreibung

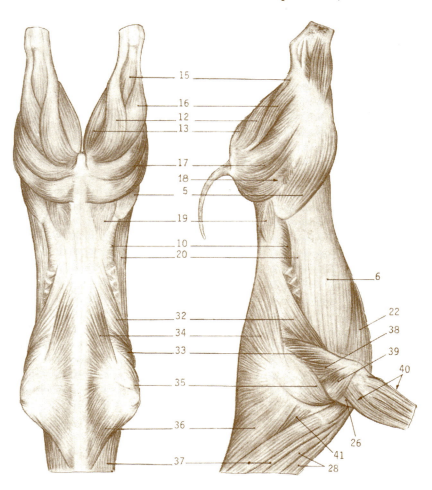

III Anmerkungen zur Physiologie

Kapitel 1 Physiologie des Neugeborenen

Y. Ruckebusch

Der Entwicklungsstand des Neugeborenen ist bei der Gattung Rind verhältnismäßig gut abgesichert. Tatsächlich gestattet eine lange Trächtigkeit die vollständige Entwicklung des Nervensystems, die an der Möglichkeit der Bewegung und des Öffnens der Augen und dem Wechsel von Wachen–Schlafen beim neugeborenen Kalb gemessen wird [66]. Man anerkennt gleichermaßen, daß das endokrine System, besonders die Kette Hypothalamus – Hypophyse – Nebenniere, beim Fötus ausreichend entwickelt ist, um die Geburt auszulösen. Nach Beobachtungen der letzten fünfzehn Jahre steht fest, daß bei einer Atrophie der Hypophyse des Fötusses die Trächtigkeit anormal verlängert ist [36].

Das neugeborene Kalb bleibt dagegen empfindlich wegen seines intensiven Stoffwechsel und wegen der geringen Glykogenreserven in der Leber. Im Stadium der Unterernährung und bei mangelhafter Absorption können nicht nur die großen Körperfunktionen in Mitleidenschaft gezogen werden, sondern auch die Gehirntätigkeit. Der Stabilitätsfaktor ist durch die Aufnahme von Milch über mehr als zwei Monate durch das aufzuziehende Kalb gegeben. Diese Ernährung sollte ungefähr vier Monate für das Milch- oder Mastkalb gegeben sein.

Die Physiologie des »Neugeborenen« umfaßt im weiten Sinne die Gesamtheit von Besonderheiten, die das Kalb von der Geburt bis zum Übergang ins Erwachsenenstadium als Wiederkäuer aufweist. Sie schließt Untersuchungen der kardiovaskulären, respiratorischen und thermoregulativen Funktionen sowie solche am Harn-, Verdauungs-, Nerven- und endokrinen System und Verhaltensfragen ein. Wir werden zu den wichtigsten Aspekten Stellung nehmen. Ein besonderes Kapitel (mit umfangreichen Literaturangaben) wird der Verdauungsphysiologie gewidmet sein.

Cardiovaskuläre und respiratorische Funktionen

Innere Verhältnisse

Die Verringerung der Hämatokritwerte (von 35 auf 30 %), besonders des Blutkörperchen-Kaliums und des Plasma-Kalziums, ist die Regel nach der Geburt [48]. Sie ist von einer Erhöhung des Serumalbumins nach 45 Tagen [63], besonders bei im Frühjahr geborenen Kälbern, begleitet [47]. Der Glukosegehalt des Blutes, niedrig bei der Geburt (62 mg/100 ml), steigt 6 Stunden nach Aufnahme von Kolostrum auf 75 mg/100 ml an und erreicht 120 mg/100 ml nach 12stündiger Kolostrumzuführung. Dagegen sinkt der Fruktosespiegel in den ersten 10 Stunden nach der Geburt von 52 mg/100 ml auf 5 mg/100 ml ab, obwohl die Fruktose der eigentliche Energieträger des neugeborenen Kalbes ist (Abb. III/1). Später werden von Glukose je Minute 5 bis 8 mg/kg verbraucht [92].

Bei intradermaler Injektion von 0,2 ml Serum-Salzlösung wird diese sehr schnell von einem weniger als 10 Tage bis zu einem Monat alten Kalb resorbiert; dieses Wasseraufnahmevermögen des Gewebes erklärt auch die Leichtigkeit, mit der das junge Kalb 4,7 bis 8 % seiner Lebendmasse, z. B. bei einem Transport im LKW über 250 km, verliert. Dieses Faktum scheint stärker bei Frühjahrs- als bei Herbstkälbern ausgeprägt zu sein [32].

Bei fehlender Nahrungsaufnahme werden die Leberreserven an Glykogen beim Neugeborenen sehr schnell erschöpft, ein Vorgang, gegen den sich die Verabreichung von 250 g Glukose (als 5 %ige Lösung) als gutes Vorbeugungsmittel erwiesen hat [39]. Unter den hydroelektrolytischen Veränderungen des Abkalbevorganges [29] tritt eine metabolische Azidose in den ersten 24 Lebensstunden [81] gehäuft auf und besonders schwer bei langen Geburten, wobei dann eine Therapie zur Korrektur vorgenommen werden muß [56]. Es gibt auch einen erhöhten Kaliumgehalt im Blut, der aber nur bis zu einer Stunde nach der Geburt bestehen bleibt.

Herzleistung

Das Herz eines Kalbes mit einer Körperoberfläche von 2 m² und einer Lebendmasse von 80 kg leistet in der Regel 10 Liter/Minute bei einem mittleren arteriellen Druck von 100 mm (Hg) (Abb. III/2). Die Herzleistung und der Blutdruck bleiben stabil bei einer tiefen Einleitungsnarkose [78] mit 25 bis 35 mg/kg Pentobarbital und einer anschließenden Anästhesie mit Fluothan in einer Konzentration von 1 bis 1,5 % [74].

Lungenleistung

Obige Kreislaufleistung ist verbunden – allerdings nur vier Wochen lang – mit einem stabilen Blut-pH-Wert [24] und einer relativ konstanten Lungentätigkeit. Wenn der partielle Sauerstoffdruck (pO$_2$) von 120 auf 35 mm Hg fällt, wird die Atmung verdoppelt; beim Menschen wird sie unter gleichen Bedingungen vervierfacht [8]. Die Gegenmittel des Kalbes gegen einen Sauerstoffmangel sind verhältnismäßig gering [43], und man kann einschätzen, daß bei Sauerstoffmangel der Chemosensibilitätsreflex der Karotis nur zu einem Drittel einen Ausgleich schaffen kann. Der Hauptteil der Atmungsreflexe des Kalbes hängt anscheinend von einer direkten Empfindlichkeit der Atmungszentren ab.

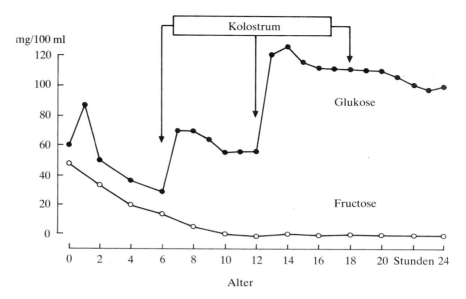

Abb. III/1 Postnatale Entwicklung des Gehaltes an Glukose und Fruktose im venösen Jugularblut bei einem Kalb, das 1 kg Kolostrum 6, 12 und 18 Stunden nach der Geburt erhielt. Die hyperglykämische Wirkung der beiden ersten Mahlzeiten zeigt sich deutlich; 15 Stunden nach der Geburt stabilisiert sich der Blutzuckergehalt bei einem Wert von 100 mg/100 ml

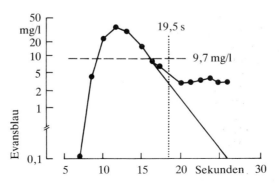

Abb. III/2 Herzleistung beim Kalb. Der Verlauf der Färbung des Blutes der Karotis, das mit 22 mg Evansblau (A) in den rechten Vorhof injiziert wurde, erlaubt die mittlere Konzentration der gleichmäßigen Färbung mit 9,7 ml/l (B) und ihr Verschwinden nach etwa 19,5 s (T) zu ermitteln. Bei einem Verhältnis Erythrozytenplasma (H), gleichbleibend bei 0,37, beträgt die Herzleistung:
$$\frac{60 A}{T \times B \times (1-H)} = 11{,}07 \text{ l/Minute}$$

Lungenkreislauf

Eine Schwäche des Lungenkreislaufs mit Zeichen der Tachykardie sympathischen Ursprungs und einer starken Reaktion in Form einer Gefäßverengung (wie bei der »Bergkrankheit«), beobachtet in Höhen über 2000 m [65], rechtfertigt die Verwendung des Kalbes bei der experimentellen Lungenchirurgie [61]. Diese Besonderheiten erklären die Empfindlichkeit dieser Tierart gegenüber einer Injektion von *E. coli*-Endotoxin (0,1 bis 10 µg/kg), die eine Hyperämie der Lunge mit Dyspnoe hervorruft [82]. Ein solches Phänomen müßte an ein Freisetzen von Prostaglandin vom Typ F gebunden sein und ließe eine Beurteilung der therapeutischen Wirkung einer prophylaktischen Gabe von Indomethazin (1,7 bis 4,1 mg/kg) zu. Dieses Antiprostaglandin würde sich fähig zeigen, die Wirkung einer Endotoxin-Injektion zu neutralisieren [87].

Blutvolumen

Die Blutmenge oder sein Volumen ist beim Kalb ziemlich stabil, Ausnahmen bestehen bei Durchfällen. Die Flüssigkeitsverluste führen in diesen Fällen zu einem ausgesprochenen hypovolämischen Schock [62]. Wie schon beim Glukosegehalt im Blut, so prägen die ersten 24 Stunden nach der Geburt die wesentlichen Veränderungen der Blutmenge [76]. Das Plasmavolumen, konstant mit 5,3 % der Körpermasse beim Neugeborenen, erreicht 24 Stunden später 6,5 %, wobei eine extreme Empfindlichkeit gegenüber einem Wasserverlust bei der Geburt besteht [53, 55]. Ein interessanter Punkt sind die natürlichen Abwehrmaßnahmen des Organismus [80]: die Fähigkeit des Kalbes, innerhalb von 4 bis 5 Tagen eine relative Lymphopenie durch tägliche Bereitstellung von 4 bis 20 Liter Lymphflüssigkeit im Bereich des Thorax zu gewährleisten. Der Zentrifugensatz besteht tatsächlich fast nur aus Lymphozyten [30], und es genügt, den Überstand zu übertragen, um die Flüssigkeitsverluste auszugleichen.

Herzinnervation

Beim Säugen tritt eine starke Tachykardie unabhängig vom Erregungszustand des Kalbes auf. Diese Herzbeschleunigung hängt nicht von einem Nebennieren-Sympathikusimpuls ab, wie man vermuten könnte, sondern sie ist die Folge eines Ausstoßes weniger von Katecholaminen als von Kortisol und Kortikosteron, der die Milchaufnahme begleitet [9].

Wärmeregulierung und Nierenfunktionen

Körpertemperatur

Die Rektaltemperatur (39 bis 39,5 °C) des neugeborenen Kalbes ist bemerkenswert konstant und die Anpassungsfähigkeiten sind erstaunlich. Zur Ergänzung: die elektronenmikroskopische Untersuchung des Fettgewebes weist nach, daß das subkutane Gewebe das einzige ist, das nicht die zelluläre Struktur des braunen Fettgewebes hat. Dieses verschwindet mit dem Heranwachsen ebenso wie die temperaturerhöhenden und respiratorischen Wirkungen des Noradrenalins [1]. Eine Umgebungstemperatur zwischen 8 und 12 °C bei einem drei Tage alten Kalb, das täglich 4 l Milch aufnimmt, genügt völlig ohne Erhöhung der Milchgabe als wärmeerzeugender Faktor [54]. Die Möglichkeiten einer Reaktion gegenüber Hitze sind ebenfalls voll ausreichend im Hinblick auf eine 30 %ige Erhöhung der Wasserabgabe als Dampf durch die Haut oder Atmung bei einem Temperaturanstieg um 10 °C [10]. Für längere Zeit besitzt das Kalb eine bemerkenswerte Anpassungsfähigkeit, da die Rektaltemperatur, die die ersten 10 Tage bei einer Raumtemperatur von 28 °C um ungefähr 1 °C ansteigt, sich bei der gleichen Temperaturexposition für weitere Tage nicht stärker erhöhen wird. Eine derartige Anpassung wird regelmäßig von einer leichten Freßunlust begleitet, einer Auflockerung des Fells und einer Thyroidunterfunktion [7].

Nierensekretion

Die klassische Nierenunterfunktion des Neugeborenen scheint beim Kalb nicht vorhanden zu sein [18]. In der Tat unterscheiden sich Kälber von 2 bis 17 Tagen von den meisten anderen Neugeborenen insofern, als sie in der Lage sind, den Harnabsatz um das 6fache zu steigern nach Aufnahme von Flüssigkeit: Milch oder Wasser. Das Anwachsen der durchschnittlichen Harnmenge (von 8,9 auf 10,6 ml/Min. für ein Lebewesen von 33,6 kg) beobachtet man nach ungefähr 30 Minuten und erreicht ein Maximum nach einer Stunde. Während die Kompensation eines Flüssigkeitsüberschusses von 5% der Körpermasse bei einer Ratte etwa 8 Stunden erfordert, wird ein solcher vollständig in weniger als 4 Stunden beim Kalb und erwachsenen Rind beseitigt. Es ist zu bemerken, daß die Ausscheidung von Uraten, Inulin und PAH (Paraamino-Hippurin) sich ähnlich wie beim erwachsenen Menschen und nicht wie beim Säugling verhält (Tab. III/1). Schließlich bietet das neugeborene wie auch das ältere Kalb einen beachtlichen Widerstand durch seine Nierenfunktion gegen eine experimentelle Stoffwechselazidose [19].

Tabelle III/1 Vergleich der Werte von Nierenleistung und Ausscheidung von Urat, Inulin und Para-amino-Hippursäure (PAH)

Gattung, Tierart	Körpermasse kg	Körperoberfläche m²	Max. Nierenleistung ml/Min/kg	Ausscheidung ml/Min/kg Urat	Inulin	PAH
Ratte	0,2	0,03	0,75	2,9	6,0	22
Säugling	3,5	0,216	0,25	0,8	1,3	2,6
Hund	13	0,623	0,54	2,5	4,3	13,5
Mensch	70	1,73	0,23	1,1	2,0	10
Kalb	33	1,06	0,26	1,2	2,2	10
Kuh	500	4,87	0,22	0,9	1,9	10

Enzymatische Aktivität der Verdauungssäfte

Schon beim Kalb ist es wichtig für den Labmagen, daß sich die enzymatische Aktivität im Dünndarm und Pankreas parallel zu der Achse Hypophyse–Nebenniere entwickelt. Die Verwertbarkeit für Saccharose und Maltose fehlt [37], so daß die Quelle der Glukose bei der Geburt Laktose oder Glukose selbst sein muß. Im Alter von weniger als 30 Tagen tritt beim Kalb keine Hyperglykämie auf, wenn es Saccharose, Maltose oder Amide aufnimmt [23]. Die β-Galaktosidase spaltet die Laktose zu Glukose und Galaktose, und ihre Aktivität hängt von der Art der Nahrung ab. Ein Futterregime mit viel Laktose erlaubt, einen hohen Gehalt an β-Galaktosidase bis zu 77 Tagen zu halten [28].
Die Pankreassekretion, 150 ml/24 Stunden im Alter von 3 bis 5 Tagen, erreicht 1000 ml/

Verdauungsfunktionen

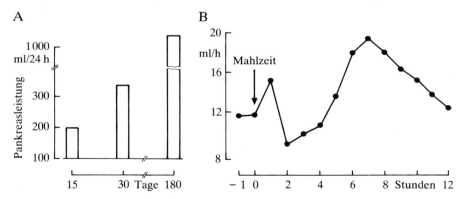

Abb. III/3 Postnatale Entwicklung der Pankreasekretion beim Kalb.
A: Leistung des Pankreas abhängig vom Alter.
B: Einfluß einer Mahlzeit auf die stündliche Sekretion bei einem 1 Monat alten Kalb.

Zu beobachten ist die Reduzierung der Sekretion 60 bis 120 Minuten nach Nahrungsaufnahme, die mit einem Gegenstoß 6 bis 8 Stunden danach beantwortet wird

24 Stunden bei einem Tier von 3 Monaten (Abb. III/3) und wird wirksam 2 bis 8 Stunden nach Futteraufnahme [51]. Die α-Disaccharidasen vermehren sich von der Geburt bis zu ungefähr 1 Monat. Der entsprechende Abfall der β-Disaccharidasen wird durch ein reduziertes Niveau von Trehalose beschleunigt in Fällen, in denen Milch nicht das Hauptnahrungsmittel ist [83]. Schließlich erreicht die Speichelsekretion erst mit 4 bis 8 Monaten ihre volle Funktion [41].

Magenentwicklung

Der Labmagen beansprucht etwa 50 % des Volumens des Magenkomplexes zum Zeitpunkt der Geburt; den gleichen Prozentsatz braucht der Pansen – Netzmagen, der im Alter von 4 Wochen die ganze linke Seite der Bauchhöhle ausfüllt (Tab. III/2). Während dieser Zeit ermöglicht der Verschluß der Schlundrinne die unmittelbare Passage der Milch in den Labmagen.

Außerdem scheint der aktive Stoffwechsel der Futtermittel durch das Pansenepithel einer der wesentlichen Faktoren für die optimale Entwicklung des Pansen-Netzmagensystems zu sein.

Dagegen steht die Entwicklung der Magenmuskulatur in Zusammenhang mit der mechanischen Stimulierung der Reizzonen für die Motorik [13]. Versuchsweise wurde festgestellt, daß eine Panseninfusion von flüchtigen Fettsäuren oder Ammoniak beim jungen Kalb eine analog der durch feste Futterbestandteile hervorgerufenen Schleimhautausbildung herbeiführt. Dagegen führen grobe, nicht fermentierbare Bestandteile (Plasteteile) nur zu einer histologischen Struktur, vergleichbar der beim Milchkalb [13]. Die Fähigkeit des Pansens, bestimmte Mengen von flüchtigen Fettsäuren oder Ammoniak zu absorbieren, ist also nicht angeboren: sie entwickelt sich parallel zur mikrobiellen Fermentation. Die Versuche, den Pansen experimentell auszuschalten, beweisen, daß das Kalb ein optimales Wachstum bei reiner Milchnahrung erst ab 3 Monaten erreicht [70].

Wiederkauvorgang

Das Wiederkauen entwickelt sich bei etwa der Hälfte der Kälber bereits früher als mit 15 Tagen und beansprucht fast 5 Stunden im rhythmischen Wechsel bei 6 bis 8 Wochen alten Tieren [79]. Der funktionelle Ausschluß des Pansens bei 4 Wochen alten Kälbern reduziert das Bedürfnis zum Wiederkauen nicht; es äußert sich dann in Würgezwang, gefolgt von leerem Kauen und starkem Speicheln [68]. Der Wiederkauvorgang entwickelt sich gleichzeitig mit dem mikrobiellen Nahrungsaufschluß. Man kann einschätzen, daß in der ersten Säugezeit, zwischen 5 und 11 Wochen, die höchste Menge an Rohfaser in Form aufgenommener Stroheinstreu 19 % beträgt [44]. Sie muß 22 % erreichen, um eine bessere Aufnahme der Milchration zu garantieren [40].

Tabelle III/2 Entwicklung des Magenkomplexes in % nach der Geburt beim Kalb [15]

Magen- komplex	Alter in Wochen			
	0	4	8	16
Netzmagen– Pansen	38	52	60	67
Blättermagen	13	12	13	18
Labmagen	49	36	27	15

Neuro-endokrine Funktionen

Zentralnervensystem

Die Nichtwahrnehmung der Farben (dunkel – hell) und der Größe des Objekts (Tröge) dauert beim Kalb nur 2 bis 5 Tage. Das bedeutet eine ausgezeichnete visuelle Aufnahmefähigkeit bei der Geburt [71]. Elektrophysiologische Untersuchungen des Zungenverhaltens zeigten ein späteres Auftreten der sensiblen mechanischen Rezeptoren für die Flüssigkeitsaufnahme an, das aber noch vor dem der chemischen Rezeptoren eintritt. Die höchste Geschmacksempfindlichkeit wird für Kochsalz und Essigsäure wahrgenommen, wobei möglicherweise beim Einsetzen des Wiederkauens die aus der Nahrung regurgitierten flüchtigen Fettsäuren eine Rolle spielen [6]. Schließlich garantiert der Geruchssinn des jungen Kalbes ausreichend, den Geschmack der verschiedenen Futterrationen je nach den gewählten Bestandteilen zu unterscheiden [22].

Die Oxydation der Pyruvate ist die Hauptquelle der Energie für die Gehirntätigkeit. Ein Defizit durch Mangel an Thiamin, das im gleichen Maße wie das Enzym der oxydativen Verbrennung der Ketonsäuren in Form des Pyrophosphoresters, Pyrophosphat des Thiamins auftritt, ist beim jungen Kalb, das noch nicht bakteriell aufschließen kann, häufig [98]. Das Fehlen von Thiamin blockiert die oxydative Verbrennung der Pyruvate zu Essigsäuresalzen und führt zu einer Akkumulation von Pyruvat- und Milchsäure. Die Nekrose der Großhirnrinde ist ein pathognostisches Zeichen für einen Vitamin-B$_1$-Mangel. Eine Erhöhung des Blutgehaltes an Pyruvatkinase, Laktatdehydrogenase und Aldolase ist ein biochemisches Kriterium hierfür (Tab. III/3).

Autonomes Nervensystem

Die Herzinnervation ist ein gutes Beispiel des Vorhandenseins einer ausgezeichnet funktionierenden Kontrolle. Im Uterus zeigt der Fötus schon den Wechsel des Herzrhythmus, gebunden an die Stadien des Wachseins an. Beim Neugeborenen üben Pilocarpin (1 bis 1,5 mg/kg) und Atropin (0,025 mg/kg) eine zeitgebundene positive und negative Wirkung aus [16].

Drüsen mit innerer Sekretion

Die wichtigsten endokrinen Veränderungen der Abkalbeperiode sind die der Sekretion von Kortisol und des Verhältnisses Kortisol/Kortikosteron. Die Unterfunktion der Nebenniere hat eine Geburtsverlängerung zur Folge, und in diesem Fall sterben die durch Kaiserschnitt entwickelten Kälber in 6 bis 8 Stunden infolge eines Komas durch Hypoglykämie, außer wenn sie mit Kortisol behandelt werden [36]. Der Umfang der Kortisolsekretion nach einer Injektion von ACTH (Adrenokortikotropes-Hormon) übersteigt beim Neugeborenen 0,5 mg/Stunde nicht und wird während der nächsten 4 Wochen verdoppelt. Das quantitative Verhältnis eines ausreichenden Kortisolspiegels zu einem Kortisolmangelzustand liegt bei 1,4 : 1 und ist sehr eng (anstelle von 3,9 : 1 beim erwachsenen Tier), das Kortikosteron tritt in der Sekretion der Nebenniere ab 10 Tagen vermehrt auf. Die Ektomie der Nebenniere führt beim Kalb sehr schnell zum Tod [4]. Hypoglykämie und Krämpfe, die vor der Veränderung des Blut-Na und -K auftreten, können durch Injektion von Glukose unterdrückt werden. Das nebennierenektomierte Kalb, am Leben gehalten durch tägliche Injektion von 5 mg Kortikosteron, zeigt einen stark erhöhten Glykogengehalt

Tabelle III/3 Enzymatischer und stoffwechselmäßiger Gehalt des Blutes beim normalen Kalb. Wirkungen des Vitamin-B$_1$-Mangels (nach EDWIN, 1970)

		Normal	Mangel
Pyruvat	mg/100 ml	0,96± 0,02 (7)*	3,20± 1,20 (6)*
Laktatdehydrogenase	IE/ml	830,1 ±19,7 (7)	1382,2 ±529,24 (4)
Fruktose 1-6-dialdolase	IE/ml	12,3 ± 0,4 (7)	31,7 ± 5,0 (3)
Pyruvatkinase	IE/ml	86,8 ± 1,69 (7)	>1000 (6)

* Anzahl untersuchter Tiere

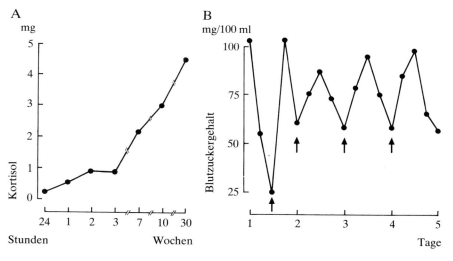

Abb. III/4 Nebennierenunterfunktion beim Kalb.

A: Höhe der stündlichen Kortisolsekretion nach Stimulierung durch eine Standarddosis ACTH in Abhängigkeit vom Alter. Die Antwort der Nebenniere wird erst bei einem Tier ab 8. bis 9. Lebenswoche deutlich.

B: Nach Nebennierenektomie hat ein Kalb von 4 Tagen einen zu niedrigen Blutzuckerspiegel wegen der fehlenden Glykogenreserve in der Leber. Jede Nahrungsaufnahme (Pfeil) hat eine Hyperglykämie zur Folge.

Physiologie

ZUSAMMENFASSUNG

Es scheint, daß das Kalb bei der Geburt völlig dem extrauterinen Leben angepaßt ist. Die Funktionen, die, vor der Geburt gut, sich nicht in den ersten Lebenstagen entwickeln, sind selten. Zu diesen muß man die Besonderheiten der Atemtätigkeit und des Lungenkreislaufs rechnen.

im Blutplasma, wobei das Unvermögen der Leber zur Glykogenbildung für das unstabile Gleichgewicht verantwortlich ist (Abb. III/4).

Eine Untersuchung der Nebennierenmarkfunktion [27] und der Wirkungen des Insulins [17] beim neugeborenen Kalb zeigt die ausreichende Entwicklung der Drüsen mit innerer Sekretion, obgleich das Adrenalin z. B. eine »Unterstützungstätigkeit« gegenüber dem Kortisol ausübt.

Schließlich wurde im fötalen Blut das Vorhandensein von luteinisierendem Hormon in einer Konzentration (3×10^{-9} g/ml mit 3 Monaten, 1×10^{-9} g/ml mit 9 Monaten) unabhängig von der im mütterlichen Blut festgestellt. Der Gehalt an Wachstumshormon im Blut (40×10^{-9} g/ml mit 3 Monaten und 100×10^{-9} g/ml mit 9 Monaten) und der an Prolaktin 40×10^{-9} g/ml mit 6 Monaten und 48×10^{-9} g/ml mit 9 Monaten) ist stets von der Mutter abweichend, da die Plazenta die Konzentration bis zum Kalben halten kann [60].

Verhaltensweisen

Ein stereotypes orales Verhalten beim Aufschluß und bei der Aufnahme von festen Futterstoffen charakterisiert das neugeborene Kalb, das sonst immer sehr neugierig auf ungewöhnliche Objekte ist. Der Umweltinstinkt tritt auf, und die Gruppenrangordnung ist auf die Lebendmasse des Tieres gegründet. Zwei Punkte verdienen besondere Beachtung:
- Das orale Verhalten (Saugreflex) gegenüber den anderen Gruppenangehörigen (Ohren, Skrotum usw.) oder verschiedenen Objekten (Tröge, Türen) ist bei den Kälbern, die nur künstlich mit Milch ernährt werden, im Verhältnis zu den Kälbern bei der Mutter verstärkt.
- Die Zeit der künstlichen Milchaufnahme ist bei den ranghöheren Kälbern, die länger Heu und Aufzuchtkonzentrat fressen, kurz. Man stellt folglich weniger Zwischenfälle beim Absetzen der Kälber fest, die gegenüber den ranghöheren Tieren leichter sind.

Kapitel 2 Verdauungsphysiologie

Y. RUCKEBUSCH

Das junge Säugetier, das entsprechend seiner Bezeichnung »Kalb« nach der Geburt Milch saugt, ist auch ein späterer Wiederkäuer bei alleiniger Verfütterung von Heu, Gras usw. Die Produktion des Zuchtkalbes zielt darauf ab, die Zeit bis zum Wiederkäuerstadium zu verkürzen, um das Kalb möglichst schnell an die Fütterung der erwachsenen Tiere zu gewöhnen. Dagegen schließt die Produktion von Mastkälbern, denen man nur Milch gibt, ein längeres Vorwiederkäuerstadium ein.

Die zu beeinflussenden Verdauungsprozesse sind folgende:
- Die *anatomische Entwicklung des Verdauungsapparates*, besonders des Pansens, dessen Masse proportional mit der des Tieres zunimmt [3] und dessen Kontraktionen [31] ebenso wie die gastroduodenale Passage [49] sich mit dem Alter entwickeln.
- Die *direkte Passage der Milch in den Labmagen* durch die Schlundrinne, eine Einrichtung, die die Fermentierung der Milch im Pansen-Netzmagen verhindert [34, 88].
- Die *enzymatische Aktivität der Verdauungssäfte*. Diese, in besonderen Drüsen gebildet, schließen die Nahrung zu Nährstoffen auf, d. h. zu Bausteinen, die vom Organismus direkt assimiliert werden können [91].
- Die *Population der Verdauungsmikroben*. Nachdem sie bei der Geburt den Verdauungstrakt besiedelt haben, stellen sie eine mikrobielle Schicht dar, die je nach der Art der Nahrung und ihrer Zusammensetzung ihre Tätigkeit aufnehmen [35, 46].

Anatomisch-funktionelle Entwicklung des Verdauungsapparates

Die verschiedenen Teile des Verdauungsapparates und besonders der Netzmagen-Pansenabschnitt haben ein spezifisches Wachstum, ausgehend von einem Magenkomplex, bei dem der Labmagen ungefähr 50 % der Gesamtkapazität bei der Geburt ausmacht (Abb. III/5). Die Pansenkapazität (in g/100 kg Lebendmasse) ist beim Mastkalb bis zu 4 Monaten allometrisch, d. h. sie wächst schneller als das Kalb. Sie ist isometrisch, insofern sich ihre Größe der des Kalbes ab 4 Monaten anpaßt. Das Wachstum der Darmmasse geht nicht immer konform. Bis zu 9 bis 10 Monaten, dem Zeitpunkt, da das Kalb physiologisch den Wiederkäuerstatus erreicht, entwickeln sich die Därme relativ langsamer als die Körpermasse des Kalbes.

Wenn das Kalb über Aufzuchtkonzentrate oder Heu frei verfügen kann, werden die Menge der aufgenommenen Trockensubstanz, die Stickstoffretention und das Wachstum bei einem Alter von einem Monat unterschiedlich sein [12]. Die Kapazität des Pansen-Netzmagens und besonders des Blättermagens ist um das Doppelte stärker entwickelt, wenn Heu verabreicht wird. Die Stärke der Speichelsekretion begünstigt einen alkalischen pH-Wert im Pansen. Die Zellulosefermentation hängt mit einem erhöhten Essigsäuregehalt und einer gleichzeitigen Glykämie zusammen, ähnlich wie bei den erwachsenen Tieren (Tab. III/4).

Magenkontraktionen

Die Kontraktionen des Netzmagens und des Pansens treten schon sehr frühzeitig auf [31], denn bei einem Kalb von einem Monat kann man alle Charakteristika der Motorik des erwachsenen Tieres [26] antreffen, besonders die Ruktuskontraktionen [2]. Die Häufigkeit der Kontraktionen ist allerdings sehr unterschiedlich und wird stark durch das Wiederkauen beeinflußt. Dieses übt auf die Frequenz und die Ausdehnung der Kontraktionen einen dynamischen Effekt aus, der imstande ist, beide Werte zu verdoppeln [68].

Die Motorik des Labmagens war Gegenstand von elektromyographischen Untersuchungen, die, wie bei anderen Tiergattungen, die Rolle des duodenalen pH-Wertes bei der Verdauungsentleerung aufzeigten. Die Durchspülung des Zwölffingerdarms mit einer isotonischen

Tabelle III/4 Besonderheiten der Verdauung eines Kalbes von 1 Monat in Abhängigkeit von der Art des ad libitum aufgenommenen Futters

Zusammensetzung/ Besonderheiten		Konzentratfutter	Heu
Trockensubstanz	kg/Tag	2,5	1,6
Zunahme	kg/Tag	0,6	0,2
N-Retention	g/Tag	31	4
Pansen-pH		5,9	7,4
Flüchtige Fettsäuren	µ/100 ml	11	5
Essigsäure	%	47	74
Buttersäure	%	18	7
Blutzucker	mg/100 ml	93	56

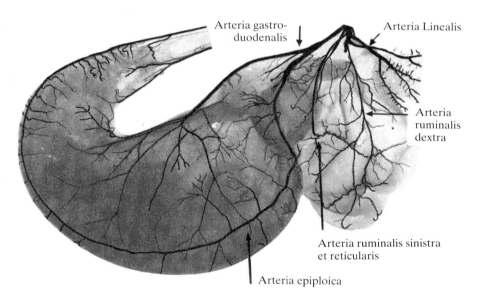

Abb. III/5 Arterien des Magenkomplexes des zukünftigen Wiederkäuers zum Zeitpunkt der Geburt. Die dunkel erscheinenden Gefäße unterstreichen die Bedeutung der Blutversorgung des Labmagens für die Gerinnung und besonders die Verdauung der Milch.

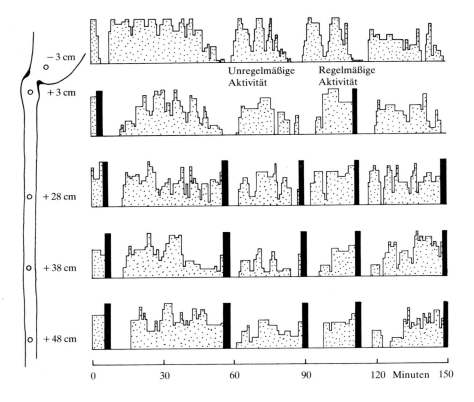

Abb. III/6 Duodenum-Jejunum-Motorik beim Kalb. Die Elektromyogramme wurden aufgenommen 3 cm oberhalb und 3, 28, 38 bzw. 48 cm unterhalb des Magenausgangs und die Impulse alle 20 Sekunden registriert. Der Maximalausschlag ist erreicht, wenn alle Wellenbewegungen in einen Impuls münden. Die regelmäßige Aktivität (schwarz gezeichnet) der myoelektrischen Zentren folgt nach der unregelmäßigen Phase (gepunktet), bei der fortschreitende Wellen auftreten. Danach tritt eine Ruhepause ein. Zu bemerken ist die Hemmung der Aktivität der Magenhöhle, bei der die Duodenal-Aktivität ihr Maximum erreicht.

Tabelle III/5 Charakteristika der gastro-duodenalen Motorik

Frequenz der langsamen Wellenbewegungen	
– Fundusdrüsenregion	3,0 – 12/Minute
– Magenhöhle	2,5 – 4/Minute
– Duodenum	18 – 20/Minute
– Jujunum	15/Minute
Periode nach Nahrungsaufnahme: unregelmäßige Aktivität	
– vorwärtstreibende Wellen	34/Stunde
– Schnelligkeit der Ausbreitung	6,6 cm/Sekunde
– durchlaufende Distanz	1 – 4 m
Verdauungsperiode: myoelektrisches Zentrum	
– mittleres Intervall	47 ± 18 Minuten
– Schnelligkeit der Ausbreitung	6 – 40 cm/Minute

HCl-Lösung verzögert die Magenentleerung, CO_3HNa begünstigt sie [5].

Der Übergang Magen–Duodenum ist stets der Ort eines duodenogastrischen Reflexes, durch den die Motorik gehemmt wird, wenn sich am proximalen Darmstück eine starke Bewegungsaktivität entwickelt.

Darmmotorik

Der Dünndarm ist der Ort langsamer Wellenbewegungen, deren Frequenz 18 bis 20 je Minute für das Duodenum und 15 für das Jejunum beträgt. Diese Unterschiede in der Bewegung haben keinen eigenen Ursprung entgegengesetzt dem Ablaufrhythmus, der sich in die langsamen Wellenbewegungen einlagern könnte. Die Bewegungen entsprechen den Kontraktionen der zirkulären Muskelfibrillen und treten wie isoliert auf. Sie stellen also eine außerplanmäßige Aktivität dar, weitergeleitet oder nicht, in einer fortdauernden Form für einige Minuten: sie wirken aber auch im Zusammenspiel, indem sie sich über den ganzen Darm ausbreiten (Tab. III/5). Außerhalb der Mahlzeiten ist die normale Darmmotorik notwendig für die reguläre Erholung der myoelektrischen Zentren, wobei jedes Zentrum eine irreguläre Aktivitätsphase von 20 bis 30 Minuten umfaßt, gefolgt von einer regulären von 3 bis 4 Minuten und einer Ruhephase von 8 bis 10 Minuten (Abb. III/6).

Magendurchlauf

Die Entleerung des Magens von aufgenommener Milch geschieht sehr schnell in bezug auf die Laktoseren dank der fast augenblicklichen Koagulation der Milch im Labmagen bei einem pH-Wert von 4 [3]. Dies ist um so einfacher, als die Menge der aufgenommenen Milch nur gering ist, was bei natürlicher Aufzucht mit Säugen bei der Mutter der Fall ist [75]. In der ersten Phase der Verdauung, die mit der Ausscheidung des Milchserums übereinstimmt, ist der Inhalt des Zwölffinger-

Funktion des Verdauungsapparates

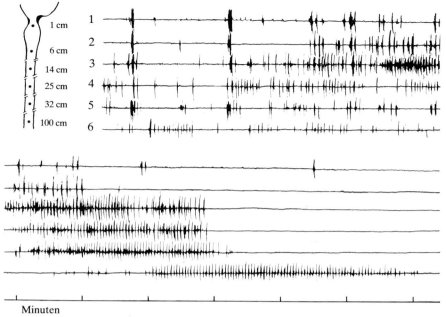

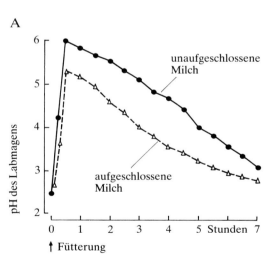

Abb. III/7 Fortschreitende Wellen und Übertragung der regelmäßigen Aktivität der myoelektrischen Zentren auf das Duodenum. Die Impulse, die sich sehr schnell auf die ersten 32 Zentimeter des Duodenums erstrecken, entsprechen den fortschreitenden Wellenbewegungen. Eine Aktivität dauert 4–5 min mit einer Frequenz von 17–18/min, was der regelmäßigen Aktivität entspricht

Abb. III/8 Veränderung des pH-Wertes im Labmagen und der Pylorussekretion nach der Nahrungsaufnahme.

darms reich an Laktose und Mineralstoffen (Abb. III/8b). Anschließend reichert die Auflösung der koagulierten Teilchen den Darminhalt mit Fett und N-haltigen Stoffen unter Abbau von ungefähr 85 % des Kaseins durch das Pepsin (pH 2) des Labmagens an [49]. Es ist bemerkenswert, daß die Bedeutung der sauren Sekretion des Magens im Laufe der Milchverdauung ursprünglich aus einer alkalischen Basis hervorgeht.

Motorik des Kolons

Ihre Charakteristika sind noch unbekannt, mit Ausnahme eines starken Bewegungsablaufs infolge der Nichtabsorption von Gallensalzen im Ileum. Vorläufige Untersuchungen zeigen, daß bei Durchfallstörungen eine Magen- und Kolonlähmung eintritt. Diese Magen- und Kolonparalyse verschwindet etwa 24 Stunden nach entsprechender Verbesserung des klinischen Bildes [25].

Bei A wird die Erhöhung des pH infolge der Milchverdauung durch eine starke Magensäurebildung kompensiert, die selbst aus einem alkalischen Mangel nach der Nahrungszufuhr herrührt.

Bei B wird die schnelle Erhöhung der Pylorussekretion durch ungeronnene Milch mit Freisetzung von Laktoserum bewirkt. Für die Verdauung ist die Gerinnung der Milch der Hauptfaktor

Bedeutung der Schlundrinne

Die aufgenommen flüssigen Nahrungsstoffe gelangen beim jungen Kalb in großer Menge in den Labmagen, unabhängig von ihrer chemischen Zusammensetzung: Milch, Wasser usw. Die Menge an Flüssigkeit, die man im Pansen als Folge eines unvollständigen Verschlusses der Schlundrinne antrifft, steigt mit dem Lebensalter an, sogar wenn es sich hierbei um aufgenommene Milch handelt.

Art des Verschlußreflexes der Schlundrinne

Die Vagotomie ebenso wie eine Atropininjektion verhindern ein Verschließen der Schlundrinne beim jungen Kalb und beweisen so die bedeutende Rolle des *N. vagus* [53]. Flüssigkeit in der Maulhöhle veranlaßt innerhalb von 8 bis 10 Sekunden den Verschluß der Schlundrinne beim Neugeborenen für 1 bis 3 Minuten.

Man kann die Rolle der Maulhöhle als Reizzentrum beweisen, entweder durch Lokalanästhesie der Rachenhöhle (in diesem Fall verschwindet der Schließreflex) oder durch elektrische Reizung des *N. laryngeus superior* bei einem Tier mit ausgeschaltetem Gehirn: der Reizung folgt Schlundrinnenverschluß. Einfacher ausgedrückt, die Öffnung des Ösophagus im mittleren Halsteil zeigt, daß eine fiktive Futteraufnahme vom Schlundrinnenreflex begleitet wird, während die unmittelbare Einführung von Milch in den distalen Bereich des Ösophagus ohne Wirkung ist. Die Art und Weise der Aufnahme der Milch ist stets von Bedeutung: der Verschluß ist weniger vollständig, wenn die Milch aus einem Eimer gegeben wird, statt durch Saugen an der Zitze [34, 89, 90]. Der Ausgangspunkt des Schließreflexes der Schlundrinne ist also der Maulhöhlenraum, und der Weg steht mit dem *N. vagus* in Zusammenhang [58]. Dieses sichert genauso den partiellen oder totalen Verschluß der Schlundrinne und die Verhinderung der Pansen-Netzmagenkontraktionen, besonders bei einem Kalb von mehreren Monaten [42]. Diese Verhinderung wird jedesmal durch die Labmagenspannung verstärkt und verlängert (Abb. III/9).

Bedeutung der Nerventätigkeit

Ihre Rolle ist wesentlich, denn allein der Anblick des Milcheimers kann den vollständigen Verschluß der Schlundrinne beim jungen Kalb bewirken. Der Reflex kann beim erwachsenen Tier aufrechterhalten werden durch regelmäßige Zuteilung von bevorzugten Futtermitteln, und es ist wahrscheinlich, daß der negative Einfluß des Alters mit einem verminderten Appetit auf flüssige Nahrung zusammenhängt [59]. Tatsächlich finden sich bei einem Kalb, das noch nach 7 Wochen nur flüssige Nahrung ohne Milchbestandteile erhält, weniger als 20 % der Flüssigkeiten im Pansen bis zu einem Alter von 4 Monaten wieder. Wenn es

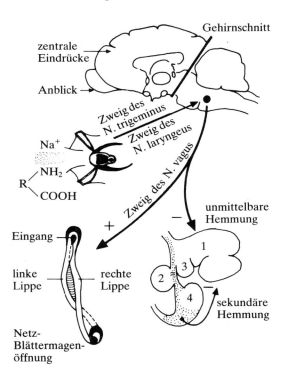

Abb. III/9 Verschluß der Schlundrinne. Der reflektorische Charakter des Schlundrinnenverschlusses wurde bei einem Tier nachgewiesen, bei dem chirurgisch das ZNS ausgeschaltet wurde. Die Proteine (R-NH$_2$COOH) und die Mineralsalze (Na$^+$) der Milch wirken im Bereich der Zungenrezeptoren und der Backen-Rachenhöhle. Die nervösen Reize werden dem Gehirnstamm durch Zweige des *N. trigeminus* und *N. laryngeus* sup. zugeleitet. Der mittlere Vaguszweig schließt die Schlundrinne, die sich bis zum Labmagen verlängert und die Kontraktionen des Netzmagens-Pansens unterbindet. Die Labmagenspannung verhindert sekundär die Motorik des Netzmagens-Pansens. Der Anblick von Milch und verschiedene zentrale Eindrücke beeinflussen die Stärke der Magenreaktionen beim wachen Tier

1 Pansen 3 Blättermagen
2 Netzmagen 4 Labmagen

feste Nahrung bekommt, kann das Verhältnis der im Pansen aufgefundenen Flüssigkeit auf das Doppelte, ja sogar das Dreifache ansteigen [33].

Auslösung des Schließreflexes der Schlundrinne

Die Milch ist der natürliche Auslöser des totalen Schlundrinnenverschlusses. Als Vermittler dienen die Proteine und Mineralsalze der Milch. Die Laktoglobuline spielen eine wesentliche Rolle, da sie bei der bedeutenden Aktivität des Kolostrums mitwirken. Die Laktalbumine spielen eine ähnliche Rolle, allerdings unspezifisch, denn ihre Wirkung wird in Verbindung mit dem Blutserum, der Lymphe und den Peptonen erreicht. Die Rolle der Mineralsalze und besonders die der Na-Salze wird seit langem als wichtig eingeschätzt: die erste Beobachtung stammt von SCHALK und AMADON, die bei einer zweijährigen Färse feststellten, daß das Ablecken eines Salzsteins den Verschluß der Schlundrinne mit direkter Überführung einer reichlichen Menge von Speichel in den Labmagen und die augenblickliche Unterdrückung jeglicher Pansen-Netzmagenkontraktion bewirkte [72]. Seitdem wurde bewiesen, daß Na-Salze (-chlorid, -bikarbonat, -sulfat) den Schlundrinnenverschluß sogar bei ausgewachsenen Tieren hervorrufen. Dasselbe trifft für Cu-Ionen zu [88].

Funktion des Verdauungsapparates

Gallensekretion

Die Galle, eingeleitet in den Darm einige Zentimeter oberhalb der Pankreaszuführung, neutralisiert die sauren Inhaltsstoffe. Sie liefert die Gallensalze, emulgierende und lösende Substanzen für die Verdauung der Fette. Die Kontraktion der Gallenblase wird durch das Auftreten von Fettsäuren im Zwölffingerdarm ausgelöst unter hormonaler Mithilfe von

- Die Freisetzung von Gastrin aus der Magenhöhle regt die Bildung von HCL und die Sekretion von proteolytischen Enzymen aus der Fundusdrüsenzone (höchste Aktivität bei pH = 2 für das Pepsin und bei pH = 4 für die Säurespalter) an.
- Das Eintreffen des sauren Speisebreis im Duodenum setzt das Sekretin frei, das auf die Gallensekretion und auf das CO_3H^- des Pankreassaftes einwirkt. Es setzt auch das CCK – PZ frei, welches die Entleerung der Gallenblase unterstützt und erhöht die Wertigkeit der Pankreasenzyme (Trypsin, Amylase und Lipase).
- Der Darmsaft sichert eine vollständige Verdauung der Kohlenhydrate (Laktose, Maltose, Saccharose, Trehalose), Lipide und Proteide. Das Serotonin aus den enterochromaffinen Zellen regt die Muzinausscheidung an. Das Histamin und die Immunoglobuline (IgA), synthetisiert von Mastzellen und Plasmazellen der Schleimhaut, sind ebenfalls am Stoffwechsel der Darmschleimhaut beteiligt.
- Die Gallensalze ebenso wie das Vitamin B_{12} werden im Bereich des Ileums absorbiert (Darm-Leber-Kreislauf)

Enzymatische Aktivität der Verdauungssäfte

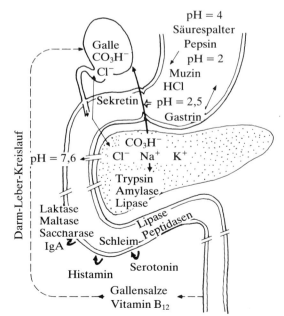

Abb. III/10 Schema der hormonalen Steuerung der Verdauungssekrete

Cholezystokinin-Pankreozymin (CCK – PZ). Das Sekretin ist nur für die Zusammensetzung des Gallensaftes da und nicht für die der Salze (Abb. III/10). Die Alkalisierung des Duodenums gestattet stets das Wirken der Pankreas-Enzyme.

Pankreassekretion

Drei Gruppen von Enzymen sichern die Verdauung von Stärke (Amylase), Fetten (Lipase) und Proteinen (Trypsin). Das Cholezystokinin-Pankreozymin erhöht den Wert des Pankreassekrets, während das Sekretin die Menge der Bikarbonate im Pankreassaft steigert [73].

Darmsekretion

Im Bereich des Duodenums ist das von den BRUNNER-Drüsen abgegebene Sekret sehr dickflüssig wegen des Vorhandenseins eines Muzins, das dazu beiträgt, den Säuregehalt des Mageninhalts zu neutralisieren. Im Ileo-Jejunumbereich spielt der Gehalt an Elektrolyten in der Darmflüssigkeit eine wesentliche Rolle bei der Aufrechterhaltung eines annähernd neutralen pH-Wertes, und deren intrazelluläre Enzymtätigkeit vollendet die Verdauung. Die Serotonine, die die Schleimsekretion anregen, scheinen ständig in die myoneuralen Antworten der Darmwand einzugreifen. Die Immunglobuline geben dem Darm die Funktion eines sekretorischen lymphoiden Organs und unterstützen die Schleimhaut gegen bakterielle und/oder alimentäre Antigene. Schließlich scheint das Histamin für Kreislaufveränderungen im Zusammenhang mit der Absorption verschiedener Nahrungsstoffe verantwortlich zu sein. Es ist festzuhalten, daß die Absorption von Gallensalzen und von Vitamin B_{12} im Ileum einerseits die Reizung des Kolons, die sich aus dem Vorhandensein von Gallensalzen in diesem Darmabschnitt ergeben würde, und andererseits die Eisenmangelanämie verhindert, für die die alleinige Milchnahrung einen prädisponierenden Faktor darstellt [11].

Verdauungsmikroben

Der Übergang zum Wiederkäuer ist von Veränderungen der Mikrobenflora des Verdauungskanals [15] und der Umwelt begleitet [14, 85]. Diese Erscheinungen sind fortschreitend, denn das junge Kalb zeigt eine bemerkenswerte Veranlagung für die Absorption und die Ausnutzung der Fettsäuren in kurzer Zeit in einem Alter von 3 Wochen [45], und die vollständige Zelluloseverdauung des Grobfutters ist schon bei einem Kalb von der 8. Woche an möglich [50].

Ein funktionelles Charakteristikum, das an die Entwicklung der mikrobiellen Aufschließung und die Absorption der flüchtigen Fettsäuren gebunden ist, ist die Vergrößerung des Pfortadersystems [52]. Das Wachstum des Eingeweidekreislaufs erleichtert allgemein die Absorption der Nährstoffe [57]. Schließlich können in den Fällen, in denen der Pansen nicht genügend Absorptionsvermögen infolge zu wenig Bikarbonaten bewirken kann, die selbst an eine noch zu geringe Speichelsekretion gebunden sind, Essigsäure und Propionsäure in genügender Menge im Kolon absorbiert werden [85].

In bezug auf die Konstitution charakterisieren die Stabilisierung des Wiederkauaktes [84] mit einseitiger Kaubewegung, die Entwicklung des Geschmacks für alkalische Lösungen sowie die Verkürzung der festen Schlafzeiten und die Verlängerung der Schläfrigkeitsphasen den jungen Wiederkäuer. Diese Entwicklung widerspiegelt die des mikrobiellen Aufschlusses in dem Maße, wie kurzkettige Fettsäuren aus dem Panseninhalt Stimuli für das Auftreten des Wiederkauens darstellen und auf nervösem Wege für das Wachsein verantwortlich sind.

LITERATUR

[1] ALEXANDER, G.; BENNETT, J. W.; GEMMEL, R. T., 1975 – Brown adipose tissue in the new-born calf (Bos taurus). J. Physiol., Lond., 244, 223–234.
[2] ASAI, T., 1973 – Developmental processes of reticulorumen motility in calves. Jap. J. vet. sci., 35, 239–252.
[3] ASH, R. W., 1964 – Abomasal secretion and emptying in suckled calves. J. Physiol., Lond., 172, 425–438.
[4] BALFOUR, W. E., 1962 – The adrenal cortex in domestic animals. Brit. med. Bull., 18, 114–116.
[5] BELL, F. R.; GRIVEL, M. L., 1975 – The effect of duodenal infusion on the electromyogram of gastric muscle during activation and inhibition of gastric emptying. J. Physiol., Lond., 248, 377–391.
[6] BERNARD, R. A., 1964 – An electrophysiological study of taste reception in peripheral nerves of the calf. Am. J. Physiol., 206, 827–835.
[7] BIANCA, W., 1959. Acclimatization of calves to a hot dry environment. J. agric. Sci. 52, 296–304.
[8] BISGARD, G. E.; RUIZ, A. V.; GROVER, R. F.; WILL, J. A., 1973 – Ventilatory control in the Hereford calf. J. appl. Physiol., 35, 220–226.
[9] BLOOM, S. R.; EDWARDS, A. V.; HARDY, R. N.; MALINOWSKA, R. W.; SILVER, M., 1975 – Responses to feeding in the conscious unweaned calf. Proc. Royal Physiol. Soc., 247, 34 P.
[10] BOUVIER, J. C.; ESPINOSA MOLINER, J.; VERMOREL, M., 1974 – Influence de températures et d'hygrométries élevées pendant une partie de la journée sur la thermorégulation du veau préruminant à l'engrais. Ann. Biol. anim. Bioch. Biophy., 14, 721–727.
[11] BREMMER, I.; DALGARNO, A. C., 1973 – Iron metabolism in the veal calf. The availability of different iron compounds. Brit. J. Nutr., 29, 229–243.
[12] BURT, A. W. A., 1968 – A note on the effect of giving milk substitute only once a day to early-weaned calves. Anim. Prod., 10, 113–116.
[13] CANDAU, M., 1969 – Quelques observations liminaires concernant l'effet de l'ensilage et du foin sur l'évolution morphologique de la paroi et le fonctionnement métabolique précoce du rumen chez le veau préruminant. C. R. Acad. Sci., 268, série D, 1823–1826.
[14] CHAMBERS, D. T., 1959 – Grazing behaviour of calves reared at pasture. J. agric. Sci., Camb., 53, 417–424.
[15] CHURCH, D. C., 1969 – Digestive physiology and nutrition of ruminants. Vol. 1, 316 pages, OSU Book Stores Inc., Corvallis, Oregon.
[16] CHUSHKOV, P., 1969 – Studies on the effect of some neurotropic agents in EKG in new-born calves. Acta Univ. Agr., 36, 357–363.
[17] COMLINE, R. S.; EDWARD, A. V., 1968 – The effects of insulin on the new-born calf. J. Physiol., Lond., 198, 383–404.
[18] DALTON, R. G., 1968 – Renal function in neonatal calves. I. Diuresis. Brit. vet. J., 124, 371–381. II. Urea clearance Ibid., 451–459.
[19] DALTON, R. G.; PHILLIPS, G. D., 1969 – Renal function in neonatal calves: Response to acidosis. Brit. vet. J., 125, 367–378.
[20] DANIELS, L. B.; PERKINS, J. L.; KRIEDER, D.; TUGWELL, D.; CARPENTER, D., 1974 – Blood glucose and fructose in the newborn ruminant. J. Dairy Sci., 57, 1196–1200.
[21] DARDILLAT, C.; RUCKEBUSCH, Y., 1973 – Aspects fonctionnels de la jonction gastro-duodénale chez le veau nouveau-né. Ann. Rech. vét., 4, 31–56.
[22] DAYTON, A. D.; MORRILL, J. L., 1974 – A model to estimate the palatability of several calf starter rations. J. Dairy Sci., 57, 482–484.
[23] DOLLAR, A. M.; PORTER, J. W. G., 1957 – Utilization of carbohydrates in the young calf. Nature, Lond., 179, 1299–1300.
[24] DONAWICK, W. J.; BAUE, A. E., 1968 – Blood gases, acid-base balance, and alveolar arterialoxygen gradient in calves. Am. J. vet. Res., 29, 561–567.
[25] DOUGHERTY, R. W.; RILEY, J. L.; BAETZ, A. L.; COOK, H. M.; COBURN, K. S., 1975 – Physiologic studies of experimentally grain engorged cattle and sheep. Am. J. vet. Res., 239, 883–885.
[26] DZIUK, H. E.; SELLERS, A. F., 1955 – Physiological studies of the vagal nerve supply to the bovine stomach. I. Comparison of responses to milk-fed and roughage-fed calves, using a chronic intrathoracic vagal electrode technique. Am. J. vet. Res., 16, 411–419.
[27] EDWARDS, A. V.; SILVER, M., 1970 – The glycogenolytic response to stimulation of the splanchnic nerves in adrenalectomized calves, J. Physiol., Lond., 211, 109–124.
[28] EDWIN, E. E., 1970 – Plasma enzyme and metabolite concentrations in cerebro-cortical necrosis. Vet. Rec., 87, 396–398.
[29] FAYET, J. C., 1968 – Recherches sur le métabolisme hydrominéral chez le veau normal ou en état de diarrhée. Ann. Rech. vét., 1, 99–126.
[30] FISH, J. C.; MATTINGLY, A. T.; RITZMANN, S. E.; SARLES, H. E.; REMMERS, A. R., 1969 – Circulating lymphocyte depletion in calves. Arch. Surg., 99, 664–668.
[31] FLATT, W. P.; WARNER, R. G.; LOOSLY, J. K., 1956 – Evaluation of several techniques used in the study of developing rumen function. Cornell Univ. agric. exptl Stat. Bull., n° 361, 1–30.
[32] GEROV, K. I.; GEORGIEVA, R. I., 1967 – Investigations on tissue hydrophylia and permeability in calves. Acta Univ. agric. Brno, 36, 343–349.
[33] GUILHERMET, R.; MATHIEU, C. M.; TOULLEC, R., 1975 – Transit des aliments liquides au niveau de la gouttière œsophagienne chez le veau préruminant et ruminant. Ann. Zootech., 24, 69–79.
[34] HEGLAND, R. B.; LAMBERT, M. R.; JACOBSON, N. L.; PAYNE, L. C., 1957 – Effect of dietary and managemental factors on reflex closure of the œsophageal groove in dairy calves. J. Dairy Sci. 20, 1107–1113.
[35] HODGSON, J., 1971 – The development of solid food intake in calves. 1. The effect of previous experience of

ZUSAMMENFASSUNG

Nur im 4. und 10. Monat hört beim Kalb das allometrische Wachstum des Pansens und der Darmmasse im positiven bzw. negativen Sinn auf. Die Verdauung ist nicht voll entwickelt, sondern tritt physiologisch mit Verzögerung ein. Daher existiert beim Kalb eine relativ starke Labilität im Verdauungsprozeß. Zu dieser Labilität kommt eine ambivalente Periode, in der als Grundlage der Verdauung Milch und Futterstoffe dienen, deren Stoffwechselumsetzungen nicht mehr von der enzymatischen Ausstattung des Muttertieres abhängen.

solid food and the physical form of the diet on the development of food intake after weaning. Anim. Prod., 13, 15–24 – 2. Studies on the fluid, determined by an indirect method. Ibid., 25–36. – 3. The relation between solid food intake and the development of the alimentary tract. Ibid., 449–460. – 4. The effect of the addition of material to the rumen, or its removal from the rumen, on voluntary food intake. Ibid., 581–592.

[36] HOLM, L. W.; PARKER, H. R.; GALLIGAN, S. J., 1961 – Adrenal insufficiency in postmature Holstein calves. Am. J. Obstet. Gynec., 81, 1000–1008.

[37] HUBER, J. T.; JACOBSON, N. L.; MCGILLIARD, A. D.; ALLEN, R. S., 1961 – Digestive enzyme activities in the young calf. J. Dairy Sci., 44, 1494–1501.

[38] HUBER, J. T.; RIFKIN, R. J.; KEITH, J. M., 1964 – Effect of level of lactose upon lactase concentrations in the small intestines of young calves. J. Dairy Sci., 47, 789–792.

[39] JONSSON, G.; HASSLER, L.; ÖSTLUND, K., 1969 – The effect of a 24-hour fast and glucose-feeding on the weight and composition of the liver in sucking calves. Acta vet. scand., 7, 143–156.

[40] KANG, H. S.; LEIBHOLZ, J., 1973 – The roughage requirement of the early-weaned calf. Anim. Prod., 16, 195–203.

[41] KAY, R. N. B., 1966 – The influence of saliva on digestion in ruminants. Wld Rev. Nutr. Diet., 6, 292–325.

[42] KAY, R. N. B.; RUCKEBUSCH, Y., 1971 – Movements of the stomach compartments of a young bull during sucking. Brit. J. Nutr., 26, 301–309.

[43] KIUDA, H.; BROWN, A. M.; LANGE, J. L.; HECHT, H. H., 1962 – Pulmonary vascular response to acrute hypoxia in normal, unaesthetized calxes. Am. J. Physiol., 203, 391–396.

[44] LEIBHOLZ, J., 1975 – Ground roughage in the diet of the early-weaned calf. Anim. Prod., 20, 93–100.

[45] LIANG, Y. T.; MORILL, J. L.; NORODSY, J. L., 1967 – Absorption and utilization of volatile fatty acids by the young calf. J. Dairy Sci., 50, 1153–1157.

[46] MARTIN, W. G.; RAMSEY, H. A.; PATRONE, G; WISE, G. H., 1959 – Responses of young calves to a diet containing salts of volatile fatty acids. J. Dairy Sci., 42, 1377–1486.

[47] MASSIP, A.; BIENFET, V.; LOMBA, F.; BETTE, R., 1974 – Evolution des teneurs moyennes en électrolytes du sérum sanguin de veaux normaux en fonction de l'âge et de la période de l'année. Ann. Méd. vét., 118, 83–94.

[48] MASSIP, A.; FUMIÈRE, L., 1975 – Protéines sériques chez les veaux normaux. Variations en fonction de l'âge et de la période de l'année. Rec. Méd. vét., 151, 363–367.

[49] MATHIEU, C. M., 1968 – Etude de la vidange stomacale du lait entier chez le veau préruminant. Ann. Biol. anim. Bioch. Biophys., 8, 581–583.

[50] MCCARTHY, R. D.; KESLER, E. M., 1956 – Relátion between age of calf, blood glucose, blood and rumen levels of volatile fatty acids and in vitro cellulose digestion. J. Dairy Sci., 39, 1280–1289.

[51] MCMORMICK, R. J.; STEWART, W. E., 1967 – Pancreatic secretion in the bovine calf. J. Dairy Sci., 50, 568–571.

[52] MCGILLIARD, A. D.; THORP, J. W.; THORP, S. L., 1971 – Variation in portal blood flow measured by dye-dilution in young calves. J. Dairy Sci., 54, 247–252.

[53] MICHEL, M. C., 1973 – Profils biochimiques chez le veau monogastrique. Influence de l'état diarrhéique. Ann. Rech. vét., 4, 113–124.

[54] MITCHELL, C. D.; BROADBENT, P. J., 1973 – The effect of level and method of feeding milk substitute and housing environment on the performance of calves. Anim. Prod., 17, 245–256.

[55] MÖLLERBERG, L. E.; JACOBSON, S. O., 1975 – Plasma and blood volume in the calf from birth till 90 days of age. Acta vet. scand., 16, 178–185.

[56] MOORE, W. E., 1969 – Acid-base and electrolyte changes in normal calves during the neonatal period. Am J. vet. Res., 30, 1133–1138.

[57] MYLREA, P. J., 1966 – Digestion of milk in young calves. I. Flow and acidity of the contents of the small intestine. Res. vet. Sci., 7, 333–341. II. The absorption of nutrients from the small intestine. Ibid., 394–406.

[58] NEWHOOK, J. C.; TITCHEN, D. A., 1974 – Effects of vagotomy, atropine, hexamethonium and adrenaline on the destination in the stomach of liquids sucked by milk-fed lambs and calves. J. Physiol., Lond., 237, 243–258.

[59] ØRSKOV, E. R.; BENZIE, D., 1969 – Studies on the oesophageal groove reflex in sheep and on the potential use of the groove to prevent the fermentation of food in the rumen. Brit. J. Nutr., 24, 785–794.

[60] OXENDER, W. D.; HAFS, H. D.; INGALLS, W. G., 1972 – Serum growth hormone and prolactine in the prolactine in the bovine fetus and neonate. J. Anim. Sci., 35, 56–61.

[61] PACE, J. B.; KAYE, M. P., 1972 – Arterial baroreceptor sensibility in calves. J. Surg. Res, 13, 235–240.

[62] PHILLIPS, R. W.; LEWIS, L. D.; KNOW, K. L., 1971 – Alternations in body water turnover and distribution in neonatal calves in acute diarrhea. Ann. NY Acad. Sci., 176, 231–243.

[63] REBRENEANU, L., 1970 – Contribution à l'étude de la dynamique des modifications quantitatives des protéines sériques chez le veau de la naissance à l'âge de 6 mois. Rec. Méd. vét. 146, 171–177.

[64] REEVES, J. T.; LEATHERS, J. E., 1963 – Circulatory changes following birth of the calf and the effect of hypoxia. Circ. Res., 15, 343–354.

[65] REEVES, J. T.; LEATHERS, J. E., 1965 – Pulmonary hypertension with muscular exercise in the new-born calf. J. appl. Physiol., 20, 249–252.

[66] RUCKEBUSCH, Y.; BARBEY, P., 1971 – Les états de sommeil chez le fœtus et le nouveau-né de la vache (Bos taurus). C. R. Soc. Biol., 165, 1176–1184.

[67] Ruckebusch, Y.; Bueno, L., 1973 – The effect of weaning on the motility of the small intestine in the calf. Brit. J. Nutr., 30, 491–499.
[68] Ruckebusch, Y.; Candau, M., 1968 – Sur la rumination chez le veau. C. R. Soc. Biol., 162, 897–902.
[69] Ruckebusch, Y.; Dardillat, C.; Hatey, F., 1972 – La motricité intestinale chez le veau nouveau-né: influence du repas. C. R. Soc. Biol., 166, 1547–1552.
[70] Sauer, F.; Brisson, G. J., 1961 – A technique for the surgical removal of the forestomach of calves. Am. J. vet. Res., 22, 990–994.
[71] Schaeffer, R. G.; Sikes, J. D., 1971 – Discrimination learning in dairy calves. J. Dairy Sci., 54, 893–896.
[72] Schalk, A. F.; Amadon, R. S., 1928 – Physiology of the ruminant stomach (bovine). Study of the dynamic factors. North Dakota agric. expl. Stat. Bull., n° 216, 1–36.
[73] Shannon, A. D.; Lascelles, A. K., 1967 – A study of lipid absorption in young milk-fed calves with the use of a lymphaticovenous shunt for the collection of thoracic duct lymph. Aust. J. Biol. Sci., 20, 669–681.
[74] Short, C. E.; Keats, A. S.; Liotta, D.; Hal, C. W., 1968 – Anesthesia for cardiac surgery in calves. Am. J. vet. Res., 29, 2287–2294.
[75] Smith, R. H.; Sissons, J. W., 1975 – The effect of different feeds, including those containing soya-bean products, on the passage of digesta from the abomasum of the preruminant calf. Brit. J. Nutr., 33, 329–349.
[76] Stahl, P. R.; Dale, H. E., 1958 – Blood volumes of dairy calves comparing ^{51}Cr-tagged red blood cells and T 1824 plasma dilution methods. Am J. Physiol., 193, 244–248.
[77] Stephens, D. B., 1974 – Studies on the effect of social environment on the behaviour and growth rates of artificially-reared British Friesan male calves. Anim. Prod., 18, 23–24.
[78] Stowe, C. M.; Good, A. L., 1960 – Estimation of cardiac output in calves and sheep by the dye and Fick oxygen techniques. Am. J. Physiol., 198, 987–990.
[79] Swanson, E. W.; Harris, J. D. Jr., 1958 – Development of rumination in the young calf. J. Dairy Sci., 41, 1768–1776.
[80] Tennant, B.; Harrold, D.; Reina-Guerra, M.; Laben, R. C., 1969 – Neonatal alterations in serum gammaglobulin levels of Jersey and Holstein-Friesian calves. Am. J. vet. Res., 30, 345–354.
[81] Terri, A. E.; Keener, H., 1946 – Studies of the clinical composition of calf blood. J. Dairy Sci., 29, 663–667.
[82] Tikoff, G.; Kuida, H.; Chiga, M., 1966 – Hemodynamic effects of endotoxin in calves. Am. J. Physiol., 210, 847–853.
[83] Toofanian, F.; Kidder, D. E.; Hill, F. W. G., 1974 – The postnatal development of intestinal disaccharidases in the calf. Res. vet. Sci., 16, 382–392.
[84] Walker, D. E., 1962 – Suckling and grazing behaviour of beef heifers and calves. N. Z. J. agric. Res., 5, 331–338.
[85] Wangness, H.; McGilliard, A. D., 1973 – Evaluation of a direct method for measuring absorption from the gut. J. Dairy Sci., 55, 1432–1438.
[86] Watts, C.; Campbell, J. R., 1971 – Further studies on the effect of total nephrectomy in the bovine. Res. vet., Sci., 12, 234–245.
[87] Will, D. K.; Hicks, J. L.; Card, C. S.; Reeves, J. T.; Alexander, A. F., 1975 – Correlation of acute with chronic hypoxic pulmonary hypertension in cattle. J. appl. Physiol., 38, 495–498.
[88] Wise, G. H., 1939 – Factors affecting the reaction of the oesophageal groove of dairy calves. J. Dairy., 21, 465–478.
[89] Wise, G. H.; Anderson, G. W., 1939 – Factors affecting the passage of liquids into the rumen of the dairy calf. I. Method of administering liquids: drinking from open pail versus sucking through a rubber nipple. J. Dairy Sci., 22, 697–705.
[90] Wise, G. H.; Anderson, G. W.; Miller, P. G., 1942 – Factors affecting in the passage of liquids into the rumen of the dairy calf. II. Elevation of the head as milk is consumed. J. Dairy Sci., 25, 529–536.
[91] Young, J. W.; Ramsey, H. A.; Wise, G. H., 1960 – Effects of age and diet on the secretion of pregastric esterase in calves. J. Dairy Sci., 43, 1068–1075.
[92] Young, J. W.; Tove, S. B.; Ramsey, H. A., 1965 – Metabolism of acetate, propionate, and n-butyrate in young milk-fed calves. J. Dairy Sci., 48, 1079–1083.

Verdauung, Absorption und Umsetzung der Nährstoffe

Kapitel 3

P. Thivend, R. Toullec

Die ausschließliche Milchnahrung, die das junge Kalb in den ersten Wochen vor dem Absetzen erhält, oder während einer längeren Periode, wenn es zur Schlachtung als Mastkalb bestimmt ist, besteht entweder aus Muttermilch oder Milchaustauschern. Diese Stoffe sind durch die ausgezeichnete Qualität ihrer Bestandteile charakterisiert, die verdaut und umgesetzt werden, ähnlich wie bei monogastrischen Tieren. Während des Absetzens

nimmt das Kalb in steigendem Maße Grobfutterstoffe (rohfaserreiche Futterstoffe) auf, die zum größeren Teil in den Magenhöhlen aufgeschlossen werden.
Der Übergang vom Vorwiederkäuerstadium zum Wiederkäuer zieht Veränderungen in der Anatomie nach sich, die bereits beschrieben wurden. In diesem Kapitel werden wir die Verdauung, die Absorption und den Stoffwechsel der Kohlenhydrate, Fette und Proteine bei einem *Kalb mit ausschließlicher Milchnahrung* untersuchen. Nur die Verhältnisse in bezug auf die Mineralstoffe werden wir beim noch nicht wiederkauenden Kalb und dem wiederkauenden gemeinsam betrachten.

Verdauung und Absorption der Kohlenhydrate

Die Laktose ist der wesentliche Bestandteil der Kohlenhydrate der Milch oder der Milchaustauscher (35 bis 40% der Trockensubstanz). Man kann immer Stärke in verschiedener Menge (von 2 bis 15%) finden, etwas Saccharose (1 bis 2%) und auch andere Zucker (α-Galaktosen) in höherem Maße, wenn man bestimmte pflanzliche Produkte (Soja) als Ersatz für einen Teil der Eiweißstoffe von Magermilchpulver benutzt.

Die enzymatische Ausstattung des Kalbes für die Glykolyse ist relativ schwach. Die stärkeabbauende Aktivität des Pankreassafts ist bei der Geburt gering, sie erhöht sich aber bis zum Alter von zwei Monaten [24, 32, 44, 53]; sie wächst, wenn man dem Kalb ein Futter mit hohen Glukose- oder Stärkegehalt verabfolgt. Die Pankreasamylase greift die Stärke von Getreiden leichter an [55]. Eine Darmamylase ist auch vorhanden [44], aber ihre Aktivität ist unbedeutend. Beim Kalb gibt es eine Darmmaltase [13, 21] ebenso wie eine Pankreasmaltase. Neuerdings wurden eine β-Glukosidase (Zellobiase) und Trehalase im Dünndarm nachgewiesen [60]. Dagegen hat man im Speichel niemals Amylase [51], Saccharase [13, 21, 44] oder 1,6 Glukosidase gefunden, ein Enzym, das die α-(1,6-) Verbindungen der verzweigten Ketten der Stärke auflösen kann.

Verdauungsaufschluß

Die Laktose hat eine sehr hohe Verdaulichkeit (99%), ebenso wie die Glukose und Maltose (Tab. III/6) [25, 26, 29]. Dagegen wird die Saccharose schlecht ausgenutzt [28]. Die Verdaulichkeit der Stärke ist im allgemeinen ausreichend [27]. Sie ändert sich je nach ihrer pflanzlichen Herkunft. Die Stärke aus Getreide, Reis und Mais ist am besten verdaulich (Verdaulichkeit ungefähr 90%). Dann folgt die Stärke aus Maniok, zum Schluß das Stärkemehl von Kartoffeln, dessen Verdauungskoeffizient sehr gering ist.

Die Verdaulichkeit der Kohlenhydrate verändert sich mit der aufgenommenen Menge, mit dem Alter des Tieres und, auch für die schlechter verdaulichen Kohlenhydrate, mit der technologischen Verarbeitung [55]. So ist die Verdaulichkeit der Stärke höher bei einem Kalb von zwei Monaten als bei der Geburt. Das ist der Grund, warum der Gehalt an stärke-

Tabelle III/6 Verdaulichkeit in % der hauptsächlichen Kohlenhydrate in der Milch oder in Milchaustauschern

Untersuchte Kohlenhydrate*	Verdaulichkeit %		Quelle
	Organische Substanz	Kohlenhydrate	
Glukose	98,0	99,0	[26]
Maltose (Malzextrakt)	97,1	96,9	[29]
Laktose	97,4	99,3	[25]
Saccharose	92,3	73,4	[28]
Stärke:			
– Mais	96,6	91,6	[27]
– Kartoffeln	90,6	59,2	[27]
– Maniok	93,8	77,6	[27]
– Bananen	87,8	64,9	[1]
– Süßbataten	91,3	78,8	[1]
– Reis	92,8	92,9	[1]

* Der Gehalt an Kohlenhydraten im Futter liegt bei 17% der TS, ausgenommen bei Laktose (38%)

haltigen Bestandteilen im Milchaustauscher bei wachsenden Tieren verändert werden muß (von 5 auf 10% der Trockensubstanz bis zu 8 Wochen). Außerdem kann das Kalb in der Vorwiederkauperiode größere Stärkemengen verwerten (25 bis 30%). Weiterhin sind die technischen Verfahren der Verarbeitung zu Dextrin oder zu Gelatine geeignet, die Verdaulichkeit der Stärke zu verbessern. Man wird sie anwenden, um die Verdaulichkeit schwer hydrolisierbarer Stärke in unbearbeitetem Zustand (Kartoffel) zu verbessern [29].

Die Endstufen der Kohlenhydratverdauung sind hauptsächlich Hexosen, aber man kann auch flüchtige Fettsäuren finden, Milchsäure und Gase. Tatsächlich kann ein beträchtlicher Teil bestimmter Kohlenhydrate, wenig oder gar nicht durch die Enzyme des Dünndarms abgebaut, von der Mikroflora des Dickdarms zu organischen Säuren umgewandelt werden [1]. Die Anwesenheit dieser Endprodukte der Verdauung im Darm ruft im allgemeinen eine Verringerung des Trockenmassegehaltes im Kot hervor, die lange Zeit als »pathologischer« Durchfall aufgefaßt wurde. In der Tat treten die krankhaften Erscheinungen im gleichen Moment auf, sobald man plötzlich und in großen Mengen schwer verdauliche Kohlenhydrate füttert. Unter diesen Bedingungen ist die Menge der gebildeten organischen Säuren zu groß, um sofort absorbiert zu werden. Die Anhäufung dieser Produkte im Darm proviziert das Auftreten von Diarrhoen, entweder durch Reizung der Darmschleimhaut mit Überperistaltik und Beschleunigung der Darmpassage oder erhöhtem Wasseraustritt.

In allen anderen Fällen wird ein vermehrter Wasseraustritt im Kot durch eine schwächere Urinausscheidung ausgeglichen, so daß der Wasserhaushalt des Tieres nicht gestört ist. Die Pseudodiarrhoe oder auch »Nahrungsdurchfall« hat keine Auswirkungen auf den Gesundheitszustand oder das Wachstum der Tiere. Untersuchungen an geschlachteten Kälbern, die Milchaustauscher mit mehr als 25% Stärkeprodukten erhielten, bestätigten diese Beobachtungen [57, 58, 59, 70].

Absorption

Die durch enzymatische Hydrolyse freigesetzten Hexosen (Glukose und Galaktose) werden sehr schnell vom Blut absorbiert. Die Erhöhung des peripheren Blutzuckers nach Futteraufnahme erreicht ihr Maximum ungefähr 3 Stunden nach der Mahlzeit. Die Glykämie nimmt danach ab, aber die Verringerung ist um so langsamer, je größere Mengen Stärke das Tier aufgenommen hat [56]. Beim Vorhandensein von Glukose ist die Absorption von Galaktose reduziert [12]. Dagegen sind die Mengen an Hexose, die mit dem Urin ausgeschieden werden, gering, sogar wenn man die Kälber mit glukoseangereicherter Milch füttert [26]. Die Absorption der organischen Säuren im Dickdarm findet wahrscheinlich in dem Maße statt [23], wie die Bildung dieser Verbindungen nicht im distalen Teil des Kolons vor sich geht. Allerdings wird ein Teil der flüchtigen Fettsäuren aus dem Dickdarm vom Kalb anscheinend nicht benötigt und mit dem Kot ausgeschieden [71].

Verdauung und Absorption der Fette

Die Verdauung und Absorption der Fettstoffe der Milch und der Milchaustauscher geht langsam und gleichmäßig vor sich. Die Futterfettstoffe unterliegen einer partiellen Hydrolyse im Labmagen, bewirkt durch die Karboxylester-Hydrolasen des Speichels außerhalb des Magens und sicher auch durch die Tätigkeit von Lipasen aus dem Labmagen [62], die langkettige Triazylglyzeride spalten können. Aber die Hauptrolle spielt die Lipase des Pankreas bei der Hydrolysierung der Triazylglyzeride in freie Fettsäuren, Mono- und Diazylglyzeride. Der Gallensaft ist für die Absicherung einer normalen Verdauung unbedingt notwendig.

Verdauungsaufschluß

Der Aufschluß der Fette bei der Verdauung hängt von ihrer Art ab, d. h. von der Zusammensetzung der einzelnen Fettsäuren, die sehr unterschiedlich ist (Tab. III/7).

• Je *langkettiger* und *gesättigter* eine Fettsäure ist, desto weniger verdaulich ist sie [42]. So ist die Verdaulichkeit der Fette der Milch, reich an kurzkettigen Fettsäuren, höher (97,5%) als die von Rindertalg (90,3%), das keine Fettsäuren mit Ketten unter 14 C-Atomen enthält und sehr reich an Palmitin- (C_{16}) und Stearinsäure (C_{18}) ist. Die Verdaulichkeit der langkettigen und gesättigten Fettsäuren hängt stets ab vom Verhältnis der kurzkettigen und ungesättigten Fettsäuren, die sie begleiten. So steigt der Verdauungskoeffizient der Palmitinsäure von 86% im Rindertalg (35% ungesättigte) auf 90% im Kokosnußöl (58% Fettsäuren mit weniger als 14 C-Atomen) und auf 92% im Palmkernöl (50% ungesättigte) [63].

• Je *ungesättigter* eine Fettsäure ist, desto *besser verdaulich* ist sie. Die besonders ungesättigten Fette (Erdnußöl) müßten eine gute Verdaulichkeit haben [77], aber es scheint, daß die langsame Aufnahme dieser Stoffe eine ungünstige Wirkung ausübt [50].

Der verdauliche Aufschluß der Fette hängt von der Art ihrer Verteilung im Futtermittel ab. Das Einmischen der Fette in flüssige Magermilch und die anschließende Homogenisierung unter Druck ergibt im allgemeinen eine bessere Verdaulichkeit als ein trockenes Einmischen (Mischung von gallertigen Fetten und Milchpulver durch kräftiges Rühren). Allerdings scheinen moderne Verfahren der Fetteinmischung auf trockenem Wege zu guten Resultaten zu führen [64]. Schließlich verbessert auch die Zufügung von Emulgatoren die Verdaulichkeit der Fette bei Milchaustauschern, besonders bei trockener Beimischung. Für Fettstoffe, die flüssig beigemischt sind, ist die Verbesserung der Verdaulichkeit besonders bei jungen Tieren bemerkbar [22]. Es scheint sehr schwierig, die Grenzen der Verdauungsausnutzung der Fette bei einem Lebensalter von einem Monat zu erreichen, denn die Verdaulichkeit bleibt hoch, sogar wenn der Fettgehalt bedeutend ist [66]. Man kann

Tabelle III/7 Zusammensetzung nach Fettsäuren (A) und scheinbare Verdaulichkeit in % (B) verschiedener Fette [65]

	Milchfett		Rindertalg		Erdnußöl		Kokosnußöl		Palmkernöl		Schweineschmalz		Heringsöl	
	A	B	A	B	A	B	A	B	A	B	A	B	A	B
$< C_8$	5,4	100,0												
C_8	1,4	100,0					7,8	100,0						
C_{10}	3,3	100,0					5,9	99,1						
C_{12}	3,9	98,9					44,9	97,1						
C_{14}	11,5	97,7	3,4	94,0			16,6	93,8	1,3	93,2	1,5	97,6	8,1	96,9
C_{16}	29,1	96,0	26,0	85,9	10,0	89,7	11,5	90,0	42,0	91,8	28,3	94,7	16,0	93,2
C_{18}	9,4	95,6	27,4	81,4	3,8	81,3	2,9	85,3	5,6	89,4	17,2	90,6	7,5	89,0
$C_{18} = 1$	22,3	98,8	32,2	97,0	61,1	95,7	8,6	96,0	41,1	98,6	44,3	98,2	16,0	95,4
$C_{18} = 2$	2,0	100,0	2,0	100,0	17,7	97,9	1,6	98,5	9,1	99,6	6,0	99,4	3,2	99,5
C_{20}													4,1	89,9
$C_{20} = 1$													12,5	94,7
C_{22}													4,1	87,9
$C_{22} = 1$													14,3	92,9
Fettsäuren gesamt		97,5		90,3		93,4		95,5		95,1				93,9

allerdings ein häufiges Auftreten von Durchfällen beobachten, was zu einer Verminderung der Fettverdaulichkeit führt.

Absorption

Die Absorption der Fette geschieht prinzipiell im Duodenum und im vorderen Teil des Jejunums [34]. Wie bei monogastrischen Säugetieren werden die alimentären Fettsäuren beim Kalb während der Verdauung und Absorption praktisch nicht verändert. Sie werden hauptsächlich in der Lymphe ausgeschieden, deren Fette eine Fettsäurenzusammensetzung haben, die ähnlich der der Nahrungsfette ist [61]. Dagegen fließen Fettsäuren mit weniger als 14 C-Atomen zum großen Teil in die Pfortader. Die Zusammensetzung der Fettsäuren des Körpers des Kalbes ist also stark von den alimentären Fettsäuren abhängig. Das erklärt, warum das Kalb, das Milchaustauscher erhält, Körperfette haben kann, deren Zusammensetzung sehr unterschiedlich ist, während die Fettzusammensetzung beim Saugkalb einfacher ist, da die Komponenten der Milchfette sich in engen Grenzen bewegen.

Die einzelnen Fettsäuren können im Stoffwechsel des Kalbes in verschiedenem Grade abgebaut werden. Es ist in der Lage, kurz- und langkettige gesättigte Fettsäuren zu verarbeiten. Ungesättigte Fettsäuren werden nicht angegriffen oder nur schlecht gespalten. Es scheint also, daß Fette, reich an kurzkettigen Säuren, sehr schnell zu energetischen Zwecken genutzt werden und das Wachstum am Beginn des Lebens begünstigen, um so mehr, als sie eine höhere Ausnutzungsrate haben als Fette, die reich an ungesättigten Fettsäuren sind. Im Gegensatz dazu sind letztere günstig für eine gute Fettablagerung, da die langkettigen Fettsäuren langsamer abgebaut werden. Fette, die stark ungesättigt sind, bergen die Gefahr in sich, im Stoffwechsel schlechter ausgenutzt zu werden.

Verdauung der N-haltigen Stoffe

Die N-haltigen Stoffe der Milch und der Milchaustauscher werden im Labmagen und in den Därmen des Kalbes durch eiweißspaltende Enzyme verdaut. Der Umfang dieser Verdauung hängt von der enzymatischen Ausstattung des Tieres, von der Zusammensetzung der Proteine und auch von der Schnelligkeit des Transits der Nährstoffe ab. Dieser hängt von zwei Hauptfaktoren im Fall des Eiweißabbaus ab, und zwar vom Mechanismus des Schlundrinnenverschlusses (s. Kapitel »Physiologie der Verdauung des Neugeborenen« und »Verdauungsphysiologie«) sowie vom Phänomen der Gerinnung im Labmagen.

Lange Zeit hat man angenommen, daß der Verschluß der Schlundrinne durch die chemische Zusammensetzung der aufgenommenen flüssigen Nährstoffe und im besonderen durch die Art der Proteine der Milch verursacht wird. Neuere Arbeiten am jungen Wiederkäuer zeigen jedoch [36], daß der Verschlußreflex der Schlundrinne durch die Art der Fütterung ausgelöst werden kann und daß er von der chemischen Zusammensetzung der Nahrung unabhängig ist, wenn sie nach eigenem Geschmack freiwillig aufgenommen wird. So werden also auch Nährstoffe aus Magermilch oder sogar aus Milchaustauschern genau wie aus Vollmilch in den Labmagen geleitet [20]. *Die Art der Nahrungsproteine hat daher keinen Einfluß auf den Mechanismus des Schlundrinnenreflexes.*

Dagegen kann die *Magenpassage* weitgehend durch die Art der dem Kalb als Nahrung zugeteilten Proteine unterschiedlich sein. Bei Vollmilch oder einem Milchaustauscher, dessen Proteine ausschließlich aus Magermilch stammen, geschieht die Umwandlung der N-haltigen Stoffe am Ausgang des Labmagens langsam und gleichmäßig. Dies wird durch Koagulation von Kasein infolge der Säuerung und Salzsäure bewirkt, die sehr schnell nach der Nahrungsaufnahme auftreten [33]. Die Proteine anderer Stoffe (Milchserum, Fisch,

Soja ...) koagulieren im allgemeinen durch Säuerung nicht. Man muß also auch Veränderungen in der Art der Magenpassage ohne Säuerung erwarten, die aber nicht immer eine Beschleunigung dieses Vorgangs bedeutet. Wenn mit den Proteinen von Laktoserum [69], Soja oder Fisch [11] die Magenpassage beschleunigt wird, ist sie dagegen bei verschiedenen Ölkuchen [49] sehr wenig verändert oder bei einer Mischung von Hefen und Milchserum stark verlangsamt. Die Behandlungstechniken der N-haltigen Stoffe der Milch, besonders die Erhitzung, können die Magenpassage beschleunigen, vor allem, wenn sie intensiv waren [32, 52].

Die Bedeutung der Veränderungen der Magenpassage auf den Übergang in den Dünn- und Dickdarm und auf das Vorkommen von Diarrhoen ist noch nicht ausreichend bekannt. Das Fehlen oder die Veränderung der Qualität der Koagulation zieht nicht unbedingt ein gehäuftes Auftreten von Durchfällen nach sich [16, 35, 37]. Es scheint, daß die Konsistenz des Kotes stärker von der Herkunft der N-haltigen Stoffe und der Aufbereitungstechnologie beeinflußt wird [67].

Die hauptsächlichsten Faktoren für die enzymatische Verdauung der Proteine im Labmagen des Kalbes sind ein stark saures Milieu und das Pepsin. Die Säuerung wirkt über die Bildung von Koagulum (im Fall von N-Verbindungen der Milch), und am Beginn der Proteolyse, solange der pH-Wert erhöht ist. Im selben Maße wie dieser sinkt, wird die Eiweißverdauung vom Pepsin übernommen. Die Wirkung des Pankreas-Trypsins ist bei der Geburt noch sehr schwach, steigt im Verlaufe der ersten Lebenswoche an und bleibt später fast konstant [21]. Die Sekretion von Protease aus dem Pankreas scheint je nach Art der Nahrungsproteine unterschiedlich zu sein. Eine starke Wärmebehandlung der Milch oder die Verwendung von Eiweißen aus Soja oder Fisch haben eine Verringerung der Menge des Pankreassaftes und der proteolytischen Aktivität zur Folge [54]. Auch andere Faktoren, z. B. die Rasse, der Prozentsatz Fette im Futter, die Art der Verabreichung (Eimer oder Flasche) können gleichermaßen die Sekretion der proteolytischen Enzyme des Pankreas beeinflussen.

Die *Verdaulichkeit der Nahrungsproteine* hängt einerseits vom Alter der Kälber, andererseits von der Herkunft dieser Proteine und der Aufbereitungstechnologie ab. Ihre Verdaulichkeit scheint sich im gleichen Maße zu verändern wie sich der Gehalt an endogenem und fäkalem Stickstoff erhöht. Schließlich wird die Verdaulichkeit der Proteine durch die Art der Kohlenhydrate im Futter beeinflußt. Die *Verdaulichkeit des Milcheiweißes* ist sehr hoch (97%), sogar beim jungen Tier [25]. Sie wird durch Trocknung wenig beeinflußt, wenn die Hitzebehandlung nicht übermäßig lange dauert. Die Verdaulichkeit der Proteine von Milchaustauschern wechselt nach der Art der

Tabelle III/8 Verdaulichkeit der N-haltigen Stoffe beim Milchkalb [68]

Untersuchte Stoffe	N-haltige Stoffe der Nahrung*	Verdaulichkeit in %
Trockenmagermilch, im Sprühverfahren hergestellt		
– ohne Zusätze	100	96,1
– mit Na-Zitrat**	100	95,4
– mit HCl**	100	95,0
Laktoserum		
– Serum	100	93,2
– Laktoproteine	100	90,7
– Ultrafiltrate	100	94,3
Fisch		
– entfettet mit Kohlenwasserstoffen	81	83,5
– leicht getrocknet	93	90,5
Soja		
– getrocknet	75	74,2
– fermentiert	77	75,9
– extrahiert mit Alkohol	78	79,2
Hefen	71	84,4
Bakterien, Methanolkultur	78	81,7
Kartoffeln	74	82,2

* In Prozent des Gesamtstickstoffs des Futters, der Rest kommt aus Laktoserum, getrocknet im Sprühverfahren, und Methionin
** Das Hinzufügen von Na-Zitrat verhindert die Koagulation unter Druck; das Hinzufügen von HCl (bis pH 4,25) macht die Koagulation des Kaseins im Labmagen unmöglich

Eiweiße. Sie steigt im Laufe des ersten Lebensmonats an, bleibt aber im allgemeinen unter der des Milcheiweißes. Sie ist für Laktoserum und Fischmehl, teilweise hydrolysiert, ausreichend (Tab. III/8).
Die Verdaulichkeit von Proteinen pflanzlicher Herkunft ist niedriger. Man kann die Verdaulichkeit der Sojaproteine durch Erhitzen oder teilweise bzw. vollständige Eliminierung der Glykoside erhöhen, von denen einzelne als Verbesserer der mikrobiellen Fermentation im distalen Darmabschnitt bekannt sind.

Ausnutzung der Futterenergie

Die Verdaulichkeit der Energie der Kuhmilch liegt bei 97%, die der Milchaustauscher ist niedriger (94 bis 96%). Sie ändert sich je nach der Art der Fette, aber besonders nach dem Anteil an leichtlöslichen Kohlenhydraten. Sie kann sich bis zu einem Wert um 90% bei Inhaltsstoffen vermindern, die reich an Stärke sind [76]. Die mit dem Harn ausgeschiedene Energie beläuft sich auf 2 bis 4% der Nahrungsenergie; sie variiert je nach dem N-Gehalt der Nahrung und dem Alter des Tieres. Die umsetzbare Energie (u. ä.) beläuft sich auf etwa 91% der Gesamtenergie (etwa 19 500 kJ/kg eines Milchaustauschers mit 22% Fett). Die *Ausnutzung der umsetzbaren Energie für das Wachstum* des Kalbes liegt bei etwa 69%, d. h., daß 69% der umsetzbaren Energie über dem Erhaltungsbedarf des Kalbes (geschätzt auf 4187 kJ u. E./kg Körpermasse^{0,75}) im Organismus mit dem Eiweiß und Fett abgelagert werden können. Dieser Wert verändert sich nicht wesentlich, weder mit der Körpermasse oder dem Alter noch mit der Futterzusammensetzung [72, 76].
Die umsetzbare Energie, die dem Körper des Kalbes zur Verfügung gestellt werden kann, stammt aus verschiedenen Nährstoffen, deren Art und Menge mit der Fütterung wechselt. Die Energie aus den Proteinen stellt einen annähernd konstanten Anteil an der Gesamtenergie dar, aber der Anteil an Energie aus Fetten und Kohlenhydraten kann in weiten Grenzen schwanken, je nach Art und Zusammensetzung der Milch. Der Energieanteil aus dem Fett beträgt 47% der Gesamtenergie bei einer Kuhmilch mit 4% Fett, aber nur 19% bei einem Milchaustauscher mit 9% Fett (Tab. III/9). In jeder der drei Gruppen an Energieträgern (Fette, Kohlenhydrate, Eiweiße) hängt die Zusammensetzung der Nährstoffe vom Futtermittel ab. In der Kuhmilch stammen aus den kurz- und mittelkettigen (von C_4 bis C_{14} einschließlich) Fettsäuren 21 bis 29% der Energie der gesamten Fettsäuren, aber nur 4% beim Rindertalg. Ebenso wird die Futterenergie beim Aufschließen der Kohlenhydrate dem Organismus hauptsächlich in Form von Hexosen (Glukose) zur Verfügung gestellt, aber auch in bestimmten Fällen als flüchtige Fettsäuren oder als Milchsäure.

Tabelle III/9   Zuführung von Energie aus Kohlenhydraten, Fett und Protein in verschiedenen Futterstoffen für das Milchkalb

Futtermittel	Anteil der Gesamtenergie %		
	Kohlenhydrate	Fette	Protein
Kuhmilch (4% Fett)	26	47	27
Milchaustauscher mit:			
30% Talg und 25% Eiweiß	27	49	24
9% Talg uknd 30% Stärke	54	19	27
22% Talg und 10% Stärke	36	39	25

Der Körper benötigt die Energie aus Verbindungen, die energiereich sind (ATP = Adenosintriphosphorsäure), notwendig für den Unterhalt und die Synthesefunktionen der Zellen (Protein- und Fettaufbau) beim wachsenden Tier. Diese Energie stammt aus dem oxydativen Stoffwechselabbau der Nährstoffe. Glukose, kurzkettige Fettsäuren und die Kohlenstoffketten der Aminosäuren werden nach Abspaltung von NH_3 zu Azetyl-Coenzym A abgebaut. Dieses wird im KREBSzyklus (Zitronensäurezyklus) und der Atmungskette der Mitochondrien oxydiert, um die an Energie reichen Verbindungen (ATP), Wärme, Kohlenstoff und Wasser zu bilden.

Nicht alle dem Körper zur Verfügung stehenden Nährstoffe werden in der gleichen Weise abgebaut. Glukose und kurzkettige Fettsäuren werden zur Bildung von ATP umgesetzt. Die langkettigen Fettsäuren siedeln sich vorzugsweise in den Fettgeweben an, wenn der Energieanteil aus Kohlenhydraten (oder kurzkettigen Fettsäuren) ausreichend ist. Im gegenteiligen Fall kann ein Teil der Aminosäuren seine NH_3-Gruppen abspalten. Die Kohlenstoffketten, gleichfalls freigesetzt, werden zur Energiegewinnung verwendet, wobei diese Umbildung auf Kosten des Proteinaufbaus vor sich geht. Schließlich können Milchsäure und flüchtige Fettsäuren auch eine interessante Energiequelle darstellen, die z. B. bei der Ratte den Proteinaufbau begünstigt und den Fettansatz herabsetzt [73, 75].

Die Besonderheiten des Stoffwechsels und des Abbaus der Nährstoffe machen verständlich, warum die Herkunft und die Größenverhältnisse der Energiequellen die Wachstumsintensität und die Wachstumsverhältnisse beim Kalb beeinflussen. So zog bei einem Kalb aus der Normandie der Ersatz durch stärkehaltige Produkte (Quelle von Glukose, Milchsäure und flüchtigen Fettsäuren) anstelle eines höheren Anteils von Fetten (Quelle von langkettigen Fettsäuren) in einem Milchaustauscher ab einer bestimmten Körpermasse (etwa 100 kg) eine Erhöhung der Eiweißsynthese und eine Verminderung des Fettansatzes nach sich [76]. Der Gehalt an Energie, als Fett gegeben, verlangsamte das Wachstum gegenüber einem Kalb, das mit reichlich Stärkeprodukten gefüttert wurde: bei einer derartigen Fütterung erreichte das Kalb 185 kg gegenüber 140 kg bei der üblichen Fütterung. So kann man durch die Veränderung der Art der Energieträger in der Ration das Wachstumsvermögen der Tiere besser nutzen bei gleichzeitiger Verminderung des Fettansatzes. Das erlaubt, schwere Schlachtkörper zu erzeugen, die nicht übermäßig fett sind [57, 58, 70].

So beeinflussen einerseits der Gehalt an Protein (und seine Aminosäurengarnitur) und andererseits der Gehalt an Fetten die Frohwüchsigkeit der Kälber und die Wachstumsverhältnisse. Die Erhöhung des Fettgehaltes und die Verringerung des Proteinanteils führen zu einer stärkeren Verfettung beim Kalb [72]. Dagegen verringert sich diese, wenn der Eiweißgehalt der Nahrung erhöht und der Fettanteil gesenkt wird.

Stickstoffausnutzung

Die aus der Verdauung der Proteine stammenden Aminosäuren werden in der Pfortader absorbiert und zur Leber geleitet, danach gelangen sie zu den Aufnahmegeweben, wo sie aufgeschlossen werden. Dieses Aufschlußvermögen hängt von verschiedenen Faktoren ab, von denen Menge und Qualität des zugeführten Stickstoffs und der Energie sowie die physiologische Verfassung des Tieres am wichtigsten sind.

Einfluß des Futters

Es besteht ein enges Verhältnis zwischen der aufgenommenen Menge an verdaulichem Rohprotein und der täglichen N-Retention [5, 8]; allgemein gesagt, die Menge des im Körper umgesetzten Stickstoffs erhöht sich mit der Zufuhr von Nahrungs-N. Diese Vermehrung hängt vom Verhältnis des aufgenommenen Stickstoffs zur verfügbaren Energie ab. Ist dieses Verhältnis sehr weit, d. h. wenn das Kalb nicht über genügend Energie verfügt, um seinen Bedarf zu decken, wird ein Teil der Aminosäuren zur Energiegewinnung benötigt. Daraus rührt eine Verkleinerung des N-Retentionskoeffizienten, selbst wenn das Angebot an Futterprotein erhöht wird. Umgekehrt läßt sich für eine gleiche Menge aufgenommenen Stickstoffs durch die Erhöhung der Energiezufuhr die N-Retention verbessern. Diese Verbesserung hängt jedoch vom Energieniveau der Ration ab. Sie kann nur sehr gering oder manchmal sogar gleich Null sein, wenn der Energiegehalt einen bestimmten Wert unterschreitet, denn die Fähigkeit des Kalbes zur Proteinverwertung ist begrenzt [3]. Sie hängt außerdem von der Herkunft der Energie ab. So scheint es günstiger zu sein, wenn ein Teil der Energie aus leichtlöslichen Kohlenhydraten stammt statt aus langkettigen Fettsäuren [76].

Der *Aminosäurenumsatz im Stoffwechsel* ist eine Funktion des Gehaltes der Nahrungsproteine an essentiellen Aminosäuren [6]. So zieht das Fehlen einer alimentären Aminosäure einen niedrigen Blutspiegel für diese Kombination nach sich und bewirkt eine eventuelle Anhäufung anderer essentieller Aminosäuren, die aber wegen des Mangels zur Proteinsynthese schlechter nutzbar sind [39]. Gleichermaßen löst ein Überschuß einer essentiellen Aminosäure in der Nahrung einen überhöhten Blutspiegel oder eine Überhöhung in den anderen Geweben aus und führt zu einer verstärkten Verstoffwechselung.

Einfluß der Physiologie des Tieres

Die tägliche Menge der durch das Kalb umgesetzten Proteine nimmt mit dem Alter und der Intensität des Wachstums zu, danach stabilisiert sie sich. Beim Friesenkalb steigt sie von 140 bzw. 160 g in den ersten Wochen auf 230 bis 250 g, wenn das Kalb eine Körpermasse von 100 kg erreicht mit einem Wachstumszuwachs von 1200 g/Tag [39]. Dies erklärt sich teilweise aus einer intensiveren Proteinsynthese und andererseits aus einer geringeren Verstoffwechselung der Aminosäuren beim jungen Kalb gegenüber dem älteren [40]. Man beobachtet tatsächlich ein häufigeres Urämievorkommen bis zur 10. Lebenswoche und eine Erhöhung der Stickstoffausscheidung im Harn in diesem Alter, die dem Niveau der Stickstoffaufnahme nicht entspricht. Dagegen steigt die Ausscheidung von freien Aminosäuren ins Blut nur wenig an, abgesehen von Aminosäuren mit verzweigten Ketten. Schließlich wächst die N-Ausscheidung im Kot proportional mit der N-Aufnahme. Aus diesen Gründen ist zu empfehlen, dem jungen Kalb größere Mengen Stickstoff zuzuführen und beim älteren den Stickstoffgehalt in den Milchaustauschern zu limitieren.

Die *tägliche N-Retention*, bezogen auf die metabolische Körpermasse, ist je nach der Rasse verschieden. Sie ist größer bei Kälbern aus der Normandie als bei Friesen- [70], Jersey- oder Ayrshirekälbern [43]. Die N-Ausscheidungen durch den Kot (unvermeidliche Stickstoffausscheidung in den Kot als Folge der Funktion des Verdauungskanals) scheinen bei den Ayrshirekälbern höher als bei den Friesenkälbern, wogegen die N-Verluste durch den Harn (endogener Harn-N; obligatorische Stickstoffausscheidung, aus verschiedenen Stoffwechselprozessen stammend, zur Absicherung der Lebensvorgänge der Gewebe) wahrscheinlich nicht rassebedingt sind.

Schließlich könnte das Geschlecht einen Einfluß auf die Menge des umgesetzten Stickstoffs haben. Die Aufnahme von stärkehaltigen Bestandteilen in die Milchaustauscherstoffe hatte einen deutlicheren Einfluß auf die Wachstumsintensität weiblicher Kälber [52].

Verdauung und Absorption der Mineralstoffe

Kalzium

Die Verdaulichkeit des Kalziums ist wahrscheinlich beim jungen Kalb sehr hoch (90 bis 95%) [53]. Sie verringert sich sehr schnell bis zum Absetzen [18] und erreicht im Alter von 15 Wochen Werte um 40%. Beim Milchkalb, das sich im Vorwiederkäuerstadium befindet, erscheint der Verdauungskoeffizient für das Kalzium sehr hoch (90% mit 14 Wochen). Die

Verringerung der Ca-Absorption während oder nach dem Absetzen kann teilweise von der Aufnahmeform des Kalziums herrühren, die sich danach richtet, ob das Kalb Milch oder feste Futterstoffe erhält, aber zum anderen auch von der steigenden Menge des aufgenommenen Kalziums. Dies wurde beim wiederkauenden Kalb [19] und beim Kalb im Vorwiederkaustadium [38] nachgewiesen. Die Harnausscheidung von Kalzium ist nur gering im Verhältnis zur aufgenommenen Menge. Die Regulierung der Ca-Ausnutzung scheint im Darm stattzufinden, und zwar entweder durch Herabsetzung der Absorption oder durch Erhöhung der endogenen Exkretion.

Es besteht ein geringer Ca-Austausch im Pansen, wobei die Absorption die Sekretion überwiegt [78]. Man beobachtet eine bedeutende Sekretion im Blättermagen und im ersten Drittel des Dünndarms; sie ist sehr gering im Cäcum und Colon [10]. Die Absorption findet im Labmagen und besonders im mittleren Teil des Dünndarms statt. Beim jungen Kalb werden 86% des aufgenommenen Kalziums im Darmkanal bis zum Ileum absorbiert, aber die Absorption nimmt mit dem Alter ab [67]; diese Abnahme kann durch die Zuführung von Vitamin D verlangsamt werden. Im Dickdarm scheint die Absorption etwas über der Sekretion zu liegen [41, 78].

Phosphor

Der Ausnutzungskoeffizient des Phosphors ist beim jungen Kalb sehr hoch (um 95%) und bleibt so, solange das Tier nur Milch aufnimmt [18, 38]. Er verringert sich beim Absetzen und erreicht einen Wert von etwa 60%. Diese Verringerung hängt, wie beim Kalzium, zum Teil mit der Herkunft des Phosphors in der Nahrung zusammen. Sie kann auch mit dem unterschiedlichen P-Gehalt des Futters zusammenhängen, denn ein abgesetztes Kalb nimmt mehr Phosphor auf als ein reines Milchkalb. Die endogene Phosphorausscheidung mit dem Kot ändert sich mit der Art der Ernährung. So ist der Verdauungskoeffizient des Phosphors bei einem Milchkalb höher als beim abgesetzten (98% gegenüber 80%) [17]. Das hängt nicht nur mit der chemischen Zusammensetzung des Milchphosphors zusammen, der leicht absorbierbar ist, sondern auch von der physikalischen Beschaffenheit der Milch, die für die Stoffwechselausscheidung des Phosphors in den Kot ungünstig ist. Die P-Exkretion geht vor allem über den Harn vor sich, wenn das Kalb ausschließlich mit Milch ernährt wird [18]. Dagegen ist die P-Ausscheidung mit dem Harn zur gesamten P-Exkretion beim abgesetzten Kalb wesentlich geringer und wird mit zunehmendem Alter immer kleiner. Allerdings kann die P-Ausscheidung über den Harn stärker werden, wenn die aufgenommene Phosphormenge sehr groß ist [19]. Die Kapazität der Niere, den im Körper befindlichen Phosphor zu resorbieren, scheint jedoch begrenzt zu sein. Während sich für Kalzium die Regulatoren des Stoffwechsels im Darmkanal befinden, ist es beim Phosphor die Niere, die diese Funktion ausübt.

Im Pansen und Labmagen überwiegt die P-Absorption die Sekretion [78]. Die Sekretion ist besonders stark im Dünndarm; sie kann aber auch im Dickdarm stattfinden. Die P-Absorption geht im Labmagen vor sich [78], aber vor allem im zweiten Abschnitt des Dünndarms. Sie kann mit zunehmendem Alter im Labmagen ansteigen [10].

Magnesium

Im Gegensatz zu anderen Mineralstoffen der Milch wird Magnesium verhältnismäßig schlecht absorbiert. Seine Verdaulichkeit liegt anscheinend beim Milchkalb um 70 bis 80%. Sie vermindert sich nach dem Absetzen auf Werte um 45% beim Kalb von 14 bis 15 Wochen [18]. Ein Zusatz von Vitamin D zur Milch bewirkt keine Verbesserung der Verdaulichkeit des Magnesiums beim Milchkalb, im Gegensatz zu den Beobachtungen für das Kalzium [45]. Die Mg-Exkretion durch den Harn

ist bedeutend. Sie kann bis zu 25 % des aufgenommenen Magnesiums betragen, ist aber sehr unterschiedlich [4].
Die Absorption des Magnesiums findet teilweise im Dünndarm statt [47]. Sie verringert sich, wenn die Menge des aufgenommenen Magnesiums größer wird oder wenn der pH-Wert im Ileum ansteigt. Die Absorption im Dickdarm ist bedeutend, besonders beim jungen Kalb [46]. Die Mg-Sekretion in den Darmkanal das Kalbes tritt besonders in der ersten Hälfte des Dünndarms auf.

Natrium, Kalium, Chlor

Der Ausnutzungskoeffizient für *Natrium* liegt beim Milchkalb bei 100 % [18, 47]; es ist beim Absetzerkalb etwas schwächer, aber immer noch sehr hoch und erfährt mit dem Alter keine Verringerung [18]. Die Na-Exkretion über den Harnweg ist sehr groß. So beträgt beim abgesetzten Kalb von 14 bis 15 Wochen die Menge des aufgeschlossenen nur etwa 40 % des absorbierten Natriums. Die fäkale Exkretion des Natriums kann allerdings stark ansteigen, entweder entsprechend dem Körperzustand des Tieres [14] oder den zugeführten Mengen.
Die Sekretion von Natrium im Verdauungskanal ist hoch (Speichel, Magensekretion, Pankreassekretion, Darmsekretion) [34, 41]. Die Na-Absorption im Dünndarm ist relativ gering und beträgt nur ungefähr 45 % des aufgenommenen Natriums [34, 47]. Dagegen ist die Absorption im Dickdarm hoch [41, 47]. Sie kann beim Absetzer auch im Pansen stattfinden [78].
Vom Kalb, das nur Milch erhält, wird *Kalium* gut verdaut [18, 47]. Der Ausnutzungsgrad verringert sich während des Absetzens, bleibt aber trotzdem hoch (etwa 90 %) [18]. Diese Verringerung wird durch die Art des mit dem Futter aufgenommenen Kaliums bewirkt. Wie beim Natrium findet eine K-Exkretion über den Harn statt, doch kann die Ausscheidung mit dem Kot in bestimmten pathologischen Fällen stark erhöht sein [14]. Die Absorption des Kaliums erfolgt fast ausschließlich im Dünndarm des Kalbes [34, 41]. Es kann aber auch im Dickdarm absorbiert werden, besonders beim wiederkauenden Kalb [48]. Die Absorption des Kaliums im Dünndarm hängt von der Na-Konzentration ab. So wird im Ileum das Verhältnis Na/K mehr von der Konzentration beider Elemente bestimmt als von der vom Körper aufgenommenen Menge [48].
Chlor wird sehr gut im Dünndarm absorbiert, 80–95 % des aufgenommenen Chlors [47], besonders im Endteil [34]. Chlor kann auch im Dickdarm absorbiert werden [48] je nach der Ernährungsart des Tieres.

Andere Elemente

Die Verdauung, der Ort der Absorption und die Ausscheidung anderer Nahrungselemente sind noch wenig bekannt. Beim Milchkalb wird das *Eisen* in Form von 2- und 3wertigem Eisen oder als Komplexverbindung absorbiert [7]; dies geschieht hauptsächlich im Duodenum. *Kupfer* hat seine Hauptabsorption fast im gesamten Dünndarm, wie auch bei den monogastrischen Tieren. Die Verdaulichkeit von *Zink* ist hoch [31]. Es wird im Labmagen und Endteil des Dünndarms absorbiert, mit dem Alter wird die Absorption geringer [30]. Es gibt eine beachtliche Zn-Sekretion im Anfangsteil des Darmkanals. Schließlich wird *Jod* sehr schnell sowohl beim Milchkalb als auch beim Absetzer absorbiert [51]. Die Absorption findet im Pansen, aber besonders im Endteil des Dünndarms und im Dickdarm statt. Die Sekretion geht im Labmagen und ersten Abschnitt des Dünndarms vor sich, hauptsächlich durch die Galle [2].

LITERATUR

[1] ASSAN, B. E., 1974 – Contribution à l'étude de la digestion intestinale de l'amidon chez le veau préruminant. Thèse Docteur-Ingénieur Université de Clermont-Ferrand.

[2] BARUA, J.; CRAGLE, R. G.; MILLER, J. K., 1964 – Sites of gastrointestinal blood passage of iodine and thyroxine in young cattle. J. Dairy Sci. 47, 539–541.

[3] BLAXTER, K. I., 1962 – The energy metabolism of ruminants. p 167. Hutchinson Scientific and Technical Ed; Londres.

[4] BLAXTER, K. I.; ROOK, J. A. F., 1954 – Experimental magnesium deficiency in calves. 2. The metabolism of calcium, magnesium and nitrogen and magnesium requirement. J. Comp. Path. 64, 176–186.

[5] BLAXTER, K. L.; WOOD, W. A., 1951 – The nutrition of the young Ayrshire calf. 4. Some factors affecting the biological value of protein determined by nitrogen balance methods. Br. J. Nutr. 5, 55–67.

[6] BLAXTER, K. L.; WOOD, W. A., 1952 – The nutrition of the young Ayrshire calf. 7. The biological value of gelatin and casein when given as the sole source of protein. Br. J. Nutr. 6, 56–71.

[7] BREMNER, I.; DALGARHO, A. C., 1973 – Iron metabolism in the veal calf. The availability of different iron compounds. Br. J. Nutr. 29, 229–243.

[8] BRISSON, G. S.; CUNNINGHAM, H. M.; HASKELL, S. R., 1957 – The protein and energy requirements of young dairy calves. Can. J. Anim. Sci. 37, 157–167.

[9] CAPDEVILLE, Y.; FREZAL, J.; JOS, J.; REY, J.; LAMY, M., 1967 – Culture du tissu intestinal de veau. Étude de la différenciation cellulaire et des activités disaccharasiques. C. R. Acad. Sci. Paris 264, Série D. 519–521.

[10] CHANDLER, P. T.; CRAGLE, R. G., 1962 – Gastrointestinal sites of absorption and endogenous secretion of calcium and phosphorous in dairy calves. Proc. Soc. Exp. Biol. Med. 111, 431–434.

[11] COLVIN, B. M.; LOWE, R. A.; RAMSEY, H. A., 1969 – Passage of digesta from the abomasum of a calf fed soy flour milk replacers and whole milk. J. Dairy Sci. 52, 687–688.

[12] COOMBE, N. B.; SMITH, R. H., 1973 – Absorption of glucose and galactose and digestion and absorption of lactose by the preruminant calf. Br. J. Nutr. 30, 331–334.

[13] DOLLAR, A. M.; PORTER, J. W. G., 1957 – Utilization of carbohydrates by the young calf. Nature 179, 1299–1300.

[14] FAYET, J. C., 1968 – Recherches sur le métabolisme hydrominéral chez le veau normal ou en état de diarrhée. I. Excrétion fécale et urinaire. Evolution de l'appétit et du poids corporel. Ann. Rech. Vet. I, 99–108.

[15] FLIPSE, R. J.; HUFFMAN, C. F.; WEBSTER, H. D.; DUNCAN, C. W., 1950 – Carbohydrate utilization in the young calf. II. Nutritive value of starch and the effect of lactose in the nutritive value of starch and corn syrup in synthetic milk. J. Dairy Sci. 33, 557–564.

[16] FRANTZEN, J. F.; TOULLEC, R.; MATHIEU, C. M., 1971 – Influence de la coagulation sur l'utilisation digestive des matières azotées du lait. Xe Congrès International de Zootechnie. Versailles.

[17] GUEGUEN, L., 1963 – Influence de la nature du régime alimentaire sur l'excrétion fécale de phosphore endogène chez le veau. Ann. Biol. Anim. Bioch. Biophys. 3, 243–253.

[18] GUEGUEN, L.; MATHIEU, C. M., 1962 – L'utilisation des éléments minéraux de la ration par le veau: I. Influence du régime alimentaire. Ann. Zootech. 11, 115–134.

[19] GUEGUEN, L.; MATHIEU, C. M., 1965 – L'utilisation des éléments minéraux de la ration par le veau. II. Influence du niveau de l'apport phospho-calcique. Ann. Zootech. 14, 231–245.

[20] GUILHERMET, R.; MATHIEU, C. M.; TOULLEC, R., 1975 – Transit des aliments liquides au niveau de la gouttière œsophagienne chez le veau préruminant et ruminant. Ann. Zootech. 24, 69–79.

[21] HUBER, J. T.; JACOBSON, N. L.; ALLEN, R. S.; HARTMAN, P. A., 1961 – Digestive enzyme activity in the young calf. J. Dairy Sci. 44, 1494–1501.

[22] LADRAT, J.; JOUSSELIN, W., 1965 – Essais d'introduction de sucroglycérides dans les aliments d'allaitement pour veaux de boucherie. II. Intérêt de leur emploi. Bull. Acad. Vet. 38, 497–504.

[23] LIANG, Y. T.; MORRILL, J. L.; NOORDSY, J. L., 1967 – Absorption and utilization of volatile fatty acids by the young calf. J. Dairy Sci. 50, 1153–1157.

[24] MCCORMICK, R. J.; STEWART, W. E., 1967 – Pancreatic secretion in the bovine calf. J. Dairy Sci. 50, 568–571.

[25] MATHIEU, C. M.; BARRE, P. E., 1964 – Digestion et utilisation des aliments par le veau préruminant à l'engrais. I. Utilisation des laits entiers ou partiellement écrémés. Ann. Biol. Anim. Bioch. Biophys. 4, 403–422.

[26] MATHIEU, C. M.; DE TUGNY, H., 1965 – Digestion et utilisation des aliments par le veau préruminant à l'engrais. II. Remplacement des matières grasses du lait par du glucose. Ann. Biol. Anim. Bioch. Biophys. 5, 21–39.

[27] MATHIEU, C. M.; THIVEND, P., 1968 – Digestion et utilisation des aliments par le veau préruminant à l'engrais. III. Remplacement des matières grasses du lait par différents amidons. Ann. Biol. Anim. Bioch. Biophys. 8, 249–271.

[28] MATHIEU, C. M.; BARRE, P. E., 1968 – Digestion et utilisation des aliments par le veau préruminant à l'engrais. IV. Remplacement des matières grasses du lait par du saccharose. Ann. Biol. Anim. Bioch. Biophys. 8, 501–515.

[29] MATHIEU, C. M.; THIVEND, P.; BARRE, P. E., 1970 – Digestion et utilisation des aliments par le veau préruminant à l'engrais V. Remplacement des matières grasses du lait par des dextrines. Ann. Biol. Anim. Bioch. Biophys. 10, 253–269.

[30] MILLER, J. K.; CRAGLE, R. G., 1965 – Gastro-intestinal sites of absorption and endogenous secretion of zinc in dairy cattle. J. Dairy Sci. 48, 370–373.

[31] MILLER, W. J.; MARTIN, Y. G.; GENTRY, R. P.;

Blackmon, D. M., 1968 – ^{65}Zn and stable zinc absorption, excretion and tissue concentrations as affected by type of diet and level of zinc in normal calves. J. Nutr. 94, 391–401.
[32] Morrill, J. L.; Stewart, N. E.; McCormick, R. J.; Fryer, H. C., 1970 – Pancreatic amylase secretion by young calves. J. Dairy Sci. 53, 72–77.
[33] Mortenson, F. N.; Espe, D. L.; Cannon, C. Y., 1935 – Effect of heating milk on the time which the curds remain in the abomasum of calves. J. Dairy Sci. 18, 229–238.
[34] Mylrea, P. J., 1966 – Digestion of milk in young calves. II. The absorption of nutrients from the small intestine. Res. Vet. Sci. 7, 394–406.
[35] Netke, S. P.; Gardner, K. E.; Kendall, K. A., 1962 – Effect of diet pH on fecal consistency of young calves. J. Dairy Sci. 45, 105–108.
[36] Orskov, E. R.; Benzie, D., 1969 – Studies on the oesophageal groove reflex in sheep and on the potential use of the groove to prevent the fermentation of food in the rumen. Br. J. Nutr. 23, 415–420.
[37] Owen, F. G.; Jacobson, N. L.; Allen, R. S.; Homeyer, P. G., 1958 – Nutritional factors in calf diarrhoea. J. Dairy Sci. 41, 662–670.
[38] Paruelle, J. L.; Toullec, R.; Mathieu, C. M., 1973 – Utilisation digestive d'aliments d'allaitement contenant des lactosérums de différentes qualités par le veau préruminant à l'engrais. Ann. Zootech. 22, 237–242.
[39] Patureau-Mirand, P., 1975 – Quelques aspects de la nutrition azotée du veau et de l'agneau préruminant. Ind. Alim. Anim. 27, 41.
[40] Patureau-Mirand, P.; Prugnaud, J.; Pion, R., 1973 – Influence de la supplémentation en lysine d'un aliment d'allaitement sur la teneur en lysine libre du sang et du muscle du veau préruminant. Ann. Biol. Anim. Bioch. Biophys. 13, 683–689.
[41] Perry, S. C.; Cragle, R. G.; Miller, J. K., 1967 – Effect of ration upon the intestinal distribution of Ca, Mg, Na, K and N in calves. J. Nutr. 93, 283–290.
[42] Raven, A. M., 1970 – Fat in milk replacers for calves. J. Sci. Fd. Agric. 21, 352–359.
[43] Roy, J. H. B., 1970 – Protein in milk replacers for calves. J. Sci. Fd. Afric. 21, 346–351.
[44] Siddons, R. C., 1968 – Carbohydrase activities in the bovine digestive tract. Biochem. J. 108, 839–844.
[45] Smith, R. H., 1958 – Calcium and magnesium metabolism in calves. 2. Effect of dietary vitamin D and ultraviolet irradiation on milk-fed calves. Biochem. J. 70, 201–205.
[46] Smith, R. H., 1959 – Absorption of magnesium in the large intestine of the calf. Nature, 811–821.
[47] Smith, R. H., 1962 – Net exchange of certain inorganic ions and water in the alimentary tract of the milk-fed calf. Biochem. J. 83, 151–163.
[48] Smith, R. H., 1969 – Absorption of major minerals in the small and large intestines of ruminant. Proc. Nutr. Soc. 28, 151–160.
[49] Smith, R. H.; Hill, W. B.; Sissons, J., 1970 – The effect of diets containing soja products on the passage of digesta through the digestive tract of the preruminant calf. Proc. Nutr. Soc. 29, 6A–7A.
[50] Stokes, G. B.; Walker, D. M., 1970 – The nutritive value of fat in the diet of the milk-fed lamb. 2. The effect of different dietary fats on the composition of the body fats. Br. J. Nutr. 24, 435–440.
[51] Swanson, E. W.; Miller, J. K.; Cragle, R. G., 1965 – Metabolism of different forms of iodine in milk given to calves by suckling and rumen infusion. J. Dairy Sci. 48, 930–934.
[52] Tagari, H.; Roy, J. H. B., 1969 – The effect of treatment on the nutritive value of milk for the young calf. 8. The effect of the preheating treatment of spray dried skim milk on the pH and the contents of total protein and non-protein nitrogen on the pyloric outflow. Br. J. Nutr. 23, 763–782.
[53] Ternouth, J. H., 1971 – Studies of the role of the abomasun and pancreas in digestion in the young calf. Phd. Thesis. University of Reading.
[54] Ternouth, J. H.; Roy, J. H. B., 1973 – The effect of diet and feeding technique on digestive function in the calf. Ann. Rech. Vet. 4, 19–30.
[55] Thivend, P., 1976 – L'utilisation digestive des glucides par le veau préruminant. Ind. Alim. Anim., (1), 19–33.
[56] Thivend, P.; Martin-Rosset, W., 1971 – Etude des variations postprandiales de la glycémie mésentérique chez le veau préruminant. Ann. Biol. Anim. Bioch. Biophys. 11, 350–351.
[57] Thivend, P.; Toullec, R., 1973 – Accroissement du poids à l'abattage des veaux de boucherie: Cas des femelles de race laitière. C. R. Acad. Agric. 59, 439–447.
[58] Thivend, P.; Toullec, R., 1975 – Influence du remplacement d'une partie des lipides par des produits amylacés dans les aliments d'allaitement destinés au veau de boucherie: cas des animaux de race Frisonne. Bull. Tech. C.R.Z.V. Theix., I.N.R.A., (19), 23–27.
[59] Thivend, P.; Toullec, R., 1977 – Accroissement du poids à l'abattage du veau de boucherie. Utilisation d'un aliment d'allaitement riche en glucides et en protéines de substitution. Ann. Zootech. (sous presse).
[60] Toofanian, F.; Kidder, D. E.; Hill, F. W. G., 1974 – The postnatal development of intestinal disaccharidases in the calf. Res. Vet. Sci. 16, 382–392.
[61] Toullec, R., 1968 – Absorption des matières grasses par la voie lymphatique chez le veau préruminant. Ann. Biol. Anim. Bioch. Biophys. 8, 445–447.
[62] Toullec, R.; Felinski, L., 1971 – Hydrolyse des triglycérides à chaînes longues dans la caillette du veau préruminant. Ann. Biol. Anim. Bioch. Biophys. 11, 315–317.
[63] Toullec, R.; Mathieu, C. M., 1969 – Utilisation digestive des matières grasses et de leurs principaux acides gras par le veau préruminant à l'engrais. Influence sur la composition corporelle. Ann. Biol. Anim. Bioch. Biophys. 9, 139–160.
[64] Toullec, R.; Mathieu, C. M., 1970 – Utilisation di-

[65] TOULLEC, R.; MATHIEU, C. M., 1971 – Utilisation des matières grasses par le jeune ruminant. Bull Soc. Sci. Hyg. Alim., 59, 49–71.
[66] TOULLEC, R.; MATHIEU, C. M., 1971 – Utilisation digestive des matières grasses par le veau préruminant à l'engrais: Influence du taux d'incorporation dans les aliments d'allaitement. Ann. Zootech. 21, 247–250.
[67] TOULLEC, R.; MATHIEU, C. M.; VASSAL, L.; PION, R., 1969 – Utilisation digestive des protéines du lactosérum par le veau préruminant à l'engrais. Ann. Biol. Anim. Bioch. Biophys. 9, 661–664.
[68] TOULLEC, R.; PATUREAU-MIRAND, P.; THIVEND, P.; VERMOREL, M., 1975 – Bases physiologiques de la réalisation des aliments d'allaitement pour veaux. Bull. Soc. Sci. Hyg. Alim., 63, 69–100.
[69] TOULLEC, R.; THIVEND, P.; MATHIEU, C. M., 1971 – Utilisation des protéines du lactosérum par le veau préruminant. I. Vidange stomacale comparée du lait entier et de deux laits de remplacement ne contenant que des protéines de lactosérum comme source de matières azotées. Ann. Biol. Anim. Bioch. Biophys. 11, 435–453.
[70] TOULLEC, R.; THIVEND, P.; MATHIEU, C. M., 1974 – Production de veaux à l'engrais de poids élevé: influence de la race (Frisonne-Normande) et de la source d'énergie (lipides – glucides). Bull. Tech. C.R.Z.V. Theix – I.N.R.A., (15), 5–14.
[71] VAN ES, A. J. H.; DOMMERHOLDT, J.; NYKAM, P. H.-J.; VOGT, J. E., 1971 – Der Gehalt an verdaulichen Nährstoffen und umsetzbarer Energie einiger Veredlungsprodukte der Maisstärkeindustrie für Mastkälber. Z. Tierphysio. Tierernäh. Futtermit. 27, 71–81.
[72] VAN ES, A. J. H.; NIJKAMP, H. J.; VAN WEERDEN, E. J.; VAN HELLEMOND, K. K., 1969 – Energy metabolism of farm animals. pp. 197–201. ed. K. L. Blaxter, J. Kielanowski, G. Torbek, Newcastle upon Tyne; Oriel press Ltd.
[73] VERMOREL, M., 1968 – Utilisation énergétique de la triacétine par le rat en croissance. Ann. Biol. Anim. Bioch. Biophys. 8, 453–455.
[74] VERMOREL, M., 1975 – Le métabolisme énergétique du veau et de l'ageneau préruminants. Ind. Alim. Anim. 9–26.
[75] VERMOREL, M.; AUROUSSEAU, B., 1970 – Utilisation énergétique de acides acétique et caprylique par le rat en croissance. Energy Metabolism of Farm Animals. 185–188. Schurch et Wenk. Ed. Verlag Zurich.
[76] VERMOREL, M.; BOUVIER, J. C.; THIVEND, P.; TOULLEC, R., 1973 – Energy metabolism of farm animals. 143–146. K. L. Menke, H. J. Lantsch, J. R. Reichl. Universität Hohenheim, Dokumentationsstelle, Stuttgart
[77] WALKER, D. M.; STOKES, G. B., 1970 – The nutritive value of fat in the diet on the milk fed lamb. I. The apparent and corrected digestibilities of different dietary fats and of their constituent fatty acids. Brit. J. Nutr. 24, 425–433.
[78] YANG, M. G.; THOMAS, J. W., 1965 – Absorption and secretion of some organic and inorganic constituents and the distribution of these constituents through the alimentary tract of young calves. J. Nutr. 87, 444–458.
[79] YOSHIDA, A.; UMAI, A.; KURATA, Y.; KAWAMURA, S., 1969 – Utilization of soybean oligosaccharides by the intact rat. J. Jap. Soc. Food and Nutr. 22, 262–265.

Kapitel 4 Thermoregulation

Y. RUCKEBUSCH

Von der Geburt an ist das Kalb homoiotherm [2], d. h. es kann seine Körpertemperatur (t), gemessen im Rektum in einer Tiefe von 8 bis 10 cm, zwischen 38,3 bis 38,7 °C halten, wenn die Außentemperatur zwischen 10 und 30 °C schwankt. Umfassende Regulationsfaktoren treten auf, um eine derartige Stabilität der Körpertemperatur zu gewährleisten, wobei die produzierte Wärmemenge oder die »*Thermogenese*« (von der ein Teil für das Leben der Zellen unentbehrlich, also nicht anderweitig verfügbar ist) zu trennen ist von der der abzugebenden Wärme oder »*Thermolyse*«, die eine Funktion der Außentemperatur, der Luftströmung und der relativen Luftfeuchtigkeit ist. Letztere ist sehr wesentlich, weil der Feuchtigkeitsgrad die Wärmeleitfähigkeit der Luft beeinflußt: Kälte wird schneidender, Wärme drückender.

Die *Thermoregulation* stützt sich auf die peripheren und zentralen Rezeptoren (Thermosensibilität), die die Information dem Wärmezentrum des Hypothalamus zuleiten. Dieses ist im Zwischenhirn lokalisiert und gibt von einer Kommandozentrale oder einem Weiterleitungszentrum aus Regulierungsweisungen:

thermogenetische an das KREHL-ISENSCHMIDT-Zentrum und thermolytische an das ARONSOHN-SACHS-Zentrum [29]. Um eine sehr schnelle Antwort und auch eine Verlängerung der Wirkung zu erreichen, sogar die Anpassung an eine ungünstige Umwelt, verstärkt der Organismus die nervösen Mechanismen durch Einschaltung des endokrinen Systems: Hypophyse, Schilddrüse, Nebennieren tragen zur Aufrechterhaltung der Homoiothermie bei.

Drei *Aspekte* sollen betrachtet werden:
- Die Zone der Neutralität oder der günstigsten Umwelttemperatur, d. h. für die das Kalb nur eine minimale Stoffwechselaktivität zu entwickeln braucht, da es weder gegen Hitze noch Kälte anzugehen gezwungen ist, um seine Körpertemperatur von 38,3 bis 38,7 °C abzusichern [17, 19, 23].
- Die Reaktionen des Körpers im Kampf gegen die Hitze [1, 3, 6, 18, 26, 27], denn die Grenzen der Thermoregulation sind schnell erreicht, wenn die Umwelttemperaturen durch extrem hohe Luftfeuchtigkeit verstärkt sind.
- Die hormonalen Mechanismen für die Aktivität von Schilddrüse und Nebenniere, ebenso wie die Interferenz der Hormone von Hypophyse, Nebennierenrinde und Pankreas [10, 11, 16, 25].

Zone der thermischen Neutralität

Das Klimaumfeld des Kalbes, ausgedrückt durch die Umwelttemperatur (ta), Luftfeuchtigkeit (h, in g Wasser/kg Trockenluft), die Luftgeschwindigkeit (v, in cm/s), die Bodentemperatur (ts), erlaubt es, den Grad der Behaglichkeit (S) für das Tier zu erkennen. Der Behaglichkeitsindex kann nach der Formel von DEBRUYCKERE u. a. berechnet werden. Für ein Kalb von 50 kg gilt:

$$S = 50 + 0{,}25(t_a + t_s) + 0{,}25\, h - 0{,}25\,(38 - t_a)\sqrt{v}$$

Der Index muß in der Nähe des Wertes liegen, bei dem das Tier sich in der Zone der thermischen Neutralität befindet (Abb. III/11). Für S = 4 kämpft das Tier gegen die Hitze an, indem es besonders die Wärmemenge über die Wasserverdunstung durch die Haut (Transpiration) und über den Luftweg (forcierte Atmung) herabsetzt. Für S = −4 muß es gegen die Kälte angehen durch Verengung der Hautgefäße, was die Zufuhr von Blut in die Peripherie vermindert und über eine erhöhte Wärmeproduktion durch eine gesteigerte Intensität der oxydativen Prozesse in den Zellen der Leber und der Muskeln. Bei letzteren erhöht das fibrilläre Zittern die Wärmeproduktion um das Zwei- bis Dreifache.

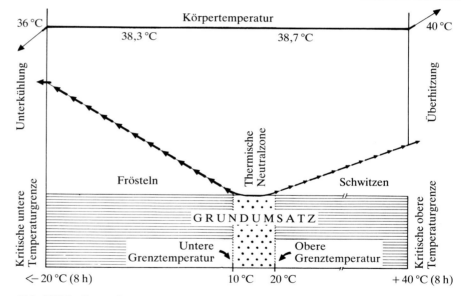

Abb. III/11 Darstellung der Wärmeerzeugung in Abhängigkeit von verschiedenen Außentemperaturen. Die Wärmeerzeugung ist in der thermischen Neutralzone, die nach unten und oben begrenzt ist, sehr gering. Sie wächst (Frösteln) im Kampf gegen die Kälte, um die vermehrte Energieabgabe zur Erhaltung der Körpertemperatur von 38,3 °C zu kompensieren. Die kritische untere Temperaturgrenze bezeichnet die Schwelle, bei der der Körper unterkühlt ist (Hypothermie). Die Wärmeerzeugung steigert sich ebenfalls im Kampf gegen die Hitze (Transpiration). Die kritische obere Temperaturgrenze bezeichnet die Umgebungstemperatur, über der der Organismus nicht mehr die Wärme genügend ableiten kann, und es kommt zur Hyperthermie

Es ist wichtig, die Temperaturgrenzen, ab denen das Tier seine thermoregulativen Mechanismen einsetzt, zu kennen, denn die außerhalb der thermischen Neutralität verbrauchte Energie ist ein limitierender Wachstumsfaktor. In der Praxis gilt als Maßstab bei bekannter Temperatur und relativer Luftfeuchtigkeit entweder die durch den Organismus abgegebene Wärmemenge oder die Thermolyse, durch direkte Kalorimetrie festgestellt, bzw. die Aufnahme von O_2 und die Abgabe von CO_2, die der Aktivität des Stoffwechsels oder der Thermogenese (indirekte Kalorimetrie) proportional sind. Die Abbildung III/11 zeigt, daß Thermogenese und Thermolyse sich angleichen, solange die Rektaltemperatur gleich bleibt. Außerhalb der oberen kritischen Temperatur erhöht sich die Rektaltemperatur; unterhalb dieser Grenze sinkt sie ab.

Direkte Kalorimetrie

Durch die direkte Kalorimetrie lassen sich die physikalischen Prozesse des Wärmeaustausches berechnen:
- zwischen dem Körperkern und der Körperoberfläche: die relative Leitfähigkeit des Fettgewebes ist dreimal schwächer als die des Muskelgewebes; eine Erhöhung der Kreislaufleistung des Blutes kann die Wärmeverluste vervierfachen und den Temperaturabfall vom Körperkern zu den Gliedmaßen verändern;
- zwischen der Körperoberfläche und der Umwelt: die Hautzone sichert die Abgabe der Gesamtwärme, erzielt durch Wärmeaustausch (wahrnehmbare Wärme) und durch Verdunstung von Feuchtigkeit (verborgene Wärme) (Abb. III/12).

Drei Elemente sind am Wärmeaustausch, an der Abgabe von Wärme in ihrer wahrnehmbaren Form beteiligt (60 %):
- Wärmeableitung durch die Haut: man begreift, daß die Gestaltung des Fußbodens dabei wesentlich ist, auf dem das Tier liegt;
- Wärmeabgabe, die sich bei Luftbewegung über der Körperoberfläche intensiviert: So bietet ein Raum von 15 °C mit einer Luftbewegung von 1,5 cm/s die gleichen thermischen Verhältnisse wie ein Raum von 20 °C mit 15 cm/s Luftströmung;
- Wärmestrahlung: sie erfolgt genauso wie der Energietransfer durch elektromagnetische

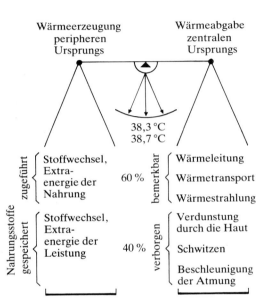

Abb. III/12 Elemente des thermischen Gleichgewichts. Die Wärme wird abgegeben bemerkbar (Leitung, Transport, Strahlung) und verborgen (Wasserverdunstung durch die Haut und bei der Atmung). Sie kompensiert die Wärmeerzeugung entsprechend dem inneren Stoffwechsel und der Nahrungsenergie sowie des Wachstums (Leistungsstoffwechsel). Die Auslösung der Wärmeabgabe erfolgt zentral (direkte Thermosensibilität des Zentrums), die der Wärmeerzeugung hauptsächlich peripher (Kälterezeptoren)

Tabelle III/10 Wärmeerzeugung und -abgabe beim Kalb im Vorwiederkäuerstadium

Körpermasse kg	Wachstum kg/Tag	Energie kcal/Tag	Wärmeerzeugung kcal/kg^{0,75}
45	0,5	0,90	113
45	1,0	1,95	137
140	1,2	4,84	140

Außentemperatur °C	Relative Luftfeuchtigkeit %	Rektaltemperatur °C	Atemfrequenz	Verdunstung durch Haut je Stunde g/m²
15	71	38,3–38,7	20	13
30	53	39,0–39,2	80	85
45	18	39,5–40,0	180	175

Wellen und paßt sich der Oberfläche der Haut an. Die Strahlung (infrarot) ist nur für unpigmentierte Hautzonen von Bedeutung. Bei der Sonnenstrahlung reflektiert eine weiße Haut 40% mehr Energie als eine schwarze.

Indirekte Kalorimetrie

Die indirekte Kalorimetrie mißt die abgegebene Menge CO_2 und die aufgenommene Menge O_2 ebenso wie den mit dem Harn ausgeschiedenen Stickstoff, was eine Einschätzung der Art der zugeführten Stoffe (Stärke, Fette, Eiweiße) ermöglicht. Beim Neugeborenen bis zu 3 Stunden nach der Geburt beträgt der je Minute aufgenommene O_2 etwa 10,0 ml/kg bei einer Rektaltemperatur von 39,5°C; 6 Stunden später ist er auf 7,3 ml/kg bei einer Rektaltemperatur von 38,3°C gesunken. Die Aufnahme von O_2 kann durch Mobilisierung der Fette der Nieren- und Leistengegend verdoppelt werden, wenn die Umgebungstemperatur von 25°C auf 5°C gesenkt wird [26].

Die gesamte Wärmeproduktion (berechnet nach der Formel der »Europäischen Vereinigung für Tierzucht«: Kcal = 3,866 O_2 + 1,200 CO_2 − 1,432 N) verändert sich mit dem Lebensalter (Tab. III/10).

- Der *Erhaltungsstoffwechsel* ist als Grundstoffwechsel zu verstehen, abzüglich dem Verbrauch für die Nahrungsaufnahme und Verdauung und den Aufschluß der Nährstoffe (Fremdenergie) sowie für die Muskelaktivität. Der Erhaltungsbedarf liegt für den Stoffwechsel des Jungtieres bei über 30% (Abb. III/12).
- Der *Betriebsstoffwechsel,* dessen Fremdenergie sich mit der des Erhaltungsstoffwechsels verbindet, macht etwa 32% der Stoffwechselenergie der Nahrungsstoffe beim noch nicht wiederkäuenden Kalb aus. Die Energie aus dem Betriebsstoffwechsel, multipliziert mit dem Faktor 2 bzw. 2,2 für eine Zunahme von 1 bis 1,5 kg, hängt von der vorhandenen Energie und nicht von der Zunahme ab.

Kern- oder Zentraltemperatur

Die Kern- oder Zentraltemperatur, Merkmal der Warmblütigkeit, ist das Resultat örtlicher Unterschiede. So ist die Temperatur des Blutes beim Austritt aus der Leber um 1 bis 2°C höher als im Rektum, während sie der Zentraltemperatur im Bereich der Cerebralarterien gleich ist. Die Hauttemperatur steht im Zusammenhang mit der Umwelttemperatur, besonders im Bereich der Extremitäten (Ohren, Klauen, Schwanz), aber gebunden an die Besonderheiten der Vaskularisierung (Abb. III/13a).

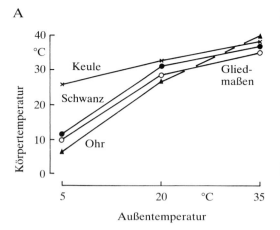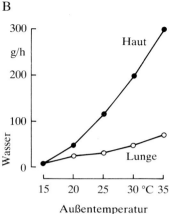

Abb. III/13 Örtlich bedingte Variation der Temperatur. Unterschiede des Transports durch die Haut und die Lunge.
A: Die Temperatur des Ohres liegt immer über der Außentemperatur, während die Veränderungen der Muskeltemperatur der Keule nicht über ein Drittel derjenigen der Außentemperatur hinausgehen.
B: Die Wasserabgabe, über 25°C, erfolgt vor allem durch die Haut

ZUSAMMENFASSUNG

Zusammenfassend ist festzustellen, daß die Zone der thermischen Neutralität die optimale Umwelttemperatur kennzeichnet, d. h. derjenigen Temperatur, bei der thermoregulative Mechanismen noch nicht in Gang gesetzt werden müssen.

Wenn die Umwelttemperatur höher als 20 bis 25°C wird, rückt die Thermolyse durch Verdunstung der Hautfeuchtigkeit und über die Lunge in den Vordergrund: die abgegebene latente Wärme steigt von 40% auf 60 bis 70% [6, 17, 27]. Ein solcher Vorgang wird durch die Möglichkeit der Wasserabsorption aus der Umgebungsluft beeinflußt, d. h. er ist von der

Kampf gegen die Hitze

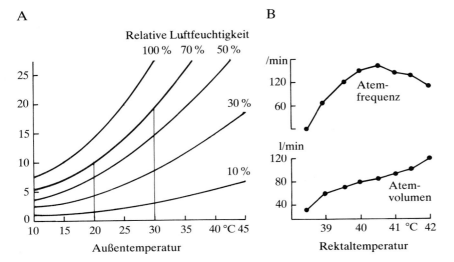

Abb. III/14 Luftfeuchtigkeit und Außentemperatur, Überhitzung und Gegenreaktion durch Atmung.
A: Das Diagramm gibt die Feuchtigkeitsmenge in der Luft an, die sich bei einem Anstieg der Außentemperaturen von 20 °C auf 30 °C praktisch verdoppelt.
B: Das Atemvolumen wächst parallel zur Erhöhung der Rektaltemperatur von 40 °C auf 42 °C; die Atemfrequenz erhöht sich zunächst (Hecheln oder Polypnoe), später verlangsamt sie sich

Tabelle III/11 Wärmebeeinflussung des Schlachtkalbes

Wirkungen bei einer Außentemperatur von 33 °C mit 90 % relativer Luftfeuchtigkeit für 8 / 24 Stunden [6, 15]
– Erhöhung des Erhaltungsstoffwechsels um 3 %
– Verminderung des Leistungsstoffwechsels um 4 %
– Erhöhung der Wasserverdunstung um 33 %

Maximale Verträglichkeit [17, 27]
– 27 °C, 95 % rel. Luftfeuchtigkeit (oder 30 °C mit 75 %) = 20 Stunden
– 25 °C, 95 % rel. Luftfeuchtigkeit (oder 28 °C mit 75 %) = 40 Stunden
– 27 °C mit 95 % rel. Luftfeuchtigkeit für mehrere Tage, wenn die Möglichkeit einer Erholung während der Nacht bei geminderter Temperatur besteht (20 °C mit 80 % oder 25 °C mit 60 % Feuchtigkeit)

relativen Luftfeuchtigkeit abhängig und wird sich in der Feuchtigkeitsbilanz des Organismus in Hinsicht auf die Wasserverdunstung durch die Haut bemerkbar machen.

Verdunstung, Schwitzen, erhöhte Atmung (Polypnoe)

In der Zone der thermischen Neutralität wird eine bestimmte Wassermenge ständig durch die Haut abgegeben: das ist die Verdunstung, beim neugeborenen Kalb stündlich etwa 46 g/m². Dieser Wert kann vernachlässigt werden im Vergleich zu den 120 bis 150 g/m² und Stunde, die durch Schwitzen ausgeschieden werden, d. h. mit dem Schweiß durch die Hautporen (Abb. III/13b). Verbunden mit den Haarfollikeln in einer Zahl von 4000/cm² bei der Geburt und von 1500/cm² nach einem Jahr (die Dichte vermindert sich durch die Vergrößerung der Körperoberfläche) werden die Schweißdrüsen aktiv, wenn die Hauttemperatur bei der Geburt 35,6 °C und nach einem Jahr 37 °C erreicht, wobei die Körpertemperatur normal bleibt [3]. Das einjährige Kalb gleicht durch eine vermehrte Schweißabsonderung die geringe Dichte der Schweißdrüsen aus. Das neugeborene Kalb indessen produziert normal mehr Schweiß im Verhältnis zur Einheit der Körpermasse, und deshalb kann es Hitze besser als ein Jährling vertragen.

Die Wasserabgabe im Bereich der feuchten Schleimhäute der vorderen Atemwege ist das zweite Mittel im Kampf gegen die Hitze. Wenn die Umwelttemperatur bei einer relativen Luftfeuchtigkeit von 90 % über 30 °C ansteigt (Abb. III/14a), hechelt das Kalb: das ist die »Polypnoe«. Das Tier atmet viel schneller (150 Atembewegungen je Minute anstelle von 90), aber oberflächlicher, so daß sich die Atemkapazität nur mäßig steigert (Abb. III/14b). Wird eine Körpertemperatur von 40,5 °C überschritten, wechselt die Respiration, sie wird dann langsam und tief. Das Atemvolumen wächst stark an, und wie beim Hitzschlag bricht der Kreislauf zusammen.

Die Bedeutung der relativen Luftfeuchtigkeit für die gleiche Umwelttemperatur ebenso wie die der Erholungsphase während der Nacht gibt Tabelle III/11 wieder.

Sekundärwirkungen

Die Atemforcierung zieht eine *Alkalose* nach sich, der pH-Wert des Blutes erhöht sich. Eine Beschleunigung der Herztätigkeit tritt regelmäßig beim Kalb auf, wenn die Außentemperatur 20 °C übersteigt; die Luftfeuchtigkeit

fällt ab 30 °C ins Gewicht. Der Hämatokritwert wächst (von 4 %) in der gleichen Weise bei einer Temperatur von 45 °C mit 23 % Feuchtigkeit wie bei einer Temperatur von 35 °C mit 87 % Feuchte. Der Anstieg der Umwelttemperatur steigert den Gehalt des Blutes an Na^+, K^+, Ca^{++}, Cl^-, CO_3H^-, Laktatdehydrogenase und Cholesterol [7].
Schließlich saufen bei einer Außentemperatur von 10 °C Kälber nur am Tage. Bei einer solchen von 35 °C nehmen sie tags 3mal und nachts 6- bis 7mal öfter Wasser auf. Das Frischwasser stellt somit einen nicht zu vernachlässigenden Erfrischungsfaktor dar. Die Aufnahme von 50 l Wasser von 14 °C vermindert bei einem ausgewachsenen Rind bei einer Außentemperatur von 40 °C durch Wärmeleitung und Transport vom Pansen ab die rektale Temperatur um 1,7 °C und reduziert die Atemfrequenz von 130 auf 40/min [3, 23].

Inbetriebsetzung des Thermo-Regulationszentrums

Die peripheren Reize von den kälteempfindlichen Rezeptoren sind bestimmend für die Auslösung der Gefäßverengung und des Muskelzitterns durch die hintere Hypothalamuszone. Demgegenüber ist die direkte Thermosensibilität der vorderen Hypothalamuszone der Ausgangspunkt der Wärmeabgabereaktionen: Gefäßerweiterung, Schweiß, Hecheln (Abb. III/15). Die experimentelle Kältereizung dieser thermosensiblen Zone hat gegensätzliche Reaktionen zur Folge, von denen die Verstärkung der Schilddrüsentätigkeit am auffälligsten ist [24].
Ein wesentlicher Punkt ist, daß dieser zentrale »Thermodetektor« in der Art eines Thermostats funktioniert, der thermoregulative Reaktionen veranlaßt, wenn die Körpertemperatur von ihrem Normalwert abweicht. Beim Fieber kommt der Thermostat durch fiebererzeugende Substanzen (bakterielle Toxine, Fremdeiweißstoffe) in Unordnung. Die Wärmeregulierung wirkt zwar noch, aber nur bis zu einem gewissen Höhepunkt *(set point)* von 1 bis 2 °C. Man stellt dabei im Beginn des Temperaturanstieges das Auslösen von Muskelzittern und einer Gefäßverengung fest, wie um den Körper aufzuwärmen, obwohl die Außentemperatur nicht vermindert ist. Wenn das Fieber

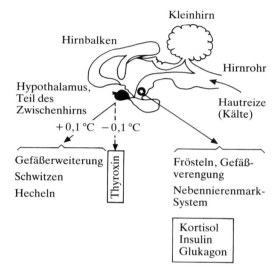

anhält, wird das Schwitzen permanent, denn die Wärmeerzeugung sowie die Wärmeabgabe stellen sich auf ein höheres Niveau ein. Der Höhepunkt der Schweißabsonderung am Ende eines Fieberanfalls ist durch eine kurzfristige Erhöhung der Wärmeabgabe gekennzeichnet, die unter Einwirkung auf die Wärmeerzeugung die Rückkehr der Körpertemperatur auf ihren normalen Wert erlaubt. Eine genaue Kenntnis der Art der zentralen Mittel, die bei einem Fieberanfall ins Spiel gebracht werden, muß dazu führen, unmittelbar auf die Wärmeverhältnisse des Fiebersyndroms einwirken zu können.
So läßt die Wirkungsweise der Prostaglandine die antipyretische Wirkung des Aspirin verstehen.

Abb. III/15 Funktion der thermoregulatorischen Zentren im vorderen (Thermolyse) und hinteren (Thermogenese) Hypothalamus. Die örtliche Erhöhung der Körpertemperatur um 0,1 °C löst Reaktionen der Wärmeabgabe (Thermolyse) aus: Erweiterung der Hautgefäße, Schwitzen und Hecheln. Dagegen wächst bei Abkühlung die Thyroidaktivität wie bei einer Thyroxininjektion. Die hintere Hypothalamusregion bringt das Nebennierenmark-System gegen die Kälte ins Spiel mit Gefäßverengung und Frösteln. Die innersekretorischen Reaktionen stützen sich auf Thyroxin, Kortisol, Insulin und Glukagon

ZUSAMMENFASSUNG

Zusammenfassend ist zu sagen, daß das Kalb gegen die Hitze ankämpft, wenn die Außentemperatur im Laufe des Tages 20 °C erreicht: der hierzu notwendige Energieaufwand ist dabei ein limitierender Faktor. Die relative Luftfeuchtigkeit ist ein wesentlicher Teil des klimatischen Umfeldes, sogar in gemäßigten Zonen. Schließlich ist ein bedeutender Punkt im Kampf gegen die Hitze die nächtliche Ruhepause.

Endokrine Reaktionen

Die Drüsen mit innerer Sekretion sind durch ihre Hormone die hauptsächlichsten Faktoren beim Stoffwechsel von Stärke, Eiweiß und Fett (Abb. III/15). Umwelttemperaturen, geeignet die Thermogenese zu verändern, beeinflussen die endokrine Aktivität und dadurch den Appetit, das Wachstum und die Zunahme des Tieres.

Zwei Systeme sind wesentlich am Kampf gegen die Kälte beteiligt:
- einerseits das System Hypophyse – Schilddrüse, das durch Reizung der Schilddrüsensekretion den allgemeinen Stoffwechsel steigert;
- andererseits das System Sympathikus – Nebenniere, verantwortlich für das Muskelzittern und die Freisetzung von Katecholaminen.

Die Bedeutung der endokrinen Reaktionen wird bei der Untersuchung des Muskelzitterns deutlich. Die Umwelttemperatur, die das Muskelzittern auslöst (15 °C), ist beim kälteakklimatisierten Tier um 8 bis 10 °C herabgesetzt. Diese Differenz hängt mit der Entwicklung der Möglichkeit eines unverzüglichen hormonalen Gegenstoßes im Verlaufe der Akklimatisierung zusammen.

Schilddrüsenaktivität

Die Schilddrüsenaktivität, normalerweise im Winter intensiver als im Sommer, wird bei einem Tier verstärkt, das längere Zeit einer tiefen Außentemperatur ausgesetzt ist. Besonders ist der periphere Einsatz von Thyroxin 18 bis 21 Tage nach der Geburt erhöht. Der Ursprung dieses Phänomens hängt möglicherweise mit den Verhältnissen beim Stärkeabbau zusammen, die beim Kalb gegenüber dem erwachsenen Tier sehr verschieden sind, da ein Hypoglykämie-Koma bei Hypophysenektomie stets eintritt [8]. Beim schilddrüsenektomierten Kalb von 7 bis 15 Tagen verursacht die Verabreichung von ACTH (Adrenokortikotropes Hormon) (2 IE/kg und Tag) oder Kortisol (2 bis 4 mg/kg und Tag) einen Diabetes, ähnlich dem Pankreas-Diabetes, als ob das Thyroxin eine wesentliche Rolle beim Stärkestoffwechsel spielte [13]. Die geringe Glukosetoleranz, der schwache Insulingehalt im Blut und das reduzierte Wachstum beim schilddrüsenektomierten Kalb können durch Verabreichung von Thyroxin (25 μg/kg und Tag) ausgeglichen werden.

Aktivität des Nebennierenmarks

Die Aktivität des Nebennierenmarks scheint ein bedeutender Faktor der Blutzuckerregulierung beim Kalb zu sein [12], besonders in den ersten Tagen nach der Geburt [5, 9]. Das Verhältnis Noradrenalin/Adrenalin ist beim Kalb verhältnismäßig weit. Allerdings sind sowohl die sekretorischen als auch die selektiven Antworten beim Noradrenalin im Fall der Asphyxie und beim Adrenalin im Fall der Hypoglykämie [14] nur während der ersten 6 Stunden nach der Geburt bedeutungsvoll. Die relative Inaktivität des Adrenalins, die schwierige sekretorische Anfangsphase des Noradrenalins während 8 bis 10 Tagen nach der Geburt erklären die Stoffwechselanfälligkeit der neugeborenen Kälber. Was die Wirkung der Biosynthese der Katecholamine betrifft, erklärt sie sich durch ihre Rolle bei der Umgestaltung des Kreislaufs im Augenblick der Geburt.

Aktivität der Nebennierenrinde

Das Kortisol ist das hauptsächliche kortikosteroide Sekret der Nebennierenrinde beim Kalb. Wenn man das Kalb länger (9 Wochen) einer erhöhten Umwelttemperatur aussetzt, vermindert sich die normale Sekretion um etwa 0,5 μg/kg und Minute [28]. Die Unterfunktion des Systems Hypothalamus – Hypophyse – Nebenniere beim kranken Kalb wurde durch Messung der Plasmakonzentration der freien Gruppen der 17-Hydroxykortikosteroide (17 OHCS) nach Injektion von 0,5 IE/kg

Insulin bewiesen [11]. Die Erhöhung überschreitet 98 % des Anfangswertes (anstelle von 200 %) beim kranken Kalb nicht [22].

Aktivität des Pankreas

Neben der Aufgabe des Insulins, den Glukosegehalt im Blut über den Umweg eines Einbaus von Glukose in die Zelle zu senken, scheint die Rolle des Glukagons beim Kalb bei der Hyperglykämie im Kampf gegen die Kälte und die meisten sonstigen Reize die größere Rolle zu spielen [4]. Die sympathische Innervation des Pankreas ist tatsächlich für den Funktionsablauf sehr wichtig. Der Glykogenabbau in der Leber wird durch drei Faktoren bewirkt: das Adrenalin und das Glukagon, die unter dem Einfluß des sympathischen Systems freigesetzt werden, und durch ein direktes Einwirken desselben im Bereich der Leber.

Aktivität der Adeno- und Neurohypophysen

Die Sekretion des Wachstumshormons (somatotropes) ist bei ständig hoher Außentemperatur gehemmt. Dagegen begünstigt Kälte seine Freisetzung [16] und die Erhöhung des Fettstoffwechsels [29]. Die Rolle des antidiuretischen Hormons (Vasopressin), ebenso wie die des Renin-Angiotensin-Systems, bleiben als Regulierungsfaktoren der Homoiothermie ziemlich unbestimmt: der Hauptanteil der beobachteten Reaktionen tritt letzten Endes nur 4 bis 8 Stunden nach Einwirkung von Außentemperaturen außerhalb der thermischen Neutralzone auf. (Vergleiche hierzu auch die Abbildung III/11 auf Seite 97.)

Trotzdem erscheint die Wärmeregulierung bei aller Einschränkung von der Geburt an ausreichend, mit Ausnahme der relativen Inaktivität der Katecholamine. Es ist wichtig, daß man die Zone der thermischen Zuträglichkeit im Zusammenhang mit Klima, Umwelt und Futter, im besonderen seinem Gehalt an Fetten, versteht. Schließlich erscheinen die Reaktionen des Organismus gut vergleichbar, ganz gleich was für ein Reiz auch einwirkt. Unter diesem Gesichtspunkt stellt der Wärmereiz einen pathologischen Modellfall dar.

LITERATUR

[1] Beakley, W. R.; Findlay, J. C., 1955 – The effect of environmental temperature and humidity on the rectal temperature of calves. J. agric. Sci., 45, 339–352.

[2] Bedel, L., 1943 – Température rectale des veaux à la naissance. Rec. Méd. vét., 119, 117–125.

[3] Bianca, W.; Hales, J. R. S., 1970 – Sweating, panting and body temperatures of new-born and one-year old calves at high environmental temperatures. Brit. vet. J., 126, 45–53.

[4] Bloom, S. R.; Edwards, A. V.; Hardy, R. N.; Malinowska, K. W.; Silver, M., 1975 – Endocrine responses to insulin hypoglycaemia in the young calf. J. Physiol., 244, 783–803.

[5] Bloom, S. R.; Edwards, A. V.; Vaughan, N. J. A., 1973 – The role of the sympathetic innervation in the control of plasma glucagon concentration in the calf. J. Physiol., 233, 457–466.

[6] Bouvier, J. C.; Espinosa-Moliner, J.; Vermorel, M., 1974 – Influence de températures et d'hygrométries élévées pendant une partie de la journée sur la thermorégulation du veau préruminant à l'engrais. Ann. Biol. anim. Biophys., 14, 721–727.

[7] Bligh, H. J.; Modre, R. E., 1972 – Essays on temperature regulations. North Holland Publ., Amsterdam, 1861.

[8] Comline, R. S.; Edwards, A. V., 1965 – The effect of hypophysectomy in the young calf. J. Physiol., 179, 86–88.

[9] Comline, R. S.; Edwards, A. V., 1968 – The effects of insulin in the new-born calf. J. Physiol., 198, 383–404.

[10] Comline, R. S.; Silver, M., 1966 – The development of the adrenal medulla of the foetal and new-born calf. J. Physiol., 183, 305–340.

[11] Dvorak, M., 1971 – Evaluation of the hypothalamus-pituitary-adrenocortical function in the young healthy and diarrhaeic calves by means of insulin hypoglycaemia. Zbl. Vet. Med., 18, 653–660.

[12] Edwards, A. V., 1971 – The glycogenolytic responses to stimulation of the splanchnic nerves in adrenalectomized calves, sheep, dogs, cats and pigs. J. Physiol., 213, 741–759.

[13] Edwards, A. V.; Nathanielsz, P. W.; Vaughan, N. J. A., 1971 – The effect of cortisol on the tolerance to glucose of thyroidectomized calves. J. Endocr., 51, 511–520.

[14] EDWARDS, A. V.; SILVER, M., 1970 – The glycogenolytic response to stimulation of the splanchnic nerves in adrenalectomized calves. J. Physiol., 211, 109–124.
[15] ESPINOSA-MOLINER, J., 1973 – Sur quelques aspects de la thermorégulation du veau préruminant. Influence d'une température et d'une hygrométrie élevées. Thèse Doct. spéc. n° 378, Clermont-Ferrand, 96 p.
[16] GALE, C. C., 1973 – Neuroendocrine aspects of thermoregulation. Ann. Rev. Physiol., 35, 391–430.
[17] GONZALEZ-JIMENEZ, E.; BLAXTER, K. L., 1962 – The metabolism and thermal regulation of calves in the first month of life. Brit. J. Nutr., 16, 199–212.
[18] HALES, J. R. S.; FINDLAY, J. D.; ROBERTSHAW, D., 1968 – Evaporative heat loss mechanisms of the new-born calf. Brit. vet. J., 124, 83–88.
[19] KLEIBER, M., 1975 – The fire of life, 2^e Edit. 453 p., R. E. Krieger Publish Co., Huntington, New York.
[20] KLEMM, G. M.; ROBINSON, K. W., 1955 – The heat tolerance of breeds of calves from 1 to 12 months of age. Aust. J. agric. Res., 6, 350–364.
[21] LEIGHTON, R. L.; THEILEN, G. H.; SCOTT, F. S., 1967 – Thymectomy in the neonatal calf. Am. J. vet. Res., 28, 1817–1821.
[22] ROCCO, A; AGUGGINI, G., 1972 – Escrezione urinaria degli 11-idrossicorticosteroidi totali e dell aldosterone nei vitelli. Folia vet. lat., 2, 177–291.
[23] ROY, J. H. B.; HUFFMAN, C. F.; REINEKE, E. P., 1957 – The basal metabolism of the new-born calf. Brit. J. Nutr., 2, 373–377.
[24] SHAFIE, M. M.; MASHALY, M. M., 1974 – Pre- and postnatal thyroid development in bovines. Acta anat., 87, 615–634.
[25] TERMEULEN, U.; MOLNAR, S., 1975 – Untersuchung zur Morphologie und Physiologie des perinalen Fettgewebes beim Kalb und der Einfluß der Umgebungstemperatur auf seine Funktion. Z. Tier-Physiol. Tierernähr. Futtermittelkde., 35, 19–25.
[26] THOMPSON, G. E.; GLOUGH, D. P., 1970 – Temperature regulation in the new-born ox. Biol. Neonate, 15, 19–25.
[27] VAN ES, A. J. H., 1970 – Stimulation of the growth of veal calves fed liquid milk replacers. In: Energy Metabolism of Farm Animals. E.A.A.P., Vitzmau (Suisse), p. 97–100.
[28] WHIPP, S. C.; WEBER, A. F.; USENIK, E. A.; GOOD, A. L., 1967 – Rates of hydrocortisone and corticosterone secretion in calves. Am. J. vet. Res., 28, 671–675.
[29] WHITTOW, G. C., 1973 – Ungulates. In: Comparative Physiology of Thermoregulation, Vol. II: Mammals, G. C. Whittow (Ed.), Academic Press Inc., New York & London, pp. 192–273.

Kapitel 5 Wachstum und Anabolika

J. P. WILLEMART,
P. L. TOUTAIN

Das Wachstum läßt sich als Interaktion zwischen biologischen und chemischen Prozessen definieren mit dem Ziel, einen lebensfähigen Organismus herauszubilden. Es beginnt mit der Befruchtung des Eies und endet mit der Realisierung des Erwachsenenzustandes. Die Anabolika sind pharmakologische Substanzen, die das Wachstum stimulieren können.
Die Gesetzmäßigkeiten des Wachstums gelten für das Mastkalb ebenso wie für das Zuchtkalb. Wir können uns also auf die Besonderheiten beschränken, die für die ganze Gattung verbindlich sind, und auf die Erklärung der chemischen Stoffe, die vom Menschen zur Steuerung des Ablaufs eingesetzt werden.
Nachdem wir in kurzer Form die Grundbegriffe und Definitionen ins Gedächtnis gerufen haben, werden wir nacheinander das Wachstum im Uterus und nach der Geburt betrachten; für jede dieser Perioden werden wir die quantitative Entwicklung, die qualitativen Aspekte und die Mechanismen beschreiben, die das Wachstum unterstützen ebenso wie ihre Unterschiedlichkeiten. Der zweite Teil dieses Kapitels ist den Anabolika gewidmet.

Definition und Grundbegriffe

Wachstum und Entwicklung

Das *Wachstum* ist ein quantitatives Phänomen, das das Individuum zu seiner endgültigen Form führt; es wird an der Zunahme der Körpermasse und/oder der Körpergestalt gemessen. Sein Mechanismus beruht auf einer der folgenden Modalitäten:

Vermehrung der Zahl der Zellen (Hyperplasie), Vergrößerung des Zellumfangs (Hypertrophie), Zunahme an Körpersubstanz.

Die *Entwicklung* (Differenzierung oder Ausreifung) ist ein qualitatives Phänomen. Es ist eine Veränderung, im allgemeinen nicht umkehrbar, von Formen und Strukturen, die sich zu den Charakteristika des Erwachsenenseins entwickeln. Ihr Mechanismus beruht auf einer Umwandlung und Spezialisierung der Zellen.

Wachstum der Gewebe im einzelnen und in Relation zueinander

Die Gewebe können im Laufe der Zeit verschiedene Rhythmen des Wachstums und der Entwicklung haben.

Das relative Wachstum betrifft die Beziehung eines Teils zum Ganzen; seine Dimension ist räumlich. Dagegen hat das Gesamtwachstum eine zeitliche Dimension. Die Untersuchung des Wachstumsverlaufs zeigt das Vorhandensein von Unterbrechungen; sie hängen mit besonderen Umstellungen in der Nahrung (Geburt, Absetzen) zusammen oder werden durch endokrine Einflüsse ausgelöst (Pubertät).

Die Regeln der Proportionsverschiebung haben zur Anwendung von mathematischen Modellen geführt, die geeignet sind, das Gesamtwachstum des Organismus und das relative Wachstum seiner einzelnen Teile zu berechnen. HUXLEY [26] hat das Verhältnis des Wachstums eines Teils zum Ganzen in der Gleichung $y = b \cdot x^k$ definiert, in der y die Größe eines Organs ist, x die Körpermasse und k der Koeffizient des Verhältnisses zwischen der Masse P des Organs zur Gesamtmasse des Körpers. Ist $k = 1$, entspricht das Wachstum eines Teiles gleich dem des Ganzen. Liegt k über oder unter 1, ist das Teilwachstum schneller (beschleunigtes Wachstum) bzw. langsamer (verzögertes Wachstum) als das des Gesamtorganismus. Der Koeffizient k verändert sich im Verlaufe der Ontogenese für die verschiedenen Organe. Gemäß einer genetisch festgelegten Reihenfolge werden sich die nervösen, knöchernen, muskulären und fettartigen Gewebe nach und nach in Form eines beschleunigten Wachstums entwickeln (Abb. III/16a).

Grad des Wachstums bzw. Unterschied in den einzelnen Körperregionen

Die einzelnen Körperregionen haben nicht den gleichen Wachstumsrhythmus. Die Wachstumsintensität läßt vom Kopf zum Becken nach und steigt an von den Gliedmaßen zu den Lendenwirbeln. Eine Selektion verändert diese Abstufung, was die geschlosseneren Formen der heutigen Rassen erklärt. Beim Kalb ist das Wachstum des Kopfes bei der Geburt fast abgeschlossen; das Wachstum des Schwanzes ist in der Phase der Verlangsamung, wenn es beim Rumpf am stärksten und nur noch schwach in der Beckenregion ist (Abb. III/16b).

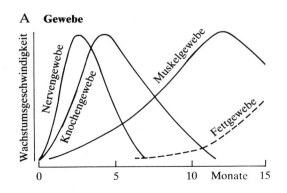

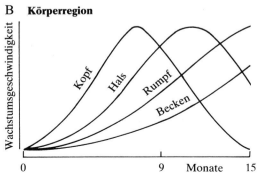

Abb. III/16 Intensität des Wachstums von Geweben (A) und verschiedener Körperregionen (B) im Verlaufe der Entwicklung

Physiologie

Wachstum im Uterus

Frühreife

Die Frühreife ist die Fähigkeit eines Lebewesens, sich besonders intensiv zu entwickeln, d. h. die verschiedenen Gewebearten sehr rasch ihrer Funktion zuzuführen. Die Frühreife resultiert aus der Verbindung eines sehr schnellen Wachstums mit einer beschleunigten Entwicklung; sie äußert sich durch ein Vorwärtstreiben der einzelnen Wachstumsphasen; die Fettbildung beginnt bereits, während die Knochenbildung noch andauert.

Gegenwärtig werden die meisten Mastkälber im Alter von 80 bis 90 Tagen und einer Lebendmasse von etwa 130 kg geschlachtet; sie haben also ¾ von ihrem Leben im Uterus verbracht.

Der volle Ausdruck des genetischen Potentials wird vorrangig durch die Bedeutung des fötalen Wachstums bedingt. Die maximalen Möglichkeiten des täglichen Zuwachses sind eine Exponentialfunktion der Geburtsmasse $(P_0) : P = P_0 \cdot e^{0,015 t}$, wobei t das Alter in Tagen ausdrückt und der tägliche Zuwachs maximal stets bei 3 % der Geburtsmasse liegt [44].

Am Beispiel der Zwillinge kann diese Formel erläutert werden.

Die Geburtsmasse eines Zwillingskalbes ist geringer als das von Kontrollkälbern, und diese Differenz ist noch bis zu einem Jahr festzustellen. Noch allgemeiner gesagt, die Wirkungen der Trächtigkeitszeit sind um so auffälliger, je früher die Schlachtung erfolgt.

Für Zuchtkälber hat eine Studie an mehr als 1000 Holsteiner Kühen gezeigt, daß die Geburtsmasse der Erstkälber und die durchschnittliche Anzahl an Laktationen, die man von ihnen erwarten kann, mit der Geburtsmasse korrelieren; die durchschnittliche Zahl der Laktationen lag bei 2,3, wenn die Masse unter 41 kg betrug, und bei 3, wenn die Masse bei der Geburt 45 kg überschritt [31].

Quantitative Angaben

Die Masseentwicklung beginnt im Zygotenstadium nach Bildung der Blastozyste (7. bis 12. Tag). Dabei resultiert die Masseerhöhung hauptsächlich aus einer Flüssigkeitsvermehrung. Am Ende der Embryonalperiode hat die Eizelle ihre Masse 500000mal vervielfacht und erreicht 1 g. Nach Funktionsaufnahme der Plazenta (45. Tag) bleibt das Wachstum ausnehmend langsam bis zum 100. Tag; es

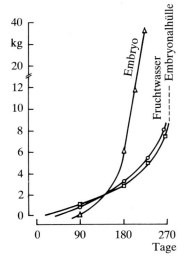

Abb. III/17 Masseentwicklung des Embryos, des Fruchtwassers und der Embryonalhüllen im Verlaufe der Trächtigkeit

Tabelle III/12 Absolute und relative Werte für die Masse des Fötus, der Amnionsflüssigkeit und der Fruchthüllen im Verlaufe der Trächtigkeit [45]

Trächtigkeit	Fötus		Amnionsflüssigkeit		Fruchthüllen		Insgesamt
Tage	kg	%	kg	%	kg	%	kg
0– 30	0,0004	0,05	–	12	0,004	0,61	0,91
31– 60	0,0050	0,34	0,18	12	0,040	2,80	1,59
61– 90	0,0700	3,10	0,58	25	0,140	6,20	2,30
91–120	0,3300	8,10	1,63	41	0,250	6,70	3,24
121–150	1,6300	15,00	4,98	48	0,720	7,30	10,10
151–180	3,8000	25,00	5,43	38	1,260	8,50	14,58
181–210	9,5100	40,00	6,34	27	2,490	9,60	23,78
211–240	17,6600	46,00	9,96	27	2,400	6,10	37,28
241–270	28,5300	53,00	11,77	22	3,350	6,10	53,63
271–300	40,0000	59,00	15,40	23	3,880	5,40	67,67

beschleunigt sich während des zweiten Drittels der Trächtigkeit. Zwischen dem 90. und 180. Tag der Trächtigkeit vergrößert der Fötus beim Rind seine Masse auf das 30fache und seine Größe auf das 7fache (von 170 g auf 5 kg und von 8 auf 55 cm).

Für die physiologischen und ernährungsmäßigen Erfordernisse wird das Wachstum im letzten Drittel der Trächtigkeit besonders wichtig. Daher kommt es, daß der Rinderfötus seine Masse in den letzten fünf Wochen der Tragezeit verdoppelt.

Die Masseentwicklung des Fötus, der Amnionsflüssigkeit und der Plazenta wird in Tabelle III/12 genau angegeben und in Abbildung III/17 graphisch dargestellt. Man stellt ein gleichartiges Ansteigen bis zum 150. Tag fest. Danach entwickelt sich die Masse des Fötus sehr schnell; daraus resultiert ein regelrechtes Auseinanderziehen der Hüllen, verbunden mit einer Verdünnung der verschiedenen Gewebsschichten, die den Fötus von der Plazenta trennen. Diese anatomische Antwort auf die Erhöhung der nutritiven Ansprüche wird die Ablösung Fötus–Mutter erleichtern.

Das Wachstum während der letzten beiden Drittel der Trächtigkeit beim Rinderfötus kann durch ein mathematisches Modell ausgedrückt werden. In Anlehnung an die Konzeption von BRODY nimmt WEINBACH an, daß das tägliche fötale Wachstum proportional ist der an diesem Tag erreichten Masse (P), zuzüglich einer Zahl (A) von der Größe der Masse, die der Autor »den Wachstums-Impuls« nennt. Die Summe P+A wird als effektives Wachstum bezeichnet; die Wachstumsrate je Zeiteinheit (tägliche Zunahme) drückt sich in der Gleichung

$$\frac{dP}{dt} = K(A+P)$$

aus, wobei K eine Konstante ist. Nach der Integration erhält man für $P = A \cdot e^{K(t-t')}$; A in Verbindung mit t' drückt ein angenommenes Alter aus, bei dem die Wachstumskurve die Achse des Alters schneidet. Im Falle von $t-t' = 0$ ist $P = 0$.

Für das Kalb ist K = 1,9 (%/Tag), A = 1775 g und t' = 98,1 Tage, woraus sich für

$$P = 1775 \cdot e^{0,019(t-98,1)} - 1775$$

ergibt. Umgekehrt ist es möglich, das Alter eines Kalbes nach Wochen (x) zu berechnen, ausgehend von seiner Körpermasse oder seiner Größe (Nacken–Schwanzwurzel) bei der Geburt nach folgenden Gleichungen [48]:

– Masse y in g aus: $y = 0,065(x-3,89)^{3,74}$
– Länge y in cm aus: $y = 0,970(x-3,89)^{1,31}$

Qualitative Angaben

Die Vergrößerung der Masse kann man nicht über die stärkere Bedeutung des Wachstums im Uterus stellen, das auf der Entwicklung beruht, d. h. auf einer qualitativen Änderung. Die Tabelle III/13 führt noch einmal die großen Abschnitte der Entwicklung vor Augen. Parallel zur Masseentwicklung verändert sich die chemische Zusammensetzung der Körpersubstanz. Anfangs enthält der Fötus sehr viel Wasser (bis 93%). Im weiteren Verlauf wird dieses durch andere Stoffe ersetzt; bei der Geburt beträgt der Gehalt an Wasser 78%, an Protein 16%, an Fett 2,6% und an Mineralstoffen 4%. Daraus ergibt sich, daß die Nahrungsbedürfnisse in der ersten Hälfte der Trächtigkeit gering sind (begrenzter Zuwachs, hoher Wassergehalt). Sie steigen zum Ende der Tragezeit hin stark an, besonders in den letzten 50 Tagen (erhöhter Zuwachs, Einbau von Proteinen).

Entwicklung der Gewebe
Muskeln

Die Entwicklung der Muskeln während der uterinen Periode spielt eine entscheidende Rolle für die spätere Leistung des Kalbes. Das Muskelwachstum im Uterus erfolgt hauptsächlich durch Zellvermehrung (Hyperplasie) ohne Zunahme an Muskelfasern. Das Wesentliche hierbei ist, daß diese Zellverme-

Tabelle III/13 Entwicklung des Kalbes im Uterus

Alter Tage	Stadium
4– 7	Morula – das Ei dringt in den Uterus ein
7–12	Blastula-Einbettung
14	Gastrula
16	Ausdehnung der Keimhaut-Bläschen
20	Differenzierung des 1. Ursegments Ausdehnung des Chorions in das nichtträchtige Horn
21	Erste Herzschläge
22	Verschluß der Wirbelsäule – der Kopf ist bemerkbar
23	Allantois entwickelt sich
25	Auftreten der vorderen Gliedmaßenknospen
26	Kurvenform des Embryos – Auftreten der Schwanzknospen
27	Auftreten der hinteren Gliedmaßenknospen
30	Auftreten der Chorion-Kotyledonen
30–45	Differenzierung der Zehen, der Nase, der Augen Implantation
60	Augenlider geschlossen
70	Beginn der Ossifizierung
90	Auftreten der Haarfollikel
100	Auftreten der Hornknospen
110	Durchbrechen der Zähne
150	Haarbesatz um Augen und Maul
230	Fell bedeckt den Körper
280	Geburt

rung bei den Wiederkäuern gegen Ende des zweiten Drittels der Trächtigkeit aufhört (vielleicht in einer irreversiblen Form) [28]. Außerdem drückt sich das Wachstum durch eine Hypertrophie der Muskelzellen aus, d. h. durch eine Zunahme ihres Durchmessers und ihrer Länge. Die Anzahl der Muskelfasern auf die Oberfläche bezogen ist genetisch bedingt; sie ist geringer, wenn die trächtige Kuh schlecht ernährt wurde, und sie ist bei männlichen Tieren generell 15 bis 18 % größer.

Knochen

Die Ossifikation beginnt um den 70. Tag. Eine Unterfunktion der Schilddrüse verzögert sie, obwohl die Konzentrationen von Kalzium und Phosphor im Plasma unverändert bleiben. Die Plazenta scheint eine grundlegende Rolle bei der Lenkung des Ca-Stoffwechsels im Fötus zu spielen. Der überwiegende Teil des über die Plazenta gehenden Kalziums (5 g/Tag) wird von den Knochen gebunden. Nach der Geburt sind die Depots nicht größer als 2 g/Tag; später (6 Monate) kann man mit 150 mg/kg und Tag rechnen [42].

Fettgewebe

Der Gehalt an Fett bei der Geburt beträgt 3 %. Er wächst während des Endabschnittes der Trächtigkeit. Die Fette spielen im embryonalen Stoffwechsel keine Rolle. Sie werden aber nach der Geburt als Energiequelle gebraucht.

Die Faktoren des Wachstums im Uterus und ihre hormonale Regulierung

Das Wachstum im Uterus beruht auf maternalen und fötalen Faktoren und ihren Interaktionen.

Fötale Faktoren

Der Fötus reguliert sein Wachstum selbst; es ist charakterisiert durch ein Zusammenspiel von Stoffwechsel- und endokrinen Besonderheiten.

- *Stoffwechselbesonderheiten*

Der Fötus deckt seinen energetischen Bedarf aus den Kohlenhydraten; die Glukose spielt eine um so größere Rolle, da der Fötus keine freien Fettsäuren verwertet und, nach verschiedenen Autoren [24], die Glukosesynthese eine postnatale Angelegenheit ist. So gibt es also eine völlige Verschiedenheit gegenüber dem erwachsenen Tier, das nur eine sehr begrenzte Menge von Kohlenhydraten absorbiert und dessen hauptsächliche Energiequellen in den flüchtigen Fettsäuren bestehen. Der Fötus stellt sich als ein echter monogastrischer Organismus im Schoße eines Lebewesens dar, dessen Stoffwechselvorgänge die eines polygastrischen sind, d. h. grundsätzlich verschieden. Der Gehalt an Glukose im Fötus hängt vom maternalen Blutzuckergehalt ab, d. h. von den Fermentationsvorgängen, die die Bildung von Propionsäure sichern. Wurde die Kuh schlecht ernährt oder war gegen Ende der Trächtigkeit die Futteraufnahme reduziert, kann der Gehalt an Kohlenhydratenergie ungenügend sein. Nur unter diesen unphysiologischen Bedingungen benutzt der Fötus als Energiequelle freie Fettsäuren und Glyzerin. Der Blutzuckergehalt des Fötus ist gering (10 bis 30 mg/100 ml), und er wird durch seine eigene Insulinsynthese gewährleistet, dessen Niveau bedeutend ist. Die Aminosäuren werden von der Mutter auf den Fötus in einem Rhythmus übertragen, der von einem maternalen Aminosäurenüberschuß unabhängig ist (aktive Passage gegenüber einem Konzentrationsgefälle); 60 % des Stickstoffs, die in den fötalen Kreislauf kommen, werden eingebaut, was eine Erhöhung von 0,6 g N/kg im letzten Drittel der Trächtigkeit bedeutet.

- *Endokrine Besonderheiten*

Die Hormone des Fötus spielen für dessen Wachstum eine ausschlaggebende Rolle, weil die Zotten und Bindegewebshäute der Plazenta für die mütterlichen Hormone undurchlässig sind (Wachstumshormon oder STH, Thyroxin oder T_4, Thyreotropin oder TSH).

Bei den Wiederkäuern und im Gegensatz zu den kleinen Labornagern ist die Hypophyse für das Wachstum im Uterus notwendig [33]. Zwei Syndrome der fötalen Unterfunktion der Hypophyse sind beim Rind beschrieben. Das erste bezieht sich hauptsächlich auf Kühe der Jersey- und Guernsey-Rasse; es drückt sich in einem beträchtlichen Zurückbleiben des Wachstums aus, namentlich im Bereich des Knochengerüsts; bei der Sektion wird keine Hypophyse gefunden [29]. Im zweiten Fall bestehen nur Zellanomalien, lokalisiert in den Rindenzellen; unter diesen Bedingungen hat der Fötus eine normale Masse bei der Geburt, setzt aber sein Wachstum nach einer verzögerten Geburt fort (die Rindenzellen sind für das Auslösen der Geburt notwendig).

Versuchsweise wurde festgestellt, daß das eigentliche Wachstumshormon bei den Wiederkäuern das *Thyroxin* und nicht das STH ist, obwohl die Konzentration von letzterem im fötalen Blut besonders hoch ist. Die Hypophyse als selbständiger Teil des Zwischenhirns vermittelt über den Seitenweg des Thyreotropins. Die Schilddrüse fängt ab Ende des ersten Drittels der Trächtigkeit an, Jod zu speichern, und sie sezerniert in wachsenden Mengen ein einziges Hormon: T_4. Es gibt kein Tri-Jodthyronin (T_3). Man weiß, daß beim erwachsenen Tier der überwiegende Teil des T_4 an ein Transportglobulin gebunden ist und nur die freie Fraktion aktiv sein kann (0,4%). Beim Fötus ist dagegen ein großer Teil von T_4 frei. 48 Stunden nach einer Hypophysektomie ist der Gehalt an TSH ungefähr gleich 0, der an T_4 verschwindet in 5 bis 6 Tagen. Der Fötus des Wiederkäuers ist tatsächlich mit einer hohen Schilddrüsenfunktion ausgestattet. Die Höhe der Sekretion von T_4 ist im Verhältnis zur tragenden Kuh 8mal so hoch. Das erklärt, daß jede Schilddrüsenunterfunktion das Wachstum verzögert und die Überlebenschancen bei der Geburt verringert [49].

Die Hypophyse hat die Fähigkeit, STH zu synthetisieren, zu speichern und freizusetzen vom Ende des ersten Drittels der Trächtigkeit an. Die Menge des zirkulierenden STH ist sehr groß (10mal mehr als bei der tragenden Kuh). Die Regulierung der Sekretion stimmt mit der des erwachsenen Tieres überein, sobald die Alternative Wachen – Ruhe im Uterus vorhanden ist. Die Bedeutung der Ruhe im uterinen Leben ist sicher eine der besten Erklärungen der Übersekretion des STH beim Fötus [55]. Der Einfluß des STH auf das Wachstum im Uterus scheint von der Reifung des Knochengewebes begrenzt zu sein; es verhält sich umgekehrt wie die Einflußnahme der Nieren: die Renektomie oder ihr angeborenes Fehlen ist von einer Verminderung der knochenbildenden Aktivität begleitet [49]. Es wurde angenommen, daß das STH die Bildung eines Hormonreleasers bedingt, des Somatomedins, das ein Auslöser des Wachstums sein soll [21].

Das Pankreashormon spielt eine bedeutende Rolle beim fötalen Wachstum, weil es die Ausnutzung der Glukose beeinflußt. Die Insulinsekretion ist mehr oder weniger konstant. Das Glukagon ist das erste beim Fötus nachzuweisende Hormon. Es tritt auf, bevor die spezifischen Einrichtungen der Leber und des Fettgewebes eingesetzt werden können. Man glaubt, daß es eine umfassende Rolle beim Zellwachstum und der molekularen Synthese spielt, indem es die zyklische Adenosinmonophosphat-Rate (cAMP) erhöht [4].

Plazentare Faktoren

Das Wachstum des Kalbes hängt von einem guten Funktionieren der Plazenta vom letzten Drittel der Trächtigkeit ab; vorher ist eine schlecht funktionierende Plazenta noch in der Lage, die geringen Bedürfnisse des Fötus abzusichern. Das erklärt, daß Fehlgeburten als Folge von Entzündungsvorgängen an der Plazenta (Brucellose) erst etwa mit dem 7. Trächtigkeitsmonat beginnen. Bei Wiederkäuern besteht eine positive Korrelation zwischen Plazentamasse und Geburtsmasse ($r = 0,5$). Auch ist die Plazenta des männlichen Fötus generell schwerer als die des weiblichen.

Postnatales Wachstum

Quantitative Angaben

Es gibt zahlreiche Angaben über die Veränderung der Lebendmasse des Kalbes bei verschiedenen Rassen und für die unterschiedlichsten Fütterungsregimes; bis zum Alter von 6 Monaten beschleunigt sich die Wachstumsrate sowohl für die Gesamtmasse als auch für die biologisch-chemischen Bestandteile. Die Tabelle III/14a gibt die täglichen Zuwachsraten dP/dt für die Gesamtmasse und die biologisch-chemischen Bestandteile wieder; aus Tabelle III/14b kann man die absoluten und relativen Werte für den Zuwachs, bezogen auf den Gesamtkörper, sowie den Energiebedarf im Laufe der Entwicklung, ersehen.

Nach 6 Monaten verlangsamt sich das Wachstum. Für das Holstein-Kalb kann das Wachstum mit folgender Gleichung ausgedrückt werden:

$$P = 557{,}6 - 583\, e^{-0{,}05 \cdot 288\, t},$$

wobei t in Monaten und P in Kilogramm angegeben wird.

Qualitative Angaben

Entwicklung der Muskelfasern

Während der Embryonalperiode ist das Muskelwachstum an eine Vermehrung der Zahl der Muskelzellen gebunden; nach der Geburt wird es durch die Hypertrophie der vorhandenen Fasern abgesichert; Aktin und Myosin verkörpern 80% des Proteins der Muskelfibrillen. Während des postnatalen Wachstums kann sich die Zahl der Muskelfibrillen um das 15fache erhöhen; die intrazelluläre Vervielfältigung bewirkt eine Ausdehnung in der Länge der vorhandenen Muskelfibrillen. Die Vergrößerung des Durchmessers der Muskelfasern tritt bei den frühreifen Rassen schneller ein als bei den spätreifen. Es wurde festgestellt, daß der Faserdurchmesser bei der Geburt nur die Hälfte des endgültigen Standes aufweist (37 μ gegenüber 81 μ). Während des Wachstums und bis zu einem bestimmten Alter ist der Durchmesser der Muskelfasern von frühreifen Tieren immer größer als der von spätreifen [19]. Schließlich bemerkt man die höchste Zunahme des Wachstums bei ersteren mit 10 bis 11 Monaten gegenüber 12 bis 13 Monaten bei letzteren. Diese Wachstumsbeschleunigung fällt mit der Beendigung der Skelettentwicklung zusammen [14].

Die Muskelentwicklung ist von einer histologischen und funktionellen Weiterbildung der die Muskeln bildenden Faser begleitet; man muß zwei große Muskelgruppen unterscheiden: »glatte« und »quergestreifte« Muskulatur. Die erste Gruppe ist besonders durch Muskelfasern charakterisiert, die arm an Myofibrillen und reich an oxydativen Enzymen sind; ihr Stoffwechsel ist aerob, das Kapillarnetz, das sich in ihnen ausbreitet, stark

Tabelle III/14a Tägliche Zunahme von 0 bis 6 Monaten (t = im Monat)

		dP/dt
Wasser	g	152,300 + 5,370 t
Eiweiß	g	38,400 + 4,960 t
Fett	g	11,220 + 6,670 t
Kalzium	g	3,061 + 0,166 t
Phosphor	g	1,856 + 0,066 t

Tabelle III/14b Tägliches Körperwachstum beim Kalb und Jungrind der Holsteiner Rasse, absolut in g sowie relativ zum Gesamtkörperwachstum

Masse	Energie		Eiweiß		Fett		Wasser		Kalzium		Phosphor		Gesamt
kg	kal.	je g Zuwachs	g	%	g	%	g	%	g	%	g	%	g
67	444	1,87	45	19,0	20	8,4	159	67,1	3,3	1,39	1,9	0,80	237
90	584	2,20	53	19,9	30	11,3	168	63,2	3,5	1,32	2,1	0,79	266
135	1434	2,69	84	15,8	101	19,0	321	60,2	9,3	1,74	4,5	0,84	533
181	1390	2,90	77	16,1	90	18,8	285	59,5	8,4	1,75	4,2	0,88	479
226	1140	2,72	69	16,5	79	18,9	249	59,5	7,4	1,77	3,8	0,91	419

entwickelt und ihre Spannung tonisch (Antischwerkraft-Muskeln). Die zweite besteht aus Muskeln, deren Fasern in der Mehrzahl sehr reich an Myofibrillen und Enzymen der Glykolyse sind; ihr Stoffwechsel ist anaerob, das Kapillarnetz auf den Rand begrenzt und ihre Spannung phasisch (Strecker- und Beugermuskeln).

Im Verlauf der Ontogenese gibt es eine fortschreitende Umbildung der Muskelfasern vom »glatten« Typ zum »quergestreiften«; sie rührt daher, daß sich die Möglichkeiten des oxydativen Stoffwechsels mit dem Lebensalter vermindern (außer für die Ausnutzung der flüchtigen Fettsäuren).

Allgemein gesagt, die Selektion der Tiere auf eine sehr starke Muskelentwicklung hat eine Erhöhung des Anteils an glatter Muskulatur zur Folge [3]. Dies erklärt zum Teil ihr Unvermögen, eine Muskelanstrengung und den Milchsäureüberschuß, der jeden Streß oder jede Anstrengung des Tieres begleitet, zu kompensieren. Das ist nicht ohne Rückwirkung auf die Reifung des Fleisches nach dem Schlachten, wenn die Ruhezeit des Tieres vorher nicht sorgfältig beachtet wird.

Bildung und Wachstum der verschiedenen Muskelgruppen

Nach BUTTERFIELD sind die Muskelgruppen, die mit einer mehr ($K > 1$) oder weniger ($K < 1$) starken Wachstumsfähigkeit ausgestattet sind, bei der Geburt in der Zahl begrenzt; diese Muskeln machen 41 % der Körpermasse beim erwachsenen Tier aus. Wenn das Kalb seine Muskelmasse verdoppelt hat, etwa in der 12. Lebenswoche, bleibt der Wachstumskoeffizient für alle Muskeln = 1, d. h. daß alle Muskelgruppen eine gleiche Entwicklung aufweisen. Basierend auf einer Reihe von anatomischen Beobachtungen stellt der Untersucher fest, daß der Wachstumsrhythmus (früh- oder spätreife Rassen) auf die Endverteilung der verschiedenen Muskelgruppen im Tierkörper keinen Einfluß hat. Dagegen weist bei einem Vergleich zum gleichen Alterszeitpunkt die Zusammensetzung der frühreifen Tiere Vorteile auf, die man im Alter wiederfindet; ein suboptimales Ernährungsregime hätte nur den Effekt, den Zeitpunkt zu verändern, an dem sich die Wachstumskoeffizienten angleichen ($K = 1$), aber nicht das relative Verhältnis der verschiedenen Muskeln bei der Schlachtung mit einer vorgegebenen Körpermasse.

Diese Feststellung bezieht sich auf Rinderkeulen, bei denen es keine grundsätzlichen Unterschiede in der Bedeutung des Umfanges der verschiedenen Muskelgruppen gibt. Schließlich nimmt der Verfasser an, daß es die alleinige Kenntnis der Körpermasse gestattet, diesen Anteil einzuschätzen, unabhängig vom Alter und vom Ernährungsregime (für eine bestimmte genetische Konstruktion).

An Keulen von Jungrindern hat eine Untersuchung bewiesen [5], daß die Hypertrophie der Muskeln nicht generell, sondern auf die Muskeln der Lenden- (+9,2 %), Brust- (+6,7 %) und Oberarmregion lokalisiert ist. Einzelne Muskelpartien haben dagegen ein vermindertes Wachstum: die Halsmuskeln (sexuelle Unreife der Tiere) und besonders das Zwerchfell (−18 %); daraus ergibt sich nach dem Untersucher ein Atmungsdefizit [38]. Das hemmt die Kollagensynthese, was sich auf eine Verminderung des Muskeltonus, dem sie unterworfen ist, auswirken könnte. Dabei kann es bei den oberflächlichen Muskeln zu »Hernien« (Brüchen) kommen. Im Gegensatz hierzu haben die tieferliegenden Muskeln eine stärker begrenzte Entwicklung.

Faktoren für Wachstumsverschiedenheit beim Kalb

Erblichkeitsgrad (h^2)

Dieser drückt die genetisch bedingte Varianz an der Gesamtvarianz eines Merkmals aus. Für die Zusammensetzung und Qualität des Tierkörpers ist h^2 hoch ($> 0,60$), für die Zunahme und Futterverwertung mittelgradig ($> 0,40$) unter guten Aufzuchtbedingungen. Dagegen wird der Erblichkeitsgrad obiger Positionen sehr klein, geht bis auf Null unter schlechten Aufzuchtbedingungen (Fütterung, Umwelt).

Umwelt und Haltungsbedingungen
Temperaturen zwischen 0 und 33 °C können das Wachstum absichern; bei den niedrigen Temperaturen ist der limitierende Faktor die Feuchtigkeit und nicht die Kälte; bei 50 bis 60 % relativer Luftfeuchtigkeit ist die Mortalität sehr hoch und das Wachstum gering. Die Lüftungsraten je Minute für ein Kalb von 40 bis 140 kg sollen bei Temperaturen von 7 °C = 0,4 m^3, zwischen 7 und 10 °C 0,92 m^3 und für höhere Temperaturen 3,4 m^3 betragen [2]. Es gibt keinen Unterschied im Wachstum bei Kälbern, die auf Gitterrosten oder auf Einstreu aufgezogen wurden; das Saugen der Milch bei der Mutter bringt weniger Vorteile als die Verabreichung aus dem Eimer. Allerdings treten Durchfälle häufiger auf, wenn die Kälber aus Automaten ad libitum gefüttert werden. Das Saugen an der Zitze schließt überdies das Auftreten von Hautflechten beim Kalb aus. Die Gruppengröße spielt eine sehr große Rolle. Die in Gruppen mit automatischen Milchtränken aufgezogenen Tiere waren in ihrem Wachstum stark heterogen, weil die schwächeren Tiere weniger häufig an die Tränke gelassen werden. Bei Zuchtkälbern wurde festgestellt, daß Formen der Milchverabreichung, bei denen Rangkämpfe auftreten, das Verhalten der Mutter im Moment des ersten Saugens verändern: 50 % der Erstgebärenden lehnten ihr Kalb ab [12]. Die Zahl der Mahlzeiten hat keinen entscheidenden Einfluß auf das Wachstum; anders lautende Ergebnisse wurden mit Milch unterschiedlicher Temperatur (37 °C gegenüber 4 °C) gewonnen.

Mechanismen des neonatalen Wachstums

Wachstumshormone, Somatomedin und Somatostatin

Das Wachstumshormon beim Menschen hat nach klinisch-anatomischen Beobachtungen die gleiche Funktion. Die Akromegalie, charakteristisches Syndrom des hypophysären Riesenwuchses (Gigantismus), wird von einer bedeutenden Erhöhung seines Gehalts im Blut begleitet. Dagegen erzeugt sein Fehlen bei Unterfunktion der Hypophysentätigkeit den Zwergwuchs (Nanismus). Im Experiment konnte man eine Heilwirkung des Wachstumshormons bei hypophysektomierten Tieren nachweisen.

Neuerdings zieht man für das Wachstumshormon die Bezeichnung »*Somatotropin*« vor (Somatotrophin-Hormon oder STH). Wenn auch seine Stoffwechselaktivitäten geklärt sind, so wird seine genaue Rolle und Bedeutung für das Wachstum noch diskutiert.

• *Natur des Wachstumshormons*
Wie bei allen Tierarten hat das bovine STH eine Polypeptidkette mit 2 Zwischenketten und Disulfidbrücken. Seine Molekularmasse liegt bei etwa 22000. Es ist ähnlich dem ovinen STH und weist eine große Analogie zum humanen STH auf [56]. Nur die Synthese einer Fraktion der Kette (39 Aminosäuren) ist bisher geglückt; dieses Teilstück besitzt nur einen schwachen Einfluß auf das Wachstum und hat einen Teil der Stoffwechseleigenheiten des STH verloren [30]. Das Nichtvorhandensein eines STH mit klarer Synthese erlaubt die Verwendung dieses Hormons als Stoffwechselfaktor nicht. Dagegen sind seine Wirkungsweisen als endogener Freisetzer schon weitgehend erforscht (STH wirkt proteinanabol, lipolytisch und hemmt die Glukoseutilisation) [34].

• *Allgemeine biologische Wirkungen*
Die hauptsächlichen biologischen Wirkungen des STH sind in Tabelle III/15 festgehalten. Daraus wird deutlich, daß das STH auf alle Stoffwechselvorgänge einwirkt. Es wirkt in Richtung einer Hyperglykämie, mobilisiert die Fettreserven, erhöht den Eiweißstoffwechsel ebenso wie die Retention von Wasser und Mineralstoffen [33].

• *STH und allgemeines Wachstum*

Nach HUNTER [25] ist die einzige gut arbeitende Funktion des STH bei den Säugetieren, einen energetischen Anstoß für die Zellen durch Erhöhung des Fettabbaus zu geben. Das trägt dazu bei, die einfache Annahme zu widerlegen, nach der STH das Wachstum ausgleichen soll. Die hauptsächlichsten Argumente hierfür sind, daß
- keine Beziehung zwischen der Höhe der STH-Sekretion und dem Wachstumsrhythmus besteht; beim Kalb ist die Konzentration bei der Geburt hoch (30 μg/ml); sie stabilisiert sich sehr schnell auf 20 μg/ml, womit der Stand mit dem der erwachsenen Tiere übereinstimmt [27];
- die Halbwertzeit des STH kurz ist (7 bis 20 Minuten); das ist wichtig, denn das Wachstum ist ein langfristiger Prozeß;
- einer der hauptsächlichen Faktoren der Freisetzung des STH beim Menschen der Hunger ist und Nahrungsaufnahme stets die STH-Sekretion vermindert; eine reichliche und häufige Nahrungsaufnahme müßte also das Wachstum hemmen; beim Kalb ist der Gehalt von STH im Blut 5 Minuten nach dem Tränken oder Saugen für 30 Minuten vermindert; man konnte auch feststellen, daß sogar eine längere Pause in der Nahrungsaufnahme die Sekretion von STH stimuliert.

HUNTER ist der Ansicht, daß die STH-Sekretion eine Folge und nicht eine Ursache des Wachstums ist; das hat schließlich eigene Stoffwechselfolgerungen, besonders die Mobilisierung der Fette, die eine erhöhte Freisetzung des STH bewirkt.

Tatsächlich wurde bewiesen, das STH das Wachstum der jungen Kälber beschleunigte [8], die Stickstoffretention erhöhte [10] und die Milchleistung förderte. Die Wirkungen, die bei Behandlung mit STH ermittelt wurden, sind um so eindeutiger, wenn folgende Bedingungen erfüllt werden:
- das Tier hat die Phase seines schnellen Wachstums vollendet;
- die Ernährung ist reichlich, ausgeglichen, und das Tier hat bei Beginn der Behandlung genügende Fettreserven;
- die STH-Injektionen, immunologisch tolerabel, werden täglich wiederholt;
- die Behandlung wird solange durchgeführt, daß eine positive Antwort nachweisbar sein kann.

• *STH, Knochenwachstum und Somatomedine*

Die Wirkungen des STH auf das Knochenwachstum sind nicht erörtert worden: es erhöht die Synthese der Proteine und der Polysaccharide in den Knorpelzonen, ohne eine Verschmelzung Epiphyse–Diaphyse herbei-

Tabelle III/15 Hauptsächliche biologische Wirkungen des Somatotropins [34]

Prozesse, angeregt durch STH	
Zellteilung	1. Häufigkeit (gemessen durch Erhöhung des Gehaltes an DNA oder Berechnung); Muskeln, Leber, Milz, Euter 2. DNA-Polymerisation
Anabolismus der Proteine	1. Stickstoffretention 2. Freisetzung der Aminosäuren 3. Einbau der Aminosäuren in die Proteine 4. RNA-Polymerisation 5. Ausweitung des RNA-Strangs
Fettstoffwechsel	1. Oxydation der Fettsäuren 2. Lipolyse 3. Verringerung des Atmungskoeffizienten 4. Einbau der Lipide zum Aufbau
Kohlenhydratstoffwechsel	1. Glykogensynthese 2. Freisetzung von Insulin als Antwort auf Stimulation 3. Glykämie 4. Peripherer Widerstand gegen Insulin
Mineralstoffwechsel	1. Einbau von Ca und P in die Knochen 2. Retention von Na, P, K, H_2O 3. Kalziumausscheidung durch Harn 4. Grad der Ca-Erneuerung
Prozesse, gehemmt durch STH	1. Fettsynthese 2. Entwicklung der Fettgewebe 3. Verschiedene oxydative Aktivitäten (Stoffwechselwirkung von Therapeutika)

zuführen; daraus ergibt sich eine knochige Verlängerung.

Die Untersuchungen zur Wirkungsweise des STH haben genau erkennen lassen, daß es nicht unverzüglich und unmittelbar eingreift, sondern in unterschiedlicher Art durch Vermittlung einer Gruppe von Substanzen, zusammengefaßt unter dem allgemeinen Terminus *Somatomedine* (SM) A, B und C [46]. Die Injektion von markiertem STH zeigte, daß es sich bevorzugt in bestimmten Geweben (Leber, Nieren, Nebennieren) sammelt, in den Knochen nicht auftritt. Das bedeutet in solchen Organen, in denen das STH die Produktion von SM anregt, Peptide mit einer Halbwertzeit von 4 Stunden. Man kennt die Mechanismen der Produktion nicht (Zerbrechen der STH-Struktur, Umwandlung von Insulinmolekülen). Zur Bildung von SM werden 10 Minuten benötigt, aber die Unversehrtheit der vorher erwähnten Organe ist eine Notwendigkeit; dies könnte zum Teil die Wachstumsverzögerungen erklären, die bei Tieren mit Leber- (Parasiten) oder Nierenschäden (Osteodystrophie-Syndrom, Nephritis) beobachtet wurden.

Die SM haben eine Reihe von Eigenschaften, die sich deutlich von denen des STH unterscheiden [52]. Im Bereich der Knochen regen sie mit Benutzung spezifischer Rezeptoren die Synthese RNA/DNA an und den Einbau von Schwefel-Ionen. Sie haben beachtliche insulinähnliche Eigenschaften; sie beschleunigen den Einbau der Aminosäuren in die Muskeln. Dieser Vorgang ist bemerkenswerter als der durch STH allein, und er findet ohne Verzug statt (20 Minuten bei STH). Im Gegensatz zum STH stimulieren die SM die Oxydation von Glukose und hindern die Lipolyse in den Fettgeweben.

- *Kontrolle der STH-Sekretion, Wachstum und Ruhe*

Aus ökonomischen Gründen ist es nicht möglich, gegenwärtig das STH als Wachstumsstimulans einzusetzen; als Alternative muß man die endogene Produktion von STH steigern. Der Gehalt der Basisstoffe des STH liegt beim Kalb bei $7,3 \pm 1,06\ \mu$/ml [43]. Dieser wird aufrechterhalten durch zwei Hormone des Hypothalamus und erreicht den Vorderlappen der Hypophyse durch ein Releaser-System. Es handelt sich hierbei um ein Hormon, das die Freisetzung des STH anregt: das GH–RH *(growth hormone–release hormone)* und ein Hormon, das diese Freisetzung verhindert: das GH–RJH *(growth hormone–release inhibiting hormone)*, das auch Somatostatin genannt wird; das erste hat seinen Ursprung in den ventro-medianen Hügeln und der Medianlinie; seine Zusammensetzung bleibt unbekannt. Das zweite wurde isoliert, seine Struktur bestimmt (Peptid mit 14 Aminosäuren) und seine Synthese durchgeführt [6]. Es soll die zyklische Produktion von AMP im Vorderlappen blockieren, das die Freisetzung von STH und TSH in der Leber verhindert; Somatostatin wird in bestimmten Zellen des Darmkanals und des Pankreas produziert [13], wo es die Synthese von Pankreas- (Insulin, Glukagon) und Magenhormonen (Gastrin) hemmt.

Eine Erhöhung der STH-Konzentration kann von zwei Ursachen herrühren: Freisetzung von GH–RH oder Unterdrückung der Tätigkeit des Somatostatins. Beim Menschen stimulieren zahlreiche Faktoren die Bildung von STH: Hypoglykämie, Muskeltraining, Fasten, Kampf gegen die Kälte, Arginin, Vasopressin, Glukagon... Beim Kalb ist ein niedriger Blutzuckerspiegel ohne Einfluß auf die Höhe der Sekretion des STH. Der herausragende Faktor im Stoffwechsel, der die Sekretion des STH beeinflußt, scheinen die freien Fettsäuren (AGL) zu sein [41].

Eine besondere Beachtung muß man den Wachphasen bei der Steuerung der STH-Sekretion schenken; beim Menschen ist der Hauptfaktor der Freisetzung des STH der tiefe Schlaf (Stadium 3 und 4) [47]. Die Hauptspitze der Sekretion im Zeitrhythmus liegt besonders in den ersten zwei Stunden der Nacht;

beim Kind wurde eindeutig festgestellt, daß psychische Störungen über den Umweg der Schlaflosigkeit einen echten Zwergwuchs zur Folge haben, daß die Wiederkehr des Wachstums nur bei einem normalen Schlaf eintritt [58] und daß der tiefe Schlaf die Hemmung, die durch das Somatostatin verursacht wird, aufhebt und die Eiweißsynthese beschleunigt [40]. Für das Kalb gibt es keine Untersuchungen, die die günstige Wirkung des Schlafes auf das Wachstum zeigen. Bei erwachsenen Tieren konnte kein Wach-Schlaf-Rhythmus bei der Sekretion von STH nachgewiesen werden. Man muß allerdings beachten, daß die vorliegenden Untersuchungsprotokolle eine eventuelle Beziehung zwischen Schlaf und STH-Konzentration gar nicht herausstellen können, denn die Zeitspanne zwischen den Probenentnahmen ist viel zu lang im Verhältnis zur Dauer der Phase des tiefen Schlafes (15 Minuten) und der Halbwertzeit des STH bei den Wiederkäuern (7 bis 20 Minuten).

Wachstum, Blindheit und Epiphyse

Die Unversehrtheit des visuellen Sehens ist für ein optimales Wachstum notwendig. HALES [20] hat ein Zurückbleiben des Wachstums um 10 % bei blinden Kälbern festgestellt. Dies kann man auf eine Überaktivität der Epiphyse zurückführen; sie liegt in der Region des dritten Hirnventrikels, und die Drüsenzellen empfangen Reize von der Retina durch Vermittlung der postganglionären Fasern des Gehirnteils des Sympathikus. Beim Rind sezerniert sie eine Substanz mit der Bezeichnung Melatonin, die sich mit der Zerebrospinalflüssigkeit vermengt. Der Wachstumsverzug der blinden Tiere kann durch Epiphysenektomie aufgehoben werden. Unter physiologischen Bedingungen sind es die Lichtreize, die die Tätigkeit der Epiphyse außer Kraft setzen. Der tatsächliche Einfluß der Epiphyse auf das Wachstum ist wenig bekannt. Sie vermindert die Aktivität der Schilddrüse (der Gehalt an TSH ist gesenkt) und wirkt teilweise dem STH entgegen; schließlich muß man beachten, daß es bei blinden Lebewesen keine nächtliche Freisetzung des STH gibt.

Wachstum und Schilddrüsenfunktion

Der Kretinismus beim Kalb ist wie bei allen Tieren charakterisiert durch ein Zurückbleiben im Wachstum, eine Reduzierung des Energieumsatzes, eine Verminderung des Baustoffwechsels und der Knochenentwicklung [15]. Ein mit Schilddrüsenunterfunktion zusammenhängender Kropf kann bei der Geburt von Kälbern beobachtet werden, die von Kühen stammen, die während der Trächtigkeit eine kropfbildende Fütterung (Eiweiß von Sojabohnen ...) erhalten haben. Man empfiehlt unter solchen Bedingungen eine Jod-Supplementierung auf 1,2 mg/kg gegenüber 0,8 mg/kg des normalen Gehaltes im Futter [22].

Das Kalb besitzt eine sehr starke Schilddrüsenfunktion im Vergleich zum erwachsenen Tier (Tab. III/16). Dies erklärt sich aus der Abwesenheit eines Fettschutzes, einer größeren Körperoberfläche im Verhältnis zur Körpermasse, einer höheren Körpertemperatur und dem Fehlen einer Wärmeerzeugung durch den Pansen [1].

Tabelle III/16 Ausscheidung von T_4 bei den Wiederkäuern

Alter	Körpermasse	Tägliche Produktion	Produktion je 100 kg Körpermasse
Monate	kg	mg	mg
0– 3	41	0,304	1,016
3– 6	79	0,257	0,323
24–36	384	0,605	0,176

Das T_4 spielt eine besondere Rolle bei der Entwicklung der Muskeln und Organe. Es soll auch ein Synergismus mit STH vorhanden sein, besonders beim Knochenwachstum.

Die Verabreichung von Schilddrüsenextrakten regt das Wachstum beim Kalb an [15], aber sie setzt die Futterverwertung herab. So wird vermutet, daß eine T_4-Supplementierung ökonomisch nur bei Kälbern mit Schilddrüsenunterfunktion sinnvoll ist.

Geschlechtshormone
Das Geschlecht ist seit langem als ein Faktor der Unterschiede im Wachstum bekannt; Bullenkälber liegen im Wachstumsvermögen über den kastrierten und letztere noch über den weiblichen Kälbern. Die männlichen Geschlechtshormone haben Stoffwechselwirkungen, die weiblichen dagegen – soweit es für andere Gattungen bekannt ist – stimulieren nur das Wachstum [32].

- *Männliche Geschlechtshormone (Androgene)*

Sie werden in den Hoden produziert von der Embryonalperiode an und in der Nebennierenrinde (Stimulierung durch das mütterliche LH) beider Geschlechter; es gibt eine Erhöhung ihrer Produktion zum Zeitpunkt der Pubertät, was den Wachstumssprung sowohl bei den männlichen als auch weiblichen Tieren erklärt. Die männlichen Geschlechtshormone wirken im Gegensatz zu den weiblichen (Östrogenen) unmittelbar auf die Gewebe ein; sie haben außerdem mehr Einfluß auf das Wachstum des Muskelgewebes, was die Erreichung eines Reifestadiums früher bewirkt; das erklärt ihren Tropismus für die Muskeln des Halses und Kopfes (Wachstumsgrad) [11]. Die Androgene stimulieren in kleiner Dosis das Wachstum des Knochengewebes und verhindern den Epiphysenschluß; in hoher Dosis beschleunigen sie die Verknöcherung der Gelenkknorpel und blockieren die Wirkung des STH. Die Androgene erhöhen den Baustoffwechsel, indem sie die RNA-Polymere anregen.

- *Weibliche Geschlechtshormone (Östrogene)*

Die Wirkung der Östrogene erstreckt sich bei den Wiederkäuern beiderlei Geschlecht auf den Tierkörper durch Retention von Wasser und Proteinen, wobei das Verhältnis Wasser/Protein unverändert bleibt, und auf einen geringeren Fettansatz: sie betätigen sich unter Zuhilfenahme anderer Hormone (T_4, STH, Nebennierenhormone) [59]. Die Rolle der Hypophyse ist für die Funktion der Östrogene ausschlaggebend; sie erhöhen die Zellgröße der Hypophyse und ihren Sauerstoffverbrauch. Der Gehalt der Hypophysenzellen an DNA und RNA ist gesteigert. Die gleichen Wirkungen findet man mit Östradiol, dem Diäthylstilböstrol und Hexöstrol. Das gleiche gilt für das Progesteron, obwohl mit vermindertem Effekt. Die Reizung des Vorderlappens der Hypophyse erhöht die Sekretion von STH, TSH und ACTH. Bei Kastraten vermehren die Östrogene die Masse der Prostata und der Samendrüsen; man erklärt dieses durch eine Sekretionsvermehrung von ACTH, die die Biosynthese der Steroide der Nebenniere auf die Androgenproduktion (stoffwechselfördernd) auf Kosten der Glukokortikoide (stoffwechselhemmend) lenken. Beim Kalb wird dieses Zusammenspiel bestritten mit der Begründung, daß eine Injektion von ACTH allein keinen Einfluß auf das Wachstum hat [32].

Den Körperansatz fördernde Substanzen (Anabolika)
Nach den Empfehlungen der FAO und der OMS faßt man unter der Bezeichnung »Anabolika« eine Gruppe von Substanzen zusammen, die in der Lage sind, die Stickstoffbilanz des Tierkörpers durch eine Erhöhung des Baustoffwechsels zu verbessern. Es ist wesentlich, diesen Ausdruck generell von dem der Hormone bzw. Östrogene zu unterscheiden. Die Benutzung dieser Substanzen scheint aus ökonomischer Sicht durch zwei Gründe gerechtfertigt zu sein:
- zootechnisch erhöhen sie den täglichen Wachstumskoeffizienten, verbessern die Futterverwertung und vergrößern das Umsetzungsvermögen des Stickstoffs zu Protein bei den Wiederkäuern;
- medizinisch haben sie einen unspezifischen

prophylaktischen Wert gegenüber verschiedenen Krankheitsprozessen und stellen sich als richtige kurative Therapeutika bei Störungen des Wachstums heraus.

Das Kalb ist in den ersten Lebenstagen in der Lage, bis zu 76 % des aufgenommenen Stickstoffs zu binden: 10 Wochen später ist diese Fähigkeit auf 30 % reduziert. Anabolika können diesen Mangel der Bindung des Nahrungsstickstoffs teilweise ausgleichen.

Die Technik der modernen Kälberaufzucht, besonders wenn ein schlechtes Management vorliegt, ist die Quelle pathologischer Vorkommnisse (Anpassungsstreß, Hospitalismus ...); Anabolika reduzieren, indem sie die natürlichen Abwehrmechanismen des Organismus anregen, in bedeutendem Maße die Mortalität und Morbidität.

Chemische Struktur der beim Kalb verwendeten Anabolika

Bei den Wiederkäuern haben gegenüber anderen Gattungen Substanzen mit östrogenen Eigenschaften besondere Aufgaben im Baustoffwechsel; chemisch setzt man die natürlichen Östrogene oder Hormone, zur Familie der Steroide gehörend, in Gegensatz zu den künstlichen Verbindungen nichtsteroider Form, Abkömmlingen der Stilbene (Abb. III/18). Bestimmte andere Stoffe wurden auch empfohlen, z. B. Abkömmlinge der Resorzinsäure oder Thyreostatika; ihr Einsatz bleibt begrenzt oder zu gefährlich.

Anabolika und hormonelle Adjuvantien

Sie haben eine Steroid-Struktur; sie sind vom Typ Östrogene, Progesterone oder Androgene. Die Gonanstruktur, die in zahlreichen natürlichen Substanzen vorkommt (Cholesterol, Gallensäuren, Vitamin D ...), die Regulierung des Gehaltes und die Ausscheidung der steroiden Anabolika werden vermutlich durch vorhandene Stoffwechselvorgänge abgesichert; dies erklärt die Problemlosigkeit der Rückstandsfragen.

Anabolika als Hormonanreger

Die Abkömmlinge der Stilbene oder der Resorzinsäure besitzen ohne Ausnahme direkt oder indirekt östrogene Inhaltsstoffe. Der erste und wirksamste ist das Diäthylstilböstrol (DÄS); das Dienöstrol (DE), das Hexöstrol (HE) und ihre Ester, chemisch dem Diäthylstilböstrol nahestehend, haben gute Baustoffwechseleigenschaften. Der einzige nutzbare Abkömmling der Resorzinsäure ist ein Lak-

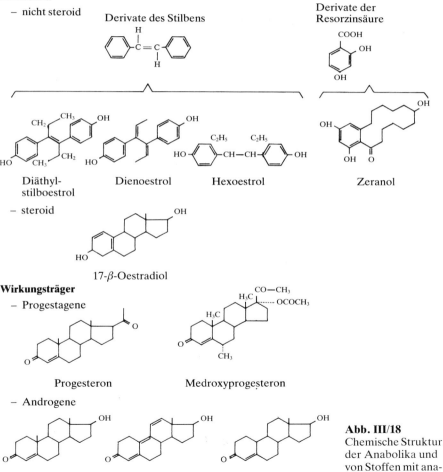

Abb. III/18
Chemische Struktur der Anabolika und von Stoffen mit anabolischer Wirkung

ton: das Zeranol. In vernünftigen Grenzen benutzt, stellt es kein Problem in der Rückstandsfrage dar. Da diese Verbindungen im tierischen Organismus nicht natürlich vorkommen, werden sie als künstlich bezeichnet. Im Gegensatz zu den Hormonen erlangen sie ihre Aktivität nach ihrer oralen Verabreichung; sie werden nur langsam im Körper abgebaut, und ihre Rückstände können gefährlich sein [44]; ihre Anwendung ist in allen Ländern Europas, mit Ausnahme von England, verboten.

dem Synergismus zwischen dem Östrogen und anderen Substanzen und dem Gesundheitszustand des Tieres ab [50].

• *Wirkung auf den Zuwachs*
Die Tabelle III/17 und Abbildung III/19 geben für die verschiedenen Anabolika den zusätzlichen Zuwachsgewinn genau an. Das DÄS besitzt eine gute fördernde Kraft in der Intensität und Dauer, unter dem Vorbehalt, daß es in der späteren Entwicklung verabreicht wird.

Tabelle III/17 Grundwirkungen der Anabolika auf den täglichen Wachstumskoeffizienten [50]

Substanz	Dosis mg	Verabreichung Alter in Wochen	Schlachtung Alter in Wochen	Wirkungsspitze Zeit Wochen	Wirkungsspitze Zuwachs	Massegewinn Bei Schlachtung	Massegewinn Gesamtwirkung
Diäthylstilboestrol	25	5	18	+4	+1,2	−9,4	−
	25	11	18	+4	+6,4	+6,4	++
	25	14	18	+4	+9,1	9,1	+++
17-β-Oestradiol	20	11	17	+2,5	+4,1	−4,1	−
Zeranol	36	11	18	−	+2,0	2,0	0
Progesteron	−	−	−	−	−	0	0
Testosteronpropionat	−	−	−	−	−	0	0
Trenbolonazetat	40	5	17	+2	+1,0	+3,0	−
Oestradiol + Testosteron	20 + 200	11	17,5	+5	+9,7	+8,0	+++
Oestradiol + Progesteron	20 + 200	11	17,5	+4	+7,6	+5,0	++
Oestradiol + Trenbolon	20 + 140	11	17	+4	+15,8	+13	+++
		11	21	+4	+13	0	0
		14	21	+4	+9	−9	+++

Bemerkungen:
• das 17-β-Oestradiol allein ist in seiner anabolisierenden Intensität dem DÄS ebenbürtig, aber diese günstige Wirkung ist beim Kalb verhältnismäßig kurz (3 Wochen); außerdem mindert das Oestradiol das Wachstum;
• Zeranol hat nur geringe anabolisierende Wirkung;
• eine alleinige Anwendung von Progesteron, Testosteron und Trenbolon hat keinen bedeutenden Einfluß auf den Zuwachs;
• in bezug auf die Kombinationen findet man in absteigender Reihenfolge in der Wirkung die Zusammenstellungen Oestradiol 20 mg + Trenbolon 140 mg, Oestradiol 20 mg + Testosteron 200 mg sowie Oestradiol 20 mg + Progesteron 200 mg. Bei diesen Kombinationen beobachtet man eine schnelle Abnahme der günstigen Wirkung nach ihrer Spitze. Das ist z. B. bei Oestradiol + Trenbolon so, die einen Gesamteffekt = 0 haben können, wenn das Kalb lange nach Verabreichung geschlachtet wird.

Pharmakologische Eigenschaften der Anabolika
Wirkung auf den Körperansatz

Die verschiedenen Informationen über Versuche mit Anabolika bei Labortieren sind nicht übereinstimmend, da die aufbauende Wirkung in vielen unterschiedlichen Varianten zutage tritt. So sind z. B. die Androgene sehr wirksam bei Mensch oder Ratte, aber kaum beim gesunden Kalb.
Bei diesem hängt die anabolisierende Wirkung der Östrogene von der chemischen Natur des angewendeten Mittels, dem Alter bei Verabreichung, der Zeit zwischen Medikamentation und Schlachtung, dem Geschlecht,

Es gibt keine Abhängigkeit der Wirkung von der Dosierung, eine Massezunahme wird im gleichen Umfang erreicht bei einer Injektion von 25 mg wie bei zwei Injektionen von 100 mg. Dagegen bestehen große Unterschiede der Wirkung im Verhältnis zum Lebensalter bei der Verabreichung; wird das DÄS früh gegeben (5. Woche), vermindert es das Wachstum. Die besten Effekte wurden bei einer Applikation mit 14 Wochen erreicht.

• *Wirkung auf die Stickstoffverwertung*
Zu Beginn der Wachstumsperiode werden mehr als 70 % der verdaulichen Proteine gegenüber weniger als 40 % mit 16 Wochen ab-

gebaut. Die Anabolika verbessern für eine gewisse Zeit diesen Abbau, obwohl die Wirkungen in zwei Richtungen zu deuten sind (Abb. III/20). Der erhöhte N-Abbau ist nicht in einer Verbesserung des Nahrungsstickstoffs begründet, sondern in der verbesserten Stoffwechselausnutzung, was sich in einer verminderten N-Ausscheidung im Harn widerspiegelt. Die Zeit zur Beobachtung einer optimalen Antwort (etwa 4 bis 5 Wochen) ist die gleiche für den Stickstoffabbau wie für den Massezuwachs; diese Beziehung deutet darauf hin, daß der zusätzliche Wachstumsgewinn durch ein Anabolikum gleichzusetzen ist mit der Erhöhung des Ansatzstoffwechsels.

- *Wirkung auf die Futterverwertung*

Die Verbesserung der Futterverwertung hängt mit dem zusätzlichen Zuwachs durch den Einsatz von Anabolika zusammen. Während der Behandlung blieb die gebundene Menge der Gesamtenergie im Verhältnis zu Kontrollen unverändert; das erklärt sich durch eine Verminderung der Fettbildung in der Unterhaut zugunsten der Proteinbildung in bezug zum Energiegehalt. Der Futterverwertungsindex steigt von 4 auf 6 % bei Verwendung von Östradiol-Progesteron und Östradiol-Testosteron und von 8 auf 14 % bei Östradial-Trenbolon.

Antiinfektiöse Wirkung

Das retikulo-endotheliale System stellt den Grundstock für die Verteidigungsmechanismen gegenüber jeglichen Angriffen dar. Es war schon aufgezeigt worden, daß die drei physiologischen Östrogene (Östradiol, Östron, Oestriol) dabei die natürlichen Stimulantien sind [39]. Die antiinfektiöse Wirkung der Östrogene wird durch Testosteron und Progesteron verstärkt; bei erkrankten Tieren hat eine frühzeitige Implantation an Stelle einer mehrfachen Verabreichung in kleinen Dosen in der Hauptsache den Vorzug, die Mortalität herabzusetzen [18, 36] bei Reduzierung des Verbrauches an Antibiotika auf 66 %.

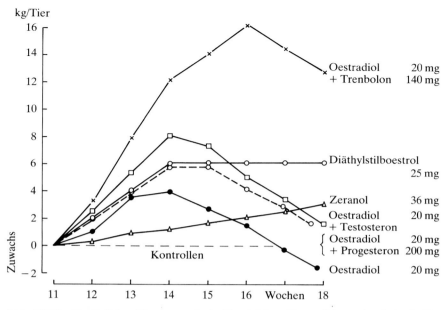

Abb. III/19 Zusätzlicher Massezuwachs im Vergleich zu Kontrolltieren durch Anabolika (nach VANDERWAL u. a., 1975)

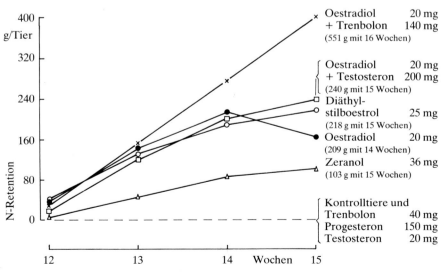

Abb. III/20 Veränderung der Stickstoffretention in g-N/Tier durch verschiedene Anabolika (nach VANDERWAL u. a., 1975)

Physiologie

ZUSAMMENFASSUNG

Die Beherrschung des Wachstums beim Kalb durch den Menschen beruht hauptsächlich auf der Verwendung der Anabolika; der Gebrauch anderer Substanzen (Tranquilizer, Antithyroidea ...) ist unwirksam oder hat ernsthafte Grenzen. Unter den gebräuchlichen Pharmaka müssen die Abkömmlinge der Stilbene sorgfältig vermieden werden; es hat den Anschein, daß Verbindungen des Östradiols mit einem anderen Steroid die wirksamsten sind und keine sekundären Schäden für den Konsumenten haben. Trotz allem muß sich ihr Einsatz genau an gegebene Anweisungen halten, die durch Gesetz den Tierärzten ihre Verwendung und Kontrolle vorbehalten. *

---

* Der Einsatz von Anabolika wird in Frage gestellt durch die erneute Bekanntmachung des Gesetzes Nr. 76–1067 vom 27. November 1976 (Gesetzbl. vom 28. 11. 76), das die Anwendung von Östrogenen in der Veterinärmedizin untersagt (ausgenommen die Präparate werden bei erwachsenen weiblichen Tieren angewendet, um ihren Sexualzyklus zu sichern) bei Tieren, deren Haut oder Fleisch zum menschlichen Verbrauch bestimmt sind. Dies erstreckt sich auf alle Substanzen von östrogenem Charakter mit oder ohne Steroidstruktur. Daher sind z. Z. nur Präparate auf Trenbolonbasis vom Gesetz nicht betroffen.

Pharmazeutische Formen der Anabolika und ihre Verabreichung

Die Präparate können in flüssiger oder fester Form verabreicht werden.

Flüssige Form

Die Lösungen haben sofortigen Wirkungseintritt, aber ihre Wirkungsdauer ist relativ kurz; die üblichen oder mikrokristallinen Suspensionen treten mit Wirkungsverzögerungen auf (Synthetische Östrogene). Die Verabreichung wird besonders als tiefe i. m. Injektion durchgeführt, daneben auch in s.c.-Form [54].
Die Injektionsstellen sind nicht einfach nachzuweisen, was die Gesundheitsüberwachung des Kalbes erschwert.

Feste Form

Sie bietet sich als Pulver und Tabletten zur oralen Eingabe, als Paste und Pellet für den Hautweg an. Eine Verabreichung der Anabolika in Form von Pellets – unter die Haut eingepflanzt – hat zahlreiche Vorteile: die langsame und verhältnismäßig gleichmäßige Resorption hat eine konstante und langzeitige Wirkung zur Folge; die Implantation wird nur einmal vorgenommen und, wenn sie exakt unter die Haut geschieht, tritt kein gefährlicher Rückstand in den benachbarten Geweben auf [54]. Wurde das Pellet nicht vollständig bis zur Schlachtung resorbiert, kann man es leicht entfernen.
Für das gleiche Anabolikum und bei einmaliger Verabreichung haben vergleichende Untersuchungen über die gebräuchlichen Medikamentationsformen gezeigt, daß die Pelleteinpflanzung zu den besten Ergebnissen führte.

Folgen der Anwendung von Anabolika

Zootechnische Ergebnisse

• *Schlachtmasse und Schlachtausbeute*
Der Massegewinn durch Anabolika schwankt zwischen 6 und 12%. Die Schlachtausbeute liegt wie bei den Kontrolltieren oder ist nur wenig besser (2 bis 2 %). Der fördernde Effekt betrifft nicht nur das Muskelgewebe, sondern auch einige Organe (Leber, Thymus), was den Verkaufswert des Schlachtkörpers erhöht.

• *Klassifizierung des Schlachtkörpers*
Abgesehen von der Subjektivität einzelner Einschätzungsmerkmale bemerkt man eine signifikante Tendenz zu den besten Qualitätsklassen.

• *Qualität des Fleisches*
Dieser Punkt wurde bereits in diesem Buch an anderer Stelle untersucht, wir wollen nur einige wesentliche Punkte ins Gedächtnis rufen:
– die Qualität des Fleisches nach Anabolikabehandlung ist bedingt durch das Individuum, das Geschlecht und die Muskulatur selbst;
– der Fleischanteil erhöht sich im gleichen Maße wie sich der bei Knochen und Fett vermindert;
– die chemische Zusammensetzung des Fleisches ist nicht verändert [53], sein Wasserhaltevermögen, Wassergehalt sowie der Gehalt an Mineralstoffen einschließlich Spurenelementen sind im Vergleich zu den Kontrolltieren unverändert [17];
– die physikalischen Eigenschaften des Fleisches (Zartheit, Schnittfestigkeit) sind verbessert [53].

Gesundheitliche Aspekte

Die radioimmunologische Technik und die Gaschromatographie, verbunden mit der Festkörperspektrometrie, erlauben, Anabolikarückstände mit einer Genauigkeit von $1 \text{ g}/1000 \cdot 10^{12}$ nachzuweisen. Die gefundenen Werte waren bei behandelten Tieren gleich denen bei den Kontrollen desselben Alters; sie lagen alle ausnahmslos unter $1 \text{ g}/1000 \cdot 10^{12}$.

LITERATUR

[1] ANDERSON, R. R.; LU, M. H.; WIPPLER, J. P.; HILDERBRAND, E. S., 1973 – Thyroid hormone secretion rates in growing Jersey cattle. J. Dairy Sci., 56, 1159–1166.
[2] APPLEMAN, R. D.; OWEN, F. G., 1975 – Breeding, housing and feeding management. J. Dairy Sci., 58 (3), 447–463.
[3] ASHMORE, C. R.; TOMPKINS, G.; DOERR, L., 1972 – Postnatal development of muscle fiber types in domestic animals. J. anim. Sci., 34, 37–41.
[4] ASPLUND, K.; ANDERSSON, A.; JARROUSSE, C.; HELLERSTRÖM, C., 1975 – Function of the fetal endocrine pancreas. Israel J. med. Sci., 11 (6), 581–590.
[5] BOCCARD, R.; DUMONT, B. L., 1974 – Conséquences de l'hypertrophie musculaire héréditaire des bovins sur la musculature. Ann. Génét. Sél. anim., 6 (2), 177–186.
[6] BRAZEAU, P.; VALE, W.; BORGUS, R.; LING, N.; BUTCHER, M.; RIVIER, J.; GUILLEMIN, R., 1973 – A hypothalamic polypeptide that inhibits the secretion of pituirary growth hormone. Science, 77, 178.
[7] BRODY, S., 1945 – Bioenergetics and growth, Hafner Publ. Company, Inc., New York.
[8] BRUMBY, P. J., 1959 – The influence of growth hormone on growth in young cattle. N. Z. J. agric. Res., 2, 683.
[9] BUTTERFIELD, R. M.; JOHNSON, E. R., 1968 – The effect of growth rate of muscle in cattle on conformation as influenced by muscle-weight distribution. In: Growth and Development of Mammals, Ed. Lodge, G. A. & Lamming, G. E., Butterworths, 212–223.
[10] CAR, M.; ZNIDAR, A.; FILIPAN, F., 1967 – An effect of the treatment of young steers with STH (growth hormones) upon nitrogen retention in intensive feeding. Vet. Arh., 37, 173.
[11] CARLSON, J. R., 1969 – Growth regulators. In: Animal Growth and Nutrition, Ed. Hafez E. S. E. & Dyer I. A., Lea and Febiger, Philadelphia, pp. 138–155.
[12] DONALDSON, S. L.; BLACK, W. C.; ALBRIGHT, J. L., 1966 – The effect of early feeding and rearing experiences on dominance, aggression and submission behavior in young heifer calves. Amer. Zool., 6, 589.
[13] DUBOIS, M. P., 1975 – Immunoreactive somatostatin is present in discrete cells on the endocrine pancreas. Proc. nat. Acad. Sci. (U.S.A.), 72 (4), 1340–1343.
[14] ESCOUBAS, J. R.; GUENTHER, J. J.; NOVOTNY, K. R., 1975 – Metabolic indices of bovine muscle growth. Anim. Sci. Res., 56, 149–152.
[15] FALCONER, I. R.; DRAPER, S. A., 1968 – Thyroid activity and growth. In: Growth and Development of Mammals, Ed. Lodge G. A. & Lamming G. E., Butterworths, London, pp. 109–123.
[16] FERRANDO, R; VALETTE, J. P.; HENRY, N.; BOIVIN, R.; PARODI, A., 1974 – Toxicité de relais de viande et de foies provenant de veaux traités avec diverses hormones. C. R. Acad. Sci., 278, 2067–2070.
[17] GANDADAM, J. A.; SCHEID, J. P.; DREUX, H.; DEROY, R., 1975 – Influence de différentes préparations anabolisantes sur la qualité des viandes de veaux. Rec. Méd. vét., 151, 355–362.
[18] GIRAUD, J., 1967 – Essai d'utilisation d'implants hormonaux au titre de prophylaxie des stress d'élevage chez les jeunes bovins du Lot-et-Garonne. Rec. Méd. vét., 143, 981–1153.
[19] GUENTHER, J. J.; ESCOUBAS, J. R., 1975 – Muscle fiber growth of cattle differing in mature size. Anim. Sci. Res., 56, 152–155.
[20] HALES, E. B., 1966 – Visual stimuli and reproductive behaviour in bulls. J. anim. Sci., 25, Suppl., 36–44.
[21] HALL, K.; LUFT, R., 1974 – Growth hormone and somatomedin. In: Advances in Metabolic Disorders, vol. 7, Ed. Levine R. & Luft R., Acad. Press, New York. San Francisco and London, pp. 1–36.
[22] HENKEN, R. W.; VANDERSALL, J. H.; OKARSSON, M. A.; FRYMAN, L. R., 1972 – Iodine intake related to milk and performance of dairy cattle. J. Dairy Sci., 55 (7), 931–934.
[23] HOLM, L. W.; PARKER, H. R.; GALLIGAN, S. J., 1961 – Adrenal insufficiency in post mature Holstein calves. Am. J. Obstet. Gynec., 81, 1000–1008.
[24] HOPKINS, P. S., 1974 – The development of the foetal ruminant. In: Proc. IV Int. Symp. on Ruminant physiology, Sidney, Australia, I. W. McDonald & A. C. I. Warner (Eds), The Univ. of New England Publish. Unit. Armidale 2351, pp. 1–14.
[25] HUNTER, W. H., 1968 – A diminished role for growth hormone in the regulation of growth. In: Growth and Development of Mammals, Ed. Lodge G. A. & Lamming G. E., Butterworths, London.
[26] HUXLEY, J. S., 1932 – Problems of relative growth. Dial Press, New York, 276 pp.
[27] IRVIN, R.; TRENKLE, A., 1971 – Influence of age, breed and sex on plasma growth hormone in cattle. J. anim. Sci., 32 (2), 292–295.
[28] JOUBERT, D. M., 1956 – An analysis of factors influencing postnatal growth and development in the muscle fibre. J. agric. Sci., 47, 59–102.
[29] KENNEDY, P. C.; KENDRICK, J. W.; STORMONT, T. C., 1957 – Adenohypophyseal aplasia, an inherited defect associated with abnormal gestation in Guernesey cattle. Cornell Vet., 47, 160–178.
[30] KOSTYO, J. L., 1974 – The search for the active core of pituitary growth hormone. Metabolism, 23, 885.
[31] LAMB, R. C.; BARKER, B. O., 1975 – Genetic relationship between birth weight and adult weight in Hosteins. J. Dairy Sci., 58 (5), 724–728.
[32] LAMMING, G. E., 1961 – Endocrinology and ruminant nutrition. In: Digestive Physiology and Nutrition of the Ruminant. Ed. Lewis, Butterworths, London, pp. 250–262.
[33] LIGGINS, G. C., 1974 – The influence of the fetal hypothalamus and pituitary on growth. In: Size at Birth, Ciba Found., Symp. 27, Elsevier, Excerpta Medica, North Holland, pp. 165–183.

[34] MACHLIN, J. L., 1975 – Role of the growth hormone in improving animal production. In: Use of Anabolic Agent in Animal Production and its Public Health Aspects. Rome FAO/WHO Symp.
[35] MARPLE, D. N.; CASSENS, E. G., 1973 – A mechanism für stress-susceptibility in Swine. J. anim. Sci., 37 (2), 546–550.
[36] MICHELIER, H., 1975 – Aspects économiques et sanitaires de l'emploi des anabolisants par le praticien. Rec. Méd. vét., 126, 868–869.
[37] MITTCHELL, H. H., 1962 – Comparative nutrition of man and domestic animals. Acad. Press, New York and London.
[38] MONNIN, G.; BOCCARD, R., 1974 – Caractéristiques physiologiques respiratoires des bovins culards. Ann. Génét. Sél. anim., 6 (2), 187–193.
[39] NICOL, T.; VERNON-ROBERTS, B.; QUANTOCK, D. C., 1965 – The influence of various hormones on the reticulo-endothelial system. Endocrinal control of body defenses. J. Endocrinol., 33, 365–383.
[40] OSWALD, I., 1973 – Is sleep related to synthetic purpose? 1st Europ. Cong. Sleep Res., Basel, 1972, Karger, Basel, pp. 225–228.
[41] PURCHAS, R. W.; MACMILLAN, K. L.; HAFS, H. D., 1970 – Pituitary and plasma growth hormone levels in bull from birth to one year of age. J. anim. Sci., 31 (2), 358–368.
[42] RANBERG, C. F.; KRONFELD, D. S.; WILSON, G. D. A., 1974 – Regulation of calcium metabolism in cattle during growth, gestation, lactation and changes in diet. In: IV Int. Symp. on Ruminant Physiology, Sydney, Australia, I. W. McDonald & A. C. I. Warner (Eds), The Univ. of New England Publish. Unit, Armidale 2351, pp. 231–242.
[43] REYNAERT, R.; FRANCHIMONT, P., 1974 – Radioimmunoassay of bovine growth hormone. Ann. Endocr., Paris, 35, 139–148.
[44] ROY, J. H. B., 1966 – The nutrition of the dairy calf. In: Nutrition of Animals of Agricultural Importance, vol. 17, Part 2, Ed. D. Cuthbertson, Pergamon Press, pp. 645–716.
[45] SALISBURY, G. W.; WANDEMARK, N. L., 1961 – Physiology of reproduction and artifical insemination of cattle. W. H. Freeman and Co., San Francisco and London.
[46] SALMON, W. D.; DAUGHADAY, W. H., 1957 – A hormonally controlled serum factor which stimulated sulfate incorporation by cartilage in vitro. J. lab. clin. Med., 49, 825–836.
[47] SASSIN, J. F.; PARKER, D. C.; MACE, J. W.; JOHNSON, L. C.; ROSSMAN, L. G., 1969 – Human growth hormone release : relation to slow-wave sleep and sleep-waking cycles. Science, 165, 513–515.
[48] THOMSEN, J. L., 1975 – Body length, head circumference and weight of bovine fetuse : prediction of gestational age. J. Dairy Sci., 518 (9), 1370–1373.
[49] THORBURN, G. D., 1974 – The role of the thyroid gland and kidneys in fetal growth. In: Size at Birth, Ciba Found. Symp. 27, Elsevier, Excerpta Medica, North Holland, pp. 185–200.
[50] VANDERWAL, P.; BERENDE, P. L. M.; SPRIETSMA, J. E., 1975 – Effect of anabolic agents on performance of calves. J. anim. Sci., 41 (3), 978–985.
[51] VANDERWAL, P.; VANWEERDEN, E. J.; SPRIETSMA, J. E.; HUISMAN, J., 1975 – Effect of anabolic agent on nitrogen retention of calves. J. anim. Sci., 41 (3), 986–992.
[52] VAN WYK, J. J.; UNDERWOOD, L. E.; HINTZ, R. L.; CLEMMONS, D. R.; VOINA, S. J.; WEAVER, R. P., 1974 – The somatomedins : A family of insulin like hormones under growth hormone control. In: Recent Progress in Hormone Research, Ed. R. O. Greep, Acad. Press, New York, San Francisco and London, pp. 259–295.
[53] VERBECKE, R., 1975 – Quality of meat after the application of anabolic agents in calves. In: Use of Anabolic Agents in Animal Production and its Public Health Aspects, Rome, FAO/WHO Symp.
[54] VOGT, K.; WALDSCHMIDT, M.; KATG, H., 1972 – Bestimmung von Ausscheidungsverlauf und Rückständen von Östradiol beim Kalb nach intramuskulärer bzw. subcutaner Implantation von Presolingen mit entsprechendem Östrogengehalt. Arch. Lebensmitteltelhyg., 4, 70.
[55] WALLACE, A. L. C.; STACY, B. D.; THORBURN, G. D., 1973 – Regulation of growth hormone secretion in the ovine foetus. J. Endocr., 58, 89–95.
[56] WALLIS, M., 1973 – The primary structure of bovine growth hormone. F. E. B. S. Lett., 35, 11–14.
[57] WEINBACH, A. P., 1941 – The human growth curve. I. Prenatal growth. Growth, 5, 217–233.
[58] WOLFF, G.; MONEY, J., 1973 – Relationship between sleep and growth in patient with reversible somatotropin deficiency (psychological dwarfism). Psychol. Med., 3, 18–27.
[59] WRIGHT, A. A., 1961 – Endocrine control of metabolism with reference to the effect of oestrogens on growth. In: Digestive Physiology and Nutrition of the Ruminant, Ed. Lewis D., Butterworths, London, pp. 242–248.

Zell- und biochemische Parameter des Blutes   Kapitel 6

J.-C. Fayet,
P. L. Toutain

Die Zellparameter des Blutes sind beim Kalb gut bekannt, da es als Versuchstier in der Herz-Kreislaufchirurgie benutzt wird [4, 14, 15]. Was die biochemischen Werte anbetrifft, so sind sie besonders deswegen bestimmt worden, um besser den Einfluß der Fütterung – mehr oder weniger reich an Lipiden (Milchaustauscher) – kennenzulernen [8, 9, 11]. Um hormonalen Daten wurden schon bei der »Thermoregulation« untersucht und werden hier nicht besprochen, ebensowenig wie die der Immunologie [10]; die Durchlässigkeit des Darmes für die großen Moleküle in den Stunden nach der Geburt werden im Rahmen der Übertragung der passiven Immunität dargestellt.

rechtzeitig die Wachstumsentwicklung des Tieres einzuschätzen oder sofort pathologische Veränderungen des biochemischen Musters bei alimentären Unregelmäßigkeiten [7] zu erkennen, haben Durchfälle [3, 10, 13] ebenfalls bewirkt, die Blutparameter beim Kalb besser zu bestimmen.
Die Tabellen III/18 bis III/20 geben die gebräuchlichsten Werte in Abhängigkeit vom Alter wieder, das ein Faktor für wesentliche Veränderungen in den Ergebnissen ist. Die

Tabelle III/18 Konstante Blutwerte nach Milchaufnahme beim 1 bis 4 Wochen alten Kalb

Parameter		Nüchtern	Nach Fütterung	
			4 Stunden	9 Stunden
pH		7,46	7,46	7,47
CO_2	mm/Hg	48,6	51,4	48,3
CO_3H^-	mEq/l	33,5	35,9	34,3
Na^+	mEq/l	139,0	138,2	139,6
K^+	mEq/l	4,3	4,5	4,3
Ca^{++}	mg/100 ml	10,2	10,5	10,1
Cl^-	mEq/l	100,0	98,0	99,7
Glukose	mg/100 ml	87,7	110,2	98,6

Tabelle III/19 Hämatologische Werte bei Kalb und Mensch

		Kalb		Mensch	
		1 bis 3 Wochen	6 bis 12 Wochen	2 Monate	erwachsen
Hämatokrit	$10^6/mm^3$	6,9 – 7,4	9,05	6,00	5,00
Hämoglobin	g/100 ml	9,9 – 10,3	11,90	11,40	15,50
Leukozyten	$10^3/mm^3$	8,9 – 8,5	8,90	11,00	7,00
Neutrophile	%	34,8 – 32,1*	25,00	31,00	65,00
Eosinophile	%	0	2,00	2,00	1,00
Basophile	%	0	0,50	1,00	0,30
Monozyten	%	7,9 – 7,2	9,00	4,00	4,00
Lymphozyten	%	57,3 – 60,7**	63,00		
Thrombozyten	$10^5/mm^3$		8,41	3,00	2,90

* 67,7 bis 71,4 (einschl. Metamyelozyten) bei der Geburt, nach Ergebnissen des Autors
** 25,2 bis 29,3 bei der Geburt

Tabelle III/20 Lipide im Blut (mg/100 ml) beim Kalb, abgesetzt mit 3 Monaten

Lipide	Alter				
	2 Tage	10 Tage	1 Monat	2 Monate	6 Monate
Gesamtlipide	250 ± 18	348 ± 29	392 ± 31	359 ± 40	314 ± 16
Phospholipide	110 ± 17	149 ± 12	168 ± 18	156 ± 16	142 ± 6
Cholesterol	13 ± 2	20 ± 2	24 ± 3	20 ± 2	15 ± 2
Cholesterolester	67 ± 8	132 ± 13	161 ± 17	139 ± 20	118 ± 3

Für das Kalb von 6 bis 12 Wochen (Holsteiner Rasse) sind die hämatologischen Werte gut mit denen für ein Kind von 2 Monaten vergleichbar, besonders für Hämoglobin und Leukozyten [14, 15]. Dagegen ist die Zahl der Thrombozyten viermal höher als die beim Menschen (Tab. III/19). Stets ist nur eine schwache Festigkeit der Blutkörperchen zu bemerken, die Lysis beginnt bei einer Konzentration von ClNa = 8‰.

Zytologische Parameter

Biochemische Werte

Das nüchterne Kalb von 2 bis 6 Wochen hat fast keine bemerkbaren Veränderungen des pH-Wertes, des Partialdrucks von CO_2, der Alkalireserve [2] und des Plasma-Ionogramms [3, 8, 9]. Der geringe Glukosegehalt im Blut bei der Geburt und die gleichzeitige Entwicklung eines Fruktosemangels [1] wurden schon vorher beschrieben. Als Folge der Milchverdauung zieht die Säuresekretion des Magens eine alkalische Welle durch die Erhöhung des CO_3H^--Gehaltes nach sich; die Hyperglykämie nach Nahrungsaufnahme, die mit der Glukoseabsorption zusammenhängt, besteht bis zu 9 Stunden (Tab. III/18).

Der *Gehalt an Plasmaproteinen:* Von 58 g/l entfallen 26 auf die Albumine und 32 auf die Globuline, variierend je nach Art der Haltung; der Gehalt an Globulinen (17% Globulin α, 13,4% und 24,6% Globuline β und γ) ist bei Mastkälbern bedeutend höher als bei Zuchtkälbern [16]. Ein Unterschied im gleichen Sinne besteht auch im Gehalt an Magnesium, Phosphor, Stickstoff im Harn, Blutzucker und im Vorhandensein von sauren und alkalischen Phosphatasen [6]. Schließlich ist festzustellen, daß eine positive Korrelation zwischen dem Gehalt an Plasmaproteinen im Alter von 6 Tagen und der Intensität des späteren Wachstums besteht [7] und daß die Aminosäuren stark durch die Art der Nahrungsstoffe beeinflußt werden: die niedrigsten Werte wurden bei Maisöl an Stelle von Vollmilch beobachtet [11].

Die Lipide des Blutes wurden wegen ihrer Bedeutung für die Stoffwechselenergie beim jungen Kalb genau untersucht [11, 12]. Der Gehalt an freien Fettsäuren, ungefähr bei 0,6 mMol/l bei der Geburt, stabilisiert sich auf einen Wert von 0,2 mMol/l innerhalb von 48 Stunden. Dieses Phänomen ist dem bei einem erhöhten Gehalt an Milchsäure im Blut vergleichbar, der von 45 bis 70 mg/100 ml auf 10 mg/100 ml in den ersten 30 Lebensstunden absinkt. Das Studium der Entwicklung der Blutlipide [12] macht die Erhöhung der Phosphorlipide und des Cholesterols im ersten Monat nach der Geburt klar (Tab. III/20). Die beobachteten Werte nach dem Absetzen korrespondieren mit der Funktionsentwicklung des Pansens, die freien Fettsäuren werden damit bedeutendere Elemente im intermediären Stoffwechsel.

Die enzymatische Aktivität des Plasmas wurde genauer bestimmt für die Phosphatasen, die Laktat-Transaminasen (41,9 Einheiten/ml) und Pyruvate (8,5 Einheiten), die Laktodehydrogenase (213 IE/l), die Kreatinkinase (4 IE/l), die Dehydrogenasen usw.

Der Ersatz der Körperflüssigkeit bekommt eine besondere Bedeutung im Hinblick auf Störungen durch eine hydroelektrolytische Diarrhoe [3]. Ein Blick auf Tabelle III/21 unterstreicht die Bedeutung des extrazellulären Raumvolumens (44%), das sich sehr stark im Verlauf einer Diarrhoe verringert. Diese

Tabelle III/21 Flüssigkeitsanteile im Kälberblut und Auswirkungen von Diarrhöen in % der Körpermasse

	Kontrolle	Diarrhoe
Blutvolumen	10,4 ± 1,0	8,8 ± 0,7
Plasmavolumen	6,8 ± 0,6	6,1 ± 0,7
Wasser		
gesamt	73,3 ± 3,5	71,7 ± 4,3
extrazellulär	44,3 ± 4,6	35,8 ± 3,7
intrazellulär	29,0 ± 5,1	35,9 ± 3,9

Verschiebung fällt mit der Verstärkung einer Urämie – zuweilen um das Zweifache – (Normalwert 0,18 g/l) zusammen, die sich negativ auf die Alkalireserve und den Natriumgehalt mit einem kompensatorischen Hyperkaliumgehalt und einer Verkleinerung des Volumens auswirkt. Man findet dabei eine Besonderheit beim Kalb, die ungewöhnlich in der Physiologie anderer Neugeborener ist: die Fähigkeit, den Urin bis 1500 mOsm/l im Alter von 4 Tagen zu konzentrieren.

ZUSAMMENFASSUNG

Zusammengefaßt ist zu sagen, daß die Untersuchung der Blutparameter beim Kalb verschiedene Anzeichen für physiologische Zustände liefern kann. Das ist besonders der Fall bei der Wirkung der Futteraufnahme, bei der Art der Nahrungsstoffe (Mastkalb – Zuchtkalb), beim Übergang zu einer neuen Entwicklungsstufe in der Funktion des Verdauungstrakts. Dagegen bleibt die Art der gewonnenen Erkenntnisse in bezug auf den Ernährungs- oder Gesundheitszustand einer Herde ungenügend, solange man einerseits nur wiederholte oder sehr spezifische Untersuchungen anwenden kann, andererseits fortlaufende Versuche zur Erforschung der Funktion benötigt.

LITERATUR

[1] DANIELS, L. B.; PERKINS, J. L.; KRIEDER, D.; TUGWELL, D.; CARPENTER, D., 1974 – Blood glucose and fructose in the newborn ruminant. J. Dairy Sci., 57, 1196–1200.

[2] DONAWICK, W. J.; BANE, A. E., 1968 – Blood gases, acid base balance and alveolar oxygen gradien in calves. Am. J. vet. Res., 29, 561–567.

[3] FAYET, J. C., 1968 – Recherches sur le métabolisme hydrominéral chez le veau normal ou en état de diarrhée. II. L'ionogramme plasmatique el le pH sanguin. Rech. vét., 1, 109–115.

[4] HOLLARD, D. et al., 1968 – Hématologie du veau. Revue Méd. vét., 119, 13–28.

[5] KITCHENHAM, B. A.; ROWLANDS, G. J.; MANSTON, R.; DEW, S. M., 1975 – The blood composition of dairy calves reared unter conventional and rapid-growth systems. Br. vet. J., 131, 436–445.

[6] MANTEUFFEL, U. V., 1975 – Untersuchungen über den Einfluß des Alters und der Fütterung auf die alkalische und saure Phosphatase im Blutserum von Kälbern. Zbl. Vet. Med., 22, 209–214.

[7] MICHEL, M. C., 1973 – Recherche des tests biochimiques destinés à caractériser l'état nutritionnel et sanitaire d'un troupeau de veaux. Ann. Rech. vét., 4, 113–124.

[8] REECE, W. O.; WAHLSTROM, J. D., 1972 – Variations in plasma composition of calves: relationship of acid-base status to calf age, ration, and feeding time. Am J. vet. Res., 33, 2169–2174.

[9] REECE, W. O.; WAHLSTROM, J. D., 1972 – Variations in plasma composition of calves: relationship of electrolyte, glucose, and urea nitrogen concentration to calf age, ration, and feeding time. Am. J. vet. Res., 33, 2175–2178.

[10] ROBERTS, H. E.; WORDEN, A. N.; REES EVANS, E. T., 1954 – Observations on some effects of colostrum deprivation in the calf. J. comp. Pathol., 64, 283–305.

[11] RONY, D. D.; DESMARAIS, M.; BRISSON, G. J., 1975 – Effects of various dietary fats on the postprandial concentrations of blood plasmafree amino acids in young dairy calves. Can. J. anim. Sci., 55, 257–268.

[12] SHANNON, A. D.; LASCELLES, A. K., 1966 – Changes in the concentrations of lipids and some other constituents in the blood plasma of calves from birth to 6 months of age. Aust. J. biol. Sci., 19, 831–839.

[13] STAPLES, G. E.; ANDREWS, M. F.; PARSONS, R. M.; MCILWAIN, P. K.; HAUGSE, C. N., 1970 – Young calves: relation of neonatal health status and sex to some blood components. J. anim. Sci., 31, 383–388.

[14] TENNANT, B.; HARROLD, D.; REINA-GUERRA, M.; KENDRICK, J. W.; LABEN, R. C., 1974 – Hematology of the neonatal calf: erythrocyte and leukocyte values of normal calves. Cornell Vet., 64, 516–532.

[15] VAGHER, J. P.; PEARSON, B.; BLATT, S.; KAYE, M., 1973 – Biochemical and hematological values in male Holstein-Friesian calves. Am. J. vet. Res., 34, 273–277.

[16] WING, J. M.; JACOBSON, N. L.; ALLEN, R. S., 1955 – The effect of various restricted diets on the growth and on certain blood components of young dairy calves. J. Dairy Sci., 38, 1006–1014.

IV Aufzucht und Ernährung

Kapitel 1 Allgemeine Daten über die Herstellung von Aufzuchtfuttermitteln

J. P. OLIVE

Die Physiologie der Verdauung der verschiedenen Nährstoffe wurde bereits in den Kapiteln III/2 und III/3 behandelt. Deshalb sollen an dieser Stelle die praktische Herstellung der Aufzuchtfuttermittel, die Auswahl der Rohstoffe, die Mischfutterrezeptur und die Herstellungstechnologie erörtert werden.

In der grundlegenden Vorstellung handelt es sich um Futterstoffe, die sich ökonomisch günstig zur Substitution von Milchfett für die menschliche Ernährung eignen. Sie ersetzen Milchfett durch ein vom Kalb assimilierbares, aber billigeres Fett (pflanzlicher oder tierischer Herkunft).

Auswahl der Rohstoffe

Praktische Erfahrungen und mit einem geringen Kostenaufwand betriebene Forschungen haben dazu geführt, die Grundmischung aus Magermilch und Fremdfetten im einzelnen zu verbessern. So wurden sehr schnell billigere Erzeugnisse als das Milchpulver, wie Molke und bestimmte Kohlenhydrate, als Energieträger zugesetzt. Zu diesem Zweck wurden
– nicht aus der Milch stammende Proteine (Sojaabkömmlinge, Fisch, Hefen) sowie
– Fette tierischer Herkunft (Schmalz, Talg) oder
– Pflanzenfette (Kokos u. a.)
verwendet, die sich zur Herstellung von Emulsionen als besser und dank der Wirkung von Antioxydantien als weniger oxydierend (Ranzigkeit) erwiesen. Zur Herstellung des Gleichgewichtes an essentiellen Nährstoffen wurden Mineralstoffe einschließlich Spurenelemente und Vitamine eingesetzt. Schließlich wurde mit Hilfe von Antibiotika und durch die Eliminierung des Fe versucht, ein Schlachtkalb mit möglichst weißem Fleisch zu erzeugen.

Qualitätsanforderungen für Magermilchpulver
– frei von verbrannten Partikeln,
– so gut wie vollkommen löslich (99%),
– sehr geringe Feuchte (4,5%),
– mäßiger Säuregehalt (etwa 1,8% Milchsäure),
– enthält keine neutralisierenden Substanzen (Ammoniak, Natrium u. a.) und chemische Fremdstoffe (Formol)
– gute bakteriologische Qualität (pathogene Keime fehlen, die gesamte Keimzahl beträgt nicht mehr als 200 000/g)

Qualitätskriterien

Das junge Kalb braucht nicht nur ein nährstoffmäßig vollwertiges Futter, sondern es muß auch rohstoffmäßig erste Wahl sein, von gleicher Beschaffenheit also, wie die zur menschlichen Ernährung bestimmten Stoffe. In einer Übersicht über die zur Herstellung von Aufzuchtfutter verwendeten Rohstoffe werden die essentiellen Qualitätskriterien mitgeteilt, wie sie in Begleitpapieren von Kaufverträgen ausgewiesen sind.

Milcherzeugnisse

Wichtigster Bestandteil der Ersatzmilchstoffe ist das Magermilchpulver. Am besten untersucht sind die im Sprühverfahren getrockneten Stoffe. Es erweist sich als Vorteil, daß die Magermilch ohne vorherige Hocherhitzung getrocknet wird und das Erzeugnis den bestehenden Qualitätsanforderungen entspricht, ähnlich denen für die menschliche Ernährung. Die Molke ist der Rückstand der Käseherstellung, proteinärmer als das Magermilchpulver (11 bis 13% gegenüber 35 bis 36%), wegen der durch sie bewirkten Energiezufuhr (Laktose) aber besonders interessant. Die geforderten Qualitätskriterien sind um so strenger, je mehr Zusatzstoffe zugeführt werden [1].

Nicht-Milch-Proteinquellen

In dieser Gruppe werden folgende Stoffe zusammengefaßt: Auf Kohlenwasserstoffen gezüchtete Hefen (68 bis 70% Rohprotein), mikronisiertes Sojamehl (50 bis 55% Rohprotein) und Fischlysate (bis 90% Rohprotein). Hefen und Fisch haben den Vorteil einer besseren Verdaulichkeit (85 bis 92%) gegenüber Sojamehl. Diese Stoffe wurden dem Aufzuchtfutter in erster Linie aus wirtschaftlichen Gründen (höherer Marktpreis des Magermilchpulvers) zugesetzt. Es können aber nur kleinere Mengen, besonders wegen ihres Fe-Gehaltes eingesetzt werden.

In dieselbe Stoffklasse gehören die synthetischen Aminosäuren, im wesentlichen Methionin und Lysin, die bereits in niedrigen Dosen (0,1 bis 0,2%) den Futterwert verbessern [2].

Fette

Sie stellen neben dem Magermilchpulver die wichtigste Rohstoffkomponente und sind bis zu etwa 20% in der Rezeptur vorgesehen. Fette haben eine hohe Energiekonzentration, ihr physiologischer Wert hängt aber auch von der Zusammensetzung der Fettsäuren ab. In einem bestimmten Maße wird die Zusammensetzung der Fettsäuren und der Körperfette des Kalbes vom Futterfett beeinflußt.

Von ihrer Qualität, die einwandfrei sein muß, hängt mehr als von jedem anderen Nahrungsbestandteil Erfolg oder Mißerfolg der Aufzucht ab. Oxydierte Fette werden von dem jungen Tier schlecht vertragen und rufen schwere Verdauungsstörungen und schließlich Verendungen hervor. Deshalb sind die Qualitätsanforderungen bei Fetten am strengsten. Die Tabelle IV/1 gibt eine Übersicht über die am häufigsten im Kälberfutter eingesetzten Fette.

Zur genauen Beurteilung des Oxydationsstatus (Talge hauptsächlich) wird die Absorption im UV-Licht gemessen und zum Nachweis von Antioxydantien in praxi der Swift-Test angewendet. Man kann sagen, daß die im Aufzuchtfutter verwendeten Fette von derselben Qualität wie die für die Margarineherstellung sein müssen.

Aber die Auswahl ausgezeichneter Fette allein genügt nicht. Ein Zusatz von Antioxydantien verbessert ihren Widerstand gegenüber dem Ranzigwerden und somit ihre Haltbarkeit. Dazu werden die gleichen Stoffe wie für die humane Ernährung verwendet.

Emulgatoren zur leichteren Bildung einer Emulsion von Fettkügelchen in Wasser bestimmen bei der Verdünnung der Nahrung den Zeitpunkt des Einsatzes. Ihre Anwendung ist am besten trocken beim Zusatz von Fetten zu Magermilch vorzusehen, sofern man das Sprühtrockenverfahren anwendet. Die am häufigsten verwendeten Emulgatoren sind Sojalezithine und Glyzeride.

Kohlenhydrate (Zucker)

Magermilchpulver und Molkepulver sind in der Regel reich an Laktose. Es können aber

Tabelle IV/1 Qualitätskriterien für Ersatzfette in Aufzuchtfuttermitteln

	Tierischer Herkunft		Pflanzlicher Herkunft	
	Gereinigter Talg	Gereinigter Schmalz	Kokosöl	Palmkernöl
Organoleptische Merkmale	geschmacklos, geruchlos weiß	geschmacklos, geruchlos weiß	–	–
Max. H_2O-Gehalt %	0,15	0,15	0,06	0,06
Ölsäure %	0,30	0,30	0,20	0,20
Seifen	in nicht nachweisbaren Spuren		in nicht nachweisbaren Spuren	
Peroxidzahl	1	1	1	–
Max. Fe-Gehalt ppm	0,5	0,5	0,5	0,5
Max. Cu-Gehalt ppm	0,1	0,1	0,1	0,1

auch andere Zucker den Aufzuchtfuttermitteln zugesetzt werden. Je größer ihr Molekül ist, desto besser scheinen sie verträglich zu sein. Rohe Stärke hat antidiarrhoetische Eigenschaften. Allerdings ist die Menge des Zusatzes um so mehr einzuschränken, je jünger die Tiere sind. Die zugesetzte Menge kann beträchtlich sein, wenn es sich um Endmastfuttermittel für »schwere« Kälber handelt, die bei etwa 200 kg Lebendmasse geschlachtet werden (TOULLEC, MATHIEU und THIVEND).

Mineralstoffe

Wenn auch an Milchpulver und Molken reiche Rezepturen im allgemeinen ausreichend P und Ca enthalten, tritt das Problem in bestimmten, weniger klassischen Futtermitteln auf (Endmastfuttermittel für »schwere« Kälber).
Spurenelemente (Cu, Zn, Se, Jod u. a.) sind in den Aufzuchtfuttermitteln ausreichend enthalten. Eine besondere Rolle spielt das Fe, denn es ist nur in kleinsten Mengen zuzusetzen. Das ist besonders bei Nicht-Milch-Proteinen zu beachten, die viel Fe enthalten können. Bei hohen Anteilen in der Rezeptur sind Sequestranten dieses Metalls (Chelate) einzusetzen, wie das Ca- oder Na-Chlorophyllinat. Der französische Markt fordert ein sehr weißes Kalbfleisch von mehr oder weniger anämischen Tieren [3].

Vitamine

Ein Zusatz von Vitaminen, insbesondere an Vitamin A, ist in sehr bedeutenden Mengen im Aufzuchtfutter notwendig. Einzelheiten hierzu und die gängigen Dosierungen sind aus den amtlichen »Rezepturen« ersichtlich.

Zusatzstoffe

Wie es sich in der Mehrzahl der Mischfuttermittel (für Geflügel, Schweine usw.) erwiesen hat, lassen sich durch den Zusatz kleiner Mengen von Wirkstoffvormischungen (Antibiotika, »Wachstumsfaktoren«) die technischen und ökonomischen Ergebnisse leicht verbessern. Hinsichtlich der Rezeptur werden einige Beispiele noch dargelegt. Man weiß, welche Polemiken bestimmte Zusatzstoffe zum Aufzuchtfutter ausgelöst haben. Bezüglich der Futtermittelzusätze, Antibiotika und Wachstumsfaktoren sind wir der Meinung von LINDNER [4], daß trotz vielfach noch unbekannter Zusammenhänge im Stoffwechsel die durch eine interministerielle und interprofessionelle Kommission für Tierernährung gebotenen Garantien für den Verbraucher ausreichend sein müssen.
Tatsächlich und zweifellos als Folge der Kopplung mehrer Faktoren (ökonomischer, psychologischer usw.) hatte sich der Prokopfverbrauch an Kalbfleisch Anfang der 70er Jahre vermindert. Die Vertreter des Berufsstandes haben darauf mit der Gründung eines Informationszentrums für Kälberhaltung und durch den Verband der Aufzuchtfutter-Hersteller reagiert. Sie organisierten Kampagnen zur Förderung des Kalbfleischverbrauchs. Einer Senkung der Nachfrage hat man scheinbar Einhalt gebieten können, so daß von einem stabilen »Verbrauch« die Rede sein kann.

Rezepturen

Rezepturen für Aufzuchtkälber:
Rohprotein (minim.) 20–21%
Fette (minim.) 17–18%
Wasser (max.) 5%
Rohfaser (max.) 1%

Die Bedeutung der Rezepturen besteht darin, Rohstoffe in einem so günstigen Verhältnis zu kombinieren, daß man bessere Leistungen zu geringeren Kosten erzielt. Grundsätzlich ist es üblich, zwischen dem Futter für Aufzuchtkälber und dem für Schlachtkälber zu unterscheiden.

Rezepturen für Aufzuchtkälber

Die Rezepturen für Aufzuchtkälber im klassischen Sinne unterscheiden sich in ihrer Konzeption wenig von denen für Schlachtkälber. Sie beruhen im wesentlichen auf Magermilchpulver, Molkenpulver, Fremdfetten und Zusatzstoffen. Entsprechende Anhaltspunkte ergeben die Tabellen IV/2 und IV/3.

Der wichtigste Unterschied gegenüber Futtermitteln für »Schlachtkälber« besteht im Gehalt an Mineralien einschließlich Spurenelementen (Fe und Cu hauptsächlich).

Es ist aber möglich, dem Milchpulver bedeutende Anteile anderer Stoffe hinzuzusetzen. Auch sind Futtermittel für das Frühabsetzen »ohne Milch« im Angebot, die gute Ergebnisse bringen und insgesamt billiger sind. Sie enthalten im wesentlichen Nicht-Milch-Proteine (Lysate vom Fisch, »getoastete« Pflanzenproteine, Laktose und andere Zucker, Fette, Mineralstoffe und übliche Zusätze).

Rezepturen für Schlachtkälber

Zur Erzeugung von Schlachtkälbern könnte man von Anfang bis Ende ein einheitlich zusammengesetztes Futter verwenden. Es ist aber besser, zunächst ein »Starterfuttermittel« und danach ein »Endmastfuttermittel« einzusetzen. Hierzu werden Beispielrezepturen mit den hauptsächlichen Inhaltsangaben mitgeteilt, wie sie auf den Etiketten der Verpackungen vom Hersteller garantiert werden (Tab. IV/2 und IV/3).

Zu bemerken ist, daß das Milchpulver, ausgezeichnet, aber teuer, sich in genügend variablen Anteilen zusetzen läßt. Andererseits gelang es, Ersatzsubstanzen mit ansprechenden Ergebnissen zu finden, die es gestatten, die Kosten zu senken. Derzeit enthalten viele Futtermittel für Schlachtkälber allein 50% Milchpulver. Seit Februar 1976 sind die Magermilchvorräte in der EG auf 1,2 Mio t angestiegen. Die EG-Behörden hatten angewiesen, allen Mischfuttermitteln Magermilchpulver in Anteilen von 2 bis 3% zuzusetzen. Ende der 70er Jahre sollten Aufzuchtfuttermittel mindestens 60 bis 65% Magermilchpulver enthalten, was nicht ohne Auswirkung auf die Kosten sowohl der Futtermittel als auch des Kalbfleisches geblieben wäre.

Tabelle IV/2 Für Schlachtkälber geeignete Futtermischungen

Futtermittel		Starterfutter	Endmastfutter	Alleinfutter
Magermilchpulver	%	50 – 65	42 – 57	
Molkenpulver	%	14 – 22	12 – 26	
Fette	%	18	22	
Maisstärke	%	0 – 4	0 – 6	
Alkanhefen	%	0 – 5	0 – 5	
Vitamin-Mineralstoff- mischungen	%	2	2	
Rohprotein	%	23 – 26	20 – 22	22 – 23
Fett	%	16 – 18	19 – 22	20 – 23
Mineralstoffe	%	6 – 7	6 – 7	6 – 7
Vitamine in IE/100 kg				
Vitamin A	Mio	3 – 4	3 – 4	3 – 4
Vitamin D_3	Mio	0,5 – 1,0	0,5 – 1,0	0,5 – 1,0
Vitamine in mg/100 kg				
Vitamin B_2		800 – 1500	800 – 1500	800 – 1500
Vitamin E		1000 – 2000	1000 – 2000	1000 – 2000
+ andere Vitamine + Antibiotika + Antioxydantien				

Tabelle IV/3 Beispiele für die Zusammensetzung von Aufzuchtfuttermitteln

Garantierte Bestandteile		Starterfutter	Endmastfutter	Alleinfutter
Minimalgehalt				
Rohprotein	%	23	22,5	17
Verdaul. Rohprotein	%	22,5	22,0	16,5
Fett	%	17,5	21,5	31,0
Maximalgehalt				
Rohfaser	%	0,3	0,3	0,3
Mineralstoffe	%	7,5	7,0	6,0
Wasser	%	5,0	5,0	5,0
Vitamine in IE/100 kg				
Vitamin A	Mio	3,5	3,5	3,5
Vitamin D_3	Mio	0,4	0,4	0,4
Vitamine in mg/100 kg				
Vitamin C		4500	4500	6000
Vitamin B_1		200	200	200
Vitamin B_2		800	800	800
Vitamin B_3		1000	1000	1000
Vitamin B_6		60	60	60
Nikotinsäureamid		1500	1500	1500
Vitamin E		1000	1000	1000
Vitamin K		180	180	180
Garantierte Dauer der Vitaminaktivität: 4 Monate				
Zusatz je 100 kg Mischung:				
Bazitrazin	g	6,0	6,0	6,0
Furazolidon	g	5,0	5,0	5,0

Technologie der Herstellung

Technologisch ist die Herstellung von Aufzuchtfutter einfach, wenn alle Komponenten in Pulverform vorliegen. Es kämen allgemein die Bedingungen zur Mischfutterherstellung in Frage, über die eine ausführliche Dokumentation besteht [4].

Beim Aufzuchtfutter werden aber verschiedenen Stoffen pulveriger Beschaffenheit (Magermilchpulver, Molkenpulver, Stärke, Mineralstoffe und Vitamine) Fette je nach ihrem Schmelzpunkt in variabler Konsistenz zugesetzt. Die Herstellung verläuft in 2 Schritten: Zuerst wird eine Vormischung aus Fett und Magermilchpulver verfahrensmäßig zu einem Pulver hergestellt. Anschließend stellt man mit Hilfe klassischer horizontaler oder vertikaler Mischvorrichtungen eine Endmischung her, indem man der Vormischung die anderen Komponenten zusetzt.

Zusatz von flüssigen Fetten: Das Sprühverfahren

Die im Aufzuchtfutter verwendeten Fette tierischer (Talg, Schmalz) oder pflanzlicher (Kokosfett, Palmöl) Herkunft haben in der Mehrzahl eine dichte, feste oder pastöse Beschaffenheit bei gewöhnlicher Temperatur. Beim Sprühverfahren sind folgende 2 Stufen zu unterscheiden:

- Zunächst wird das Fett in einer bestimmten Menge flüssiger, warmer Magermilch geschmolzen und durch Rühren zur Emulsion gebracht. Man erhält so eine Emulsion von Fett in Magermilch mit einer Tröpfchengröße von 2 µ.
- Im weiteren Verlaufe wird die Emulsion unter Druck in einen Verdampfer eingespritzt, wo sich ein »Tröpfchennebel« bildet. Im Gegenstromprinzip führt ein Gebläse mit hoher Leistung warme Luft (50 bis 60°C) zu. Dabei verdampft das Wasser und wird mit der austretenden Luft abgeführt. Am Boden des Verdampfers sammelt sich das trockene Fett-Magermilch-Gemisch und wird von einer Kratzerkette aufgenommen. Am Ende des Verfahrens wird das trockene Pulver gekühlt und abgepackt.

Bei der mikroskopischen Prüfung des so erhaltenen Pulvers stellt man fest, daß jedes Korn aus einem von einem feinen Magermilchhäutchen umgebenen Fettkügelchen gebildet wird. Daher hat das unter guten Bedingungen gelagerte Pulver nicht die Tendenz zu verklumpen, sondern bleibt im Gegenteil vollständig mischungsfähig. Das so erhaltene trockene Gemisch enthält 40 bis 50 % Fett. Für das Aufzuchtfutter sieht die Rezeptur einen Gehalt von 27 % Fett vor, so daß diese Mischung noch verschnitten werden muß.

Bei der Rezeptur ist ein evtl. Zusatz von Emulgatoren zu berücksichtigen, wobei es nicht klar ist, ob sich dadurch die Verdaulichkeit verbessert, wenn die Fette im Sprühverfahren zugesetzt wurden.

Das Sprühverfahren ist in der Milchverarbeitung am häufigsten anzutreffen. Die meisten buttererzeugenden Molkereien verwerten so die anfallende Magermilch. Dabei handelt es sich jedoch um ein spezifisch in der französischen milchverarbeitenden Industrie angewendetes Verfahren. Bei der Herstellung in anderen europäischen Ländern, Holland und Italien z. B., wird Fett »trocken« eingemischt. Es sei hinzugefügt, daß das aus aufgefetteter Milch im Sprühverfahren hergestellte Pulver sich bei der Verabreichung an das Kalb im Wasser leicht löst. Man kann aber daraus nicht allein auf eine Überlegenheit des Verfahrens schließen.

Zusatz von Fetten auf trockenem Wege

Es ist sehr gut vorstellbar, Fett zu schmelzen, danach mit dem Magermilchpulver unter energischem Rühren zu mischen. In diesem Falle wird man ein »trockenes« Pulver erhalten, das aber zwei große Nachteile aufweist: Die Tendenz zur massiven Verklumpung bei der Lagerung und Schwierigkeiten für die spätere Löslichkeit. Betrachtet man einen so erhaltenen Partikel unter dem Mikroskop, stellt man fest, daß seine Struktur umgekehrt zu der nach dem Sprühverfahren ist. Hier ist ein Magermilchpartikel von einer Fetthülle umgeben. Kommt es bei der Lagerung zur Temperaturerhöhung, wird diese oberflächliche Fettschicht weich, bei einer Temperatursenkung kommt es von neuem zur Gerinnung; das Material verklumpt.

Hinsichtlich der Schwierigkeiten beim späteren Auflösen ist festzustellen, daß der Zusatz von Emulgatoren diese erheblich vermindert. Der bei den derzeit verschiedenen Verfahren angewandte industrielle Prozeß (NAUTA – SCHUGI, Sprühmix) kann folgendermaßen zusammengefaßt werden:
– Die Trockenmilch wird unter strömender Kaltluft verflüssigt und dabei in kleine Partikel getrennt.
– Man aspiriert vorher geschmolzenen Fett-Nebeldampf, wodurch sich bei hoher Geschwindigkeit eine Schüttelmixtur Milch–Fett bildet, und es entsteht ein dem Sprühverfahren vergleichbares Gemisch, d. h. die Fettkügelchen sind von einem Milchhäutchen umgeben.

Der in Abbildung IV/1 dargestellte Verfahrensablauf gliedert sich in drei Phasen:
– Man stellt eine Mischung Milch:Fett her, überschreitet den gewünschten Fettgehalt aber um 4 Punkte.
– In einem Flüssigbett getrocknet wird das Gemisch von Trockenmagermilchpartikeln umgeben.
– Man bedampft mit etwas Wasserdampf. Das hat 3 Wirkungen: Kristallisation der Laktose, feine Granulation und Kühlung durch Verdampfen.

Das Ergebnis ist ein trockenes Pulver »aufgefetteter Milch«, die vielleicht etwas weniger Flüssigkeit als das Sprühpulver enthält, aber vollkommen den Vorteil der Bindung an Emulgatoren besitzt.
Beim späteren Einsatz löst sich das Pulver gut, wobei etwas wärmeres Wasser als bei im

Aufzuchtfuttermittel

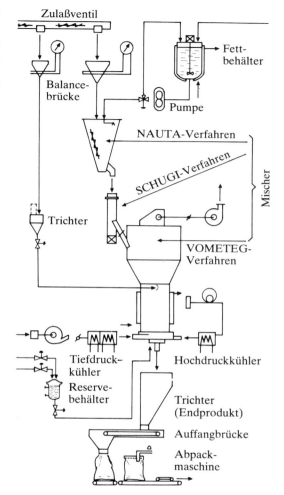

Abb. IV/1 Schematische Darstellung einer Milch-Fett-Mischvorrichtung (Trockenverfahren NAUTA – VOMETEG)

Tabelle IV/4 Entwicklung der Produktion von Aufzuchtfuttermitteln in Frankreich (in 1000 t) am Beispiel der Jahre 1958 bis 1974 [1, 2, 5, 26]

Jahr	Inlandsverbrauch	Export
1958	10	–
1962	67	8
1964	190	54
1966	278	59
1968	338	94
1970	497	127
1972	607	92
1974	645	91

Tabelle IV/5 Technologische Unterschiede bei den Verfahren zum Fettzusatz

Merkmal	Sprühverfahren	Trockenzusatz
Erscheinungsform	sehr flüssig	weniger flüssig
Zusatz von Emulgatoren	nein	ja
Ergebnis bei Beginn	etwas besser	–
Wasserlöslichkeit	sehr gut	sehr gut, aber in warmem Wasser

Sprühverfahren erzeugter Ersatzmilch eine Bedingung ist.
Die Vor- und Nachteile beider Verfahrensgruppen werden in Tabelle IV/5 gegenübergestellt. Daraus ergibt sich, daß beide Verfahrensgruppen technisch brauchbar sind, das Verfahren mit »trockenem Fettzusatz« hat einen leichten Vorteil hinsichtlich der Einheitlichkeit des Erzeugnisses. Es sei dazu nochmals betont, daß das Fettvorgemisch durch dieses oder jenes Verfahren angefertigt wird. Die eigentliche Herstellung beschränkt sich auf den Zusatz anderer pulverförmiger Komponenten, so wie bei der üblichen Mischfutterproduktion. Aufzuchtfuttermittel müssen wasserdicht verpackt sein, in Plastesäcken oder in durch eine Polyäthylenschicht innen verstärkten Papiersäcken.

LITERATUR

[1] LADRAT, J. et JOUSSELIN, W., 1968 – Emploi de la poudre de lactosérum dans les aliments d'allaitement pour veaux de boucherie. Bull., Acad. vétér., France, 41, (2), 57–65.
[2] ODORICO, G. et BRETTE, A., 1968 – Essai de supplémentation d'aliments d'allaitement par des aminoacides de synthèse: Lysine et Méthionine. L'alimentation et la vie, 56, (4, 5, 6), 136–147.
[3] SAHEB, J. L. et CHARPENTIER, J., 1972 – Effets de la chélation du fer par le chlorophyllinate de calcium sur la coloration de la viande de veaux. L'alimentation et la vie, 60, (4), 284–296.
[4] OLIVE, J. P., 1972 – Présentation des aliments composés pour animaux. L'alimentation et la vie, 60, (1), 17–52.

Kapitel 2 Aufzuchtfuttermittel

R. TOULLEC,
J.-Y. COROLLER

Am Ende der Kolostralperiode erhält das Kalb nur Vollmilch oder einen aus einem Aufzuchtfuttermittel hergestellten Milchersatz (Milchaustauschfuttermittel).
Ist das Kalb zur Fleischerzeugung vorgesehen, folgt auf die Phase der ausschließlichen Milchernährung die gleiche Fütterung bis zum Schlachten im Alter von 3 bis 5 Monaten. Dagegen sind den zur Reproduktion vorgesehenen Kälbern so früh wie möglich feste Futterstoffe vorzulegen. Das Absetzen kann jedoch in einem sehr verschiedenen Alter stattfinden (von 5 bis 10 Wochen an bei früh abgesetzten Kälbern, bis zu 8 bis 9 Monate bei Saugkälbern). Bei der Mehrzahl der Schlachtkälber und bei den früh abgesetzten Kälbern wird die Milchnahrung durch Ersatzmilchstoffe gewährleistet.

Sortiment an Aufzuchtfuttermitteln

Die Herstellung von Aufzuchtfuttermitteln hat sich in Frankreich in nennenswerter Größe erst ab 1958 entwickelt und mit 678 000 t seit 1971 auf eine annähernd gleiche Größe eingependelt (Tab. IV/5). Mit fast 40 % der in der EG produzierten Gesamtmenge steht Frankreich an 1. Stelle der europäischen Hersteller.

Der größte Teil dieser Futterstoffe ist für Schlachtkälber bestimmt (69 % im Jahre 1974). Den Anteil des für diesen Zweck tatsächlich verwendeten Futters zu bestimmen ist schwierig, denn ein Teil des für »Schlachtkälber« vorgesehenen Futters wird an Zuchtkälber verfüttert.

Rezepturen

Bis Ende der 70er Jahre bestanden die Aufzuchtfuttermittel im wesentlichen aus Milch, in der die Fette durch weniger teure Energieträger (Ersatzfette, Molken und Stärkeerzeugnisse) ersetzt waren. In der folgenden Zeit bestand das Bemühen darin, die Magermilch durch andere Proteinquellen zu ersetzen und eine »echte« Synthesemilch herzustellen.

Tabelle IV/6 Zusammensetzung der wichtigsten Aufzuchtfuttermittel (Zahlenangaben in %)

Futtermittel	Schlachtkälber					Aufzuchtkälber	
	Starter	Wachstum	Endmast	Endmast schwerer Kälber	Alleinfutter	Mit Magermilch	Ohne Magermilch
Magermilchpulver	65 – 72	60 – 65	45 – 55	45 – 55	55 – 65	30 – 55	–
Molkenpulver	0 – 8	5 – 12	10 – 20	10 – 20	10 – 15	10 – 30	40 – 55
Fett	18 – 20	18 – 20	22 – 27	12 – 15	20 – 24	16 – 20	16 – 20
Stärkeprodukte	2 – 5	2 – 10	2 – 10	20 – 25	2 – 10	5 – 10	5 – 10
Soja	–	0 – 2	0 – 2	0 – 2	0 – 2	0 – 5	0 – 8
Alkanhefen	–	0 – 2	0 – 2	0 – 2	0 – 2	0 – 5	0 – 8
Fischproteinkonzentrat	–	0 – 2	0 – 2	0 – 2	0 – 2	0 – 5	0 – 8
Kartoffelproteinkonzentrat	–	0 – 2	0 – 2	0 – 2	0 – 2	0 – 5	0 – 8
Laktosearmes Molkenpulver	–	0 – 5	0 – 5	0 – 5	0 – 5	0 – 10	0 – 15
Mineralstoffe + Vitamine + Antibiotika + Aminosäuren	1 – 2	0,5 – 1	0,5 – 1	0,5 – 1	0,5 – 1	0,5 – 2	1 – 3
Chemische Bestandteile							
Wasser	4 – 5	4 – 5	4 – 5	4 – 5	4 – 5	4 – 5	4 – 5
N-haltige Stoffe	24 – 26	22 – 25	19 – 22	18 – 22	21 – 24	19 – 22	20 – 23
Fett	18 – 20	18 – 20	22 – 27	12 – 15	20 – 24	16 – 20	16 – 20
N-freie Extraktstoffe	44 – 47	47 – 50	44 – 49	53 – 60	44 – 49	46 – 53	45 – 53
Mineralstoffe	6,0 – 7,0	5,5 – 6,5	5,0 – 6,5	5,0 – 6,5	5,5 – 6,5	6,5 – 7,5	6,5 – 8,0
Kalzium	0,8 – 1,2	0,8 – 1,1	0,7 – 1,0	0,6 – 1,0	0,8 – 1,0	0,8 – 1,1	0,8 – 1,1
Phosphor	0,7 – 1,0	0,6 – 0,8	0,6 – 0,8	0,6 – 0,8	0,6 – 0,8	0,6 – 1,0	0,6 – 1,0
Kalium	1,2	1,0 – 1,4	1,1 – 1,4	1,0 – 1,4	1,1 – 1,4	1,0 – 1,6	1,0 – 1,8
Natrium	0,4 – 0,6	0,4 – 0,6	0,4 – 0,6	0,4 – 0,6	0,4 – 0,6	0,4 – 0,6	0,4 – 0,6
Magnesium	0,09 – 0,15	0,09 – 0,15	0,08 – 0,15	0,08 – 0,15	0,08 – 0,15	0,07 – 0,15	0,07 – 0,15
Chlor in NaCl	1,4 – 1,8	1,5 – 1,8	1,5 – 1,8	1,5 – 1,8	1,5 – 1,8	1,5 – 2,0	1,5 – 2,0
Eisen (ppm)	15 – 20	5 – 15	5 – 15	10 – 15	5 – 15	15 – 30	15 – 50
Kupfer	1 – 7	1 – 7	1 – 7	1 – 7	1 – 7	1 – 7	1 – 7
Zink	20 – 100	10 – 100	10 – 100	10 – 100	10 – 100	10 – 100	10 – 100
Mangan	15 – 35	1 – 50	1 – 50	1 – 50	1 – 50	1 – 50	1 – 50

Die Verwendung von Ersatzproteinen war Gegenstand mehrerer praktischer Abhandlungen hinsichtlich der Fütterung von Zuchtkälbern, hat aber für die Ernährung von Schlachtkälbern nur eine beschränkte Bedeutung. So betrug z. B. der Anteil zugesetzten Magermilchpulvers 1962 70%, erreichte zu Beginn des Jahres 1971 noch 62%, ist dann sehr schnell gesunken und betrug 1972 nur 53%. Das lag an einer Senkung der Mengen an verfügbarem Magermilchpulver. Diese Entwicklung hat sich jedoch nicht fortgesetzt.

So weisen die Inter-Milchstatistiken bereits im Juni 1975 für die am Binnenmarkt gehandelten Aufzuchtfutterstoffe durchschnittlich Gehaltswerte von 54, 20 und 15% für Magermilchpulver, Fette und Molkenpulver aus. Tatsächlich decken sich diese Durchschnittswerte mit sehr verschiedenen Rezepturen je nach Hersteller und je nachdem, ob es sich um Futter für Zuchtkälber, für wachsende Schlachtkälber oder um solche im Endmaststadium handelt (Tab. IV/6, Zusammensetzung der wichtigsten Aufzuchtfuttermittel).

Anmerkung: Die Fette sind sehr häufig reiner Talk oder ein Gemisch aus Talg (70 bis 90%) und Kokosöl (10 bis 25%). Der Anteil an Kokosöl hängt hauptsächlich von den jeweiligen Preisverhältnissen ab. Andere Fettstoffe (Schmalz, hydrolysiertes Fischöl, Palmkernöl, Palmark) werden ebenfalls verwendet. Nach einer Bestimmung vom 15. 4. 1976 muß Milchpulver in einer Menge von mindestens 60% in der Rezeptur für Aufzuchtfutter vorgesehen sein, um eine Denaturierungsprämie beanspruchen zu können.

Technologische Gesichtspunkte

Aufzuchtfuttermittel sind für junge, anfällige Säugetiere bestimmt, die oft ein sehr intensives Wachstum haben. Eine Beurteilung und Entwicklung dieser Futterstoffe ist nur unter Berücksichtigung der jeweiligen Technologien möglich, die es gestatten, die Fütterung den verschiedenen physiologischen Stadien des Kalbes anzupassen.

Fette

Auswahl der Fette

Vom physiologischen Standpunkt wird die Wahl der Fette hauptsächlich von der Zusammensetzung ihrer Fettsäuren (FS) bestimmt (Tab. IV/7). Der Gehalt an langkettigen FS muß mäßig (nicht mehr als 20% FS $\geq C_{18}$), mehrfachungesättigten gering (≤ 4 oder 5%), kurzkettigen und mittleren relativ hoch (15 bis 30%) sein.
Folglich sind die geeigneten Fette der Talg, das Schmalz und die leicht ungesättigten Pflanzenöle (Kokos-, Palmenmark- und Palmkernöl). Die stark ungesättigten Öle (Mais, Sonnenblume, Soja, Fisch) können teilweise nur nach Hydrierung in größeren Mengen Anwendung finden. Aus wirtschaftlichen Gründen ist der Talg das dem Aufzuchtfutter hauptsächlich zugesetzte Fett.
Die verwendeten Fette müssen von ausgezeichneter Qualität sein. Es ist jedoch schwierig, die vom Hersteller zu garantierenden physikochemischen Qualitätskriterien (Tab. IV/8) mit den später in den Beständen beobachteten Störungen in Verbindung zu bringen.

Einsatz der Fette

Die Technologie des Einsatzes von Fetten in Aufzuchtfuttermitteln spielt für die Verwertung durch das Kalb eine große Rolle. Sie muß es gestatten, sehr feine Partikel zu erzielen, die bei der Herstellung der Ersatzmilch eine stabile Emulsion ergeben. Je nachdem ob das Fett trocken oder feucht beigemischt wird, sind folgende zwei Methoden zu unterscheiden [13, 30, 36].

• *Trockene Methode*
Die geschmolzenen Fette werden mit anderen pulverisierten Futterbestandteilen gemischt

Tabelle IV/7 Fettsäurezusammensetzung der für die Ernährung des Kalbes wichtigsten Fette [32, 38]

Fettsäure % Methylester – gesamt	Milchfett	Talg	Schmalz	Kokosöl	Palmkernöl	Sonnenblumenöl	Sojaöl	Hydrogen. Heringsöl
$< C_8$	5,4	–	–	0,6	–	–	–	–
C_8	1,4	–	–	7,7	–	–	–	–
C_{10}	3,3	–	–	5,7	–	–	–	–
C_{12}	3,9	–	–	48,0	–	–	–	–
C_{14}	11,5	3,0	1,4	17,8	1,1	–	–	8,1
C_{16}	29,1	25,9	27,1	9,0	46,8	6,6	10,6	16,0
C_{18}	9,4	23,3	19,2	2,9	5,3	4,5	4,0	7,5
$C_{18} = 1$	22,3	35,6	42,1	7,0	36,6	26,4	24,3	16,0
$C_{18} = 2$	2,0	2,4	5,2	1,3	8,6	60,8	53,4	3,2
$C_{18} = 3$	–	1,0	–	–	–	–	7,4	–
C_{20}								4,1
$C_{20} = 1$								12,5
C_{22}								4,1
$C_{22} = 1$								14,3

Tabelle IV/8 Allgemeine Qualitätskriterien für Talg als Zusatz von Aufzuchtfutter

Merkmal		1. Jus	Nahrung	raffiniert
Ölsäure	%	$\leq 1,0$	$\leq 1,0$	$\leq 0,3$
Feuchtigkeit und flüchtige Bestandteile	%	$\leq 0,20$	$\leq 0,30$	$\leq 0,15$
Unlösliche Verunreinigungen	%	nicht nachweisbare Mengen		
Seifen		nicht nachweisbare Mengen		
Peroxidzahl		≤ 2	≤ 4	≤ 2
Chloroplatinat-Index		≤ 250	≤ 250	≤ 200
Swift-Schnelltest		Für die Antioxide: Über 40 h		
Spez. Erlöschen im ultravioletten Bereich		Werte von 281 mµ	–	Werte von 277 mµ > 0
Farbe in kaltem Milieu		Klar, bei Ausschluß von Grau		Weiß oder Weiß-Elfenbein
Geruch und Geschmack, warm		zusagend, ohne Geruch fremd, anormal		neutral
Anaerobe Keime		fehlt		
Salmonellen		fehlt		

und energisch gerührt. Nach LEMAITRE [13] kann das Verfahren in verschiedenen Techniken angewendet werden, die alle eine Agglomeration von Pulverkörnern an der Oberfläche von vorher von Fetten umhüllten Substanzen zum Ziel haben.

• *Feuchte Methode*
Die geschmolzenen Fette werden in vorher konzentrierte flüssige Magermilch verbracht. Das Gemisch wird unter Druck (100 kg/cm^2) homogenisiert und nach dem Sprühverfahren getrocknet. Der zugesetzte Anteil beträgt allgemein 35 bis 40%. Es ist das in Frankreich am häufigsten angewendete Verfahren. Anstelle der Magermilch als Trägersubstanz der Fette wird ebenso Molke eingesetzt. In diesem Falle muß der zugesetzte Anteil geringer sein (30 bis 35%).
Unabhängig von der Methode des Zusetzens ist es wichtig, das aufgefettete Pulver genügend und kontinuierlich zu kühlen, um ein Verklumpen nach dem Einsacken zu vermeiden [36].

Beschreibung der Produkte
Von der Qualität der Wiederauffettung hängt die des Aufzuchtfutters ab, insbesondere die spätere Verflüssigung. Nach der feuchten Methode aufgefettete Erzeugnisse lassen sich oft besser wieder lösen.

• *Wirksamkeit der Lipoprotein-Verbindungen*
Sie wird über den Anteil an freien Fetten bestimmt, sozusagen über den Anteil der bei Kälte durch ein organisches, wenig polarisiertes Lösungsmittel (Petrol-Äther bei 20°C) leicht extrahierbaren Fette. Im Falle der Auffettung auf trockenem Wege ist der Gehalt an freien Fetten allgemein höher, nach LEMAITRE 79% statt 9% [13]. Nach der schnellen Trocknung der Milch liegt ein beträchtlicher Anteil Laktose in Form des amorphen Anhydrids vor. Es hat dann die Tendenz, in die hydrierte kristalline Form überzugehen. Dieser Strukturwechsel bewirkt Veränderungen in der Hülle der Fettkügelchen. Die Lipoprotein-Verbindungen brechen teilweise auseinander und die frei gewordenen Fettkugeln steigen an die Oberfläche. Dieses Phänomen läßt sich teilweise vermeiden, wenn die Fette in Molken zugesetzt werden, wo der Gehalt an Laktose wichtiger ist als der an Proteinen. In diesem Falle ist es notwendig, die Ausbildung einer Vielzahl kleiner Kristalle zu fördern, indem z. B. das Konzentrat mit Molkenpulver bestreut wird. Auf jeden Fall ist eine gute Kristallisation der Laktose zu versuchen, um die Bildung von Klumpen zu vermeiden.

• *Feinheit der Emulsion*
Das Auffetten auf feuchtem Wege läßt normalerweise die Bildung von Fettkügelchen zu, von denen 95% einen Durchmesser unter 3 µ haben und deren Emulsion in der flüssigen Phase sehr stabil ist. So waren nach LEMAITRE [13] innerhalb von 48 h ruhender Proben rekonstituierter Milch die Werte um das Zehnfache höher, wenn das Auffetten auf trockenem Wege stattfand.
Die Stabilität der Emulsion läßt sich durch den Zusatz von Emulgatoren [16] verbessern. Die am häufigsten verwendeten Stoffe sind Soja-Lezithine, die Monoglyzeride und besonders Saccharoglyzeride. Sie sind allein, aber auch in Verbindung verwendbar. Ihr Zusatz ist bei Trockenzubereitung unerläßlich, bei der Feuchtzubereitung von geringerem Interesse [32].

Kohlenhydrate (Zucker)
Wahl der Zucker
Die Laktose ist der gluzidische Hauptbestandteil im Aufzuchtfuttermittel. Zumeist stammt sie aus dem Magermilchpulver oder Molkenpulver, die im Verhältnis zur TS davon 50 bis 55% bzw. 72 bis 75% enthalten. Seltener stammen sie von anderen Milch-Nebenerzeugnissen (Buttermilchpulver, Molken-Proteinkonzentrat, Milch- oder Molken-Ultra-

sehenen Tieren (200 kg). Die durch die Endprodukte der Stärkeverdauung gewonnene Energie begünstigt die Proteinneogenese und beschränkt die Lipogenese [31, 37].

Auch lassen mit Stärke angereicherte Aufzuchtmittel die Bildung schwererer Schlachtkörper ohne übermäßigen Fettansatz zu. Die dem Futter zugesetzten Zucker müssen eine bestimmte Qualität haben, hochverdaulich, leicht löslich und imstande sein, sich in Suspension zu halten. Ihr Zusatz zum Futter darf bei Gegenwart einer großen Menge Laktose die Mechanismen der Verdauung nicht zu stark verändern. Eine Überladung mit Stärke oder Saccharose, die unter schlechten Bedingungen verabreicht werden, könnte zur Ursache von Durchfällen werden.

Die Saccharose und die Stärke sind die wichtigsten, für Aufzuchtfutter geeigneten Kohlenhydrate. Ihre mittlere Verdaulichkeit und die Gefahr von Verdauungsstörungen lassen eine Konzentration von höchstens 2 bis 3% der TS des Futters zu. Dagegen ist es möglich, Stärkeerzeugnisse in höheren Anteilen zu verwenden. Aber ihr Einsatz hängt von der Art der Stärke, den in das Futter verbrachten Mengen und den technologischen Behandlungsverfahren ab.

Verwendungsarten

In Anteilen nicht über 4% der Futtertrockenmasse können Weizen-, Mais- und Maniokstärke in rohem Zustand verwendet werden. Ihre Verdaulichkeit ist ausgezeichnet, und sie verbleiben bei der Verabreichung als Tränke sehr befriedigend in Suspension. Abgesehen von dieser Konzentration ist es notwendig, technologisch behandelte Stärkeprodukte zu verwenden, die eine Förderung der Wirkung von Verdauungsenzymen, die Erhöhung der Verdaulichkeit und die Verbesserung der Löslichkeit der Produkte zum Ziele haben. Um diese Ziele zu erreichen, wurden viele technologische Behandlungsverfahren vorgeschlagen. Sie können mechanischer (Mikronisation), hydrothermischer (Gelatinisation),

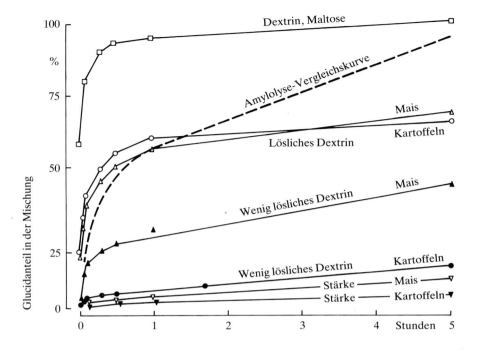

Versuchskurve der Amylolyse, um ein gut verdauliches und wenig Durchfall auslösendes Erzeugnis zu bekommen

Produktion Zusatz von 75 g/kg Milch		Verteilung des TS-Gehaltes in den Fäzes (in % der Zahl der Beobachtungstage)		
		< 12 (Durchfall)	12–20 (locker)	> 20 (normal)
Kartoffelstärke	▼	1	5	94
Maisstärke	▽	4	34	62
Wenig lösliche Dextrine				
Kartoffel	●	0	2	98
Mais	▲	4	51	45
Lösliche Dextrine				
Kartoffel	○	2	94	4
Mais	△	7	90	3
Maltose-Dextrin	□	55	42	3

Abb. IV/2 Kinetik des enzymatischen Abbaus verschiedener Stärkeerzeugnisse durch die Pankreasamylase und Beziehung zu ihrer Durchfallswirkung [17]

filtrat). Außer Laktose kann man andere Kohlenhydrate hinzusetzen. Man weiß z. B., daß Stärke ein Energieträger ist, der einen Teil der Lipide vorteilhaft ersetzen kann, besonders bei für eine höhere Schlachtmasse vorge-

enzymatischer oder chemischer Art (Dextrinisation) sein. Alle diese Behandlungsverfahren führen zu einem besseren Stärkeabbau, dessen Größenordnung in einer Funktion zur Intensität der angewendeten Behandlung steht (Abb. IV/2). Die Zusammensetzung behandelter Stärke ist daher äußerst mannigfaltig. Zumeist steht neben einem geringen Teil wenig abgebauter Stärke ein größerer Anteil wasserlöslicher Dextrine, die aus linearen und verzweigten Glukose-Polymeren bestehen, deren Kettenlänge von 2 bis 50 oder 60 Glukoseeinheiten schwankt. Auch reine Glukose kann enthalten sein.

kanal mit der Resorptionskapazität übereinstimmt. Die Mehrzahl moderner technologischer Methoden läßt die Gewinnung solcher Erzeugnisse zu. Man kann auch durch Vermischung roher Stärke, behandelter Stärke und einfacher Zucker (Glukose und Maltose) zu einem analogen Ergebnis kommen.

Proteine

Wahl der Proteine

Die den Aufzuchtfuttermitteln zugesetzten Proteinquellen müssen zugleich ein ausreichendes Gleichgewicht an essentiellen Amino-

Tabelle IV/9 Zusammensetzung an essentiellen und halbessentiellen Aminosäuren der für die Herstellung von Aufzuchtfutter verwendeten oder geeigneten Proteine (in g je 16 g N) [22, 23]

Aminosäure	Milch	Molken	Milchprotein	Fisch (1)	(2)	Soja	Kartoffel	Bohne	Raps	Alkanhefe	Verschiedene Hefen (3)
Threonin	4,6	5,9	5,85	4,3	3,8	4,1	5,9	3,6	4,45	5,55	4,2 – 5,65
Valin	7,15	5,5	6,65	5,5	4,25	5,3	7,45	4,7	5,25	5,9	5,1 – 6,6
Isoleucin	5,75	5,6	6,25	4,5	3,5	5,0	6,0	4,4	4,05	5,4	4,4 – 5,3
Leucin	10,0	8,4	13,8	7,3	6,05	7,8	10,75	7,25	6,85	7,45	6,2 – 7,15
Tyrosin	5,1	2,65	4,25	3,0	2,45	3,85	6,05	3,6	3,15	3,9	3,2 – 3,8
Phenylalanin	5,35	3,35	4,35	3,95	2,95	5,15	6,7	4,2	4,0	5,25	3,45 – 4,95
Phenylalanin + Tyrosin	10,45	6,0	8,60	6,95	5,50	9,0	12,75	7,8	7,15	9,15	–
Cystin	0,9	1,5	3,4	1,0	0,75	1,75	1,8	1,6	2,85	1,25	0,95 – 1,5
Methionin	2,6	1,75	2,8	3,0	2,5	1,5	2,45	0,8	2,15	1,55	1,3 – 1,9
Methionin + Cystin	3,5	3,25	6,2	4,0	3,25	3,25	4,25	2,4	5,0	2,80	
Lysin	8,5	8,1	10,65	8,05	7,6	6,5	8,15	6,5	5,7	7,9	7,15 – 8,25
Histidin	2,9	1,7	2,05	2,35	1,95	2,7	2,25	2,6	2,65	1,95	1,75 – 2,2
Arginin	3,55	2,2	3,4	5,55	6,3	7,4	5,5	9,65	6,1	4,95	4,15 – 5,6
Tryptophan	1,15	1,4	2,0	0,9	0,55	1,25	1,15	0,8	1,2	1,0	1,15
Gehalt an Stickstoff	36	13	51	80	89	52	85	26,8	36,1	64,9	32 – 65

Ein zu hoher Anteil an kurzkettigen Gluziden ist nicht erwünscht, wenn auch in den zugeführten behandelten Stärkeerzeugnissen größere Mengen (über 10 bis 12%) sind, denn das kann zu einer außerordentlichen Fermentation im Darm führen, die Durchfallsache ist. Es ist besser, am Ende der technologischen Behandlung ein Erzeugnis zu haben, dessen Hydrolyse durch die Enzyme im Verdauungs-

säuren aufweisen oder leicht ergänzt werden können. Sie müssen außerdem verzehrsanregend, löslich oder leicht in Suspension zu halten, frei von schwer verdaulichen Komponenten (Gluzid-Komplexen) und unerwünschten Inhaltsstoffen (antinutritive Faktoren) und schließlich eisenarm sein, wenn es sich um Aufzuchtfutter für Schlachtkälber [33] handelt. Die in dieser Hinsicht interessantesten

(1) = norwegisches Heringsmehl
(2) = teilweise hydrolysierte Weißfische
(3) = in acht Proben anderer Hefen als Alkanhefe festgestellte Extremwerte

Proteine sind trotz ihres leichten Mangels an S-haltigen AS (Tab. IV/9 und IV/10) die der Milch. Die anderen Proteine koagulieren nicht unter Druckwirkung. Von den dem Aufzuchtfutter zugesetzten Proteinen scheinen die aus Molken am besten verwertet zu werden. Sie haben jedoch in bezug auf S-haltige AS leichte Mängel, vielleicht auch an Histidin und Arginin. Ihre Konzentration erlaubt es, an essentiellen und semiessentiellen AS reichere Substanzen zu gewinnen (59,5 % an S-haltigen AS, in einem geringeren Maße auch an Threonin und Lysin (Soja) oder an Histidin (Hefen). Die Proteine der Kartoffel haben einen hohen Gehalt an essentiellen AS und scheinen bis auf einen relativ geringen Mangel an Lysin und Histidin ausgeglichen zu sein. In praxi sind Aufzuchtfutterstoffe nur mit Methionin und Lysin zu ergänzen. Bestimmte im Gemisch eingesetzte Proteine, z. B. die vom Fisch und aus Molke, können sich gegenseitig ergänzen.

Tabelle IV/10 Zusammensetzung an essentiellen und halbessentiellen Aminosäuren der für die Herstellung von Aufzuchtfutter geeigneten und gelegentlich verwendeten Proteine [22, 23] (g/100 g der Summe der korr. Gehaltswerte (3) an essentiellen und halbessentiellen Aminosäuren)

Aminosäure	Milch	Molken	Milchprotein	Fisch (1)	Fisch (2)	Soja	Kartoffel	Bohne	Raps	Alkanhefe
Threonin	8,85	12,35	9,8	9,55	10,35	9,3	10,8	9,2	10,45	11,8
Valin	13,8	11,5	11,15	12,2	11,6	12,0	13,6	12,0	12,3	12,55
Isoleucin	11,05	11,7	10,5	10,0	9,55	11,35	10,95	11,25	9,5	11,5
Leucin	16,55	17,6	15,75	15,0	14,3	17,0	16,45	16,85	14,25	15,85
Tyrosin	5,85	5,3	5,95	5,15	5,45	5,15	5,7	5,55	5,3	5,1
Phenylalanin	6,15	6,7	6,05	6,85	6,55	6,85	6,3	6,45	6,7	6,9
Phenylalanin + Tyrosin	12,0	12,0	12,0	12,0	12,0	12,0	12,0	12,0	12,0	12,0
Cystin	1,75	3,15	5,7	2,2	2,05	3,95	3,3	4,1	6,7	2,65
Methionin	5,0	3,65	4,7	6,65	6,8	3,4	4,5	2,05	5,05	3,3
Methionin + Cystin	6,75	6,8	10,4	8,85	8,85	7,35	7,8	6,15	11,75	5,95
Lysin	16,35	16,95	17,9	17,9	20,7	14,75	14,9	16,6	13,4	16,8
Histidin	5,6	3,55	3,45	5,2	5,3	6,1	4,1	6,65	6,2	4,15
Arginin	6,85	4,6	5,7	7,3	7,3	7,3	7,3	7,3	7,3	7,3
Tryptophan	2,2	2,95	3,35	2,0	1,5	2,85	2,1	2,05	2,80	2,15
Summe der korr. Gehaltswerte an AS (g/16 g N)	51,95	47,8	59,55	45,05	37,4	44,1	54,7	39,15	42,6	47,05

(1) = norwegisches Heringsmehl
(2) = teilweise hydrolysierte Weißfische
(3) = Korrekturen für den eventuellen Überschuß an bestimmten AS: Leucingehalt auf das 1,5fache des Gehaltes an Isoleucin beschränkt. Gehaltswerte an Tyrosin + Phenylalanin und an Arginin beschränken sich auf 12% und 7,3% der korrigierten Summe

statt 47,8%). Die Proteine vom Fisch sind arm an Trytophan. Ihre AS-Garnitur hängt von den verwendeten Arten und den technologischen Verfahren ab, denen sie unterzogen wurden. Die aus Weißfischen durch enzymatische Hydrolyse gewonnenen Konzentrate enthalten relativ weniger essentielle As als z. B. das norwegische Heringsmehl (37,4% statt 45%).

Die Sojaproteine und Kohlenwasserstoffhefen sind reich an essentiellen, aber arm an

Technologische Behandlung

• *Magermilch und Molken*
Hitzebehandlungen (Pasteurisation, Konzentration, Trocknung) können, bei Magermilch und Molken angewendet, deren bakteriologische Qualität verbessern, erleichtern die Konservierung, jedoch kann die Behandlung den Futterwert verändern (Tab. IV/11). So können Kondensationsreaktionen (Maillard-Reaktion) zwischen den Proteinen und der Laktose von Milcherzeugnissen ablaufen. Diese

Verbindungen kommen zwischen der reduzierenden Funktion der Laktose (Aldehydgruppe) und freien, aminierten Radikalen der Proteine zustande. Sie sind enzymresistent, obwohl sie durch chemische Hydrolyse zerstört und in der Analyse als Aminosäure nachgewiesen werden können. Die so gebildeten intermediären Stoffe oder Prämelanoidine haben außer dem Nachteil, Nahrungs-AS zu blockieren, eine physiologisch schädliche Wirkung (Lebertoxizität, allergische Phänomene). Die Endprodukte der Reaktion bilden dunkelbraune Depots. Außer ihrer Blockadewirkung auf Nahrungs-AS haben sie physiologisch keine Bedeutung. An der Maillard-Reaktion nehmen folgende AS mit abnehmender Häufigkeit teil: Lysin, Arginin, Histidin, Tryptophan und schließlich die anderen AS.

Unter dem Einfluß der Hitze bilden sich durch S-Doppelbindungen polymerisierte Proteinaggregate. Dieses Phänomen wird bei bestimmten, an S-haltigen AS reichen Serumproteinen besonders deutlich. Es trägt z. B. zur Geschmacksveränderung hocherhitzter Milch bei.

Der Gehalt an ionisierbarem Ca kann sich durch Hitzebehandlungen bis auf 25% des Anfangswertes vermindern [27]. Das bedeutet jedoch, daß das Magermilchpulver keiner Hocherhitzung unterzogen wurde, besonders wenn es einem für sehr junge Tiere bestimmten Futter zugesetzt werden soll. Um die Intensität der Hitzebehandlung zu beurteilen, können mehrere Methoden angewendet werden (Tab. IV/11):
– Koagulationsvermögen unter Druckwirkung: Die Koagulationszeit ist erhöht und die Spannung des Koagulums durch die erhöhte Hitzebehandlung vermindert.
– Nachweis an verfügbarem Lysin: Eine Schätzung des durch Verdauungsproteasen freisetzbaren Lysins erfolgt konventionell nach der Methode CARPENTER [4]. Der Gesamtgehalt an Lysin und der an verfügbarem Lysin ändert sich normalerweise durch die Pasteurisierung und die Trocknung mittels Sprühverfahren wenig. Demgegenüber bewirkt die Anwendung des Hatmaker-Verfahrens eine Verringerung dieser Gehaltswerte in der Magermilch und in Molken [35].
– Nachweis von nicht denaturierten Nicht-Kaseinproteinen: Diese Proteine werden durch Präzipitation des Kaseins und denaturierter Serumproteine getrennt.
– Andere, mehr komplexere und schwerer zu handhabende Methoden können angewendet werden, z. B. die chemische Trennung der Proteine, die Chromatographie oder die Elektrophorese.

Bei der Verwendung von Molke sind andere Gesichtspunkte in Betracht zu ziehen, besonders ihre Herkunft und die Verfahren, denen sie unterzogen wurde, um sie zu demineralisieren oder mit Proteinen anzureichern. Deshalb ist Molke mehr eine Energie- als eine Proteinquelle, da sie in der TS 60 bis 80% Laktose, aber nur 11 bis 14% Proteine enthält. Die Koch- und Preß-Molken und spezielle Pasten sind sehr reich an Laktose und sehr arm an Milchsäure und Mineralstoffen. Die Molken frischer Pasten enthalten am wenigsten Laktose und sind sehr reich an Milchsäure und Mineralstoffen. Die Camembert-Molken sind mittelmäßig zusammengesetzt. Die aus der Salzkäserei stammende Molke ist durch einen sehr hohen Gehalt an Chlor gekennzeichnet (5,5 bis 6% in NaCl ausgedrückt, anstelle von sonst 2,5 bis 3% der TS) und nicht zu empfehlen. Abgesehen von ganz besonderen Fällen dürfen normale Bestandteile anderer Molken, wenn sie klassischen Futtermitteln in vernünftigen Mengen (weniger als 15%) zugesetzt werden, kein erhebliches Ungleichgewicht bewirken, besonders wenn in der Rezeptur ein Mineralstoffgemisch berücksichtigt wurde. Die evtl. durch Molken hervorgerufenen Störungen scheinen anderen Gesichtspunkten der Qualität (Art der Konservierung, evtl. Gegenwart von Neutralisantien, Antiseptika, Nitrate, Nitrite) zuzuschreiben sein.

Tabelle IV/11 Einfluß einer Hitzebehandlung auf die Milchproteine [15, 19, 27, 35]

Produktion und Behandlung	Ergebnis	
Vollmilch	Koagulationsspannung	
– roh (frisch)	100	
– 61 °C – 30 min	70	
– aufwallen – 3 min	16	
– 117 °C – 15 min	0	
Magermilch, sprühgetrocknet	Koagulationszeit (min)	
– 55 °C – 15 s	5,75	
– 95 °C – 20 min	6,75	
Magermilch	Protein-N* (in % des Gesamt-N)	
– getrocknet nach Hatmaker	6,0	
– sprühgetrocknet nach Erhitzen auf 74 °C – 30 min	8,4	
77 °C – 15 s	15,4	
Magermilch	Lysin (g/16 g N)	
	abs.	verfügb.
– roh (frisch)	8,0	7,7
– sprühgetrocknet nach Erhitzen auf 72 °C – 15 s	8,1	8,0
75 °C – 30 min	7,9	6,7
– getrocknet nach Hatmaker normal	7,9	6,2
leicht verbrannt	6,6	4,9

* ohne Kasein, nicht denaturiert

ZUSAMMENFASSUNG

Die Herstellungstechnologie klassischer Aufzuchtfuttermittel ist heute ausreichend bekannt. Die heikelsten Punkte sind mußmaßlich der Zusatz von Fetten und die Herstellung von Magermilchpulver. Das bedeutet zugleich, daß die anderen Futterkomponenten (Molkenpulver, Stärke) ebenfalls von ausgezeichneter Qualität sein müssen.

Die Entwicklung und der Einsatz von Ersatzproteinen wird von der Preisentwicklung für Magermilchpulver, den Fortschritten in der Extraktionstechnologie, der Behandlung dieser Proteine sowie der Zukunft der Schlachtkälberproduktion abhängen.

• *Nicht-Milch-Proteine*

Um sie herzustellen, zu konzentrieren, ihre Löslichkeit zu erhöhen, sie von bestimmten antinutritiven Faktoren zu befreien, werden verschiedene technologische Verfahren angewendet. Die Ausführungen beziehen sich auf Fisch-, Soja- und Einzellerproteine.

Fischproteinkonzentrate sind zuckerarm und müssen entfettet werden. Bei fetten Fischen ist eine Extraktion erforderlich, wozu als Lösungsmittel in der Hauptsache Isopropanol und Hexan dienen [3, 12]. Bei weißen Fischen können die Lipide größtenteils durch Zentrifugieren nach Lösung der Mehrzahl der Proteine durch enzymatische Hydrolyse eliminiert werden.

Das *Sojakorn* ist geschält und wird allgemein mit Hexan entfettet. Der so erhaltene Kuchen enthält 50 bis 53% Proteine in der TS. Er kann nur nach einer Hitzebehandlung verwendet werden [14], wodurch antinutritive Faktoren, insbesondere Antitrypsine, ausgeschaltet werden. Es ist möglich, proteinreichere Stoffe (z. B. 55 bis 70%) herzustellen, indem ein Teil der Gluzide (Saccharose und α-Galaktoside) durch Fermentation oder Extraktion mit Alkohol entfernt wird [20, 29]. Durch Lösung von Proteinen im alkalischen Milieu erhält man Isolate (von 85 bis 95% Proteinen), die fast keine Gluzide enthalten. Dieses Verfahren ist jedoch zu aufwendig, um es für die Herstellung von Aufzuchtfutter anzuwenden.

Andere technologische Behandlungsverfahren (Säuerung, Alkalinisierung) könnten ebenfalls die Verwertung der Sojaproteine verbessern [6, 7, 8, 21, 25, 28].

Die für die Kultur von Proteinen geeigneten *Mikroorganismen* sind sehr verschieden (Hefen, Bakterien, Algen, Pilze). Bei den verwendeten Substraten (Kohlenwasserstoffe, Methanol, Molke, Stärke) ist es dasselbe. Bis jetzt werden nur Alkanhefen [11] und Milchhefen in praxi verwendet. Die ersteren sind an N-haltigen Substanzen reicher als die zweiten (bis zu 72% der TS statt 50). Folglich sind weniger Gluzidkomplexe enthalten (22% statt 33). Ein beträchtlicher Teil (etwa 12%) N-haltiger Substanzen bereiten in Nukleidform Schwierigkeiten. Die auf Erdöl kultivierten Alkanhefen sind von ihren fettlöslichen Verunreinigungen befreit (zyklische Kohlenstoffe durch Lösungsmittelextraktion). Diese Operation ist bei Hefekulturen auf reinen Paraffinen oder auf Molken nicht notwendig. Vor der Trocknung müssen die Wände der Hefen durch einen Hitzeschock zerstört werden. Diese Behandlung verhindert das weitere Hefewachstum und erhöht deren Verdaulichkeit. Milchhefen werden getrocknet, ohne sich von ihrem Kulturmilieu zu trennen. Die erhaltenen Substanzen (Molken, Hefen) enthalten weniger N (18 bis 35%) und vor allem mehr Mineralien (12 bis 20% statt 8 bis 10) als isolierte Hefen. Um die Suspension unlöslicher Proteinkonzentrate zu fördern, ist es notwendig, sie sehr fein (bis zu einer Teilchengröße von etwa unter 50 µ) zu zerteilen oder auf bestimmte Zusätze (Alginate) zurückzugreifen. Bei für Schlachtkälber vorgesehenen Futtermitteln sollte man den Gehalt an überschüssigem Fe in den Ersatzproteinen beachten [33].

LITERATUR

[1] Anonyme, 1973 – Les produits laitiers en 1972. Bull. Inf. Min. Agric., 608., $C_1 - C_8$.

[2] Anonyme, 1975 – L'industrie de l'alimentation animale en 1974. Perspectives pour 1975. Indust. Alim. Anim., 7-8, 5-33.

[3] Brody, J., 1965 – Fishery by-products technology. Avi Publishing Company, Westport.

[4] Carpenter, K. J., 1960 – The estimation of the available lysine in animal protein foods, Biochem. J., 77, 604-611.

[5] Coleou, J., 1972 – L'avenir des aliments d'allaitement. Rev. Fr. Corps Gras, 11, 687-695.

[6] Culioli, J., Maubois, J. L., 1975 – Purification des protéines de tourteau de tournesol par ultrafiltration. Rev. Fr. Corps Gras, 22, 521-525.

[7] Culioli, J., 1975 – La technologie de préparation des protéines végétales. Indust. Alim. Anim., 3, 37-49.

[8] Delobez, R.; Dutertre, R.; Rambaud, M., 1971 –

Dosage des facteurs antitrypsiques du soja. Rev. Fr. Corps Gras, 18, 381–389.
[9] ERBERSDOBLER, H., GROPP, S., 1973 – Aspect of protein quality in calf nutrition. Problems and possibilities of milk protein substitutes. Proc. Nutr. Soc., 32, 223–230.
[10] FÉVRIER, C., 1975 – Persönliche Mitteilung.
[11] GOUNELLE DE PONTANEL, H., 1972 – Levures cultivées sur alcanes, sources de protéines alimentaires. Aix en Provence.
[12] HUBER, J. T., 1975 – Fish protein concentrate and fish meal in calf milk replacers. J. Dairy Sci., 58, 441–447.
[13] LEMAITRE, P., 1966 – Aliments du bétail et industrie laitière. Les relations amont-aval. In: Cycles d'étude sur les problèmes et les options de l'industrie de l'alimentation animale. Production du lait. Ed. Flammarion, Paris.
[14] LIENER, I. E., 1969 – Toxic constituents of plant Foodstuffs. Academic Press. New York.
[15] LISTER, E. F., 1971 – Effects of heat treatment of skim milk powder and levels of fat and protein in skim milk replacers diets on the growth of calves. Can. J. Anim. Sci., 51, 735–742.
[16] LOISEAU, B., 1967 – Les émulsifiants dans les aliments d'allaitement pour veaux. In: Journées internationales d'information sur les aliments d'allaitement pour veaux. I.T.E.R.G. et I.N.R.A.
[17] MATHIEU, C. M., THIVEND, P., BARRE, P. E., 1970 – Digestion et utilisation des aliments par le veau préruminant à l'engrais. V. Remplacement des matières grasses du lait par des dextrines. Ann. Biol. Anim. Bioch. Biophys. 10, 253–269.
[17a] MAUBOIS, J. L., 1975 – Persönliche Mitteilung.
[18] MORTENSON, F. N.; ESPE, D. L.; CANNON, C. Y., 1935 – Effect of heating milk on the time which the curds remain in the abomasum of calves. J. Dairy Sci., 18, 229–238.
[19] NITSAN, Z.; VOLCANI, R.; GORDIN, S.; HASDAI, A., 1971 – Growth and nutrient utilization by calves fed milk replacers containing milk or soybean protein concentrate heated to various degrees. J. Dairy Sci., 54, 1294–1299.
[20] PETIT, L.; DAVIN, A.; GUEGUEN, J.; LEFEBVRE, J., 1975 – Extraction et purification des produits par voie chimique: tourteau de tournesol et farine de fève. Rev. Fr. Corps Gras, 22, 517–520.
[21] PION, R., 1971 – Composition en acides aminés des aliments. Indust. Alim. Anim. 6, 29–36.
[22] PION, R.; PRUGNAUD, J., 1975 – Persönliche Mitteilung
[23] PONTURIER, H.; ADDA, J., 1969 – Beurrerie industrielle. Science et technique de la fabrication du beurre. La Maison Rustique. Paris.

[24] RAMSLEY, H. A.; WILLARD, T. R., 1975 – Soy protein for milk replacers. J. Dairy Sci., 58, 436–441.
[25] ROBERT, C., 1974 – Tourteaux et protéines 1973. Indust. Alim. Anim. 7–8, 7–55.
[26] SHILLAM, K. W. G.; ROY, J. H. B., 1963 – The effect of heat treatment on the nutritive value of milk for the young calf. Brit. J. Nutr., 17, 171–181.
[27] SMITH, A. K.; CIRCLE, S. J., 1972 – Soybeans: chemistry and technology. Vol. 1 Proteins. Avi Publishing Company, Westport.
[28] STARON, T., 1975 – Obtention des protéines à partir des graines oléagineuses par des méthodes microbiologiques. Rev. Fr. Corps Gras, 22, 579–589.
[29] TEICHMAN, E., 1967 – The incorporation of fats into dry power by atomizing-spraying for the production of milk replacers. In: Journées internationales d'information sur les aliments d'allaitement pour veaux I.T.E.R.G. et I.N.R.A.
[30] TOULLEC, R.; THIVEND, P.; MATHIEU, C. M., 1974 – Production de veaux à l'engrais de poids élevè: Influence de la race (Frisonne-Normande) et de la source d'énergie (lipides-glucides). Bull. Tech. C.R.Z.V., 15, 5–14.
[31] TOULLEC, R.; MATHIEU, C. M., 1971 – Utilisation des matières grasses par les jeunes ruminants. Bull. Soc. Scient. Hyg. Alim. 59, 49–71.
[32] TOULLEC, R.; PATUREAU-MIRAND, P.; THIVEND, P.; VERMOREL, M., 1975 – Bases physiologiques de la réalisation des aliments d'allaitement pour veaux. Bull. Soc. Scient. Hyg. Alim., 63, 69–100.
[33] UZZAN, A., 1971 – Etude comparative des spécifications des suifs employés dans des aliments d'allaitement. Rev. Fr. Corps Gras, 10, 21–24.
[34] VAN DEN BREUEL, A. M. R.; JENNESKENS, P. J.; MOL, J. J., 1972 – Availability of lysine in skim milk powders processed under various conditions. Neth. Milk Dairy J., 26, 19–30.
[35] VAN GINNEKEN, C., 1967 – Préparation des produits d'allaitement: procédés par pulvérisation, mélange et refroidissement. In: Journées internationales d'information sur les aliments d'allaitement pour veaux. I.T.E.R.G. et I.N.R.A.
[36] VERMOREL, M.; BOUVIER, J. C.; THIVEND, P.; TOULLEC, R., 1973 – Utilisation énergétique des aliments d'allaitement par le veau préruminant à l'engrais à différents poids. In: Energy metabolism of farm animals, 143–146. Edited by Menke K. H., Reichl J. R., Hohenheim.
[37] WOLFF, J. P., 1968 – Manuel d'analyse des corps gras. Ed. Azoulay, Paris.
[38] YAGUCHI, M.; ROSE, D., 1971 – Chromatographic separation of milk proteins: a review. J. Dairy Sci., 54, 1725–1743.

Kapitel 3 Ernährung des früh abgesetzten Kalbes (Aufzuchtkalb)

R. GUILHERMET

Das Kalb erhält nach der Geburt nur Milch wie alle jungen Säugetiere. Es muß jedoch sehr früh auf ein billigeres Fütterungsregime umgestellt werden. Das für erwachsene Wiederkäuer beruht auf Grobfuttermitteln (Heu, Silage, Grünfutter) und Konzentraten. Der Übergang zwischen diesen beiden Rationstypen fällt mit dem Absetzen zusammen. Um ein frühes Absetzen durchführen zu können, ist es erforderlich, daß dem Kalb eine ausreichende Menge festen Futters mit hoher Verdaulichkeit vorgelegt wird.

Futteraufnahme bei trockenen Futtermitteln

An das Alter gebundene Faktoren

Alter des Tieres

Bei einer bestimmten Milchmenge (z. B. beim Absetzen mit 5 Wochen) erhöht sich die Aufnahme an Trockenfuttermitteln mit zunehmendem Alter. Werden Konzentrat und Heu ad libitum angeboten, erhöht sich die Aufnahme von 0,2 kg TS/100 kg Lebendmasse mit 3 Wochen auf 2,8 kg mit 13 Wochen und bleibt dann zunächst konstant.

Pansenvolumen

Die mit dem Alter des Tieres eindrucksvollste Steigerung der Futteraufnahme beruht auf der sehr erheblichen Zunahme des Pansenvolumens im Verlaufe der Jugend. Entsprechend der im Regime aufgenommenen Menge an TS (Abb. IV/3) besteht zwischen dem Volumen des Pansensaftes und aufgenommener TS-Menge eine enge Beziehung. Folglich wirken sich alle Faktoren, die für die Pansenentwicklung günstig sind, auch auf die Aufnahme fester Futterstoffe aus.

Zeit und Geschwindigkeit der Futteraufnahme

Die Gesamtdauer der für Konzentrate benötigten Mahlzeiten erhöht sich von 20 bis 25 min mit 4 Wochen auf 90 min mit 8 Wochen. Die Geschwindigkeit der Futteraufnahme (g aufgenommenes Futter/min) nimmt von 6 g je min mit vier Wochen auf 19 g je min mit 8 Wochen zu. Die für den Futterverzehr günstigen Faktoren (Schmackhaftigkeit des Futters) und die Geschwindigkeit der Aufnahme (physikalische Form) stehen in enger Beziehung zur Futteraufnahmebereitschaft.

Bevorzugungen

Das Kalb kann wie der Mensch die Geschmacksrichtungen bitter, salzig, sauer und süß unterscheiden. Es bevorzugt den Zuckergeschmack und hierbei besonders Saccharose [68]. So überrascht es nicht, daß ein Zusatz von Melasse die aufgenommene Konzentratmenge begünstigt. Ein Zusatz von nur 5 % Melasse erhöhte den Verzehr von 10 auf 16 % und damit die tägliche Zunahme um 60 bis 150 g, was mit einer Verbesserung der Futterverwertung einhergeht [36]. Das stimmt mit früheren Untersuchungen überein [51]. Im Vergleich zwischen Melasse, Glukose und Saccharose bestehen zwischen den 3 Kohlenhydraten [1] keine wesentlichen Unterschiede, sofern sie in einem Anteil von 8 % dem Futter zugesetzt werden.
Der Einsatz eines Gemisches aromatischer Substanzen im Konzentrat hat ebenfalls zu einer Verbesserung der Futteraufnahme um 20 % [79] geführt. Demgegenüber war bei der Verwendung von Anisölen eine signifikante Verminderung [46] nachweisbar. Ein Zusatz von Mononatrium-Glutamat [76] hat zu keiner Veränderung geführt.
Dagegen hat der massive Zusatz (25 %) von Molkenultrafiltrat (mit 84 % Laktose) zu einer

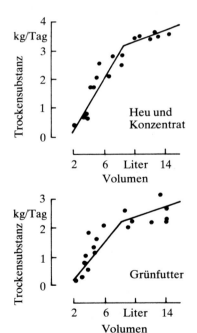

Abb. IV/3 Beziehung zwischen der Menge an aufgenommener TS und der an Pansensaft (nach GUILHERMET, 1973)

deutlichen Bevorzugung dieses Futters im Verhältnis zu einem Futtermittel ohne Laktose geführt, weil die Kälber hiervon 23% mehr verzehrten [13]. Die Studie über das Wahlvermögen der Tiere erbrachte aber nur dann bei Kälbern einen höheren Verzehr, wenn sie Laktosekonzentrat erhielten im Vergleich zu Kälbern, die ein Konzentrat ohne Laktose bekamen.

An die Ration gebundene Faktoren

Menge der angebotenen Milch (Alter beim Absetzen)

Im Verlaufe der Absetzperiode besteht beim Kalb, das außer Milch in begrenzter Menge Konzentrat und Heu bekommt, eine Beziehung zwischen Menge an verzehrtem Konzentrat und Menge der aufgenommenen Milch. Im Alter von 3 Wochen ist unabhängig von der Milchmenge die Konzentratmenge noch sehr niedrig, aber konstant. Demgegenüber variiert ab einem Alter von 6 Wochen der Konzentratverzehr im umgekehrten Verhältnis zur aufgenommenen Milchmenge und erhöht sich beträchtlich, sobald das Kalb keine Milch mehr bekommt.

Es hat sich als unzweckmäßig erwiesen, die Tiere vor einem Alter von 5 Wochen abzusetzen. Wenn man die in 13 Wochen verabreichte Milchmenge von 400 Liter auf 200 Liter in 7 Wochen vermindert, erhöhen sich die verzehrten Heu- und Konzentratmengen und man

Tabelle IV/12 Einfluß der verabreichten Milchmenge und des Alters des Kalbes beim Absetzen auf die Futteraufnahme [43]

Anzahl der Kälber	Alter beim Absetzen Wochen	Von 0 bis 3 Monate verzehrte Futtermenge		
		Milch l	Konzentrate kg	Heu kg
20	7	200	84,3	32,9
20	10	300	71,8	29,9
20	13	400	65,3	25,0

kann tägliche Zunahmen von 550 bis 600 g erzielen (Tab. IV/12).

Physikalische Form des Konzentratfutters

Granulate ermöglichen immer eine höhere Futteraufnahme als Mehle. Das Konzentratfutter sollte deshalb in granulierter (pelletierter) Form angeboten werden. Eine besondere Härte der Pellets ist ungünstig, ein Durchmesser von 7 mm ist zu empfehlen.

Chemische Zusammensetzung

Konzentrate mit einem Gehalt von 18 bis 20% Gesamt-N werden am liebsten aufgenommen. Der Rohfasergehalt hatte, wenn die Tiere über Heu verfügten und auf einer mit Stroh eingestreuten Fläche aufgezogen wurden, keinen Einfluß. Wurde dagegen Konzentrat als einziges Futter verabreicht, erhöhte ein Rohfasergehalt von 15% die Futteraufnahme und damit die Zunahmen.

Ernährungsphysiologische Entwicklung im Verlauf des Absetzens

Im Verlaufe des Milchkälberstadiums kommt es zu anatomischen und verdauungsphysiologischen Veränderungen.

Durchgang des Futters

Durch die Schlundrinne gelangt die Milch direkt in den Labmagen des präruminanten Kalbes, bevor es zum Wiederkäuer wird (Abb. IV/4). Einen ungünstigen Einfluß des Alters gibt es beim Schlachtkalb nicht, da dieses wie ein monogastrisches Tier aufgezogen wird. Dem Kalb können deshalb flüssige Futterstoffe wie Milch unter Umgehung des Pansens in begrenzter Menge und regelmäßig verabreicht werden. Dagegen kommt dem in immer erheblicheren Mengen ad libitum verabreichten Wasser mit zunehmendem Alter des Tieres im Pansen steigende Bedeutung zu [15]. Das bedeutet, daß dem Tier Wasser ständig zur Verfügung stehen muß, um den Mangel an Speichel beim Kalb wenigstens teilweise

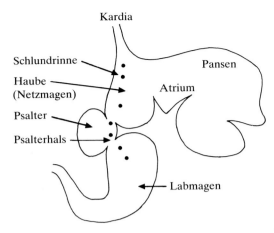

Abb. IV/4 Schematische Darstellung des Magensystems beim Wiederkäuer einschl. Verlauf der Schlundrinne

auszugleichen. Die aufgenommenen festen Futterstoffe gelangen durch den Wiederkauakt zur Verdauung. Sie rufen an den Vormägen anatomische und physiologische Veränderungen hervor.

Entwicklung des Pansens

Vergrößerung des Pansenvolumens

Die Vormägen sind bei der Geburt noch sehr wenig entwickelt, das Volumen des Panseninhaltes beträgt 2 l/100 kg Lebendmasse. Dieser Wert bleibt beim Kalb, das nur Milch erhält, gleich. Dagegen läuft beim feste Futterstoffe (Konzentrat, Heu) aufnehmenden Kalb ein allometrisch positives Wachstum ab, so daß im Alter von 4 Monaten 8 bis 10 l/100 kg Lebendmasse bei einem konzentratreichen Futter erreicht werden. Ist das Regime gras- oder heureich, verändert sich der Wert auf 14 bis 18 l [17, 45, 62, 4, 14]. Diese Vergrößerung des Pansenvolumens beruht auf Futterpartikeln, die durch mechanische Reibung zur Entwicklung der Muscularis beitragen, indem reflexogene Zentren der Pansenbewegungen stimuliert werden [4]. Langes Heu hat z. B. eine günstigere Wirkung als Konzentrat. Für die Entwicklung des Pansens ist es demzufolge wichtig, daß das Kalb in seiner Ration Grobfutterpartikel bekommt.

Entwicklung der Pansenschleimhaut

Die Schleimhaut des Pansens ist beim Schlachtkalb glatt. Beim Kalb als Wiederkäuer bewirken Endprodukte der Verdauung von Gluziden (flüchtige Fettsäuren) ebenso wie das aus dem Abbau N-haltiger Substanzen sich bildende Ammoniak die Entwicklung der Pansenpapillen durch chemische Stimulation [8, 59, 69, 4]. Diese Entwicklung ist notwendig, um die Absorption der Endprodukte der Verdauung zu ermöglichen. Die Mukosa des Schlachtkalbes ist, unabhängig von dessen Alter, zur Absorption von flüchtigen Fettsäuren unfähig, während die Mukosa des Aufzuchtkalbes sie schon sehr früh zu absorbieren vermag [69]. Diese Möglichkeit nimmt mit dem Alter zu, um die beim erwachsenen Tier gefundenen Werte mit etwa 16 Wochen zu erreichen. Um völlig funktionstüchtig zu sein, muß die Mukosa bestimmte Endprodukte der Verdauung umzusetzen imstande sein.

So wird auch Buttersäure in Form von Ketonkörpern (Hydroxybuttersäure und Azet-Essigsäure) und ein Teil des Ammoniaks durch die Pansenmukosa zur Synthese der Glutaminsäure über α-Ketoglutarsäure als Vorstufe verwendet. Es handelt sich hierbei um eine aktive Stoffwechselleistung, deren Auslösung zur Papillenentwicklung beiträgt. Grundsätzlich läßt sich für den Mechanismus der Pansenentwicklung folgendes einfaches Schema angeben:

Damit sich der Pansen schnell entwickelt, muß das Kalb zu festen Futterstoffen früh Zugang erhalten und insbesondere Heu und Stroh bekommen, um so deren Rohfaserwirkung zu nutzen.

Ablauf von Fermentationen

Wie beim erwachsenen Rind wird der Pansen zum Sitz von Fermentationen wegen des Vorhandenseins von Mikroorganismen (Bakterien, Protozoen). Die amylolytische und zellulolytische Aktivität dieser Mikroorganismen bewirkt den Stärke- und Zelluloseabbau, wobei es zur Bildung flüchtiger Fettsäuren kommt, die für energetische Zwecke verwendet werden können.

Die zellulolytische Aktivität kann anhand der verdauten Menge an Stroh, die in 48 Stunden in den Pansen eingebracht wird, gemessen werden (Nylon-Säckchenmethode [23]). Beim jungen Kalb entwickelt sie sich, sobald es beginnt, feste Futterstoffe aufzunehmen. In der Woche nach dem Beginn der Aufnahme wurden die beim erwachsenen Wiederkäuer üblichen Werte gefunden [55, 14, 4] (Abb. IV/5). Sie hängen von der Zusammensetzung der Ration und besonders von deren Rohfasergehalt ab, der z. B. bei Grasfütterung 23,5 % und bei einer Ration aus Konzentrat und Heu 12,5 % betrug. Wie beim erwachsenen Wiederkäuer wird die Zusammensetzung des Gemisches an flüchtigen Fettsäuren von der Art der Ration beeinflußt, sobald das Tier beginnt, feste Futterstoffe aufzunehmen. Grünfutter fördert die Bildung von Essigsäure, während die konzentratreiche Ration zu einer relativ vermehrten Bildung von Propion- und Buttersäure beiträgt [14] (Abb. IV/6).

Wie beim erwachsenen Rind bewirkt eine ausschließlich aus Konzentrat bestehende Ration auf Grund einer erhöhten Milchsäurebildung die Senkung des pH-Wertes. Ein pH-Wert unter 4,5 könnte zu einer von einer Anorexie begleiteten Pansenatonie führen. Das könnte den Tod des Tieres herbeiführen. Im übrigen wird das Phänomen beim jungen Kalb durch den Mangel an Speichel erschwert, der die Rolle eines Puffers spielt [25]. Auch ist es sehr wichtig, daß das Tier sowohl über Grobfutterstoffe (Heu usw.) als auch Konzentrate verfügt, wenn diese die Grundlage der Ernährung darstellen.

Verdaulichkeit der Ration
Entwicklung der Verdaulichkeit
Von der Geburt an ist das Kalb an die Verdauung und den Umsatz von Milch im Stoffwechsel gewöhnt. Die durch den Verdauungskoeffizienten ausgewiesene Verdaulichkeit der verschiedenen Milchbestandteile ist sehr hoch (98 %). Feste Futterbestandteile werden auf Grund ihrer Zusammensetzung und ihres Durchganges weniger gut verdaut als Milch (75 % gegenüber 98 % der organischen Substanz). Auch vermindert sich mit zunehmendem Verzehr an festen Futterstoffen und Verminderung der Milch die Verdaulichkeit der Ration. Beim Absetzen liegt sie zwischen der Milch und der der anderen Bestandteile der Ration. Bei mit 28 Tagen abgesetzten Tieren, die ad libitum Konzentrat und Heu er-

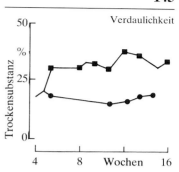

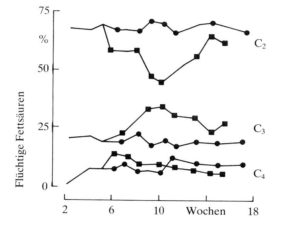

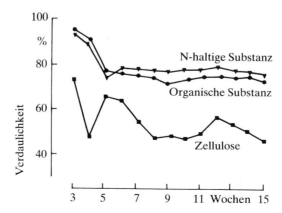

Abb. IV/5 Entwicklung der zellulolytischen Aktivität des Pansensaftes in Abhängigkeit vom Alter und von der Futterration (in % des Abbaus der TS von Stroh in 48 Stunden, nach GUILHERMET, 1973)

■—■ Grünfutter
●—● Heu und Konzentrate

Abb. IV/6 Veränderung der Zusammensetzung des Gemischs an flüchtigen Fettsäuren in Abhängigkeit vom Alter und von der Ration (Aufzuchtfutter bis zu 5 Wochen, nach GUILHERMET, 1973)

Abb. IV/7 Veränderung der Verdaulichkeit in Abhängigkeit vom Alter beim mit 28 Tagen abgesetzten Kalb

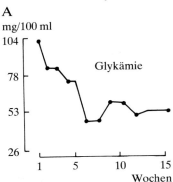

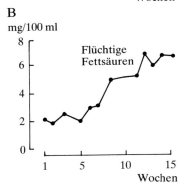

Abb. IV/8 Entwicklung des Glukosespiegels (A) und Anteil an flüchtigen Fettsäuren im Blut (B) in Abhängigkeit vom Alter beim mit 6 Wochen abgesetzten Kalb (nach MC CARTHY, 1966)

hielten, stabilisiert sich die Verdaulichkeit der organischen Substanz (OS) nach dem Absetzen in einem vergleichbaren Bereich, der mit einer solchen Ration beim erwachsenen Wiederkäuer erreicht wird [42] (Abb. IV/7). Das zeigt, daß das Alter des Kalbes keinen direkten Einfluß auf die Verdaulichkeit der organischen Substanz hat.

Verdaulichkeit der Rohfaser

Die Verdaulichkeit der Rohfaser sinkt mit dem Alter wegen der zunehmenden Aufnahme an festen Futterstoffen (Abb. IV/7). Folglich ist das junge Kalb bereits imstande, die Zellulose seiner Wiederkäuerration zu verwerten.

Verdaulichkeit N-haltiger Substanzen

Sie vermindert sich beim Absetzen von 94 auf 77% (Abb. IV/7). Wie beim erwachsenen Wiederkäuer unterliegt sie durch die Wirkung der Mikrobenpopulationen erheblichen Veränderungen. Das kann z. B. unter bestimmten Bedingungen bei der Verwertung von Ammoniak und Harnstoff Vorteile bieten. Die Ration muß eine Quelle rasch verfügbarer Energie (leicht lösbare Kohlenhydrate), eine unbedeutende Löslichkeit der Futterproteine unter den im Pansen herrschenden Bedingungen, einen geringen Anteil Nicht-Protein-N, Vorstufen von AS darstellenden, verzweigten Kohlenstoffketten, wie Valin, Leuzin und Isoleuzin, aufweisen, wobei ein bestimmtes N:S-Verhältnis gegeben sein muß. Dagegen ist bei in den AS ausgeglichenen Futterproteinen und hoher biologischer Wertigkeit die Umsetzung im Pansen ungünstig. Es kommt zuerst zu einer Umsetzung dieser Proteine in Bakterienproteine und damit zu Verlusten, die 40 bis 45% der aufgenommenen Proteine betragen können.

Verwertung der Nährstoffe

Vor dem Absetzen verwertet das Kalb hauptsächlich die Fette und Glukose als Energiequelle im Stoffwechsel. Nach dem Absetzen verfügt es besonders über die aus dem Kohlenhydratabbau durch die Pansenmikroorganismen stammenden flüchtigen Fettsäuren und muß sich auf enzymatischem Wege ihrer Verwertung anpassen. Die Untersuchung der Fermentationsprozesse hat eine Erhöhung des Gehalts an flüchtigen Fettsäuren im Panseninhalt Trockenfutter verzehrender Tiere ergeben.

Parallel vermindert sich beim Absetzen die Glykämie, um sich zwischen 0,5 und 0,6 g/l [39] zu stabilisieren (Abb. IV/8). Eine große Bedeutung wird der Zusammensetzung des Gemisches an flüchtigen Fettsäuren im Panseninhalt beigemessen. Propionsäure ist Glukobildner und für das Wachstum günstig [6]. Die die Bildung von Propionsäure fördernden konzentratreichen Rationen sind deshalb zu empfehlen. Andere Faktoren, besonders die Verabreichung von brikettiertem oder pelletiertem Heu, können Ursache des gleichen Phänomens sein. Jedoch sind diese Rationen mit Vorsicht anzuwenden.

Futterrationen

Verwertung von Aufzuchtfuttermitteln
Zusammensetzung der Milch

Nach Aufnahme des Kolostrums gleich nach der Geburt muß das Aufzuchtkalb bis zum Alter von 5 Wochen mindestens eine Milchnahrung guter Qualität bekommen. Allein die Milch kann in den ersten Lebenswochen den Bedürfnissen entsprechen, zumal Trockenfutter noch nicht aufgenommen wird. Wie beim jungen Schlachtkalb muß das Aufzuchtfutter 18 bis 20% Fett guter Qualität enthalten. Der Stärkegehalt sollte 5% nicht überschreiten, weil von den Kohlenhydraten nur Glukose und Laktose in wesentlicher Menge durch das junge Kalb verdaut werden. Der Gehalt an Kohlenhydraten soll 45 bis 50% betragen. Der

Bedarf an Eiweiß ist um so höher, je jünger das Kalb ist. Das Aufzuchtfutter für das Schlachtkalb muß 24% N-haltiger Substanzen (Rohprotein) enthalten. Futterproteine sind weniger verdaulich als die der Milch, die Unterschiede sind um so bedeutender, je jünger das Kalb ist. Daher kann ein Ersatz der gesamten Milchproteine durch Futterproteine vom Alter von 2 Tagen an den Zuwachs und gesundheitlichen Status wesentlich beeinträchtigen. Dagegen läßt eine teilweise Substitution (50%) zufriedenstellende Ergebnisse zu [73]. Es ist jedoch vernünftig, nicht mehr als die Hälfte der Milchproteine durch Futterproteine (Molken, Fisch, Soja, Hefen) in für Kälber vor dem Frühabsetzen bestimmten Aufzuchtfuttermitteln zu ersetzen.

Milchmenge

Bis zum Alter von 4 Wochen sind die Zunahmen des Kalbes um so höher, je größer die aufgenommene Menge an Milch ist (Tab. IV/13). Um in praxi Zunahmen von über 700 g/Tag zu erreichen, ist es in den ersten vier Monaten notwendig, mindestens 35 kg Milchaustauscher zu verabreichen.

Art der Verteilung

Die Menge des verabreichten Aufzuchtfutters erhöht sich in den ersten drei Wochen bis zum Absetzen (Abb. IV/9). Die Leistungen sind nicht besser, wenn die vorgesehene Milchmenge von 200 Litern statt auf 5 Wochen auf 9 Wochen verteilt wird (Tab. IV/14).
Gewöhnlich wird die Milch im Eimer täglich in zwei gleichen Rationen verabreicht. Es ist jedoch möglich, dieselbe Menge Aufzuchtfutter in einer Mahlzeit zu geben (Tab. IV/15). Unter diesen Bedingungen ist, wenn die Kälber mindestens 15 Tage alt sind, bei der Passage einer Mahlzeit/Tag die Zunahme nicht beeinträchtigt. Sie ist bei Färsen, die seit der Geburt täglich nur eine Mahlzeit [18] erhielten (Tab. IV/15), nur leicht verringert. Der Übergang zu einer Mahlzeit zwingt zu einer Erhöhung der Konzentration des Milchaustauschers in Was-

Tabelle IV/13 Einfluß der angebotenen Milchmenge auf die Leistungen von Saugkälbern

Milchaustauscher kg	Anzahl Kälber	Rasse	Körpermasse Beginn kg	Körpermasse Ende kg	Versuchsdauer Wochen	Zunahme g/Tag	Autor
24	20	F.Sb.	43	112	17	580	[43]
36	20		43	123	17	672	
48	20		43	131	17	739	
35	32	Ch.×F.Sb.	57	161	17	874	[20]
51	32		57	177	17	1008	
35	27	F.Sb.	45	124	15	752	[20]
45	27		45	126	15	771	

F.Sb. = französische Schwarzbunte
Ch. = Charolais

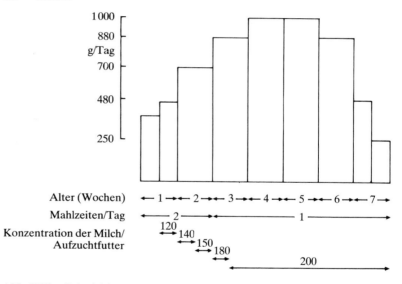

Abb. IV/9 Beispiel für einen Fütterungsplan für den Einsatz von 35 kg Milchaustauschfutter bis zum Absetzen mit 7 Wochen

Tabelle IV/14 Einfluß einer gleichen Milchmenge von 200 l auf die Futteraufnahme und die Leistungen von Kälbern [44]

Alter beim Absetzen Wochen	Anzahl der Kälber	Körpermasse Beginn kg	Körpermasse Ende kg	Zunahme g/Tag	Versuchsdauer Wochen
5	23	45,9	92,9	563	12
9	23	46,4	89,7	518	12

Tabelle IV/15 Einfluß der Anzahl der Milchmahlzeiten auf die Futteraufnahme und die Leistungen frühabgesetzter Kälber (45 kg Milchaustauschfutter)

Zahl der Mahlzeiten je Tag	Anzahl der Kälber	Körpermasse		Zunahme	Versuchs-dauer	Autor
		Beginn kg	Ende kg	g/Tag	Tage	
1	32	61	149,7	918	88	[20]
2	32	61	137,6	673	88	
1	18	33,8	115,9	693	118	[18]
2	18	34,5	120,5	729	118	
1	13	49,5	138,4	794	112	[5]
2	13	49,4	134,2	757	112	

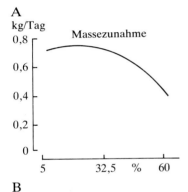
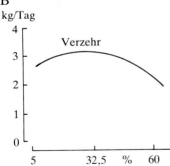

Abb. IV/10 Wirkung eines dem Konzentratfutter zugesetzten Anteils gemahlenen Strohs auf die Höhe der täglichen Zunahmen (A) und der aufgenommenen Futtermenge (B) (nach JAHN, CHANDLER und POLAN, 1970)

ser, die kontinuierlich von 120 g/kg bei der Geburt auf 200 g/kg mit 3 Wochen ohne Nachteil gesteigert werden kann, wie in Abbildung IV/9 dargestellt ist.

Verwertung der Konzentrate

Zum frühen Absetzen müssen die Kälber im Alter von 3 Wochen Heu und Konzentrate ad libitum bekommen. In diesem Falle besteht die TS der Ration zu 80 bis 90% aus Konzentrat und nur zu 10 bis 20% aus Heu. Das Konzentrat muß einen hohen Nährwert haben und sehr schmackhaft sein, um eine frühe Aufnahme in ausreichender Menge zu erreichen.

Energiekonzentration der Rationen

Eine Verminderung der Energiekonzentration des Konzentrates durch den Zusatz rohfaserreicher Komponenten, wie Baumwollschalen [47, 29], gemahlenes Stroh [21, 24, 34] oder Trockengrünfutter [41], ruft allgemein eine Verbesserung der Futteraufnahme hervor, bis zu einem nach der Rohfaserherkunft variablen Maximum (15 bis 50%) und je nachdem, ob die Tiere Heu erhalten oder nicht (Abb. IV/10a). Die Leistungen sind nur höher, wenn der Rohfasergehalt 15% nicht überschreitet (Abb. IV/10b), auch wenn die Tiere Heu erhalten. Jedoch kann diese Verbesserung auch einer Erhöhung der Verdaulichkeit der Ration zugeschrieben werden [21]. Eine höhere Futteraufnahme scheint die Verringerung der Energiekonzentration der Ration zu kompensieren. Das ist die Folge einer allgemein festzustellenden Verminderung der Verdaulichkeit mit steigendem Rohfasergehalt. Somit steigt der Futteraufwand (TS/kg Zunahme) mit Erhöhung des Rohfasergehaltes (Tab. IV/16), und die Futterverwertung vermindert sich.

N-Konzentration der Ration

Bei allen Betrachtungen über den N-Bedarf früh abgesetzter Kälber wie über den der Wiederkäuer im allgemeinen ist es wichtig zu wissen, ob die während der Fermentation leicht löslicher Kohlenhydrate im Pansen gebildeten mikrobiellen Proteine ausreichen, um den Bedarf der Tiere zu decken. Enthält das Futter weniger N-Mengen als dem Bedarf der Mikroben entspricht, kann Nicht-Protein-N zugesetzt werden, und eine Proteinergänzung wäre nicht nötig. Andererseits reicht während des intensiven Wachstums (so auch während der Laktation bei Hochleistungskühen) die Proteinsynthese durch die Mikroben nicht aus, um den Proteinbedarf der Tiere zu decken. Nur bei 200 kg schweren Friesenkälbern reichte die mikrobielle Eiweißsynthese aus, den N-Bedarf für das Wachstum zu decken [52]. Außerdem kann ein Tier sein Wachstumspotential nur bei einer ausreichenden Energiezufuhr entfalten.

• *Eiweißgehalt im Konzentratfutter*

Zahlreiche Versuche wurden unternommen, um den optimalen Eiweißgehalt der Rationen für früh abgesetzte Kälber zu bestimmen. Viele Untersuchungen betreffen die ersten drei Monate im Leben des Kalbes, also die Periode vor und nach dem Absetzen. Wenige wurden bis zum Alter von 5 Monaten verfolgt. Allgemein werden die Zuwachsleistungen durch die Steigerung des Anteiles an N-haltigen Substanzen auf 18% der TS im Konzentrat erhöht [22, 26, 35, 49, 75].

Wenn man Gehalte von 13, 17 und 21% N-hal-

tige Substanzen miteinander vergleicht, zeigt sich, daß ein Gehalt von 17% ausreicht [60, 67], (Tab. IV/17).
Eine Erhöhung des N-Gehaltes über 20% Protein führte zu keinen besseren Zunahmeleistungen [70, 67, 22, 60].
Tatsächlich beobachtet man in der Periode geringeren Verzehrs während der ersten 13 Wochen [13] keinen besseren Einfluß eines Gehalts von 20% im Verhältnis zu 17%. Dagegen führte von der 13. bis 20. Woche ein Gehalt von 17% zu besseren Ergebnissen als einer von 15%. Das zeigt, daß sich auch beim jungen, früh abgesetzten Kalb im Verlaufe der ersten 3 Monate die Energiezufuhr limitierend auswirkt. Jedoch beruht die Verbesserung der Leistungen weniger auf der günstigen Wirkung eines höheren Proteingehaltes als auf der gesteigerten Aufnahme an Konzentratfutter. Allerdings ist die Verdaulichkeit der TS und besonders der N-haltigen Substanzen der Rationen mit hohem Proteingehalt höher [64, 27, 60, 13]. Ein Proteingehalt von 18% der TS konzentratreicher Rationen für früh abgesetzte Kälber ist somit zu empfehlen.

- *Eiweißquelle*
Bei voller Funktion der Pansentätigkeit hat die Proteinquelle keinen bedeutenden Einfluß auf die Leistungen von Kälbern. Bohne oder Erbse können gute Proteinquellen sein und dem Konzentratfutter in Anteilen von 40 bis 70% zugesetzt werden [10] (Tab. IV/18).

- *N nicht eiweißartiger Natur: Harnstoff.*
Beim Ersatz von 22 bis 40% N einer aus Fischmehl, Mais und Hafer bestehenden Ration durch Harnstoff hat man eine Verringerung der Lebendmassezunahme von Kälbern zwischen 50 und 110 kg [28] um 10 bis 30% ermitteln können. Ähnliche Ergebnisse wurden auch von anderen Autoren [66, 48] mitgeteilt. In diesen Versuchen wurde Harnstoff dazu benutzt, um den Proteingehalt der Grundration von 12 auf 18 bis 19% zu erhöhen (Tab. IV/19).

Tabelle IV/16 Einfluß eines unterschiedlichen Rohfasergehaltes im Konzentratfutter auf die Futterverwertung

Herkunft der Rohfaser	Gehalt an Rohfaser in %								Autor
	0	15	20	25	30	40	45	50	60	
Baumwollspreu	2,87	3,61			3,71					[29]
Weizenstroh	2,62	2,73			3,04		3,95			[24]
Weizenstroh			3,90			4,16				[34]
Luzerneheu			3,13			3,56			3,90	[34]
Trockengrün	2,87			3,18				3,38		[41]

Tabelle IV/17 Einfluß des N-Gehaltes auf den Futteraufwand und die Leistung frühabgesetzter Kälber

Herkunft des Proteins	N-Gehalt %	Zunahme g/Tag	Futteraufwand kg/kg Zuwachs	in TS kg/Tag	Autor
Getreide	10,3	430	6,7	2,49	[22]
Soja	19,9	730	4,7	2,95	
Luzerneheu	24,8	940	3,0	2,60	
Gerste	11,5	960	–	5,23	[26]
Soja	14,5	1160	–	4,93	
	17,5	1320	–	4,74	
Soja	13,2	543	4,90	2,62	[60]
Getreide	16,2	928	3,71	3,40	
	29,6	975	3,83	3,70	
Luzerneheu	17,4	1120	3,83	–	[70]
Getreide	20,9	1130	3,86	–	
Soja	22,6	1120	3,75	–	
	27,2	1120	3,72	–	

Tabelle IV/18 Einfluß der Herkunft des dem Konzentratfutter zugesetzten Proteins auf die Leistungen frühabgesetzter Friesen-Bullenkälber [10]

Versuchs-nummer	Herkunft des Proteins	Anzahl der Kälber	Körpermasse Beginn kg	Körpermasse Ende kg	Versuchs-dauer Monate	Zunahme g/Tag	Futter-aufwand kg TS/kg Zunahme
1	Bohne	6	47,8	210,1	6,5	857	3,22
	Soja	6	49,1	228,6	6,5	938	3,00
2	Bohne	10	41,1	239,7	6,5	997	3,06
	Soja	10	41,1	245,3	6,5	1206	2,81
3	Bohne	10	41,8	169,2	4,5	981	2,25
	Soja	10	42,0	170,0	4,5	978	2,31

Bei niedrigeren N-Gehalten der Grundration (6,5%), die auf 15% gesteigert wurden, verwendete man entweder Leinkuchen oder Harnstoff, wobei für Harnstoff eine sehr gute Verwertung bestand [33]. Jedoch blieben in diesen Versuchen die Leistungen der Kälber zwischen 2 und 12 Wochen gering (250 bis 530 g/Tag; Tab. IV/19).

Man hat auch ein gute Harnstoffverwertung bis zu einer Dosis von 40% des N der Ration mit hohem Eiweißgehalt (20%) finden können und begründet diese Ergebnisse mit dem quantitativ adäquaten Vorliegen von S in der Ration. Diese gute Harnstoffverwertung durch das Kalb wird auch durch andere Arbeiten [45] bestätigt, aus denen hervorgeht, daß selbst sehr junge Kälber im Alter von 4 bis 6 Wochen eine Harnstoff in beträchtlicher Menge enthaltende Ration angemessen verwerten. Alle diese Ergebnisse zeigen (Tab. IV/19), daß nicht nur der Eiweißgehalt der Ration, sondern auch die Art der Eiweißquelle (Löslichkeit der Proteine) der Harnstoff enthaltenden Grundration für die Verwertung letzterer N-Quelle eine Rolle spielt.

Wiederkäuergerechtes Futter

Um die Zunahme der Kälber zu erhöhen und die Fütterungsarbeit zu vereinfachen, gab es zahlreiche Bemühungen, das Heu aus der Ration wegzulassen und vom Absetzen an ein pelletiertes Futter zu verabreichen. Oft aber waren die Kälber aufgebläht und das Ausmaß des Futterverzehrs und die Zunahmen waren geringer als die der Kälber, die Heu erhielten [32, 56, 42, 29]. In den Arbeiten über einstreulos aufgezogene Kälber kommt zum Ausdruck, daß die Struktur der Ration über den Einsatz solcher Rationen entscheidet [77]. Damit die Kälber normal wiederkauen, muß das Fertigfutter mindestens zu 50% (Masseanteile) gröbere Futteranteile enthalten. Dem steht entgegen, daß es beim Durchgang des Futters durch die Pelletierpresse zur Verminderung des Anteiles grober Bestandteile kommt. Bei der Herstellung von Fertigfutter muß diese Anforderung beachtet werden, andernfalls sind mindestens 10% der Ration als Heu oder Grobfutter zu verabreichen, besonders wenn die Kälber einstreulos gehalten werden. Selbst wenn sich der Anteil des Heus in der Ration auf weniger als 5% der aufgenommenen TS verringert, sind noch gute Ergebnisse zu erwarten [16].

Ein Konzentratfutter für früh abgesetzte, Luzerneheu bekommende Kälber kann aus 77% Gerste, 16% Sojakuchen, 3% Melasse und 4% Vitamin-Mineralstoffgemisch bestehen. Es wird als Pellets mit 4 oder 5 mm Durchmesser angeboten. Die Melasse läßt eine gute Haltbarkeit der Pellets zu. Wenn die Tiere kein Heu bekommen, ist es vernünftig, 10 bis 15% Luzerne mit 17% Gesamt-N anstatt Gerste hinzuzusetzen. Die Luzerne enthält für die Mikroflora des Pansens günstige Wachstumsfaktoren (verzweigte AS, Vitamine). Bei intensiv aufgezogenen Bullenkälbern ist dieses Futter ad libitum maximal bis zu 2,7 kg TS/100 kg Lebendmasse zu verabreichen, was im Alter von 13 Wochen erreicht wird. Mittlere Zunahmen von über 900 g/Tag bis zu 4 Monaten können so bei mit 6 Wochen

Tabelle IV/19 Verwertung von Harnstoff als N-Quelle durch das frühabgesetzte Kalb

Herkunft des Proteins	Proteingehalt %	N-Gehalt aus Harnstoff %	Zunahme g/Tag	TS-Aufnahme/ kg Zuwachs kg	Autor
Hirse	20	0	740	3,01	[37]
Fleischmehl	20	20,1	860	2,87	
	20	39,2	820	3,12	
	20	55,6	690	3,46	
Mais	19	0	800	2,89	[28]
Hafer	19	21	710	3,32	
Fisch	19	40	530	3,98	
Mais/Hafer	20	0	590		[65]
Fisch	20	40	480		
Mais	6,7	0	295	3,89	[3]
Hafer	15,1	0	526	2,86	
Leinkuchen	15,1	54,2	499	2,98	
Mais	16,8	0	693	3,03	[45]
Luzerneheu	18,09	35,3	709	3,06	

abgesetzten Kälbern mit 26 bis 30 kg Aufzuchtfutter erreicht werden.

Futterverwertung

Über die Bakterienproteine läßt sich der erhöhte Bedarf wachsender Kälber nicht decken. Der Proteingehalt der Futterstoffe muß notwendigerweise zur enteralen Proteinzufuhr beitragen. Das wird allgemein mit einer Erhöhung des N-Gehaltes in der Ration erreicht. Die Menge Nahrungsprotein, die dem Abbau im Darm entgeht, ist dann erhöht. Der abgebaute Anteil ist jedoch erheblich, und das führt zu empfindlichen Verlusten, die über 50% hinausgehen können.
Jeder die Löslichkeit der Proteine im Pansenmilieu reduzierende Prozeß bewirkt eine Verminderung des Nahrungsproteinabbaues. Theoretisch müßte sich dadurch ihre Nährstoffwirkung verbessern. Im Prinzip müßte die Nutzung der Schlundrinne zum gleichen Ergebnis führen.
Eine Verminderung des Proteinabbaus im Pansen durch Behandlung der Proteine mit Kastanien-Tanninen [38] führt zur Verringerung der Ammoniumbildung im Pansen sowie gleichzeitig zu einer Verbesserung der N-Bilanz bei Hammeln. Diese günstige Auswirkung auf die N-Bilanz von Milchkühen und damit auf die Milchleistung wurde bestätigt [74].
Bei mit einer Pansen-, Duodenum- oder Ileumfistel ausgestatteten Mutterschafen stellte man eine Vermehrung des im Darm ankommenden Protein-N sowie des absorbierten N fest, wenn man Kasein vorher mit Formol behandelte [40]. Die N-Retention verdoppelte sich. Dieselben Rückschlüsse wurden bei Kasein [63] nach Untersuchungen an Bullen gezogen. Dagegen waren die Ergebnisse von Versuchen mit jungen, wachsenden Wiederkäuern weniger günstig. Bei Lämmern in der Endmast [50] zeigte sich nur eine leicht günstige Wirkung auf die Zunahmen (8%), wenn man Soja- oder Fischmehl mit Glyoxal behandelte (Tab. IV/20). Die Verdaulichkeit des N war vermindert. Beim Einsatz an 8 bis 22 Wochen alten Kälbern [62, 61] stellte man, unabhängig vom Proteingehalt des Konzentrates (16 oder 13%) (Tab. IV/20), keine verbessernde Wirkung der Behandlung von Rapskuchen mit Formol auf die Leistungen von Tieren fest. Die Behandlung bewirkte eine Verminderung der Verdaulichkeit der TS und der N-haltigen Substanzen sowie der Harnausscheidung, ohne die N-Retention zu beeinflussen.
Bei Friesenkälbern von 6 bis 20 Wochen, bei Verwendung von mit Formol behandelten oder nicht behandelten Erdnußkuchen in Konzentraten mit 8 oder 20% zur Sicherung eines Proteingehaltes von 13 oder 20% der TS, gab es nur eine günstige Wirkung der Behandlung bei geringem N-Gehalt, doch waren die Unterschiede unbedeutend (Tab. IV/20) [7]. Daraus ist zu schließen, daß eine Vorbehandlung nur bei leicht löslichen Proteinen, wie bei Kasein, von Nutzen sein wird. Bei Proteinen pflanzlicher Herkunft scheint die für die Verdauung und den N-Stoffwechsel

Tabelle IV/20 Wirkung einer Proteinbehandlung auf die Proteinverwertung bei jungen, wachsenden Wiederkäuern

Versuchstiere	Herkunft des Proteins	behandelt (b) oder nicht behandelt (nb)	Zunahme g/Tag	Futteraufwand kg TS/ kg Zunahme	Autor
Lämmer, 28 kg Lebendmasse	Soja	nb	280	5,57	[50]
		b	300	5,43	
	Fischmehl	nb	310	4,67	
		b	330	4,51	
Kälber, 8. bis 22. Woche	Rapskuchen mit 16% Protein	nb	870	3,7	[62]
		b	870	4,1	
Kälber, 8. bis 22. Woche	Rapskuchen mit 16% Protein	nb	890	3,60	[61]
		b	940	3,83	
Kälber, 5. bis 15. Woche	Erdnußkuchen	nb (13%)	608	3,56	[7]
		b (13%)	624	3,40	
		nb (20%)	734	2,99	
		b (20%)	737	2,97	

festgestellte Verbesserung die Leistungen der Kälber bei Berücksichtigung der Höhe des Nahrungsangebotes nicht zu steigern. Hingegen erlaubt die Behandlung wahrscheinlich eine Verringerung der Proteinzufuhr.

Versuche zur direkten Einführung von Kasein in den Labmagen des Mutterschafes [57, 58] riefen eine quantitative Vermehrung des Wollwachstums hervor. Ebenso bewirkte bei Milchkühen eine Kasein-Infusion in den Labmagen die Erhöhung des Milchproteingehaltes sowie der Milchleistung [78]. Bei Lämmern, die Luzerne erhielten, wurde Ersatzmilch entweder in den Pansen oder den Labmagen infundiert, um 62% der Ration an Energie zuzuführen [2]. Die Infusion in den Labmagen führt zu besseren Zunahmen, erhöhte das Wollwachstum sowie die Retention von N und Energie.

Diese Ergebnisse bestätigen die Möglichkeiten einer Verbesserung des Ernährungszustandes von Wiederkäuern durch Förderung der intestinalen Verdauung bestimmter Nährstoffe auf Kosten ihres Abbaues im Pansen. Die Verabreichung von flüssigem Futter bewirkt den Schlundrinnenreflex, und der Pansen wird »kurzgeschlossen«.

• *Verwendung von Ergänzungsprotein*
In Versuchen über die Verabreichung flüssiger Nahrung aus Flaschen bei Lämmern [53] fand man, daß die Verwertung der Proteine (Soja, Kasein, Fischmehl) besser ist, wenn der Pansen »kurzgeschlossen« ist (Tab. IV/21)! Die Zunahme ist erhöht und die N-Ausscheidung im Harn vermindert.

Beim Kalb [16] hat man die feste und flüssige Form eines Eiweißzusatzes mit 42% Protein aus getoasteten Sojakuchen und Molkenpulver mit Methioninzusatz verglichen. Im übrigen erhielten die Kälber ein Konzentrat mit 12% Protein, der Zusatz machte 25% der Ration aus. Die Zunahmen und die Futterverwertung waren nur leicht verbessert. Eine Verabreichung des Futters in flüssiger Form bewirkte jedoch eine deutliche Verminderung ($P < 0{,}01$) des Plasmaharnstoffs (21 mg/100 ml statt 38; 2 Stunden nach der Mahlzeit). Es wurde auch eine Steigerung der Blutgehaltswerte der meisten essentiellen AS, besonders an Methionin hervorgerufen (3,34 mg Methionin/100 ml statt 0,4; 4 Stunden nach der Mahlzeit).

Beim Kalb wie beim Lamm gestattet die flüssige Form der Mahlzeit die direkte Passage der Proteine in den Labmagen und die Vermeidung ihres Abbaues im Pansen.

• *Eiweiß- und Energiezusatz in flüssiger Form*
Die Benutzung der Schlundrinne zum »Kurzschließen« des Pansens ist nicht auf Proteine beschränkt. Bei der Fermentation der Kohlenhydrate im Pansen betragen die Energieverluste an Wärme und Methan 15 bis 20%. Bei Kohlenhydraten mit β-Kette ist das unvermeidlich, wenn Säugetiere nicht über die zur

Tabelle IV/21 Einfluß der Verabreichungsart eines Eiweißzusatzes auf die Verwertung durch junge, wachsende Wiederkäuer

		Lämmer, 15 kg Lebendmasse [53]		Kälber, 6. bis 15. Woche [16]	
Art der Proteine		Kasein oder Soja oder Fischmehl		Gemisch von 2/3 Soja, 1/3 Molke	
Form der Verabreichung		fest	flüssig	fest	flüssig
Zunahme	g/Tag	200	232	902	928
Futteraufwand	kg TS/kg Zunahme	3,43	2,94	2,65	2,53
Harn	g/Tag	6,77	5,44		
Retin. N	in % des aufg. N	48,8	42,3		

Tabelle IV/22 Einfluß eines laktosereichen, festen oder flüssigen Zusatzes (17% der Ration) bei 6 bis 21 Wochen alten Kälbern

Zusatz	N-Gehalt der Ration	6 bis 13 Wochen		14 bis 21 Wochen	
		Zunahme g/Tag	kg TS/ kg Zunahme	Zunahme g/Tag	kg TS/ kg Zunahme
fest	hoch	646	2,58	1094	2,86
	niedrig	641	2,63	996	2,98
flüssig	hoch	726	2,30	1155	2,64
	niedrig	694	2,38	980	2,97

Hydrolyse dieser Verbindung erforderlichen Fermente verfügen. Kohlenhydrate mit α-Ketten hingegen werden vom Wiederkäuer in großen Mengen aufgenommen, und es müßte möglich sein, die Energieverluste zu vermindern, vorausgesetzt, die zur Verdauung benötigten Enzymkonzentrationen stehen angemessen zur Verfügung. Im Falle der Stärke wirkt wahrscheinlich nicht die Amylase, sondern die Maltase limitierend. Daher werden auf Grund von Versuchen mit Stärkeinfusion beim Mutterschaf durch Trennung der Kohlenhydratfraktionen im Endstück des Ileum in der Mehrzahl Oligo-Saccharide wiedergefunden, während die Stärke verschwunden ist [52]. Bezüglich der Verdauung der Laktose scheint die Aktivität der Laktase nach der Milchperiode stark vermindert zu sein, aber sie besteht fort, wenn die Tiere weiterhin Laktose aufnehmen. An Lämmer zu einer konzentratreichen Ration verabreicht, bewirkte die Laktose eine Appetitminderung, wenn sie statt trocken flüssig verabreicht wurde [54].

In fester oder flüssiger Form wurden Ultrafiltratgemische und Kasein an Friesenbullenkälber mit dem Ziel zweier verschiedener Proteingehalte verabreicht, um eine Ration von 12% zu bekommen. In flüssiger Form wurden Zunahmen und Futterverwertung nur bei erhöhtem N-Gehalt (Tab. IV/22) verbessert. Der hohe Blutzuckergehalt im Alter von 4 Wochen ist dann vermindert, aber sie wird bei flüssiger Form des Zusatzes auf einem viel höheren Niveau gehalten. Der Harnstoffgehalt im Blut war bei flüssiger Form geringer [13].

Im übrigen wurden die ersten Bilanzmessungen im Alter von 7 bis 15 Wochen durchgeführt, um fest oder flüssig verteiltes Ultrafiltrat in einem Anteil von 25% der Ration zu vergleichen, was darauf hindeutet, daß die Verdaulichkeit der organischen Substanz (75% gegen 79%) in der flüssigen Form vermindert, die Verdaulichkeit N-haltiger Substanz ohne Veränderung ist, aber eine leichte Erhöhung der Retention vorliegt. Diese Ergebnisse müssen jedoch an einer größeren Anzahl von Tieren bestätigt werden. Es könnte sein, daß die Verdauung der Laktose im Darmbereich limitierend wirkt, was auch die Vermutung einer auch beim Lamm mitgeteilten Erhöhung des Wassergehaltes der Fäzes zuließe [52].

Verwertung von Grobfutter
Heu

Es ist für eine wiederkäuergerechte Ernährung notwendig, selbst wenn es bis zu 3 Monaten vom Kalb in nur geringen Mengen aufgenommen wird. Nach dem 3. Lebensmonat wird die Konzentratgabe allgemein gesenkt, und der Anteil an Heu in der Ration kann dann überwiegen. Die Menge des aufgenommenen Heus wird um so wichtiger sein, je besser dessen Qualität ist (wenn die Verdaulichkeit der organischen Substanz hoch) und zugleich die Menge an Getreide im Konzentrat geringer ist [33] (Abb. IV/11). Auch bei einer auf 2 kg/Tag beschränkten Getreidemenge würde die tägliche Zunahme von Färsen 840 g mit einem Heu von 0,77 FE/kg TS gegenüber 600 g bei einem Heu von 0,45 FE/kg TS betragen.

Im übrigen ist ab einer bestimmten Zunahme die verabreichte Schrotmenge von der Heuqualität abhängig [33] (Abb. IV/12). Die Behandlung des Heues (Zerkleinerung, dann Pelletierung) gestattet eine deutliche Steigerung der Heuaufnahme, die im Falle des Trockengrüns aus Knaulgras bis zu 50% betragen und gegenüber gehäckseltem, getrocknetem und pelletiertem Knaulgras [19] als Alleinfutter verabreicht wird. Diese Erhöhung beruht auf einer verminderten Verweildauer im Pansen sowie einem beschleunigten Futterverzehr. Die zur Aufnahme derselben Menge TS erforderliche Zeit ist bei pelletiertem Knaulgras viermal geringer.

Bei bearbeitetem Rauhfutter in Verbindung mit Konzentrat bewirkt die Bearbeitung einen

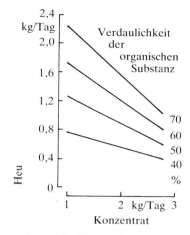

Abb. IV/11 Einfluß des Gehaltes an TS im Konzentratfutter auf den Verzehr von Heu verschiedener Qualität (nach LEAVER, 1973)

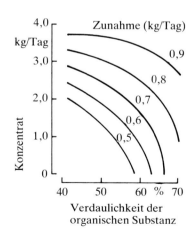

Abb. IV/12 Für verschiedene Zunahmen erforderlicher Konzentratfutteranteil bei verschiedenen Rauhfutterqualitäten (nach LEAVER, 1973)

vermehrten Rauhfutterverzehr, auf Kosten der aufgenommenen Konzentratmenge, so daß die Leistungen zurückgehen [42]. Wurden Konzentrate und Rauhfutter zusammen gepreßt, erhöhte sich die aufgenommene Trockensubstanzmenge mit zunehmendem Anteil Trockengrün im Futter von 0 bis 50%. Das führte zu höheren Zunahmen trotz vermehrten Grobfutteranteils im Futter [41] (Tab. IV/23). Bei über 50% hingegen ist der Verzehr nicht mehr gesteigert und die Zunahmen werden auf Grund einer Minderung des Nährstoffangebotes verringert. Wurden die Futterstoffe in gleichen Mengen verabreicht, tritt in der Zunahme mit steigendem Grasgehalt in den Pellets eine lineare Verringerung ein [41]. In gepreßten Rationen ist es notwendig, selbst einen geringen Anteil (10%) langes oder gehäckseltes Heu in die Ration einzubeziehen.

Tabelle IV/23 Einfluß des Anteils an Trockengrün im Preßfutter (zerkleinert und pelletiert) auf die Leistungen frühabgesetzter Kälber der Friesenrasse [41]

Weidelgras im Preßfutter %	Körpermasse		Zunahme g/Tag	TS-Aufnahme kg/Tag
	Beginn kg	Ende kg		
0	54,1	187,0	970	3,09
25	55,5	196,6	1 080	3,23
50	54,6	194,6	1 010	3,64
75	53,6	157,1	730	3,04
100	56,1	161,4	750	3,31

Silage

Grassilage kann Heu in Rationen für Aufzuchtkälber ersetzen unter der Bedingung, daß sie von ausgezeichneter Qualität ist (0,60 bis 0,65 FE/kg TS). Unter diesen Bedingungen werden im Jugendstadium gleiche oder sogar höhere Zunahmen als mit Heu erreicht (Tab. IV/24).
Maisganzpflanzensilage kann in den Rationen für Aufzuchtkälber von Geburt an eingesetzt werden. Allgemein wird sie in geringerer Menge als Heu aufgenommen, führt aber auf Grund ihres höheren Energiegehaltes zu identischen [9, 30] oder höheren Zunahmen [41]. Mit Harnstoff angereichert (12 g/kg TS) hat Maissilage mit 30 bis 35% TS es ermöglicht, Färsenkälbern bis zum 6. Lebensmonat verabreicht, den Konzentratanteil auf 1 kg/Tag zu verringern, ohne die Zunahme zu verändern. Das wurde durch eine höhere Futteraufnahme über Maissilage gegenüber einer Ration mit 2 kg Konzentrat erreicht (Tab. IV/25). Maissilage kann ein ausgezeichnetes Futter für wachsende Kälber bei wirtschaftlichem Konzentrateinsatz sowie vernünftiger Ergänzung mit N und Mineralstoffen darstellen. Der Bedarf des wachsenden Jungrindes ist hoch [12, 31], doch ist die Maispflanze im Verhältnis zum Bedarf der Kälber arm an Mineralstoffen. Deshalb ist die Zugabe eines Mineral-

Tabelle IV/24 Einfluß der Art des Grobfutters (Heu oder Silage) auf die Leistungen von Färsen bis zu 6 Monaten [71]

Grobfutter	Qualität	Angebotenes Konzentrat kg/Tag	Grobfutterverzehr in kg/Tag				Lebendmasse im Alter von 6 Monaten kg
			Alter in Monaten				
			3	4	5	6	
Heu	0,6 FE/kg TS	2,0	0,9	1,7	2,4	3,0	165
Grassilage	0,6–0,65 FE/kg	2,0	0,6	1,1	1,7	2,5	170
Maissilage	30–35% TS	2,0	0,7	1,5	2,0	2,5	175

Tabelle IV/25 Einfluß der Höhe der Konzentratbeifütterung an Färsenkälber bis 6. Lebensmonat bei Verabreichung einer Maissilage-Harnstoff-Ration

	Konzentratbeifütterung kg/Tag	
	2,0	1,0
Anzahl Tiere	10	10
Lebendmasse am Anfang kg	36,4	36,7
Lebendmasse am Ende kg	143,6	144,4
Lebendmassezuwachs g/Tag	715	718
Aufgenommene Futtermengen		
Aufzuchtfutter kg	44,9	43,5
Konzentrat kg TS	238,0	130,0
Maissilage kg TS	159,0	215,0

stoffgemischs (5% P und 25% Ca) in einem Anteil von 2,5% der Gesamt-TS der Ration erforderlich, um den Bedarf der abgesetzten Kälber zu decken. Das Gemisch müßte außerdem die in Silagen allgemein fehlenden Vitamine A und E sowie das Vitamin D enthalten, sofern die Tiere im Stall gehalten werden.

Grünfutter

Frisches Gras kann in den Rationen nach dem Absetzen eingesetzt werden. Es kann durch Weidegang oder direkt verabreicht werden. Bei der Verfütterung im Stall ist die Ration durch maximal 1 kg Konzentrat je Tag zu ergänzen. Die Futteraufnahme (verabreicht bis max. 3 kg/Tag) ist nicht so hoch wie bei einer Ration auf Konzentratgrundlage und Heu ad libitum. Auch sind die Leistungen unter diesen Bedingungen etwas geringer. Wenn hingegen die Tiere zum Weidegang 1 kg Konzentrat erhielten, waren die Zunahmen mit denen der Konzentratration vergleichbar.

Schlußfolgerung

An Getreide reiche Konzentrate (70 bis 90%) stellen im wesentlichen bis zu 4 Monaten die feste Ration dar. Sie müssen 16 bis 17% N enthalten und mit einem Grobfuttermittel (Heu, Gras, Silage) verbunden sein, um eine wiederkäuergerechte Ernährung zu gewährleisten. Die Futtermittel müssen dem Kalb im Alter von 15 Tagen oder 3 Wochen zur Verfügung stehen.

Nach dem 4. Lebensmonat können Grobfutterstoffe teilweise Konzentrat ersetzen, wenn sie ausgezeichneter Qualität sind (Maissilage mit hohem TS-Gehalt, Gras im Blattstadium). Ihr Anteil an der Ration kann um so höher sein, je niedriger die gewünschten Leistungen sind. Bei Zuchtfärsen können sie deshalb einen wesentlichen Anteil in der Ration ausmachen.

Wasser muß ad libitum verfügbar sein, besonders wenn die Tiere feste Futterstoffe beginnen aufzunehmen.

ZUSAMMENFASSUNG

Das Kalb ist schon sehr früh imstande, Futter des erwachsenen Wiederkäuers (Heu, Silage, Gras zusammen mit Konzentrat) angemessen zu verwerten. Diese Futtermittel können deshalb so früh wie möglich verabreicht werden, um die erforderliche Pansenentwicklung mit einer raschen Erhöhung der Aufnahme fester Futterstoffe auszulösen.

Das Absetzen sollte nicht vor der 5. Lebenswoche erfolgen. Bis dahin ist nur Milch geeignet, den Bedarf des Tieres zu decken. Ein Absetzen im Alter von 7 bis 8 Wochen mit einem Aufwand von 35 bis 40 kg Milchaustauscher führte zu ausgezeichneten Leistungen.

LITERATUR

[1] ATAI, S. R.; HARSHBARGER, K. E., 1965 – Effect of substituting dry sugars for molasses in calf starters on feed intake and growth response. J. Dairy Sci., 48, 391–394.

[2] BLACK, J. L.; TRIBE, D. E., 1973 – Comparison of ruminal and abomasal administration of feed on the growth and body composition of lambs. Aust. J. Agric. Res., 24, 763–773.

[3] BROWN, L. D.; LASSISTER, C. A.; EVERETT, J. P.; RUST, J. W., 1956 – The utilization of urea nitrogen by young dairy calves. J. Anim. Sci., 15, 1125–1132.

[4] CANDAU, M., 1972 – Stimulation physico-chimique et développement du rumen. Thèse Dr. ès Sciences. Paris VI.

[5] EECKHOUT, W.; BUYSSE, F., 1969 – The effect of giving milk substitute once or twice daily on the growth of calves used for intensive beef production. Revue agric. Bruxelles, 22, 1111–1123.

[6] ESKELAND, B.; PFANDER, W. H.; PRESTON, R. L., 1973 – Utilization of volatile fatty acids and glucose for protein deposition in lambs. Br. J. Nutr., 29, 347–355.

[7] FAICHNEY, G. J.; DAVIES, H. L., 1972 – The effect of formaldehyde treatment of peanut meal in concentrate diets on the performance of calves. Aust. J. Agric. Res., 23, 167–175.

[8] FLATT, W. P.; WARNER, R. G.; LOOSLI, J. K., 1958 – Influence of purified materials on the development of the ruminant stomach. J. Dairy Sci., 41, 1593–1600.

[9] GARDNER, K. E., 1958 – Comparison of alfalfa hay, alfalfa silage and corn silage as sole rouphages for dairy calves. J. Dairy Sci. 41, 741.

[10] GIOVANNI, R.; GUILHERMET, R.; TOULLEC, R., 1975 – Influence du remplacement du tourteau de soja par la féverole comme principale source de matières azotées dans les aliments concentrès pour veau d'élevage. Bull. Tech. C.R.Z.V. Theix, 19, 15–22.

[11] GIOVANNI, R.; GUILHERMET, R.; TOULLEC, R.; MATHIEU, C. M., 1973 – Le sevrage précoce du veau à l'herbe. II. Etude préliminaire de l'élevage du veau au pâturage. Sci. Agr. Rennes.

[12] GUEGUEN, L., 1975 – Recommandations pour l'alimentation minérale (éléments majeurs) des ruminants. I.N.R.A. – C.R.Z.V. Theix. Journées d'information 16–18 déc.

[13] GUILHERMET, R., 1976 – Unveröffentlichte Ergebnisse.

[14] GUILHERMET, R.; GIOVANNI, R.; TOULLEC, R.; MATHIEU, C. M., 1973 – Le sevrage précoce du veau à

l'herbe. I. Evolution des phénomènes digestifs. Sci. Agr., Rennes.

[15] GUILHERMET, R.; MATHIEU, C. M.; TOULLEC, R., 1975 – Transit des aliments liquides au niveau de la gouttière œsophagienne chez le veau préruminant et ruminant. Ann. Zootech., 24, 69–79.

[16] GUILHERMET, R.; PATUREAU-MIRAND, P.; TOULLEC, R., 1976 – Influence de la distribution sous forme solide ou liquide d'un supplément riche en protéines chez le veau ruminant. Ann. Zootech. (sous presse).

[17] HARRISON, H. N.; WARNER, R. G.; SANDER, E. G.; LOOSLI, J. K., 1960 – Changes in the tissue and volume of the stomachs of calves following removal of dry feed or comsumption of inert bulk. J. Dairy Sci., 43, 1301–1312.

[18] HODEN, H. et JOURNET, M., 1971 – Distribution à des veaux d'élevage de lait reconstitué une ou deux fois par jour, de la naissance au sevrage. Bull. Tech. C.R.Z.V. Theix. 7, 23–30.

[19] HODGSON, J., 1971 – The development of solid food intake in calves. I. The effect of previous experience of solid food and the physical form of the diet on the development of food intake after weaning. Anim. Prod., 13, 15–25.

[20] I.T.E.B., 1974 – L'alimentation du veau d'élevage. Essais sur la phase d'allaitement.

[21] JAHN, E.; CHANDLER, P. T.; POLAN, C. E., 1970 – Effects of fiber and ratio of starch to sugar on performance of ruminating calves. J. Dairy Sci., 53, 466–474.

[22] JONES, G. M.; JACOB, S. L. P.; MARTIN, L. J., 1974 – Feed consumption and growth of dairy heifers and bull calves fed calf starters differing in protein content. Can. J. Anim. Sci., 54, 315–324.

[23] JOURNET, M.; DEMARQUILLY, C., 1967 – Valeur alimentaire des foins condensées. II. Influence du broyage et de la mise en aggloméré sur la digestion du foin de luzerne dans le rumen. Ann. Zootech., 16, 307–321.

[24] KANG, H. S.; LEIBHOLZ, J., 1973 – The roughage requirement of the early-weaned calf. Anim. Prod., 16, 195–203.

[25] KAY, R. N. B., 1960 – The development of parotid salivary secretion in young goats. J. Physiol., 150, 538–545.

[26] KAY, M.; MACDEARMID, A., 1973 – A note on the effects of changing the concentration of protein in the diet offered to fattening beef cattle. Anim. Prod., 16, 205–207.

[27] KAY, M.; MACLEOD, N. A., 1968 – The protein requirements of early-weaned calves. Proc. Nutr. Soc., 27, 36 A – 37 A.

[28] KAY, M.; MACLEOD, N. A.; MCKIDDIE, G.; PHILIP, E. B., 1967 – The nutrition of the early-weaned calf. X. The effect of replacement of fisch meal with either urea or ammonium acetate on growth rate and nitrogen retention in calves fed ad libitum. Anim. Prod., 9, 197–201.

[29] KELLAWAY, R. C.; GRANT, T.; CHUDLEIGH, J. W., 1973 – The effect of roughage and buffers in the diet of early weaned calves. Aust. J. Exp. Agr. Anim. Husb., 13, 225–228.

[30] KESLER, E. M.; WILSON, J. M.; CLONINGER, W. H., 1960 – Corn silage versus mixed hay as roughage for Holstein calves. J. Dairy Sci., 43, 298.

[31] LAMAND, M., 1975 – Besoins nutritionnels et recommandations concernant les oligo-éléments pour les ruminants. I.N.R.A. – C.R.Z.V. Theix. Journée d'information 16–18 déc.

[32] LASSISTER, J. W.; WHITE, J. W.; COOK, M. K.; WARREN, E. P.; LONG, R. A., 1960 – Feed efficiencies of young ruminants fed low roughage rations. J. Anim. Sci. 19, 1272.

[33] LEAVER, J. D., 1973 – Rearing of dairy cattle. 4. Effect of concentrate supplementation on the live-weight gain and feed intake of calves offered roughage ad libitum. Anim. Prod., 17, 43–52.

[34] LEIBHOLZ, J., 1973 – Ground roughage in the diet of the early-weaned calf. Anim. Prod., 20, 93–100.

[35] LEIBHOLZ, J., 1975 – Effect of protein and energy in the diet of the early-weaned calf on the concentration of free animoacids in the blood plasma. Aust. J. Exp. Agri. Anim. Husb., 15, 460–466.

[36] LEIBHOLZ, J., 1975 – Molasse in early-weaning rations vor Calves. Aust. J. Exp. Anim. Husb., 15, 587–590.

[37] LEIBHOLZ, J.; NAYLOR, R. W., 1971 – The effect of urea in the diet of the early-weaned calf on weight gain, nitrogen and sulphur balance, and plasma urea and free amino-acid concentration. Aust. J. Agric. Res. 22, 655–662.

[38] LEROY, F.; ZELTER, S. Z., 1970 – Protection des protéines alimentaires contre la désamination bactérienne au niveau du rumen. II. Etudes in vivo sur moutons fistulisés. Ann. Biol. Anim. Bioch. Biophys., 10, 401–412.

[39] MCCARTHY, R. D.; KESLER, E. M., 1956 – Relation between age of calf, blood glucose, blood and rumen levels of volatile fatty acids and in vitro cellulose digestion. J. Dairy Sci., 12, 1280–1287.

[40] MACRAE, J. C.; ULYATT, M. J.; PEARCE, P. D.; HENDTLASS, J., 1972 – Quantitative intestinal digestion of nitrogen in sheep given formaldehyde-treated and untreated casein supplements. Brit. J. Nutr. 27, 39–50.

[41] MARSH, R., 1975 – Intake and live-weight gain by British frisian calves offered different ratios of dried grass and concentrates. Anim. Prod., 20, 345–353.

[42] MATHIEU, C.-M., 1968 – Persönliche Mitteilung.

[43] MATHIEU, C.-M., WEGAT-LITRE, E., 1961 – Mise au point d'une méthode d'alimentation des veaux d'élevage. I. Détermination de la quantité de lait nécessaire. Ann. Zootech., 10, 161–175.

[44] MATHIEU, C.-M.; WEGAT-LITRE, E., 1962 – Mise au point d'une méthode d'alimentation des veaux d'élevage. II. Modalité de la répartition du lait. Ann. Zootech., 11, 197–207.

[45] MATSUOKA, S.; KUMASE, N.; HASHIZUME, T., 1975 – Urea utilization by calves during their growth up to six months of age. Jap. J. Zootech. Sci., 46, 538–544.
[46] MILLER, W. J.; CARMON, J. L.; DALTON, H. L., 1958 – Influence of anise oil on the palatability of calf starters. J. Dairy Sci., 41, 1262–1266.
[47] MILLER, W. J.; MARTIN, Y. G.; FOWLER, P. R., 1969 – Effects of addition of fiber to simplified and to complex starters fed to young dairy calves. J. Dairy Sci., 52, 672–676.
[48] MIRON, A. E.; OTTERBY, D. E.; PURSEL, V. G., 1968 – Response of calves fed diets supplemented with different sources of nitrogen and with volatile fatty acids. J. Dairy Sci., 51, 1392.
[49] MORRILL, J. L.; MELTON, S. L., 1973 – Protein required in starters for calves fed milk once or twice daily. J. Dairy Sci., 56, 927–931.
[50] NIMRICK, K.; PETER, A. P.; HATFIELD, E. E., 1972 – Aldehyde-treated fish and soybean meals as dietary supplements for growing lambs. J. Anim. Sci., 34, 488–490.
[51] NORTON, C. L.; EATON, H. D., 1946 – Dry calf starters for dairy calves. Cornell Agr. Exp. Sta. Bull., 835.
[52] ØRSKOV, E. R., 1972 – Reflex closure of the oesophageal groove and its potential application in ruminant nutrition. S. Afr. J. Anim. Sci., 2, 169–176.
[53] ØRSKOV, E. R.; FRASER, C.; CORSE, E. L., 1970 – The effect on protein utilization of feeding different protein supplements via the rumen or via the abomasum in young growing sheep. Br. J. Nutr., 24, 803–809.
[54] ØRSKOV, E. R.; FRASER, C.; PIRIE, R., 1973 – The effect of by passing the rumen with supplement of protein and energy on intake of concentrates by sheep. Br. J. Nutr., 30, 361–367.
[55] POE, S. E.; ELY, D. G.; MITCHELL, G. E.; DEWEESE, W. P.; GLIMPS, H. A., 1971 – Rumen development in lambs. 1 Microbial digestion of starch and cellulose. J. Anim. Sci., 32, 740–743.
[56] PRESTON, T. R.; BOWERS, H. B.; MCLEOD, N. A.; PHILIP, E. B., 1963 – Intensive beef production. 3. Performance of Frisiean steer given low fibre diets. Anim. Prod. 5, 245–249.
[57] REIS, P. J., 1969 – The growth and composition of wool. V. Stimulation of wool growth by the abomasal administration of varying amounts of casein. Aust. J. Biol. Sci., 22, 745–759.
[58] REIS, P. J.; DOWNES, A. M., 1971 – The rate response of wool growth to abomasal supplements of casein. J. Agric. Sci. Camb., 76, 173–176.
[59] SANDERS, E. G.; WARNER, R. G.; HARRISON, H. N.; LOOSLI, J. K., 1959 – The stimulatory effect of sodium butyrate propionate on the development of rumen mucosa in the young calf. J. Dairy Sci., 42, 1600–1605.
[60] SCHURMAN, E. W.; KESLER, E. M., 1974 – Protein to energy ratios in complete feeds for calves at ages 8 to 18 weeks. J. Dairy Sci., 57, 1381–1384.
[61] SHARMA, H. R.; INGALLS, J. R., 1973 – Comparative value of soybean rapeseed and formaldehyde-treated rapeseed meals in urea containing calf rations. Can. J. Anim. Sci., 53, 273–278.
[62] SHARMA, H. R.; INGALLS, J. R.; MCKIRDY, J. A., 1972 – Nutritive value of formaldehyde-treated rapeseed meal for dairy calves. Can. J. Anim. Sci., 52, 363–371.
[63] SHARMA, H. R.; INGALLS, J. R.; PARKER, R. J., 1974 – Effects of treating rapeseed meal and casein with formaldehyde on the flow of nutrients through the gastro-intestinal tract of fistulated Holstein steers. Can. J. Anim. Sci., 54, 305–313.
[64] STOBO, I. J. F.; ROY, J. H. B., 1973 – The protein requirement of the ruminant calf. Br. J. Nutr., 30, 113–125.
[65] STOBO, I. J. F.; ROY, J. H. B.; GASTON, H. J.; HELEN, 1966 – Rumen development in the calf. I. The effects of diets containing different proportion of concentrates to hay on rumen development. Brit. J. Nutr., 20, 172–188.
[66] STOBO, I. J. F.; ROY, J. H. B.; GASTON, H. J., 1967 – The protein requirement of the ruminant calf. III. The ability of the calf weaned at five weeks of age to utilise urea given as a supplement to a low-protein concentrate. Anim. Prod., 1, 155–165.
[67] STOBO, I. J. F.; ROY, J. H. R.; GASTON, H. J., 1967 – The protein requirement of ruminant calf. Anim. Prod. 9, 23–33.
[68] STUBBS, J. O.; KARE, M. R., 1958 – Taste preference of cattle. J. Anim. Sci., 17, 1162.
[69] TAMATE, H.; MCGILLIARD, A. D.; JACOBSON, N. L.; GETTY, R., 1962 – The effect of various diets in the histological development of the stomach in the calf. J. Dairy Sci. 45, 408–420.
[70] TRAUB, D. A.; KESLER, R. E. M., 1972 – Effect of dietary protein-energy ratio on digestion and growth of Holstein calves at ages 8 to 18 weeks and on free animo-acids in blood. J. Dairy Sci., 55, 348–352.
[71] TROCCON, J. L.; GIOVANNI, R.; GUILHERMET, R.; TOULLEC, R.; JOURNET, M., 1976 – L'alimentation du veau d'élevage. Rev. Elev., numéro hors série, 23.
[72] TROCCON, J. L.; JOURNET, M., 1972 – Alimentation des veaux femelles avec de l'ensilage de maïs, de la naissance à 6 mois: Influence du niveau d'apport d'aliment concentré après le sevrage. Bull. Tech. C.R.Z.V. Theix, 10, 37–41.
[73] TROCCON, J. L.; TOULLEC, R.; JOURNET, M., 1974 – Influence du remplacement des protéines du lait par celles du poisson dans l'aliment d'allaitement distribué à des veaux femelles d'élevage sevrés précocement. Bull. Tech. C.R.Z.V. Theix, 18, 39–45.
[74] VERITE, R.; HODEN, A.; JOURNET, M., 1974 – Utilisation des tourteaux traités au formol par les vaches laitières. Bull. Tech. C.R.Z.V. Theix, 18, 5–10.
[75] WALDERN, D. E.; NELSON, D. K., 1968 – Complete starter rations for replacement dairy heifers. J. Dairy Sci., 51, 972.

[76] WALDERN, D. E.; VAN DYK, R. D., 1971 – Effect of monosodium glutamate in starter rations on feed consumption and performance of early weaned calves. J. Dairy Sci., 54, 262–265.
[77] WARNER, R. G.; PORTER, J. C.; SLACK, S. T., 1973 – Calf starter formulation for neonatal calves fed no hay. Proc. Cornell Nutr. Conf. 116–122.
[78] WIK-MO, L.; EMERY, R. S.; HUBER, J. T., 1974 – Milk protein production in cows abomasally infused with casein or glucose. J. Dairy Sci., 57, 968–977.
[79] WING, J. M., 1961 – Preference of calves for a concentrate feed with and without artificial flavors. J. Dairy Sci., 44, 725–727.

Kapitel 4 Produktion von Schlacht- und Zuchtkälbern. Praktische Gesichtspunkte

J. P. OLIVE

Über die Verwertung der Kälber wird entsprechend ihrer Rasse und Körperform unterschieden:
– Es handelt sich um Schlachtkälber, wenn sie geschlachtet werden, bevor sie das Wiederkäuerstadium erreicht haben und zwischen 140 und 200 kg wiegen. Sie stammen zumeist von Milchrassen (Normänner, frz. sb. Friesen) und werden zur Reproduktion der Kuhbestände nicht benötigt.
– Kälber zur Aufzucht. Es handelt sich um die späteren Ersatzfärsen, erwachsen oder halberwachsen, sowie um Jungbullen. Nur die Kälber mit besten Körperformen werden für die Zucht vorgesehen, bei allen Rassen und Kreuzungen.

Produktion von Schlachtkälbern

Obwohl die überwiegende Mehrheit konsumierter Kälber heute ausschließlich mit Aufzuchtfutter ernährt wird, verbleiben noch einige Anmerkungen über die »traditionelle« Fütterung mit Vollmilch.

Fütterung mit Vollmilch

Diese Methode wird noch in bestimmten Milchviehbetrieben nach einem festgelegten Tränkplan praktiziert. Die Kälber stammen aus demselben Betrieb. Dadurch ist es möglich, ihnen nach der Geburt die notwendige Fürsorge angedeihen zu lassen: Desinfektion des Nabelstranges, frühestmögliche Aufnahme des Kolostrums durch das Kalb. Diese erste Milch ist zum Immunschutz mit Antikörpern ausgestattet.
Wie es im übrigen KSAECKENBECK festgestellt hat, dauert die Durchlässigkeit des Darmes für die Immunglobuline des Kolostrums nicht länger als 24 bis 36 Stunden nach der Geburt. Die höchste Permeabilität besteht nach 6 bis 12 Stunden. Daher muß nach dem Abkalben die Kuh gemolken werden; noch besser ist es, wenn man Kolostralmilch in Flaschen von einem halben Liter abgefüllt im Kühlschrank in Reserve hält. Die Tiere erhalten die Vollmilch als Tränke aus dem Eimer. Anfangs sind mehrere Mahlzeiten täglich notwendig. Mengenmäßig soll die tägliche Ration etwa 8 bis 10% der Lebendmasse des Kalbes entsprechen. Es gilt, ein weißfleischiges Kalb (Anämie) zu erzeugen. Der Tierhalter hat die Reaktionen jedes Tieres zu beobachten und es zu einer maximalen, der Kapazität seines Verdauungskanales entsprechenden Milchaufnahme zu veranlassen. Die Methode der Fütterung ausschließlich mit Vollmilch ist teuer, sie ergibt aber Kälber mit besonders weißem Fleisch.

Fütterung mit Aufzuchtfuttermitteln

Hierbei handelt es sich um moderne Methoden der Produktion von Schlachtkälbern.

Nach der Art der Verabreichung des Aufzuchtfutters sind zu unterscheiden:
- Fütterung aus dem Eimer und Haltung der Kälber in Einzelboxen;
- Fütterung aus Automaten mit mechanischer Verteilung und Haltung der Kälber in Sammelbuchten.

In beiden Fällen handelt es sich um mehr oder weniger wichtige Formen, die in auf Mast spezialisierten Betrieben anzutreffen sind. Die Kälber werden im Alter von 8 Tagen gekauft.

Kauf und Selektion der Kälber

Der Masterfolg hängt zum großen Teil von der Qualität der zugekauften Tiere ab. Das genaue Alter beim Kauf kennt man selten. Durch Prüfen der Zähne könnte man sich eine Vorstellung verschaffen:
- Die Zähne schieben sich in den ersten Tagen nach der Geburt unter dem Zahnfleisch hervor. Mit 8 Tagen sind sie zur Hälfte, mit 15 Tagen vollständig vorhanden.
- Bis zum 5. Tag ist das Zahnfleisch violett, dann rötlich vom 10. bis 15. Tag. Am 10. Tag tritt an der Basis des Mittelzahnes eine Entfärbung auf. Der 10. bis 12. Tag ist das zum Ankauf günstigste Alter.

Es ist wichtig, nach der Selektion der mit ausgesprochenen Körpermängeln behafteten Individuen zu prüfen, ob sie sonst alle Anzeichen eines guten Gesundheitszustandes aufweisen:
- keine Spuren von Durchfall (Hinterpartie sauber),
- normale Narbenbildung am Nabel,
- keine Anzeichen von Atmungsstörungen (Schnaufen, Ausfluß, Tränensekret),
- keine Geschwüre in der Maulhöhle,
- keine Arthritiden (Prüfung der Gelenke),
- elastische Haut, lebhaftes Auge, aufgerichtete Ohren, straffe Haltung und Bewegungen.

Zur intensiven Aufzucht sind schwere Kälber zu bevorzugen und möglichst homogene Gruppen zu bilden.

Während des Transportes muß man größte Vorsicht walten lassen: Möglichst kurze Transportdauer. Im Sommer sind heiße Stunden zu vermeiden, im Winter ist das Fahrzeug vor Kälte zu schützen. Die Tiere sind nicht zu sehr zusammenzudrängen. Bei ihrer Ankunft sind sie vorsichtig zu behandeln und in einem sauberen Raum 3 Stunden ruhen zu lassen.

Unterbringung

Quarantäneställe

Eine möglichst gleichmäßige Temperatur ist zu halten (Heizung im Winter, Kühlung im Sommer).

Es ist ausreichend Isoliermaterial zu verwenden, es sind Zwischendecken zu schaffen, die entweder aus 30 bis 50 mm Polystyren oder 28 bis 30 cm Stroh auf einem Rost gelagert, mit $CuSO_4$ und Holzteer getränkt, bestehen.

Die Belüftung ist von großer Bedeutung; ab einem Bestand von 15 bis 20 Kälbern ist mechanische Ventilation (Zwangslüftung) erforderlich. Die Lüftungsrate beträgt je Stunde 3500 m³ für 20 Kälber. Durch einen Thermostat läßt sich die Be- bzw. Entlüftung steuern. Um Zugluft zu vermeiden, müssen die Lufteintrittsstellen ausreichend dimensioniert (0,5 m²) und im Stall gut verteilt sein. Dunkelheit ist nicht zu empfehlen, aber mäßige Beleuchtung. Um die Kälber zu kontrollieren, ist eine bewegliche Lampe notwendig.

Halboffenställe

In Gegenden mit gemäßigtem Klima sind sie dreimal billiger als geschlossene Ställe; es sind einfache, an 3 Seiten von Wänden umgebene Schuppen. Die offene Seite darf nicht in der Windrichtung liegen und muß im Winter teilweise geschlossen sein (z. B. durch Strohballen).

Der Boden kann aus gestampftem Lehm bestehen. Einstreu ist unerläßlich. In den ersten 14 Tagen ist während der kalten Jahreszeit eine Zusatzheizung mit Infrarotstrahler (eine Heizstelle für 5 bis 7 Kälber) wichtig.

Einzuhaltende Normen in Quarantäneställen
Temperatur:
bis 16 °C (14 bis 20 °C; 18 °C die ersten 14 Tage)
Relative Luftfeuchtigkeit:
bis 70 % (65 bis 80 %)
Luftvolumen je Kalb:
6 m³ (4 bis 8 m³)
Stündliche Lufterneuerungsrate:
Je nach dem Alter, Außenklima und Stallvolumen: 0,25 m/s (Höchstwert: 1 m)

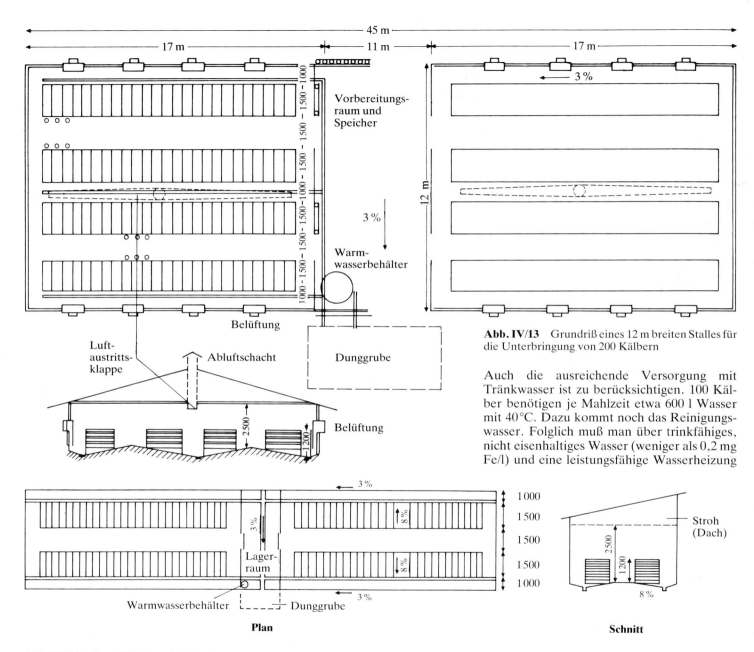

Abb. IV/13 Grundriß eines 12 m breiten Stalles für die Unterbringung von 200 Kälbern

Auch die ausreichende Versorgung mit Tränkwasser ist zu berücksichtigen. 100 Kälber benötigen je Mahlzeit etwa 600 l Wasser mit 40 °C. Dazu kommt noch das Reinigungswasser. Folglich muß man über trinkfähiges, nicht eisenhaltiges Wasser (weniger als 0,2 mg Fe/l) und eine leistungsfähige Wasserheizung

Abb. IV/14 Grundriß eines 6 bis 7 m breiten Stalles (einschl. Längsschnitt) für die Unterbringung von 100 Kälbern

verfügen. Böden aus glattem Beton lassen sich leicht reinigen und bieten zur Räumung gute Voraussetzungen.

Innenausrüstungen

Die Kälber können in Einzel- oder Sammelboxen mit Eimer oder Automatenfütterung gemästet werden.

• *Einzelboxen*
Länge: 1,50 bis 1,60 m · Breite: 0,55 bis 0,60 m Liegefläche, erhöhtes Stallpflaster
Sie können nur in geschlossenen Ställen mit betoniertem Fußboden integriert sein. Unter den Boxen soll der Boden eine Neigung von 5 bis 7% haben.
Der Futtergang (vor den Boxen) soll eine Breite von 1,20 bis 1,50 m haben. Am Hinterende der Boxen befindet sich der (Dung)reinigungsgang. Er ist 0,90 bis 1,0 m breit. Die Boxen müssen völlig zerlegbar sein, um eine vollständige Reinigung zu ermöglichen.
Die Mast in Boxen bietet große Vorteile: Überwachung und Fütterung der Tiere sind im wesentlichen individuell. Im Aufwand aber sind sie teuer. Sie fordern einen Handarbeitsaufwand (3/4 Stunde/Tag für die tägliche Reinigung eines Stalles von 40 Boxen) und die Kälber bewegen sich wenig, liegen auf dem Boden und sind den raumklimatischen Belastungen ausgesetzt.

• *Sammelboxen*
Für 5 Kälber bei Fütterung aus dem Eimer, 15 bis 20 Tiere bei Fütterung aus Automaten. Sie sind billiger als die Haltung in Einzelboxen, haben aber den Nachteil des Strohverbrauches (100 kg/Kalb). Die individuelle Überwachung wird etwas leichter.

Typenställe

Das Vorhergesagte wird durch Beispiele für Typenställe illustriert, z. B. Bewirtschaftung eines Gebäudes von 12 m für 200 Kälber (Abb. IV/13) sowie Bewirtschaftung eines Gebäudes von 6 bis 7 m für 100 Kälber (Abb.

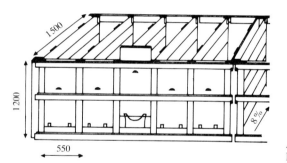

Abb. IV/15 Seitliche Ansicht von Kälberboxen

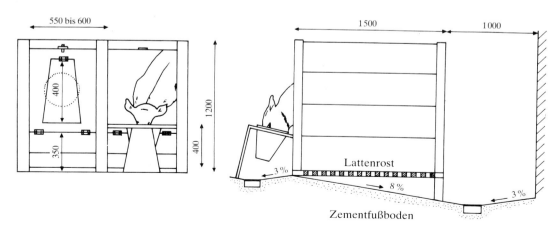

Abb. IV/16 Längsschnitt durch eine Kälberbox mit Angaben für die Eimerhalterung (Tränk- und Futtereimer)

IV/14) sowie Kälberbox mit Eimerhaltung (Abb. IV/16).

Zusätzliche Räumlichkeiten
- Futtervorbereitungsraum (ist von der Tierunterkunft wegen seiner hohen Feuchtigkeit zu trennen);
- Futterspeicher;
- Krankenstall, wenn möglich, weit genug vom Stall entfernt;
- Dunggrube: Eine Dunggrube von 150 m^3/100 Kälber reicht für 3 Monate.

Desinfektion der Ställe
Nach dem Verkauf jeder Gruppe ist eine sanitäre Räumung und ein Leerstehenlassen der Ställe mindestens 14 Tage absolut notwendig. Vorher sind die Räumlichkeiten und Einrichtungsgegenstände gründlich zu reinigen und zu desinfizieren (Ätznatron, 4%ig, Phenolpräparate). Fußmatten mit Desinfektionslösungen sind im Inneren der Gebäude anzulegen. Im Verlaufe der Haltung der Tiere muß gereinigt, aber nicht zu sehr gewaschen werden, um die Luftfeuchtigkeit nicht zu stark zu erhöhen. Die gesamte Ausrüstung zum Füttern muß gewaschen, desinfiziert und nach jedem Gebrauch sorgfältig gespült werden.

Hygiene und Prophylaxe

An dieser Stelle sollen noch zwei Punkte behandelt werden:

Bei der Ankunft der Tiere
In den ersten Stunden ist eine flüssige Diät zu empfehlen (lauwarmes Wasser), mit einem Zusatz von 2 g Salz/l).
Ein Präparat auf Vitamingrundlage (A, D$_3$, E) wird über das Tränkwasser in einer Menge von 1 Mio IE/Kalb verabreicht (8 Tage später wiederholen). Eventuell ist auch eine Kombination von Vitaminen und Spurenelementen angezeigt.
Bei Tieren mit Anpassungsschwierigkeiten oder unter ungünstigen sanitären Bedingungen kann man eine Antibiotikabehandlung durch Injektion (Tylosin, Spiramycin usw.) am 2. Tag vornehmen.

Bei Durchfall
Handelt es sich um einen gutartigen, von einer einfachen Verdauungsstörung herrührenden Durchfall, ist das Futter abzusetzen und nur lauwarmes Wasser (3× täglich 2 l bei einem Kalb von 60 kg) zu verabreichen und am folgenden Tag evtl. eine Antibiotikainjektion vorzunehmen. Geht hingegen der Durchfall mit Abgeschlagenheit, Fieber, Inappetenz oder Erkrankungen der Atemwege einher, ist es besser, einen Tierarzt hinzuzuziehen.

Fütterung

Man darf nicht unberücksichtigt lassen, daß das vom französischen Konsumenten benötigte Schlachtkalb sehr weiß, genügend fett und imstande sein muß, seine Schlachtmasse in minimaler Zeit bei günstigem Futteraufwand zu erreichen. Andererseits ist beim Einzug in den Schlachtviehstall das mit einem guten gesundheitlichen Status zu vereinbarende Maximum an Futter aufzunehmen. Dabei ist die erste zu vermeidende Klippe die Milchindigestion infolge Überfütterung. Ein Futterplan (bei Einzelfütterung aus dem Eimer) und eine aufmerksame und kompetente Betreuung gehören zweifellos zu den wichtigsten, die Leistung beeinflussenden Faktoren.

Fütterung aus dem Eimer
Das Aufzuchtfutter wird in lauwarmem Wasser in einem Mischgerät, einem Emaillebottich mit 90 bis 300 l Fassungsvermögen, verdünnt, Pumpen fördern die Ration bis zur Kälberbox. Das zur Mischung verwendete Wasser muß eine Temperatur aufweisen, die an die spätere Tränktemperatur angepaßt ist.
Täglich sind zwei Mahlzeiten vorzusehen, entweder ein Alleinfutter oder ein Starter, dem sich eine Rezeptur für die Endmast anschließt.

Als Beispiel (Tab. IV/26) soll ein in Holland angewandter klassischer »Rationstyp« mitgeteilt werden, der in Frankreich viel häufiger anzutreffen ist, allerdings mit einer Änderung: Die verabreichte Wassermenge ist in Frankreich niedriger und erhöht sich von der 10. Woche an nicht mehr. Diese Verringerung des Volumens ermöglicht eine bessere Verdauung und vermeidet die bei der alten Methode mit Vollmilch (bis zu 15 l/Tag und mehr) vorhandenen Störungen während der Endmast.

Jeder Rationsplan kann nur Durchschnittswerte enthalten. Der Tierhalter muß sich den Möglichkeiten der Verdauung jedes Kalbes individuell anpassen. In der warmen Jahreszeit wird man die Menge des verabreichten Wassers erhöhen (die Futtermengen bleiben die gleichen).

Fütterung aus Futterautomaten

Diese Einrichtung besteht aus einem Fütterungsbehälter, einem Warmwasserbereiter und einem Mischgerät, mit dem das Pulver auf die gewünschte Konzentration und Temperatur eingestellt wird. Gummizitzen stellen das mütterliche Euter dar. Das Prinzip dieser Methode ist eindrucksvoll: Mechanisierung der Milchzubereitung, Fortfall der mahlzeitweisen Verabreichung, Fütterung ad libitum in zahlreichen kleinen Portionen, geringes Risiko der Indigestionen, Anwendung des Phänomens des Saugens wie bei der natürlichen Aufzucht usw.

Es hat aber bei dieser Methode auch Rückschläge gegeben. Die besten Ergebnisse waren dann gegeben, wenn von Beginn die Tiere scharf selektiert wurden und der Tierhalter ein genauer Beobachter war. Für die Überwachung der Tiere muß ausreichend Zeit zur Verfügung stehen, besonders wenn man jede pathologische Veränderung feststellen will. Am »Futterplan« ist eine Veränderung der Konzentration/l Wasser in Abhängigkeit vom Alter des Tieres festgelegt, wie folgendes Beispiel in Tabelle IV/27 zeigt.

Tabelle IV/26 Vergleich zwischen einem holländischen und einem französischen Tränkplan (Rationstyp mit 2 Mahlzeiten je Tag)

Alter	Holländische Produktion		Französische Produktion	
	Wasser	Milchaustauscher	Wasser	Milchaustauscher
Woche	l	g	l	g
1.	1,0–2,5	125– 200	1,0–2,5	100– 200
2.	2,5–3,5	150– 250	2,5–3,5	250– 350
3.	3,5–4,5	250– 350	3,5–4,5	400– 450
4.	4,5–5,0	400– 450	4,5–5,0	500– 550
5.	4,5–5,0	450– 550	4,5–5,0	600– 700
6.	4,5–5,0	550– 650	5,0–5,5	700– 800
7.	5,0–5,5	650– 700	5,5–6,0	800– 900
8.	5,5–6,0	700– 750	6,0–6,5	900–1000
9.	5,5–6,0	750– 800	6,0–6,5	1000–1100
10.	6,0–6,5	800– 850	6,5–7,0	1100–1200
11.	6,0–6,5	850– 900	6,5–7,0	1200–1250
12.	6,5–7,0	850– 900	6,5–7,0	1250–1300
13.	6,5–7,0	850– 900	6,5–7,0	1300–1350
14.	7,0–7,5	900– 950	6,5–7,0	1350–1400
15.	7,5–8,0	950–1000		
16.	8,0–8,5	1000–1100		
17.	8,5–9,0	1100–1200		
18.	8,5–9,0	1200–1300		
19.	8,5–9,0	1300–1400		
20.	8,5–9,0	1400–1500		

Ergebnisse

In einer Untersuchung (Frühjahr 1975) wurden als Produktionskosten der Tierhaltung nachstehende Werte als »guter Durchschnitt« ermittelt:
Saugkälber mit 44,5 kg Anfangsmasse, geschlachtet mit 157,9 kg, das ergibt 113,3 kg Zunahme in 103 Tagen (1 100 g/Tag). Ausschlachtungsgrad = 61,5 %, daraus Schlachtmasse 157,9 kg×0,615 = 97 kg.
Futterverbrauch = 172 kg, woraus sich ein Verzehrindex von 1,52 errechnet.
Geschätzter Anteil der Verendungen = 2 %.
Die Schlachtkörperqualität wurde nach dem amtlichen Einstufungsverfahren festgestellt. Hierbei wurden die mehr oder weniger weiße Fleischfarbe, die Form (Entwicklung der Muskelmassen), der Ausmästungsgrad und die Masse berücksichtigt.

Tabelle IV/27 Veränderung der Konzentration je l Wasser im Zeitraum von der 1. bis 15. Lebenswoche

Woche	g Futter/l Wasser
1.	80
2.	100
3.	120
4.	140
5.	150
6.	160
7.	170
8.	180
9.	190
10.	200
11.	210
12.	220
13.	230
14.	240
15.	240

Die Methoden moderner Schlachtkälberproduktion waren oft Gegenstand kritischer Einlassungen, zumeist sogar von inkompetenter Seite. Hauptgegenstand waren dafür die Begriffe wie »Schnitzel mit Hormonen« und »Kalbsleber mit Antibiotika«. Es sind vor allem die hormonellen Substanzen, die der Kritik unterliegen. Hierzu ist folgendes zu bemerken:
Bereits in einer Verordnung 65 692 vom 13. August 1965 ist die Anwendung östrogener Hormone bei Tieren, deren Fleisch und Erzeugnisse zum Verzehr für Menschen bestimmt sind, verboten. Die einzige Abweichung ist der durch die VO vom 6. Juni 1969 geänderte Artikel 4, wenn es sich um eine therapeutische Maßnahme nach tierärztlicher Vorschrift handelt.
Zu bemerken bleibt, daß der Markt auf immer schwerere Schlachtkälber orientiert, wobei die mittlere Schlachtkörpermasse nach 100 kg tendiert. Neuere Methoden (Endmastfutter weniger fettreich, aber mit ausreichend hohen Stärkeanteilen) gestatten die Produktion noch viel schwerer Tiere (200 kg Lebendmasse, 140 kg Schlachtmasse), vor allem mit dem Vorteil der besseren Amortisation der Kosten beim Zukauf des Kalbes im Alter von 8 Tagen. Allerdings ergeben die schwereren Tiere bei der Zerlegung andere Probleme, die sich mit den Erwartungen der Konsumenten nicht immer vereinbaren.

Fütterung früh abgesetzter Kälber

Hierbei handelt es sich um die Fütterung der Kälber, die später Milchkühe oder Schlachtrinder werden. Dabei soll nur auf die erste Phase ihres Lebens (bis zu drei Wochen), die Durchführung des frühen Absetzens, eingegangen werden.

Ziel des frühen Absetzens

Nach den alten Methoden bestand die einzige Nahrung der Zuchtkälber in der Milch der Mutter. Das ist so noch übliche Praxis bei der Charolais-Rasse z. B., wo die Kälber bis zum Alter von 5 Monaten und länger bei der Mutter bleiben.
Das frühe Absetzen hat aus zwei Gründen seine Berechtigung: Einmal in der Einsparung von Vollmilch, die man zumeist durch billigere Futtermittel ersetzen kann, zum anderen in der schnelleren Entwicklung des Wiederkauens, des Pansenvolumens usw. Dies wird mit dem ab der zweiten Lebenswoche stattfindenden Verzehr von trockenem, nicht aus Milch bestehendem Futter (Konzentrate, Heu) erreicht. Es gibt heute funktionierende und ökonomisch vorteilhafte Methoden, nach denen eine bestimmte (geringe) Menge Vollmilch durch Pellets (Mischfutter), Grobfutter (Heu guter Qualität) und Trinkwasser ersetzt werden kann.

Auswahl und Unterkunft der Tiere

- Die Auswahl der Tiere (im Alter von 8 Tagen werden sie allgemein nach ihrem Aussehen gehandelt) hat für das Aufzuchtergebnis große Bedeutung. Sie verbleiben eine viel längere Zeit im Bestand als Schlachtkälber: Extremitätenstellung, Körperform (Eignung zur Entwicklung von Muskelmassen), Rasse oder Kreuzungsprodukt müssen mit der Endbestimmung übereinstimmen. Die Untersuchung auf pathologische Störungen verläuft wie bei Schlachtkälbern.
- Der Prophylaxeplan entspricht dem für Schlachtkälber beschriebenen. Er hat nur Sinn, wenn Fütterungs- und Stallhygiene beachtet werden. Salzwasserdiät, Vitamin C, dann Vitamin A, D_3. Bei Anpassungsschwierigkeiten evtl. Antibiotikabehandlung und spezifische Vakzination, wenn der Tierarzt so entscheidet.
- Die in möglichst einheitlichen Gruppen befindlichen Kälber werden in Sammelboxen in

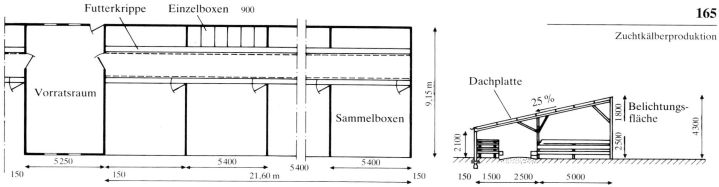

Abb. IV/17 Grundriß und Längsschnitt für die Einzelboxen und Sammelbuchten einer Kälberaufzuchtstation

Tabelle IV/28 Übersicht über einen Fütterungsplan für frühabgesetzte Kälber

Im Betrieb geborene Kälber (zur Reproduktion der Herde)				Zugekaufte Kälber (zur Aufzucht von Bullen)				
Alter der Kälber	Zahl der Mahlzeiten je Tag	Wasser/ Mahlzeit l	Milch- austauscher g	Alter der Kälber	Zahl der Mahlzeiten je Tag	Wasser/ Mahlzeit l	Milch- austauscher g	
Ausschließliche Milchfütterung								
0.–5. Tag	Kolostrum = 2,5 l/Mahlzeit			Ankauf	1	1	70	
6.–7. Tag	2	1 l Wasser + 1,5 l Kolostrum	120	1.–2. Tag	2	1,5	110	
2. Woche	2	3	350	3.–4. Tag	2	2	150	
				5.–7. Tag	2	2,5	250	
				8.–10. Tag	2	3	300	
				11.–14. Tag	2	3,5	400	
Vorbereitung auf das Absetzen								Fütterung von Konzentrat, Heu und Grünfutter an Reproduktionskälber und an Bullenkälber ab 3. Lebenswoche ad libitum
3. Woche	2	3,5	450	15.–17. Tag	2	4	450	
4. Woche	2	4	500	18.–21. Tag	2	4	500	
5. Woche	2	5	600	4. Woche	2	4,5	550	
				5. Woche	2	4,5	600	
				6. Woche	2	5	700	
Absetzperiode								
6. Woche	1	5	600	7. Woche	1	4,5	600	
7. Woche	1	3,5	450	8. Woche (erste 2 Tage)	1	4	500	
8. Woche (erste 4 Tage)	1	2,5	300	8. Woche (3.–5. Tag)	1	3	350	
8. Woche (letzte 3 Tage)	1	2	240	8. Woche (letzte 2 Tage)	1	2	225	
Nach dem Absetzen								
9.–13. Woche		–		9.–13. Woche			–	

geschlossenen Ställen (siehe Schlachtkälber) oder, wie es immer mehr der Fall ist, in einem halboffenen Stall aufgezogen. Abbildung IV/17 zeigt einen Grundriß für einen Kälberaufzuchtstall mit 3 Boxen für je 8 Kälber, also für 24 Kälber insgesamt.

Zur Innenausrüstung gehören ein Gerät für die Verabfolgung von Aufzuchtfutter, Krippe für Pellets, Heuraufe und Selbsttränke. Die Tiere werden in den ersten Wochen enthornt (chirurgisch oder chemisch).

Fütterung

Hierzu als Beispiel ein Futterplan für das Absetzen der Kälber ab der 9. Lebenswoche (Tab. IV/28), wobei zwischen den im Betrieb geborenen Kälbern und zugekauften Tieren unterschieden wird. In der Tabelle IV/28 werden die drei Phasen der Fütterung: ausschließliche Verabreichung der Milch (sehr kurz), Vorbereitung auf das Absetzen sowie das Absetzen demonstriert. Ab der 9. Woche wird Milch völlig weggelassen.

Im vorliegenden Beispiel stammten die Kälber von der Milchrasse ab. Sie erreichten mit 3 Monaten eine Lebendmasse von 130 kg und erhielten folgende Futtermengen:
40 kg Aufzuchtfutter,
15 kg Pellets »Kälberstarter«,
85 kg Jungrinderfutter und
65 kg Trockenmais (anstelle von Heu).
Die Verendungen beliefen sich auf 2 bis 2,5 %; 6 % der Tiere wurden zur Hälfte ihres Wertes als untauglich für den ersten Verwendungszweck verkauft (Selektionsverluste).

Kapitel 5   Kälber säugender Kühe

CL. BERANGER

Allgemeine Merkmale der Herden säugender Kühe

In den Herden säugender Mutterkühe wird das Kalb nicht mehr von seiner Mutter getrennt, sondern es saugt bis zum Absetzen. Allgemein wird die Mutterkuh nicht gemolken. Verschiedentlich wird das Kalb vor und nach dem Melken angesetzt, wie bei bestimmten Landrassen üblich. Die Ernährung des Kalbes besteht hauptsächlich aus Milch, sie wird durch Gras und (oder) Konzentrat und mitunter durch Grobfuttermittel in geringen Mengen komplettiert.

• Sehr häufig säugen die Kühe ihr Kalb bis zum Absetzen im Alter von 6 bis 8 Monaten. Es verbleibt mit seiner Mutter während der gesamten Zeit auf der Weide. Die abgesetzten Kälber werden als »Abgräser« bezeichnet und sind entweder zur späteren Mast bestimmt (Jungbullen oder Jungochsen von 12 bis 20 Monaten, Stiere von 2 bis 3 Jahren) oder zur Reproduktion vorgesehene Färsen.

• Zur Produktion von Fleischkälbern bleiben die Kälber eingesperrt, saugen zweimal täglich unter Aufsicht an ihrer Mutter bis zum Schlachten im Alter von etwa 4 Monaten. Je nach der Milchleistung der Mutter können sie, besonders gegen Ende der Mast, auch noch an einer anderen Kuh saugen. Zumeist erhalten die Tiere kein Konzentratfutter. Ist das Kalb zum Schlachten verkauft, wird die Kuh gemolken oder ein anderes Kalb kann ganz oder teilweise saugen. In bestimmten Beständen wie denen der Limousine-Rinder, die traditionell »Lyoner« und »St. Etienne«-Kälber produzieren, werden die Kälber wie Schlachtkälber gehalten. Beim Verbleib im Stall saugen sie täglich zweimal, bekommen aber zur Ergänzung etwas Heu, Konzentrat und (oder) Futterhackfrüchte. Sie werden im Alter von 7 bis 8 Monaten abgesetzt. Man erhält so Kälber, die dem vorher beschriebenen »Abgräser« nahekommen.

- Hat man Kühe mit einer guten Milchleistung (über 2500 kg/Laktation), kann man an ihnen mehrere Kälber gleichzeitig saugen lassen. Allgemein säugt die Kuh ihr eigenes Kalb und ein bis zwei Kälber zusätzlich, die sie im Alter von 8 bis 20 Tagen als Ammenkuh zu Laktationsbeginn zugeteilt bekommt. In diesem Falle wird entweder das zusätzliche Kalb durch seine Amme adoptiert und folgt ihr mit dem eigenen Kalb auf die Weide, oder die Kälber bleiben von der Kuh getrennt und saugen zweimal täglich unter Aufsicht.

Bei den säugenden Mutterkühen handelt es sich zumeist um für die Schlachtrinderproduktion spezialisierte Rassen (Charolais, Limousine, Maine-Anjou, Blonde Aquitaine, Hereford, Angus), deren Milchleistung gering ist (1000 bis 2000 kg/Laktation). Häufiger verwendet man aber auch Kühe von Landrassen (Salers, Aubrac, Gascogne) in Kreuzung mit Bullen der Fleischrassen, oder Kühe, die selbst Kreuzungsprodukt von Fleisch-×Milch- oder Landrassen sind (besonders in den USA Hereford und Holstein). Für die Produktion von »Abgräsern« kalben die Kühe hauptsächlich am Ende des Winters, und ihre Kälber werden im Herbst am Ende des Weideganges abgesetzt.

Die Herden sind relativ groß (mehr als 20 Kühe). Für die Produktion von Schlachtrindern oder Lyoner Kälbern erstrecken sich die Abkalbungen vorwiegend auf das ganze Jahr, konzentrieren sich aber auf die Periode November bis Mai, die Herden sind aber kleiner. Das zwei- oder mehrfache Säugen ist in großen Herden selten, und es werden Kühe der Milchrasse hierfür verwendet. Auch Landrassen oder Kreuzungsprodukte mit guter Milchleistung kommen in Frage. Seit ungefähr 10 Jahren beobachtet man eine leichte Zunahme der Zahl der Mutterkühe, wobei eine auffällige Verminderung der Schlachtkälber säugenden und eine Zunahme der »Abgräser« führenden Kühe zu verzeichnen ist.

Geburt

Die Abkalbungen liegen zu 85% in den Monaten Januar bis April (Anfang März bei Salers im Cantal, Ende März bei Charolais und Limousine). Daher erfolgt die Zulassung allgemein nach Weideauftrieb der Tiere im April bis Juni. Man versucht, die Färsen im Alter von 22 bis 24 Monaten tragend zu bekommen, um eine Abkalbung im Januar, Februar zu erzielen, denn in den Jahren danach haben die Abkalbungen die Tendenz, sich zu verzögern. Der Laktationsanöstrus ist bei säugenden Kühen besonders lang (75 Tage), vor allem während der winterlichen Stallhaltungsperiode.

Das mittlere Abkalbedatum ist ein wesentlicher Erlösfaktor dieser Bestände, denn es bedingt besonders das Alter und daher die Lebendmasse des Kalbes beim Absetzen [6]. Folglich werden zu spät abkalbende Kühe häufig ersetzt. Da das Kalb nur das einzige Produkt der nicht gemolkenen Kuh ist, werden die nicht tragenden Kühe streng selektiert. Der Anteil der Abkalbungen/100 Kühe ist allgemein hoch (90 bis 99% je nach Gebieten und untersuchten Rassen) [6].

Im Verlaufe eines Jahres fallen Kälber zu sehr unterschiedlichen Zeitpunkten an, vor allem auch in Perioden, in denen das Klima ungünstig ist. Auch ist am Ende des Winters der Ernährungsstatus der während der Stallhaltungsperiode oft unterernährten Mutterkühe nicht immer zufriedenstellend. Diese Bedingungen sind zusammengenommen für die Entwicklung von Neugeborenenerkrankungen um so wichtiger, je größer der Bestand ist und die Entwicklung von Mikroben begünstigt. Die in den untersuchten Beständen [5] beobachteten Anteile an Verendungen lagen zwischen 5 und 15% und erreichten in bestimmten Jahren in bestimmten Herden ein katastrophales Ausmaß (30 bis 40%). Ein Teil der Sterblichkeit rührt von Kalbeschwierigkeiten her, die die neugeborenen Kälber häufig schwächen. Diese Schwierigkeiten hängen vor allem mit der hohen Geburtsmasse der Kälber spezialisierter Rassen (Charolais, Maine-Anjou, Aquitanisches Blondvieh) und den relativ schwach entwickelten Geburtswegen der Mutter zusammen, was für zur Fleischbildung oft sehr gut geeigneten Rassen typisch ist. Dieses Phänomen wird bei Erstkalbungen, besonders solchen mit einem Erstkalbealter von 2 Jahren, verschärft hervortreten. Die Anfälligkeit und Sterblichkeit ihrer Kälber ist etwa 1,5fach höher als die der Kälber anderer Kühe derselben Herde [10]. Die durch diese Abkalbungen entstandenen Probleme können teilweise durch eine Selektion von Kühen der Fleischrassen auf Muttereigenschaften und unmittelbar unter Verwendung der Tiere leicht abkalbender Landrassen [2, 7] gelöst werden.

Führt man im übrigen das Vielfachsäugen durch, steigert die Zufuhr weiterer 8 Tage alter und für die Herde fremder Kälber erheblich die Risiken der Erkrankungen und die Durchschnittssterblichkeit in der Herde. Andererseits haben bei dieser Haltungsform, bei der das Kalb das einzige Produkt der Kuh ist, die Tierhalter die Absicht, in der Jugend verendete Kälber so schnell wie möglich durch Zukaufskälber oder aus der Frühabkalbung von Färsen zu ersetzen. Diese Kälber werden von der Kuh angenommen, die sich danach ihnen gegenüber wie gegenüber der eigenen Nachzucht verhält.

Säugen fremder Kälber

Die Adoption eines Kalbes durch eine säugende Kuh ist leicht, wenn diese ihr eigenes Kalb verloren hat. Oft täuscht man sie, indem man auf das Kalb den Geruch des anderen überträgt (wozu man allgemein die Haut nimmt). Handelt es sich dagegen um die Annahme eines zweiten Kalbes bei einer Kuh, die schon ein Kalb führt, ist der Erfolg mehr vom Zufall abhängig. Auf diesem Gebiet gibt es zahlreiche empirische Verfahren. Sie zielen auf eine Täuschung der Kuh oder zwingen sie, sich an das fremde Kalb zu gewöhnen [11].

Der Erfolg ist größer (etwa 80%), wenn das zweite Kalb der Mutter bald nach dem Abkalben zugeführt wird. Mit Vergrößerung des Zeitraums zwischen Kalbung und Adoption mindern sich die Erfolgschancen. Es hängt auch von der Kuh ab (Primipare); vorher gemolkene Kühe sollen ein zweites Kalb leichter adoptieren oder tolerieren. Auch die Rasse der Kälber spielt eine Rolle (Kälber der Milchrassen werden weniger leicht adoptiert).

Die Qualität der Bindungen zwischen Ammenkuh und adoptiertem Kalb ist verschieden und bestimmt weitgehend dessen Zunahmen. Vom Tierhalter wird zumeist angestrebt, daß die Kälber der Herde auf der Weide folgen und von ihrer Mutterkuh (oder evtl. von anderen Kühen) genug Milch für gute Zunahmen aufnehmen können.

In praxi bedeutet das eine mehr oder weniger lange Periode überwachter Saugakte vor dem Weideauftrieb oder das Einsperren der Kuh mit ihren beiden Kälbern. Im übrigen ist eine fortgesetzte Beweidung durch kleine Gruppen und die Bildung von nicht größeren Herden als 20 Kühen erforderlich [11].

Betriebsweise im Winter

Während des Winters ist die Aufstallung der wichtigste Faktor im System der Herdenhaltung.

In den traditionellen Ställen sind die Kühe angebunden und ihr Kalb getrennt daneben oder in der Nähe angebunden oder es läuft in der Gruppe frei in einem Auslauf im Stall. Die Kälber stehen auf Einstreu (Stroh) oder auf hölzernem Spaltenboden. Sie werden an das Euter der Mutterkuh zweimal täglich herangelassen und saugen unter Aufsicht. Wenn sie früh geboren sind, bekommen sie manchmal außer Muttermilch etwas Konzentrat und Heu.

Im Laufstall bleiben die Kälber ständig bei ihrer Mutter. Sie saugen nach Bedarf (6×/Tag von 0 bis 3 Monaten) [4] und verzehren einen kleinen Teil des ihrer Mutter verabreichten

Rauhfutters. Zuweilen sind die Kühe in einer Box von anderen getrennt oder werden zum Abkalben in einem Anbindestall gehalten, oder man versucht, ihnen ein Adoptivkalb anzusetzen. In einem Boxenliegestall haben die Kälber zu einem Laufgang Zutritt, über den sie verschwinden oder sich im Falle der Trennung von den Müttern entsprechend aufhalten können.

Die Herden der Mutterkühe können im Winter vollständig im Freien unter Ausnutzung natürlichen Schutzes übersichtlich gehalten werden. Sie kalben entweder frei oder unter einem Schutzdach ab. Die Kälber verbleiben bei ihren Müttern. Im allgemeinen erhalten sie Zugang zu besonderen Schutzvorrichtungen, wohin sie sich bei Witterungsunbilden zurückziehen und zusätzliches Futter verzehren können [8]. Während dieser Winterphase und besonders nach dem Abkalben sind pathologische Probleme von Bedeutung und benötigen viel Fürsorge und Arbeit.

Weideführung

Der Weideauftrieb der Tiere beginnt in den günstigeren Gebieten um den 15. März, um den 15. Mai in den Gebieten kühlen Höhenklimas. Der Weidegang erstreckt sich auf 7,5 bis 8 Monate, in den weniger günstigen Gegenden auf 5,5 Monate. Die Nutzung der Weiden durch die Mutterkuhherden ist oft extensiv.

Im Verlaufe des Tages weiden die Kühe 8 Stunden in 42 in Ruhe und Wiederkauen eingeteilte Perioden. Die Kälber weiden zu Saisonbeginn 3 bis 4 Stunden im Alter von 4 Monaten und bis zu 6 bis 7 Stunden am Ende der Saison mit 7 bis 8 Monaten und haben mehr Zyklen als die Kühe. Zu Saisonbeginn saugen sie $4,3\times$ (insgesamt 41 min) an ihrer Mutter, bei Saisonende zweimal (insgesamt 30 min) [9]. Der Überschuß des Graswuchses im Frühjahr gestattet den Kühen nicht nur maximale Milchbildung, sondern auch den Wiederaufbau ihrer teils im Winter, am Ende der Trächtigkeit und zu Laktationsbeginn aufgezehrten Körperreserven.

Eine Intensivierung der Produktion und Nutzung des Weidegrases erfolgt durch die Einteilung von 4 bis 8 Koppeln, durch N-Düngung (80 bis 200 kg N/ha), durch das Mähen überständigen Grases im Frühjahr und seine Ernte in Form von Heu, besser Grassilage, durch das jährlich ein- oder zweimalige Abmähen der Geilstellen. Man kann den Besatz erhöhen und außerdem mehr Futter für den Winter ernten. Unter diesen Bedingungen beweiden Kühe und Kälber 3- bis 5mal nacheinander in Abständen von 30 bis 60 Tagen dieselben Parzellen. Sie bleiben auf jeder Parzelle 4 bis 15 Tage und verfügen ständig über Gras guter Qualität. Auf Grund der Schwankungen im Graswuchs zwischen Frühjahr und Sommer ist es im Frühjahr notwendig, 30 bis 40% der Fläche zu mähen, um schließlich im Laufe der Zeit die Menge des gebotenen Grases mit den Bedürfnissen der Herde abzustimmen (Weideertragsermittlung).

Reichen Qualität und Menge des Grases nicht, kann man den Weidegang der Kälber fördern, indem man ihnen vorher zu der Parzelle, die die Kühe hinterher beweiden werden, Zutritt gewährt. Unter diesen Bedingungen haben die Kälber allein Gras guter Qualität reichlich zur Verfügung. Ebenso kann man selbst eine gute Ernährung der Kälber sichern, wenn Quantität und Qualität des Grases nicht ausreichen, indem man ihnen in einem kleinen Auslauf zusätzlich Konzentratfutter verabreicht.

Ernährung des Kalbes

Das Kalb nimmt von der Geburt im wesentlichen bis zum Absetzen die Milch seiner Mutter auf. Dann frißt es zunehmende Mengen Gras und (oder) Konzentrat. Über die von Kälbern unter der Mutter aufgenommenen Mengen liegen wenig Messungen vor. Auch über die verschiedenen Schwankungen ist wenig bekannt.

Milch

In ihrer Arbeit geben LE NEINDRE und PETIT eine Schätzung an, wonach die Kälber eine der Rasse ihrer Mutter entsprechende Milchmenge aufnehmen. Die Kälber verbrauchen 4 bis 10 kg Milch im Mittel je Tag während einer Säugezeit von 6 bis 8 Monaten. Diese Menge täglich getrunkener Milch variiert wenig im Verlaufe der Periode. Zu Beginn ist das Aufnahmevermögen des Kalbes der limitierende Faktor, der mit der Körpermasse (und oft mit dem gesundheitlichen Status) in Verbindung steht. Nach dem Säugen muß man jedoch die überschüssige Milch guter Leistungskühe abmelken. Die Leistung nimmt mit der Körpermasse des Kalbes zu, bleibt dann aber stabil.

Die Milchleistung der Mutter ist für die Menge der vom Kalb aufgenommenen Milch der limitierende Faktor. Allgemein erhöht sie sich zu Weidebeginn mit der besseren Ernährung der Mutterkuh, was zu einer zunehmenden Anzahl an Saugakten des Kalbes führt (vor allem wenn sie im Winter von den Müttern getrennt waren). Wie bei den gemolkenen Kühen bleibt die Leistung säugender Kühe konstant oder nimmt bis zur Laktationsmitte zu, bevor sie am Ende der Laktation wieder abnimmt, was allgemein mit der zweiten Hälfte der Weidezeit zusammenfällt. Die Verringerung der Produktion hängt dann zu einem sehr großen Teil von der Menge und Qualität des Weidefutters ab. Die Menge der vom Kalb aufgenommenen Milch entspricht außer zu Beginn nicht der Aufnahmekapazität und den Nährstoffbedürfnissen des Kalbes. Sie verringert sich aber nicht gravierend, bleibt lange Zeit bei einem täglichen Durchschnitt, außer im 7. und 8. Monat der Laktation oder wenn die Weidebedingungen eindeutig schlecht sind.

Die Höhe der Milchleistung hängt ab von der genetischen Veranlagung der Mutter, von der Zahl ihrer Laktationen (die Produktion nimmt zwischen der 1. und 2. Laktation um 10 bis 30% zu und erreicht von der 4. bis 6. Laktation das Maximum) in Abhängigkeit von der Jahreszeit der Abkalbung und den hieraus resultierenden Fütterungsproblemen [5]. Bullenkälber verbrauchen durchschnittlich etwas mehr Milch als weibliche Kälber, weil sie zweifellos schwerer sind und die Leistung ihrer Mütter stärker stimulieren.

Beim mehrfachen Säugen hängt die jedem Kalb zu Verfügung stehende Milchmenge von der Zahl der saugenden Kälber ab. Es muß jedoch bemerkt werden, daß die Steigerung der Kälberzahl die Milchproduktion der Mutterkühe stimuliert. So gaben 2 Kälber säugende Salers-Kühe 13% mehr Milch als die nur 1 Kalb säugenden. Zudem haben vorher gemolkene Normännerkühe beim Säugen von je 3 Kälbern 26% mehr Milch im Verhältnis zur Milchleistung beim vorherigen Melken gebildet. Man muß diese Steigerung und die größere Regelmäßigkeit der Milchproduktion beim mehrfachen Säugen berücksichtigen, um die Zahl der saugenden Kälber und die Höhe der ihnen verabreichten Milchmenge zu bestimmen [11, 3].

Gras (Weidefutter)

Die Menge des von den Kälbern aufgenommenen Weidefutters nimmt im Verlaufe der Weidezeit erheblich zu. Sie hängt dann von der Körpermasse des Kalbes und seinem Alter, der verzehrten Milchmenge sowie der Menge und Qualität des angebotenen Grases ab. Auf Grund der schwierigen Messungen der aufgenommenen Mengen wissen wir hierüber wenig.

Die Betrachtungen in Pin-au-Haras an Kälbern mit Grünfutter und variablen Milchmengen (5 bis 7 kg/Tag) sprechen dafür, daß der TS-Verzehr an Gras/Tag bei den Kälbern von etwa 1 kg mit 3 Monaten (bei einer Körpermasse von 112 kg) bis 5 kg beim Absetzen mit 8 Monaten (268 kg) (Abb. IV/18) zunimmt. Dieselben Ergebnisse zeigen, daß mit Verminderung der getränkten Milchmenge die verzehrte Grasmenge/100 kg Lebendmasse steigt (Tab. IV/29). Diese Erhöhung kompensiert jedoch nicht die mit dem geringeren Milchverzehr eingetretene Minderung der Nährstoffzufuhr.

Die Bedeutung des Grünfutters in der Ernährung am Euter saugender Kälber ist jedoch nach einem Alter von 3 bis 4 Monaten beträchtlich. Die Beobachtung der Schwankungen in den Zunahmen der Kälber in Abhängigkeit von den Weidebedingungen illustriert dieses Phänomen [1, 9].

Konzentratfuttermittel

Die Kälber verbrauchen allgemein nur eine geringe Menge Konzentrat, oft gar nichts, außer wenn sie im Herbst oder zu Winterbeginn geboren werden. Das gilt auch für bestimmte Limousine-Kälber, die ständig im Stall bleiben. Man verabreicht hiervon etwas Ende des Winters den in der Saison früh geborenen Kälbern. Kälber von 3 Monaten können 0,5 kg/Tag aufnehmen, wenn sie 5 bis 7 kg Milch/Tag erhalten. Sehr oft erfolgt die Konzentratgabe auf der Weide in der zweiten Hälfte der Saison, wenn mit der Verminderung der Weideleistung gleichzeitig die Milchleistung der Mütter und zugleich das Angebot an Weidefutter für die Kälber sinkt. Die aufgenommenen Konzentratmengen und ihr Einfluß auf die Zunahme der Kälber schwanken in Abhängigkeit von den Bedingungen des Betriebes.

Grundsätzlich ist die Verabreichung von Konzentraten notwendig, wenn die aufgenommene Milchmenge unter 4 bis 5 kg/Tag infolge der Leistungsfähigkeit der Mutter sinkt (Rassen mit schwacher Milchleistung, Primipare, besonders, wenn sie im Alter von 2 Jahren abkalbten). Das Gleiche gilt für die Zahl der gesäugten Kälber. Die Kälber nehmen je nach der von ihnen aufgenommenen Milchmenge, der gefressenen Grasmenge und der Zeit, die sie zur Gewöhnung an den Konzentratverzehr brauchten, zwischen 0,5 und 2,0 kg Konzentrat auf. Das Konzentrat muß granuliert

Tabelle IV/29 Von den Kälbern aufgenommene Mengen an Weidefutter zwischen dem 3. und 8. Lebensmonat bei unterschiedlicher Milchaufnahme (nach Le NEINDRE, 1975)

		Gruppen		
		I	II	III
Anzahl der Kälber		24	48	24
Aufgenommene Mengen				
Milch	kg	7,42	6,32	5,22
TS-Gras/kg je Tag	kg	2,83	2,92	3,02
TS-Gras/je 100 kg	kg	1,42	1,50	1,62
Mittlere Lebendmasse	kg	198,6	195,1	185,8
Zunahme je Tag	kg	1,19	1,11	1,02

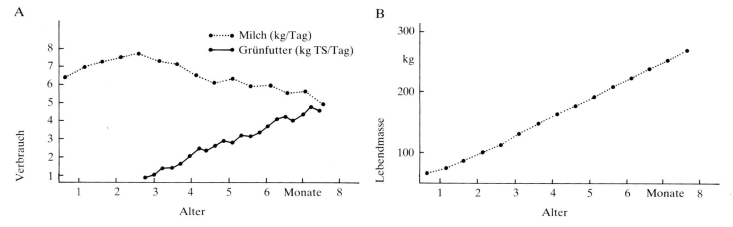

Abb. IV/18 Entwicklung des Verzehrs an Milch (A) und der Lebendmasse der Kälber (B) bei Verabreichung verschiedener Milchmengen

(pelletiert), vor Regen geschützt und möglichst angefeuchtet verabreicht werden. Im Alter zwischen 5. und 8. Monat kann ein Kalb zwischen 150 bis 250 kg Konzentrat fressen, bei limitierter Verabreichung und bemessener Zeitdauer (1 bis 3 Monate).

Bleibt die aufgenommene Milchmenge hoch (über 5 bis 6 kg/Tag nach dem 5. Monat) und können die Kälber Gras guter Qualität ad libitum aufnehmen, ist diese Konzentratgabe nicht notwendig. Die Kälber nehmen sonst mehr Konzentratfutter auf und fressen weniger Gras, was sich auf die Zunahme nicht auswirkt.

Im allgemeinen besteht das Konzentrat nur aus Getreide, es kann aber auch 10 bis 20% Ölkuchen und 2 bis 3% Mineralstoffgemisch je nach Milchleistung und Weideertrag enthalten.

Zusammengefaßt wird in Abbildung IV/18 die Milchmenge und die von einem Kalb verzehrte TS-Menge aus Gras dargestellt. Das Kalb saugte am Euter, war am 13. 2. geboren, wog bei Weideauftrieb mit 3 Monaten 115 kg, hatte eine gute Mutter und verfügte über Gras guter Qualität. Im Alter zwischen 5 und 8 Monaten können 1 kg TS Gras + 1 kg Milch durch 1 kg Konzentrat grob ersetzt werden.

Absetzen

Das Absetzen der Kälber verläuft in Herden dargestellten Typs relativ leicht. Am Ende der Saison läßt die Milchleistung der Kühe nach, die Kälber sind jetzt 6 bis 9 Monate alt, gewöhnt Gras und gelegentlich Konzentrat zu fressen. Auch bei der Verabreichung von gutem Heu (oder von Gras guter Qualität und Konzentraten oder von Futterhackfrüchten) mit dem Ziel, das bisherige Fütterungsniveau annähernd zu halten, bleibt die Trennung für das Kalb eine Belastung. Dieser psychische Streß ist besonders bei feuchter Witterung und in der kalten Jahreszeit problematisch. Das Kalb wird gegen verschiedene mikrobielle Angriffe empfindlicher, was den Tierhalter in dieser Phase zu noch mehr Beachtung und Fürsorge zwingt. Oft werden zahlreiche Prophylaxemaßnahmen während dieser Zeit vorgenommen.

Wachstum bei Saugkälbern

Die Haltungs- und Fütterungsbedingungen gesäugter Kälber ermöglichen ihnen häufig Zunahmen nahe ihres maximalen Wachstumspotentials. Im Winter können die Zunahmen bei 1 000 g/Tag unter guten Bedingungen liegen oder diesen Wert überschreiten. Es kommt sehr häufig vor, daß diese Zunahmen nur zwischen 600 und 900 g/Tag als Folge von gesundheitlichen Störungen betragen, welche die jungen Kälber während dieser Periode befallen. Ihre durchschnittliche Körpermasse im Alter von 3 Monaten liegt um 120 kg.

Nach dem Weideauftrieb während der ersten 3 bis 4 Monate des Weideganges sind die Zunahmen der Kälber erheblich (1 000 bis 1 300 g/Tag), sofern sie ausreichend Milch und Gras ad libitum bekommen. In der zweiten Hälfte der Saison hängt die (tatsächliche) tägliche Zunahme besonders von den Fütterungsbedingungen und der Belastung durch den Befall mit Parasiten ab.

Wenn die Kälber mehr als 4 bis 5 kg Milch/Tag aufnehmen können und ad libitum Gras guter Qualität bekommen, bleibt ihre Zunahme hoch. Ebenso gestattet eine Konzentratgabe den Kälbern, unter weniger günstigen Bedingungen Zunahmen um 1 000 g zu halten. Mit der Verminderung der Weidequalität läßt die Milchleistung der Kühe nach, und mit der verminderten Futteraufnahme sinken die täglichen Zunahmen der Kälber auf 600 bis 900 g. Im Falle eines fortgeschrittenen Parasitenbefalls können sie noch geringer sein.

Die Lebendmasse von der Geburt bis zu 3 Monaten steht in einer engen Beziehung zur Menge der vom Kalb aufgenommenen Milch ($r = 0,68$). Diese beträgt etwa 7 kg Milch/Tag (1 kg Milch zusätzlich erhöht die tägliche Zunahme um 56 g). Im Alter von 3 bis 6 Monaten ist die Zunahme weniger an den Milchverzehr gebunden (r = 0,43), sondern hängt stärker von der Menge und Qualität des aufgenommenen Grases ab. Jedoch erhöht in dieser Phase 1 kg zusätzliche Milch (um 4 kg/Tag) die tägliche Zunahme noch um 43 g im Durchschnitt [5].

Folglich schwankt die durchschnittliche tägliche Zunahme von der Geburt bis zum Absetzen deutlich zwischen 1 200 und 800 g je nach den gegebenen Bedingungen, sie liegt aber häufig nahezu bei 1 000 g.

Die Körpermasse beim Absetzen ist sehr verschieden, denn sie hängt ab
– von dem auf das Geburtsdatum des Kalbes (6 bis 9 Monate) bezogenen Alter beim Absetzen,
– vom Geschlecht des Kalbes (Färsen wiegen 10 bis 25 % weniger als Bullen),
– von der durchschnittlichen Wachstumsgeschwindigkeit,
– von ihrer genetischen Veranlagung und von den Haltungs- sowie Fütterungsbedingungen.

LITERATUR

[1] BERANGER, C., 1974 – Intensification de l'utilisation du pâturage par les troupeaux allaitants et possibilité d'extension de ces troupeaux en zone de culture. VIe Journées d'Information du »Grenier de Theix«, supplément au Bulletin Technique C.R.Z.V., Theix, 346–360.

[2] BIBE, B.; FREBLING, J.; MENISSIER, F., 1974 – Schéma d'utilisation des races rustiques en croisement avec des races à viande. VIe Journées d'Information du »Grenier de Theix«, supplément au Bulletin Technique C.R.Z.V., Theix, 192–211.

[3] LE NEINDRE, P.; PETIT, M.; MULLER, A., 1975 – Production laitière de vaches Normandes à la traite ou à l'allaitement. Ann. Zootech., sous presse.

[4] LE NEINDRE, P.; PETIT, M., 1975 – Nombre de tétées et temps de pâturage des veaux dans les troupeaux de vaches allaitantes. Ann. Zootech., 24 (3), 553–558.

[5] LE NEINDRE, P.; PETIT, M.; TOMASSONNE, R.; ROUX, C., 1975 – Production laitière des vaches allaitantes et croissance de leurs veaux. I. Race Limousine. Ann. Zootech., sous presse.

[6] LIENARD, G.; LEGENDRE, J., 1974 – Productivité en veaux des troupeaux de vaches allaitantes. VIe Journées d'Information du »Grenier de Theix«, supplément au Bulletin Technique C.R.Z.V., Theix, 47–67.

[7] MENISSIER, F., 1974 – L'aptitude au vêlage des races à viande francaise (l'origine des difficultès de vêlage et leur amélioration génétique). VIe Journées d'Information du »Grenier du Theix«, supplément au Bulletin Technique C.R.Z.V. Theix, 139–170.

[8] OULION, G.; MELET, L., 1974 – Conduite en plein air intégral des troupeaux de vaches allaitantes. VIe Journée d'Information du »Grenier de Theix«, supplément au Bulletin Technique C.R.Z.V., Theix, 262–275.

[9] PETIT, M., 1973 – Emploi du temps des troupeaux de vaches-mères et de leurs veaux sur les pâturages d'altitude de l'Aubrac. Ann. Zootech., 21 (1), 5–27.

[10] PETIT, M., 1974 – Vêlage à deux ans dans les troupeaux de vaches allaitantes. VIe Journée d'Information du »Grenier de Theix«, supplément au Bulletin Technique C.R.V.V., Theix, 231–248.

[11] PETIT, M., 1974 – Allaitement de deux ou plusieurs veaux par vache. VIe Journées d'Information du »Grenier de Theix«, supplément au Bulletin Technique C.R.Z.V., Theix, 289–306.

V Allgemeine Pathologie

Kapitel 1 Epidemiologie

P. MORNET,
CL. QUINCHON

Der Begriff »Epidemiologie« umfaßt ein weites Gebiet der Pathologie. Seine Grenzen sind nicht eindeutig, wenn auch in den letzten Jahren in den Abgrenzungen erhebliche Fortschritte zu verzeichnen sind. Manche betrachten die Epidemiologie als ein »Denkmodell« zur Beschreibung der Erkrankung in einer Population: Eine Technik zur Klärung der Ursachen mit dem Ziel, der Krankheit vorzubeugen, was auch immer ihre Ursache sei [40]. Diese »Philosophie« mag gelten, verlangt aber eine Erklärung.

Das Wirkungsfeld der Epidemiologie erstreckt sich auf alle Krankheiten (nicht nur auf Infektionen und Parasitosen). Sie ist die Disziplin geworden, die die Umstände des Auftretens (Verendungen, Erkrankungsbereitschaft, begünstigende und auslösende Faktoren) sowie die wirksamen Mittel, um ihr Auftreten einzuschränken oder sie zu tilgen [25], untersucht.

Auch ist der Auffassung zuzustimmen, daß die Kenntnis über die Art der Verbreitung einer Krankheit oft von größerer Bedeutung als die Entdeckung des sie hervorrufenden Erregers ist [40]. Im übrigen konstatieren wir, daß die Epidemiologie ein unerläßliches Instrument zum Nachweis der Kosten der Krankheiten und damit ein erstrangiges Kriterium für die Wirtschaftlichkeit der Tierhaltung bleibt.

Entsprechend dem Umfang des gesteckten Zieles beschränken wir uns auf die Untersuchung
– der Sterblichkeit der Kälber in Frankreich und in verschiedenen Ländern sowie der Faktoren für Schwankungen in der Mortalität,
– von Ursachen für Verendungen,
– der bestimmenden Faktoren der Pathologie des Kalbes aus der Umwelt, der Abstammung, pathogenen Erregern und vom Tier selbst.

Es ist daran zu erinnern, daß die Pathologie sich in ständiger Entwicklung befindet, daß sich unser heutiges Wissen von dem von gestern unterscheidet und morgen wiederum anders sein wird. Wir haben oft fremde Arbeiten angeführt, weil sie die in unserem Land gewonnenen Daten beleuchten oder bekräftigen oder vervollständigen.

Sterblichkeit der Kälber

Die Schätzungen der Sterblichkeit der Kälber mögen global sein (für ein ganzes Land geltend) oder als fragmentär gelten (für ein Gebiet, eine Herde, einen Landwirtschaftsbetrieb). Es ergeben sich bestimmte Schwierigkeiten der Interpretation aus folgenden Gründen:

• Verschiedene Methoden der Untersuchung, die aus Unterhaltungen des Tierhalters mit dem Tierarzt, dem Besamer, dem Milchkontrolleur oder von Konsultationen auf dem Postwege, aber auch aus Unterlagen im Betrieb oder des Herdbuches herrühren.

- Ungenauigkeit bei der Beurteilung der Sterblichkeit, wobei gelegentlich Aborte, Totgeburten, peri- und postnatale Sterblichkeit verwechselt werden. Bezüglich der uns verfügbaren Dokumente würden wir uns wünschen, daß diese Begriffe klar ausgedrückt würden. Bei folgenden Definitionen scheint sich jedoch Übereinstimmung anzudeuten:
  - Aborte = Geburt vor dem 270. Trächtigkeitstag = Verenden bei der Geburt oder in den 24 Stunden danach;
  - perinatale Sterblichkeit = Verenden 24 Stunden bis 2 bis 3 Tage nach der Geburt;
  - postnatale Sterblichkeit = Verendung 2 bis 3 Tage nach der Geburt bis 3 Monate danach (vor dem Absetzen; ausgenommen Kälber von Ammenkühen, die um den 7. bis 9. Monat abgesetzt werden).
- Bezüglich der Unterschiede im Alter bei der postnatalen Sterblichkeit wählen die einen 8 Wochen, die anderen 3, 4 oder 6 Monate, die einen beziehen das Absetzen ein, die anderen nicht.
- Die zahlenmäßige Bewertung der Ergebnisse ist in Abhängigkeit von der Probenentnahme, dem Bestand, der Art der Haltung, dem statistischen Mittelwert vorsichtig vorzunehmen. Trotz dieser Vorbehalte werden wir sehen, ob man eine Verbindung scheinbar nicht passender, aber wichtiger Elemente einer Lösung zuführen kann.

Gesamtsterblichkeit

USA

Man nimmt eine globale Sterblichkeit von 8 bis 25 %, im Durchschnitt von 10 % an. Mehrere kurze, aber gründliche Erhebungen wurden durchgeführt. Wir erwähnen Arbeiten aus den Staaten Michigan und Kalifornien.

- *Michigan*

Eine erste Erhebung bezog sich auf 477 Milchviehbetriebe während des Jahres 1971 [24]. Die Untersuchung der Sterblichkeit betraf drei Gruppen Kälber: Die bei der Geburt tot waren oder während des Abkalbens verendeten; die bei der Geburt lebten, aber innerhalb von 14 Tagen verendeten, und denen, die zwischen 15. und 60. Tag verendeten. Die Ergebnisse sind in der Tabelle V/1 dargestellt.
In den 11 Prüfgebieten (für die Prophylaxeprogramme), die sich auf 477 Betriebe erstreckten, waren die Unterschiede minimal. Der Anteil der Lebendgeborenen (92,7 bis 94,1 %) war bemerkenswert einheitlich. Eine zweite Erhebung erstreckte sich auf 379 Milchviehherden, die einer Gruppe kooperativ zusammengeschlossener Tierhalter gehörten. Die jährliche Gesamtsterblichkeit der Kälber betrug 13,5 %, davon waren 6,3 % Totgeburten [35].

- *Kalifornien*

In der Grafschaft Tulare (St. Joachimsthal) ergab sich bei insgesamt 259 Milchviehbetrieben (bis 300 Kühe/Herde) in einer Stichprobe von 16 Betrieben eine durchschnittliche Sterblichkeit von 17,3 bis 20,2 %; die Variation zwischen den Betrieben war mit 3,7 bis 32,1 % sehr groß [18].

Großbritannien

Drei in den Jahren 1936/37, 1946/48, 1962/63 [29] durchgeführte Erhebungen haben zu unterschiedlichen Schlußfolgerungen geführt. Nach den beiden ersten lebten etwa 6 % der lebendgeborenen Kälber in England und Wales nicht länger als bis zum Alter von 6 Monaten, in Schottland waren es 12 %. Nach der dritten Erhebung (England, Wales, Schottland) rechnet man, daß von 3,4 Mio lebendgeborenen Kälbern 140000 in Landwirtschaftsbetrieben geborene und 37000 im Handel umgesetzte Kälber bis zum Alter von einem Jahr verendeten. Bei den im Betrieb geborenen lag der Anteil an Verendungen bis zum Alter von 6 Monaten bei 5 % und im Alter bis zu einem Jahr bei 5,7 %. Außerdem traten 2,1 % Aborte und in 3,3 % der Fälle Totgeburten auf.

Tabelle V/1 Übersicht über die Verendungen von Milchviehkälbern in Betrieben von Michigan [24] im Jahre 1971

Zahl der Herden	477
Lebend geborene	
Kälber/Herde	70,1
Kälber in %	93,6
Tot geborene Kälber in %	6,4
Mortalität in %	
0 bis 14 Tage	8,5
15 bis 60 Tage	2,8
gesamt	17,7

BRD

Im Bereich der Herdbuchzucht fanden in Bayern zwei regionale Erhebungen statt.

- *Gebiet Mindelheim* 1956 bis 1966

In 134 Herden [11] der Schweizer Rasse (Höhenfleckvieh) betrug bei 20 995 Geburten der Anteil Gesamtverendungen 1 445 Kälber = 6,91%. Von 1 445 toten Kälbern verendeten 11,4% pränatal (Spätaborte oder Frühgeburten), 48% perinatal, 40% postnatal (24 Stunden bis 7 Wochen).

- *Gebiet von Würzburg* 1959 bis 1968

In 158 rinderhaltenden Betrieben [37] der Rasse Gelbe Franken verendeten bei 10 371 registrierten Kälbern 746 = 7,19% bis zum Alter von drei Monaten. Die 746 toten Kälber verendeten zu 2,95% pränatal, 56,55% perinatal und 40,5% postnatal.

Niederlande

Der Anteil Totgeburten wurde auf 6% geschätzt, was jährlich etwa 120 000 Kälbern entspricht [39]. Als Folge der Totgeburten ist der Anteil der Konzeptionen mit 3 Besamungen nach einem totgeborenen Kalb 13 bis 14% geringer als nach einer Normalgeburt. Die Fruchtbarkeit der Mutter gleicht dies somit aus (Untersuchung im Besamungszentrum, van Kemper, Oerle).

In der Provinz Nord-Brabant hat der Tiergesundheitsdienst eine Untersuchung in Milchviehbetrieben in den Jahren 1969/70 durchgeführt. 1969 nahmen 2 073 von 24 854 Betrieben (8,3%), 1970 2 325 von 23 845 Betrieben daran teil (9,8%). Kälber in einem Alter bis zu drei Monaten verendeten 1969 zu 12,2%, 1970 zu 11,84%. Davon entfielen 1,73 bzw. 1,27% auf Aborte, und 4,40 bzw. 5,00% waren Totgeburten. Die Verendungen in den ersten 24 Stunden betrugen 1969 1,22% und 1970 1,06%. Die Sterblichkeit im Zeitraum von 24 Stunden bis zu 1 Monat betrug 2,81 bzw. 2,90%, im 1. bis 3. Monat verendeten 2,04 bzw. 1,61%.

Dänemark

Gemessen an der Zahl der Milchkühe und der Zahl der an die Tierkörperbeseitigung gelieferten Kälber betrug die Sterblichkeit im Durchschnitt 7 bis 10% [23]. Es bestanden erhebliche Variationen: 3,5% in den Herden, die »problemlos« bezüglich der Verendungen gelten. 22,5% in den Herden mit »Verendungen«. Der Mittelwert variierte je nach den Jahren zwischen 7,8 und 9,6%. Diese Zahlen wurden durch mehrere, von der Milchkontrolle durchgeführte Erhebungen bestätigt.

ČSSR

In der Slowakei werden mehr als 60% der Kälber in Anlagen mit einer Kapazität von 600 bis 700 Tieren aufgezogen. Die Gesamtsterblichkeit lag bei 14,39% [34].

Frankreich

Im Nachgang einer Untersuchung über die Gesamtstruktur französischer Rinderherden 1963 hat die Zentralstelle für Statistische Erhebungen und Untersuchungen des Ministeriums für Landwirtschaft Dokumente veröffentlicht [3], die die Herdenfruchtbarkeit und Verluste betrafen. Zu den wichtigsten, unser Thema berührenden Ergebnissen gehören, daß auf 100 Stammkühe, die im Alter von 3 Jahren oder mehr in dem betreffenden Jahr vorhanden waren, 84 lebendgeborene Kälber entfielen, von denen 4 bis 5 natürlich verendeten (was augenscheinlich Schlachtungen zur Fleischgewinnung ausschließt). Im selben Jahr waren 2 Kälber Totgeburten und 3 Aborte. In Prozenten ausgedrückt betrug der Anteil Verendungen jährlich 5,9% der lebendgeborenen Kälber. Eine weitergehende Analyse zeigt, daß die Verlustquoten sehr schnell von 4,2% im Verlaufe des 1. Monats nach der Geburt, auf 0,8% im Alter von einem Monat, auf 0,4% im Alter von zwei Monaten und auf 0,2% im Alter von vier Monaten sinken.

Nimmt man zur Grundlage die Zahl der Kühe, sind es fast 11 Mio, von denen theoretisch 9 Mio Kälber stammen. Die Verendung an

Jungtieren im Alter von vier Monaten betrug etwa 520000 Kälber. Dazu kommen 220000 Totgeburten (2,2 bis 2,4%). Die Gesamtverendungen beliefen sich jährlich auf 740000 Kälber.
Diese Zahl muß als Minimum angesehen werden. Ausschließlich die Mortalität der Kälber behandelnde regionale Erhebungen ergaben allgemein etwas höhere Zahlen, was dazu führen könnte, durchschnittliche Verluste von 8% mit erheblichen Schwankungen zwischen den Territorien und Betrieben anzuerkennen.

• *Totgeburten*
Auf der Grundlage einer Aktion hat die Zuchtkooperation Zentral-Nord seit 1951 die Abkalbungen von 14000 Kühen im Jahr verfolgt. Dabei füllt der Milchkontrolleur bei seiner monatlichen Betriebsbegehung ein spezielles, detailliertes Formular über Bewegungen des Tierbestandes seit seinem letzten Besuch aus. Einbezogen sind Aussagen über die Abkalbungen. Es wurden die Daten über die Abkalbungen in 1000 in der Zeit von Januar 1960 bis September 1963 kontrollierten Ställen untersucht [5]. Insgesamt belief sich die Zahl der Abkalbungen auf 47569. Die Ergebnisse lauten wie folgt:
– Der Gesamtanteil an Totgeburten betrug 2,9%. Er ist relativ gering und z. B. niedriger als in Großbritannien und den Niederlanden.
– Es gibt praktisch keinen Unterschied in der Totgeburtenrate bei Kälbergeburten aus dem natürlichen Deckakt (2,9%) oder aus der künstlichen Besamung (3,3%).
– In vier Territorien beträgt der Anteil Totgeburten (von der Geburt bis 24 Stunden) 0,48 bis 5,05% [26].
– Eine ausgedehnte Untersuchung in zehn Territorien hatte eine Totgeburtenrate von 3 bis 4% [15] ergeben.

• *Globalverendungen (Totgeburten + peri- und postnatale Verendungen)*
Die Untersuchung wurde in fünf Territorien erhoben (Tab. V/2). Eine vorhergehende Untersuchung in zehn Territorien hatte einen Anteil globaler Verendungen von 9,02% (bei 50000 Kälbern) ergeben, davon waren 5% postnatal.

Tabelle V/2 Anteil der Gesamtverendungen in 5 französischen Territorien [26]

Territorium	Jahr	Zahl der Betriebe	Gesamtbestand	Totgeburten %	Sterblichkeit postnatal %	Sterblichkeit gesamt %
Aube	1968 und 1969	806	12691*	5,05	3,97	9,02**
Aveyron	1969	61	1800	0,48	6,68	7,16
Creuse	1969	23	393	3,30	6,86	10,16
Lozère	1969	24	465	1,07	7,09	8,16
Nièvre	1967				10,00	
	1968				8,20	
	1969	59	1500	1,73	7,90	9,62

* 24166 Abkalbungen
** etwa 45% der Kälber wurden im Alter von 8 bis 10 Tagen verkauft und entgehen der statistischen Untersuchung

ZUSAMMENFASSUNG

Faßt man die Verendungsraten gruppenweise zusammen, läßt sich feststellen, daß in den westeuropäischen Ländern die Verendungen insgesamt zwischen 6 und 10% variieren, wovon 2,5 bis 6% auf Totgeburten entfallen. Dagegen liegt in den USA der Anteil an Verendungen mit 13,5 bis 20,2% wesentlich höher.
Es ist von Interesse, die Entwicklung der Sterblichkeit in Abhängigkeit von verschiedenen Einflußfaktoren zu prüfen.

Bedeutung der Herde

In den USA ist die Durchschnittsherde allgemein größer als in Frankreich und in Westeuropa. Zwischen der zunehmenden Bestandsgröße und den Verendungen von Kälber [24] besteht eine enge Beziehung (Tab. V/3). Ursache für diese erhöhte Sterblichkeit ist u. a., daß die individuelle Betreuung der Tiere mit wachsender Bestandsgröße nicht zunimmt und die Dichte der Tierpopulation eine Verbreitung bakterieller und viraler Infektionen erleichtert. Unzureichende Organisation, Überbelegung, Nichtverabreichung des Kolostrums, schlechte Lüftung, Mängel in der Tierbetreuung u. a. scheinen gemeinsame Faktoren für eine hohe Kälbersterblichkeit in großen Kuhbeständen zu sein.
Die sich mit der Größe der Herde erhöhende Gesamtsterblichkeit wurde in einer anderen Untersuchung [35] für den Staat Michigan bestätigt: 9,5% bei Herden unter 20 Kühen bis

Einflußfaktoren

16,6% bei Herden über 80 Kühen. Der Anteil an Totgeburten hingegen hatte sich nicht verändert. Auch in der BRD [37] nahm der Anteil der Verendungen mit der Herdengröße zu, ebenso in den Niederlanden [28]. Allerdings waren in den Niederlanden keine statistisch gesicherten Beziehungen zwischen Mortalität und Herdengröße festzustellen [39].

In Frankreich wurden in der Nièvre die besseren Ergebnisse in mittelgroßen Herden zwischen 20 und 40 Kühen erzielt. Die Sterblichkeit ist sehr hoch in den kleinen Herden, die Erkrankungsbereitschaft ist erheblicher in den großen Herden [35].

Alter des Kalbes

In der Kälberaufzucht gibt es zwei kritische Perioden: Die Geburt und die ersten vierzehn Tage. In den USA (Michigan) stellt man für diese zwei Perioden 14,9% Gesamtsterblichkeit fest (von denen 6,4% Totgeburten waren) [24]. Die erste Woche ist mit 10,4% Verendungen (von denen 6,3% Totgeburten sind) stärker betroffen gegenüber 1,5% in der zweiten Woche [34]. In Kalifornien gibt man für die erste Woche etwa 9,9% an, für die zweite 4,8% und für den Zeitraum ab 5. Woche bis 3. Monat 0,30% [18].

In Großbritannien treten die meisten Verendungen im Laufe des ersten Monats auf. In der BRD entfallen 40% der Verendungen auf den Altersabschnitt von 24 Stunden bis zu 7 Wochen [11], und in den Niederlanden betrugen die Verendungen in Nord-Brabant 4% im 1. Monat und 1,61 bis 2,04% in den beiden folgenden Monaten [28].

Für Frankreich, Territorium von Aube [26], wurden für die Jahre 1968 und 1969 die Anteile an Verendungen während der ersten beiden Monate in der Tabelle V/4 ausgewiesen. Danach war die Sterblichkeit im Verlaufe des ersten Monats etwa 34mal höher als im zweiten Monat. In 9 anderen Territorien waren die Unterschiede weniger deutlich: 2,5 bis 4% im Alter von 0 bis 8 Tagen, 9,02% im Alter von 0 bis 3 Monaten [15].

Geschlecht des Kalbes

In Großbritannien ist der Anteil der Verendungen bei Bullenkälber geringfügig höher. In der BRD betrug in Bayern im Raum Mindelheim die beobachtete Sterblichkeit bei Bullenkälbern 8,63%, bei Färsenkälbern 4,78%; im Raum Würzburg betrug sie 8,74 bzw. 5,57%. Gleiche Feststellungen (Tab. V/5) wurden in Frankreich in vier Territorien getroffen [26].

Zwillingsgeburten

Aus Bayern liegen Mitteilungen aus zwei verschiedenen Gegenden vor:
– Bei 1016 Zwillingen waren 247 Verendungen = 24,30%,
– bei 267 Zwillingen waren 127 Verendungen = 47,50% und
– bei 12 Drillingen waren 8 Verendungen = 66,66% zu verzeichnen.

In Frankreich, Kreis Nièvre, betrug 1968 bei 200 Zwillingen der Anteil der Gesamtverendungen 29% gegenüber 10,9% bei Einzelgeburten. Die relativ hohe Zwillingsrate in der Charolais-Rasse beträgt im Mittel 4% (manchmal 5%) und ist signifikant [17]. Bei 458 Zwillingen stellte man 25,5% Verendun-

Tabelle V/3 Verendungen von Milchviehkälbern (Saufkälbern) in Landwirtschaftsbetrieben von Michigan (USA) 1971 in Abhängigkeit von der Herdengröße [24]

	Herdengröße			
	< 50	50–100	100–200	> 200
Zahl der Herden	214	199	56	5
Geburten in %				
lebend	93,9	93,6	92,5	81,6
tot	6,1	6,4	7,5	10,5
Verendungen in %				
0 bis 14 Tage	7,5	8,8	10,6	18,1
15 bis 60 Tage	2,5	2,9	2,8	6,3
Gesamtsterblichkeit in %	16,1	18,1	21,1	34,9

Tabelle V/4 Verendungen der Kälber in Abhängigkeit vom Alter [26]

Alter in Tagen	Sterblichkeit %	Gesamtsterblichkeit %
0–10	7,71	
11–20	0,72	
21–30	0,19	8,62
31–40	0,14	
41–50	0,08	
51–60	0,03	0,25

Tabelle V/5 Verendungen der Kälber in Abhängigkeit vom Geschlecht [26]

Territorium	Mortalität in %	
	männlich	weiblich
Aveyron	5,93	5,84
Creuse	3,84	1,70
Lozère	6,08	5,95
Nièvre	6,17	3,41

gen (perinatal) fest, wahrscheinlich wegen Schwergeburten.

Geburtsmasse

Je höher die Geburtsmasse, desto geringer ist der Anteil an Verendungen. Unter industriemäßigen Aufzuchtbedingungen ist das Alter der im Handel gekauften Kälber zumeist nicht bekannt; dann ist die Körpermasse als Kriterium in Betracht zu ziehen [10]. Die leichteren Kälber haben häufiger Durchfall als schwerere Tiere. Bei Kälbern über 40 kg ist die Gefahr geringer, Durchfall zu bekommen. Im Falle der Erkrankung dauert er nicht so lange.

Rasse

Kälberverendungen sind in Guernsey-Herden (19,4%) und bei Jerseys (20,9%) zahlreicher als bei den Holstein-Friesen (17,7%); dieser Unterschied ist aber nicht signifikant (USA). Dieselbe auffällige Anfälligkeit wurde bei den Rindern der Insel Manche, bei den Ayrshires und besonders bei Shorthorns und Friesen festgestellt. Das »Einfarbig Gelbe Frankenvieh« (Bayern) ist ebenfalls davon betroffen. Gleiche Beobachtung trifft in den Niederlanden für die Rassen Rhein-Maas-Yssel-Vieh und Friesen zu.

In Frankreich scheinen die vorliegenden Zahlen (Tab. V/6) den Einfluß der Rasse zu bestätigen [26]. In diesem Beispiel sind jedoch bestimmte Prozentsätze nicht signifikant; das liegt an einer zu stark streuenden Stichprobe. Bei der Interpretation muß man sehr vorsichtig sein. In bestimmten Fällen können Verendungen als Folge von Schwergeburten, wegen der Art der Tierhaltung (Stall- oder Auslaufhaltung), aus Mangel an qualifizierter Betreuung, ebenso aus rassebedingter Empfindlichkeit auftreten. Differenzen von 5 bis 10% lassen sich anders nicht erklären.

Der Anteil der Totgeburten ist bei der Friesenrasse höher (3,4%) als bei der Normännerrasse (2,4%) oder dem Graubraunen Höhenvieh (2,9%).

Tabelle V/6 Kälbersterblichkeit in Abhängigkeit von der Rasse [26]

Rasse	Territorium	Zahl der Kälber	Mortalität %
Franz. schwarzb. Friesen	Aube	15 996	8,00
Östl. Rotbunte	Aube	3059	11,08
Graubraunes Höhenvieh	Aube	3689	11,87
Charolais	Aveyron, Creuse, Lozère, Nievre	1619	8,82
Normänner	Aube, Creuse	1129	7,52
Aubrac	Aveyron, Creuse	417	4,50
Limousine	Creuse	74	0
Aubrac × Charolais	Aveyron, Lozère	1227	4,71
Aubrac × Charolais × Charolais	Aveyron	134	12,68
Charolais × Limousine	Creuse	93	5,30

Tabelle V/7a Ergebnisse von Erhebungen über die Kälbersterblichkeit in Bayern

Verendungen	Primipare %	Multipare %	Aufteilung nach Altersgruppen			Geschlechtsverhältnis				
			Verluste	% verendete Kälber		Verluste	Primipare		Multipare	
				Primipare	Multipare		männl.	weibl.	männl.	weibl.
Raum Mindelheim			Raum Mindelheim			Raum Mindelheim				
Kälberverluste gesamt	10,03	5,66	pränatal	6,45	14,68	pränatal	236,4	100	218,7	100
Bullenkälber	13,98	6,66	perinatal	61,43	37,39	perinatal	329,2	100	173,5	100
Färsenkälber	6,23	4,22	postnatal	31,58	45,93	postnatal	147,9	100	143,5	100
Raum Würzburg			Raum Würzburg							
Bullenkälber	12,78	7,15	pränatal	2,07	3,5					
Färsenkälber	6,70	5,11	perinatal	59,18	54,99					
			postnatal	38,75	41,51					

Allgemeine Pathologie

Tabelle V/7b Kälbersterblichkeit in Abhängigkeit von den Abkalbungen [26]

Ab-kal-bung	Mortalität in % im Territorium	
	Aube*	Aveyron, Creuse, Lozère, Nièvre
1.	13,38	6,33
2.	9,11	8,83
3.	7,52	6,70
4.	6,90	4,07
5.	5,52	5,35
6.	9,96	3,83
7.	8,27	1,96
8.	7,29	3,73
9.	5,85	2,10

* Prozentsatz von 24 000 Abkalbungen

Tabelle V/8 Verendungen in % von Kälbern säugender Kühe [17]

Mutterkuhrasse	Primipare	Multipare
Salers	13	9
Limousine	9	(?)
Charolais	15	9,4

Tabelle V/9 Kälbersterblichkeit in mehreren Territorien im Verlaufe mehrerer Jahre [15]

Jahr	Zahl der Kälber	Gesamtsterblichkeit %
1968	15 670	8,84
1969	7068	9,31
1970	5768	8,77
1971	8511	8,89
1972	2404	6,25

Zahl der Abkalbungen

In Großbritannien ist die Sterblichkeit nach Schwergeburten bei Färsen größer, sie verringert sich nach dem ersten Abkalben, nimmt aber nach dem 4. Abkalben wieder zu. Das deckt sich mit den Ergebnissen einer vorhergehenden nationalen Erhebung [16].
In der BRD liegen Untersuchungen aus Bayern vor (Tab. V/7a).
In Frankreich ist der Anteil der Totgeburten auch bei den Färsen häufiger (3,8%) als bei den Multiparen (2,7%) im Bereich der Zuchtgemeinschaft Centrum-Nord [5]. Bei den Gesamtverendungen erhält man für 5 Territorien die in Tabelle V/7b ausgewiesenen Werte. Im Hinblick auf spezielle Mutter- oder Ammenkühe [17] ist die in Tabelle V/8 ausgewiesene Gesamtsterblichkeit festzustellen.

Jahr, Jahreszeit und meteorologische Faktoren

Die verschiedenen in Großbritannien durchgeführten Erhebungen führten von einem Jahr zum anderen zu vergleichbaren Ergebnissen. In der BRD wurde im Gebiet Würzburg bei den Untersuchungen von 1959 bis 1968 der höchste Anteil mit 8,46% 1961 und der niedrigste mit 5,73% 1962 beobachtet. Innerhalb von fünf Jahren blieben in Frankreich in drei bis sechs Territorien die Anteile fast gleich (Tab. V/9), außer 1972 [15]. Die vom C.E.T.A. (Landw.-technisches Untersuchungszentrum) von Nièvre und dem I.T.E.B. (Institut für Rinderzuchttechnik) ergangenen Informationen sind aus Tabelle V/10 ersichtlich. Schließlich gibt die Entwicklung der jährlichen Verendungen nur wenig Aufschluß, weil die Unterschiede gering und die Ursachen sowie Einflußfaktoren kaum zu entdecken sind. Die mitgeteilten Zahlen stellen nur eine Information dar.
Der Faktor *Jahreszeit* ist zweifellos aufschlußreicher. In allen Ländern bestehen mehr oder weniger nachgewiesene Variationen, die mit den Monaten des Jahres in Verbindung gebracht werden. In Großbritannien ist die Sterblichkeit im Februar, März, April und Mai deutlicher ausgeprägt. Es scheint aber einen deutlichen Anstieg der Verendungen kurz nach den Herbstabkalbungen bis zum Ende der Frühjahrsabkalbungen zu geben. Wenn man die deutliche Häufigkeit in den ersten Monaten des Frühjahrs auf eine ungenügende Ernährung der Mütter zurückführen kann, muß man auch die Beteiligung bakterieller Infektionen in den Aufzuchtbetrieben beachten, in denen bestimmte Stämme von *Escherichia coli* dominieren, gegen die das Kolostrum keinen Schutz bietet.
In der BRD (Bayern) traten häufiger Verendungen im Februar, März, Juli, weniger im Oktober und November auf. Für Frankreich ergeben sich große Variationen von einem Gebiet zum anderen (Tab. V/11).
Der Anteil an Totgeburten war entsprechend dem Monat der Abkalbung verschieden [5]. Bei 25 690 Abkalbungen (Normänner- und Friesenrasse, die zwischen dem 1. Januar 1960 und dem 31. Dezember 1960 und dem 31. Dezember 1962 lagen, wurden die niedrigsten Anteile in den Monaten Februar bis Mai, die höchsten von Juni bis Oktober festgestellt. Letzteres kann nicht mit den Schwergeburten Primiparer in Verbindung gebracht werden, da während dieser Monate die Zahl der Ab-

Tabelle V/10 Übersicht über die Verendungen von Kälbern im Territorium Nièvre (C.E.T.A., Zuchtgebiet Nivernais, 1972)

Jahr	Zahl der Kälber	Totgeburten %	peri- und postnatale Verendungen %
1967–1968	1461	3,20	8,04
1968–1969	1557	1,73	7,85
1969–1970	1702	1,52	9,21
1970–1971	1707	1,20	10,20
Im Mittel von 4 Jahren		1,80	8,80

kalbungen bei Färsen am niedrigsten ist. Die durchschnittlichen Anteile an Totgeburten lagen im November bis Januar. In der industriemäßigen Aufzucht der Oise scheint bei Kälbern aus dem Handel die Jahreszeit auf die Auslösung von Durchfällen keinen Einfluß zu haben [10].
1973 hat man in den USA (Michigan) die Beziehung untersucht, die zwischen den Verendungen und der Herdengröße in Abhängigkeit von der Jahreszeit bestehen könnte [35].
Jahreszeitlich bedingte Schwankungen der Verendungen bei Kälbern lassen unmittelbar an die Wirkung meteorologischer Faktoren denken. Die Temperatur ist das wichtigste Element. Der günstigste Temperaturbereich für Neugeborene liegt zwischen 12,8–15,0 °C im unteren und 20 °C im oberen Bereich.
In Kalifornien [18] ist die Zahl der Verendungen von Kälbern in einer Periode von 5,6 Jahren (1. Januar 1968 bis 30. Juni 1973) mit den monatlichen meteorologischen Daten unter Verwendung statistischer Methoden der Multivarianz verglichen worden. Im Winter war eine Erhöhung des Anteils an Kälberverendungen mit der kalten, feuchten und windigen Zeit signifikant verbunden. Im Sommer stehen die häufigsten Verluste mit der warmen und trockenen Jahreszeit in Verbindung. Allgemein stehen die Kälberverluste enger mit meteorologischen Einflüssen im Winter als im Sommer in Beziehung. Es muß bemerkt werden, daß angesichts dieser makroklimatischen Einwirkungen den mikroklimatischen Faktoren in den Anlagen nicht Rechnung getragen wird. Wenn auch der positive oder negative Einfluß meteorologischer Faktoren nicht zu leugnen ist, kann das nicht bedeuten, daß sie die alleinige Ursache für Kälberverluste sind.

Gegend – geographische Lage

Die Höhe der Verendungen scheint an das Aufzuchtgebiet nicht gebunden zu sein. In 11 Territorien des Staates Michigan (USA) waren in 477 Betrieben die Unterschiede minimal [24]. Prozentual war der Anteil lebendgeborener Kälber (92,7 bis 94,1%) bemerkenswert ausgeglichen.
Die Ursachen für Verendungen variierten nach den Gebieten. In Großbritannien (Untersuchung 1962/63) hatte man eine geringe Häufigkeit der Erkrankungen der Atmungswege im Devon und der Cornouaille sowie in Südost-Schottland und in Wales festgestellt. Im Anteil der Verendungen gibt es keine deutlichen Schwankungen bei den im Landwirtschaftsbetrieb aufgezogenen Kälbern, aber eine deutliche Tendenz bei den im Handel angebotenen Kälbern mit niedrigen Anteilen im Süden und hohen im Norden.

Anteil der Totgeburten bei 25 690 Abkalbungen der Normänner- und Friesenrasse

Februar	2,1%
März	2,7%
April	2,0%
Mai	2,6%
Juni	4,9%
Juli	4,5%
August	5,0%
September	4,8%
Oktober	4,6%
November	3,2%
Dezember	3,1%
Januar	3,1%

Tabelle V/11 Einfluß der Jahreszeit auf die Höhe der Verendungen von Kälbern in % [26]

Monat	Territorium					
	Aube (2 Jahre)	Aveyron	Creuse	Lozère	Nièvre	Nièvre (kumulativ 68)
X	5,7		15,3			
XI	7,2					
XII	8,0	5,0	7,1		6,2	
I	8,5	5,3	2,0	4,4	7,2	8,7
II	8,1	7,0	0	6,3	4,2	6,5
III	7,5	6,4	3,4	6,7	4,5	7,9
IV	4,1	4,9	1,3	6,6	3,3	8,0
V	3,4	2,0	3,3	4,0	5,6	8,2
VI/VII	7,3		2,2			8,2
VIII/IX	10,2		0			

Der Prozentsatz bezieht sich auf die Zahl der in dem betreffenden Monat geborenen Kälber

Tabelle V/12 Beziehung zwischen Kälbersterblichkeit und Herdengröße in Abhängigkeit von der Jahreszeit*

Anzahl Kühe		Zahl der Betriebe	Verendungen in %		
Klasse	$\bar{x}$		Winter	Sommer	ges. Jahr
< 25,0	20,9	37	11,1	8,4	9,7
25,0–39,9	33,0	156	13,7	10,0	11,8
40,0–54,9	46,3	90	17,2	10,1	13,5
55,0–69,9	62,5	55	20,6	9,5	14,8
70,0–84,9	76,5	20	19,9	9,5	14,1
> 85,0	106,5	21	20,1	13,7	16,6
alle Herden	45,6	379	17,1	10,3	13,5

* Die Winterperiode erstreckt sich von Oktober bis März, die Sommerperiode von April bis September

Art der Unterbringung

Die Art der Unterkunft der Mutter wie des Kalbes kann auf die Verendungen bei Jungtieren von Einfluß sein. In Michigan hatten die im Anbindestall untergebrachten Herden [24] eine geringere Sterblichkeit als im Laufstall. Die Überlebensrate der Kälber war höher (4,6%), wenn sie von den Muttertieren getrennt aufgezogen wurden.

Auch in Michigan ist nach anderen Autoren [35] die Sterblichkeit der Kälber von folgenden Faktoren abhängig:
– Art der Unterbringung der Kühe und der Jahreszeit. Der Anteil der Verendungen schwankte während des Jahres von 11,3% bis 15,1% je nach Unterbringung, mit deutlichen Differenzen entsprechend der Jahreszeit: 14% bis 19% im Winter und 8,9% bis 12,1% im Sommer.
– Art der Unterbringung der Kälber (angebunden, in Boxen usw.). Sie unterliegt demselben Einfluß: 10,4% bis 15,9%.

In Kalifornien hingegen war die Art der Unterkunft kein die Kälbersterblichkeit verschlimmernder Faktor. In Frankreich wird bei der Haltung im Laufstall die Betreuung der Jungtiere bei der Geburt oft vernachlässigt, was die höhere Sterblichkeitsrate gegenüber der Haltung im Anbindestall erklärt [26]. Nach dem C.E.T.A. ist im Zuchtgebiet Nivernais [3] die Erkrankungsbereitschaft sehr eng mit der Art der Unterkunft der Mutter und des neugeborenen Kalbes verbunden (Tab. V/13).

Art der Aufzucht

Es gibt einen wesentlichen Unterschied zwischen im Landwirtschaftbetrieb geborenen und aufgezogenen Kälbern und den im Handel gekauften Tieren. Letztere haben vielleicht einen langen Transport hinter sich, sind bei Viehhändlern und auf Märkten gewesen und zahlen nun der Krankheit einen schweren Tribut. In Großbritannien (Untersuchung von 1970) betrug der Anteil verendeter Kälber im Handel 13,5%, bei den im landwirtschaftlichen Betrieb geborenen und aufgezogenen Kälbern 6,3%. In der industriemäßigen Haltung können Transportstreß und Manipulationen mit den Kälbern, von denen etwa ein Drittel jünger als 10 Tage alt ist, sowie die verschiedenen Herkünfte dazu beitragen, das Risiko einer »importierten« Infektion zu erhöhen. Dann sind Durchfälle und schließlich Pneumopathien die Konsequenzen.

In den Jahren 1969 bis 1970 sind in Frankreich in einem Aufzuchtbetrieb nach Aufnahme von 670 Kälbern annähernd 30% an Durchfall mit einer allerdings geringen Sterblichkeit erkrankt [10]. In den Niederlanden ist die durchschnittliche Sterblichkeit in den in der Aufzucht kooperierenden Betrieben 50% niedriger als die durchschnittlichen Verendungen in den Milchviehbetrieben Nord-Brabants.

Umwelt

Wir verstehen unter »Umwelt« sowohl physikalische Einflüsse (Heizung, Lüftung, Temperatur) als auch technische Faktoren sowie die Qualität der Überwachung und Fürsorge. Man hat häufig und mit vollem Recht die physikalischen Einflüsse betont, aber es ist schließlich schwer, von den Tierhaltern wegen der verschiedenen Tierunterkünfte genaue und einheitliche Antworten zu bekommen.

Man hat einige Lehren aus den Auswirkungen der den Tieren gewährten Qualität der Betreuung gezogen. Anscheinend hängt die Sterblichkeitsrate der Kälber auch von der

Tabelle V/13 Kälbersterblichkeit und Art der Haltung der Kühe und der Kälber in Saône-et-Loire (nach C.E.T.A der Zucht in Nivernais, 1972)

Haltung der Kühe	Gesunde Kälber %	Haltung der Kälber	Gesunde Kälber %
Anbindestall	72,7	Angebunden im Stall	76,1
Anbindestall, eingerichtet oder neu	56,0	Frei im Stall	69,7
Laufstall, eingerichtet oder neu	87,0	Frei im Stall und Auslauf	67,6
		Boxen im Stall	90,4

für die Betreuung (Fütterung) zuständigen Person ab. 16,6% bei der Frau des Tierhalters, 18,0% beim Manne, 18,2% bei dem Sohn oder der Tochter, 19,9% bei einer fremden Arbeitskraft. Diese Unterschiede sind jedoch nicht signifikant [35]. Die Totgeburtenrate ist erheblich, beträgt selbst in Herden mit einer Gesamtsterblichkeit unter 7% noch 3 bis 4%. Das liegt an der ungenügenden Betreuung der Kühe am Ende der Trächtigkeit oder beim Abkalben.

In Kalifornien wird die Qualität der Arbeitsorganisation als der einzige, zur Kälbersterblichkeit signifikant in Beziehung stehende Faktor angesehen [18]. Im allgemeinen spielen die anderen Faktoren wie Beziehung zur Herdengröße, Stelle der Abkalbung, Aufzuchtbedingungen oder der Stalltyp keine Rolle.

Einfluß der Abstammung
Bulle
Bei bestimmten Vatertieren scheinen die Kälberverluste zuzunehmen. Das ist besonders der Fall, wenn sie lange Zeit im Zuchteinsatz waren (BRD, Bayern). In einer interessanten Untersuchung in Frankreich in 1000 Ställen mit 47569 Abkalbungen (September 1960 bis September 1963) stellte man fest, daß bei den Totgeburten zwischen den Bullen beträchtliche Unterschiede bestanden (0,8 bis 9,1%), bei einem allgemeinen Durchschnitt von 5,6% [5]. Bei den Bullen der Normännerrasse waren die Abweichungen bei den Primiparen auch erheblich. Sie betrugen 1 bis 6%, im Durchschnitt 2,6%. Zwischen Totgeburten und den Befruchtungsergebnissen eines Bullen scheint keine Beziehung zu bestehen. Muß man eine erbliche Ursache berücksichtigen? Auf jeden Fall bei bestimmten Linien. In dem Gebiet der Zuchtgemeinschaft Mitte-Nord müssen z.B., wenn die Totgeburten ein wenig erhöht bleiben, die Beobachtungen an französischen Friesenfärsen Beachtung finden.

In Großbritannien war die Sterblichkeitsrate der Kälber, die Nachkommen eines Charolais-Bullen sind, 12 Stunden nach der Geburt höher als die der Kälber von Hereford-Bullen. Wahrscheinlich ist sie eher die Folge von Schwergeburten als die einer unterschiedlichen Krankheitsempfindlichkeit.

Kuh
Der Gesundheitsstatus der Mutter und ihr immunologischer Zustand, der über das Kolostrum den Schutz des Neugeborenen bewirkt, haben einen nachweisbaren Einfluß auf die Verendungen der Kälber [7]. Die Tabellen V/14a und V/14b demonstrieren die bei säugenden Mutterkühen vorliegende Situation. Die Bilanz für den prozentualen Anteil lebender Kälber im Alter von drei Monaten ist eindeutig. Waren die Mütter krank, überlebten 29% der Kälber, waren sie in gutem Gesundheitszustand, überlebten 89%. Die Mitteilung ist interessant, daß die Verendungen in allen Stadien signifikant durch die Erkrankungen der Mütter beeinflußt werden. Die Sterblichkeitsrate bis zu einem Monat ist proportional am stärksten beeinflußt, 50% der länger als 24 Stunden lebenden Kälber verendeten im ersten Lebensmonat an Diarrhoe, wenn die Mütter krank waren, gegenüber 2,2%, wenn die Mütter keine klinischen Anzeichen aufwiesen. Ohne diese Ergebnisse auf alle säugenden Kühe verallgemeinern zu wollen, kann man feststellen, daß diese zum großen Teil Metritiden und Mastitiden aufweisen,

Tabelle V/14a Einfluß klinischer Erkrankungen der Mutter auf den Gehalt des Kolostrums an Immunglobulinen [7, 10, 70]

	Immunglobuline im Kolostrum µg/100 ml
Kranke Kühe	9,52 ± 0,01
Kühe ohne klinische Anzeichen	12,60 ± 0,40

Signifikanz: P < 0,01

Tabelle V/14b Einfluß klinischer Erkrankungen der Mutter auf die Verendungen (%) bis zu sechs Monate alter Kälber [8]

	Kranke Kühe* (13 Kühe, 17 Kälber)	Gesunde Kühe** (93 Kühe, 98 Kälber)	Signifikanz
Totgeborene Kälber	17,7 (a)	4,1 (c)	P < 0,05
Kälber tot innerhalb 24 Stunden	28,6	2,1	P < 0,001
Kälber tot infolge Krankheit	50,0 (b)	5,4 (d)	P < 0,001
Gesamtsterblichkeit			
24 Stunden lebender Kälber	70,5	11,2	P < 0,01
Kälber bis 3 Monate lebend	29,4	89,0	P < 0,029

* Kühe mit Mastitis oder Metritis 15 Tage nach dem Abkalben
** 93 Kühe ohne klinische Anzeichen der Erkrankung 15 Tage nach dem Abkalben
(a) Kälber ohne Schwergeburten
(b) 3 Kälber verendeten beim Kalben + 1 Doppellender
(c) Kälber verendeten an Diarrhoe vor Ende des 1. Monats
(d) 2 Kälber starben an Diarrhoe vor Ende des 1. Monats, 2 Kälber starben im 2. Monat an Enterotoxämie, 1 Kalb starb im 3. Monat an Pasteurellose

Allgemeine Pathologie

ZUSAMMENFASSUNG

Bedeutung der Herde: *Die Herdengröße kann bei Milchviehherden ausschlaggebend sein, denn scheinbar folgt aus Rentabilitätsgründen die Tierbetreuung nicht immer der zunehmenden Herdengröße.*

Alter der Kälber: *Es herrscht darüber eine einheitliche Meinung, daß die Verendungen in den 10 ersten Lebenstagen deutlich höher als im Verlaufe des ersten Monats und diese wiederum höher im Vergleich zum zweiten Monat sind.*

Geburtsmasse des Kalbes: *Die »schwereren« Neugeborenen haben eine größere Vitalität und Überlebenschance als leichtere Kälber.*

Anzahl der Abkalbungen: *Der Anteil verendeter Kälber ist bei Primiparen höher.*

Jahreszeit und meteorologische Faktoren: *Ihre Wirkung ist deutlich, wird aber bei der Beurteilung dieser Kriterien nicht immer berücksichtigt. Andererseits läßt sich das Mikroklima des Stalles steuern und damit günstig verändern (Temperatur, Luftfeuchtigkeit, Belüftung), wodurch die Risiken des Makroklimas verringert werden.*

40% der kranken Kühe ihr Kalb vor 24 Stunden und 30% zwischen 24 Stunden und einem Monat verlieren. Also kalbten zwar mehr als $2/3$ dieser Kühe termingerecht ab, verloren aber ihr Kalb.

Das Problem wird noch dadurch vergrößert, daß ein bedeutender Teil der in einem bestimmten Jahr kranken Kühe bei der nächsten Abkalbung erneut klinische Anzeichen aufweisen. Es liegt zweifellos an der Chronizität der Krankheiten mit genito-mammarem Tropismus (Krankheiten, die sich an Gebärmutter und Euter manifestieren), daß über wiederholte Verendungen von Kälbern berichtet werden muß.

Neben dem Gesundheitsstatus der Mutter haben die Fütterung und die Rationsgestaltung der tragenden Kuh einen Einfluß auf die Widerstandsfähigkeit des Neugeborenen [41]. Sie bedingen die unmittelbare Empfindlichkeit des Jungtieres, nachdem das Überleben des Fötus gesichert ist, und dann bestimmen sie die Qualität des Kolostrums, sie bedingen die weitere Widerstandsfähigkeit des Kalbes, spezifisch oder unspezifisch.

Man kann die verschiedenen *Nahrungsfaktoren* wie folgt gedrängt zusammenfassen [41]:

- *Hygienischer Wert der Ration*

Der Verzehr schlecht konservierter Futterstoffe kann die Ursache einer subklinischen Intoxikation der Leber und Nieren der tragenden Kuh, beim Fötus eine toxische Leber-Nierenüberflutung auslösen, woraus beim Neugeborenen eine Lebensschwäche entsteht. Diese durch Dysmikrobismus (Störung der Vormagenflora und -fauna) entstandenen Verdauungsstörungen beruhen auf plötzlichem Futterwechsel, unzureichendem Rohfaseranteil, überreichlichem Eiweißangebot oder Überfütterung mit leicht fermentierbaren Kohlenhydraten. Sie rufen eine Alkalose oder Azidose des Pansens hervor und beeinträchtigen die Widerstandskraft.

- *Energiegehalt der Ration*

Der Energiegehalt der Ration kann die Entwicklung des Fötus deutlich beeinflussen. Das ist besonders gegen Ende der Trächtigkeit der Fall. Nach HAMMOND begünstigt eine mäßig erhöhte Fütterung in dieser Periode, da der Fötus gegenüber der Mutter Priorität genießt, die Geburt schwererer Kälber, die kräftiger saugen und resistenter sind. Umgekehrt führt Mangelernährung zur Geburt magerer, schwächerer Kälber, die über eine geringe Glykogenreserve in der Leber verfügen und sich wie Frühgeburten verhalten. Besonders ist ihre Wärmeregulation gestört, und sie sind empfindlicher. Diese Beziehung zwischen Geburtsmasse und Lebensfähigkeit des Jungtieres ist für verschiedene Tierarten bewiesen (Schwein, Schaf).

Nach einer Untersuchung an 704 Kühen in 13 Betrieben der Nièvre ergab sich eine negative, hoch signifikante Beziehung zwischen dem Niveau der mütterlichen Ration gegen Ende der Trächtigkeit und dem Verenden des Kalbes an Durchfall [6]. Im Gebiet der Maas [14] hat man an französischen schwarzbunten Friesen mit 550 kg Körpermasse und einer Milchleistung von 3500 kg die Fütterung der trockenstehenden Kühe in bezug auf die Sterblichkeit der Kälber untersucht. Man gelangte zu dem Schluß, daß die Gesamtenergiezufuhr/Tag 8 bis 9 Futtereinheiten (Französische Futtereinheit = Stärkeeinheit×1,43) betragen muß. Abweichungen haben in dem einen oder anderen Sinne auf die Verendungen der Kälber eine schädliche Wirkung.

- *Ernährungsgleichgewicht*

Eine Grundration muß 7 bis 8 Futtereinheiten enthalten [14]. Verdauliche Rohproteine müssen 700 bis 800 g/Tag verabreicht werden.

Ernährung des Kalbes

Kolostrum

Das Kolostrum erhält seine Bedeutung in dreifacher Hinsicht: Es führt zur Laxation (Absetzen des Mekoniums), ist nährstoffreich und bildet Immunschutz [41]. Ernährungsphysiologisch ist es durch seinen Reichtum an Proteinen, Fetten und besonders an Vitami-

nen charakterisiert. Hinsichtlich der Vitamine ist die erstrangige Bedeutung des Vitamins A hervorzuheben. Mangel an Vitamin A erhöht die Infektionsbereitschaft. Die Aufnahme von Kolostrum ist besonders wichtig. Der Zeitpunkt der ersten Aufnahme sowie Höhe und Dauer der Kolostrumgabe beeinflussen die Verendungen der Kälber signifikant [24] (Tab. V/15).
In Michigan vertritt man die Auffassung, daß die Mehrheit der Landwirte das Kolostrum nicht effektiv einsetzen und somit Septikämien mit *Escherichia coli* ungenügend vorbeugen. Sehr wahrscheinlich besteht die Auffassung, mit Antibiotika allein die pathologischen Probleme zu lösen. Ihr berechtigter Einsatz kann die Aufzucht der Kälber erleichtern (ihre kritiklose Anwendung führt zum Auftreten antibiotika-resistenter Bakterien), ersetzt aber weder das Kolostrum noch erläßt er geeignete Fürsorgemaßnahmen [24]. Diese Feststellung gilt für die Tierhalter in vielen Ländern.

Ausgesprochene Milchperiode
In Michigan durchgeführte Untersuchungen führten in der Tendenz zu der Auffassung, daß die Dauer, während der das Kalb an seiner Mutter gesaugt hat, keinen Einfluß auf die Verendungen hat. Von den Milcherzeugern haben 23% das Kalb an der Mutter nicht saugen lassen, 39% nahmen das Kalb der Mutter in den ersten 24 Stunden weg, 14% haben es am 2. Tag, 20% den 3. Tag abgesetzt und nur 4% länger als 3 Tage bei der Mutter belassen. Signifikante Unterschiede zwischen Verendungen und Milchnahrung bis zum Absetzen gibt es nicht (Zeitpunkt, ab dem die Jungtiere keine Milch mehr bekommen). Teilweise beginnt man mit der Aufzucht am Euter und stellt später auf Milchaustauschfutter um oder wechselt bereits nach der Aufnahme des Kolostrums.
Die Technik des Tränkens aus dem Eimer oder das Saugen an der Zitze spielt keine Rolle. Dagegen fördert die Nichtbeachtung allgemeiner Regeln der Rationsgestaltung, wie Sauberkeit, Tränktemperatur sowie Regelmäßigkeit des Tränkens, das Auftreten von Störungen [41].
Bei Milchaustauschern, vorausgesetzt sie sind guter Qualität, können Anpassungsstörungen an Rationen durch Fehler bei der Herstellung und Verabreichung im Betrieb erhöht werden. Insgesamt sind die Einflußfaktoren zahlreich, sehr oft wirken mehrere synergistisch, selten allein.
Auf Grund von Schwierigkeiten bei der Interpretation sind epidemiologische Untersuchungen kompliziert, zumal die Protokolle uneinheitlich sind. Bei der Verallgemeinerung der Ergebnisse ist deshalb Vorsicht geboten.
Die in der Zusammenfassung genannten Faktoren sehen wir als die wichtigsten an, aber auch andere Faktoren, wie Zwillingsgeburt, Rasse, Jahr, Gebiet, Stalltyp, Einfluß des Vaters usw., können vorliegen, ihre Auswirkung ist scheinbar weniger beweiskräftig, oder die Beobachtungen sind widerspruchsvoll und in Verbindung mit anderen Faktoren irreführend. Bei Zwillingsgeburten z. B. sind die Verendungen sicher erheblicher. Das beruht teilweise auf Geburtsschwierigkeiten und kann an unzureichender Betreuung liegen. Zwillingsgeburten erfordern ein höheres Maß an Arbeit.

Tabelle V/15 Formen der Kolostrumgabe und ihr Einfluß auf das Überleben der Kälber [24]

Einsatzform des Kolostrums	Zahl der Herden	Verendungen in %		
		0–14 Tage	15–60 Tage	insgesamt
1. Mahlzeit				
vor 6 Std.	267	7,6	2,6	10,2
6–12 Std.	151	10,5	2,9	13,4
Dauer der Anwendung in Tagen				
0	6	19,7	2,4	22,1
1	22	8,4	2,7	11,1
2	89	10,9	3,2	14,1
3	345	7,8	2,7	10,5

Haltungsweise: Es gibt offenbar einen Unterschied in der Mortalitätsrate, je nachdem, ob es sich um in Landwirtschaftsbetrieben geborene Kälber oder um über den Handel bezogene Tiere handelt. Letztere sind zumeist unterschiedlicher Herkunft, stammen aus verschiedenen Ställen und Orten und sind somit stärker Erkrankungen ausgesetzt.

Umwelt: Die physische Umwelt der Tiere hat einen erheblichen Einfluß, aber die Qualität der Betreuung und die Haltungstechnik sind gleichbedeutend einzuschätzen.

Faktoren der Mutter: Der Gesundheitszustand der Mutter und ihre Ernährung haben zweifelsohne eine erstrangige Bedeutung.

Individuelle Faktoren: Die frühzeitige Aufnahme eines Kolostrums einwandfreier Qualität (das von einer gesunden Mutter mit gutem immunbiologischen Status stammt) ist von größter Bedeutung für die Gesundheit des Jungtieres. Die natürliche oder künstliche Milchnahrung muß den Regeln der Hygiene und den Rationsvorschriften entsprechen.

Ursachen der Verendungen

Tabelle V/16 Überprüfung zur Mast im Alter von 5 Tagen bis 3 Wochen gekaufter Kälber [12]

Krankheit	1 270 geprüfte in gutem Zustand		1 653 geprüfte Kälber in schlechtem Zustand	
	abs.	%	abs.	%
Erworbene Erkrankungen				
Rhinitis, Bronchitis	41	2,8	49	2,9
Bronchopneumonie, akute	20	1,6	131	7,9
Intoxikation, beginnende Enteritis	24	1,9	150	9,0
Enteritis katarrh.	56	4,4	51	3,1
Tympanie	3	0,2	4	0,2
Nabelinfektion	54	4,3	93	5,6
Hauterkrankungen	7	0,5	28	1,6
Sonstige	2	0,1	29	1,7
Insgesamt	207	15,8	535	32,3
Erbkrankheiten				
Nabelbruch	45	3,5	70	4,2
Herzleiden	7	0,5	14	0,8
Gliedmaßenanomalien	3	0,2	20	1,2
Sonstige	4	0,3	7	0,4
Insgesamt	59	4,5	111	6,7

Tabelle V/17 Häufigkeit der Diagnosen nach den Organfunktionen bei Kälbern im Alter von 2 Wochen sowie von 2 Wochen bis 2 Monaten [27]

Apparat bzw. Funktion	Diagnosen insgesamt		Diagnosen 0–2 Wochen		Diagnosen 2 Wochen – 2 Monate	
	abs.	%	abs.	%	abs.	%
Verdauung	855	51,8	565	34,2	290	17,6
Herz, Gefäße, Blut*	212	12,9	149	9,0	63	3,8
Atmung	183	11,1	81	4,9	102	6,2
Skelettmuskulatur	150	9,1	92	5,6	58	3,5
Nerven	111	6,7	74	4,5	37	2,2
Nicht klass.	43	2,6	24	1,5	19	1,2
Haut	35	2,1	9	0,5	26	1,6
Harnorgane	20	1,2	6	0,4	14	0,8
Sinnesorgane	19	1,2	6	0,4	3	0,8
Nicht diagn.	18	1,1	9	0,5	9	0,5
Fortpflanzungsorgane	4	0,2	3	0,2	1	0,1

* im wesentlichen Anämie

Die Ursachen für die Verendungen betrafen größtenteils ätiologische Faktoren, die mit verschiedenen Mitteln festgestellt wurden (klinische und Laboruntersuchungen, Sektionen der Tierkadaver). Sie betreffen Tiere verschiedener Herkunft, Rasse, unterschiedlichen Haltungsmilieues und variierender Haltungstechnik, die nicht immer vergleichbar sind. Es bleibt nicht wenig übrig, was man an wichtigsten Gesichtspunkten für Kälberkrankheiten herausstellen und hierfür eine Rangordnung erarbeiten kann. Hierzu soll auf Mitteilungen aus verschiedenen Ländern eingegangen werden.

ČSSR

In der Slowakei werden sechzig Prozent der Kälber in Aufzuchtanlagen aufgezogen und die Verluste sind, wie wir gesehen haben, hoch. Die wesentlichen Ursachen des Verendens sind der Colibacillose sowie anderen Durchfallerkrankungen, einem Atmungssyndrom oder dem chronischen Aufblähen zuzuschreiben.

BRD

Wir verfügen über eine Dokumentation, die die Ergebnisse einer ersten Prüfung zur Mast gekaufter Kälber in der Gegend von Gießen beinhaltet [12] (Tab. V/16). Im Vordergrund stehen Erkrankungen des Darms und der Atmungsorgane. Die Häufigkeit letzterer hängt zum großen Teil mit einer stärkeren Konzentration der Herden, mit Veränderungen der Unterbringung und der Fütterungsbedingungen, mit einer Ausdehnung des Tierhandels und dem Transport der Tiere über größere Entfernungen zusammen.

Die Colibacillosen hatten weniger große Bedeutung; sog. coli-bazilläre Durchfälle traten als unspezifische Enteritiden auf oder wurden, durch Fütterungsfehler hervorgerufen, von einer Infektion überlagert. Beachten wir in diesem Zusammenhang die relative Häufigkeit angeborener Erkrankungen. In Bayern sind letale Mißbildungen wenig verbreitet, zumindestens nach einer Untersuchung im Gebiet Ingolstadt (0,068% bei 1445 Kälbern) und im Gebiet von Würzburg (0% bei 746 Kälbern).

Kanada

Die von uns reproduzierten Ergebnisse bilden die Bilanz einer retrospektiven Untersuchung an 1126 der in die Klinik der Tierärztlichen Hochschule der Universität Saskatoon [27] vom 1. Januar 1969 bis 30. Mai 1972 gesandten Kälber (Tab. V/17). 51,8% der insgesamt diagnostizierten Krankheiten waren Erkrankungen des Verdauungskanals. Funktionelle Erkrankungen der Verdauung, kardiovaskulärer und hämatogener Art, der Atmung, der Skelettmuskulatur, der Nerven ergaben 94% der Gesamtdiagnosen bei Kälbern von 2 Wochen und 91% bei Kälbern unter 2 Monaten (Tab. V/18). Die Mehrheit der Diagnosen betraf Kälber unter zwei Wochen, ausgenommen die der Atmungsorgane.

Großbritannien

Eine vom veterinärmedizinischen Forschungszentrum durchgeführte Untersuchung [2] weist die in Tabelle V/19 mitgeteilten Sektionsergebnisse von Föten und Totgeburten aus.
Die Brucellose ist die häufigste Abortursache, es folgen die Mykosen, allgemein durch *Aspergillus fumigatus* bedingt. Die Zahl der durch Mykosen verursachten Aborte ist relativ hoch, sie sind aber sporadisch. In einer Herde kommen sie nur in geringer Zahl vor. Im Vergleich zu den vorhergehenden Erregern sind die anderen von geringem Interesse. 70% ungeklärte Diagnosen sind auch nicht beträchtlich, wie es scheint, weil es sich um Einzelfälle handelt. Bei Brucellose hingegen ist die Anzahl wichtiger.
In der Tabelle V/20 sind die Todesursachen von Kälbern von der Geburt bis zu 6 Monaten aufgeschlüsselt.

- 6% der untersuchten Kälber lebten weniger als 3 Tage, doch nur 20% nicht mehr als eine Woche und fast 60% weniger als 4 Wochen.
- Bakterielle Septikämie, bestimmte Formen der Gastroenteritis, Pneumonie und Verdauungsstörung waren die häufigsten Erkrankungsformen, wegen denen es zu Verendungen kam.
- Intoxikationen waren erheblich, sie mach-

Tabelle V/18 Häufigste Diagnosen nach den Organfunktionen bei Kälbern im Alter bis zu 2 Monaten [27]

Ergebnis	Diagnosen insgesamt		Diagnosen 0–2 Wochen		Diagnosen 2 Wochen–2 Monate	
	abs.	%	abs.	%	abs.	%
Enteritis	692	41,9	466	28,2	226	13,7
Nabelentzündung	88	5,3	62	3,8	26	1,6
Septikämie	87	5,3	63	3,8	24	1,5
Pneumonie	85	5,2	35	2,1	50	3,1
Arthritiden	55	3,3	31	1,9	24	1,5
Peritonitis	40	2,4	29	1,8	11	0,7
Unterernährung	34	2,1	15	0,9	19	1,2
Meningitis	31	1,9	19	1,2	12	0,7
Frakturen	29	1,8	20	1,2	9	0,5
Laryngitis*	28	1,7	1	0,1	27	1,6
	1169	70,9	741	45,0	428	26,1

* Diphtherie durch *Bacillus necrophorus*

Tabelle V/19 Ergebnis postmortaler Untersuchungen von Föten und Totgeburten [2]

Todesursache	Fötus	Totgeburt	Insgesamt	%
Brucellose	611	4	615	12,5
Mykose	404	3	407	8,3
C. pyogenes	94	–	94	1,9
Vibriose	56	–	56	1,1
Streptokokkeninfektion	72	–	72	1,5
Kolibazillose	60	–	60	1,2
Staphylokokkeninfektion	24	–	24	0,5
Salmonellose	9	–	9	0,1
Pseudomonas	12	–	12	0,2
Pasteurellose	6	–	6	0,1
Mißbildungen	33	17	50	1,0
Hypothyreoidismus	8	11	19	0,3
Verschiedenes	31	10	41	0,9
Keine Diagnose	3365	111	3476	70,4
Insgesamt	4785	156	4491	100,0

Tabelle V/20 Todesursachen bei Kälbern von der Geburt bis zum 6. Monat [2]

Todesursache	2–3 Tage	3–7 Tage	1–4 Wochen	1–3 Monate	3–6 Monate	insg.	%
Septikämie	97	214	354	205	24	894	24,5
Gastroenteritis	45	161	551	251	79	1087	29,4
Pneumonie	4	8	92	151	87	342	9,5
Verdauung/Darmverdrehung	10	25	122	85	11	253	7,0
Vergiftung	1	5	53	100	66	225	6,2
Leber-/Nabelentzündung	4	12	39	10	6	71	2,0
Bauchfellentzündung	1	5	13	10	2	31	0,8
Meningitis/Encephalitis	–	–	5	12	5	1	24	0,6
Mucosal disease	–	–	14	15	13	42	1,1
Gastroenteritis, parasitär	–	–	–	4	39	43	1,1
Stoffwechselstörungen	–	2	9	19	23	53	1,4
Ernährungsschäden	3	5	14	19	7	48	1,3
Kortiko-cerebrale Nekrose	–	–	2	13	31	46	1,2
Mißbildungen	10	2	7	6	1	26	0,7
Wunden	6	1	11	13	11	42	1,1
Verschiedenes	10	23	14	49	46	192	5,2
Keine Diagnose	29	24	87	75	33	248	6,9
Insgesamt	221	492	1444	1030	480	3667	
Prozent	6,1	13,4	39,2	28,2	13,1		

- Von 665 scheinbar an Septikämie verendeten Kälbern starben 310 (46,7%) in der ersten Woche und 354 (53,2%) in den drei Wochen nach der Geburt.
- Von 756 an Gastroenteritis erkrankten Kälbern wurden 206 (27,2%) eine Woche alt, 551 (72,0%) wurden 4 Wochen alt.

Eine andere Tabelle gibt genau die wichtigsten, beim Verenden von über sechs Monate alten Kälbern auftretenden Erreger an (Tab. V/21).

Unter den im Handel zugekauften Kälbern befindet sich eine ziemlich große Zahl mit Salmonellosen. Das trägt zu der Vermutung bei, daß die Infektion beim Transport, auf den Märkten und in den Handelsställen zustandegekommen ist.

Es sei bemerkt, daß *S. typhimurium* und *S. dublin* in der Gruppe der Salmonellosen zunehmend Bedeutung gewinnen. Die Infektion mit *E. coli* hat sich ebenfalls nicht vermindert.

Tabelle V/21 Erreger für Verendungen von Kälbern bis zum Alter von 6 Monaten [2]

Erreger/Ursachen	Septikämie	Gastroenteritis	Mucosal disease	Pneumonie	Leber-, Nabelentz.	Bauchfellentz.	Meningitis/Enceph.	Ernähr.-schäden	Verschiedenes	Insg.
Coliforme	458	454	–	9	4	2	4	–	6	937
Salmonella	322	146	–	10	4	2	–	–	1	485
Pasteurella	17	1	–	34	–	1	1	–	1	57
C. Pyogenes	9	1	–	33	3	3	–	–	3	52
Pseudomonas	9	14	–	2	–	1	1	–	1	28
Clostridia	4	6	–	–	1	–	–	–	15	26
Streptococcus	31	12	–	4	3	–	2	–	4	56
Fusiformis	1	4	–	4	2	–	–	–	3	14
Viren	–	2	42	88	–	–	–	–	–	132
Hypomagnesie	–	–	–	–	–	–	–	22	–	22
Vergiftung	–	–	–	–	–	–	–	–	201*	201
Verschiedene	–	–	–	13	1	–	3	10	–	36
Insgesamt	851	649	42	197	18	9	11	32	237	2046

* In dieser Zahl sind enthalten:
Pneumonie:
  Helminthen 8
  Mykosen 3
Ernährungsschäden, einschließlich Mangel an Vitamin A 7

Vergiftungen durch
Blei 152
Erdnußschrot 20
versch. Pflanzen 15
Kupfer 8
Nitrofurane 4
Arsen 1
Terpentin 1

ten einen Anteil von mehr als 6% von 3667 untersuchten Sektionen aus.
- Septikämie und Gastroenteritis sind die häufigsten Ursachen von Verendungen. Erstere kommt im Verlaufe der ersten vier Wochen häufiger vor, die zweite danach.

C. pyogenes wurde aus der Lunge, dem Bauchfell und Blut isoliert, *Pasteurella haemolytica* in Lungen gefunden.

Die größere Häufigkeit von Bleivergiftungen ist zu unterstreichen. Besonders der erste Monat, speziell die erste Woche, stellt (wie für

Lamm und Ferkel) eine kritische Periode dar. Während dieser Zeit treten drei Faktoren mit größerer Bedeutung in Erscheinung und bestimmen die Entwicklung der Kälber auf pathologischem Gebiet. Das sind mit Kälberkrankheiten verbundene Infektionserreger, der Immunitätsstatus der Tiere sowie die Umweltbedingungen nach der Geburt. Die postnatale Periode ist vorwiegend eine Periode der Anpassung einschließlich der obigen Betrachtungen. Alles, was die Anpassung erschwert, kann zur Krankheit und zum Tode führen: Das Vorenthalten eines Kolostrums mit gutem Immunwert, der Transport über weite Entfernungen, besonders während der warmen und kalten Jahreszeit, Umsetzungen auf Märkte und in die Ställe der Tierhändler.

Tabelle V/23 die Ursachen der Sterblichkeit in Abhängigkeit vom Alter der im Landwirtschaftsbetrieb geborenen Kälber dargestellt. Nach einer Schwergeburt verenden die nicht widerstandsfähigen Kälber im Verlaufe der 1. Woche post partum und 85% von ihnen in den 12 ersten Stunden oder unmittelbar nach dem Abkalben. Die Verendungen infolge einer Erkrankung sind während der ersten und zweiten Lebenswoche häufiger. Häufigste Erkrankungen waren: Durchfall, Nabelentzündungen, Arthritiden, Pneumonien. Die Mehrzahl der Verendungen durch Unfälle ereignen sich in der ersten Woche durch Ersticken oder Erdrücken durch die Mutter. Kälber mit Mißbildungen und Lebensschwäche verenden im Laufe der ersten Woche.

Ursachen von Verendungen

Tabelle V/22 Ursachen der Sterblichkeit und prozentualer Anteil an den Verendungen

Todesursache	Anzahl	%
Schwergeburten	97	27,0
Erkrankungen	79	22,2
Unfälle	40	21,2
Angeborene Mißbildungen	24	6,8
Aborte*	95	26,7
Lebensschwäche	21	5,9
Insgesamt	336	100,0

* Abbruch der Trächtigkeit vor dem 270. Tag

Tabelle V/23 Ursachen der Sterblichkeit in Abhängigkeit vom Alter im Landwirtschaftsbetrieb geborener Kälber [32]

Todesursache	Bis zu 12 Stunden		1. Woche		2. Woche		3. Woche		4. Woche		Gesamtzahl der Fälle
	abs.	%	abs.	%	abs.	%	abs.	%	abs.	%	
Schwergeburten	77	84,6	13	15,4							90
Erkrankungen	3	5,3	22	39,3	14	25,0	5	8,9	12	21,15	56
Unfälle	18	56,3	8	25,0			1	3,1	5	15,6	32
Mißbildungen	11	55,0	7	35,0	1	5,0			1	5,0	20
Lebensschwäche	4	22,0	12	66,7	1	5,5			1	5,5	18
Unbekannte Ursachen	206	72,8	60	21,2	6	2,1	2	0,7	9	3,2	283
Aborte	78	100,0									78
Insgesamt	397	68,7	122	21,1	22	3,8	8	1,4	28	5,0	577

Die ältesten in Gruppen aufgezogenen und intensiv gemästeten Kälber erliegen einer Pneumonie auf Grund verschiedener Erreger (Viren oder Bakterien).
In Großbritannien hat sich in 2 Jahren (1963 bis 1965) eine Untersuchung [32] mit Besuchen in den Betrieben und Befragungen der Tierhalter auf 48264 Herden erstreckt, um über die Kälberverendungen in den ersten acht Wochen einen Einblick zu bekommen. Einen Überblick über die Ursachen der Verendungen und deren relative Häufigkeit gibt Tabelle V/22. Zum Vergleich werden in

Tabelle V/24 Ursachen der Sterblichkeit in Abhängigkeit von der Zahl der Abkalbungen im Landwirtschaftsbetrieb geborener Kälber [32]

Todesursache	Abkalbungen							
	1.		2.		3.		4. und weitere	
	abs.	%	abs.	%	abs.	%	abs.	%
Schwergeburten	19	45,2	9	19,6	7	14,3	34	31,2
Erkrankungen	9	21,4	9	19,6	9	18,4	23	21,1
Unfälle	5	11,9	6	13,0	6	12,2	14	12,9
Mißbildungen	1	2,4	1	2,2	2	4,1	11	10,1
Aborte	5	11,9	19	41,3	23	46,9	20	18,3
Lebensschwäche	3	7,2	2	4,3	2	4,1	7	6,4
Insgesamt	42	100,0	46	100,0	49	100,0	109	100,0

Tabelle V/25 Auftreten von Septikämie in verschiedenen Territorien (Zahlen in %)

Territorium	Erkrankungsrate an Septikämie	Andere Erkrankungen
Aveyron	5,87	0,81
Creuse	2,79	4,07
Lozère	6,02	1,07
Nièvre	4,81	3,08

Die Tabelle V/24 enthält die Ursachen von Verendungen in Abhängigkeit von der Zahl der Abkalbungen. Danach ist ersichtlich, daß die Verendung nach einer Schwergeburt mit größerer Wahrscheinlichkeit bei Kälbern von Erstkalbinnen eintritt. 40% der Verendungen entfielen auf Aborte von Kühen mit der 2. und 3. Abkalbung. Bei Färsen und alten Kühen sind sie zahlenmäßig geringer. Das bekräftigen die Ergebnisse einer Untersuchung im nationalen Maßstab, die von LEECH u. a. (1960) durchgeführt wurde.

In den USA, im Staate Michigan [24], bestehen nach Auffassung der Tierhalter die größten Probleme im Durchfall (70% der Herden) und in Pneumonie (41% der Herden).

Frankreich

Es gibt nur allgemeine und für einzelne Territorien [26] gültige Auskünfte (Tab. V/25).

ZUSAMMENFASSUNG

Zusammengefaßt sei betont, daß die Septikämie der Kälber (im wesentlichen E. coli), die als Ursache der Verendungen Bedeutung hat und in den ersten Tagen des Jungtieres auftritt, weniger häufig ist, als bisher angenommen wurde. Man hat oft als septikämischen Durchfall oder verschiedene, im fortgeschrittenen Alter auftretende Enteritiden so bezeichnet. Daraus folgt, daß die hohen Angaben für Septikämie (Großbritannien, Frankreich) nur mit Vorbehalt akzeptiert werden können. Allgemein sind die Erkrankungen des Verdauungskanals und der Atmungsorgane als die häufigsten Krankheiten anzusehen (Erkrankungen der Atemwege befallen die Kälber später). Die Erkrankungen des Verdauungskanals halten jedoch den ersten Platz (mehr als 50% der Gesamtdiagnosen). Es folgen Nabelinfektionen, Intoxikationen, Hautkrankheiten, Erkrankungen des Nervensystems, Stoffwechsel- und Ernährungsstörungen. Man muß jedoch berücksichtigen, daß die Angaben über die verschiedenen Krankheitsformen je nach den Ländern und zwischen den Autoren variieren.

Unter den Verendungsursachen, die genau genommen keine Erkrankungen darstellen, sind Schwergeburten, ihre Konsequenzen für die Lebensfähigkeit der Kälber, Unfälle (Frakturen), Lebensschwäche sowie angeborene Mißbildungen zu nennen.

Bestimmende Faktoren

Lange Zeit hat man den Infektionserregern eine fast ausschließliche Rolle bei der Auslösung von Kälberkrankheiten beigemessen. Seit 50 Jahren hat sich die Auffassung in dem Umfange geändert, wie zahlreiche Umweltfaktoren des Neugeborenen, die bisher unterschätzt worden waren, untersucht wurden und die Barriere der Vorbeugung oder spezifischen Therapie gegen die verschiedenen Viren und Bakterien sich häufig als wenig wirksam erwies.

Es wird immer deutlicher, daß die Mikrobe im Komplex krankheitsfördernder Elemente in vielen Fällen keine vorherrschende Rolle spielt. Wir haben jedoch in das Kapitel »Bestimmende Faktoren« der Pathologie des Jungtieres »Infektionserreger« aufgenommen. Man kann über die Bedeutung dieser Faktoren diskutieren, es können jedoch, so schätzen wir ein, auf Grund der Ergebnisse der insgesamt in der Literatur mitgeteilten Untersuchungen bestimmte Akzente gesetzt werden.

Umwelt

Um welche Art Aufzucht es sich auch handelt, Hygiene ist als erster Faktor anzusehen. Wie DARDILLAT (1974) es sehr richtig gesagt hat, haben nur die Hygienemaßnahmen in den meisten Fällen zu einer regelrechten Verminderung der Säuglingssterblichkeit beigetragen. Auch beim jungen Tier stellt die Trächtigkeitsüberwachung, die Kontrolle der Abkalbung, Nabelpflege, das schnelle Saugenlassen zur Aufnahme des Kolostrums die bessere Vorbeuge gegenüber Krankheiten dar. Es ist um so schwieriger, gegen alle die Infektionserreger, die das Jungtier bei seiner Geburt bedrohen, einen wirksamen Vakzineschutz aufzubauen.

In allen Ställen oder Aufzuchtanlagen, in denen Gruppen von Kälbern verschiedener Herkunft gehalten und die periodisch neu belegt werden, treten die verschiedensten Mikroben auf, und eine ganze Flora von Bakterien, Viren und Parasiten »besiedelt« die Tiere. Bestimmte natürlich oder gelegentlich pathogene Spezies gewinnen die Oberhand. Man findet eine erstaunliche Parallelität zum infektiösen Hospitalismus in der Humanmedizin [9].

In beiden Fällen wirkt die intensive, gelegentlich unsachgemäße Verwendung bestimmter Medikamente, besonders von Antibiotika, auf eine Gleichgewichtsstörung der endogenen und Umweltflora zum Vorteil der widerstandsfähigsten Spezies hin. Das kommt den iatrogenen Infektionen nahe, die die Pathogenität bestimmter Bakterien beim Menschen (*Pseudomonas aeruginosa*) erhöhen können.

Mütterliche Faktoren

Die Immunglobuline des Kolostrums stammen zum großen Teil von den während der Trächtigkeit im Blut der Mutter enthaltenen Proteinen. Mütter mit niedrigem Proteingehalt im Blut liefern ein Kolostrum geringer Qualität. Im Verlaufe des letzten Trächtigkeitsmonats werden die Immunglobuline in der Milchdrüse konzentriert. Eine andere Fraktion von Immunglobulinen des Kolostrums wird in den Zellen des Euters direkt unter hormoneller Kontrolle synthetisiert.

Es wurde demonstriert [8], daß zwischen dem Anteil an Verendungen bei Kälbern und dem Proteingehalt im Blute der Mütter am Ende der Trächtigkeit eine hochsignifikante Beziehung besteht. In der Tat besteht eine enge Korrelation zwischen dem Gehalt des Kolostrums an Immunglobulinen und dem an Proteinen des mütterlichen Plasmas im 8. Monat der Trächtigkeit.

Individuelle Faktoren

Die den Neugeborenen eigene Resistenz gegenüber Infektionskrankheiten beeinflußt ihr Leben je nach der Intensität der Aggressionen. Ein Kriterium dieser Resistenz ist der Gehalt an Immunglobulinen im strömenden Blut. Man stellte fest, daß dieser Gehalt in 20 bis 40% der Fälle unzureichend ist. Seine Bedeutung für den Gesundheitsstatus der Jungtiere wurde bereits dargestellt [8] (Tab. V/26). Es ist nachweisbar, daß Kälber mit einem niedrigen Immunglobulingehalt allgemein früher erkrankt sind. Kann man sie heilen, bedürfen sie längerer Betreuung: 29% von ihnen verenden vor Abschluß des 3. Lebensmonats, während nur 2,5% der Kälber mit einem normalen Gehalt an Immunglobulinen in dieser Zeit verenden.

Wenn man auch die wirkliche Ursache der Hypoglobulinämie nicht kennt, so weiß man, daß die Permeabilität der Darmschranke gegenüber Immunglobulinen unmittelbar nach der Geburt am größten ist und danach abnimmt. (Nach den ersten 12 Stunden ist sie bereits sehr verringert.) Daraus ergibt sich die Notwendigkeit zur Verkürzung der Zeit zwischen Geburt und dem ersten Saugakt [33]. Es muß die Menge der im Kolostrum enthaltenen und aufgenommenen Immunglobuline ausreichend sein. Ein Vergleich der Verendungen der Kälber in Abhängigkeit vom Gehalt der Kolostren an Immunglobulinen ist beeindruckend [7] (Tab. V/27a und b).

Tabelle V/26 Einfluß des Immunglobulingehaltes im Blut 48 Stunden alter Kälber auf die späteren pathologischen Phänomene (nach DARDILLAT und MICHEL, 1972)

	unzureichend* $< 0,6\,\mu g/100\,ml$	normal** $> 0,6\,\mu g/100\,ml$	P
Verendungen in %	29,0	2,5	$< 0,001$
Erkrankungen in %	100,0	85,0	n. s.
Auftreten der Symptome in Tagen	$6,7 \pm 1,2$	$10,3 \pm 1,0$	$< 0,01$
Zur Heilung notwendige Behandlungsdauer (Tage)	$12,0 \pm 3$	$6,4 \pm 0,8$	$< 0,01$

* 48 Kälber
** 81 Kälber
n. s. = nicht signifikant

BOYD u. a. [4] haben auf Grund einer sich über vier aufeinanderfolgende Winter erstreckenden Untersuchung in einem Milchviehbetrieb in Chechiree (Kälber der Friesenrasse) vergleichbare Ergebnisse erzielt. Die mittlere Konzentration an Serum-Immunglobulinen betrug bei den ausgesprochen gesunden Kälbern 23,6 ZST-Einheiten (Zink-Sulphat-Trübungstest, nach MCEWAN u. a., 1970); bei denen, die an Durchfall ohne schwerwiegenden Ausgang litten, 19,4 ZST-Einheiten, bei denen, die verendeten, 16,1 ZST-Einheiten. Der Prozentsatz Kälber mit einem sehr niedrigen Immunglobulingehalt (unter 10 ZST-Einheiten) verringerte sich, wenn die Kälber länger an ihrer Mutter saugten. Das war aber auf die postnatalen Verendungen ohne Einfluß.

Tabelle V/27a Einfluß des Immunglobulingehaltes im Kolostrum auf die Höhe der Verendungen [7]

Kolostrum	Immunglobulingehalt µg/100 ml	Signifikanz
Mütter mit 14 verendeten Kälbern	9,32 ± 0,55	$P < 0,001$
Mütter mit 70 lebenden Kälbern	12,64 ± 0,35	$P < 0,001$

Anmerkung: Der Versuch erstreckte sich auf 84 Kolostren säugender Kühe

Tabelle V/27b Einfluß eines schwachen und normalen Immunglobulingehaltes im Kolostrum auf die Höhe der Sterblichkeit [7]

Sterblichkeit	Immunglobuline in 34 Kolostren $< 10,5$ µg/100 ml	Immunglobuline in 67 Kolostren $> 10,5$ µg/100 ml	P
in den ersten 24 Stunden in %	7,7	3,0	n. s.
nach 24 Stunden in % insgesamt	25,0	1,5	$< 0,001$
mit Verendungen beim Kalben	32,5	5,9	$< 0,001$

n. s. = nicht signifikant

Die durch die Antibiotikatherapie und die Unterstützung des Wasserhaushaltes erzielten unbeständigen Ergebnisse bestätigen, daß die Fähigkeit, mit Durchfall zu überleben, an eine erhöhte Konzentration von Immunglobulinen im Serum gebunden ist.

Neben dem unzureichenden Gehalt an Immunglobulinen hat man die Hypothese eines Enzymmangels bei der Enteritisform der Colibacillose geäußert [13].

Infektionserreger
Bakterien

Der Colibacillus und die Salmonellen werden allgemein als die wichtigsten angesehen. Man hatte in der Vergangenheit die Tendenz, wie wir schon mitteilten, den Septikämien mit Colibacillose einen besonders bedeutenden Platz einzuräumen; tatsächlich glaubt man in einer gewissen Anzahl von Ländern (USA, Kanada, Frankreich), daß diese Ansicht von der Colibacillose wenig zutreffend ist, weil die Form der Enteritis mehr allgemein ist (die systematische Anwendung der Antibiotika und Sulfonamide könnte als Erklärung dieser Entwicklung dienen). Die Salmonellen (im wesentlichen *S. dublin* und *S. typhimurium*) entwickeln sich bei den Jungtieren des zweiten Jahres.

Von den anderen Bakterien muß besonders *Diplococcus pneumoniae* erwähnt werden, der besonders in der BRD [38], zu einem geringeren Anteil in Dänemark [23] und in Frankreich sowie Großbritannien selten nachgewiesen wird.

Andere Keime, Streptokokken, Pyobazillen, Pasteurellen, Pseudomonas kommen bei den Septikämien, den Gastroenteritiden und den Pneumonien vor.

Listeria monozytogenes ist epidemiologisch wenig bekannt und ruft Totgeburten und die Geburt lebensschwacher Kälber hervor. Leptospireninfektionen wurden aus bestimmten Ländern Ost- und Mitteleuropas und den USA gemeldet.

Von den anaeroben Keimen weiß man, daß die Clostridien unter den Enterotoxämien einen bedeutenderen Platz einnehmen.

Chlamydien und Mykoplasmen werden in Verbindung mit Viren oder allein als Ursache von Pneumopathien angesehen (bestimmte Mykoplasmen wären direkt für Arthritiden und Polyarthritiden verantwortlich).

Viren
Die Rolle der Viren ist lange Zeit als zu gering betrachtet worden. Das hängt mit dem schwierigen Nachweis in vitro und der Reproduktion der Krankheit im Experiment zusammen. Hinzu kommt, daß bei der natürlichen Erkrankung nicht immer klinische Anzeichen vorhanden sind und eine bestimmte Anzahl latent (verborgen) Infizierter als »Gesunde« Virusträger bleiben. Zum Zwecke der Vereinfachung hat man die Viren in eine »respiratorische« und »Enteritiden«-Klasse eingeteilt.

- *Virusbedingte Pneumopathien*

Hierunter kann man den »Komplex respiratorischer Kälberkrankheiten« auffassen, und man kennt die Existenz verschiedener Viren, Reoviren, Adenoviren, Paramyxovirus (Typ 3 am häufigsten), Respiratorisches Syncytialvirus (sehr häufig in Belgien nachgewiesen, noch nicht in Frankreich bekannt), Herpesvirus, Togavirus. Bestimmte Viren rufen natürliche, beim erwachsenen Rind wohl abgegrenzte Erkrankungen hervor: Rhinotracheitis infectiosa bovis (Herpes-Virus), Mucosal Disease (Togavirus); die anderen erweisen sich nur experimentell als pathogen in Verbindung mit Chlamydien oder mit Pasteurellen oder gar nicht.

Die Häufigkeit der Erkrankungen der Atmungsorgane ist sehr eng mit der intensiven Aufzucht verknüpft, wobei Tiergruppen mit inapparenten Virusträgern vorkommen. Unterversorgung und Nahrungsmangel verschlimmern die Entwicklung der Krankheit, deren Häufigkeit entsprechend dem Alter wechselt.

- *Virus-Enteritiden*

Wie bei den Pneumopathien hat man in den letzten zwanzig Jahren verschiedene Viren nachgewiesen, die für Gastro-Enteritiden des Kalbes verantwortlich sein sollen: Enteroviren, Adenoviren und das Virus der bovinen Diarrhoe/Mucosal Disease. Diese verursachen in der Regel nicht das Enteritis-Diarrhoe-Geschehen in den Beständen. Die experimentelle Übertragung ist nur bei einigen gelungen (Parvovirus und Virus der Rinderdiarrhoe/Mucosal Disease). Tatsächlich [30] bleiben die Ätiologien komplex. Die Rota- und Coronaviren verdienen besondere Aufmerksamkeit [19, 20, 36]. Der Durchfall konnte mit diesen Keimen experimentell bei gnotobiotischen (SPF-) Kälbern oder solchen, denen man Kolostrum vorenthalten hatte, reproduziert werden, ist aber oft vorübergehend, und meist werden die Tiere wieder gesund.

Die mehr oder weniger schwere Form der Erkrankung kann vom Immunstatus des befallenen Tieres, der infektiösen Dosis des Virus, der Virulenz der Stämme sowie von der Verbindung mit Bakterien abhängen.

Protozoen

Ohne mit dem Kapitel »Parasitäre Infektionen« in Konflikt geraten zu wollen, erwähnen wir, daß man vor kurzem mit oder ohne Verbindung zu Viren Kokzidien der Art *Cryptosporidium* in den USA [31] und in Quèbec [21] nachgewiesen hat. Dies hat die Ätiologie nicht vereinfacht. Die Parasiten wurden bei bestimmten Durchfällen in den Mikrozotten des Darms identifiziert.

ZUSAMMENFASSUNG

Zusammengefaßt ist festzustellen, daß es die komplexe Ätiologie der Enteritiden und Pneumopathien der Kälber nicht ermöglicht, bezüglich der exakten Rolle der verschiedenen Keime sichere Schlußfolgerungen zu ziehen [1, 22]. Man muß eingestehen, daß physische Streßzustände, die mehr oder weniger große Resistenz der Tiere, ihre mehr oder weniger große Konzentration, eine Steigerung der Virulenz der Keime zulassen. Dabei erleichtern Gruppen von Tieren verschiedener Herkunft die Einschleppung von Keimen oder fremden Stämmen und können die Wirkung eines Infektionserregers ändern.

In Anwesenheit eines Tieres (mit seiner ihm eigenen Resistenz), seiner Umgebung und Belastungen, denen es unterliegt, kann die Mikrobe (Bakterium oder Virus oder Virus + Bakterium) entsprechend ihrer Virulenz eine sehr verschiedene Wirkung haben: überwiegend eine Hilfswirkung, auslösendes Agens oder Begleiterscheinung der Krankheit.

Wenn ein Tier bei der Geburt verendet oder bei der Aufzucht stirbt, ist das ein vom Tierhalter leicht zu beurteilender »Verlust«. Ebenso wenn ein Tier sich eine Krankheit zuzieht, bedingt das einen Verlust an Körpermasse oder Qualität. Die wirtschaftliche Auswirkung solcher verschiedener Posten ist bei weitem nicht zu vernachlässigen. Aber ihre genaue Bewertung erfordert eine beträchtliche Menge Informationen, die derzeit noch fehlen. Unsere Schätzung kann ein annäherndes Globalergebnis liefern und eine Vorstel-

Allgemeiner Krankheitsbegriff
(Redig. von L. MAZENC)

lung über die Größenordnungen vermitteln. Dazu dient folgende Hypothese: Die Verluste werden nur den Schlachttieren zugerechnet. Daher können wir feststellen, daß, wenn ein Jungtier verendet, welches zur Reproduktion der Herde bestimmt war, durch ein Tier ersetzt wird, das normalerweise als Schlachttier gedient hätte. Die Verluste beträfen dann die Stammherde praktisch nicht.

Ein Kuhbestand von 11 Mio ergibt theoretisch 9 Mio Kälber. Mit einem von uns geschätzten Anteil von 8% Verendungen sind das 720000 Kälber. Wären diese Kälber nicht verendet, was wäre aus ihnen geworden?

Die Schlachtstatistiken teilen die Tiere in folgende Gruppen ein:

- Schlachtkälber – Jungrinder
  (0 Ersatzzahn),
- Heranwachsende
  (1 bis 4 Ersatzzähne),
- erwachsene Rinder
  (5 Ersatzzähne und mehr).

Nach unserer Ausgangshypothese würden sich die 720000 Kälber auf die ersten drei Kategorien in folgendem Verhältnis verteilen (Kälber, Jungrinder, Nachwuchs):

- 65% Schlachtkälber mit einer mittleren Schlachtmasse von 97 kg;
- 10% Jungrinder (0 Zahn) mit einer mittleren Schlachtmasse von 275,5 kg;
- 25% Nachwuchs (1 bis 4 Zähne) mit einer mittleren Schlachtmasse von 337,0 kg.

Auf der Grundlage der Jahresdurchschnittspreise von 1975 entspricht das einem Wert von 1500 Mio frs. Das ist gleichbedeutend mit 1,3% des Gesamtwertes der landwirtschaftlichen Produktion bzw. 2,3% des Gesamtwertes der Tierproduktion des Jahres. Diese nicht in die Kassen der Tierhalter geflossenen 1500 Mio frs sind genau genommen kein Verlust, es handelt sich vielmehr um einen Anhaltspunkt für eine nicht realisierte Produktion.

Wenn wir auch den tatsächlichen Verlust nicht exakt bewerten können, läßt sich mit höherer Sicherheit der minimale Wert berechnen. Unterstellen wir, daß alle verschwundenen Kälber im Verlaufe des ersten Monats verendeten, sind für den Milchverzehr/Kopf 50 frs anzusetzen. (Man darf nicht vergessen, daß selbst wenn die Kälber nicht am Euter aufgezogen sind, sondern in Gruppen, es nicht selten vorkommt, daß sie außer dem Kolostrum an ihrer Mutter 10 Tage saugen, dann ist das Milch von 0,80 frs/Liter.) Wenn wir darüber hinaus den mittleren Handelspreis für Kälber im Alter von 8 Tagen mit 650 frs ansetzen, bedeutet jede Verendung eines Kalbes einen minimalen Reinverlust von 700 frs, das sind insgesamt 500 Mio frs.

Gewiß ist der Spielraum zwischen 1500 Mio nicht realisierter Produktion und 500 Mio Reinverlust groß, wir wiederholen aber, daß diese letzte Ziffer ein Minimum ist [1]. Zusätzlich ist zu berücksichtigen, daß die dem Tod vorhergehende Krankheit erhöhten Arbeits- und Pflegeaufwand erforderte, Störungen der übrigen Tierhaltung und Tierarztkosten verursachte. Im übrigen müssen wir parallel zu den durch Verendungen verursachten Verlusten die wirtschaftliche Bedeutung der Erkrankungsbereitschaft in wenigstens drei Punkten berücksichtigen, und zwar im Hinblick auf

- einen »Qualitätsverlust« der Produkte,
- eine schlechtere, höhere Futterkosten bedingende Futterverwertung während der Krankheit sowie
- spezifische Belastungen: zusätzliche Arbeit, Medikamente usw.

Da wir unglücklicherweise über die notwendigen Unterlagen für eine selbst grobe Bewertung nicht verfügen, beschränken wir uns darauf, die globalen Kosten der Krankheiten zu nennen. Die Kenntnis der Verluste durch Verendungen und Erkrankungen ist wesentlich, wenn man den Spielraum des erzielbaren Fortschritts beurteilen und sich daraus ergebende Prioritäten in Untersuchung und Praxis entscheiden will.

Die Kenntnis der Epidemiologie der Kälberkrankheiten ist zunehmend aus verschiedenen Gründen unerläßlich:
- sie trägt zu einer besseren Beurteilung der wichtigsten ursächlichen Faktoren bei, selbst wenn deren Bedeutung in den Betrieben variieren kann, sind die Herden meist direkt verantwortlich;
- sie wird, je nachdem welchen Platz wir ihr einräumen, eine besondere Prophylaxe als einzige wirklich rentable Methode zulassen;
- sie kann in größerem Maße die Haltungsmethoden, den Stallbau, Leitung und Management der Bestände beeinflussen.

Es muß hervorgehoben werden, daß die bis jetzt durchgeführten epidemiologischen Untersuchungen in unserem Lande und auch in vielen anderen Ländern wegen der begrenzten Mittel, möglicherweise auch wegen ihrer Verteilung (Mittel vor allem für Personal, in der Statistik, in der Information), zu bruchstückartig bleiben. Im übrigen ist der Vergleich der von verschiedenen Untersuchern erzielten Ergebnisse oft nicht möglich, weil die Untersuchungsmethoden zu unterschiedlich waren. Schließlich ist es zweifelsohne nicht falsch zu betonen, daß im Kampf gegen Jungtierkrankheiten eine spürbare Verbesserung erreichbar wäre, wenn die erworbenen Grundkenntnisse in Tierernährung und -hygiene sowie im sanitären Bereich in der Produktion schon laufend angewandt würden. Es käme so zu einer merklichen Verbesserung in praxi, und die jedes Jahr nachgewiesenen erheblichen Verluste und Erkrankungen verminderten sich spürbar.

Allgemeine Schlußfolgerung

Die Redaktion für unseren Artikel war abgeschlossen, als wir von der sehr interessanten epidemiologischen Untersuchung von MASSIP und PONDANT [18], in Belgien im Dezember 1975 veröffentlicht, Kenntnis bekamen. Wir analysieren diese in gedrängter Form. Im Allgemeinen ändern die Ergebnisse der Autoren an den Daten, die wir in Frankreich und aus der Weltliteratur erhielten, nichts. Die von August 1972 bis September 1973 abgelaufene Untersuchung erfaßte 47 Betriebe im Süden des Landes, von denen 39 zum gemischten Typ (Rasse Belgische Blauschecken) und 8 dem Milchtyp angehören (Rasse schwarzbunte Friesen und rotbunte Westfalen). Sie hatte zum allgemeinen Ziel, den Einfluß bestimmter Faktoren auf die Erkrankung und die Verendungen bei Kälbern zu untersuchen. Die Ergebnisse wurden von der Geburt bis zum Alter von einem Monat registriert und betrafen 1 454 Abkalbungen.
Insgesamt verendeten 9,7%, von denen 3,2% Totgeburten waren und 6,5% zu der peri- und postnatalen Sterblichkeit rechnen. Der Anteil Totgeburten/Verendungen insgesamt beträgt 32,6%. Von 457 kranken Kälbern waren
- 94,5% von Durchfällen und
- 2,0% von Pneumonie befallen.

Die übrigen Tiere erkrankten an Nabelentzündungen, Arthritis usw. 71,6% der Verendungen waren vom Durchfall verursacht. Unter den die Neugeborenen-Pathologie begünstigenden Faktoren findet man größtenteils solche, die wir selbst festgestellt und so wie die belgischen Autoren eingestuft haben.

Faktoren, die in gewissem Zusammenhang zur Herde stehen

Größe der Herde

Wie wir gezeigt haben, steigt mit der Größe der Herde der Anteil der Verendungen: von 3,7% bei Herden unter 30 Kühen auf 11,1% bei Herden über 70 Kühen. Ursache für diese Verluste ist die Überbelegung der Ställe im Winter – die Periode mit den meisten Abkalbungen unter weniger guten Hygiene- und Klimabedingungen und schlechter Qualität der Betreuung wegen Überlastung der Arbeitskräfte.

Zusätzliche Bemerkungen

Fütterungstechniken

Die Bedeutung des Fütterungsniveaus, des Grundfutters und des Konzentrates wird unterstrichen. Die Aufmerksamkeit ist auf Silage schlechter Qualität gerichtet, die in zu großen Mengen verabreicht wurde und zur Geburt schwacher und lebensuntauglicher Kälber führte.

Rasse und Zahl der Abkalbungen

Diese Faktoren hatten keinen Einfluß auf peri- und postnatale Verendungen, aber auf die Totgeburten bei Primiparen (58,6%) und bei der zweiten Abkalbung (19,6%). Die Schwergeburten (durch zu große Kälber) schwanken bei den fünf belgischen Rassen von 2 bis 11% und werden hierfür verantwortlich gemacht.

Vakzination der Kühe gegen die Colibacillose

44,7% der Landwirte praktizieren diese Vakzination. Der Anteil verendeter Kälber ist infolge sehr unterschiedlicher Qualität der verwendeten Vakzinen und den mehr oder weniger günstigen Umständen der Anwendung nicht signifikant verringert.

Dauer der Trockenstehperiode

Für die Kühe ist eine Mindestdauer der »Trockenstehperiode« von zwei Monaten erforderlich. Eine Verkürzung führt zu höherer Mortalität der Kälber.

Faktoren in bezug auf die Kälber

Alter

Es ist bestätigt, daß die Verluste im Verlaufe der ersten Woche höher sind: 70,5% Kranke, 40,0% Verendungen.

Körpermasse

Wie es ein französischer Praktiker betont hat, beeinflußt die Geburtsmasse des Kalbes seinen gesundheitlichen Status. Die belgischen Autoren sind der Auffassung, daß im Bereich von 36 bis 50 kg der Anteil von Kranken und an Verendungen fast übereinstimmen (27% Kranke, 3 bis 4% Verendungen). Bei Geburtsmassen unter 36 kg erreichte die Sterblichkeit 6,8%, bei solchen über 50 kg betrug sie 9,3%. Den zu kleinen oder zu großen Kälbern fehlt es an Vitalität, sie nehmen das Kolostrum schlecht auf und sind gegen Infektionen empfindlicher.

Fürsorge für den Nabelstrang

Sie ist wichtig für die Gesundheit der Jungtiere.

Fütterungstechniken

Die Betonung wird auf die Aufnahme des Kolostrums, Haltungsfehler sowie mißbräuchliche Anwendung von Antibiotika gelegt. Für die Milchfütterung, die Aufzuchtfuttermittel, das Trockenfutter weisen die Autoren auf die zu beobachtenden Regeln und zu ergreifenden Vorsichtsmaßnahmen sowie auf die Systeme der Verabfolgung hin. Die empfindliche Periode des Absetzens (ein wirklicher Streß) erfordert besondere Fürsorge. Von der Verabreichung von Silage oder dem Weidegang der Jungtiere in diesem Alter wird abgeraten.

Stall- und Klimabedingungen

Die Empfehlungen sind die allgemein üblichen.

Faktor Mensch (Betreuung)

Die Qualität der Betreuung wird als der wichtigste Faktor angesehen. In der Untersuchung gelangte man zu den gleichen Schlußfolgerungen wie Autoren in den USA: Die Sterblichkeit wird durch den Pfleger beeinflußt. Sie betrug 5,7%, wenn die Frau des Tierhalters die Tiere betreute, 12,5%, wenn es eine fremde Person war.

Unabhängige Faktoren

Es handelt sich um jahreszeitliche Schwankungen bei den Verendungen. Aus oben er-

wähnten Gründen kommt diesen im Winter größere Bedeutung zu. Im Verhältnis zu den lebendgeborenen Kälbern sind die Verendungen im Dezember am höchsten (13,3%), von Mai bis September am geringsten (0,8%).
Die augenblickliche Tendenz zur Synchronisation der Abkalbungen würde auf die Tierhaltung und den Gesundheitszustand der Kälber (hygienische und sanitäre Bedingungen) fatale Auswirkungen haben. Die Autoren gelangen zu dem Schluß, daß eine Rangfolge der die Kälberverendungen beeinflussenden Faktoren schwer zu schaffen sei, da sie getrennt nicht wirken.

LITERATUR

[1] Acres, S. D.; Laing, C. J.; Saunders, J. R.; Radostits, O. M., 1974 – Acute indifferentiated neonatal diarrhea in beef calves. I. Occurence and distribution of infectious agents. Canad. J. comp. Med., 39, 116–132.

[2] Anonyme, 1964 – Analysis of the results of post-mortem examinations of calves, november 1959 to october 1961. Vet. Rec., 74, 1139–1143.

[3] Anonyme, 1967 – Flux annuels du troupeau bovin. Résultat de l'enquête bovine 1963 (2e et 3e parties). Statistique agricole. Ministère de l'agriculture, France.

[3a] Anonyme, 1972 – C.E.T.A. Elevage Nivernais – Compte rendu n° 72-4 du 24/5/72 (document ronéoté).

[4] Boyd, J. W.; Baker, J. R.; Leyland, A., 1974 – Neonatal diarrhoea in calves. Vet. Rec., 95, 310–313.

[5] Chevaldonne, M., 1964 – La mortinatalité des veaux. Elevage et insémination (n° 3), 3–7.

[6] Dardillat, J.; Brochart, M.; Larvor, P., 1969 – Relations entre la quantité d'unités fourragères consommées par des vaches charolaises en fin de gestation et le poids corporel après vêlage, le poids de naissance et la mortalité des veaux. C. R. Acad. Agr. France, 55, 1016–1020.

[7] Dardillat, J., 1973 – Relations entre la globulinémie du veau nouveau-né et son état de santé. Influence de la composition du colostrum et de la protéinémie de la mère. Ann. Rech. Vét., 4, 197–212.

[8] Dardillat, J., 1974 – La résistance des veaux nouveau-nés, les causes congénitales de la mortalité des veaux. Bull. Techn. Centre Rech. Zoot. vét. Theix, suppl. oct., 96–106.

[9] Debrock, D.; Mandin, J.; Soulie, B.; Attisso, M., 1974 – Hospitalisme infectieux à Pseudomonas aeruginosa. I. Caracteristiques épidémiologiques. Trav. Soc. Pharm. Montpellier, 34, 359–366.

[10] Delafolie, P., 1970 – Les diarrhées du veau en élevage industriel. Bull. Soc. vét. prat., 54, 456–472.

[11] Dieter, R., 1970 – Untersuchungen über Kälberverluste in Herdbuchbetrieben des Deutschen Braunviehs – Thes. München – BRD.

[12] Dirksen, G.; Hoffmann, W., 1974 – Problèmes actuels de santé au cours de l'élevage et de l'engraissement. Informat. Méd. vét. (1), 3–32.

[13] Fey, H., 1972 – Colibacillosis in calves. Hans Huber Publ. Berne.

[14] Galissot, J.; Chalons, M., 1972 – Mortalité des veaux nouveau-nés. Document ronéoté. Maison de l'agriculture 55 100 Verdun.

[15] Lafay, E., 1974 – Les maladies du veau nouveau-né. Bull. techn. Centre Rech. zoot. vét. Theix, suppl. oct., 119–130.

[16] Leech, F. R.; Davis, M. E.; Macrae, W. D.; Withers, F. W., 1960 – Disease, wastage and husbandry in the British Dairy Herd – Londres H.M.S.O.

[17] Lienard, G.; Legendre, J., 1974 – Productivité en veaux des troupeaux de race allaitante. Bull. techn. Centre Rech. zoot. vét. Theix, suppl. oct., 47–64.

[18] Martin, S. W.; Schwabe, C. W.; Franti, C. E., 1975 – Dairy calf mortality rate. Amer. J. vet. Res., 36, I: 1059–1104, II: 1105–1109, III: 1111–1114.

[18a] Massip, A.; Pondant, A., 1975 – Facteurs associés à la morbidité et à la mortalité chez les veaux: résultats d'une enquête réalisée en fermes. Ann. Méd. vét. 119 (8), 491–534.

[19] Mebus, C. A.; Underdahl, N. R.; Rhodes, M. B.; Twiehaus, M. J., 1969 – Calf diarrhea (scours): reproduced with a virus from a field outbreak. Research. Bull. Univ. Nebraska, 233, 1–16.

[20] Mebus, C. A.; White, R. G.; Stair, E. L.; Rhodes, M. B.; Twiehaus, M. J., 1972 – Neonatal calf diarrhea. Results of a field trial using a reo-like virus vaccine. Vet. Med./Small Anim. Clinician, 67, 173–174 et 177–178.

[21] Morin, M., 1975 – Persönliche Mitteilung. Faculté Méd. vét. St. Hyacinthe, Québec.

[22] Omar, A. R., 1966 – The aetiology and pathology of pneumonia in calves. Vet. Bull., 36, 259–273.

[23] Ottosen, H. E., 1959 – Statistics on calf mortality. Nord. vet. Med., 11, 493–512.

[24] Oxender, W. D., Newmann, L. E.; Morrow, D. A., 1973 – Factors influencing dairy calf mortality in Michigan. J.A.V.M.A., 162, 458–460.

[25] Quinchon, Cl.; Mornet, P., 1966 – L'épidémiologie en médecine vétérinaire et économie animale. Rec. Méd. vét., 142, 949–969.

[26] Quinchon, Cl.; Parez, M., 1970 – Quelques résultats d'enquête sur les maladies des veaux. Bull. Soc. vét. prat., 54, 400–411.

[27] Radostits, O. M.; Acres, S. D., 1974 – Diseases of calves admitted to a large animal clinic in Saskatchewan. Canad. vet. J., 15, 82–87.

[28] REMMEN, J. W. A.; BLOM, J., 1973 – Etudes sur la mortalité des veaux dans les fermes laitières du Brabant septentrional. Tijdsch. v. Diergeneeskunde, 98, 139–199.
[29] ROY, J. H. B., 1970 – The calf. Part II. Nutrition and Health. Iliffe Books Ltd. London.
[30] SCHERRER, R., 1977 – Entérite virales. In: Le veau (VIe Partie chap. 2) Maloine Edit. Paris.
[31] SCHMITZ, J. A.; SMITH, D. H., 1975 – Cryptosporidium infection in a calf. J.A.V.M.A., 167, 731–732.
[32] SELLERS, K. C.; SMITH, G. F.; WOOD, P. D. P., 1968 – An investigation into calf mortality in the first eight weeks of Life in England and Wales. Brit. vet. J., 124, 89–94.
[33] SELMAN, I. E., 1973 – The absorption of colostral globulines by new-born calves. Ann. Rech. vét., 4, 213–221.
[34] SLANINA, L.; HALANDEJ, S., 1975 – Veterinary aspects of industrial production of calves. XXe Congrès mondial vétérinaire – Thessalonique – 5–12 juillet 1975.
[35] SPEICHER, J. A.; HEPP, R. E., 1973 – Factors associated with calf mortality in Michigan dairy herds. J.A.V.M.A., 162, 463–466.
[35a] SOLLOGOUB, C., 1970 – Affections néonatales du veau. Application du plan de prophylaxie de l'I.T.E.B. Commentaires et observations. Document roneo.
[36] STAIR, E. L.; RHODES, M. B.; WHITE, R. G.; MEBUS, C. A. – Neonatal calf diarrhea. Purifications and electron microscopy of a Coronalike agent. Amer. J. vet. Res., 33, 1147–1156.
[37] THUMES, G., 1971 – Untersuchungen über Kälberverluste in Herdbuchbetrieben des Gelben Frankenviehs im Einzugsbereich des Tierzuchtamtes Würzburg – Thes. München – BRD.
[38] TRAUTWEIN, K., 1964 – Maladies des veaux dues aux bactéries. Bull. Off. int. Epiz., 62, 451–470.
[39] VAN DIETEN, S. W. J., 1973 – Mortaliteit von Kalveren de partus a terme von M.R.I.J. Runderen. These Doctor in de Diergeneeskunde. Rijksuniversiteit Utrecht.
[40] WILSON, G., 1974 – Veterinary epidemiology, Brit. vet. J., 103, 207.
[41] WOLTER, R., 1970 – Nutrition et infection. Bull. Soc. vét. prat., 54, 412–427.

Kapitel 2 Allgemeine Immunologie

P. PERY, J. J. METZGER

Die Immunologie ist die Wissenschaft, die die Merkmale und Mechanismen von Immunitätsreaktionen auf die Zufuhr einer fremden Substanz in den Organismus eines Tieres behandelt. Diese fremde Substanz wird Antigen oder Immunogen genannt (chemisches oder biochemisches Gemisch, Virus, Bakterium, Parasit).

In jedem Sinne ist der Begriff der Immunreaktion spezifisch eng mit dem Begriff des Schutzes gegen einen Infektionserreger verbunden.

Es darf jedoch nicht vergessen werden, daß das Überleben des Tieres das Ergebnis einer Auseinandersetzung zwischen dem Infektionserreger, seinen schädlichen oder toxischen Wirkungen und der Fähigkeit des Tieres ist, mit einer raschen Immunantwort zu reagieren. Alle diese Immunitätsreaktionen sind übrigens für das Tier nicht obligatorisch günstig, sondern bestimmte von ihnen treten selbst bei der Entstehung der beobachteten Krankheiten auf.

Immunreaktionen

Immunreaktionen können sich äußern durch
– die Produktion spezifischer Antikörper (humorale Immunität);
– den Erwerb einer neuen Reaktion des Organismus, die als »verzögerte Hypersensibilität« bezeichnet wird (zelluläre Immunität);
– das Auftreten einer gemischten Reaktion, bei der die beiden genannten Komponenten wirksam werden sowie

– die Fähigkeit des Organismus, einen Status spezifischer Nichtreaktivität zu erwerben, die als Immuntoleranz bezeichnet wird.

Antikörper und humorale Immunität

Die Antikörper sind Plasmaproteine (Immunglobuline), deren Bildung durch ein Antigen ausgelöst wurde, mit dem sie imstande sind, sich in vitro zu vereinigen.

Die Merkmale der wichtigsten Kategorien oder Klassen menschlicher Immunglobuline sind in der Tabelle V/28 ausgewiesen. Wenn diese Klassen vor allem beim Menschen, dem Kaninchen und der Maus untersucht wurden, hat man sie bei allen höheren Wirbeltieren gefunden. Bestimmte Klassen lassen sich auf Grund ihrer verschiedenen Eigenschaften in Unterklassen einteilen. So besitzen Rinder mindestens zwei Unterklassen Immunglobuline G: IgG_1 und IgG_2, die sich in ihrer elektrophoretischen Wanderung und ihren biologischen Eigenschaften unterscheiden.

Die Immunglobuline M oder IgM sind die ersten, die im Laufe einer Reaktion nach einem ersten Kontakt mit dem Antigen auftreten. Die Immunglobuline G oder IgG werden nach dem IgM gebildet, aber besonders als Folge wiederholter Kontakte mit dem Antigen (Sekundärreaktion; Abb. V/1 und V/2).

Die Immunglobuline A oder IgA spielen bei lokalen Schutzmechanismen (Atmungsapparat, Verdauungstrakt) eine Rolle.

Die Immunglobuline E oder IgE sind für bestimmte Schockreaktionen auf die Reinjektion von Antigen bei einem schon sensibilisierten Tier verantwortlich (anaphylaktischer Schock).

Außer der Fähigkeit, sich mit dem Antigen zu verbinden, besitzen Immunglobuline noch andere biologische Eigenschaften (Tab. V/29), besonders die der Komplementbindung, einer im Serum unabhängig von jeder Immunisierung existierenden Substanz, woraus die Phänomene der zellulären Lysis (Hämolyse, Bakteriolyse) entstehen. Bei den IgE kommt es zur Bindung über Mastozyten, was zur Freisetzung von Substanzen (Histamin, Serotonin) führt, die in anaphylaktischen Reaktionen eingreifen.

Die Eigenschaften humoraler Immunreaktionen sind die sehr enge Spezifität gegenüber dem Antigen, das Phänomen der Erinnerung (frühzeitigere und intensivere Antikörperbildung bei einer Reinjektion desselben Antigens, wie man es aus Abbildung V/2 sehen

Tabelle V/28 Merkmale verschiedener Klassen humaner Immunglobuline

Merkmal		IgM	IgG	IgA	IgE
Molekularmasse in DALTONgramm		900 000	160 000	160 000 385 000	200 000
Sedimentationskonstante in SVEDBERG-Einheiten		19	7	7 9 – 11	8
Gehalt im Serum	mg/100 ml	93	1200	260	0,05
Verteilung im Gefäßsystem	%	76	45	42	51
Zirkulierender Gesamtpool	mg/kg	37	494	95	0,02
Fraktion im Gefäßsystem und täglichen Stoffwechsel		18	6,7	25	89
Halbwertzeit	Tage	5,1	23	5,8	2,3
Tägliche Syntheseleistung	mg/kg	6,7	33	24	0,02

Die IgD sind in dieser Tabelle nicht ausgewiesen, weil alle ihre Merkmale nicht bekannt sind

Tabelle V/29 Biologische Eigenschaften von Immunglobulinen

1. Komplementbindung
2. Bindung an die Haut
3. Bindung an Zellen (Makrophagen)
4. Durchlässigkeit von Membranen (Plazenta, Darm)
5. Regulation des Katabolismus der Immunglobuline
6. Wechselwirkung mit dem Protein »A« des Staphylococcus
7. Fähigkeit zur Opsonisation
8. Wechselwirkung mit rhumatoiden Faktoren
9. Antigenaktivität

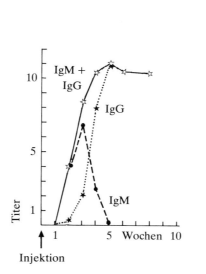

Abb. V/1 Verschiedene Klassen von Antikörpern im Verlaufe der Primärreaktion

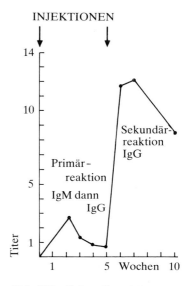

Abb. V/2 Sekundärreaktion (Wiederholungsinjektion)

Tabelle V/30 Übersicht über die unspezifischen Wirkungen der Zellreaktion

Löslicher Faktor	Wirkung in der Zellreaktion
Mitogener Faktor	Umformung von Lymphozyten
Faktor der Entzündung	verzögerte Hypersensibilität
Zytotoxischer Faktor	lymphozytäre Zytotoxizität
Hemmfaktor der Migration	Hemmung der Wanderung von Leukozyten oder Makrophagen
Agglutinationsfaktor von Makrophagen	Anhäufung von Makrophagen in vitro und in vivo
Faktor der Verbreitung von Makrophagen	Hemmung der Verbreitung von Makrophagen
Faktor der Chemotaxis	Chemotaxis der Makrophagen
Faktor der Aktivierung von Makrophagen	Erhöhung der Phagozytose
Interferonähnliche Substanz	Unspezifische Resistenz gegenüber Virusinfektionen

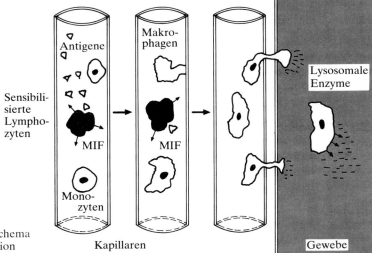

Abb. V/3 Schema für die Reaktion der verzögerten Hypersensibilität. Das lösliche Antigen begegnet einem sensibilisierten Lymphozyten, der den MIF (Melanostatin – migrationshemmender Faktor) synthetisiert und ausscheidet. Der MIF leitet die Umbildung zirkulierender Monozyten in Makrophagen ein, die aus den Kapillaren dringen und deren lysosomalen Enzyme die benachbarten Gewebe angreifen

kann). Dazu gehört die Möglichkeit zur passiven Übertragung spezifischer Antikörper durch ein diese enthaltendes Serum (Serotherapie).
Die Antikörper werden durch Plasmozyten synthetisiert, die von der Differenzierung einer Subpopulation von Lymphozyten, den Lymphozyten B (Lymphozyten aus dem Knochenmark, von der Thymusfunktion unabhängig) abstammen.

Die Bildung von Antikörpern gegen bestimmte Antigene zwingt jedoch zu einer Kooperation zwischen diesen Lymphozyten B und anderen Lymphozyten, die vorher einer Reifung unter dem Einfluß des Thymus (Lymphozyten T) unterlagen.

Zelluläre Immunität

Die für den zweiten Typ der Immunreaktion verantwortlichen Lymphozyten gehören zur Subpopulation der Lymphozyten T. Das am meisten bekannte Beispiel der verzögerten Hypersensibilitätsreaktion oder Zellulärreaktion ist das KOCHsche Phänomen bei Tuberkulose:
– Ein Meerschweinchen erhält die erste Injektion einer bestimmten Anzahl virulenter Tuberkelbazillen. Nach 14 Tagen ist es verendet.
– Ein sechs Wochen vor derselben Injektion durch Übertragung einer kleinen Zahl Bazillen sensibilisiertes Meerschweinchen überlebt.
– Nach 48 Stunden tritt an der Übertragungsstelle eine entzündliche Reaktion auf und die Bazillen werden ausgeschieden.

Diese Abwehr-Zustand-Resistenzlage ist weder an die Bildung noch an das Vorhandensein von Antikörpern gebunden und kann passiv durch Injektion des Serums eines Versuchstieres nicht auf ein anderes Tier übertragen werden, nur durch Injektion immuner Lymphozyten (sensibilisiert mit Antigen).
Diese verzögerte Hypersensibilitätsreaktion tritt früher als die Reaktion der Bildung von Antikörpern auf (nur die Feststellung der Reaktion ist verzögert und nicht die Reaktion selbst).
Die sensibilisierten T-Lymphozyten bilden nach Kontakt mit dem Antigen eine bestimmte Zahl löslicher, nicht spezifischer Faktoren (Tab. V/30), von denen der M.I.F. (migrationshemmender Faktor) am besten bekannt ist. Die Abbildung V/3 stellt die verzögerte Hypersensibilitätsreaktion bei der

zweiten Injektion eines Antigens schematisch dar.
Im Bereich einer Kapillare begegnet das Antigen einem schon sensibilisierten Lymphozyten und vermag ihn zu erkennen. Dann scheidet die Zelle den die Migration hemmenden Faktor aus, der die Monozyten aufhält, sie zusammenkleben läßt und ihre Umformung in Makrophagen zuläßt. Diese Makrophagen durchdringen die Gefäßwand, setzen lysosomale Enzyme frei, die geschädigte Gewebe angreifen und verdauen. Hat das Antigen eine Zelle erkannt, können es immune T-Lymphozyten direkt zerstören. Das bekannte Beispiel dieser Reaktion der Lysis ist die Abwehr eines Transplantates. Dieser Reaktionstyp ist für Antigen spezifisch, unterliegt dem Phänomen des Gedächtnisses bzw. der Erinnerung und wird ausschließlich durch Zellen der lymphoiden Linie übertragen.
Nach dieser kurzen Erwähnung der beiden großen Kategorien der Immunreaktionen folgt die Immunologie des Kalbes unter den Gesichtspunkten des Erwerbs der Immunkompetenz sowie des Schutzes des jungen Kalbes.

Erwerb der Immunkompetenz

Das Kalb erwirbt die Fähigkeit, einen Antigenreiz zu beantworten nur schrittweise in seinem fötalen Leben. Die Analyse dieser Entwicklung besteht in der Untersuchung der Ontogenie seiner Immunkompetenz. Da alle Welt von Antikörpern spricht, ist es gewöhnlich und einfach, an den Anfang einer allgemeinen Immunologie die Darlegung der Immunreaktion mit der Bildung von Antikörpern zu stellen. Zur Untersuchung der Ontogenese dieser Reaktion ist es unerläßlich, zuerst die Entwicklung der Zellen und lymphoiden Organe zu behandeln, bevor man die Untersuchung immunologischer Reaktionen selbst vornimmt.

Entwicklung des lymphoiden Systems bei Rindern

Die Stammzellen immunkompetenter Zellen (in Immunreaktionen eingreifende Zellen) findet man in der Leber des Fötus zehn Tage nach der Konzeption. Sie kommen aus dem Dottersack. Diese Leberzellen werden danach um den 42. Tag der Trächtigkeit in den Thymus und ein wenig später (50. Tag) in das Knochenmark übertragen.
Es sei hervorgehoben, daß nach der Geburt die Stammzellen immunkompetenter Zellen die Leber verlassen und nur im Knochenmark gefunden werden. Die in den Immunreaktionen aktiven lymphoiden Organe (Milz, Lnn.) ermöglichen die Passage der Lymphozyten in das Blut (45. Tag). Man findet diese Zellen in den Lnn. 48 Tage und in der Milz 65 Tage nach dem Beginn der Trächtigkeit. Die Differenzierung der Gewebe in diesen Organen findet später (100. Tag) statt. Die lymphoiden Gewebe im Darm, insbesondere die PEYER-Platten, können ab dem 150. Tag der Trächtigkeit beobachtet werden (Abb. V/4).
Man sieht, daß die in die Immunreaktion eingreifenden Zellen etwa ab der Hälfte der Trächtigkeit zur Stelle sind. Die Frage ist nun, von welchem Augenblick an diese Zellen aktiv werden? Auf diese Frage werden wir in den

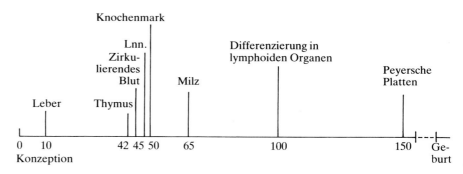

Abb. V/4 Besiedlung lymphatischer Organe durch lymphozytäre Zellen im Verlaufe der fötalen Entwicklung des Kalbes

folgenden zwei Abschnitten antworten, in denen nacheinander die zelluläre und humorale Immunität behandelt werden.

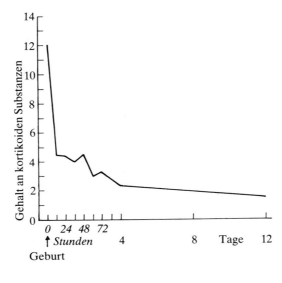

Abb. V/5 Plasmakonzentration der Kortisonabkömmlinge während der ersten Lebenstage des Kalbes (nach EBERHART und PATT, 1971)

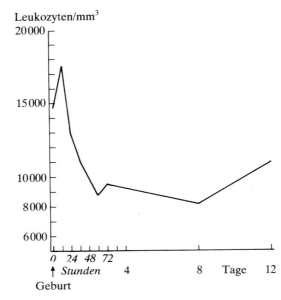

Abb. V/6 Veränderung der Anzahl der im Blut zirkulierenden Leukozyten während der ersten Lebenstage des Kalbes (nach EBERHART und PATT, 1971)

Zelluläre Immunität beim jungen Kalb

Beim Fötus

Die Zell-Reaktionen treten allgemein auf Grund von drei Testtypen in Erscheinung:
– Test der Abstoßung eines Transplantates: Man weiß, daß die Abstoßung des Transplantates ein zellvermitteltes Immunitätsphänomen ist.
– Test der lokalen Entzündung nach Injektion eines zur Sensibilisierung des Tieres ausgedienten Antigens (Hauttest angelsächsischer Autoren).
– Test blastischer Umformung von T-Lymphozyten: In vitro in Anwesenheit von Phytohämagglutinin (PHA) kultivierte T-Lymphozyten; PHA ist ein Lektin, ein Abkömmling der gewöhnlichen Buschbohne *(Phaseolus vulgaris)*, T-Lymphozyten synthetisieren DNS. Das Ausmaß dieser Synthese läßt es zu, die Reaktionsfähigkeit von T-Zellen zu erkennen.

Nur der erste und der dritte Test wurde im Verlaufe des fötalen Lebens angewendet.

Die prämaturen Kälber (um 264 Trächtigkeitstage) stoßen ein Hauttransplantat ganz normal ab. Man nimmt an, daß der Fötus eines Kalbes ab 120. Tag imstande ist, ein Transplantat abzustoßen. Versuche zur Stimulation der Synthese der DNS sind später durchgeführt worden, haben aber gezeigt, daß die Lymphozyten des Kalbes mit dem Phytohämagglutinin (PHA) 190 Tage nach dem Beginn der Trächtigkeit reagieren.

Beim jungen Kalb

Obwohl diese Immunkompetenz lange Zeit vor der Geburt erworben wird, bleibt das neugeborene Kalb gegenüber einer großen Zahl von Infektionserregern empfindlich. Dafür gibt es mehrere Erklärungen:
– Es könnten im Mindestalter beachtliche Unterschiede bestehen, was der Fötus haben muß, damit seine T-Zellen gegen einen bestimmten Infektionserreger aktiv werden.

– Im Augenblick vertreten wir die Auffassung, daß es nur einen Typ der Immunreaktion gibt.
– Wie wir schon länger wissen, behindert vor allem die Undurchlässigkeit der Plazenta gegenüber Antigenen und mütterlichen Antikörpern die Entwicklung aktiver oder passiver Immunitäten.

Es scheint, daß physiologisch normale, mit der Geburt verbundene Ereignisse bei der scheinbaren Unreife des Neugeborenen eine erstrangige Rolle spielen.

Der Gehalt an kortikoiden Plasmasubstanzen des Fötus beim Schaf erhöht sich deutlich in den Tagen vor der Geburt, was mit dem Einsetzen des Geburtsmechanismus durch den Fötus in Zusammenhang steht. Diese Erhöhung findet auch beim Kalb statt, und Abbildung V/5 zeigt, daß sich die Gehaltswerte dieser Substanzen bereits nach einigen Tagen normalisieren.

Das Vorliegen einer starken Konzentration von Kortison-Abkömmlingen (12 µg/100 ml) ist mit einer quantitativen Änderung der Blutleukozytenzahl verbunden (Abb. V/6) und einer qualitativen Änderung der gefundenen Zellen (Abb. V/7); das Verhältnis Lymphozyten/Neutrophile ist bei der Geburt viel geringer als 1 und wird erst am 4. Tag nach der Geburt größer als 1.

Diese wesentliche Verminderung der Lymphozytenzahl bei der Geburt ist von einem Abfall der Reaktionsfähigkeit der zirkulierenden Lymphozyten und der Lymphozyten der Lnn. mit dem Phythämagglutinin begleitet (Abb. V/8). Man versteht so die Schwäche zellvermittelter Immunreaktionen des neugeborenen Kalbes, das seine Immunkompetenz erst nach 14 Tagen erlangt.

Humorale Immunität beim jungen Kalb
Frühreife der Reaktion beim Fötus

Die IgM enthaltenden Zellen sind am 59. Tag der Trächtigkeit und IgG enthaltende Zellen am 145. Tag festgestellt worden. Die Immunglobuline selbst waren einige Tage später im Serum der Föten nachweisbar (110 Tage beim IgM und 150 Tage bei IgG).
Mehr als 90% der Föten im Alter von 235

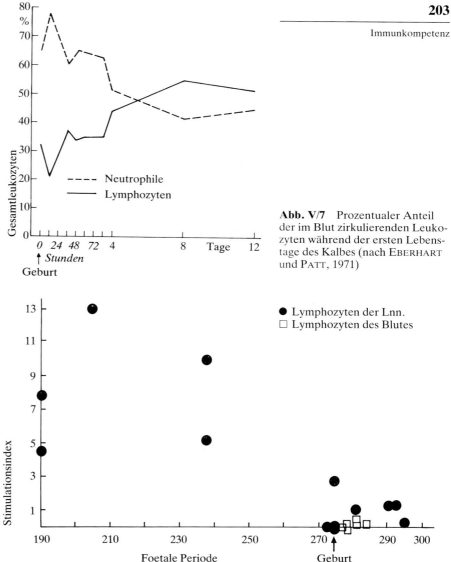

Abb. V/7 Prozentualer Anteil der im Blut zirkulierenden Leukozyten während der ersten Lebenstage des Kalbes (nach EBERHART und PATT, 1971)

Abb. V/8 Reaktion der Lymphozyten auf das Phythämagglutinin im Verlaufe der perinatalen Periode des Kalbes (nach OSBURN u. a., 1974)

bis 270 Tagen besitzen Immunglobuline im Serum. Die Plazenta der Kuh ist für Immunglobuline undurchlässig. Es sei hinzugefügt, daß die Synthese von Antikörpern stimulierende Antigene mütterlicher Herkunft sind und nach einem Einbruch der Plazenta oder einer Infektion der Gebärmutterhöhle vorhanden sind.

Eine Untersuchung von mehr als 100 Föten oder präkolostralen Kälbern hat zu der Kenntnis geführt, daß die IgM oder IgG_1 zu den Immunglobulinklassen gehören, die nach einer Antigenstimulation am stärksten zunehmen, während der Anteil der IgG_2 oder der IgA relativ gering bleibt.

Die Konzentration an Immunglobulinen wurde bei Föten bestimmt, deren Mütter am 150. Tag der Trächtigkeit mit dem Virus des Mucosal disease infiziert worden waren. Die IgM des Fötus nahmen 15 Tage nach der Infektion und die IgG_1 mehrere Wochen nach den IgM zu. Die IgG_2 bleiben mit einem geringen Anteil, und einer von 14 Föten hat etwas IgA synthetisiert.

Immunisierung im Uterus

In anderen Versuchen hat man nicht mehr den gesamten Immunglobulingehalt, sondern die Kinetik und die Intensität der Bildung spezifischer Antikörper auf ein injiziertes Antigen verfolgt. Ein Kalbsfötus, der 120 Tage nach seiner Konzeption Ferritin bekommen hatte, synthetisiert etwa 30 Tage nach einer Injektion Antikörper mit einem hohen Titer. Bei einem anderen Protein, dem Ovalbumin, treten die Antikörper nur in Erscheinung, wenn der Fötus um den 150. Tag der Trächtigkeit angeregt wird. Um im Durchschnitt auf Ovalbumin eine gute Reaktion zu erhalten, muß man warten, bis die Föten einen Monat älter als bei der Reaktion auf Ferritin sind. Das Datum des Auftretens von Anti-Ovalbumin-Antikörpern ist auch verzögert, wenn man 33 bis 56 Tage nach der Injektion warten muß, bis sie nachweisbar sind.

Es ist möglich, eine gegen Antigene von *Brucella abortus* gerichtete Synthese von Antikörpern zwischen dem 5. und 6. Monat der Trächtigkeit zu erhalten, während es nicht möglich ist, Föten von weniger als 6 Monaten gegen das Virus der Rhinotracheitis infectiosa zu immunisieren.

Man hat von der Fähigkeit des Fötus, auf ein bestimmtes Antigen zu reagieren, in Abhängigkeit von der seit der Konzeption verstrichenen Zeit eine Karte anlegen können und man sieht, daß je nach dem verwendeten Antigen dieser Zeitpunkt sehr verschieden ist (Abb. V/9). Schlußfolgernd kann man sagen, daß der Fötus sehr früh nach der Konzeption imstande ist, sich vollständig gegen Infektionserreger zu verteidigen und daß die Wirkung der Immreaktion von einer Zelle oder einem Antikörper ausgeht. Es können jedoch die drei ersten Typen der Immunreaktionen wirken, die wir einleitend erwähnten.

Im übrigen ist zu bemerken, daß der Begriff der Immuntoleranz (4. Typ der Immunreaktion) von einer Beobachtung bei Rindern stammt. So haben heterozygote Rinderzwillinge eigene, aber auch von ihrem Zwilling

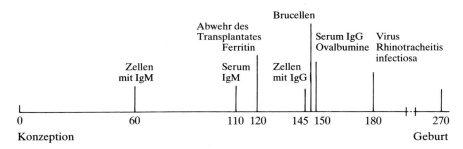

Abb. V/9 Synthese von Immunglobulinen oder Antikörpern im Verlaufe der fötalen Entwicklung des Kalbes

In derselben Art enthalten die Seren im Verlaufe der Trächtigkeit durch Viren, Bakterien, Rickettsien infizierter Kalbsföten höhere als normale IgM- oder IgG-Gehalte. Normale, neugeborene Kälber weisen eine Hypogammaglobulinämie auf. Man kann also einen übernormalen IgM- oder IgG-Gehalt zur Diagnose einer intrauterinen Infektion des Fötus verwenden.

stammende Blutkörperchen, was als Beispiel der tolerierten Organübertragung gilt (daher das Wort Toleranz). Man erklärt das mit einer Mischung des Blutes der beiden Zwillinge in einem Alter, wo das Immunsystem eine körperfremde Substanz noch nicht zu erkennen vermag und sie als seinesgleichen ansieht. Zum Schluß des Kapitels stellen wir fest, daß das Komplement im Serum des Fötus vom 4. Monat an vorhanden ist und seine Konzentration bei der Geburt etwa $1/5$ der des erwachsenen Rindes beträgt.

Wir haben bereits zu Beginn dieses Kapitels gesehen, daß das Ergebnis einer Infektion von der Schnelligkeit der Immunreaktion des Tieres abhängt. Das neugeborene Kalb, das neun Monate in einer geschützten und sterilen Umgebung gelebt hat, ist immunologisch kompetent, aber unerfahren. Seine Reaktion auf einen Angriff von Infektionserregern wird deshalb langsam sein. Glücklicherweise können die Muttertiere aller Säugetierarten für ihre Jungtiere einen passiven Schutz bewirken. Wir werden in diesem Kapitel die Merkmale der Immunitätsübertragung von der Kuh auf das Kalb untersuchen, die vorteilhaften Konsequenzen dieser Übertragung, die Immunisierung des jungen Kalbes sowie die Wechselwirkungen zwischen passivem Schutz und Entwicklung der Immunreaktion. Als Schlußfolgerung bieten wir Lösungen an, die man ins Auge fassen kann, um in wirksamer Weise die jungen Kälber zu schützen.

Merkmale der Immunitätsübertragung von der Kuh auf das Kalb

Die Säuger können dazu grob in zwei Gruppen eingeteilt werden: Die eine Gruppe erhält im Verlaufe des fötalen Lebens mütterliche Antikörper (Mensch, Kaninchen, Maus, Ratte, Hund), einige von ihnen können kolostrale Antikörper aufnehmen. Bei der zweiten Gruppe ist die plazentäre Schranke für Antikörper praktisch undurchlässig (Pferd, Schwein, Ziege, Schaf, Rind). Es ist diese letztere Gruppe, die Antikörper der Mutter nach der Geburt nur durch Aufnahme aus dem Kolostrum erhält.

Selektive Konzentration von Immunglobulinen im Euter

Die kolostralen Immunglobuline stammen im allgemeinen nicht aus einer lokalen intramammären Synthese, sondern aus einer Ansammlung von Serum-Immunglobulinen. Einer Kuh kurz vor dem Abkalben injizierte Immunglobuline werden zum Euter transportiert und befinden sich dann im Kolostrum. Diese Speicherung ist selektiv. Einesteils stellt man in den der Geburt vorausgehenden Tagen eine Verminderung des Gehaltes an IgM und des Serum-IgG_1 fest, während die IgG_2 keine Veränderung erfahren. Andererseits ist die Selektion zwischen den beiden Unterklassen der IgG (IgG_1 und IgG_2) sehr deutlich, obwohl man den Mechanismus nicht kennt. So ist das Verhältnis der Gehaltswerte von IgG_1 und IgG_2 im Kolostrum 1:20, während es im Serum 1:1 bis 1,5 beträgt. Neuere Untersuchungen scheinen die Aufmerksamkeit auf eine besondere Rolle der IgG_1 im Kolostrum beim Kalb zu lenken, die der Rolle der IgA bei den anderen Tierarten entspricht.

Bei der Geburt des Kalbes sind die Konzentrationen von IgG im Serum und Kolostrum der Kuh 25 und 45 mg/ml, während die IgM in beiden Flüssigkeiten nahezu 3 mg/ml betragen. Man bemerkt jedoch eine große Variation der Konzentration der Immunglobuline im Kolostrum von Kuh zu Kuh und im selben Euter von Viertel zu Viertel. Die intramammäre Vakzination der Kuh bedingt eine Änderung des Gehaltes an Immunglobulinen im Kolostrum, besonders eine Vermehrung an IgA. Obwohl die Konzentration an Immunglobulinen im Bereiche der Milchdrüse selektiv ist,

Schutz des jungen Kalbes

trifft das für den Transport der Immunglobuline durch die Dünndarmwand des Kalbes nicht zu. Die IgM werden ebenso wie die IgG absorbiert.

Transport der Immunglobuline durch den Dünndarm des neugeborenen Kalbes

Etwa 8 bis 16% der vom Kalb bald nach der Geburt aufgenommenen Antikörper werden in seinem Kreislauf wiedergefunden. Die Antikörper sind imstande, die verschiedenen Flüssigkeiten zum folgenden Zeitpunkt zu erreichen: die Antikörper anti-*Brucella abortus* erscheinen im Serum des Kalbes 2 Stunden nach Aufnahme des Kolostrums und treten 4 und 8 Stunden nach der Mahlzeit in den synovialen Flüssigkeiten auf.

Eine bestimmte Anzahl im Kolostrum vorhandener Faktoren ist imstande, die Art der Passage durch den Darm entsprechend zu beeinflussen:
- Markierte, in den Darm eines anästhesierten Kalbes verbrachte Immunglobuline werden schneller absorbiert, wenn sie mit Kolostrum und nicht mit Wasser verdünnt werden. Das hat zum Nachweis eines den Transport beschleunigenden Proteins geführt.
- Der Zusatz von NaCl zum Kolostrum verringert die Absorption von Immunglobulinen durch das neugeborene Kalb. Zum optimalen Ergebnis benötigt das den Transport beschleunigende Protein bestimmte Konzentrationen an Phosphat, an Glukose-6-Phosphat, an Na- und K-Ionen, die den im Kolostrum vorhandenen gleichen. Pyruvat, Laktat und K-Isobutyrat fördern den Transport.
- Die Verdauung von Proteinen scheint, entgegen den beim Ferkel ablaufenden Vorgängen, nicht sehr wichtig zu sein.
- Die Konzentration an Immunglobulinen und allgemeiner an Proteinen verbessert das Ergebnis des Transports an Immunglobulinen.

Die Absorption von Proteinen im Darm verläuft als aktiver Prozeß der Pinozytose durch die Epithelzellen. Die Immunglobuline werden in Vakuolen hineingezogen, die sich schließlich in jeder Zelle verbreiten.

Stillstand der Absorption der Immunglobuline

Die Fähigkeit zur Absorption durch den Darm nimmt rasch ab und hört drei Tage nach der Geburt vollständig auf. Scheinbar sind die zur Absorption von Immunglobulinen fähigen Zellen verschwunden und durch andere Zellen ersetzt worden, die diese Eigenschaft verloren haben.

Diese Unterbrechung tritt bei jeder Tierart zu einem bestimmten Zeitpunkt auf. Die 19 Tage vor dem Geburtstermin durch Kaiserschnitt entbundenen Kälber absorbieren Immunglobuline, und der Abbruch der Absorption erfolgte normal 3 Tage nach dieser künstlich eingeleiteten Geburt. Die Absorption wird durch die Injektion von Kortikosteroiden gestoppt.

Passive, lokale Immunisation durch die Milch

Die Umbildung des Kolostrums in normale Milch ist von einer Änderung des Gehaltes an Immunglobulinen begleitet. In großen Mengen bleiben die IgA und IgG$_1$ erhalten. Während bei anderen Tierarten die IgA zu den in der Milch meist vorhandenen Immunglobulinen gehören (70% der Immunglobuline der Milch beim Schwein), überwiegen beim Rind die IgG$_1$ stark (73%). Diese vom Darm nicht mehr absorbierten Immunglobuline verleihen jedoch dem Verdauungskanal des jungen Kalbes eine passive Immunität. Die IgG$_1$ werden durch Verdauungsenzyme rasch abgebaut. Die IgA bleiben länger erhalten, weil eine sekretorische Komponente ihnen die Bindung an Epithelgewebe ermöglicht und gegenüber Enzymen Widerstandsfähigkeit verleiht. Bestimmte Versuche lassen vermuten, daß sich diese Immunität auch auf die Atmungsorgane erstrecken kann. Man muß bemerken, daß bei Kühen der Milchrassen dem Kalb die Milch nicht so lange verabreicht wird, wie bei den Kühen von Fleischrassen. Der passive Schutz wird so schneller unwirksam.

Günstige Folgen der passiven Immunität beim neugeborenen Kalb

Quantitative Bedeutung der Immunglobuline

Die Kolostrumaufnahme des Kalbes ist das einzige Mittel, sich gegen viele Infektionserreger unmittelbar zu schützen. Das Kolostrum enthält zweifellos Substanzen, die die Vermehrung von Infektionserregern hemmen oder verlangsamen. Man weiß aber, daß der Anteil Verendungen neugeborener Kälber um so geringer ist, je reicher der Gehalt ihres Serums an Ig ist. Wir haben gesehen, daß diese Konzentration vom Gehalt des Kolostrums an Immunglobulinen abhängt und von dem Zeitraum in Stunden, in dem sie ihre Kolostralmahlzeit erhalten. Diese quantitative Beziehung erklärt sich hinsichtlich des Schutzes aus dem Bestehen von Kreuzreaktionen zwischen den Keimen. Die wichtigsten Ursachen für eine schwache passive Immunität beim Neugeborenen sind folgende:
- *Technische Aufzuchtfehler beim Neugeborenen:* Die erste Mahlzeit wurde zu spät oder mengenmäßig zu knapp aufgenommen; die Mutter wurde lange vor der ersten Mahlzeit des Kalbes gemolken.
- *Schlechte Immunkompetenz der Mutter:* Sie synthetisiert nicht genug Immunglobuline oder konzentriert sie nicht genug in ihrem Kolostrum, was zu einer zu schwachen Absorption von Immunglobulinen führt.

Rolle spezifischer Antikörper

Antikörper bekannter Spezifität werden wie alle Immunglobuline durch das Kolostrum übertragen. So wie man eine erhebliche Konzentration von Antikörpern mit dem Schutz in Zusammenhang gebracht hat, wurde dieses Problem auch vielfach experimentell untersucht.
Die durch das Kalb passiv empfangenen Antikörper können sich nicht erneuern, da, wie wir gesehen haben, die Quelle hierzu sehr schnell versiegt. Ihre Konzentration im Serum verminderte sich im Laufe der Zeit. Die Abbildung V/10 zeigt schematisch das Verschwinden der das Virus des Mucosal Disease neutralisierenden Antikörper im Serum von Kälbern, die Kolostrum von Müttern bekommen hatten, die solche Antikörper besaßen. Sie zeigt weiterhin, daß, wenn die Minderung stets exponentiell eine Funktion der Zeit ist, der Logarithmus des Antikörpertiters das Serum sich linear in Abhängigkeit von der Zeit vermindert. Der Grad der Verminderung variiert in Abhängigkeit vom Ausgangstiter an Antikörpern. Für hohe, mittlere und niedrige Titer erhält man einen nach 230, 165 und 105 Tagen nicht feststellbaren Titer. Es ist nicht bekannt, welchen minimalen Antikörpertiter ein Kalb zur Immunisierung haben muß, aber man kann sich vorstellen, daß die Dauer des passiven Schutzes sehr verschieden ist.
Dieses Vorhandensein von Antikörpern hat bei vielen Krankheiten, besonders bei Colibacillosen und den infektiösen Neugeborenen-Durchfällen, prophylaktisch Anwendung gefunden.

- *Beispiel von Colibacillosen*

Colibacillosen, die das neugeborene Kalb in den ersten Stunden oder den ersten Tagen seines Lebens befallen, können durch das Tier nicht bekämpft werden. Es ist jedoch notwendig, bei ihm eine passive Immunität zu schaffen, indem man die Mutter vakziniert. Die Krankheit kann sich in einer septikämischen Form und als Enteritis äußern. Bei der septikämischen Form hat man die Jungtiere durch eine Vakzination der Mütter um den 7. oder 8. Monat der Trächtigkeit mit colibacillären Serotypen geschützt, die für die septikämische Erkrankung in der betreffenden Gegend verantwortlich waren. Den Kälbern wird während der ersten Lebensstunden das immune Kolostrum ihrer Mütter verabreicht.
Die Verendungen ließen sich so auf 20% des Ausgangswertes vermindern.
Wurden die Mütter bei jeder Trächtigkeit wieder neu vakziniert, ließ sich die Überlebens-

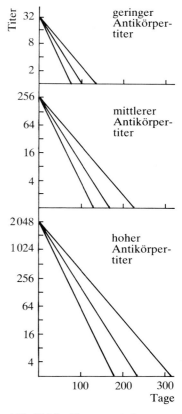

Abb. V/10 Titerverminderung an passiven Antikörpern gegen das Virus des mucosal disease bei Kälbern, die immunes Kolostrum aufgenommen haben (nach KENDRICK und FRANTI, 1974)

rate noch erhöhen. Konnte die Mutter nicht vakziniert werden, war der passive Schutz des Kalbes nicht möglich, ebenso bei Veränderung des Kolostrums durch eine Mastitis.

Das Kalb kann geschützt werden,
- indem ihm Serum oder Immunglobuline einer vakzinierten Kuh injiziert werden, oder
- indem man es frühzeitig das Kolostrum von einer anderen vakzinierten Kuh, das im Kühlschrank konserviert wurde, aufnehmen läßt.

Die Vakzination mit septikämischen Stämmen wirkt nur gegen diese Form der Erkrankung.

Bei der experimentell mit einem enteropathogenen Stamm einer Colibacillose ausgelösten Enteritisform wurden drei Typen Vakzinen bei den Müttern verwendet:
- eine Lebendvakzine,
- eine mit Formalin abgetötete Vakzine sowie
- ein Anatoxin.

Ein öliges Adjuvans wurde verwendet und die Kühe wurden s. c. und intramammär (in jedes Viertel) zweimal geimpft. Alle Vergleichskälber bekamen nach dem Infektionstest starken Durchfall, der zur Aufnahme einer adäquaten Dosis von Colibacillen in den ersten Lebensstunden im Verhältnis stand. Die Kälber vakzinierter Mütter bekamen keinen schweren Durchfall, wenn sie Kolostrum aufgenommen hatten. Der Schutz war besser, wenn die Mütter mit Lebend- oder Totvakzine immunisiert waren; der durch Anatoxin verliehene Schutz war nur von sehr kurzer Dauer. Bei dieser enteritischen Form der Erkrankung wirken scheinbar die Antikörper im Darm eher als auf allgemeine Wege.

- *Beispiel von durch Virus verursachten Neugeborenen-Durchfällen*

Einer der Neugeborenen-Durchfälle des Kalbes wird durch ein Reovirus verursacht. Durch i.m.- oder s.c.-Vakzinierung der Kühe mit einer inaktivierten Vakzine 30 Tage vor dem Abkalben in Betrieben, in denen die Kälber jedes Jahr an Virusdiarrhoe erkrankten, hat man die Häufigkeit dieser Krankheit verringern können. Das läßt sich durch Serum-Antikörper erklären, die die Kälber mit dem Kolostrum ihrer vakzinierten Mütter aufnehmen oder wahrscheinlich in dem lokalen Schutz des Darms durch mütterliche Antikörper, die die Vermehrung des betreffenden Virus hemmen.

Wir erinnern in diesem Zusammenhang an die zwei Möglichkeiten des Schutzes: Allgemeine passive Immunisierung und passive lokale Immunisierung schützen das junge Tier wirksam, wenn die Antikörper Elemente des Schutzes gegen den spezifischen Erreger darstellen.

Immunisierung des jungen Kalbes

In dem der ontogenetischen Entwicklung der Immunreaktion gewidmeten Abschnitten haben wir festgestellt, daß das Kalb schon vor seiner Geburt zu einer Immunreaktion imstande ist. Diese Fähigkeit kann in bestimmten Fällen genutzt werden.

Variabilität der Reaktion

Die Intensität der Reaktion variiert je nach der Rasse. Beim Vergleich der Zahl der in den lymphoiden Geweben Antikörper bildenden Zellen hat man nach der Injektion roter Blutkörper des Huhns festgestellt, daß die neugeborenen Höhenfleckviehkälber viermal stärker als folgende Rassen reagierten: Ayrshire, Guernsey, Holstein-Friesen. Diese Variation in der Intensität der Reaktion in Abhängigkeit von der Rasse liegt auch bei anderen Antigenen vor. Sie könnte zur Grundlage eines beträchtlichen Selektionsvorteiles werden. Bis jetzt sind aber auf diesem Gebiet wenig Untersuchungen erschienen. Verschiedene Autoren haben versucht, über die Immunkompetenz des Fötus oder Jungtieres einen Weg zu finden. Wie im vorigen Abschnitt beschrieben, kommen wir mit der Septikämie der Colibacillose und mit dem virusbedingten Neugeborenen-Durchfall zu spät.

Immunisierung des Fötus

Die Immunisierung des Fötus wirft besondere Probleme auf, und es werden dazu folgende Techniken angewendet:
- Injektion von Antigen durch die Flanke der Mutter in die Amnionsflüssigkeit,
- Injektion von Antigen nach Laparotomie in die Amnionsflüssigkeit oder in die Muskeln des Fötus.

Nach diesen Manipulationen kommt es zu einer bestimmten Anzahl Zwischenfällen (Fieber bei der Mutter, Frühgeburt, totgeborene Kälber), aber die Vakzination gegen die Colibacillose ist wirksam. Gesund geborene Kälber ohne Kolostrum überleben bei einer oralen Übertragung von Bakterien des zur Vakzination benutzten Serotypes, während die unter denselben Bedingungen gehaltenen Vergleichstiere schnell nach der Infektionsbelastung verenden.

Der durch die Vakzination gegen einen bestimmten Serotyp von *E. coli* erreichte Schutz ist auch gegen Bakterien anderer Serotypen wirksam, die für die Vergleichskälber tödlich sind. Deshalb müssen die Kälber zwischen 11 und 23 Tage vor der Geburt stimuliert werden. Alle in dieser Versuchsserie gut vakzinierten Kälber haben nicht nur Versuchsinfektionen, sondern auch natürliche Infektionen überstanden.

In allen diesen Versuchen scheint zwischen dem Serum-Antikörpertiter und dem Schutz keine sehr enge Korrelation zu bestehen. Das kann zwei Gründe haben.
- Die zum Nachweis der Antikörper verwendete Technik ist unzureichend oder bringt inkomplette Antikörper schwer zur Feststellung.
- Der Schutz hat keine zirkulierenden Antikörper zur Grundlage, sondern lokal durch die Darmschleimhaut synthetisierte Antikörper.

Immunisierung des jungen Kalbes

Durch Hysterotomie zur Welt gebrachte Kälber ohne Kolostrum, die oral mit einem abgeschwächten Reovirus immunisiert waren, der einen Neugeborenen-Durchfall verursachte, sind gegen eine experimentelle Infektion in den folgenden 2 bis 3 Tagen geschützt. Die Immunisierung derselben Art bei weniger als 24 Stunden alten Kälbern verringerte in den gefährdeten Landwirtschaftsbetrieben spektakulär das Auftreten von Durchfällen.

In diesem wie im vorhergehenden Falle sind die fehlende Korrelation zwischen Antikörpertiter und Schutz, die Art der Immunisierung und die Kürze der zwischen Vakzination und Belastung verstrichenen Zeit Veranlassung, an eine lokale Immunisierung des Darms zu denken. Abschließend können wir jedoch sagen, daß die Vakzination des Fötus oder des sehr jungen Kalbes möglich und zumindest dann erfolgreich ist, wenn der Eintrittsweg geschützt und die Vermehrung des Infektionserregers (im Darmkanal in den beschriebenen Versuchen) verhindert wird.

Wechselwirkung zwischen passivem Schutz und Entwicklung der Immunreaktion

Die Regulation der Synthese der Immunglobuline ist ein Phänomen, das eine große Zahl Faktoren ins Spiel bringt. Man weiß z. B., daß eine einem Tier passiv injizierte große Menge Immunglobuline durch einen rückwirkenden, unspezifischen Hemmeffekt die Synthese bestimmter Klassen Immunglobuline vermindern kann. Man kann deshalb fragen, ob die Aufnahme von Kolostrum nicht einer blockierenden Injektion von Immunglobulinen entspricht. Beim Vergleich der Konzentrationen verschiedener Klassen Immunglobuline bei Kälbern nach der Geburt mit oder ohne Kolostrum sind bestimmte Differenzen deutlich geworden.

Wirkung der Aufnahme von Kolostrum auf den Gehalt an Immunglobulinen

- Die Synthese der vier Typen Immunglobuline IgG_1, IgG_2, IgM und IgA beginnt bei Tieren, denen man Kolostrum vorenthalten

hat, sofort nach der Geburt und die Konzentrationen erreichen zwischen 16 und 23 Tagen erhebliche Werte. Die endogene Synthese derselben Immunglobuline bei Tieren, die Kolostrum aufgenommen haben, ist schwieriger zu unterscheiden. Für die IgA z. B. beginnt die endogene Synthese nicht vor dem 32. Tag.
• Am 128. Tag ist die Konzentration aller Immunglobuline in den Seren der Tiere ohne Kolostrum höher als die der Seren der Tiere mit Kolostrum. Die hemmende Wirkung des Kolostrums auf die globale Synthese ist noch ziemlich lange wahrzunehmen. Diese Hemmung muß von der Konzentration des Kolostrums an Immunglobulinen und vielleicht anderen Faktoren (Hormonen) abhängen.

Wirkung nichtimmunen Kolostrums auf die Synthese von Antikörpern

Die Immunisierung von Tieren, die Kolostrum zu sich genommen haben, ist völlig normal, wenn letzteres nicht gegen das betreffende Antigen gerichtete Antikörper enthält. Die primären und sekundären Reaktionen der Kälber, die Kolostrum bekamen oder nicht, sind identisch, und eine Immunisierung bei der Geburt bringt dieselben Ergebnisse (hinsichtlich Verlauf und Intensität) wie eine spätere (120 Tage später).

Wirkung des immunen Kolostrums auf die Synthese von gegen dasselbe Antigen gerichteten Antikörpern

Es ist nicht dasselbe, wenn die Mutter gegen das beim Jungtier verwendete Antigen immunisiert wurde. Sie ist imstande, dem Jungtier gegen dieses Antigen gerichtete Antikörper zu übertragen, und die Reaktion des Jungtieres wird von der Aufnahme des Kolostrums abhängen. Die Immunisierung von kolostrumfrei aufgezogenen Kälbern mit einem lebenden Stamm von *Bruc. abortus* führt zu einer Erhöhung des spezifischen Antikörpertiters. Letzterer ließ sich noch erhöhen, wenn man drei Wochen später eine Wiederholung vornahm. Die Immunisierung von Kälbern bei der Geburt, die Kolostrum einer gegen *Bruc. abortus* vakzinierten Mutter bekamen, bewirkte eine Verminderung des Serum-Antikörpertiters der Kälber (zweifellos als Folge der Bildung von Komplexen Brucellen-Antikörper – anti-Brucellen). Eine Wiederholungsinjektion drei Wochen nach der Geburt führt zu einer Immunisierung, deren Kinetik und Intensität sekundären Typs zu sein scheinen. Alles läuft so ab, als ob das Kalb Kolostrum aufgenommen und keine nachweisbare Reaktion aufgewiesen, jedoch aber den Antigenreiz empfangen hätte.
Die Reaktion beider Kategorien von Kälbern bei der Injektion abgetöteter Brucellen führt zu ähnlichen Ergebnissen. Es ist klar, daß die schlechte Reaktion von Kälbern, die immunes Kolostrum bekamen, wenigstens teilweise auf einem spezifischen Hemmeffekt mütterlicher Antikörper auf die endogene Bildung von Antikörpern identischer Spezifität beruht.

Beziehungen zwischen der durch die Mutter übertragenen Antikörperdosis und der Reaktion des Kalbes

Dieser hemmende Effekt mütterlicher Antikörper war bei vielen Tieren (Tierarten) bekannt, und man kann sich vier Formen der Reaktion des durch das Kolostrum der Mutter passiv immunisierten Kalbes vorstellen:
• Mit einem »schwachen« Titer passiver Antikörper reagiert das Kalb wie ein Tier ohne Kolostrum und hat nach einer Wiederholung der Injektion eine primäre, dann eine sekundäre Reaktion.
• Mit einem »mittleren« Titer an passiven Antikörpern wird das Kalb keine primäre Reaktion auf die erste Injektion zeigen, aber das Stimulanz zur Kenntnis nehmen und eine Sekundärreaktion nach Wiederholung der Injektion (Situation wie oben beschrieben) ablaufen lassen.
• Mit einem »starken« Titer an passiven Antikörpern wäre die erste Injektion vergeblich, und das Kalb wird bei der zweiten Injektion eine primäre Reaktion zeigen.

- Bei einem »sehr hohen« Titer könnte man sich vorstellen, daß sich eine wirkliche immunologische Blockade bildet; das Tier wäre nicht mehr imstande, auf das betreffende Antigen zu reagieren.

Diese vier Formen der Reaktion des jungen Kalbes sind nur besondere Fälle der Antwort eines Tieres auf einen Antigen-Antikörper-Komplex. Bei einem Überschuß an Antigen besteht eine normale Antikörpersynthese oder eine im Verhältnis zu den Vergleichen, die nur Antigen erhielten, erhöhte Antikörpersynthese. Bei einem Überschuß von Antikörpern kann die Synthese endogener Antikörper nicht mehr in Erscheinung treten und der Komplex eine Toleranz des Tieres gegenüber dem Antigen bewirken.

Schlußfolgerungen: Mittel zum Schutz des jungen Kalbes

Aktive Immunisierung des Fötus in utero

Die Immunisierung des Fötus in utero kann z. Z. nicht als akzeptable Lösung gelten wegen der Gefahren für die Mutter (Fieber) und für das Jungtier (Abort, Totgeburt). Es wäre schon wichtig zu wissen, ob die beobachteten Folgen dem verwendeten Antigen oder dieser Methode der Vakzination zuzuschreiben seien. Im ersten Fall könnte man zweifellos die Schadensfälle verringern, indem das Antigen gereinigt und besonders von pyrogenen Substanzen befreit wird. Im Hinblick auf die Methoden der Vakzination ist nur die Injektion in die Amnionsflüssigkeit durch die Flanke der Mutter experimentell angewendet worden. Man kennt aber die Auswirkungen auf die folgenden Trächtigkeiten nicht, und sie scheint in praxi schwer durchzuführen zu sein.

Aktive lokale Immunisierung des neugeborenen Kalbes

Ist der Infektionserreger nicht im gesamten Organismus verbreitet, kann man bei Existenz gegen den Infektionserreger gerichteter Antikörper eine lokale Immunität auslösen.

Erkrankungen und Verendungen als Folge der Infektion mit einem Reovirus, das bei Neugeborenen Durchfall verursacht, vermindern sich in Betrieben, in denen die Kälber an dieser Krankheit leiden, wenn man ihr durch ovale Vakzination im Verlaufe des ersten Lebenstages vorbeugt. Derselbe Versuch könnte den Schutz der Kälber gegen Colibacillose wenigstens in der enteritischen Form und gegenüber Erkrankungen der Atmungsorgane bewirken.

Passive Immunisierung durch das Kolostrum

Bei der Analyse der verschiedenen, aus der Untersuchung der Wirkung des Kolostrums gezogenen Schlußfolgerungen stoßen wir auf folgenden Widerspruch:
- Das junge Kalb muß absolut so schnell wie möglich nach der Geburt das Kolostrum aufnehmen, wenn man will, daß es normal wächst und normal lebensfähig ist.
- Die Zufuhr von Antikörpern mit dem Kolostrum stört deren aktive Synthese gleicher Spezifität durch das Neugeborene und verzögert die Vakzination.

Die vom Kolostrum gespielte immunologische Rolle ist zweifellos nur einer der nutzbringenden Vorteile, den das Jungtier bei seinen ersten Mahlzeiten hat, es ist aber logisch, sich entstandenen Hindernissen anzupassen.

Es ist auch notwendig, den Gehalt an Antikörpern zu erhöhen, wenn die Infektionserreger, gegen die sie gerichtet sind, das Jungtier in seiner ersten Lebenswoche angreifen. Wir haben gesehen, daß es gut war, die Mütter, wenn möglich, gegen Colibacillosen und gegen die anderen infektiösen Neugeborenen-Durchfälle einen Monat vor dem Abkalben zu vakzinieren. Diese Vakzination versorgt das Jungtier mit einem passiven Schutz, der während der gesamten Dauer der empfindlichen Periode des Tieres anhält.

Vakzination von Kälbern immuner Mütter

Das letzte Problem, das wir behandeln werden, ist die Vakzination junger Tiere, wenn

zwischen den im Kolostrum enthaltenen Antikörpern und dem Antigen der Vakzine Interferenzen bestehen. Die verschiedenen beim Tier möglichen Reaktionen, die wir behandelt haben, können sich mit dem Alter auflösen.
– Es gibt ein Durchschnittsalter der Kälber, bei dem der passive Schutz des Titers der Antikörper die Wahrnehmung der antigenen Stimulantien gestattet.
– Es gibt ein Durchschnittsalter der Kälber, bei dem der Titer passiv schützender Antikörper zu gering ist, um einen wirksamen Schutz zu gewährleisten.

Jedesmal, wenn das Kalb vor einem Zusammenbruch der Schutzwirkung stimuliert werden könnte, sollte man es tun. Es sollte für jeden Infektionserreger ein Alter festgelegt werden, in dem die Vakzination möglich ist, bevor die Immunität zusammenbricht. Derartige Untersuchungen wurden schon beim Ferkel in bezug auf die klassische Schweinepest durchgeführt.

In der Zukunft deuten sich andere Lösungen an: Die Stärkung der Immunogenität des Antigens durch chemische Transformationen (Polymerisation) und der Einsatz verschiedener Adjuvantien für die Vakzinationen, der eine gewünschte Immunisierung und nur sie erlaubt.

Es ist absehbar, daß künftig die Prophylaxe der Krankheiten junger Kälber nicht nur von den beim Kalb durchgeführten Untersuchungen abhängen wird, um zu wissen, welcher der wirklich wirksame Faktor für den Schutz (Antikörper oder Zellen) gegen jeden Infektionserreger ist. Nötig sind allgemeine Untersuchungen über die Regulation der Synthese von Antikörpern, über die Immunogenität von Antigenen, über die Adjuvantien und über die Technik der Immunisierung.

Schließlich ist es Aufgabe des Hygienikers und Pathologen zu definieren, welches die Krankheiten sind, gegen die es richtiger ist, zu vakzinieren als auf Maßnahmen der einfachen, sanitären Prophylaxe zurückzugreifen. Letztere haben nur zum Ziel, die Herden von den infektiösen Keimen zu isolieren. Ist eine Beseitigung des Infektionserregers dauerhaft möglich, könnte sie der Vakzination vorgezogen werden. Eine Schätzung der Kosten und Risiken dieser Maßnahmen gestattet zu beurteilen, ob diese Methode beibehalten wird.

LITERATUR

[1] Anonyme, 1971 – Neonatal Enternic Infections caused by Escherichia coli. Ann. N. Y. Acad. Sci. 176.
[2] Anonyme, 1973 – Bovine Infectious Diseases Report. Proceeding of a colloquium on immunity to selected Infectious Diseases of Cattle. J. A. V. M. A., 163
[3] Anonyme, 1975 – Réactions immunitaires du Veau: essais d'application. Journées d'Immunologie appliquée. Bull. Ass. franc. Vet. microb. immunol. et spec. mal. infect. 15.
[4] CONNER, G. H.; RICHARDSON, M.; CARTER, G. R., 1973 – Prenatal immunisation and protection of the new-born: Ovine and Bovine fetuses vaccinated with Escherichia coli antigen by the oral route and exposed to challenge inoculum at birth. Am. J. Vet. Res., 34, 737–741.
[5] EBERHART, R. J.; PATT, J. A. – Plasma cortisol concentrations in new-born calves. Am. J. Vet. Res., 32, 1921–1927.
[6] GAY, C. C., 1975 – In utero immunization of Calves against colisepticemia. Am. J. Vet. Res., 36, 625–630.
[7] HUSBAND, A. J.; LASCELLES, A. K., 1975 – Antibody responses to neonatal immunization in Calves. Res. Vet. Sci., 18, 201–207.
[8] KENDRICK, J. W.; FRANTI, C. E., 1974 – Bovine Viral Diarrhea: Decay of colostrum-conferred antibody in the Calf. Am. J. Vet. Res., 35, 589–591.
[9] MYERS, L. L.; NEWMAN, F. S.; WILSON, R. A.; CATLIN, J. E., 1973 – Passive immunization of Calves against experimentally induced enteric colibacillosis by vaccinations of Dams. Am. J. Vet. Res. 34, 29–33.
[10] OSBURN, B. J.; STABENFELDT, G. H.; ARDANS, A. A.; TREES, C.; SAWYER, M., 1974 – Perinatal immunity in calves. J. A. V. M. A., 164, 295–298.

Pathophysiologie der Gastroenteritiden. Syndrom der Entwässerung (des Wasserverlustes)

Kapitel 3

J.-C. FAYET, P. L. TOUTAIN

Durchfall wird als gestörte Absorption von Wasser und Elektrolyten [7] oder als Abgabe überschüssiger Salze und Flüssigkeiten definiert, die sich als Gastroenteritis (Magen-Darm-Entzündung) auswirkt und einen Wasserverlust zur Folge hat.

Allgemeine Gesichtspunkte der Gastroenteritis

In der Farbe von Gelb bis Grün variierende Faeces mit Schleim und/oder Blut und von einem oft ekelhaften Geruch sprechen für eine Neugeborenen-Enteropathie [3].

Unbehandelt weist das Kalb klinische Anzeichen eines extrazellulären, hypotonischen Wasserverlustes auf. Die deutlichsten Anzeichen sind ein schwacher Puls, Herzarrhythmien, Kälte des Flotzmaules, kalte Extremitäten, ein Abfallen der Rektaltemperatur, Bestehenbleiben der durch Anheben erzeugten Hautfalte und das Einfallen der Augäpfel in die Orbita [4, 5].

Mitunter deutet eine Hyperthermie auf den hypertonischen Charakter des Wasserverlustes [1, 8]. Auf jeden Fall verschlechtert sich der Zustand des Tieres mehr oder weniger schnell, wenn eine den Wasserverlust ausgleichende Therapie unterbleibt.

Bei der Sektion ist die auf einer Dehnung beruhende feine Beschaffenheit der Darmwand stets nachweisbar. Makroskopische Schädigungen sind selten. Dagegen sind histologisch erhebliche Erosionen der Mukosa sowie ein kubisches und nicht zylindrisches Aussehen der Zellen nachweisbar. Nach einem durch Colibacillen hervorgerufenen infektiösen Durchfall ist die Infiltration der *lamina propria* mit Lymphozyten, Neutrophilen und Eosinophilen die Regel.

Die Proben des Darminhaltes ergeben eine um so größere Keimvermehrung, je mehr sich die Untersuchung auf einen proximalen Darmabschnitt erstreckt. Das Duodenum enthält 10^4 bis 10^8 Keime/ml, anstelle von 10^2/ml. Solche Konzentrationen entstehen durch die Stase des Darms, eine klinische Störung bei einem einer Motilitätsstörung des Darms vorangegangenen Durchfall, verbunden mit einer Lähmung des Verdauungskanals. Die Keime haben die pathogene Besonderheit, sich der Darmschleimhaut anheften zu können und daran hängenzubleiben. Wenn sie ein Enterotoxin ausscheiden, wird die Möglichkeit zur Rückabsorption der Verdauungssekrete gestört, wobei Durchfall auftritt [2, 6].

Syndrom des hypotonischen Wasserverlustes

Es ist die unvermeidbare Folge außerordentlich hoher fäkaler Wasserverluste. Tatsächlich sind die Wasserverluste immer von Elektrolyten begleitet, besonders Na^+ und K^+, deren Variationen der Konzentration im Plasma für den osmotischen Druck verantwortlich sind. In Abhängigkeit von der Osmolarität des Plasmas wird der Zustand des Wasserverlustes dann als hypertonisch bezeichnet, wenn der osmotische Druck das osmotische Gleichgewicht überschreitet. Dieses liegt bei 295 mOsm/l innerhalb wie außerhalb der Zelle. Der Wasserverlust wird als hypotonisch bezeichnet, wenn der osmotische Druck unter den Wert von 295 mOsm/l fällt. Schematisch bestehen zwei Sektoren oder Abteilungen von Flüssigkeit, die voneinander durch die Zellmembran getrennt sind: Der intra- und der extrazelluläre Raum. Wird der osmotische Druck des Blutes gemessen, ist letzterer das

Allgemeine Pathologie

Normal (PO = 295 mOsm/l)

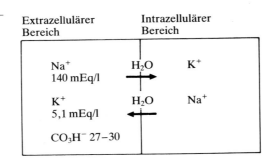

Hypotonischer Wasserverlust
(PO = 285 mOsm/l)

Na^+
CO_3H^- ⟶
H_2O

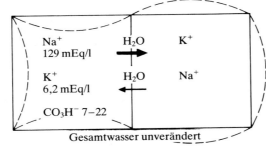

Hypertonischer Wasserverlust
(PO = 300 mOsm/l)

H_2O ⟶

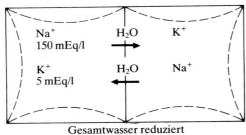

Abb. V/11 Bewegungen des Wassers und Natriums im Zustand hypotonischen Wasserverlustes: Gesamtwasser unverändert (A) und hypertonisches Wasser total vermindert (B). Das osmotische Gleichgewicht ist infolge fäkaler Natriumverluste beim hypotonischen Wasserverlust gestört. Das Wasser aus dem extrazellulären Bereich dringt in die Zelle (A). Beim hypertonischen Wasserverlust sind beide Bereiche vom Wasserverlust betroffen (B)

einzige, was untersucht wurde [11]. Die Abbildung V/11 zeigt die elementaren Unterschiede des osmotischen Gleichgewichts beim normalen Kalb. Das extrazelluläre Wasser enthält ungefähr 140 mEq/l Na^+ 5,1 K^+ und CO_3H^-. Bei Durchfall senken die fäkalen Verluste an Wasser und Elektrolyten den osmotischen Druck des extrazellulären Raumes auf 285 mOsm/l [3]. Das Gleichgewicht ist nur gesichert, wenn eine massive Übertragung von Wasser zum intrazellulären, überwässerten Raum erfolgt (Abb. V/11).

Diese Daten ermöglichen das Verständnis der klinischen, biologischen und therapeutischen Zusammenhänge eines Syndroms für den Wasserverlust der an Durchfall erkrankten Kälber: Extrazellulärer Wasserverlust mit intrazellulärer Steigerung des Wasseranteils.

Klinische Daten

Obwohl der gesamte Wasseranteil nicht verändert ist, erklärt der den extrazellulären Raum betreffende Wasserverlust die Enophthalmie und das Anzeichen der stehenbleibenden Hautfalte.
Dieser Typ des »hypotonischen« Wasserverlustes erinnert an die bei Nebenniereninsuffizienz in Begleitung einer Hypothermie beobachteten Phänomene. Eine Verringerung des Blutvolumens erklärt die Verminderung der Diurese ebenso wie die Kreislaufstörungen: Schwacher und unregelmäßiger Puls auf Grund von Herzarrhythmien, die auf Änderungen des Gehaltes an K^+- und H^--Ionen im Blut beruhen.

Biologische Daten

Der erhöhte Abbau äußert sich in einer Steigerung des Plasmaharnstoffgehaltes (Hyperazotämie) und an K (Hyperkaliämie). Der Verlust an Bikarbonaten und die Speicherung organischer Säuren bewirken eine azidotische Stoffwechsellage. Der pH-Wert des Blutes fällt unter 6,8 (Abb. V/12), einen Wert, der mit dem Leben nicht zu vereinbaren ist. Die beobachtete Stoffwechselazidose führt wahrscheinlich durch die Bildung eines Überschusses an Milchsäure durch die Gewebe und die renale Nichtausscheidung von H^+- in CO_3H^--Ionen zur Anoxie.
Ein erschwerender Faktor in dieser Situation ist genau genommen die Verminderung des Volumens des hypoxischen Blutes (denn das Individuum bleibt mit Luft schlecht versorgt), das im Bereich der geschwächten Niere zirkuliert. Es ist zu bemerken, daß die auf dem-

selben Ursprung beruhende Urämie von einer Erhöhung des Gehaltes an Phosphaten und Magnesium im Blut begleitet ist [9].

Therapeutische Verfahren

Die Wiederauffüllung mit Wasser und Mineralstoffen im extrazellulären Raum durch eine hypertonische und alkalische Lösung [4, 10] stellen die beherrschenden therapeutischen Elemente des »hypotonischen Wasserverlustes« dar. Eine antiinfektiöse Therapie, eine diuretische Medikation sowie Herz und Kreislauf stützende Maßnahmen andererseits stellen nicht zu vernachlässigende Erfolgsfaktoren dar.

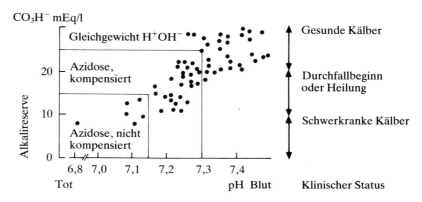

Abb. V/12 Verlauf des pH-Wertes im Blut und der Alkalireserve beim Wasserverlust. Die Stoffwechselazidose wird ab 15 mEq CO_3H^-/l nicht mehr kompensiert

Hypertonischer Wasserverlust

In bestimmten Fällen kann der Wasserverlust verschiedener Art sein. Er ist klinisch durch Fieber ohne Anzeichen an den Augen und biochemisch durch eine Erhöhung des Na im Blut und des osmotischen Druckes der extra- und intrazellulären Räume gekennzeichnet. Dadurch ist die Verteilung von Wasser im Organismus vollständig verändert. Der Wasserverlust betrifft die intra- wie die extrazellulären Räume (Abb. V/11).

In diesem Zustand mäßigen Durchfalls und Anzeichen eines Fiebersyndroms muß die Art der Ergänzung des Wassers sehr verschieden sein. Durch die intravenöse Applikation hypertonischer Lösungen und die orale Verabreichung von Wasser wird der Flüssigkeitsverlust ersetzt. Diesem Typ des Wasserentzuges kann im übrigen vorgebeugt werden, indem den Tieren zum Wasser freier Zutritt gewährt wird.

Die für die Hyperthermie verantwortliche außerordentlich hohe Wasserausscheidung über die Verdauung und den Haut-Lungenweg gilt es noch zu bekämpfen. Demzufolge erfordert das Syndrom des Wasserverlustes, das in seiner gewöhnlichen Form als Gastroenteritis auftritt, eine therapeutische, hypertonische Wasser- und Alkalizufuhr, die imstande ist, Wasser- und Elektrolytverluste, Niereninsuffizienz und sekundäre Herz- und Gefäßerkrankungen zu bekämpfen.

Demgegenüber erfordert das Bestehen eines mit Fieber einhergehenden Wasserverlustes eine orale, iso- oder hypotonische therapeutische Wasserzufuhr und eine antipyretische Behandlung.

LITERATUR

[1] BARRAGRY, T. B., 1974 – Clinical evaluation of the dehydrated animal. Irish vet. J., 9, 176–182.

[2] BOYD, J. W.; BAYER, J. R.; LEYLAND, A., 1974 – Neonatal diarrhoea in calves. Vet. Rec., 5, 310–313.

[3] DALTON, R. G., 1967 – The effects of scours on the fluid and electrolyte metabolism of the neonatal calf and the correction of effects. Br. vet. J., 123, 237–245.

[4] FAYET, J. C., 1968 – Recherches sur le métabolisme hydrominéral chez le veau normal ou en état de diarrhée. II. L'ionogramme plasmatique et le pH sanguin. Annls. Rech. vét., 1, 109–115.

[5] FAYET, J. C., 1968 – Recherches sur le métabolisme hydrominéral chez le veau normal ou en état de diarrhée. III. Les compartiments liquidiens. Annls. Rech. vét., 1, 117–126.

[6] FISHER, E. W.; MARTINEZ, A. A., 1975 – Studies of neonatal calf diarrhoea. Br. vet. J., 131, 190–204.

[7] FORDTRAN, J. S., 1967 – Speculations on the pathogenesis of diarrhea. Fed. Proc., 26, 1405–1414.
[8] MATUCHANSKY, C., 1975 – La diarrhée hydroélectrolytique. Arch. fr. Mal. App. dig., 64, 282–283.
[9] MICHELL, A. R., 1974 – Body fluids and diarrhoea: dynamics of dysfunction. Vet. Rec., 94, 311–315.
[10] OLIVER, R.; COTTY, J.; NGUYEN, H. N., 1975 – Traitement rationnel des états de déshydratation chez le veau. Rec. Méd. vét., 151, 539–548.
[11] TENNANT, B.; HARROLD, D.; REINA-GUERRA, M., 1972 – Physiologic and metabolic factors in the pathogenesis of neonatal enteric infection in calves. J. Am. vet. Med. Ass., 161, 993–1007.

Kapitel 4 Pathophysiologie der Erkrankungen der Atmungsorgane

J. ESPINASSE

Morphologische Grundlagen der Erkrankungen der Atmungsorgane

Aus pathologisch-anatomischer Sicht [18, 21] gehören die Erkrankungen der Atmungsorgane der Jungrinder zu den Broncho-Pneumonien. So entwickelt sich die Infektion im Bereich eines Lungenlappens etappenweise und schreitet in Form heterogener Verdichtungen von bronchalen und peribronchalen Herden ausgehend fort.

Am Anfang der Erkrankung steht eine Bronchiolitis, die allgemein durch Viren hervorgerufen ist und je nach ihrer Natur zu verschiedenem Aussehen Anlaß bietet. Bei dem Parainfluenza 3-Virus z. B. bestehen starke proliferative Erscheinungen, Wucherungen der Epithelzellen der Bronchiolen und der Alveolar-Epithelien, das Auftreten synzitialer Riesenzellen, die durch Verschmelzung bronchaler und alveolärer Epithelzellen mit intrazytoplasmatischen und Kerneinschlüssen gebildet wurden. Bei den Adenoviren stehen auch proliferative, lokalisierte Läsionen an bronchiolären Epithelzellen im Vordergrund, denen Erscheinungen der Nekrose und der Desquamation folgen. Daraus entstehen Verstopfungen der Bronchioli mit häufigem Kollaps der Alveolen. Außerdem sind peribronchiolare und peribronchale Zellinfiltrationen vorhanden.

In dieser Phase sind die Gewebeschäden der proliferativen Pneumonie oft durch die Läsionen der exsudativen Pneumonie verdeckt. Die Exsudation ist katarrhalisch und hat die Tendenz, einen eitrigen Charakter mit zahlreichen Mikroabszessen anzunehmen, wenn die verantwortliche Flora Corynebakterien (*Corynebact. pyogenes*) zur Grundlage hat. Beruhen die bakteriellen Komplikationen auf Keimen des Genus der Pasteurella-Gruppe (*Pasteurella multocida* und *haemolytica),* hat zumindest zu Anfang das Exsudat fibrinösen Charakter. In diesem Falle verbreitern sich nicht nur die alveolären Zwischenräume, sondern auch die interlobulären Zwischenräume geben den Lungen ein charakteristisches mosaikartiges Aussehen: Herde der Bronchopneumonie verschiedener Entwicklungsstadien werden durch erweiterte interlobuläre Zwischenräume abgegrenzt, die durch koaguliertes Exsudat deutlich umschrieben sind.

Entwicklungsmechanismen respiratorischer Erkrankungen

Die bei Erkrankungen der Atmungsorgane von Jungrindern isolierten Viren und Bakterien stellen weder in ihrer Identität noch in der Pathogenität eine Ausnahme dar. Sie scheinen selbst nur ubiquitär und im latenten Stadium bei vielen Tieren ohne die geringsten klinischen Anzeichen vorhanden zu sein. Mit Recht vermutet man, daß Broncho-Pneumopathien ein Ausdruck für den Zusammenbruch der Abwehrkräfte des Organismus zumindestens im Bereich des Atmungssystems sind [4].

Abwehrmittel der Atmungsorgane [13]
Mechanische Mittel
* *Filtration*

Sie findet in den oberen Luftwegen (Nasenhöhlen) und vor allem in den Bronchalkanälen statt. Die dichotome Verzweigung der unteren Luftwege und ihre fortgesetzte Verengung rufen Erscheinungen von Rasselgeräuschen der eingeatmeten Luft hervor. Mitgeführte Partikel und Zellteile setzen sich an der Bronchalwand fest, und das um so früher, je größer ihr Durchmesser ist.

* *Reinigung*

Die Reinigung folgt der Filtration im Bronchal- und bronchiolo-alveolären Abschnitt.

Bronchal-Abschnitt: Das Bronchal-Epithel ist mit sich lebhaft, rhythmisch und synchron bewegenden Flimmerhaaren versehen, die beim Hustenstoß Partikel beim Ausatmen herausbefördern können. Dieses System der »rollenden Decke« wird an seiner Oberfläche durch Schleim verstärkt, der aus einem Fibrillennetz besteht, in dessen Maschen das seröse Sekret der Drüsen enthalten ist. Die Partikel verfangen sich so leicht und werden ausgeschieden.

Bronchiolo-alveolärer Abschnitt: In diesem Abschnitt wird die Reinigung bei zunehmender Beweglichkeit des Films flüssigen Schleimes als Unterlage des Überzuges und als das Ergebnis der Transsudation der Kapillaren bewirkt, das das bronchiolo-alveoläre Gebiet bedeckt. Der bei einer Reizung oder bronchalen Hypersekretion auftretende Husten erleichtert den Fortgang des über die »Stufenleiter« der Mukozilien auszuscheidenden Materials. Die Reinigung nach unten bringt Makrophagen zum Einsatz, die dann die phagozytierten Partikel in den Blut- oder Lymphenkreislauf entleeren.

Biochemische Mittel

In den Bronchalsekreten sind mehrere Enzyme mit antimikrobieller Wirkung enthalten, z. B. das Lysozym. Sie sind imstande, die Mukopolysacharide der Bakterienwände zu depolymerisieren und vielleicht Anti-Enzyme (A_1-Antitrypsin) zu spalten. Das von den Zellen der Atmungsorgane gebildete oder durch den Kreislauf zugeführte Interferon könnte auch eine antiinfektiöse Rolle spielen.

Zyto-immunologische Mittel
* *Zelluläre Mittel*

Sie beruhen auf der phagozytären Wirkung mehrerer Zellen, von denen am meisten und am typischsten der alveoläre Makrophage ist. Es handelt sich um eine große Zelle, deren beträchtliche Ausstattung mit Enzymsystemen es ihr gestattet, gegenüber vielen Partikeln die Rolle eines Phagozyten zu spielen: Das sind mineralische oder organische Stäube, Bakterien, Viren, Pilzsporen. Beim Kalb sind in allen Kapillaren Makrophagen in bemerkenswerter Anzahl vorhanden [20].
Stets ist bei Rindern z. B. im Vergleich zur Maus die Tätigkeit alveolärer Makrophagen intensiv [12], vielleicht weil die beim Ructus entstandenen und inhalierten Gase eine reiche Mikropopulation enthalten, oder ganz einfach wegen der großen Möglichkeit, enzymatisch oder im Stoffwechsel zu wirken [1, 17, 19, 23].

* *Immunologische Mittel*

Im Rinderserum wurden 5 Klassen Immunglobuline identifiziert; IgG (IgG_1, IgG_2), IgM, IgA und IgE. Beim Menschen gibt es Beobachtungen über eine Beziehung zwischen einem globalen oder einem selektiven Serum-Defizit an Immunglobulinen und der Empfindlichkeit gegenüber wiederkehrenden Erkrankungen der Atmungsorgane. Beim Kalb sind vergleichbare Beobachtungen veröffentlicht worden [24]. Daher haben scheinbar Kälber von $2^1/_2$ Wochen einen geringen Gehalt des Serums an IgG_1, IgG_2 und IgA und sind klinisch vor allem von Bronchopneumonie mit $2^1/_2$ Monaten befallen. Beim Menschen hat diese Theorie gegenüber gespeicherten, analysierten Daten sich nicht zu behaupten vermocht. So haben z. B. systematische, gewogene Mittelwerte der verschiedenen Immunglobuline ergeben, daß die infizierten Individuen oft höhere Antikörperwerte als die Vergleichstiere hatten. Teilweise traten verborgene Mangelzustände an IgA ohne Verbindung zur Pathologie der Atmungsorgane auf. Wenn jedoch beim Kalb die Rolle des Schutzes der Immunglobuline gegenüber Infektionen der Atmungsorgane nicht bewiesen wird, könnte man denken, daß im jungen Alter ein relativ hoher Gehalt es dem Organismus erlaubt, unter besseren Bedingungen zum Schutz Antikörper zu bilden, als wenn sein kompetentes Immunsystem wegen der Unsicherheit der passiven Immunisierung übertrieben angeregt würde. In den Sekreten der Atmungsorgane von Rindern wurden verschiedene Immunglobuline identifiziert: IgG_1, IgG_2 und IgA.

Beim Menschen wie beim Tier haben die IgA scheinbar für den Schutz gegen Erkrankungen der Atmungsorgane den größten Nutzen, besonders gegenüber Viren [14]. Diese als sekretorische IgA (S IgA) bezeichneten Immunglobuline haben gegenüber dem Serum-IgA eine abweichende Struktur. Sie bestehen aus zwei, durch eine Brücke verbundene Moleküle IgA.

Die Brücke ist das sekretorische Stück und dieses wird durch das Epithel der bronchalen Mukosa gebildet. In der ersten Zeit hat man bei bestimmten, von rezidivierenden Infektionen der Atmungsorgane befallenen Menschen festgestellt, daß ihnen sekretorische IgA fehlten. Andere, in größerem Umfange durchgeführte Untersuchungen haben gezeigt, daß bei bestimmten Kranken nicht etwa Mangel an Serum- oder sekretorischem IgA bestand, sondern daß diese Immunglobuline im Überschuß vorhanden waren. Es ist jedoch nicht am Platze, der Meinung zu sein, daß die IgA durch die infektiösen Prozesse bei Erkrankungen der Atmungsorgane betroffen sind. Daher ist ein Überschuß an sekretorischen IgA nicht zwangsläufig mit dem Begriff des Schutzes synonym. Diese IgA können funktionell inaktiv sein, wenn das besagte sekretorische Stück nicht normal gebildet wird. So vermindern z. B. Metaplasie, danach die fortschreitende Atrophie der Schleimhaut der Luftwege bei chronischer Bronchitis die Fähigkeiten zur Bildung sekretorischer Stücke. Außerdem scheint die Aktivität sekretorischer IgA noch mit dem Begriff der immunologischen Spezifität sowohl für Viren als auch Bakterien zusammenzuhängen.

Faktoren der Schwächung der Abwehrmittel des Atmungsapparates

Sie sind sehr zahlreich und haben verschiedene Ansatzpunkte. Es sei hinzugefügt, daß es nur die Wirkungslosigkeit (Unfähigkeit) gegenüber mehreren Einflußfaktoren auf die Entstehung der Erkrankung der Atmungswege ist, die ihren Ausbruch begünstigt.

Die Atmung direkt betreffende Faktoren [3]
- *Temperaturschwankungen*

Alle epizootologischen Informationen auf dem Gebiet der Atmungsorgane bei Jungrindern heben die Rolle der Temperaturschwankungen, insbesondere die der plötzlichen Abkühlung hervor. Hierdurch wird eine Ischämie der Atmungsorgane und eine Veränderung des Surfaktantsystems hervorgerufen. Dabei handelt es sich um ein sezerniertes, lezithinhaltiges, an Globuline gebundenes Phospholipid. Es ist eine oberflächenaktive Substanz, die das Alveolarepithel in Form eines Films überzieht und die Oberflächenspannung der Alveolen herabsetzt. Insgesamt erleichtert es die Belüftung der Lungen. Bei Kälteeinfluß ist dieser Mechanismus gestört, wodurch es zu einer Veränderung der Filtration und der Reinigung kommt. Umgekehrt führt eine anormale Erwärmung der Luft zur Überaktivität beweglicher Geißeln bronchaler Epithelzellen, die schnell zu einer schädlichen funktionellen Überlastung der Beschaffenheit der Luftwege durch Schrumpfung der »mukoziliären« Leiter führt.

• *Schwankungen der Luftfeuchtigkeit*
Eine erhöhte Luftfeuchtigkeit verstärkt die Wirkung der Kälte, vermindert die Wirkung des Systems alveolärer Makrophagen gegenüber Bakterien und der Bildung lokaler Antikörper in den Bronchalsekreten des Typs S IgA.
Die Trocknung der Umgebungsluft ruft eine vermehrte Viskosität des das Bronchalepithel bedeckenden Schleimes hervor, in dem sich die Zilien baden. Davon leitet sich noch eine Verminderung der aufsteigenden mukoziliären Aktivität und ein Stillstand inhalierter Teilchen her.

• *Chemische Verunreinigung der Luft*
In einer geschlossenen Tierhaltung ist die chemische Verunreinigung der Luft das unvermeidbare Ergebnis des Vorhandenseins von Tieren. Von diesen stammen Gase (CO_2, H_2S, Methan usw.) und Ausscheidungen, aus denen durch Umsetzungen andere Schadgase entstehen (Ammoniak, H_2S usw.). Die gefährlichste Komponente unter diesen Verunreinigungen für den Atmungsapparat scheint das Ammoniak zu sein.
– Ammoniak hat die Tendenz, einen Zustand der Polypnoe auszulösen;
– dasselbe Gas bewirkt einen Ausfall der Geißeln der Zellen des Bronchalepithels, ein Austrocknen der schleimbildenden Zellen mit einer Vermehrung der Viskosität ihres Schleimes, wovon eine Leistungsminderung der mukoziliären »Stufenleiter« herrührt.
– Im bronchiolo-alveolären Gebiet bewirkt NH_3 bronchioläre Spasmen, Ödeme, Hämorrhagien, eine Dehnung und Zerreißung der Alveolen und in den Zellen einen massiven Blutandrang.
– 5 Tage Aufenthalt in einer Umgebung mit 80 bis 150 ppm Ammoniak, hohem CO_2-Gehalt und einer hohen Luftfeuchtigkeit begünstigen experimentell die Infektion mit dem Parainfluenza 3-Virus. Das gleiche trifft für die Rhinotracheitis und die Adenoviren zu [15].

• *Belastung der Luft mit Ionen*
Mit zunehmender Luftverschmutzung ändert sich die molekulare Struktur der Luft. Die Dichte an negativen Ionen nimmt ab, die an positiven Ionen nimmt zu. Negative Ionen steigern die Vibrationen der Flimmerhaare bronchaler Epithelzellen; positive Ionen haben eine umgekehrte Wirkung und begünstigen das Auftreten broncho-pulmonärer Infektionen.

• *Biologische Verschmutzung der Luft*
Bei einer geschlossenen Haltung kommt zur chemischen Luftverschmutzung noch regelmäßig eine biologische Verschmutzung dazu. Es handelt sich bei der Flora der Mikroben oder Pilze um Abkömmlinge natürlicher Körperhöhlen der Tiere, um Futtermittel, um in der Tierhaltung verwendetes Material, von den Gebäuden herrührende mikronisierte Stoffe, die durch die Luftströmung, Bewegungen der Tiere und des Personals in die Atmosphäre gelangen. Diese mit Wasser zu »Kerntröpfchen« verbundene Flora oder Verbindungen verschiedener Stäube reizen bei dauernder Inhalation ständig die mechanische, biochemische und zyto-immunologische Abwehr des Atmungsapparates. Man kann sich vorstellen, daß eine ständige Zunahme dieser Mikroben zu einer »Antigen-Überschwemmung«, danach folgender Kompensation und Dekompensation und zu einer Erschöpfung des Abwehrsystems führt.
Auf der Grundlage erfolgreicher experimenteller Reproduktionen von Erkrankungen der Atmungsorgane bei Jungrindern, die Kombinationen von Viren + Bakterien darstellen, und über histopathologische Beweise hat man lange angenommen, daß die durch Viren im bronchalen Bereich hervorgerufenen zellulären Läsionen, besonders am Geißelapparat,

die Räumung von Bakterien verminderten und die Bildung schwerer exsudativer Läsionen zuließen. Es könnte sein, daß diese Interpretation nicht korrekt ist [21], und die Stelle der Viruswirkung besonders im Gebiet der phagozytären Aktivität des alveolären Makrophagen liegt und sie durch Veränderung der Lungen-Clearance imstande ist, diese zum Erliegen zu bringen. Folgende Gesichtspunkte sprechen für diese Theorie:
- Wurde das Tier auf dem Luftwege mit dem Bakterium vor der Beimpfung mit dem Virus immunisiert, hatte das Virus auf die Clearance keinen Einfluß.
- Wurde das Tier auf dem Luftwege mit dem Virus immunisiert, danach mit dem homologen Virus und anschließend mit dem Bakterium geimpft, änderte sich die Clearance nicht immer.
- Wurde das Tier auf dem Luftwege mit dem Bakterium immunisiert, danach mit demselben Bakterium geimpft, war die Clearance erhöht.

Neben dem Phänomen einer Infektion des Atmungsapparates durch eine exogene Luftverschmutzung besteht auch eine endogene Infektion, bei der bei einem Tier in der vorklinischen Phase die normale Pasteurellenflora von den Nasenhöhlen auf die Lunge proliferiert. Eine Besiedlung des Lungenparenchyms durch Pasteurellen könnte in verschiedenen Formen zustandekommen [11]:
- durch Inhalation bei der Passage der Einatmungsluft durch die Nasenhöhlen gebildeter »Kerntropfen«;
- durch Inhalation virulenter Exsudate, die in den hinteren Abschnitten der Nasenhöhlen stecken bleiben;
- auf dem Lymph- oder Blutwege.

Die zweite Möglichkeit ist am wahrscheinlichsten, weil zu Beginn von Erkrankungen der Atmungsorgane bei den Tieren klinisch stärkerer Nasenausfluß auftreten kann:
- durch die Wirkung einer Überschwemmung der Luftröhre und Bronchien mit virulentem flüssigen Material, das sich über die Abwehrmittel des Atmungsapparates schnell ergießt;
- wegen des regelmäßigen Auftretens von Schäden im antero-ventralen Bereich der Lunge durch die Broncho-Pneumonie bei Rindern.

In Verbindung mit einer Besiedlung des Atmungsapparates durch Mikroorganismen haben wir das Vorliegen einer Verschmutzung durch Stäube und Pilzsporen verschiedener Herkunft erwähnt. Die Inhalation von Material dieser Art kann vielerlei und beim Rind noch schlecht präzisierte Folgen haben. So sind z. B. Stäube oft Träger von Gasen, die sie entweder absorbiert haben oder von denen sie selbst absorbiert worden sind. Unter diesen Bedingungen wird bei ihrer Sedimentation und Ablagerung an der Oberfläche der Luftwege die Konzentration dieser Gase an bestimmten Stellen mit allen dazugehörigen Wirkungen erhöht. Die Inhalation dieses Staubes oder mikroskopischer Pilzsporen bewirkt manchmal zusätzliche Läsionen einer ausgebreiteten interstitiellen Lungenerkrankung, die in der Veterinärpathologie mit dem Begriff der »atypischen interstitiellen Pneumonie« bezeichnet wird.

Diese Lungenerkrankungen kombinieren eine Exsudation, eine alveoläre Desquamation und eine kollagene Reaktion in den interalveolaren Septen, wobei es zur zelligen Infiltration und einer Verdickung der Alveolenwände kommt. Die Beispiele einer extrinsischen, allergischen Alveolitis sind die Lungenerkrankungen des Landwirtes und des Vogelhalters. Im ersteren Falle sind die Allergene die Sporen eines Hefepilzes im Heu *(Thermopolyspora foeni)*, im zweiten Falle handelt es sich um Staub, der von Ausscheidungen der Vögel herrührt.

Faktoren mit indirekter Auswirkung auf die Atmung: Streßzustände (Aggressionen) [8]

In diese Kategorie von Faktoren fallen die verschiedenen Streßzustände, die zu einem Befall der Tiere führen. Zahlreiche Beobachtungen

beim Kalb über Transportstreß haben gezeigt, wie intensiv die ausgelösten Störungen sind [5, 22]:
- Masseverlust von durchschnittlich 4,6 bis 7,8%;
- ausgedehnte Muskelerschöpfung, die mit einer signifikanten Erhöhung des Gehaltes an Glutamat-Oxalatessigsäure-Transaminasen, an Glutamat-Pyruvat, an Laktat-Deshydrogenase und an Kreatin-Phosphokinase im Serum einhergeht;
- eine erhöhte Sekretion von Gluko-Kortikoiden.

Eine Überfunktion der Nebennierenrinde ist, wenn sie länger dauert oder sich wiederholt, für die Abwehr des Organismus gegenüber Infektionserregern schädlich. Sie ist von einer Involution lymphoider Organe mit einer Verminderung des Volumens der Milz, des Thymus und der Lnn. verbunden. Bei dem einen Transportstreß unterworfenen Kalb wurde noch eine Minderung der phagozytären Aktivität polynukleärer Neutrophiler und die Ausscheidung i. v. injizierter Colibacillen mitgeteilt [6]. In diesem Zusammenhang erwartet man berechtigt, daß es zu einer Minderung des humoralen und zellulären Systems der Abwehr des Atmungsapparates kommt. Auch andere Streßzustände als Transportstreß können physiopathologische Prozesse auslösen oder sie andauern lassen, die zur Immundepression (Unterdrückung einer Immunreaktion) führen.

Nachstehend folgt eine unvollständige Liste dieser Streßarten:
- *Mechanischer Streß:* Wunden, Wägungen, Injektionen, Impfungen;
- *Thermischer oder hygrometrischer Streß:* plötzliche Schwankungen der Temperatur und der Luftfeuchtigkeit, deren Konsequenzen geringer als die beim Transportstreß sind [7];
- *Chemischer Streß:* auf Magen-Darmstörungen folgende Stoffwechselazidosen oder -alkalosen, O_2-Mangel in schlecht belüfteten Ställen;
- *Funktioneller Streß:* Muskelüberanstrengungen;
- *Infektiöser Streß:* Kontakt mit der neuen Keimflora der örtlichen Tierhaltung oder mit den anderen Tieren der Gruppe, Gastroenteritiden der Anpassung oder spezifische Durchfälle. Diese infektiösen Streßarten sind beim Kalb so wirksam wie
- *Transportstreß:*
- *Ernährungsstreß:* unregelmäßige Mahlzeiten, Überfütterung, frühzeitige Unterbrechung der durch das Kolostrum und die natürliche Milch bewirkten Schutzwirkung. Diese Vorbeuge sorgt für die Bereitstellung von Immunglobulinen, aber auch von Vitamin A, dem für Immunitäts-Phänomene eine grundlegende Rolle zukommt.
- *Psychischer oder Erregungsstreß:* Trennung von der Mutter, Gruppenaufstellung, Tierhaltung in großen Gruppen, unsachgemäßer Umgang.

Funktionelle Konsequenzen der Erkrankungen der Atmungsorgane

Änderungen der Atmungsfunktionen der Lungen

Die Atmung ermöglicht den Gasaustausch zwischen Zellen und Außenwelt. Sie setzt eine den Bedürfnissen des Stoffwechsels angepaßte Belüftung der Lungen voraus.

Die Belüftung erfolgt in Ein- und Ausatembewegungen und bedingt eine rhythmische Verdünnung der Luft in den Alveolen durch die Luft der Umgebung und ändert so die Zusammensetzung des dort befindlichen Gasgemisches. Die wichtigste Bedingung des Gasaustausches über die Lungen ist die Diffusion durch die Kapillarwand der Alveole. Die Perfusion, d. h. die pulmonale Durchblutung, die die Umbildung von venösem in arterielles Blut sichert, ist ein Lebensphänomen von erstrangiger Bedeutung.

Das venöse Blut kommt in den Lungen CO_2-beladen als Restsubstanz des Zellstoffwechsels an. Der größte Teil des CO_2-Gases befindet sich als Bikarbonat im Plasma auf Grund der katalysierenden Wirkung der erythrozytären Karbonanhydrase. Ein geringer CO_2-Partialdruck in der Alveole und ein erhöhter O_2-Partikaldruck im venösen Blut ermöglicht die Diffusion von CO_2 in die Ausatemluft und die Bindung von O_2 im kapillaren Blut. Diese Bindung kommt über das Hb der roten Blutkörperchen durch in seinem Molekül enthaltenes zweiwertiges Eisen (Fe) zustande.

Die durch eine Broncho-Pneumonie bedingten Gewebsschäden sind je nach ihrer Ausdehnung immer Ursache einer Atmungsstörung. Klassisch unterscheidet man
– eine allgemeine Störung mit Verminderung der partiellen O_2-Spannung im arteriellen Blut (Hypoxämie) und eine erhöhte partielle CO_2-Spannung (Hyperkapnie) sowie
– eine teilweise durch eine Hypoxämie charakterisierte Störung.

Bei den Broncho-Pneumonien steht die partielle Störung der Atmung im Vordergrund. Diese rührt im wesentlichen von einer Gleichgewichtsstörung im Verhältnis Belüftung/Perfusion (Durchströmung) her, das beim Kalb infolge der Anfälligkeit seines Lungenkreislaufes sicher sehr hoch ist. Daher haben wir erwähnt, daß in der Phase dieses Zustandes als hauptsächliche Läsion einer Broncho-Pneumonie in der Alveole ein katarrhalisches, fibrinöses oder eitriges Exsudat vorliegt. So sind die an diesen Vorgängen beteiligten Läppchen verstopft und können keine Einatemluft aufnehmen, während ihre Durchblutung aufrechterhalten bleibt. Ein mehr oder weniger erhebliches Blutvolumen durchströmt die Lungen und gelangt zum linken Herzen, ohne mit Sauerstoff beladen zu sein. Es handelt sich um einen »intrapulmonären shunt«, den es im physiologischen Zustand immer gibt, der aber durch die pathologisch-anatomischen Läsionen der Lungen bei Broncho-Pneumonie erweitert ist.

Dasselbe Bild haben wir im Bereiche atelektatischer Läsionen, bei denen die kollabierten Alveolen nicht mehr belüftet werden. Zur Störung des Verhältnisses Belüftung/Durchströmung kommen oft andere Anomalien, die die Atmungsschwierigkeiten verstärken:
• In der Zustandsphase eines Nachlassens der Durchströmung, die zu einer Gleichgewichtsstörung des O_2-Partialdruckes zwischen dem Alveolar- und dem Kapillarlumen infolge einer Verdickung der einen »alveolo-kapillären Block« bewirkenden alveolo-kapillären Membran führt.
• In der Periode der Wiederherstellung nach bronchialen oder emphysematösen Erscheinungen kommt es zur Veränderung normaler Lungenbezirke und solcher Stellen, die die Funktionstüchtigkeit unvollständig wiedererlangt haben, und es werden Erscheinungen einer örtlich mangelhaften Belüftung hervorgerufen. Diese hat die Tendenz, durch Überbelüftung betroffener Gebiete kompensiert zu werden. Diese Kompensation kommt aber nur durch Eliminierung von CO_2 zustande. Sie ist auf den O_2-Partialdruck ohne Einfluß, wenn die Beziehung zwischen diesem und dem Anteil an gesättigtem Hb nicht linear verläuft.

Das Endergebnis funktioneller Veränderungen der Lungenatmung bei oder nach enzootischen infektiösen Bronchopneumonien ist jedoch eine Hypoxämie mit oder ohne respiratorischer Alkalose. Bei einer Verlegung der oberen Luftwege durch ein Exsudat oder ein Ödem mit reichlich Flüssigkeit, bei Druck auf den Thorax bei einem erheblichen Erguß in die Pleura, durch eine insgesamt mangelhafte Belüftung der Alveolen kann eine generelle Schwäche der Atmung eintreten, bei der sich eine Hypoxämie, Hyperkapnie und evtl. eine respiratorische Azidose vereinen.

Die Folgen der Hypoxämie sind wegen der großen Empfindlichkeit des Nervensystems gegenüber einer Anoxie sehr schwer. Die Großhirnrinde hält einen vollständigen Stillstand des Kreislaufes nicht länger als 5 min aus, während die Atmungs- und die bulbären Herz-Kreislaufzentren nach 30 min vollkommener Ischämie wieder funktionieren kön-

nen. Der Tod ist schließlich das Ergebnis einer durch die Atmung ausgelösten Encephalopathie. Bei Individuen, die die akute Phase überstehen, kann die Hypoxämie Flecken an Leber und Nieren hinterlassen. Die Anoxie ist nicht nur imstande, die Maschine anzuhalten, sondern sie schädigt auch die Maschinerie beträchtlich. So kann man z. B. bei von Pneumonie befallenen Kälbern feststellen:
- eine Minderung der Aktivität von Leberzellen mit Hilfe funktioneller Untersuchungsverfahren der Leberzellfunktionen und Gallenausscheidungsvorgänge [2];
- eine quantitative Minderung der Pankreassekretion mit einem parallelen Abfall der wichtigen Enzymfunktionen [9].

Beeinflussung der nicht die Atmung betreffenden Funktionen der Lungen

Die nicht die Atmung betreffenden Funktionen der Lungen bei den Haustieren sind wenig bekannt. Es ist jedoch wahrscheinlich, daß sie viele Gemeinsamkeiten mit den beim Menschen oder den bei Labortieren getroffenen Feststellungen bieten.

Die verschiedenen Lungenfunktionen kann man wie folgt zusammenfassen [16]:
- Sie wirken als ein über den Kreislauf gesetztes anatomisches Filter, das viele Partikel am Ende der kleinsten Lungenarterien auffängt: Filtration spontaner Embolien oder pathologischer Chylomikronen, von Blutzellen (Leukozyten, Thrombozyten), die durch diese Filterwirkung so ihre Zahl regulieren.
- Sie spielen für die Erhaltung des arteriellen Blutdruckes und des hydroelektrischen Gleichgewichtes des Blutes eine Rolle (Ausscheidung von CO_2).
- Sie greifen in den Mechanismus der Hämostase (Bildung von Thrombozyten, der Faktoren der Hämostase, Heparinsynthese usw.) ein.
- Sie sind der Sitz intensiver Stoffwechseltätigkeit [10].

Fettstoffwechsel: Hydrolyse von Molekülketten von Fetten unter Freisetzung von der Lipogenese dienender Energie (Synthese des Überzuges). Bildung und Abbau von Prostaglandinen, die auf die Luftwege eine starke Wirkung haben.

Eiweißstoffwechsel: Einfluß auf die Synthese von Protease-Antiprotease-Verbindungen, die die Homöostase des Lungengewebes sichern, die Synthese/Inaktivierung zahlreicher Amine (Serotonin, Histamin usw.), Synthese der Kathecholamine.

Die Bedeutung und Vielfalt der nicht die Atmung betreffenden Lungenfunktionen ermöglichen es (durch Messungen und Laboruntersuchungen), das Ausmaß der Schäden einer Broncho-Pneumonie auf die Gesamtfunktionen des Körpers zu ermitteln. Anhand dieser Abweichungen versteht man die wirtschaftlichen Auswirkungen von Erkrankungen der Atmungsorgane in Rinderherden besser.

LITERATUR

[1] BUTLER, J. E., 1975 – Synthesis and distribution of Immunoglobulins. J. Amer. Vet. Med. Assoc. 163, 7, 795–798.
[2] CHEKANOVICH, G. M., 1965 – Disturbance of liver function in Calves with bronchopneumonia. Veterinariya, Kiev, 8, 26–28.
[3] CURTIS, S. E., 1972 – Air Environment and animal performance, J. Anim. Sc., 35, 3, 628–634.
[4] ESPINASSE, J., 1974 – Pathologie respiratoire des jeunes bovins en élevage intensif: causes et contrôle. Bull. Groupts. Tech. Vet., 74, 3B, 010, 1–10.
[5] GROTH, W.; GRANZER, W., 1975 – Der Einfluß der Transportbelastung auf die Aktivität von GOT, GPT, LDH und CPK und Blutserum von Kälbern, Zbl. Vet. Med., 22, 57–75.
[6] HARTMAN, H.; MEYER, H.; STEINBACH, G.; FINGER, B., 1973 – Zur Reaktion des Kälberorganismus auf Transportbelastungen, Monatsh. Vet. Med., 28, 17, 647–651.
[7] HARTMAN, H.; MEYER, H.; STEINBACH, G.; LITTKE,

H., 1974 – Allgemeines Adaptations-Syndrom (SELYE) beim Kalb. II Mitt.: Einfluß bestimmter Umweltfaktoren auf die Funktion des Hypothalamus-Hypophysenvorderlappen-Nebennierenrinden-Systems. Arch. Exp. Vet. Med. 28, 6, 907–914.
[8] HUDSON, R. J., 1974 – Physiological and environmental influences on immunity. Vet. Bull., 44, 3, 119–128.
[9] KOSTYNA, M. A., 1965 – Disturbance in the secretory function of the pancreas in calves with broncho-pneumonia. Veterinariya, Kiev, 8, 21–25.
[10] LEBEAU, B., 1974 – Les fonctions non respiratoires du poumon adulte, 2. Les fonctions métaboliques. Nouv. Presse Med., 3, 32, 2019–2022.
[11] LILLIE, L. E., 1974 – The bovine respiratory disease complex. Canad. Vet. J., 15, 9, 233–242.
[12] LILLIE, L. E., THOMSON, R. G., 1972 – The pulmonary clearance of bacteria by calves and mice. Canad. J. Comp. Med., 35, 2, 129–137.
[13] MICHEL, F. B., 1973 – A propos des divers moyens de défense de l'appareil respiratoire et de leurs défaillances. Nouv. Presse Méd., 2, 10, 643–646.
[14] MICHEL, F. B.; DUSSOURD D'HINTERLAND, L.; PINEL, A. M.; SERRE, H., 1973 – Rôle biologique des IgA sécrétoires de l'appareil respiratoire. Rev. Fr. Mal. Resp., 1, 9, 913–922.
[15] MIHAJLVIC, B.; BRATANOVIC, U.; PUHAC, I.; SOFRENOVIC, D.; GLIGORIJEVIC, J.; KUZMANOVIC, M.; JERMOLENKO, G.; CVETKOVIC, A., 1972 – Effect of some microclimate factors on artificial infections with bovine respiratory viruses. Acta Vet., Béogard, 22, 6, 299–308.
[16] MONASSIER, R., 1974 – Quelques-unes des fonctions non respiratoires du poumon. Econ. Med. Anim., 15, 4, 283–290.
[17] MURRAY, M., 1973 – Local immunity and its rôle in vaccination. Vet. Rec., 93, 500–504.
[18] OMAR, A. R., 1966 – The aetiology and pathology of pneumonia in Calves. Vet. Bull., 36, 5, 259–273.
[19] ROSENQVIST, B. D., 1973 – Induction and biological significance of Interferon, with particular reference to Cattle. J. Amer. Vet. Med. Assoc., 163, 7, 821–824.
[20] RYBICKA, K.; DALY, B. D. T.; MIGLIORE, J. J.; NORMAN, J. C., 1974 – Ultrastructure of Pulmonary Alveoli of the calf. Amer. J. Vet. Res., 35, 2, 213–222.
[21] THOMSON, R. G., 1974 – Pathology and pathogenesis of the commun diseases of the respiratory tract of cattle. Canad. vet. J., 15, 9, 249–251.
[22] VÖLKER, H.; FURCHT, G.; STOLPE, J.; BAUER, U., 1973 – Zur Streßproblematik des Kälbertransportes unter den Anforderungen industriemäßiger Tierproduktion. Die Streßsituation und Streßreaktion transportierter Kälber. Arch. Exp. Vet. Med., 27, 4, 555–569.
[23] WILKIE, B. N., 1974 – Review of bovine immunology for the veterinary practitionner. Canad. Vet. J., 15, 9, 243–248.
[24] WILLIAMS, M. R.; SPOONER, R. L.; THOMAS, L. H., 1975 – Quantitative studies on bovine immunoglobulins. Vet. Rec., 96, 81–84.

Kapitel 5 Pathologie der Gruppe

E. MEISSONIER,
R. DANTZER,
L. RENAULT, P. MORNET

Die »Pathologie der Gruppe« ist kein neuer Begriff, wenn er auch als Ausdruck an anderer Stelle nicht verwendet wurde. Gegenwärtig ist der »Hospitalismus« in der Humanmedizin eine besondere Form dieser Pathologie. Sie beinhaltet mehrere Faktoren und ist durch den Fortbestand bestimmter Bakterien gekennzeichnet, die gegen gewöhnliche Desinfektionsverfahren und die Therapie mit Antibiotika oder Sulfonamiden resistent geworden sind.

Bei den Tieren hat die »Pathologie der Gruppe« Aufmerksamkeit erregt, als man zur Intensivhaltung überging (vor etwa 30 Jahren) und Gruppen von Tieren der gleichen Art, möglichst des gleichen Alters (Mastgeflügel, Legehennen) für den gleichen Verwendungszweck in »Einheiten« zusammenfaßte und Haltungsmethoden, Ställe, Futter, Fütterungstechnik in einem Höchstmaß standardisierte, um maximale Rentabilität zu erzielen. In der Geflügelproduktion wurde mit der Massentierhaltung begonnen. Später übertrug man sie verstärkt auf die Kälberhaltung (Aufzuchtbetriebe), auf die Haltung von Jungrindern, Milchkühen und Schweinen. Außer in der Geflügelwirtschaft hat die »industrielle« Tierhaltung nur bei Kälbern und Schweinen in Frankreich einen Erfolg gebracht.

Die Pathologie der Kälber in der Massentierhaltung muß anders als die individuelle Pathologie interpretiert werden. Allein der Umstand, daß viele Tiere auf einem begrenzten Raum und zur gleichen Zeit zusammengebracht werden, kompliziert im einzelnen das Verständnis pathologischer Prozesse. So besitzt jedes junge Tier ein genetisches und Immunpotential sowie eine sich von der seiner Stallgefährten unterscheidende Mikroflora. Durch sie ist zu jeder Zeit die Resistenz des Tieres gegen eine Infektion oder Invasion entsprechend seinem Gleichgewicht im Stoffwechsel und der Ernährung hierarchisch festgelegt. Jedes kranke Individuum, bei dem eine Störung oft nur subklinisch in Erscheinung tritt, kann die gesamte Gruppe infizieren, und es können sich mehr oder weniger schnell, entsprechend den Ursachen und Umständen, Störungen entwickeln und in Erscheinung treten.

Bestimmte Erkrankungen, wie Parasitosen, sind verborgen und äußern sich leichter in einem Bestande von 50 bis 100 Kälbern desselben Alters als bei 10 Kälbern verschiedenen Alters. Andere Störungen, wie Erkrankungen der Lungen oder das Aufblähen, treten zuweilen explosiv und für den Tierhalter zu einem nicht erwarteten Zeitpunkt (Senkung des Luftdruckes, Erhöhung der rel. Luftfeuchtigkeit) oder bei Futterwechsel auf.

Von den Kälbern erlittene Streßzustände

Wir befassen uns zuerst mit Manipulationen und Umweltveränderungen, denen die jungen Tiere ausgesetzt sind, bevor sie auf die Aufzuchtbetriebe verteilt werden. Es sind viele Faktoren in allen Maßnahmestadien: Transporte, Sortierungen, Bildung von Gruppen, Wägungen, Enthornung, Blutentnahmen, Impfungen, Antibiotikaprophylaxe usw.

Mit Sicherheit werden Psyche und Organismus der Neugeborenen einer harten Prüfung unterzogen. Von der Mutter zuweilen schon am ersten Tag nach der Geburt getrennt, sehr oft auf Lastwagen transportiert über Entfernungen von einigen bis mehreren Hundert Kilometern (Tierexporte von Frankreich nach Italien z. B.), wie Tabelle V/31 [21] zeigt. Sie werden mehr oder weniger vorsichtig behandelt, sind Verletzungen ausgesetzt oder erschöpfen auf manchmal langen Fahrten. Dies alles bedingt Verluste an Körpermasse in einer Größenordnung von 2 bis 8% der Anfangsmasse [29, 7] sowie eine nicht zu vernachlässigende Sterblichkeit. In den USA [26] hat eine Untersuchung in Nord-Dakota an mehreren Tausend Kälbern in dem Monat nach dem Transport Verendungen von 10 bis 18% und eine Erkrankungsrate von 50% ergeben. Diese Zahlen sind für unser Land zweifellos zu hoch. Zu den Transportrisiken gehören:
– Verschiedene Faktoren: Änderungen der Futterration, Klimaschwankungen, mit dem Transport und der davon herrührenden Erschöpfung in Zusammenhang stehende Manipulationen;
– Störungen beim Ansammeln von Tieren, bei der Aufstellung von Gruppen, der Verbringung in neue Unterkünfte, in denen sie mit einer Mikroflora in Kontakt kommen, gegen die sie nicht geschützt sind;
– ungenügende Fürsorge durch die Tierhalter vor dem Verkauf ihrer Tiere, besonders hinsichtlich der Verabreichung des Kolostrums;
– Belastungen bei der Vorbereitung zur Übernahme in die Aufzuchtanlage: Kennzeichnung, Wägungen, Blutentnahmen usw.

Tabelle V/31 Umfang der Tierbewegungen über den Markt von Chateau-Gonthier [21] Untersuchung über den Zeitraum von 3 Wochen an einem Bestand von 15 000 Kälbern

Herkunft der Tiere	%	Bestimmung der Tiere	%
Pays de la Loire	55,6	Pays de la Loire	32,3
Bretagne	24,8	Bretagne	17,0
Mitte	9,1	Mitte	3,1
Untere Normandie	4,6	Untere Normandie	3,8
Poitou-Charentes	3,3	Poitou-Charentes	11,5
Andere Gebiete	2,6	Aquitaine	19,1
		Italien	6,5
		Südpyrenäen	1,8
		Champagne-Ardennen	1,3
		Andere Gebiete	4,6

Selbst wenn keine Verendungen vorkamen ist es notwendig zu prüfen, ob Umweltfaktoren und Manipulationen an den Tieren als Belastung betrachtet werden müssen. Es ist notwendig, ihre Auswirkungen auf die biochemischen Parameter und besonders auf den Gehalt des Plasmas an Nebennierenrindenhormonen und Elementen des Blutes zu untersuchen.

Die Reaktionen sind jedoch nach der Art des auslösenden Faktors, der Dauer seiner Wirkung und dem Zustand des Tieres sehr verschieden:

- Eine Reaktion der Nebenniere wird beobachtet, wenn einzelne Kälber in bereits gebildete Gruppen umgesetzt werden. Sie ist nach dem Kontakt mit Infektionserregern sehr stark *(Salmonella dublin, Pasteurella multocida,* Toxine von *Escherichia coli)*. Der Transport und die Manipulationen rufen eine erhebliche Steigerung der Sekretion von Kortisol und Kortikosteron hervor.
- Eine Erhöhung der Serumenzyme (GOT, GPT, LDH und CPK) wird bei Transporten festgestellt; sie ist jedoch schwächer als die Steigerung im Verlaufe von Krankheiten.
- Bei der Blutentnahme, der Bildung von Gruppen, beim Enthornen, bei Wägungen oder Impfungen wird eine Änderung der Blutzusammensetzung beobachtet, die die Gesamtzahl der Leukozyten, besonders Neutrophile (Erhöhung) und Eosinophile (Eosinopenie) betrifft. Die Intensität und Dauer der Veränderungen hängen von der Art der Belastung und dem Tier selbst ab [17].

Es ist schwierig, die Bedeutung dieser biochemischen Reaktionen zu beurteilen. Das ist nur unter Berücksichtigung unserer geringen Kenntnisse über die Rolle des kortikotropen Status beim Kalb möglich. Wenn es bei der Geburt einen erhöhten Gehalt an 11-Hydroxy-Kortikosteroiden, etwa 7 μg/ml Blut, hat, nimmt dieser Wert regulär bis zur zweiten Woche ab, um fast 1 μg/ml zu erreichen. Danach steigt er regelmäßig an.

Das während der ersten Tage beobachtete höhere Niveau an 11-Hydroxy-Kortikosteroiden beruht wahrscheinlich auf der transplazentären Passage mütterlicher Hydroxy-Kortikosteroide. Ihr Gehalt im Plasma beträgt durchschnittlich 0,34 μg/100 ml und stimmt mit dem bei der Milchkuh oder dem Bullen gemessenem Wert fast überein [30].

Die Nebenniere des Kalbes scheidet normal etwa dreimal mehr Kortison als Kortikosteron [4] aus. Versuche [8, 9], eine Nebennierenschwäche oder -erschöpfung durch i. v. Injektionen von A.C.T.H. und *Escherichia coli* oder durch i. v. Perfusionen von A.C.T.H., *Escherichia coli* oder A.C.T.H. und Endotoxine von *Escherichia coli* während mehrerer Tage zu erreichen, waren ergebnislos. Das Kalb scheint doch Reserven durch die im Bereich der Nebennierenrinde befindlichen außerordentlichen funktionellen Kapazitäten zu besitzen.

Die Glukokortikoide spielen für die Erhaltung der Glykämie nur eine sekundäre Rolle. Die Entwicklung des Gehaltes des Blutes an Glukose und die der 11-Hydroxy-Kortikosteroide ist beim Kalb von der Geburt bis zu 15 Tagen unabhängig voneinander. Die Wirkung von Nebennierenveränderungen auf die Immunreaktionen ist noch nicht untersucht. Wenn auch in der Mehrheit der Untersuchungen die Glukokortikoide bevorzugt behandelt wurden, sollte man die Rolle der Mineralkortikoide und die Teilnahme anderer endokriner Systeme, besonders des Nebennierenmarkes (Katecholamine), nicht vernachlässigen.

Insgesamt sind die Kälber zahlreichen Manipulationen unterworfen, bevor sie in den Aufzuchtbetrieb kommen, die hinsichtlich ihrer Auswirkungen auf die biochemischen Parameter als wirkliche Streßzustände angesehen werden können. Die Wirkung dieser biochemischen Veränderungen auf die Pathogenese der festgestellten Erkrankungen ist infolge Fehlens ausreichender Kenntnisse auf diesem Gebiet schwierig zu beurteilen. Es ist nur möglich, einige bestimmte Beziehungen zwischen der Umwelt und dem Auftreten pathologischer Erscheinungen zu beschreiben.

Die Art der Haltung, der mikrobielle Status, physische, klimatische und Ernährungs-Streßzustände, die Konzentration, Isolierung oder Gemeinschaft haben bei der Entwicklung von Krankheiten eine bedeutende Rolle [28]. Wir werden den Einfluß einiger dieser Faktoren auf die »Pathologie der Gruppe« analysieren. Hierzu stellt das ätiologische Schema des Komplexes »Shipping fever« oder »Transportfieber« bei Jungrindern [12], wie es in den USA angewendet wird (allerdings nicht bei Kälbern) ein gutes Beispiel der Beziehungen zwischen Streß und Infektion dar (Tab. V/32).

Art der Aufzucht

Sie beeinflußt beträchtlich die Entwicklung der Tiere.

Zucht- und Schlachtkälber

Die Kälber der Milchrassen werden häufig zur Reproduktion der Kuhherden, zur Produktion junger Schlachtrinder (Bullen) oder direkt zur Produktion von Schlachtkälbern aufgezogen. Sie werden zumeist früh von ihren Müttern getrennt und im Alter von einer bis drei Wochen im Handel umgesetzt. Von ihrem Herkunftsbetrieb zum Markt oder zu einem Sammelplatz transportiert, kommt es zu völlig neuen Bestandsgruppierungen, und die Risiken der Ansteckung sind erheblich. So kommen auf Sammelzentren in Westfrankreich wöchentlich bis zu 2000 Kälber, was zu Rangkämpfen führt, zugleich kommt es zu einem beträchtlichen Austausch von Mikroben, die an der Pathologie der ersten Tage (Verdauungsstörungen) und der ersten Wochen (Erkrankungen der Atmungsorgane) in den Ställen des Aufzuchtbetriebes, in den sie verbracht werden, beteiligt sind.

Weidekälber

Sie sind älter und stammen zumeist von säugenden Kühen. In der Ursprungsherde, in der Nähe ihrer Mutter, 6 bis 10 Monate aufgezogen, müssen sie nacheinander die Jungtierkrankheiten und die Weideparasitosen durchmachen. Das Absetzen, die Trennung der Herde, der Transport im Lastwagen oder im Waggon in der kalten und feuchten Jahreszeit (Oktober bis Dezember), der Aufenthalt an Sammelplätzen oder Transitstrecken stellen für diese Tiere ebenso Streßursachen dar [12]. Auch hier bestehen alle Risiken der mikrobiellen Ansteckung bei Manipulationen und Transporten, zumal der von der Mutter übertragene Immunschutz vollständig erloschen ist und die auf der Weide erworbene Immunität gegen Viren und Bakterien äußerst gering ist. Alle diese Gesichtspunkte bilden die Grundlage für das Verständnis der Pathologie der Verdauungs- und Atmungsorgane junger Rinder zu Mastbeginn.

Einfluß der Umgebung in der Massentierhaltung

Tabelle V/32 Übersicht über Streß und Streßursachen

Streß	+ nichtbakterielle Infektionen	+ bakterielle Infektionen	= Transportfieber
Hitze	Parainfluenza 3	Pasteurella	
Kälte	IBR-Virus	Streptokokken	
Staub	BVD-Virus	Haemophilus	
Wunden	Enteroviren	Enterobakterien	
Feuchtigkeit	Mykoplasmen	Pseudomonas	
Ermüdung	Rhinoviren	Andere Bakterien	
Wasserentzug	Reoviren		
Hunger	Adenoviren		
Angst	Andere Viren		
Kastration			

Fütterung und Fütterungstechnik

Eine mangelhafte Fütterung in Kälberaufzucht- und Schlachtkälberbeständen kann eine Reihe von Verdauungsstörungen und Lebererkrankungen, dann Lungenaffektionen hervorrufen, die auf einem Abfall unspezifischer Immunreaktionen bei diesen Tieren beruhen [13]. Die gastrointestinalen, nichtinfektiösen Gesichtspunkte der Gruppenpathologie werden von GRIESS im Abschnitt »Nichtinfektiöse, gastrointestinale Störungen« be-

handelt. Wir müssen beachten, daß Irrtümer und Risiken in der Bewertung der Futterstoffe (Qualität und Zusammensetzung) und bei ihrer Zubereitung und Verabreichung bestehen können. Somit kommt es zu einer oft nur auf einige Kälber beschränkten, schwer zu beurteilenden Wirkung, die aber in großen Beständen verheerend sein kann und mit verschiedenen Symptomen auftritt. Hierzu gehören
– Appetitverlust und Abmagerung, wenn z.B. Aufzuchtfutter schlecht gemischt ist (Depotphänomen oder Entmischung),
– ein Antibiotika gegenüber refraktärem Durchfall, wenn das Tränkwasser schmutzig oder die Temperatur der Tränkmilch ungenau eingestellt ist.

In einem solchen Falle wird man häufig überwiegend pathogene oder nicht pathogene Kolibazillen beobachten. Trotz reichlicher Mikroben im Bereiche des Verdauungsapparates und evtl. anderer Organe (Niere, Leber usw.) ist die primäre Ursache der Erkrankung nichtinfektiös. Bei bakteriologischen Untersuchungen verschiedener Autoren [32] in bestimmten Kälberbeständen wurde festgestellt, daß die Auslösung kolibazillärer Durchfälle mehr von einem plötzlichen Futterwechsel als vom Vorhandensein »pathogener« Kolibazillen im Darm der Kälber abhängt.

In großen Anlagen wird den Kälbern häufig die Milchnahrung über Futterautomaten verabreicht. Bei dieser Technik ist es nicht immer möglich, die aufgenommene Menge individuell zu kontrollieren. Das Risiko einer Ansteckung durch die Tränknippel an den Automaten ist im Vergleich zur individuellen Tränktechnik aus Eimern höher. Auch werden die schwächeren Kälber von Fütterungsautomaten abgedrängt und die Leistungsschwankungen zwischen den Tieren sind sehr groß. Mehrere Autoren [23] haben festgestellt, daß das frühe Absetzen der Kälber (mit 9 Wochen) diese zur Anfälligkeit gegen Lungenerkrankungen im Verhältnis zu präruminanten, auf der Grundlage einer Ration mit Milchaustauschern gehaltenen Kälbern stark prädisponierte. Deshalb ist in Großbeständen planmäßig die Verabreichung von mindestens 35 bis 40 kg Aufzuchtfutter vorzusehen, um diesem Phänomen einer Verringerung der Resistenz der Kälber gegenüber Infektionen vorzubeugen. Beim Absetzen müssen Konzentrate und Getreideschrot (oder andere Energieträger) in steigenden Mengen verabreicht werden, um Verdauungsstörungen durch Azidose oder dem Aufblähen wegen der noch nicht angepaßten Mikrobenflora des Pansens an den Stärkeabbau vorzubeugen.

Bei Weidejungrindern, die vorher Muttermilch und Gras bekamen, ist in den ersten drei Wochen der Übergangszeit besonders vorsichtig zu verfahren. Man muß die Zusammensetzung der bisherigen Futterration beachten, evtl. durch eine längere Fastenzeit der notwendigen Anpassung an die Mastration Rechnung tragen.

Eine zu starke Verabreichung von Konzentrat (Getreide, Maissilage oder Trockenmais) zu Lasten eines rohfaserreichen Grobfutters (Heu) versetzt die Tiere in den Zustand einer Milchsäure-Azidose und vergrößert ihre Anfälligkeit gegenüber Erkrankungen der Atmungsorgane.

Umwelt

Die Stallqualität in der Aufzucht- oder Vormastperiode ist für eine sachgerechte Betrachtung der Gruppenpathologie sehr wichtig. Erkrankungen der Atmungsorgane bakteriellen, viralen und mykoplasmatischen Ursprunges treten um so leichter auf, wenn die Kälber in ihrer Immunität empfindlich und gegenüber der Umwelt anfällig sind. Hauptsächlich hängen Komfort oder Inkomfort der Tiere im Stall mit der Umgebungstemperatur, der relativen Luftfeuchtigkeit, der Belüftung und dem Luftvolumen/Tier [2] zusammen.

Diese vier Bestandteile der Umwelt müssen für das Verständnis der Entwicklung von Störungen der Atmungsorgane um so mehr in Betracht gezogen werden, je mehr der Stall geschlossen und je größer der untergebrachte Kälberbestand ist, unabhängig von jedem Auftreten von Mikroben.

In letzter Zeit haben mehrere Autoren auf die Beziehung zwischen Klimaschädigung [18, 6] und Entwicklung von Erkrankungen der Atmungsorgane bei mehreren Kälbergruppen hingewiesen. In einem Aufzuchtbetrieb muß man das Mikroklima untersuchen.

Temperatur und Feuchtigkeit

Die Kälber können eine Temperatur von 0 bis 21 °C dann gut vertragen, wenn sie älter als 3 Wochen sind und genügend energiereiches Futter erhalten, weil Futterenergie über die Tiere zur Erwärmung der umgebenden Luft verwendet wird [2]. Eine niedrige Temperatur und eine relativen Feuchte über 85 % begünstigen die Kondensation und schaffen die Voraussetzungen für Infektionen der Atemwege, denn die physiologische Intaktheit der Schleimhautoberflächen der Lungen ist vermindert [22].

In einer Studie haben englische Autoren [23] bemerkt, daß eine Temperatur von 15 °C im Aufzuchtstall bei den Kälbern das Vorkommen von Lungenläsionen mit der relativen Luftfeuchtigkeit erhöht. Bei 23 °C vertragen die Tiere eine höhere relative Luftfeuchtigkeit, aber umgekehrt sind sie bei niedrigem Feuchtigkeitsgehalt (unter 60 %) gegenüber Lungenkrankheiten anfälliger. Bei sehr hohen Temperaturen (über 30 °C im trockenen Sommer) stellt man häufig eine Verschlimmerung von Lungenerkrankungen fest. Deren klinische Diagnose ist aber schwieriger, weil an warmen Tagen alle Tiere eine tiefe und beschleunigte Atmung haben.

Lüftung und Luftvolumen

Die Lüftung ist ein gleichzeitig für die Erneuerung der CO_2- und wasserdampfbeladenen Luft wichtiger Faktor, aber auch zur Beseitigung der mit Exkrementen abgegangenen und von der Einstreu herrührenden Schadgase (H_2S, NH_3). Das NH_3 [1] wird bis 0,01 % und H_2S bis 0,20 % vertragen, aber um Schädigungen an den Schleimhäuten zu vermeiden, sollte man Grenzen von 0,002 % und 0,005 % einhalten. Die Lufterneuerungsrate [2] in einem festen Stall (geschlossen) sollte im Winter je Kalb wenigstens 0,9 m^3/min und im Sommer 3,40 m^3 betragen. In Frankreich wird üblicherweise die Schwerkraftlüftung angewendet, sie wird aber durch Lage und Richtung der Ställe stark beeinflußt. Deshalb muß das Luftvolumen/Kalb 13 bis 20 m^3 betragen. Die Schwerkraftlüftung erlaubt nicht immer eine Lufterneuerung im Bereich der Tiere, ohne daß Zugluft entsteht. Sie wird ebenso wie eine zu hohe Luftfeuchtigkeit von den Kälbern schlecht vertragen. Unter diesen Bedingungen bewirken die Schadgase aus dem Dung und der Einstreu eine ständige Reizung der Bronchiolen. Dies läßt sich vermeiden durch

- regelmäßiges Ausbringen des Dungs oder reichliche Einstreu im Falle von Stapeldung,
- Verringerung der Tierkonzentration in den Ausläufen und Ställen der Kälber,
- Anbringen einer Zwangsentlüftung (Ventilator) an der Stallwand in niedriger Höhe.

Solche technischen Betrachtungen sind zum Verständnis und bei der Kontrolle enzootischer Erkrankungen der Atmungsorgane wichtig, ohne in jedem Falle eine sichere Lösung darzustellen.

Mikrobismus

Der Begriff »Mikrobismus« wird seit zwanzig Jahren verbreitet angewendet und steht mit der Gruppenpathologie in Verbindung. Beobachtet und durch Versuche wurde bestätigt, daß die Tierkonzentration (manchmal die Überbesetzung), die ständige Bestandserneuerung an Kälbern im selben Stall den Fortbestand an Mikroben und die Steigerung der Virulenz bestimmter pathogener Formen (durch Passage von einem Tier zum anderen) sichern. Normale, saprophytäre Keime erwerben eine bestimmte Virulenz oder verhalten sich als Gehilfen pathogener Erreger.

Im Verlaufe einer bestimmten Zeit wird die Erregeranreicherung so intensiv, daß die Bedingungen der Tierhaltung schwierig und trotz hygienischer Maßnahmen problematisch werden. Es hat zur Methode der »Sanitären Räumung« (Rein-Raus-Methode) geführt, die darin besteht, daß die Ställe 8 bis 15 Tage zwischen zwei Belegungen ohne Tiere gelassen werden. Das erleichtert die Desinfektion und vermindert die von den Tieren ausgehende Mikrobendichte sowie ihre Pathogenität. Im übrigen weiß man, daß, wie in der Humanmedizin, die intensive, manchmal mißbräuchliche, nicht zeitgerechte Anwendung von Antibiotika zur Auswahl und Selektion mono- oder multiresistenter Bakterienspezies mit denselben Stoffen geführt hat, wobei die Resistenz um so größer ist, je schwerer es ist, sie zu übertragen (Plasmide).

Betreuung und Haltungstechnik

Wir behandeln in diesem Zusammenhang die Bedeutung der durch den Tierhalter aufgewendeten Fürsorge nicht (Hygiene, Saugakt oder Verabreichung des Kolostrums, Komfort, regelmäßige Mahlzeiten usw.), denn sie ist ebenso wie ihre Technik leicht verständlich. Mehrere Untersucher in den USA haben der Qualität der Tierbetreuung Beachtung geschenkt [25, 10, 19]. Allgemein vertritt man die Auffassung, daß zwischen der Mortalität und der Intensität der Betreuung in den großen Beständen eine enge Beziehung besteht. Hierin erklärt sich auch der Unterschied im Betreuungsergebnis zwischen dem Eigentümer und fremden Arbeitskräften. Diese Feststellung läßt erkennen, daß der Eigentümer des Bestandes, sei es wegen der besseren Technik, sei es wegen einer größeren Motivation, das Leben der Tiere und deren Leistung besser absichert. Mit zunehmender Bestandsgröße bei demselben Tierhalter nehmen die Verendungen proportional zu [25, 10]. Das läßt sich mit einer verminderten Aufmerksamkeit in der den Kälbern gewährten Fürsorge gegenüber anderen Arbeitsaufgaben (Fütterung, Reinigung) erklären. So ist durch eine in den USA in Milchkuhbeständen ab 500 Kühe durchgeführte Untersuchung festgestellt worden, daß durch den Einsatz eines Spezialisten für die Kälberaufzucht die Verendungen von vorher 14 bis 20% auf einen Wert von 7 bis 10% gesunken sind.

Allgemeine Kriterien zur Beurteilung der Gruppenpathologie

Um die Schwere und Häufigkeit von Erkrankungen in einer Gruppe zu beurteilen, sind die Erkrankungsrate, d. h. die Zahl der zu einem bestimmten Zeitpunkt kranken Tiere, und der Anteil an Verendungen, d. h. die Zahl der während einer Periode der Haltung im Verhältnis zum Anfangsbestand verendeten Tiere, objektive Kriterien. Beide Kriterien sind leicht zu erfassen, wenn der Pfleger regelmäßig einen Gesundheitskalender führt, in den er für jede Gruppe die kranken Tiere und die individuelle oder kollektive medizinische Behandlung, der sie unterzogen wurden, einträgt. Diese Übersicht ist für den Praktiker eine Hilfe, wenn er einen Kälberbestand beurteilen soll und ermöglicht es, über die Gesundheit der Herde Bilanz zu ziehen.

Unabhängig von der klinischen Untersuchung kranker Tiere gibt es andere Anzeichen, die auf eine Verschlechterung des Gesundheitszustandes schließen lassen: Das äußere Erscheinungsbild der Kälber (gesträubtes Haar, leicht aufgezogener Rücken, trüber Blick, hängende Ohren), ein langsamer Gang, der fehlende Streckreflex beim Aufstehen und die Heterogenität der Gruppe. Sind die Kälber einem ständigen Angriff durch Mikroben oder Parasiten ausgesetzt, wird selbst bei fehlenden klinischen Störungen die Zunahme unregelmäßig und vermindert sein. Bei bestimmten, von

chronischen Krankheiten befallenen Tieren ist überhaupt keine Zunahme mehr festzustellen. Diese Tiere haben dann für den Tierhalter keinen wirtschaftlichen Wert, sie halten den Zunahmerhythmus ihrer Altersgefährten schwer ein und müssen ausgesondert werden.
Bei der Verabreichung von Milch oder Konzentraten ist es immer nützlich, die Futteraufnahmebereitschaft der Tiere zu beurteilen. Besonders ist auf Futterrückstände und deren Ursachen zu achten. Schließlich erlauben in gut kontrollierten Beständen regelmäßige Wägungen der Kälber und die Dosierung der Konzentratfuttermittel, ihre Zunahmen (in g/Tier und Tag) und den Futteraufwand (in kg TS/kg Lebendmassezunahme) zu berechnen. Trotz des Arbeitsaufwandes sind beide Kriterien hinreichend genau, wirtschaftlich aussagefähig und für die Beurteilung des Gesundheitszustandes einer Gruppe nützlich [14].

Einige Gesichtspunkte der Pathologie in Gruppen

Dieses Gebiet wird in anderen Kapiteln des Werkes behandelt und ist an dieser Stelle kein ausführlicher Gegenstand, ausgenommen Verhaltensstörungen. Sie waren bisher nicht Bestandteil besonderer Ausführungen, und unsere Kenntnisse auf diesem Gebiet sind noch unzureichend. Unter den die Kälber in ihren ersten Lebensmonaten befallenden Erkrankungen sind die Verdauungsstörungen, Schädigung der Atmungsorgane, der Haut sowie Verhaltensstörungen zu nennen.

Verdauungsstörungen

Es handelt sich besonders um Gastro-Enteritiden, um Enterotoxämien (vom Futter ausgehend) und um das Aufblähen. Fütterungsfehler (schlechte Zubereitung und Verabreichung von Futter) sind für verschiedene Störungen verantwortlich, die unter weißer Durchfall, Pankreasdurchfall, Hitzschlag, Hyperazotämie zusammengefaßt werden.
Bei Erkrankungen des Verdauungskanals ist es unerläßlich, an Salmonellen zu denken. Die Salmonellosen sind hauptsächlich durch *Salmonella dublin* und *Salmonella typhimurium* hervorgerufen und haben eine sehr weite Verbreitung. Sie stehen in Beziehung zu hohen Bestandskonzentrationen, ungleicher Zusammensetzung der Tiergruppen und bestimmten Haltungstechnologien [24, 16]. Auch hat in den letzten Jahren der starke Einsatz verschiedener chemischer, antimikrobieller Stoffe (besonders Antibiotika und Sulfonamide) die Resistenz von Salmonellen und Koliformen gegenüber diesen Pharmaka erhöht [20]. Die Umweltfaktoren haben eine deutliche Wirkung auf das Auftreten, die Epizootiologie, Diagnose, Entwicklung, Vorbeuge und Therapie von Salmonellosen.

Erkrankungen der Atmungsorgane

Haben Magen-Darmerkrankungen mehr oder weniger intensiv in den Kälberbeständen geherrscht, sind die Lungenerkrankungen deutlich im Verhältnis zur Konzentration fortgeschritten. Sie reichen von der einfachen Rhinitis und Tracheitis bis zur Tracheo-Bronchitis, zur Bronchitis und zur enzootischen Broncho-Pneumonie (bei älteren Tieren). Der bei einer bestimmten Anzahl Tiere auftretende Husten, von dem sie bei Aufnahme in die meisten Aufzuchtbetriebe befallen werden, ist eine banale Erscheinung. Die Verendungen sind nicht sehr häufig, der Anteil kranker Tiere ist dagegen groß und die Konsequenzen für die Rentabilität der Betriebe sind deswegen ernst (Schwäche, Abmagerung, Wachstumsverzögerung, höherer Futteraufwand).
Für die Pathologie der Gruppe ist nicht eine spektakuläre klinische Erkrankung bezeichnend, sondern ein sub- oder infraklinisches Bild, was zu einer ständigen und genauen Beobachtung durch die Tierpfleger zwingt, denn chronische Infektionen entwickeln sich manchmal still, haben aber wirtschaftlich große Auswirkungen.

Hauterkrankungen

Ektoparasitosen (vor allem Läusebefall) und Trichophytie steigen mit zunehmender Tierkonzentration an, besonders wenn eine strenge Hygiene und rechtzeitige Therapie nicht beachtet werden.

Verhaltensstörungen

Sie sind noch nicht Gegenstand gründlicher Untersuchungen gewesen. In Zusammenhang mit der künstlichen Aufzuchttechnik gibt es jedoch besondere Verhaltensweisen.

In Großbritannien ergaben Beobachtungen an 40 bis 60 kg schweren Kälbern der Friesenrasse in den ersten Wochen der intensiven Aufzucht eine erhebliche Störung des Verhaltens und Schwierigkeiten beim Begreifen des Saugens an der künstlichen Zitze des Futterautomaten bei 70% der Tiere [27]. Obwohl die soziale Rangordnung vor Ablauf des 6. Monats bis 1. Lebensjahr nicht hergestellt ist, können zwei Typen von Tieren nach ihrem Verhalten unterschieden werden: Beim Saugen werden die leichteren Tiere von den schwereren oft gestört und abgedrängt. Der Unterschied zwischen beiden bestand nicht so sehr in der Häufigkeit des Herantretens an den Automaten, sondern in der Dauer des Saugens. Die »schwächeren« Tiere nutzen hingegen die Zeit, um die vorgelegte feste Nahrung zu verzehren (Heu und Konzentrate). Sie hatten mit 541 g eine geringere mittlere tägliche Lebendmassezunahme als die »überlegenen« Tiere (635 g).

Hierzu ist auch das Auftreten des »Überkreuzbeleckens«, d. h. des wechselseitigen Leckens an Ohren, Präputium oder Scrotum oder an der Boxenwand zu nennen. Diese Abweichungen werden dem Verlust oraler Aktivität in Verbindung mit der Art der Nahrung zugeschrieben. Die Störung tritt bei den mit Eimer und Milchaustauscher aufgezogenen Kälbern doppelt so häufig auf wie bei Kälbern, die an ihrer Mutter gesaugt haben [31].

Eine in der BRD durchgeführte Untersuchung [11] über die Eignung der Kälber, das Trinken aus dem Eimer in den ersten 13 Mahlzeiten zu lernen, ergab, daß Färsenkälber das schneller als Bullenkälber begriffen. Im Herbst oder im Winter geborene Bullenkälber tranken besser als die im Frühjahr geborenen. Die Rasse der Tiere hatte auf dieses Merkmal einen Einfluß. Zu beachten ist, daß zwischen der Geburt und dem Alter von 9 Tagen eine »sensible Phase« zu bestehen scheint: Lernen die Tiere in dieser Periode nicht zu saugen, sind sie ungeeignet, später eine Zitze zu gebrauchen. Das zeigt den Vorteil einer besseren Kenntnis über das Verhalten der Tiere und ihrer Anpassungsfähigkeit an neue Techniken der Tierhaltung.

Vorbeugende Maßnahmen und Gesundheitskontrolle

Schutz durch Psycholeptika

Um die Wirkungen des Transportstresses zu vermindern, wurden verschiedene Substanzen, hauptsächlich Neuroleptika, im geringeren Maße anxiolytische Sedativa verwendet. Das Chlorpromazin in Dosen von 1 bis 2 mg/kg, drei Stunden vor dem Transport verabreicht, hat weder auf die Nebennierenrindenreaktion noch die Hypoglykämie einen Einfluß; ebenso ändert die Injektion von Phenergan (2 mg/kg) oder von Propionyl-Promazin (0,2 mg/kg) den Zustand der indirekt durch die Zunahme der Zahl der Neutrophilen und der Eosinopenie [17] zum Ausdruck kommenden Nebennierenrindenreaktion nicht. Man sollte bemerken, daß diese Neuroleptika Abkömmlinge des Phenothiazins sind und selbst schon eine Freisetzung von A.C.T.H. mit allen ihren biochemischen Konsequenzen auslösen [3].

Die Beobachtungen sowjetischer Autoren über das Chlorpromazin (1 mg/kg) in Novokain-Lösung [5], wie die anderer Autoren [15, 17] mit Propionylpromazin (1 mg/kg) sind widerspruchsvoll oder wegen der verschiedenen

Arten des Einsatzes schwer zu interpretieren. Demzufolge [3] bleiben die mit Neuroleptika und anxiolytischen Sedativen erzielten Resultate lückenhaft und erlauben hinsichtlich der therapeutischen Wirkung keine sichere Aussage.

Überwachung der Sammelstellen zum Sortieren der Tiere

Alle Kälber, die Sammelstellen durchlaufen, sind nicht krank, aber einige sind gesunde Überträger pathogener Keime (Viren, Mykoplasmen, Bakterien). Andere befinden sich in der Inkubation der Krankheit. Hierbei muß die Auswahl sehr streng erfolgen, und alle kranken Tiere (Fieber, Durchfall usw.) sind ohne Vorbehalt auszusondern, dem ursprünglichen Besitzer zu übergeben und isoliert unter tierärztlicher Überwachung aufzuziehen.

Vorbeugemaßnahmen in den Ställen

Um die Ansteckung der Kälber zu vermeiden, ist es ratsam, sie in eine völlig gereinigte und desinfizierte Unterkunft zu verbringen, die einer Serviceperiode von 8 bis 15 Tagen vorher unterzogen sein muß. Alle Kälber müssen kurzfristig innerhalb von 1 bis 3 Tagen in den Stall verbracht werden. Sie müssen der gleichen Herkunft sein und dieselbe Konstitution (Alter und Körpermasse) haben, um den Kontakt mit diesen Mikroben zu verringern, damit sich jedes Tier an diese neue Keimflora kurzfristig anpassen kann. Das stimmt im Prinzip mit den seit langer Zeit vorhandenen Erkenntnissen aus der industriellen Geflügelproduktion oder industriellen Schweineproduktion überein [32]. Bei diesen Maßnahmen ist es bei Kälbern üblich geworden, ihnen zu Beginn der gemeinsamen Haltung antiinfektiöse Medikamente (Antibiotika und Sulfonamide) in prophylaktischer Dosis und während begrenzter Zeit zu verabreichen. Diese systematische klinische Prophylaxe als »Übergangs-« oder »Antistreßmaßnahme« muß sich in die Hygieneprogramme der Produktionsbetriebe einfügen.

Überwachung des Hygieneregimes

Im Prinzip könnte man der Auffassung sein, daß, wenn die vorstehenden Maßnahmen konsequent angewendet werden, eine sanitäre Überwachung überflüssig ist. Unglücklicherweise können oft unvorhergesehene Störungen den guten Verlauf der Tierhaltung ändern. Diese Störungen können klimatisch (große Kälte oder starke Hitze, hohe Luftfeuchtigkeit), ernährungsphysiologisch (Unterbrechung des Futtervorrates oder Futterwechsel) oder technisch (Ausfall der Elektrizität oder der Belüftung) bedingt sein oder auf anderen Ursachen beruhen.

In anderen Fällen wird die Einschleppung von pathogenen Viren oder Bakterien auf sehr empfängliche Tiere treffen. Danach folgt das massive Auftreten einer Serie von Verdauungsstörungen und Erkrankungen der Atmungsorgane, von denen 10 bis 20% des Kälberbestandes betroffen sind. In der großen Mehrzahl der Fälle wird, wenn die primäre Ursache bekannt ist oder vermutet werden kann, eine schnelle Behandlung der gesamten Tiere per os oder parenteral den Prozeß blockieren. Dauert es zu lange oder entwickelt sich die Krankheit akut, erfolgt eine rasche Generalisierung, dann wird die Behandlung der gesamten Gruppe schwieriger.

Wie die Krankheit sich auch immer entwickelt, bei kranken Tieren muß das Eingreifen des Tierpflegers immer schnell und mit Unterstützung erfolgen. Das bedeutet, daß in jeder Box höchstens 10 Kälber sind, um die Überwachung und die Pflege zu erleichtern. Junge Tiere kann der Tierhalter in den Ausläufen zusammendrängen, für die schwereren Tiere benötigt er Fangschleusen. Aufzuchtkälber werden am besten in Einzelboxen gehalten, wo man den Zustand des Flotzmaules und die Faecesbeschaffenheit sehr schnell kontrollieren kann.

ZUSAMMENFASSUNG

Die Gruppenpathologie stellt kein klar abgegrenztes Gebiet neuer Krankheiten dar. Meist weisen alle Krankheitsprozesse epidemiologische, klinische und pathogenetische Besonderheiten auf, die die gewöhnlichen Konzeptionen ändern und einer von der »Individualmedizin« sich sehr unterscheidenden Strategie bedürfen. Sie braucht spezielle Methoden der Vorbeuge, die die verschiedenen Umweltfaktoren berücksichtigen, deren Einfluß oft bestimmend ist.

LITERATUR

[1] ADAM, TH.; ANDREAE, U., 1973 – Toleranzgrenzen für gasförmige Umweltfaktoren bei landwirtschaftlichen Nutztieren, Züchtungskunde, 8, 162–178.

[2] APPLEMAN, R. D.; OWEN, F. G., 1975 – Breeding, housing and feeding management. J. Dairy Sci., 58 (3), 447–464.

[3] DANTZER, R., 1974 – Les tranquillisants en élevage. Revue critique. Ann. Rech. vét., 5, 465–505.

[4] EDWARDS, A. V.; HARDY, R. N.; MALINOWSKA, K. W., 1975 – The sensitivity of adrenal responses to synthetic adreno-corticotrophin in the conscious unrestrained calf. J. Physiol., 245, 639–653.

[5] FOMICHEV, Y. P.; SERGEEVA, L. A.; SEMENYACHENKO, N. M., 1974 – Prevention of transport stress in calves with chlorpromacine. Vestnik Selskochozjaistwennyi Nauki, (1), 55–60.

[6] GERMAIN, R.; REDON, P.; TOURNUT, J., 1975 – Rôle des facteurs climatiques dans l'étiologie des infections à Myxovirus parainfluenza III dans la région Midi-Pyrénées, Rev. Med. Vét., 126 (3), 329–340.

[7] HARTMANN, H.; MEYER, H.; STEINBACH, G.; FINGER, B., 1973 – Zur Reaktion des Kälberorganismus auf Transportbelastungen. Monatsh. Vet. Med., 28, 647–665.

[8] HARTMANN, H.; MEYER, H.; STEINBACH, G.; DESCHNER, F.; KREUTZER, B., 1973 – Allgemeines Adaptations-Syndrom (SELYE) beim Kalb. I. Mitt.: Normalverhalten der Blutbildwerte sowie der Glukose und des 11 OHKS-Blutspiegels. Arch. Exp. Vet. Med., 27, 811–823.

[9] HARTMANN, H.; MEYER, H.; STEINBACH, G.; LITTKE, H., 1974 – Allgemeines Adaptations-Syndrom (SELYE) beim Kalb. II. Mitt.: Einfluß bestimmter Umweltfaktoren auf die Funktion des Hypothalamus-Hypophysenvorderlappen-Nebennierenrinden-Systems. Arch. Exp. Vet. Med., 28, 905–916.

[10] HARTMANN, D. A.; EVERET, R. W.; SLACK, S. T.; WARMER, R. G., 1974 – Calf mortality. J. Dairy Sci., 57 (5), 576–578.

[11] HIMMEL, H.; BRETTENSTEIN, K. G.; FIEDLER, H., 1972 – Aufzuchtverhalten von Kälbern der Rasse Deutsches Fleckvieh in Abhängigkeit von Geschlecht, Kalbezeit und Abstammung. Arch. Tierzucht., 15, 325–333.

[12] HORLEIN, A. B., 1973 – Preconditioning of beef cattle. J. Am. Vet. Med. Ass., 163 (7) 825–827.

[13] HUDSON, R. J.; SABER, H. S.; EMSLIE, D., 1974 – Physiological and environmental influences of immunity. Vet. Bull., 44 (3), 119–128.

[14] JUDY, J. W., 1973 – Influence of management practices on needs for biologicals. J. Am. Vet. Med. Ass., 163 (7), 828–830.

[15] JUNY, M., 1965 – Influence of tranquillizers on transport losses in calves. Zootechnika, Wroclaw, 13, 193–202.

[16] LINTON, A. H.; HOWE, K.; PETHIYA DOGA, S.; OSBORNE, A. D., 1974 – Epidemiology of salmonella infection in calves (1): its relation to their husbandry and management. Vet. Rec., 94, 581–585.

[17] MAY, J.; MANOIU, J.; DONTA, C., 1975 – Untersuchungen über das Adaptations-Syndrom beim Rind. Zbl. Vet. Med., Reihe A, 22, 224–247.

[18] MARTIN, S. W.; SCHWABE, C. W.; FRANTI, C. E., 1975 – Dairy calf mortality rate: Influence of meteorologic factors on calf mortality rate in Tulare County-California. Am. J. Vet. Res., 36 (8), 1105–1109.

[19] MARTIN, S. W.; SCHWABE, C. W.; FRANTI, C. E., 1975 – Dairy calf mortality rate: Influence of management and housing factors on calf mortality rate in Tulare County California. Am. J. Vet. Res., 36 (8), 1111–1114.

[20] MORSE, E. V.; DUNCAN, M. A., 1974 – Salmonellosis, an environmental health problem. Purdue Agr. Experim. Stat. J. (paper n° 5640), 1015–1019.

[21] PEYRAUD, J. C., 1975 – A Château-Gonthier, 5000 veaux la semaine. Rev. Elev., (39), 72–73.

[22] PHILIPP, J. I. H., 1972 – Bovine respiratory disease: is control possible. Vet. Record., 90, 552–555.

[23] ROY, C. H. B.; STOBO, I. J. F.; GASTON, H. J.; GANDERTON, P.; SHOTTOIN, S. M., 1971 – The effect of environmental temperature on the performance and health of the preruminant and ruminant calf. Brit. J. Nutr. 26, 363–381.

[24] SOJKA, W. P., 1972 – La salmonellose bovine en rapport avec ses aspects particuliers en Angleterre et au Pays de Galles. Ann. Med. Vet. 116, 97–540.

[25] SPEICHER, J. A.; HEPP, R. E., 1973 – Factors associated with calf mortality in Michigan dairy herbs. J. Am. Vet. Med. Ass., 463–466.

[26] STAPLES, G. E.; HAUSSE, C. N., 1974 – Losses in young calves after transportation. Brit. Vet. J. 130, 374–379.

[27] STEPENS, D. B., 1974 – Studies on the effect of social environment on the behaviour and growth of artificially-reared British Friesian male calves. Anim. Prod., 18, 23–34.

[28] STONE, D.; SIMM, P. D., 1974 – Respiratory diseases in husbandry system for both beef and dairy cattle in Great Britain (Abst.), Proc. VIII International Conference on Diseases of Cattle, Milan, p. 229.

[29] VOLKER, H.; FURCHT, G.; STOLPE, J.; BAUER, U., 1973 – Zur Streßproblematik des Kälbertransportes unter den Anforderungen industriemäßiger Tierproduktion. Die Streßsituation und Streßreaktion transportierter Kälber. Arch. Exp. Vet. Med., 29, 177–181.

[30] WEISS, J.; LAMPRECHT, P., 1974 – Untersuchungen über die NNR-Funktion bei landwirtschaftlichen Nutztieren mit Hilfe der Cortisol- und Corticosteronbestimmung nach dem Prinzip der konkurrierenden Eiweißbindungsanalyse. Zbl. Vet. Med., Reihe A, 21, 744–758.

[31] WOOD, P. D.; SMITH, G. F.; LISLE, M. F., 1967 – A surwey of intersucking in dairy herbs in England and Wales. Vet. Rec., 81, 396–398.

[32] WRAY, C.; THOMLISON, J. R., 1975 – Factors influencing occurence of colibacillosis in calves. Vet. Rec., 96, 52–56.

Spezielle Pathologie VI

Infektiöse Magen-Darm-Erkrankungen — Kapitel 1

Alle Autoren stimmen darin überein, daß Abgänge bei den Kälbern hauptsächlich in den ersten beiden Lebenswochen zustande kommen und in der Mehrzahl der Fälle auf Erkrankungen des Verdauungsapparates zurückzuführen sind. Diese Krankheiten können entweder infektiöser Natur, d.h. durch Viren oder Bakterien bedingt sein, oder ihre Ursachen sind nichtinfektiöser Art, d.h. sie liegen in Störungen des Stoffwechsels. Dabei ist es nicht immer einfach, die Krankheitsbilder genau voneinander abzugrenzen, ihre Wechselbeziehungen zu bestimmen oder die Priorität exakt anzugeben.

Bakterielle Infektionen des Magen-Darm-Traktes

L. RENAULT, M. PALISSE, PH. BONNET

Den bakteriellen Infektionen des Magen-Darm-Traktes kann ein breites Erregerspektrum zugrunde liegen. Erkrankungen durch Spezies der Gattungen *Streptococcus*, *Corynebacterium*, *Pasteurella*, *Proteus* und *Pseudomonas*, deren enterale Lokalisation mit einer generalisierten Infektion im Zusammenhang steht, werden im folgenden nicht abgehandelt. Die Ausführungen beschränken sich auf *Salmonella*-Arten, *Escherichia coli* und *Clostridium (Welchii) perfringens*. Ohne Zweifel repräsentieren *Salmonella* und *E. coli* sowohl in Frankreich als auch in anderen Ländern die wichtigsten Erreger von Gastroenteritiden.

Enterotoxämie

Die Enterotoxämie kommt in Frankreich nur ausnahmsweise vor, zumindest in Form der beschriebenen klassischen Krankheitsbilder: beim neugeborenen Kalb als hämorrhagische Enteritis des Jejunums und Ileums durch *Clostridium perfringens* Typ C (*»Bacillus paludis«*), bei älteren Kälbern (6–10 Wochen) als perakut mit Tympanie, pathologischen Veränderungen im Magen-Darm-Kanal, in der Leber und in den Nieren sowie mit hoher Sterblichkeit verlaufende Erkrankungen durch *Clostridium perfringens* Typ D (*»Bacillus ovitoxicus«* bzw. *Bac. Wilsdoni*). Manche Autoren haben irrtümlich Clostridium perfringens Typ A beim Auftreten plötzlicher Todesfälle unter Mastkälbern eine pathogene Rolle zuerkannt. Im herkömmlichen Sinne trifft die Definition eines Infektionserregers für *Clostridium perfringens* Typ A (auch als banaler oder humaner Typ bezeichnet) aus nachfolgenden Gründen nicht zu [12, 45, 65, 75]:

– Der Erreger gehört zu den anaeroben Mikroorganismen, welche die Schleimhäute des Respirations-, Gastrointestinal- und Genitaltraktes bei Mensch und Tieren am

häufigsten besiedeln sowie im Erdboden und praktisch an allen Stellen, mit denen das Vieh in Kontakt kommt, am weitesten verbreitet sind.
- *Clostridium perfringens* Typ A zeigt eine geringe Pathogenität und vermag nur wenig oder gar kein Toxin zu bilden.
- In keinem Falle gelang es (im Gegensatz zu den anderen Typen), mit dem Typ A beim Kalb oder Schaf [30] und beim keimfrei aufgezogenen Meerschweinchen [23] das Krankheitsbild experimentell zu erzeugen.

Es dürfte sich vielmehr um eine ernährungsbedingte Erkrankung handeln, denn meistens steht sie mit folgenden Störfaktoren im Zusammenhang:
- Mangelrationen, zu hoher Anteil an Milchpulver, zu rascher Übergang zu dessen Verfütterung;
- technische bzw. tierhygienische Mängel (ungenügende Homogenisierung der Milch, Verabreichen einer zu kalten Tränke, Wassermangel, überhitzte Ställe, nicht ausreichende Belüftung, Überbelegung);
- erhöhter Stickstoffgehalt des Blutes (die Harnstoffkonzentration kann bei den erkrankten Tieren 1 g pro Liter Blut erreichen).

Salmonellosen

Erreger sind Vertreter der Familie *Enterobacteriaceae* mit einem Tropismus zum Verdauungs- und Genitaltrakt, wodurch sich die Enteritis und Aborte bei erwachsenen Tieren und die rasch tödlich endende Septikämie bei Jungtieren, die mit Diarrhoe und bisweilen respiratorischen und nervalen Symptomen einhergehen kann, erklären lassen. Es wird ein flüssiger, übelriechender Kot abgesetzt, der im allgemeinen Schleim und Blutgerinsel enthält. Die Aborte ereignen sich in der zweiten Hälfte der Trächtigkeit. Pathologisch-anatomisch erkennt man eine Gastritis, eine kruppöse oder hämorrhagische Enteritis und eine Hepatosplenomegalie mit herdförmigen Nekrosen.

Die wichtigsten in Frankreich gefundenen Erreger sind die rinderspezifische Art *Salmonella dublin* (73 %) und die ubiquitäre Art *Salmonella typhimurium* (12 %), die bei allen Tieren vorkommt und für mitunter letal endende Lebensmittel-Toxinfektionen beim Menschen verantwortlich ist. Auf Grund nicht systematisch vorgenommener Untersuchungen galten Salmonellosen bis 1966 in Frankreich als selten [6, 28, 29]; bereits die Jahre 1969 und 1972 [48] brachten erhebliche Anstiege. Der sprunghafte Anstieg der Salmonellosen im Jahre 1969 beruht wahrscheinlich auf einer Erweiterung der Kälbermastanlagen und dem Verstoß gegen elementare Hygieneregeln [60, 62]. Die Zunahme des Tierhandels und der Tierumsetzungen, das Zusammenstellen von Tieren unterschiedlicher Altersstufen, Überbelegung und Fehlen periodischer Desinfektionsmaßnahmen begünstigen die Tierkontakte und natürlich auch das Zustandekommen einer Infektion über Einstreu, Dung und Staub.

Was die Salmonellose der neugeborenen Kälber betrifft, steht sie in Beziehung zu den zahlreichen Keimträgern unter den gesunden erwachsenen Rindern. Neben den Infektionsquellen, die von den Tieren selbst sowie von fäkal kontaminierten Ställen, Futtertrögen und Tränkeinrichtungen gebildet werden, wird häufig die Verunreinigung von Futtermitteln einschließlich Mehlen animaler Herkunft als Ausgangspunkt in Betracht gezogen. Im Gegensatz zu den Verhältnissen beim Menschen scheint die Übertragung der Salmonellose auf oral-alimentärem Wege bei Tieren nicht im Vordergrund zu stehen. Das wird durch eine Studie der Behörden des Staatlichen Gesundheitswesens in Großbritannien belegt, welche die Jahre 1958 bis 1967 umfaßt. Trotz einer Kontamination von 10 % der Rohstoffe konnte *Salmonella dublin* nur zweimal und *Salmonella typhimurium* nur aus 1,8 % der Futtermittelproben isoliert werden. An-

Ermittelte Salmonellosefälle
(nach RENAULT et al.)

Jahr	%	in Betrieben
1969	5,8	339
1970	2,7	252
1971	2,0	194
1972	6,1	163
1973	3,0	228

dererseits scheint der erneute Anstieg an Salmonellose bei Kälbern in Großbritannien im Jahre 1973 mit exotischen Erregerstämmen zusammenzuhängen, die mit Rohstoffen von kontaminierten Tieren eingeschleppt wurden.
In Anbetracht der den Produktionsbetrieben entstehenden ökonomischen Schäden und der potentiellen Gefährdung des Menschen durch Salmonellosen, die von ubiquitären Keimen wie *Salmonella typhimurium* hervorgerufen werden, sollte sich die Bekämpfung dieser Infektionen nicht nur auf ein therapeutisches Konzept stützen, sondern auf einen Komplex prophylaktischer Maßnahmen. So sollte die antibiotische Behandlung beim Kalb beispielsweise immer gleichzeitig eine Injektion von Chloramphenicol und eine orale Applikation von Furazolidon über fünf Tage umfassen. Leider besitzen die Salmonella-Spezies gegenüber Antibiotika nicht die gleiche Empfindlichkeit; resistente Stämme sind im Zunehmen begriffen und können auch stets den Menschen gefährden, und schließlich bleiben behandelte Tiere latente Keimträger.
Als wichtigste *prophylaktische Maßnahmen* gelten:
– Zukauf von Kälbern bekannter Herkunft mit dem Nachweis der Abstammung von seuchenfreien und überwachten Vatertieren;
– Einschränkung der Tierumsetzungen und des Zusammenstellens von Beständen;
– Tiere unterschiedlicher Altersklassen sollten nicht zusammengebracht werden;
– das Nebeneinander von Geflügel-, Schweine- und Kälberhaltung ist zu unterlassen;
– die Einzelaufstallung ist der Gruppenhaltung auf Tiefstreu vorzuziehen;
– Desinfektion der für Tiertransporte benutzten Kraftfahrzeuge, der Stallgebäude, der Lüftungsanlagen, Tränkeinrichtungen und Futtertröge, des Fußbodens und der Abprodukte (Dung, Jauche, Gülle und Abwasser); Staubbeseitigung; Seuchenwanne;
– für die einzelnen Stallgebäude sind separate Kleidung, Stiefel und Handschuhe zu benutzen;
– Hunde, Katzen und Vögel sind von den Tierproduktionsanlagen fernzuhalten, Schadnagerbekämpfung;
– bakteriologische Kontrolle des Wassers, der Futtermittel und der einzusetzenden Rohstoffe, Abwasserreinigung;
– regelmäßige Hygienekontrollen in den Schlachthöfen und in den Fleischereien.

Koliinfektion

Klinische Diagnostik

Obgleich Koliinfektionen unbestritten zu den Hauptursachen wirtschaftlicher Verluste in der Kälberproduktion gehören, bereitet die Diagnose auf Grund der unzulänglichen Kenntnisse über die isolierten *Escherichia-coli*-Stämme immer noch Schwierigkeiten. Während sich alle Autoren über die Existenz eines septikämischen Krankheitsbildes einig sind, herrscht bei den mit Diarrhoe einhergehenden Verlaufsformen noch Unklarheit.
Die *septikämische Form* (Kolisepktikämie, Kolisepsis) tritt in den ersten Lebenstagen auf und führt unweigerlich zum Tode. Nach einer Periode, die durch Inappetenz, Schwäche, Fieber und wäßrigen, manchmal auch blutigen Durchfall gekennzeichnet ist, kommen die Tiere zum Festliegen und verenden plötzlich nach Ablauf von drei Tagen. Das Sektionsbild zeigt entzündlich-hyperämische Läsionen am Verdauungstrakt (Labmagen und Dünndarm) und an den Eingeweiden (Leber, Lungen), petechiale Blutungen auf dem Epikard, eine subakute entzündliche Hyperämie in der Markschicht der Nieren, subseröse Blutungen in der Milz, bisweilen eine Arthritis.
Die mit Diarrhoe verbundenen Krankheitsformen lassen sich in eine *enterotoxische* Form (Kolienterotoxämie, »Isokolibazillose« bei äl-

teren Autoren) und eine *enteritische* Form (Kolienteritis, Koliruhr) einteilen.

Wie der Name aussagt, ist die *Kolienterotoxämie*, die rasch eintretende Todesfälle verursacht, durch die exzessive Vermehrung von enterotoxinbildenden Kolibakterien im Darm charakterisiert. Pathologisch-anatomisch sieht man nur Läsionen am Dünndarm, niemals Anzeichen einer Septikämie.

Zur *Koliruhr* kommt es im ersten Lebensmonat der Kälber. Kennzeichnend ist der helle Durchfall (»weiße Kälberruhr«). Für den letalen Ausgang könnten zwei pathologische Mechanismen in Frage kommen:
- eine mehr oder weniger fortgeschrittene Exsikkose,
- das Vorhandensein einer terminalen septikämischen Phase.

Das Sektionsbild zeigt demzufolge entweder auf den Verdauungstrakt beschränkte pathologisch-anatomische Veränderungen oder auf Septikämie deutende Schädigungen analog den typischen Befunden bei der perinatal auftretenden Koliseptikämie.

Bakteriologische Diagnostik

Abgesehen von der septikämischen Verlaufsform, finden sich die Unbestimmtheit und die Probleme der klinischen Diagnostik auch bei der bakteriologischen Diagnostik wieder.

Die Koliseptikämie wird per definitionem durch eine Bakteriämie charakterisiert; folglich gelingt die Diagnosestellung durch Isolierung pathogener *E.-coli*-Stämme aus allen parenchymatösen Organen und aus dem Blut. Ätiologisch kommt eine geringe Anzahl von Serotypen in Betracht. Nach der Klassifikation von KAUFFMANN werden folgende Antigene unterschieden:
- 157 somatische Antigene (O-Antigene); für ihren Nachweis bedarf es einer vorangehenden Erhitzung der Kulturen (eine Stunde auf 120°C bzw. zwei Stunden auf 100°C), um die das O-Antigen maskierenden Kapselantigene zu eliminieren;
- 99 Kapselantigene (K-Antigene), zu denen die B- und L-Hüllenantigene sowie das echte Kapselantigen A gehören, das an lebenden Kulturen bestimmt werden kann;
- 50 Geißelantigene (H-Antigene).

Der Stamm O 78 : K 80 [3] stellt den in Untersuchungen in verschiedenen Ländern Europas am häufigsten festgestellten Serotyp dar. Er ist besonders virulent, da nach Ergebnissen mehrerer Autoren die orale Gabe von 100 ml Bouillonkultur und die intraperitoneale Applikation von 0,1 ml der zu prüfenden Kultur an kolostrumfrei ernährte Kälber regelmäßig zum Tod der Tiere führt [7]. Die Liste der für die Koliseptikämie verantwortlichen *E.-coli*-Stämme umfaßt die somatischen Antigene 15, 26, 35, 78, 86, 115, 117, 137, weniger häufig die O-Antigene 55, 8 und 20 [59, 61]. Trotz der relativ geringen Anzahl von Antigenen erweist sich die bakteriologische Diagnose der Koliseptikämie als kompliziert. Postmortal können die parenchymatösen Organe einen einzigen Serotyp, aber auch zwei oder mehrere pathogene Serotypen oder pathogene und apathogene Serotypen beherbergen. Außerdem variiert die Häufigkeit pathogener Serotypen von Land zu Land. So sind in Belgien [26, 54] die O-Antigene 15, 55, 78 und 86 am stärksten vertreten, während in Frankreich die Bedeutung der O-Antigene 78 und 86 weit zurücktritt [47]. Ferner konnte in Belgien in einem Zeitraum von 10 Jahren ein Rückgang der Hauptserotypen 15, 55, 78 und 86 von 55% auf 18% beobachtet werden [41].

Die Diagnose der mit Diarrhoe einhergehenden Verlaufsformen der Koliinfektion beginnt gleich mit dem Problem, daß *Escherichia coli* ein normaler Besiedler der Darmschleimhaut bei Mensch und Tieren ist und die Keimzahlen in der Darmflora von gesunden und kranken Kälbern vergleichbar sind [58]. Das Ergebnis dieser Beobachtung muß jedoch korrigiert werden, da andere Untersucher [5] im Jejunum gesunder Kälber eine niedrigere Keimzahl (10^2/g) fanden als im Jejunum kranker Tiere (10^4–10^9/g) oder bei gleichen Keimgehalten ein Überwiegen der pathogenen Stämme bei den kranken Kälbern ermittelt wurde [69, 74].

Mit dem Darmligaturtest am Kalb läßt sich die enteropathogene Aktivität nachweisen und damit die Kolienterotoxämie von der Kolienteritis abgrenzen [53, 57]. Die Liste der enteropathogenen Stämme weist folgende O-Gruppen auf: 3, 8, 9, 11, 17, 21, 26, 45, 60, 86, 93, 101, 141. Detailliertere Untersuchungen erbrachten den Beweis, daß diese in schleimigen Kolonien wachsenden Stämme ein echtes Kapselantigen A enthalten (z. B. 09:K30(A), 09:K35(A), 0101:K32(A), 0101:K41(A), oder ein B-Hüllenantigen wie bei den Gastroenteritis im Kindesalter erzeugenden Stämmen, z. B. 026:K60(B6). Später wurde noch erkannt, daß eine Anzahl jener Stämme ein zusätzliches gemeinsames Kapselantigen besitzen (K99 oder Kco). In den Fällen, wo wie bei den ferkelenteropathogenen Stämmen das gemeinsame K88-Antigen vorhanden ist, besteht die Möglichkeit, mit Hilfe der direkten Agglutination lebender *E.-coli*-Kulturen durch Einsatz von Anti-Kco-Serum die Diagnose Kolienterotoxämie des Kalbes zu sichern.

Was die Koliruhr betrifft, die keine Beziehungen zu enterotoxinbildenden Stämmen aufweist, so läßt sich ihre Diagnose nur objektivieren, wenn über einen längeren Zeitraum 10 bis 20 *E.-coli*-Kolonien je Tier, jeweils aus einem gesunden und aus einem kranken Kälberbestand, typisiert werden. Mit diesen Beurteilungskriterien stellten VALLEE et al. (1970) sich von Septikämie- und Enterotoxämie-Stämmen unterscheidende *E.-coli*-Stämme mit folgenden somatischen Antigenen fest: 20, 68, 118, 123, 143, 145. Die subtile Differenzierung zwischen der Kolienterotoxämie und der banalen enteritischen Form der Koliinfektion gestaltet sich aber noch komplizierter, weil

- manche Stämme O-Gruppen enthalten, wie 26 und 86, die gleichzeitig in Septikämie- und Enterotoxämie-Stämmen vorkommen;

- bestimmte für die Kälberruhr verantwortliche Stämme ebenso wie septikämieerzeugende Stämme aus parenchymatösen Organen angezüchtet werden können, wobei die Toxizität für die Maus derjenigen der Enterotoxämie-Stämme gleicht, wenn sie sie nicht gar übertrifft. RENAULT et al. (1968) erzielten dabei folgende Ergebnisse:

Stamm 011: $DL_{50} - 5 \cdot 10^6 - 8 \cdot 10^7$ Keime,
Stamm 020: $DL_{50} - 5 \cdot 10^4 - 5 \cdot 10^8$ Keime.

Wahrscheinlich liegen die Ursachen für diese Befunde in Unterschieden im Kapselantigenmuster bei gleichem O-Gruppen-Typ sowie in der unterschiedlichen Virulenz der Stämme im Anfangs- oder Endstadium der Septikämie, wobei die letztgenannten Unterschiede wiederum durch die von den jeweiligen Antikörperspiegeln abhängige Abwehrkraft der Tiere bedingt sind.

Pathogenese

Die Ätiologie der verschiedenen Formen der Koliinfektion läßt sich nicht immer klar angeben; die fehlende Exaktheit in den Erklärungen der pathogenetischen Mechanismen überrascht nicht. Während die Pathogenese der Koliseptikämie noch relativ einfach zu verstehen ist, muß bei den mit Diarrhoe einhergehenden Verlaufsformen, vornehmlich bei der Koliruhr, noch vieles erhellt werden.

KOLISEPTIKÄMIE

Am Zustandekommen der Krankheit sind sowohl prädisponierende und auslösende Faktoren von seiten des neugeborenen Kalbes als auch krankheitsfördernde exogene Einflüsse beteiligt.

Bestimmende Faktoren

Seit langem weiß man durch Untersuchungen zahlreicher Autoren [13, 19, 31], daß das Eindringen pathogener *Escherichia-coli*-Stämme in den Organismus zu einer Septikämie führt, wenn experimentell die Kälber kolostrumfrei aufgezogen werden oder in der Praxis ein absoluter Mangel an kolostralen Immunglobulinen vorliegt. Wie bei anderen Spezies setzen sich auch beim Rind die Immunglobuline aus drei Hauptklassen zusammen: IgG, IgM und IgA; die beiden erstgenannten sind für die humorale Immunreaktion verantwortlich. In einer Studie in Frankreich [9] zeigte sich, daß in einem Kälberbestand mit hoher Mortalität die Hälfte der Tiere einen Gammaglobulinspiegel im Blut unter 0,5 g/100 ml aufwies, der bei den sterbenden Tieren sogar unter 0,4 g/100 ml absank; diese Werte waren signifikant niedriger als bei den überlebenden Kälbern. Ferner berichteten Autoren aus Großbritannien [37], daß der Gehalt IgG und IgM bei ausgeprägter Septikämie 0,8 bzw. 0,2 mg/ml betrug, bei Kolienterotoxämie und Koliruhr 5,0 bzw. 0,6 mg/ml und damit deutlich unter den Werten der Kontrolltiere (7,5 bzw. 0,8 mg/ml) lag.

McEwan et al. (1970) entwickelten einen turbidimetrischen Schnelltest (Zinksulfat-Trübungstest; ZST), mit dem die Serumimmunglobuline rasch bestimmt werden können und gleichzeitig eine Differenzierung in gesunde Tiere (ZST > 10), Tiere mit enteraler Koliinfektion (5 < ZST < 10) und Kälber mit Koliseptikämie (ZST < 5) erfolgen kann, wobei eine Einheit 0,1 g/100 ml entspricht.

Die Aktivität der Immunglobuline bei der septikämischen Verlaufsform der Koliinfektion äußert sich in einer spezifisch bakteriziden Wirkung (Opsonierung, Komplementbindung), die hauptsächlich der IgM-Klasse zugeschrieben wird. Ihre hohe Pathogenität erreichen die Septikämie-Stämme durch exzessive Vermehrung im Verdauungstrakt mit nachfolgendem Übertritt ins Blut. Die Koliseptikämie geht zwar nicht mit Diarrhoe einher, und die Flüssigkeitsverluste sind geringfügig, jedoch bewirken die Lipopolysaccharid-Antigene des Endotoxins Hypotension, Hypoxämie, Tachykardie, eine metabolische Azidose, einen biphasischen Anstieg der Glucosekonzentration sowie einen erhöhten Blutstickstoffgehalt [44]. Darüber hinaus vermag das Endotoxin eine indirekte anaphylaktische Reaktion auszulösen [71, 72].

Neben der Möglichkeit einer direkten anaphylaktischen Reaktion des Endotoxins (Endotoxinschock) hängt die Manifestation der verschiedenen klinischen Verlaufsformen der Koliinfektion des Kalbes wie auch beim Ferkel von dem Gehalt an kolostralen Immunglobulinen und von dem Grad der Endotoxinresorption ab. Nach der Endotoxineinwirkung erfahren mit Kolostrum getränkte Kälber eine indirekte Überempfindlichkeitsreaktion, die emphysematöse Veränderungen und ein Lungenödem im Falle eines leichten und kurzdauernden Schocks, eine katarrhalische Enteritis bei leichtem, aber länger währendem Schock zur Folge hat. Die im Experiment nach Endotoxininjektion überlebenden Kälber sind Individuen, die keine Agglutinine besitzen. Bei den Kälbern, die kein Kolostrum erhalten, könnte es sich wie bei der Ödemkrankheit der Ferkel um eine Sensibilisierung des Fötus in utero durch permanent einwirkende kleine Antikörper- oder Endotoxinmengen handeln. Die Übergangsformen zwischen der Koliseptikämie und der enteralen Koliinfektion zeigen eine Abhängigkeit vom Immunglobulingehalt und vom Grad der Eliminierung der im Blut zirkulierenden pathogenen *E.-coli*-Stämme.

Prädisponierende Faktoren

Da neugeborene Kälber physiologisch große Mengen an Glukokortikoiden produzieren, die auf die für die zelluläre Immunität verantwortlichen T-Lymphozyten immunsuppressiv wirken, geraten die Tiere in einen Immunmangelstatus, sind also immuninkompetent [36].

Exogene Einflüsse

Die von außen kommenden Einflüsse sind von den vorstehend genannten Faktoren in der Praxis nicht zu trennen. Im wesentlichen handelt es sich um drei Komplexe: die Ernährung der Muttertiere, die Ernährung der Kälber und die Haltungsbedingungen.

- *Ernährung des Muttertieres*

Eine bedarfsgerechte Ernährung in der Trächtigkeitsperiode, insbesondere eine reichliche Versorgung mit Eiweiß, Vitamin A und Vitamin D_3, ist für die Widerstandskraft des Kalbes bedeutungsvoll.

- *Ernährung des Neugeborenen*

Ungenügende Aufnahme von Kolostrum kann einerseits auf einer Veränderung der intestinalen Resorptionskapazität, andererseits auf einem qualitativen oder quantitativen Defizit beruhen.

– *Resorptionskapazität:* Die intestinale Resorption in den ersten 24 Stunden ist für die einzelnen Immunglobulinklassen unterschiedlich [32]; sie beträgt 90% für IgG, 59% für IgM und 48% für IgA. Auch die Resorptionsdauer schwankt je nach Immunglobulinklasse (27 Stunden bei IgG, 22 Stunden bei IgA und 16 Stunden bei IgM). Die Resorption nimmt zwischen 2 und 20 Stunden post partum linear um 50% ab.

– *Qualität des Kolostrums:* In Anbetracht der mitgeteilten Resorptionsverhältnisse ist es logisch, daß zahlreiche Autoren auf der Forderung bestehen, nach der Geburt an die Kälber so bald wie möglich Kolostrum zu verabreichen. Zu berücksichtigen ist auch die Tageszeit des Abkalbens; u. U. kann es sonst vorkommen, daß die Kälber trockenstehender Kühe ihre erste Kolostrumgabe erst nach Ablauf von 15 Stunden erhalten. Die erste Kolostrumgabe post partum sollte bei Kälbern von laktierenden Kühen nach 6 Stunden, bei Kälbern von Trockenstehern nach einer Stunde erfolgen [43, 49]. Es empfiehlt sich auch, daß letztgenannte Kälber mindestens 6 bis 12 Stunden bei der Mutter bleiben, um die maternalen Stimuli wirksam werden zu lassen und damit eine bessere Kolostrumaufnahme zu gewährleisten.

– *Kolostrummenge:* Die vom Kalb aufzunehmende Menge an Kolostrum hängt natürlich von dessen Immunglobulingehalt ab. Ein Gehalt von 100 g Immunglobulinen im Blut sichert dem Kalb einen ausreichenden Infektionsschutz [27]. Um zu diesem Wert zu gelangen, muß das Neugeborene 2 Liter oder 6% seiner Körpermasse an Kolostrum aufnehmen.

– *Verfütterung von Milchaustauschern:* WRAY und THOMLINSON (1975) beobachteten bei Kälbern laktierender Kühe 48 Stunden nach Übergang auf Milchaustauscher eine Zunahme pathogener E.-coli-Stämme um mehr als 50%. Wird bei der Verfütterung von Milchaustauschern auf angemessene, d. h. dem jeweiligen Bedarf angepaßte Rationen, Vermeidung von Klümpchenbildung und richtige Tränktemperatur (35°C) geachtet, kann der Vermehrung dieser Keime vorgebeugt werden.

Haltungsbedingungen

Es ist ohne weiteres nachzuweisen, daß die Zunahme von Septikämiefällen mit der Entwicklung einer stallspezifischen Keimflora und damit der Belegungsdauer parallel verläuft. Abkalben von Tieren in zeitlicher und räumlicher Nähe, das Zusammenstellen von neugeborenen, weniger als 2 Wochen alten Kälbern mit älteren Tieren, Überbelegung und das Einstellen von Kälbern aus fremden Betrieben mit anderen *Escherichia-coli*-Stämmen sind ebenfalls begünstigende Faktoren für die entsprechende Ausbildung einer klinischen Infektion.

ENTERALE FORMEN DER KOLIINFEKTION

Wie die Koliseptikämie sind auch die von Diarrhoe geprägten Verlaufsformen der Koliinfektion das Resultat der Vermehrung im Darm lokalisierter pathogener Stämme und die Folge eines zu geringen Gehaltes an kolostralen Immunglobulinen.

Untersuchungen über Zusammenhänge zwischen Blutparametern, den Ergebnissen im Zinksulfat-Trübungstest (ZST) und dem Auftreten von Diarrhoe [2, 37]

		Gesunde Tiere	Durchfallkranke Kälber
Gesamtprotein	g/100 ml	6,3	6,3
IgG	mg/ml	7,5	5,0
IgM	mg/ml	0,8	0,6
ZST	Einheiten	23,6	<20

Kolostrale Immunglobuline

Beim Rind sind wie bei anderen Tierarten Antikörper der Immunglobulinklasse A für den lokalen Schutz der Schleimhäute verantwortlich. In den Darmmukosazellen wird das dafür zuständige sekretorische IgA, das sich vom Serum-IgA unterscheidet, synthetisiert. Von der humoralen Immunität gehen nur protektive Wirkungen gegen die septikämisch verlaufende Koliinfektion aus. Das Vorkommen von Übergangsformen zwischen der Septikämie und der enteralen Manifestation ließ manche Untersucher nach Zusammenhängen zwischen bestimmten Blutparametern, dem Ergebnis im Zinksulfat-Trübungstest und dem Auftreten von Diarrhoe suchen. Der turbidimetrische Wert von 19,3 Einheiten im ZST wurde bei Kälbern ermittelt, deren enterale Infektion nicht tödlich endete, während der Wert von 16,1 Einheiten ein Indikator für letalen Ausgang war. Außerdem konnte festgestellt werden [16, 17], daß die fäkale Ausscheidung von IgG mit dem Schweregrad der Diarrhoe und der Mortalität parallel ging, dagegen bestand eine umgekehrte Relation zum Gehalt des Serums an IgG und IgA. Diese Beobachtungen bestätigen die fehlende Beteiligung des IgM an den Schutzmechanismen gegen die tödlich verlaufende enterale Koliinfektion, aber die mögliche Rolle des Serum-IgG.

Pathogene E.-coli-Stämme

Die Entdeckung der Enteropathogenität bestimmter *E.-coli*-Stämme im Darmligaturtest beim Kalb [57] erlaubte eine klare Differenzierung zwischen enteropathogenen Stämmen und Septikämie-Stämmen. Mit dem Nachweis einer thermostabilen Fraktion der von den enteropathogenen Stämmen gebildeten Enterotoxine konnte die Berechtigung einer Einteilung der enteralen Koliinfektion in eine enterotoxische und eine banale enteritische Form untermauert werden. Leider haben die Kenntnisse über die Enterotoxine der *E.-coli*-Stämme beim Kalb nicht das Niveau wie die über die enteropathogenen Stämme beim Schwein; das betrifft auch den Wirkungsmechanismus der Enterotoxine, zu denen sich mitunter ein biologisch aktives Endotoxin gesellen kann. Stets geht die enterale Koliinfektion mit einer schweren metabolischen Azidose einher. Die Tiere zeigen einen erhöhten Hämatokritwert als Ausdruck einer Dehydratation und Hypovolämie, einen Abfall des pH-Wertes und des Hydrogencarbonatspiegels als Zeichen einer Azidose, einen Anstieg der Harnstoffkonzentration als Merkmal einer Niereninsuffizienz sowie eine Vermehrung der neutrophilen Granulozyten. Im Ergebnis der Hypovolämie und der Hyperventilation infolge der metabolischen Azidose kommt es zu Tachykardie und abgeschwächtem Venenpuls [3]. Wie schon erwähnt wurde, bietet die Trennung in septikämische und enterotoxische Verlaufsformen den Verfechtern der anaphylaktischen Theorie [70] keine Beweismittel, denn die pathologisch-anatomischen Veränderungen bei beiden Formen sind weder bei experimenteller noch bei natürlicher Infektion voneinander zu unterscheiden.

Was die Differenzierung zwischen enterotoxischer und enteritischer Verlaufsform anbelangt, die beide durch eine mehr oder weniger deutlich ausgeprägte Azidose gekennzeichnet sind [15], so gibt es Unterschiede in der Krankheitsdauer: 2,6 ± 1,3 Tage bis zum Exitus bei Enterotoxämie, 5,3 ± 2,7 Tage bis zum Verenden bei Koliruhr. Die Gefährlichkeit der Kolienterotoxämie läßt sich wahrscheinlich mit der gemeinsamen Wirkung des Endotoxins und eines Enterotoxins erklären. Hier soll betont werden, daß die hauptsächlichste Art der Reaktion des Darmes auf verschiedene Viren, Bakterien und sogar unverdauliche Futterbestandteile in einer vermehrten Sekretion und einer Malabsorption mit Verlust an Flüssigkeit, Elektrolyten und Nährstoffen besteht [43], wodurch es zum Durchfallgeschehen kommt.

Es ist auch über Diarrhoefälle bei Kälbern mit Kolostrumernährung berichtet worden, wo der Nachweis enteropathogener *Escherichia coli*-Stämme nicht gelang [56]. Dagegen konnte das Vorhandensein unverdaulicher Substanzen in den Futtermitteln als Ursache erkannt werden. Diese Beobachtung belegt, daß neben Viren und Bakterien als ätiologischen Agenzien ein Durchfallgeschehen bei Kälbern, besonders bei Mastkälbern, die den kritischen Zeitraum bis zum Ende der ersten Lebenswoche überstanden haben, mit Milchaustauschern schlechter Qualität oder mangelhaften Aufzuchtbedingungen (z. B. Überernährung oder nicht ausreichende Tränke) in Beziehung stehen kann.

Therapie

Die therapeutischen Maßnahmen umfassen im wesentlichen den Einsatz von Antibiotika, eine Behandlung mit Antiseren und die Applikation von Elektrolytlösungen. Während die Antibiotika ausschließlich kurativ angewendet werden, wirken die Serumtherapie und die Mittel zum Ausgleich der Flüssigkeitsverluste in Anbetracht der Schwierigkeiten, die septikämische, enterotoxämische und enteritische Verlaufsform der Koliinfektion klinisch voneinander abzugrenzen, prophylaktisch und therapeutisch zugleich.

Antibiotikatherapie

Alle Indikationen beziehen sich auf die Koliseptikämie. Da *Escherichia coli* gegenüber der Mehrzahl der Antibiotika empfindlich ist, haben sich seit Beginn des Einsatzes vor etwa 30 Jahren zahlreiche resistente Stämme gebildet. In Belgien fanden POHL et al. (1969) unter 47 Stämmen bei 39% eine Ampicillin-Resistenz, bei 48% eine Chloramphenicol-Resistenz, eine hundertprozentige Resistenz gegen Streptomycin und Oxytetracyclin sowie bei 4% eine Resistenz gegen Furoxon (Furazolidon). Dieselben Autoren [40] ermittelten bei septikämieerzeugenden Kolikeimen einen sprunghaften Anstieg multiresistenter Stämme (Ampicillin, Streptomycin, Neomycin, Chloramphenicol, Tetracycline); 1969 waren es 8% von 121 untersuchten Stämmen, 1970 schon 24% von 133 untersuchten Stämmen und 1971 sogar 43% der getesteten 79 Stämme. RENAULT et al. (1970) stellten eine deutliche Abnahme der Antibiotikaempfindlichkeit im letzten Jahrzehnt fest: Gegenüber Streptomycin sank die Empfindlichkeit der *E.-coli*-Keime im Durchschnitt von 90% auf 30%, gegenüber Chloramphenicol von 50% auf 30%, gegenüber Furoxon von 70% auf 20%, und gegenüber Tetracyclinen bestand bei 10% der Stämme eine begrenzte Wirksamkeit. Heutzutage hat aus dem gesamten Spektrum der Antibiotika praktisch nur noch das Colistin seine volle Wirksamkeit bewahrt.

Die Anwendung von Antibiotika zur Behandlung der enteralen Koliinfektionen ist dagegen weitaus bedenklicher und sogar kontraindiziert. Einerseits lassen sich pathogene *E.-coli*-Keime nicht immer nachweisen, andererseits ist die Kopplung von metabolischer Azidose mit Störungen der Nierenfunktion die Regel, so daß eine Antibiotikatherapie nicht nur ohne Nutzen ist, sondern den Zustand der kranken Tiere noch verschlimmert. In einem konkreten Fall ergaben sich daraus 78% Abgänge in einer Produktionseinheit von 60 Kälbern [66, 67].

Serumtherapie

Die wichtigste Indikation bildet wie bei der Antibiotikatherapie die Behandlung der Koliseptikämie. In Dänemark ist mit großem Erfolg ein aus Pferden gewonnenes polyvalentes Antiserum gegen die O-Gruppen 78, 15, 20, 115, 114, 119, 88 und 45 eingesetzt worden [8]. In Großbritannien wurden Immunglobuline

Tabelle VI/1 Wirkung von IgM auf die Koliseptikämie [33]

Gruppe	Behandlung	Zahl der Tiere	Schutzwirkung
Testgruppe	4 g IgM per os + 2 × 1 g i. v.	32	21
Kontrollgruppe	Kolostrum	10	8
Kontrollgruppe	ohne Kolostrum	10	0

Komplexe Maßnahmen zur Hygieneprophylaxe

Abschirmen des Kalbes vor einer Infektion

Zurückdrängen des kontaminierten Milieus:
- Abkalben in getrennten Abteilen,
- vollständige Isolierung der Neugeborenen.

Kampf gegen die Verseuchung des Milieus:
- optimale Belegungsdichte,
- Desinfektion; Seuchenwanne.

Stärkung der Widerstandskraft des Kalbes

Unspezifische Faktoren:
- richtige Ernährung der Kühe während der Trächtigkeit,
- richtige Ernährung des Kalbes (ausreichende Kolostrummenge),
- hohe Qualität der Milchaustauscher, richtige Rationsgestaltung),
- Haltungsbedingungen (optimale Temperatur und Luftfeuchtigkeit, Einzelaufstallung der Mastkälber),
- Kampf gegen interkurrente Infektionen (Viruspneumonien).

Spezifische Faktoren:
- Qualität und Quantität des Kolostrums,
- Zeitraum zwischen Geburt und erster Kolostrumgabe,
- Zeitpunkt der Isolierung des Kalbes vom Muttertier.

der Klasse IgM als Kolostrumersatz in der Septikämiebehandlung erfolgreich angewendet [33, 38]. Dagegen weist das Vorkommen enteropathogener E.-coli-Stämme im Darminhalt verendeter Kälber sowohl aus der Testgruppe als auch aus den Kontrollgruppen auf die fehlende Schutzwirkung des IgM gegenüber dem Durchfallgeschehen hin (Tabelle VI/1).

Behandlung der Exsikkose

Diese Therapie ist bei allen Formen der enteralen Koliinfektion von Nutzen, weil die metabolische Azidose bei der Kolienterotoxämie und auch bei der Koliruhr auftritt, unabhängig vom Vorkommen echter pathogener Stämme. Mit der intravenösen Injektion von 150 ml einer gesättigten 15%igen Natriumhydrogencarbonatlösung bei Mastkälbern oder der oralen Verabreichung von 2½ l einer hypotonischen Elektrolytlösung an die neu eingestallten Tiere gelang es, in einer Versuchsanlage, die pro Jahr 2000 Mastkälber lieferte, die Mortalität von 10 auf 1% zu senken [11, 35].

Prophylaxe

In Anbetracht der Bedeutung krankheitsfördernder Faktoren, die bereits bei der Pathogenese der verschiedenen Formen der Koliinfektion betont worden ist, muß neben therapeutische Maßnahmen immer eine wirksame Prophylaxe treten. Die Schaffung und Aufrechterhaltung eines strengen Hygieneregimes sind um so mehr von entscheidendem Gewicht, als für Kolidiarrhoe und -enterotoxämie noch keine spezifische Prophylaxe gefunden wurde.

Hygieneprophylaxe

Ziel dieser Maßnahmen sind das Abschirmen der Kälberbestände vor einer Infektion und die Stärkung der Widerstandskraft der Tiere [43].

Immun-Prophylaxe

Die medikamentelle Prophylaxe basiert hauptsächlich auf der passiven Immunisierung über die Vakzination der Muttertiere. Arbeiten zur aktiven Immunisierung des Fötus und zur lokalen Immunisierung der Kälber auf oralem Wege befinden sich noch im Versuchsstadium. Die diagnostischen Probleme und die Unsicherheit der gegenwärtigen Kenntnisse über die Pathogenese der Koliinfektion machen eine Einschätzung der Bestandsimpfungen besonders schwierig.

- *Vakzination der Kühe*

Die wichtigsten Ergebnisse sind in zahlreichen Untersuchungen in Belgien erzielt worden [50, 51, 52] (Tabelle VI/2). Eingesetzt wurde eine Totvakzine auf der Basis von kompletten FREUNDschen Adjuvans, welche die am häufigsten vorkommenden Septikämie-Stämme 78, 55, 15 und 137 in einer Konzentration von 2×10^9/ml enthielt. Verabreicht wurden 3 bis 5 ml des Impfstoffes auf subkutanem Wege. Von 2012 Kühen zeigten nach der ersten Vakzination 38,56% einen Antiagglutinintiter im Kolostrum von 1:3200 oder darüber, nach der ersten Booster-Impfung waren es 52,04% und nach der zweiten Booster-Impfung 64,61%. Ebenfalls aus Belgien stammt ein Bericht anderer Autoren [10] über die Ergebnisse eines Impfprogramms an 100 Kühen aus 8 Betrieben und an 25 Kontrollkühen. Zwischen dem 6. und 8. Trächtigkeitsmonat wurden die Muttertiere mit einer Vakzine geimpft, welche die Septikämie-Stämme 15, 55, 78, 86, 115 und 117 mit Ausschluß des enteropathogenen Stammes 09 enthielt. Bei den Kälbern der vakzinierten Kühe konnte eine Mortalität von 1% ermittelt werden im Vergleich zu 8% (3 Todesfälle) bei den Kälbern der Kontrolltiere.

Tabelle VI/2 Ergebnisse einer Vakzinierung von Kühen zum Schutz vor einer Koliinfektion des Kalbes [50, 51, 52]

Gesamtzahl der Kälber: 1280	1. Vakzination	1. Booster-Impfung	2. Booster-Impfung
Gesunde Tiere	73,00%	89,10%	94,40%
Kranke und geheilte Tiere	18,53%	7,85%	5,55%
Abgänge	1,46%	0,23%	–

Gleichzeitig wurden im Milchserum der geimpften Kühe ein höherer Gehalt an agglutinierenden Antikörpern und im Blutserum der von vakzinierten Muttertieren stammenden Kälber eine stärkere bakteriolytische Aktivität festgestellt. Nachdrücklich weisen die Autoren auch darauf hin, daß bei den Immunglobulinspiegeln der Kälber von den geimpften Kühen und der von den Kontrolltieren kein signifikanter Unterschied bestand; sie führten diesen Befund in beiden Gruppen auf eine gewissenhafte Beachtung der Kolostrumzufuhr durch den Tierproduzenten zurück.

In Frankreich brachte die Erprobung eines von der ersten belgischen Vakzine nur wenig abweichenden Impfstoffes an 3015 Kälbern einen vollständigen Schutz bei 75,60% der Tiere; die Mortalitätsrate betrug 4,80% [68]. Zusammenfassend läßt sich sagen, daß mit einer Immunisierung gegen die Koliseptikämie unter der Bedingung ein guter Schutzeffekt zu erzielen ist, daß die Serotypen in der Vakzine mit den in Frankreich am häufigsten gefundenen übereinstimmen; das müssen nicht immer die gleichen wie in den Nachbarländern sein, und außerdem schwanken sie in der Häufigkeit ihres Vorkommens. So wurde der *E.-coli*-Serotyp 0149:k91 in Dänemark 1970 beim Schwein nur viermal isoliert, aber im darauffolgenden Jahr belief sich der Anteil dieses Serotyps an der Gesamtzahl der Stämme auf 90%. Eine Schutzwirkung gegen die enterotoxischen Krankheitsbilder der Koliinfektion ist von den Septikämie-Stämmen nicht zu erwarten. Vielleicht wird die Entdeckung gemeinsamer Kapselantigene der in schleimigen Kolonien wachsenden enteropathogenen *E.-coli*-Stämme, wie beim Schwein, eine schnelle Diagnose der enterotoxischen Verlaufsformen und eine Immunisierung auf der Basis von Enterotoxinen ermöglichen.

• *Pränatale Vakzination*
Diese Methode verdient besondere Beachtung, weil sie dem Fötus nicht nur Immunkompetenz verleiht, sondern auch noch anderweitige, unspezifische Schutzmechanismen in Gang setzt. In zahlreichen Untersuchungen konnte nachgewiesen werden, daß ab 59. Trächtigkeitstag IgM-synthetisierende Zellen und ab 145. Trächtigkeitstag IgG-bildende Zellen auftreten [55]. Die Immunkompetenz des Fötus gegen Virusinfektionen ist im Zeitraum zwischen dem 90. und 120. Tag der Gravidität ausgebildet, gegen bakterielle Infektionen etwa ab 150. Trächtigkeitstag. Eine bakterizide und hämolysierende Aktivität des Komplements findet sich seit dem 70. Trächtigkeitstag, eine agglutinierende Wirkung des Komplements ist ab 75. bis 80. Tag der Gravidität zu beobachten.

Mehrere Autoren [20, 24, 25] erklärten in den letzten Jahren, daß die Vakzination der Muttertiere eine untaugliche Methode sei, da die Kälber selbst nach Aufnahme von Kolostrum an Koliseptikämie erkranken können und der durch das Kolostrum gewährte Schutz nicht spezifisch ist, weil sonst nicht nur unter zwei Wochen alte Kälber, sondern auch Jungrinder und erwachsene Tiere von Septikämie befallen werden müßten. Tatsächlich ließ sich mit dem Antiglobulintest (Coombstest) nachweisen, daß diejenigen Kälber, die inkomplette Antikörper besitzen, einer septikämischen Infektion besser widerstehen (11 von 12 Tieren) als Kälber ohne derartige Antikörper (2 von 15 Tieren). Andere Untersucher stellten fest, daß das Serum neugeborener Kälber vor und nach der Kolostrumaufnahme die gleiche bakterizide Aktivität aufwies und keine Beziehung zum Vorhandensein spezifischer Antikörper existiert [1].

Verschiedentlich sind Versuche zur *intrauterinen Immunisierung* unternommen worden. Begonnen wurde mit einer intraamniotischen Injektion von 1 bis $5 \cdot 10^{10}$ lebenden Keimen desselben Stammes. Drei von fünf vakzinierten Kälbern widerstanden der Infektion, ohne Agglutinine gebildet zu haben; bei ihren Müttern konnte kein Antikörperanstieg registriert werden. In einer anderen Versuchsreihe

Ergebnisse eines Versuchs an 16 Gruppen von 2×6 Kälbern durch PORTER et al. (1975)

	Immunisierte Kälber	Kontrollkälber
Durchfallkranke Tiere	27	50
Diarrhoedauer/Tage	50	142
Nichtantibiotisch behandelte Fälle	25	52
Antibiotisch behandelte Fälle	11	31
Körpermassezunahme in 5 Wochen/kg	14,48*	13,04

* bei 14 von 16 vakzinierten Gruppen

waren im Vergleich zu 4 Kontrolltieren 4 Kälber, die intramuskulär die Stämme 026:K60, 055:K59 und 086:K61 injiziert bekamen, sowie ein Tier, dem dieselben Stämme in die Allantois appliziert wurde, vor einer Infektion geschützt [20, 21]. Diese ersten Ergebnisse sind in der Folgezeit nach Vervollkommnung der Vakzinationsmethoden über die Flanke des Muttertieres bestätigt worden. Der verwendete Impfstoff bestand aus einem der nachstehend genannten Septikämie-Stämme 026:K60, 055:K59, 086:K61, 09:K(A) oder 0101:K(A) und wurde in öligem, inkomplettem FREUNDschen Adjuvans oder in formalininaktivierten Kulturen verabfolgt.

Die kolostrumfrei ernährten Kälber erhielten 12 Stunden post partum per os lebende Keime eines anderen Stammes. Insgesamt erfolgte die pränatale Immunisierung an 21 Tieren; 6 von 11 auf intraamniotischem Wege mit der Formolvakzine geimpfte Föten widerstanden der Infektion, bei den intramuskulär mit Ölvakzine geimpften waren es 4 von 8.

Der amerikanische Autor leitete daraus die Schlußfolgerung ab, daß es möglich ist, den Fötus in utero zu immunisieren und das Kalb mit einem unspezifischen Serotyp vor einer Koliseptikämie zu schützen. Ferner betonte er, daß die Immunisierung in mindestens 9tägigem Abstand vor dem Abkalben erfolgen muß, damit die Antiglobulin-Antikörper erscheinen, und erst bei einem mindestens 15tägigen Intervall vor Geburtseintritt inkomplette heterologe Antikörper gegen den Vakzinestamm und den Infektionsstamm gebildet werden. Im Hinblick auf den Mechanismus dieser Schutzwirkung ist mehr an eine Immunantwort gegen eine spezifische Antigenkomponente als an eine Reaktion gegenüber dem Endotoxin zu denken.

- *Vakzination der Kälber*

PORTER et al. (1975) verabreichten 5 Wochen lang Milchaustauscher an 16 Gruppen von 2×6 Kälbern (Test- und Kontrolltiere), die konventionell in einem kontaminierten Milieu aufgestallt waren, wobei die Tränke bei den Testtieren mit abgetöteten *E.-coli*-Keimen der Stämme 08, 9, 15, 26, 78, 137 und 139 sowie mit *Salmonella dublin* und *Salmonella typhimurium* versetzt wurde, während die Kontrollkälber diese Bakterien nicht erhielten. Dabei zeigten sich die nebenstehend angeführten Effekte.

Dieser zur Stärkung der lokalen Immunität führende Versuch verdient es sich mit Sicherheit, bei Saugkälbern wiederholt zu werden, um die protektive Wirkung des inaktivierten Antigens auf die Darmepithelzellen zu überprüfen.

LITERATUR

[1] BARTA, O.; BARTA, V.; INGRAM, D. G., 1972 – Postnatal development of bactericidal activity in serum from conventional and colostrum deprived calves. Am. J. Vet. Res. 33 (4), 741–750.

[2] BOYD, J. W., 1972 – The relationship between serum immune globulin deficiency and disease in calves: a farm survey. Vet. Rec. 90, 645–649.

[3] BOYD, J. W.; BAKER, J. R.; LEYLAND, A., 1974 – Neonatal diarrhoea in calves. Vet. Rec. 95, 310–313.

[4] CONNER, G. H.; RICHARDSON, M.; CARTER, G. R., 1973 – Prenatal immunization and protection of the new-born: ovine and bovine fetuses vaccinated with Escherichia coli antigen by the oral route and exposed to challenge inoculum at birth. Am. J. Vet. Res. 34 (6), 737–741.

[5] CONTREPOIS, M.; GOUET, PH., 1972 – Importance d'Escherichia coli dans l'étiologie de la diarrhée néonatale du veau et efficacité de quelques mesures prophylactiques et thérapeutiques. Bull. Tech. C.R.Z.V. n° 9, 41–54.

[6] COTTEREAU, PH.; RANCIEN, P.; SANDRAL, R., 1970 – Enzooties d'avortements à Salmonella dublin sur des vaches du département de Saône et Loire. Rev. Méd. Vét. 121 (5), 447.

[7] DAM, A., 1971 – Immunoprophylaxis in colibacillosis in calves, especially by treatment with specific E.-coli antiserum. Acta Vet. Brno. Suppl. 2, 87–92.

[8] DAM, A., 1973 – Immunoprophylaxie dans la colibacillose du veau principalement par la sérothérapie. Ann. Rech. Vét. 4 (1), 181–189.

[9] DARDILLAT, J., 1973 – Relations entre la gamma-globulinémie du veau nouveau-né et son état de santé. Influences de la composition du colostrum et de la protéinémie de la mère. Ann. Rech. Vét. 4 (1), 197–212.

[10] Dobrescu, L.; Huygelen, C., 1973 – Immunoprophylaxie de la septicémie colibacillaire du veau par la vaccination de la vache gestante. Rec. Méd. Vét. 149, 653–666.
[11] Fayet, J. C., 1968 – Recherches sur le métabolisme hydrominéral chez le veau normal ou en état de diarrhée. II. L'ionogramme plasmatique et le pH sanguin. Rech. Vét. (1), 109–115.
[12] Ferrando, R.; Cottereau, Ph.; Renault, L.; Toucas, L.; Mureau, G.; Laplassotte, J., 1967 – Entérotoxémies animales. Rôle étiologique de l'alimentation et des méthodes d'élevage. Rec. Méd. Vét. 143, 1269.
[13] Fey, H.; Margadant, A., 1961 – Hypogammaglobulinemie bei der Colisepsis des Kalbes. Pathol. Microbiol. 24, 970.
[14] Fisher, E. W.; de la Fuente, G. H., 1971 – Antibiotics and calf diarrhoea the effect of serum immune globulin concentrations. Vet. Rec. 89, 579–582.
[15] Fisher, E. W., 1973 – Body fluid disturbances in newborn calves in relation to serum immune globulin concentrations. Ann. Rech. Vet. 4 (1), 191–195.
[16] Fisher, E. W.; Martinez, A. A., 1975 – Studies of neonatal calf diarrhoea. I. Fluid balance in spontaneous enteric colibacillosis. Brit. Vet. J. 131, 190–204.
[17] Fisher, E. W.; Martinez, A. A.; Trainin, Z.; Meiron, R., 1975 – Studies of neonatal calf diarrhoea II. Serum and foecal immune globulin in enteric colibacillosis. Brit. Vet. J. 131, 402–415.
[18] Gay, C. C., 1965 – Escherichia coli and neonatal disease of calves. Bacteriol. Reviews, 29 (1), 75–101.
[19] Gay, C. C.; Anderson, N.; Fisher, E. W.; McEwan, A. D., 1965 – Gamma globulin levels and neonatal mortality in market calves. Vet. Rec. 77, 148–149.
[20] Gay, C. C., 1971 – Problems of immunization in the control of Escherichia coli infection. Ann. N. Y. Acad. Sci. 176, 336–405.
[21] Gay, C. C., 1975 – In utero immunization of calves against colisepticemia. Am. J. Vet. Res. 36 (5), 625–630.
[22] Gledel, J.; Pantaléon, J., 1972 – Etude de 2500 souches de Salmonella d'origine animale. Données biologiques et épidémiologiques. Bull. Acad. Vét. 45, 453–467.
[23] Horton, R. E.; Madden, D. L.; McCullough, N. B., 1970 – Pathogenicity of Clostridium perfringens for germ-free guinea pigs after oral ingestion. Appl. Microbiol. 19, 314.
[24] Ingram, D. G.; Malcomson, M. E., 1970 – Antibodies to Escherichia coli in young calves: O antigens. Am. J. Vet. Res. 31 (1), 61–70.
[25] Ingram, D. G.; Corbeil, L. B.; Malcomson, M. E., 1970 – Antibodies to Escherichia coli in young calves: K antigens. Am. J. Vet. Res. 31 (1), 71–79.
[26] Kaeckenbeeck, A.; Thomas, J., 1960 – A propos des sérotypes colibacillaires dans la diarrhée des veaux. Détermination des antigènes somatiques (O). Ann. Méd. Vét. 104, 232–239.
[27] Kruse, V., 1970 – Absorption of immunoglobulin from colostrum in new-born calves. Anim. Prod. 12, 627–638.
[28] Lagneau, F., 1964 – Considérations d'actualité sur les avortements brucelliques et nonbrucelliques chez la vache. Rec. Méd. Vét. 140, 1052.
[29] Lecoanet, M. J., 1969 – A propos de quelques cas de Salmonellose bovine. Bull. Acad. Vét. Fr. 42, 243.
[30] Lenkov, V. I.; Lenkova, V. A.; Yakubo, E. P.; Balachova, T. G.; German, Yu. T., 1965 – Enterotoxaemia caused by Clostridium perfringens in calves. Veterinaryia, Moscow, 42 (1), 15.
[31] Logan, E. F.; Penhale, W. J., 1971 – Studies on the immunity of the calf to colibacillosis I. The Influence of colostral way and immunoglobulin fractions on experimental colisepticaemia. Vet. Rec. 88, 222–228.
[32] Logan, E. F., 1974 – Colostral immunity to colibacillosis in the neonatal calf. Brit. Vet. J. 130, 405–412.
[33] Logan, E. F.; Stenhouse, A.; Ormrod, D.; Penhale, W.; Armimhaw, M., 1974 – Studies on the immunity of the calf to colibacillosis VI: The prophylactic use of a pooled serum IgM rich fraction under field conditions. Vet. Rec. 94, 386–389.
[34] McEwan, A. D.; Fisher, E. W.; Selman, I. E.; Penhale, W. J., 1970 – A turbidity test for estimation of immunoglobulins levels in neonatal calves serum. Clinica Chim. Acta 27, 155.
[35] Maire, Cl., 1970 – Diarrhée d'adaptation du veau de boucherie. Eléments de traitement et de prophylaxie. Symposium «Pathologie digestive du veau nouveau-né», C.R.Z.V. Ed. SEI-CNRA Versailles. Etude n° 49.
[36] Osburn, B. I.; Stabenfeldt, G. H.; Ardans, A. A.; Tree, C.; Sawyer, M., 1974 – Perinatal immunity in calves. J.A.V.M.A., 164 (3), 295–298.
[37] Penhale, W. J.; Christie, G.; McEwan, A. D.; Fisher, E. W.; Selman, I. E., 1970 – Quantitative studies on bovine immunoglobulins II. Plasma immunoglobulin levels in market calves and their relationship to neonatal infection. Brit. Vet. J. 126, 30–37.
[38] Penhale, W.J.; Logan, E. F.; Stenhouse, A., 1971 – Studies on the immunity of the calf to colibacillosis II. Preparation of an IgM-rich fraction from bovine serum and its prophylactic use in experimental colisepticaemia. Vet. Rec. 89, 623–628.
[39] Pohl, P.; Thomas, H.; Pycke, J. M., 1969 – Enterobacteriaceae résistantes aux antibiotiques dans le flore intestinale du veau. Ann. Méd. Vét. 113, 123.
[40] Pohl, P.; Thomas, J., 1972 – Résistances multiples aux antibiotiques des colibacilles isolés des septicémies du veau en 1970 et 1971. Ann. Méd. Vét. 116, 571–577.
[41] Pohl, P.; Thomas, J., 1972 – Antigènes somatiques des colibacilles responsables des septicémies du veau en Belgique de 1967 à 1971. Ann. Méd. Vét. 116, 661–668.
[42] Porter, P.; Kenworthy, R.; Thompson, I., 1975 – Oral immunisation and its significance in the prophylaxis control of enteritis in the preruminant calf. Vet. Rec. 97, 24–28.

[43] RADOSTITS, O. M., 1974 – Treatment and control of neonatal diarrhea in calves. J. Dairy Sci. 58 (3), 464–470.

[44] REECE, W. O.; WAHLSTROM, J. D., 1973 – Escherichia coli endotoxemia in conscious calves. Am. J. Vet. Res. 34, 765–769.

[45] RENAULT, L.; WILLEMART, J. P., 1968 – Welchia perfringens A et aliments composés. Bull. Soc. Vet. Pr. France, 52, 233.

[46] RENAULT, L.; VALLEE, A.; GAUTHIER, J.; MAIRE, C. L., 1968 – Diagnostic de la colibacillose du veau. Rec. Méd. Vét. 144, 315–323.

[47] RENAULT, L., 1970 – Les diarrhées infectieuses du veau nouveau-né. Symposium «Pathologie digestive du veau nouveau-né». C.R.Z.V. Ed. SEI-CNRA Versailles. Etude n° 49.

[48] RENAULT, L.; MAIRE, CL.; VAISSAIRE, J.; PALISSE, M., LINDER, TH., 1972 – Recrudescence des salmonelloses animales en France. Bilan des années 1961 à 1971. Bull. Acad. Vét. 45, 413–427.

[49] ROY, J. H. B.; PALMER, J.; SHILAM, K. W. G., 1955 – The nutritive value of colostrum for the calf. The relationship between the period of time that a calfhouse has been occupied and the incidence of scouring in young calves. Brit. J. Nutr. 9, 11.

[50] SCHOENAERS, F.; KAECKENBEECK, A.; EL NAGEH, M., 1967 – Prophylaxie de la colibacillose du veau par vaccination de la mère. Ann. Méd. Vét. 111, 3.

[51] SCHOENAERS, F.; KAECKENBEECK, A., 1968 – Etude sur la colibacillose du veau. VII. Opportunité de la revaccination. Ann. Méd. Vét. 8, 649–657.

[52] SCHOENAERS, F.; KAECKENBEECK, A., 1972 – Prophylaxie médicale de la colibacillose septicémique du veau nouveau- né. Ann. Méd. Vét. 116, 201–219.

[53] SCHOENAERS, F.; KAECKENBEECK, A., 1973 – Contribution à l'étude de l'étiologie de la colibacillose intestinale du veau nouveau-né. Ann. Méd. Vét. 4 (1), 175–180.

[54] SCHOENAERS, F.; KAECKENBEECK, A., 1974 – Septicémie colibacillaire du veau nouveau-né. Antigènes somatiques des colibacilles isolés en Belgique de 1960 à 1966. Ann. Méd. Vét. 118, 1–7.

[55] SCHULTZ, R. D., 1973 – Developmental aspects of the fetal bovine immune response: a review: Cornell Vet. 63 (4), 507–535.

[56] SMITH, H. W., 1962 – Observations on the etiology of neonatal diarrhea (scours) in calves. J. Path. Bact. 84, 147–168.

[57] SMITH, H. W.; HALL, S., 1967 – Observations by the ligated intestinal segment and oral inoculation methods on Escherichia coli infections in pigs, calves, lambs and rabbits. J. Path. bact. 93, 499–529.

[58] SMITH, H. W., 1971 – The bacteriology of the alimentary tract of domestic animals suffering from Escherichia coli infection. Ann. N. Y. Acad. Sci. 176, 110–125.

[59] SOJKA, W. J., 1965 – Escherichia coli in domestic animals and poultry. Farnham Royal Commonwealth Agricultural Bureaux.

[60] SOJKA, W. J.; FIELD, H. J., 1970 – Salmonellosis in England and Wales 1958–1967. Vet. Bull. 40 (7), 515.

[61] SOJKA, W. J., 1971 – Enteric diseases in new-born piglets, calves and lambs due to Escherichia coli infection. Vet. Bull. 41 (7), 509–522.

[62] SOJKA, W. J., 1972 – La Samonellose bovine en rapport avec ses aspects particuliers en Angleterre et au Pays de Galles. Ann. Méd. Vét. 116, 497–540.

[63] SOJKA, W. J.; WRAY, C.; HUDSON, E. B.; BENSON, J. A., 1975 – Incidence of salmonella infection in animals in England and Wales, 1968–1973. Vet. Rec. 96, 280–284.

[64] VALLEE, A.; RENAULT, L.; LE PRIOL, A., 1970 – Infections colibacillaires des veaux. Etude sérologique (groupe O) de souches d'Escherichia coli isolées en France. Bull. Acad. Vét. 43, 383–389.

[65] VANCE, H. N., 1967 – Recherche de Clostridium perfringens dans le tube digestif des veaux. Can. J. Comp. Méd. 31 (10), 260.

[66] WATT, J. G., 1965 – The use of fluid replacement in the treatment of neonatal diseases of calves. Vet. Rec. 77 (49), 1474.

[67] WATT, J. G., 1967 – Fluid therapy for dehydratation in calves. J. Am. Med. Ass. 150 (7), 742.

[68] WILLEMART, J. P.; BUSSI, G.; GACOGNE, J. P., 1967 – La lutte contre la septicémie du veau nouveau-né. Essai de prophylaxie de la colibacillose par vaccination. Bull. Soc. Vét. Prat. Fr. 51, 319–345.

[69] WRAY, C.; THOMLINSON, J. R., 1971 – The adaptation of a fluorescent antibody staining technique for the quantitative study of potentially pathogenic Escherichia coli in calf feaces. J. Med. Microbiol. 4, 239–248.

[70] WRAY, C.; THOMLINSON, J. R., 1972 – The effects of Escherichia coli endotoxin in calves. Res. Vet. Sci. 13 (6), 546–553.

[71] WRAY, C.; THOMLINSON, J. R., 1972 – Dermal reactions to endotoxins in calves: their significance in the pathogenesis of colibacillosis. Res. Vet. Sci. 13 (6), 554–562.

[72] WRAY, C.; THOMLINSON, J. R., 1972 – Anaphylactic shock to Escherichia coli endotoxin in calves. Res. Vet. Sci. 13 (6), 563–569.

[73] WRAY, C.; THOMLINSON, J. R., 1974 – Lesions and bacteriological findings in colibacillosis of calves. Brit. Vet. J., 130, 189–199.

[74] WRAY, C.; THOMLINSON, J. R., 1975 – Factors influencing occurence of colibacillosis in calves. Vet. Rec. 96, 52–56.

[75] YALCIN, N.; GANE, P.; DELAHAYE, I.; MITTON, A., 1969 – Rôle pathogène d'Escherichia coli et de Welchia perfringens dans la mortalité du veau, leur sensibilité aux antibiotiques. Rec. Méd. Vét. 145, 361.

Virusinfektionen des Verdauungstraktes

R. SCHERRER

Die Ätiologie der durch Diarrhoe gekennzeichneten Gastroenteritiden ist noch nicht vollständig klar. Zum einen sind mehrere infektiöse Agenzien beteiligt, zum anderen müssen Umweltfaktoren ebenfalls in die Betrachtung einbezogen werden. Wenn auch als gesichert gilt, daß septikämisch oder enterotoxämisch verlaufende Krankheitsformen bakteriellen Ursprungs sind, insbesondere durch *Escherichia coli* hervorgerufen werden, so zeigt sich doch mehr und mehr, daß eine ganze Reihe von seuchenhaft auftretenden Krankheitsfällen ausschließlich durch Viren bedingt ist.

Der Nachweis der ätiologischen Bedeutung eines Rotavirus und eines Coronavirus für Gastroenteritiden bei Neugeborenen sowie die Feststellung der Pathogenität und des häufigen Vorkommens dieser Viren sind relativ neue Erkenntnisse. Die genannten Erreger wurden 1967 bzw. 1971 in den USA entdeckt [15, 18, 30]. Seither haben sie wachsendes Interesse nicht nur in der Veterinärmedizin, sondern auch in der Humanmedizin gefunden. Beim Rind kommen diese Virusinfektionen sowohl in Mastbetrieben als auch in Milchviehherden vor. Im USA-Bundesstaat Nebraska waren 80% der Durchfälle bei neugeborenen Kälbern auf Rotaviren, Coronaviren oder auf Mischinfektionen beider Viren zurückzuführen [40]. In Großbritannien, wo die Forschungen auf diesem Gebiet seit 1974 verstärkt wurden, schätzt man, daß zwei Drittel der seuchenhaft verlaufenden Diarrhoen bei Kälbern unter fünf Wochen durch Rotaviren verursacht sind [42]. Es sei daran erinnert, daß in den letzten zwei Jahrzehnten auch noch andere Viren als potentielle Erreger von Gastroenteritiden beim Kalb in Betracht gezogen wurden. Genannt werden sollen vor allem Enteroviren, Adenoviren, das Virus der infektiösen Rhinotracheitis, Parvoviren und der Erreger der Virusdiarrhoe/Mucosal disease [11, 26]. Gegenwärtig wird angenommen, daß eine ganze Reihe dieser Viren für mit Durchfall einhergehende Enteritiden mit verantwortlich zu machen ist. Versuche zur experimentellen Infektion waren nur bei einer beschränkten Anzahl von Erfolg gekrönt (Parvoviren und das Virus der Virusdiarrhoe/Mucosal disease).

Seit einiger Zeit weiß man, daß Parvoviren häufig die Zellen des Verdauungstraktes befallen, zum Teil allein, zum Teil in Verbindung mit Enteroviren oder Chlamydien [3, 31, 32]. An gnotobiotisch oder kolostrumfrei aufgezogene Kälber verabreicht, rufen Parvoviren ein Durchfallgeschehen hervor. Da sich diese Viren unter bestimmten experimentellen Bedingungen als pathogen erweisen, muß ihnen grundsätzlich eine ätiologische Rolle zugebilligt werden. Allerdings läßt sich zur Zeit noch keineswegs eine endgültige Aussage treffen, weil bis jetzt nur sehr wenige Befunde vorliegen, die eindeutig die ätiologische Bedeutung jener Viren für natürliche Krankheitsfälle beweisen und auch die epizootiologischen Beobachtungen nicht dafür sprechen.

Mit dem Erreger der Virusdiarrhoe/Mucosal disease (VD/MD) lassen sich ebenfalls Durchfälle bei gnotobiotisch oder kolostrumfrei aufgezogenen Kälbern auslösen. Das VD/MD-Virus ist schon seit langem bekannt; es gilt als kausales Agens für manche intrauterine Infektionen, Aborte und Diarrhoen bei erwachsenen Rindern. Nach Auffassung der meisten Autoren ist seine Rolle bei den typischen Gastroenteritiden der Neugeborenen als gering zu beurteilen. Nachdem auf die ätiologische Vielfalt aufmerksam gemacht worden ist, soll im folgenden Abschnitt nur auf die durch Rotaviren und Coronaviren hervorgerufenen Enteritiden der Neugeborenen eingegangen werden.

Enteritiden der Neugeborenen durch Rota- und Coronaviren

Eigenschaften der Erreger

Rotaviren

Im Jahre 1967 gelang an der Universität von Nebraska (USA) MEBUS und seinen Mitarbeitern auf experimentellem Wege die Reproduktion eines für neugeborene Kälber typischen Diarrhoegeschehens. Dazu wurden bakterienfreie Faecesfiltrate von einem kranken Kalb per os oder durch intraduodenale Inokulation mittels Kanüle an gnotobiotisch oder kolostrumfrei aufgezogene Kälber appliziert. Bei der Untersuchung des Inokulums und von Kotproben der behandelten Tiere zeigten sich große Mengen eines Virus, das Reoviren ähnelte. Bald darauf konnte mit dem gereinigten Virus die Erkrankung ausgelöst werden. Das infektiöse Agens wurde später in mehreren Ländern isoliert. Ihm wird jetzt eine überragende ätiologische Bedeutung zuerkannt. Es wurde von amerikanischen Autoren wegen seiner Ähnlichkeit mit den klassischen Reoviren als »reolike virus« bezeichnet. Bei den in angelsächsischen Publikationen oft anzutreffenden Bezeichnungen NCDV (**n**eonatal **c**alf **d**iarrhea **v**irus) und NCDR (**n**eonatal **c**alf **d**iarrhea **r**eolike) handelt es sich um dasselbe Virus. Der Begriff »Rotavirus« ist viel jüngeren Ursprungs [10]; er umfaßt eine Virusgruppe aus der Familie *Reoviridae*, zu der nicht nur das NCDV gehört, sondern in die auch ähnliche Erreger wie das Virus der nichtbakteriellen Gastroenteritiden bei Kleinkindern [4] und das Virus des seuchenhaften Durchfalls bei jungen Mäusen [1, 25] eingereiht werden.

Rotaviren des Kalbes haben eine Struktur, die sich von der klassischer Reoviren (Typ 1, 2 und 3) oder der von Orbiviren (als Hauptvertreter gilt das Bluetongue-Virus) deutlich unterscheidet. Die Viruspartikel weisen einen Durchmesser von annähernd 65 nm und ein doppelschaliges Kapsid auf; die Kapsomeren sind radkranzähnlich in Ikosaederform angeordnet [37]. Dagegen sind die klassischen Reoviren ein wenig größer, und die Orbiviren besitzen eine äußere Kapsidschale ohne die typische Rotavirusstruktur. Eine Envelope fehlt, die Partikeldichte in CsCl beträgt etwa 1,36 g/cm^3. Rotaviren sind ether- und chloroformresistent [38]. Das Virusgenom besteht aus segmentierter, doppelsträngiger Ribonukleinsäure (RNA); bei den Rotaviren des Kalbes enthält es 11 RNA-Abschnitte [2], bei den klassischen Reoviren und den Orbiviren lediglich 10. Rotaviren sind bei pH 3 und auch gegenüber Temperatureinflüssen relativ stabil. Bis jetzt konnte für die Rotaviren des Kalbes noch keine hämagglutinierende Aktivität nachgewiesen werden, während die klassischen Reovirustypen 1 und 2 menschliche Erythrozyten der Blutgruppen 0 und A agglutinieren und Reovirustyp 3 darüber hinaus Rindererythrozyten der Blutgruppen 0 und A agglutinieren kann.

Weiterhin gelang es auch nicht, eine Antigenverwandtschaft zwischen den Rotaviren des Kalbes und den übrigen Vertretern der Reoviridae zu ermitteln. Dagegen verfügen die bovinen, porcinen, murinen und humanen Rotaviren über ein gemeinsames Gruppenantigen und sind sich morphologisch ähnlich. Die Rotaviren des Kalbes lassen sich im Laboratorium auf verschiedenen Zellstämmen und -linien züchten, am besten geeignet sind Kälbernierenzellkulturen [9, 17]. Allerdings ist die Viruskultur mit Schwierigkeiten verbunden. Die Mehrzahl der von kranken Tieren gewonnenen Virusisolate kann nur schwer an die Kulturbedingungen adaptiert werden, meist bricht die Kultur nach der zweiten oder dritten Passage ab. In den USA und in Großbritannien gelang bei einigen Isolaten die Adaptation des Virus an das Zellkultursystem, jedoch blieben die auf übliche Art erhaltenen Infektionstiter ziemlich niedrig (in der Regel 10^5, seltener 10^6 infektiöse Partikel pro ml Kulturflüssigkeit).

Es soll auch darauf hingewiesen werden, daß das Virus in der Kultur die Synthese einer antiviralen Substanz induziert, die alle Eigenschaften eines Interferons aufweist [39]. Der zytopathische Effekt ist gering ausgeprägt und nur nach massiver Infektion wahrnehmbar (vakuolisierende Degeneration der Zellen). Das Virus führt nicht zur Zytolyse. Die am besten geeignete Methode zum Nachweis einer Infektion besteht in der Feststellung von Virusantigenen in den infizierten Zellen mit Hilfe eines konjugierten Antiserums, das durch Immunisierung gnotobiotischer Kälber oder von Kaninchen gewonnen wird. Virustitrationstechniken mit begrenzten Verdünnungsstufen unter Anwendung der Immunfluoreszenz sind in den USA und in Großbritannien beschrieben worden [6, 19]. Nach Erfahrungen des Verfassers besitzen die Rotaviren des Kalbes in der Zellkultur nur eine sehr geringe Infektiosität; die Fähigkeit zur Virusvermehrung hängt außerdem in starkem Maße von den physiologischen Bedingungen der Zelle ab.

Coronaviren

Im USA-Bundesstaat Nebraska [18, 30] wurde 1972 von zahlreichen diarrhoekranken neugeborenen Kälbern ein morphologisch den Coronaviren [35] gleichendes Virus isoliert. In der Folgezeit konnte das Kälbervirus in weiteren 17 Staaten der USA sowie in Kanada isoliert werden. Später gelang auch sein Nachweis in Großbritannien [41], Belgien [44] und Frankreich [28].

Das Virus besitzt die strukturellen Merkmale aller Coronaviren. Die pleomorphen Partikel mit einem Durchmesser von 106 bis 160 nm sind mit einer aus Lipiden bestehenden Envelope und an der Oberfläche mit zahlreichen keulenartigen Vorsprüngen ausgestattet. Das Virus läßt sich an Kälbernierenzellkulturen (Primärkulturen oder Zellinien) adaptieren, in denen es Synzytienbildung hervorruft. Hinsichtlich der Antigenität sind die Beziehungen zwischen den Coronaviren des Kalbes und den anderen Typen der Coronaviren noch nicht aufgeklärt. Ein gemeinsames Gruppenantigen zwischen dem Kälbervirus und dem Virus der Transmissiblen Gastroenteritis des Schweines konnte bis jetzt noch nicht ermittelt werden. Das gereinigte Virus ist unter verschiedenen experimentellen Bedingungen für das neugeborene Kalb pathogen. Die isolierten Stämme unterscheiden sich in bezug auf die Pathogenität mehr oder weniger deutlich. Nach den Ergebnissen amerikanischer Autoren (Universität Nebraska) scheinen bei den zwischen der ersten und der dritten Lebenswoche auftretenden infektiös bedingten Durchfällen des Kalbes die Coronaviren die häufigste Ursache zu sein. Oft kommen Mischinfektionen von Rota- und Coronaviren vor.

Pathogenität und Pathogenese

Werden gnotobiotisch oder kolostrumfrei aufgezogene Kälber auf oralem Wege mit virulentem Rotavirus infiziert, erscheinen nach 14 bis 22 Stunden Diarrhoen. Normal mit Kolostrum ernährte und auf dieselbe Weise infizierte Neugeborene können dennoch erkranken, falls das angebotene Kolostrum nicht spezifische Antikörper gegen das Virus enthält. Die bei der experimentellen Übertragung zu beobachtenden klinischen Symptome ähneln sehr denen bei natürlicher Erkrankung (allgemeine Schwäche, Freßunlust, Absetzen eines gelb oder weißlich gefärbten Kotes). Jedoch ist die Diarrhoe nur relativ kurzfristig, denn drei bis vier Tage post inoculationem befinden sich die Tiere wieder in einem beinahe normalen Zustand.

Pathologisch-anatomische Untersuchungen haben gezeigt, daß die Epithelzellen der Duodenum- und Jejunumzotten die ersten Angriffsorte des Virus sind [16, 20]. Drei Stunden nach Auftreten klinischer Zeichen enthält die Mehrzahl der Epithelzellen von Jejunum und Ileum bereits Virusantigen; wenig später wird auch das Kolon befallen. Somit verläuft die Infektion wellenförmig entlang dem Dünn- und Dickdarm. Die infizierten Epithelzellen gelangen allmählich auf die Zottenspitzen, wo sie abgestoßen werden. Es erfolgt fortschreitend ein Ersatz durch unreife Zellen, die eine deutlich geringere Höhe aufweisen und keinen Bürstensaum tragen. Oft wachsen die epitheloiden Zellen nicht rasch genug nach, so daß die Zottenspitzen häufig ohne Epithelschicht sind. Bemerkenswert ist, daß diese neugebildeten »Ersatzzellen« mit einem konjugierten Antiserum nicht mehr reagieren, woraus auf eine Resistenz gegenüber einer zweiten Infektionswelle geschlossen werden kann. Alle histopathologischen Veränderungen gehen mit einer erheblichen Verringerung der Zottenhöhe und dem Erscheinen zahlreicher Retikulumzellen in der *Lamina propria mucosae* einher.

Elektronenmikroskopisch ließ sich nachweisen, daß sich das Virus ausschließlich im Zytoplasma der befallenen Zellen vermehrt. Die neugebildeten Viria können am häufigsten im Inneren der Zisternen des endoplasmatischen Retikulums beobachtet werden [29]. Das Virus vermag in den Zellen keine größeren pathomorphologischen Veränderungen auszulösen. Daraus geht hervor, daß während der akuten Krankheitsphase der Darminhalt und die Faeces zahlreiche infizierte Zellen enthalten, die praktisch noch intakt sind. Diese Tatsache kann für diagnostische Zwecke genutzt werden.

Die im Darmlumen freigesetzten Virusmengen sind enorm, wenn man die Anzahl der zu Beginn des Durchfalls im Kot vorhandenen festen Teilchen zugrunde legt. Nach Berechnungen amerikanischer, englischer und französischer Autoren belaufen sich die Zahlen der gefundenen Viruspartikel auf 10^9 bis 10^{10} pro Gramm Kot. Der elektronenmikroskopische Virusnachweis bereitet demzufolge keine größeren Schwierigkeiten, vorausgesetzt, die Untersuchung der entnommenen Proben erfolgt rechtzeitig nach Sichtbarwerden der Diarrhoe, d. h. praktisch innerhalb der ersten fünf Stunden.

Die durch einige Coronavirusstämme verursachte Erkrankung ist genauso gravierend wie eine Rotavirusinfektion, wenn sie nicht noch schwerer verläuft. Der erste im Jahre 1971 in Nebraska isolierte Coronavirusstamm verursachte nach 19 bis 24 Stunden ein Durchfallgeschehen [20, 21], das ein bis zwei Tage anhielt. In einigen Fällen verendeten die Versuchstiere im Zustand der Dehydratation. Ein anderer, 1974 isolierter Coronavirusstamm [23] erwies sich gegenüber dem vorstehend genannten als virulenter. Nach experimenteller Infektion kam es nach etwa zehn Stunden zur Diarrhoe (MEBUS, persönliche Mitteilung).

Die Sektion der Tiere am Krankheitsbeginn ergab wie zuvor eine Schädigung des Dünndarm- und Dickdarmepithels. Im Vergleich zur Rotavirusinfektion waren die pathologischen Veränderungen stärker ausgeprägt: Das Ausmaß der Zottenatrophie war größer, und die infizierten Zellen erfuhren eine vollständige Lysis. Gleichzeitig waren eine Schädigung der mesenterialen Ganglien und eine beträchtliche Ansammlung von Retikulumzellen in der *Lamina propria mucosae* zu konstatieren.

Die durch Rotaviren oder Coronaviren des Kalbes erzeugten pathologischen Veränderungen zeigen eine große Ähnlichkeit mit den durch das Virus der Transmissiblen Gastroenteritis (TGE) beim Schwein verursachten Läsionen. Das TGE-Virus entfaltet seine Wirkung ebenfalls an den Epithelzellen des Dünndarms, vor allem an dessen proximalen Abschnitten [27]. Nach Abstoßen der infizierten Epithelzellen erfolgt wie beim Kalb eine Erneuerung durch unreife Zellen, die aus den LIEBERKÜHNschen Krypten stammen und einen gewissen undifferenzierten Zustand beibehalten. Die Pathogenese der TGE des Schweines ist schon in zahlreichen Arbeiten behandelt worden, und ihre Zusammenhänge beginnen klar zu werden [8]. Folgen der Infektionen sind tiefgreifende Veränderungen in der Funktion der Darmepithelzellen (Enzymaktivitäten, Elektrolyttransport, Resorption) und damit eine Störung des physiologischen Gleichgewichts, die zu heftigen Durchfällen, zur Dehydratation und schließlich zum Tode führt. Es besteht kaum ein Zweifel darüber, daß der Pathogenese der Rotavirus- und der Coronavirusinfektionen die gleichen Mechanismen zugrunde liegen.

Während die Applikation virulenter Rotaviren an gnotobiotische Kälber eine schwere, aber nicht letal endende Erkrankung hervorruft, führen experimentelle Infektionen mit Coronaviren in vielen Fällen ad exitum. Es steht fest, daß der Schweregrad der Virusenteritiden ganz sicher von mehreren Faktoren abhängt. Der Immunstatus der Tiere stellt gewiß einen Faktor ersten Ranges dar, aber man muß auch die erregerspezifischen Eigenschaften (Virulenzunterschiede der Stämme) und die Anwesenheit von Bakterien im Verdauungstrakt berücksichtigen. Auf die Rolle der Bakterien weist ein Versuch von MEBUS et al. [16] hin, die nach simultaner Infektion gnotobiotischer Kälber mit Rotaviren und einem apathogenen *E.-coli*-Stamm feststellten, daß das Ergebnis eine schwerere Erkrankung war als bei einer Infektion mit dem Virus allein. Ähnliche Befunde liegen von *Waldhalm* et al. [36] vor, die konventionell aufgezogene Kälber mit Rotaviren und *Providencia stuartii* infizierten.

Diagnostik

Die Mehrzahl der diagnostischen Methoden ist durch den Arbeitskreis um MEBUS seit 1967 für die Rotaviren und ab 1971 für die Coronaviren ausgearbeitet worden. Im wesentlichen basiert die Diagnostik auf dem elektronenmikroskopischen Virusnachweis und der Identifizierung der Erreger mit Hilfe der Immunfluoreszenztechnik. Es ist bereits erwähnt worden, daß bei Rotavirusinfektionen das infektiöse Agens am Beginn des Durchfallgeschehens sowohl in den Faeces als auch in den Ingesta in großen Mengen erscheint. Mit der direkten elektronenoptischen Untersuchung aufgelockerter Kotproben läßt sich das Virus anhand seiner charakteristischen Morphologie ohne Schwierigkeiten bestimmen.

Die Virusidentifizierung erfolgt in den meisten Fällen durch einen Immunfluoreszenztest unter Verwendung eines fluoresceinmarkierten spezifischen Antiserums. Mit einem derartigen Antiserum kann man im Objektträgerpräparat Virusantigene enthaltende Zellen oder Zellreste ermitteln (Immunfluoreszenz am Zellausstrichpräparat). Es ist jedoch zu bedenken, daß sich diese Technik nur dann als völlig zuverlässig erweist, wenn die Proben schon bald nach den ersten Krankheitszeichen entnommen werden.

Rotaviren lassen sich auch in der Zellkultur (Primärkulturen von Kälbernierenzellen) nachweisen, wobei ein Fluoreszenztest nach 24, 48 oder 72 Stunden post infectionem die Erreger anzeigt. Allerdings ist das Zellkulturverfahren noch mit einer Reihe von Unsicherheiten behaftet, die vermutlich durch den Zeitpunkt der Probenentnahme bedingt sind. Die gegenüber der direkten Immunfluoreszenztechnik empfindlichere indirekte Immunfluoreszenzmethode kann Resultate liefern, die der Genauigkeit der elektronenmikroskopischen Ergebnisse gleichwertig sind.

Verfahren zur Konzentrierung und Reinigung der Viren sind in mehreren Laboratorien unabhängig voneinander entwickelt worden, darunter auch im Institut des Verfassers. Diese Methoden, die als Ultrazentrifugation im Saccharose- oder Caesiumchlorid-Dichtegradienten durchgeführt werden, können auch für die Diagnostik interessant werden, insbesondere dann, wenn im Ausgangsmaterial nur geringe Virusmengen vorhanden sind.

Neben den bereits aufgeführten Nachweisverfahren soll schließlich noch auf die Immunelektronenmikroskopie hingewiesen werden. Sie beruht auf dem Sichtbarmachen einer spezifischen Agglutination der Viruspartikel in Gegenwart eines entsprechenden Antiserums und ist von BRIDGER und WOODE zur Rotavirus-Diagnostik eingesetzt worden [6].

Die Diagnostik der Coronavirusinfektionen

gestaltet sich weitaus schwieriger. In solchen Fällen liefert die Elektronenmikroskopie nur dann brauchbare Ergebnisse, wenn der Untersuchung eine Ultrazentrifugation der Proben zwecks Viruskonzentrierung und -reinigung vorgeschaltet wird. Die Immunfluoreszenz am Zellausstrichpräparat kommt für Coronaviren nicht in Betracht, weil diese eine vollständige Lysis der infizierten Epithelzellen bewirken. Außerdem steht bis zum jetzigen Zeitpunkt für Coronaviren keine routinemäßig anzuwendende Nachweismethode in Zellkulturen zur Verfügung. Nach MEBUS ist der direkt an Darmepithelschnitten vorgenommene Immunfluoreszenztest am zuverlässigsten; das begrenzt seine Anwendung auf postmortale Untersuchungen.

Schließlich kann die Anwesenheit eines Virus in einem Bestand natürlich auch auf direktem Wege festgestellt werden, indem im Blut der Tiere die spezifischen Antikörper bestimmt werden (Neutralisationstest mit zellkulturadaptierten Stämmen).

Epizootiologische Befunde

Die in den Jahren 1968 und 1969 in den USA vorgenommene erste Studie ergab das Vorkommen von Rotaviren in 69 Beständen Nebraskas, später wurden im gleichen Zeitraum Nachweise aus neun weiteren USA-Bundesstaaten gemeldet. Bald danach lagen Berichte über Isolierungen aus verschiedenen Provinzen Kanadas, aus Großbritannien [41], Australien [33], Dänemark [24] und Belgien [44] vor. Kurz darauf gelang auch in Frankreich die Isolierung von Rotaviren, wobei direkte Nachweisverfahren zur Anwendung kamen [28].

Im Verlauf der im Jahre 1974 in verschiedenen Anlagen Englands, Schottlands und Nordirlands durchgeführten Untersuchungen zeigte sich, daß an 12 von 15 seuchenhaften Durchfallgeschehen bei Kälbern unter einem Monat Rotaviren beteiligt waren [6]. Eine andere serologische Studie unter Erfassung von 30 Beständen ergab ein hundertprozentig positives Resultat.

In Frankreich begannen die Untersuchungen zum Vorkommen von Rotaviren im Januar 1975 [28]. Zur Zeit belaufen sich die positiven Befunde auf 70 Fälle von Neugeborenen-Diarrhoe in verschiedenen Betrieben der Region um Clermont-Ferrand. Bei 54% der Diarrhoefälle, an denen Rotaviren beteiligt waren, handelt es sich um Kälber mit einem Lebensalter unter 15 Tagen. Der Virusnachweis wurde ausnahmslos elektronenmikroskopisch und mittels Immunfluoreszenztechnik geführt.

Im Hinblick auf die mit dem Nachweis von Coronaviren verbundenen Schwierigkeiten sind die Ergebnisse über die Verbreitung dieser Virusgruppe insgesamt noch ziemlich lückenhaft. Aus den USA wird über ein häufiges Vorkommen berichtet [18]. Auch in Großbritannien ist über Coronavirusinfektionen publiziert worden [41]. Eine serologische Studie in Belgien ergab, daß 93% der untersuchten 10 Tage alten Kälber Antikörper gegen Coronaviren aufwiesen [44]. Nach Beobachtungen amerikanischer Autoren treten Rotavirusinfektionen schon bald nach der Geburt auf, am häufigsten während der ersten sechs Lebenstage. Dagegen scheinen Coronaviren für später vorkommende Diarrhoen verantwortlich zu sein.

Die Epizootiologie der Virusenteritiden ist noch nicht restlos aufgeklärt, weil offenbar die Anzahl der einschlägigen Untersuchungen zu gering ist. Wie sieht der Ursachenkomplex aus? Welche Infektionsquellen gibt es? Diese Fragen können bis jetzt nur unzureichend beantwortet werden. Obwohl es sich um ein eng vermaschtes Bedingungsgefüge handelt, lassen sich trotzdem drei Faktoren herausstellen: die Tenazität des Virus gegen Umwelteinflüsse, die Existenz von Virusträgern und die Immunität.

Von Rotaviren ist bekannt, daß sie sehr widerstandsfähig sind und im Laboratorium bei 18 bis 20°C länger als sieben Monate überleben

[43]. Es kann daher behauptet werden, daß einmal kontaminierte Bestände mit hoher Wahrscheinlichkeit ein ständiges Reservoir infektionsfähiger Viren bilden.

Für das Vorkommen von Virusträgern sprechen mehrere Beobachtungen. An erster Stelle ist zu vermerken, daß die Anzahl der Tiere mit subklinischen Infektionen mehr und mehr zunimmt. Englische Mikrobiologen in Compton haben gezeigt, daß neugeborene Kälber nach Aufnahme von Kolostrum mit einem Antirotavirus-Antikörper-Titer von 1:320 dennoch auf eine experimentelle Infektion reagieren, indem bei erhöhten Titern und Fehlen klinischer Symptome sechs Tage lang Virus ausgeschieden wurde [6]. Im Laboratorium des Verfassers konnte ermittelt werden, daß etwa 6 bis 7% gesunder Kälber im Alter von 5 bis 20 Tagen bedeutende Mengen an Rotavirus ausschieden, obgleich sie weder vor noch nach der Probenentnahme klinisch manifeste Krankheitszeichen erkennen ließen.

Alle genannten Beobachtungen weisen darauf hin, daß scheinbar gesunde Tiere Viren beherbergen, vermehren und ausscheiden können; dadurch werden sie in Beständen zu Infektionsquellen und Gefahrenherden. Es ist auch zu erwähnen, daß nichtimmune Tiere unabhängig von ihrem Lebensalter für Virusinfektionen empfänglich bleiben.

Um die offensichtliche Empfänglichkeit sehr junger Tiere gegenüber jener Infektion zu erklären, müssen noch viele Informationen über die Immunität gesammelt werden. Obwohl die Anzahl der Arbeiten spärlich ist, erkannte man, daß die zirkulierenden Antirotavirus-Antikörper, die aus dem Kolostrum stammen, für den Infektionsschutz nicht wirksam werden [22, 42]. Dagegen wurde festgestellt, daß die Resistenz von Neugeborenen gegenüber einem virulenten Virusstamm von der Menge spezifischer Antikörper abhängt, die zum Zeitpunkt der Infektion im Darmlumen vorhanden sind [42]. Es bestehen bemerkenswerte Analogien zur Transmissiblen Gastroenteritis der Ferkel.

In den Betrieben, wo sich Rotavirusinfektionen ermitteln lassen, liegen bei den Kühen und vor allem bei den Färsen die Antikörpertiter verhältnismäßig niedrig, unabhängig davon, ob es sich dabei um die Antikörper im Serum, im Kolostrum oder in der Milch handelt. Andererseits haben WOODE et al. [42] gezeigt, daß die Antikörperspiegel in der Milch laktierender Kühe sehr rasch absinken; 48 bis 72 Stunden post partum kann ein protektiver Effekt auf die Kälber nicht mehr nachgewiesen werden.

Prophylaxe der Virusdiarrhoen

Es muß gleich betont werden, daß es gegenwärtig keine zufriedenstellenden Bekämpfungsmaßnahmen gibt. Mit der Vakzination sind – vor allem in den USA – einige zur Hoffnung berechtigende Erfolge erzielt worden, von einer endgültigen Lösung des Problems ist man aber noch weit entfernt. Strikte Beachtung der Hygieneregeln vermag den Schaden zu begrenzen, stellt aber für sich genommen keinen Lösungsweg dar, weil damit die Virusreservoire und Infektionsquellen kaum beseitigt werden können.

Im Jahre 1971 liefen in den USA Versuche mit der Impfung neugeborener Kälber an, wobei ein über Zellkulturpassagen attenuierter NCDV-Stamm zur Anwendung kam. Dieser von MEBUS und Mitarbeitern zur Verfügung gestellte Stamm entfaltete im Labormaßstab gegen einen virulenten Virusstamm sehr rasch eine Schutzwirkung. Wurden kolostrumfrei ernährte Kälber in den ersten 24 Stunden post partum oral vakziniert, widerstanden die Tiere für den Zeitraum von 2 bis 3 Tagen nach der Geburt einer Infektion mit einem vollvirulenten Virusstamm. Der Wirkungsmechanismus dieses protektiven Effektes ist noch nicht aufgeklärt. Diskutiert wurde die Hypothese, daß dem Phänomen eine Virusinterferenz oder eine Interferoninduktion im Dünndarmbereich zugrunde liegt. Die Behauptung, daß die Erscheinung auf einer lokalen Immunität

ZUSAMMENFASSUNG

Zusammenfassend kann gesagt werden, daß die Rotaviren des Kalbes, des Schweines, der Maus und des Menschen zahlreiche gemeinsame Eigenschaften haben. Alle genannten Viren sind in der Lage, am Verdauungstrakt pathologische Veränderungen auszulösen. Die Unterschiede äußern sich im wesentlichen in einigen biologischen Eigenschaften, vorrangig in der Virulenz und der Pathogenität für bestimmte Säugetierarten.

mit Antikörperbildung beruht, konnte bis jetzt nicht bewiesen werden. Erste Feldversuche mit der Vakzine begannen 1971 in Nebraska und wurden in der Folgezeit versuchsweise auf andere Regionen der USA und Kanadas ausgedehnt. Die in den Jahren 1972 und 1973 publizierten Ergebnisse belegen, daß die Impfaktionen vor allem in jenen Gebieten der USA wirksam waren, wo ein gehäuftes Vorkommen von Rotaviren konstatiert wurde [18, 34].

Dagegen brachte der Einsatz der Vakzine in den kanadischen Provinzen Alberta und Saskatchewan eher negative Resultate (RADOSTITS, persönliche Mitteilung).

Als Fazit bleibt, daß es zur Zeit noch schwierig ist, über die Wirksamkeit des Impfstoffes unter natürlichen Bedingungen ein bindendes Urteil abzugeben. Ebenfalls in Nebraska wurde 1970 der Versuch unternommen, trächtige Kühe zu vakzinieren, um den Gehalt an spezifischen Antikörpern im Kolostrum und in der Milch zu erhöhen. Als Impfvirus diente ein mit Formalin inaktivierter NCDV-Stamm, der den Kühen im Verlauf der Trächtigkeit intramuskulär oder subkutan wiederholt appliziert wurde. Bei den geimpften Tieren fanden sich im Vergleich zu nichtvakzinierten Individuen 20- bis 30fach höhere Serumantikörperspiegel. Darüber hinaus konnte in den vakzinierten Beständen eine von Jahr zu Jahr abnehmende Morbidität und Letalität bei den neugeborenen festgestellt werden. Diese Impfaktionen wurden in den USA weitergeführt.

Um größere Erfolge in der Bekämpfung der Virusenteritiden zu erreichen, müssen polyvalente Vakzinen entwickelt werden. In den USA steht bereits ein attenuierter Coronavirusstamm zur Verfügung. Laboruntersuchungen haben ergeben, daß dieser Stamm den Kälbern eine Resistenz von drei bis vier Tagen verleiht [23]. Eine Lebendvakzine aus einem Rotavirus- und einem Coronavirusstamm befand sich seinerzeit in den USA im Prüfungsstadium.

Wechselbeziehungen animaler Rotaviren

Das Rotavirus des Kalbes (NCDV) ähnelt morphologisch und in antigener Hinsicht dem bei Kindern nachgewiesenen humanen Rotavirus [4, 5, 10, 13], dem murinen Rotavirus (Virus der epizootischen Enteritis der Säuglingsmäuse) [25] sowie den in letzter Zeit von Schweinen und Fohlen isolierten Rotaviren. Alle bisherigen Versuche, Kälber mit dem humanen Rotavirus zu infizieren, sind fehlgeschlagen. Dagegen konnte gezeigt werden, daß das Ferkel gegenüber dem bovinen und humanen Virus empfänglich ist [7, 12, 14].

Mit dem NCDV inokulierte gnotobiotische Ferkel erkranken im Verlauf von 15 Stunden, wobei die im Darm erzeugten Läsionen den vom Kalb bekannten pathomorphologischen Veränderungen weitgehend ähnlich sind. Die infizierten Schweine scheiden das Virus mehrere Tage lang aus. Gleichzeitig entwickelt sich eine Immunreaktion mit dem Auftreten neutralisierender Antikörper im Blut. Diese Antikörper neutralisieren das NCDV in der Zellkultur. Andererseits erbrachten serologische Untersuchungen in verschiedenen Schweinezuchtbetrieben den Nachweis von Anti-NCDV-Antikörpern bei den Tieren. Daraus läßt sich ableiten, daß die Schweine schon auf natürliche Weise mit dem Kälbervirus oder einem Virus mit eng verwandten Antigeneigenschaften infiziert sind. So hat man von Schweinen ein dem NCDV ähnliches Virus isoliert, das jedoch für das Kalb apathogen war.

Durch die Forschungen von KAPIKIAN und Mitarbeitern ist die Antigenverwandtschaft zwischen dem Rotavirus des Kalbes und dem humanen Rotavirus klar erkannt worden [13]. Demzufolge kann das NCDV für die serologische Diagnostik des humanen Rotavirus als Antigen eingesetzt werden, in erster Linie in der Komplementbindungsreaktion und in der Immunfluoreszenztechnik. Dieselben Autoren ermittelten, daß das humane Rotavirus sowohl für das Ferkel als auch für den Rhesusaffen pathogen ist [14].

Es besteht heute kaum ein Zweifel darüber, daß bei einer großen Anzahl von Gastroenteritiden neugeborener Kälber verschiedene Viren eine primäre ätiologische Rolle spielen. Das Interesse konzentriert sich auf ein Rotavirus und ein Coronavirus, die 1967 bzw. 1971 entdeckt wurden und offensichtlich in allen Regionen der Erde verbreitet sind. Aus Laborversuchen geht hervor, daß diese Agenzien in Abwesenheit anderer Mikroorganismen pathogene Wirkungen entfalten. Darüber hinaus ergaben epizootiologische Studien in den USA und in Großbritannien – vor allem für das Rotavirus – eine deutliche Korrelation zwischen dem Vorkommen des Virus und dem Auftreten von einzeln oder seuchenhaft verlaufenden Enteritiden mit Durchfallgeschehen.

Rotaviren wurden außerdem beim Menschen, beim Schwein, beim Fohlen und bei der Maus nachgewiesen, wobei in allen Fällen eine mit Diarrhoe verbundene Darminfektion zu verzeichnen war.

Bei den natürlichen Erkrankungen hängt der Schweregrad der Virusenteritiden mit Sicherheit von mehreren Faktoren ab. In Abwesenheit anderer kausaler Agenzien (z. B. pathogene *E.-coli*-Stämme) wird die Heftigkeit der Rotavirus- und Coronavirusinfektionen insbesondere vom Immunstatus der Tiere, von der Virusmenge und der Virulenz der Stämme, aber vermutlich auch von der Gegenwart von Bakterien im Darmtrakt bestimmt. Manche Beobachtungen sprechen dafür, daß die Anwesenheit einiger an sich apathogener Bakterienstämme einen Krankheitsprozeß verschlimmern kann.

Die Ursachen und prädisponierenden Faktoren für die seuchenhafte Ausbreitung dieser Virusinfektionen sind erst ungenügend erforscht. Eine Reihe von Arbeiten amerikanischer und englischer Forscherteams lieferten für die Aufklärung der epizootiologischen Vorgänge äußerst interessante und bedeutsame Befunde. Hinsichtlich des Rotavirus ist zu berücksichtigen, daß es in Kälberzuchtbetrieben und einer Anzahl von Virusträgern über Jahre persistieren kann. Es steht ferner fest, daß die mit dem Kolostrum und der Milch zugeführten maternalen Antikörper das Neugeborene nur dann wirksam schützen können, solange sie im Darmlumen vorhanden sind. Dieser protektive Effekt ist von kurzer Dauer und wahrscheinlich in vielen Fällen unzureichend, wenn man bedenkt, daß der Immunstatus der Muttertiere meist ein relativ niedriges Niveau aufweist.

Der gegenwärtige Kenntnisstand erlaubt noch keine klare Strategie für eine effektive und zuverlässige Bekämpfung der Virusenteritiden. Strenge Einhaltung des Hygieneregimes sowie eine Gesundheits- und Ernährungsüberwachung der trächtigen Kühe und neugeborenen Kälber zählen zu den empfohlenen Maßnahmen. Damit können jedoch kaum die Virusreservoire und Infektionsquellen ausgeschaltet werden. Eine Hoffnung ist auf die Entwicklung polyvalenter Impfstoffe gerichtet, mit denen die trächtigen Kühe und die Neugeborenen vakziniert werden könnten.

Schlußfolgerungen

LITERATUR

[1] BANFIELD, W. G.; KASNIC, G.; BLACKWELL, J. H., 1968 – Further observations on the virus of epizootic diarrhea of infant mice. Virology 36, 411–421.

[2] BARNETT, B. B.; EGBERT, L. N.; SPENDLOVE, R. S., 1975 – Partial characterization of the neonatal calf diarrhea virus (reolike agent) genome. (Abstract.) 3rd International Congress for Virology, Madrid.

[3] BATES, R. C.; STORZ, J.; REED, D. E., 1972 – Isolation and comparison of bovine parvoviruses. J. Infect. Dis., 126, 531–536.

[4] BISHOP, R. F.; HOLMES, I. H.; RUCK, B. J., 1973 – Virus particles in épithelial cells of duodenal mucosa from children with acute non-bacterial gastroenteritis. Lancet, 2, 1281–1283.

[5] BISHOP, R. F.; DAVIDSON, G. P.; HOLMES, I. H.; RUCK, B. J., 1974 – Detection of a new virus by electron microscopy of faecal extracts from children with acute gastroenteritis. Lancet, 1, 149–151.

[6] BRIDGER, J. C.; WOODE, G. N., 1975 – Neonatal calf diarrhoea: identification of a reovirus-like agent (rotavirus) in faeces by immunofluorescence and immune electron microscopy. Brit. Vet. J., 131, 528–535.

[7] BRIDGER, J. C.; WOODE, G. N.; JONES, J. M.; FLEWETT, T. H.; BRYDEN, A. S.; DAVIES, H., 1975 – Transmission of human rotavirus to gnotobiotic piglets. J. Med. Microbiol., 8, 565–569.

[8] BUTLER, D. G.; GALL, D. G.; KELLY, M. H.; HAMILTON, J. R., 1974 – Transmissible gastroenteritis. Mechanisms responsible for diarrhea in an acute viral enteritis in piglets. J. Clin. Invest., 53, 1335–1342.

[9] FERNELIUS, A. L.; RITCHIE, A. E.; CLASSICK, L. G.; NORMAN, J. O.; MEBUS, C. A., 1972 – Cell culture adaptation and propagation of a reovirus-like agent of calf diarrhea from a field outbreak in Nebraska. Arch. Gesam. Virusf. 37, 114–130.

[10] FLEWETT, T. H.; BRYDEN, A. S.; DAVIES, H.; WOODE, G. N.; BRIDGER, J. C.; DERRICK, J. M., 1974 – Relation between viruses from acute gastro-enteritis of children and new-born calves. Lancet 13, 61–63.

[11] FRANK, F. W., 1970 – New concept in calf scours. Agric. Sci. Rev. USDA, 8, 36–40.

[12] HALL, G. A.; BRIDGER, J. C.; CHANDLER, R. L.; WOODE, G. N., 1976 – Gnotobiotic piglets experimentally infected with neonatal calf diarrheoa reovirus-like agent (Rotavirus). Vet. Pathol., 13, 197–210.

[13] KAPIKIAN, A. Z.; HYUN WHA KIM; WYATT, R. G.; RODRIGUEZ, W. J.; CLINE, W. L.; PARROT, R. H.; CHANOCK, R. M., 1974 – Reovirus-like agent in stools. Association with infantile diarrhea and development of serologic tests. Science 185, 1049–1053.

[14] KAPIKIAN, A. Z.; WYATT, R. G.; HYUN WHA KIM; KALICA, A. R.; VANKIRK, D. H.; PARROTT, R. H.; CHANOCK, R. M., 1975 – Studies of the human reovirus-like agent associated with infantile gastroenteritis (abstract.) 3rd International Congress for Virilogy. Madrid.

[15] MEBUS, C. A.; UNDERDAHL, N. R.; RHODES, M. B.; TWIEHAUS, M. J., 1969 – Calf diarrhea (scours): reproduced with a virus from a field outbreak. Research. Bull. Univ. Nebraska, 233, 1–16.

[16] MEBUS, C. A.; STAIR, E. L.; UNDERDAHL, N. R.; TWIEHAUS, M. J., 1971 – Pathology of neonatal calf diarrhea induced by a reo-like virus. Vet. Pathol., 8, 490–505.

[17] MEBUS, C. A.; KONO, M.; UNDERDAHL, N. R.; TWIEHAUS, M. J., 1971 – Cell culture propagation of neonatal calf diarrhea (scours) virus. Canadian Vet. J., 12, 69–72.

[18] MEBUS, C. A.; WHITE, R. G.; STAIR, E. L.; RHODES, M. B.; TWIEHAUS, M. J., 1972 – Neonatal calf diarrhea. Results of a field trial using a relike virus vaccine. Vet. Med./Small Anim. Clinician, 67, 173–174 et 177–178.

[19] MEBUS, C. A.; STAIR, E. L.; RHODES, M. B.; TWIEHAUS, M. J., 1973a – Neonatal calf diarrhea: Propagation, attenuation and characterization of a coronavirus-like agent. Am. J. Vet. Res., 34, 145–150.

[20] MEBUS, C. A.; STAIR, E. L.; RHODES, M. B.; UNDERDAHL, N. R.; TWIEHAUS, M. J., 1973b – Calf diarrhea of viral etiology. Ann. Med. Vet., 4, 71–78.

[21] MEBUS, C. A.; STAIR, E. L.; RHODES, M. B.; TWIEHAUS, M. J., 1973c – Pathology of neonatal calf diarrhea by a coronavirus-like agent. Vet. Pathol., 10, 45–64.

[22] MEBUS, C. A.; WHITE, R. G.; BASS, E. P.; TWIEHAUS, M. J., 1973d – Immunity to neonatal calf diarrhea virus. J. Am. Vet. Med. Assoc., 163, 880–883.

[23] MEBUS, C. A., 1975 – Corona enteritis in calves (abstract.) 3rd International Congress for Virology. Madrid.

[24] MEYLING, A., 1974 – Reo-like neonatal calf diarrhoea (NCD) virus demonstrated in Denmark. Acta Vet. Scand., 15, 457–459.

[25] MUCH, D. H.; ZAJAC, L., 1972 – Purification and characterization of epizootic diarrhoea of infant mice virus. Infect. Immun., 6, 1019–1024.

[26] PATTERSON, A. B., 1962 – Virus diseases in cattle. Vet. Rec., 74, 1384–1389.

[27] PENSAERT, M.; HAELTERMAN, E. O.; BURNSTEIN, T., 1970 – Transmissible gastroenteritis of swine: virus intestinal cell interactions. I. Immunofluorescence, histology and virus production in the small intestine through the course of infection. Arch. Gesamte Virusforsch., 31, 321.

[28] SCHERRER, R.; COHEN, J.; L'HARIDON, R.; FEYNEROL, C.; FAYET, J. C., 1976 – Reovirus-like agent (Rotavirus) associated with neonatal calf gastroenteritis in France. Ann. Rech. Vet., 7, 25–31.

[29] STAIR, E. L.; MEBUS, C. A.; TWIEHAUS, M. J.; UNDERDAHL, N. R., 1973 – Neonatal calf diarrhea. Electron microscopy of intestines infected with a reovirus-like agent. Vet. Pathol., 10, 155–170.

[30] STAIR, E. L.; RHODES, M. B.; WHITE, R. G.; MEBUS, C. A., 1972 – Neonatal calf diarrhea: Purification and electron microscopy of a Coronavirus-like agent. Am. J. Vet. Res., 33, 1147–1156.

[31] STORZ, J.; BATES, R. C.; WARREN, G. S.; HOWARD, T. H., 1972 – Distribution of antibodies against Bovine parvovirus in cattle and other animal species. Am. J. Vet. Res., 33, 269–272.

[32] STROZ, J.; BATES, R. C., 1973 – Parvovirus infections in calves J. Am. Vet. Med. Ass., 163, 884–886.

[33] TURNER, A. J.; CAPLE, I. W.; CRAVEN, J. A., 1973 – Demonstration of virus particles in intestinal contents of calves with diarrhoea. Aust. Vet. J., 49, 544.

[34] TWIEHAUS, M. J.; MEBUS, C. A., 1973 – Licensing and use of the calf scours vaccine. Proc. 77th Annual Meeting US Animal Health Assoc., 55–58.

[35] TYRRELL, D. A.; ALMEIDA, J. O.; CUNNINGHAM, C. H.; DOWDLE, W. R.; HOFSTAD, B. S.; MCINTOSH, K.; TAJIMA, M.; ZAKSTELSKAYA, L. YA.; EASTERDAY. B. C.; KAPIKIAN. A.; BINGHAM, R. W., 1975 – Corona viridae. Intervirology, 5, 76–82.

[36] WALDHALM, D. G.; HALL, R. F.; MEINERSHAGEN, W. A.; STAUBER, V.; FRANK, F. W., 1974 – Combined effect of neonatal calf diarrhea virus and Providencia stuartii on suckling beef calves. Am. J. Vet. Res., 35, 515–516.

[37] WELCH, A. B., 1971 – Purification, morphology and partial characterization of a reovirus-like agent associated with neonatal calf diarrhea. Canad. J. Comp. Med., 35, 195–202.
[38] WELCH, A. B.; THOMPSON, T. L., 1973 – Physico-chemical characterization of a neonatal calf diarrhea virus. Canad. J. Comp. Med., 37, 295–301.
[39] WELCH, A. B.; TWIEHAUS, M. J., 1973 – Cell culture studies of a neonatal calf diarrhea virus. Canad. J. Comp. Med. 37, 287–294.
[40] WHITE, R. G.; MEBUS, C. A.; TWIEHAUS, M. J., 1970 – Incidence of herds infected with a neonatal calf diarrhea virus (NCDV). Vet. Med./Small Anim. Clinician, 65, 487–489.
[41] WOODE, G. N.; BRIDGER, J. C.; HALL, G.; DENNIS, M. J., 1974 – The isolation of a reovirus-like agent associated with diarrhoea in colostrum deprived calves in Great Britain. Res. Vet. Sci., 16, 102–105.
[42] WOODE, G. N.; JONES, J.; BRIDGER, J. C., 1975 – Levels of colostral antibodies against neonatal calf diarrhoea virus. Vet. Rec., 23, 148–149.
[43] WOODE, G. N.; BRIDGER, J. C., 1975 – Viral enteritis of calves. Vet. Rec., 96, 85–88.
[44] ZYGRAICH, N.; GOERGES, A. M.; VASCOBOINIC, E., 1975 – Etiologie des diarrhées néonatales du veau. Résultats d'une enquête sérologique relative aux virus réo-like et corona dans la population bovine belge. Ann. Méd. Vét., 119, 105–113.

Nichtinfektiöse Magen-Darm-Erkrankungen (Verdauungsstörungen und Qualität der Milchtränke beim präruminanten Kalb)

Kapitel 2

D. GRIESS

Unkenntnis der Entwicklung der Verdauungsfunktion des Kalbes und der Einsatz qualitätsgeminderter Milchtränken sind Hauptursachen von Diarrhoen und Gastroenteritiden, die mitunter von Tympanie begleitet sind. Die alimentären Indigestionen resultieren entweder aus einer Störung der Futtermittelpassage durch den Verdauungstrakt oder aus einer mangelhaften Anpassung der Ration an das Gleichgewicht der Enzymsysteme des Kalbes, wobei das Ausmaß der intestinalen Dysbakteriose für den Schweregrad der Erkrankung verantwortlich ist. Verdauungsstörungen des Kalbes sind in jedem Fall als ernst zu bewerten; das betrifft sowohl die medizinische (erhöhte Letalität) als auch die ökonomische Seite (herabgesetzte Wachstumsgeschwindigkeit, gesteigerter Futterverbrauch und Wertminderung der Schlachtkörper).

Die industriemäßige Tierproduktion begünstigt das Auftreten derartiger Indigestionen aus folgenden Gründen:

– Es werden Tiere zusammengestellt, deren früheres Ernährungsregime (Kolostrumaufnahme) nur ungenügend bekannt ist (Kälber mit einem Gehalt an Gammaglobulinen unter 0,5 g/100 ml Blutplasma sind für die genannten Störungen als prädisponiert anzusehen [4]);

– Kontakt mit einem breitgefächerten Spektrum von Mikroorganismen, an das die Tiere nicht gewöhnt sind;

– Verhaltensstörungen mit der Folge veränderter Resistenz gegenüber Stressoren.

In der Praxis der Kälberaufzucht kommen nichtinfektiöse Magen-Darm-Erkrankungen bei Milch guter und schlechter Qualität, bei fehlerhaft zubereiteten Milchtränken und auch bei Mängeln in der Fütterungsgestaltung vor.

Herstellung der Milchtränke
Temperatur

Das Milchpulver ist in Wasser mit einer Temperatur von 45–50°C aufzulösen. Höhere Temperaturen (über 75°C) führen zu einer inhomogenen Verteilung der Inhaltsstoffe. Die Fette sind von einer Lipoproteinhülle umgeben, an die verschiedene Komponenten adsorbiert sind; durch heißes Wasser wird jener Film zerstört, die Fettstoffe bilden an der

Diarrhoen bei Milchtränken guter Qualität

Oberfläche eine cremige Schicht, und die Folge ist eine Inhomogenität der Milch. Der Zustand der Emulsion verschlechtert sich noch, wenn die Tränke danach abrupt abgekühlt wird; durch das kalte Wasser gerinnt das Fett. Ein solcher Fall ist z. B. gegeben, wenn das zum Ansetzen der Tränke vorgesehene Wasser einem Heißwasserspeicher entnommen wird und darauf mit kaltem Wasser auf die für das Vertränken erforderliche Temperatur von 38 °C heruntergekühlt wird. Überschuß an Fett wirkt laxierend, doch ein Mangel an Lipiden ist ebenfalls ungünstig. Nach fettarmen Rationen (5‰) waren Durchfälle häufiger festzustellen [17, 24, 25]. Übermäßiges Erwärmen denaturiert die Eiweiße, vor allem die Albumine und Globuline, wodurch eine verminderte Salzsäureproduktion und eine verringerte Aktivität der Pankreasenzyme ausgelöst werden [24]. Auch heiße Milchtränken verursachen vermehrte Durchfälle [16].

Menge der Trockenmasse

Das Milchpulver ist zu wiegen und nicht in einem Gefäß abzumessen, denn mit der volumenbezogenen Dosierung kann es Abweichungen bis zu ±10% der für eine Mahlzeit erforderlichen Menge geben.

Ein Zuviel an Trockenmasse fördert den Übertritt der schlecht verdauten Tränke in das Duodenum, wodurch ein günstiges Milieu für das Entstehen einer Enterotoxämie geschaffen wird. Die Regurgitation der Ingesta in den Pansen reizt die Magenwände und ruft eine Tympanie durch Magenatonie hervor. Als optimale Konzentration werden 150 g Trockenmasse pro Liter Tränke angesehen, wobei die Toleranzgrenzen bei 120 bzw. 190 g/l liegen sollten [5, 23].

Geräte

Auf regelmäßige und sorgfältige Reinigung der Tränkgefäße ist unbedingt zu achten, vor allem dann, wenn sich die Milch längere Zeit in den Behältnissen befindet.

Faktoren der Futterdarbietung

Subjektive Rolle der Tierproduzenten

Das Verhalten des Stallpersonals kann über ein Ausbleiben des Schlundrinnenreflexes bei den Kälbern die Milchpassage stören. Die Tränke gelangt in diesem Fall in den für eine Milchaufnahme nicht ausgebildeten Pansen und unterliegt dort der Gärung, deren Produkte den Verdauungskanal reizen [2].

Man nimmt heutzutage an, daß bis zur 5. Lebenswoche jede Flüssignahrung, selbst ohne Milcheiweiß oder ohne Mineralstoffe, den schnellen Schluß der Schlundrinnenlippen bewirkt; es handelt sich nicht um ein einfaches Reflexgeschehen, sondern um einen echten Verhaltensakt. ØRSKOV et al. [20, 21] konnten bei über einem Jahr alten Jungschafen allein durch den Anblick oder den Geruch der Milch den Schlundrinnenreflex auslösen. Werden die Tiere grob behandelt, unterbleibt der Schluß der Schlundrinnenlippen. Ebenso können alle Streßsituationen (z. B. nicht zur richtigen Zeit vorgenommene Tierumsetzungen, übermäßiger Lärm) die normale Passage behindern und Durchfälle hervorrufen.

Fütterungsrhythmus

Unregelmäßigkeiten im Tränken der Kälber sind der Grund für eine zu hastige Aufnahme der Milch (3,5 l/min statt 0,5 bis 0,8 l/min) durch die hungrigen, unruhigen und aufgeregten Tiere. Ein erheblicher Teil der Tränke, immerhin 10 bis 50%, gelangt dabei in den Pansen. Das zu große Volumen solcher Mahlzeiten führt auch zur Überladung des Labmagens mit Regurgitation der Milch in den Pansen.

Tränketemperatur

Abrupte Temperaturwechsel stören die Funktion des Labmagens; insbesondere kalte Milch (unter 15 °C) kann eine Labmagenlähmung nach sich ziehen. Bei der optimalen Temperatur von 37 bis 38 °C kommt es in 4 min zur Gerinnung der Milch, bei 20 °C dauert es länger als 7 min und die Aufzuchtergebnisse sind nur mittelmäßig [15, 16].

Wasserversorgung

Der durchschnittliche Wasserbedarf pro Kalb und Tag beläuft sich auf $1/7$ bis $1/8$ der Lebendmasse. Die Praxis, den Anteil an Flüssigkeit zugunsten eines erhöhten Trockensubstanzgehaltes zu reduzieren, ist nicht ungefährlich, denn dadurch können Dehydratationszustände ausgelöst werden. Zusammenfassend ist festzustellen, daß eine tiergerechte Tränke mit lauwarmem Wasser hergestellt werden muß, nicht zu konzentriert sein darf und mit angemessener Temperatur regelmäßig verabreicht werden sollte.

Physikalisch-chemische Veränderungen und biologische Kontaminanten

Physikalisch-chemische Veränderungen

Milchpulver ist nur in wasser- und luftundurchlässigen Verpackungen zu lagern. Papier allein genügt nicht den Ansprüchen, es muß durch Plastfolien oder Metallbehälter geschützt werden [14]. Das durch Mischgeräte homogen gemachte Trockenprodukt hat eine charakteristische physikalisch-chemische Beschaffenheit: Die Fettkügelchen sind von einer Eiweißmembran umgeben, der wiederum eine Schicht aus amorphen Milchzucker aufliegt. Durch diese völlig wasserabweisende Struktur wird eine ausgezeichnete Haltbarkeit erreicht. Nach Hinzutreten von Wasser bildet sich der Milchzucker in die kristalline α-Lactose um, der Schutzfilm reißt an einigen Stellen und wird damit luftdurchlässig; als Folge davon zersetzen sich die Fette. Da amorphe Lactose sehr hygroskopisch ist und Wasser rasch gebunden wird, sollte der Feuchtigkeitsgehalt des Trockenfuttermittels bei 3,75 %, auf jeden Fall unter 5 % liegen [14].

Bakterielle Verunreinigungen

Zahlreiche Futtermittel sind mit Bakterien kontaminiert und enthalten anaerobe Keime [12]. Zusätze von Antibiotika oder Furoxon sind jedoch problematisch, weil das Verhältnis von Keimzahlreduzierung und Schädlichkeit der betreffenden Produkte unausgewogen wird. Die Mehrzahl jener Bakterien produziert eine Anzahl von Säuren, wobei gewöhnlich die Azidität in Milchsäure ausgedrückt wird. Eine sehr saure Milch kann deshalb als stark kontaminiert angesehen werden; sie begünstigt auf Grund von Störungen des Gleichgewichts der Gastrointestinalflora die Entstehung von Gastroenteritiden. Milchpräparate guter Qualität zeichnen sich stets durch einen Säuregehalt von 1 g pro 100 g Trockensubstanz oder niedrigere Werte aus.

Kontamination durch Pilze

Die pathogenen Eigenschaften und das Toxinbildungsvermögen von Schimmelpilzen sind noch ungenügend erforscht. Erst wenige Befunde bei Schimmelpilzen sprechen für die Kombination Pathogenität/Toxinbildung [13]. Futtermittel, die bestimmte Sporenmengen enthalten, sollten im Hinblick auf die wasserbindende und lipolytische Wirkung der Schimmelpilze als suspekt angesehen werden. Nicht zu beanstandende Präparate weisen Sporenzahlen zwischen 0 und 50 pro Gramm auf, die üblicherweise verfütterten solche von 50 bis 500 pro Gramm und mittelmäßige bis schlechte Futtermittel Werte zwischen 500 und 4000 Sporen/g.

Fehlerhafte Zusammensetzung

Kohlenhydrate

Auf Grund der Unreife ihres Enzymprofils verdauen junge Kälber außer Lactose Kohlenhydrate schlecht [1]. Das Auftreten von Diarrhoen nach Ansammlung unverdauter Kohlenhydrate im Dünndarm beruht auf mehreren Mechanismen:
– Die Substanzen können als Substrat einer

Diarrhoen bei Milchtränken schlechter Qualität

ZUSAMMENFASSUNG

Zusammenfassend ist zu sagen, daß ein Milchpräparat einen Feuchtigkeitsgehalt unter 5 %, eine Gesamtazidität von 1 % oder geringer sowie Pilzsporenzahlen unter 50 Sporen/g Trockensubstanz haben sollte.

Mikroflora dienen, die beträchtliche Mengen an flüchtigen Fettsäuren produziert, wodurch es zur Reizung der Darmschleimhaut kommt.
– Erhöhte Konzentrationen an Oligosacchariden verhalten sich wie hypertonische Lösungen mit laxierendem Effekt.
– Aufgeschlossene Stärke, hygroskopisch wirksam, zieht auf osmotischem Wege Wasser in das Darmlumen. Hinzu kommt eine Intoxikation durch die alkoholische Vergärung der Stärke [23].

Eine spezifische Ursache für Durchfälle erblickt man in den Glucose- und Lactosegehalten des Futtermittels. Übersteigt der Glucoseanteil 15% der Trockensubstanz [17, 18], entsteht eine Diarrhoe. Ein Lactosegehalt über 25% der Trockenmasse verschlimmert das Durchfallgeschehen. Bei solchen Konzentrationen sollte das Präparat 20 bis 25% Talg enthalten, um ein optimales Lactose-Lipid-Verhältnis zwischen 1,3 und 3,5 zu erreichen [11]. Dagegen wirken intakte Stärke und ihre wenig hydrolysierten Derivate in geringen Mengen (5–7%) durchfallhemmend, da ihr Hydratationsvermögen praktisch gleich Null ist. Behandelte Stärke (gequollene, aufgeschlossene Stärke, lösliche Dextrine) ruft selbst in geringer Konzentration (5%) Diarrhoen hervor, die um so stärker sind, je höher der Hydrolysegrad ist. Saccharose schließlich verursacht ständigen Durchfall [19].

Diese rein alimentär bedingten Diarrhoen verändern nicht die Wasserbilanz und beeinflussen die Wachstumsgeschwindigkeit nur wenig. Sie prädisponieren jedoch zu mikrobiellen Komplikationen in Form einer Toxikose. Kohlenhydrate sollten daher in den Milchtränken nur 2 bis 3% der Trockensubstanz ausmachen, wobei Saccharose und Dextrine ganz zu meiden sind. In den Kälberaufzuchtfuttermitteln für den ersten Lebensmonat ist ein Gehalt an erlaubten Kohlenhydraten von 5 bis 7% der Trockenmasse anzustreben. Bei Mastkälbern kann nach fünf Wochen der Wert auf 10% der Trockensubstanz angehoben werden, um die fortschreitende Hydrolyse zu nutzen.

Fette

• *Lipidkonzentrationen*

Ein mehr als 35%iger Fettanteil der Futtermitteltrockensubstanz oder 50 g Lipide je Liter flüssiger Milch vergrößern wegen des laxierenden Effekts die Gefahr von Durchfällen. Die Verdaulichkeit ist am besten, wenn die Fette im Darmlumen in feiner Emulsion vorliegen (Partikeldurchmesser: 2 µm). Ist der Durchmesser der Fettkügelchen größer als 20 µm, kommt es zu Verklumpungen und über eine schlechtere Verdaulichkeit zum Diarrhoerisiko. In stark aufgefetteten Milchtränken besteht die Tendenz zur Agglomeration der Fettkügelchen. Durch Zusatz von Glycolipiden als Emulgatoren läßt sich die Wahrscheinlichkeit der Entwicklung von Enteritiden verringern [9]. Nach TOULLEC und MATHIEU (1971) zieht eine ständig fettreiche Ernährung außerdem Leberschäden nach sich, woraus Verdauungsstörungen resultieren.

• *Qualität der Fette*

Entscheidende Faktoren sind die Art und Weise der Fettanreicherung und die Feinheit der Fettemulsion. In der Regel wird die Einführung von Fetten in flüssigem Zustand der Zugabe von trockenem Fett vorgezogen. Bei erstgenannter Methode sind die Partikel feiner (2 µm gegenüber 4 bis 10 µm bei der anderen Variante), und die Verdaulichkeit ist besser. Im Falle trockener Fette sind die Fettkügelchen nicht von einer Proteinhülle umgeben, sondern liegen im Gegenteil den Milchpulverpartikeln auf. Die schlecht geschützten Fettstoffe verderben dann leicht und verklumpen bei der üblichen Lagerungstemperatur und dem einwirkenden Druck. Es gibt jedoch fortgeschrittene Technologien, die eine Verflüssigung und eine Beschichtung der Fettkügelchen mit einem Schutzfilm aus Trockenmilchpulver ermöglichen. Die Qualität eines Futtermittels für Kälber in der präruminanten

Phase läßt sich auch durch die Menge an freien, d. h. ungeschützten Fetten angeben. Diese Fraktion kann durch einfache Kälteextraktion in Hexan bestimmt werden und sollte 8% der Gesamtlipide nicht übersteigen.
Der Dispersionsgrad der Fette in der Emulsion übt auf die Qualität des Produktes ebenfalls einen Einfluß aus. Beträgt der Durchmesser der Fettkügelchen weniger als 1 µm, entsteht ein stabiler und dauerhafter Schaum, der weder entweichen noch verdaut werden kann und dadurch zu mechanischen Behinderungen und Fehlgärungen führt.
- Mechanische Störungen treten auf, weil nur flüssige oder gasförmige Substanzen den Labmagen passieren können. Die Ansammlung von Schaum dehnt den Labmagen aus (Meteorismus in Richtung rechte Bauchwand) und erhöht den Magendruck so, daß es zu einer Hemmung der Motorik und zum völligen Sistieren der reflektorischen Magenentleerung kommt [3]. Bei Fehlen von Lipase und Pepsin werden die im Schaum enthaltenen Proteine nicht verdaut; die Ingesta unterliegen dann einem biochemischen und mikrobiellen Abbau, der zur Gasbildung führt. Die angehäuften Gasmassen werden pansenwärts gedrückt (Meteorismus in Richtung linke Bauchwand). Der übermäßige intraruminale Druck behindert die Atmung. In anderen Fällen verläuft die Entwicklung weniger rasch; sie ruft dann Fehlgärungen und eine chronische Tympanie hervor.
- Fehlgärungen kommen zustande, weil ein geringerer Teil des Schaumes zwar die Motorik nicht hemmt, aber die Vermehrung von Mikroorganismen begünstigt. Der im anaeroben Milieu stattfindende Abbau des Schaumes führt zur Bildung von flüchtigen Fettsäuren (Ameisensäure, Essigsäure, Buttersäure), Milchsäure, Ammoniak und zur Freisetzung unterschiedlich großer Mengen an Stoffwechselendprodukten (Kohlendioxid, Wasserstoff, Methan). Diese Verbindungen erhalten den Zustand der chronischen Tympanie aufrecht. Die Mehrzahl der Fettsäuren verursacht eine Reizung der Schleimhäute des Verdauungsapparates mit chronischen lokalen Entzündungserscheinungen. Es kann schließlich eine Gastroenteritis entstehen, wenn die mikrobiellen metabolischen Abbauprodukte den Darmtrakt passieren.

- *Zusammensetzung der Fette*

Das Kalb verdaut intakte Triglyceride, die aus gesättigten Fettsäuren mit Kohlenwasserstoffketten mit weniger als 18 C-Atomen aufgebaut sind, gut. Ein Zusatz großer Mengen ungesättigter Fette fördert enteritische Läsionen. Fette von nicht zu beanstandender Qualität sollten keinesfalls mehr als 0,2% Wasser und Verunreinigungen und eine Azidität (ausgedrückt in Ölsäure) von maximal 0,5% enthalten. Der Schmelzpunkt sollte bei 43 bis 44°C, die Iodzahl zwischen 38 und 42 und die Peroxidzahl nicht über 2 liegen. Für die Stabilität der Fette (gemessen über die Fettoxydation) ist eine Dauer von mindestens 40 Stunden zu fordern, die optische Dichte bei 270 nm sollte den Wert 1,2 nicht überschreiten.

Eiweiße

Seit langem wird über das Problem der Milchgerinnung im Labmagen gearbeitet. Zum einen wird über die Feinstruktur des Fällungsproduktes das Volumen der jeweiligen Mahlzeit der Fütterungskapazität des Magens angepaßt, zum anderen reguliert die Gerinnung auch die Entleerungsrate des Labmagens (der Gehalt des austretenden Labmageninhaltes an Trockensubstanz verändert sich nach den Mahlzeiten nur wenig) [26]. Damit wird ein regelmäßiger Durchsatz mit einer differenzierten Verdauung der verschiedenen Rationsbestandteile gesichert. Durch diesen Regulationsmechanismus erfolgt eine ständige Anpassung des Substrates an die Enzymsekretion, ohne daß die normale Keimflora des Verdauungstraktes in Mitleidenschaft gezogen wird. Dagegen verändert ein Ersatz der Milch durch nichtgerinnbare Proteine (Molke, Milch-, Soja-, Fisch- und Hefeeiweiße) die

Magenentleerung, wie TOULLEC und MATHIEU (1970) nachgewiesen haben. Unmittelbar nach der Mahlzeit steigt der Gehalt der den Labmagen verlassenden Ingesta an Trokkensubstanz an und fällt dann allmählich ab. Ungenügende Kenntnis der einzelnen Rationsbestandteile birgt die Gefahr in sich, daß sich das Verdauungssystem des Kalbes nicht so gut anpaßt und Durchfallgeschehen häufiger zu beobachten sind.

Art und Zubereitung der mit der Tränke verabreichten Milchproteine spielen für das Auftreten von Diarrhoen gleichfalls eine wichtige Rolle [7, 8, 22, 24, 27]. Es ist durchaus möglich, Kälber mit total ungerinnbaren Futterkomponenten normal aufzuziehen [28], wenn die Proteolyse im Labmagen und Darm nicht beeinträchtigt ist. Eine verminderte Eiweißverdauung im Magen-Darm-Trakt ist in folgenden Fällen zu verzeichnen:
– Verfütterung einer Ration, die unzureichend von gegen bestimmte Nahrungsbestandteile gerichteten Stoffen gereinigt wurde; als Beispiel sei das Antitrypsin der Sojabohne angeführt [7, 8].
– Temperaturbedingte Eiweißfällung, besonders Denaturierung der Nicht-Kasein-Fraktion der Milch. Dadurch kommt es zu einem Abfall der Ca^{++}-Konzentration, zu verlangsamter Gerinnung und verringerter Sekretion der Magen- und Pankreasenzyme [24].

Kälberaufzuchtfuttermitteln für unter einem Monat alte Tiere sollten nicht mehr ungerinnbare Proteine als 7% bis höchstens 20% der Gesamteiweißmenge zugemischt werden. Das beim Kalb dieser Altersstufe noch nicht ausgereifte Enzymsystem des Verdauungsapparates vermag höhere Anteile nicht zu bewältigen. Beschleunigte Magenentleerung bewirkt außerdem einen Eiweißüberschuß im Dünndarm. Aufzuchtfuttermittel für Kälber mit einem Lebensalter über einen Monat können dagegen Proteinmengen von 40 bis 50 % enthalten, falls nichtdenaturierte Eiweiße ausgewählt und alle Substanzen mit nährstoffhemmender Wirkung entfernt werden [7, 27].

Mineralstoffe

Beim neugeborenen Kalb ist die Eisenreserve der Leber gering, und auch mit der Milch werden nur geringe Eisenmengen zugeführt (4 bis 6 mg Fe/kg Trockensubstanz). Mit fortschreitendem Wachstum kann sich eine mikrozytäre Anämie einstellen, die sich im Falle eines länger bestehenden Eisenmangels (Fe-Konzentrationen unter 10 ppm) in Inappetenz, Abgeschlagenheit und später in Durchfällen äußert, die auf die üblichen Mittel nicht ansprechen. Von einem Schlachtkörper guter Qualität fordert man einen Eisengehalt unter 30 ppm, eine Konzentration, die mit der Bedarfsnorm des Kalbes (20 ppm) vereinbar ist [6].

ZUSAMMENFASSUNG

Als Schlußfolgerung läßt sich feststellen, daß sich die Verdauungsfunktionen beim Kalb rasch und gesetzmäßig entwickeln und eine Unkenntnis dieser Vorgänge oft Ursache für fütterungsbedingte Gastroenteritiden ist. Deren Bedeutung wird dadurch unterstrichen, daß sie infektiösen Magen-Darm-Erkrankungen Vorschub leisten.

LITERATUR

[1] CORDIEZ, E.; BIENFAIT, J. M.; MIGNON, J., 1963 – L'amidon dans l'alimentation du veau. Zootechnia, 55, 21–31.
[2] COTTEREAU, Ph., 1969 – Les maladies nutritionelles du veau. Rev. Med. Vet., 120, 3, 241–270.
[3] DARDILLAT, C.; RUCKEBUSCH, Y., 1973 – Aspects fonctionnels de la fonction gastro-duodénale chez le veau nouveau-né. Ann. Rech. Vet., 4, 31–56.
[4] DARDILLAT, J., 1973 – Relations entre la globulinémie du veau nouveau-né et son état de santé. Influences de la composition du colostrum et de la protéinémie de la mère. Ann. Rech. Vet., 4, 197–212.
[5] DELAFOLIE, P., 1970 – Les diarrhées du veau en élevage industriel-Fréquence-Prophylaxie-Traitement. Colloque sur la Diarrhée des veaux noeveau-nés. I.N.R.A. (Theix) 13–15 octobre 1970. S.E.I. Etude n° 49. 1972. 177–191.
[6] EECKHOUT, W.; CASTELS, M.; BUYSSE, F., 1969 – Influence de la teneur en fer des aliments d'allaitement pour veaux à l'engraissement sur les éléments figurés du sang, la couleur de la viande et les résultats d'engraissement. Ann. Zootechn., 18, 249–261.
[7] GORRIL, A. D. L.; THOMAS, J. W. G., 1967 – Body weight changes, pancreas size and enzyme activity and proteolytic enzyme activity and protein digestion in intestinal contents from calves fed soybean and milk proteins diets. Brit. J. Nutr., 92, 215–223.
[8] GORRIL, A. D. L.; NICHOLSON, J. W. G., 1971 – Effect of soybean trypsin inhibitor diarrhoea and diet on flow rate, pH, proteolytic enzymes, and nitrogen fractions

in calf intestinal digesta. Can. J. Anim. Sci., 51, 377–388.
[9] JOUSSELIN, W.; LADRAT, J.; CRAPELET, C.; BARRE, P., 1964 – Essais d'introduction de sucro-glycérides dans les aliments d'allaitement. Effets du sucro-glycéride de palme, utilisé seul ou en association avec des antibiotiques. Bull. Acad. Vét., 37, 277–281.
[10] LADRAT, J.; JOUSSELIN, W., 1965 – Essais d'introduction de sucro-glycérides dans les aliments d'allaitement pour veaux de boucherie. II. Intérêt de leur emploi. Bull. Acad. Vét., 38, 497–504.
[11] LADRAT, J.; JOUSSELIN, W., 1968 – Emploi de la poudre de lactosérum dans les aliments d'allaitement pour veaux de boucherie. Bull. Acad. Vét., 61, 2, 57.
[12] LADRAT, J.; JOUSSELIN, W., 1969 – Emploi des suifs raffinés dans les aliments d'allaitement pour veaux de boucherie. Bull. Acad. Vét., 63, 815–823.
[13] LAFOND-GRELLETY, J., 1972 – L'analyse mycologique des aliments du bétail. Industr. Alim. Anim., n° 1, 9–22.
[14] LAMPERT, L. M., 1970 – Modern Dairy Products. Food Trade Press Ltd., London.
[15] KHAMMOUNA-CAMOUX, M., 1972 – Les lacto-emplaceurs froids. Rev. Med. Vet., 123, 1577–1588.
[16] KHAMMOUNA-CAMOUX, M., 1974 – Le seau ou la tétine pour le veau de boucherie. Rev. Med. Vet., 125, 377.
[17] MATHIEU, C. M.; BARRE, P. E., 1964 – Digestion et utilisation des aliments par le veau préruminant à l'engrais. L'utilisation des laits entiers ou partiellement écrémés. Ann. Biol. Anim. Bioch. Biophys., 4, 403–422.
[18] MATHIEU, C. M.; DE TUGINY, H., 1965 – Digestion et utilisation des aliments par le veau préruminant à l'engrais. II. Remplacement des matières grasses du lait par du glucose. Ann. Biol. Anim. Bioch. Biophys., 5, 21–29.
[19] MATHIEU, C. M.; BARRE, P. E., 1968 – Digestion et utilisation des aliments d'allaitement par le veau préruminant à l'engrais. IV. Remplacement des matières grasses du lait par du saccharose. Ann. Biol. Bioch. Biophys., 8, 501–515.
[20] ØRSKOV, E. R.; BENZIE, D., 1969 – Studies on the oesophagal groove reflex in sheep and on the potential use of the groove to prevent the fermentation of food in the rumen. Brit. J. Nutr. 23, 415–420.
[21] ØRSKOV, E. R.; BENZIE, D.; KAY, R. N. E., 1970 – The effects of feeding procedure on closure of the oesophagal groove in young sheep. Brit. J. Nutr. 24, 785–795.
[22] PARUELLE, J. M.; TOULLEC, R.; FRANTZEN, J. B.; MATHIEU, C. M., 1972 – Utilisation des protéines par le veau préruminant à l'engrais. Utilisation digestive des protéines de soja et des levures d'alcanes incorporées dans es aliments d'allaitement. Ann. Zootech., 21, 319.
[23] ROY, J. H. B., 1969 – The nutrition of the dairy calf in nutrition of animals of agricultural importance. Part 2. D. Cuthbertson Ed. Pergamon Press, p. 645–716.
[24] TERNOUTH, J. H.; ROY, J. H. B., 1973 – The effect of diet and feeding technique on digestive function in the calf. Ann. Rech. Vet. 4, (1), 19–30.
[25] THOMKE, S., 1963 – Die Verdaulichkeit von Vollmilch und Milchaustauschfuttermitteln mit Zusatz eines Rindertalgschmalzgemisches bzw. Knochenfett. Züchtungskunde, 35, 214–231.
[25a] TOULLEC, R.; MATHIEU, C. M., 1970 – Transit du lait et des laits de remplacement. Digestion des matières grasses et des matières azotées chez le veau préruminant. Colloque sur la Diarrhée des veaux nouveaunés. I.N.R.A. Theix. 13–15 octobre 1970.
[26] TOULLEC, R.; THIVEND, P.; MATHIEU, C. M., 1971 – Utilisation des protéines du lactosérum par le veau préruminant à l'engrais. I. Vidange stomacale comparée du lait entier et de deux laits de remplacement ne contenant que des protéines de lactosérum comme source de matières azotées. Ann. Biol. Anim. Bioch. Biophys. 11, 435–453.
[26a] TOULLEC, R.; MATHIEU, C. M., 1971 – Utilisation des matières grasses par les jeunes ruminants. Alimentation et la vie; 59, (1), 49–71.
[27] TOULLEC, R.; MATHIEU, C. M.; PION, R., 1974 – Utilisation des protéines du lactosérum par le veau préruminant à l'engrais. II. Digestibilité et utilisation pour la croissance. Ann. Zootech., 23, 75–87.
[28] TOULLEC, R.; FRANTZEN J. F.; MATHIEU, C. M., 1974 – Influence de la coagulation des protéines du lait sur l'utilisation digestive d'un lait de remplacement par le veau préruminant. Ann. Zootech., 23, 359–364.

Infektionen des Respirationstraktes Kapitel 3

Infektionen der Atmungsorgane treten in der Regel enzootisch auf, wobei ein Komplex von Faktoren ursächlich beteiligt, aber noch nicht ausreichend aufgeklärt ist. Ein einziges deutlich definierbares Krankheitsbild ist bekannt: die infektiöse bovine Rhinotracheitis (IBR/IPV-Infektion), die seit einigen Jahren im Zunehmen begriffen ist. Da es sich ohne Zweifel sowohl klinisch als auch histopathologisch um eine von besonderen Merkmalen geprägte Entität handelt, wird auf diese Infektion in einem gesonderten Kapitel eingegangen.

J. ESPINASSE,
R. P. FAYE, J. ASSO

Enzootische Infektionen des Respirationstraktes

Erkrankungen der Atmungsorgane stellen kein spezifisches Problem der industriemäßig betriebenen Kälberproduktion dar. Ältere Statistiken belegen, daß auch schon bei konventioneller Haltung mindestens rund 30% der Tiere während ihrer ersten drei Lebensjahre Krankheitssymptome und Affektionen des Respirationsapparates zeigten. In herkömmlichen Ställen, wo mit Geburten stufenweise in mehrwöchigen Intervallen zu rechnen ist, kann die Entwicklung derartiger Störungen im Atmungssystem mehr oder weniger schwerwiegend sein: Bald sterben mehrere Tiere in Abhängigkeit vom Abkalberhythmus nacheinander, bald widerstehen sie der Infektion und können der Schlachtung zugeführt werden. Vor allem in den Aufzuchtställen, wo Kälber unterschiedlicher Herkunft zusammentreffen, befällt die Krankheit häufig sämtliche Tiere.

Hinsichtlich der Ätiologie, der Klinik, der Prophylaxe usw. lassen sich zwischen den respiratorischen Infektionen in den bäuerlichen Betrieben und denen der industriemäßig produzierenden Anlagen keine wesentlichen Unterschiede ermitteln.

Das klinische Bild weist in der Regel nur recht allgemeine Kennzeichen auf. Die Erkrankungen entwickeln sich meistens ziemlich rasch. Morbiditäts- und Letalitätsraten sowie die epizootiologischen Befunde schwanken von Bestand zu Bestand. Im Verlauf einer Enzootie können die Symptome, die Lokalisation der Störungen und das Ausmaß der pathologischen Veränderungen je nach Alter und Empfänglichkeit der Tiere, der individuellen Abwehrkraft und der Art des ätiologischen Agens wechseln. Schon bald nach der Infektion kommt es zu einer leichten Rhinitis mit einer geringgradigen Temperaturerhöhung, zu Freßunlust, serösem Nasenausfluß, Konjunktivitis, Tränenfluß und mitunter einer schwachen Dyspnoe.

Treten keine Komplikationen hinzu, heilt die Krankheit binnen weniger Tage aus. Bei dem Krankheitsbild, das mit dem Begriff »Grippe« im weiteren Sinne gut gekennzeichnet ist, spielt offenbar das bovine Paramyxovirus Typ 3 eine ätiologische Rolle. In anderen Fällen deuten unmittelbare Beeinträchtigungen der Atmung, wie Husten und Nasenausfluß, sowie schwere körperliche Störungen auf eine akute Bronchopneumonie hin. Ferner lassen sich funktionelle Allgemeinsymptome feststellen, wenn die Bronchopneumonie zu einem Lungenabszeß oder einer Pleuropneumonie führt; es gibt aber auch Fälle, wo Behinderungen des Atmungssystems mit Affektionen des Verdauungstraktes gekoppelt sind (sog. pneumo-enteritische Formen).

Die in den Kälberproduktionsanlagen enzootisch verlaufenden Erkrankungen des Respirationstraktes verursachen, selbst bei geringen Letalitätsraten, Störungen des Produktionsablaufs, einen Rückgang der betrieblichen Leistung und eine beachtliche Verschlechterung der Rentabilität [32]. Was weiß man von den Ursachen dieser Erkrankungen, ihrer Pathogenese und den diagnostischen Möglichkeiten? Welche Mittel zur Prophylaxe [91] oder zumindest zur Begrenzung der Weiterverbreitung stehen zur Verfügung? Nach einem Abriß der Klinik und pathologischen Anatomie jener respiratorischen Erkrankungen wird auch auf die gestellten Fragen näher eingegangen.

Klinische Aspekte

So vielfältig die ätiologischen Agenzien respiratorischer Erkrankungen sind, so breit ist auch das Spektrum der Symptome. Lediglich die infektiöse bovine Rhinotracheitis und die Mucosal disease weisen bestimmte Besonderheiten auf. Im folgenden werden die klinischen Merkmale beschrieben.

Die Erkrankungen tragen im allgemeinen enzootischen Charakter (die Morbidität beläuft sich auf fast 100%) und treten hauptsächlich in der feuchten und kalten Jahreszeit (Herbst- und Wintermonate) auf. Betroffen sind vor allem Betriebe, die aus verschiedenen Tierbeständen beliefert werden. In Gruppen, die aus Kälbern unterschiedlicher Herkunft zusammengestellt wurden, bilden sich häufig sehr rasch Enzootien aus, wobei oft die wellenförmig aufeinanderfolgenden Erkrankungen von mehr oder weniger langen Remissionsphasen unterbrochen werden. Beispielsweise liegen in Mastkälberanlagen die kritischen Zeiten in der zweiten, fünften und sechsten Lebenswoche.

In der *ersten Phase*, die dem Eintritt der Erreger (eine oder mehrere Arten pneumotroper Viren) entspricht, zeigen sich Allgemeinsymptome sowie Störungen von seiten des Verdauungs- und Atmungsapparates. Die *Allgemeinsymptome* sind unterschiedlich stark ausgeprägt: Verschiebung der Rektaltemperatur um einige Zehntel Grad oder mehr, Mangel an Appetit und Muskel- oder Gelenkschmerzen, die während der Ruhe und Bewegung zu eigentümlichen Körperhaltungen führen.

Intestinale Symptome äußern sich in erster Linie in einer kurzdauernden Diarrhoe, wobei der Durchfall blutig oder nicht blutig sein kann. Im Falle der Mucosal disease bleibt das Krankheitsgeschehen am Verdauungstrakt das beherrschende Merkmal; es wird dann ein dünnflüssiger, schleimiger und schwärzlicher Kot abgesetzt.

Das *respiratorische Syndrom* erfaßt alle Abschnitte des Atmungsapparates:

• Die Nasenhöhlen zeigen das Bild eines Schnupfens mit einem klaren, serösen Ausfluß, der zunehmend zähflüssiger wird, vor allem bei der infektiösen Rhinotracheitis. Auch die übrigen Schleimhäute im Kopfbereich sind regelmäßig von Entzündungsprozessen betroffen. Zu beobachten sind Konjunktivitis, z.T. mit Ödembildung (infektiöse Rhinotracheitis), Keratitis (Mucosal disease) und stets Tränenfluß aus beiden Augen; im Falle der Mucosal disease kommt eine ulzerierende Stomatitis, bei infektiöser Rhinotracheitis vermehrte Sekretion eines schaumigen Speichels hinzu.

• Die Affektion der mittleren Atemwege äußert sich durch Kehlkopfpfeifen, das auf einem Larynxödem und der Anwesenheit reichlicher Mengen schleimigen Sekrets in den Luftwegen beruht, wie es für die infektiöse Rhinotracheitis charakteristisch ist. Stoßweise auftretender, trockener, heiserer und starker Husten weist auf eine Entzündung der Trachea und der Bronchien hin.

• Beteiligung der Lungen zeigt sich in beschleunigter Atmung (Polypnoe) bei gleichzeitiger Atemnot (Dyspnoe). Die Perkussion der Lungenregion bringt außer Zonen geringer Dämpfung keinen pathologischen Befund; auskultatorisch findet sich eine Verstärkung der inspiratorischen und exspiratorischen Geräusche.

In diesem Krankheitsstadium kann rasch eine Heilung eintreten. Ist das nicht der Fall, schließt sich gewöhnlich nach durchschnittlich zwei bis drei Tagen die *zweite Krankheitsphase* an. Sie ist charakterisiert durch eine Bakteriämie oder – wie bei bestimmten IBR-Enzootien – durch das Fortbestehen der vorherrschenden Viruseffekte. Es kommt dann zu einer erneuten Verstärkung der Allgemeinsymptome und einer Verschlimmerung der respiratorischen Krankheitszeichen. Die Rektaltemperatur ist beträchtlich erhöht; die Tiere sind sehr abgeschlagen, fressen nicht mehr und magern zusehends ab.

Jedoch schwanken die einzelnen Merkmale je nach Krankheitsdauer und individueller Disposition der Tiere erheblich. Nasenausfluß und Tränensekret ändern ihre Beschaffenheit; sie werden eitrig, zähflüssig und sind gelblich gefärbt. Die Nasenöffnungen sind mit Schleimmassen verklebt, die zu gelb-schwärzlichen Krusten eintrocknen und von den Tieren nicht mehr weggeleckt werden können. Gerötete und triefende Augen gehören ebenfalls zum Erscheinungsbild. Diese *exsudativen*

Symptome sind besonders bei der infektiösen Rhinotracheitis ausgeprägt. Stoßweise auftretender, zu Erstickungsanfällen führender und schmerzhafter Husten ist ein weiteres Kennzeichen. Die Atmung ist immer beschleunigt und behindert. Manche Tiere nehmen eine Haltung mit leicht gespreizten Beinen ein, tragen den Kopf gesenkt und den Hals aufliegend; das Maul ist geöffnet, die Nasenlöcher sind in Inspirationsstellung erweitert. Die schnelle, pumpende Atmung erzeugt beim Ausatmen einen länger dauernden, heiseren Laut.

Mit der *Perkussion des Lungenfeldes* wird häufig der Hustenreflex ausgelöst. Es ist ein mehr oder minder dumpfer Ton zu ermitteln, besonders in den vorderen und unteren Bezirken des Perkussionsfeldes, wo die bronchopneumonischen Herde am dichtesten sind. In der Zwerchfellregion ist der Lungenperkussionsschall oft verstärkt; das deutet auf ein Emphysem hin. Das Vorliegen einer exsudativen Pleuritis gibt sich durch einen dumpfen Ton unterhalb der oberen horizontalen Begrenzungslinie zu erkennen.

Auskultatorisch hört man, falls keine Beschwerden bei der Exspiration und keine pleuritischen Komplikationen vorhanden sind, über den vorderen Lungenabschnitten trockene Rasselgeräusche (röchelnde und pfeifende Bronchialgeräusche), darauf feuchte Rasselgeräusche beim Ausatmen und – schwieriger festzustellen – krepitierende (alveoläre) Geräusche beim Einatmen. Sind diese Atemgeräusche im Gebiet der vorderen und unteren Region des Respirationstraktes auszumachen, ist das als Kennzeichen für typische Veränderungen im Sinne einer *Bronchopneumonie* zu werten.

Der Verlauf der sich auf die beschriebene Art entwickelten *Erkrankung des Respirationstraktes* kann in drei verschiedenen Richtungen enden:

- Bei etwa 2 bis 20% der betroffenen Tiere führt die Erkrankung zum Tode, wobei es bis zum Exitus unterschiedlich lang dauern kann, mitunter sterben die Rinder nach sehr kurzer Zeit. Ursachen sind eine Hypoxämie, eine Entzündung und ein Ödem der Lungen mit nachfolgender Herzinsuffizienz oder ohne eine solche Schädigung.
- Nach 8 bis 10 Tagen kann die Erkrankung komplikationslos oder mit Folgeerscheinungen (Bronchitis, alveoläres, interstitielles oder subkutanes Emphysem) ausheilen. In jedem Falle ist aber eine mehr oder weniger lang währende Wachstumsdepression zu verzeichnen.
- Die Erkrankung kann in einen chronischen Zustand übergehen (chronische Bronchopneumonie oder Lungenabszeß). Dabei sind die negativen Auswirkungen auf den Allgemeinzustand erheblich; das erkrankte Tier verliert seinen Zucht- und Marktwert.

Pathomorphologische Aspekte

Die postmortale Untersuchung eines an einer respiratorischen Erkrankung verendeten Tieres läßt keine Veränderung erkennen, die auf ein bestimmtes ätiologisches Agens hinweist. Es wird aber noch anzumerken sein, daß durch eine genaue Befundung der Atemwege die Beteiligung des Mucosal-disease-Virus oder des Virus der infektiösen Rhinotracheitis mit ziemlicher Sicherheit festzustellen ist [102].

Die Adspektion der Lungen stößt wegen Veränderungen an der Pleura mitunter auf Schwierigkeiten. Es können Ansammlungen eines serofibrinösen Exsudats (bernsteinfarben, jauchig oder blutig gefärbt und mit gelblichen Fibrinflocken durchsetzt) oder unterschiedlich stark ausgeprägte fibrinöse Verwachsungen vorliegen. Im letztgenannten Falle ist sehr häufig die Serosa des Perikards mit betroffen; sie zeigt dann die gleichen Schädigungen wie das Brustfell. An dem kranialen und medialen Lungenlappen sowie dem vorderen und unteren Teil des kaudalen Lungenlappens finden sich, im allgemeinen beidseitig, die typischen *Bronchopneumonie-Läsionen*. Auf der Oberfläche eines Lobus wechseln noch normale Gewebestellen mit dunkelrot verfärbten, entzündlichen oder atelektatischen Bezirken, Bronchopneumonie-Herden in verschiedenen Entwicklungsstadien (rote, graue und gelbe Hepatisation) und evtl. Mikroabszessen. Beim Rind ist perilobulär ein deutliches lymphatisches Netz ausgebildet. Im Zuge der Bronchopneumonie wird jede Läppcheneinheit durch thrombosierte Lymphgefäße „demarkiert", und es kommt zur Einlagerung einer gallertartigen Substanz. Dadurch entsteht eine bernsteingelbe Verfärbung, wobei ein marmoriertes Aussehen (gelbe Marmorierungen auf rotem Grund) oder ein mosaikartiges Bild zustande kommen kann. Bei einem Querschnitt durch die Lunge sieht man das gleiche »*Mosaik*«-Bild des Lungenparenchyms. Häufig erscheinen um die Hepatisationsherde da und dort helle, emphysematöse Bezirke. Das deutet auf die Anwesenheit noch gesunder Lungenabschnitte hin, die den Farbkontrast am Organ verstärken.

Die *Palpation* des geschädigten Lungenparenchyms läßt in allen Abschnitten eine feste Konsistenz erkennen. Insgesamt wird diese Konsistenz auch angezeigt, wenn die Lungen nach Aufbringen auf eine ebene Fläche nicht wie gesunde Organe von sich aus zusammenfallen. Eine sorgfältige Durchtastung des Organs ergibt ferner, daß die Bronchien auf Grund einer starken endobronchalen, vor allem aber peribronchalen Reaktion erheblich verdickt sind. Drückt man unmittelbar neben einer Schnittfläche auf das Gewebe, quillt reichliches mukopurulentes oder eitriges Exsudat hervor. Die kaudalen Regionen der Lunge weisen neben entzündlichen und exsudativen Prozessen oft ausgedehnte und deutlich sichtbare emphysematöse Veränderungen auf.

Die pathomorphologischen Veränderungen bei respiratorischen Erkrankungen des Jungrindes sind vielgestaltig [61]. Folgende *Manifestationsformen* sind bekannt:
- katarrhalische Rhinitis mit starken Entzündungserscheinungen und reichlicher Exsudatabsonderung bzw. eine geschwürig-nekrotisierende Form (dieses Bild tritt vorwiegend bei der infektiösen Rhinotracheitis auf, weniger ausgeprägt bei Mucosal diseas);
- geschwürig-nekrotisierende Stomatitis, wobei sich die Gewebsläsionen auf den Ösophagus und tiefere Abschnitte des Verdauungskanals ausdehnen können (das Bild ist recht typisch für Mucosal disease);
- Entzündung und Ödem des Kehlkopfes und des Epithels der Trachea mit dicken, fest haftenden Exsudatauflagerungen, von denen die oberen Luftwege mantelartig umkleidet werden (gut wahrnehmbar ist dieses Merkmal bei der infektiösen Rhinotracheitis);
- Schwellung der Bronchal- und Mediastinallymphknoten (beim Anschneiden sieht man entzündetes, saftreiches und hämorrhagisches Gewebe);
- mehr oder weniger stark ausgebildetes Ödem entlang den Rippenrinnen, an der *Bifurcatio tracheae* und in der Mediastinalregion;
- hämorrhagische und degenerative Veränderungen am Myokard und Endokard;
- katarrhalisch-hämorrhagische oder katarrhalisch-kruppöse Enteritis (in der Regel für Mucosal disease charakteristisch).

Ätiologische Aspekte

Prädisponierende Faktoren
Allgemeine Ursachen
Kältereize, insbesondere plötzliche Temperaturstürze, bewirken an den Schleimhäuten des Respirationstraktes vasomotorische Reaktionen, die von physikalisch-chemischen Veränderungen des das Epithel bedeckenden seromukösen Schutzfilms begleitet werden. Auf diese Weise wird das Abwehrvermögen der Schleimhäute geschwächt. Schwankungen des

Feuchtigkeitsgehaltes ziehen ebenfalls eine verminderte Widerstandskraft des Flimmerepithels der Bronchen und der immunkompetenten Zellen des Alveolarepithels nach sich. Verunreinigungen der Stalluft durch chemische Substanzen (z. B. Ammoniak) oder biologische Kontaminanten (z. B. Staubpartikel oder Wassertröpfchen, an denen infektiöse Agenzien wie Viren, Bakterien, Mykoplasmen, Pilzsporen u. a. haften), waren Gegenstand zahlreicher Untersuchungen und spielen in der Ätiologie von Krankheiten beim Rind wie bei anderen Spezies auch zweifellos eine erstrangige Rolle.

Andere Bedingungen, die nicht zum Komplex Stallhygiene gehören, sondern mit der *Ernährung* im Zusammenhang stehen, können als prädisponierende Faktoren wirken oder Pneumopathien begünstigen. Dazu zählen beispielsweise Mangelsituationen und Störungen des Äquilibriums bei Makro- und Mikroelementen (Kupfer, Kobalt, Eisen, Mangan, Zink u. a.). Das betrifft auch die Vitamine (hauptsächlich A, D_2, D_3, E u. a.), die für eine ausgewogene Nährstoffbilanz, die Funktion von Enzymsystemen, das neurohormonale Gleichgewicht oder, anders ausgedrückt, für die unspezifischen Abwehrmechanismen des Organismus verantwortlich sind. Derartige Mangelzustände oder Störungen des Äquilibriums kommen gegenwärtig nicht mehr so häufig vor, weil selbst in herkömmlichen Bauernwirtschaften der Tierproduzent über Milchaustauscher, Fertigfuttermittel oder wertvolle Futtermittelzusätze verfügt, die in der Regel gut wirksam sind und einer strengen Kontrolle unterliegen.

Es ist jedoch zu bedenken, daß die Art des Einsatzes eines Futtermittels von Betrieb zu Betrieb beträchtlich schwanken kann. So hängt z. B. die Verdaulichkeit eines Milchaustauschers vom Homogenisierungsgrad, d. h. von der Feinheit der Emulsion ab. Faktoren, welche dieses Merkmal beeinflussen, sind: Milchtemperatur zum Zeitpunkt des Tränkens, die mehr oder weniger strenge Befolgung genauen Abwiegens der Milchpulverportionen, die Lagerungs- und Konservierungsbedingungen, der Zeitraum bis zum vollständigen Verbrauch einer Futtermittelpackung usw. Außer »reinen« Störungen im Zusammenhang mit der Fütterung können auch Haltungsfehler und Mängel in der Futterdarbietung von Bedeutung sein. Folgen sind eine allgemeine Schwächung der Infektionsabwehr, Stoffwechselimbalancen und sogar Nährstoffmangelsituationen. Schließlich sei daran erinnert, daß bei manchen Tieren auch Parasitosen das Krankheitsgeschehen wesentlich begünstigen können, indem die Widerstandskraft gegenüber Infektionen herabgesetzt wird.

Besonderheiten der intensiven Kälberaufzucht [53]

Die Bedeutung der Rinderproduktion in Großanlagen wächst von Jahr zu Jahr; die Betriebe orientieren sich dabei an den Erfordernissen der Fleischwirtschaft. Zunächst einmal bringt die industriemäßig betriebene Aufzucht gegenüber vielen konventionell bewirtschafteten Anlagen oder Familienbetrieben gewöhnlich eine Reihe von Vorteilen mit sich: Raumbedürfnisse werden besser befriedigt (größere Stallfläche pro Tier, bessere Qualität des Stallbodens), einwandfreie Stallhygiene (Desinfektionsmaßnahmen, Serviceperioden zwischen den aufeinanderfolgenden Belegungseinheiten), günstigere Umweltbedingungen (Ruhe, technische Möglichkeiten zur Regulation der Temperatur, der Lüftung und der pro Tier verfügbaren Raumluftmenge, Verhinderung von Luftverschmutzungen), verbesserte Futtermittelhygiene (Qualität des Tränkwassers und der eingesetzten Futtermittel, optimierbare Herstellungsmethoden und Darbietungsformen für die Futtermittel), höheres fachliches Niveau der Mitarbeiter. Mangelzustände oder Imbalancen bei Mineralstoffen und Vitaminen werden selten beobachtet. Summa summarum sind also erst einmal jene zahlreichen Umweltfaktoren, die als prädisponierend oder krankheitsbegünstigend an-

gesehen werden müssen, bei intensiver Tierproduktion deutlich vermindert.
Es überrascht jedoch, daß dieser Sachlage kein ebenso bedeutsamer Rückgang respiratorischer Erkrankungen entspricht. Zu erwarten wären deutlich niedrigere Krankenziffern. Es zeigt sich, daß *individuelle Faktoren der Tiere* gegenüber den obengenannten Umweltbedingungen eine viel größere Rolle spielen. So variiert beim Kalb die Reaktionsbreite in weiten Grenzen. Mehr als alle gegenwärtigen Anstrengungen zur Standardisierung der industriemäßigen Tierproduktionsmethoden und zur Industrialisierung der Fleischproduktion scheint das Einzeltier das Betriebsergebnis zu bestimmen.
Tiere, die durchschnittlich nach zehn Tagen in die Aufzuchtanlagen aufgenommen werden und dann 46 bis 60 kg wiegen, sind weit davon entfernt, »Musterkälber« für die Großanlagen zu sein. In dem Betrieb, wo sie geboren werden, oft als Nebenprodukt betrachtet, verlassen die Kälber sehr jung ihren Herkunftsbestand. Mit Lastkraftwagen oder Eisenbahn transportiert, wobei die Beförderung in nicht abgedeckten Wagen bei großer Unruhe der Kälber, unregelmäßiger Fütterung und teilweise sogar mit bis zu dreitägigem Fasten erfolgt, sind die Tiere bei der Ankunft im neuen Betrieb müde und überanstrengt. Es dauert nicht nur einige Stunden, sondern mehrere Tage, bis sie ihr oft stark gestörtes neurohormonales und nutritives Gleichgewicht wiedergefunden und die seit ihrer Geburt einwirkenden zahlreichen und mannigfaltigen Stressoren verarbeitet haben. Die ätiologische Bedeutung aller mit dem Transportgeschehen zusammenhängenden Störfaktoren veranlaßte amerikanische Tierproduzenten, den Begriff *»respiratorischer Krankheitskomplex des Kalbes«* oder *»shipping fever«* zur Kennzeichnung der Gesamtheit enzootisch vorkommender Erkrankungen der Atemwege beim Kalb einzuführen.
Bestimmte, begünstigende Bedingungen finden sich in der industriemäßigen Tierproduktion ebenso wie in herkömmlichen Betrieben, oder sie sind sogar noch stärker ausgeprägt. An erster Stelle stehen die mit der Krankheitsempfänglichkeit verbundenen Faktoren, die auf die Mechanismen der spezifischen Infektionsabwehr Einfluß nehmen. Abgesehen von den unspezifischen Abwehrmechanismen, empfängt das Kalb seinen Schutz durch die Immunreaktionen. Zum Zeitpunkt der Geburt besitzt es keine Gammaglobuline, so daß der Infektionsschutz des Neugeborenen nur von mütterlicher Seite gewährleistet wird (Aufnahme von Antikörpern mit dem Kolostrum, keine diaplazentare Übertragung).
Die *Passage der kolostralen Antikörper* durch die Darmmukosa des Kalbes erstreckt sich ungehindert lediglich etwa über die ersten zehn Lebensstunden [47]; die Resorption geht dann rasch zurück und verschwindet praktisch nach 24 Stunden. Der protektive Effekt hält nicht lange an; er wird allmählich schwächer und beträgt drei Wochen post partum nur noch die Hälfte des Ausgangswertes. Während andere Mechanismen der Infektionsabwehr (z. B. zelluläre Immunität) noch wenig erforscht sind, weiß man, daß beim Kalb die Biosynthese der zirkulierenden Antikörper im Serum und in verschiedenen Gewebsflüssigkeiten als Träger der *humoralen Immunität* schrittweise in Gang kommt, d. h. zwischen der 3. und 8. Lebenswoche. In dem Maße, wie die humorale Immunität ausgebildet ist, zeigt sich die Empfänglichkeit gegenüber Infektionen. Art und Intensität der Resistenz schwanken von Tier zu Tier und beim selben Organismus je nach dem Zeitpunkt.
Das *Zusammenstellen von Gruppen* mit Tieren unterschiedlicher Herkunft nach Eintreffen der jungen Kälber in den Aufzuchtanlagen bildet hinsichtlich wechselseitiger Ansteckungen ein erhebliches Risiko. In Betrieben mit traditioneller Wirtschaftsstruktur kommt es schließlich zu einem Gleichgewicht zwischen der Virulenz der lokalen Keimflora (Bakterien oder Viren) und dem mehr oder minder effizienten Immunstatus des Bestandes gegen-

ZUSAMMENFASSUNG

Gegenüber einem infektiösen Agens sind folgende Kälber besonders empfänglich:
- *Sehr junge Tiere (in den ersten Lebenswochen),*
  - *die nicht genügend Kolostrum aufgenommen haben,*
  - *bei denen die Resorption verzögert bzw. mengenmäßig nicht ausreichend war,*
  - *von solchen Müttern, die selbst keine spezifischen Antikörper gegen den betreffenden Infektionserreger besitzen und demzufolge keinen entsprechenden Schutz verleihen können.*
- *Ältere Tiere (bis zu mehreren Monaten alte Kälber),*
  - *deren kolostrale Immunität unter den erforderlichen Wert abgesunken ist,*
  - *die nicht aktiv immunisiert worden sind bzw. keinen genügend hohen Antikörpertiter erreichten.*

über den pathogenen Agenzien. Eine Reihe von Kälbern in jedem Bestand sind zwar geschützt, bleiben aber für einen gewissen Zeitraum Keimträger. Handelt es sich um gemischte Gruppen, erfolgt ein u. U. umfangreicher »Austausch« der inapparenten Infektionen, ohne daß die Tiere die jeweils zugehörige passive Immunität mit erwerben. Die Wahrscheinlichkeit, daß in den Aufzuchtanlagen *wechselseitige Infektionen* stattfinden, ist sehr hoch, wobei jede »Passage« eines Virus oder Bakteriums von Kalb zu Kalb mit einer *Virulenzsteigerung* verbunden ist.

Es bleibt das Problem der Beziehung zwischen Lebensalter und Empfänglichkeit der Kälber gegenüber Erkrankungen und Störungen des Atmungsapparates. In den industriemäßigen Anlagen scheint sich dieser Einfluß in einem zyklischen Geschehen widerzuspiegeln. Enzootien mit vorherrschender Symptomatik am Respirationstrakt treten mit durchschnittlich einwöchiger Dauer und dazwischenliegenden krankheitsfreien Intervallen von drei bis vier Wochen auf. Nach SAINT-CAST [91] liegt die Morbiditätsrate bei der ersten Krankheitswelle mit 50 bis 80% am höchsten. Bei den folgenden Krankheitsgeschehen geht diese Rate zurück, abgesehen von den Fällen, wo äußerst ungünstige Umweltbedingungen existieren oder Streßfaktoren hinzutreten [91]. Letzteres geschieht beim Absetzen der Kälber. In der folgenden Woche kommt es zu einem erheblichen Anstieg an Pneumopathien. Gleiches kann man nach dem Einstallen der Tiere in die Mastanlagen und bei schroffem Klimawechsel beobachten; insbesondere wirken Wind und Nebel in diese Richtung, während Kälte – vor allem trockene – keinen Einfluß zu haben scheint. Die überwiegende Anzahl der Tiere erholt sich wieder im Laufe der ersten Lebensmonate, wobei das Alter des Kalbes und dessen spezifische Immunreaktionen den Ausschlag geben. Diese Feststellung führt in der Konsequenz zur Analyse der Ursachen von enzootisch auftretenden Infektionskrankheiten der Atmungsorgane beim Kalb.

Infektionserreger

Infektionen des Respirationstraktes beim Kalb sind durch folgende allgemeine Merkmale charakterisiert:
– Vielfalt der Erreger,
– häufiges Vorkommen von Mischinfektionen sowie
– geringe Virulenz der meisten jener Erreger im Experiment.

Bakterien

Normalerweise gelangen Bakterien, gebunden an Staubteilchen und Wassertröpfchen, mit der eingeatmeten Luft in den Nasen-Rachen-Raum. Falls die Keime den Schleimhautkontakt überleben, können sie in der Regel aber nicht die Barriere der Tonsillen und der in der Pharynxschleimhaut verstreut liegenden Lymphorgane durchbrechen. Nur ein massiver Bakterieneinstrom in die Lunge kann für Pneumopathien ätiologische Bedeutung erhalten.

Aus Lungengewebsproben von verendeten oder notgeschlachteten Kälbern, die an einer Infektion der Atemwege litten, wurden Bakterien folgender Familien isoliert: *Micrococcaceae, Lactobacteriaceae, Neisseriaceae, Bacillaceae, Enterobacteriaceae.* Häufig werden Corynebakterien isoliert. Der Nachweis von *Pseudomonas* (Pseudomonaden) ist nicht ungewöhnlich [85].

Salmonellenbefunde *(Salmonella enteritidis, S. dublin, S. typhimurium)* sind weitaus weniger selten, als oft geglaubt wird; das Vorkommen dieser Keime hängt jedoch meist mit besonderen epizootiologischen Bedingungen zusammen [58]. Unter dieser für die Enzootien von Infektionen der Atemwege mehr oder minder spezifischen Keimflora spielen beim Kalb, zumindest hinsichtlich der Häufigkeit, Pasteurellen die dominierende Rolle. Es geht aber zu weit, wenn für die Mehrzahl der enzootischen Pneumopathien des Kalbes der Begriff Pasteurellose gebraucht wird. Nicht in allen Fällen gelingt der Nachweis von Pasteurellen, und oft liegen Mischinfektionen mit anderen Keimen *(Corynebacterium pyogenes* oder Staphylokokken) vor.

Mit der Pasteurellose haben sich zahlreiche Autoren befaßt [5, 10, 18, 37, 38, 43, 81, 93]. In Frankreich sind im wesentlichen zwei Spezies für die Ätiologie boviner Pneumopathien von Bedeutung: die häufiger vorkommende *Pasteurella multocida* und die seltener nachgewiesene *Pasteurella haemolytica*. Die Anzahl der Serotypen sowie die Variabilität der pathogenen und immunogenen Eigenschaften der aus Lungenläsionen vom Rind isolierten Stämme sind groß. Unabhängig von ihrer Herkunft unterscheiden sich Serotypen von *Pasteurella multocida* einerseits durch die Art der Kapselantigene, wobei mit der indirekten Hämagglutinationsreaktion die Typen A, B, D und E zu ermitteln sind [5, 72, 73, 74], andererseits beim Kalb durch Variabilität der somatischen Komponenten, die mit 1 bis 10 beziffert und durch saure Hydrolyse erhalten werden. Nach CARTER kommen die Serotypen A und B (A oft im Zusammenhang mit einer Grundkrankheit oder Sekundärinfektionen, B bei hämorrhagischer Septikämie) sowie 6 und 7 am häufigsten vor. Was *Pasteurella haemolytica* betrifft, so konnten aus pneumonischen Lungen und dem Nasopharyngealraum in der Mehrzahl der Fälle Erreger der Gruppe 1 angezüchtet werden. In Frankreich spielt als ätiologisches Agens für Kälberpneumonien *Pasteurella multocida* die größte Rolle. Für die Pathogenität von Pasteurellen ist die Wirkung des von ihnen produzierten Endotoxins verantwortlich [50]. Die pathogenen Effekte sind um so stärker, je besser die Bedingungen für eine Besiedlung des Lungengewebes sind. Eine vorangegangene gewebsdestruierende Wirkung einer Virusinfektion und eine Schwächung der spontanen Abwehrmechanismen des Organismus durch verschiedene prädisponierende Faktoren schaffen ein günstiges Milieu (Epithelreste, Sekretabgabe) für das Wachstum der Bakterien und die Endotoxinbildung [18].

Mykoplasmen

Es sei daran erinnert, daß *Mycoplasma mycoides* die infektiöse Pleuropneumonie der Rinder hervorruft und als Prototyp der Gattung Mycoplasma gilt. Von den zahlreichen rinderpathogenen Serogruppen sind mindestens vier von den Atmungsorganen isoliert worden. Die Gruppe 2 *(Acholeplasma laidlawii)* und Gruppe 8 werden als apathogen angesehen, während die Mykoplasmen der Gruppe 4 *(Mycoplasma bovirhinis)* und Gruppe 6, die von der Nasenschleimhaut und von Lungen kranker Kälber isoliert wurden, am Entstehen respiratorischer Erkrankungen ursächlich zumindest beteiligt sind. Leider gibt es in Frankreich, abgesehen von der Arbeit PERREAUS [82], nur wenige Untersuchungen zur Häufigkeit des Vorkommens und zum Artenspektrum von Mykoplasmen, die bei der Ätiologie von Atemwegserkrankungen in der Kälberaufzucht von Belang sind. Die von PERREAU aus Nasensekret von Kälbern angezüchteten Stämme erwiesen sich nicht mit hundertprozentiger Sicherheit als pathogen. Damit bleibt die Rolle von Mykoplasmen am Zustandekommen dieses Krankheitsgeschehens noch ungeklärt.

Chlamydien

Heutzutage weiß man, daß eine ganze Reihe von Krankheitsbildern durch Chlamydien verursacht werden [40]: enzootische Aborte [96], sporadische bovine Enzephalomyelitis [34, 42, 97, 98, 99], Polyarthritis, Polyserositis, Keratokonjunktivitis [31].

Über die äthiologische Bedeutung von Chlamydien für Pneumopathien des Kalbes liegen seit 1951 Informationen vor [67]. Auf diese Studie mit Isolaten von Läsionen des Atmungsapparates vom Rind folgten weitere Untersuchungen in Japan, ferner in den USA, in der Bundesrepublik Deutschland, in Ungarn, Rumänien, in der ČSSR, in England, Jugoslawien und Frankreich. Zumindest mit einigen Arbeiten konnte praktisch zweifelsfrei belegt werden, daß zwischen der Anwesenheit

der isolierten Chlamydien im geschädigten Lungengewebe und der Entwicklung enzootischer Pneumonien bei Tieren solcher Bestände, die Keimträger enthielten, ein Zusammenhang besteht [77, 78, 87, 88, 92, 95, 100].
Die Pathogenität der Chlamydien ist übrigens eindeutig gesichert. Dafür sprechen die beim Kalb regelmäßig nachzuweisenden Erreger und die Tatsache, daß nach intratrachealer Applikation der Keime den Spontanläsionen vergleichbare pathologische Veränderungen entstehen, aus denen die Chlamydien durch Serienpassagen wieder angezüchtet werden können [100]. Trotz ihrer ein wenig unsicheren Aussage läßt sich mit serologischen Verfahren ein zusätzliches Beweismittel erbringen: signifikanter Anstieg der Chlamydien-Antikörpertiter bei Kälbern im Verlauf von enzootischen Pneumopathien [8, 40, 41, 75, 80].

Viren [8, 62, 83, 84]

In den letzten Jahrzehnten hat man nach und nach vom Respirationstrakt an enzootischen Pneumopathien erkrankter Rinder Virusstämme fast aller Virusfamilien isoliert [55, 62, 83]: Enteroviren, Rhinoviren, Reoviren, Myxoviren, Paramyxoviren, das Respiratory syncytial virus (RSV), Parvoviren, Herpesviren (IBR) und Adenoviren. Die ätiologische Bedeutung ist nicht für alle Virusfamilien die gleiche. Über die pathogenetische Rolle der Picornaviren [19, 57, 69] ist experimentell noch wenig bekannt. Zwischen den aus Nasenschleim und Rektuminhalt von Kälbern mit Lungenaffektionen isolierten Picornavirusstämmen (11,8%) und den Isolaten von gesunden Kälbern (von 52 Tieren 16%) läßt sich kein signifikanter Unterschied ermitteln [44, 54]. Eigene Befunde mit geringeren Prozentzahlen zeigen ein analoges Ergebnis (3,5% bei gesunden und 5,4% bei kranken Kälbern).
Eine *experimentelle Infektion* (intraperitoneale oder intravenöse Applikation) vier Wochen alter Kälber erzeugte nur ein flüchtiges Krankheitsbild; jedoch fanden sich bei einigen Kälbern, die nach drei Wochen geschlachtet worden waren, in der Lunge mehr oder minder stark ausgedehnte Hepatisationszonen. Das Vorkommen von Rhinoviren bei Kälbern, das erstmalig 1962 mitgeteilt worden ist, verursacht nach mehreren Autoren [6, 7, 68, 108] nur mild verlaufende Affektionen der Atemwege. Parvoviren werden selten isoliert.
Seit 1960 liegen Berichte über die ätiologische Bedeutung von Reoviren für Nutztiererkrankungen vor [56, 89, 90]. Dank verbesserter Isolierungs- und Identifizierungsmethoden nahm die Untersuchung der jeweiligen Stämme besonders ab 1964 sprunghaft zu. Die Häufigkeit des Nachweises und die experimentell belegbare Pathogenität mancher Stämme in Verbindung mit Chlamydien und Pasteurellen hat viele Autoren bewogen, hauptsächlich Reoviren für die pulmonalen Läsionen verantwortlich zu machen. Mit einer experimentellen Infektion können eine interstitielle Pneumonie, eine Wucherung des Bronchuliepithels *(Bronchitis capillaris)*, eine alveoläre Epithelisierung und eine intraseptale Hyperplasie mit Pseudoepithelisation ausgelöst werden.
Gleiches gilt für Adenoviren [51]. Seit der Isolierung der ersten bovinen Stämme, die als Serotyp I und II [52] bzw. Serotyp III [21, 23, 24] bezeichnet wurden, hat der Nachweis zahlreicher Stämme aus Bronchialsekret oder Mediastinallymphknoten kranker Tiere zur Aufstellung weiterer Serotypen geführt: IV, V [1, 3], VI, VII, VIII [1] und IX. Auf experimentellem Wege lassen sich bei Kälbern, vor allem bei gleichzeitiger Streßeinwirkung, charakteristische Veränderungen erzeugen. Histologisch erkennt man eine Verengung oder sogar Verstopfung der Bronchuli mit Nekroseerscheinungen, die schließlich ein Zusammenfallen von Lungenalveolen hervorruft (Kollapsatelektase). Die für Adenovirusinfektionen typischen intranukleären Einschlußkörper können in den Kernen der Bronchuliepithelzellen, der Alveolarwandzellen und

der Zellen der zugehörigen Lymphknoten festgestellt werden.
Das wahrscheinlich häufigste pneumotrope Virus ist das *Parainfluenza-3-Virus*. Seit 1958 sind in zahlreichen Ländern Hunderte von Stämmen aus Nasenschleim, Trachealexsudat, Lungen und Tonsillen pneumoenteritiskranker Kälber isoliert worden. Manche Autoren beschrieben Ausführung und Ergebnisse einer experimentellen Infektion mit diesen Virusisolaten. Das mikroskopische Bild der induzierten Lungenläsionen ist außer durch eine Epithelisierung der Lungenalveolen und Bronchuli durch Synzytienbildung im Alveolarepithel sowie eosinophile intrazytoplasmatische und intranukleäre Einschlußkörper in den Bronchuliepithel- und Alveolarwandzellen charakterisiert [4, 11, 12, 15, 16, 25, 26, 27, 28, 30, 39, 43, 45, 46, 49, 53, 76, 79, 93, 94, 101, 109, 110, 111].
Belgische Tierärzte [104a] nehmen an, daß das dem vorhergehend erwähnten Virus (Metamyxovirus) verwandte *Respiratory syncytial virus* (RSV) zu den wichtigsten pneumotropen Viren beim Rind gehört. In Frankreich konnte dieses Virus nicht isoliert werden; das muß aber nicht bedeuten, daß es keine Rolle spielt.

Das zu den *Herpesviren* zählende *IBR/IPV-Virus*, der klassische Erreger der enzootischen Rhinotracheitis des Rindes mit hoher Letalitätsrate, ist, häufiger als man denkt, Ursache tödlich endender Pneumonien bei jungen Kälbern. In eigenen Untersuchungen konnten mehrere Stämme von ausgedehnten Hepatisationsherden der Lunge 2 bis 5 Tage alter Kälber isoliert werden. Wurden mit diesen Virusstämmen auf aerogenem Wege (Vernebelung) kolostrumfrei ernährte neugeborene Kälber infiziert, entwickelte sich eine interstitielle Pneumonie, die histopathologisch als serofibrinöse Alveolitis mit histiozytärer Infiltration der Alveolarzellwände, Peribronchitis und Ödem der interlobulären Septen in Erscheinung trat. Dagegen verläuft bei älteren Tieren die experimentelle Infektion, unabhängig vom Applikationsmodus, klinisch unauffällig [22, 33, 36, 61, 63, 64, 70].
Das zu den *Togaviren* gehörende Virus der Mucosal disease vermag nach Ansicht mehrerer Untersucher nicht nur rasch letal endende hämorrhagische Enteritiden, wie sie in Frankreich hinreichend bekannt sind, sondern auch pathologische Veränderungen in der Lunge zu erzeugen [9, 13, 14, 44, 86, 107].

Experimentelle Pathogenität

Die experimentelle Pathogenität von Viren, Mykoplasmen und Chlamydien für den Respirationstrakt des Kalbes ist auf jeden Fall altersabhängig. Beim Neugeborenen, das kein Kolostrum erhält, manifestieren sich nach experimenteller Inokulation eines der erwähnten Erreger gleichzeitig klinische Symptome und verschiedengradig ausgedehnte Gewebsläsionen. Im typischen Fall äußert sich die experimentelle Infektion in Abgeschlagenheit, Appetitverlust, Durst, Temperaturanstieg, Konjunktivitis, Lakrimation sowie serösem oder wäßrig-schleimigem Nasenausfluß.
Die thorakalen Symptome sind nicht immer sehr deutlich ausgeprägt, und paradoxerweise besteht kein Zusammenhang zwischen dem Ausmaß der pathologisch-anatomischen Veränderungen und der Intensität der klinischen Merkmale. Histopathologisch sieht man die Charakteristika einer virusbedingten Bronchopneumonie; dominierend ist eine sehr massive Lymphozyteninfiltration perivaskulär und peribronchal in den interalveolären Septen. Dieses Bild kann von einer unterschiedlich heftigen Alveolitis überlagert sein. Je nach vorhandenem Virus gibt es histologisch differente Befunde.
Das ältere, mit Kolostrum ernährte Kalb reagiert auf die genannten pathogenen Agenzien weniger stark. Ab dritter Lebenswoche und

Allgemeine Pathogenese

insbesondere gegen vierten Lebensmonat zu fallen die Reaktionen am schwächsten aus. Für das Angehen einer experimentellen Infektion sind mindestens zwei, u. U. mehrere Viren oder Bakterien erforderlich. Darüber hinaus muß eine mehr oder weniger intensive Streßbelastung hinzukommen, wie Versuche mit Chlamydien, Viren (Parainfluenza-3-Virus, IBR/IPV-Virus), Mykoplasmen und *Pasteurella multocida* erkennen ließen [37, 38, 43, 89, 105].

Pathogenese der Spontanerkrankungen (Hypothesen)

Aus den Ergebnissen experimenteller Infektionen in Verbindung mit klinischen Beobachtungen und epizootiologischen Erhebungen bei spontan auftretenden Erkrankungen wurden im Hinblick auf die *Entwicklung respiratorischer Infektionen* des Kalbes drei Hypothesen abgeleitet.

• Nach der *ersten Hypothese* wirken die infektiösen Agenzien auf verschiedenen Ebenen direkt auf den Atmungsapparat jener Tiere ein, die nicht im Vollbesitz ihrer Abwehrkräfte sind. Ein solcher Mechanismus konnte durch die experimentelle Prüfung der Pathogenität an sehr jungen und kolostrumfrei ernährten Kälbern nachgewiesen werden. Das Zusammenstellen von Kälbergruppen mit Tieren unterschiedlicher Herkunft birgt zweifellos die Gefahr in sich, daß Träger von potentiellen Krankheitserregern auf andere empfängliche Tiere treffen. Selbst wenn viele der in Frage kommenden Mikroorganismen nur eine geringe Pathogenität bei experimenteller Infektion aufweisen und kolostrumfrei ernährte Kälber oder Tiere mit begrenzter Immunität ziemlich selten sind, kann man sich vorstellen, daß die vielfältigen Stressoren bei einer Anzahl der Tiere die unspezifischen Abwehrmechanismen schwächen und damit in dem betreffenden Bestand eine Krankheit ausbrechen kann. Anfangs handelt es sich lediglich um leichte Appetit- und Verhaltensstörungen, die im übrigen unbemerkt bleiben können. Durch die »Passagen« von Tier zu Tier kommt es aber bei den Erregern bald zu einer Virulenzsteigerung, wodurch dann der zu Beginn der Enzootie noch ausreichende passive Schutzmechanismus überfordert wird.

Es scheint, daß klinisch manifeste Erkrankungen in der Mehrzahl der Fälle das Resultat einer bakteriellen Infektion sind. Mehr als jede pathogene Wirkung irgendeines »Auslöser«-Virus bestimmt die bakterielle Infektion die jeweiligen Besonderheiten der Enzootien, ihren Schweregrad und ihren Verlauf.

Die bereits seit langem gewonnene Erfahrung, daß eine Behandlung der Erkrankungen mit klassischen antimikrobiellen Mitteln gegen Corynebakterien, Streptokokken, Staphylokokken, *Escherichia coli*, Pasteurellen u. a. von Erfolg gekrönt ist, gilt in jedem Falle [29].

• Nach der *zweiten Hypothese* sind Mischinfektionen aus Bakterien und Viren oder aus Chlamydien und anderen Bakterien im Vergleich zu jedem Einzelerreger durch eine höhere Virulenz gekennzeichnet. Außerdem unterscheidet sich die so ausgelöste Erkrankung aus noch nicht geklärten Gründen in ihrer Art ganz deutlich von dem Bild einer experimentellen Infektion. Einer Lösung harren jedoch noch die Fragen nach den Bedingungen für das Zustandekommen von Mischinfektionen bei bestimmten Tieren, nach den verschiedenen Ursachen für die Vielfalt dieser Zustände und nach den Wechselwirkungen der beteiligten Erreger, um ein besseres Verständnis für prophylaktische Maßnahmen zu erlangen. Die allgemein vertretene Auffassung besagt, daß in zahlreichen Fällen ein primärer Virusinfekt eine nachfolgende Besiedlung mit Bakterien ermöglicht, die ohne die »Trigger«-Wirkung der Viren nur gering oder überhaupt nicht pathogen wären. Eine solche Ansicht berücksichtigt nur teilweise die Fakten und liefert für die Tatsache keine Erklärung, daß beim kranken Tier selten Viren und Bakterien nachgewiesen werden. Die Hypothese erklärt nicht die Häufigkeit früher bestandener, virusbedingter Lungenveränderungen, die als Schlachtbefunde bei gesunden Kälbern zu beobachten sind, und auch nicht das Vorhandensein derartiger Läsionen bei nach experimenteller Infektion verendeten oder geschlachteten Tieren, wobei jene überwiegend geringgradigen Veränderungen neben akuten Entzündungserscheinungen bestehen, die bakteriellen Ursprungs sind und deren Art und Ausmaß unzweideutig die am lebenden Tier festgestellten Symptome erklären.

• Nach der *dritten Hypothese* kommt es in den Geweben des Atmungsapparates zu Immunreaktionen, die sich als auf immunpathologischen Vorgängen beruhende Störungen ausdrücken. Auf eine Sensibilisierungsphase folgt dann bei erneutem Antigenkontakt die Reaktionsphase oder Immunantwort [2]. Die Schleimhäute des Respirationstraktes sind der Ort, wo die aus dem äußeren Milieu stammenden Antigene und die vom sensibilisierten Organismus synthetisierten Antikörper aufeinandertreffen.

Das Atmungssystem ist in vielen Abschnitten durch eine umfangreiche Gefäßversorgung und stark entwickelte lymphatische Gewebe (diffus über die oberen Atemwege verteilt) gekennzeichnet. Der Gasaustausch zwischen dem Blut und der eingeatmeten Luft findet am Alveolarepithel statt, das demzufolge die Kontaktzone zwischen den aerogen aufgenommenen Antigenen (Viren, Bakterien) und den Immunglobulinen bzw. immunkompetenten Zellen des Organismus darstellt. Die häufigste Eintrittspforte für Antigene bilden verständlicherweise die oberen Atemwege, deren Schleimhäute mit einem Flimmerepithel ausgekleidet sind, das durch ständige Bewegung der Zilien die inhalierten, auf dem sezernierten Schleimfilm haftenden größeren Partikel rachenwärts transportiert. In den Tracheal- und Bronchalschleim gelangen Antikörper, wenn eine lokale Immunisierung erfolgt und eine seröse Exsudation, wie sie Entzündungsprozesse begleitet, auftritt.

Am Respirationsapparat unterscheidet man vier *klassische Typen allergischer Reaktionen*, die Ursache mehr oder minder ausgeprägter und unterschiedlich lange dauernder Störungen sein können:

– Bei der *Allergie vom Soforttyp (Typ I)* kommt es bereits nach einigen Minuten zur Reaktion zwischen dem inhalierten Antigen und dem an Mastzellen oder zirkulierende Leukozyten gebundenen IgE-Antikörper. Dabei wird Histamin freigesetzt, das zur Ödembildung und Gefäßerweiterung mit Abgabe biologisch aktiver Substanzen *(slow reacting substance of anaphylaxis, Kinine)* führt. Diese Mediatoren stimulieren die Aktivität der Schleimdrüsen und bewirken länger anhaltende Kontraktionen der Bronchien.

– Zytotoxischer Typ der Allergie (Typ II): Die Zerstörung von Lungenzellen kann die Bildung zirkulierender Antikörper, die gegen dieses Gewebe gerichtet sind, zur Folge haben. Unter Komplementaktivierung reagieren die Antikörper mit den Gewebsantigenen, wodurch die Basalmembranen geschädigt werden (Verdickungen oder Zerfall). Das Phänomen ist sehr charakteristisch für Autoimmunvorgänge.

– Immunkomplex- bzw. Arthus-Typ der Allergie, Intermediärtyp (Typ III): Immunkomplexkrankheiten liegt die Bildung von Aggregaten aus Antigenen, Antikörpern und z. T. Komplement im Kreislaufsystem zugrunde. Je nach Anteil von Antigen und Antikörper weisen die Immunaggregate eine mehr oder weniger leichte Löslichkeit auf. Im Falle eines Antigenüberschusses werden die Komplexe löslich und können dann im Kreislauf lange Zeit bestehenbleiben. Die kleinsten Antigen-Antikörper-Komplexe dringen in Kapillaren ein und verursachen eine gefäßbedingte Gewebsschädigung; man spricht hierbei vom Arthus-Phänomen.

– Die *Allergie vom Spättyp (Typ IV)* oder die zellvermittelte Immunreaktion resultiert aus der Reaktion eines – oft infektiösen – Antigens mit sensibilisierten Lymphozyten. Letztere sezernieren daraufhin hauptsächlich zwei Faktoren: Der eine wirkt auf die Makrophagen und verursacht an Ort und Stelle Entzündungsvorgänge, Ödembildung, Gefäßverschluß und Nekrose; der andere setzt lysosomale Enzyme frei, die eine Nekrose oder Verkäsung des Gewebes hervorrufen. Das um die Zelldestruktionsherde entstehende Granulom ist für die Reaktion der Tuberkulosebakterien, aber auch für die mancher Viren typisch. Es verkörpert einen Schutzmechanismus des Organismus, um die Ausbreitung von Infektionen einzudämmen.

Bei den folgenden Beispielen experimenteller Infektionen des Respirationstraktes werden die zwei genannten Phasen – *Sensibilisierung und Immunantwort* – sichtbar werden.

CHEVANCE und LENNON [17] zeigten am Bronchal- und Trachealepithel des durch inhalative Verabreichung von Influenzavirus sensibilisierten Kaninchens, daß es beim erneuten Zusammentreffen mit dem Virusantigen zu einem abrupten Stillstand der Flimmerbewegung kommt. Diese Immobilisation der Zilien ermöglicht den infektiösen Agenzien einen längeren Schleimhautkontakt und sogar das Vordringen bis zum Lungengewebe. Es besteht eine enge Korrelation zwischen dem Vorhandensein lokaler Antikörper und der Hemmung des Zilienschlages; man kann dieses Phänomen mit Pollen bei allergischen Individuen und mit Extrakten aus Helminthen bei verwurmten Tieren reproduzieren [59].

Die unheilvolle Rolle von Serumantikörpern, die gegen das Respiratory syncytial virus gerichtet sind, wurde beim menschlichen Säugling nachgewiesen [11]. Säuglinge, die mit der Muttermilch maternale Antikörper erhielten oder geimpft worden waren, erkrankten nur dann an Lungenaffektionen, wenn sie mit dem Respiratory syncytial virus infiziert waren.

Die klinische Symptomatik und die zu beobachtenden pathologisch-anatomischen Veränderungen bei Erkrankungen des Respirationstraktes erlauben nicht eine Differenzierung in virusbedingte oder bakteriell verursachte Alterationen durch direkte Wirkung auf das Lungengewebe und auch nicht eine Unterscheidung von Veränderungen durch Histaminfreisetzung und solchen durch zellvermittelte Immunreaktionen. In allen Fällen finden sich Ödeme, Infiltrationen des interstitiellen Bindegewebes, perivaskuläre Ablagerungen und Nekrosen. Durch die Antikörperbildung oder die Sensibilisierung von Zellen der Atmungsorgane können bei erneutem Antigenkontakt Läsionen in der Submukosa, den interlobulären Gewebsbezirken und sogar in den Lungenbläschen entstehen. Diese oftmals vorübergehenden Läsionen vermindern die Widerstandskraft des Gewebes gegenüber Mikroorganismen, die sich daraufhin unkontrolliert vermehren und ihre pathogene Wirkung entfalten können (nekrotisierende Prozesse durch Viren oder bakterielle Toxine). Bei der bakteriologischen Diagnostik isoliert man in großen Mengen die ganz und gar sekundären Charakter besitzenden Keime.

Die erörterten Hypothesen erweisen sich nicht als inkompatibel. Jeder Faktor, der die natürlichen Abwehrmechanismen des respiratorischen Systems beeinträchtigt, handelt es sich nun um physikalische oder nutritive Noxen oder um Störungen der Homöostade, führt zum Haften von Viren oder Bakterien, deren Pathogenität bei einem ungeschädigten Organismus bei weitem nicht so ausgeprägt ist.

Grundlagen der Diagnostik

Klinische Diagnostik

Aus der Sicht der Praxis kommt einer frühzeitigen Diagnostik entscheidende Bedeutung zu. Davon hängt in starkem Maße die Wirksamkeit der einzuleitenden Therapie- und Prophylaxemaßnahmen ab. Es muß daran erinnert werden, daß die *Hyperthermie*, selbst wenn es sich nur um eine passagere Temperaturerhöhung handelt (wie bei vielen Virusinfektionen), zu Beginn einer Enzootie ein wichtiges klinisches Merkmal ist. Fehlendes Fieber heißt jedoch nicht, daß das betreffende Tier von keinem Erreger befallen ist. Tränenfluß und Hustenanfällen vorausgehender Nasenausfluß sind die frühesten und für respiratorische Infektionen typischsten Symptome in einem Zeitraum, wenn noch kein Tier Störungen des Allgemeinbefindens (Abgeschlagenheit, Inappetenz, Durst u. a.) zeigt und die klinische Untersuchung noch keine Anzeichen einer Affektion der Brustorgane erkennen läßt.

Liegt ein voll entwickeltes Krankheitsbild vor, kann man durch funktionelle Parameter (Atmungsfrequenz, Anomalien bei der In- und Exspiration, Art des Hustens) und durch physikalische Kriterien (Untersuchung der Nasen-, Augen- und Backenschleimhäute, Einsatz von Plessimeter und Stethoskop) die Natur und das Ausmaß der Läsionen genau ermitteln. Die Prüfung der Atmung, aus der allerdings auf Grund des komplizierten Zugangs zu den antero-ventralen Regionen der Lungen stets nur näherungsweise Schlüsse gezogen werden können, bildet in Verbindung mit der Untersuchung des Herz-Kreislauf-Systems die Grundlage für eine dem jeweiligen Einzeltier angepaßte medikamentelle Behandlung.

Außer einer Rhinitis, Laryngotracheobronchitis und Bronchopneumonie, auf deren Hauptcharakteristika bereits eingegangen worden ist, stützt sich die *Diagnose der wichtigsten respiratorischen Erkrankungsbilder* auf die im folgenden genannten Befunde, die im Bereich der vorderen Lungenabschnitte, was die physikalischen Parameter anbelangt, schwierig zu erhalten sind (Schalldämpfung und Herzgeräusche, Geräusche durch die in der Trachea und in den großen Bronchen strömende Luft):

- *Entzündliche Hyperämie und Lungenödem:* stark erhöhte Atmungsfrequenz (Polypnoe) und Atemnot (Dyspnoe), bronchales Atmungsgeräusch (feuchte, knisternde Rasselgeräusche);
- *Pleuritis sicca:* Kostalatmung, Reibegeräusche;
- *Pleuritis exsudativa:* Bauchatmung, Schalldämpfung an der oberen horizontalen Begrenzungslinie des Lungenperkussionsfeldes, aussetzende Atmung in der Dämpfungszone;
- *Emphysem:* abdominaler Atmungstyp, überlauter Schall, Abschwächung des vesikulären Atmungsgeräusches, dafür trockene Rasselgeräusche (Knisterrasseln);
- *Lungenabszeß:* Zone relativer oder absoluter Dämpfung mit Verschwinden des vesikulären Atmungsgeräusches, dafür plätschernde oder glucksende Geräusche.

Erkrankungen des respiratorischen Systems werden zunächst durch ihre anatomischen und klinischen Merkmale bestimmt, evtl. durch den postmortalen Befund präzisiert. Im Hinblick auf eine ätiologische Diagnose als Voraussetzung für eine gezielte Therapie und Prophylaxe kann aber auf die Laboratoriumsuntersuchung nicht verzichtet werden. Auf die Unsicherheit, von den klinischen Symptomen und pathologisch-anatomischen Veränderungen auf das verursachende Virus zu schließen, ist bereits hingewiesen worden. Außerdem sind Mischinfektionen mit mehreren pathogenen Mikroorganismen die Regel. Unter solchen Bedingungen läßt sich allein mit dem Nachweis und der Identifizierung der Erreger oder mit Hilfe serologischer Verfahren eine objektive Diagnose stellen. Darüber hinaus kann die während der ersten Krankheitsphase vorgenommene histopathologische Untersuchung für die Diagnostik wertvoll sein, allerdings ist die Methode recht aufwendig.

Erregerdiagnostik

Die meisten veterinärmedizinischen Laboratorien sind ohne weiteres in der Lage, *Bakterien,* denen für Pneumopathien des Kalbes eine ätiologische Rolle zugeschrieben wird, aus verendeten Tieren zu isolieren, sie zu identifizieren und zu typisieren. Deshalb können die Ergebnisse der bakterologischen Diagnostik relativ rasch bereitgestellt werden. Zum Nachweis der *Mykoplasmen,* die noch nicht genügend systematisch erforscht sind, bedarf es einer diffizileren Technik als bei der üblichen Bakteriendiagnostik; unlösbare Probleme treten dabei aber nicht auf. Anders ist die Situation bei den *Chlamydien* und *Viren.* Die Isolierung von Chlamydien über das bebrütete Hühnerei und von Viren mittels Zellkulturtechnik bei Verwendung unterschiedlicher Organproben aus lebenden oder verendeten Tieren ist zwar grundsätzlich möglich, die Resultate tragen jedoch Zufallscharakter. Zu der Schwierigkeit der Isolierung mancher krankheitsauslösender Viren (Reoviren, Adenoviren, Erreger der Virusdiarrhoe, Parvoviren u. a.) kommen solche der Identifizierung und Typisierung hinzu. Die Methoden des direkten Erregernachweises sind zeit- und arbeitsaufwendig, selbst für sehr gut ausgerüstete Laboratorien.

Für die Erkennung von Chlamydien- und Virusinfektionen bleibt schließlich nur die Möglichkeit des indirekten Nachweises, d. h. im wesentlichen die *Serodiagnostik.* Was läßt sich von ihr erwarten? Beweist die Feststellung spezifischer Antikörper im Serum gegen ein in einem Bestand vorhandenes Virus dessen ätiologische Bedeutung? Die Antwort fällt in der Regel positiv aus, wenn in Serumpaaren, die vom selben Tier in zwei- bis dreiwöchigen Abständen entnommen wurden, ein signifikanter Anstieg (mindestens um das Vierfache) der Antikörpertiter zu verzeichnen ist.

Dennoch ist Vorsicht geboten: Ein derartiger Titeranstieg fand sich sowohl bei Tieren, bei denen von pulmonalen Läsionen und von Trachea und Bronchen Viruserreger isoliert wurden, als auch bei Tieren, wo Viren aus dem Rektuminhalt, dessen Rolle im Krankheitsgeschehen viel weniger bekannt ist, angezüchtet wurden. Ferner kann es bei Kälbern eines Bestandes zum Anstieg einiger Antikörpertiter kommen, ohne daß die Tiere klinisch manifest erkrankt sind. Es kann sich dabei um eine gemeinsame Reaktion auf die Einschleppung eines nicht obligatorisch pathogenen Virus handeln [41].

Bei der *Interpretation eines serologisch positiven Befundes* muß überdies das verwendete Verfahren berücksichtigt werden. So haben erfahrungsgemäß, z. B. beim Nachweis von Myxoviren, positive Ergebnisse im Serumneutralisationstest und Hämagglutinationshemmungstest einerseits und solche in der Komplementbindungsreaktion andererseits nicht genau denselben Aussagewert; während in den erstgenannten Fällen ein bestimmter Immunitätsgrad angezeigt wird, kann bei positivem Ausfall der Komplementbindungsreaktion auf ein frisch erworbenes Infektionsgeschehen geschlossen werden. Für den Einsatz einer indirekten Methode zum Nachweis eines viralen Erregers sollte nicht ihre mehr oder minder einfache Handhabbarkeit im Laboratorium, sondern die Aussagefähigkeit der gewonnenen Ergebnisse ausschlaggebend sein.

Das Haften infektiöser Agenzien auf den Schleimhäuten des Atmungsapparates bewirkt sehr häufig eine *lokale Immunantwort,* die sich nicht unmittelbar in der Titerhöhe der Serumantikörper widerspiegelt [71]. Lokale Antikörper als Folge der Erregervermehrung erscheinen frühzeitig nach einer Infektion. Um die erprobten serologischen Verfahren den Erfordernissen solcher lokalen Krankheitsprozesse anzupassen, müßte einfach zu erlangendes Material, wie Nasen- oder Trachealschleim, herangezogen werden. Wegen seiner Uneinheitlichkeit ist dieses biologische Material für diagnostische Zwecke nur von begrenztem Wert und insbesondere für Bestandsuntersuchungen nicht geeignet. Die beträchtliche Vielfalt der Viren, die als Erreger respiratorischer Erkrankungen in Frage kommen, schränkt die labordiagnostischen Möglichkeiten ein. Jedes Laboratorium müßte sonst über eine umfangreiche Sammlung von Referenzantigenen verfügen, mit denen die erhaltenen Serumpaare zu gleicher Zeit und systematisch zu testen wären.

Bekämpfung respiratorischer Erkrankungen

Hygienische Maßnahmen

Die Durchsetzung tierhygienischer Normen stellt einen nicht zu unterschätzenden Faktor zur Eindämmung des Infektionsgeschehens und zur Verbesserung der Heilungschancen schwer erkrankter Tiere dar. Es ist zu sichern, daß die erkrankten Tiere in ein gemeinsames Stallabteil kommen oder besser in einen separaten Krankenstall, wo die Kälber vor Zugluft geschützt sind und ihnen nach dem Absetzen ein appetitanregendes, nicht staubiges Futter anzubieten ist.

Medikamentelle Behandlung

Mit der medikamentellen Therapie werden drei Ziele verfolgt. Die Dringlichkeit erfordert, die Atmungsinsuffizienz zu beheben, die infektiösen Agenzien zu beseitigen und die Vitalfunktionen des Organismus anzuregen bzw. zu stabilisieren.

Therapie der Atmungsinsuffizienz

Angesichts der technischen Schwierigkeiten einer kontrollierten Beatmung kann für schwere Fälle mit Hypoxämie die Sauerstofftherapie eingesetzt werden. Mit Hilfe einer Maske oder durch nasale Intubation werden 4 bis 8 Liter Sauerstoff pro Minute und 100 kg Lebendmasse insuffliert. Das ist im Hinblick auf den Zustand der Dekompensation zweifellos die spezifischste Behandlungsmethode von Pneumopathien. Die Kortikosteroidtherapie, die Befürworter und Gegner hat, sollte stets auf das Anfangsstadium akuter Erkrankungen des Respirationstraktes beschränkt bleiben. Aderlaß (250 bis 500 ml Blut aus der Brustregion) ist dann angezeigt, wenn deutliche Gefäßsymptome vorhanden sind (entzündliche Hyperämie und Lungenödem). Liegen derartige Bedingungen vor, kann die intravenöse Injektion eines stark und rasch wirkenden Diuretikums empfohlen werden, z. B. Furosemid (20 bis 40 mg). Damit lassen sich das Volumen des zirkulierenden Blutes und der Druck der Lungenkapillaren vermindern. Gleiches gilt für die sofort einsetzende Wirkung der Kardiotonika, z. B. der intravenös zu injizierenden Präparate Quabain (0,25 mg) und Lanatosid C, sowie des Morphinhydrochlorids (1 mg/kg).

Die Punktion und das Absaugen der Pleuraergüsse tragen unter bestimmten Umständen zur Verbesserung der Lungenfunktion bei. In der Genesungsphase oder im Falle häufiger und schmerzhafter Hustenattacken mit Absonderung zähflüssigen Sekrets haben Expektorantien auch einen sedativen Effekt. Angewendet werden können Kalium- und Ammoniumsalze oder die moderneren Dibromderivate des Toluens (Butopiprinbromhydrochlorid). Die Verabreichung von 30%igem Alkohol in physiologischer Kochsalzlösung auf dem Aerosolweg oder durch intratracheale Injektionen macht die sekretverstopften Atemwege frei.

Bekämpfung der Infektionserreger

• *Viren*

Eine Hemmung der Viruseffekte kann mit subkutanen Injektionen von Blut oder Serum aus Rekonvaleszenten oder erwachsenen Rindern versucht werden. Gegenwärtig läßt sich einfacher auf polyvalente Gammaglobuline aus dem Kolostrum oder Serum zurückgreifen, wobei alle Applikationstechniken inklusive Inhalation in Betracht kommen. Noch ist nicht sicher, ob die mit der Serumtherapie erzielten Ergebnisse die hohen Kosten der verwendeten Immunglobuline rechtfertigen.

• *Bakterien*
Im Prinzip können auch die Wirkungen pathogener Bakterien einschließlich Mykoplasmen und Chlamydien mit den angegebenen Mitteln neutralisiert werden, allerdings setzt man im Hinblick auf die Gesamtheit der Keimflora eher antimikrobielle Präparate ein, d. h. Sulfonamide und Antibiotika, getrennt oder in Kombination.

• *Sulfonamide:* Das Spektrum der verfügbaren Sulfonamide ist breit (Sulfadimerazin, Sulfamethoxypyridazin, Sulfamonomethoxin, Sulfaphenazol, Sulfapyrazol usw.). Am bedeutsamsten sind jene Substanzen, die nach intravenöser Verabfolgung einen protrahierten Effekt zeigen. Es ist heute auch möglich, auf wiederholte Gaben zu verzichten und dafür oral zu applizierende Depotpräparate zu verordnen, z. B. Sulfaethoxypyridazin.

• *Antibiotika:* Angesichts der mit der Aufstellung von Antibiogrammen verknüpften Schwierigkeiten werden Breitspektrumantibiotika für die Therapie bevorzugt. Bei relativ leicht verlaufenden Erkrankungen genügt die Anwendung eines einzelnen Antibiotikums, z. B. Ampicillin oder Tetracyclin. Schwerere Fälle erfordern die Kombination zweier Antibiotika mit dem Hauptziel, das Aktivitätsspektrum zu verbreitern. Beispiele für solche Kombinationen sind Penicillin/Streptomycin, Ampicillin/Tetracyclin und Ampicillin/Chloramphenicol. Sehr gute Erfolge erreicht man stets dann, wenn früh mit hohen Dosen begonnen und die Behandlung ausreichend lange fortgesetzt wird. Neben den üblichen Applikationsmethoden (intramuskulär, intravenös) muß auch die aerogene Zufuhr (Inhalation, intratracheale Verabreichung) erwähnt werden, wobei die Wirksamkeit durch Zugabe von auch parenteral verwendbaren Enzymen vom Typ des α-Chymotrypsins zu den Antibiotikalösungen gesteigert werden kann.
Ampicillin wird drei Tage lang in einer täglichen Dosis von 4 bis 10 mg pro kg Körpermasse intramuskulär verabreicht. Tetracycline kommen in ähnlicher Dosierung i. v. oder i. m. zur Anwendung. Um bessere Resultate zu erzielen, ist es oft erforderlich, die Injektionen zweimal täglich vorzunehmen. Das Kombinationspräparat Procainpenicillin/Dihydrostreptomycin, zusammengesetzt aus 10 000 bis 15 000 IE Penicillin und 10 bis 20 mg Streptomycin je kg Körpermasse, wird aller 24 oder 48 Stunden intramuskulär verabfolgt. Weitere Beispiele für antiinfektiöse Pharmaka sind:

– Tylosin, 10 bis 20 mg/kg Körpermasse/Tag i. m. oder i. v.;

– Trimethoprim + Sulfadoxin, 15 mg/kg Körpermasse/Tag i. m.

• *Anregung der Körperfunktionen*
Eine solche Stimulation bzw. Stabilisierung muß auf mehreren Ebenen erfolgen.

• *Anregung des Atemzentrums:* Von allen die Atmungsfunktion stützenden Analeptika steht das Kohlendioxid an erster Stelle. Liegt jedoch eine allgemeine Atmungsinsuffizienz mit Hypoxämie und Hyperkapnie vor, besitzt der erhöhte CO_2-Partialdruck einen dämpfenden Effekt. Bei derartigen Zuständen, vor allem im Falle einer Sauerstofftherapie, sind respiratorische Analeptika wie Lobelin und Nicethamid oder das Kreislauf- und Atemzentrum anregende Mittel wie Coffein, Theophyllin und Heptaminol angezeigt.

• *Anregung des Zentralnervensystems (ZNS):* Um eine zentralnervöse Dämpfung bei frühzeitiger Beteiligung des ZNS am Infektionsgeschehen zu vermeiden, ist die Anwendung zentral erregender Präparate zu empfehlen. Einige von ihnen wirken schon analeptisch auf das Kreislauf- und Atemzentrum (Nicethamid, Coffein), andere besitzen einen mehr allgemeinen Effekt auf das ZNS (Strychnin, Picrotoxin, Amphetamin).

- *Anregung der Immunabwehr:* Eine solche Stimulation ist erreichbar durch die alte Methode der Erzeugung steriler Abszesse, ferner durch Injektion verschiedener Bakterienextrakte (z. B. Mykobakterien) sowie durch Zufuhr von Vitaminen (A, B, C, D), Mengen- und Spurenelementen.

- *Anregung des Zellstoffwechsels:* Die Injektion von Infusionslösungen (Wasser, Elektrolyte, Aminosäuren) für nutritive Zwecke oder zur Behebung einer Dehydratation sollte stets langsam geschehen, um nicht eine Kreislaufüberlastung bei durch pulmonalen Hochdruck bereits geschädigtem Herzen zu provozieren.

Prophylaxe respiratorischer Erkrankungen

Die prophylaktischen Maßnahmen bei enzootischen infektiösen Bronchopneumonien des Kalbes leiten sich von den ätiologischen, pathogenetischen und pathophysiologischen Gegebenheiten ab. Ziel ist es dabei, die Widerstandskraft der Tiere gegenüber derartigen Infektionen zu stabilisieren oder zu erhöhen. Erst die Gesamtheit aller dieser Schritte mündet in ein optimales Ergebnis.

Maßnahmen zur Erhaltung der Infektabwehr
Ebene der Produktionsanlagen

- *Sicherung des optimalen Temperaturbereiches*

Tiere in geschlossenen Stallanlagen: Für Schlachtkälber beläuft sich die optimale Temperatur in den ersten vier Wochen auf 18 bis 20°C, später sind es je nach dem Feuchtigkeitsgehalt der Luft 16 bis 17°C, u. U. sogar 12°C. Bei Zuchtkälbern, die auf herkömmlicher Einstreu gehalten werden und keiner Zugluft ausgesetzt sind, liegt die Temperatur bei 13 bis 16°C.

Tiere in halboffenen Anlagen oder in Offenställen: Falls keine abrupten Temperaturschwankungen auftreten, vertragen die Absatzkälber den Bereich zwischen +20°C und −10°C.

- *Sicherung der optimalen Luftfeuchtigkeit*

In geschlossenen Ställen, wo dank der installierten Heizungs- und Belüftungsanlagen die Luftfeuchtigkeit gut reguliert werden kann, sollte diese für Schlachtkälber 70 bis 75%, für Zuchtkälber 65 bis 80% betragen.

- *Sicherung der chemischen Reinheit der Luft*

Um die zulässige Ammoniakkonzentration von 50 bis 90 ppm zu gewährleisten, muß die Stalluft in der Größenordnung von 40 bis 50 m^3 pro Stunde und 100 kg Körpermasse erneuert werden. Dabei ist das Belüftungssystem so einzustellen, daß die Luftgeschwindigkeit 0,20 m/s nicht überschreitet.

- *Normalisierung der Luftionisation*

Die Stallatmosphäre kann mit negativ geladenen Ionen angereichert sein, z. B. nach UV-Bestrahlung. Letzteres Verfahren scheint aber nicht so verbreitet zu sein wie die durch das Prinzip der Methode ausgelöste Begeisterung.

- *Sicherung der biologischen Reinheit der Luft*

Biologische Reinheit der Luft in Betrieben mit hohen Tierkonzentrationen setzt eine rationelle Gebäudenutzung voraus:
- Aufzucht zeitlich getrennter Belegungseinheiten;
- kontinuierliche Desinfektion in der Belegungsphase und eine Pause vor der Wiederbelegung;
- 8 bis 15 Tage dauerndes Intervall zwischen Räumung und Wiederbelegung einer Stalleinheit zur hygienischen und technischen Vorbereitung der folgenden Belegungsphase; diese Zeitspanne wird als Serviceperiode bezeichnet.

Die genannten Prinzipien können durch Arbeiten mit kleinen (ideal sind 20 Individuen) Tiergruppen relativ einheitlicher Herkunft noch unterstützt werden. Empfehlenswert ist die Anwendung elektrostatischer Entstaubungssysteme.

Ebene des Organismus

Mit der Beachtung der vorstehend aufgeführten Grundsätze können thermische, feuchtigkeitsbezogene, chemische und infektiöse Stressoren weitgehend ausgeschaltet werden. Zur Reduzierung mechanischer, funktioneller und psychischer Streßwirkungen sind versuchsweise *Tranquilizer* eingesetzt worden. Vorgeschlagen wurden unterschiedliche Substanzen als Einzel- oder Kombinationspräparat (z. B. Xylazin und Promethazin/Chlorpromazin). Offenbar genügt jedoch bis jetzt kein Medikament den von den Klinikern geäußerten Wünschen [20]. Durch die nachstehend genannten Maßnahmen gegen den mit Transporten, Manipulationen und betrieblichen Faktoren in der industriemäßigen Tierproduktion verbundenen *Streß* lassen sich bessere Ergebnisse erzielen:
- Auswahl von Tieren mit folgenden Merkmalen: durchschnittliches Lebensalter von 14 bis 21 Tagen, durchschnittliche Körpermasse von 50 kg, Freisein von Nabelinfektionen und von Gelenkerkrankungen sowie von morphologischen oder funktionellen Schäden am Verdauungs- und Atmungstrakt;
- Festlegung günstiger, kürzester Transportwege bei guter Witterung, bei längeren Fahrten Einschalten von Ruhepausen mit leichten Mahlzeiten;
- Beachtung der Hygienenormen hinsichtlich der biologischen Reinheit der Luft, um die Folgen hoher Tierkonzentrationen bzw. von Überbelegung zu mildern.

Zwecks *Vermeidung fütterungsbedingter Streßzustände* gilt es zu beachten:
- wiederholte Kolostrumgaben in den ersten 12 Lebensstunden;
- nach Einstallen der Kälber in die Mastanlagen oder Aufnahme der frühabgesetzten Tiere in die Aufzuchtställe Zufuhr von Vitaminen (A, B, C, D), Mengen- und Spurenelementen, um die Entwicklung der Immunabwehr zu gewährleisten; zur Vermeidung von Dehydratationszuständen sollten etwa 2 bis 3 Liter einer Tränke folgender Zusammensetzung verabreicht werden: 2 bis 3 g Natriumchlorid, 50 g Milchpulver, gelöst in 1 Liter Wasser [65].

Maßnahmen zur Steigerung der Infektabwehr

Die Resistenz von Kälbern gegenüber respiratorischen Erkrankungen läßt sich grundsätzlich auf zwei Wegen erreichen: mit der Immunisierung und der Chemoprophylaxe.

Immunisierung

Die Immunisierung, sei sie gegen virale oder bakterielle Infektionen gerichtet, ist stets auf einen bestimmten Erreger bezogen; theoretisch ist mit polyvalenten Vakzinen ein noch besserer Schutz zu erzielen [48, 82].

● *Immunisierung gegen Virusinfektionen*
Passive Immunisierung: Wegen der Spezifität, des vom Zufall abhängigen Gehalts an neutralisierenden Antikörpern, der raschen Elimination der wirksamen Komponenten und der ökonomischen Belastung spielt der Einsatz von Blut, Serum oder auch Immunglobulinen in der Prophylaxe eine noch geringere Rolle als in der Therapie.
Aktive Immunisierung: Die Praxis der aktiven Immunisierung zur Bekämpfung der respiratorischen Erkrankungen des Kalbes birgt vier Hauptprobleme in sich, auf die im folgenden kurz eingegangen werden soll.
Wahl der Antigene: Die Zusammensetzung der in einem Land oder einer Region zur Anwendung kommenden Vakzinen muß auf den Ergebnissen regelmäßig durchgeführter, gesamtstaatlich organisierter epizootiologischer Untersuchungen basieren. Was Frankreich betrifft, so sind diesbezügliche Informationen recht spärlich. Die bisherigen Befunde zeigen jedoch, daß gegenüber der Situation in den angelsächsischen Ländern wahrscheinlich keine wesentlichen Unterschiede existieren, vor allem nicht mehr seit Beginn des aus-

gedehnten und oftmals unkontrollierten internationalen Tierhandels. Unter solchen Umständen ist die Entwicklung polyvalenter Vakzinen zu begrüßen, auch wenn es dabei gilt, Inkompatibilitäten zwischen den einzelnen Komponenten auszuschalten. Anfang der 80er Jahre stand in Frankreich ein einziger polyvalenter Impfstoff zur Verfügung: Parainfluenza-3-Virus/Adenovirus Typ 3/Reovirus Typ 1. In anderen Staaten gab es Kombinationen, die von vornherein wichtiger erscheinen, wie z. B. Parainfluenza-3-Virus/Virus der infektiösen Rhinotracheitis/Mucosaldisease-Virus. Diese Impfstoffe können auch getrennt oder als Zweierkombinationen eingesetzt werden.

Beschaffenheit der Antigene: Es besteht die Möglichkeit, zwischen attenuierten und inaktivierten Impfvirusstämmen zu wählen. Bei den auf der Basis attenuierter Viren hergestellten Vakzinen haben sich die Produzenten außer mit der Frage der Wirksamkeit ständig mit dem Nachweis der Unschädlichkeit auseinanderzusetzen. Tatsächlich muß auf postvakzinale Impfreaktionen und auf die Ausscheidung von Impfviren durch die mit der Vakzinierung zu chronischen Virusträgern gewordenen Rinder geachtet werden. Im Falle der infektiösen Rhinotracheitis beispielsweise führt die Impfung trächtiger Kühe zu Aborten. Mit der Verwendung einer thermosensitiven Mutante, die sich bei Temperaturen über 39 °C nicht vermehrt und nach intranasaler Applikation andere Organe als die »kalten« Schleimhäute der Nase, des Auges und der Maulhöhle nicht besiedelt, läßt sich das Impfrisiko minimieren. Dagegen breitet sich das Impfvirus unter den Tieren rasch aus und bewirkt somit eine simultane Vakzination des gesamten Bestandes.

Inaktivierte Virusvakzinen schützen zwar vor den Nachteilen des vorstehend genannten Impfstofftyps, weisen jedoch eine geringere Wirksamkeit auf. Diese hängt stark ab vom Zusatz von Adjuvantien. Bei den in Frankreich gebräuchlichen Impfstoffen handelt es sich um solche Totvakzinen. Die gegen die infektiöse Rhinotracheitis entwickelte Vakzine benutzt ebenfalls inaktivierte Viren.

Applikationsart: Inaktivierte Virusvakzinen werden parenteral, subkutan oder intramuskulär, verabreicht. Attenuierte Virusimpfstoffe können parenteral oder intranasal verabfolgt werden [103, 104, 113]. Mit der intranasalen Applikation dieser Vakzinen, vor allem in Form von Aerosolen, erreicht man eine kräftigere Stimulation der Infektabwehrmechanismen der Nasenschleimhaut gegen ein virulentes Virus (Immunglobulinsynthese, Interferonbildung, zellvermittelte Immunität) als mit der parenteralen Zufuhr. Das Ergebnis ist ein besserer Schutz gegen Erkrankungen des Atmungssystems, der durch eine Wiederholungsimpfung nach 6 bis 8 Wochen beträchtlich verstärkt werden kann. Aufbringen einer Totvakzine auf die Nasenschleimhaut bringt nicht die gleichen Vorteile. In Frankreich steht ein intranasal applizierbarer Impfstoff auf der Basis eines attenuierten Parainfluenza-3-Virusstammes zur Verfügung. Andere Länder besitzen verschiedene, mehr oder weniger polyvalente Impfstoffkombinationen, z. B. Parainfluenza-3-Virus/Virus der infektiösen Rhinotracheitis/Adenovirus Typ 3.

Zeitpunkt der Impfung: Auch wenn die Immunkompetenz des neugeborenen Kalbes, sogar in Form einer primären Immunantwort, allgemein bekannt ist, so bestehen doch noch weitgehende Unklarheiten über die Rolle der passiven kolostralen Schutzmechanismen im Rahmen der Immunvorgänge bei respiratorischen Erkrankungen. Durch die Aufnahme des Kolostrums soll es zum Auftreten von Antikörpern gegen pneumotrope Viren sowohl im Serum als auch im Nasensekret kommen. Diese Antikörper können, zumindest im Falle des Parainfluenza-3-Virus, den Erwerb einer aktiven – humoralen oder lokalen – Immunität erschweren, selbst nach Einsatz von Aerosolvakzinen [66]. Solche Befunde lassen die Frage aufkommen, ob die Impfung sehr junger Kälber (unter 6 bis 8 Wochen) überhaupt

ZUSAMMENFASSUNG

Respiratorische Erkrankungen der Kälber sind unter den Produktionsbedingungen von Großanlagen praktisch unvermeidlich. Aber auch bei herkömmlichen Formen der Kälberaufzucht sind jene Affektionen durchaus nicht selten. Diese Infektionen führen zu hohen ökonomischen Verlusten durch Todesfälle, Wachstumsdepressionen und die Kosten für prophylaktische und therapeutische Maßnahmen.

Infektionskrankheiten des Atmungsapparates beim Kalb zeichnen sich weder durch klinische Besonderheiten noch durch ätiologische Einheitlichkeit aus. Sie manifestieren sich als vielgestaltige Syndrome mit unterschiedlich starker Ausprägung einer Rhinitis, Tracheobronchitis oder Bronchopneumonie. Die ätiologischen und pathogenetischen Mechanismen sind kompliziert: Viren und Bakterien (einschließlich Mykoplasmen und Chlamydien) wirken auf den jungen Organismus synergistisch, wobei komplexe immunologische Reaktionen auftreten und oft gerechtfertigt ist, vor allem wenn die Mütter während der Trächtigkeit vakziniert werden können.

Wenn die Aufzucht der Tiere nicht in den Betrieben vor sich geht, wo das Abkalben erfolgte, sondern in Anlagen Kälber unterschiedlicher Herkunft zusammengestellt werden, ist die Erstimpfung der Ankömmlinge ratsam. Dadurch können diejenigen Tiere, die keine kolostralen Antikörper gegen die injizierten Virusstämme besitzen, geschützt werden. Ansonsten sind Impfungen nur bei einem Lebensalter von 1½ bis 2 Monaten mit einer Revakzination nach 3 bis 4 Wochen sinnvoll.

• *Immunisierung gegen bakterielle Infektionen*

Die Maßnahmen sind insbesondere gegen Keime der Gattung Pasteurella gerichtet, wobei aus bereits erwähnten Gründen hauptsächlich auf die aktive Immunisierung mit Totvakzinen zurückgegriffen wird. Anti-Pasteurella-Vakzinen sollten aus Stämmen gewonnen werden, die sich in der sog. »irisierenden« Phase befinden; damit sind die in Frankreich zu findenden Serotypen (*Pasteurella multocida A* und *Pasteurella haemolytica 1*) erfaßt. Jede Impfdosis muß mindestens 10 bis 20 Milliarden Keime enthalten, und außerdem ist ein sehr wirksames Adjuvans (Mineralöl, Aluminiumhydroxid, Saponin) hinzuzufügen.

Die aerogene Applikation des Impfstoffes ist der parenteralen, vor allem subkutanen Verabreichung vorzuziehen; letztgenannte ist aber die allgemein geübte Praxis. Hinsichtlich der Impfung neugeborener Kälber mit Anti-Pasteurella-Vakzine gibt es die gleichen Probleme wie mit Virusimpfstoffen. Zwei bis drei Wochen post vaccinationem ist stets eine Wiederholungsimpfung angezeigt. Trächtige Kühe können ab 7. Gravidätsmonat geimpft werden.

• *Kombinierte Vakzinierung*

Um das Aktivitätsspektrum der Impfstoffe zu verbreitern, sind in verschiedenen Ländern eine ganze Reihe von Präparaten hergestellt worden [35]. Als Beispiele seien genannt:
– Parainfluenza-3-Virus/Adenovirus Typ 3/ Chlamydia,
– Parainfluenza-3-Virus/Mucosal-disease-Virus/Virus der infektiösen Rhinotracheitis/ Pasteurella,
– Mucosal-disease-Virus/Virus der infektiösen Rhinotracheitis/Mycoplasma/Leptospira.

• *Einsatz von Adjuvantien*

Mit den Adjuvantien kann die Zahl der immunkompetenten Zellen erhöht werden. Die Immunstimulantien bakteriellen Ursprungs (Peptidoglycane) verleihen dem jungen Kalb eine höhere Infektionsresistenz. Unter dem Einfluß jener Substanzen synthetisiert das behandelte Tier eine größere Menge von Antikörpern, mobilisiert mehr immunkompetente Zellen im Gebiet der Epithelien, bildet frühzeitig Interferon und vermag sich somit von einem Infektionsstreß rascher zu erholen. Einige Adjuvantien beeinflussen die Synthese der Antikörperklassen und fördern die Bildung von Immunglobulinen, ohne die Tiere zu sensibilisieren. Adjuvantien stellen daher in bezug auf den Schutz des Kalbes vor Infektionen hoffnungsvolle Mittel dar, doch ist bis zum Stadium systematischer Anwendung noch viel Forschungsarbeit zu leisten.

Chemoprophylaxe

• *Zielstellung*

Durch Anwendung der Chemoprophylaxe will man die Aktivierung latenter bakterieller Infektionen mit banalen Keimen verhindern und die Tiere von pathogenen Erregern befreien; das erscheint vor allem nach Streßexposition und Besiedlung des Respirationstraktes durch Viren bedeutsam.

• *Mittel*

Die antimikrobielle Chemoprophylaxe stützt sich auf Sulfonamide oder Antibiotika mit breitem Wirkungsspektrum, die isoliert oder kombiniert eingesetzt werden.

- *Methoden*

Anwendungszeitpunkt: Systematische Behandlungen sollten nach dem Zusammenstellen der Schlachtkälber- oder Zuchtkälbergruppen vorgenommen werden bzw. in einem gut überwachten Bestand nach Auftreten klinischer Symptome, die durch Einstellungen, Futterwechsel, Umsetzungen, Neugruppierungen und Witterungsumschläge ausgelöst sein können. Andererseits sind chemoprophylaktische Maßnahmen immer dann angezeigt, wenn mehr als 10% der Tiere eines Bestandes respiratorische Krankheitssymptome zeigen (Lakrimation, wäßriger Nasenausfluß, leichter Husten).

Applikationsart: Antiinfektiöse Pharmaka können systemisch, oral oder aerogen verabreicht werden. Für Großbestände stellt der oral-alimentäre Weg die Methode der Wahl dar. Die Sulfonamide oder Antibiotika werden bei Saugkälbern der Tränke bzw. bei Absatzkälbern den jeweiligen Aufzuchtfuttermitteln zugemischt. Mit diesem Verfahren wird ein langfristiger Schutz erreicht und gleichzeitig die Körpermassezunahme gefördert, weil auch gastrointestinale Störungen beseitigt werden.

Beispiele typischer Behandlungsregime: Benzylpenicillin + Procainpenicillin 10 000 IE/kg Körpermasse + Dihydrostreptomycin 10 mg/kg Körpermasse, 1- bis 3malige intramuskuläre Injektion in 24- bis 48stündigen Intervallen.

Tägliche Vernebelung von öligen Mischungen antiinfektiöser Substanzen in den Kälberställen bis zur Stabilisierung des Gesundheitszustandes der Tiere.

Orale Gabe von 5 bis 10 mg Oxytetracyclin/kg Körpermasse über 10 bis 15 Tage; 5 bis 10 mg Chlortetracyclin/kg Körpermasse +5 bis 10 mg Sulfadimerazin/kg Körpermasse über 10 bis 15 Tage.

Störfaktoren aus der Außenwelt hinzukommen. Das Fehlen epizootiologischer Kenntnisse wirkt sich auf die Bekämpfungsstrategien ungünstig aus. Die von analogen Erkrankungen anderer Nutztierarten abgeleiteten Therapeutika sind sowohl hinsichtlich ihrer Zusammensetzung als auch ihrer Anwendung noch ziemlich undifferenziert. Es muß nicht besonders betont werden, daß es dringend an der Zeit ist, grundlegende Forschungsarbeit auf dem Gebiet der respirischen Infektionen zu leisten, um die bisherigen Vorstellungen entweder zu bestätigen oder entsprechend zu modifizieren.

LITERATUR

[1] ALDASY, P.; CSONTOS, L.; BARTHA, A., 1964 – Adenovirus causing Pneumo-enteritis in calves. Mag. allatorv. Lapja, 19, 457–462.

[2] ANON, 1973 – Report of the Panel of the Colloquium on immunity to Selected infectious diseases of Cattle. J. Am. Vet. Med. Ass. 163, 7, 781–787.

[3] BARTHA, A.; ALDASY, P., 1966 – Further two serotypes of Bovine Adenoviruses (serotypes 4 et 5). Acta Vet. Acad. Sci. hung, 16, 107–108.

[4] BETTS, A. O.; JENNINGS, A. R.; OMAR, A. R.; PAGE, Z. E.; SPENCE, J. B.; WALKER, R. G., 1964 – Pneumonia in calves by parainfluenza virus Type 3. Vet. Rec., 76, 382–384.

[5] BIBERSTEIN, E. L.; GILLS, M.; KNIGHT, H., 1960 – Serological types of Pasteurella hemolytica. Cornell Vet., 50, 283–300.

[6] BÖGEL, K.; BÖHM, H.; KLINGER, L., 1962 – Ein Rhinovirus des Rindes, Zbl. Bakt. 1, 4187, 2–14.

[7] BÖGEL, K., 1968 – Bovine Rhinoviruses. J. Amer. Vet. Med. Ass., 152, 780–783.

[8] BOUTSCHEFF, N.; GEROV, K.; PAVLOV, N.; TSCHUSCHKOV, P., 1963 – Untersuchungen über die Virusätiologie der Kälberpneumonie. Zbl. Vet. Med., 10, B, 649–664.

[9] BÜRKI, F.; GERMANN, E., 1964 – Setale pneumoenteritis bei den Kälbern, verursacht durch den Erreger der bovinen Virusdiarrhoe. Berl. Münch. tierärztl. Wsch., 77, 324–326 et 333–335.

[10] CARTER, G. R., 1967 – Pasteurellosis: Pasteurella multocida and Pasteurella hemolytica. Advanc. Vet. Sci., 11, 321–377.

[11] CHANOCK, R. M.; PARROTT, R. H.; COOK, K.; ANDREWS, B. E.; BELL, J. A.; REICHERDERFER, T.; KAPIKIAN, A. Z.; MASTROTA, F. M.; HUEBNER, R. J., 1958 – Newly recognized Myxovirus from children with respiratory disease. New Engl. J. Med., 258, 207–213.

[12] CHANY, C.; DANIEL, PH.; ROBBE-FOSSAT, F.; VIALATTE, J.; LEPINE, P.; LELONG, M., 1958 – Isolement et étude d'un virus syncytial non identifié, associé à des infections respiratoires aiguës du nourrisson. Ann. Inst. Pasteur, 95, 721–731.

[13] CHARTON, A.; FAYE, P.; LECOANET, J.; PARODI, A.; LE LAYEC, CL., 1963 – Etude expérimentale d'une »Maladie muqueuse« bovine I – Reproduction expérimentale de la maladie en série. Bull. Acad. Vet. Fr., 36, 293–301.

[14] CHARTON, A.; FAYE, P.; LECOANET, J.; LE LAYEC, CL., 1963 – Etude expérimentale d'une »Maladie muqueuse« bovine. Reproduction expérimentale par inoculation en retour au bovin de virus de culture. Bull. Acad. Vet., 36, 303–309.

[15] CHARTON, A.; FAYE, P.; LECOANET, J.; LE LAYEC, CL.; PATTE, F., 1965 – Etude préliminaire d'un virus

hémadsorbant-hémagglutinant isolé d'une lésion de pneumonie du veau. Bull. Acad. Vet. Fr., 38, 195–199.
[16] CHARTON, A.; FAYE, P.; LECOANET, J.; LE LAYEC, CL., 1965 – Réponses, clinique et sérologique du veau à l'inoculation par voie respiratoire d'un Myxovirus para-influenzae 3. Bull. Acad. Vet., 38, 315–318.
[17] CHEVANCE, L. G.; LENNON, J. F., 1970 – Etude des rythmes de battements ciliaires. Act. Otol. 70, 16–28.
[18] COLLIER, J. R., 1968 – Pasteurelleae in Bovine Respiratory disease. J. Amer. Vet. Med. Ass., 152, 824–828.
[19] CVETNIC, S.; DINTER, Z.; TOPOLNIK, E.; BRUDNJAK, Z.; PETROVIC, P.; KRALJ, M., 1964 – Détermination d'Entérovirus isolés des systèmes digestif et respiratoire de bovins malades. Vet. Arhiv. (Zagreb), 34, 157–162.
[20] DANTZER, R., 1974 – Les tranquillisants en élevage. Revue critique. Ann. Rech. Vétér., 5, (4), 465–505.
[21] DARBYSHIRE, J. H.; PÉREIRA, H. G., 1964 – An Adenovirus precipitating antibody present in some sera of different animal species and its association with bovine respiratory disease. Nature, London, 201, 895–897.
[22] DARBYSHIRE, J. H.; DAWSON, P. S.; PATERSON, A. B.; LOOSMORE, R. M., 1962 – The isolation of infectious bovine rhinotracheitis virus in United Kingdom: a preliminary report. Vet. Rec., 74, 156–157.
[23] DARBYSHIRE, J. H.; DAWSON, P. S.; LAMONT, P. H.; OSTLER, D. C.; PÉREIRA, H. G., 1965 – A new Adenovirus serotype of bovine origin. J. comp. Path., 75, 327–330.
[24] DARBYSHIRE, J. H.; JENNINGS, A. R.; OMAR, A. R.; DAWSON, P. S.; LAMONT, P. H., 1965 – Association of Adenovirus with bovine respiratory disease. Nature, London, 208, 307–308.
[25] DAWSON, P. S., 1964 – The isolation and properties of a bovine strain (T I) of PI 3 virus. Res. Vet. Sci., 5, (1), 81–88.
[26] DAWSON, P. S.; DARBYSHIRE, J. H.; LAMONT, P. H.; PATERSON, A. B., 1964 – Pneumonia in calves caused by parainfluenza 3 virus. Vet. Rec., 76, 434–435.
[27] DAWSON, P. S.; DARBYSHIRE, J. H.; LAMONT, P. H., 1965 – The inoculation of calves with parainfluenza 3 virus. Res. Vet. Sci., 6, (1), 108–113.
[28] DAWSON, P. S., 1966 – Persistence of maternal antibodies to Parainfluenza 3 virus. J. comp. Path., 76, 373–378.
[29] DIERNHOFER, K., 1956 – Die infektiöse Bronchitis und Bronchopneumonie des Rindes und ihre Behandlung. Wien. Tierärztl. Monatssch., 43, 265–272.
[30] DINTER, Z., 1960 – Laboratory diagnosis of Umëa disease, an acute virus disease of cattle. Medlemsbl. Sverig. VetFörb., 12, 447–448.
[31] DYML, B., 1965 – Simultaneous occurence of bronchopneumonia and infectious Kerato-conjunctivitis in cattle caused by miyagawanella. Veterinarstri 15, 452–454.
[32] ESPINASSE, J., 1974 – Pathologie respiratoire des jeunes bovins en élevage intensif: causes et contrôle. Bull. G.T.V., 74, 3 B, 010.
[33] FAYE, P.; BERKALOFF, A.; CHARTON, A.; LE LAYEC, CL., 1967 – Etude préliminaire d'une souche d'Herpesvirus bovis isolée d'une lésion de pneumonie du veau. Bull. Acad. Vet. Fr., 40, 227–233.
[34] FRENCH, E. L.; SNOWDON, W., 1960 – The occurence of sporadic bovine encephalomyelitis in Australia. Aust. Vet. J., 36, 444.
[35] GALE, C., 1973 – Rationale for application of Multiple Component vaccines. J. Am. Vet. Med. Ass., 163, 7, 836–839.
[36] GILLESPIE, J. H.; McENTEE, K.; KENDRICK, J.; WAGNER, W. G., 1959 – Comparsion of Infectious pustular vulvovaginitis virus with infectious bovine rhinotracheitis virus. Cornell. Vet., 49, 288–297.
[37] HAMDY, A. H.; TRAPP, A. L.; GALE, C.; KING, N. B., 1963 – Experimental transmission of Shipping Fever in calves. Amer. J. Vet. Res., 24, 287–294.
[38] HAMDY, A. H.; TRAPP, A. L.; GALE, C., 1964 – Further preliminary studies on transmission of Shipping Fever in calves. Amer. J. Vet. Res., 25, 128–134.
[39] HAMDY, A. H., 1966 – Association of Myxovirus Parainfluenza 3 with Pneumo-enteritis of calves: virus isolation. Amer. J. Vet. Res., 27, 981–986.
[40] HARBOURNE, J. F.; HUNTER, D., 1963 – Complement fixing antibody in cattle sera to the antigens of Psittacosis-lymphogranuloma venereum group of viruses. Vet. Rec., 75, 208–209.
[41] HARBOURNE, J. F., – Survey of Bovine Respiratory Diseases with special reference to the serological examination of paired serum-sample. Vet. Rec. 78, 749–752.
[42] HARDING, W. B., 1963 – Transmissible serositis and its relationship to sporadic bovine encephalomyelitis. Aust. Vet. J., 39, 333–337.
[43] HETRICK, F. M.; CHANG, S. C.; BYRNE, R. J.; HANSEN, P. A., 1963 – The combined effect of Pasteurella multocida and Myxovirus Parainfluenza-3 upon calves. Amer. J. Vet. Res. 24, 939–947.
[44] HUCK, R. A.; CARTWRIGHT, S. F., 1964 – Isolation and classification of viruses from cattle during outbreaks of mucosal or respiratory disease and from herds with reproductive disorders. J. comp. Path., 74, 346–365.
[45] INABA, Y.; OMORI, T.; KONO, M.; MATUMOTO, M., 1963 – Parainfluenza-3 virus isolated from Japanese cattle. I. – Isolation and identification. Ap. J. exp. Med., 33, 313–329.
[46] INABA, Y.; KONO, M.; OMORI, T.; MATUMOTO, M., 1964 – Parainfluenza-3 virus isolated from Japanese cattle: II – experimental infection of calves. Nat. Inst. anim. Heth. Quart., Tokyo, 4, 145–150.
[47] KAECKENBEECK, A.; COLINET, G.; SCHOENAERS, F., 1961 – Evolution de l'aptitude de l'intestin du nouveau-né à résorber les anticorps absorbés par le colostrum. Ann. Med. Vet., 105, 197–204.
[48] KAHRS, R. F., 1974 – Rational basis for an immuniza-

tion program against the common diseases of the bovine respiratory tract. Can. Vet. J., 15, 9, 252–256.
[49] KAWAKAMI, Y.; KAYI, T.; MARUYANA, Y.; HIRAMUNE, T.; MURASE, N.; MATUMOTO, M., 1966 – Infection of cattle with parainfluenza-3 virus with special reference to udder infection. II – Pathogenicity of the virus for cattle with particular reference to the mammary gland. Jap. J. Microbiol., 10, 171–182.
[50] KEISS, R. E.; WILL, D. H.; COLLIER, J. R., 1964 – Skin toxicity and hemodynamic properties of endotoxin derived from Pasteurella hemolytica. Amer. J. Vet. Res., 25, 935–942.
[51] KLEIN, M.; EARLY, E.; ZELLAT, J., 1959 – Isolation from cattle of a virus related to human adenovirus. Proc. Soc. Exp. Biol., N. Y., 102, 1–4.
[52] KLEIN, M.; ZELLAT, J.; MICHAELSON, T. C., 1960 – A new bovine Adenovirus related to human adenoviruses. Proc. Soc. Exp. Biol., N. Y., 105, 340–342.
[53] KLEMENC, N.; ZELEZNIK, Z.; GREGOROVOC, V.; SKUSEK, F., 1964 – Beitrag über Untersuchungen von Erkrankungen des Respirationsapparates in großen Kälber-Mastbetrieben. International meeting on diseases of cattle, Nord. Vet. Med., 16, supplementum 1, 78–85.
[54] KUNIN, C.; MINUSE, E., 1958 – The isolation in tissue culture chick embryo and suckling mice of filterable agents from healthy dairy cattle. J. Immunol., 80, 1–11.
[55] LAMONT, M. G.; KERR, W. R., 1939 – Infectious pneumonia of calves or calf influenza pneumonia. Vet. Rec., 51, 672–674.
[56] LAMONT, P. H., 1968 – Reoviruses. J. Amer. Vet. Med. Ass., 152, 807–813.
[57] LA PLACA, M.; PORTOLANI, M.; LAMIERI, C., 1965 – The basis of classification of bovine enteroviruses. Arch. ges. Virusforsch., 17, 98–115.
[58] LECOANET, J., 1969 – A propos de quelques cas de Salmonellose bovine. Bull. Acad. Vet.; 42, 243–248.
[59] LE JAN, C., 1974 – Contribution à l'étude des pneumonies enzootiques des bovins. Thèse Doctorat vétérinaire, Toulouse.
[60] LEVADITI, J. C.; ROGER, F.; DESTOMBES, P., 1964 – Tentative de classification des Chlamydiaceae (Rake 1955) tenant compte de leurs affinités tissulaires et de leur épidémiologie. Ann. Inst. Pasteur., 107, 656–662.
[61] LOMBA, F., 1974 – Le complexe IBR-IPV des bovins en Belgique. Ses diverses formes cliniques, leur gravité. Bull. G.T.V., 4 B, 011.
[62] LWOFF, A.; TOURNIER, P., 1966 – The classification of viruses. Ann. Rev. Microbiol. U.S.A., 20, 45–74.
[63] MCKERCHER, D. G.; STRAUB, O. C., 1960 – Isolation of the virus of I.B.R. from range cattle. J. Amer. Vet. Med. Ass., 137, 661–664.
[64] MADIN, S. H.; YORK, C. J.; MCKERCHER, D. G., 1956 – Isolation of the infectious bovine Rhinotracheitis virus. Science, 124, 721–722.
[65] MARQUE, P., 1974 – Plan de prophylaxie sanitaire dans un élevage de veaux en batterie. Bull. G.T.V., 74, 5 B, 015.

[66] MARSHALL, R. G.; FRANK, G. H., 1975 – Clinical and Immunologic responses of calves with colostrally Acquired maternal antibody against parainfluenza 3 virus to homologous viral infection. Am. J. Vet. Res., 36, 1085–1089.
[67] MATUMOTO, M.; OMORI, T.; HARADA, H.; INABA, Y.; MORIMOTO, T.; ISHITANI, R.; ISHII, S., – Studies on the disease of cattle caused by a Psittacosis-Lymphogranuloma group virus (Miyagawanella). VI. Bovine pneumonia caused by this virus. Jap. J. exp. Med., 1955, 25, 23–34.
[68] MOHANTY, S. B.; LILLIE, M. G., 1968 – Isolation of a bovine Rhinovirus. Proc. Soc. Exp. Biol. Med., 128, 850–852.
[69] MOLL, T.; DAVIS, A. D., 1959 – Isolation and characterization of cytopathogenic enteroviruses from cattle with respiratory disease. Amer. J. Vet. Res., 20, 27–32.
[70] MORETTI, B.; PEDINI, P.; AVELLINI, G., 1965 – I piu importanti rilievi clinici della infezione experimentale des vitello con virus della rhinotracheite infettiva dei bovini (I.B.R.). Atti. Soc. Ital. Sci. Vet., 18, 717–720.
[71] MURRAY, M., 1973 – Local Immunity and its role in Vaccination. Vet. Rec., 93, 500–504.
[72] NAMIOKA, S.; MURATA, M., 1961 – Serological studies in Pasteurella multocida. I. A simplified method for capsule typing of the organism. Cornell. Vet., 51, 498–507.
[73] NAMIOKA, S.; MURATA, M., 1961 – Serological studies on Pasteurella multocida. II. Characteristics of Somatic (O) antigen of the organism. Cornell. Vet., 51, 507–521.
[74] NAMIOKA, S.; MURATA, M., 1961 – Serological studies on Pasteurella multocida. III. O antigenic analysis of cultures isolated of various animals. Cornell. Vet., 51, 522–528.
[75] NEVJESTIC, A.; RUKAVINA, L. J.; FORSEK, Z.; CÉROVIC, M., 1967 – Infection par Bedsonia dans les maladies respiratoires des veaux. Vet. Glasn. J., 21, 633–637.
[76] OMAR, A. R.; JENNINGS, A. R.; BETTS, A. O., 1966 – The experimental disease produced in calves by the J 121 Strain of Parainfluenza virus type 3. Res. Vet. Sci., 7, 379–388.
[77] OMAR, A. R., 1966 – The aetiology and pathology of pneumonia in calves. Vet. Bull. 36, 259–273.
[78] OMORI, T.; ISHII, S.; MATUMOTO, M., 1960 – Myagawanellosis of cattle in Japan. Amer. J. Vet. Res., 21, 564–573.
[79] OZAWA, Y.; CHOW, T. L., 1958 – A study and identification of Newcastle disease virus from ranch cattle infected with Shipping Fever. Poult. Sci., 37, 802–809.
[80] PALOTAY, J. L.; CHRISTENSEN, M. S., 1959 – Bovine respiratory infections. I. Psittacosis-lymphogranuloma venereum group of viruses as etiological agents. J. Amer. Vet. Med. Ass., 134, 222–230.
[81] PERREAU, P.; VALLÉE, A.; RENAULT, L., 1962 – Types sérologiques de Pasteurella multocida isolées chez le porc en France. Bull. Acad. Vet., 35, 129–143.

[82] PERREAU, P., 1973 – Pneumopathies infectieuses des jeunes bovins. Prophylaxie médicale. Rec. Med. Vet., 149, 1147–1162.

[83] PHILLIP, J. I. H.; DARBYSHIRE, J. H., 1971 – Respiratory Viruses of Cattle. Adv. Vet. Sci. Comp. Med., 15, 159–199.

[84] POLONY, R.; VRTLAK, J.; BALASCAK, J., 1960 – Occurence of viruses of the psittacosis-lymphogranuloma in bronchopneumonia of calves. Vet. Cas., 2, 98–102.

[85] PRASAD, B. M.; SRIVASTAVA, C. P.; NARAYAN, K. C.; PRASAD, A. K., 1967 – Pseudomonas Pneumonia in calves. Acta. Vet. Acad. Sci. Hung., 17, 363–369.

[86] PRITCHARD, W. R.; TAYLOR, D. B.; MOSES, H. E.; DOYLE, L. P., 1956 – A transmissible disease affecting the mucosae of Cattle. J. Amer. Vet. Ass., 128, 1–5.

[87] ROMVARY, J., 1964 – Maladie respiratoire due à un virus T. P. L. chez les veaux nonsevrés. Mag. Allatorv. Lapja, 19, 265–268.

[88] ROMVARY, J., 1964 – Maladie respiratoire causée par un virus P. L. V. chez des veaus à la mamelle. Acta. Vet., 14, 469–475.

[89] ROSEN, L.; ABINANTI, F. R., 1960 – Natural and experimental infection of cattle with human types of reovirus. Amer. J. Hyg., 71, 250–257.

[90] SABIN, A. B., 1959 – A new group of respiratory and enteric viruses formerly classified as ECHO type 10–15 described. Science, 130, 1387–1389.

[91] SAINT-CAST, Y., 1973 – Prophylaxie sanitaire et contrôle des pneumopathies dans les élevage industriel des jeunes bovins. Rec. Med. Vet., 140, 1137–1146.

[92] SARATEANU, D.; SORODOC, G.; SURDAN, C.; FUHRER-ANAGNOSTE, B., 1961 – Pneumonia in calves due to Psittacosis virus and the possibility of human contamination. Stud. Cerc. Inframicr., 12, 353–358.

[93] SAUNDERS, J. R.; BERMAN, D. T.; FREY, M. L., 1964 – Epizootiologic studies of Shipping Fever of Cattle. I. The microbial agents isolated. Canad. J. comp. Med. and Vet. Sci., 28, 27–33. II. Exposure of Calves to Pasteurella and Parainfluenzae-3 virus. Ibid, 57–62.

[94] SCHAAL, E.; ERNST, H.; RIEDEL, F.; KRAEBER, A., 1969 – Vergleichende Untersuchungen über die Anwendbarkeit der Komplement-Bindungsreaktion (K. B. R.) und des Serum-Neutralisationstestes (N. T.) zur Diagnose der Parainfluenza-3 (P. I. 3). Infektion des Rindes. Zbl. Vet. Med., 16, 608–619.

[95] SEMERDJEV, B.; OGNIANOV, D.; MAKAWEEWA, E., 1964 – Isolierung eines Agens der Psittakose-Ornithose-Gruppe von pneumoniekranken Kälbern. Zblt. Bakt. I, (orig.), 192, 12–16.

[96] STORZ, J.; MCKERCHER, D. G.; HOWARTH, J.; STRAUB. O., 1960 – Epizootic bovine abortion. J. Amer. Vet. Med. Ass., 137, 509–514.

[97] STORZ, J.; SHUPE, J. L.; SMART, R. A.; THORNLEY, R. W., 1966 – Polyarthritis of calves. Experimental induction by a Psittacosis agent. Amer. J. Vet. Res., 27, 987–995.

[98] STORZ, J.; SMART, R. A.; MARRIOTT, M. E.; DAVIS, R. V., 1966 – Polyarthritis of calves: isolation of Psittacosis agents from affected joints. Amer. J. Vet. Res., 27, 633–641.

[99] STORZ, J., 1967 – Les agents pathogènes de l'ornithose comme cause de la polyarthrite des bovins et des ovins. Inf. Med. Vet., 2/3, 121–136.

[100] SURDAN, C.; SARATEANU, D.; SORODOC, G.; ATHANASIU, P.; ANAGNOSTE, B., – Experimental pararickettsial pneumonia in Calves. Stud. Cerc. Inframicr., 12, 451–465.

[101] SWEAT, R. L., 1967 – Epizootiologic studies of bovine Myxovirus Parainfluenza-3. J. Amer. Vet. Med. Ass., 150, 178–183.

[102] THOMSON, R. G., 1974 – Pathology and pathogenesis of the common diseases of the respiratory tract of Cattle. Can. Vet. J. 15, 9, 249–251.

[103] TOOD, J. D., 1973 – Immun Response to parenteral and intranasal vaccination. J. Am. Vet. Med. Ass., 163, 7, 807–809.

[104] TOOD, J. D.; VOLENEC, F. J.; PATON, I. M., 1971 – Intranasal vaccination against infectious bovine rhinotracheitis: Studies on early onset of protection and use of the vaccine in Pregnant Cows. J. Am. Vet. Med. Ass., 159, 11, 1370–1374.

[105] TRAPP, A. L.; HAMDY, A. H.; GALE, C.; KING, N. B., 1966 – Lesions in calves exposed to agents associated with shipping fever complex. Amer. J. Vet. Res., 27, 1235–1242.

[106] WELLEMANS, G.; LEUNEN, J., 1971 – Importance d'un virus syncytial respiratoire bovin (Souche V 220/29) dans les maladies respiratoires du veau en Belgique. Note préliminaire. Ann. Méd. Vét., 115, 35–39.

[107] WELLEMANS, G.; LEUNEN, J., 1970 – Prospection sérologique chez le veau portant sur quelques viroses. Bull. Off. Intern. Epiz., 64, 719–724.

[108] WIZIGMANN, G.; SCHIEFER, B., 1966 – Isolierung von Rhinoviren bei Kälbern und Untersuchungen über die Bedeutung dieser Viren für die Entstehung von Kälbererkrankungen. Zbl. Vet. Med., 13 B, 37–50.

[109] WOODS, G. T.; SIBINOVIC, K.; SEGRE, D.; THURMON, J. C., 1964 – Isolation and transmission studies with bovine parainfluenza-3 virus. Amer. J. Vet. Res., 25, 1021–1026.

[110] WOODS, G. T.; SIBINOVIC, K.; MARQUIS, G., 1965 – Experimental exposure of calves, lambs and colostrum deprived pigs to bovine Myxovirus para-influenza-3. Amer. J. Vet. Res., 26, 52–56.

[111] WOODS, G. T.; SIBINOVIC, K.; STARKEY, A. L., 1965 – Exposure of colostrum deprived calves to bovine Myxovirus Para-influenza-3. Amer. J. Vet. Res., 26, 262–266.

[112] YORK, C. J.; BAKER, J. A., 1951 – A new member of the psittacosis-lymphogranuloma group of viruses that causes infection in calves. J. exp. Med., 93, 587–603.

[113] ZYGRAICH, N.; HUYGELEN, C.; VASOBONIC, E., 1973 – Vaccination of calves against infectious bovine rhinotracheitis using a temperature sensitive mutant. 13th. International Congress of Iabs, Budapest.

Infektiöse Rhinotracheitis des Rindes

Y. GILBERT

Unter dem Begriff *infektiöse bovine Rhinotracheitis* [22] wird ein Komplex klinisch sehr verschiedenartiger Symptome verstanden, der durch ein Virus der Herpesgruppe verursacht wird. Der Erreger wurde erstmalig im Westen der USA von an Rhinitis und Tracheitis erkrankten Rindern isoliert, wovon sich der Name ableitet. Das pathogene Agens ist mit dem der pustulösen Vulvovaginitis oder des Koitalexanthems identisch; diese Krankheit ist in Europa länger als ein Jahrhundert bekannt. Außerdem konnte das Virus von abgestorbenen Feten isoliert werden, die mehrere Wochen nach Infektion der trächtigen Kühe abgingen, ferner von Rindern mit Konjunktivitis, neugeborenen Kälbern mit an Mucosal disease erinnernden Veränderungen und von Kälbern mit Meningoenzephalitis. Schließlich wird das Virus für Erkrankungen des Verdauungstraktes und Entzündungen der Uterusserosa (Perimetritis) verantwortlich gemacht. Experimentell konnten mit ihm Mastitiden ausgelöst werden. Das Virus scheint demzufolge mit einer außergewöhnlichen Plastizität ausgestattet zu sein, die es zur Adaptation an unterschiedliche Gewebearten befähigt.

Die genitale Form der Virusinfektion *(infektiöse pustulöse Vulvovaginitis des Rindes, IPV)* ist weltweit verbreitet und überall dort anzutreffen, wo der natürliche Deckakt in Anwendung kommt.

Das respiratorische Syndrom *(infektiöse bovine Rhinotracheitis, IBR)* blieb zunächst auf den westlichen Teil der USA beschränkt, wo es sich in Großbeständen, vor allem in den ausgedehnten Mastrinder- und Milchviehanlagen zeigte [43, 52]. Alles deutet darauf hin, daß das ursprünglich durch einen genitalen Tropismus ausgezeichnete Virus in den Anlagen mit hohen Tierkonzentrationen von mehreren Tausend Individuen ein günstiges Milieu zur Ausbildung einer für den Respirationstrakt pathogenen Mutante fand.

Das Virus ist in allen Gebieten Nordamerikas verbreitet. Durch den Export von Tieren, die als Virusträger fungierten, erfolgte die Einschleppung in andere Länder. Seit Beginn der 60er Jahre kennt man die Infektion in der Bundesrepublik Deutschland [25], in Großbritannien [14] und in Italien [44]. Etwa seit 1970 breitete sich die Krankheit in Belgien unter der Bezeichnung »kanadische Grippe« besorgniserregend aus [45]. In Frankreich wurde das Virus seit 1967 isoliert [18]. ESPINASSE et al. ermittelten 1974 einen bedeutenden Krankheitsherd in einem Bestand, in den aus Kanada stammende Färsen eingestallt worden waren. Im Jahre 1975 wurden mehrere industriemäßig produzierende Betriebe der Reihe nach befallen, wobei es zu beträchtlichen Verlusten kam [21].

Folgen der Ausbreitung

Die Ausbreitung der Virusinfektion beweist, daß sich das pathogene Agens in den Rinderbeständen inzwischen festgesetzt hat und die infektiöse bovine Rhinotracheitis zu den beherrschenden Krankheitsbildern in der intensiven Rinderproduktion zählt. Auch ohne bakterielle Infektion ruft das Virus schwere Schädigungen am Respirationstrakt hervor, die beim Hinzutreten septikämischer Komplikationen letal enden können.

Während Jungrinder und erwachsene Individuen gegenüber dem Virus widerstandsfähig sind (die Abgänge in solchen Beständen liegen unter 4 bis 5%), trifft das für die ersten Lebenswochen nicht zu. Neugeborene Kälber weisen gegenüber dem Virus eine hohe Empfindlichkeit auf. Der respiratorische Symptomenkomplex ist bei ihnen besonders stark ausgeprägt. Andere klinische Manifestationen, z. B. der Mucosal disease ähnelnde Erscheinungen und die meningoenzephalitische Form, werden ausschließlich in diesem Lebensalter beobachtet.

Virologie

Das IBR/IPV-Virus besitzt alle Eigenschaften der Herpesvirusgruppe.

Physikalisch-chemische Eigenschaften

Elektronenmikroskopische Aufnahmen zeigen eine Core-Region von 45 nm Durchmesser, die aus dem Nucleinsäuretyp DNA besteht und von einem Kapsid mit kubischer Symmetrie umgeben ist [53], dessen Außendurchmesser sich auf 100 bis 120 nm beläuft. Das Kapsid besteht aus 162 Kapsomeren, die einen regelmäßigen Ikosaeder bilden. Eine dem Kapsid mehr oder weniger eng aufliegende äußere Hülle (Envelope) mit einem Durchmesser von 50 bis 80 Å vervollständigt das Virion, das in seiner Gesamtabmessung zwischen 180 und 200 nm schwankt [53, 65].

Das IBR/IPV-Virus verträgt tiefe Temperaturen, reagiert aber auf Temperaturen über 37 °C relativ empfindlich. Bei 56 °C wird das Virus in weniger als einer Stunde zerstört, bei 65 °C in weniger als 10 Minuten. In Pufferlösungen mit einem pH-Wert von 5 bis 9 ist das Virus stabil, bei einem pH-Wert von 4 bzw. 10 wird es inaktiviert [26]. Durch die allgemein gebräuchlichen Desinfektionsmittel wird das Virus rasch vernichtet, wobei 0,5 %ige Natronlauge, 5 %ige Formalinlösung, 0,001 %ige Sublimatlösung, Jodtinktur und Calciumchlorid besonders wirksam sind. Die Fettlösungsmittel Ether und Chloroform führen schnell zur Inaktivierung des Virus.

Biologische Eigenschaften

Das IBR/IPV-Virus läßt sich in verschiedenen Zellkulturen züchten. Es vermehrt sich in allen vom Rind, Pferd, Schwein, Schaf, von der Ziege und vom Kaninchen stammenden Zellen sowie in Zellinien von diesen Spezies. Der zytopathische Effekt tritt nach 24 Stunden in Form von abgerundeten, kugeligen Zellen in Erscheinung, die sich vom Zellrasen ablösen und stärker lichtbrechend sind als normale Zellen. Nach zwei bis drei Tagen dehnt sich der Effekt aus und verursacht die völlige Zerstörung der Zellkultur. In gefärbten Präparaten lassen sich Veränderungen im Kern und Zytoplasma erkennen: Verlagerung des Chromatins an den Rand des Zellkerns, dessen Zentrum von einem eosinophilen homogenen Material angefüllt ist (Einschlußkörperchen nach COWDRY, Typ A).

Es kommt zum Entstehen von Riesenzellen durch Synzytienbildung und zu ausgeprägter Eosinophilie im Zytoplasma.

Elektronenmikroskopisch kann gezeigt werden, daß die Virusreplikation im Kern abläuft. An seiner Peripherie erscheinen elektronendichte Granula, deren Durchmesser sich durch eine Hüllenbildung auf 100 nm erweitern. Diese inkompletten Partikel (Nukleokapside) werden in das Zytoplasma ausgeschleust und erhalten dabei von der Kernmembran ihre letzte Hülle. Im Replikationszyklus folgt eine Phase, die als Eklipse bezeichnet wird und vier Stunden umfaßt. Nach Ablauf dieser Zeit läßt sich intrazelluläres Virus nachweisen, das sich etwa 20 Stunden lang weiter vermehrt. Ungefähr 10 Stunden nach Infektion der Zellen erfolgt die Freisetzung des Virus in das extrazelluläre Milieu. Der maximale Titer ist nach 36 Stunden erreicht; er bleibt einige Stunden auf diesem Niveau und fällt dann rasch ab.

Pathogenität

Für das IBR/IPV-Virus ist in erster Linie das Rind empfänglich. Das klinische Erscheinungsbild hängt zum großen Teil von der Ansteckungspforte ab. Ist die Eintrittsstelle das Auge, kommt es zu einer okulär-respiratorischen Form, eine intranasale Infektion führt zum Rhinotracheitistyp, und eine genitale Kontamination zieht je nach Geschlecht entweder eine Balanoposthitis oder eine Vulvovaginitis nach sich.

Alle IBR/IPV-Virusstämme verfügen, unabhängig von ihrer Provenienz, auch über die Fähigkeit, die genitale Krankheitsform auszulösen. Dadurch wird gleichzeitig die Hypothese vom primären Tropismus (Genitalien) des Virus bestätigt. Dagegen sind Unterschiede hinsichtlich des Schweregrades der klinischen Merkmale gegenüber anderen Infektionsrouten zu verzeichnen. Wird ein Stamm genitalen Ursprungs auf die Nasenschleimhaut verbracht, entwickelt sich nur eine leichte Rhinitis. Unter den von Atemwegen isolierten Stämmen bewirken manche eine höhere Abortrate. Die höchste Anzahl von Fällen mit Verwerfen erzeugen jene Stämme, die von abortierten Feten stammen. Von Tieren mit Meningoenzephalitis isolierte Stämme vermehren sich nach Inokulation der Nasenschleimhaut im Gehirn [2], während Stämme aus den oberen Luftwegen nur sporadisch enzephalitische Symptome hervorrufen, selbst nach intrazerebraler Verimpfung. Das Auftreten neuer Krankheitsformen wie der Meningoenzephalitis könnte das Ergebnis einer Mutation des Virus sein [3].

Neben den »qualitativen« Unterschieden existieren gleichzeitig Abstufungen in der Virulenz. Bei manchen Ausbrüchen nimmt die Krankheit einen schwereren Verlauf als üblich; die Krankheitsziffern sind höher, die Symptome stärker ausgeprägt und Todesfälle häufiger.

Wenn auch betriebliche Faktoren und eine besondere Empfänglichkeit der Rinder eine Rolle spielen, entsteht doch der Eindruck, daß in Anlagen mit hohen Tierkonzentrationen die infektiöse Rhinotracheitis schwerer verläuft als in Kleinbetrieben. Dem IBR/IPV-Virus kommt unter den erstgenannten Bedingungen eine gesteigerte Virulenz zu. Diese Variabilität geht nicht mit Veränderungen in den physikalisch-chemischen oder antigenen Eigenschaften einher. Mit keinem »In-vitro«-Test läßt sich der Virulenzgrad des jeweiligen Stammes erfassen. Virulenzänderungen können auch in vitro mit verschiedenen Zellkulturen sowie durch Erzeugung und Selektion von thermosensitiven (ts-) Mutanten geschaffen werden. Derartige Untersuchungen haben die Entwicklung von Vakzinen zur Bekämpfung der IBR zum Ziel.

Abgesehen vom Rind, konnte das IBR/IPV-Virus von spontan infizierten Schweinen und einigen wildlebenden Wiederkäuerarten isoliert werden. Von den Labortieren erwies sich nur das Kaninchen als relativ empfänglich; es wird daher zur Gewinnung spezifischer Antikörper herangezogen.

Immunologische Eigenschaften

Das IBR/IPV-Virus existiert als einheitlicher Typ. Alle bisher isolierten Stämme haben bis auf geringfügige Unterscheidungsmerkmale dieselben antigenen Eigenschaften. Unabhängig von dem für die Herstellung des Serums verwendeten Stamm vermag jenes jeden beliebigen IBR/IPV-Virusstamm zu neutralisieren. Trotz des Auffindens kleiner qualitativer Unterschiede zwischen den Stämmen verschiedener Herkunft [2, 9, 28, 48] ist die Einheitlichkeit des Virus niemals bestritten worden.

Die IBR/IPV-Infektion des Rindes führt zur Bildung von Antikörpern, die sich mit einer Reihe von Techniken feststellen lassen (Neutralisationstest, Komplementbindungsreaktion, Agargelpräzipitation, passive Hämagglutination, Immunfluoreszenztest). Einige dieser Methoden erlauben den Nachweis eines speziellen Antikörpers, der sich im Anschluß an die Infektion nach einer eigenen Gesetzmäßigkeit entwickelt.

Zuerst treten komplementbindende Antikörper auf, die nach wenigen Wochen verschwinden [67]. Die präzipitierenden Antikörper nehmen einen vergleichbaren Verlauf [10]. Beide Verfahren erfassen daher frische Infektionen. Der Serumneutralisationstest wird erst am Ende der zweiten Woche post infectionem positiv: Der Titer an neutralisierenden Antikörpern steigt und erreicht entweder in der darauffolgenden Woche oder wesentlich spä-

ter seinen Gipfel [40]; er bleibt dann eine Zeitlang auf gleicher Höhe und fällt schließlich allmählich ab. Diese Antikörper lassen sich über Monate, wenn nicht gar Jahre nachweisen.
Neuere Untersuchungen [47, 50] haben ergeben, daß die neutralisierenden 19S-Antikörper frühzeitig, d. h. ab 8. Tag post infectionem, erscheinen. Wird Meerschweinchenkomplement hinzugefügt, erhöht sich der Titer um 16 oder mehr. Folglich zeigt auch die vorstehend genannte Antikörperklasse eine frische Infektion an. Während der zweiten Woche sind die gegenüber Komplement unempfindlichen 7S-Antikörper feststellbar; sie verkörpern dann die Hauptkomponente der neutralisierenden Aktivität. Die Art der Virusinokulation beeinflußt in bestimmtem Maße die Titerhöhe. Eine intramuskuläre Applikation führt zu den höchsten Werten, auf eine genitale Infektion folgt nur eine unregelmäßige und schwache Antikörperbildung. Darauf weist auch die Tatsache hin, daß Bullen mit dem Virus behaftet sein können und dabei nur schwierig zu ermittelnde Spuren von Antikörpern oder scheinbar überhaupt keine Antikörper vorhanden sind [6, 30]. Bei manchen Tieren mit klinisch inapparenter Infektion beobachtet man Monate oder Jahre lang anhaltende Titerschwankungen bei den neutralisierenden Antikörpern [38, 40, 57].

Klinik

Beim Jungrind, in der Periode von der Geburt bis zum Alter von sechs Monaten, ruft das IBR/IPV-Virus klinische Manifestationen unterschiedlichster Form und Intensität hervor. Neugeborene Kälber sind gegenüber dem Virus ausgesprochen empfindlich. Die Zahl der klinischen Fälle und der Abgänge ist während der ersten beiden Lebenswochen des Kalbes sehr hoch.

Ab der dritten Lebenswoche reagieren die Kälber beinahe wie erwachsene Rinder; die Prognose wird günstiger. Am häufigsten kommt es zur okulär-respiratorischen Erkrankungsform, d. h. zur Rhinotracheitis im engeren Sinne. Seltener sind meningoenzephalitische Symptome, generalisierte, an Mucosal disease erinnernde Krankheitsbilder mit Beteiligung verschiedener parenchymatöser Organe und Formen mit überwiegender Lokalisation am Verdauungstrakt.

Okulär-respiratorische Form
Erkrankung bei Kälbern in den ersten zwei Lebenswochen

Die Inkubationszeit schwankt zwischen drei und sechs Tagen. Erstes Anzeichen ist eine Temperaturerhöhung, die rasch 41 bis 42°C erreicht. Diese Phase des Erregereintritts wird von Inappetenz, Speichelfluß und Abgeschlagenheit begleitet. Der Befall der Schleimhäute gibt sich durch deutliche Hyperämie und rote, später violette Verfärbung zu erkennen. Beobachtet werden verstärkte Expektoration sowie vermehrte Sekretion eines schaumigen Speichels, Atembeschwerden, Keuchen, Dyspnoe und röchelnde Geräusche als Folgen von Exsudatansammlungen in den oberen Luftwegen und eines Kehlkopfödems. An der Maulschleimhaut und Zunge erscheinen geschwürige Läsionen. Der Allgemeinzustand verschlechtert sich zusehends. Etwa 75% der erkrankten Kälber verenden in einem Zeitraum von einigen Tagen bis drei Wochen.

Pathologisch-anatomisch sieht man Entzündungserscheinungen und ödematöse Schwellungen der Nasen-, Kehlkopf- und Trachealschleimhaut. Das Epithel ist von Geschwüren und einem serofibrinösen Exsudat bedeckt. Selten dehnt sich der Krankheitsprozeß auf die Lunge aus [37].

Als weiteres klinisches Krankheitsbild wurde bei 2 bis 5 Tage alten Kälbern eine rasch zum Tode führende Lungenentzündung beschrieben. Für ältere Rinder erwies sich das von Hepatisationsbezirken der Lunge isolierte Virus als apathogen [11, 17].

Erkrankungen bei Kälbern ab dritter Lebenswoche
In dieser Periode spielt das jeweilige Alter der Tiere hinsichtlich der Ausprägung charakteristischer Merkmale keine entscheidende Rolle mehr. Die Inkubationszeit variiert zwischen 24 Stunden und 5 bis 6 Tagen. Der Zeitpunkt der Infektion läßt sich gewöhnlich nicht genau angeben, weil nach Einstallung eines Virusträgers mehrere Wochen vergehen können, bevor sich die ersten Krankheitsfälle zeigen. Am Ende der Inkubationszeit erreicht die Temperaturerhöhung in 1 bis 3 Tagen ihr Maximum von 40 bis 42°C. Bei gutartig verlaufenden Fällen geht das Fieber zurück, während in schlimmeren Fällen die Temperaturerhöhung längere Zeit bestehenbleibt, und zwar zwischen 1 bis 10 Tagen oder darüber hinaus, wenn sich Komplikationen einstellen. Auf den Fieberanfall folgen 24 Stunden später die klinischen Krankheitszeichen, die sich bei den spontan infizierten Tieren wie im folgenden beschrieben darstellen.

An *Allgemeinsymptomen* macht sich zunächst eine verminderte Futteraufnahme bemerkbar; die Futterverweigerung kann bis zur Anorexie führen. Manche infizierte Tiere zeigen jedoch normale Freßlust. Mitunter stellen sich Abgeschlagenheit, Schwäche und Störungen der Bewegungskoordination ein.

Die *lokalen Symptome* beginnen mit starker Gefäßinjektion am Auge, Tränenfluß und einer beträchtlichen Zunahme der Speichelsekretion, die den Boden unter dem Tier verschmutzt. Aus der Nase entleert sich ein helles, seröses Sekret, das allmählich zähflüssig und nach zwei Tagen eitrig-schleimig wird. Um die Nasenlöcher herum kann es verhärten und dabei die Atmung behindernde Krusten bilden. Das expektorierte Bronchal- und Trachealsekret läuft in langen Fäden ab. Die Atmung ist mehr oder weniger deutlich gestört. Einige Tiere weisen lediglich eine beschleunigte Atmung auf, andere eine ausgeprägte Dyspnoe mit Beteiligung des Abdomens und Atmung durch das Maul.

Die Schleimhäute sind anfangs diffus oder stellenweise stark gerötet. In schweren Fällen kommt es rasch zur Geschwürbildung mit pseudomembranösen, fibrinös-nekrotischen Auflagerungen von 1 bis 3 mm Dicke. Gelegentlich stellt sich zu Beginn der Erkrankung ein kurzer, stoßartiger, trockener Husten ohne Expektoration ein, der bei akuten Formen anhält. Keuchen sowie schnarchende und röchelnde Geräusche sind Ausdruck dafür, daß Kehlkopf und Luftröhre in Mitleidenschaft gezogen sind; in diesen finden sich die gleichen Veränderungen wie auf der Nasenschleimhaut.

Ohne Komplikationen durch eine bakterielle Infektion greift der Entzündungsprozeß nicht auf die Lunge über. Auskultation und Perkussion zeigen keine Störungen an.

Die respiratorischen Symptome werden häufig von Manifestationen am Auge begleitet. Es kommt zu Lidschwellungen, konjunktivaler Gefäßinjektion und verstärkter Bildung von Tränenflüssigkeit, die in Form eines serösen, später schleimigen oder mukopurulenten Sekretes aus dem inneren Augenwinkel abläuft und das Fell verkleben kann. Die Schleimhaut ist ödematös geschwollen und der Augenlidrand nach außen gedreht (Ektropium), so daß die Konjunktiva infolge des unvollständigen Lidschlusses sichtbar wird. Bisweilen entstehen Geschwüre der Bindehaut mit fibrinös-nekrotischen Belägen. In manchen Beständen beschränkt sich die Infektion auf diese Augensymptomatik (konjunktivale Krankheitsform). Die Prognose ist in solchen Fällen im allgemeinen günstig, okuläre Folgeschäden sind selten.

Die beschriebenen *okulär-respiratorischen Läsionen* sind für das klinische Bild der akut verlaufenden Rhinotracheitis charakteristisch, die zur Heilung weniger als zwei Wochen benötigt. Daneben gibt es subakute Erkrankungsformen, bei denen das Allgemeinbefinden wenig gestört ist, lokale Symptome geringfügig bleiben und die Heilung in weniger als sieben Tagen eintritt.

Im Gegensatz dazu zeichnen sich komplizierte Fälle durch schwerwiegende Allgemeinsymptome, verstärkte Beeinträchtigung der Atmungsfunktion mit Beteiligung der Lungen, Dedydratation und letalen Ausgang aus. Manche Tiere verhalten sich völlig unempfindlich gegenüber der Infektion, die sich nur im nachhinein serologisch erfassen läßt (inapparente Erkrankungsformen).

Direkt auf das Virus zurückgehende Schädigungen manifestieren sich im Nasen-Rachen-Raum. Die Schleimhaut ist deutlich hyperämisch und dadurch von dunkelroter Farbe, sie ist von Erosionen und Geschwüren durchsetzt; ihr eng aufgelagert ist ein reichlich vorhandenes fibrinöses Exsudat in Form von Pseudomembranen. Ein Kehlkopfödem und die Dicke der Pseudomembranen bewirken eine Stenose der Atemwege und erklären das Keuchen der Tiere. Die Trachealschleimhaut ist ebenso wie die Nasenschleimhaut verändert, doch kann die durch Gerinnung des Exsudats entstehende Pseudomembran bis zu 1 cm dick werden, wobei sie der darunterliegenden Schleimhaut, deren Epithel verlorengegangen ist, außerordentlich fest anhaftet.

An *pulmonalen Veränderungen* zeigen sich in der Regel Bronchopneumonie, rote Hepatisation, Bildung fibrinös-eitriger Pfropfen in den Bronchen und Abszesse im Lungenparenchym. In anderen parenchymatösen Organen kommen nur sporadische und wenig aussagekräftige Läsionen vor.

Generalisierte Form

Das Erkrankungsbild wird vor allem bei 1 bis 3 Wochen alten Kälbern angetroffen. Es äußert sich durch Veränderungen am Verdauungsapparat und an den Baucheingeweiden. Die Erkrankung beginnt mit Speichel- und Tränenfluß, mukopurulenter Expektoration und Appetitlosigkeit. Gleichzeitig beobachtet man Geschwüre auf der Zunge und der Maulschleimhaut. In einem Bestand kann der Befallsgrad mit 20 bis 25% der Kälber relativ gering, die Letalitätsrate mit 40 bis 50% aber hoch sein [8, 49]. Häufig wird die Infektion erst postmortal diagnostiziert, indem auf der Ösophagus- und Pharynxschleimhaut Ulzerationen festgestellt werden. Die Schleimhautgeschwüre an Pansen und Haube sind mit einer weißlich-käsigen, an geronnene Milch erinnernden Masse bedeckt. Leber und Nieren sind mit 1 bis 2 mm breiten Koagulationsnekroseherden übersät. Ein fibrinöses Exsudat bedeckt die Organe des Bauchraumes und führt zu Verklebungen. Das Krankheitsbild ähnelt in einigen Zügen der von WELLEMANS et al. [68, 69] beschriebenen »digestiven« Erkrankungsform, die durch Absetzen eines grünlichen, mit Pseudomembranen und Schleim durchsetzten Kotes charakterisiert ist. Die Läsionen betreffen den Verdauungstrakt in seiner ganzen Länge, insbesondere den Abschnitt vom Labmagen bis zum Rektum.

Meningoenzephalitische Form

Es handelt sich um die schwerste Verlaufsform bei jungen Kälbern. Die Erkrankung setzt mit den klassischen okulär-respiratorischen Symptomen, einem starken Temperaturanstieg auf 41 bis 42°C, Speichelfluß und Zähneknirschen ein. Darauf wechseln von Brüllen begleitete ausgeprägte Erregungszustände mit Phasen von unruhigem Hin- und Herlaufen, Herumspringen und Niederstürzen, wobei es zu Krampfanfällen kommt. Die Tiere können nicht mehr aufstehen, liegen – ruhig oder erregt – im Opisthotonus und gelangen im Koma ad exitum. Das Geschehen dauert insgesamt 3 bis 10 Tage. Makroskopisch läßt sich lediglich eine Hyperämie der Meningen finden. Die histopathologische Untersuchung ergibt eine nichteitrige Leptomeningitis, eine Erweiterung der perineuronalen und perivaskulären Spalträume sowie herdförmige Wucherungen von Gliazellen.

Epizootiologie

Es sei gleich betont, daß ein allen Herpesviren gemeinsames Charakteristikum auch für die Epizootiologie des IBR/IPV-Virus bestimmend ist: die Persistenz des Virus. Das infizierte Tier wird dadurch zum Virusträger, der auf Streßeinwirkungen mit der Ausscheidung von Viren reagiert. Seit langem vermutet, konnte schließlich SNOWDON [56] diese Viruslatenzperiode nachweisen. Er beobachtete bei einer Kuh im Verlauf von 18 Monaten spontane, kurzfristige Virusausscheidungen. Später gelang es SHEFFY und RODMAN [55], die latente Infektion und die Virusausscheidung durch Injektion von Kortikosteroiden oder ACTH zu aktivieren. Danach ermittelten DAVIES und DUNVAN [15] in einem Versuch, daß alle infizierten Rinder das Virus nach der Inokulation drei Monate lang beherbergen. Demzufolge muß jedes infizierte Tier als Virusträger und potentieller Virusausscheider betrachtet werden. Das Rind stellt also ein Virusreservoir dar, das die Infektion in einem Bestand aufrechterhält und weiterverbreiten kann.

Wird ein infiziertes Tier in einen Bestand eingestallt, dauert es bis zum Ausbruch der Krankheit oftmals länger, als es die Inkubationszeit erwarten ließe. Diese Tatsache ist besonders für industriemäßig produzierende Anlagen von Bedeutung, in denen die ersten Krankheitsfälle erst mehrere Wochen nach dem Zusammenstellen der Tiere in Erscheinung treten. Der oder die Virusträger sind keine Dauerausscheider. Unter natürlichen Bedingungen kann das Virus im Vergleich zu den langen Latenzphasen nur in kurzen Zeitabschnitten nachgewiesen werden [56].

Das IRB/IPV-Virus breitet sich im Bestand durch direkte Ansteckung aus. In den pathologischen Augen- und Nasensekreten erreicht das Virus hohe Konzentrationen, am 5. bis 6. Tag post infectionem überschreitet der Titer den Wert von $10^{6,5}$ infektiösen Einheiten je Gramm. Der Virusgehalt nimmt dann rasch ab; nach dem 15. Tag läßt sich nur noch ausnahmsweise Virus ermitteln. Trotzdem kann das Augensekret seine Infektiosität fast zwei Monate lang bewahren, weil sich das Virus offenbar in eine günstige Stelle des Tränenapparates einnistet. Die indirekte Kontamination, obwohl theoretisch möglich, spielt wahrscheinlich nur bei der Weiterverbreitung der Erkrankung eine gewisse Rolle.

Auftreten und Ausbreitung der infektiösen bovinen Rhinotracheitis in einem Bestand werden von drei Hauptfaktoren beeinflußt: Erregereigenschaften, Empfänglichkeit der Tiere und Produktionsmethodik.

Die ursprünglichen IBR/IPV-Virusstämme weisen vorwiegend einen genitalen Tropismus auf. Sie sind für junge Rinder nur gering pathogen, weil sie ihr Alter vor dem Übertragungsmechanismus schützt. Kälber werden mit an die Atmungsorgane adaptierten Virusstämmen infiziert, deren Ursprung in direkter oder indirekter Einschleppung aus Nordamerika zu suchen ist. Die Hauptursache für das Auftauchen des IBR/IPV-Virus in Frankreich stellt zweifelsohne die Einfuhr von Milchrindrassen dar.

Vom *Alter unabhängig ist die Empfänglichkeit* der Tiere. Grundsätzlich sind alle Altersgruppen des Rindes für eine Virusinfektion empfänglich. Junge Rinder weisen jedoch eine erhöhte Empfindlichkeit auf. Die okulär-respiratorische Erkrankungsform nimmt bei Kälbern unter zwei Lebenswochen einen sehr schweren Verlauf, und einige Manifestationen, wie fieberhafte Allgemeinerkrankung, Meningoenzephalitis und Formen mit Hauptbeteiligung des Verdauungstraktes, werden ausschließlich im frühen Lebensalter beobachtet. Rassen- oder Geschlechtsunterschiede hinsichtlich der Empfänglichkeit gegenüber dem IBR/IPV-Virus sind bis jetzt nicht bekannt.

Die *Produktionsmethodik* ist von wesentlicher Bedeutung. Vorzugsweise tritt die Rhinotracheitis in Betrieben mit hohen Tierkonzentrationen auf, d. h. in Milchviehherden und Mastrinderbeständen. Bei extensiver Rinderhaltung fehlt sie praktisch. Zwar sind auch Kleinbetriebe betroffen, doch richtet dort die Infektion keine verheerenden Folgen an. Eine Bedeutung kontaminierter kleiner Betriebe sollte aber nicht geleugnet werden, weil sich aus ihnen z. T. die Bestände industriemäßig produzierender Anlagen rekrutieren. Die Infektion kann durch Zukäufe für die Bestandserneuerung eingeschleppt werden, und zwar entweder mit Importen aus den Beneluxländern und der Bundesrepublik Deutschland oder durch angekaufte Tiere aus bereits kontaminierten Beständen bzw. nach Passieren von Viehmärkten. Häufig breitet sich die Infektion unter den erwachsenen Rindern ziemlich unbemerkt aus, und auch die Kälberverluste sind recht begrenzt. Die während der Geburt infizierten Kälber werden durch das Kolostrum geschützt und zeigen nicht immer ausgeprägte Krankheitszeichen. Sie werden zu Virusträgern, die jedoch für die Aufrechterhaltung der Infektion im Bestand sorgen. Industriemäßig produzierende Anlagen bieten für die Rhinotracheitis die günstigsten Bedingungen. Die Möglichkeit zur Einschleppung durch Virusträger ist stets gegeben, da in den Großanlagen Tiere unterschiedlichster Herkunft zusammengestellt werden. In den Ställen für die neu aufzunehmenden Tiere kann die Krankheit unter Rindern aller Altersklassen grassieren. Bei Tieren in Abkalbeställen und in Anlagen für die Kälbermast kann die Erkrankung unmittelbar nach dem Einstellen oder mit einer gewissen Verzögerung nach einigen Tagen bzw. Wochen sichtbar werden. Im allgemeinen breitet sich die Infektion rasch aus, viele Tiere sind von der Krankheit gleichzeitig betroffen. Meningoenzephalitische Komplikationen sind oft zu verzeichnen.

Schweregrad der Erkrankung und Betriebsgröße scheinen miteinander zu korrelieren. Zum einen erlangt das Virus nach Passagen durch mehrere Tiere eine Virulenzsteigerung, zum anderen ist in Großanlagen die Wahrscheinlichkeit höher, daß sich Tiere mit verstärkter Empfindlichkeit und demzufolge ausgeprägter klinischer Symptomatik finden. Besonders auf die Zucht- und Milchleistungen ausgerichtete Großbetriebe erleiden durch die infektiöse Rhinotracheitis Verluste, wenigstens die Bestände an jungen Rindern. Die bei geheilten erwachsenen Rindern vorkommende latente Infektion wird häufig durch die mit der Geburt verbundenen Anstrengungen aktiviert. Eine Anzahl von Kälbern ist schon in den ersten Lebensstunden mit dem Virus infiziert. In solchen Beständen verlaufen die frühzeitig erscheinenden okulär-respiratorischen Krankheitsformen, die Allgemeinerkrankungen mit vorherrschender Verdauungstrakt-Symptomatik und die Formen mit Meningoenzephalitis am schwersten. Die Krankheit hält sich im Bestand, wobei die erwachsenen Rinder kaum, die jungen aber stark geschädigt werden.

Diagnostik

Das Erkennen der infektiösen Rhinotracheitis ist auf Grund der Verschiedenheit der klinischen Erscheinungsbilder und der Vielzahl von Erkrankungen mit analoger Symptomatik kompliziert. Die Gesamtheit der epizootiologischen, klinischen und pathomorphologischen Befunde erlaubt eine Verdachtsdiagnose mit einem gewissen Sicherheitsgrad. Jedoch vermag allein das Laboratorium durch Isolierung und Identifizierung des Virus die Krankheit zu bestätigen, oder es kann zumindest den Nachweis der Antigenität erbringen und damit einen wichtigen Hinweis liefern.

Unter *epizootiologischem Gesichtspunkt* sollte zunächst geprüft werden, ob die Krankheit in dem betreffenden Gebiet vorkommt und eine IBR-Infektion in einer Anlage bereits einmal registriert worden ist. Über Virusträger kann der Erreger junge und neu einzustallende Tiere infizieren. Vorherige Zuführung neuer Tiere, selbst wenn mehrere Wochen oder Monate vergangen sind, zählt als starkes Verdachtsmoment, vor allem im Falle von Einfuhren aus dem Ausland.

Ferner muß die *Betriebsstruktur* in Betracht gezogen werden; die infektiöse Rhinotracheitis stellt in erster Linie eine für Großanlagen typische Krankheit dar. Am häufigsten tritt die Krankheit bei industriemäßiger Produktionstechnologie auf, insbesondere in Abkalbeställen, Kälbermastanlagen und Mastrinderbeständen. Die Krankheit zeigt sich gewöhnlich nach einigen Tagen oder Wochen nach Einstallung der Tiere; dagegen kommt es bei anderen Erkrankungen des Respirationstraktes schon am Tage darauf zum Ausbruch. Junge Rinder stecken sich im allgemeinen schnell an, die Krankheit befällt in kurzer Zeit fast den gesamten Bestand. Handelt es sich aber um sporadische Infektionen, erkranken nur einige Tiere.

Bei der okulär-respiratorischen Erkrankungsform fällt *klinisch* ein recht charakteristisches Aussehen auf. Falls die anfängliche Temperaturerhöhung unbemerkt bleibt, sprechen die reichliche Absonderung eines schaumigen Speichels sowie das in Fäden herablaufende Bronchal- und Trachealsekret für die Infektion. Eine geschwollene Nasenschleimhaut und das Auftreten kleiner, mit pseudomembranösen Exsudatauflagerungen versehener Geschwüre kennzeichnen mit das Krankheitsbild. Die Atembeschwerden, das Keuchen und der Husten sind Ausdruck einer Funktionsbeeinträchtigung von Kehlkopf und Trachea, die auf Druck empfindlich reagieren. Dagegen lassen die Auskultations- und Perkussionsbefunde keine Lungenschädigung erkennen. Die Lunge ist nur ausnahmsweise im Finalstadium nach mikrobiellen Sekundärinfektionen betroffen. Der Heilungsverlauf erstreckt sich über 8 bis 10 Tage, falls keine Komplikationen hinzutreten; letztere sind aber durchaus wahrscheinlich.

Die außer bei jungen Kälbern seltenen letalen Ausgänge ermöglichen pathologisch-anatomische Untersuchungen. Unter den feststellbaren Veränderungen fallen die Ulzerationen und die Pseudomembranen in den Nasenhöhlen und vor allem auf der Luftröhre auf. Der charakteristische Trachealbefund mit pseudomembranösem Exsudat, das mitunter mehrere Zentimeter dick ist und einer geschwürig veränderten, geröteten und epithelentblößten Schleimhaut fest aufliegt, beseitigt alle Zweifel. Bei sehr jungen Kälbern überschreitet die Schleimhaut oft nicht das Stadium einer katarrhalisch-entzündlichen Hyperämie; Bildung von fibrinösem Exsudat wird nicht beobachtet.

Differentialdiagnostisch muß der okulär-respiratorische Typ der IBR von der sporadischen Form des bei Kälbern allerdings selten vorkommenden *Bösartigen Katarrhalfiebers* abgegrenzt werden. Ferner ist das *Kälberdiphtheroid* zu beachten, das tiefreichende Geschwüre der Maulschleimhaut, der Zungenränder, des Gaumens und des Kehlkopfes verursacht; Nasenausfluß und Lakrimation fehlen aber. Von den virusbedingten Infektionen des Respirationstraktes sind die durch das Parainfluenzavirus 3 hervorgerufenen am meisten verbreitet und dementsprechend zu berücksichtigen. Bei reiner Virusätiologie ähneln diese Erkrankungen der gutartig verlaufenden Form der Rhinotracheitis, jedoch läßt sich bei ihnen frühzeitig eine Lungenbeteiligung mit schon bald eintretenden bakteriellen Sekundärinfektionen erkennen.

Verdacht auf den okulären IBR-Typ kommt auf, wenn die konjunktivalen Veränderungen mit nur geringfügigen oder gar keinen respiratorischen Symptomen vergesellschaftet sind. Diese hochkontagiöse Verlaufsform muß differentialdiagnostisch von der *A-Avitaminose* und der *infektiösen Keratokonjunktivitis* durch *Rickettsia bovis* oder *Moraxella bovis* unterschieden werden. Meningoenzephalitische Formen sind dann in Betracht zu ziehen, wenn bei jungen Kälbern nach einer – u. U. wenig ausgeprägten – okulär-respiratorischen Phase Störungen des Nervensystems auftreten oder andere Tiere des Bestandes ebenfalls derartige Symptome zeigen. In enzootischen

Tollwutregionen ist meningoenzephalitischen Krankheitszeichen besondere Aufmerksamkeit zu schenken [23]. Die infektiöse Rhinotracheitis kann weiterhin der *Aujeszkyschen Krankheit* ähneln [5].

Labordiagnostische Verfahren

Es stehen verschiedene diagnostische Techniken zur Verfügung, mit denen entweder der Erreger selbst bzw. seine Antigene oder das serologische Profil bei kranken und geheilten Tieren nachgewiesen werden.

Virus- bzw. Antigennachweis
Vom lebenden Tier werden Nasen- und Augentupferproben oder mit physiologischer NaCl-Lösung gewonnene Nasenspülproben an das Laboratorium eingeschickt. Postmortal können Schleimhautabstriche, Mukosafragmente oder je nach beobachteten Symptomen entsprechende Organproben (Leber, Niere, Lunge, Nervensystem) untersucht werden. Nach Beimpfung von Zellkulturen (Kälbernieren- oder Kälberhodenzellen, Rinderfeten) bildet sich fast immer im Verlauf von 24 bis 48 Stunden der zytopathische Effekt aus. In manchen Fällen sind vor der Prüfung eine oder zwei Blindpassagen erforderlich. Die Virusidentifizierung geschieht mit dem Serumneutralisationstest oder der Immunfluoreszenztechnik. Virusantigen kann direkt in den Geweben des infizierten Tieres durch Einsatz der Immunfluoreszenzmethode oder der Agargelpräzipitationsreaktion nachgewiesen werden. Für den Immunfluoreszenztest werden die Tupferproben von Augen-, Nasen- oder Genitalschleimhäuten auf Objektträger ausgestrichen und fixiert. Der Antigennachweis erfolgt mit Hilfe eines markierten Serums im Immunfluoreszenztest [46]. Die Reaktion ist 24 Stunden nach konjunktivaler Infektion und 72 Stunden nach nasaler Infektion positiv. Postmortal wird diese Methode an Gefrierschnitten von Schleimhaut- oder Organproben angewendet [24]. Das Verfahren erfordert nach dem Tod des Tieres eine baldige Probenentnahme. Sein Vorzug liegt in der Schnelligkeit, denn zur Diagnosestellung reichen einige Stunden aus.

Serodiagnostik
Der Einsatz von Serumpaaren ist für die Feststellung einer IBR/IPV-Infektion beim Rind eine unerläßliche Voraussetzung. Mit dem zweiten Serum läßt sich durch Vergleich mit der ersten Serumprobe entweder das Auftreten von Antikörpern oder ein entsprechender Titeranstieg bestimmen. Zur Charakterisierung der Antikörper gibt es verschiedene Verfahren.
• Der *Serumneutralisationstest* wird in zwei Varianten durchgeführt: konstante Virusmenge/steigende Serumverdünnungen oder steigende Virusverdünnungen/konstante Serummenge. Mit der erstgenannten, häufiger angewendeten Modifikation ist die Erfassung niedriger Antikörperkonzentrationen schwierig. Um die Empfindlichkeit des Testes zu erhöhen, kann man die einzusetzende Virusmenge reduzieren und im Vergleich zum verwendeten reinen Serum ein geringeres Volumen wählen [67]. Jedoch scheint selbst eine erhebliche Schwankung der Viruskonzentration (bis 1000- oder 10000fach höher) das Endergebnis nicht merklich zu beeinflussen [29]. Zugabe von Komplement zum Serum-Virus-Gemisch vergrößert ebenfalls die Nachweisempfindlichkeit und ermöglicht die Erfassung viermal geringerer Antikörpermengen [29, 50]. Die zweite Testvariante besitzt zwar eine viel höhere Empfindlichkeit, ihre komplizierte Ausführung überschreitet aber die Grenzen der Routinediagnostik. Gegenüber dem üblichen Röhrchentest kann mit dem Plaquereduktionstest eine weitere Erhöhung der Empfindlichkeit erzielt werden.
• Mit der *Komplementbindungsreaktion* (KBR) lassen sich schon sehr frühzeitig, und zwar ab Ende der ersten Woche post infectionem, Antikörper im Blutserum ermitteln. Ihr Vorhandensein zeigt eine frische Infektion an,

da sie nicht länger als einige Wochen persistieren. Trotz der einfachen Handhabung hat dieser Test keine weite Verbreitung gefunden.
- Die *Agargelpräzipitationsreaktion* [10] ist besonders leicht durchzuführen und eignet sich zu Übersichtsuntersuchungen; für genauere Aussagen muß die Methode durch empfindlichere Verfahren ergänzt werden.
- Mit der *indirekten Immunfluoreszenztechnik* [1, 66, 67], die sich durch außerordentlich hohe Empfindlichkeit auszeichnet, können durchgemachte Spontan- oder Vakzineinfektionen erfaßt werden, was weder mit dem Neutralisationstest noch mit der KBR gelingt. Das Verfahren gestattet ebenso wie der Neutralisationstest und die Komplementbindungsreaktion den Nachweis aller Antigen-Antikörper-Komplexe, d. h. sowohl der frühzeitig gebildeten als auch der persistierenden Antikörper. Widersprüchliche Auffassungen gibt es zur Spezifität des Testes, einige Untersucher bestätigen eine solche, andere verneinen sie.
- Schließlich sei noch die *indirekte (passive) Hämagglutinationsreaktion* erwähnt. Falls sie hält, was sie verspricht, könnte sie als Schnellmethode für Screening-Zwecke selbst vom Praktiker angewendet werden.

Wenn die Empfindlichkeit einer Methode so groß ist, daß mit ihr geringste Mengen an Antikörpern aufgespürt werden können, erlangt sie unbestreitbar erhebliches Interesse für die Diagnostik am Einzeltier, wobei dieser Vorzug hauptsächlich zur Fahndung nach chronisch infizierten Virusträgern, welche die Infektion in den Beständen aufrechterhalten, zu nutzen ist. Als Methoden der Wahl gelten die empfindlicheren Modifikationen des Neutralisationstestes (Virusneutralisations- und Plaquereduktionstest) sowie die indirekte Immunfluoreszenztechnik.

Immunität

Rinder können durch Zufuhr bereits gebildeter Antikörper eine passive Immunität erlangen oder durch eine natürliche bzw. experimentelle Infektion aktiv immunisiert werden.

- Die *passive Immunität* wird den Kälbern durch Aufnahme des Kolostrums verliehen, das zirkulierende Antikörper der Mutter enthält. In den Stunden unmittelbar nach der Geburt erreicht die Permeabilität der Darmwand für Immunglobuline ihr Maximum. Allmählich nimmt die Durchlässigkeit ab, am zweiten Lebenstag ist sie verschwunden. Der Antikörpergehalt des Kälberserums variiert in Abhängigkeit von den entsprechenden Konzentrationen im mütterlichen Serum und bestimmt die Dauer der Immunität von einigen Wochen bis zu 2 bis 3 Monaten. Bei Kälbern, die über kolostrale Antikörper verfügen, zeigt sich nach experimenteller Infektion das klinische Krankheitsbild in abgeschwächter Form, oder die Erkrankung verläuft inapparent. Unabhängig davon kommt es auf den infizierten Schleimhäuten zur Virusvermehrung, wobei der Titer im Vergleich zu den Kälbern ohne Antikörperzufuhr weniger hoch liegt. Dieser Immunitätstyp ist zu berücksichtigen, wenn es um die Festlegung des günstigsten Alters für die Vakzination der jungen Kälber geht.

- Die *aktive Immunität* stellt sich nach einer spontanen bzw. experimentellen Virusinfektion oder im Ergebnis einer Immunisierung ein. Im erstgenannten Fall ist die Immunität stabil und dauerhaft; beim selben Tier tritt die Erkrankung nicht mehrere Male ein. Die experimentelle Reinfektion eines geheilten Tieres zieht nur leichte klinische Symptome nach sich, und es tritt rasche Besserung ein. Diese Art von Immunität bildet sich in den ersten beiden Wochen nach der Infektion aus [40].

Im Blutserum vorhandene Antikörper zeigen den Immunstatus des Tieres an [12, 70]. Fehlen von Antikörpern bedeutet aber nicht zwangsläufig Empfänglichkeit gegenüber der

Virusinfektion, auch bei nicht mehr feststellbaren Antikörperspiegeln bleibt die Widerstandsfähigkeit mitunter erhalten [19, 60]. Diese Immunität ist insgesamt gesehen relativ, da das geheilte Tier zum Virusträger werden und den Erreger von neuem ausscheiden kann. Neutralisierende Antikörper im Serum verhindern eine solche Ausscheidung nicht, ihr Fehlen beweist auch nicht, daß es sich nicht um einen Virusträger handelt. Die Immunität bei der infektiösen bovinen Rhinotracheitis ist nicht absolut, denn bei geheilten Tieren können Infektion und Immunität gleichzeitig weiterbestehen.

Immunisierung

Zum Schutz empfänglicher Tiere sind Methoden der passiven und aktiven Immunisierung versucht worden.
• Die durch Verabreichung eines hochdosierten Immunserums zu bewerkstelligende *passive Immunisierung* verleiht einen mehrere Wochen anhaltenden Schutz. Das Verfahren kommt nur selten zur Anwendung. Applikation von Serum erfolgt an Tiere, die ansteckungsgefährdet sind. Der Infektion mit einem vollvirulenten Virus kann damit nicht vorgebeugt werden; es werden lediglich die Virusvermehrung auf den Schleimhäuten teilweise gehemmt und die pathologischen Effekte vermindert.
• Zur *aktiven Immunisierung* werden Vakzinen mit vollständig inaktiviertem Virus oder Vakzinen mit attenuierten Virusstämmen eingesetzt.

Inaktivierte Vakzinen

Dabei werden die von Zellkulturen stammenden Viren mit einem inaktivierenden Mittel wie Formalin abgetötet und zusätzlich mit einem Adjuvans versetzt. Die Immunisierung geschieht mit zwei aufeinanderfolgenden Injektionen in drei- bis vierwöchigem Abstand. Die immunogene Wirksamkeit, durch den Titer der Serumantikörper bestimmbar, schwankt je nach Herstellungsverfahren; es gibt Vakzinen mit ungenügendem Immunogenem Effekt und solche mit zufriedenstellender Wirksamkeit [42, 56b]. Der experimentell ermittelte protektive Effekt muß durch ausgedehnte Erprobungen in der Praxis bestätigt werden [51]. Diese Vakzinen besitzen den unleugbaren Vorteil völliger Unschädlichkeit. Sie können Tiere jeden Lebensalters und besonders auch trächtigen Kühen verabfolgt werden.
Bei den geimpften Tieren findet eine Virusverbreitung durch Kontakt nicht statt. Aus Zuchtbetrieben liegen sehr gute Ergebnisse mit diesen Impfstoffen vor. Das vakzinierte Tier kann sich aber eine Infektion zuziehen und zum Virusträger und -ausscheider werden [59]. Der am meisten ins Gewicht fallende Nachteil dieses Impfstofftyps liegt, abgesehen von den hohen Herstellungskosten, in der nur langsamen Ausbildung der Immunität, wodurch die Einsatzmöglichkeiten auf wenig gefährdete Bestände beschränkt bleiben [4]. Genau bestimmt werden müssen die Schutzdauer der Impfstoffe und das günstigste Zeitregime für Revakzinationen.

Lebendvakzinen

Die gegenwärtig im Handel angebotenen Vakzinen können je nach Art der Attenuierung in zwei Kategorien unterteilt werden: Zellkulturimpfstoffe und Vakzinen auf der Basis von ts-Mutanten.

Zellkulturimpfstoffe

Die Abschwächung der Virulenz erfolgt durch mehrmalige Passagierung eines vollvirulenten Stammes auf Zellkulturen vom Rind, Schwein oder Kaninchen. Nach etwa 100 Zellkulturpassagen besitzt das Virus eine ausreichende immunogene Wirkung, ist aber nicht mehr zur Auslösung einer klinisch manifesten Erkrankung fähig. Diese Vakzinen können sowohl

intramuskulär als auch intranasal appliziert werden.
Intramuskuläre Verabreichung hat den großen Vorteil, daß sie die Verbreitung des Vakzinevirus durch die geimpften Tiere fast gänzlich verhindert. Die Kälber können schon sehr jung vakziniert werden, jedoch ist drei Monate später eine Wiederholungsimpfung erforderlich. Manche Kälber, die von immunisierten Kühen stammen, verfügen über Serumantikörper kolostralen Ursprungs, die auch gegen die Vakzinevirusinfektion schützen.
Die mit Lebendvakzinen erzeugte Immunität ist in 3 bis 4 Tagen ausgebildet und hält mindestens ein Jahr lang an. Bei einem Großteil der Kälber ruft die Impfung die Bildung nachweisbarer Antikörper im Serum hervor. Mit der Revakzination nach drei Monaten kommt es zu einer deutlichen Zunahme der Zahl der Tiere mit Antikörperbildung und auch zu einem beträchtlichen Anstieg der Antikörpertiter. Vorzugsweise werden gesunde Bestände mit diesen Vakzinen geimpft. Dennoch ist es nicht von Nachteil, solche Impfstoffe auch in einem infizierten Bestand einzusetzen. In diesen Fällen kann die Gefahr des Auftretens meningoenzephalitischer Erkrankungsformen verringert werden [3].
Gegenwärtig steht die intranasale Applikation durch Einsatz von Staubvakzinen, durch Verneblung oder mittels Spritze hoch im Kurs. Der gegenüber der intramuskulären Verabfolgung offenbar besser verträgliche Modus zeichnet sich durch eine absolute Unschädlichkeit aus, selbst bei kolostrumfrei ernährten Kälbern und trächtigen Kühen [31, 39, 61, 63].
Die Tiere widerstehen einer Infektion ab der 48. Stunde post vaccinationem, nachdem auf den Schleimhäuten Interferon wirksam wurde. Zu diesem Zeitpunkt, aber nicht vorher, geht bei den Rindern eine Challenge-Infektion nicht an [13, 62]. Die Immunität erweist sich als stabil und dauerhaft; sie ist mit der Bildung von Serumantikörpern verbunden, deren Konzentration niedriger liegt als nach intramuskulärer Impfstoffapplikation [32].
Zwei Revakzinationen im Abstand von einigen Wochen sichern den Impfschutz bei fast allen Tieren. Die intranasale Verabreichung führt darüber hinaus zum Auftreten lokaler Antikörper, deren maximaler Spiegel im Verlauf der dritten Woche post vaccinationem erreicht wird. Als Nachteil ist die Verbreitung des Virus durch die vakzinierten Tiere zu nennen, wodurch eine potentielle Gefahr für die nichtimmunisierten trächtigen Kühe des Bestandes entsteht.
Das Impfstoffvirus erzeugt bei den vakzinierten Rindern ein chronisches Virusträgertum, das nach Kortikosteroidbehandlung erkennbar wird [36, 54]. Schließlich schützt die Immunisierung im wesentlichen lediglich gegen das Manifestwerden der Krankheit. Nach einer Belastungsinfektion scheidet das geimpfte Rind über einen kürzeren Zeitraum geringere Virusmengen als die Kontrolltiere aus, und die klinischen Zeichen sind nur schwach ausgeprägt. Deshalb kann es mit einem vollvirulenten Virus zur Superinfektion kommen, und das betroffene Tier wird zum Virusträger und -ausscheider.

Vakzinen auf der Basis von ts-Mutanten
Für die in Europa entwickelten Vakzinen dieses Typs machte man sich bestimmte Eigenschaften der thermosensitiven (ts-)Mutanten zunutze. Während sich die Feldstämme in dem Temperaturbereich zwischen 30 und 41 °C vermehren, ist die Replikation der ts-Mutanten nur unterhalb einer feststehenden Temperaturgrenze möglich. Der Vakzinevirusstamm vermag sich bei der Temperatur der Nasenhöhlen, d. h. unterhalb der in diesem Falle zu hohen Körpertemperatur, zu vermehren. Demzufolge kann sich der Erreger auf der Schleimhaut der oberen Atemwege sowie auf der Nasen- und eventuell Trachealschleimhaut entwickeln, ist aber nicht in der Lage, andere Organe zu besiedeln und vor allem nicht den Fetus. Eine parenterale Applikation des

Impfstoffes ist daher nutzlos, der intranasale Weg der einzig wirksame. Serienpassagen (mehrere Dutzend Passagierungen) am Rind haben keinen Einfluß auf die Stabilität des Attenuierungseffektes. Die Vakzine wird von Rindern jeden Lebensalters und selbst von trächtigen Kühen gut vertragen [73, 74]. Bereits zwei bis drei Tage post vaccinationem ist die Immunität ausgebildet. Vakzinierte Rinder scheiden das modifizierte Virus etwa zehn Tage lang aus, so daß es zweckmäßig ist, alle Tiere des Bestandes zu impfen. Die Infektionsresistenz ist stabil und dauerhaft. Empfohlen werden für Kälber zwei Wiederholungsimpfungen im Abstand von einigen Wochen.

Einer Superinfektion durch ein Feldvirus kann mit diesen Vakzinen aber nicht vorgebeugt werden. Lebendvakzinen dieses Typs erfüllen die Forderung an Unschädlichkeit und sind in der immunogenen Wirksamkeit allen anderen gegenwärtig angebotenen Impfstoffvarianten gleichzusetzen, und zwar sowohl was ihren Einsatz in gesunden Beständen als auch ihre Anwendung in bereits infizierten Beständen betrifft.

Prophylaxe

In der Bekämpfung der infektiösen bovinen Rhinotracheitis führen nur die prophylaktischen Maßnahmen zum sicheren Erfolg, d. h. strenges Hygieneregime zum Schutz gesunder Bestände und vorwiegend medikamentelle Prophylaxe in infizierten Beständen. Anfang der 80er Jahre war die Anwendung von Lebendvirusvakzinen in Frankreich noch nicht freigegeben. In Anbetracht der Ausbreitung der Krankheit sollten die staatlichen Veterinärbehörden ihre Position revidieren und eine medikamentelle Prophylaxe in Betracht ziehen. Die einzuleitenden Maßnahmen richten sich nach dem jeweiligen Einzelfall, wobei es jedoch einige grundlegende Erkenntnisse zu berücksichtigen gilt. Das Virus wird fast ausnahmslos durch direkten Kontakt weiterverbreitet; die Einschleppung in einen Bestand geschieht durch einen gesunden Virusträger oder ein erkranktes Tier. Jedes Rind, das mit einem vollvirulenten oder attenuierten IBR-Virus infiziert worden ist, muß als potentieller Virusausscheider angesehen werden. Das infektiöse Agens persistiert in den Beständen, wodurch deren Sanierung außerordentlich schwierig ist. Eine Vakzinierung begrenzt nur die Folgen der Infektion; keinesfalls kann sie die Superinfektion durch ein virulentes Feldvirus sowie dessen Ausscheidung verhindern. Die *Methodik der Rinderproduktion* bestimmt das jeweilige Vorgehen.

Zuchtbetriebe

Nichtinfizierte Bestände

An erster Stelle sollte der Schutz der Bestände vor dem Eindringen der infektiösen Erreger stehen, indem durch strenge Beachtung der Hygieneregeln die Ansteckung der Rinder auf Märkten und Ausstellungen verhindert wird. Besteht die Notwendigkeit, Rinder außerhalb der Betriebe vorzuführen (Zuchttiere), so ist eine längere Quarantäne anzusetzen, während der mit sehr empfindlichen serologischen Methoden nach Antikörpern zu suchen ist. Der Kontakt der quarantänisierten Tiere untereinander ist ein zusätzlicher Faktor zur Erkennung infiziert angekaufter Individuen, denn eine Primärinfektion läßt sich besser nachweisen als chronisch verseuchte Tiere. Verabreichung von Kortikosteroiden aktiviert latente Infektionen, die dann entweder über die Verbreitung durch die Tierkontakte oder durch Laboratoriumsuntersuchungen entdeckt werden [16, 20].

Forderungen hinsichtlich der *Hygieneprophylaxe* sollten unnachgiebig durchgesetzt werden; so kann die Aufwertung des Bestandes durch Ankauf ausgewählter Zuchttiere untersagt werden. Zwischen den durch Leistungssteigerungen erzielten Gewinnen einerseits und der Gefahr der Erregereinschleppung mit allen unvorhersehbaren Folgen muß ein vernünftiges Gleichgewicht angestrebt werden. Immer mehr Käufer verlangen Tiere, deren Freisein von Infektionserregern attestiert wird, und es gibt zahlreiche veterinärgesetzliche Bestimmungen, die Importe von serologisch IBR/IPV-positiven Rindern verbieten [41]. Aus diesem Grunde ist auch vor einer systematischen Anwendung einer inaktivierten Vakzine (Totvakzine) bei gesunden Beständen mit prophylaktischer Zielstellung abzuraten, da die gebildeten Serumantikörper einen Verdacht vortäuschen, der durch Superinfektion mit einem vollvirulenten Feldvirus durchaus gerechtfertigt werden könnte. Der Einsatz inaktivierter Vakzinen ist besonders bei jenen neugeborenen Tieren angezeigt, die in einem gesunden Milieu aufwachsen und in einem infizierten Bestand weiterleben müssen.

Infizierte Bestände

- In einem erstmalig befallenen Bestand erweisen sich prophylaktische Hygienemaßnahmen als unzureichend; nur die Absonderung der erkrankten Tiere vermag die Ausbreitung der Infektion zu verhindern. Zur Abwendung größerer Schäden sollten so frühzeitig wie möglich alle Tiere mit einem *Lebendvirusimpfstoff intranasal vakziniert* werden. Die Verabreichung von Lebendimpfstoffen darf in keinem Fall vor der endgültigen Bestätigung der Diagnose erfolgen, weil damit bei den Tieren eine Serokonversion eintritt. Der Bestand könnte ab diesem Zeitpunkt nicht mehr als gesund eingestuft werden, selbst wenn es sich herausstellen sollte, daß keine IBR-Infektion vorliegt. Im Verlauf der ersten zehn Tage post vaccinationem kommt es in der Regel nicht mehr zu neuen Erkrankungsfällen.
- Für Bestände, in denen die Infektion chronisch geworden ist, empfiehlt sich die *systematische Impfung* der jungen und erwachsenen Rinder auf intramuskulärem Wege, wobei Kühe außerhalb der Trächtigkeitsperiode zu vakzinieren sind. Es kann in bezug auf die Genital- und Nasenschleimhäute auch mit Staubvakzinen gearbeitet werden [59]. Nach der Erstimpfung sind zwei Revakzinationen sowie in jedem Jahr eine Wiederauffrischungsimpfung erforderlich. Kälber werden bald nach der Geburt systematisch geimpft und zwei bis drei Monate später, wenn die kolostralen Antikörper aufgebraucht sind, revakziniert [58, 61].

Mastbetriebe

Industriemäßige Anlagen bilden neben der konventionellen Rinderproduktion einen selbständigen Sektor, der hinsichtlich der infektiösen Rhinotracheitis besonders stark gefährdet ist. Die Art der Bestandserneuerung verbietet hier jede längere Quarantäne vor der Einstellung der Tiere, folglich ist auch die Suche nach inapparenten Virusträgern nicht durchführbar. Es bleibt nur die *medikamentelle Prophylaxe durch systematische Immunisierung*. Wenn die Möglichkeit vorhanden ist, die Tiere einige Wochen zu isolieren, kann der Einsatz inaktivierter Vakzinen erwogen werden. Eine solche Maßnahme ist ebenfalls gerechtfertigt, wenn der Zuchtbetrieb einwilligt, die Lieferung der Tiere bis zum Abschluß der in seinen Ställen vorzunehmenden Immunisierung zu verschieben. Hält man sich jedoch das Produktionsziel vor Augen, bestehen keine Bedenken, nach Einstellung der Tiere in die Mastanlage Lebendvakzinen intranasal zu applizieren. Werden in den einzelnen Stallabteilen nur jeweils homogene Tiergruppen zur Mast aufgestallt, erreicht das Verfahren eine zufriedenstellende Wirksamkeit. Dagegen sind neu ankommende Tiere in Stallabteilen mit Individuen unterschiedlicher Herkunft und sich ausbreitender Erkrankung einer massiven Ansteckung ausgesetzt, wobei sie sich trotz vorausgegangener Impfung die Krankheit zuziehen [13]. Eine Isolierung über 4 bis 5 Tage sichert eine ausreichende Immunität [74].

Behandlung

Für die IBR existiert keine spezifische Behandlungsmethode. Die Pharmakotherapie zielt auf das Vermeiden bakterieller Komplikationen, die Erleichterung der Atmung und die Entfernung der geronnenen Exsudate. Empfohlen werden Breitspektrumantibiotika, Kardiotonika und Sekretolytika (vor allem Expektorantien). Die Antibiotikatherapie muß nach Abklingen der klinischen Symptome weitergeführt werden, um der Gefahr einer Lungenentzündung bei Krankheitsende entgegenzuwirken. Beim gesetzlichen Verbot einer Anwendung von Lebendvakzinen lassen sich in einem bekannten Krankheitsherd die Schäden nur durch medikamentelle Behandlung begrenzen.

LITERATUR

[1] Assaf, R.; Marsolais, G.; Marois, P.; Payment, P., 1975 – Correlation between the seroneutralization test and the indirect immuno-fluorescence test for the detection of specific antibodies to infectious bovine rhinotracheitis virus. Can. J. Comp. Med., 39, 224.

[2] Bagust, T. J., 1972 – Comparison of the biological biophysical and antigenic properties of four strains of I.B.R. herpes virus. J. Comp. Path., 89, 365.

[3] Bartha, A.; Hajdu, G.; Aldasy, P.; Paczolay, G. Y., 1969 – Occurence of encephalitis caused by infectious bovine rhinotracheitis virus in calves in Hungary. Acta Vet. Acad. Sc. Hung., 19, 145–157.

[4] Bartholomew, R. C., 1973 – Comments on disease control in dairy cattle. J.A.V.M.A., 163, 834–835.

[5] Beck, B. E., 1975 – Infectious bovine rhinotracheitis encephalomyelitis and its differential diagnosis. Can. Vet. J., 16, 269–271.

[6] Bitsch, V., 1970 – Improved sensitivity of the I.P.V./I.B.R. virus-serum neutralization test. Acta Vet. Scand., 11, 606–608.

[7] Bitsch, V., 1973 – The I.B.R./I.P.V. virus-serum neutralization test. Sensitivity and significance of the tissue culture tube test. Acta Vet. Scand., 14, 683.

[8] Boeckx, M.; Ibrahim, M.; Bouters, R., 1968 – De involved van een acute I.P.V./I.B.R. infectie op de bevruchtings resultaten van K. I. Stieren. Vlaams Diergeneesk Tijdschr., 37, 177–188.

[9] Buening, G. M.; Gratzek, J. B., 1967 – Comparison of selected characteristics of four strains of infectious bovine rhinotracheitis virus. Am. J. Vet. Res., 28, 1257–1267.

[10] Charton, A.; Faye, P.; Le Layec, Cl., 1975 – Application de la méthode d'immuno-diffusion en gélose au diagnostic expérimental d'infections à Herpès virus bovis chez les bovins: rhinotrachéite infectieuse chez le veau, balanoposthite chez le taureau. Bull. Acad. Vet., 48, 71–76.

[11] Charton, A.; Parodi, A.; Faye, P.; Le Layec, Cl., 1968 – Pouvoir pathogène expérimental pour le veau nouveau-né d'une souche d'Herpès virus inoculée par voie aérienne. Bull. Acad. Vet., 41, 69–76.

[12] Chow, T. L., 1972 – Duration of immunity in heifers inoculated with infectious bovine rhinotracheitis virus. J.A.V.M.A., 160, 51–54.

[13] Curtis, R. A.; Angula, A., 1974 – A field trial to evaluate an intranasal infectious bovine rhinotracheitis vaccine. Can. Vet. J., 15, 327–330.

[14] Darbyshire, J. A.; Dawson, P. S.; Paterson, A. B.; Loosomore, R. M., 1962 – The isolation of infectious bovine rhinotracheitis virus in the United Kingdom; a preliminary record. Vet. Rec., 74, 156–157.

[15] Davies, D. H.; Duncan, J. R., 1974 – The pathogenesis of recurrent infections with infectious bovine rhinotracheitis virus induced in calves by treatment with corticosteroids. Cornell Vet., 64, 340–366.

[16] Dennet, D. P.; Allan, P. J.; Johnson, R. H., 1973 – The use of corticosteroids to aid detection of bulls carrying infectious bovine rhinotracheitis virus. Aust. Vet. J., 49, 594–595.

[16a] Espinasse, J.; Gilbert, Y.; Saurat, P., 1974 – Différents aspects de la Rhinotrachéite infectieuse bovine (IBR/IPV) dans un troupeau laitier du Sud-Ouest de la France. Rev. Med. Vet., 125, 1441–1452.

[17] Faye, P., 1973 – Maladies infectieuses respiratoires enzootiques du veau en élevage intensif. Etiologie, Pathogénie, Diagnostic expérimental. Rec. Med. Vet., 149, 1123–1136.

[18] Faye, P.; Berkaloff, A.; Charton, A.; Le Layec, Cl., 1967 – Etude préliminaire d'une souche d'Herpès virus bovis isolée d'une lésion de pneumonie du veau. Bull. Acad. Vet., 40, 227–233.

[19] Faye, P.; Charton, A.; Le Layec, Cl., 1968 – Réponses clinique et sérologique du veau à l'inoculation par diverses voies (génitale, oculaire, pulmonaire) d'une souche d'Herpès virus isolée d'une lésion de pneumonie du veau. Bull. Acad. Vet., 41, 77–81.

[20] Gibbs, E. P. J.; Pitzolid, G.; Lawman, M. J. P., 1975 – Use of corticosteroids to isolate I.B.R. virus from cattle in Cyprus after respiratory disease and ataxie. Vet. Rec., 96, 464–466.

[21] Gilbert, Y.; Espinasse, J.; Saurat, P.; Vaissaire, 1976 – Rhinotrachéite infectieuse dans des élevages de bovins à l'engrais. Rev. Med. Vet. (sous presse).

[22] Gilbert, Y.; Saurat, P., 1970 – Le complexe rhino-

trachéite infectieuse des bovins. L'Expansion, Edit., Paris.
[23] GOUGH, A.; JAMES, D., 1975 – Isolation of I.B.R. virus from a heifer with meningocephalitis. Can. Vet. J., 16, 313–314.
[24] GRATZEK, J. B.; PETER, C. P.; RAMSEY, F. L., 1965 – Pathogenesis studies of infectious bovine rhinotracheitis by fluorescent antibody tracing. Proc. 69th Ann. Meet. U. S. Livestock Sanit. Ass., 190–206.
[25] GRUNDER, H. D.; REULEAUX, I. R.; LIESS, B., 1960 – Feststellung der virusbedingten Rhinotracheitisinfektion des Rindes. I. Herkunft und Isolierung des Virus. Deutsch. tierärztl. Wchnsch., 67, 514–519.
[26] HAHNEFELD, E.; HANTSCHEL, H.; HAHNEFELD, H., 1963 – Stabilität des Virus des Bläschenausschlags des Rindes (Exanthema coitale vesiculorum bovis) bei verschiedenen Temperaturen und Wasserstoffionen-Konzentrationen sowie bei Einwirkung organischer Lösungsmittel und Natriumdesoxycholat. Arch. Exp. Vet. Med., 17, 439–448.
[27] HALL, W. T. K.; SIMMONS, C. G.; FRENCH, E. L. S.; SNOWDON, W. E.; ASDELL, M., 1966 – The pathogenesis of encephalitis caused by infectious bovine rhinotracheitis virus. Aust. Vet. J., 42, 229.
[28] HOUSE, J. A., 1972 – Bovine herpes virus I.B.R./I.P.V., Strain differences. Cornell Vet., 62, 431–453.
[29] HOUSE, J. A.; BAKER, J. A., 1971 – Bovine herpes virus I.B.R./I.P.V. The antibody-virus neutralization reaction. Cornell Vet., 61, 320–335.
[30] HUCK, R. A.; MILLAR, P. G.; WOODS, D. G., 1973 – Experimental infection of maiden heifers by the vagina with infectious bovine rhinotracheitis, infectious pustular vulvovaginitis virus: an epidemiological study. J. Comp. Path., 83, 271–297.
[31] KAHRS, R. E.; HILLMAN, K. B.; TODO, J. D., 1973 – Observations on the intra-nasal vaccination of pregnant cattle against infectious bovine rhinotracheitis and parainfluenza 3 virus infection. J.A.V.M.A., 103, 437–441.
[32] KELLING, C. L.; SCHIPPER, L. A.; HAUGSE, C. N., 1973 – Antibody response in calves following administration of attenuated infectious bovine rhinotracheitis (I.B.R.) vaccines. Can. J. Comp. Med., 37, 309–312.
[33] KIRBY, F. D.; MARTIN, H. T.; OSTLER, D. C., 1974 – An indirect haemagglutination test for the detection and assay of antibody to infectious bovine rhinotracheitis virus. Vet. Rec., 94, 361–362.
[34] LANGER, P. H., 1960 – The effects of Infectious bovine rhinotracheitis-Infectious pustular Vulvovaginitis (I.B.R./I.P.V.) virus on new-born calves from immune and non immune dams. Abst. in Diss., 21, 1332.
[35] LAPIERRE, N.; LARIVIÈRE, J.; MARSOLAIS, G., 1975 – L'influence de l'âge des veaux sur un programme de vaccination intranasale contre la rhinotrachéite infectieuse bovine et le parainfluenza 3. Can. Vet. J., 16, 71–76.
[36] DARCEL, C.; DORWARD, W. J., 1975 – Recovery of Infectious bovine rhinotracheitis virus following corticosteroid treatment of vaccinated animals. Can. Vet. J., 16, 87–89.
[37] LOMBA, F.; WELLEMANS, G.; BIENFET, V.; LEUNEN, J., 1973 – Le complexe I.B.R./I.P.V. des bovins. Observations cliniques. Ann. Med. Vet., 117, 211–229.
[38] MCKERCHER, D. G., 1959 – Infectious bovine rhinotracheitis. Adv. Vet. Sci., 299–328.
[39] MCKERCHER, D. G.; CRENSHAW, G. L., 1971 – Comparative efficacy of intranasally and parenterally administered Infectious bovine rhinotracheitis vaccine. J.A.V.M.A., 159, 1162.
[40] MCKERCHER, D. G.; SAITO, J. K.; WADA, E. M.; STRAUB, O., 1958 – Current status of the newer virus diseases of cattle. Proc. U. S. livest. San. Ass., 138–158.
[41] MAGWOOD, S. E., 1974 – Vaccination against Infectious bovine rhinotracheitis may hamper export trade in breeding cattle. Can. Vet. J., 15, 260.
[42] MATSUOKA, T.; FOLKERTS, T. M.; GALE, G., 1972 – Evaluation in calves of an inactivated bovine rhinotracheitis and parainfluenza 3 vaccine combined with pasteurella bacterin. J.A.V.M.A., 160, 333–337.
[43] MILLER, N. J., 1955 – Infectious necrotic rhinotracheitis of cattle. J.A.V.M.A., 126, 463–467.
[44] MORETTI, B.; ORFEI, Z.; MONDINO, G.; PERSECHINO, A., 1964 – La Rinotracheite infettiva del bovino (I.B.R.). Osservazioni cliniche e isolamento del virus. Vet. Ital., 15, 678–690.
[45] PENSAERT, M.; OYAERT, W.; DEMURICHY, W., 1972 – Ademhalingsstornissen bij mestrunderen en Belgie veroorzaakt door het infektieuze bovine rhinotracheitis virus. VI. Diergeneesk. Tijdschr., 41, 222–229.
[46] POPISIL, Z.; ROZKOSNY, V.; MENSIK, J., 1972 – Diagnosis of Infectious bovine rhinotracheitis by immunofluorescence. Acta Veterinaria Brno, 41, 281–286.
[47] POTGIETER, L. N. D., 1975 – The influence of complement on the neutralization of I.B.R. virus by globulins derived from early and late bovine antisera. Can. J. Comp. Med., 39, 427–433.
[48] POTGIETER, L. N. D.; MARE, C. N., 1974 – Differentiation of strains of Infectious bovine rhinotracheitis virus by neutralization kinetics with late 19 S rabbit antibodies. Inf. Imm., 10, 520–527.
[49] REED, D. E.; BICKNELL, E. J.; BURY, R. J., 1973 – Systemic of infectious bovine rhinotracheitis in young calves. J.A.V.M.A., 163, 753–755.
[50] ROSSI, C. R.; KIESEL, G. K., 1974 – Complement requiring neutralizing antibodies in cattle to Infectious bovine rhinotracheitis virus. Arch. Ges. Virusforsch., 45, 328–334.
[50a] RUSSEL, W. C.; CRAWFORD, L. V., 1964 – Properties of the nucleic acid from some herpes group viruses. Virology, 22, 288.
[51] SAXEGAARD, F.; ONSTAD, O., 1967 – Isolation and identification of I.B.R./I.P.V. virus from cases of vaginitis and balanitis in swine and from healthy swine. Nord. Vet. Med., 19, 54–57.
[52] SCHROEDER, R. J.; MOYS, M. D., 1954 – An acute upper respiratory infection in dairy cattle. J.A.V.M.A., 125, 471–472.

[53] Schulze, P.; Hahnefeld, H.; Hantschel, H.; Hahnefeld, E., 1964 – Die Feinstruktur der Viren der infektiösen bovinen Rhinotracheitis und des Bläschenausschlags des Rindes (Exanthema coitale vesiculorum bovis). Arch. Exp. Vet. Med., 18, 417–425.

[54] Sheffy, B. E.; Davies, D. H., 1972 – Reactivation of a bovine herpes virus after corticosteroid treatment. Proc. Soc. Exptl. Biol. Med., 140, 974.

[55] Sheffy, B. E.; Rodman, S., 1973 – Activation of latent Infectious bovine rhinotracheitis infection. J.A.V.M.A., 163, 850–851.

[56] Snowdon, W. A., 1965 – The I.B.R./I.P.V. virus. Reactions to infection and intermittent recovery of virus from experimentally infected cattle. Aust. Vet. J., 41, 135–142.

[56a] Soulebot, J. P.; Brun, A.; Terre, J., 1975 – Rhinotrechéite infectieuse des bovins; essais d'immunisation avec un vaccin inactivé. Cong. Mond. Vet. Thessalonique.

[57] Straub, O. C., 1962 – Zur Seuchensituation bei der infektiösen Rhinotracheitis und dem Bläschenausschlag des Rindes in Mitteleuropa. Münch. Tierärztl. Woche., 75, 272–273.

[58] Straub, O. C., 1972 – Impfung gegen den Bläschenausschlag und die Rhinotracheitis des Rindes. Tierärztl. Umschau, 27, 496–500.

[59] Straub, O. C.; Frerking, H.; Kramer, R., 1973 – Impfung eines großen Rinderbestandes gegen Bläschenausschlag und Rhinotracheitis. Dtsch. Tierärztl. Wochenschr., 80, 73–77.

[60] Studert, M. J.; Barker, C. A. V.; Savan, M., 1964 – Infectious pustular vulvovaginitis virus infection of bulls. Am. J. Res., 25, 303–314.

[61] Studer, E., 1973 – Disease control in dairy cattle. J.A.V.M.A., 163, 832–833.

[62] Todd, J. D., 1974 – Development of intranasal vaccination for the immunization of cattle against Infectious bovine rhinotracheitis. Can. Vet. J., 15, 257–259.

[63] Todd, J. D.; Volenec, F. J.; Paton, I. M., 1971 – Intranasal vaccination against Infectious bovine rhinotracheitis. Studies on early onset of protection and use of the vaccine in pregnant cows. J.A.V.M.A., 159, 1370–1374.

[64] Vengris, V. E.; Mare, C. J., 1971 – A micropassive hemagglutination test for the rapid detection of antibodies to Infectious bovine rhinotracheitis virus. Canad. J. Comp. Med., 35, 289–293.

[65] Watrach, A. M.; Bahneman, H., 1966 – The structure of Infectious bovine rhinotracheitis virus. Arch. f. Virusforsch., 18, 1.

[66] Wellemans, G., 1974 – Les réactions immunitaires au virus I.B.R. chez les bovins. Journées Immunologie appliquée, 2 et 3 octobre 1974. Bull. Ass. Franc. Vet. Microbiol. Immunol. et Spec. Mal. Inf., 15, 74–80.

[67] Wellemans, G.; Leunen, J., 1973 – La rhinotrachéite infectieuse des bovins (IBR) et sa sérologie. Ann. Med. Vet., 117, 507–518.

[68] Wellemans, G.; Leunen, J., 1974 – Le tropisme digestif du virus I.B.R. (seconde partie). Ann. Med. Vet., 118, 243–251.

[69] Wellemans, G.; Leunen, J.; Lomba, F.; Gouffaux, M., 1974 – Le tropisme digestif du virus I.B.R. (première partie). Ann. Med. Vet., 118, 175–183.

[70] York, C. J., 1968 – Infectious bovine rhinotracheitis. J.A.V.M.A., 152, 758–760.

[71] Zyambo, G. C. N.; Allan, P. J.; Dennett, D. P.; Johnson, R. H., 1973 – A passive haemagglutination test for the detection of antibody to infectious bovine rhinotracheitis/infectious pustular vulvovaginitis virus. 2. Studies on antibody incidence and the serological response after infection. Aust. Vet. J. 49, 413–417.

[72] Zyambo, G. C. N.; Dennett, D. P.; Johnson, R. H., 1973 – A passive haemagglutination test for the demonstration of antibodies to infectious bovine rhinotracheitis/infectious pustular vulvovaginitis virus. 1. Standardization of test components. Aust. Vet. J., 49, 409–412.

[73] Zygraich, N.; Huygelen, C.; Vascoboinic, E., 1974 – Vaccination of calves against infectious bovine rhinotracheitis using a temperature sensitive mutant. 13th Intern. Congress. I. ABS Budapest 1973. Part. B. Selected Veterinary vaccines. Develop. Biol. Standard., 26, 8–14.

[74] Zygraich, N.; Vascoboinic, E.; Huygelen, C., 1974 – Replication of a temperature sensitive mutant of infectious bovine rhinotracheitis virus in the tissue of inoculated calves. Zbl. Vet. Med. B., 21, 138–144.

Kapitel 4 Parasitosen

G. Jolivet

Vielfalt, Häufigkeit und Schweregrad parasitärer Erkrankungen des Kalbes stimmen mit dem parasitologischen Erscheinungsbild bei erwachsenen Rindern und bei Tieren zwischen 8 und 18 Monaten nicht überein. Hinsichtlich des Parasitenbefalls beim Rind sind die höheren Altersgruppen bevorzugt. Bei sehr jungen Kälbern wird die Epizootiologie der durch Pilze, Protozoen, Helminthen und Arthropoden verursachten Erkrankungen durch folgende Besonderheiten charakterisiert:

• Geringere Artenvielfalt der Erreger als bei älteren Individuen. Diese Tatsache erklärt

sich durch die geringere Anzahl von Infektionsquellen. Insbesondere schränkt die Ernährungsweise die bei den abgesetzten Tieren gegebenen Möglichkeiten für einen Parasitenbefall ein.
• Der Befallgrad ist oftmals hoch. Die Empfänglichkeit der Jungtiere, die gegen pathogene Agenzien noch keine hinreichenden Abwehrmechanismen ausgebildet haben, und die Konzentration der Tiere, die eine hohe Populationsdichte der Parasiten begünstigen, stellen die beiden Hauptfaktoren dar, durch die parasitäre Erkrankungen gefördert werden. Auch wenn das Spektrum der Parasitosen relativ schmal ist, sind ihre Feststellung und Bekämpfung keinesfalls zu vernachlässigen.

Die in den verschiedenen Altersgruppen anzutreffenden wichtigsten Parasitosen spiegeln, natürlich in unterschiedlichem Grade, auch den Gesundheitszustand der befallenen Tiere wider. Manche Parasitosen können auch auf den Menschen übergehen.

Parasitäre Hautkrankheiten

Räude

Drei mikroskopisch kleine Milbenarten sind für die ansteckenden und mit Juckreiz einhergehenden Räudeformen verantwortlich: *Sarcoptes bovis, Psoroptes bovis* und *Chorioptes bovis*. Wenn es auch vorkommt, daß alle drei Spezies ein Tier befallen, treten sie im Regelfall doch unabhängig voneinander auf.

Die Räudemilben des Rindes bevorzugen jüngere Tiere, wobei das Präferenzalter zwischen sechs Monaten und zwei Jahren liegt. Trotzdem bleiben Saugkälber nicht verschont, und es scheint sogar, daß diese Ektoparasitosen seit einigen Jahren wieder im Zunehmen begriffen sind.

Psoroptesräude

Am häufigsten wird die Psoroptesräude beobachtet. Die Milben besitzen eine Länge von ungefähr 600 bis 700 μm. Gekennzeichnet sind sie durch ein gestrecktes, schmales Capitulum und durch lange, mit dreigliedrigen Prätarsen ausgestattete Beine. Der Entwicklungskreislauf wird mit etwa zehn Tagen angegeben. Alle Stadien (Ei, Larve, Nymphe, Imago) entwickeln sich auf der Haut des Wirtes. Eine solche starke Anpassung an die parasitische Lebensweise macht die Milbe im äußeren Milieu sehr auffällig. Auf dem Fußboden oder an Stallwänden vermögen die Erreger tatsächlich nur einige Tage zu überleben. Im Höchstfall überleben die Milben unter kontrollierten Laboratoriumsbedingungen zwei bis drei Wochen.

Je nach Besiedlungsort zeigen sich die ersten Veränderungen im Halsbereich oder im Umkreis des Schwanzes. Die Läsionen greifen dann in Abhängigkeit von der Verlaufsform (subakut oder chronisch) auf die Rückenpartien und die untere Körperhälfte über. Es handelt sich um eine juckende, schuppende und nässende Dermatitis. Dabei kommt es zur Bildung grau-gelblicher Krusten, die mitunter durch Beimischung von Blut aus den Exkoriationen ein bräunliches Aussehen erlangen. Hinzu kommt ein diffuser, unregelmäßiger Haarausfall mit verdickter, rauher Haut.

Auf Grund des charakteristischen Juckreizes stellen sich allgemeine Störungen ein. Die Tiere, die nicht mehr zur Ruhe kommen, nehmen schlecht Futter auf, und das Wachstum leidet. Von den Scheuerstellen ausgehend, können sich bisweilen bakterielle Sekundärinfektionen aufpropfen, die bei den geschwächten Tieren u. U. zum Tode führen.

Sarkoptesräude

Die Sarkoptesräude kommt beim Kalb weniger häufig vor. *Sarcoptes bovis* ist eine kugelförmige Milbe mit einem Durchmesser von durchschnittlich 400 μm. Sie besitzt kurze

Beine, ein ebenso breites wie langes Capitulum und auf der dorsalen Oberfläche eine typische Struktur der Kutikula, die mit mehreren Schuppenreihen und kräftigen Chitindornen besetzt ist. Die Sarkoptesräude ist tiefer lokalisiert als die Psoroptesräude, weil die adulten Milbenweibchen zur Eiablage kleine Höhlungen in die Hornschicht der Epidermis graben. Während der Entwicklungszyklus etwas länger dauert als der von Psoroptes, überleben Sarkoptes-Milben im äußeren Milieu nur sehr kurze Zeit.

Der Ausgangspunkt der Infektion liegt in der Regel an der Schwanzbasis oder im Übergangsbereich zu den Oberschenkeln. Die Parasitose, die sich allmählich auf alle Körperteile ausdehnt, führt zu lichten Stellen im Haarkleid. Man sieht eine verdickte, schorfige Haut, die im Verlauf einiger Wochen hyperkeratotisch wird. In diesem Stadium klingt der bis dahin hochgradige Juckreiz ab. Die Sarkoptesräude hat für den Allgemeinzustand des Tieres stets nachteilige Folgen.

Chorioptesräude

Die Chorioptesräude tritt nur gelegentlich auf. Erreger ist *Chorioptes bovis*, der mit der Psoroptes-Milbe verwandt, mit 350 bis 400 μm Länge aber kleiner als diese ist. Chorioptes besitzt lange Beine und ein kurzes Capitulum. Die Milben leben ständig auf der Hautoberfläche, ihre Entwicklung verläuft etwas langsamer als die der anderen Spezies. Vor allem die unteren Teile der Gliedmaßen (Fußräude) sowie die Gegend um den Anus und um den Schwanzansatz werden von dieser Räudeform befallen (Steißräude). Von diesen Prädilektionsstellen aus kann die Räude auf andere Körperregionen übergreifen, doch ist ihre Ausbreitung im Vergleich zur Psoroptes- und Sarkoptesräude mehr begrenzt. Die Läsionen ähneln denen bei der Psoroptesräude, auf Hautfalten zeigen sich oft tiefe Risse. Der Juckreiz ist geringer ausgeprägt als bei den beiden anderen Räudeformen.

Übertragung

Die Übertragung der Milben geschieht in der Mehrzahl der Fälle durch direkten Kontakt von Rind zu Rind. Sie kann aber auch indirekt über Mauerwerk, Boxentrennwände, Futtermittel oder das Pflegepersonal vonstatten gehen. Bei manchen Tieren verlaufen die genannten Räudeformen bis auf einen zeitweiligen Pruritus klinisch stumm. Weil sie die Aufmerksamkeit nicht auf sich lenken, werden solche Individuen zu Vektoren. Bei Stallhaltung der Kälber entwickelt sich die Räude um so leichter, als die oft mangelhafte Hygiene, eine lang anhaltende feuchte Wärme durch Ausfälle in der Belüftung und die vielfachen Ansteckungsmöglichkeiten auf Grund der hohen Belegungsdichten das Entstehen der Krankheit begünstigen.

Diagnose, Therapie und Prophylaxe

Die *Diagnose* kann ziemlich sicher anhand der klinischen Zeichen gestellt werden. Stark juckende Hautveränderungen bei mehreren Tieren eines Betriebes weisen auf diese Parasitosen hin. Um jedoch die Ätiologie endgültig zu klären, sollten von den verdächtigen Bezirken Hautgeschabselproben entnommen und mikroskopisch untersucht werden. Der Nachweis der sich in die Haut eingrabenden Sarkoptes-Milben bereitet zu Beginn der Erkrankung häufig Schwierigkeiten.

Die *Behandlung* der befallenen Tiere erfolgt durch Verstäuben eines topisch wirkenden Akarizids unter hohem Druck (Puderstäubeverfahren). Der Einsatz der Organochlorverbindungen, z. B. von Lindan, eines der wirksamsten Mittel zur Räudebekämpfung, wird heute nicht mehr befürwortet, weil jene Substanzen wegen des fehlenden Abbaus die Bildung von Rückständen im tierischen Organismus und damit auch in den für die menschliche Ernährung bestimmten Lebensmitteln verursachen.

Die heute verwendeten wäßrigen Emulsionen

Zur Räudebehandlung werden z. Z. wäßrige Emulsionen folgender Substanzen angewendet:

Phosphororganische Verbindungen, z. B.

Cumaphos	0,5 –1 ‰
Diazinon	0,5 –1 ‰
Trichlorphon	0,5 –1 ‰
Bromophosethyl	0,4 –0,6 ‰
Chlorfenvinphos	0,25–0,5 ‰
Crotoxyphos	2,5 ‰

Carbamate, z. B.

Carbaryl	0,5 –0,7 ‰

von phosphororganischen Verbindungen bzw. Carbamaten erweisen sich in der Praxis oftmals weniger wirksam als die chlororganischen Verbindungen, obwohl ihnen unter in-vitro-Bedingungen ein ausgeprägter akarizider Effekt zukommt. Um den mit der relativ raschen Zersetzung der Präparate auf der Körperoberfläche verbundenen Nachteilen entgegenzuwirken und eine rezidivfreie Heilung zu erreichen, wird empfohlen, die Haut vor der Behandlung mit einem Detergens zu reinigen und das Aufbringen der Akarizid-Emulsion mindestens einmal (eine Woche nach der ersten Verabreichung) zu wiederholen.

An *prophylaktischen Maßnahmen* ist auf einen ordnungsgemäßen Hygienestatus zu achten sowie für die Isolierung und systematische Behandlung aller verdächtigen Tiere zu sorgen, die direkt oder indirekt mit einem gesunden Kälberbestand in Kontakt kommen könnten. Räudeerkrankungen des Rindes gehören zur Liste der gesetzlich zu bekämpfenden seuchenhaften Erkrankungen.

Läuse- und Haarlingsbefall

Es handelt sich wahrscheinlich um die häufigsten Ektoparasitosen des Kalbes. Durch die Vermehrung und Ausbreitung der Erreger (Läuse/*Anopluren*; Haarlinge/*Mallophagen*) können bei Kälbern in Gruppenhaltung erhebliche ökonomische Verluste entstehen. Gewöhnlich findet man bei Kälbern drei Arten dieser Arthropoden.

Bovicola (Damalina) bovis ist ein Mallophage von etwa 1,5 mm Länge mit einem stark ausgebildeten, abgerundeten Kopf und den für die ganze Ordnung typischen beißenden Mundwerkzeugen. Der Parasit ernährt sich von Zelldetritus der Epidermis, durchläuft seine ganze Entwicklung auf der Haut des Wirtes und befällt vornehmlich die vorderen Körperregionen und die Oberseite des Körpers. Die von den Weibchen gelegten Eier kleben an den Haaren und benötigen etwa eine Woche bis zum Larvenstadium. Im allgemeinen Aussehen ähneln die Larven und Nymphen den Imagines, auch in der Größe kommen sie letzteren nahe. Der Entwicklungszyklus erstreckt sich auf 20 bis 30 Tage.

Haematopinus eurysternus ist ein 3,5 bis 4 mm langer Vertreter der Anopluren. Das mit einem Stechrüssel ausgestattete flügellose Insekt ernährt sich von Blut. Seine Entwicklung ähnelt derjenigen der vorher beschriebenen Art, d. h. es finden sich alle Entwicklungsstadien auf dem Wirt. Prädilektionsstellen sind der Hals, der Kopf und die Perinealgegend.

Linognathus vituli ist ebenfalls eine blutsaugende Laus, aber wesentlich kleiner (ungefähr 2 mm lang) als Haematopinus. Man findet den Parasiten in den vorderen und oberen Körperregionen. Während ein geringer Läusebefall klinisch inapparent verläuft, trifft das bei beträchtlicher Vermehrung der Parasiten, wenn innerhalb weniger Wochen die Zahl der Läuse auf den Kälbern mehrere Hundert beträgt, nicht mehr zu. Unter solchen Umständen ist bei den einem intensiven Juckreiz ausgesetzten Tieren die Freßlust vermindert. Es kommt zu einem allgemeinen Kräfteverfall, der durch den Blutverlust bei Befall mit Läusen noch größer ist als bei Besiedlung mit Mallophagen. Läuse spielen demzufolge eine größere pathogene Rolle als Haarlinge. Die Anämie ist in manchen Fällen so ausgeprägt, daß die Erythrozytenzahlen auf die Hälfte des Normalwertes abfallen und die Schleimhäute eine deutliche Blässe zeigen.

An den betroffenen Körperpartien sind die diffusen Haarausfälle und unregelmäßigen Kahlstellen im Fell unschwer zu erkennen. Die Haut ist an den betreffenden Stellen geringfügig verdickt, schuppig und entzündlich gerötet.

Läuseplage und Haarlingsbefall sind Parasitosen, die leicht durch direkten Kontakt, aber auch durch Gegenstände und die Umwelt verbreitet werden können. Ausschlaggebend ist dafür, wieviel Tage die Insekten außerhalb ihres spezifischen Wirtes überlebensfähig sind. Es handelt sich um Krankheiten, die für Stallhaltung mit zu geringen Liegeflächen und Überbelegung typisch sind.

Die *Diagnose* bereitet keine Schwierigkeiten, denn man kann mit unbewaffnetem Auge die Imagines und Nissen ohne weiteres Erkennen. Voraussetzung ist, daß Haut und Haarkleid der bekannten Prädilektionsstellen sorgfältig beobachtet werden.

Die *Behandlung* besteht darin, daß die Tiere mit einer Insektizid-Emulsion eingestäubt werden, wie das auch bei der Räudebekämpfung geschieht. Möglich ist auch ein Pudern der Tiere mit phosphororganischen Präparaten wie Cumaphos, Trichlorphon, Bromophos, Crotoxyphos, Ronnel oder zusammen mit einem Carbamat wie Carbaryl (inerter Puder 2 bis 5 % Wirkstoffgehalt). Um die Nachteile einer Einzeltierbehandlung zu umgehen, ordnet man oft die Insektizidpudersäcke in einer Tierschleuse so an, daß sich die Kälber beim Durchtreiben mit dem Präparat automatisch einreiben.

Seit einigen Jahren wird nach systemisch wirkenden Insektiziden mit einfacherer Anwendbarkeit gesucht. Das vor nicht langer Zeit bei Läusebefall des Rindes getestete Chlorpyrifos eleminierte nach einmaliger Gabe einer konzentrierten Lösung (20 mg/kg), die auf den Rücken aufgebracht wurde, sämtliche Läuse. Die Wirkung hielt annähernd drei Wochen an. Die Anwendung dieser verschiedenen Mittel ist wegen Unverträglichkeitserscheinungen für das Tier nicht ohne Risiko, stellt aber auch für den Menschen eine Gefährdung dar, wenn die angegebenen Vorsichtsmaßregeln und Schutzvorschriften (Gummihandschuhe, Schutzmaske, Rauchverbot usw.) bei Umgang mit derartigen Präparaten nicht befolgt werden.

Unter dem Gesichtspunkt der *Prophylaxe* sind eine der Tierhygiene entsprechende bauliche Gestaltung der Kälberställe und einwandfreie Hygiene des Stallpersonals zu fordern. Dieses kann, wenn es mit älteren Rindern zusammenkommt, die oft nur sehr schwach befallen sind, die Läuse und Haarlinge passiv verschleppen. Bei Gruppenhaltung der Kälber werden systematische Insektizidbehandlungen empfohlen.

Dermatomykosen

Diese Erkrankungen sind charakteristisch für das Kalb, da man der Ansicht ist, daß 75 % aller Fälle Kälber unter einem Jahr betreffen. Es handelt sich um kontagiöse Ektoparasitosen, die von keratophilen Pilzen verursacht werden und das Haarkleid sowie die Hornschicht der Epidermis befallen. Demnach sind die in Großbeständen gehaltenen Kälber gefährdeter, weil die Konzentration der Tiere die Ansteckung begünstigt und die in den Ställen herrschende feuchte Wärme die Sporenkeimung auf der Haut fördert. Unter solchen Bedingungen kommt es demzufolge zu einer ausgedehnten Entwicklung der Myzelien. Das große Ausmaß der erkrankten, haarlosen Körperstellen beeinflußt das physiologische Gleichgewicht der Tiere und zieht, worauf bestimmte Beobachtungen schließen lassen, eine gewisse Wachstumsverzögerung nach sich.

Die *Diagnose* der Rindertrichophytie bereitet keine Probleme. Im Zweifelsfalle wird die Diagnose durch den mikroskopischen Nachweis des Erregers (Myzel und Sporen) gestützt. Zu diesem Zweck entnimmt man Hautgeschabselproben und Haare, wobei das Material einer Vorbehandlung mit 10%iger Kalilauge oder mit Iacthophenol unterzogen wird. Die Pilze lassen sich auf künstlichen Medien, z. B. Sabouraud-Agar, kultivieren. *Trichophyton verrucosum* wächst auf ihnen jedoch sehr langsam, so daß die Zufuhr von Vitaminen der B-Gruppe erforderlich wird.

Zur *Therapie* behandelt man die erkrankten Hautbezirke mit fungizid wirkenden Salben oder Lösungen. Einige Mittel sind seit langem in Gebrauch, wie Wacholderteer (Pix Juniperi), jodhaltige Vaseline oder Jodalkohol. Heute werden synthetische Präparate mit spezifischerer Wirkung empfohlen; genannt seien das Captan und Benzothiazolderivate. Das beim Menschen und bei karnivoren Haustieren zur Behandlung von Dermatomykosen per os gegebene, fungistatisch wirkende Antibiotikum Griseofulvin ist beim Rind ebenfalls mit Erfolg einsetzbar. Es werden 5 bis 10 mg/kg Körpermasse während einer Woche empfohlen. Um die Therapie ökonomisch vertretbar zu machen, wird das beim Rind angewendete Griseofulvin als Rohextrakt aus dem Myzel des Antibiotikumbildners Penicillium griseofulvum verabreicht. Mit einem gegenwärtig vom Handel angebotenen »Prämix« lassen sich nicht nur erkrankte Kälber unter Praxisbedingungen gut behandeln, sondern auch gefährdete Bestände prophylaktisch abschirmen. Die Aufgabe, Trichophytie-Infektionen vorzubeugen, um Wachstumsdepressionen zu vermeiden, erfordert aber auch, den Infektionsschutz bei allen mit Tieren in Kontakt kommenden Personen streng abzusichern.

Parasitosen des Verdauungstraktes

Askaridose

Es handelt sich um eine sehr früh in Erscheinung tretende Helminthose. Diaplazentar übertragbar, erkranken die Kälber an dieser Nematoden-Infektion in den ersten Lebenswochen. Spulwurmbefall ist hauptsächlich in den Tropen weit verbreitet, doch wird er auch in den gemäßigten Zonen und besonders in Frankreich beobachtet. Dennoch gibt es keine zuverlässigen Informationen über die Epidemiologie dieser Krankheit, die bis jetzt nur sporadischen Charakter trägt und bei geringem Befallgrad häufig sogar inapparent verläuft.

Der Erreger, *Toxocara vitulorum,* ist ein großer Nematode von oft mehr als 20 cm Länge und über 0,5 cm Dicke. Seine weißgelbliche Kutikula ist dünner als bei anderen Askariden. Der Parasit entwickelt sich zum geschlechtsreifen Wurm im Duodenum-Dünndarm-Bereich. Die annähernd runden Eier, die mit dem Kot ins Freie gelangen, besitzen einen Durchmesser von etwa 70 μm und eine gelbliche, dicke und genarbte Schale. Im Hinblick auf den Entwicklungszyklus des Helminthen gibt es viele gemeinsame Züge mit dem des Hundespulwurms *Toxocara canis.*

Die Eier, die ungefurcht abgelegt werden, benötigen für die Entwicklung bei günstiger Temperatur und Feuchtigkeit etwa zwei Wochen. Sie enthalten dann eine infektionsfähige Larve (Larvenstadium II). Gegen chemische und physikalische Einflüsse sehr resistent, bleiben sie in der Außenwelt mehrere Monate lang lebensfähig. Die in den ersten Lebenstagen gesunden Kälber sind für die Entwicklung des Spulwurms bis zum adulten Stadium nicht geeignet.

Nehmen die Rinder die Spulwurmeier mit dem Futter auf, werden die Larven im Darmlumen frei; sie durchbohren die Darmwand und werden mit dem strömenden Blut in die Lungen, in den linken Herzvorhof und in die linke Herzkammer geschwemmt. Auf diese Weise durch den Blutkreislauf verteilt, kapseln sich die Larven in verschiedenen Geweben ein, wo sie einige Monate überleben können. Diese Migration hat zu einem Sackgassenparasitismus geführt, denn die Larven sind nicht in der Lage, bei den trächtigen Kühen in den Plazentarkreislauf und von dort zum Fötus zu gelangen.

Über die Lungen, die Trachea und den Ösophagus gelangen die Parasiten in den Dünndarm, wo sie ihre vollständige Entwicklung durchlaufen. Die Infektion der neugeborenen Kälber erfolgt über die Milch, da bei hochträchtigen Kühen bisher »ruhende« Larven in das Euter einwandern.

Etwa drei Monate post partum scheiden die von infizierten Müttern stammenden Kälber Eier von *Toxocara vitulorum* aus. Die Infektion kommt folglich pränatal zustande. Junge

Kühe vor allem sind empfänglich und bringen infizierte Kälber zur Welt. In den Anlagen, wo die Kälber bei der Mutter oder zumindest im selben Stall bleiben, ist die Möglichkeit einer Reinfektion der Kühe bzw. Färsen leicht gegeben und damit das Fortbestehen der Askaridose gewissermaßen gesichert.

Die *pathogene Bedeutung* von *Toxocara vitulorum* ist nicht zu unterschätzen. Klinische Symptome treten jedoch erst dann auf, wenn das Kalb von einigen Dutzend Spulwürmern befallen ist. Die Askaridose ist Ursache eines Maldigestionssyndroms, das mit ungenügendem Wachstum und sogar mit Abmagerung verbunden ist. Verdauungsstörungen, insbesondere Diarrhoen, können diesen schlechten Allgemeinzustand noch verschlimmern.

Die *pathologisch-anatomischen Veränderungen* sind die einer unspezifischen chronisch-katarrhalischen Enteritis. Nicht selten, vor allem in tropischen Gebieten, kann es durch den Massenbefall mit Askariden sogar zu einem Wurmmileu kommen. Die durch das Enzystieren der Larven erzeugten viszeralen Läsionen sind granulomatöser Art, makroskopisch aber nicht sichtbar. Nimmt ein Kalb infektionsfähige Eier einer Askaridenspezies auf, die für das Rind nicht spezifisch ist, z. B. des Schweinespulwurms *Ascaris suum*, sind die Schadwirkungen an den Eingeweiden, vor allem an den Lungen, bedeutend stärker. Es kommt zu einer serös-hämorrhagischen Alveolitis, die sich durch eine Vielzahl rötlicher Punkte auf dem gesamten Lungenparenchym äußert. Klinisch manifestiert sich die durch Askaridenlarven, die auf ihrer Wanderung zum Verdauungstrakt in den Lungen »stekkengeblieben« sind, hervorgerufene Pneumonie durch Atembeschwerden, welche u. U. zum Tode führen können. Wenn Kälber in einem vorher von Schweinen genutzten Stall gehalten werden, sind derartige Infektionen schon etliche Male beobachtet worden.

Klinisch ist die *Diagnose* nicht leicht zu stellen, außer wenn die Ausatmungsluft der befallenen Tiere einen Buttersäuregeruch hat. Das gilt als deutlicher Hinweis auf Askaridose, allerdings tritt dieses Indiz nicht regelmäßig auf. Am Ende der Präpatenzperiode, die dem Geschlechtsreifwerden des Helminthen entspricht, läßt sich die Parasitose koproskopisch nachweisen.

Es kann eine *spezifische Therapie* durchgeführt werden. Das Piperazin und seine Salze (z. B. Piperazinadipat in einer Dosis von 300 mg/kg per os) stellten die ersten wirksamen und einfach zu verabreichenden Mittel dar. Zur Zeit gelangen vorteilhafter Breitspektrum-Anthelminthika bei der Bekämpfung von *Toxocara vitulorum* zum Einsatz. Die erwachsenen Rinder vorbeugend behandeln zu wollen, erweist sich als nutzlos, weil die Anthelminthika gegen die enzystierten Larvenformen nicht wirksam sind. Die einzige Möglichkeit besteht darin, in den Gebieten, wo eine Askaridose befürchtet wird, die Kälber im Alter von drei Wochen systematisch zu behandeln.

Magen-Darm-Strongylosen

Es handelt sich um Helminthosen, die sich die Rinder während des Weideganges zuziehen. Die von mehreren Nematoden-Arten der Ordnung *Strongylida* ausgelösten Erkrankungen treffen vornehmlich Tiere im Alter zwischen 6 und 18 Monaten. Strongylosen werden als sehr bedeutende Parasitosen des Rindes angesehen, die in der ersten Weideperiode oder mitunter auch zu einem späteren Zeitpunkt erworben werden. In diesem Zusammenhang sind sie bei Jungbullen und Färsen von größerer Relevanz als bei Kälbern. Aber auch Kälber, die bis zu 6 oder 8 Monaten auf der Weide gewesen sind, bleiben von der Parasitose nicht verschont. Deshalb sollen im vorliegenden Werk die wichtigsten Gesichtspunkte zu diesen Erkrankungen erörtert werden.

Die Helminthen gehören verschiedenen Familien an. Beteiligt sind die 1 bis 2 cm langen, sehr dünnen Trichostrongyliden, ferner die Strongyliden und die Ancylostomatiden.

Der Entwicklungskreislauf kennt keinen Wirtswechsel (monoxene Parasiten). Die mit den Faeces in die Außenwelt gelangenden Eier haben ein charakteristisches Aussehen; sie sind elliptisch, im Durchschnitt 70 μm lang, dünnschalig und befinden sich im Morulastadium. Auf dem Erdboden beenden sie ihre Entwicklung. Bei günstiger Temperatur und Feuchtigkeit schlüpft nach 24 bis 48 Stunden eine Larve, die sich bald darauf zweimal häutet und so nach 5 oder 6 Tagen ein drittes Larvenstadium entstehen läßt: die »Strongyloid« genannte, infektionsfähige Larve. Diese Larve kriecht aus der Kotmasse heraus und verharrt auf dem umliegenden Erdboden. Das Überleben hängt von mehreren mikroklimatischen Faktoren ab (in erster Linie von der Feuchtigkeit), die kaum anderswo besser anzutreffen sind als auf einer Pflanzendecke. Die Larve lebt einige Wochen, doch kann eine feuchte, dabei ziemlich kalte Jahreszeit (zwischen 4 und 6 °C) die Lebensdauer bis auf mehrere Monate verlängern.

Die Rinder infizieren sich durch Aufnahme des mit diesen freilebenden Formen kontaminierten Grases. Eine Ausnahme bildet *Bunostomum*, dessen Larve aktiv über die Haut eindringt.

In Frankreich sind die wichtigsten Gattungen *Ostertagia* und *Cooperia*. Das erstgenannte Genus besitzt für auf der Weide gehaltene Kälber eine stärkere pathogene Bedeutung als ein Befall mit Cooperia-Arten, nach z.T. noch lückenhaften epizootiologischen Untersuchungen insbesondere in den zentralen Regionen des Landes, wo die für die Aufzucht bestimmten Jungrinder oftmals seit ihrem frühesten Lebensalter auf die Weide kommen.

Schwere Infektionen kommen jedoch erst im Alter von fünf bis sechs Monaten vor.

Die *Ostertagiose* ist durch Ansammlung immaturer Formen von Ostertagia ostertagi in der Wand des Labmagens und adulter Formen im Lumen dieses Organs gekennzeichnet. Ab Juli kann die Erkrankung in Erscheinung treten, doch wird die in den Monaten September/Oktober ablaufende Infektion als die klassische Form bezeichnet.

Die *Symptome* hängen in ihrer Ausprägung von der Befallsintensität ab. Erst ab einem Befall mit mehreren Zehntausend Helminthen zeigt das Tier Störungen. Bei den leichtesten Fällen ist lediglich ein schlechtes Wachstum zu registrieren; für die klassische subakute Form ist eine zunehmende Abmagerung mit immer schlimmer werdenem Durchfall charakteristisch. Dieses Krankheitsbild erstreckt sich in der Regel über mehrere Wochen und führt zum Tod des Tieres.

Die *pathologisch-anatomischen Veränderungen* sind in der Mehrzahl der Fälle die für eine noduläre Gastritis typischen.

Die auf den epizootiologischen und klinischen Befunden basierende *Diagnose* läßt sich nicht immer mit Exaktheit stellen, selbst bei zusätzlicher koproskopischer Untersuchung, weil die Unterscheidung der verschiedenen Strongylidengattungen allein nach der Morphologie der Wurmeier schwierig ist. Nur der Nachweis des dritten Larvenstadiums in der koprologischen Kultur sichert die Diagnose.

Zur *Therapie* wird ein modernes nematodizides Antihelminthikum verabfolgt. Mit Ausnahme des Piperazins sind es dieselben Substanzen, die im Abschnitt »Askaridose« für die Entwurmung genannt wurden. Prophylaktisch wird eine systematische Behandlung der Tiere in den für die Infektion günstigsten Monaten, d. h. Juli und September, empfohlen.

Breitspektrum-Antihelminthika zur Bekämpfung von *Neoascaris vitulorum*

Präparate	Dosis mg/kg
Benzimidazol-Derivate	
Cambendazol	20
Oxibendazol	15
Fenbendazol	7,5
Imidothiazol-Derivate	
Tetramisol	10–15 per os
oder seine optisch linksdrehende Form, das Levamisol	8 per os
Pyrimidinabkömmlinge	
Pyrantel	14 per os
Morantel	7

Helminthen von der Ordnung *Strongylida*

	Parasitieren im
Trichostrongyliden	
Haemonchus placei	Labmagen
Ostertagia ostertagi	Labmagen
Trichostrongylus axei	Labmagen
Trichostrongylus colubriformis	Dünndarm
Cooperia oncophora	Dünndarm
Nematodirus filicollis	Dünndarm
Strongyliden, z. B.	
Oesophagostomum radiatum	Dickdarm
Ancylostomatiden, z. B.	
Bunostomum phlebotomum	Jejunum

Kokzidiose

Verursacht wird diese protozoäre Parasitose durch Kokzidien der Gattung *Eimeria*, die sich in den Epithelzellen des Dickdarms entwickeln. Die am häufigsten vorkommenden und gleichzeitig virulentesten Spezies sind *Eimeria zuernii* und *Eimeria bovis*.

Die Kokzidien durchlaufen einen Entwicklungszyklus, der durch den Wechsel einer parasitischen Lebensphase und einer Phase mit freilebender Form gekennzeichnet ist. In der parasitischen Phase vermehren sich die Protozoen in den Darmepithelzellen auf ungeschlechtliche Weise (Schizogonie), um sich im Anschluß daran für die geschlechtliche Fortpflanzungsphase zu differenzieren (Gamogonie). Nach erfolgter Befruchtung wird der weibliche Makrogamet durch Ausbildung einer widerstandsfähigen, kompliziert zusammengesetzten Hülle zur Oozyste. In das Darmlumen entlassen und mit den Faeces in die Außenwelt gelangt, muß die entweder eiförmige *(E. bovis)* oder kuglige *(E. zuernii)*, etwa 20 bis 30 µm große Oozyste eine Sporenreifung durchmachen, um die infektionsfähigen Formen entstehen zu lassen. Diese als Sporogonie bezeichnete Phase nimmt bei geeigneten Bedingungen (wichtig sind die Faktoren Feuchtigkeit, Temperatur und Sauerstoff) kaum 48 Stunden in Anspruch. Danach können die sporulierten Oozysten mehrere Monate lang ungünstigen physikalischen Einflüssen widerstehen. Auch von der Mehrzahl der chemischen Substanzen, insbesondere den üblichen Desinfektionsmitteln, werden sie nicht angegriffen. Empfindlich sind sie nur gegenüber einer Austrocknung, wenn die Temperatur über 35 °C ansteigt. Mit dem Futter oder dem Tränkwasser nehmen die Tiere diese »reifen« Oozysten auf.

Die Kokzidiose kann die Tiere sowohl in der warmen Jahreszeit auf der Weide als auch während der Stallhaltung befallen. Betroffen sind Rinder von der ersten Lebenswoche bis zum Alter von zwei Jahren. Ältere Tiere, bei denen die Infektion häufig inapparent verläuft oder die Störungen nicht so schwerwiegend sind wie bei jungen Kälbern, werden oft zu Ausscheidern. Tatsächlich tritt die Krankheit hauptsächlich im Alter zwischen 6 und 12 Monaten in akuter Form auf. Milchnahrung scheint die Parasitose zu hemmen. Da die Kokzidiose also vor dem Absetzen nur relativ selten zu beobachten ist, kann man sie als typische Aufzuchtkrankheit ansehen. Bei großen Tierkonzentrationen nimmt die Kokzidiose seuchenhaften Charakter an; häufiger sind Tiere in Mastanlagen als Kälber in Gruppenhaltung betroffen.

Das durch Kokzidien erzeugte *Krankheitsbild* äußert sich beim Rind in einer hämorrhagischen Entzündung des Kolons und Rektums. Nach einer Inkubationszeit von ungefähr zwei Wochen setzen die Kälber einen schleimigen, Blutbeimengungen aufweisenden Kot ab; diese Diarrhoe kann einige Tage später einen dysenterieähnlichen Charakter annehmen. Mit häufigen und heftigen Defäkationen wird eine mehr oder weniger große Menge an Blut oder blutigem Schleim ausgeschieden, wodurch das Hinterteil der Tiere verschmutzt wird. Erreichen die Dehydratation und die Anämie einen hohen Grad, kommt es zur raschen Erschöpfung, und der Tod tritt nach weniger als einer Woche ein. Die pathologischanatomischen Veränderungen entsprechen denen einer ulzerös-hämorrhagischen Enteritis und haben vorwiegend in den hinteren Darmabschnitten ihren Sitz.

Die *Diagnose* läßt sich bei der häufiger auftretenden akuten Form leicht stellen. Bestätigt wird die Diagnose durch den mikroskopischen Nachweis der Oozysten in Kotproben oder Abstrichen der Rektumschleimhaut.

Die *Therapie* muß frühzeitig einsetzen. Unter den für eine spezifische Behandlung empfohlenen Substanzen kommt den Sulfonamiden, z. B. Sulfamethazin (250 mg/kg an drei aufeinanderfolgenden Tagen per os), vorrangige Bedeutung zu. Gute Ergebnisse bringen auch die in gleicher Richtung wirkenden Verbindungen wie das Dimethylsulfon, das Pyrimethamin und das Stovarsol. Antibiotika, z. B. Lincomycin, könnten ebenfalls mit Erfolg eingesetzt werden, wenn die Kosten nicht zu hoch wären. Das in der Geflügelproduktion in großem Umfang verwendete Kokzidiostatikum Amprolium ist auch gegen die Kokzidiose des Rindes wirksam (bezogen auf die aktive Sub-

stanz, verabfolgt man 10 mg/kg an 5 oder 6 aufeinanderfolgenden Tagen). Eine zusätzliche Behandlung mit Pharmaka zum Ausgleich der Flüssigkeitsverluste und mit Antikoagulantien (Vitamin K) ist stets angezeigt.
Die *Prophylaxe* besteht in der Gewährleistung eines strengen Hygieneregimes in den Ställen sowie bei den Tränk- und Fütterungsvorrichtungen, insbesondere muß eine fäkale Kontamination vermieden werden. Zusatz von Verbindungen mit Antikokzidienwirkung wie Nitrofurazon oder Furazolidon zum Futter stellt ein bewährtes Mittel zur Chemoprophylaxe dar.

Candidose

Diese Mykose wird durch Hefen der Gattung *Candida*, vornehmlich durch die Art *C. albicans* verursacht. Über die häufiger bei Vögeln als bei Haussäugetieren vorkommende, in verschiedenen Formen auftretende Krankheit gibt es für das Kalb nur wenige Fallberichte. Immer waren die betroffenen Tiere vorher einer intensiven Antibiotikabehandlung unterzogen worden. Obwohl die Candidose gegenwärtig keine ökonomische Bedeutung besitzt, verdient sie dennoch Aufmerksamkeit, weil sie ein Beispiel für eine iatrogene Erkrankung ist, die künftig öfters Probleme bereiten könnte. Die Infektion manifestiert sich als Ruminitis oder Ösophagitis, woraus Verdauungsstörungen und ein schlechter Allgemeinzustand resultieren. Die Candidose kann letal enden. Bei der Sektion sieht man auf den Schleimhäuten in mehr oder minder großer Ausdehnung käsig-breiige Massen. Therapeutisch ist beim Kalb wenig versucht worden. Die Gabe von fungizid wirkenden Antibiotika wie Nystatin oder Amphotericin B bietet sich an.

Parasitosen des Respirationstraktes

Diktyokaulose

Krankheitserreger ist der zur Familie Metastrongylidae gehörende, die Trachea und die Bronchen des Rindes besiedelnde Helminth *Dictyocaulus viviparus*. Die Erkrankung wird gewöhnlich als Wurmbronchitis *(Bronchitis verminosa)* bezeichnet. In feuchten Weidegebieten kommt die Helminthose sehr häufig vor. Die Tiere ziehen sich die Infektion in der warmen Jahreszeit zu, vor allem gegen Ende des Sommers. Befallen werden in erster Linie Rinder im Alter zwischen sechs Monaten und zwei Jahren. Mit zunehmendem Alter erlangen die Tiere eine gewisse Resistenz. Was auf die Strongylosen des Magen-Darm-Traktes zutrifft, gilt auch für die Diktyokaulose: Sie ist eine *Weideinfektion*. Deshalb sollte sie keinesfalls unterschätzt werden, selbst wenn die mitgeteilten Informationen über den festgelegten Rahmen der eingangs definierten Tiergruppe hinausgehen.
Dictyocaulus viviparus ist ein weißlicher, gekrümmter Wurm von 5 bis 6 cm Länge und 0,5 mm Dicke. Die anderen Strongylideneiern ähnelnden Eier werden in das Lumen der Atemwege ausgeschieden, wo bald die Larven schlüpfen. Diese wandern mit Hilfe der Zilienbewegung in der Trachea aufwärts, dann in den Ösophagus, passieren den Verdauungstrakt und gelangen mit den Exkrementen ins Freie. Der Weg bis zur freilebenden Form unterscheidet sich nicht sehr von demjenigen der Magen-Darm-Strongyliden, jedoch entwickeln sich die Dictyocaulus-Larven schneller. Unter optimalen Bedingungen entsteht schon nach vier Tagen das dritte Larvenstadium, das zur Infektion fähig ist; dafür ist die Überlebenszeit dieser Larven etwas kürzer. Die kaum 1 mm langen Larven werden von den Rindern mit dem Weidegras aufgenommen, durchdringen die Darmwand und erreichen mit dem Lymphstrom die Lungen. Während ihres Durchtrittes durch das Lungenparenchym

häuten sich die immaturen Formen. Vollendet wird die Entwicklung erst in den Bronchen und in der Trachea. Die Präpatenzzeit beläuft sich auf annähernd drei Wochen.

Die *Symptome* der Diktyokaulose sind gut bekannt. Befallene Tiere leiden an Dyspnoe; ihre Atmung, anfangs einfach beschleunigt, wird zunehmend beschwerlicher. Bei der geringsten Anstrengung kommt es zu einem stoßweisen, schmerzhaften, zu Beginn trockenen, später mit schleimigem Auswurf einhergehenden Husten. Bald stellen sich Abmagerung und Entkräftung ein. Die Intensität des Wurmbefalls und die Widerstandskraft der Tiere bestimmen den Ausgang der Krankheit. Es kann zur Spontanheilung kommen und das um so eher, wenn die erkrankten Tiere eingestallt werden. Aber es wird auch über unvermutete Todesfälle berichtet, die sich im Gefolge eines Erstickungsanfalles durch Obstruktion der Bronchen oder auf Grund bakterieller Komplikationen ereignen.

Die *pathologisch-anatomischen Veränderungen* sind typisch für eine katarrhalische Tracheobronchitis; daneben bilden sich Atelektasen und ein Emphysem. Ferner werden häufig Herde einer lobären Pneumonie beobachtet. Das Lungenparenchym ist verdickt und dunkelrot verfärbt. Beim Durchschneiden tritt eine wäßrig-blutige Flüssigkeit aus, die im Falle von Sekundärinfektionen jauchig wird. Ursachen der Gewebsalterationen sind die Larvenwanderungen.

Die *Diagnose* ist klinisch relativ leicht zu stellen, obwohl man, um nicht zu irren, den Husten als entscheidendes Merkmal genau beachten muß. Bestätigt wird die Helminthose durch die Feststellung der Larven in den Faeces oder im Trachealschleim. Bei nur geringem Parasitenbefall ist der koproskopische Nachweis der Larven verhältnismäßig schwierig. In der *Therapie* der Diktyokaulose sind in den letzten Jahren Fortschritte erzielt worden. An die Stelle der zahlreichen über die Atemwege applizierten Präparate, wobei der Heilerfolg nur zufällig war, sind heute systemisch zu verabreichende Pharmaka getreten. Das Imidazothiazol-Derivat Tetramisol erweist sich als gut wirksam gegen *Dictyocaulus viviparus*, und zwar sowohl gegen die immaturen Stadien als auch gegen die adulten Helminthen. Als Dosierung werden 7,5 mg/kg bei parenteraler Zufuhr oder 10 bis 15 mg/kg bei oraler Gabe gewählt. Greift man zum Levamisol, der optisch linksdrehenden Form des Tetramisols, werden die Dosen um die Hälfte reduziert. Von den Benzothiazol-Derivaten haben das Cambendazol (20 bis 30 mg/kg per os) und das Fenbendazol (7,5 mg/kg per os) einen zufriedenstellenden anthelminthischen Effekt. Oftmals ist es unerläßlich, die spezifische Therapie durch eine allgemeinantibiotische Behandlung zu ergänzen.

Eine *Prophylaxe* bei auf der Weide befindlichen Saugkälbern läßt sich nur dann auf medikamentellem Wege erzielen, wenn ein sicher wirkendes Anthelminthikum in der präklinischen Phase appliziert wird, d. h. in einem Zeitraum, in dem sich die Tiere wahrscheinlich infizieren (z. B. im Juli). Die Verringerung der Zahl der Parasiten kann Wurmbronchitis-Attacken verhüten, ohne daß die immunologischen Wirtsreaktionen beeinflußt werden. Eine Vakzination, die in der oralen Verabreichung röntgenbestrahlter Larven (1000 je Dosis) besteht (zwei Gaben mit einem einmonatigen Intervall), ist lediglich dann zu empfehlen, wenn die Tiere im Stall gehalten werden und frühestens zwei Wochen nach der letzten Applikation auf die Weide kommen.

Aspergillose

Erreger der Lungenaspergillose ist der fadenförmige, saprophytisch lebende und nur gelegentlich zum Parasiten werdende Pilz *Aspergillus fumigatus*. Er wächst intrabronchal und im Parenchym der Lunge. Wenn die Mykose beim Kalb auch relativ selten auftritt, ist in den letzten Jahren doch eine Reihe von Fällen beschrieben worden.

Die Aspergillose stellt eine Pneumopathie ohne spezifische Symptome dar; sie erscheint als subakute oder chronische Form. Praktisch erlaubt nur die postmortale Untersuchung die Diagnose. Pathologisch-anatomisch zeigen sich grau-gelbliche, nekrotische Knötchen von einigen Millimetern bis zu 1 bis 2 cm Durchmesser. Mikroskopisch erkennt man einen zentralen Nekroseherd, in dessen Mitte die Pilzhyphen verschieden groß sichtbar sind. Die Tiere ziehen sich die Mykose in feuchten Ställen zu, die eine Entwicklung der Schimmelpilze in der Einstreu oder in den Futtermitteln begünstigen. Zustande kommt die Infektion auf aerogenem Wege durch Inhalation der Sporen. Mit anderen Worten, es handelt sich um eine Stallinfektion bei allgemein schlechtem Hygienestatus.

Parasitosen und Gesundheitswesen

Manche parasitäre Infektionen des Kalbes mit mehr oder minder großem Krankheitswert können auch auf den Menschen übertragen werden. Dieser Gesichtspunkt der bovinen Parasitosen sollte mit in Betracht gezogen werden, wenn die Risiken einzuschätzen sind, denen Personen mit Tierkontakten oder solche, die Kalbfleisch verzehren, ausgesetzt sind.

Räude

Von den Räudemilben (s. o.) vermag nur *Sarcoptes scabiei* auf den Menschen überzugehen und pathologische Veränderungen der Haut auszulösen. Bei wiederholten Kontakten zwischen räudigen Tieren und betreuenden Personen können die Parasiten in die menschliche Haut eindringen. Solche Fälle sind nicht selten. Da es aber nicht zu einer Vermehrung der Milben kommt, handelt es sich nicht um eine reguläre Besiedlung. Die Parasiten können sich acht Tage bis zwei Wochen auf dem Menschen aufhalten. Es entsteht ein Hautausschlag mit punktförmigen, rötlichen Bläschen und heftigem Juckreiz. Die durch das Kratzen verursachten Hautwunden fördern die Lichenifikation der besonders kontaktexponierten Körperstellen (Hände, Unterarme). Kommt es bei den erkrankten Rindern zu keiner Reinfektion, vor allem bei den behandelten Tieren, verschwinden bei den Patienten die Hauteffloreszenzen spontan. Gefährdete Personen können sich durch Auftragen eines topisch wirksamen Akarizids (z. B. auf der Basis von Benzylbenzoat) vor dem Befall mit Räudemilben schützen.

Dermatomykosen

Trichophyton verrucosum und auch *Trichophyton mentagrophytes* als Erreger von Dermatomykosen des Rindes sind in der Lage, sich auf der menschlichen Haut anzusiedeln. Die Übertragung mit Hilfe der Arthrosporen geschieht leicht, so daß Fälle von Dermatomykosen des Menschen, die von Kälbern erworben wurden, recht zahlreich sind. Beim Menschen manifestiert sich diese Zoonose auf verschiedene Weise. Es gibt suppurative Prozesse, die auf dem behaarten Kopf einen scheibenförmigen Herd bilden, dessen Oberfläche mit kleinen Eiterbläschen übersät ist (Kerion Celsi). Eine andere Form befällt als eitrige disseminierte Follikulitis das Gesicht und führt zur Trichophytia barbae (Bartflechte). Schließlich kann sich auf unbehaarten Stellen der Herpes circinatus ausbilden: runde, gerötete und schuppige Hautareale, Randzonen oft mit kleinen Bläschen besetzt. Die *Therapie* der sich schleichend entwickelnden Dermatomykosen des Menschen hat durch die Einführung des Griseofulvins einen großen Aufschwung genommen. Das Antibiotikum bewirkt eine rasche Heilung.

Direkte Übertragung von Parasiten

Indirekte Übertragung von Parasiten

ZUSAMMENFASSUNG

Rückblickend auf diese kurzgefaßte Darstellung der parasitären Erkrankungen muß der Eindruck entstehen, daß wir in bezug auf die wichtigsten Parasitosen über geeignete therapeutische Präparate verfügen, um sie erfolgreich zu bekämpfen. Jedoch wird der Wert der Chemotherapie durch den Kostenaufwand und die Schwierigkeiten bei der praktischen Anwendung begrenzt. Heutzutage, da neue Produktionstechnologien ein gehäuftes Auftreten bestimmter Parasitosen, z. B. der Ektoparasitosen, begünstigen, kommt es im Hinblick auf eine Schadensverhütung bzw. -begrenzung darauf an, auf die Durchsetzung strenger Hygieneregime zu achten.

Zystizerkose

Über diese Parasitose wird ausführlich im Teil IX dieses Werkes berichtet (LABIE-EECKHOUTTE: Fleischqualität).

Toxoplasmose

Der Erreger dieser protozoären Erkrankung, *Toxoplasma gondii*, konnte lange Zeit nicht in das zoologische System eingeordnet werden. Erst vor einigen Jahren gelang durch die Entdeckung seiner geschlechtlichen Formen, die in der Katze leben, der zweifelsfreie Nachweis, daß *Toxoplasma gondii* zu den Kokzidien gehört.

Der Mensch und zahlreiche Tiere werden von dem Parasiten sehr häufig befallen. Jedoch kommt die Vermehrung dieses Protozoons, die in einer großen Anzahl von Zellen, vor allem im retikulo-histiozytären System vonstatten gehen kann, meist sehr bald zum Stillstand. Demzufolge ist die Ausbreitung des Parasiten begrenzt. Seine einzelligen vegetativen Formen, die kaum mehr als 6 bis 7 μm messen, sammeln sich in Gruppen, die von einer ziemlich dicken Membran umgeben werden. Auf diese Weise entstehen Oozysten von 10 bis 60 μm Durchmesser; diese widerstandsfähigen Formen sind Ausdruck einer latenten Infektion, welche den Gesundheitszustand des Wirtes nicht negativ beeinflußt.

Die *Bedeutung der Krankheit* für den Menschen ergibt sich weniger aus der postnatal erworbenen Form, die oftmals klinisch inapparent verläuft, sondern vielmehr aus der konnatalen Toxoplasmose. Eine mütterliche Erstinfektion kann beim Fetus schwere Gehirnschäden und Fehlbildungen der Augen nach sich ziehen.

Der Mensch infiziert sich durch orale Aufnahme des Endgliedes der geschlechtlichen Entwicklung des Protozoons, der Oozysten, die von den Katzen als ihrem spezifischen Wirt ausgeschieden werden, wahrscheinlich in der Gamogonie-Phase. Eine größere Rolle spielt aber vermutlich das Fleisch. Die Toxoplasmazysten, die bei allen empfänglichen Tierarten und beim Menschen anzutreffen sind und den Parasiten in seiner Schizogonie-Phase beherbergen, kommen in der Muskulatur häufig vor. Der Genuß von rohem oder nicht durchgebratenem Fleisch ist deshalb Ausgangspunkt für die Infektion des Menschen. Auf diese Weise kann Kalb-, Rind-, Hammel- und Schweinefleisch zur Infektionsquelle werden. Bei Rindern als Toxoplasmaträgern fand man anhand serologischer Untersuchungen sehr schwankende Werte; die Quote der Antikörpertiter aufweisenden Tiere überstieg nicht 10%, d. h. der Anteil infizierter Tiere war weniger hoch als bei Schweinen und Schafen. Systematische Herdenuntersuchungen auf latente Toxoplasma-Infektionen sind beim Rind nicht vorgenommen worden. Die Toxoplasmose-Prophylaxe würde bessere Kenntnisse der epidemiologischen Zusammenhänge, als sie bisher erarbeitet worden sind, voraussetzen.

Kapitel 5 Stoffwechsel- und Ernährungsstörungen

P. LARVOR

In diesem Kapitel werden die wichtigsten Mangelerkrankungen (mit Ausnahme der Spurenelementmangelzustände, die in einem gesonderten Kapitel abgehandelt werden) sowie angeborene und erworbene Stoffwechselstörungen erörtert. Es sollen hier nicht alle experimentell ausgelösten Syndrome dargestellt werden, sondern nur diejenigen kommen in Betracht, die in der Praxis der Tierproduktion beobachtet werden. Beispielsweise läßt sich Calciummangel auf experimentellem Wege einfach erzeugen, doch gibt es ihn unter den gegenwärtigen Produktionsbedingungen beim jungen Kalb spontan nicht. Wegen der im folgenden dargestellten Krankheiten sorgt sich der Tierproduzent in der Regel nicht, weil sie als bedeutende Todesursachen offensichtlich nicht in Erscheinung treten. Trotzdem verdient diese Gruppe von Krankheiten mehr Beachtung, weil durch sie die Ökonomie des Betriebes beträchtlichen Schaden nehmen kann. Sobald Wachstumsdepressionen auftreten, gibt es empfindliche Rentabilitätseinbußen. Hinzu kommt, daß sich zu jenen Erkrankungen leicht mikrobielle Infektionen gesellen, die nicht haften würden, wenn sie nicht auf einen durch Mangelstatus oder Stoffwechselstörung geschwächten Organismus träfen.

Störungen des Wasser- und Mineralhaushaltes

Wassermangel ist eine häufig vorkommende, aber sehr oft unterschätzte Störung, bei der sich wieder bewahrheitet, daß die größten Fehler mitunter am schwierigsten nachzuweisen sind.

Ätiologie

Unter üblichen Bedingungen steht dem jungen Kalb mit der aufgenommenen Milch ausreichend Flüssigkeit zur Verfügung. Wenn es auf Grund eines profusen Durchfalles zur Dehydratation kommt, wiegt der damit verbundene Natriumverlust schwerer als der Wasserverlust. Man nimmt auch allgemein an, daß die vom Kalb mit der Tränke bzw. der Milch zugeführte Flüssigkeitsmenge in der Regel den Bedarf deckt. Es sind nicht die Diarrhoen der Neugeborenen, die am häufigsten ein Wasserdefizit bedingen. Der typischste Fall liegt vor, wenn mindestens zwei Monate alte Mastkälber im Sommer in einen in Leichtbauweise errichteten Stall umgestallt werden, der schlecht belüftet und daher sehr warm ist und in dem den Tieren außerhalb der Tränk- und Fütterungszeiten kein Wasser zur Verfügung steht. Im Fütterungsplan muß die Zunahme der Konzentration der Milchaustauscher berücksichtigt werden, die 200 g/kg (normale Milch: etwa 130 g/kg) erreichen oder überschreiten kann. Unter diesen Bedingungen verbrauchen die Kälber viel Wasser für die Thermoregulation (Wasserverdunstung über die Atemluft, Schwitzen, Transpiration), können ihre Wasserbilanz aber geradeso ausgleichen und zeigen keine gesundheitlichen Störungen. Tritt jedoch der geringste locus minoris resistentiae auf, z. B. in Form einer leichten Indigestion oder einer relativ harmlosen Infektion des Verdauungstraktes, und gesellt sich eine Diarrhoe hinzu, so wird der im Gleichgewicht befindliche Wasserhaushalt empfindlich gestört.

Pathogenese

Wärmeverluste lassen sich in wahrnehmbare Verluste (Strahlung, Konvektion usw.) in Form direkt meßbarer Wärmeübertragungen und in nicht wahrnehmbare Verluste (Verdunstung des Körperwassers) unterteilen. Da die Körpertemperatur unmittelbar an die Umgebungstemperatur grenzt, können die wahrnehmbaren Wärmeverluste vernachlässigt werden; die Wärmeabgabe wird vollständig durch die Verdunstung des Wassers bewerkstelligt [4]. Wiederkäuer schwitzen nur in geringem Maße; die Evaporation erfolgt bei ihnen über die Atemwege. Bei Kälbern kann ein Hitzeschock zu einer Steigerung der Atemfrequenz um das 25fache führen [20]. Erzeugt ein Kalb von 100 kg Körpermasse in einem Milieu mit erhöhter Temperatur 5000 kcal pro Tag, müssen täglich für die Abgabe der Wärme 8,3 l Wasser verdunsten. Diese Menge liegt etwas unter dem Wassergehalt der aufgenommenen Milch (12 l Milch enthalten ungefähr 10 l Wasser).

Für den Aufbau neuer Gewebssubstanz be-

Wassermangel

nötigt das Kalb 0,8 l Wasser, und mindestens 1 l Wasser ist für die renale Ausscheidung erforderlich. Somit verfügt der Wasserhaushalt des Kalbes nur über einen sehr engen Spielraum. Schon eine leichte Diarrhoe, die dem Körper je Tag 1 bis 2 l Wasser entzieht, reicht aus, um das Gleichgewicht in Richtung eines pathologischen Dehydratationszustandes zu verschieben.

Symptome

Betroffene Kälber leiden gewöhnlich unter Durchfall, oftmals leichteren Grades, sie sind teilnahmslos und liegen viel. Die angebotene Milch wird berochen und abgelehnt, oder es werden lediglich einige Schlucke genommen. Anzeichen der Dehydratation sind zwar wahrzunehmen, jedoch nur mäßig ausgeprägt. Dagegen werden Symptome wie sonst bei infektiösen Prozessen beobachtet: Dyspnoe und Hyperthermie. Die Hyperthermie resultiert aus der Überlastung der Thermoregulationsmechanismen; das Tier vermag nicht mehr genügend Wasser durch Verdunstung auszuscheiden, um der hohen Umgebungstemperatur entgegenzuwirken. Die dyspnoischen Beschwerden lassen sich mit den Anstrengungen des Tieres erklären, die Hyperthermie durch eine verstärkte evaporative Wärmeabgabe über die Lungen zu beseitigen. Das Kalb äußert keineswegs Durstgefühl, nimmt dargebotenes Wasser jedoch gierig auf.

Tabelle VI/3 Veränderung der Blutzusammensetzung beim Kalb durch Dehydratation infolge Wassermangels (nach J. C. Fayet, unveröffentlicht)

Blutparameter		Gesundes Kalb	Kalb im Zustand der Dehydratation
Na^+	mval/l	140	160
Cl^-	mval/l	100	140
HCO_3^-	mval/l	26	6
pH		7,34	7,10
Osmolarität	mOsm/l	295	400

Biochemisch zeigt sich ein recht aussagefähiges Bild: Die Erhöhung des Hämatokrits, der Bluteiweißwerte, des osmotischen Druckes und des Plasmanatriumspiegels weist deutlich auf das Vorhandensein einer hypertonischen Dehydratation hin (Tabelle VI/3). Der erhöhte Blutharnstoffgehalt ist auf die erheblich verminderte Diurese und die verstärkte katabole Stoffwechsellage (Freßunlust!) zurückzuführen. Der Kohlendioxiddruck (pCO_2) nimmt als Folge der Hyperventilation ab; es besteht eine metabolische Azidose mit partieller respiratorischer Kompensation.

Diagnose, Prognose, Therapie und Prophylaxe

Die klinische Diagnose ist nicht so einfach, wie es scheint. Bietet man kein Wasser an, zeigt das Kalb durchaus keinen Durst. Hyperthermie, Dyspnoe und Diarrhoe könnten an infektiöse Erkrankungen des Respirations- und Verdauungstraktes denken lassen. Recht häufig werden deshalb die an Wassermangel leidenden Tiere mit Antibiotika und Flüssigkeitsverluste kompensierenden Perfusionen behandelt. Es muß nicht betont werden, daß solche therapeutische Maßnahmen nutzlos sind, weil die Rehydratation mit einer Salzlösung, selbst wenn sie isotonisch ist, nicht dazu geeignet ist, den osmotischen Druck zu normalisieren. Wird daran gedacht, dem Tier Wasser anzubieten, das dann gierig getrunken wird (10 bis 15 l oder mehr bei ad-libitum-Aufnahme – cave Hämolyse durch hypotonischen Schock!), bereitet die Diagnose keine Probleme mehr. Gleichzeitig ist damit ein wichtiger therapeutischer Schritt erfolgt, denn der Wasserhaushalt bessert sich binnen weniger Minuten. Solange die Ursache der Krankheit nicht erkannt ist, bleibt die Prognose infaust. Es kommt vor, daß Dutzende Kälber verenden, bevor die Todesfälle ätiologisch geklärt sind. Die Prophylaxe ist ebenso einfach und effektiv wie die Therapie: In jeder Kälbermastanlage ist dafür Sorge zu tragen, daß die Tiere beliebig oft Wasser aufnehmen können.

Ätiologie

Ein Liter Kuhmilch enthält ungefähr 120 bis 140 mg Magnesium. Diese Menge reicht nicht aus, um den Bedarf des Kalbes zu decken. Abbildung VI/1 zeigt den Verlauf der Plasmamagnesiumspiegel bei vier Kälbern der normannischen Rasse, die über einen längeren Zeitraum ausschließlich mit Kuhmilch ernährt wurden. Die Kurven sind sehr charakteristisch, denn sie lassen bei dreien der Tiere einen zunehmenden Abfall des Blutmagnesiumspiegels als Ausdruck eines fortschreitenden Mangelzustandes erkennen, jedoch gibt es hinsichtlich des Kurvenverlaufs Unterschiede zwischen den Tieren. Zwei Versuchskälber weisen nach fünf Monaten noch keinen schweren Mangelstatus auf, während der Mg-Spiegel beim dritten Tier bereits nach zweimonatiger »natürlicher« Ernährung in einen gefährlichen Bereich abgesunken ist. Gleichzeitig läßt sich feststellen, daß die Tiere ein bis zwei Monate lang den Blutmagnesiumspiegel annähernd konstant halten. Zu erklären ist diese Erscheinung mit der ausgezeichneten Verdaulichkeit des Milchmagnesiums beim sehr jungen Kalb, die mit zunehmendem Alter schrittweise abnimmt [45].

Symptome

Die klinischen Anzeichen und die Biochemie des Magnesiummangels beim Kalb sind vor allem durch experimentell erzeugte Mangelsituationen erforscht worden. Mit diesen Modellversuchen kann rascher ein mit spontan auftretendem Defizit identisches Syndrom ausgelöst werden [27].
Magnesiummangel äußert sich in einer Verlangsamung des Wachstums, verbunden mit Lecksucht und Koprophagie. Typisch ist auch das Auftreten heftiger tonischer Krämpfe (Tetanie), von denen die gesamte Muskulatur oder Teile davon, insbesondere die Streckmuskeln (Opisthotonus), betroffen sind. Die Anfälle sind dramatisch und von kurzer Dauer, im allgemeinen gehen sie nicht über eine Minute hinaus. Falls das Tier überlebt, steht es rasch wieder auf, zeigt Speichelfluß und als Folge des Anfalles lediglich eine beschleunigte Atmung und erhöhte Herzfrequenz. Diese Erscheinungen verschwinden in weniger als einer halben Stunde. Nach einer unterschiedlichen Zeitdauer, die einige Stunden bis einige Tage betragen kann, normalisiert sich das Verhalten des Kalbes, bis es zu einem Rückfall kommt. Das Tier kann schon während des ersten Anfalles verenden, aber auch mehr als zehn Attacken überleben.
Die *pathologisch-anatomischen Veränderungen* sind nicht ausgeprägt: Gesehen werden eine Überbeanspruchung der Muskulatur, mitunter weißliche Flecke auf der Niere und teilweise atheromatöse Plaques in manchen Gefäßen (v. a. in der Aortenwand). In der Mehrzahl der Fälle weist das während eines Anfalles verendete Tier petechiale Blutungen am Herzen auf, die sich offenbar erst in der Agoniephase ausbilden, weil sie bei außerhalb des Anfalls ad exitum gekommenen Mg-Mangel-Tieren nicht zu beobachten sind.
Biochemisch fällt die ausgeprägte Hypoma-

Magnesiummangel

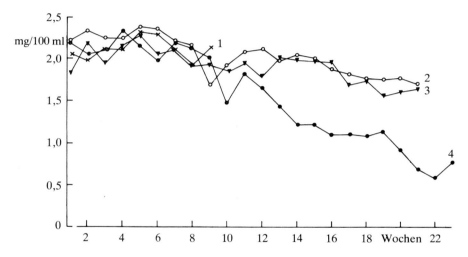

Abb. VI/1 Verlauf des Plasmamagnesiumspiegels bei vier ausschließlich mit Kuhmilch ernährten Kälbern

gnesämie auf. Es wird im allgemeinen angenommen, daß ein Tetanierisiko besteht, wenn der Mg-Gehalt im Blutplasma unter 1 mg/100 ml absinkt. Wenn eine Hypomagnesämie gefunden wird, ist damit auch eine Hypokalzämie verbunden, die durch orale oder parenterale Calciumgaben nicht zu beheben ist, wohl aber nach Zufuhr von Magnesium oder Vitamin D verschwindet [46]. Außerdem sind erniedrigte Phosphatspiegel und ein Abfall der alkalischen Phosphatase festzustellen [27]. Mit steigender Konzentration des freien Bilirubins im Blut entsteht eine geringgradige hämolytische Anämie [29].

Epidemiologie

Fälle von Tetanie durch Mg-Mangel bei Saugkälbern werden in Frankreich nur vereinzelt beobachtet. Über das häufigste Vorkommen im europäischen Raum wurde in den fünfziger Jahren in Schottland berichtet [6]. Überraschenderweise ist die Erkrankung unter Kälbern des »weißen« Limousin-Rindes, die ausschließlich mit Milch aufgezogen werden, so wie es im Departement Creuse noch praktiziert wird, nicht sehr verbreitet. Unterschiede in der Krankheitshäufigkeit zwischen den einzelnen Regionen beruhen vielleicht auf Temperaturdifferenzen, da bei Kälteexposition die Verdaulichkeit des Magnesiums beim Kalb abnimmt [22]. In neuerer Zeit gelangen in der Kälberaufzucht fast ausnahmslos Milchaustauscher-Präparate zum Einsatz, die in der Regel Mg-supplementiert sind. Dadurch ist die hypomagnesämische Tetanie selten geworden. Ältere Kälber sind im allgemeinen nicht betroffen, weil sie schon frühzeitig pflanzliches Futter unterschiedlicher Zusammensetzung erhalten, das oft relativ reich an Magnesium ist.

Pathogenese

Die Verringerung des extrazellulären Magnesiums wirkt sich in erheblichem Maße auf eine Vielzahl von Enzymen aus, die durch dieses Ion aktiviert werden. Eine Abnahme erfährt die Eiweißsynthese (ausführliche Darstellung der Effekte bei LARVOR, 1976). Verändert ist auch die neuromuskuläre Aktivität. Aus noch nicht vollständig geklärten Gründen neigt die Muskulatur bei Mg-Mangel zu tetanischen Krämpfen. Eine Rolle spielen könnte die Hemmung der durch Mg^{++} aktivierten Cholinesterase in der motorischen Endplatte oder die verringerte Bindung von Ca^{++} durch das sarkoplasmatische Retikulum (auch dieses Enzymsystem wird durch Mg^{++} aktiviert). Die Hypokalzämie und der Aktivitätsabfall der alkalischen Phosphatase haben ihre Ursache im verminderten Ca-Austausch durch die Knochen [28], d. h., durch die Hemmung des Katabolismus wird die Freisetzung von Calcium und Phosphor durch den Knochen unterdrückt. Zur hämolytischen Anämie kommt es vermutlich durch Inhibition des Stoffwechselweges der Pentosen in den Erythrozyten, insbesondere durch Hemmung der Glucose-Dehydrogenase [29].

Diagnose, Prophylaxe und Therapie

Es gibt wenige Krankheitssyndrome, die eine ähnliche Symptomatologie aufweisen: Die Zönurose oder die zerebrale Lokalisation der Zystizerkose sind beim Kalb außerordentlich selten, und infektiöse Enzephalitiden erzeugen nur ausnahmsweise vergleichbare klinische Anzeichen. In jedem Falle verlaufen diese Krankheitsbilder wesentlich mehr chronisch, das Verhalten der Tiere ist auch zwischen den Anfällen nicht normal. Experimentell ausgelöster Vitamin-B_1-Mangel beim Kalb ruft dem Mg-Mangel sehr ähnliche Symptome hervor; ein spontaner Thiaminmangel stellt beim Saugkalb aber eine sehr seltene Erscheinung dar. Vergiftungen durch chlor- und phosphororganische Verbindungen sowie durch Insektizide auf Carbamat-Basis können ähnliche nervale Symptome bewirken [41]. Im Zweifelsfall schafft der Magnesiumspiegel im heparinisierten, mit hoher Umdrehungszahl zentrifugierten Blutplasma (das hochtourige Zentrifugieren ist wichtig, weil es sonst durch den hohen Mg-Gehalt der Erythrozyten zur Hämolyse kommen kann) Klarheit. Liegen die Blut-Mg-Werte unter 1 mg/100 ml, ist eine hypomagnesämische Krise zu befürchten; unterschreiten die Werte 0,6 mg/100 ml, ist fast mit Sicherheit mit einem Tetanieanfall zu rechnen. Die Blutproben dürfen nicht unmittelbar nach einem Anfall entnommen werden, weil es durch die vorausgegangenen heftigen Kontraktionen der Muskulatur zeitweilig zu einem Wiederanstieg des Blut-Mg gekommen ist. Man sollte 24 Stunden warten, bis die Mg-Konzentrationen ihr niedriges Niveau wieder erreicht haben.

Zur *Prophylaxe* wird die Milch mit einem Magnesiumsalz angereichert. Empfohlen werden 190 mg Mg pro Liter Milch; meist wird bei der supplementierten Milch dieser Richtwert auch berücksichtigt [5].

Als Notfalltherapie perfundiert man ein Magnesiumsalz langsam intravenös, z. B. 3 g $MgCl_2$ pro 100 kg Lebendmasse, worauf in jedem Falle der Mg-Gehalt der Milch angehoben werden muß. Das kann mit 500 mg Magnesiumoxid pro Liter oder der entsprechenden Menge eines Magnesiumsalzes geschehen, über die gesamte Mastperiode.

Störungen des Natriumstoffwechsels infolge von Diarrhoen

Diarrhoen bei Neugeborenen verursachen massive Natriumverluste und ziehen einen salzmangelbedingten Dehydratationszustand nach sich [19]. Ausführliche Darlegungen zu diesem Thema sind in den Beiträgen von J.-C. FAYET und P. L. TOUTAIN im Teil III, Kapitel 6, und im Teil V, Kapitel 3, dieses Buches zu finden.

Urolithiasis bei Mastkälbern

Vorkommen

Kälber (und vor allem Lämmer), die mit hohem Kraftfuttereinsatz (pelletierte, getreidereiche Rationen) ernährt werden, zeigen ziemlich häufig Beschwerden beim Harnabsatz, die durch Konkrementbildungen in den Harnwegen bedingt sind. Aus ersichtlichen anatomischen Gründen sind männliche Tiere davon wesentlich häufiger betroffen als weibliche; bei letzteren gehen die Harnsteine leichter spontan ab.

Ätiologie

Die Ätiologie scheint beim Kalb und Lamm identisch zu sein. Das wird durch Beobachtungen und Versuche an beiden Tierarten belegt. Folgende Faktoren sind in der Harnsteingenese von Bedeutung:
• Mineralstoffimbalancen. Ein niedriger Ca/P-Quotient in der Ration spielt dabei stets eine wichtige Rolle. Erhöhter Phosphorgehalt des Futters ist nahezu ein konstanter »lithogener« Faktor [18, 30, 39]. Geringe Calciumkonzentration der Ration wirkt in der gleichen Richtung. Erhöhte Calcium- und Magnesiumkonzentrationen im Futter verringern die ungünstigen Effekte eines P-Überschusses, ohne sie ganz zu beseitigen [8, 9, 18, 36, 37, 42]. Diese Befunde erklären die besonders steinbildungsfördernde Wirkung getreidereicher Rationen. Berichtet wird auch über eine Urolithiasis bei Rindern, die mit an Reiskleie reichen Rationen gefüttert wurden [44].
• Mahlen der Futtermittel und noch mehr das Granulieren fördern das Auftreten von Harnsteinen [14], jedoch ist der ungünstige Effekt des Granulierens bestritten worden [35].
• Die Art der eingesetzten Futtermittel ist ebenfalls nicht ohne Bedeutung. Verfütterung von Mais, Sorghumhirse und Baumwollsaatmehl scheint größere Risiken in sich zu bergen [37, 42].

Pathogenese

Die Aufnahme übermäßiger Phosphatmengen mit dem Futter stimuliert die Aktivität der Parathyreoidea. Es kommt zu einem ernährungsbedingten Hyperparathyreoidismus (vermehrte Sekretion von Parathormon). Der renale Effekt von Parathormon (verminderte tubuläre Reabsorption von Phosphat) verursacht eine deutliche Steigerung der Phosphatausscheidung mit dem Harn [38, 42], in besonders starkem Maße bei den Tieren, die Steinträger sind (5fach bei gleicher Ration) [2].

Bei der Ratte kann eine mit Phosphatüberschuß experimentell erzeugte Nephrokalzinose durch Exstirpation der Nebenschilddrüsen gehemmt werden [11]. Übrigens ist das Vorkommen von Urolithiasis im Zuge eines primären Hyperparathyreoidismus beim Menschen eine bekannte Tatsache (52 Harnsteinfälle von 64 Fällen mit Hyperparathyreoidismus) [1]. Experimentell läßt sich eine Kalkkonkrementbildung in der Niere durch Injektion von Parathormon bei Maus, Ratte, Hund und Affe auslösen [3, 15]. Bei jungen Wiederkäuern, die mit getreidereichen Rationen gefüttert werden, bilden sich Phosphatsteine. Es handelt sich hauptsächlich um Calciumphosphate mit einem geringen Anteil von Magnesiumphosphat, bisweilen auch um Magnesiumammoniumphosphat [42, 44]. Zur Ausfällung der Phosphate kommt es auf Grund des erhöhten Harnphosphorgehaltes. Unter normalen, äquilibrierten Bedingungen übersteigt das Produkt aus Konzentration der in Lösung befindlichen Phosphationen (PO_4^{3-}) und Konzentration der im gelösten Zustand vorhandenen Calciumionen (Ca^{2+}) einen bestimmten Wert nicht (Fällungsprodukt). Steigt die Konzentration eines der beiden Ionen, fällt dadurch die entsprechende Calciumphosphatverbindung aus.

Symptome und Diagnose

Einen Sonderfall stellt die totale Verlegung der Urethra dar, wobei es rasch zur Harnblasenruptur und dadurch zum tödlichen Ausgang kommt. Am häufigsten werden Symptome einer partiellen Obstruktion der Harnwege gesehen. Sie manifestieren sich in Wachstumsverzögerung, Schmerzäußerungen, Krämpfen, Schwierigkeiten beim Harnabsatz (aus der unter Druck stehenden, gefüllten Blase fließt der Harn oft ununterbrochen ab) und in einem erhöhten Blutharnstoffspiegel.

Die *Diagnose* wird durch den Schlachtbefund bei einem der zuerst an der Krankheit verendeten Tiere gesichert. Dabei muß die Harnröhre sorgfältig untersucht werden, weil sich mitunter weder in der Harnblase noch im Nierenbecken Konkremente finden. Nur durch Einführung einer Sonde in die Urethra läßt sich ein in der S-förmigen Krümmung des Penis festgeklemmter Stein ermitteln.

Prognose, Therapie und Prophylaxe

Haben sich die Konkremente erst einmal gebildet, braucht man nicht auf ihre Auflösung zu hoffen. Die Prognose ist dann schlecht, da die einzige Behandlungsmöglichkeit in einem komplizierten und dazu unökonomischen chirurgischen Eingriff besteht. Somit kommt einer frühzeitigen Prophylaxe besondere Bedeutung zu. Sie basiert auf zwei Prinzipien: zum einen Verminderung der renalen Phosphatexkretion, zum anderen bessere Löslichkeit der Phosphate durch Beeinflussung der Harnzusammensetzung. Man muß sich stets vor Augen halten, daß es sich um eine Phosphatsteinbildung handelt und Behandlungs- und Vorbeugemaßnahmen, die sich bei Urolithiasisformen anderer Genese (vor allem in der Humanmedizin) bewährt haben, nicht einfach übertragen werden können. Das betrifft z. B. die Oxalatsteinbildung, bei der die Gabe von Magnesiumsalzen günstige Ergebnisse bringt. Um die Harnphosphate zu verringern, kann versucht werden, den Phosphorgehalt der Futtermittel zu reduzieren. Allerdings wird angesichts des hohen Anteils an Getreide in den Rationen immer mit einer relativ starken Phosphataufnahme zu rechnen sein. Zumindest sollten nicht zusätzlich P-haltige Mineralstoffmischungen verabreicht werden. Die Ration ist mit Calcium anzureichern, z. B. mit Calciumcarbonat, bis ein Ca/P-Verhältnis von 1:1 bis 1,5 erreicht ist. Dadurch wird die Aktivität der Parathyreoidea gedämpft. Außerdem muß ein erhöhter Vitamin-D-Gehalt des Futters vermieden werden. Fast immer besteht die Tendenz, dieses Vitamin überzudosieren, weil es kostengünstig ist, relativ lange bevorratet werden kann und es nicht erforderlich ist, bei dem geringen Bedarf auf einen großen Sicherheitsbereich zu achten. Mit der Solubilisation der Harnphosphate beschäftigt man sich in der Veterinärmedizin seit mehr als zwei Jahrzehnten.

Es konnte gezeigt werden [48], daß die Zugabe einer 4%igen Kochsalzlösung zur Ration die Häufigkeit von Urolithiasis deutlich vermindert und Kaliumchlorid in dieser Beziehung offenbar noch wirksamer ist [12]. Der prophylaktische Effekt ist vorrangig auf die Cl^--Ionen zurückzuführen [49, 50]. Da ein Anstieg des Harn-pH-Wertes das Entstehen einer Nephrokalzinose fördert [21], lag es nahe, Chloride von metabolisierbaren Kationen, wie sie das NH_4Cl repräsentiert, einzusetzen. Mit Ammoniumchlorid ließ sich eine bedeutende Ansäuerung des Wiederkäuerharns erzielen [7] und dadurch die Phosphatharnsteinbildung verhindern [2, 13, 50]. Eine NH_4Cl-Konzentration von 1 % der Trockensubstanz reicht aus, wobei es am günstigsten ist, die Substanz gleich bei der Futtermittelherstellung (Granulation) zuzuschlagen und mit zu verarbeiten.

Diese Art der Prophylaxe ist nicht teuer, weil die hohe Konzentration der Rationen an von den Pansenmikroben rasch verwertbarer Energie eine Nutzung des NH_4 für die Proteinsynthese bewirkt und damit beim Eiweißgehalt der Futtermittel etwas eingespart werden kann; theoretisch beträgt der Wert 1,65 %, vorausgesetzt, daß der ammoniakalische Stickstoff ebenso gut verwertet wird wie der Proteinstickstoff. Die Rechnung geht dann genau auf, wenn die Ration nicht zusätzlich mit Harnstoff supplementiert wird; in solchem Falle hebt sich der mit dem eingesparten Futtereiweiß erzielte Gewinn beinahe um den Preis des NH_4Cl wieder auf.

Vitaminmangel

Kuhmilch enthält je nach der Ernährung des Tieres unterschiedliche Mengen an Vitaminen. Meist decken diese Konzentrationen den Bedarf des Kalbes (Tabelle VI/4). Die Vitaminbedarfsnormen des Kalbes sind recht genau ermittelt worden, um die Milchaustauscher in den richtigen Komponentenrelationen herstellen zu können. In Tabelle VI/5 ist die wünschenswerte Vitaminzusammensetzung der Milch wiedergegeben. Zum Zeitpunkt des Absetzens sind die Kälber durch die Entwicklung der Pansenmikroben hinsichtlich der wasserlöslichen Vitamine im Prinzip nicht mehr auf exogene Zufuhr angewiesen. Dennoch können unter bestimmten Umständen die verfügbaren Mengen einiger Vitamine nicht bedarfsdeckend sein.

Tabelle VI/4 Vitamingehalt der Kuhmilch (Mittelwerte je Liter und je kg TS)

Vitamin		je Liter	je kg Trockensubstanz	Vitamin		je Liter	je kg Trockensubstanz
A	IE	1000	7000	B_6	mg	0,3	2
D	IE	3–40	20–300	B_{12}	mg	0,005	0,04
E	IE	5	35	Nikotinsäureamid	mg	1	7
K	mg	0,1	0,7	Biotin	mg	0,05	0,4
C	mg	15	100	Pantothensäure	mg	3	20
B_1	mg	0,3	2	Folsäure	mg	0,002	0,015
B_2	mg	1,5	10	Cholin	mg	130	900

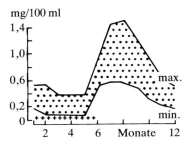

Abb. VI/2 Beziehung zwischen dem jahreszeitlichen Verlauf des Blutkarotinspiegels bei Kühen und der Durchfallfrequenz bei Kälbern (nach PROHASZKA, 1969)

Tabelle VI/5 Vitaminbedarf des Kalbes, bezogen auf 1 kg Trockensubstanz des Futters bzw. 100 kg Lebendmasse

Vitamin		je kg Trockensubstanz	je 100 kg Lebendmasse	Vitamin	je kg Trockensubstanz	je 100 kg Lebendmasse
A	IE	3000	6000	Nikotin-	–	–
D	IE	250	500	säureamid*		
E	IE	20	40	Biotin*	–	–
K*		–	–	Pantothen-	–	–
C**		–	–	säure*		
B_1***	mg	1	2	m-Inosit*	–	–
B_2***	mg	0,5	1	Folsäure	–	–
B_6***	mg	0,01	0,02			
B_{12}****						

* Es besteht offensichtlich kein Bedarf, weil unter normalen Bedingungen die mikrobielle Synthese im Darm die betreffenden Vitamine in ausreichendem Maße zur Verfügung stellt
** Ascorbinsäure ist für das Kalb nicht essentiell, kann jedoch die Resistenz gegenüber Infektionen fördern
*** Die zur Herstellung der Kälberfuttermittel eingesetzten Rohstoffe enthalten im allgemeinen bedarfsdeckende Mengen an diesen B-Vitaminen
**** Vgl. Cobalt

Mangel an fettlöslichen Vitaminen

Vitamin A

Bestimmte Carotinoide im Futter stellen als Vitamin-A-Vorstufen unter natürlichen Bedingungen für das Rind die einzige Vitamin-A-Quelle dar. Es konnte vielfach bewiesen werden, daß ein unzureichendes Vitamin-A-Angebot in der Ernährung der trächtigen Kuh vermehrte Todesfälle bei Kälbern in der Neugeborenenperiode nach sich zieht. Zwischen dem jahreszeitlichen Verlauf des Blutcarotinspiegels bei Kühen und der Häufigkeit kolibazillosebedingter Diarrhoen bei Kälbern fand PROHASZKA (1969) auffällige Beziehungen (Abb. VI/2). Er bestätigte auch die gute prophylaktische Wirkung einer oralen Vitamin-A-Gabe (1 bis 2 Millionen IE) an Kälber 2 bis 3 Stunden post partum, wenn eine wäßrige Suspension des Vitamins, die besser resorbiert wird, zum Einsatz kam. Die Befunde bei einer Vitaminzufuhr an die trächtigen Kühe waren nicht einheitlich, eine genaue Berechnung der Effekte ist jedoch nicht vorgenommen worden. Nach PROHASZKA besteht die Hauptwirkung von Vitamin A in der Beschleunigung der regenerativen Vorgänge an der Darmschleimhaut. In einer analogen Studie zeigte sich, daß eine Vitamin-A-Supplementation des Futters trächtiger Kühe der Rassen Angus, Hereford und Shorthorn [32] mit 1600 IE/Tag in den Wintermonaten die perinatale Sterblichkeit nicht beeinflußte, die Mortalität nach dem Absetzen der Kälber aber signifikant verringerte (Tabelle VI/6). Dagegen ergab die intramuskuläre Injektion von 300 000 IE Vitamin A unmittelbar nach der Geburt (bei anderen Autoren 1 bis 2 Millionen IE per os) keinen statistisch zu sichernden Effekt auf die Sterblichkeit (Tabelle VI/7).
Auf einem anderen methodischen Wege wurde in Rumänien die Bedeutung einer sich über die Fötalperiode erstreckenden Vitamin-A-Zufuhr für das Kalb nachgewiesen [52]. Bestimmungen des Carotingehaltes der Plazenten von Kühen, die in unterschiedlichen Zeiträumen abkalbten, ließen erkennen, daß sehr niedrige durchschnittliche Carotinkonzentrationen der Plazenten mit der postpartalen Erkrankungshäufigkeit der Kälber in enger Verbindung stehen (Tabelle VI/8).
Im Laboratorium von LARVOR wurde versucht, den angenommenen prophylaktischen Wert einer Vitamin-A-Behandlung des mütterlichen Organismus oder des Kalbes zu verifizieren [33]. Die Ergebnisse stimmen mit den Befunden von MEACHAM et al. (1970) überein. Danach bleibt eine Vitamin-A-Applikation an neugeborene Kälber ohne

Tabelle VI/6 Wirkung einer Vitamin-A-Supplementation (16000 IE/Tier täglich) bei trächtigen Kühen auf die Mortalität der Kälber – Supplementation in der Wintersaison (nach MEACHAM et al., 1970)

Kälber		Kontrollgruppe	Testgruppe
Tot geboren	n	6	17
	%	6,2	6,7
Todesfälle vor dem Absetzen	n	15	21
	%	16,5	8,8
Abgesetzte Kälber	n	76	217
	%	83,5	91,2

Effekt auf die Sterblichkeit der Jungrinder, während Vitamin-A-Gaben an die trächtigen Kühe die Sterblichkeitsrate der Kälber positiv beeinflußten (Tabelle VI/9). Dagegen konnten die Aussagen von PROHASZKA [40] trotz ähnlicher Versuchsbedingungen (Vitamin A als wäßrige Suspension, identische Dosierung, orale Applikation, Zeitpunkt der prophylaktischen Gabe) nicht bestätigt werden.
Eine in den Niederlanden durchgeführte Untersuchung [51] gibt vielleicht die Erklärung für die ausbleibende Wirkung einer Vitamin-A-Verabreichung an das Kalb. Die Studie zeigte, daß eine bessere Vitalität bei jenen Kälbern registriert werden konnte, deren Mütter zusätzlich Carotin erhielten; während der Vitamin-A-Gehalt des Blutplasmas und der Leber bei den behandelten Kühen erhöht war, traf das für die von den Kühen mit Vitamin-A-Supplementation stammenden Kälber nicht zu (Tabelle VI/10). Vitamin A scheint folglich dahingehend zu wirken, daß eine angemessene Ernährung des Fetus im Verlauf der Gravidität gewährleistet wird, möglicherweise über die Sicherung einer normalen Funktion der Plazenta.

Das Problem besteht nunmehr in der Beantwortung der Frage, ob in den Rinderpopulationen eine A-Avitaminose oder A-Hypovitaminose häufig vorkommt. Auf den ersten Blick könnte man meinen, daß sich solche Zustände kaum einstellen, doch wird eine derartige Aussage durch den Nachweis eines Defizits bei scheinbar normal mit Vitamin A versorgten Beständen relativiert [32, 33].

Bei der Durchsicht der neueren wissenschaftlichen Literatur entsteht der Eindruck, daß der Vitaminbedarf des Rindes unterschätzt wird, einfach weil die pathognomonischen Vitamin-A-Mangelsymptome, wie Hemeralopie, nur bei hochgradigem Defizit in Erscheinung treten. In Tabelle VI/11 sind die Bedarfswerte des Kalbes für Carotin und Vitamin A aufgeführt [43]. Zu beachten ist, daß 1 IE $\frac{1}{3}$ mg Vitamin A entspricht. Die Resultate belegen, daß unter normalen Bedingungen das

Tabelle VI/7 Wirkung einer Vitamin-A-Supplementation (300 000 IE/i. m. kurze Zeit nach der Geburt) beim Kalb (nach MEACHAM et al., 1970)

Parameter	Kontrollgruppe	Testgruppe
Gesamtzahl der Kälber	301	297
Todesfälle in den ersten 90 Tagen	7	8
Mortalität, %	2,3	2,7

Tabelle VI/8 Carotingehalt der Plazenta (Durchschnittswerte in µg/100 g) und Vitalität der Kälber (nach VINTAN et al., 1970)

Kälber	April–Juni	Okt.–Dez.
Gesund geblieben		
n	11	7
Carotin	277 ± 17	644 ± 73
Krank geworden		
n	11	7
Carotin	108 ± 21	177 ± 23

Tabelle VI/9 Beziehung zwischen Vitamin-A-Zusätzen zum Futter von trächtigen Kühen und/oder Kälbern und der Mortalität (nach MICHEL und DARDILLAT, 1972)

		Kontrollgruppe der Kälber	Behandelte Kälber*	Gesamtzahl der Kälber
Kontrollgruppe der Kühe	n	78	73	151
	Todesfälle	10	8	18
	Mortalität (%)	12,8	11,0	11,4
Behandelte Kühe**	n	71	74	145
	Todesfälle	2	7	9
	Mortalität (%)	2,8	9,5	6,2
Gesamtzahl der Kühe	n	149	147	
	Todesfälle	12	15	
	Mortalität (%)	8,0	10,2	

* 1 000 000 IE per os
** 30 000 IE/Tag per os

Tabelle VI/10 Einfluß des Carotingehaltes der Ration von trächtigen Kühen auf die Gesundheit der Kälber und deren Vitamin-A-Konzentrationen im Blutplasma und in der Leber (nach VAN LEEWEN, 1973)

Parameter		Carotingehalt der Ration	
		hoch	niedrig
Tägliche Aufnahme an Carotin	mg	790	10
Zahl der neugeborenen Kälber		16	7
Zahl der lebensschwachen Kälber		2	4
Vitamin-A-Gehalt			
Leber der Kühe	IE/g	46,3	14,6
Leber der Kälber	IE/g	5	6
Blutplasma der Kühe	IE/100 ml	60	32
Blutplasma der Kälber	IE/100 ml	15	14

Rind die vierfache Menge an β-Carotin im Vergleich zu Vitamin A benötigt, obwohl theoretisch aus einem Molekül β-Carotin zwei Moleküle Vitamin A entstehen.

Tabelle VI/11 Mangelerscheinungen in Abhängigkeit vom Carotin- bzw. Vitamin-A-Gehalt der Ration (nach ROY, 1970)

Untersuchte Wirkung	Bedarf bzw. Dosis in μg/kg Lebensmasse	
	Vitamin A	β-Carotin
Verhütung der Hemeralopie (Nachtblindheit)	8	24 – 35
Verhütung einer Wachstumsretardation	16	24 – 73
Verhütung der Verhornung des Ductus parotideus		53
Verhütung der Stauungspapille		53 – 79
Verhütung einer Erhöhung des Liquordruckes		66 – 106
Erreichen des maximalen Plasmaspiegels	128	
Erreichen maximaler Leberreserven	256	

Hinsichtlich des Vitamingehalts kann man sich bei bestimmten Zuständen sehr irren, z. B. wenn im Futter erhebliche Nitratmengen vorhanden sind. Einige amerikanische Arbeiten [23, 31] weisen darauf hin, daß Maissilage zwar einen ausreichenden Carotingehalt hat, aber zu geringe Mengen an Vitamin A enthält, vor allem wenn es sich um spät geernteten Mais handelt. Diese Befunde sind von MILLER et al. (1967) nicht bestätigt worden. Vermutlich beruhen die differenzierten Ergebnisse auf einer unterschiedlichen Konservierung der Silage und möglicherweise auf der Anwesenheit von Nitraten.

Mangelsymptome und Diagnose

Grundsätzlich ist zwischen dem schon pränatal erworbenen und dem im Verlauf des Wachstums auftretenden Vitaminmangel zu trennen. Der bereits bei der Geburt vorhandene Mangelzustand äußert sich in wenig spezifischen Symptomen: Die Neugeborenen sind klein und schwach, mitunter blind, wenn ein ausgeprägtes Defizit vorliegt. Die Tiere sind schon bald gegenüber allen klassischen Jungtierinfektionen anfällig. Bei solchen Kälbern wird bei der Geburt ein niedriger Carotingehalt der Plazenta gefunden [52] (Tabelle VI/8). Der postpartal erworbene Vitaminmangel kann unterschiedlich stark ausgeprägt sein, wie Tabelle VI/11 zeigt. Anfangs macht sich ein gestörtes Dämmerungssehen (Hemeralopie) bemerkbar. Ursache ist die mangelhafte Regeneration des Sehpurpurs, wodurch es zu einer Funktionshemmung der Sinneszellen in den Stäbchen der Netzhaut kommt. Bei stärkerem Vitamin-A-Mangel sind die Epithelzellen betroffen; augenfälligste Symptome sind dann die Verhornung des Parotisganges und die Xerophthalmie. Später folgen Stauungspapille, Zunahme des Liquordruckes, Hypophysenzysten, Optikusatrophie vor dem Chiasma, Exophthalmus und totale Blindheit. Diese Symptome scheinen mit Wachstumsanomalien der das Zentralnervensystem umhüllenden Meningen in Beziehung zu stehen. Ein frühzeitiges Stellen der Diagnose bereitet Schwierigkeiten: Die Vitamindosierung ist problematisch, nicht immer gibt es ausreichende Informationen zur Fetalperiode, und klinische Anzeichen sind nur gering ausgeprägt. Die Diagnose muß sich zum großen Teil auf die kritische Bewertung des Futters der erwachsenen und jungen Rinder stützen. Eine A-Hypovitaminose ist eine häufige Erscheinung, deshalb dürfte eine maßvolle Ergänzung der für die trächtigen Kühe und die Kälber bestimmten Rationen selten ein Fehler sein.

Vitamin D

Oft wird Vitamin-D-Mangel mit Rachitis beim Jungtier und Osteomalazie beim erwachsenen Tier gleichgesetzt. Eine solche Ansicht simplifiziert die tatsächlichen Gegebenheiten, denn es ist durchaus möglich, einen Vitamin-D-Mangel mit ganz geringen Manifestationen am Skelettsystem zu erzeugen, wenn durch Calcium- und Phosphorgaben diese Elemente in ausreichenden Mengen und ausgewogenen Relationen zur Verfügung stehen. In derartigen Fällen sind als Hauptsymptome eine

Hypokalzämie und eine ungenügende Verdaulichkeit des Futtercalciums zu beobachten. Je mehr eine Ca- und P-Zufuhr das Stoffwechselgleichgewicht stört, um so stärker steigt der Bedarf des Organismus an Vitamin D, um eine Rachitis zu verhindern. Der Vitamin-D-Bedarf läßt sich daher nicht in absoluten Kennziffern ausdrücken; das ist leicht zu verstehen, wenn man den Wirkungsmechanismus des Vitamin D betrachtet.

Wirkungsmechanismus des Vitamin D

Bei Vitamin-D-Mangeltieren ist die enterale Resorption von Calcium gestört. Nach Vitamin-D-Gaben normalisiert sich dieser Zustand nicht sofort, sondern erst mit einer Verzögerung von etwa 18 Stunden. In in-vitro-Versuchen mit Darmzotten von Vitamin-D-Mangelratten wurde festgestellt, daß keine Ca-Resorption stattfindet und auch die Zugabe von Vitamin D zum Milieu diesen Zustand nicht bessert.

Die Befunde führten 1972 die Arbeitsgruppe um DE LUCA in den USA zu der Hypothese, daß das Vitamin D im Organismus in aktive Metabolite umgewandelt wird, während es in seiner ursprünglichen Form nicht wirksam ist. In der Tat wird das natürlich vorkommende Vitamin D_3 (Cholecalciferol) das erste Mal in der Leber an Position 25, das zweite Mal in der Niere an Position 1 hydroxyliert (Abb. VI/3). So entsteht das 1,25-Dihydroxycholecalciferol (1,25-OH-CC), die biologisch aktive Form. Der zweite Hydroxylierungsschritt wird vom Phosphor- und Calciumhaushalt reguliert; so stimuliert ein erhöhter Blutphosphatspiegel ebenso wie das Parathormon die Hydroxylierung. 1,25-OH-CC ist daher mit einem Hormon vergleichbar, dessen Vorstufe das Vitamin D ist.

Der Wirkungsmechanismus entfaltet sich auf *zwei Ebenen:*
– Im Dünndarm stimuliert 1,25-OH-CC die Fähigkeit zur Calciumresorption, indem es die Mukosa zur Bildung eines Proteins mit hoher Bindungsaffinität zu Ca anregt (Calcium-Transportprotein, calciumbindendes Protein, CaBP).
– In den Knochenzellen aktiviert 1,25-OH-CC den Stoffwechsel und die Ca-P-Austauschprozesse.

Daraus folgt, daß der *Vitamin-D-Bedarf* von der Zusammensetzung der Ration abhängt. Ca-armes Futter bewirkt im Organismus regulativ eine verstärkte Bildung von 1,25-OH-CC, auf diese Weise die Synthese einer größeren Menge an Ca-Transportprotein in der Darmschleimhaut und damit eine bessere Ca-Verwertung. Eine solche Situation verlangt eine höhere Vitamin-D-Aufnahme, um rachitischen Veränderungen am Skelettsystem vorzubeugen.

Vitamin-D-Quellen und Vitamin-D-Bedarf

Die wichtigste natürliche Vitamin-D-Quelle für das erwachsene Rind stellt das Heu dar. Grünfuttermittel enthalten das Vitamin nicht; im Heu entsteht es im Verlauf des Trocknungsprozesses unter dem Einfluß des Sonnenlichtes (UV-Strahlung) aus pflanzlichen Sterolen. Vitamin D wird auch in den dem Sonnenlicht ausgesetzten Hautpartien der Tiere synthetisiert. Größtenteils erweist es sich als zweckmäßig, die Rationen für die erwachsenen Rinder mit exogenen Vitamin-D-Quellen (synthetische Präparate oder Lebertran verschiedener Fischarten) zu supplementieren.

Die Milch von Kühen, die mit Vitamin D ergänztes Futter bekommen, enthält unterschiedlich hohe Konzentrationen dieses Vitamins.

Der Gehalt der Kuhmilch schwankt zwischen 3 IE (bei Kühen ohne Vitamin-D-supplementierte Rationen in den Wintermonaten) und 40 IE. Angesichts des Mineralstoffreichtums der Kuhmilch, ferner der Tatsachen, daß das Neugeborene im allgemeinen noch Vitamin-D-Reserven besitzt und die Lactose eine gute Verwertung des Calciums gewährleistet, zeigen sich bei Saugkälbern kaum Anzeichen eines Vitamin-D-Mangels. Die optimalen

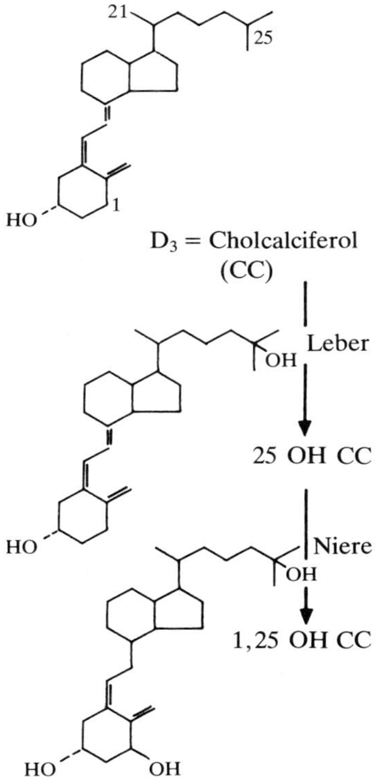

Abb. VI/3 Metaboliten des Vitamins D_3

Konzentrationen des Vitamins D in der Kuhmilch liegen bei 20 bis 40 IE/l.

In Milchaustauschern und Mastfuttermitteln für Jungrinder dürfte ein Vitamin-D-Gehalt von 250 IE/kg Futtermittel ausreichend sein, wenn die eingesetzten Ca- und P-Mengen korrekt sind. Oft werden Dosen in der Größenordnung von 1000 IE empfohlen, die nach unseren Erfahrungen den Bedarf weit überschreiten.

Mangelerscheinungen, Diagnose und Therapie
Beobachtet werden Wachstumsverzögerung, häufig gewisse Erregungszustände (bedingt durch Hypokalzämie), steifer und schwerfälliger Gang, Schwellungen der Gliedmaßengelenke (auf Grund von Auftreibungen im Bereich der Epiphysen) und der »rachitische Rosenkranz« (Auftreibung der sternalen Rippenenden am Übergang vom Knochen- zum Knorpelteil). An Knochenuntersuchungsbefunden sind zu nennen: geringe Verkalkung, Verbreiterung der Gelenkknorpel und oft Knochenverbiegungen. Die Blutuntersuchung fördert eine Hypokalzämie, eine Hypophosphatämie und einen Aktivitätsanstieg der alkalischen Phosphatase zutage.

Gewöhnlich werden die in der Praxis verabreichten Rationen in ausreichendem Maße mit Vitamin D ergänzt; deshalb ist Rachitis beim Kalb eine seltene Erscheinung. Werden Störungen des Skelettsystems sichtbar, sollte auch stets an Mangelzustände bei bestimmten Spurenelementen (v. a. Kupfer und Mangan) gedacht werden. Derartige Defizite treten in der Gegenwart offenbar häufiger auf.

Die Therapie besteht in der intramuskulären Applikation von Vitamin D (50000 IE/kg Lebendmasse) mit darauffolgender Supplementation der Ration. Eine Überdosierung ist unbedingt zu vermeiden, weil es sonst zu schwerwiegenden Störungen kommen kann (Hyperkalzämie, Kalkablagerungen im Weichgewebe, z. B. in Aorta und Niere).

Vitamin E

Ähnlich wie Selenmangel ruft Vitamin-E-Mangel beim Kalb eine charakteristische Myopathie hervor, die durch eine wachsige Degeneration (ZENKERsche Degeneration) der Muskelzellen gekennzeichnet ist. Ein spontanes Vitamin-E-Defizit beim Saugkalb kommt in Frankreich offenbar selten vor [25]. In der Regel entwickelt sich ein solcher Zustand nach einem Fehler bei der Herstellung von Milchaustauscher-Präparaten. Die Verwendung des besonders vitaminarmen Schweineschmalzes kann eine E-Avitaminose verursachen, falls keine Supplementation erfolgt.

In den *klinischen Symptomen* deckt sich die durch E-Avitaminose ausgelöste Myopathie mit der durch Selenmangel bedingten. Dagegen stellt sich die Prognose anders dar: Die Irreversibilität der biochemischen und zellulären Veränderungen äußert sich in einer rasch zum Tode führenden Entwicklung, unabhängig von der eingeleiteten Behandlung. Die Selenmangelmyopathie bildet sich nach Injektion des defizitären Elements recht gut zurück, falls kein lebenswichtiger Muskel betroffen ist.

Pathogenisch bestehen offensichtlich Unterschiede zwischen der durch E-Avitaminose und der durch Selenmangel verursachten Myopathie [25]. Die gegenwärtig bekannten Funktionen des Vitamin E erlauben keine vollständige Erklärung der zur Degeneration der Muskelzellen führenden pathogenetischen Mechanismen. Sein Antioxydans-Effekt, der für die Erhaltung der intrazellulären Organellen und der in ihnen eingeschlossenen Enzymsysteme wichtig ist, dürfte für das normale Funktionieren der Muskelzelle nicht der einzige Faktor sein.

Die *Diagnose* der E-Avitaminose läßt sich durch Bestimmung der Plasmatocopherolspiegel stellen. Für Myopathien typische Veränderungen der Plasmaenzymkonzentrationen (Transaminasen, Kreatinphosphokinase) sind ebenfalls nachgewiesen worden. Der gewöhnlich als wünschenswert bezeichnete Tocopherolgehalt der Ration liegt bei 2 bis 3 g/100 kg Futtertrockensubstanz (1 mg entspricht 1 IE). Um mögliche Verluste während der Lagerung des Futters auszugleichen, werden die Vitamin-E-Zusätze häufig verdoppelt oder verdreifacht.

Mangel an wasserlöslichen Vitaminen

Im Prinzip kann es bei Kälbern vor dem Absetzen nur dann zu Mangelerscheinungen kommen, wenn nicht mehr auf die natürliche Milch zurückgegriffen wird (vgl. Zusammensetzung der Kuhmilch in Tabelle VI/4). Mangelzustände hinsichtlich dieser Vitamine sind relativ selten und auf Fehler bei der Futtermittelherstellung zurückzuführen, da ansonsten die Bedarfsnormen des Kalbes recht gut bekannt sind (s. Tabelle VI/5). Im folgenden soll ein kurzer Überblick über einige klinisch relevante Mangelsituationen gegeben werden.

Vitamin B_1 (Thiamin)

Thiaminmangel ruft im wesentlichen Störungen des Nervensystems hervor, die ein wenig an Symptome bei Magnesiummangel erinnern. Er ist beim Kalb experimentell untersucht worden. Vitamin B_1 wirkt in seiner Pyrophosphorsäureester-Form (Thiaminpyrophosphat bzw. Cocarboxylase) als Coenzym der Transketolase im Pentosephosphatzyklus, bei der Decarboxylierung der α-Ketoglutarsäure im Krebszyklus und bei der Decarboxylierung von Pyruvat. Die Blockade der letztgenannten Reaktion führt im Blut zur Akkumulation großer Mengen an Brenztraubensäure und Milchsäure. Weniger informiert ist man über den Wirkungsmechanismus eines Vitamin-B_1-Mangels auf das Nervensystem, obwohl außerordentlich auffällige Krankheitszeichen existieren: Polyneuritis mit Ataxie, Krämpfen, Konvulsionen und Lähmungen sowie Zerebrokortikalnekrose. Diesen nervalen Symptomen gehen weniger spezifische Manifestationen in Form von Inappetenz und Wachstumsverzögerung voraus.

Vitamin B_2 (Riboflavin)

Vitamin B_2 ist in Gestalt des Phosphorsäureesters an der Aktivierung der für den Wasserstofftransport in der Atmungskette wichtigen Flavinenzyme beteiligt. Ferner greift es in die β-Oxidation der Fettsäuren und in die Synthese der langkettigen Fettsäuren ein. Die Mangelerscheinungen sind nicht immer sehr deutlich. Beobachtet werden Wachstumshemmung, trockene, schuppende Dermatitis, Alopezie und Haarbrüchigkeit. Es könnte dabei auch an Zinkmangel gedacht werden, der offensichtlich häufiger vorkommt.

Vitamin B_6 (Pyridoxin)

Die experimentelle Erzeugung eines Vitamin-B_6-Mangels ist ein recht langwieriger Prozeß. Pyridoxinmangel beeinflußt häufig den Eiweißstoffwechsel (Transaminasen, insbesondere die Glukoneogenese aus Proteinen). Zu einem Vitamin-B_6-Defizit kommt es in der Praxis der Kälberproduktion gewiß nicht oft, da die zur Futtermittelherstellung eingesetzten Rohstoffe bedarfsdeckende Mengen an Pyridoxin enthalten.

Enzymmangelzustände

Seit langem ist bekannt, daß der Intestinaltrakt nicht in der Lage ist, jedes beliebige Kohlenhydrat zu resorbieren. Während die Monosaccharide wie Glucose oder Fructose direkt resorbierbar sind, müssen die höheren Kohlenhydrate, wie Disaccharide (Lactose,

Spezielle Pathologie

ZUSAMMENFASSUNG

Stoffwechselkrankheiten beim jungen Kalb stellen ein Gebiet mit oftmals schwieriger Diagnostik dar. Wenn auch einige Hauptsymptome gut bekannt und einzustufen sind, gibt es doch noch eine ganze Reihe von Krankheitszuständen mit nicht klaren Konturen, gewöhnlich unter dem Begriff »Indigestionen« zusammengefaßt, für deren Aufhellung noch viel Arbeit geleistet werden muß. Für die Enterotoxämien, bei denen der mikrobielle Faktor entscheidend ist, besitzen nutritive Aspekte sicher ebenfalls Bedeutung, die zwar nur ungenügend aufgeklärt sind, aber bestimmt eine Rolle spielen. Hinsichtlich der Stoffwechselerkrankungen beim Kalb wird die Erforschung der Fetalperiode künftig die meisten Überraschungen bereithalten.

Saccharose) oder Polysaccharide (Stärke), vorher hydrolysiert werden. Falls die entsprechenden Enzyme in der Darmmukosa fehlen, können die Kohlenhydrate nicht verwertet werden, wobei zwei Phänomene auftreten:
– Die Kohlenhydrate mit relativ niedriger Molekularmasse entfalten einen starken osmotischen Druck, der den Einstrom von Wasser in den Darm nach sich zieht.
– Die nicht resorbierten Kohlenhydrate werden im Bereich des Blinddarms und des Dickdarms mikrobiell gespalten.

Dem jungen Kalb stehen manche Verdauungsenzyme (Saccharase, Amylase) nicht zur Verfügung. Frühzeitiges Verfüttern der entsprechenden Kohlenhydrate ruft mehr oder minder schwerwiegende Störungen hervor. Ferner konnte durch MATHIEU und BARRE (1968) gezeigt werden, daß der Austausch von Lactose gegen Saccharose beim jungen Kalb zu anhaltender Diarrhoe führt, die sogar tödlich enden kann. Es scheint jedoch, daß ältere Mastkälber zur Sekretion von Saccharase (α-Glucosidase) befähigt sind. Das belegt die sehr häufig geübte Praxis, in den letzten Tagen vor der Schlachtung an die »weißen« Creuse-Kälber Zucker zu verfüttern, ohne daß es zu Störungen der Verdauungsfunktionen kommt und indem Leberglycogen gespeichert wird. Gleiches trifft für die Stärke zu, die vom neugeborenen Kalb noch nicht verdaut werden kann. Erst nach Verfüttern dieses Kohlenhydrats bildet sich allmählich jene Fähigkeit aus. Auf Grund der hohen Molekularmasse der Stärke und des geringen osmotischen Druckes wird im allgemeinen kein Durchfall beobachtet. Stärke vermag große Mengen Wasser zu binden, so daß man mit ihr sogar eine Diarrhoe verschleiern kann, ohne natürlich die zugrunde liegenden pathologischen Effekte zu beseitigen.

Die postnatale Entwicklung und Verteilung der Disaccharidasen in der Darmschleimhaut des jungen Kalbes sind von TOOFANIAN et al. (1973) untersucht worden. Bei der Geburt ist das Lactasebildungsvermögen normalerweise schon stark ausgeprägt; gleiches gilt für die Cellobiase und die Trehalase. Dagegen ist nur eine sehr geringe Maltase-Aktivität festzustellen, die erst nach und nach zunimmt. Diese Befunde decken sich mit dem bei der Mehrzahl der Spezies ermittelten Ergebnis, daß bei Geburt die β-Saccharidasen gegenüber den α-Saccharidasen überwiegen [16, 17, 24].

Beim menschlichen Säugling sind Fälle von Milchunverträglichkeit bekannt, die mit profusem Durchfall einhergehen. Die Ursache ist genetisch bedingt und besteht im Fehlen der Darmlactase. Manche Autoren werfen deshalb die Frage auf, ob nicht auch beim Kalb ein genetisch determinierter Enzymmangel vorliegen könnte. Die Aktivität der Darmlactase ist bei durchfallkranken Kälbern untersucht worden [10]. Man fand zwar einen merklichen Abfall der Lactase-Aktivität in der Darmmukosa, doch scheint es, daß die geringe Aktivität eher die Folge als die Ursache der Diarrhoe ist. Wahrscheinlich sind Lactasemangelzustände mit hauptsächlich genetischer Komponente seltene Ereignisse und wirtschaftlich ohne Bedeutung. Dennoch beansprucht jener Befund Interesse, weil er bestätigt, daß ein durchfallkrankes Kalb nicht auf eine totale Krankendiät gesetzt werden muß, sondern in erster Linie eine Überladung des Verdauungstraktes mit schlecht metabolisierbaren, das Leiden noch verschlimmernden Substanzen zu vermeiden ist. Darüber hinaus wäre der Frage weiter nachzugehen, ob es bei der Herstellung von Milchpräparaten für therapeutische Zwecke nicht wünschenswerter wäre, andere Kohlenhydrate als Lactose einzusetzen, um den Verdauungstrakt der kranken Kälber zu schonen.

LITERATUR

[1] ALBRIGHT, F.; REIFENSTEIN, E. C., 1948 – The parathyroid glands and metabolic bone disease. 393 pp. Williams et Wilkins Ed., Baltimore.
[2] BARLET, J. P.; THERIEZ, M.; MOLENAT, G., 1973 – L'urolithiase ovine. Effets d'un phosphonate de sodium et du chlorure d'ammonium. Ann. Biol. Anim. Bioch. Biophys., 13, 627–641.

[3] BERRY, J. P., 1970 – Néphrocalcinose expérimentale par injection de parathormone. Etude au microanalyseur à sonde électronique. Néphro, 7, 97–116.
[4] BLAXTER, K. L., 1962 – The energy metabolism of ruminants. 1 vol, 332 pp. Hutchinson Ed., London.
[5] BLAXTER, K. L., ROOK, J. A. F., 1954 – Experimental magnesium deficiency in calves. II. The metabolism of calcium, magnesium and nitrogen and magnesium requirements. J. Comp. Pathol., 64, 176–186.
[6] BLAXTER, K. L.; SHARMAN, G. A. M., 1955 – Hypomagnesemic tetany in beef cattle. Vet. Rec., 67, 108–115.
[7] BRAITHWAITE, G. D., 1972 – The effect of ammonium chloride on calcium metabolism in sheep. Br. J. Nutr., 27, 201–209.
[8] BUSHMAN, D. H.; EMERICK, R. J.; EMBRY, L. B., 1965a – Mineral relationships in ovine urolithiasis. J. Anim. Sci., 24, 876.
[9] BUSHMAN, D. H.; EMERICK, R. J.; EMBRY, L. B., 1965b – Experimentally induced ovine phosphatic urolithiasis: relationships involving dietary calcium, phosphorus and magnesium. J. Nutr., 87, 499–504.
[10] BYWATER, R. J.; PENHALE, W. J., 1969 – Depressed lactase activity in the intestinal mucous membrane of the calves after neonatal diarrhoea. Res. Vet. Sci., 10, 591–593.
[11] CLARK, I.; RIVERA-CORDERO, F., 1972 – Prevention of phosphateinduced nephro-calcinosis by parathyroidectomy. Proc. Soc. Exp. Biol. Med., 139, 803–805.
[12] CROOKSHANK, H. R., 1966 – Effect of sodium or potassium on ovine urinary calculi. J. Anim. Sci., 25, 1005–1009.
[13] CROOKSHANK, H. R., 1970 – Effect of ammonium salts on the production of ovine urinary calculi. J. Anim. Sci., 30, 1002–1004.
[14] CROOKSHANK, H. R.; PACKETT, L. V. JR.; KUNKEL, H. O., 1965 – Ovine urinary calculi and pelleted rations. J. Anim. Sci., 24, 638–642.
[15] DRACH, G. W.; BOYCE, W. H., 1972 – Nephrocalcinosis as a source for renal stone nuclei. Observations on humans and squirrel monkeys and on hyperparathyroidism in the squirrel monkey. J. Urol., 107, 897–904.
[16] DEREN, J. J., 1968 – Development of intestinal structure and function. In Handbook of Physiology, Sut 6, vol 3, 1099–1123, Ed. C. F. CODE, Publ. Amer. Physiol. Soc.
[17] DOELL, R. G.; KRETCHMER, N., 1962 – Studies of small intestine during development. I. Distribution and activity of β galactosidases. Biochim. Biophys. Acta, 62, 353–362.
[18] EMERICK, R. J.; EMBRY, L. B., 1962 – Calcium and phosphorus levels related to urinary calculi in sheep. J. Anim. Sci., 21 995.
[19] FAYET, J. C., 1969 – Recherches sur le métabolisme hydrominéral chez le veau normal ou en état de diarrhée. Rech. Vétér. (1), 99–126.
[20] FINDLAY, J. D., 1957 – The respiratory activity of calves subjected to thermal stress. J. Physiol., 136, 300.
[21] GYORY, A. Z.; EDWARDS, K. D. G.; ROBINSON, J.; PALMER. A. A., 1970 – The relative importance of urinary pH and urinary content of citrate magnesium and calcium in the production of nephrocalcinosis by diet and acetazolamide in the rat. Clin. Sci., 39, 605–623.
[22] HOHNECK, E. B., 1959 – Über den Einfluß der Temperatur auf den Magnesium- und Calcium-Stoffwechsel beim Kalb. Thèse vétérinaire, 64 pp., Hannover.
[23] JORDAN, H. A.; SMITH, G. S.; NEUMANN, A. L.; ZIMMERMANN, J. E.; BRENIMAN, G. W., 1963 – Vitamin A nutrition of beef cattle fed corn silages. J. Anim. Sci., 22, 738–745.
[24] KOLDOVSKY, O.; CHYTIL, F., 1965 – Postnatal development of β galactosidase activity in the small intestine of the rat: effect of adrenalectomy and diet. Biochem. J., 94, 266–270.
[25] LAMAND, M., 1970 – Lésions biochimiques dans la myopathie du veau par carence en sélénium. C. R. Acad. Sci., 2, série D, 270, 417–420.
[26] LARVOR, P., 1976 – Magnesium, humoral immunity and allergy. 2nd International Symposium on Magnesium, Montréal 30 mai 1er juin 1976.
[27] LARVOR, P.; GIRARD, A.; BROCHART, M.; PARODI A.; SEVESTRE, J., 1964a – Etude de la carence expérimentale en magnésium chez le veau. 1. Observations cliniques, biochimiques et anatomopathologiques. Ann. Biol. Anim. Bioch. Biophys., 4, 345–369.
[28] LARVOR, P.; GIRARD, A.; BROCHART, M., 1964b – Etude de la carence expérimentale en magnésium chez le veau. 2. Interférence entre la carence en magnésium et le métabolisme du calcium. Ann. Biol. Anim. Bioch. Biophys., 4, 371–382.
[29] LARVOR, P.; KWIATKOWSKI, T.; LAMAND, M., 1965 – Etude de la carence expérimentale en magnésium chez le veau. 4. Mise en évidence de phénomènes hémolytiques et de modifications enzymatiques (glucose 6 phosphate déshydrogénase et transaminase glutamique oxalacétique). Ann. Biol. Anim. Bioch. Biophys., 5, 389–398.
[30] LINDLEY, C. E.; TAYSON, E. D.; HAM, W. E.; SCHNEIDER, B. H., 1953 – Urinary calculi in sheep. J. Anim. Sci., 12, 704–714.
[31] MARTIN, F. H.; ULLREY, D. E.; MILLER, E. R.; KEMP, K. E.; GEASLER, M. R.; HENDERSON, H. E., 1971 – Vitamin A status of steers as influenced by corn silage harvest date and supplemented vitamin A. J. Anim. Sci., 32, 1233–1237.
[31a] MATHIEU, C. M.; BARRE, P. E., 1968 – Digestion et utilisation des aliments par le veau préruminant à l'engrais, 4. Remplacement des matières grasses du lait par le saccharose. Ann. Biol. Anim. Biochim. Biophys., 8, 501–515.
[32] MEACHAM, T. N.; BOVARD, K. P.; PRIODE, B. M.; FONTENOT, J. P., 1970 – Effect of supplemental vitamin A on the performance of beef cows and their calves. J. Anim. Sci., 31, 428–433.
[33] MICHEL, M. C.; DARDILLAT, J., 1972 – Quelques aspects de la pathologie néonatale du veau. Bulletin Technique du C.R.Z.V. de Theix, n° 7, 31–37.

[34] MILLER, R. W.; MOORE, L. A.; WALDO, D. R.; WRENN, T. R., 1967 – Utilization of corn silages carotene by dairy cows. J. Anim. Sci., 26, 624–627.
[35] O'BRIEN, C. A., 1965 – Effect of physical form of ration upon calculi formation and lambs performance. J. Anim. Sci., 24, 899.
[36] PACKETT, L. V.; HAUSCHILD, P. J., 1963 – Relationship of magnesium, calcium and phosphorus to incidence of urinary calculi in lambs. J. Anim. Sci., 22, 843.
[37] PACKETT, L. V.; HAUSCHILD, J. P., 1964 – Phosphorus, calcium and magnesium relationships in ovine urolithiasis. J. Nutr., 84, 185–190.
[38] PACKETT, L. V.; LINEBERGER, R. O.; JACKSON, H. D., 1968 – Mineral studies in ovine phosphatic urolithiasis. J. Anim. Sci., 27, 1716–1721.
[39] PONTIUS, B. E.; CARR, R. H.; DOYLE, L. P., 1931 – Urinary calculi in sheep. J. Agric. Res., 42, 433.
[40] PROHASZKA, L., 1969 – Relations entre l'approvisionnement en carotène de la vache et la colibacillose du veau. Trad. Française éditée par Hoffmann La Roche.
[41] RADELEFF, R. D., 1974 – La toxicité des insecticides et des désherbants, 299–313. In W. J. Gibbons, E. J. Catcott et J. F. Smithcors »Médecine et chirurgie des bovins« 1 vol., 938 pp. Vigot Frères Ed., Paris.
[42] ROBBINS, J. D.; KUNKEL, H. O.; CROOKSHANK, H. R., 1965 – Relationship of dietary mineral intake to urinary mineral excretion and the incidence of urinary calculi in lambs. J. Anim. Sci., 24, 76–82.
[43] ROY, J. H. B., 1970 – The calf. 2 vol., Iliffe Ed., London.
[44] SHIRLEY, R. L.; EASLEY, J. F.; AMMERMAN, C. B.; KIRK, W. G.; PALMER, A. Z.; CUNHA, T. J., 1964 – Some observations of urinary calculi in cattle. J. Anim. Sci., 23, 298.

[45] SMITH, R. H., 1957 – Calcium and magnesium metabolism in calves. Plasma levels and retention in milk-fed calves. Biochem. J., 67, 472–481.
[46] SMITH, R. H., 1958 – Calcium and magnesium metabolism in calves. 2. Effect of dietary vitamin D ultraviolet irradiation on milk-fed calves. Biochem. J., 70, 201–205.
[46a] TANAKA, Y.; FRANK, H.; DE LUCA, H. F., 1972 – Role of 1,25 Dihydroxicholecalciferol in calcification of bone and maintenance of serum calcium concentration in the Rat. J. Nutr., 102, 1569–1578.
[47] TOOFANIAN, F.; HILL, F. W. G.; KIDDER, D. E., 1973 – The mucosal disaccharidases in the small intestine of the calf. Ann. Rech. Vétér., 4, 57–69.
[48] UDALL, R. H., 1959 – Studies on urolithiasis. 3. The control by force feeding sodium chloride. Amer. J. Vet. Res., 20, 423–425.
[49] UDALL, R. H.; SEGER, C. L.; CHEN CHOW, F. H., 1965a – Studies on urolithiasis. VI. The mechanism of action of sodium chloride in the control of urinary calculi. Cornell Vet., 55, 198–203.
[50] UDALL, R. H.; CHEN CHOW, F. H., 1965b – Studies on urolithiasis. VII. The effects of sodium, potassium or chloride ions in the control of urinary calculi. Cornell Vet., 55, 538–544.
[51] VAN LEEWEN, J. M., 1973 – Effects of the supply of "carotene" and manganese to Dutch Friesian heifers during pregnancy calving and early lactation. Tijdschr. Dirgeneesk., 98, 65–71.
[52] VINTAN, A.; BIRUESCU, A.; GHERDAN, A.; MILOS, M.; PALINGAS, A., 1970 – Carotenul placentar si afectiunile digestive ale viteilor now-nascuti. Rev. Zoot. si Med. Vet. (2), 35–44.
[53] WASSERMAN, R. H.; TAYLOR, A. N., 1966 – Vitamin D_3 induced Calcium-binding protein in chick intestinal mucosa. Science, 152, 791–793.

Kapitel 6   Spurenelementmangel

M. LAMAND

Kälber vor dem Absetzen decken ihren Spurenelementbedarf aus zwei Quellen: einmal aus den Leberreserven, die ihnen der mütterliche Organismus bis zur Geburt zur Verfügung stellt, zum anderen aus der Mutter- und Tränkmilch. Diese Quellen erweisen sich häufig als unzureichend. Junge Tiere reagieren auf Mangelsituationen besonders empfindlich, weil ihre Bedarfsnormen durch das intensive Wachstum erhöht sind. Dadurch äußern sich solche defizitären Zustände deutlicher als bei älteren Kälbern oder bei adulten Tieren und in akuter Form. Die Spurenelemente gewährleisten als Bestandteile von Enzymsystemen das Funktionieren verschiedener Stoffwechselwege, die beim Jungtier auf Grund seiner raschen Körpermassezunahme in hohem Maße beansprucht werden. Das Erscheinen von Mangelsymptomen hängt teilweise vom Wachstumstempo ab; umgekehrt können durch beschleunigtes Wachstum schon bestehende Mangelzustände aufgedeckt werden.

Tabelle VI/12 Vergleich zwischen Gehalt in der Kuhmilch und Bedarf der Saugkälber an Spurenelementen (Ernährung mit Kuhmilch) [11]

Element	Kuhmilch* mg/kg TS	Bedarf mg/kg TS
Eisen	1,5 – 3,8	15,0
Kupfer	0,15 – 1,15	5,0 – 10,0
Zink	15,0 – 38,0	50,0
Mangan	0,2 – 0,4	50,0
Selen	0,08 – 0,4	0,1
Jod	0,1 – 0,2	0,12
Vitamin B_{12}	0,02 – 0,05	0,02 – 0,04
Chrom (?)	0,08 – 0,15	2,0

* 1 l Milch = 130 g Trockensubstanz (TS)

Tabelle VI/12 [11] belegt, daß die Kuhmilch arm an Spurenelementen ist. Bei einigen von ihnen kann der Bedarf der Kälber nur in dem Maße gedeckt werden, wie die Leberreserven das Defizit auszugleichen vermögen. Für andere Elemente gilt, daß der Gehalt in der Milch je nach Ernährung des Muttertieres variiert. Das betrifft das Jod und das Selen, deren Konzentrationen mit dem Gehalt dieser Spurenelemente in den Futterrationen der Kühe korrelieren. Gleiches läßt sich vom Vitamin-B_{12}-Gehalt der Milch sagen, der in bestimmtem Maße die Versorgung des Muttertieres mit Cobalt anzeigt. Im Hinblick auf Eisen, Kupfer und Mangan sind die vor der Geburt angelegten Leberreserven der entscheidende Faktor. Zinkmangel tritt auf, wenn der Zinkgehalt in der Milch unter den Normbereich sinkt, d. h. er ist von der Zn-Supplementierung der Muttertierration abhängig. Obwohl Zink als ein durch das Saugkalb sehr gut verwertbares Element angesehen werden muß [16], kommt es vor, daß Kälber – wahrscheinlich auf Grund veränderter Verdaulichkeit – Mangelsymptome zeigen [11, 19]. Es ist daher angebracht, den Zinkgehalt in der Kälberration zu erhöhen (auf etwa 40 bis 50 mg/kg Trockensubstanz [15]. Eine Unterversorgung mit Kupfer, Cobalt, Zink und Selen konnte generell für alle in Frankreich produzierten Futtermittel konstatiert werden. Spurenelementmangelerscheinungen bei Kälbern, die auf Milchbasis ernährt werden, stehen in enger Beziehung zur Mineralstoffsupplementierung der Kühe. Die Zusammensetzung der Futtermittel für die Saugkälber muß bedarfsdeckend korrigiert werden, ohne einen Überschuß an Mikroelementen zuzulassen, Jungtiere sind für Intoxikationen, z. B. durch Kupfer, recht anfällig. Für Selen sieht die französische Gesetzgebung eine oberste Grenze von 0,5 mg/kg Trockensubstanz vor.

Risiken eines Spurenelementmangels

Klinische Symptome bei Spurenelementmangel

Eisen

Eisenmangel beim Kalb ist eine gewöhnliche Erscheinung, weil die Milch immer – unabhängig von der Ernährung des Muttertieres – zu geringe Eisenmengen enthält. Ein gewisser Mangelstatus ist übrigens bei den Produzenten erwünscht, um helle Schlachtkörper (weißes Fleisch) zu erzielen. Gegenwärtig setzen die Hersteller den Futtermitteln für Saugkälber eine geringe Menge Eisen zu, um ein bestimmtes Gleichgewicht zwischen Anämierisiko, heller Färbung der Schlachtkörper und einer ausreichenden Widerstandsfähigkeit der Tiere zu erreichen. In Frankreich liegen die empfohlenen Konzentrationen in der Regel bei 15 mg Fe/kg Trockensubstanz; in Großbritannien werden 40 mg Fe/kg Trockensubstanz angestrebt, um eine bessere Resistenz der Kälber zu sichern [4, 5]. Die dadurch entstehende Fleischfarbe wird auf dem englischen Markt akzeptiert.
Überschreitet die Anämie einen Grenzbereich, den man durch einen Hämatokritwert von 20% charakterisieren kann, stellt sich Freßunlust ein, die ungleichmäßig ist und sich

im Laufe der Zeit verstärkt. Das Wachstum stagniert. Setzt sich diese Entwicklung fort, verlieren die Kälber ihre Infektionsresistenz; sie werden selbst gegenüber banalen Infektionen anfällig. Schleimhäute und Konjunktiven erscheinen dann blaß, die Tiere verhalten sich mehr oder minder apathisch.

Kupfer

Verminderte Freßlust als klassisches Symptom eines *Kupfermangels* beim erwachsenen Rind kommt beim Kalb verhältnismäßig selten vor, dafür sind Lecksucht und Anämie häufigere Anzeichen. Die Kupfermangelanämie muß von der Eisenmangelanämie unterschieden werden; erstgenannte Form besteht trotz Eisenzufuhr weiter.

Echte Mangelzustände sind durch eine Verbreiterung der distalen Epiphysenfugen von Metakarpus und Metatarsus und durch aufgetriebene Gelenke gekennzeichnet. Lahmheiten treten in derartigen Fällen meist nicht in Erscheinung. Unter Umständen führt eine Steifheit in der Kreuzbeingegend zum Paßgang (wie er für den Paradegang des Pferdes typisch ist). Spontanfrakturen sind nicht selten; sie sind stets Folge mechanischer Gewalteinwirkungen (Sturz, Rennen gegen Gegenstände usw.). Man sollte jedoch die Häufigkeit solcher Verletzungen, die anormal erhöht sein kann, in gesunden Herden und in Herden auf Kupfermangelstandorten vergleichend ermitteln.

Oft kommt es bei Kälbern schon bald nach der Geburt zur enzootischen Ataxie, die durch eine spastische Paralyse der Hintergliedmaßen, welche auf die Vorderbeine übergreift, charakterisiert ist. Zugrunde liegt dieser Erkrankung eine Demyelinisierung der weißen Substanz (Rückenmark und Gehirn). Das Krankheitsbild entwickelt sich relativ langsam, ist aber trotz spezifischer Behebung der Mangelsituation irreversibel. Die Demyelinisierung wird bei der Sektion nachgewiesen.

Herzmuskelschäden bei Kälbern sind bei Kupfermangel weit verbreitet; sie finden sich bei Neugeborenen, die von Müttern mit Cu-Mangel-Status stammen, bereits kurze Zeit post partum. Diese frühe kardiale Störung unterscheidet sich von jener Myopathie, die vorzugsweise zwischen 1 1/2 und 2 1/2 Monaten zum Vorschein kommt. Die Mortalität kann hoch sein, der Tod tritt im Koma ein. Nach Anstrengungen erholen sich die kranken Kälber nur schwer (Dyspnoe).

Diarrhoe ist ebenfalls ein häufiges Merkmal bei an Kupfermangel leidenden Kälbern. Sie kann durch einen sekundären Kupfermangel, hervorgerufen durch Überschuß an Molybdän, oder primär durch Kupferunterversorgung bedingt sein. Als besonders typisches Symptom gilt das Ausbleiben des Haarkleides. Der Pigmentschwund stellt sich periorbital in Brillenform oder mehr oder weniger diffus dar. Bei den Depigmentierungen ist zwischen genetisch determinierten (Folge von Kreuzungen) und erworbenen Zuständen zu differenzieren. Das Haarkleid weist nicht nur Pigmentschwund auf, sondern zeigt auch ein fleckiges Aussehen. Die Kälber befinden sich in einem schlechten Allgemeinzustand; ihre Gesundheit ist nur nach einer spezifischen Behandlung wieder herzustellen.

Vitamin B_{12} und Cobalt

In der Phase vor dem Einsetzen der Wiederkautätigkeit ist das Kalb auf die Zufuhr von Vitamin B_{12} angewiesen. Dagegen vermag das Kalb mit funktionierendem Wiederkauverhalten seinen Cobaltbedarf durch die mikrobielle Flora des Pansens zu decken. Normalerweise erhalten die Kälber mit der Muttermilch genügend Vitamin B_{12}, falls die Ration der Kühe mit Cobalt richtig supplementiert wurde [12]. Das Futter für die Saugkälber muß u. U. mit Vitamin B_{12} angereichert werden.

Bei Jungtieren stellt die Anämie das typische Symptom einer B_{12}-Avitaminose dar. Daneben können auch verminderte Freßlust und Lecksucht vorkommen. Die Anämie läßt sich

weder durch Eisen- noch durch Kupferverabreichung beheben. Der abgemagerte Zustand der betroffenen Tiere ist mit der Quantität und Qualität der Ration nicht zu erklären.
In der Periode des Absetzens spielt die richtige Cobaltzufuhr für das Ingangkommen der Tätigkeit der Pansenflora eine wichtige Rolle. Cobalt erweist sich als essentieller Wachstumsfaktor für ein ausgewogenes Verhältnis der Pansenflora. Cobaltmangel verursacht mitunter Durchfall, der mit einer unterschiedlich starken und chronischen Aufgasung verbunden ist. Durch Co-Mangel wird ferner ein Befall mit Parasiten begünstigt [20], weil es zu Störungen im Gleichgewicht der Mikrobenflora des Pansens kommt.

Jod

Jodmangel ist gekennzeichnet durch die *Kropfbildung*, d. h. eine Hypertrophie der Schilddrüse in Verbindung mit einer Unterfunktion dieses Organs auf Grund Schilddrüsenhormonmangels. Waren die Muttertiere von Jodmangel betroffen, kann sich schon bei den Neugeborenen Kropfbildung zeigen. Häufig werden solche Kälber haarlos und mit einer ödematösen, stark verdickten Haut geboren. Die Palpation der Schilddrüse und der Vergleich der Umfangsvermehrung mit dem Drüsenvolumen offensichtlich gesunder Kälber erlauben die Diagnose Jodmangel. Mehrere Untersuchungen haben ergeben, daß die Thyreoidea gesunder Kälber etwa 6,5 bis 6,7 g bei der Geburt und 7,2 g im Alter von drei Wochen wiegt [6, 7, 8]. Bei Strumabildung erhöht sich die Masse auf 12 bis 15 g. Jodmangelkälbern fehlt es an Vitalität; sie fallen rasch unspezifischen Infektionen zum Opfer.

Mangan

Ein Manganmangel entwickelt sich relativ langsam; bei Jungtieren scheint er wesentlich seltener zu sein als bei erwachsenen Rindern. Folgende Anomalien bei Neugeborenen sind beschrieben worden [18]: Schwäche der Fesselgelenke, Überköten, Gelenkverdickungen, Schäche mit Überkreuzen der Füße, Verkürzungen bestimmter Knochen, z. B. des Humerus. Außerdem beobachtet man bei konzentrierter Haltung von Kälbern in der Periode vor Einsetzen der Wiederkaufunktion Manganmangelerscheinungen in Form von Zungenschlagen und mit Lahmheit einhergehenden Sprunggelenkanschwellungen an den Vorderextremitäten.

Zink

In Frankreich kommt Zinkmangel beim Kalb verhältnismäßig häufig vor. Er macht sich im allgemeinen in deutlicher Form und früh bemerkbar. Die Symptome sind bei den Jungtieren ziemlich ausgeprägt.
Einige Tage nach Verabreichung einer Milch mit zu niedrigem Zinkgehalt stellt sich verminderte Freßlust ein, und das Wachstum stagniert. Die Intensität dieser beiden Merkmale hängt vom Grad des Zn-Mangels ab. Es kommt zu Haarausfall und Hautveränderungen. Prädilektionsstellen sind die Gliedmaßen und die Umgebung des Mauls. Es sieht aus, als ob die Tiere ihre Nase in zu heiße Milch getaucht hätten. Die durch Stoßen hervorgerufenen kleinen Erosionen an den Extremitäten heilen nicht. Durch die gestörte Wundheilung werden Sekundärinfektionen begünstigt; der Einsatz von Antibiotika zeigt hierbei keine Wirkung. An manchen Körperstellen, z. B. in der Halsbandgegend, kann sich eine Parakeratose entwickeln, die Hautfalten können Geschwürsbildung zeigen. Oft ist eine Verbreiterung der Gelenkflächen zu beobachten, Lahmheiten sind aber in der Regel nur schwach ausgeprägt.

Selen

Die auf Selenmangel beruhende Myopathie ist durch eine wachsige Entartung der Muskelzellen (Zenkersche Muskeldegeneration) charakterisiert. Je nach Lokalisation ruft sie Lahmheiten, kardiale Beschwerden oder Dyspnoe hervor. Die Degeneration der Muskulatur des Bewegungsapparates bewirkt schon frühzeitig eine typische Haltung der erkrankten Tiere: aufgekrümmter Rücken, erhobener Schwanz, unterm Leib versammelte Gliedmaßen (Miktionsstellung). Ferner kann Muskelzittern beobachtet werden, z. B. an der Kruppenmuskulatur. Die Tiere sind kurzatmig und keuchen; es tritt abdominale Atmung auf. Ausgelöst werden die Atembeschwerden durch die Degeneration der Atemmuskulatur oder durch eine Herzinsuffizienz. Degeneration des Herzmuskels führt in den meisten Fällen rasch zum Tode. Bisweilen überleben Tiere mit einer unterschiedlich ausgedehnten Myokardschädigung, doch besitzen sie dann ein sehr niedriges Leistungsniveau.

Diagnostik eines Spurenelementmangels

Klinische Diagnostik

Einen Spurenelementmangel klinisch zu diagnostizieren, fällt in der Regel schwer, weil die Symptome im allgemeinen unspezifisch sind, geringgradige Mangelsituationen die klinischen Zeichen mehr oder weniger abschwächen und die Symptome an einem Tier nicht alle gleichzeitig auftreten.
- *Anämie* kennzeichnet eindeutig den Eisenmangel. Ist sie durch Futtermittelsupplementierung oder Injektion von Eisen nicht zu beseitigen, so sollte an einen Kupfer- oder Vitamin-B_{12}-Mangel gedacht werden.
- *Depigmentierung des Haarkleides* und frühzeitig einsetzende *Herzinsuffizienz* spiegeln mit relativ hoher Sicherheit einen Kupfermangel wider. Anhaltende Abmagerung wird durch eine Vitamin-B_{12}- oder Cobaltmangel verursacht.
- *Kropfbildung* ist typisch für Jodmangel. Die Diagnose eines Mangandefizits bleibt kompliziert; die Stuhlbeinigkeit der Hintergliedmaßen betrifft vorwiegend ältere Kälber und erwachsene Rinder, dagegen scheint das seit Geburt bestehende Überköten in den Fesselgelenken für Manganmangel spezifisch zu sein.
- *Haarausfall und Hautveränderungen* (Parakeratose) finden sich relativ konstant bei Zinkmangel. Dadurch erklärt sich oftmals die Freßunlust.
- *Myopathie* in Verbindung mit Lahmheit, Dyspnoe und Herzmuskelschäden weist deutlich auf einen Selenmangelstatus hin. Die postmortal zu ermittelnde Herzmuskeldegeneration kann die Diagnose bestätigen.

Analytische Diagnostik

Mit der Kontrolle und *Analyse der Futtermittel* lassen sich primäre Mangelzustände erkennen. Saugkälber nehmen mit der Muttermilch nicht genügend Spurenelemente auf. Werden die Kälberfuttermittel nicht entsprechend angereichert, besteht ebenfalls die Gefahr einer Unterversorgung. Beim abgesetzten Kalb muß man die Zufuhr von Mikroelementen mit dem Futter und den Mineralstoffmischungen genau berechnen.
Blutplasmabestimmungen können wichtige Hinweise auf Eisen-, Kupfer- und Zinkdefizite liefern. Gleichzeitig läßt sich durch die Bestimmung des Hämatokrits der Grad der Anämie feststellen. Üblicherweise genügt der Hämatokritwert zur *Einschätzung eines Eisenmangels*.
Ein Abfall des *Plasmakupferspiegels*, wie er nach Erschöpfung der Leberreserven eintritt, zeigt ziemlich genau eine Mangelsituation an. Das Coeruloplasmin als Ferrioxydase enthält acht Atome Cu und insgesamt 80% des im Blut zirkulierenden Kupfers. Mit einem automatisierten Analysegerät rasch bestimmbar, beansprucht der Coeruloplasmingehalt des Blutes großes Interesse. Das Coeruloplasmin bleibt bei 20°C eine Woche lang stabil und ist gegen Kontaminationen nicht empfindlich.

Die als optische Dichte gemessenen Werte sollten mit Hilfe der Gleichung der Regressionsgeraden zwischen dem Gesamtplasmakupfer und dem Coeruloplasmin in μg Kupfer ausgedrückt werden.

Entzündliche Reaktionen lassen den Blutkupferspiegel ziemlich stark ansteigen. Das ist beispielsweise bei der durch Terpentinöl erzeugten Geschwürsbildung der Fall.

Die *Plasmazinkkonzentration* ist ein äußerst zuverlässiger Parameter für die Diagnostik; er reagiert sehr rasch auf eine Mangelsituation und umgekehrt auch auf eine Zinkzufuhr. Schwierigkeiten bei der Nutzung dieses diagnostischen Parameters ergeben sich durch die Möglichkeiten von Verunreinigungen bei der Entnahme und dem Ansatz der Proben. Außerdem ist streng darauf zu achten, daß die Plasmaproben nicht hämolytisch sind (Blutzellen sind viermal reicher an Zink als das Blutplasma). Eine Interpretation der Befunde läßt Tabelle VI/13 zu. Im Unterschied zum Kupfer ruft eine entzündliche Reaktion eine Senkung des Plasmazinkspiegels hervor.

Das Entstehen einer *Myopathie* beim Kalb kann schon sehr bald mit der Aspartataminotransferese (früher Glutamat-Oxelacetat-Transaminase, GOT) erfaßt werden. Der Anstieg der Konzentration dieses Enzyms im Plasma erscheint deutlich vor dem klinischen Stadium [9]. Mit der zusätzlichen Bestimmung der Alaninaminotransferase (früher Glutamat-Pyruvat-Transaminase, GPT) im Plasma lassen sich Myopathie und Leberschaden auseinanderhalten (Tabelle VI/13). Die Kreatinphosphokinase im Plasma stellt ebenfalls einen frühen Indikator für eine sich entwickelnde Myopathie dar. Bei manchen klinisch kranken Kälbern bleibt dieses Enzym jedoch im Normbereich. Trotz der Spezifität der Kreatinphosphokinase und des zeitigen Anzeigens reicht dieser Parameter zur Kennzeichnung einer Myopathie nicht aus [10].

Tabelle VI/13 Blutplasmaparameter

Element oder Enzym	Grenzwert zum Mangelstatus	Normale Werte	Fehlerquellen	
Kupfer (μg/100 ml)	70	80–120	Verunreinigungen Infektionskrankheiten oder Entzündungsprozesse	>150–200 >120–150
Zink (μg/100 ml)	70	80–120	Verunreinigungen Hämolyse Infektionskrankheiten oder Entzündungsprozesse	>150 150–600 < 80
Coeruloplasmin (optische Dichte → μg/100 ml)	70	80–120	unempfindlich gegenüber Kontaminationen Infektionskrankheiten oder Entzündungsprozesse in Fäulnis übergegangenes Plasma	>120–150 < 70
Aspartataminotransferase (GOT) (REITMANN-FRANKEL-Einheiten)	pathologische Grenze 240	80–120	Myopathie: $\frac{GPT}{GOT}$	< 0,5
Alaninaminotransferase (GPT) (REITMANN-FRANKEL-Einheiten)	50	2–20	Hepatitis: $\frac{GPT}{GOT}$	0,5–1

Tabelle VI/12 gibt die Empfehlungen für die Deckung des Spurenelementbedarfs der Saugkälber wieder. Die vorgeschlagenen Werte gelten auch für die Zeit nach dem Absetzen. Sie stehen im Einklang mit den Tabellen des Agricultural Research Council [1] und stellen Mittelwerte der von verschiedenen Untersuchern empfohlenen Werte dar [18]. Nach Erfahrungen in Frankreich verursacht nichtsupplementierte Trockenmilch mitunter bedeutende klinische Erscheinungen eines Kupfer-, Zink- oder Selenmangels. Entsprechende Zusätze bis zum Erreichen der angegebenen Werte verhindern derartige Störungen.

Bei *Fe-Mangel* ist die einmalige Injektion von 1 g Eisendextran pro Tier wirksam.

Prophylaxe und Behandlung

Kupfermangel ist zu beheben durch eine tief intramuskuläre Injektion einer Suspension mit Depoteffekt, die 12,5 mg Cu/ml enthält; auf diese Weise sind einmalig 50 bis 60 mg Cu zu verabreichen. Die Wirkung hält ungefähr 2½ Monate an (Prolontex Cuivre).

Für *Zinkmangel* gilt eine ähnliche Behandlung. Verwendet wird eine Suspension mit Depoteffekt (60 mg Zn/ml), die als einmalige Dosis von 300 mg Zink intramuskulär appliziert wird. Die Wirkung ist ebenfalls bis zu 2½ Monaten nachzuweisen (Prolontex Zinc).

Unter gleichen Bedingungen werden bei *Manganmangel* 100 mg Mn verabreicht (Suspension mit 20 mg Mn/ml; Prolontex Manganèse).

Zur Prophylaxe eines *Selenmangels* verabfolgt man 3 mg Se pro Kalb als einmalige Injektion in Verbindung mit 400 mg Vitamin E pro Kalb. Die Wirkung dieser Prophylaxemaßnahme hält etwa 2½ Monate an [17]. Zu therapeutischen Zwecken werden diese Injektionen in gleicher Dosierung dreimal im Abstand von ein bis zwei Tagen wiederholt.

LITERATUR

[1] AGRICULTURAL RESEARCH COUNCIL 1965 – The nutrient requirements of farm livestock. n° 2, Ruminants, Londres.
[2] ANKE, M., 1966 – Arch. Tierernähr., 16, 199.
[3] BLAXTER, K. L.; SHARMANN, G. A. M.; MACDONALD, A. M.; 1957 – J. Nutr., 11 (3), 234–246.
[4] BREMNER, I.; DALGARNO, A. C. 1973a – Brit. J. Nutr., 29, 229–243.
[5] BREMNER, I.; DALGARNO, A. C., 1973b – Brit. J. Nutr., 30, 61–76.
[6] CAMPBELL, I. L.; HOLLARD, M. G.; FLUX, D. S. 1949 – N. Z. J. Sci. Tech., 31 A (3), 29.
[7] HAWKINS, G. M.; ROY, J. H. B.; SHILLAM, K. W. G.; GREATOREX, J. C.; INGRAM, P. L., 1959 – Brit. J. Nutr., 13, 447.
[8] JAMIESON, S.; SIMPSON, B. W.; RUSSEL, J. B., 1945 – Vet. Rec., 57, 429.
[9] LAMAND, M., 1965 – Ann. Biol. Anim. Bioch. Biophys., 5 (2), 309–315.
[10] LAMAND, M., 1972 – Ann. Nutr. Alim., 26 (2), B 379–B 410.
[11] LAMAND, M., 1974 – Bull. Techn. C.R.Z.V., Theix (16), 21–25.
[12] LASSITER, C. A.; WARD, G. M.; HUFFMAN, C. F.; DUNCAN, C. W.; WEBSTER, H. D., 1953 – J. Dairy Sci., 36, 997.
[13] MAC COSCER, P. J., 1968 – Res. Vet. Sci., 9, 91.
[14] MAC DOUGALL, D. B.; BREMNER, I; DALGARNO, A. C., 1973 – J. Sci. Food Agric., 24, 1255–1263.
[15] MILLER, J. K.; MILLER, W. J., 1962 – J. Nutr., 76 (4), 467–474.
[16] MILLER, J. K.; CRAGLE, R. G., 1964 – J. Dairy Sci., 48, 370–373.
[17] NELSON, F. C.; HIDIROGLOU, M.; HAMILTON, A. 1964 – Can. Vet. J., 5, 268.
[18] ROY, J. H. B., 1970 – The calf, vol. 2, Iliffe Books Ltd, London.
[19] VAN ADRICHEM, W. M.; VAN LEUWEN, J. M.; VAN KLUYNE, J. S., 1971 – Neth. J. Vet. Sci., 4 (1), 57–63.
[20] WINCKLER, C. E.; ROUND, F. J., 1969 – Vet. Rec., 84, 533.

Kapitel 7 Vergiftungen

G. LORGUE

Intoxikationen bei Kälbern unter sechs Monaten kommen in Frankreich nicht häufig vor. Jedoch läßt sich in den letzten fünfzehn Jahren eine kontinuierliche Zunahme von Vergiftungen beobachten, die für einen Kälberproduktionsbetrieb durchaus von wirtschaftlicher Bedeutung sein können. Die für das Kalb beschriebenen Haltungsbedingungen schließen die Möglichkeiten von Intoxikationen durch Giftpflanzen, wie sie bei erwachsenen Rindern besonders häufig auftreten, praktisch aus. Es sei aber daran erinnert, daß in manchen Gegenden das Abkalben während der Weideperiode erfolgt bzw. die Kälber schon bald auf die Weide kommen. Auf diese Weise gelangen sie früh in ein Milieu, das die Gefahr einer Aufnahme von Giftpflanzen in sich birgt. Solche Fälle sind dennoch sehr selten. Die Ursachen der im wesentlichen zufälligen Intoxikationen sind verschiedenartig und in erster Linie von den Bedingungen der Tierproduktion abhängig, d. h. ob es sich um konventionelle Produktionsbetriebe oder um industriemäßige Anlagen zur Kälbermast handelt. Seit mehr als zehn Jahren systematisch vorgenommene Auswertungen von Literaturangaben und von Beobachtungen praktischer Tierärzte durch das Toxikologische Informationszentrum haben gezeigt, daß manche Fälle nur auf das Zusammentreffen ungünstiger Umstände zurückzuführen sind. Das betrifft Vergiftungen durch Quecksilber, Arsen, Kochsalz, Kohlendioxid u. a. Sie sind außerordentlich selten und werden deshalb in dem folgenden Abschnitt nicht behandelt.

Andere Intoxikationen werden dagegen öfter festgestellt. Eine Einteilung dieser Vergiftungen bereitet Schwierigkeiten, weil die auslösenden chemischen Substanzen eine große Vielfalt erkennen lassen. Grob schematisch können jedoch *zwei Gruppen von Intoxikationen* unterschieden werden:
– Vergiftungen durch Stoffe, mit denen das Kalb in seiner Umwelt normalerweise in Berührung kommen kann oder die mit kontaminierten Futtermitteln aufgenommen werden;
– Vergiftungen durch Substanzen, die im Zuge der veterinärmedizinischen Behandlung zum Einsatz gelangen.

Vergiftungen durch Substanzen aus dem Milieu der Tiere oder aus kontaminierten Futtermitteln

Dazu gehören an erster Stelle
– Mineralstoffe (vor allem Blei, daneben Zink und Kupfer),
– Pflanzenschutzmittel und
– Mykotoxine.

Mineralstoffe

Blei

Dieses Element ist gegenwärtig für eine beträchtliche Anzahl letaler Vergiftungen sowohl bei erwachsenen Rindern als auch bei Kälbern verantwortlich [6, 11, 12].

Die *Ursache* liegt in der Regel in der Aufnahme von Bleifarben, speziell von Mennige (Pb_3O_4), das als Korrosionsschutzmittel für metallische Tränken, Freßgitter usw. verwendet wird. Durch Lecksucht wird diese Gefährdung noch größer [11, 12, 13]. Die Kontamination des Tränkwassers oder des für die Bereitung der Futtermittel benutzten Wassers kann in den aus Blei bestehenden Kanalisationsrohren vor sich gehen. Normalerweise ist die innere Oberfläche dieser Rohre mit einer Schutzschicht aus Calciumsulfat oder Calciumcarbonat bedeckt. Ist das Wasser arm an Kalksalzen oder von größerer Azidität, bilden sich jene Niederschläge schlecht bzw. nicht überall. Säuren greifen das Blei an und führen zur Bildung löslichen Bleihydroxids. Diese Verunreinigung des Wassers ist im letzten Jahrzehnt in einigen Produktionsbetrieben zur Ursache schwerwiegender Vergiftungsfälle geworden.

Der *Wirkungsmechanismus* von Blei konnte noch nicht völlig aufgeklärt werden. Es wird jedoch angenommen, daß das Blei die Thiolgruppen in den aktiven Zentren bestimmter, für fundamentale Stoffwechselprozesse verantwortlicher Enzyme hemmt [4, 9, 13]. Beispielsweise gilt das für Enzyme der Hämatopoese. Dem Störfaktor Blei werden dabei drei Angriffspunkte in der Hämsynthese zugeschrieben:
– Synthese von Porphobilinogen aus Aminolävulinsäure,
– Umwandlung von Koproporphyrinogen IX durch Decarboxylierung,
– Einbau des Eisens in den Tetrapyrrolring des Protoporphyrins IX.

Es werden auch noch andere Wirkungen in Betracht gezogen, die jedoch nicht mit Sicherheit belegbar sind.

Die *Toxizität* des Bleis hängt unter anderem von der Art der Verbindung und von zeitlichen Faktoren der Aufnahme ab. Die letalen

Dosen für das Kalb, bezogen auf einmalige Applikation von Bleiacetat, liegen zwischen 200 und 400 mg/kg Körpermasse, bei wiederholter Zufuhr zwischen 6 und 7 mg/kg [5, 6, 7]. Bei den akut oder subakut verlaufenden Formen der Bleivergiftung (eine chronische Form gibt es beim Kalb nicht) werden folgende *Symptome* registriert:
- In 90% der Fälle treten Zeichen von seiten des Nervensystems auf [11]. Geordnet nach abnehmender Häufigkeit, ergibt sich diese Reihenfolge: Erblindung, Muskelzuckungen, gesteigerte Erregbarkeit, Teilnahmslosigkeit, Zähneknirschen, Störungen der Bewegungskoordination, Im-Kreise-Laufen, Sich-gegen-Wände-Drücken. Mitunter beobachtet man, wenn auch selten, Schlundkopflähmung und Opisthotonus.
- Symptome seitens des Verdauungstraktes werden in geringerer Häufigkeit festgestellt, etwa in 60% der Fälle [11]. Es kommt zu Speichelfluß, Freßunlust und Schmerzen im Bauchbereich. Nur selten wird eine Diarrhoe gesehen. Schließlich sei darauf hingewiesen, daß beim Kalb eine schiefergraue Verfärbung des Zahnfleischrandes stets fehlt.
- Der Tod tritt nach einem Zustand gesteigerter Erregung oder einer Phase völliger Erschöpfung binnen weniger Stunden bei der akuten Form, innerhalb von einigen Tagen bei der subakuten Form ein.

Die *pathologisch-anatomischen Veränderungen* sind wenig spezifisch: fettige Degeneration der Leber und Nieren, petechiale Blutungen auf dem Epi- und Myokard, Hirnödem.

Die *Diagnose* stützt sich auf die Beobachtung der Symptome, die Feststellung der pathologischen Läsionen, einen exakten Vorbericht und sehr oft auf die Ergebnisse einer toxikologischen Untersuchung.

Der Praktiker muß differentialdiagnostisch von der Bleiintoxikation eine Reihe anderer Erkrankungen mit dominierender Beteiligung des Nervensystems abgrenzen: A-Avitaminose, Enzephalitis, Enzephalomalazie, Wundstarrkrampf, Hirnödem, Hirnblutungen, Vergiftungen durch Insektizide auf Organochlor- oder Organophosphorbasis usw.

Die toxikologische Analyse wählt als Parameter im wesentlichen die Bleikonzentrationen der Leber und der Nieren (Rindenschicht); 5 bis 10 ppm Pb in der Leber und 10 bis 20 ppm Pb in der Niere (bezogen auf Frischgewicht) zeigen eine Vergiftung an [12].

Als wichtigste Maßnahme zur *Therapie* gilt die Verabreichung von Chelatbildnern, z. B. des Monocalcium-Dinatrium-Salzes der Ethylendiamintetraessigsäure. Eine symptomatische Behandlung ist immer anzuraten: Kreislaufmittel, Spasmolytika usw.

Die Bleivergiftung ist ein Krankheitsbild, das gegenwärtig viel häufiger vorkommt als man denkt; die gesundheitlichen und wirtschaftlichen Folgen in dem davon betroffenen Kälberbestand sind erheblich. Das bedeutet auch, daß der Praktiker die Hauptcharakteristika dieser Erkrankung kennen muß.

Kupfer

Kupfer wird manchmal als Ursache von Erkrankungen, die mit Ikterus einhergehen, angesehen. Eine rasche Klärung ist jedoch immer erforderlich, weil das toxikologische Untersuchungsergebnis nur selten den Verdacht bestätigt.

Die *Ursache* von Vergiftungen beim Kalb bildet in der Mehrzahl der Fälle die Aufnahme entweder zu stark Cu-supplementierter Futtermittel oder von Futtermitteln, die aus mit einem Cu-haltigen Fungizid (z. B. Cu-Oxychinolin) gebeizten Getreide hergestellt wurden.

Der *Wirkungsmechanismus* des Kupfers ähnelt dem des Bleis. Cu stellt ein thiolgruppenblockierendes Gift dar, das außerdem eine gewebsreizende und nekrotisierende Wirkung besitzt.

Die beherrschenden *Symptome* bei der akuten Form sind gastrointestinale Störungen (blutigwäßriger Durchfall, schmerzhafte Koliken) und Krämpfe, die in eine Lähmung der Hintergliedmaßen übergehen können. Das vergiftete Tier kommt in wenigen Stunden ad

exitum. Die chronische Krankheitsform beruht auf der Akkumulation von Kupfer in der Leber. Einige Wochen nach Aufnahme der toxischen Cu-Mengen kommt es zu einer paroxysmalen hämolytischen Krise, die sich zu einem akuten Krankheitsbild entwickelt.
Dann sind alle für einen hämolytischen Ikterus charakteristischen Anzeichen und pathologischen Veränderungen ausgebildet. Diese Erkrankung ist beim Schaf gründlich bekannt. Sobald beim Kalb ikterische Anzeichen erscheinen, wird Kupfer als Ursache angeschuldigt, doch erweist sich die Vermutung nur in den seltensten Fällen nach der toxikologischen Untersuchung als stichhaltig.
Zur *Therapie* werden hauptsächlich Chelatbildner eingesetzt: das Monocalcium-Dinatrium-Salz der Ethylendiamintetraessigsäure und Dimercaprol (Dimercaptopropanol, BAL).

Zink

Ebenso wie Kupfer wird auch Zink häufig als Ursache von Vergiftungen bei Haustieren angenommen. Das gilt auch für das Kalb. Wie schon beim Kupfer angemerkt, läßt sich durch die toxikologische Untersuchung der Verdacht nur selten erhärten.
Die *Ursache* ist gewöhnlich in der Verwendung von verzinkten Eisenbehältern für das Tränkwasser oder zur Herstellung und Verteilung der Futtermittel zu suchen. Saure Flüssigkeiten können das Zink der Gefäßwände angreifen und lösliche Zinksalze bilden [6, 7].
Die *Toxizität* des Zinks ist ziemlich gering. Obgleich die toxischen Dosen von Zink nicht genau bekannt sind, werden wahrscheinlich nicht so große Mengen aufgenommen, daß sie den Tod des Tieres auslösen könnten. Dagegen ist mit Gesundheitsstörungen durchaus zu rechnen.
Die *Symptome* manifestieren sich vorwiegend am Verdauungsapparat: Speichelfluß, Diarrhoe, Leibschmerzen. Pathologisch-anatomisch wird die Vergiftung durch das Bild einer akuten Gastroenteritis geprägt.

Die *Therapie* ist vor allem auf die Beseitigung der Symptome ausgerichtet; gegebenenfalls kann sie mit Chelatbildnern ergänzt werden.
Die Vergiftungen durch Mineralstoffe bei Kälbern beschränken sich in Frankreich im wesentlichen auf das Blei und seine Salze. Kupfer kann auf Grund seiner Toxizität bisweilen eine Intoxikation hervorrufen. Das recht häufig verdächtigte Zink kommt angesichts seiner relativen Unschädlichkeit als Vergiftungsursache nur selten in Frage.

Pflanzenschutzmittel

Unter der Vielzahl der verwendeten Pflanzenschutzmittel [1] wird eine Substanzgruppe oft als Ursache von Vergiftungen bei Tieren und besonders bei Kälbern genannt: die *Rodentizide* und unter ihnen wiederum die *Antikoagulantien*. In Anbetracht der Bedeutung des Problems, das wir weniger unter toxikologischem Aspekt, sondern mehr hinsichtlich der Informationslücken sehen, soll zunächst einiges über diesen Gegenstand gesagt werden.
Es sei darauf hingewiesen, daß Intoxikationen durch Insektizide auf Organochlor- und Organophosphorbasis auch auf Weideflächen entstehen können, wenn das Ausbringen der Präparate nicht zum richtigen Zeitpunkt erfolgt. Da die in diesen Fällen verwendeten Erzeugnisse mit denen, die in der Veterinärmedizin therapeutisch genutzt werden, identisch sind, werden die beiden Möglichkeiten im letzten Abschnitt erörtert.
In den Nutztierställen erfolgt heute regelmäßig eine *Schadnagerbekämpfung*. Die eingesetzten Substanzen gehören zwei Klassen an:

– *Cumarinderivate*, deren Hauptvertreter das Cumaphen und das Cumachlor sind (hinzuzufügen wären noch die weniger im Gebrauch befindlichen Wirkstoffe Cumafuryl und Cumatetralyl);
– *Indandionabkömmlinge*, vor allem das Chlorophacinon.

Die genannten Verbindungen kommen im

allgemeinen als Ködergifte (Giftkörner mit einem Wirkstoffgehalt von 0,0075 % bis 0,025 %) oder als Streupulver zur Anwendung. Nach dem Auslegen der Präparate in den Ställen können Kälber u. U. mehr oder minder große Mengen der Giftstoffe aufnehmen.

Toxizität der Rodentizide vom Antikoagulantientyp

Sehr toxisch sind diese Substanzen für Ratten und Schweine, mäßig für Hunde und gering für Rinder. Die letalen Dosen für das Kalb sind noch nicht exakt ermittelt worden, doch lehren alle Beobachtungen und Ergebnisse toxikologischer Untersuchungen, daß bei dem geringen Wirkstoffgehalt in den ausgelegten Ködern für das Zustandekommen einer Vergiftung die Aufnahme erheblicher Mengen (wahrscheinlich mehrere Kilogramm) notwendig wäre. Wenn auch selten, kann es gelegentlich doch geschehen.

Die *Symptome* und pathologisch-anatomischen Veränderungen gleichen denen eines generalisierten hämorrhagischen Syndroms: Nasenbluten, Blässe der Schleimhäute, Hämaturie, Hämatome im Bereich der Gelenke, woraus plötzlich auftretende Lahmheiten resultieren, Blutungen in die großen Körperhöhlen (Hämothorax, Hämoperitoneum usw.), subkutane Blutungen, Darmblutungen u. a.

Die klinischen Zeichen erscheinen in der Regel fünf bis zehn Tage nach Aufnahme des Giftstoffes.

Die *Therapie* erfolgt durch Vitamin-K_1-Gaben in hohen Dosen.

Betrachtet man die Häufigkeit hämorrhagischer Zustände beim Kalb, wird rasch an die Möglichkeit einer Vergiftung durch Rodentizide vom Antikoagulantientyp gedacht. Die Tatsache aber, daß diese Wirkstoffe in den Präparaten in geringen Konzentrationen vorliegen und Rinder verhältnismäßig resistent sind, läßt solche Intoxikationen zur seltenen Ausnahme werden.

Mykotoxine

Bei den Mykotoxinen handelt es sich um toxische Stoffwechselprodukte von Mikromyzeten. Sie können aber auch als Metabolite in höheren Pilzen (Makromyzeten) entstehen, und zwar als echte Endotoxine im Myzel. Futtermittel oder die zur Herstellung von Futtermitteln verwendeten Rohstoffe können mit Mykotoxinen kontaminiert sein. Die Mykotoxikosen bilden eines der kompliziertesten und am wenigsten bekannten Kapitel der Futtermitteltoxikologie.

Mykotoxikosen beim Geflügel und beim Schwein sind beschrieben worden. Für das Rind liegen ebenfalls interessante Arbeiten vor. Es scheint jedoch schwierig zu sein, die Bedeutung von Mykotoxikosen beim Rind und insbesondere beim Kalb richtig einzuschätzen. Obwohl die mitgeteilten Fälle im allgemeinen erwachsene Rinder und nicht Kälber betreffen, seien folgende Beispiele angeführt [14]:

- Mutterkornvergiftung (Ergotismus) durch den auf Roggen, Hafer und anderen Gramineen parasitierenden Askomyzeten *Claviceps purpurea*. Beim Rind äußert sich die Krankheit in einer Gangrän der Extremitäten, die durch eine periphere Vasokonstriktion mit Gewebsanoxie und Degeneration der Kapilarendothelien verursacht wird. Durch die eintretende Ischämie kann es zum Verlust der Extremitätenenden, des Ohres und des Schwanzes kommen.
- Clavatoxikose, hervorgerufen durch das von *Aspergillus clavatus* und *Penicillium patulum* erzeugte Clavacin oder Patulin. Die Erkrankung ist bei Rindern, die Getreidekeimlinge aufnahmen, beobachtet worden. Sie äußert sich in Ataxie und Lähmung der Hintergliedmaßen. Es treten auch Erregungszustände und Muskelzuckungen auf.
- Aflatoxikosen entstehen durch Aflatoxine, die von bestimmten Stämmen der Schimmelpilze *Aspergillus flavus, A. parasiticus* und

Penicillium (P. puberelum, P. rubrum, P. citrinum) gebildet werden.
Durch Mykotoxikosen wird in erster Linie die Leber geschädigt. Es kommt zu einer zentrolobulären Nekrose und einer Wucherung der Gallengänge. Außerdem sind pathologische Veränderungen in den Nieren beschrieben worden. Wiederkäuer scheinen gegenüber diesen Toxinen bemerkenswert resistent zu sein. Zweifellos sind die Mykotoxine für die Nutztierfütterung von Bedeutung; jedoch erweist sich das Problem als so vielschichtig, daß es gegenwärtig recht schwierig ist, mit Blickrichtung auf die Praxis verbindliche und umfassende Aussagen zu machen. Viele Fakten können noch nicht erklärt werden.

Vergiftungen durch therapeutisch eingesetzte Substanzen

Hier sollen jene Erkrankungen abgehandelt werden, die durch einen therapeutischen Eingriff zustande kommen. Über Schäden, die durch Futtermittelzusätze, z. B. Furoxon, hervorgerufen werden, wird an anderer Stelle dieses Werkes berichtet. Schlachtkälber werden oft in schlecht betreuten, überbelegten, außerdem sehr häufig von Läusen und Milben besiedelten Ställen gehalten. Die letztgenannten Ektoparasiten verursachen Sarkoptes-, Chorioptes- und öfter Psoroptesräude [10], wobei es sich in allen Fällen um kontagiöse, gesetzlich zu bekämpfende Erkrankungen handelt. Zur Bekämpfung dieser Parasitosen bedient man sich unterschiedlicher Mittel, u. a. werden Organochlor- und Organophosphorverbindungen eingesetzt. Auf Grund des schlechten Allgemeinzustandes der Tiere und der Tatsache, daß die Behandlungen z. T. von nicht geschultem Personal vorgenommen werden, ereignen sich häufig schwere Zwischenfälle, die bis zum Tod der Tiere führen können.

Insektizide auf Organochlorbasis [3, 13]

Diese Präparateklasse umfaßt die Substanzgruppen des DDT, des HCH und des Chlordans. Die geltende Gesetzgebung schränkt die Anwendung jener Verbindungen beträchtlich ein. Trotzdem wird das γ-Isomer von Hexachlorcyclohexan, das Lindan, immer noch als klassisches Mittel zur Ektoparasitenbekämpfung in Kälberställen benutzt. Sein Gebrauch kann unter bestimmten Bedingungen zu schwerwiegenden Erkrankungen führen. Die Wirkstoffe werden in Form von Bädern oder Sprays (Lösungen oder Suspensionen) verabreicht.
Es handelt sich um Nervengifte, deren Wirkungsmechanismus nur ungenügend erforscht ist.
Die *Symptome* erscheinen bei der akuten Form nach einigen Minuten oder Stunden. Betroffen ist vor allem das neuromuskuläre System. Es werden beobachtet:
- Zuckungen der Gesichts- und Halsmuskeln;
- erhöhter Bewegungsdrang, Gegen-die-Wand-Rennen, gesteigerte Erregbarkeit;
- Krämpfe, Ruderbewegungen, Zähneknirschen;
- Speichelfluß;
- komatöse Zustände ante finem.

Die *pathologisch-anatomischen Veränderungen* sind wenig spezifisch: Hyperämie in den Nieren und im Zentralnervensystem, Petechien und Epikardblutungen.
Die *Therapie* ist rein symptomatisch: Beruhigungsmittel und kreislaufstützende Pharmaka.

Phosphororganische Insektizide [8, 13]

Die stabilen und daher Rückstände in den Lebensmitteln erzeugenden Organochlorverbindungen sind allmählich durch die viel weniger stabilen, aber ebenso wirksamen Insektizide und Akarizide vom Typ der Organophosphate ersetzt worden. Auf Grund ihrer Aktivität und folglich Toxizität sowie durch die indivi-

ZUSAMMENFASSUNG

Es wurde ein Überblick über die gegenwärtig in Frankreich auftretenden wichtigsten Vergiftungen bei Kälbern im Alter unter sechs Monaten gegeben. Obwohl die Inzidenz im allgemeinen gering ist, steht andererseits außer Frage, daß sich Intoxikationen im Rahmen eines Betriebes oft schwerwiegend auswirken können. Deswegen verdienen sie gebührende Beachtung.

duell in unterschiedlicher Häufigkeit auftretenden Überempfindlichkeitsreaktionen beim Rind sind durch diese Verbindungen entstandene Zwischenfälle bei weitem keine Ausnahme. Die Substanzen wirken als Cholinesterasehemmer, d. h. die Störungen resultieren aus der Akkumulation von Acetylcholin im Organismus.

An *Symptomen* werden beobachtet: vermehrte Speichelsekretion, Miosis, neuromuskuläre Störungen (Muskelzittern, Steifheit der Hintergliedmaßen, Magenlähmung), erhöhte Atmungsfrequenz, Diarrhoe. Die klinischen Zeichen entwickeln sich sehr rasch, oftmals binnen weniger Minuten.

Die *pathologisch-anatomischen Veränderungen* vom Typ einer entzündlichen Hyperämie sind sehr wenig spezifisch.

Die *Therapie* besteht in der Zufuhr eines Antidots (Atropin). Parallel dazu kann eine symptomatische Behandlung erfolgen.

Intoxikationen bei Kälbern nach unsachgemäßer Anwendung und Überdosierung von Insektiziden und Akariziden auf Organochlor- oder Organophosphorbasis kommen häufig vor. Sie manifestieren sich hauptsächlich durch schwere neuromuskuläre Störungen. Eine große Anzahl derartiger Vorkommnisse ließe sich durch bessere Information der Nutzer vermeiden.

LITERATUR

[1] BAILLY, R.; DUBOIS, G., 1975 – Index des produits phytosanitaires. 1 vol. Ass. Coord. Tech. Agr. (ACTA), Paris.
[2] BENTZ, H., 1969 – Nutztiervergiftungen. 1 vol. VEB Gustav Fischer Verlag. Jena.
[3] BROOKS, G. T., 1974 – Chlorinated insecticides. 2 vol. CRC Press. Cleveland, U.S.A.
[4] BRUIN, A., 1971 – Arch. envir. Health., 23 (4), 249.
[5] BUCK, W. B., 1970 – J.A.V.M.A., 156 (10), 1468.
[6] DERIVAUX, I.; LIÉGEOIS, F., 1962 – Toxocologie vétérinaire, 1 vol. Vigot Frères. Paris.
[7] GARNER, R. J., 1967 – Veterinary Toxology, 1 vol., 3ᵉ ed., Baillière, Tindall. Londres.
[8] HEATH, D. F., 1961 – Organophosphorus poisons. 1 vol. Pergamon Press. New-York, Londres.
[9] JULLIAN, J.; CHISOLM, J., 1971 – Sci. Am., New-York, 224, 2.
[10] LABIE, C.; BENARD, G.; EECKHOUTTE, M., 1975 – Rev. Méd. Vét., 126 (12), 1595.
[11] LEARY, S. L.; BUCK, W. B.; LLOYD, W. E.; OSWEILER, G. D., 1970 – Iowa St. Univ. Vet. Issue, 32 (3), 3, 112.
[12] LORGUE, G.; DELATOUR, P., 1973 – Bull Soc. Sci. Vét. Méd. comparée, Lyon, 75 (6), 369.
[13] RADELEFF, R. D., 1970 – Veterinary Toxicology, 1 vol. Lea Fabiger, Philadelphie, U.S.A.
[14] SAVEY, M.; ESPINASSE, J.; DRIESS, D., 1974 – Aliment. Vie, 62 (3), 180.

G. QUEINNEC

Kapitel 8   Genetisch bedingte Krankheiten

Grundlagen und Einteilung der Erbkrankheiten

Abgrenzung und Unterteilungen

Schon immer erschienen die mit den Begriffen »Konstitution« oder »Bodenständigkeit« beschriebenen Sachverhalte den Pathologen wie eine Korrektur oder Begünstigung des pathogenen Effekts von Störungen. Doch bleibt die Erbpathologie auf Merkwürdigkeiten oder Absonderlichkeiten begrenzt, und sehr oft beschränken sich Arbeiten über Erbkrankheiten auf Übersichten über Mißbildungen (Teratologie) oder auf Aufzählungen von klinischen Fällen ohne Zusammenhang.

Man könnte behaupten, daß fast alle Krankheiten genetisch bedingt sind, denn jede organische oder psychische Unregelmäßigkeit steht mit einer Störung der Ordnung im Zusammenwirken verschiedener Gene in Verbindung oder liegt in einem Versagen der Abwehrkräfte des Organismus gegenüber pathogenen Erregern. Sicher umfaßt das Arbeitsfeld des Pathologen eine wenig stabile, gegenüber Störungen mehr oder weniger resistente genetische Struktur. Aber auch diese Annahme ist schon zu umfassend, um die Besonderheit genetischer Phänomene darzustellen. Wir werden uns deshalb bei den genetisch bedingten Krankheiten nur mit den Störungen und Anomalien befassen, die mutmaßlich auf die Nachkommen übertragen werden und nichtinfektiös sind. Hierzu sind die nachstehenden beiden Gruppen zu unterscheiden.

Störungen vorwiegend qualitativer Art

Wir reihen hier die pathogenen Mutationen ein, die durch ein oder mehrere Gene mit identifizierbarer Struktur oder durch ein oder mehrere Chromosomen bedingt sein können, und deren Untersuchung sich auf die klassischen Gesetzmäßigkeiten der Vererbung stützt. Beispiele hierfür sind die Anlagen für Nanismus (Zwergwuchs), z. B. bei der Dexter-Rasse, oder die ROBERTSON-Translokation. Sie haben Gemeinsamkeiten, gebunden an eine bestimmte morphologische Anomalie des Genoms, oder sie führen zu verschiedenen anatomischen Anomalien, die ihrerseits zu einer identifizierbaren Störung führen können, aber nicht zwangsläufig müssen. Generell an ein Gen gebunden, treten sie plötzlich als Erscheinung einer einzigen Anomalie oder als Anomalien, die an dieselbe Embryonalstufe über mehrere Generationen eines gleichen Vatertieres gekoppelt sind, auf.

Es gibt eine »angeborene« Anomalie, wenn sie bei der Geburt erkennbar ist. Die Ursache kann ein Vorgang im Uterus (Infektion, Vergiftung, Einschnürung u. a.) oder genetisch bedingt sein. Im letzteren Fall gibt es eine Übertragung.

LAUVERGNE hat einen Katalog der wichtigsten Anomalien zusammengestellt, die außerdem in eine internationale Liste aufgenommen sind. Alle morphologischen Abweichungen können in dieser Kategorie auftreten, vom Zusammenwachsen der Klauen (Syndaktylie) bis zum Fehlen des Unterkiefers, Verkürzung des Kiefers usw. Die häufigsten Fälle betreffen Körperteile, die mehrfach vorhanden sind (Klauen, Rippen, Wirbel, Zähne usw.).

Das Bestehen einer Anomalie trägt die Wahrscheinlichkeit des Gegensatzes in sich (Riesenwuchs – Zwergwuchs, Syndaktylie – Polydaktylie). Diese Beobachtungen, seit langem gemacht, können gesetzmäßig in der »Mutation der mehrfach angelegten Organe« oder der »Bilateral-Mutation« erfaßt werden. Ebenso wird gesetzmäßig die Beobachtung unter der »Parallel-Mutation« eingeordnet, wenn die Mehrzahl der Anomalien bei verschiedenen Rassen gefunden werden kann.

Die vergleichende Pathologie bezieht sich somit auf genetische Fragestellungen wie auch auf solche anderer Gebiete. Störungen qualitativer Art können sich auch bemerkenswert empfindlich in einer Population gegenüber einem Syndrom, Nährstoffmangel, einer Streßsituation usw. äußern.

Störungen von mehr quantitativem Charakter

In diese Klasse reihen wir die Störungen ein, die sich durch die Veränderungen einer oder mehrerer Stoffwechselfunktionen ausdrücken und nicht durch eine einseitige Analyse erfaßt werden können. Hierher gehören die Veränderungen an Genen, die das Wachstumsvermögen, die Milchleistung sowie die Resistenz gegenüber verschiedenen Krankheitseinflüssen steuern. Dieser Sektor wird sich mit allen Funktionen des Organismus befassen, die durch eine Mehrzahl in gleicher Richtung wirkender Gene (polygenisch bestimmte Merkmalsausprägung) unterschiedlichen Grades bestimmt werden, deren Einzeleffekte bis heute für uns nicht erfaßbar sind.

Wir können somit nur Gruppenschlüsse ziehen und versuchen, durch eine biomathematische Analyse die mutmaßlichen Phänomene zu zerlegen. Letztere müssen aber mit genü-

Spezielle Pathologie

gender Genauigkeit erkennen lassen, was man in der Praxis beobachtet, selbst wenn sie auf nicht begründeten Annahmen beruhen und manchmal sogar umstritten sind.

Quantitativ bedingte erbliche Anomalien äußern sich vorwiegend in Abweichungen von den physiologischen Produktionsparametern sowie durch Krankheitshäufigkeit (Morbidität). So sind beim Kalb der Wachstumsverlauf und der Grad der Krankheitsanfälligkeit (z. B. Durchfall) in unterschiedlichem Alter zu beachten. Bei gleichbleibenden Umweltverhältnissen kann jede Abweichung genetisch bedingt sein, sofern nicht mit Sicherheit eine infektiöse oder zootechnische Ursache nachgewiesen ist.

Genetische Krankheitserscheinungen einzelner Gruppen

Hierher gehören Krankheitsbilder, die eine Gemeinsamkeit in ihrem Auftreten innerhalb der Rasse und in der Art der Ausbreitung haben. Es kommt zum Ausdruck, daß jede Rasse eine andere genetische Struktur hat, stets aber ein soziales Verhalten, das vom Tierhalter gemäß den Verhältnissen und der Endbestimmung genutzt wird. Eine Rasse ist somit eine Gemeinschaft von Individuen, angepaßt an die Wünsche des Tierhalters als Lenker der Reproduktion bei voller Berücksichtigung technischer Anforderungen und der sehr unterschiedlichen Haltungsformen. Die fortschreitende Intensivierung der Produktion erfordert jedoch eine genetische Veranlagung, die den hohen Entwicklungsanforderungen genügt. Oft, wenn auch nicht unbedingt, tendiert sie aber dazu, die Fähigkeit der Anpassung, die Resistenz gegenüber Krankheiten also, zu vermindern. In anderen Fällen hat der ökonomische oder soziale Druck zu einem Wechsel der Rassen geführt und einige Tierhalter zur Steigerung der Leistungsfähigkeit getrieben, ohne die Stoffwechselbedingungen seiner Tiere zu berücksichtigen. Damit sind neue Krankheiten und Störungen geschaffen worden. Diese Gruppenkrankheiten sind die negative Folge eines nur auf die gesteigerte Produktivität gerichteten einseitigen Selektionsfortschritts. Es ist schwierig, solche Störungen im Ursache-Wirkungs-Gefüge richtig zu erfassen. Sie sind in einem starken Unfruchtbarkeitsgrad, einer höheren Mortalitätsrate und in einer wachsenden Anfälligkeit der Einzeltiere für bestimmte pathologische Erscheinungen zu erkennen. Zuerst wird man sie bei Reinzuchttieren beobachten, sie schwächen sich durch Kreuzung ab.

Genetische Faktoren und Untersuchungsmethoden

Wir finden verschiedene Affektionen oder Anomalien, die klinisch oder morphologisch ein oder mehrere Einzelwesen betreffen, deren Erbanlagen sich in einer erkennbaren Mutation befinden. Jedoch kann innerhalb einiger Generationen nach den MENDELschen Regeln eine neue genetische Balance entstehen. Man kann sie nach der Art der Störung klassifizieren.

Störungen infolge einer Chromosomenmutation

Jede Zelle des Kalbes enthält normalerweise 30 Chromosomenpaare, insgesamt also 60 Chromosomen. In jedem Paar findet man ein Chromosom mütterlicher und väterlicher Herkunft. Die Paare sind im Kern nicht verbunden, jedes Chromosom ist selbständig und kann mikroskopisch sichtbar gemacht werden. Dabei kann man strukturelle und morphologische Anomalien beobachten, z. B. die Translokation. Es liegt eine Translokation vor, wenn zwei Chromosomen Teile ihrer Substanz ausgetauscht haben (Abb. VI/4).

Die Translokation kann partiell sein, ein Stück des einen Chromosoms kann gegen das eines anderen ausgetauscht werden, oder vollständig, wenn zwei Chromosomen zu einem einzigen verschmelzen. Dieser Vorgang kommt häufig vor, wobei zwei akrozentrische zu einem metazentrischen Chromosom verschmelzen (ROBERTSON-Translokation). Er kommt in Frankreich besonders bei den hellfleischigen Rinderrassen (Helle Aquitaine, Limousin, Charolais) vor zwischen den Chromosomen des Paares 1 und 29.

Hat ein Chromosom einen Abschnitt verloren, nennt man dies eine Deletion. Ein solcher Substanzverlust hat selbstverständlich einen genetischen Informationsschwund zur Folge und ist daher fast immer pathogen, was bei der Translokation nicht unbedingt der Fall zu sein braucht.

- *Chromosomensatz*

Es kann vorkommen, daß in einer Zelle der Chromosomensatz über oder unter der Norm liegt. Gibt es anstelle eines kompletten Chromosomenpaares nur ein einzelnes Chromosom, spricht man von Monosomie. Umgekehrt können innerhalb eines Genoms mehr als zwei identische Chromosomen vorkommen. Man spricht dann von Polysomie. Schließlich kann es im Verlaufe vieler Zellteilungen zu einer Vervielfachung des kompletten arttypischen Chromosomensatzes kommen. Es liegt dann Polyploidie vor.

- *Chimärismus*

Eine Chimäre ist ein Organismus mit genetisch unterschiedlichen Zellen bzw. Geweben, die von zwei Individuen stammen. Es liegt somit das Nebeneinanderauftreten mehrerer Erbanlagen vor. Bei Pflanzen kommt Chimärismus häufiger vor, bei Tieren ist er seltener, weil sie immunologische Abwehrkräfte zum Schutz gegen fremde Zellen haben. Einer der am besten untersuchten Fälle ist der Freemartinismus der Rinder, bei denen man männliche Zellen mit weiblichen vermischt vorfindet, was durch eine interplazentare Anastomose zwischen heterosexuellen Zwillingen hervorgerufen wird.

Störungen infolge einer Genmutation

Der Ursprung der Störung befindet sich in einem funktionsfähigen Gen, d. h. auf einem Fragment eines Chromosomenabschnitts, und löst eine Reihe enzymatischer Reaktionen aus, die zu einer besonderen morphologischen Gestaltung führen. Beispiele sind u. a. ein Gen für die Hornanlage sowie ein Gen für die Fellbeschaffenheit. Ein Gen kann in zwei

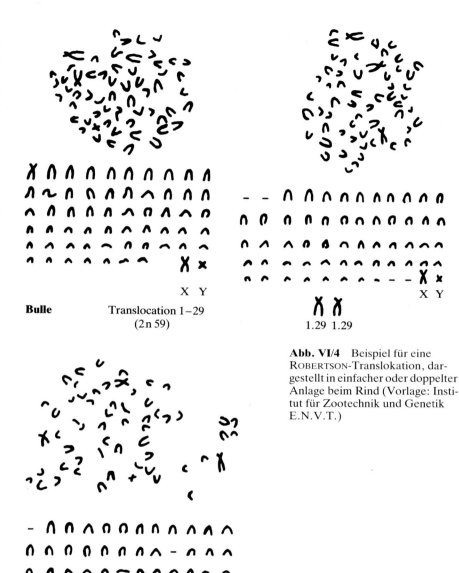

Abb. VI/4 Beispiel für eine ROBERTSON-Translokation, dargestellt in einfacher oder doppelter Anlage beim Rind (Vorlage: Institut für Zootechnik und Genetik E.N.V.T.)

Abb. VI/5 Karyotyp eines Bullen, Träger der ROBERTSON-Translokationen F und 1–29 (Vorlage: Institut für Zootechnik und Genetik E.N.V.T.)

oder mehreren konkreten Formen wirksam werden, den Allelen, die die Eigenschaften des Individuums bestimmen. Beispiele sind Allele für Hornlosigkeit oder Allele für Haarlosigkeit.

Wenn ein Gen nicht wenigsten zwei Allele hat, können wir seine Existenz nicht erkennen, da es sich nur durch den Gegensatz von zwei möglichen Unterschieden für das gleiche Merkmal ausdrückt. Solche unterschiedlichen Merkmalsausprägungen können in einer Rasse vorkommen, müssen aber keine pathologischen Folgen für das Einzeltier oder rassenmäßig haben.

Befinden sich die Allele in dem Chromosomenpaar, das das Geschlecht bestimmt, den Gonosomen X und Y, spricht man von einem gonosomalen Charakter. Befinden sich die Allele in einem der anderen 58 Chromosomen, den Autosomen, nennt man sie autosomal. Findet man an einer gleichen Stelle, am Genlocus, zweier homologer Chromosomen zwei nichtidentische Allele, spricht man von heterozygot in bezug auf dieses Merkmal oder von heteroallel. Mehrere Fälle verlaufen dann gemäß den Interferenzen zwischen den beiden Allelen. Eines von beiden kann völlig die Wirkung des anderen blockieren, es ist dominant, das andere ist rezessiv. Jedes von beiden kann sich in einem unterschiedlichen Grad auswirken, man spricht dann von Kodominanz oder intermediärer Dominanz.

In den meisten Fällen wird ein frei vorhandenes Gen, z. B. ein doppelt rezessives, sich nicht darstellen lassen, sei es, daß ein anderes Gen seine Wirkung hemmt oder daß irgendeine Aminosäure fehlt, die zum Proteinaufbau notwendig ist. Man kann seine Anwesenheit nur in Gemeinschaft von homogenen Nachkommen feststellen, und man wird dieses Allel mit mehr oder weniger starker Penetranz finden, je nachdem ob es bei einem Teil oder bei allen Trägern vorhanden ist.

Schließlich kann die Einzelwirkung eines Allels durch die eines anderen an einem anderen Genort gestört werden (Epistasie).

Der Züchter muß diese Zusammenhänge testen, erkennen und kontrollieren, wozu die Paarungspartner fähig sind, um die richtigen Paarungen zu ermöglichen und eine ausreichende Nachkommenschaft zu erzeugen. Das kann an ökonomische Grenzen stoßen und manchmal sogar undurchführbar sein.

Wir kennen bislang nur einen geringen Teil der individuellen Erbpathologie beim Rind und oft nur den zum Tode führenden. Eine Erbanlage ist letal, wenn sie den Tod des Trägers zur Folge hat, semiletal, wenn das Überleben schwierig und nur von kurzer Dauer ist. Ein Letalfaktor kann dominant sein, dann wird er aber nicht bemerkt, denn der Embryo stirbt sehr bald. Man stellt nur eine anormale Wiederkehr der Brunst fest. Diese Störung ist nicht schwerwiegend, denn solche Letalfaktoren verschwinden mit ihrem Auftreten. In den meisten Fällen sind die Letalfaktoren rezessiv, und sie sind die einzigen, die wir erkennen. Letalallele können weitere Merkmale bedingen, die dominant wie rezessiv nicht zum Tode ihres Trägers führen.

Quantitative Pathogenetik

Sie schließt alle diejenigen Faktoren ein, von denen nur die Gesamtwirkung bemerkbar ist. Sie beeinflußt so die großen Produktionsrichtungen (Fleisch bzw. Wachstum, Milchleistung), die Reproduktion (Fruchtbarkeit, Vermehrung) und die Abwehrkräfte gegenüber Krankheiten. Die quantitativen Erbfaktoren sind beim Kalb einerseits verantwortlich für Wachstumsvermögen und Körpergestaltung, andererseits manifestieren sie sich im Produktionsergebnis.

Die Umwelt wirkt mehr oder weniger intensiv auf die Ausprägung genetischer Anlagen ein. Eine biostatistische Analyse ermöglicht es, die genetischen und die umweltbedingten Anteile an der Merkmalsausprägung festzustellen. Dazu wird der Heritabilitätskoeffizient berechnet, der in der quantitativen Erbkrankheitsforschung angewendet werden kann.

Heritabilität

Mit »Heritabilität« bezeichnet man den genetischen Anteil im Verhältnis zur phänotypischen Varianz für die Ausprägung eines bestimmten Merkmals in einer gegebenen Population.

Die Heritabilität oder Erblichkeit findet ihren meßbaren Ausdruck im Heritabilitätskoeffizienten (h^2). Er ist der Quotient aus der genetischen Varianz σ_G^2 eines Merkmals in einer genetischen Population und seiner gesamten phänotypischen Varianz σ_P^2. Die genetische Varianz umfaßt die additiv bedingte genetische Varianz σ_A^2, Dominanzvarianz σ_D^2 und Epistasievarianz σ_E^2. Die phänotypische Varianz setzt sich aus der genetischen Varianz und der Umweltvarinaz σ_U^2 zusammen.

Der Heritabilitätskoeffizient kann Werte zwischen 0 und +1 annehmen und wird auch in % ausgedrückt. Er bezeichnet aber nicht den genauen genetischen Anteil an einem Erscheinungsbild, sondern annähernd den genetischen Einfluß, den man von Generation zu Generation feststellt. Zwischen Genotyp und Phänotyp besteht eine Beziehung, die sich durch den Heritabilitätskoeffizienten ausdrücken läßt. h^2 ist nur für Gruppen und nicht für Individuen aussagefähig und hat nur in einer homogenen Population und unter panmiktischen Bedingungen Gültigkeit.

- *Bedeutung von h^2*

Jedes durch die quantitative Analyse erfaßte Merkmal hat einen Heritabilitätskoeffizienten, und das einschlägige Schrifttum ist reich an entsprechenden Angaben. Man kann sich über den praktischen Nutzen von h^2 Gedanken machen, besonders weil seine Genauigkeit wegen möglicher Geninterferenzen beeinträchtigt wird. Dennoch ist er ein quantitativer Anhaltspunkt für ein interessierendes Merkmal. Es folgt daraus, daß ein hoher Koeffizient für einen großen Einfluß der genetischen Varianz spricht, das Merkmal also leicht zu selektieren wäre. h^2 kann aber auch hoch sein, wenn die umweltbedingte Varianz klein, d. h. die Umwelt konstant gehalten wird (Leistungskontrollen, ausgewogene Futterrationen, Vakzination u. a.). Umgekehrt kann ein niedriger Heritabilitätskoeffizient bedeuten, daß das Merkmal wenig selektierbar ist. Das wird z. B. bei Geschwisterlinien oder bei F_1-Kreuzungen deutlich, bei denen die genetische Varianz zwischen den Individuen gering ist. Die noch vorhandenen Unterschiede werden also durch die Umwelt verursacht.

Berechnungen des h^2 könnten den Physiologen und Pathologen über die Gesamtheit einer Erscheinung Aufklärung geben und ihre Untersuchungen und Wertungen in die richtige Richtung lenken.

Bei krankhaften Zuständen wird ein hoch eingeschätzter h^2 unter Praxisbedingungen eine erfolgreiche und intensive Selektion zulassen. Bei einem h^2 unter 0,3 müßten sich die Bemühungen auf die Stabilisierung der Umweltbedingungen oder auf prophylaktische Maßnahmen ausrichten, anstatt genetisch bedingte Ursachen anzunehmen.

Genetisch bedingte Krankheiten

Hauptsächlich in Frankreich auftretende Erbkrankheiten

Freemartinismus
(Zwickenbildung)

Betroffene Rassen: alle.

Angaben über Auftreten und Untersuchungen: LILLIE erwähnte 1916 erstmals das Phänomen. Seitdem wurden in vielen Ländern zahlreiche Untersuchungen durchgeführt. Der Freemartinismus ist selbst heute noch ein aktuelles Forschungsthema.

Beschreibung: »Bei Rindern wird bei heterosexuellen Zwillingen das männliche Tier eine normale Fruchtbarkeit haben, während das weibliche in 90 % der Fälle genitale Anomalien aufweist, die zu Sterilität führen: dieser falsche (sterile) Zwilling wird ein ›Free Martin‹ genannt. Anatomisch ist Freemartinismus

354

Spezielle Pathologie

durch das Nebeneinander von Organen beider Geschlechter charakterisiert, das Vorhandensein von Eierstock und Hoden, deren Entartungsgrad verschieden sein kann. Die äußeren Geschlechtsmerkmale sind weiblich« (BERTRAND). Entstehungsursachen liegen in der Bildung von Choriongefäßanastomosen während der Embryogenese, wodurch es zum Austausch zellulärer Elemente (Hormone, Antigene, Blutbestandteile) kommt.

Erbliche Einordnung: Das Merkmal ist nicht erblich, aber man kann es in dieser Übersicht beschreiben, denn seine Ätiologie greift unmittelbar in die zellulären Elemente ein, die Träger der Erbinformation sind (Chromosomen). Es handelt sich aber um Zellen, die im Gegensatz zu den normalen weiblichen das Gonosom Y neben der Information »weiblich« tragen, was der »primum movens« einer Vermännlichung von Gonaden sein würde. Auch das Histokompatibilitätsantigen H–Y wird auf den weiblichen Zwilling übertragen und kann in den Ovarien nachgewiesen werden. »Allerdings scheinen die Entwicklung von Teilen des WOLFF'-Ganges zu den akzessorischen Geschlechtsdrüsen mit Hemmungsmißbildung der MÜLLER'-Gänge von hormonalen Faktoren abhängig zu sein« (BERTRAND).

Das frühe Erkennen (schon bei der Geburt) des Freemartinismus durch das Aufdecken eines leukozytären Chimärismus hat in der Pathologie des Rindes eine große Bedeutung.

Diagnose: Bei den erwachsenen Tieren reicht die klinische Untersuchung aus, beim Kalb gibt die Untersuchung des Karyotyps im Blut die Sicherheit, selbst beim Fehlen des Zwillings. Als Frist gelten 15 Tage.

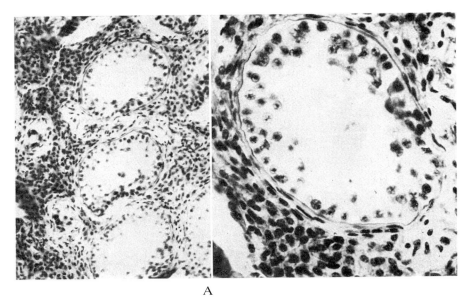

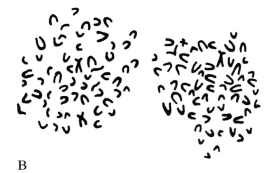

Abb. VI/6 A: Histologischer Schnitt durch den Eierstocksgang einer Kuh mit Freemartinismus (Präparat: Institut für pathologische Anatomie E.N.V.T.)
B: Chromosomenanordnung ♂ und ♀, beobachtet bei einem Tier mit Freemartinismus (Vorlage: Institut für Zootechnik und Genetik E.N.V.T.)

LITERATUR

BERTRAND, M., 1971 – Les anomalies chromosomiques en pathologie vétérinaire. Rev. Méd. Vét., 122 (12), 1227.

Dysgenesie (Mißbildung) der Keimdrüsen

Betroffene Rasse: Das einzige Tier, schon früh in Frankreich beschriebene, war sehr wahrscheinlich ein Kreuzungsprodukt aus Charolais × Montbéliard. (Wir haben einen zweiten Fall bei einem Abkömmling der Blonde d'Aquitaine gefunden; unveröffentlicht.)

Angaben über Auftreten und Untersuchungen: Das Tier war Gegenstand einer Veröffentlichung im Jahre 1973; es war damals 2,5 Jahre alt.

Beschreibung: Die Vagina ist im Durchmesser normal und ohne Verengungen, aber kurz. Es

ist kein Uterushals vorhanden, und zwei perlmuttweiße Kanäle gehen von einem kurzen gemeinsamen Teil aus. Sie sind dünn und ohne Hohlraum. Ein »Eierstock« tritt am Ende jedes Kanals in Form einer eierartigen Masse auf, glatt und bräunlich im Aussehen. Der rechte »Eierstock« liegt im Bauch, der linke in der Leistengegend. Die »Eierstöcke« zeigen keine Funktion. Schließlich münden zwei perlschnurartige Gebilde von 10 cm Länge in das Ende der Vagina.
Erbliche Einordnung: Das Tier, phänotypisch weiblich, stellt in Wahrheit einen männlichen Karyotyp dar: 60, XY. Chimärismus tritt nicht in Erscheinung. Es ist zweigeschlechtlich. Der Autor schließt Freemartinismus, die »White heifer disease« (Mißbildung der MÜLLER'-Gänge) sowie Hodenentartung aus. Es handelt sich hier um einen Fall von Keimdrüsenentartung. Der Erbgang ist noch nicht geklärt. Dieser Fall könnte in Beziehung zur Hypoplasie des Genitaltraktes stehen, beschrieben von LAUVERGNE, für die eine Untersuchung des Karyotyps nie durchgeführt wurde.

LITERATUR

[1] BASTIEN, G.; DALBIEZ, J. M.; NAIN, M. C., 1973 – A propos d'un cas d'intersexualité constaté chez une génisse. Bull. Soc. Sci. Vét. et Méd. comparée, 75, (2), 145.
[2] LAUVERGNE, J. J., 1968 – Catalogue des anomalies héréditaires des Bovins (Bos *taurus* L.). Bull. tech. Génét. anim. (Inst. nation. Rech. agron. Fr.)
[3] HENRICSON, B.; AKESSON, A., 1967 – Two heifers with gondal dysgenesis and the sex chromosomal constitution XY, Acta Vt. Scand. 8, 262–272.

Betroffene Rasse: Eine Kreuzung aus Charolais × Limousin × Frisian.
Angaben über Auftreten und Untersuchungen: Der Fall trat 1975 in einer bestimmten Gegend Frankreichs (le Tarn) auf. Die Untersuchung wurde an der Tierärztlichen Hochschule Toulouse (Institut für Zytogenetik) durchgeführt.
Beschreibung: Es handelte sich um einen einjährigen Bullen mit einer Lebendmasse von 422 kg. Er war das letzte Tier in einer Selektionsreihe (23 Bullenkälber) zur Verbesserung der züchterischen Merkmale. Es wurde Azoospermie nachgewiesen. Abgesehen von den kleinen Hoden ergab die Sektion des Genitalapparates keine Abweichung vom Normalen. Die histologische Untersuchung von Hodenschnitten machte eine Degeneration der Samenstränge sichtbar, begleitet von einer Proliferation des interstitiellen Bindegewebes.
Erbliche Einordnung: Durch Lymphozytenkulturen konnte der Karyotyp festgestellt werden. Alle untersuchten Zellen hatten die Chromosomenformel 61, XXY. Es gab also eine Analogie zum Klinefelter Syndrom, das in der Humanpathologie gut bekannt ist. Nach unserer Kenntnis ist es der vierte Fall, der beim Rind festgestellt wurde.

LITERATUR

[1] Erschienen: Laboratoire de Cytogénétique Ecole Nationale Vétérinaire, Toulouse.
[2] RIEK, G. W., 1973 – Numerial aberration of gonosomes and reproductive failure in cattle. Colloque INSERM, Paris, (Les accidents chromosomiques de la reproduction), 165–187.

Keimdrüsenunterentwicklung, Typ Klinefelter
(Angeborene und beiderseitige Hypoplasie der Hoden)

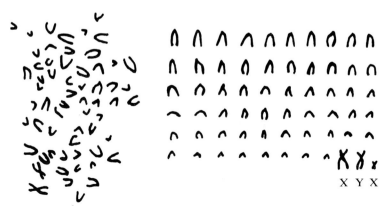

Abb. VI/7
Beispiel für einen Träger des Klinefelter-Syndroms – Karyotyp eines Bullen (Vorlage: Institut für Zootechnik und Genetik E.N.V.T.)

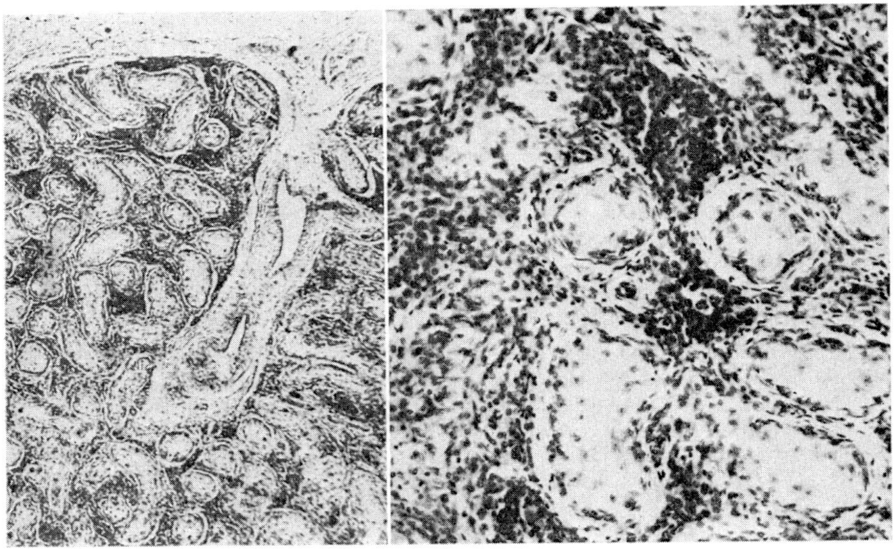

356

Spezielle Pathologie

Abb. VI/8 Histologische Schnitte am Hoden eines Trägers des Klinefelter-Syndroms (Präparat: Institut für pathologische Anatomie E.N.V.T.)

Genetisch bedingte Muskelhypertrophie
(Doppellender)

Betroffene Rassen: Besonders Maine-Anjou, Charolais, Blonde d'Aquitaine.

Angaben über Auftreten und Untersuchungen: Die ersten Untersuchungen datieren vom Ende des letzten Jahrhunderts aus Deutschland. Doppellendigkeit wurde in Frankreich 1910 und 1911 (DECHAMBRE) bei zahlreichen Rassen angezeigt. Das Interesse an diesem Merkmal nahm in den Jahren 1950 bis 1960 beträchtlich zu.

Beschreibung: Man spricht von Doppellendern beim Kalb, wenn dessen Hinterhand wie eine Fohlenkruppe ausgebildet ist, oder von »Pif« oder »Maultier«, wenn man die Fruchtbarkeitsstörungen ansprechen möchte. Nach MENISSIER sind folgende äußere Merkmale für Doppellender charakteristisch:
– Hypertrophie der Muskelmassen im Bereich von Kruppe und Keule;
– Hervortreten der Muskeln und intramuskuläre Depressionen (starkes Zurückgehen der oberflächigen Fettablagerungen);
– Einziehen des Bauches;
– Stellung der Gliedmaßen in Abweichung von der Senkrechten.

Die Doppellendigkeit äußert sich außerdem in folgendem:
– Abweichungen im Kurvenverlauf für die Körpermassezunahme (zuerst steil, dann schwächer als normal);
– stärkere Erregbarkeit und schlechtere Anpassungsfähigkeit an Umweltbelastungen;
– verminderte Fruchtbarkeit bei beiden Geschlechtern mit Verkleinerung der Geschlechtsorgane bei den weiblichen Tieren;
– häufig Abkalbschwierigkeiten, zumeist lang andauernde Schwergeburten;
– geringe Milchleistung;
– Minderung der Skelettentwicklung und dadurch bedingte Knochenbrüchigkeit;
– Schwäche und Herzanomalien;
– verminderte Lebensfähigkeit, starke postnatale Mortalität;
– Makroglossie (bis zum Alter von 3 Wochen).

Eine objektive Beschreibung der Merkmale

ist schwierig. Als Methoden wurden vorgeschlagen: Standardisierung der Muskelprofile, Berechnung eines Index aus der Wichtung ermittelter Einzelwerte. Die Art der Muskelhypertrophie hängt, soweit sie das Ergebnis einer Vermehrung der Zahl und der Anordnung der Muskelfibrillen ist, vom Anteil und der Qualität des Bindegewebes ab.
Wegen der von der Hypertrophie bevorzugten Körperregionen wird der Schlachtwert dieser Tiere beträchtlich erhöht (Verbesserung um 20 bis 30%). Dieses ist begründet durch eine höhere Schlachtausbeute und besonders durch die Verbesserung des Verhältnisses von Muskelmasse zu Knochen und zu Fett.
Je nach den Bedingungen richtet sich die Selektion auf
– die Eliminierung des Merkmals oder
– Nutzung als reine Rasse und Rückkreuzung auf Fleischleistung (z. B. Blonde d'Aquitaine×Charolais).
Bei letzterer ergeben sich Probleme bezüglich der Fruchtbarkeit, Neigung zur Aufspaltung, Milchleistung. Man muß auf eine einzige Produktionsrichtung hin selektieren, um Bullen zu bekommen, die zur Gebrauchskreuzung über die künstliche Besamung eingesetzt werden. Man erhält entweder mehr normale Kälber mit besseren Schlachteigenschaften aus Kreuzungen mit Kühen der Milchrasse oder mehr Doppellenderkälber als mit einem Bullen der gleichen Rasse.

Erbliche Einordnung: Es ist schwer, die Variationsbreite für das Auftreten dieses Merkmals zu untersuchen. Es wird angenommen, daß Doppellendigkeit monofaktoriell bedingt ist, resultierend aus der pleiotropen Wirkung eines autosomalen Gens, dessen Durchschlagskraft von Genveränderungen abhängt. »Das Merkmal scheint bei den Milchrassen rezessiv und selten zu sein, bei den angelsächsischen Fleischrassen ist es unerwünscht. Von schwacher Dominanz und unterschiedlicher Ausprägung könnte es bei den Rassen sein, die zur Verbesserung der Muskelentwicklung genutzt oder als Grundlage für die Gebrauchskreuzung selektiert werden« (MENISSIER).
POPESCU hat festgestellt, daß der Grad der Polyploidie der Lymphozyten bei Doppellendern der Charolaisrasse ungewöhnlich ist. Dieser Polyploidiegrad werde durch Gene kontrolliert, die auch für den Mechanismus der Zellteilung verantwortlich sind. Das Merkmal »Doppellender« wäre dann das Resultat von Veränderungen, die mit Genimbalancen zusammenhängen.

LITERATUR

[1] LAUVERGNE, J. J., 1968 – Catalogue des anomalies héréditaires des bovins (Bos *taurus* L.), Bull. tech. Dépt. Géné. anim. (Inst. nation. Rech. agron. Fr.).
[2] MENISSIER, F., 1974 – Hypertrophie musculaire d'origine génétique chez les Bovins: description, transmission; emploi pour l'amélioration de la production de viande. I congreso mundial de genetica aplicada a la produccion ganadera, Madrid, 1, 85–107
[3] VISSAC, B.; MENISSIER, F.; PERREAU, B., 1971 – Le caractère culard. La Revue de l'élevage, 1971, 26, 2, 35–48
[4] POPESCU, C. P., 1968 – Observations cytogénétiques chez les Bovins charolais normaux et culards. Ann. Génét. anim., 11, 262–264.
[5] DAVID, H. J. A., 1974 – Contribution à l'étude comparée des myopathies héréditaires du bétail et des animaux de basse-cour. Thèse Doct. Vét., Toulouse.
[6] DARRE, R.; QUEINNEC, G.; BERLAND, H. M., 1970 – Sur un cas de nanisme dans l'espèce bovine. Etude cytogénétique. Rev. Méd. Vét., 121, 12, 1115.

Gelenkversteifung (Ankylose) und erbliche Gaumenspalte

Betroffene Rasse: Charolais.
Angaben über Auftreten und Untersuchungen: Das Vorhandensein der Anomalie ist seit langem bekannt, aber die erste Veröffentlichung datiert von 1967.

Beschreibung: Die Kälber sind Totgeburten oder leben, sind dann aber unfähig, sich zu bewegen und zu saugen und daher zu einem mehr oder weniger schnellen Tod verurteilt. Sie werden oft vom Tierhalter sofort getötet.

Der Gaumen zeigt eine vollständige Fisur in der Mitte mit einer Verlängerung nach hinten bis zum Gaumensegel. Man spricht beim Auftreten von einer totalen mittleren Gaumenspalte.

Es gibt eine symmetrische Ankylose verschiedener Gelenke, z. B. des Knies, der Kniekehle und der Kugel. Diese Gelenke sind verschiedene Gelenksformen, ihre Bewegung beruht hauptsächlich auf der Kontraktion der Sehnen. Die proximalen Gelenke der Gliedmaßen (Schulter, Ellenbogen, Sprunggelenk) sind normal, aber im Gegensatz zu den versteiften Gelenken sind ihre Bänder locker, verlängert, von einer mehr als normalen Beweglichkeit, besonders hinsichtlich Streckung und Beugung. Nur die Karpal- und Tarsalknochen sind verbildet.

Die Kanadier nennen diese Anomalie »Arthrogrypose«. Das Nervengewebe ist stets angegriffen, es scheint sogar, daß die Arthrogrypose eine Form der Muskelatrophie nervösen Ursprungs ist. Es besteht eine Rückenmarksentzündung mit Erweiterung des Zentralkanals und Läsionen des Nervengewebes. Die Nervenzellen sind atrophisch und degeneriert. Man stellt unkoordinierte Bewegungen fest.

Erbliche Einordnung: Die Krankheit ist durch ein autosomal-rezessives Gen mit unvollständiger Durchschlagskraft bedingt. Andererseits sind Fruchtbarkeit und Langlebigkeit der heterozygoten Tiere besser als normal, was die Persistenz und Häufigkeit des Schadens erklären könnte.

LITERATUR

[1] LAUVERGNE, J. J., 1968 – Catalogue des anomalies héréditaires des Bovins (Bos *taurus* L.), Bull. tech. Génét. anim. (Inst. nation. Rech. agron. Fr.).
[2] LAUVERGNE, J. J.; BLIN, P. C., 1967 – Fissure palatine héréditaire associée à l'ankylose des membres dans la race charolaise. Ann. Zootech., 16 (3), 291–300.
[3] BERG, R. T.; GOONEWARDENE, L. A., 1974 – The genetics of arthrogryposis in Charolais cattle. I conngreso mundial de genetica aplicada a la produccion ganadera, Madrid, 1, 635–642.

Verstümmelung der Gliedmaßen und des Kopfes

Betroffene Rasse: Ein Teil des europäischen Zweiges der Friesenrinder, das französische »Frisonne Pie noir«. Die Anomalie hat bei der europäischen Friesenrasse die größte Ausbreitung.

Angaben über Auftreten und Untersuchungen: Die Anomalie wurde erstmals 1927 in Schweden erwähnt. Danach hat man sie in verschiedenen Ländern beschrieben. In Frankreich wurde ihr Auftreten 1963 angezeigt (LAUVERGNE und CUQ). Synonyme sind: »Acroteriasis congenita« (erste Untersucher), »Amputate« (Engländer). In Frankreich spricht man von der Mutation »amputie«.

Beschreibung: Die Anormalen beider Geschlechter werden termingerecht geboren, leben aber nur kurze Zeit. Die Symptome der Anomalie sind folgende:

– Fehlen aller vier Gliedmaßen (in verschiedenen Stadien), Fehlen der Klauen;
– Gaumenspalte;
– Mißbildung der Kopfknochen;
– Oberkieferatrophie;
– fast totales Fehlen der Kiefer.

Erbliche Einordnung: Das Merkmal ist autosomal-rezessiv und monofaktoriell bedingt (mit vollständiger Penetranz).

LITERATUR

[1] LAUVERGNE, J. J., 1968 – Catalogue des anomalies héréditaires des Bovins (Bos *taurus* L.) Bull. tech. Génét. anim. (Inst. nation. Rech. agron. Fr.).
[2] LAUVERGNE et CUQ, 1963 – Ann. Zootech., 12, 181–192.

Polydaktylie
(Mehrzehigkeit)

Betroffene Rasse: Normandie-Rind.

Angaben über Auftreten und Untersuchungen: Die Anomalie ist 1961 in Yonne und Loiret bei den Nachkommen des Bullen Quidam aufgetreten. Drei Kälber waren betroffen, zwei weibliche und ein männliches. LAUVERGNE hat 1962 den Fall beschrieben.

Beschreibung: Es handelt sich um eine kongenitale Mißbildung mit Auftreten überzähliger Zehen. Von den drei beschriebenen Tieren zeigten zwei die Anomalie nur an den Vorderbeinen, das dritte an allen vier Gliedmaßen. Der mehrzehige Fuß hatte manchmal zwei Wurzeln anstelle von einer. Es ist zu bemerken, daß die überzählige Zehe nicht bis zum Boden reichte. Aber allein ihr Vorhandensein kann dem Tier Schmerzen bereiten.

Erbliche Einordnung: LAUVERGNE schließt auf einen autosomal-dominanten Erbgang mit unvollständiger Penetranz. Bei den Heterozygoten beträgt die Penetranz 4%.

LITERATUR

[1] LAUVERGNE, J. J., 1968 – Catalogue des anomalies héréditaires des Bovins (Bos *taurus* L.), Bull. tech. Génét. anim.

[2] LAUVERGNE, J. J., 1962 – Nouveau cas de polydactylie héréditaire chez les Bovins, Ann. Zootech., 11 (2), 151–156.

Achondroplasie

Betroffene Rasse: Ein Teil des europäischen Zweiges der Friesenrasse, also das französische »Frisonne Pie noir«.

Angaben über Auftreten und Untersuchungen: Die erste Beschreibung dieser Anomalie erfolgte 1927 in Deutschland. Weitere Fälle wurden dann in England, Schweden und in Frankreich beschrieben. Ein Fall in den USA kann dazugehören. 1967 signalisierte LAUVERGNE den ersten und einzigen französischen Fall: ein weibliches Kalb, geboren am 30. Januar 1965 in l'Yonne. Die Engländer sprechen von »Bulldog«, was auf Französisch »bouledogue« heißt.

Beschreibung: Das Tier, obwohl es in Endlage zur Welt kam, wurde komplikationslos geboren, war aber eine Totgeburt. Es wog 30 kg. Die Beine waren sehr kurz (20 cm im Mittel), aber alle Abschnitte waren vorhanden und voll ausgebildet. Der Kopf war wie bei einer »Bulldogge«, mit platter Nase, Wölbung des Kopfes, Vorspringen des Kiefers und Heraushängen der Zunge. Das Kopfskelett war typisch buldoggig. Außerdem wurden andere Merkmale beschrieben, besonders eine Flüssigkeitsansammlung im Abdomen und ein übermäßig hoher Schwanzansatz.

Erbliche Einordnung: Die Annahme eines autosomal-rezessiven Erbganges scheint in Übereinstimmung mit von anderen Autoren beschriebenen Fällen am wahrscheinlichsten zu sein. Nach THERET sind aber die genetischen Befunde nicht sicher genug, um definitiv mehr als die Hypothese einer Fallätiologie aufzustellen. In der Tat sind die teratologischen Vorkommnisse des »Bulldoggentyps« in mehreren Rassen gut bekannt. So scheint z. B. das Normandie-Rind eine gewisse Prädisposition für diese Mißbildung zu haben, letal oder subletal, je nach der Durchschlagskraft.

LITERATUR

[1] LAUVERGNE, J. J., 1968 – Catalogue des anomalies héréditaires des Bovins (Bos *taurus* L.), Bull. tech. Génét. anim. (Inst. nation. Rech. agron. Fr.).

[2] LAUVERGNE, J. J., 1967 – A propos de l'anomalie héréditaire »Bouledogue« en race F.F.P.N. Bull. mens. Soc. vét. prat. Fr., 51 (4), 179–185.

Angeborene bilaterale Beinverdrehung

Betroffene Rasse: Charolais

Angaben über Auftreten und Untersuchungen: Ein Charolaiskalb im Alter von 4 Monaten wies 1972 eine bilaterale Beinverdrehung auf, vorgestellt von der Tierärztlichen Hochschule Lyon, wo es für eine chirurgische und zytogenetische Behandlung vorgesehen war.

Beschreibung: Die Affektion trat in den ersten Lebenstagen auf und war im wesentlichen chronisch. Das Kalb zeigte eine angeborene Beinverdrehung, eine klassische Affektion der Vordergliedmaßen, bei Kalb und Fohlen gut bekannt. Es treffen hierbei zwei Formen zusammen: Zusammenziehung der Karpalbeuger und verminderte Spannung der Metakarpus- und Phalangenstrecker. Die Anomalie trat anfangs mit einer Versteifung des Ellbogens und einer Abweichung nach vorn von der Senkrechten auf. Es gab eine Schrägstellung des Oberarms nach vorn und unten, der Mittelknochen zeigte nach hinten, aber die Phalangen blieben in Normalstellung. Das Ellenbogengelenk, schmerzhaft, aber nicht heiß, zeigte eine Rauheit, die für einen langen Gebrauch des Ellenbogens als Stütze zum Aufstehen oder sogar zum Liegen sprach. Die

LITERATUR

[1] FROGET, JH.; COULON, J.; NAIN, C.; DALBIEZ, J. M., 1972 – Anomalies chromosomiques de type fusion centrique chez un veau charolais. Bull. Soc. Sci. Vét. et Méd. comparée, 74, 131–135.

Zehen waren in der Bewegung normal, aber der Gang langsam und schwerfällig.

Erbliche Einordnung: Die angeborene Beinverdrehung tritt häufig bei gut entwickelten Tieren auf. Es liegen bislang keine Ergebnisse genetischer Untersuchungen bei irgendeiner Rasse vor. Die zytogenetische Untersuchung diente zum Nachweis des Verschmelzens von Zentromeren wie bei der ROBERTSON-Translokation, aber die Untersucher glauben nicht, daß diese Translokation einen Einfluß auf die Gestaltung der Gliedmaßen dieses Tiers einschließlich ihrer Funktionsfähigkeit gehabt haben könnte.

Prädisposition zur degenerativen Stoffwechselmyopathie des Kalbes

Betroffene Rassen: zahlreiche.

Angaben über Auftreten und Untersuchungen: Mehrere Myopathiesyndrome werden seit einigen Jahren beschrieben. Eine vollständige und interessante Zusammenfassung wurde von DAVID erstellt.

Beschreibung: Im einzelnen sind zu unterscheiden:

- Kalb im Stall
- Anfangsphase: Dyspnoe, Bewegungsstörungen;
- Zustandsphase: lateraler Dekubitus, Steifheit der Gliedmaßen, Schwellung der Muskeln an Schulter und Kruppe mit Schmerzen bei der Palpation;
- Endphase: Tod durch Herzschwäche und starkes Lungenödem oder durch bakterielle Komplikationen.
- Kälber beim Weideaustrieb

Beim Weideaustrieb muß das betroffene Kalb ungewöhnliche Anstrengungen machen, denn sein Gang ist steif und hochbeinig. Es bleibt entweder stehen oder kommt zum Liegen, ohne sich wieder erheben zu können. Die Entwicklung verläuft günstig, wenn frühzeitig eine Behandlung angesetzt wird.

- Kälber auf dem Transport

Es handelte sich in diesem Falle um Kälber aus Lyon oder Saint-Etienne. Sie hatten meistens keine klinische Anzeichen, aber Schädigungen durch eine schwere Myopathie, die zur Untauglichkeit der Schlachtkörper führte.

Erbliche Einordnung: Die Ätiologie dieser Affektionen ist vielseitig und es gibt viele Gründe, unter denen sich auch Erbfaktoren finden. Begünstigende Ursachen kommen bei Milchkälbern vor, hochgezüchtet mit sehr schnellem Wachstum, und im Falle von sog. Mangeltieren (Vitamin E, Selen, Spurenelemente). Gelegentlich können die Anstrengungen, denen die Tiere beim Weideaustrieb ausgesetzt sind, auslösend sein. Bei den Tieren in Stallhaltung sind es oft Umweltbelastungen (z. B. Luftdruckänderungen) oder ein besonderer Kraftaufwand (z. B. beim Saugen).

DAVID besteht auf möglichen genetischen Ursachen, wobei er die genetische Konstruktion des Tieres heranzieht. Er stellt zunächst die Möglichkeit des Bestehens von prädisponierten Linien heraus, indem er besonders das Auftreten von Mängeln anführt, die sich bei mehreren Tieren in derselben Form zeigen. Die Existenz prädisponierter Rassen für diese Erkrankung steht außer Zweifel. So ist z. B. der Eisen- und Hämoglobingehalt bei Charolaiskälbern viel geringer als bei Friesen- oder Montbéliardskälbern, wohingegen der Unterschied zwischen gesunden und myopathischen Kälbern nur gering ist. Schließlich sind Doppellenderkälber prädisponiert, sie haben oft eine Myopathie auf Grund ihrer extremen Muskelbildung.

»Es ist daher erlaubt, von einem Erbkomplex zu sprechen, der bewirkt, daß bestimmte Rassen eine besondere erbliche Disposition aufweisen, die für die Krankheitsentwicklung günstig ist. Das ist z. B. bei der Limousin-Rasse der Fall. Allerdings hat diese Veranlagung für das Auftreten der Krankheit nicht die bestimmende Rolle.«

LITERATUR

[1] DAVID, H. J. M. A., 1974 – Contribution à l'étude comparée des myopathies héréditaires du Bétail et des Animaux de basse-cour, Thèse Doct. Vét., Toulouse, 1974 (cf. p. 58 à 65).

Hydrozephalie und Kardiopathie

Betroffene Rasse: Limousin.

Angaben über Auftreten und Untersuchungen: Der Limousin-Bulle »Pompon« wurde 1963 in der Besamungsstation Soual (Tarn) auf seine Nachkommenschaft bezüglich der Fleischqualität getestet. Dabei trat ein bestimmter Prozentsatz von Tieren auf, die Unregelmäßigkeiten bei der Wiederkehr der Brunst zeigten, ebenso die Geburt von 9 anormalen Kälbern mit Hydrozephalie und Kardiopathie. LAUVERGNE und PAVAUX haben dieses Phänomen 1969 untersucht.

Beschreibung: Zunächst wies die Nachkommenschaft des Bullen ein zahlenmäßiges Defizit von 65 % auf, was sich einerseits aus einer schlechten Spermaqualität erklärte (Extrem der Brunstwiederkehr mit 30 Tagen), andererseits durch fötale Absterber infolge von Anomalien im Verlaufe des ersten bis vierten Monats der Trächtigkeit (Extrem der Brunstwiederkehr zwischen 30 und 120 Tagen). Die geborenen anormalen Kälber stellen nur einen geringen Teil der betroffenen dar. Sie sind übrigens wenig lebensfähig und verenden alle im ersten Lebensmonat. Bei der Geburt scheinen sie normal, aber sehr schnell treten folgende Veränderungen auf:
– leichte Vorwölbung der Stirn;
– verkleinerte, nach hinten geklappte Ohren;
– schwach bemuskelte Hinterhand mit starken Gelenken, manchmal Zittern;
– durch Dyspnoe sich äußernde Herzfehler.

Bei der Sektion stellt man passive Lungenkongestion, Herzkammererweiterung, Herzmuskelatrophie, zuweilen eine persistierende Herzkammerverbindung fest. Ein Unterzungenödem erzeugt in dieser Region eine starke Schwellung zu Lebzeiten des Tieres und ist bei der Sektion stets sichtbar.

Schließlich ergibt die Sektion eine leichte ventrikuläre Hydrozephalie mit Abnahme der Masse der Großhirnrinde und des Corpus callosum, die auseinandergeschoben sind.

Erbliche Einordnung: Es handelt sich mutmaßlich um ein autosomal-dominantes Gen mit unvollständiger Durchschlagskraft. Bei den Heterozygoten beträgt die Penetranz 90 %.

LITERATUR

[1] LAUVERGNE, J. J.; PAVAUX, C., 1969 – Hydrocéphalie et cardiopathie héréditaires en race bovine limousine. Ann. Génét. Sél. anim., 1 (2), 109–117.

Spastische Paralyse (Lähmung)

Betroffene Rassen: Zahlreiche in der ganzen Welt.

Angaben über Auftreten und Untersuchungen: Die erste Beschreibung datiert von 1932 aus Deutschland. Seitdem wurde die Anomalie in vielen Ländern und Rassen untersucht.

Beschreibung: Es ist eine erbliche Anomalie einer oder beider Hintergliedmaßen. Die Affektion besteht meistens seit der Geburt, aber die Bewegungsstörungen werden erst im Alter von zwei bis vier Monaten und später sichtbar und charakteristisch. Folgende sind möglich:
• Einseitiges Auftreten: das Bein ist nach hinten abgezogen, wenn das Tier steht; es ist steil gestellt von oben bis zu den Klauen. Die Palpation ist nicht schmerzhaft, die Bewegung des Hüftgelenks ist normal. Die Trizepsmuskulatur erscheint voluminöser und befindet sich zeitweilig in tonischer Spannung. Während die Gliedmaße in Ruhe eine beinahe normale Stellung hat, zeigt sich der Streckzustand sofort und schmerzhaft, wenn sich das Tier niederlegen will.
• Beidseitiges Auftreten: Die Oberfläche der Keule scheint stärker gespannt zu sein, die Fortbewegung ist schwierig. Das Tier schwankt mit der Hinterhand von einer Seite zur anderen, der Rücken ist gebogen. Es hat sehr große Schwierigkeiten, sich zu erheben, beim geringsten Reiz zieht sich die Trizepsmuskulatur zusammen. Das lange Liegen und motorische Störungen sind häufig Ursache von Komplikationen.

Die Hauptursache der Anomalie ist mutmaßlich nervös bedingt (Vakuolen in verschiedenen Abschnitten des Rückenmarks).

Erbliche Einordnung: Das Vererbungsschema der Erkrankung wurde aufgedeckt, aber seine Übertragung ist nicht gut bekannt. Es scheint, daß es sich um eine autosomal-rezessive Transmission mit schwacher Durchschlagskraft handelt. Eine monofaktorielle Grundlage ist wenig wahrscheinlich, weil es hierzu einer komplexen genetischen Einordnung verschiedener autosomal-rezessiver Gene bedarf (DAVID).

LAUVERGNE steht einer genetischen Einordnung der Erkrankung skeptisch gegenüber, weil man sie bei verschiedenen Rassen in unterschiedlichen Ländern findet und genetischzüchterische Beziehungen ausgeschlossen werden können.

LITERATUR

[1] LAUVERGNE, J. J., 1968 – Catalogue des anomalies héréditaires des Bovins (Bos *taurus* L.). Bull. tech. Génét. anim. (Inst. nation. Rech. agron. Fr.).
[2] DAVID, H. J. M. A., 1974 – Contribution à l'étude comparée des myopathies héréditaires du Bétail et des animaux de basse-cour. Thèse Doct. Vét., Toulouse (cf. p. 54 à 58).

Probatozephalie
(Craniofasziale Dysplasie)

Betroffene Rasse: Limousin.
Angaben über Auftreten und Untersuchungen: Die Erkrankung wurde bei den Nachkommen eines Bullen des Besamungszentrums Soual (Tarn) zwischen 1957 und 1960 beobachtet. Sie wurde ausgangs 1962 von verschiedenen Autoren beschrieben.
Beschreibung: Beide Geschlechter waren betroffen. Trächtigkeit und Geburt verliefen normal. Man stellte folgende Merkmale fest:
– Verwölbung der Stirnfront, was eine charakteristische Schädelsilhouette ergibt, bezeichnet als »Schafskopf«;
– Zungenverdickung;
– wechselnde Herzstörungen;
– wechselnde Magenstörungen.

Dazu kommt, daß Fruchtbarkeit, Laktation, Wachstum und Vitalität reduziert waren.
Erbliche Einordnung: Sie ist autosomal-dominant mit unvollständiger Durchschlagskraft, Penetranz tritt bei 20% der Heterozygoten auf.

LITERATUR

[1] LAUVERGNE, J. J., 1968 – Catalogue des anomalies héréditaires des Bovins (Bos *taurus* L.). Bull. tech. Génét. anim. (Inst. nation. Rech. agron. Fr.).
[2] BLIN, J. J.; LAUVERGNE, J. C., 1967 – Ann. Zootech., 16, 65–88.
[3] FLORENTIN, J. J.; LAUVERGNE, P., 1962 – Rec. Méd. Vét. Alfort, 138, 341–356.
[4] LAUVERGNE, J. J.; VISSAC, B., 1963 – XIe Conf. Int. Génétique, 1963, 1, 264–265.

Alopezie und Anodontie
(Fehlen von Haar und Zähnen)

Betroffene Rasse: Maine-Anjou und Normandie.
Angaben über Auftreten und Untersuchungen: Drei Bullenkälber mit dieser Anomalie wurden 1947 und 1948 geboren. DRIEUX beschrieb diese Fälle 1950.
Beschreibung: Die drei Kälber stammten vom gleichen Charolais-Bullen mit einer gemeinsamen Mutter ab.
Es wurden die folgenden Merkmale angegeben:
– totale Alopezie bei der Geburt mit Auftreten eines hellglänzenden Flaums im Alter von 2 Monaten und Hörnern im Alter von 4 Monaten;
– fehlende Schneide- und Backenzähne im Unterkiefer;
– verlängerte und verdickte Zunge;
– kleine Hoden;
– geringer Gehalt eines rostfarbenen Fetts.
Erbliche Einordnung: Der Erbgang ist autosomal-rezessiv und an das Geschlecht gebunden. Nach HUTT gibt es eine Analogie zu einer ebenfalls an das Geschlecht gebundenen ähnlichen Erscheinung beim Menschen, beschrieben von MCKUSICK.

LITERATUR

[1] LAUVERGNE, J. J., 1968 – Catalogue des anomalies héréditaires des Bovins (Bos *taurus* L.). Bull. tech. Génét. anim. (Inst. nation. Rech. agron. Fr.).
[2] DRIEUX, H., 1950 – Hypotrichose congénitale avec anodontie acérée et macroglossie chez le veau. Rec. Méd. Vét., Alfort, 126, 385–399.
[3] HUTT, F. B., 1963 – A note on sese lainds of genetic hypotrichosis in cattle. J. Hered., 54, 186–187.
[4] MCKUSICK, V. A., 1966 – Mendelian inheritance in man. John Hopkins édit., Baltimore, U.S.A.

Genetisch bedingte Krankheiten

Nanismus (Zwergwuchs)

Betroffene Rasse: Braunvieh.
Angaben über Auftreten und Untersuchungen: Ein weiblicher Zwergwuchs, 1970 geboren, war Objekt einer kerngenetischen und allgemeinen Untersuchung im gleichen Jahr an der Tierärztlichen Hochschule Toulouse.
Beschreibung: Das Tier wog im Alter von 6 Monaten 47 kg, seine Körpergröße übertraf nicht die eines Kalbes von 3 Wochen. Die verschiedenen Körperteile, ausgenommen der Kopf, hatten ihre gewöhnliche Form behalten. Der Kopf, kurz und groß, zeigte eine bemerkenswerte Rundung des Profils. Das Tier hatte ständig Atembeschwerden wegen einer Deformation der Nasenmuscheln.
Erbliche Einordnung: Das weibliche Tier, um das es hier geht, war das zweite zum gleichen Zeitpunkt geborene Kalb einer Kuh normaler Größe und Gestalt, deren erstes Kalb normal entwickelt war. Die erbliche Einordnung dieses Falles von Nanismus wird diskutiert. Die kerngenetische Untersuchung hat einen erhöhten Prozentsatz popyploider Zellen ergeben (13,42% gegenüber 2 bis 6% normal). Man kann daher annehmen, daß Zwergwuchs ebenso wie das Merkmal »Doppellender« Modifikationen im Mechanismus der Zellteilung zur Ursache hat, hervorgerufen durch eine genetische Imbalanc.

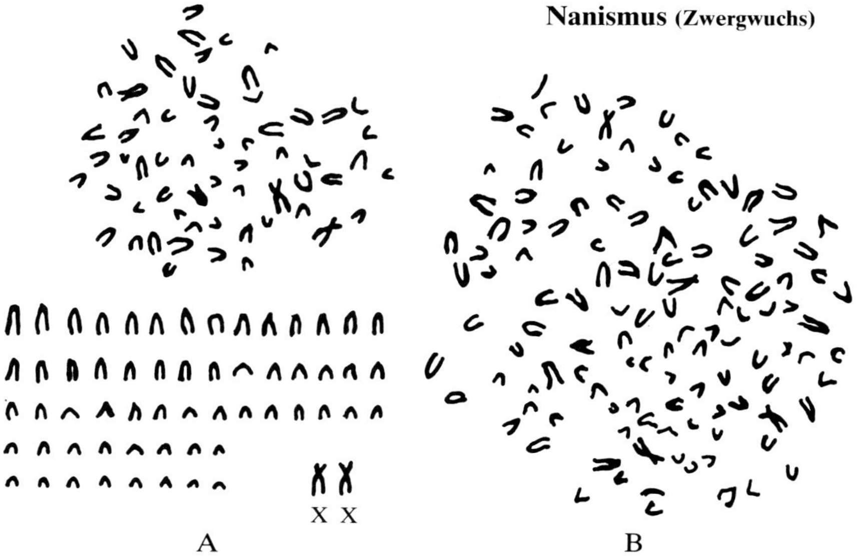

LITERATUR

[1] DARRE, R.; QUEINNEC, G.; BERLAND, H. M., 1970 – Sur un cas de nanisme dans l'espèce bovine. Etude cytogénétique. Rev. Méd. Vét., 121, 12, 1115.

Abb. VI/9 A: Normaler Karyotyp eines Tieres mit Zwergwuchs B: Tetraploide Mitose 4n = 120 Chromosomen bei einem Tier mit Zwergwuchs (Vorlage: Institut für Zootechnik und Genetik E.N.V.T.)

ROBERTSON-Translokation

Nach GUSTAVSSON und anderen Autoren wurde die Häufigkeit von verschiedenen Translokationen, genannt ROBERTSON-Translokation, bei den Mastrassen im Süden Frankreichs aufgezeigt. Diese treten auf, wenn zwei akrozentrische Chromosomen in ihren Zentromeren verschmelzen, um ein neues metazentrisches Chromosom zu bilden. Der Prozeß ist bei verschiedenen Gattungen ziemlich häufig und hat in der Entwicklungsgeschichte eine wesentliche Rolle gespielt. Bei der in Frankreich nachgewiesenen Translokation verschmelzen am häufigsten die Chromosomen 1 und 29. Sie ist vorhanden in mehr als 10% der Fälle bei der Rasse Blonde d'Aquitaine; in geringerem Grade bei den Gascons, Limousins, Charolais, Montbéliards und sogar bei den Kouris des Tschad.

GUSTAVSSON, POPESCU und andere Autoren meinen, daß diese Anomalie eine gewisse Sterilität zur Folge hat. Daher ist es berechtigt, sie in dieser Übersicht zu erwähnen.

Wir haben eine Kuh als Träger der Translokation in doppelter Anlage beobachtet, die trotzdem ein Kalb brachte. Es scheint daher schwierig zu sein, in der Translokation einen Faktor für Unfruchtbarkeit zu sehen. Andererseits gibt es eine negative Korrelation zwischen Mastleistung und Reproduktionsleistung, was noch schwerer zu deuten ist.

Es scheint in jedem Falle so zu sein, daß diese eine neue genetische Balance bewirken könnte, mehr oder weniger ausgeprägt, für die Reproduktionsfähigkeit des Trägers, sei es auch nur in einer Abschwächung der Sondereigenschaften beim Hausrind. Ein als gut eingeschätzter Bulle hatte sogar zwei Translokationen, die 1–29 und die F. Das hatte seine Eignung als Vatertier nicht wesentlich beschränkt.

Translokationen sind somit Teil des angepaßten biologischen Polymorphismus. Sie können je nach dem Fall durch eine kausale Beziehung bzw. eine Verschmelzung verbunden oder sehr stark mit positiven Folgen (gutes Wachstum) oder negativen (geringe Fruchtbarkeit, Anfälligkeit für Leukose) verknüpft sein. Sie entziehen sich zumeist noch unserer Kenntnis. Häufig sind die Veränderungen schwach oder fehlen völlig, da weder Informationsverlust noch Störung der Genbalance vorliegen.

LITERATUR

[1] DARRE, R.; QUEINNEC, G.; BERLAND, H. M., 1972 – La translocation 1–29 des Bovins. Etude générale et importance du phénomène dans le Sud-Quest. Rev. Méd. Vét. 123, 4, 477–494.
[2] POPESCU, C. P., 1971 – Deux cas nouveaux de fusion centrique chez les bovins. Ann. Génét. Sél. Anim., 3, 4, 521.
[3] QUEINNEC, G. – Génétique et stérilité, 1972 – Informations Techniques des Services Vétérinaires (Stérilité et avortements dans l'espèce Bovine). n° 39–40, 13–21.
[4] QUEINNEC, G.; DARRE, R.; BERLAND, H. M.; RAYNAUD, J. C., 1974 – Etude de la translocation 1–29 dans la population bovine du Sud-Ouest de la France. Conséquences zootechniques. 1er Congrès mondial de génétique appliquée à l'élevage – Madrid (Espagne) – Octobre, 3, 131–151.
[5] DARRE, R.; BERLAND, H. M.; QUEINNEC, G., 1974 – Une nouvelle translocation robertsonienne chez les bovins. Ann. Génét. Sél. Anim. 6 (3), 297–303.

Katalog über die Erbschäden beim Kalb siehe Seite 463

J. ESPINASSE

Kapitel 9   Krankheitsbehandlung

Verdauungsapparat und Anhangsdrüsen (Pankreas – Leber)

Maulhöhle

Verschiedene Infektionskrankheiten von kontagiösem Charakter haben ihre Lokalisation in der Maulhöhle:

Die *MKS (Aphtenseuche)* ist ein gutes Beispiel einer vesikulären Stomatitis, aber beim Kalb mit seiner hohen Sensibilität gegenüber dem Virus ist oft die typische Symptomatologie, die beim erwachsenen Rind beobachtet wird, verdeckt.

Die *papulöse Stomatitis* ist in Frankreich nicht außergewöhnlich. Aber nur eine sehr genaue Untersuchung der Tiere erlaubt ihre Identifizierung. Sie wird durch einen Erreger der Gruppe der Pox-Viren verursacht. Sehr ansteckend, kann sie Kälber ab 2 Monaten infizieren. Die Hauptläsion ist eine Papel von 0,5 bis 1 cm Durchmesser, mit einer Oberfläche mehr oder weniger rund und unregelmäßigen Wänden, von tiefroter Farbe. Ihre Lokalisation ist nicht auf die Maulhöhle begrenzt (Abgrenzung von der *Papillomatose),* sie kommt auch außerhalb vor (Lippen, Nasenlöcher;

von der Parakeratose zu differenzieren), gelegentlich am Schlund (Knötchen, Erosionen, Geschwüre; von der *Mucosal Disease* zu unterscheiden) und am Magen auftretend. Die infolge von Aufzuchtschäden, anderen Infektionskrankheiten (Mucosal Disease) oder Stoffwechselstörungen erkrankten Tiere haben Anzeichen von Fieber und Dysorexie und eine Verschlechterung des Allgemeinzustandes. Die Erholungsphase dauert immer lange, mit verlängertem Bestehen der Papeln, die unter Zusammenfließen halb mit nekrotischen Schuppen bedeckt sind, die man mit Antiseptika örtlich zu bekämpfen versuchen kann.

Die geschwürigen oder geschwürig-nekrotischen Veränderungen bei der *Mucosal Disease* dürfen nicht mit denen des Kälberdiphteroides (Nekrobazillose der Maulhöhle oder Kälberdiphtherie) verwechselt werden. Bei diesem handelt es sich i. a. um eine Erkrankung von weniger als 3 Monate alten Kälbern, am häufigsten plötzlich auftretend und durch *Fusobacterium necrophorum* hervorgerufen. Bei verschiedenen erkrankten Tieren fallen Schwellungen in der Backen- und Kehlregion auf und häufig Schluckbewegungen und Speicheln. Im Maul befinden sich die Läsionen entlang des Zahngrundes sowie am Zungengrund und den Seitenrändern der Zunge, an der Backenschleimhaut in der Gegend der Backenzähne. Es handelt sich um Geschwüre, verschiedentlich mit sehr festsitzenden Schleimhautfetzen bedeckt, die nach dem sehr schwierigen Abziehen einen Krater mit Granulationsgewebe erkennen lassen. In einigen Fällen können sich die Veränderungen auf die Kehlkopf–Schlundgegend erstrecken, auf die Nasenhöhlen, die Scheide und die Klauenkrone mit gelegentlich schweren Allgemeinsymptomen oder Funktionsstörungen. Der Zustand der Kranken, stets beeinflußt durch die Toxine von *Fusobacterium necrophorum*, kann durch frühzeitige Anwendung von antiinfektiösen Mitteln in hohen Dosen (Methyl–Sulfamid–Pyrimidin, Tetrazyklin, Chloramphenikol) gebessert werden.

Bei der Charolais-Rasse, in ganz Frankreich und auch außerhalb der Grenzen, kann man nicht selten bei neugeborenen Kälbern Anomalien der Maulhöhle beobachten *(Gaumenspalte)*, verbunden mit mehr oder weniger schweren Störungen des Bewegungsapparates durch Gelenkskontrakturen.

Eine *Hyperkeratose* der Zungenoberfläche kommt nicht nur bei Vergiftung durch chlorierte Phenole vor, sondern auch bei Saugkälbern mit ausschließlicher Milchnahrung, bei Kälbern, die während der Aufzucht Getreidekörner mit industriellen Fetten vermischt fressen, oder durch Kontakt mit gespritztem Holz, außerdem kann sie auch eine Begleiterscheinung des Eisenmangels sein, wenn man sich an Beobachtungen in Italien bei bestimmten Rassen hält.

Die Rosa- oder Braunfärbung des Zahnschmelzes, die Fluoreszenz im ultravioletten Licht, ist ein frühzeitiges Anzeichen der angeborenen *Porphyrie* (Veränderung des Blutfarbstoffes), die bei verschiedenen ausländischen Rassen vorkommt, besonders bei den Nachkommen der Holsteiner. In ihrer Folge können auch andere Störungen bei diesen Tieren auftreten: Pigmenturie (Verfärbung des Urins in unterschiedlichem Grade zu braunrot), Vorkommen einer Haut-Photosensibilität unter Sonneneinwirkung, Wachstumsverzögerung.

Mägen

Die Erkrankungen der Mägen, Labmagen und Vormägen, waren beim Kalb niemals Gegenstand systematischer Untersuchungen. Es ist nicht geglückt, einen Zusammenhang herzustellen, obwohl viele Vorarbeiten, oft ohne Schlußfolgerungen, geleistet wurden. Mit dem Ziel der Vereinfachung und größerer Erfolgsaussichten haben wir es aus dem zeitlichen und klinischen Blickwinkel im folgenden versucht.

Erkrankungen des Labmagens (Abomasum)

Labmagenentzündung

Die Entzündung des Labmagens ist eine ständige Läsion bei den neonatalen Enteritiden bakteriellen Ursprungs *(Kolibazillose)*, virösen *(Mucosal disease)* oder parasitären Charakters *(Trichostrongylose)* bei den älteren Tieren.

Die Durchfälle auf Grund von Fütterungsfaktoren von unspezifischer Ätiologie, oder durch Intoxikationen infolge aufgenommener Gifte stehen sehr oft auch mit Labmagenentzündungen in Verbindung.

Bei Mast- oder Saugkälbern sind Verdauungsstörungen durch Grobfutter (Stroh, Heu minderer Qualität), durch Vorhandensein von Haaren im Labmagen, Folge der Gewohnheit des Beleckens, oder von unverdautem Kasein von fester und gummiartiger Konsistenz Faktoren der Schleimhautschädigung, also der Labmagenentzündung oder sogar der Labmagenerweiterung.

Von den letzteren ätiologischen Kategorien sind besonders die Störungen bei Tieren von 3 bis 6 Wochen interessant: sie ähneln denen der *Dyspepsien* (Verdauungsstörungen). Die Erkrankten verlieren ihre Vitalität genau wie den Appetit. Man beobachtet sie im Kümmerstadium, den Rücken gekrümmt, den Leib eingezogen, mit dauerndem oder wiederkehrendem Durchfall von dunkler Farbe und dickbreiiger Konsistenz, übelriechend; die lange Krankheitsdauer geht mit zunehmendem Masseverlust durch schlechte Verdauung und Wasserverlust mit immer stärkerer Abgeschlagenheit bis zum Verenden einher. Die ungleichartigen Inhaltsstoffe als Folge der Schädigung der Labmagenschleimhaut rufen gelegentlich eine Pylorusverstopfung hervor. Im ersten Fall (Stroh, Heu, Kasein) stellt man eine Labmagenerweiterung mit einer Vertiefung in der rechten Bauchseitengegend und das Gefühl einer Fluktuation bei der Eingeweidepalpation fest. Im zweiten Fall (Trichobezoar oder Haarknäuel) kann im Labmagen eine Gasbildung auftreten mit Kolikerscheinungen und sogar Symptomen konvulsiver Nervenstörungen.

Eine Labmagenentleerung mit traditionellen Therapeutika zu erlangen (Abführmittel, die Motorik anregende Alkaloide), ist schwierig; die manuelle Entleerung nach Labmagenschnitt ist das Mittel der Wahl, besonders bei Vorhandensein von Nervenstörungen.

Das Anlegen eines Maulkorbs ist ein prophylaktisches Mittel gegen solche Vorkommnisse bei Mastkälbern, aber man muß wissen, daß Trichobezoare schon von Geburt an existieren können, gebildet während der intrauterinen Periode.

Aufblähungen

Neben den gasförmigen Aufblähungen, die wir bereits beschrieben haben und die besonders in den vorderen Magenabschnitten auftreten, hatten wir Gelegenheit, schaumige Gärungen im Labmagen bei Mastkälbern in Einzelboxhaltung zu beobachten, die mit Milch aus dem Eimer getränkt waren. Es handelt sich um Rezidive, die während der Mahlzeit oder vereinzelt kurz danach auftraten, charakterisiert durch eine Spannung in der rechten Flanke, manchmal auch links, mit Kolikerscheinungen und nachfolgendem breiigem Durchfall von heller Farbe und verschiedener Dauer. Diese Erscheinungen waren Begleiter der Beifütterung eines Milchpulvers mit stark schäumender Wirkung, das ohne Übergang nach einem Fertigfutter mit Kokosöl verabreicht wurde.

Ohne die Ursachen der Schaumbildung genau zu kennen, hat man gute therapeutische Erfolge durch Zugabe von Zucker-Glyzeridpalmitat in einer Dosierung von 1–2 g/l Tränke erzielt. Man hat auch unter ähnlichen Umständen Silikone (1 g/l) gegeben.

Unsere Versuche mit Produkten auf Poloxalenbasis scheinen folgerichtig zu sein, aber sie verstärken nach einigen Tagen die Durchfallerscheinungen.

Verdauungsstörungen

Die Hauptursache der Verdauungsstörungen des Labmagens auf Grund einer Störung seiner Motorik stellt die Verabreichung einer zu voluminösen Milchmahlzeit dar. Diese Möglichkeit tritt gewöhnlich in der traditionellen Aufzucht auf, das Saugkalb bei der Mutter nimmt häufig sehr gierig und in sehr kurzer Zeit wiederholt große Mengen Milch auf. In der industriemäßigen Aufzucht ist die Verteilung der Tränke mit Eimer ein begünstigendes Moment für diese Art Verdauungsstörung. Tatsächlich ist bei gleichbleibender Menge die Verdauungszeit viel kürzer und die Überfüllung des Labmagens sicherlich begünstigt. Die jungen Kälber in der Periode der Eingewöhnung, durstig, aber verwirrt durch die neue Umgebung und die Einstallung, sind besonders diesen Vorkommnissen ausgesetzt, vor allem bei automatischen Milchverteilungsanlagen.

Die Verdauungsstörung des Labmagens ist auch eine Folge von möglichen Fütterungsschäden, wie sie von GRIESS in diesem Buch beschrieben wurden (Teil VI, Kapitel 2).

Die *Symptome der Labmagenstörungen* sind nach den auslösenden Faktoren unterschiedlich. Bei den typischen Formen ist das kranke Kalb abgeschlagen nach den Mahlzeiten, leichte Koliken mit Veränderungen an der rechten Flanke sind nicht außergewöhnlich.

Erbrechen ist eine laufende funktionelle Erscheinung mit Ausspucken von weißlichen Koagulumteilchen, mehr oder weniger fest. Die Untersuchung des Labmagens von der Seite aus zeigt Anomalien des Volumens, der Empfindlichkeit, der Festigkeit und Änderungen der Motorik. Man stellt durch Auskultation Phasen sehr starker Geräusche abwechselnd mit langen Perioden völliger Ruhe fest. Immer ist Durchfall vorhanden in reichlicher Menge von schaumiger Konsistenz und heller Färbung.

Der *Ersatz der Milchnahrung* für 3 bis 4 Tage durch einen schleimigen und beruhigenden Trank (Leinsamenschleim, Reiswasser), stets und vor allem antiseptisch (Futtertüten), ist zwar weniger bequem, aber weitaus sicherer als einfache Herabsetzung der Milchpulvermenge in der industriemäßigen Haltung.

Bei schwereren Formen kann man seine Zuflucht zu Spasmolytika bei Kolikerscheinungen, dann zu salinischen Abführmitteln und sogar zu Antibiotika, um Komplikationen durch infektiöse Enteritis auszuschließen, nehmen, alles therapeutische Mittel zur zusätzlichen Anwendung in jedem Fall. Nach der Schleimdiät soll die Milchfütterung nur schrittweise eingesetzt werden, genauso wie jeder Wechsel bei der Milch oder der Konzentration zu vermeiden ist.

Die Prophylaxe der Labmagenstörungen, die auf einfachen diätetischen Prinzipien beruht, fügt sich gut in die ätiologischen Angaben des vorliegenden Abschnitts und die von GRIESS (oben) ein.

Geschwüre

Die Geschwüre des Labmagens sind die klassischen Läsionen bei den bakteriellen Erkrankungen (Salmonellose) oder den virösen mit Beziehung zum Verdauungsapparat wie der *Mucosal Disease* oder *infektiösen Rhinotracheitis*. Sie treten auch bei Intoxikationen (z. B. Quecksilbervergiftung) und Infektionen durch Mikropilze auf. Bei einer Untersuchung an 308 jungen Kälbern mit Durchfall in Kanada wurden bei der Sektion 12 Tiere mit geschwürig-nekrotischen Veränderungen am Pansen und Labmagen festgestellt, von denen man *Aspergillus* oder *Candida* isolierte. Alle Tiere hatten vorher p.o. Antibiotika aufgenommen. Man kann darin vielleicht eine der Ursachen für diesen Befall der Mägen mit Pilzen sehen, da diese Mikroorganismen hierbei laufend beobachtet werden. Gleichermaßen ist anzunehmen, daß die Stoffwechselazidose bei derartigen Durchfallerkrankungen eine begünstigende Rolle spielt.

Die »gewöhnlichen« Labmagengeschwüre, häufig beim Mastkalb mit der Ernährung mit Milchaustauschern zusammenhängend, berei-

ten dem Tierarzt stets Schwierigkeiten bei der Diagnose und Ätiologie.
Die Substanzverluste der Labmagenschleimhaut reichen von der einfachen Erosion bis zum perforierenden Geschwür; sie treten einzeln oder mehrfach auf, lokalisiert an verschiedenen Stellen des Organs mit Vorliebe für die Pylorus-Region.
Diese Unterschiede im pathologisch-anatomischen Bild der Geschwürserkrankung erklären ihre verschiedenen klinischen Aspekte: Dyspepsiestörungen in leichter oder schwerster Form mit oder ohne Tympanie und Durchfall, Tod durch Peritonitis oder inneres Verbluten.
Viele *Theorien* bemühen sich ohne überzeugende experimentelle Beweise, die Entstehung der Geschwüre zu erklären; man macht verantwortlich:
- *Psychosomatische Faktoren:* Aggressionen beim Transport, das Leben in Gemeinschaftshaltung sind hierbei die Grundelemente.
- *Pharmakodynamische Faktoren:* Die verbotene Anwendung von Phenylbutazon und von Derivaten der Azetylsalyzilsäure durch Tierhalter und Viehhändler, um Eingewöhnungsstörungen abzuschwächen, ist für manche Tierärzte ein wichtiges Element in der Krankheitsgeschichte der Geschwüre.
- *Fütterungsfaktoren:* Die Aufnahme von Futterbestandteilen oder anderen Teilchen von großer Struktur durch Kälber mit künstlicher Milchernährung oder das Vorhandensein solcher reizender Partikel in den Milchaustauschern bei der Aufzucht könnten genügend Ursache für die Entstehung von Geschwüren sein, mindestens durch die schädigende mechanische Wirkung. In dieser Hinsicht sind Beobachtungen aus der BRD interessant. Bei der Aufzucht von 199 Mastkälbern mit Milchaustauschern, von denen eine Hälfte auf Stroheinstreu gehalten wurde, die andere nicht und bei 25 früh abgesetzten Saugkälbern ergab die Untersuchung des Labmagens nach der Schlachtung folgende Resultate: 95 % der Mastkälber hatten Erosionen oder Geschwüre, aber nur 20 % der Saugkälber waren damit belastet. Bei den Mastkälbern war die Zahl der Läsionen auf Stroheinstreu viel höher, im Mittel 6,1 Geschwüre je Tier, gegenüber 3,9 ohne Stroh und 2,6 Geschwüren/Tier bei den Saugkälbern. Übrigens war der pH-Wert des Labmagens bei den Mastkälbern auf Einstreu und mit Tränken aus dem Eimer viel niedriger als bei den Tieren ohne Stroh und mit automatischer Fütterung.
Diese klinischen, ätiologischen und pathologischen Angaben stellen eine Information über die Unsicherheiten therapeutischer und prophylaktischer Versuche dar, sogar in der Reihe der ohne erkennbare Ursache auftretenden Geschwüre. Die Dringlichkeit systematischer Untersuchungen dieses Syndroms ist zu unterstreichen.

Störungen des Vormagensystems (Netzmagen–Pansen): Aufblähung

Trotz seiner schwachen Entwicklung in den ersten Lebenswochen des jungen Kalbes kann der Sektor »Netzmagen–Pansen« schon der Ursprung von lebensbedrohenden Störungen sein, die sich klinisch und funktionell durch eine mehr oder weniger starke Tympanie äußern und die zurückgehen können oder nicht. Später, zur Zeit des Absetzens, sind derartige Erscheinungen bedeutungslos. Obwohl immer nur sporadisch auftretend haben diese Tympanien die Tendenz, gemäß ihrem Charakter häufig länger andauernd und wiederkehrend, die Entwicklung der Tiere, die darunter leiden, beträchtlich zu hemmen.
Beim Neugeborenen scheint es, daß die Tympanie linkerseits von anormalen Gärungen vor der Geburt im Pansen, eventuell im Labmagen, herrührt. Das Vorhandensein eines Substrats und von Mikroorganismen im Pansen ist die Folge von Milchrückflüssen aus dem Labmagen oder des Einfließens der Milch direkt in die Vormagenabteilungen. Der Milchfluß, mehr oder weniger im Zuge der Verdauung, vom Labmagen zu den Vormägen, kann auch

eine Folge von entzündlichen oder funktionellen Störungen des Labmagens sein.

In bezug auf ein direktes Einfließen von Milch in den Pansen–Netzmagen kann man dieses als Folge eines Fehlverhaltens der Schlundrinne auffassen. Der Schlundrinnenreflex ist ein Vorgang, der durch zahlreiche Faktoren verhindert werden kann, wobei in der industriemäßigen Haltung psychologische Momente ausschlaggebend sind; in der Periode der Eingewöhnung sind einzelne Tiere durch ihre Erregung ungünstig beeinflußt, später handelt es sich um Störungen und Unordnung im Stall vor und während der Fütterung. Man muß sich stets daran erinnern, daß der Schlundrinnenreflex nicht durch Tränken aus dem Eimer und in abgebeugter Haltung begünstigt wird, besonders bei Kälbern, die spät von ihrer Mutter getrennt wurden und gewohnt waren zu saugen.

Beim Saugkalb während des Absetzens, wenn die Vormägen ihre Funktion aufnehmen, hat die *Pansen-Tympanie* sehr verschiedene Ursachen. Es kann sich zunächst um eine Störung der Gasentleerung durch Verstopfung der natürlichen Ausgangswege handeln: Verlegung des distalen Zugangs des Ösophagus oder seines Verlaufs durch einen Fremdkörper, durch einen Tumor von der Art eines Papilloms, eine aktinomykotische Läsion, einen Tricho- oder Phytobezoar, die Folge eines Ösophagusgeschwürs. Die Entleerung ist auch gehindert beim Vorliegen von Spasmen des Ösophagus, Ausdruck einer Tetanie durch Hypokalzämie, Hypomagnesiämie oder Vergiftung. Unter anderen Verhältnissen resultiert die Tympanie aus Störungen der Vagusinnervation, mehr oder weniger begleitet von Erscheinungen, die vom Zustand des Ösophagus bei Vereiterungen oder Geschwülsten im Mittelfellraum, von einer Vergrößerung der Thymusdrüse (Leukose) oder einer Zwerchfellhernie herstammen können. Die Beteiligung der Wandmuskulatur des Pansens am Syndrom der Gasrückhaltung wird häufig übersehen.

Die allgemeine Verminderung des Muskeltonus bei Tieren ohne viel Bewegung führt zu *Muskeldystrophie* (Stoffwechsel-Myopathie) oder *Atemerkrankungen;* die Reflexhemmung der entsprechenden Kontraktionen durch das Vorhandensein von Tricho- und Phytobezoaren im Netzmagen, im Eingang zum Netz – Blättermagen oder im Magenausgang sind manchmal bei der Sektion festgestellte ätiologische Gegebenheiten. Die letzte Gruppe von Faktoren, die für eine Pansentympanie verantwortlich ist, steht in Beziehung zur Methode des Absetzens selbst, das auf einmal in die motorischen und biochemischen Vorgänge des Pansens eingreift. Die Aufnahme ohne ausreichenden Übergang und ohne Vorbereitung des Kalbes von der Milchnahrung auf das Futter des mehrmagigen Wiederkäuers, die dem Kalb während des Absetzens angebotene Ration mit zu hohem (Grobfutter) oder zu niedrigem Zellulosegehalt und zu wenig Rohfaser (Konzentrat), ein hoher Gehalt an leicht verdaulichen Kohlenhydraten (Grünfutter aus Leguminosen), ein unregelmäßiges oder in zu kurzen Abstände verabfolgtes Tränken u. a. stellen ebenso wie ein schlechter Stall Faktoren eines unregelmäßigen Funktionierens der Vormägen dar.

Die Gasbildung im Pansen des Kalbes mit ausschließlicher Milchnahrung ist meistens eine Störung der Periode nach dem Absetzen. Die Vergrößerung der Organe, besonders in der linken Flanke (hohl und fluktuierend), ist unterschiedlich und kann in extremen Fällen oder bei Beteiligung des Magendarmkanals, bei ernsten Beeinträchtigungen des Atmungsapparates sowie bei Koliken sogar den Tod herbeiführen. Die Kathederisierung des Pansens von der Speiseröhre aus behebt die Tympanie, aber verhindert Wiederholungen nicht. Hierzu muß man den Panseninhalt durch Absaugen entfernen oder ihn durch Hineinbringen einer Säure- oder Antibiotikalösung, die auf gramnegative Keime (Quelle einer alkalischen Fermentation) einwirkt, neutralisieren. Anschließend für einige Tage die Konzentration und Menge der Tränke verringern, sie in Ruhe zur gleichen Zeit verabreichen, wenn möglich in kleinen Portionen, den Kälbern in Gruppenhaltung gestatten, einen beweglichen Sauger zu benutzen oder aus einem Eimer zu saufen, der am Grunde einen Lutscher hat. Es hat sich auch bewährt, ihnen unter die Zunge bei jeder Mahlzeit einen Eßlöffel Kochsalz oder ein Säurederivat (Weinsteinsäure) zu geben, der Tränke einige Tropfen Säure zuzusetzen, um die Ausfällung anzuregen. Schließlich ist darauf zu achten, ständig genau den Fütterungsplan einhalten, wobei die Durchführung dieses Ernährungsregimes, das viel Aufmerksamkeit und Erfahrung erfordert, persönlich von keinem Tierhalter realisiert werden kann.

Die große Unterschiedlichkeit der Umstände des Auftretens von Tympanien bei Kälbern mit gemischter Fütterung verbietet, das klinische Bild in kurzen Sätzen zusammenzufassen, da sie manchmal im Zuge einer Allgemeinerkrankung auftreten. Im häufigsten Fall einer alimentären Ursache sind die Störungen weitgehend bekannt: Verlust der Vitalität, Verlangsamung des Wachstums, Appetitschwankungen mit leichter Blähung der linksseitigen Flankengrube, die bald ständig auftritt. Die Untersuchung des Pansens zeigt eine feste Konsistenz in der unteren Region, eindrückbar, dagegen im oberen Pansenteil eine elastische mit leichter Empfindlichkeit und eine Verlangsamung der Magenbewegungen. Der Verstopfung im Anfang folgen manchmal Durchfälle, Anzeichen von Unregelmäßigkeit der Verdauung.

Spezifische therapeutische Schritte können nur nach einer ätiologischen Diagnose eingeleitet werden. Für ein symptomatisches Vorgehen und im besonderen Fall der alimentären Verdauungsstörungen ist es wesentlich, zunächst den pH-Wert im Pansen zu kennen und anormale Werte richtigzustellen. Häufig sauer im Anfang, danach alkalisch, wird ein normaler pH-Wert zwischen 6 und 7 nach einigen Tagen mittels Bikarbonat- oder Essigsäurelösungen erreicht, vielleicht verbunden mit Injektionen in den Pansen von Breitbandantibiotika, um die normale und krankmachende Magen-Darm-Mikroflora zu zerstören.

Danach gestattet das Einbringen von Pansensaft eines erwachsenen, gesunden Spenders, die Anwendung von Parasympathikotonika p. o. oder allgemein von Tonika, die Durchsetzung von diätetischen Maßnahmen (große Tränken, Beschleunigung des Absetzens unter Zuhilfenahme von Futter bester Qualität), die Verkürzung der Störungen und die Schaffung eines Milieus in den Vormägen, das dem Mehrmagensystem entspricht. Trotzdem ist dieses Resultat nicht immer zu erreichen, besonders wenn die Störungen lange Zeit bestehen und nicht mit der nötigen Sorgfalt behandelt wurden. Man muß sich dann entschließen, zu den vorherigen Maßnahmen eine Pansenfistel zu setzen in der Höhlung der linken Flanke, durch die bis zur Besserung die Gärungsgase entweichen können [4].

Die *Prophylaxe der Pansenstörungen* beim Kalb in der Zeit des Absetzens wird haupsächlich durch diätetische Maßnahmen durchgeführt, deren Grundlinien und Anwendung von der Ernährungsätiologie herstammen und von Elementen, wie im Teil VI, Kap. 2 beschrieben.

Därme

Die Eingeweideerkrankungen des Kalbes, besonders häufig in der ersten Lebensphase, werden durch infektiöse Enteritiden, gegebenenfalls alimentäre bzw. parasitäre, unter bestimmten Bedingungen der Aufzucht beherrscht.

Erinnern wir uns zunächst, daß die Infektion mit dem Erreger der Paratuberkulose (JOHNEsche Krankheit) auf die Zeitspanne der ersten Lebenszeit und sogar gelegentlich auf die intrauterine Periode beschränkt ist, wenn sie auch klinisch erst im späteren Alter auftritt. In infizierten Aufzuchten scheint es daher unbedingt notwendig, neben anderen Maßnahmen, von der Geburt an die Ansteckung zu verhindern (Isolierung, Abmelken der Kolostralmilch im Eimer unter guten hygienischen Bedingungen, Fütterung mit Milchaustauschern, Vermeiden der Stallabteile, die von chronischen Ausscheidern oder Kot kontaminiert sind). Die Wirksamkeit der Vakzinierung unter einem Monat hängt zum guten Teil davon ab, daß man den jungen Kälbern hohe und wiederholte Dosen (des »JÖHNE-Bazillus«) gibt. Die Vakzinierung erzielt bei den Tieren einen Serumtiter für mehrere Monate.

Pankreas

Gewisse Durchfallerkrankungen des Kalbes, besonders in der traditionellen Aufzucht, können von einer sekretorischen Unterfunktion des Pankreas herrühren [2]. Es handelt sich meistens um Einzelfälle bei Tieren jeden Alters bis zum Absetzen.

Der Kot der an einer Pankreasinsuffiziens erkrankten Tiere ist charakterisiert: schillernd, fettartig, hellgelb, fest auf dem Boden liegend, aussehend wie ein »Kuhfladen« oder auch wie eine Mayonnaise, schlecht durchgerührt mit hellen, öligen Streifen und gelblichen Käsebrocken dazwischen. Das schwere Durchfallstadium macht die Tiere sehr schnell matt, ohne daß sie immer den Appetit verlieren. Weniger schwere Fälle können am Ende der Mastzeit auftreten, sich anfallsmäßig entwickeln und sich mit wenig Beeinflussung des Gesamtzustandes bis zur Schlachtung fortsetzen.

Die *Diagnose* der Diarrhoe durch Pankreasinsuffiziens beruht zuerst auf dem Aussehen der Fäkalien, das von einer schlechten Verdauung der Fette der Milch herkommt *(Steatorrhoe)*.

Diese Anomalie kann überprüft werden durch ein Sichtbarmachen der Fette im Kot mit einem einfachen Test (SudanIII-Test) und durch Feststellung des Verschwindens der Trypsinaktivität im Kot (Film-Test).

Die therapeutische Diagnose ist sicher die bessere Methode der Identifizierung und Lösung dieses Durchfalltyps. Sie benötigt die Einsetzung einer Versuchsbehandlung auf der Basis von Pankreassäften oder einer Verbindung von Pankreasenzymen.

Diese Substanzen, p. o. vor den Mahlzeiten 3 bis 4 Tage lang gegeben, führen zu einer Besserung mit nachfolgender, oft erstaunlicher Heilung.

Die *Ursachen* der Pankreasinsuffizienzen des jungen Kalbes sind nicht mit Sicherheit bekannt. Verschiedene Untersucher nehmen das Bestehen von angeborenen Unterentwicklungsschäden des Pankreas an, andere denken an Auswirkungen einer starken Pankreasentzündung, an Mangel von Spurenelementen (Zink, Kobalt, Nickel) oder von Aminosäuren.

Die *therapeutische Anwendung* dieser Elemente ist übrigens nicht immer günstig. Es ist aber auch nicht unmöglich, daß die sekretorische Pankreasinsuffizienz eine Begleiterscheinung von unspezifischen oder spezifischen Gastroenteritiden ist.

Leber

Leberentzündungen

- *Lokalisierte Leberentzündung: Folgen einer Nabelvenenentzündung*

Die Nabelvenenentzündung *(Omphalophlebitis)* ist eine Entzündung der Nabelvenen, aber in Erweiterung des Begriffes bezieht man jeden Entzündungsvorgang an der Nabelschnur ebenfalls mit ein. Ihre Beziehungen zur Leber erklären die Häufigkeit der gemeinsamen Schädigungen und rechtfertigen die Besprechung der Nabelvenenentzündung in diesem Kapitel.

Die Erkrankung ergreift Kälber Ende der ersten Lebenswoche, hauptsächlich im Winter in Herden, in denen die Geburten im Stall stattfinden und die jungen Tiere in Gruppen-

Anhangsdrüsen

haltung zum Saugen an der Nabelschnur neigen. Die Störungen sind häufiger bei frühen Geburten (Kontamination im Uterus) als bei Tieren, die termingerecht kalben.

Die Entzündungserscheinungen der Nabelschnur werden hervorgerufen durch eine ubiquitäre Bakterienflora in bestimmten Stallbuchten, in denen die Morbidität für mehrere Monate um 100% liegen kann *(Corynebakterium pyogenes, Fusobacterium necrophorum, E. coli, Brucella abortus, Pasteurella multocida,* Streptokokken, Staphylokokken usw.).

Die schwere Form ist auf lokale Anzeichen beschränkt und begleitet von schweren, aber unspezifischen Allgemeinstörungen, verbunden mit einer Bakteriämie und Toxämie, die schnell zum Tode führen kann und bei der Sektion alle Gefäßanomalien der Septikämie zeigt.

Die leichtere Form oder die schweren Formen bei Frühgeburten sind durch das Auftreten von Nabelanschwellungen mehr oder weniger fest und schmerzhaft charakterisiert, die in einen oder mehrere Abszesse übergehen können unter Fistelbildung, Resorption oder Verteilung. Häufig sind sie begleitet von Gelenkläsionen oder eitrigen Polyarthriden, von Erscheinungen der Gastroenteritis mit Allgemeinstörungen (Anorexie, Apathie, Masseverlust). Die Abstellung dieser schleichenden Formen ist manchmal schwierig, wenn man nicht im Stall eine dauernde, organisierte Desinfektion anwendet. Bei der Sektion werden vereinzelte oder multiple Lebermetastasen, ausgehend vom Nabelabszeß, oder sogar eitrige Milzschädigungen beobachtet.

Die *Therapie* benutzt vor allem Antibiotika (Tetrazykline, Chloramphenicol) und Sulfonamide parenteral in hoher Dosierung 3 bis 4 Tage lang. Zweitens ist eine Ableitung der Nabelvereiterung ein nicht zu unterschätzendes Hilfsmittel bei der Behandlung. Die Nabelhernie ist häufig eine Folge des Nabelabszesses.

Die Hygiene der Örtlichkeiten für Abkalben und Aufzucht der jungen Tiere, die Benutzung von Einzelbuchten für Kälber, die Desinfektion und Kauterisation der Nabelschnur durch Jodtinktur beim Kalben sind die hauptsächlichen Vorbeugungsmaßnahmen gegen diese pyogenen Vorkommnisse der Neugeborenen.

• *Generalisierte Leberentzündungen*
Infektiös: Leptospirose. In ihrer klassischen Form ist die klinische Leptospirose durch einen Leberikterus mit Hämoglobinurie und hämorrhagischer Diathese gekennzeichnet. Aus diesen Gründen scheint es gerechtfertigt, im Rahmen der generalisierten infektiösen Leberentzündungen auf die Leptospirose beim Kalb einzugehen.

In Frankreich schätzt man unter den jetzigen epidemiologischen Gegebenheiten ein, daß die Leptospirose bei der Gattung Rind keine Vorrangstellung einnimmt. In anderen Ländern kann die Leptospirose Unfruchtbarkeit, Fehlgeburten, Totgeburten, Schwäche der Neugeborenen, Gastroenteritiden, fieberhafte Ikterus-Hämoglobinurien, Augenentzündungen, Hautläsionen, Störungen am Nerven- und Atmungssystem hervorrufen.

Die Leptospirose-Infektion (symptomlose Erkrankung) wurde besonders bei jungen Charolais-Kälbern, die zum Export bestimmt waren, untersucht, da die Einkäufer eine gewisse Zurückhaltung beim Kauf von Tieren zeigten, deren Agglutinationstiter gegenüber den wesentlichen Serotypen 1:100 erreichten.

In einer ziemlich neuen Untersuchung von 700 Charolais-Kälbern von 4 bis 8 Monaten gab es Titer am Ende der Weideperiode in verschiedenen Gegenden bei 21% der als nicht verdächtig angesehenen Tiere. Diese Tiere, die niemals Störungen gezeigt hatten, besaßen Antikörper gegenüber folgenden Serotypen, nach Vorkommen geordnet: *Leptospira grippotyphosa, Leptospira icterohämorrhagiae, Leptospira Sejröe, Leptospira australis, Leptospira ballum.* Wenn man die natürlichen Aufenthaltsräume jedes dieser Serotypen in Betracht zieht, ist es möglich, daß sich die

Infektion besonders in zwei Jahresperioden entwickelt: bei Trockenheit oder vor einer Zeit mit erhöhter Feuchtigkeit.

Unter dieser Voraussicht besteht die Vorbeuge gegen diese Leptospirose-Serotypen in Sanitärmaßnahmen, wie Nagerbekämpfung in den Aufzuchtställen und Sanierung der Weiden (Trockenlegung und Ratten- und Igelbekämpfung).

Toxisch. Kupfer ist ein Element, das in der Leber abgelagert wird und unentbehrlich für das Leben ist, denn man kennt bei den Wiederkäuern Mangelerscheinungen. Auf der anderen Seite erzeugt es über einer bestimmten Dosis eine gewisse Toxizität, die in hohem Grade die ordnungsmäßige Organfunktionen zerstört und außer der Hepatitis ein hyperhämolytisches Syndrom mit Hämoglobinurie hervorruft und immer zum Tode führt. Beim Kalb sind die üblichen Vergiftungsursachen folgende: extremer Kupfergehalt in den Milchaustauschern oder Konzentraten, um das Wachstum anzuregen und die Häufigkeit von Durchfällen zu reduzieren, Überdosierung von Kupfer bei prophylaktischen Maßnahmen zur Behebung von Mangelerscheinungen.

Es ist nicht unmöglich, wie verschiedene Untersucher hervorgehoben haben, daß die Kupfervergiftung durch eine gleichzeitige Aufnahme von Mykotoxinen, z. B. Aflatoxin, deren Leberschädlichkeit für junge Kälber von weniger als 6 Monaten besonders hoch ist, begünstigt wird. Außer der Möglichkeit, diese Mykotoxine, die durch die Milchaustauscher und Konzentrate während der Aufzucht hereingetragen werden, zu adsorbieren, scheint es, daß sie direkt die Plazenta oder das Euterepithel der Ammenkühe durchdringen können. Aus Rumänien [1] wurde von einer enzootischen tödlichen Hepatitis bei neugeborenen Kälbern mit Durchfall, hämorrhagischer Mastdarmentzündung, Unterkühlung und Zyanose berichtet. Die Mütter dieser Tiere fraßen eine Maissilage mit Aflatoxin B1 und G1. Übrigens war experimentell festgestellt worden, daß die Aufnahme von Futterstoffen mit Aflatoxin durch eine laktierende Kuh den Aflatoxinspiegel in der Milch erhöht mit Auftreten von toxischen Störungen beim säugenden Kalb.

Hepatosen: Leberverfettung beim Mastkalb

Mit diesem Begriff wollen wir ein verbreitetes Syndrom bei Mastkälbern in industriemäßiger Haltung bezeichnen, das die Tierhalter »blocage« (Blockierung) nennen, so spricht man auch stets von »blockierten Kälbern«.

Die Störungen treten meistens im letzten Drittel der Mastperiode auf, nach dem zweiten Monat der Batteriehaltung. Sie befallen hauptsächlich Kälber mit dem besten Zuwachs und dem bislang besten Appetit. Es ist nicht selten, daß man in einer Herde mehrere Kranke gleichzeitig oder in geringen Zeitabständen beobachtet.

Bei den Kälbern, die gar nicht besonders krank erscheinen, ist der Betreuer zunächst durch ein Nachlassen der Freßlust beunruhigt, das Kalb frißt nicht alles auf und manchmal überhaupt nicht. Die Lebhaftigkeit des Kranken läßt nach, er liegt viel; wenn er sich beleckt, bleibt das Fell rauh und in einzelnen Büscheln stehen, schnell bemerkt man Verstopfung und Blähungen.

Nach einigen Tagen tritt beträchtlicher Masseverlust auf, wenn sich die Futteraufnahme nicht bessert.

Diese »blocage« der Mastkälber scheint in Beziehung zu einem *Fettlebersyndrom* zu stehen, das verursacht wird durch eine starke Aufnahme von Fettstoffen im Futter sowie durch ein fortschreitendes Sauerstoffdefizit in den Geweben als Folge von Eisenmangel.

Diese Annahme wird durchaus durch die Therapie und Prophylaxe bestätigt.

Zunächst muß man versuchen, dem Erkrankten die Freßlust wiederzugeben, indem man die Milchfütterung für 2 bis 3 Tage um 50 % herabsetzt oder durch Zuteilung von appetitanregenden Mitteln, auf der Grundlage von Getreide- oder Reismehl mit Salz. Gleichzeitig kann ein leichtes Abführmittel in Form von Natrium- oder Magnesiumsulfat gegeben werden. Die Anwendung von Lipotropen für 3 bis 4 Tage ist indiziert: Methionin, Inositol, Cholin, Betain, ebenso Eisendextran als Injektion von je 500 mg i. m. in eine Körpergegend mit wenig Wert für den Verkauf. Wenn man nach einigen Tagen keine Besserung bemerken kann, ist die Schlachtung zu erwägen.

Die Vorbeuge gegen die Leberverfettung des Mastkalbes beruht auf der systematischen Verteilung von Leberschutzmitteln, über 60 Tage wenn höhere Leberwerte an wenigstens drei Tage angezeigt werden.

LITERATUR

[1] ADAMESTEAU, I.; ADAMESTEAU, C.; BABA, I.; DANIELESCU, N.; MOLDOVANU, N. A.; ROTARU, O., 1974 – Leberzirrhose bei neugeborenen Kälbern durch plazentare Übertragung von Aflatoxin. Dtsch. Tierärzt. Wsch., 81, 129, 152.
[2] BENISVY, E. R., 1971 – Contribution à l'étude des affections du pancréas exocrine des bovins. Thèse Doctorat Vétérinaire, Toulouse.
[3] BRAUNIUS, W. W., 1973 – Een oorzaak van chronische Tympanie. Tijdschr. Diergeneesk., 98, 12, 595–598.
[4] BREUKINK, H. J.; JORNA, T. J.; DERUYTER, T., 1974 – Kalverindigestie, Etiologie, in Behandeling met Behulp van de Trocar Volgens buff. Tijdschr., Diergeneesk, 99, 18, 913–915.
[5] CHEVRIER, L.; GAUMONT, R., 1974 – Contribution à l'étude des leptospiroses bovines inapparentes en Charolais. Bull. Acad. Vét., 97, 213–219.
[6] GROTH, W.; BERNER, H., 1971 – Untersuchungen über das Labmagengeschwür des Kalbes, mit Milchaustauschermast und bei Frühentwöhnung. Zbl. Vet. Med., 18, 6, 481–498.
[7] LYNCH, G. P., 1972 – Mycotoxines in feedstuffs and their effects on dairy cattle. J. Dairy Sci. 55, 9, 1243–1255.
[8] MYLREA, P. J.; BYRNE, D. T., 1974 – An outbreak of acute copper poisoning in Calves. Austr. Vet. J., 50, 169–172.
[9] NEITZKE, J. P.; SCHIEFER, B., 1974 – Incidence of Mycotic gastritis in Calves up to 30 days of age. Can. Vet. J., 15, 5, 139–143.
[10] SAVEY, M.; ESPINASSE, J.; GRIESS, D., 1974 – Formes cliniques des mycotoxicoses des animaux domestiques. L'Alimentation et la Vie, 62, 3, 180–200.

Harnapparat

Die Erkrankungen des Harnapparates sind beim jungen Rind genügend besprochen worden; wir werden nur die bemerkenswertesten und besonders spezifischen betrachten.

Es gibt einige *angeborene Anomalien,* manchmal in Verbindung mit solchen am Geschlechtsapparat, z. B. Hydronephrose (Sackniere), Verdoppelung eines Harnleiters und Hermaphroditismus mit Unvermögen des Harnhaltens [4]. Die »Weiße Fleckniere« des Kalbes wird laufend auf dem Schlachthof bei 3 bis 4 Monate alten Tieren gefunden. Eine oder beide Nieren sind befallen, sie sind mit weißen Flecken von mehreren Millimetern im Durchmesser besetzt, mehr oder weniger erhaben, das Parenchym ist in der Tiefe sichtbar. Die Ursache dieser umschriebenen Glomerulonephritis ist wenig bekannt.

Die *Melanose,* Ablagerung von schwarzem Pigment, die *Hämachromatose,* Anhäufung von braunem Pigment, ausgehend von einer Hämoglobinurie, sind weitere verbreitete Läsionen des Nierenparenchyms.

Interstitielle Nierenentzündungen des Kalbes können mit einer subklinischen Infektion durch Leptospiren in Verbindung stehen, *embolische Nephritiden,* die in Form von mikroskopischen Nierenabszessen auftreten, verschlimmern gelegentlich die pyogenen Erkrankungen des Kalbes (Nekrobazillose). Von einer nekrotischen Glomerulonephritis neugeborener Kälber wurde aus der UdSSR in einer Herde von Reproduktionstieren berichtet, die mit einer durch Harnstoff angereicherten Maissilage gefüttert wurde [2]. Die Symptome bestanden aus Anorexie, Durchfall, Konvulsionen und reflexlosem Koma am Ende der Erkrankung. Eiweiß und Blut waren immer im Harn zu finden. Diese Nierenschädigung könnte das Ergebnis des hohen Gehaltes an Buttersäure der verfütterten Silage sein, da diese Säure eine toxische Wirkung während der Trächtigkeit ausübt. In Rumänien traten bei jungen Kälbern, die sehr früh mit hohen Dosen von Chloramphenicol, Sulfadimidin und Furazolidon an drei Tagen hintereinander gegen neonatale Kolibazillose behandelt wurden, schwere Störungen auf [1]. Die Sektion zeigte Kongestion, Nierenhämorrhagie und die Anwesenheit von Kristallen im Nierenbecken. Diese degenerative Nierenerkrankung wurde auf die Toxizität der drei verabreichten Medikamente zurückgeführt, besonders auf das Furazolidon. Wie beim Schwein könnte auch *Penicillium viridicatum*, dessen Sporen in großen Mengen in einem Milchaustauscher gefunden wurden, verantwortlich für die Nierendegeneration beim Mastkalb sein.

Die *Harnsteinbildung* ist anscheinend beim Kalb selten. Einige Beobachtungen sind im Zusammenhang mit den chirurgischen Heilmaßnahmen geschildert worden [3]. Zystitis und vulvo-vaginale Entzündungen sind manchmal Symptome der Nekrobazillose.

Die *Pigmenturien* sind bemerkenswerte Syndrome bei jungen Rindern, aber nicht allzu häufig. Wir haben Beispiele der angeborenen Porphyrie und von Hämoglobinurien gesehen. Die Myoglobinurie, Braunfärbung des Urins, begleitet manchmal die Stoffwechsel-Myopathien, besonders nach einer intensiven Muskelbeanspruchung. Eine seltsame Hämoglobinurie mit vereinzelt auftretenden nervösen Konvulsionen wie vor einem Koma, verbunden mit einem Gehirnödem, entsteht in warmer Umgebung oder nach Muskelanstrengung mit Aufnahme großer Mengen kalten Wassers durch die sehr durstigen Jungkälber. Es könnte daraus eine Blutverdünnung mit nachfolgendem Wasserbedürfnis in den hypertonisch gewordenen Teilen (rote Blutkörperchen und Nervensystem) entstehen, gefolgt von einer Hämolyse und einem Gehirnödem. Wir haben Gelegenheit gehabt, dieses Syndrom bei einem Tier während des Absetzens zu beobachten, das ursprünglich mit einer Parakeratose behaftet war, und auch bei einem Rückfall. Die Beziehung zur Zinkmangelerkrankung und zu ihrer Therapie wurde ohne praktische Schlüsse diskutiert.

LITERATUR

[1] ADAMESTEAU, C.; SALANTIU, V.; DANIELESCU, N.; MOLDOVANU, N. A., 1972 – Arzneimittelbedingte Nierenschäden bei Saugkälbern. Dtsch. Tierärztl. Wschr. 79, 550–552.

[2] AVERKIN, A. I.; ZHERMUSEK, T. P. 1970 – Néphrose toxique chez des veaux nouveau-nés associée à la consommation par les vaches gestantes d'urée et d'ensilage. Nauch. Trud. Omsk. Vet. Inst., 27 (2), 105–110.

[3] HEKHUIS, J., 1973 – Heelkundige behandeling van urolithiasis bij mestkalveren. Tijdschr. Diergeneesk, 98 (9), 461.

[4] PEARSON, H.; GIBBS, C., 1973 – Urogenital Abnormalities in two Calves. Vet. Rec., 92 (18), 463–468.

Atmungsapparat

Bei den jungen Rindern haben Atmungserkrankungen eine beträchtliche ökonomische Bedeutung, wenn es sich handelt um: infektiöse Atemerkrankungen, wie sie im Teil IV, Kapitel 3 dieses Buches beschrieben wurden – oder parasitäre Atemerkrankungen, wie im 4. Kapitel erläutert. Auch andere Erscheinungen, außer der Infektion oder Parasiten der Luftwege, können die Atemfunktion schwer beeinträchtigen. Sie hängen von inneren und äußeren immunologischen Reaktionen ab, aber diese *bronchopulmonäre Immunopathologie,* u. U. verknüpft mit vorhergehenden Lungenerkrankungen, ist derzeit beim

Rind noch wenig erforscht. Unter diesen Bedingungen ist es noch zu früh, beim Kalb eine andere Ätiologie anzuerkennen, besonders da es vor allem die erwachsenen Tiere betrifft.

Wir wissen, daß eine der Hauptfunktionen des Atmungsapparates die Erneuerung des Sauerstoffs ist, im gleichen Maße wie die Ausbringung der Restkohlensäure. Die Atmung ist das erste Lebenszeichen bei der Geburt des Kalbes. Wenn dieser Reflex nicht auftritt, macht sich ein Zustand der *Anoxie* breit, der schnell zum Tode führen kann, besonders da der Widerstand des Kalbes gegen einen Sauerstoffmangel nur gering ist. Der Sauerstoffmangel beginnt bereits während des Kalbens. Bei Schwer- oder Steißgeburten z. B. kann die Nabelschnur, einziger Weg der Sauerstoffversorgung, zusammengedrückt oder sogar zerrissen sein, bevor der Fötus die Möglichkeit zur Atmung hat.

Auch Kälber nach Kaiserschnitt haben sehr häufig Sauerstoffmangel. Nicht nur die Stellungsfehler, die den Eingriff begründet haben, brachten die Nabelzirkulation durcheinander, sondern es scheint so, als ob die Geburt des Kalbes auf unnatürlichem Wege es einer Brustkorbmassage beraubt, die für das Einsetzen der Atmung günstig ist.

Das Kalb mit Sauerstoffmangel ist schmalwüchsig (asthenisch), die meiste Zeit ist es nicht in der Lage, sich aufrecht zu halten und zu saugen. Es scheint manchmal wie leblos, träge ohne Bewegung. Dann wieder ist seine Atmung sehr angestrengt [2], wie bei einem interstitiellen Emphysem oder angeborenen zystösen Bronchialerweiterungen *(kongenitale Bronchiektasie)* [1]. Der Tod, eine Folgeerscheinung, tritt innerhalb der nächsten Stunden ein, oft unter kovulsivischen Zuckungen.

Um gegen die Folgen des Sauerstoffmangels anzukämpfen [3], ist es wichtig, mit allen Mitteln zu versuchen, die *Atmungsreflexe* anzuregen und sie sogar künstlich zu ersetzen, wenn man sich vorher der Durchgängigkeit der Atemwege versichert hat. Die gebräuchlichsten Methoden der *Wiederbelebung* sind:
– Klopfen auf die Nasenöffnung;
– Herausziehen der Zunge;
– Begießen des Kopfes und Brustkorbes mit kaltem Wasser;
– Aufhängen an den Hintergliedmaßen;
– Massage der Brusthöhle, fortschreitend und rhythmisch;
– Benutzung eines Reanimators mit bestimmtem Volumen, wobei diese für Tiere mit einer Maske verbundenen Apparate die Einatmung ermöglichen, indem sie der Lunge eine bestimmte Menge Luft zuführen und die Ausatmung passiv erfolgt;
– Herz-Atmungsanaleptika stellen keinesfalls ein Allheilmittel bei der Reanimation dar, sie sind in der Phase der Wiederherstellung indiziert, besonders bei Verwendung eines Reanimators.

Es ist besser, in der kritischen Phase einer Stoffwechselazidose durch Injektionen von alkalischen Lösungen zuvorzukommen.

Die Verhütung der *fetalen Anoxie* und ihrer Folgen für das Überleben des Kalbes gründet sich auf die sorgfältige Überwachung der Geburt, besonders bei Erstkalbenden. Der Tierhalter muß überzeugt werden, daß die Mehrzahl der Abkalbungen ohne fremde Hilfe vonstatten geht. Jedoch sollte beim geringsten Grund zur Beunruhigung die tierärztliche Unterstützung mit herangezogen werden. Wenn nach der Ausstoßung des Kalbes die Nabelschnur nicht abgerissen ist, ist es ratsam, 4 bis 5 Minuten zu warten, bis man sie durchschneidet; das Neugeborene hat über diesen Weg den Vorteil einer ernährungsmäßigen Ergänzung, die ihm die Klippe Geburt zu umschiffen erleichtert.

Man achte danach auf die Durchgängigkeit der Nase und der Nasenhöhlen. Falls Schleim oder Fruchtwasser eingeatmet wurden, kann versucht werden, die Trachealatmung durch Einsetzen eines Tubus u. U. wiederherzustellen.

Außer dieser funktionellen Atmungsschädigung, die einen bedeutenden Verlust von neugeborenen Tieren verursacht, besonders in großen Herden, und neben den Organkrankheiten (Teil IV, Kapitel 3) – enzootische respiratorische Infektionen – sind verschiedene Symptome oder Vorgänge an den Luftwegen noch zu klären:

- Die *Epistaxie* oder *Nasenhämorrhagie* wird gelegentlich bei der respiratorischen Form der Rinder-Rhinotracheitis und den Kapillarblutungen der Mastkälber angetroffen.
- Die *Rhinitis* mit Auswurf jeglicher Art (flüssig, schleimig, schleimig-eitrig, eitrig) ist eine der Begleitformen der enzootisch-infektiösen Bronchopneumonie und der Lungenwurmkrankheit.

Die Anzeichen des Schnupfens weisen oft auf die *infektiöse Rhinotracheitis* wegen der schleimigen Art des reichlichen Exudats hin, das die ersten Ausführungsgänge bekleidet. Das ist auch eine der Formen der Kälberdiphtherie.

- Diese tritt gelegentlich besonders bei älteren Kälbern als eine *Laryngitis* auf, vorherrschend oder allein. Diese *Nekrobacillosis laryngis* bereitet große Schwierigkeiten beim Atmen mit Einatmungsnot und von fern hörbaren Atemgeräuschen. Bei der akuten Form hat der Kranke Fieber, ist matt, verweigert das Futter, riecht aus dem Maul nach Aas, er speichelt, hustet und zeigt Auswurf. Erstickungsanfälle durch Kehlkopfverstopfung können das Tier bedrohen, in geringerem Maße, wenn es sich nur um eine Bronchopneumonie infolge Kehlkopfläsionen durch Inhalation handelt. Wie eine Eröffnung der Maulhöhle und mittels eines Laryngoskops ergibt, werden diese Läsionen durch Entzündungsvorgänge mit Blutandrang, Schleimhautödemen und Vorhandensein von Fibrinfetzen von hellgelber Farbe auf der Oberfläche ausgelöst.

Bei der subakuten oder chronischen Form bestehen ein oder mehrere Nekroseherde am Kehlkopfknorpel mit Folgen für die Atmung durch Beeinträchtigung des Kehlkopfhebemuskels und bleibender Dyspnoe. Die Therapie dieser Nekrobazillose des Kehlkopfes wurde bereits bei der Mundhöhlen-Nekrobazillose beschrieben. Die Tracheotomie ist eine Operation für Notfälle, der Einsatz von Kortikosteroiden und Jodpräparaten kann die Anzahl der Fälle reduzieren, aber tritt der Fall der Nekrose der Kehlkopfknorpel ein, ist meist kein Erfolg zu erhoffen.

Die gelegentliche Aufnahme von Futterpartikeln oder anderem durch die Luftröhre in die Bronchen und Lunge ist gekennzeichnet durch eine schwere *Bronchopneumonie* und ruft ein *Gangrän* oder eine *Fremdkörper-Pneumonie* hervor. Dies ist möglich bei der Geburt, wenn das Kalb Fruchtwasser schluckt. Bei Kälbern, die aus dem Eimer getränkt werden, löst ein falsches Abschlucken manchmal einen Schrecken aus oder ein Erbrechen. In der Praxis kommt es bei ungeschickten oder im Speiseröhren-Katheterisieren unerfahrenen Tierhaltern, in der Hoffnung eine Pansentympanie verhindern zu können, dazu, daß die Spitze des Katheters nach Erreichen des Kehlkopfes manchmal in der Luftröhre landet. Hierbei ruft das Eindringen von reizendem und septischem Material in die Luftwege starke Entzündungserscheinungen hervor, erschwert durch eine Infektion mit verschiedenen Erregern. Nach Husten- oder Erstickungsanfällen ist ein umfassender Atemmangel die Regel, das Tier zeigt sich sehr unwohl und sogar abwesend. Bei der Untersuchung der Lunge entdeckt man physische und funktionelle Symptome der Broncho-Pleuro-Pneumonie. Der Kranke, sogar bei frühzeitiger therapeutischer Versorgung mit einem Breitbandantibiotikum, wird nicht immer geheilt oder bleibt Träger von irreperablen Läsionen.

LITERATUR

[1] GOUFFAUX, M.; DEWAELE, A., 1974 – Kystes aériens congénitaux associés à de l'arthrogrypose chez le veau. Ann. Méd. Vét., 118, 359–365.

[2] LEIPOLD, H. W.; KAYE, M. M.; RADOSTITS, O. M., 1973 – Interstitial Emphysema in a Neonatal Calf. Vet. Med. Small Animal Clin., 1040–1041.

[3] SCHUYT, G., 1974 – Enkele opmerkingen over de asfyxia neonatorum bij het rund. Tijdschr. Diergeneesk., 99, (5), 267–272.

Herz-Kreislaufsystem

Herzschäden

Angeborene Herzschäden [3, 4]

Diese Anomalien bestehen seit der Geburt. Sie schädigen mehr oder weniger das Leben und die Entwicklung des Kalbes in der Funktion des anatomischen Aufbaus. Die Häufigkeit dieser angeborenen Kardiopathien ist schwer mit Zahlen zu belegen aus folgenden Gründen: wenn sie sehr schwer sind, tritt der Tod äußerst schnell ein und es bleibt daher keine Zeit für systematische Untersuchungen; mehr oder weniger gutartig, werden sie überstanden oder stellen einen prädisponierenden Faktor für neonatale infektiöse Krankheiten dar und werden so in eine andere Kategorie eingeordnet.

Die Ursachen der angeborenen Herzschäden sind nicht bekannt. Mehrere Faktoren wurden zur Erklärung dieser Störungen der embryonalen Entwicklung herangezogen: genetische, infektiöse, ernährungsmäßige.

Lageanomalien

In dieser Kategorie liegt das Herz nicht normal, sondern:
- zum Hals hin: das Herz liegt vor dem Eingang zur Brusthöhle, in der unteren Halsregion,
- zum Brustbein hin: das Herz scheint einen Beutel in der unteren Brustregion zu bilden mitten durch eine Brustbeinspalte;
- zum Bauch hin: das Herz zwängt sich durch das Zwerchfell hindurch und befindet sich in der Magengegend, neben dem Nabel oder unter der Lendengegend.

Diese Verlagerungen des Herzens sind bedeckt oder unbedeckt, je nachdem, ob der Herzbeutel vorhanden ist oder nicht. Nur die ersteren haben eine gewisse Überlebenschance. Die Diagnose dieser Mißbildungen ist leicht: es gibt keinen Ansatzpunkt für eine Behandlung, der Tod tritt einige Stunden nach der Geburt ein.

Ausbildungsanomalien

Es kann hierbei von den einfachen bis zu den kompliziertesten kommen:
- Verbindungen zwischen den Kammern oder gleichartigen Gefäßen, z. B. das Bestehenbleiben des Botallischen Bandes, verbunden oder nicht mit dem Arteriennetz, sehr häufig beim Charolais-Kalb;
- Verengungen der Einmündung Aorta Pulmonalgefäße oder Verengung der Aorta selbst; letztere, bezeichnet als Isthmusstenose oder Aortenverengung, ist häufig bei Holsteinerkälbern anzutreffen;
- komplexe Bereiche der Verbindung und Verengung.

Beispiel: Die Fallot-Tetralogie (angeborener Herzfehler), bei der man eine Herzkammer-Kommunikation, eine Pulmonalstenose, im Gefäß und häufiger allerdings im Einmündungstrichter, eine Rechtsherzhypertrophie und eine Aortenverlagerung (reitende Aorta) feststellt.

Für die Klinik ist es schwierig, so wie beim Menschen, bei Kardiopathien ohne Sauerstoffmangel (Herzkammerverbindung links–rechts, Verengungen) und Kardiopathien mit Sauerstoffmangel (Herzkammerverbindung rechts–links gem. Fallot's Tetralogie) das Krankheitsbild zu erkennen, das diesen angeborenen Anomalien annähernd entspricht. Im Ruhezustand erscheinen die jungen Kranken normal. Wenn sie sich dagegen bewegen, erhöht sich die Atmung, der Herzschlag wird stürmisch und der Tod kann schlagartig eintreten. Die Diagnose der Kardiopathien basiert auf dem Vitalitätsverlust der betroffenen Tiere, den funktionellen Symptomen, wie oben beschrieben, und folgenden physischen Zeichen: vor-systolisches Herzgeräusch, mäßig laut, bei der links–rechten Vorkammerverbindung mit verschiedentlicher Verdoppelung des zweiten Herztones, ganz-systolisches Herzgeräusch, intensiv und schwirrend, bei der Herzkammerverbindung, links–rechts Dauergeräusch außer beim Bestehen der arteriellen Verbindung, sonst nur intensives systolisches Geräusch.

Die mit sehr ausgeprägten, weite Teile des Körpers erfassenden Anomalien behafteten Tiere haben nur ein kurzes Leben; aber auch die anderen sollten geschlachtet werden.

Erworbene Herzschäden

Sie sind in seltenen Fällen so einfach zu erklären wie die Perikarditis bei den enzootisch-infektiösen Bronchopneumonien, die Myokarditis bei der MKS, die Endokarditis bei pyogenen Erkrankungen. Zu bemerken ist, daß bei jungen Kälbern die Blutstauungen in der Vorkammerregion ungefährlich sind und nach einigen Wochen verschwinden.

Beim Kalb wird die Herz-Pathologie von Degenerationsvorgängen am Myokard beherrscht, die durch Kupfermangel, oder das Syndrom Myopathie-Dyspnoe, das entweder in Beziehung zu Ernährungsfaktoren oder zu körperlichen Streßfaktoren wie der Muskelüberanstrengung steht, hervorgerufen werden. Nach manchen Untersuchern kann diese »Myokardose« viel früher als ein anderes Syndrom auftreten (2–3 Monate beim Mastkalb) und teilweise die Vorgänge beim Neugeborenen erklären, die unter der Bezeichnung »Herzflimmern der Kälber« bekannt sind. Auf alle Fälle gibt es auch andere ätiologische Faktoren für das Auftreten dieses in wenigen Tagen zum Tode führenden Syndroms: genetische, toxische (Toxikose mütterlichen Ursprungs), mechanische (angeborene Herzschäden).

Krankheitsbehandlung

Blutkrankheiten

Rote Blutkörperchen

Allgemeine Anämien

Die allgemeinen Anämien, die aus einer Produktionsschwäche der erythropoetischen Zentren im roten Knochenmark herrühren, sind in Frankreich entweder mit der Entwicklung einer Leukose oder mit einem Eisenmangel verbunden. Die Mangelerscheinungen durch Kobalt oder Kupfer, eventuell mit einer Molybdäntoxizität verknüpft, treten hier weniger auf als in den südlichen Erdteilen, z. B. in Australien.

Das Eisen ist für die Bildung des Hämoglobinmoleküls, des hauptsächlichen Pigments der roten Blutkörperchen und Mittel ihrer Funktion als Sauerstoffträger, unentbehrlich. Kobalt wird von den Mikroorganismen des Pansens zur Synthese des Vitamin B_{12} gebraucht, das zur Anregung und Bildung der Nukleinsäuren im Augenblick der aktiven Phasen der Erythropoese dient. Kupfer ist wichtig zur Mobilisierung und zum Einbau des Eisens ins Hämoglobin.

Die Anämie beim Milchkalb, sowohl bei traditioneller als auch industriemäßiger Aufzucht, ist das Ergebnis einer langen Eisenmangelzeit, wie Umfragen bei Tierhaltern und Händlern ergaben. Dieser »Haltungsmangel« bringt nur Nachteile; man weiß genau, daß Tiere mit Eisenmangel ab einer bestimmten Masse ein langsameres Wachstum haben, anfälliger gegenüber Infektionen und Stoffwechselstörungen sind (»Blockade-Kälber«).

Periphere Anämien

Die peripheren Anämien hängen mit einem Verlust von roten Blutkörperchen aus dem Gefäßsystem zusammen, wo sie ihre funktionelle Reife erlangt haben. Sie stammen entweder von einer Gefäßwandruptur her (Unfallhämorrhagien, Hämorrhagien aus Blutstauungen) oder von einem ungewöhnlichen Zerfall von roten Blutkörperchen im Blutkreislauf oder verschiedenen Organen (Hyperhämolyse). Die hämolytischen Anämien des Kalbes werden durch einige toxische Faktoren hervorgerufen (Kupfer- oder Quecksilbervergiftung), durch infektiöse (Leptospiren, Piroplasmen) oder immunologische. Nur die letzteren sollen in diesem Kapitel etwas erläutert werden. Es handelt sich um Phänomene einer wechselseitigen Immunisierung zwischen Fötus und Mutter, wie sie auch beim Fohlen, Maultier und Ferkel auftritt, aber nur für Australien und die USA beschrieben wurde.

Beim Kalb werden Anzeichen gesehen, wenn die Muttertiere mehrmals gegen Piroplasmose oder Anaplasmose mit einem Impfstoff vakziniert wurden, der mit Rinderblut hergestellt wurde. Die in diesen Vakzinen enthaltenen roten Blutkörperchen bilden gemeinsame Antigene mit denen, die dem Fötus durch den Bullen mitgegeben wurden und die die Immunkompetenz der Mutter zu einer Antikörperbildung während der Trächtigkeit angeregt haben. Bei der Geburt verursachen die Antikörper gegen die roten Blutkörperchen der Vakzine, die zu Antiglobulinen beim Kalb geworden sind und mit dem Kolostrum absorbiert wurden, eine starke Zerstörung der roten Blutkörperchen des Neugeborenen mit Anämie, Ikterus und Hämoglobinurie.

Thrombozyten-Kapillarblutungen des Mastkalbes [2]

Die Thrombozyten oder Blutplättchen, aus dem Knochenmark hervorgegangen, sind Zellen des Blutkreislaufs, die eine grundlegende Rolle bei den Koagulationserscheinungen einnehmen. Ihre Verminderung durch ungenügende Produktion im Knochenmark hauptsächlich führt zu einer Thrombozytopenie mit einem hämorrhagischen Syndrom vom Typ Kapillarblutung. Nach dem scheinbaren Verschwinden des Pteridismus (Vergiftung durch Adlerfarn), der durch die Aufnahme von Farnkraut als Einstreu oder mit der Einstreu bedingt war, wurden durch Auftreten von Kapillarblutungen in den heißen Monaten der Jahre 1971/72/73 schwere Mastkälber mit Milchaustauschern gefüttert, am Mastende ernsthaft gefährdet. Gegenwärtig und seit zwei Jahren scheint es, daß die Zahl der Fälle zurückgeht.

Im Sommer nehmen die Störungen verschiedentlich endemischen Charakter an mit erhöhten Todesfällen oder Verwürfen bei der Schlachtung. Bei den Kranken sind folgende Symptome erkennbar:
- Abgeschlagenheit mit Futterverweigerung, erhöhte Körpertemperatur, Anämie, Beschleunigung des Herzschlags und der Atemfrequenz, schwacher Puls, lokomotorische Störungen;
- vorherrschend hämorrhagische Erscheinungen:
  – Petechien auf der Maulschleimhaut, Magenschleimhaut und den Stellen, wo die Haut dünn ist,
  – Blutflecken an den Nasenlöchern und auf den Lippen,
  – schwärzliche Schmutzflecke an den Hintergliedmaßen und Austritt von bluthaltigen schwarzen Fäkalteilen ohne Pressen,
  – Spannung, bleibende Blutfäden nach therapeutischen Injektionen sowohl i. m. als auch s. c.

Bei der Sektion oder Notschlachtung haben wir ein Bild wie bei einem hämorrhagischen Syndrom mit Petechien oder Ekchymosen auf der Oberfläche und in der ganzen Masse der Muskeln. Hauptsächlich auf den Nieren bemerkt man sehr feine Blutungen wie »Flohstiche«, analog den Erscheinungen bei der Schweinepest. Blutige Partikel im Kot im Darmlumen, besonders im Kolon, begleitet von einer geschwürig-nekrotischen Reaktion der Schleimhaut, von Petechien und Ekchymosen auf allen Eingeweiden und den serösen Häuten vervollständigen das Bild dieser hämorrhagischen Diathese.

Die Untersuchungen an erkrankten Kälbern und Sektionen haben es ermöglicht zu zeigen, daß dieses hämorrhagische Syndrom aus einer Störung der Blutkoagulation durch Unterbrechung der Produktion der Thrombozyten resultiert, die von einer Aplasie des Knochenmarks stammt.

Danach wurden mehrere Hypothesen aufgestellt, die sich mit der Ursache dieser Rückbildung des Zentrums der Thrombozytenbildung beschäftigen: chronische Intoxikation durch Furazolidon, Chloramphenikol, Mykotoxine, Eisenmangel, Vitamin-E-Mangel, Wirkung von Östrogenen. Im Rückblick scheint es, daß die Lösung empirisch und global gefunden wird, wenn man die ersten drei Faktoren ausklammert. Die Verwendung von Furazolidon als Hauptmittel zur Verhinderung von Verdauungsstörungen wurde immer mehr eingeschränkt und hält sich heute in Grenzen. Die mißbräuchliche Anwendung von Chloramphenikol und der anderen knochenmarksfeindlichen Mittel, die Atemerkrankungen heilen oder verhüten sollen, wurde vermindert durch eine Information an Tierhalter und Zootechniker. Die Verbesserung der Qualität der Grundstoffe und der Herstellung der Milchaustauscher hat die Anwesenheit von Pilzsporen ausgeschaltet.

Weiße Blutkörperchen-Leukose [1, 5]

Die Rinderleukose, eingeordnet als Erkrankung durch ein Leukose erzeugendes Virus vom Typ C, wenigstens nach den Formen des enzootischen Auftretens, tritt bei jungen Tieren unter zwei Jahren ziemlich selten auf und dann nur mit sporadischem Charakter.

Bei Kälbern unter 4 Monaten zeigt sich die Krankheit verschiedentlich sehr früh mit einer rapiden Entwicklung. Sie äußert sich in der Mehrzahl der Fälle durch ein fieberhaftes Syndrom: Abmagerung, Erschöpfung, Atemnot, Herzbeschleunigung und vor allem Anämie sind ständige Symptome. Dann erscheinen die direkten Zeichen mit den neoplastischen Prozessen; die Drüsen-Hypertrophien, die einem generalisierten Lymphknotensarkom entsprechen. Die oberflächlichen ergriffenen Lymphknoten sind glatt, beweglich, fest, gut abgegrenzt und mehr oder weniger schmerzhaft bei der Palpation. Die Geschwulst kann sich auf das benachbarte Gewebe ausbreiten und der Lymphknoten verschmilzt mit seiner Umgebung. Die Beteiligung der inneren Lymphknoten und ihre Umfangsvermehrung kann sich in verschiedenen Erscheinungen ausdrükken, besonders durch eine Tympanie. Der Tod tritt bei Leukose unterschiedlich schnell, aber unausweichlich ein.

Bei den Milchkälbern oder etwas später nimmt die Leukose gelegentlich die Form einer Lymphosarkomatose, lokalisiert in der Thymusregion, an, besonders bei den Fleischrassen. Man stellt bei der Entwicklung in der unteren Halsregion am Brusteingang eine glatte und gleichmäßige Masse fest, die nach Sektionsbefunden das vordere Mittelfell durchdringt und von oberflächlichen oder tiefen Drüsenläsionen begleitet wird. Die Anwesenheit dieser Geschwulst beengt sehr oft lokal die Zirkulation der Körperflüssigkeiten, woraus Ödeme und Meteorismus resultieren.

In den Herden, in denen Leukose sporadisch bei jungen Rindern auftritt, erlaubt auch eine systematische Blutuntersuchung nicht, wie bei der enzootischen Leukose der erwachsenen Tiere, an Lymphozytomatose erkrankte oder verdächtige Tiere herauszufinden. (Das liegt zum einen am Vorhandensein maternaler Antikörper gegen das Bovine Leukosevirus, zum anderen an der von der enzootischen Form verschiedenen Ätiologie mancher Jungtierleukosen.) Daher werden die Leukosen der Jungtiere derzeitig als eine spezielle Form angesehen und Prophylaxemaßnahmen, sogar in Ländern mit gehäufter enzootischer Leukose, können weder auf Herden- noch nationaler Basis durchgeführt werden.

Störungen der Hämostase – Hämorrhagische Syndrome

Die hämorrhagischen Syndrome, von denen vorher schon gesprochen wurde, sind die Folge einer Veränderung der Bewegung in den Gefäßen oder einer Störung der Gerinnungsfaktoren bei der Hämostase. Beim Kalb kennt man verschiedene Beispiele der Störung der Plasmabildung, z. B. die Bluterkrankheit durch einen angeborenen Mangel an den antikoagulierenden Faktoren A oder B. Man hat oft tödliche hämorrhagische Syndrome bei neugeborenen Kälbern von Müttern erwähnt, die Steinklee *(Melilotus albus)* oder verschimmelte Silage mit Kumarin, das die Aktivität des Vitamin K behindert, aufgenommen hatten, aber die trächtigen Kühe oder Früchte wiesen außer einer Verlängerung der »Quick-Zeit« keine Störungen auf.

LITERATUR

[1] CRESPEAU, F., 1975 – Epidemiologie de la leucose bovine. Rec. Méd. Vét., 151 (3), 139–144.
[2] ESPINASSE, J.; BONEU, B.; CABANIE, P., 1973 – Observations et commentaires sur un syndrome hémorragique du veau de boucherie en allaitement artificiel. Rev. Méd. Vét., 36 (12), 1503–1514.
[3] GUITTET, A., 1967 – Les cardiopathies congénitales du veau. Données bibliographiques. Thèse Doctorat Vétérinaire, Toulouse.
[4] KEMLER, A. G.; MARTIN, J. E., 1972 – Incidence of congenital cardiac defects in bovines fetuses. Amer. J. Vet. Res., 33 (1), 249–251.
[5] PARODI, A. L.; COTARD, M. P., 1975 – Rappel des aspects cliniques et anatomopathologiques de la leucose bovine. Rec. Méd. Vét., 151, 3, 131–137.
[6] YOUNG, M. F.; DENNIS, R. A.; O'HARA, P. J., 1971 – Immunohemolytic Anemia of Neonatal Calves. 19ᵉ Congrès Mondial Vétérinaire, Mexico

Nervensystem

Angeborene Anomalien

Es sollen nur die häufigsten und wesentlichsten erwähnt werden, bei denen die Erklärung sich auf ihren morphologischen und klinischen Charakter gründet.

Hydrozephalien

Es handelt sich um Anomalien, die durch eine Vermehrung der Gehirn-Rückenmarksflüssigkeit in den seitlichen Ventrikeln *(Hydrocephalus internus)* oder zwischen dem Gehirn und der Hirnhaut *(Hydrocephalus externus)* charakterisiert sind, mit oder ohne Deformierung der Schädelkapsel. Die Hydroenzephalie, bei der die Gehirn-Rückenmarksflüssigkeit das Gehirn ersetzt, das nicht entwickelt ist, tritt in verschiedenen Ländern mit steigender Häufigkeit, verbunden mit der Arthrogrypose (Kontraktur der Extremitätengelenke) auf.

Die Hydrozephalie kann zusammen mit anderen Anomalien bestehen: am Auge (Ablösung der Netzhaut), am Maul (Gaumenspalte), am Herzen (Verbindung der Herzkammern).

Bei den mit einer Hydrozephalie behafteten Kälbern können außer Kopfdeformierungen Fehlgeburten vorkommen, die Früchte sind oft zu früh ausgereift, sehr klein und blind. Wenn sie lebend geboren werden, ist ihre Aufzucht schwierig oder unmöglich, ihr Verhalten ungeordnet und ihre Lebenserwartung gering.

Lähmungen der Nachhand

Es wurden verschiedene Arten der Nachhandparese beschrieben im Zusammenhang mit dem Muskeltonus und dem Zeitpunkt des Auftretens:
- die Lähmung kann seit der Geburt vorhanden sein, vollständig, mit oder ohne Opisthotonus und Muskelzittern. In anderen Fällen handelt es sich um eine angeborene Paralyse, aber vom spastischen Typ mit oder ohne Hyperästhesie [2];
- die Paralyse entwickelt sich langsam während der ersten Lebenswoche bei den Kälbern, die scheinbar normal geboren wurden, sie zeigt sich dann gleichzeitig mit konvulsivischen Zuckungen, die in Bewegungsstörungen ausarten [1].

Diese Lähmungen haben einen genetischen Ursprung.

Frühe Bewegungsstörungen (Ataxie)

Das Unvermögen, gewollte Bewegungen zu koordinieren mit Unterstützung der Muskelkraft (statische oder kinetische Ataxie), besteht bei gewissen Kälbern von Geburt an. Diese Tiere haben viele Schwierigkeiten, sich zu erheben oder ohne Hilfe aufrecht zu stehen. Außerdem ist ihr Gleichgewichtssinn gestört, die Gliedmaßen stehen nach außen, der Kopf nach hinten über den Hals gebeugt. Ihre Fortbewegung geschieht mit übergroßen Schritten, ungeordnet, sie brechen nach hinten zusammen. Einige sind blind mit weit geöffneten Pupillen, bewegungslos, aber ihr Gehör scheint in Ordnung zu sein. Der Appetit ist gut, und wenn sie überleben, können sie eine beinahe normale Körpermasseentwicklung haben.

Nach anderen Beobachtungen treten die Ataxiesymptome nach einigen Tagen oder Wochen auf, aber das klinische Bild ist dem obigen identisch.

Die Sektion zeigt in allen Fällen morphologische oder histopathologische Veränderungen des Kleinhirns: Schwund oder Verkleinerung. Der Schwund des Kleinhirns hat einen erblichen oder infektiösen Ursprung. Der häufigste Erreger ist das Virus der »Mucosal disease«, das wegen seiner Affinität zu den Geweben des Auges bei den Kälbern stets mit Schädigungen der Linse (grauer Star) oder fortschreitender Degeneration der Netzhaut verbunden ist.

Späte Bewegungsstörungen

Die späten Ataxien, progressiver, schleichender in ihrer Ausbildung und weniger ernst in ihren Folgen, treten bei älteren Tieren von 3 Monaten und später auf.

Eine erste Gruppe von Störungen hat degenerative Erscheinungen der Markscheide im Gehirn und Rückenmark zur Folge. Sie wurde unter der Bezeichnung »Progressive Ataxie der Charolais-Kälber« beschrieben [8, 9]. Außer Bewegungsstörungen, besonders deutlich an der Nachhand zu erkennen, die eine völlige Sterilität bei den weiblichen Tieren bewirken können, treten Störungen des Harnlassens auf (sehr starker Urinstrahl, Beschmutzung der unteren Schwanzseite).

Die zweite Gruppe von Schädigungen kommt von der Anhäufung von verschiedenen Stoffen in den Nerven als Folge von angeborenen Stoffwechselmängeln. Es kann sich um ein Glykolipid, GM 1, ein Gangliosid durch fehlende β-Galaktosidase (Hydrolasesäure lysosomalen Ursprungs) [5], ein Oligosaccharid mit Mannose und Glukosamin als Mangel von α-Mannosidase handeln [6].

Spastische Paralyse des Knies (Gastrocnaemius-Kontraktion)

Dieses Syndrom wird auch »Gerade Kniekehle« genannt und tritt manchmal in den ersten Monaten auf, es wird auf Seite 404 beschrieben. Sein erblicher Ursprung ist möglich.

Erworbene Affektionen und Krankheiten

Wir werden einen Unterschied zwischen Organstörungen, die anatomisch und histopathologisch begründet sind, und funktionellen machen.

Organstörungen

Wenn die erworbenen Erkrankungen am Nervensystem der jungen Kälber in gleicher Reihenfolge betrachtet werden, wie die Entzündungskrankheiten mit infektiöser Ursache oder degenerativen Schädigungen infolge Mangelzuständen, toxischen Einflüssen, sind Traumen, Quetschungen und Blutergüsse nicht zu übersehende Faktoren bei der Neuropathologie der Kälber.

Traumen

Die Unfalltraumen des Gehirns, des Rückenmarks oder des peripheren Nervensystems treten unter verschiedenen Umständen auf, besonders durch äußere Einflüsse, die Störungen hervorrufen, die vom Ort und der Stärke der Einwirkungen abhängen. Solche posttraumatischen Erkrankungen sind bei Neugeborenen nicht selten. Einige Erstkalbende, besonders erregbar, verletzen ihr eigenes Kalb schwer; andere, z. B. bei den Jerseys, die sehr empfindlich gegenüber Kalziummangel nach der Geburt sind, kommen ungeschickt über ihrem Kalb zum Festliegen, das sich vielleicht daraus befreien kann, aber mehr oder weniger gelähmt ist.

Quetschungen

Die Gehirnquetschungen beim Kalb werden manchmal durch einen übermäßigen Druck durch die Gehirn-Rückenmarksflüssigkeit infolge eines Vitamin-A-Mangels ausgelöst; häufiger jedoch hat eine Quetschung des Gehirns, des Rückenmarks oder eines peripheren Nervs ihren Ausgangspunkt von einer traumatischen Knochenläsion oder Ernährungsstörung, einem metastatischen Abszeß einer pyogenen Infektion. Die gewaltsame Extraktion einer »Hinterendlage«, besonders bei weiblichen Früchten, ruft oft eine einseitige Quetschung des Oberschenkelnervs hervor und damit in Verbindung mit funktionellen Symptomen eine Gliedmaßenstellung, die an eine Kniescheibenverrenkung und eine fortschreitende Atrophie des *Musculus quadriceps femoris* erinnert. Für einige Tierärzte handelt es sich eher um eine Zerrung der gekreuzten Kniegelenksbänder.

Blutstauungen – Hämorrhagien

Diese Kreislaufstörungen sind die Regel bei gleichzeitig auftretenden, infektiös oder toxisch bedingten, Gehirn- und Hirnhautentzündungen; z. B. bei der Nervenform der infektiösen Rhinotracheitis, wobei Hämorrhagien der Hirnhäute stark auftreten und beinahe pathognomonisch sind. Nach einer Untersuchung aus Australien sind Blutstauungen und Hämorrhagien der Gehirn-Rückenmarkhäute an verschiedenen Stellen des Zentralnervensystems verantwortlich für eine große Anzahl von Todesfällen nach der Geburt. Diese Hämorrhagien sind Folgen von Stoßverletzungen oder Sauerstoffmangel während der Geburt. Die Häufigkeit der Stoßverletzungen ist nach einer systematischen anatomisch-pathologischen Studie bei allen Organen und Eingeweiden gleich: Seiten, Wirbelsäule und Gliedmaßen, Leber.

Entzündungserscheinungen

- *Bakteriell*

Die meisten Krankheiten der Neugeborenen (Kolibazillose, Salmonellose und besonders pyogene Erkrankungen), die Darmkrankheiten durch Anaerobier (Clostridien), die Atmungserkrankungen (Pasteurellosen) weisen in ihrem klinischen Bild oder ihren Folgen nervöse Symptome auf.

Die Listeriose *(Listeria monocytogenes)* ist eine Gehirn-Rückenmarkentzündung und tritt beim Kalb in ihrer Nervenform genauso auf wie beim erwachsenen Tier. Allerdings scheint sie bei Jungrindern nicht sehr häufig zu sein. Eigenständiger, aber auch ganz selten, ist die eigentliche septikämische Form bei Neugeborenen. Die Tiere sind von den ersten Lebenstagen an von einem fieberhaften Syndrom mit Durchfall betroffen, das sehr schnell ihren Allgemeinzustand zerstört. Man hat Anzeichen der Keratitis, Dyspnoe, Augenzittern (Nystagmus) und geringen Opisthotonus festgestellt. Bei der Sektion fallen bei der Listeriose besonders Nekrosen an der Leber, der Milz und am Herzmuskel auf. Signifikant ist aber nur die bakteriologische Diagnose. Zur Therapie benutzt man Breitbandantibiotika oder Penicillinpräparate.

- *Virös*

Zahlreiche Viren haben eine Beziehung zum Nervensystem der Rinder. Allerdings sind beim Kalb die Gehirnentzündungen infolge von Tollwut oder Aujeszkysche Krankheit in Frankreich auf Grund der Haltungsbedingun-

gen der jungen Tiere selten geworden. Es ist besonders wichtig in Beziehung auf die *Tollwut*, den Drang des Fuchses als Virusträger zu unterstreichen, sich den Gebäuden der Anlage zu nähern und in sie einzudringen. So wurde im Departement Meuse von 4 Tollwutfällen in 2 Monaten bei Kälbern berichtet, die in einem offenen Schuppenstall gehalten wurden. In Gebieten, in denen die Tollwut endemisch geworden ist (Nord-, Ostfrankreich), oder nach Import von Tieren aus diesen Regionen treten die Gehirnentzündungen nach einer Inkubationszeit von 15 Tagen bis zu 6 Monaten in Erscheinung:
– Klagende Lautäußerungen, lang anhaltend, heiser, wie aus tiefster Seele kommend;
– Schluckbeschwerden mit oder ohne Speichelfluß, Freßunlust;
– Blähungen, Verstopfung mit Drang zum Kot- und Urinabsatz;
– Brunsterscheinungen, sogar bei sehr jungen Tieren, Panik oder Aggressivität, ausgelöst durch Sinnesreize wie den Anblick eines Hundes;
– Schwäche oder vollständige Lähmung der Gliedmaßen mit einer Entwicklung in 4 bis 8 Tagen vor dem Verenden.

Die endgültige Diagnose der Tollwut kann nur im Labor in Vervollständigung der anatomisch-pathologischen Untersuchungen (Auffindung der Negri-Körperchen), immunologisch (Feststellung des Virus durch Immunofluoreszenz) und virologisch (Verimpfung an Mäuse) erfolgen.

Die Vorbeuge gegen die Tollwut beruht auf einer strengen Bekämpfung des Erregerreservoirs (Füchse), der Anwendung von Prophylaxemaßnahmen (kontagiöse Erkrankung) und der Vakzinierung (nicht obligatorisch?). Bei den Vakzinierungskampagnen wird eine inaktivierte MKS-Tollwutvakzine mit Aluminiumhydroxit und Saponin als Adjuvans benutzt. Sie kann bei Tieren über 6 Monaten angewandt werden in unmittelbar gefährdeten Zonen oder bei Neueinschleppungen. Die Vakzinierung von Kälbern ist ab 2 Monaten möglich in den Regionen, in denen sie sehr früh auf die Weide getrieben werden, mit einem Schutz, der 1 bis 3 Monate danach eintritt.

Die Gehirnentzündung durch das Virus der *infektiösen Rinder-Rhinotracheitis* scheint nicht nur in Frankreich aufzutreten; wir haben unsererseits nervöse Syndrome bei Kälbern unter 15 Tagen festgestellt, die epidemiologisch, klinisch und bei der Sektion mit Angaben aus Belgien übereinstimmten.

Die Gehirnentzündung durch das IBR/IPV-Virus tritt entweder im Rahmen einer Epizootie mit anderen Symptomen der Rhinotracheitis zusammen auf oder als isolierte Form. Tiere von 3 bis 5 Tagen sind befallen, aber die von 1 bis 2 Monaten und älter sind auch nicht vor der Infektion geschützt. Der Krankheitsbeginn ist durch Übererregung mit ständigem Kopfheben, forcierten Bewegungen und sinnlosem Hin- und Herlaufen gekennzeichnet. Dann erscheinen innerhalb eines fieberhaften Krankheitsbildes Ermattungsphasen, die sich nach und nach als ataxische Störungen mit völliger Blindheit äußern, hin und wieder fallen die Tiere um.

Bei dieser Erkrankung ist das Festliegen der gewöhnliche Zustand. Zeitweilig scheint der Kranke sehr abgeschlagen, dann wieder daß er sich erholt, auch Rückfälle kommen vor mit Augenzittern, Muskelkrämpfen, Opisthotonus, Radfahrerbewegungen. Der Tod ist der normale Ausgang in den meisten Fällen. Die exakte Diagnose ist nur durch Virusnachweis im Gehirn möglich.

Die *sporadische Gehirn-Rückenmarkentzündung* beim Rind durch einen Erreger der Gruppe »Chlamydia« mit vielen Todesfällen bei jungen Tieren wurde in den USA und im Nahen Osten festgestellt, aber nicht in Frankreich.

• *Parasitär*

Man ist in Frankreich sehr schlecht darüber unterrichtet, welche Rolle die Toxoplasmen in der Rinder-Pathologie spielen. Beim Kalb setzt sich die angeborene Toxoplasmose aus einem Atmungssyndrom und einem zum Tode führenden nervösen Anteil zusammen. Dazu kommt, daß die Zahl der Totgeburten in der Herde ansteigt.

Mangelzustände

- *Vitamin A*

Der Vitamin-A-Mangel setzt die Freßlust herab, verlangsamt das Wachstum, daneben wird er von Nachtblindheit, Ataxie, konvulsivischen Zuckungen begleitet bis zum Endzustand eines Hydrozephalus mit papillärem Ödem. Krankheitszeichen am Verdauungs- (Durchfall) und Atmungsapparat (Husten), eine schlechte Fellbeschaffenheit sind häufige Störungen bei dieser selten allein auftretenden Avitaminose unter den üblichen Aufzuchtbedingungen.

- *Vitamin B_1: Nekrose der Großhirnrinde*

Die Nekrose der Großhirnrinde befällt Kälber mit künstlicher Milchnahrung und besonders im Laufe des Absetzens.
Nervöse Symptome gehen häufig Durchfällen voraus, sind aber nicht von Fieberstößen begleitet. Manchmal beginnt die Krankheit mit Erregbarkeit und Überempfindlichkeit. Wenn die Tiere frei umherlaufen, sind die sichtbarsten Anzeichen lokomotorische Störungen. Der Kranke in Ruhe hat Mühe, die senkrechte Haltung zu behaupten, die vier Beine sind nach außen gespreizt, der Kopf nach hinten auf den Hals gebogen oder im rechten Winkel gegen ein Hindernis gestützt, als ob man »eine Mauer umschiebt«. Bei der geringsten Bewegung taumelt das Tier, es bewegt sich mit einem unüberwindlichen Linksdrall vorwärts, stößt gegen jedes Hindernis infolge völliger Erblindung. Nach 2 oder 3 Tagen wird eine Heilung unmöglich. Das Tier liegt in seitlicher Bauchlage fest und zeigt tonische Kontraktionen verschiedener Muskelgruppen: Kaumuskelkrampf mit Zähneknirschen, Opisthotonus, Versteifung der Gliedmaßen.
Die tonischen Krämpfe kommen in regelmäßigen Abständen wieder oder folgen einer Erregung durch klonische Kontraktionen mit Radfahrerbewegungen. Der Tod tritt ohne Behandlung im Durchschnitt in einer Woche ein, eine Heilung, die bei langsamer und unterschwelliger Krankheitsentwicklung durchaus möglich ist, hinterläßt häufig neurologische Folgen.

Die typischen Läsionen sind runde Nekroseherde der Großhirnrinde mit Rändern von weißgrauer bis gelblicher Färbung. Sie sind leichter auf einem Querschnitt der Gehirnrinde als auf der nicht angeschnittenen Oberfläche zu entdecken.

Beim lebenden Tier gründet sich die Diagnose auf die klinischen Symptome und wird durch den Gehalt an Pyruvat (α-Ketopropionsäure) und die Aktivität der Transketolase der roten Blutkörperchen des Kranken, sowie das Vitamin B_1, das wie ein Koenzym zwischen der Pyruvatdekarboxylation und der Transketolase wirkt, erhärtet.

Die *Ursachen des Thiaminmangels* sind nicht klar erforscht:

– Störungen der mikrobiellen Magen-Darmsynthese als Folge der Unausgebildetheit der benötigten Grundstoffe sowie von Darmerkrankungen oder der Aktivität der Thiaminase I. Dieses Enzym zerstört nicht nur Vitamin B_1, sondern mittels der normalen Pansensäfte erlaubt es die Synthese analoger Strukturen. Die Thiaminase I kann einen bakteriellen Ursprung haben (Clostridien);

– Störungen der Absorption des Thiamins durch Verlangsamung der Phosphorsäurebildung oder einer anderen Funktion;

– Störungen bei der Verwendung des Thiamins durch Erhöhung seiner Ausscheidung oder seines Verbrauchs, besonders auf dem Wege des Eindickens. Das beruht stets auf einer Verminderung der Aktivität der verfügbaren Transketolase.

Die Behandlung der Nekrose der Großhirnrinde muß, um wirksam zu sein, frühzeitig mit hohen Dosen von Vitamin B_1: 250 bis 500 mg

Thiaminchlorhydrat i. v. auf 50 kg Lebendmasse durchgeführt werden. Diese Gaben können zur Hälfte i. v., zur anderen Hälfte i. m. bis zur Besserung verabfolgt werden. Die Verknüpfung mit anderen B-Vitaminen ist wünschenswert.
Die Prophylaxe der Nekrose der Großhirnrinde ist die gleiche wie bei den Magen-Darmstörungen. Daneben ist es günstig, um die Störungen von vornherein zu mildern, täglich eine Supplementierung mit Vitamin B_1 in Höhe von 1 mg/kg Lebendmasse vorzunehmen.

Vergiftungen

Verschiedene allgemeine Vergiftungen bei den jungen Rindern haben eine ursächliche oder begleitende (Blei, Furoxon usw.) nervöse Symptomatologie. Sie sind in Kapitel 7 »Vergiftungen« aufgeführt. Vergessen wir außerdem nicht, daß beim Absetzen Pansenstörungen mit Azidose oder Alkalose sehr häufig von komatösen oder konvulsiven Erscheinungen begleitet werden.

Funktionelle Störungen

Die funktionellen Störungen des Nervensystems beim Rind haben entweder einen zentralen oder peripheren Ursprung.

Zentraler Ursprung

Es handelt sich um die *Epilepsie*, die von verschiedenen Rassen bei Kälbern von mehreren Monaten beschrieben wird. Diese besondere Epilepsie, erblich, verschwindet mit 1 bis 2 Jahren.
Man kann dieser Kategorie von funktionellen Störungen anormale Verhaltensweisen wie die *»Saugsucht«*, beobachtet bei künstlich ernährten Milchkälbern, die in Buchten gehalten den Nabel oder die Haare ihrer Gruppengenossen suchen, vielleicht aus Affektgründen (zu frühes Absetzen von der Mutter), zurechnen; die *»Lecksucht«* ist bei älteren Tieren bekannt, in Einzelhaltung, die alles in ihrer Umgebung belecken einschließlich ihres eigenen Fells mit den daraus entstehenden gastro-intestinalen Folgen, die wir bereits erwähnt haben (Trichobezoare). Es ist nicht immer klar, ob diese anormalen Verhaltensweisen mit Vitamin- oder Spurenelementemangel (Kupfer, Kobalt) in Verbindung stehen.

Peripherer Ursprung

Die Störung der Nervenbahnen an den Kontaktpunkten von Nerv–Muskeln kann durch Gifte oder durch aus dem Gleichgewicht gekommene Ionen verursacht werden.

- *Durch Gifteinwirkung*

Gifte, die auf die motorischen Zentren einwirken, sind entweder erregend (Organo-Phosphat-Pestizide, Tetanustoxine) oder dämpfend (Botulismustoxine):
- *Tetanus* entsteht aus dem Wachstum des »*Clostridium tetani*« in einer Wundspalte, durch Verletzung (Einziehen der Ohrmarken) oder chirurgisch (Eindringen von Keimen) mit Produktion von Toxin und Verbreitung auf neurogenem Wege. Die Inkubationszeit erstreckt sich auf 1 bis 3 Wochen. Versteifung der Gliedmaßen, Maulsperre mit Speichelfluß, Schwierigkeiten bei Futteraufnahme und Abschlucken, Vorfall der Kehlkopfknorpel, dauernd oder zeitweilig, Erweiterung der Nasenlöcher, Aufrichten der Ohren, Verstopfung, leichter Meteorismus und Harnverhaltung sind die Hauptanzeichen im Anfang. Danach kann das Tier nicht mehr allein aufstehen, seine Bemühungen lösen krampfartige Kontraktionen aus, die mehr oder weniger generalisiert sind, bevor es wie ein lebloser Gegenstand aussieht. Der Tod tritt meistens ein, wenn er nicht durch eine frühzeitige Impfung mit Tetanusserum oder Antibiotika verhindert wird.
- Der *Botulismus* wird verursacht durch die Aufnahme von Toxinen von *Clostridium botulinum* aus Nahrungsmitteln, die durch Kadaver von kleinen Nagern oder von ande-

rem Material, das im Verlaufe des Fäulnisprozesses kontaminiert wurde. Bei Rindern sind die Typen C und D von *Clostridium botulinum* die häufigsten, A ist seltener. Die muskuläre Erschöpfung beherrscht die Symptomatologie: Störungen im Stand und in der Bewegung, Störungen der Futteraufnahme, des Kauens, des Schluckakts mit Speichelfluß, aus dem Maul hängende Zunge, Herunterhängen des Augenlides. Sehr schneller Fortgang der Paralysen im gleichen Tempo, wie die Sekretion sich vermindert: der Nasenspiegel wird trocken, glanzlos, das Maul ausgetrocknet. Das Tier wird zusehends komatös, kommt abseits zum Festliegen, der Tod tritt infolge Atemstillstands in 2 bis 3 Tagen ein. Allein eine massive und frühzeitige Serumtherapie mit polyvalenten Impfstoffen spielt eventuell bei der Therapie eine Rolle und kann den Verlauf dieser schweren Erkrankung verändern.

• *Durch aus dem Gleichgewicht gekommene Ionen*

Durch Störung des Ionengleichgewichtes sind Mangel an Magnesium und Kalzium die üblichen Ursachen der Krampfanfälligkeit beim Kalb bei Milchfütterung oder während des Absetzens. Derartige Mangelerscheinungen wurden im Kapitel 5, Teil VI – Stoffwechsel- und Ernährungsstörungen – untersucht.

LITERATUR

[1] ADAMESTEANU, J.; ADAMESTEANU, C.; CHERGARIU, S.; DIDA, I.; AXINTE, N.; ROTARU, I., 1973 – Spasmophilie bei Kälbern und Jungrindern. Dtsch. Tierärztl. Wschr., 80 (5), 102–105.
[2] BLOOD, D. C.; GAY, C. C., 1971 – Hereditary neuraxial œdema of Calves. Austral. Vet. J., 47 (10), 520.
[3] DARDART, C. C. L., 1974 – La Rage bovine en France. Thèse Doctorat Vétérinaire, Alfort.
[4] DAVIES, A. B.; ROBERTS, T. A.; BRADSHAW, P. R., 1974 – Probable Botulism in Calves. Vet. Rec. 94 (18), 412–414.
[5] DONNELLY, W. J. C.; SHEAHAN, B. J.; KELLY, M., 1973 – Beta-Galactosidase deficiency in GM_1 Gangliosidosis of Friesan Calves. Res. Vet. Sci., 15, 139–141.
[6] HOCKING, J. D.; JOLLY, R. D.; BATT, R. D., 1972 – Deficiency of alpha-mannosidase in Angus Cattle. An inherited lysosomal storage disease. Biochem. J., 128, 69.
[7] LOMBA, F., 1974 – Le Complexe IBR-IPV des bovins en Belgique. Ses diverses formes cliniques, leur gravité. Bull. Groupts. Tech. Vét., 4 B, 011.
[8] OGDEN, A. L.; PALMER, A. C.; BLAKEMORE, W. F., 1974 – Progressive ataxia in Charolais Cattle. Vet. Rec., 94 (8), 555.
[9] BOUISSET, S.; DAVIAUD, L.; GAUTIER, E., 1976 – Un cas d'ataxie progressive chez un bovin charollais. IXe congrès de Buiatrie, Paris.

Auge

Angeboren

Erkrankungen des Auges sind zahlreich (18,6%) und stehen an zweiter Stelle nach den Skeletterkrankungen (37,3%), vor denen der Muskulatur (14,9%) und des Nervensystems (12,1%). Außerdem sind sie oft vielfältig und mit anderen Anomalien von ökonomischer Bedeutung verknüpft. Wir können nur einzelne Beispiele geben [4].

Funktionelle Anomalien

Das zweiseitige, sich überkreuzende Schielen mit oder ohne Exophtalmie (Glotzauge) behindert das Sehen und zwingt das Tier zu einer schiefen Kopfhaltung. Es hat die Tendenz, sich mit dem Alter zu verschlimmern. Die angeborene Exophtalmie kommt in verschiedenen Rassen primär vor.

Anomalien des Augapfels

Die Anophtalmie (Fehlen des Augapfels) und in geringerem Maße die Mikrophtalmie (Verkleinerung des Augapfels), einseitig oder beidseitig, sind häufig von anderen Fehlern begleitet, wie Gaumenspalte und Wasserkopf.

Das Überleben der Tiere hängt vom Einfluß der Begleitanomalien ab.

Strukturelle Anomalien

Sie können alle Teile in und um das Auge ergreifen und sogar die Augenlider (Entropium):

- *Hornhaut:* In Form von Hornhautzysten, Hornhauttrübung; die erbliche Natur dieser Infiltrationen wird vermutet.
- *Regenbogenhaut:* In Form von Verfärbung oder mehr oder weniger vollständigem Fehlen derselben.
- *Linse:* In Form des grauen Stars (Katarakt) einseitig oder beidseitig, mit oder ohne Loslösung der Linse und mehr oder weniger Erhaltung der Sehkraft. Diese Katarakte sind erblich bedingt oder infektiösen Charakters (Mucosal Disease) [3].
- *Netzhaut:* In Form der Netzhautablösung mit gelegentlichen Blutungen in die Augenflüssigkeit, Netzhautverschiebungen mit Hydrozephalie [2].
- *Sehnerv:* In Form der Verkümmerung durch Verstopfung des Sehkanals durch knöcherne oder Mangelursachen (Vitamin A) mit völliger Blindheit.
- Das *Kolobom* (Spaltbildung) [1] stellt das Fehlen irgendeines Teilchens des Auges dar. Diese Anomalie hat in den letzten Jahren beträchtlich das Umfeld der Aufzucht der Charolaiskälber durcheinandergebracht. In der Tat wurde das Kolobom der Netzhaut bei 30% der nach England exportierten Reproduktionskälber festgestellt. Es handelt sich um ein typisches Kolobom, beidseitig, aber nicht unbedingt symmetrisch in der Form einer senkrechten weißen Linie im unteren Teil der Netzhaut-Pigmentschicht *(Tapetum nigrum)* ohne Einfluß auf das Sehvermögen, ist bei der Geburt vorhanden, aber entwickelt sich im Laufe der Jahre nicht. Da das Kolobom als eine erbliche Anomalie betrachtet wurde, haben die damit behafteten Reproduktionskälber während einer gewissen Zeit keine Ausfuhrgenehmigung erhalten, dann hat das englische Landwirtschaftsministerium anders darüber entschieden.

Bindehautentzündungen

Die Entzündung der Bindehaut kann das Resultat einer physikalischen Reizung (Staub) oder einer chemischen (Gas in der Umweltluft) sein, ein Zeichen für den Vitamin-A-Mangel, oder eine Schleimhautläsion am Kopf bei Atmungserkrankungen, oder auch ein Symptom verschiedener spezifischer Erkrankungen, z. B. der infektiösen Kerato-Konjunktivitis oder der infektiösen Rhinotracheitis. Bei der infektiösen Rhinotracheitis verbindet sich mit den respiratorischen Zeichen manchmal eine akute Entzündung der Bindehäute mit Ödem (Chemosis), tränenden Augen und schleimig-eitrigem Exsudat als Charakteristika dieser Erkrankung.

Hornhautenzündungen

Die Entzündung der Hornhaut tritt immer im Verein mit der Konjunktivitis auf und wird so zu einer Kerato-Konjunktivitis. Bei Rindern beim Weidegang im Sommer, seltener im Winter, tritt eine infektiöse Kerato-Konjunktivitis von epizootischem Charakter bei Tieren aller Altersstufen auf. Sie rührt von einer Kombination mehrerer Faktoren her: Bakterien *(Moraxella bovis, Neisseria catarrhalis),* Mykoplasmen, Rikettsien, Viren (hauptsächlich IBR/IPV), ultraviolette Strahlen, die sich in einem Geschwür mit eitrigem Einschmelzen des Auges (Panophtalmie) oder mit morphologischen Folgen (Trübung, Leukom) auswirken können. Die Behandlung dieser infek-

Erworben

tiösen Kerato-Konjunktivitis erfordert die Anwendung von Antibiotika, lokal als Salben, Augenwasser oder Pellets. Die Prophylaxe in der Ansteckungszone ist schwierig; der Schutz durch Vakzinen aus inaktivierten Erregern verdient ein gewisses Interesse.

Grauer Star (Katarakte)

Die Linsentrübung ist eine allgemeine Folge der infektiösen Kerato-Konjunktivitis. Die Läsionen der Linse sind ziemlich häufig auch Folgen der Kolibazillose der Neugeborenen.

Netzhautentzündung; Papillarödem

Die Netzhautentzündung kommt häufig von einer Meningo-Enzephalitis. Das Papillarödem ist ein Zeichen überhöhter Druckverhältnisse im Schädel, denen man neben dem Gehirnödem oder einer A-Avitaminose begegnet.

In der Augenflüssigkeit der jungen Rinder vom hinteren Linsengrund bis zur Sehnervpapille kann man Überbleibsel der *A. hyaloidea*, festhängend an ihren beiden Enden oder zwischen beiden schwimmend beobachten. Es handelt sich hierbei um eine normale fötale Bildung, die bis zu 2 Jahren bestehenbleibt.

LITERATUR

[1] BARNETT, K. C.; OGDEN, A. L., 1972 – Ocular Colobomata in Charolais Cattle. Vet. Rec., 91 (24), 592.
[2] GREENE, H. J.; LEIPOLD, H. W., 1974 – Hereditary internal hydrocephalus and retinal dysplasia in Shorthorn Calves. Cornell Vet., 69 (3), 367–375.
[3] KAHRS, R. F.; SCOTT, F. W.; DE LAHUNTA, A., 1970 – Congenital Cerebellar Hypoplasia and Ocular defects in Calves following bovine viral Diarrhea-Mucosal Disease Infection in Pregnant Cattle. J.A.V.M.A., 156 (10), 1443–1450.
[4] PRIESTER, W. A., 1972 – Congenital Ocular defects in Cattle, Horses, Cats and Dogs. J.A.V.M.A., 160 (11), 1504–1511.

Bewegungsapparat

Angeboren

Wir haben bereits auf die Häufigkeit von Anomalien des Bewegungsapparates, die mehr als die Hälfte der übrigen angeborenen Anomalien betragen, hingewiesen; hier werden nur die wichtigsten erwähnt.

Knochengerüst

• *Osteohämochromatose*, Braunfärbung aller Knochen durch Porphyrine mit Fluoreszens im ultravioletten Licht (angeborene Porphyrie);
• *Osteopetrose*, generalisierte Osteopathie infolge eines extremen Knochenwachstums mit Knochenbrüchigkeit, Verschwinden der Markhöhle und Verkürzung des Unterkiefers (Brachygnathia inferior). Sie soll genetischen Ursprungs sein;
• Fehlen des Kiefers *(Agnathie)*, Schiefhals (Tortikollis), Verbiegung des Rückgrats nach oben (Skoliose) oder nach der Seite (Kyphose);
• *Adaktylie, Syndaktylie, Polydaktylie*, Fehlen, Zusammenwachsen, Auftreten überzähliger Zehen.

Gelenke

Weak calf syndrom (Kälbeschwäche-Syndrom) [15]

In den USA beschreibt man das »*weak calf syndrom*« in mancher Hinsicht als ähnlich unserer »*Neugeborenen-Schwäche*«, verantwortlich für eine große Zahl von Aborten und Frühsterblichkeit, anfänglich als durch den Erreger des epizootischen Abortes der Rinder verursacht, angesehen: *Chlamydia psittaci*. Einzelne Kälber werden tot geboren oder überleben nur wenige Minuten, die meisten sterben in der ersten Lebenswoche nach der Geburt, die Überlebenden sind schwer geschädigt. Diese Kälber sind apathisch, haben Schwierigkeiten aufzustehen und zu saugen, eine trockene Schnauze und manchmal Durchfall. Sie zeigen außerdem ein hämorrhagisches Ödem unterschiedlichen Grades der Extremitäten, der Karpal- und Tarsalgelenke, eine Hautrötung an den Nüstern, Petechien auf der Bindehaut und der Zunge, bei der Sektion erscheinen diese auf dem subkutanen Bindegewebe, den Muskeln und den Gelenken zusammen mit fibrinösen Ablagerungen an den gleichen Stellen. Erosionen und Geschwüre des Magen-Darmkanals sind bemerkenswerte Läsionen bei obigem Syndrom.

Von der Plazenta einer Kuh, die solch ein lebensschwaches Kalb geboren hatte, wurde ein Mykoplasma isoliert, das sich antigenmäßig von allen bisher beim Rind bekannten Mykoplasmen unterschied; außerdem hatten in der Herde, in der eine starke Totgeburtenrate bestand (13%), 23% der Mütter Antikörper gegen diesen Eregerstamm. Diese Beobachtungen und weitere Untersuchungen über eine experimentelle Reproduktion des Erregers führten jedoch nicht zu der begründeten Annahme über Zusammenhänge zwischen dem »weak calf syndrom« und den Mykoplasmen.

Nachdem vom Vaginalschleim einer Kuh mit einem lebensschwachen Kalb »*Hämophilus somnus*« isoliert worden war, erbrachte eine Reihe von Untersuchungen, daß diese Isolate bei 23% der Muttertiere mit schwachen Kälbern und nur bei 6% der Kühe mit normalen Abkalbungen in der gleichen Herde auftraten.

Außerdem warfen nach Inokulation dieses Erregers in 27 tragende Kühe auf intrauterinem Wege 7 Tiere Kälber, die die charakterischen Symptome und Läsionen obiger Erkrankung zeigten, während die anderen eine normale Geburt hatten.

Ein Rinder-Adenovirus vom Typ 5, isoliert aus der Synovialflüssigkeit eines Kalbes mit »Weak calf syndrom« und verimpft i. v. an 9 neugeborene Kälber, denen man keine Kolostralmilch gegeben hatte, wies makroskopisch und mikroskopisch die Krankheitssymptome auf. Die Rolle des Virus der »Muscosal Disease«, oftmals beschuldigt, ist nicht eindeutig begründet.

Neuere Beobachtungen stellen eine infektiöse Ätiologie sogar in Frage. Sie beruhen auf der Messung des Gehalts an Immunoglobulinen bei Neugeborenen dreier Kategorien vor der Aufnahme von Kolostrum:
– schwache Kälber (weak calves),
– normale Kälber,
– Kälber, die auf intrauterinem Wege mit verschiedenen von kranken Kälbern isolierten Viren inokuliert wurden sowie mit *Hämophilus somnus*.

Der Gehalt an Immunoglobulinen ist bei den ersten beiden Gruppen gleich, es besteht lediglich eine Erhöhung von IgM und IgG in der dritten Gruppe im Vergleich zu normalen Kontrollen.

Unter diesen Bedingungen könnte das »Weak calf syndrom« sicherlich von einer Immuno-Inkompetenz herrühren; andererseits kann es auch die Auseinandersetzung mit multiplen unspezifischen Infektionen sein, begünstigt durch eine ungeeignete Umwelt (ungeeignete Ernährung der Mutter, Klimafaktoren: plötzliche Temperaturveränderungen).

Gelenkskontrakturen (Arthrogrypose) [5, 8]

Es handelt sich um eine Komplexanomalie, gekennzeichnet durch einen dauernden Kontraktionszustand der Gliedmaßengelenke in Beugung oder Streckung. Die Gelenke können entweder zweifach (Vorder- oder Hintergliedmaßen) oder vierfach (Vorder- und Hintergliedmaßen) ergriffen sein. Die Gelenke der Vordergliedmaßen sind am häufigsten betroffen und befinden sich in Beugehaltung (Bogen, Kugel). Die Fesselgelenke sind dann außergewöhnlich beweglich. Die Arthrogrypose tritt entweder allein oder mit anderen Anomalien verknüpft auf:
– Gaumenspalte (Palatoschisis), mangelnde Verkalkung der Zähne;
– Schiefhals, Rückgratverkrümmung nach oben und nach der Seite;

– Dyschondroplasie (Störung und Mißbildung bei Verknöcherung der Gelenkknorpel);
– Hydrenzephalie, Rückgratspalte, Herausquellen der grauen oder weißen Substanz des Rückenmarks und der Auskleidung des Rückenmarkkanals;
– Muskeldegeneration neurogenen Ursprungs, Zusammenziehung der Sehnen;
– Vermehrung der Amnionsflüssigkeit.

Bei der Charolais-Rasse, ganz besonders in Frankreich, beobachtet man:
– Arthrogrypose, allein auftretend mit einer nicht günstigen Entwicklung. Es scheint, daß ein Teil der hartnäckigen Fälle in Verbindung zu Verlagerungen oder Drehungen der Knochenpartien und der Gelenksoberflächen im Verhältnis zur Achse der Gliedmaße steht;
– Arthrogrypose verbunden mit einer Gaumenspalte »toxisches Gaumensyndrom«.

Übrigens begegnet man bei anderen Rassen auch häufig:
– Arthrogrypose + Gaumenspalte + Schiefhals + Rückgratverkrümmung (USA);
– Arthrogrypose + Hydrenzephalie (Australien, Israel, Japan).

Die *Ursachen der Arthrogrypose* sind wenig bekannt:
- *genetische*, bei denen die Gaumenspalte stets mit vorkommt und die Kälber tot oder schwach geboren werden, oft verzögert und als Kümmerer;
- *toxische*, Vergiftungen zwischen dem 40. und 70. Tag der Trächtigkeit als Folge der Aufnahme gewisser Lupinen, Schmetterlingsblütler oder Pflanzen mit OH-Gruppen, die auf die Frucht durch ihre Alkaloide wirken. Die Hypothese des übermäßigen Selengehaltes wurde fallengelassen. Im obigen Fall tritt die Gaumenspalte nur unregelmäßig auf, die Kälber haben bei der Geburt normale Körpergröße und normales Aussehen;
- *Mangelfolgen*, die Rolle des Mangans, nach Berichten aus den USA, scheint in Frankreich keine Bedeutung zu haben;
- *viröse*, ein Arbovirus ist möglicherweise bei gehäuftem Auftreten der Arthrogrypose verantwortlich;
- *Hydrenzephalie*, bei der man auch Abort, Frühabsterber, Geburt von schwachen Kälbern feststellt [7, 10, 11, 12, 13].

Beim Auftreten der Arthrogrypose in isolierter und gutartiger Form erlaubt die chirurgische Versorgung der Gelenke zwischen 4 und 6 Wochen im allgemeinen die Wiederherstellung der Tiere, die aber nur für die Schlachtung bestimmt werden können [1].

Hüftluxation [17]

Dies ist eine Luxation des Oberschenkelkopfes, ein- oder beidseitig, deren Symptome kaum vor 3 bis 5 Monaten bei Tieren mit sehr raschem Wachstum auftreten. Bei dieser Verlagerung des Femurkopfes außerhalb der Gelenkpfanne treten außerdem degenerative Läsionen der Gelenkknorpel auf.

In der Ruhe tritt der Hüfthöcker sehr stark hervor, die Lage des Tieres ist typisch; an der betroffenen Seite wölbt sich zusätzlich zu einer leichten Hypertrophie der Gesäßmuskeln das Fleisch stark nach außen, das Knie ist nach innen gerichtet und der Fuß ist seitlich in einem Winkel von 30 bis 45° abgebogen.

In der Bewegung haben die Gliedmaße und sogar die ganze Nachhand die Tendenz, seitlich auszuweichen, die Zehen schleifen auf dem Fußboden. Krepitationsgeräusche sind unmittelbar zu hören oder bei der Palpation der Hüftgelenkzone. Sie können auch durch eine Zwangsdrehung der Gliedmaße um das Hüftgelenk ausgelöst werden, wobei die Drehbewegung durch die Verrenkung erleichtert zu sein scheint.

Muskeln

Außer den degenerativen Muskelschädigungen, die im Zuge der Arthrogrypose (Lipomatose) auftreten, gibt es auch angeborene Muskelatrophien der Gliedmaßen, die eine völlige Bewegungsunfähigkeit herbeiführen [4].

Zehen

Die »*Epitheliogenesis imperfecta*« (unvollständige Hautbildung) äußert sich im Fehlen der Haut an den Nüstern, der Oberlippe, der Zunge, am Gaumen, den Ohren oder anderen Körperteilen, aber regelmäßiger noch durch das mehr oder weniger Nichtvorhandensein der Hornschicht an den Enden der Phalangen.
Die »*Akantholyse*«, beschrieben bei der Angus-Rasse, ist auch eine Schädigung der Haut in Form einer exsudativen und geschwürigen Entzündung in verschiedenen Regionen, besonders an den Körperenden (Kopf, Gliedmaßen). Die Klauen sind teilweise vom Chorion abgelöst durch eine Reihe von Geschwüren an der Krone, mit braunen Krusten bedeckt, unter denen der Grund blutig ist.
Diese beiden Anomalien sind angeboren und haben einen genetischen Ursprung.

Knochengerüst

Die *Rachitis*, ist die hauptsächliche generalisierte Knochenerkrankung, verbunden mit Ernährungsstörungen (Kalzium, Phosphor, Vitamin D). Osteofibrose, Osteopetrose, sogar die Fluorose sind bei den jungen Wiederkäuern selten.
Unter den generalisierten Knochenerkrankungen sind die Knochenbrüche die klassischen Vorkommnisse beim Weidegang, aber auch bei der Geburt. Im ersten Fall handelt es sich um Brüche der Verbindung Diaphyse–Epiphyse des Mittelhand- oder Mittelfußknochens, die leicht durch einen orthopädischen Gipsverband zu heilen sind, im zweiten Fall sind es häufig auch Frakturen der Kugelgelenke, aber mit Hautverletzungen und zahlreichen Splittern, da sie von einer »Kombination von unsachgemäßen Extraktionen« herrühren [2]. Eine Amputation ist als Lösung in Betracht zu ziehen.
Die *Osteomyelitis* kann die Folge einer Knochenfraktur sein, aber auch eine Salmonellose (Salmonella typhimurium) zur Ursache haben.

Gelenke

Die Gelenksentzündungen des Kalbes entstehen in verschiedenen Fällen durch Übergreifen oder Infektionen aus der Nachbarschaft (periartikuläre Eiterungen, Osteomyelitis), aber meistens handelt es sich um Arthritiden hämatogenen Ursprungs. Der Ursprungsherd der Infektion ist besonders der Nabel, aber es ist auch nicht außergewöhnlich, daß sich Gelenksentzündungen im Anschluß an eine Bronchopneumonie, eine Enteritis entwickeln oder bereits durch eine intrauterine Infektion vorhanden sind. Beim jungen Kalb ist das gleichzeitige Auftreten an verschiedenen Gelenken häufig. Die Gelenksverbindungen, an denen Entzündungen besonders auftreten, sitzen in der Nachhand, der Kniekehle und am Knie.
Die *Arthritis* beginnt mit einer entzündlichen Schädigung der Synovia mit Sekretion eines bakterienhaltigen Substrats. Wenn die Widerstandskraft begrenzt ist, dienen die großen Eiweißmoleküle der Flüssigkeit als Kulturmedium und es entwickelt sich eine Phlegmone um das Gelenk mit Schmerz, Hitze, Schwellung. Wenn die Heilung nicht in diesem Stadium eintritt, stellt man eine Schädigung der Gelenksknorpel, des unter dem Knorpel liegenden Knochenbeins fest, die zu einer Osteomyelitis führen kann. Die Schrumpfung der innen und außen liegenden Gelenksbänder, die knochige Proliferation des Periosts sind die Gründe für eine oft endgültige Gelenksversteifung während der Rekonvaleszenz.
Neben diesen Gelenksentzündungen, durch allgemeine Eitererreger bestimmt, gibt es auch Arthritiden durch spezifische Keime [16]: Pasteurellen, Salmonellen, Chlamydia und Mykoplasmen. Es ist schwierig, gegen-

Erworben

wärtig die Bedeutung dieser Vorgänge in Frankreich zu erkennen.

Bei jungen Kälbern beginnen sich Arthrosen, degenerative Erscheinungen an den Gelenkknorpeln, zwar bei den schweren Tieren auszubilden, aber sie sind weniger häufig bei den Mastbullen.

Die *Kniescheiben-Luxation* ist ein unbedeutendes Geschehen, das sich im allgemeinen durch das Ruhigstellen der Kniescheibe beseitigt.

Muskeln

Die funktionellen Myopathien, besonders die krampfartigen Kontrakturen des Trizeps, die Stoffwechsel-Myopathien, die Muskeldystrophien, »Steifheit des Kalbes« wurden bereits in anderen Kapiteln beschrieben (Teil VI, Kapitel 6 und 10). Es bleibt uns nur, einige entzündliche Myopathien vorzustellen: die symptomatische Anthrax-Myositis und die bakterielle.

Halten wir auf jeden Fall das Vorkommen von Kontrakturen beim Kalb in Einzelbuchtenhaltung mit sehr schnellem Wachstum, akut oder chronisch, des Vorderfußwurzel-Streckers fest, die gleichzeitig mit Pneumo-Enteritiden auftreten, mit unklaren Formen der Muskeldystrophie oder der Gelenkversteifung durch die erzwungene Bewegungslosigkeit.

Die *symptomatische Anthrax-Erkrankung* ist immer eine Bedrohung für junge Rinder bei der Mutter, in Überschwemmungsgebieten oder mit hoher Besatzdichte/ha. Traditionell durch *Clostridium chauvei* hervorgerufen, trifft man aber auch andere Clostridien als Sekundärkeime, wie *Clostridium perfringens, Clostridium septicum, Clostridium oedematiens* usw. an. Die Kontamination geschieht vermutlich auf oralem Wege oder durch die Haut, aber man weiß nicht mit Sicherheit, wie es zum Keimen der Sporen im Muskelgewebe kommt und kennt nicht die Gründe der Toxinbildung (Verletzung, Fütterung, Verringerung der Körperresistenz). Die Entwicklung der symptomatischen Anthrax-Erkrankung führt manchmal schlagartig zum Tode und ist mit einer akuten Toxämie zu vergleichen, ohne Lokalisation, ohne Symptome wird das Tier tot aufgefunden. Bei einer typischen Form entwickelt sich ein Anthrax-Tumor, gewöhnlich lokalisiert in einer oder mehreren Muskelgruppen einer Gliedmaße an der Oberfläche. Anfangs ist das Geschwür heiß und schmerzhaft, mit zunehmender Vergrößerung verliert es die Hitze und wird schmerzlos, bei der Palpation dagegen werden ein Ödem und ein subkutanes bzw. intramuskuläres Emphysem festgestellt. Das Tier fiebert, ist sehr abgeschlagen, lahmt und verendet bald.

Manchmal entwickelt sich der Anthrax-Tumor an ungewöhnlichen Stellen, aber die Entwicklung ist auch hier ungünstig: Zungenuntergrund, Herzmuskel, Zwerchfell usw. Die Hauptläsionen des symptomatischen Anthrax sind die gleichen wie bei Toxämien mit schneller Eiterbildung, Aufblähen und zunehmende Muskelstarre. Stellenweise bestätigt eine Untersuchung des Tumors seinen ödematösen und emphysematischen Charakter. Seine Farbe ist schwarz mit nicht geronnenem Blut von gleicher Farbe. Sein Geruch nach ranziger Butter und das metallische Aussehen auf einem Querschnitt sind klassisch. Die Diagnose wird durch Laboruntersuchung erhärtet. Das einzige wirksame Bekämpfungsmittel ist die Vakzinierung. Diese muß in bedrohten Gebieten mit 6 Lebenswochen beginnen mit jährlicher Wiederholung. Die Verwendung von polyvalenten Vakzinen scheint größere Sicherheit zu bieten.

Der *bakterielle Anthrax* (Milzbrand) durch *Bacillus anthracis* ist auch eine Krankheit aus dem Erdreich in bestimmten Zonen, die bei den Tierhaltern schon lange bekannt sind, aber er bricht auch bei Tieren in Stallhaltung aus, die mit Konzentraten z. B. aus Tierkörpermehlen gefüttert werden. Das junge Kalb kann außerdem Sporen aus dem mütterlichen Kot aufnehmen oder sogar aus den der Mutter vorgesetzten Futterkonzentraten. Nach einer

Inkubationszeit von 1 bis 14 Tagen kann die Anthrax-Infektion in ihrer Entwicklung äußerst akut sein und plötzliches Verenden wird beobachtet. Manchmal hat man noch Zeit, Anzeichen eines Lungenödems mit Auftreten eines blutigen Nasenausflusses und Schädigungen an den Eingeweiden wahrzunehmen. In weniger akuten Fällen treten die obigen Krankheitsanzeichen besser in Erscheinung mit Fieberanfällen, nervösen Symptomen, Koliken, subkutanen Geschwürsbildungen am Hals, am Brusteingang, am Brustkorb oder der Flanke. Der Körper des an Milzbrand verendeten Tieres hat viele Merkmale mit dem symptomatischen Anthrax gemeinsam. Die inneren Läsionen werden durch hämorrhagische und exsudative Erscheinungen beherrscht. Besonders die Milz ist geschwürig verändert, schwarz und ohne Festigkeit beim Anschnitt. Das Milzbrandgeschwür ist innen zähflüssig, gelblich, blutig verfärbt mit Einbeziehung des umliegenden Muskelgewebes und der Lymphknoten. Beim geringsten Verdacht muß unter allen Umständen die Sektion und die Diagnose in einer amtlichen Veterinäruntersuchungsstelle durchgeführt werden, da Milzbrand zu den anzeigepflichtigen Krankheiten gehört. Die therapeutischen Maßnahmen sind begrenzt, aber beruhen auf der Serum-Antibiotikaverabreichung. In bedrohten Gebieten ist die Vakzinierung (sporenhaltige Vakzine) noch der beste Schutz.

Klauen

Bei zu breiten Rosten, verbraucht und gesplittert von früheren Einstallungen, können an den Klauen verschiedene Traumen auftreten, ohne Wunden (Verstauchung, Verrenkung, Bruch), mit Wunden (Verletzungen der Klauensohlen gefolgt von Gelenksentzündungen, offene Brüche der Phalangen nach Ausschuhen). Die Desinfektion und Wiederherrichtung des Fußbodens zwischen den Einstallungen ist also bei Rostenhaltung unbedingt erforderlich. Der Aufenthalt auf Rosten durch Veränderung der Verteilung der Last, die auf die Klauen einwirkt, könnte als Ursprung der Arthrose der Gelenkoberflächen der dritten Phalanx angesehen werden, histologisch vergleichbar mit der deformierenden Arthrose des Menschen mit der Möglichkeit der Ankylose zwischen den Gelenken des Metakarpus und Metatarsus [14].

Auf Stroheinstreu oder Weide werden die klassischen Schäden an den Klauen, die man bei erwachsenen Tieren antrifft, auch bei Kälbern beobachtet: Zwischenklauenentzündungen, Zwischenklauengeschwür mit Übergreifen der Geschwüre auf die Lederhaut. Die Klauenrehe ist die mögliche Folge einer Verdauungsstörung des Pansens beim Absetzen. Der Schmerz bei einer »Mucosal Disease«, die an der Klaue lokalisiert ist, gibt oft den Kranken das Verhalten von Tieren mit Klauenversteifung. Es besteht tatsächlich eine Entzündung des Zwischenklauenspalts und des Klauensaums, aber auch Gefäßschädigungen im Extremitätenbereich mit späterem Auftreten der »Sabot chinois« (Schnabelklaue), was für den wirklichen Zustand einer chronischen Klauenrehe spricht.

Das Ausschuhen der Klauen kann von obigen Krankheitsgeschehen herrühren oder von virösen Infektionen wie MKS oder »Mucosal Disease«.

LITERATUR

[1] Bouisset, S.; Daviaud, L.; Gautier, E., 1974 – Arqure et bouleture chez le veau. Cure chirurigicale. Le Point Vétérinaire, 1 (4), 5–8.

[2] Ferrand, J., 1973 – A propos des fractures des membres chez les jeunes veaux. Bull. Soc. Vét. Prat., 57 (3), 127–130.

[3] Giroud, A., 1975 – Les arthromyodysplasies dans l'espèce bovine. Rec. Med. Vét., 151 (7), 441–446.

[4] Greene, H. J.; Leipold, H. W.; Huston, K., 1973 – Limber leg in a Jersey Calf. Irish Vet. J., 87 (9), 164–167.

[5] Greene, H. J.; Leipold, H. W.; Huston, K.; Guffy, M. M., 1973 – Bovine congenital defects: arthrypo-

sis and associated defects in Calves. Am. J. Vet. Res., 34 (7), 887–891.
[6] GREENE, H. J.; LEIPOLD, H. W.; HUSTON, K.; NOORDSY, J. L.; DENNIS, S. M., 1973 – Congenital defects in Cattle. Irish Vet. J., 27 (3), 37–45.
[7] HAMANA, K.; OTUKA, H.; KASEDA, Y.; NOSAKA, D.; USUI, M.; HATAYA, M., 1973 – Outbreaks of the abortion-arthrogryposis-hydranencephaly syndrome in Cattle in Japan, 1972–73 II. Clinical findings in effected calves. Bull. Faculty Agric. Miyazaki Univ., 20 (2), 293–310.
[8] HARTLEY, W. J.; WANNER, R. A., 1974 – Bovine Congenital Arthrogryposis in New South Wales. Austral. Vet. J., 50, 185–188.
[9] JOUBERT, L., 1973 – Le charbon symptomatique change-t-il aussi de visage? Bull. Soc. Sci. Vét. et Méd. Comparée, Lyon, 75 (6), 349–352.
[10] MARKUSFELD, O.; MAYER, E., 1971 – An arthrogryposis and hydranencephally Syndrome in Calves in Israel 1969/1970. Epidemiological and Clinical Aspects. Refuah. Vet., 28 (2), 51–61.
[11] NOSAKA, D.; TATEYAMA, S.; ASHIZAWA, H.; NAKAMURA, N.; YAGO, H.; SHIMIZU, T.; MURAKAMI, T., 1973 – Outbreaks of the abortion-arthrogryposis-hydranencephaly syndrome in Cattle in Japan, 1972–73. III. Pathological findings in affected Calves. Bull. Faculty Agric. Miyazaki Univ., 20 (2), 311–344.
[12] OMOTI, T.; INABA, Y.; KUROGI, H.; MIURA, Y.; NOBUTO, K.; OHASHI, Y.; MATSUMUTO, M. 1974 – Viral abortion, Arthrogryposis-Hydranencephaly syndrome in Cattle in Japan 1972–1974. Bull. Off. Int. Epiz., 81 (5–6), 447–458.
[13] OTSUKA, H.; HAMANA, K.; HATAYA, M.; OHIRA, K.; MATSUKATA, Y., 1973 – Outbreaks of the abortion-arthrogryposis-hydranencephaly syndrome in Cattle in Miyazaki Prefecture. Bull. Faculty Agric. Miyazaki Univ., 10 (2), 273–291.
[14] SCHLEITER, H.; MÜLLER, H. W.; SPINDLER, G., 1973 – Untersuchungen zur Klauengesundheit bei Kälbern auf Vollspaltenböden. Monatsh. Veterinärmed., 28 (17), 657–662.
[15] STAUBER, E. H., 1976 – Weak calf syndrome. J.A.V.M.A., 168 (3), 223–225.
[16] STORZ, J.; SHUPE, J. L.; SMART, R. A.; THORNLEY, R. W., 1966 – Polyarthritis of Calves: Experimental induction by a Psittacosis Agent. Amer. Vet. Res., 27, 987–989.
[17] WEAVER, A. D., 1967 – Hip dysplasia in young bulls: a preliminary communication. IV Meeting World Association for Buiatrics, Zurich.

Haarkleid (Haut)

Angeboren

Bei den Hauterkrankungen sind zu unterscheiden:
– die »*Epitheliogenesis imperfecta*« [3] und
– die »*Acantholysis familialis*« [2].
Die angeborene *Alopezie* (Haarausfall) ist erblich oder innersekretorisch bedingt (Jodmangel).

Die »*Ichthyose*« ist eine Vertrocknung der Oberhaut mit ständiger Schuppenbildung, wobei oft eine über der anderen dachziegelartig angeordnet ist und somit der Haut eine gewisse Ähnlichkeit mit der eines Fisches oder eines Reptils verleiht. Tiere mit dieser Anomalie überleben i. a. nicht.

Erworben

Funktionelle Störungen

Hyperhidrose-Ephidrose (Störung der Schweißabsonderung)

Die erhöhte Absonderung der Schweißdrüsen (Hyperhidrose) tritt bei zahlreichen fieberhaften pathologischen Zuständen auf, aber auch im Zusammenhang mit Herz- oder Krampfsyndromen. Die Ausscheidungen, die man als Tropfen auf dem Nasenspiegel bemerken kann, sind nicht Schweiß, sondern mit der Speichelsekretion verknüpft [5]. Auch gibt es eine negative Beziehung zwischen der Hyperhidrose und der Feuchtigkeit der Nase. Es ist weiterhin bekannt, daß bei Tieren mit schlechtem Gesundheitszustand die Nasenlippenfeuchtigkeit geringer wird.
Die Ephydrose ist eine lokalisierte Erhöhung der Schweißabsonderung; sie ist ein Kennzeichen für Muskelpartien mit Stoffwechsel-Myopathien.

Haematidrose

Das Auftreten von Blut oder Blutserum, das durch die Schweißkanäle sickert, deutet auf Kapillarblutungen hin.

Seborrhoe (Hauttalgabsonderung) [1]

Die überhöhte Sekretion der Talgdrüsen kann einen Talgdrüsen-Haarausfall (Alopezie) bedingen. Dieser kann manchmal einen enzootischen Charakter bei Kälbern annehmen, die mit Milchaustauschern ernährt werden. Nach einigen Tagen bemerkt man eine fettige haarlose Stelle, die mit Schuppen bedeckt ist, besonders um die Öffnungen des Kopfes, entlang der Kinnlade, an den unteren Teilen der Gliedmaßen und in der Leistengegend. Das Fell teilt sich in Büscheln, um so leichter, je mehr sich das Tier beleckt. An anderen Stellen zeigt das Fell keine Ungewöhnlichkeiten. Der Gesamtzustand der Kranken ist wenig beeinflußt, Durchfall ist allerdings häufig, und wenn er lange anhält, kann eine ungünstige Entwicklung eintreten. Wenn nicht, geht die Alopezie spontan innerhalb 2 bis 3 Wochen zurück, aber ein Massverlust liegt stets vor.

Die *seborrhoische Alopezie* scheint mit einer beschleunigten Resorption gewisser eingebauter Fettpartikelchen in Verbindung zu stehen; diese werden nicht auf dem Verdauungswege abgebaut, sondern durch die Haut abgestoßen.

Wenn eine derartige Erkrankung besteht, ist es ratsam, die Konzentration der Milch ohne Erhöhung der Mengenzuteilung zu vermindern bis der Durchfall aufhört, besonders bei Aufzuchtkälbern sollte das Absetzen beschleunigt werden.

Nichtinfektiöse Dermatosen

Mangelzustände

Viele Mangelzustände gehen mit Hautschäden einher: einfache oder komplizierte Fehlernährung führt zu krankhaften Störungen (z. B. Gastroenteritis), Mangel an Vitamin A, Zink (Parakeratose), Kupfer (Hypochromie), Jod.

Vergiftungen

Die Hyperkeratose entsteht nicht nur nach Aufnahme chlorierter Naphtaline (X-disease), sondern kann auch allgemein durch Vitamin-A-Mangel, Mykotoxine und durch andere Gifte hervorgerufen werden.

Infektiöse Dermatosen

Gewisse enzootische Gangräne an der Kugel oder am Koronarsaum scheinen in Beziehung zu Salmonellosen, Serotyp *S. dublin* [4], zu stehen. Euterläsionen der Kuh durch Räude usw. finden sich in der Maulregion ihrer Kälber wieder. Auf jeden Fall ist die *Papillomatose* die häufigste Dermatose beim Jungrind. Die Warzen werden an verschiedenen Körperstellen beobachtet; oft am Kopf und am Hals; sie sind gewöhnlich gut abgesetzt und haben die Tendenz, unter gewissen Voraussetzungen wieder zu verschwinden. Von Zeit zu Zeit treten örtliche Infektionen an beschädigten oder abgerissenen Warzen auf. Die Erkrankung, äußerst ansteckend, wird durch ein sehr widerstandsfähiges Virus hervorgerufen, das durch Parasiten und den Kontakt jedes Hautrisses mit dem virulenten Material aus der Umwelt der Aufzucht übertragen wird. Die Therapie gegenüber den Warzen benutzt Brennen oder chirurgische Entfernung. Die Vakzineverabreichung auf der Grundlage einer Formolsuspension von papillomatösem Gewebe s.c. oder intradermal hat interessante Ergebnisse gebraucht. Derartige Vakzinen haben auch prophylaktische Bedeutung.

Parasitäre Dermatosen

Läuse, Räude und andere Ektoparasiten wurden bereits im Teil VI, Kapitel 4 – Parasitosen – behandelt.

LITERATUR

[1] Dirksen, G.; Hofmann, W., 1974 – Problèmes actuels de santé au cours de l'élevage et de l'engraissement du veau. Revue Générale. Inform. Méd. Vét., 1 (3), 22.

[2] Jolly, R. D.; Alley, M. R.; O'Hara, P. J., 1973 –

Familial acantholysis of Angus Calves. Vet. Path., 10, 473–483.
[3] LEIPOLD, H. W.; MILLS, J. H. L.; HUSTON, K., 1973 – Epitheliogenesis imperfecta in Holstein-Friesian Calves. Can. Vet. J., 14 (5), 114–118.
[4] O'CONNOR, P. J.; ROGERS, P. A. M.; COLLINS, J. D.; MCERLEAN, B. A., 1972 – On the association between Salmonellosis and the occurence of osteomyelitis and terminal dry gangrene in calves. Vet. Rec., 91 (19), 459–460.
[5] TOUTAIN, P. L.; BUENO, L.; MAGNOL, J. P., 1973 – Aspects fonctionnels du mufle chez les bovins. Cah. Méd. Vét., 42, 41–48.

Kapitel 10 Chirurgie zur Krankheitsversorgung

A. CAZIEUX

Es ist unmöglich, auf wenigen Seiten einen vollen und ins einzelne gehenden Überblick über die chirurgische Versorgung des Kalbes zu geben. Der Gegenstand ist viel zu weitläufig. Zum Glück finden sich viele klinische Bilder sowohl beim Kalb als auch bei zahlreichen anderen Tieren, die uns erlauben, eine Auswahl zu treffen, so daß wir nur die für das junge Tier der Gattung Rind besonders spezifischen betrachten müssen.

So braucht der größte Teil der Unfallheilkunde nicht auf den nächsten Seiten dargelegt zu werden: die Quetschungen, Wunden mit ihren septischen Komplikationen (Phlegmonen, Abszesse, Septikämien, Tetanus, Gangrän) ebenso wie mit aseptischen Komplikationen (Schock und seine verschiedenen Folgen) sind in ihren klinischen Manifestationen, ihrer Entwicklung, ihrer Behandlung denen bei allen anderen Tierarten vergleichbar. Doch gibt es eine Ausnahme, die mit der besonderen Physiologie des jungen Lebewesens verbunden ist: die bemerkenswerte Tendenz zur Dehydration, die den Hauptreaktionen des Organismus eine besondere klinische Richtung gibt.

Traumatische Einflüsse

Frakturen

Brüche bei der Geburt

- *Ätiologie.* Der Grund ist das übermäßige Ziehen an den Gliedmaßen des Kalbes.

- *Pathogenese.* Der Knochen löst sich am häufigsten an der Epiphysenfuge (Wachstumszone) der Phalangen oder der Röhrenknochen ab. Das Umfeld der Fraktur bleibt geschlossen, da die Haut sehr widerstandsfähig ist.

- *Klinik.* Vom ersten Schritt an kann die Gliedmaße nicht auf dem Boden fußen, zeigt deutlich ein Abknicken oder eine anormale Drehung. Bei der Bewegung fühlt man deutlich die Krepitation.

- *Behandlung.* Nach Einrichten in die normale Lage genügt ein Gipsverband. Es ist notwendig, daß er sich über die beiden angrenzenden Gelenke erstreckt und häufig erneuert wird (da er naß wird und das Tier wächst). Er bleibt drei Wochen an Ort und Stelle, eine Frist unter Berücksichtigung des sehr schnellen Reparationsvermögens des Kalbes.

Brüche, die gelegentlich vorkommen

- *Ätiologie.* Sie werden durch Tritte der erwachsenen Tiere verursacht, durch Verletzungen bei Transporten, durch »Hindernisse« bei der Mast in kleinen Buchten.

- *Pathogenese.* Der Knochen wird häufig im Mittelstück verletzt. Meistenteils handelt es

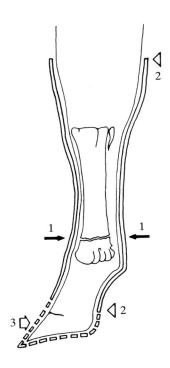

Abb. VI/10 Gipsverband für eine Epiphysenfraktur
1 Bruchlinie
2 Grenzen des kleinsten Gipsverbandes (es ist besser, ihn über den ganzen Vorderarm zu verlängern)
3 Mögliche Unterpartie

sich um die Röhrenknochen, seltener um Tibia oder Radius-Ulna; das Vorfeld des Bruches ist gelegentlich offen und das Risiko einer Infektion dann groß.

- *Klinik.* Die betreffende Stelle ist warm, schmerzhaft, angeschwollen. Der Knochen zeigt eine anormale Beweglichkeit mit Krepitation. Wenn eine Wunde vorhanden ist, kann diese mehr oder weniger zerfranst sein und Knochensplitter können sichtbar werden.

- *Behandlung.* Die Entscheidung zur Operation und die Wahl der Technik müssen der Bestimmung des Tieres und der Ökonomie Rechnung tragen. Vom einfachen Gipsverband (mit Fenster über der Wunde) bis zur operativen Knochenvereinigung, die mehr oder weniger fraglich ist, sind die Behandlungsmöglichkeiten zahlreich. Im Vordergrund der Prognose steht die Infektion; der Ort der Verletzung ist sorgfältig zu beachten, Antibiotikatherapie und lokale Antisepsis sind wichtig.

Wenn Nekrosen und sekundäre Ischämie nach einigen Tagen auftreten, die die Ausmaße der Wunde vergrößern, muß die Prognose im Hinblick auf die Verschlimmerung neu überdacht werden, denn das junge Kalb hat wenig Fähigkeiten, große Substanzverluste einwandfrei und schnell auszugleichen.

In jedem Fall ruft die Unbeweglichkeit der Gliedmaße einen Muskelschwund hervor, dem man bei der Entscheidung zu einer Operation Rechnung tragen muß.

Brüche (Hernien)

Leisten- und Hodenbruch

- *Ätiologie.* Der Durchbruch des großen Netzes und der Darmschlingen durch den Leistenring in die Leistengegend oder den Hodensack tritt meistens im Augenblick der Geburt (Druck auf den Leib der Frucht) auf, wenn der Leistenkanal anormal geweitet ist.

- *Klinik.* Eine mehr oder weniger große Geschwulst macht sich in der Leistengegend oder im Skrotum, besonders im oberen Abschnitt, bemerkbar. Weich, fluktuierend, schmerzlos kann sie von Verdauungsstörungen (Verstopfung, Koliken) begleitet sein, weist bedeutende Unterschiede im Volumen (Verdickung oder Verengung des Darms) auf und schnürt sich schließlich ab.

- *Behandlung.* Sie ist operativ. Man nimmt aber die Operation nur vor, wenn die Schwere des Bruches oder die Gefahr von Verdauungskomplikationen diese erforderlich machen. Wenn nicht, wird das Kalb gemästet; auf keinen Fall darf es zur Reproduktion benutzt werden.

Die Reposition mit geöffnetem Bruchsack und Naht des Bruchringes darf nur unter strengen aseptischen Kautelen und Wiederherstellung der anatomischen Verhältnisse erfolgen.

Nabelbruch

- *Ätiologie.* Die häufigste ist, daß die Darmschlingen durch den Nabelring bei der Geburt rutschen; sie bilden dann ein Hindernis für dessen normale Schließung.

- *Klinik.* Der Nabel ist verdickt, er hat eine konische Form, die sich nach unten ausbreitet und über den Rand des distalen Teils des Nabels erstreckt. Der Inhalt ist meistens einstülpbar. Es bleibt in der Gegend des Nabels ein Sack unterschiedlicher Größe mit Haut bedeckt, der weiche und nicht schmerzhafte Teile enthält. Der Allgemeinzustand braucht nicht verändert zu sein, und die Ausmästung des Kalbes kann gut durchgeführt werden. In anderen Fällen bedeckt sich die Nabelgegend schlecht mit Haut. Es bildet sich eine geschwürige, nässende Oberfläche mit Ausbreitungstendenz. Hierbei muß man an eine Persistenz des Nabelstrangs oder Gefäßinfektion (Nabelarterien- oder -venenentzündung) denken.

- *Behandlung.* In den gleich nach der Geburt bemerkten Fällen wird ein breites Band am Grund des Bruchsacks nach Reposition des Bruchinhaltes angebracht; man benutzt besser ein Gummiband, das mit dem vertrockneten Stumpf abfällt.

In späteren Fällen wird der Eingriff bei den Tieren durchgeführt, bevor sie erwachsen sind. Die Operation wird nach der klassischen Methode der Bruchreposition mit Naht der Ränder des Bruchringes vorgenommen (unter Vermeidung von Draht, der beim Verbleiben in der Wunde die magnetische Diagnostik (Ferroskop) eines Fremdkörpers stört.

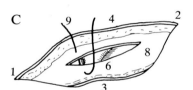

Abb. VI/11 Chirurgische Behandlung eines Nabelbruchs
A Schnittlinie
B Abtrennung des Bruchsacks
C Ringnaht
1–2 Führung sowie Vorder- und Endpunkt des Hautschnittes
3–4 Seitenführung des Hautschnittes
5 Nabel
6 Bruchring
7 Bruchsack
8 Bauchwand
9 Fadenführung bei der Ringnaht

Zwerchfellbruch

- *Ätiologie.* Der Einbruch von Eingeweideteilen in die Pleurahöhle bei der Geburt rührt von einer Zwerchfellspalte her. Die später beim jungen Tier auftretenden Rupturen sind durch Hinstürzen, Schläge auf den Leib sowie sonstige Unfälle bedingt.

- *Klinik.* Im Fall einer angeborenen Hernie kommen die Kälber als Kümmerer zur Welt und sterben bald; in den anderen Fällen hat der Bruch nur wenig Bedeutung und die Betroffenen zeigen ihr ganzes Leben lang keine Symptome. Stets dringt das Bauchfell in die Pleurahöhle vor: die Symptome sind Entzündungen der Vormägen und besonders des Bauchfells, begleitet vom Syndrom der Vagus-Reizung.

- *Behandlung.* Nicht gegeben unter den derzeitigen Bedingungen.

Besondere Infektionen

Nabel- und Nabelvenenentzündung

- *Ätiologie.* Die Infektion ist lokalen Ursprungs von außen (Einstreu) und mit banalen Eitererregern verknüpft.

- *Pathogenese.* Das lange Ende hängt bis in die Einstreu. Die Keime besiedeln sehr schnell den Nabel und die Umgebung, vaskulär und perivaskulär, und lösen lokale Entzündungsreaktionen aus.

- *Klinik.* Der Nabel schwillt zuerst an, wird heiß, schmerzhaft (Phlegmone), dann tritt Eiter auf (Abszeß oder eitrige Nabelentzündung). Die Entzündung kann verborgen bleiben, wobei man bei Palpation einen harten Ring feststellt, mäßig heiß und wenig schmerzhaft; der feuchte und eitrige Nabel deutet auf eine Gefäßaffektion hin (meistens Nabelentzündung, manchmal Nabelarterienentzündung). Der Allgemeinzustand ändert sich im Laufe einer gewissen Zeit, die Infektion kann zunächst zur Leber aufsteigen, danach aber auch den gesamten Organismus ergreifen (Septikämie).

- *Behandlung.* Lokal: heiße Kompressen, Pasten, antiseptische und zerteilende Mittel. Allgemein: Verhütung und Behandlung der schweren Komplikationen durch Antibiotika.

Angeborene Störungen

Fehler bei der Organrückbildung

Persistenz des Nabelstrangs

- *Ätiologie.* Die Permeabilität des Nabelstrangs bleibt aus verschiedenen Gründen erhalten und ist bislang ungenügend erforscht. Es scheint eine erbliche Veranlagung zu bestehen.

- *Klinik.* Das Kalb uriniert durch den Nabel, meistens kontinuierlich, Tropfen für Tropfen. Die Haut um ihn herum bleibt feucht und schmutzig. Sie ist gereizt, und eine Nabelinfektion wird begünstigt, gelegentlich von einer aufsteigenden Infektion gefolgt (Zystitis, Septikämie oder metastasierende Sepsis).

- *Behandlung.* Nachdem man die Durchgängigkeit des Harnleiters gewährleistet hat, behalten die alten Behandlungsmethoden (milde blasenziehende Mittel) immer noch ihren Wert, um eine Verödung des Nabelstrangs durch Anschwellung des benachbarten Gewebes herbeizuführen; die Stumpfligatur ist aber vorzuziehen, falls ein solcher vorhanden ist. Wenn die Durchgängigkeit des Harnleiters nicht hergestellt werden kann, muß man den Abgang des Urins auf diesem Weg ohne größere Schäden gestalten durch Überwachung und Behandlung der lokalen Entzündungen und der möglichen aufsteigenden Infektionen.

Fehler in der Entwicklung

Am Vorderkopf

Verschiedene Mißbildungen oder Verbiegungen können auftreten.

Seitliche Verbiegung der Knochen des Vorderkopfes

- *Ätiologie.* Physikalische (mechanische) Einflüsse während der Embryonalentwicklung.

- *Klinik.* Die seitliche Verbiegung der Nasenbeine und des Gaumens geht manchmal bis zur Bildung einer spiralförmigen Rolle des ganzen vorderen Teils des Kopfes.
Der Zwang zur Atmung, zum Schnauben und zum Kauen, mehr oder weniger stark ausgeprägt, kann dem physikalischen Einfluß entgegenwirken.

- *Behandlung.* Man kann bei leichten Mißbildungen chirurgisch behandeln durch eine Operation nach üblichen Methoden. Die Entscheidung zur Operation ist auch unter wirtschaftlichem Aspekt zu fällen.

Verkürzung des Oberkiefers (Bulldoggenschnauze)

- *Klinik.* Die Nasenspitze ist nach oben gebogen, der Nasenrücken viel breiter, die Atmung geräuschvoll – der Unterkiefer tritt hervor und die Schneidezähne können nicht von der Oberlippe bedeckt werden. Die Deformation braucht selten korrigiert zu werden. Nur das Saugen kann etwas schwierig sein, denn besonders die Mittelzähne bleiben sehr scharf und können die Zitze verletzen.

- *Behandlung.* Man muß die richtige Durchführung des Saugens überwachen und kann die Schneidezähne etwas abfeilen.

Verkürzung des Unterkiefers (Papageienschnabel)

- *Ätiologie.* Schwerer Erbfehler (Eliminierung der Bullenkälber bei der Geburt).

- *Klinik.* Verschwinden des Kinns, mehr oder weniger ausgeprägt. Die Oberlippe bedeckt den Unterkiefer. Das Maul ist nur beim Anheben des Kopfes sichtbar.
Der Kontakt der Schneidezähne mit der Kauplatte ist nur im hinteren Abschnitt oder gar nicht gegeben. Die Anormalität ist besonders für den Weidegang von Bedeutung, nicht so sehr beim Saugen.

- *Behandlung.* Gibt es nicht, die geborenen Kälber sollten nicht aufgezogen werden.

Gaumenspalte

- *Ätiologie.* Der fehlende Schluß der Gau-

Spezielle Pathologie

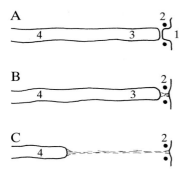

Abb. VI/12 Mißbildungen an After – Enddarm
A Scheidewand zwischen After und Enddarm
B Fehlen des Afters
C Fehlen von After und Enddarm
D Mündung des Enddarms in die Scheide
1 Anus
2 After-Ringmuskel
3 Rektum
4 Colon
5 Vagina
6 Kommunikationsvereinigung

menspalte kommt von einer embryonalen Entwicklungsstörung her.

• *Klinik.* In den ersten Lebenstagen fließt ein Teil aufgenommener Milch durch die Nasenlöcher ab; gleichzeitig niesen die Tiere, erbrechen sich, haben Schwierigkeiten mit dem Abschlucken (falsche Kehle), husten. Die jungen Kälber können gut saugen, aber verlieren einen Teil der Milch wieder aus dem Maul und bleiben im Wachstum zurück.
Die Stärke dieser Symptome hängt von der Größe der Spalte ab, ebenso wie die Prognose. Das Tier leidet häufig an einer Fremdkörper-Bronchopneumonie.

• *Behandlung.* Chirurgisch bei engen und schwach ausgebildeten Fissuren möglich. Je nach den ökonomischen Bedingungen werden die Kälber gleich geschlachtet oder bis zu einer Körpermasse von 90 bis 100 kg aufgezogen. Niemals zur Zucht benutzen.

Im Bereich des Dammes – Mißbildungen des Anus und Rektums

• *Ätiologie.* Diese angeborenen Mißbildungen treten beim Kalb mit mittlerer Häufigkeit auf.

• *Klinik.* Es kann sich um eine einfache Verengung des Anus, des Rektums oder von beiden handeln, ringförmig oder zylindrisch.
Im Fall der vollständigen Undurchlässigkeit sind drei Formen zu unterscheiden:
– Scheidewand zwischen Anus und Rektum gut ausgebildet.
– Fehlen des Anus; die Rektalampulle ist mehrere Zentimeter von der Haut entfernt.
– Fehlen von Anus und Rektum: der Darm endet sehr weit entfernt, mit der Haut des Damms durch bindegewebige Fasern verbunden. In besonders extremen Fällen können mehrere Unterbrechungen des Darmkanals auftreten.
Schließlich können auch anormale Abzweigungen bestehen: in die Vagina bei weiblichen Tieren, in die Blase oder den Harnleiter bei den Bullenkälbern.
Abgesehen vom völligen Fehlen des Kotabsatzes können die jungen Kälber 8 Tage leben, ohne daß sich ernste Symptome zeigen. In den Fällen der einfachen Verengung oder der Einmündung des Rektums in die Vagina kann ihr Leben sehr lange normal verlaufen.

• *Behandlung.* Die Schaffung eines normalen Durchgangs auf chirurgischem Wege ist in schweren Fällen unentbehrlich, aber nicht die einzige Möglichkeit. Wenn das Darmende sehr weit vom After entfernt ist, kann man einen »Anus praeternaturalis« schaffen und das Kalb dann mästen. Die operierten Tiere dürfen nach Heilung, gleich welcher Ausgangsursache, nicht zur Zucht benutzt werden.

Mißbildungen am Urogenitalapparat
Phymose

• *Ätiologie.* Die Verengung der Öffnung der Vorhaut ist angeboren und behindert den Harnabsatz wenig, vielmehr dagegen das Ausschachten des Penis.

• *Klinik.* Der Urin wird strahlartig in kleinen Portionen abgesetzt. Er sammelt sich in der Präputialhöhle, riecht übel und verursacht manchmal starke Entzündungen des gesamten Penis.

• *Behandlung.* Sie geschieht chirurgisch und ist einfach: Freilegung und Naht Schleimhaut – Haut. Die Tiere sind von der Zucht auszuschließen.

Hermaphrodismus

• *Ätiologie.* Das Auftreten der männlichen und weiblichen Geschlechtsmerkmale bei demselben Individuum geschieht durch eine gleichzeitige Entwicklung der beiden embryonalen Möglichkeiten; die Ursache kann chromosomengebunden sein (erblich im Individuum fixiert) oder hormonal bedingt (Dysfunktion von der Mutter her oder durch eine Therapie).

- *Klinik.* Die Erscheinungsbilder sind äußerst unterschiedlich. Der Hermaphrodismus zeigt sich sowohl bei den Geschlechtsdrüsen als auch bei den Geschlechtsorganen (Ausscheidungswege und Begattungsorgane). Beim Kalb sind es besonders Veränderungen beim Harnabsetzen, die Aufmerksamkeit verdienen. Die Mißbildung macht das Tier stets geringwertig.

- *Behandlung.* Gibt es nicht. Mästen in möglichst kurzer Zeit.

Kryptorchismus

- *Ätiologie.* Die Behinderung des Abwanderns der Hoden in das Skrotum ist beim Rind selten; die Ursachen sind sehr verschieden und noch nicht geklärt.

- *Klinik.* Das Vorhandensein von zwei Hoden im Skrotum muß für Kälber, die zur Zucht verwendet werden sollen, sicher sein. Im Fall des Fehlens eines Hodens sollte das Tier zur Mast bestimmt werden.

- *Behandlung.* Nicht vorhanden.

Mängel der Gliedmaßenstellung

An der Vordergliedmaße: Bogen- und Steilstellung

- *Ätiologie.* Die Verschiebung der Vorderfußwurzel aus der Senkrechten nach vorn (Bogenstellung) und die Streckung der Mittelhand (Steilstellung) werden durch Verkürzung der Muskeln und Sehnen verursacht, entweder angeboren oder in der ersten Lebenszeit erworben.

- *Klinik.* Diese beiden Mißbildungen können einzeln oder zusammen auftreten und sind mehr oder weniger deutlich sichtbar. Eine oder beide Vordergliedmaßen sind in der Vorderfußwurzel und Mittelhand stärker oder weniger stark gebeugt, ohne eine Erschlaffung durchführen zu können. Die Kälber bemühen sich, ihre Stellung mit Schwierigkeiten zu verändern, bleiben aber schließlich lange auf den Vorderfußwurzeln liegen (um notdürftig zu fressen).

- *Behandlung.* In leichteren Fällen hilft eine vernünftige Vitamin-Kalzium-Therapie zur funktionellen Wiederherstellung. Sind die Mißbildungen sehr stark, ist eine chirurgische Behandlung durchzuführen: Sehnen- und Muskelschnitt der äußeren und inneren Beugemuskeln, der tiefen und oberflächlichen Beuger der Phalangen, vervollständigt durch eine gut ausgepolsterte Scheibe, die die einzelnen Teile für etwa 14 Tage auseinanderhält.

Störungen unbestimmbarer Natur

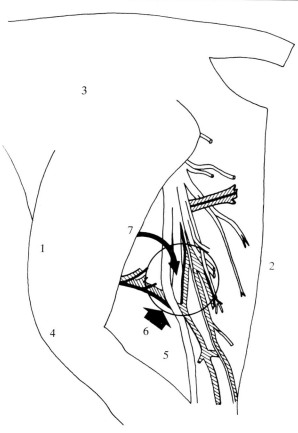

Abb. VI/13 Topographie der anatomischen Körperteile bei Neurektomie zur Herstellung der Beugefähigkeit des M. Gastrocnemius;

tiefe Lage = schwarz,
Arterien = grau,
Nerven = weiß
1 Vorderer Rand des Oberschenkels
2 Hinterer Rand des Oberschenkels
3 Hüftwinkel
4 Fettgewebe
5 M. gastrocnemius
6 Operationsort
7 Tibialnerv (den man durchtrennen muß, um die Versorgungsäste des M. gastrocnemius zu unterbinden)

ZUSAMMENFASSUNG

In der Praxis sind die Umstände selten, bei denen der Tierarzt zu einem chirurgischen Eingriff beim Kalb gerufen wird,
– denn die pathophysiologischen Indikationen sind viel zahlreicher und
– außerdem ziehen ökonomische Belange eine zusätzliche Grenze.

Es ist denkbar, daß dies bei Kälbern zur Zucht anders zu beurteilen ist; in diesen Fällen sind es züchterische Gegenindikationen, die in Betracht gezogen werden müssen. Eine Anzahl von pathologischen Fällen erblichen Charakters (ganz oder teilweise faktoriell bedingt) schließen ihren Träger von der Zucht aus. Es ist also wesentlich, Indikationen und Gegenindikationen für jeden Fall sorgfältig zu berücksichtigen, denn die abzuwägenden Gesichtspunkte schwanken für jedes Lebewesen, für jeden Verwendungszweck, für jede Aufzuchtform und schließlich zeitlich bedingt je nach den vorliegenden ökonomischen Verhältnissen.

An der Hintergliedmaße:
Spasmen, »Gerade Kniekehle«

- *Ätiologie.* Die spastische Parese der Hintergliedmaßen oder Zusammenziehung der Hinterbeine ist ein Krankheitszustand unbekannten Ursprungs, bei dem wahrscheinlich Erb- und Ernährungsfaktoren eine Rolle spielen. Sie entsteht manchmal sekundär als Antwort auf übermäßige Belastung des gesunden Beins, wenn das andere erkrankt ist.

- *Klinik.* Die Erkrankung tritt in jedem Alter bis zum ersten Jahr auf. Die Hintergliedmaßen – eine oder beide – zeigen eine Überstreckung zunächst zeitweilig, dann permanent, so daß der Winkel der Kniekehle verschwindet, manchmal noch unvollständig, aber auch völlig (bei Affektion beider Beine kann sich das junge Kalb nur noch auf seinen Vorderbeinen halten). Die Verschlechterung des Zustandes ist forschreitend.

- *Behandlung.* Eine gute Ernährung, eine Vitamin-Kalzium-Therapie und Spurenelemente haben manchmal Erfolg. Aber die Behandlung bleibt hauptsächlich chirurgisch.

Die unvollständige Tenotomie des Kniekehlenbandes ergibt sehr unsichere Resultate: sie hat bessere Aussichten auf Erfolg, wenn sie sehr früh vorgenommen wird, bei leichten Kälbern, einseitigen, noch wenig entwickelten Fällen.

Der Nervenschnitt im Bereich des Gastrocnaemius bietet ähnliche Möglichkeiten unter den gleichen Bedingungen, aber in einem verbesserten Maße an; er ist der vorher erwähnten Behandlung vorzuziehen, ist aber in der Technik schwieriger.

Die komplette Ektomie des Ischiadicus ist einfacher und führt in Kürze zu den gleichen Ergebnissen, aber die Tiere können nicht entsprechend lange unter Beobachtung gehalten werden, denn auf die Dauer sind die Begleiterscheinungen dieses Eingriffs besonders kompliziert.

Chronologie des Auftretens krankhafter Störungen VII

Krankhafte Störungen in zeitlicher Reihenfolge Kapitel 1

J. Espinasse, P. Mornet

In einer Arbeit, die alle Seiten der Erkrankungen des Kalbes unter den verschiedensten Gesichtspunkten behandelt und die sich an ein breites Publikum wendet, ist es für den Leser, der nicht mit einem Blick die Zusammenhänge der Epizootiologie, Pathogenese, Klinik usw. wie ein Tierarzt erfassen und sie interpretieren kann, nützlich, über eine Aufstellung zu verfügen, welche Störungen das junge Lebewesen befallen können. Auch den Tierärzten gestatten derartige Zusammenfassungen unter Vorbehalt eine allgemeine Einschätzung der Risiken und erleichtern in gewissen Fällen die Diagnostik.

Die nachfolgenden Tabellen (VII/1 bis VII/8) haben den Zweck, sehr schnell die Syndrome, Affektionen oder Erkrankungen des Kalbes in den verschiedenen Haltungsformen nach dem Alter und dem Auftreten oder dem Ablauf an den Organen einzuordnen.

Um diese Tabellen aufzustellen, konnten mehrere Wege beschritten werden. Bei einem ersten Versuch haben wir die Erkrankungen in Stichworten in ihren epizootologischen, ätiologischen, klinischen, therapeutischen und prophylaktischen Wesenszügen charakterisiert. Sehr schnell stellte sich diese Methode aber als schwierig, umständlich, zu trocken (entgegen der Realität) heraus, und schließlich entsprach sie nicht dem gestellten Ziel.

Bei der Vielzahl der möglichen Krankheitsfälle des Kalbes blieb uns nur übrig, Syndrome, Affektionen oder Erkrankungen sorgsam in Gruppen zusammenzufassen. Diese Darstellung wurde dann ein Nachschlagewerk, bei dem es darum ging, es möglichst handhabbar zu machen.

Zwei Angaben waren für uns von Bedeutung,
– das Alter der Tiere sowie
– der Typ des Haltungsziels: Mastkälber (»übliche Haltung« oder »industriemäßig«), Zuchtkälber, Ammenkuh-Kälber.

Dadurch ergeben sich senkrechte Spalten, nach dem Haltungsziel, und waagerechte, nach dem Alter, die für jede Tierkategorie eigens aufgestellt sind.

Die Verteilung eines Syndroms, einer Affektion oder einer Erkrankung auf die Erscheinungsform, den Ablauf oder das Organ gestattet, um den Gebrauch zu erleichtern, die Benutzung getrennter Tabellen für jedes funktionelle Organsystem. Dies erfolgt in vollem Bewußtsein, daß es in der Praxis Verknüpfungen zwischen den Altersstufen, den einzelnen Verwendungszielen, den befallenen Organen oder Erscheinungsformen gibt.

Wir sind uns klar, daß diese Vereinfachung ungebräuchlich ist, nur das Wesentliche andeutet, und daß sie sich an einer bestimmten Grenze bewegen kann wegen des willkürlichen Charakters gewisser Situationen; trotzdem scheint uns diese Methode klar genug, um die Vielfalt einer Pathologie zu demonstrieren, die so umfassend ist wie die des Kalbes.

Wir haben den Termini »*Affektion, Erkrankung, Syndrom*« eine besondere Bedeutung zugelegt, zwar fraglich (nach dem französi-

Tabelle VII/1 Syndrome, Affektionen und Erkrankungen am Verdauungsapparat

	Mastkalb		Zuchtkalb		Ammenkuh-Kalb
Geburt	Verschiedene Mißbildungen, z. B.: – am Kiefer (Brachygnatie, Gaumenspalte) – an den Eingeweiden (Nabelbruch, Verschluß des Afters)	Geburt	Verschiedene Mißbildungen, z. B.: – am Kiefer (Brachygnatie, Gaumenspalte) – an den Eingeweiden (Nabelbruch, Verschluß des Afters)	Geburt	Verschiedene Mißbildungen, z. B.: – am Kiefer (Brachygnatie, Gaumenspalte) – an den Eingeweiden (Nabelbruch, Verschluß des Afters)
1. Monat	– Kruppöse Stomatitis, Nekrobazillose der Maulhöhle oder Kälberdiphtheroid – Kolibazillosen: Koliseptikämie, Kolienteritis, Kolidiarrhoe – Salmonellosen – Enterotoxämie (hämorrhagische Enteritis) – Virusdiarrhoen: Rotavirus, Coronavirus, Mucosal disease – Fütterungsdiarrhoen: funktionell und toxisch – Nabelentzündung, Nabelvenenentzündung, Leberentzündung	Ansteigende Phase der Milchaufnahme bis zum Maximum	– Nährstoffverhältnis ungünstig: gegenseitiges Beißen an Ohren, Präputium, Skrotum – Kruppöse Stomatitis, Nekrobazillose der Maulhöhle oder Kälberdiphtheroid – Kolibazillosen: Koliseptikämie, Kolienteritis, Kolidiarrhoe – Salmonellosen – Enterotoxämie – Virusdiarrhoen: Rotavirus, Coronavirus, Mucosal disease – Fütterungsdiarrhoen: funktionell und toxisch – Magenentzündung – Verdauungsstörungen des Magens – Labmagen-Tympanie – Labmagengeschwür mit oder ohne Bauchfellentzündung – Pansen-Tympanie – Nabelentzündung, eitrige Nabelvenenentzündung	Vor Weidegang	– Kruppöse Stomatitis, Nekrobazillose der Maulhöhle oder Kälberdiphtheroid – Kolibazillosen: Koliseptikämie, Kolienteritis, Kolidiarrhoe – Virusdiarrhoen: Rotavirus, Coronavirus, Mucosal disease – Magenentzündung – Verdauungsstörungen des Magens – Pansen-Tympanie – Nabelentzündung, Nabelvenenentzündung, eitrige Leberentzündung
2. Monat	– Magenentzündung – Verdauungsstörungen des Magens – Labmagen-Tympanie – Labmagengeschwür mit oder ohne Bauchfellentzündung – Pansen-Tympanie – Salmonellosen – Virusdiarrhoen: Mucosal disease – Fütterungsdiarrhoen: funktionell und toxisch	Absteigende Phase der Milchaufnahme bis zum Absetzen	– Kruppöse Stomatitis, Nekrobazillose der Maulhöhle oder Kälberdiphtheroid – Knötchen-Stomatitis – Salmonellosen – Enterotoxämie – Virusdiarrhoen: Mucosal disease – Fütterungsdiarrhoen: funktionell und toxisch – Magenentzündung – Verdauungsstörungen des Magens – Labmagengeschwür mit oder ohne Bauchfellentzündung – Pansen-Tympanie – Azidose oder Alkalose des Pansens	Bei Weidegang und danach	– Enterotoxämie – Virusdiarrhoen: Mucosal disease – Fütterungsdiarrhoen: funktionell und toxisch – Parasitäre Diarrhoen: Kokzidiose, Strongylose – Labmagengeschwür mit oder ohne Bauchfellentzündung – Pansen-Tympanie
3. Monat und später	wie oben, dazu – Enterotoxämie (plötzliche Todesfälle) – hämorrhagische Enteritis (Blutfleckenkrankheit) – Leberverfettung (Blockierungssyndrom)				

schen »Lexikon der Medizin und Biologie« von A. MANUILA u. a. [1971] kann man »Erkrankung, Affektion, Syndrom« nicht unterscheiden), aber einfach:

- *Affektion:* Störung auf ein System begrenzt.
- *Erkrankung:* Störung des Gesamtkörpers mit besonderen Erscheinungen an einem oder mehreren Organsystemen.

Krankhafte Störungen in zeitlicher Reihenfolge

Tabelle VII/2 Hauptsächlichste Erkrankungen am Harnapparat

Mastkalb		Zuchtkalb		Ammenkuh-Kalb	
Geburt	Mißbildungen, verbunden oder nicht mit Anomalien des Genitalapparates	Geburt	Mißbildungen, verbunden oder nicht mit Anomalien des Genitalapparates	Geburt	Mißbildungen, verbunden oder nicht mit Anomalien des Genitalapparates
1. und 2. Monat	– nekrotisierende Glomerulonephritis – interstitielle Nierenentzündung – Nierenabszeß – toxische Nierendegeneration – Harnblasenentzündung	1. Monat und bis Absetzen	– nekrotisierende Glomerulonephritis – interstitielle Nierenentzündung – toxische Nierendegeneration – Harnblasenentzündung – Harnsteine	Vor Weidegang	– nekrotisierende Glomerulonephritis – interstitielle Nierenentzündung – Nierenabszeß – toxische Nierendegeneration – Harnblasenentzündung
3. Monat und später	wie oben, dazu – Fleckniere – Nierenblutungen und Gefäß-Diathesen Feststellung von Läsionen bei Schlachtung			Bei Weidegang und danach	wie oben, dazu – Harnverfärbungen – Porphirinurie (angeboren) – Myoglobinurie (stoffwechselbedingte Myopathie) – Hämoglobinurie (Vergiftung durch Wasser, Kupfer, Leptospirose, Babesiose) – Hämaturie (Blasenentzündung, Stallrot, andere Vergiftungen)

Tabelle VII/3 Hauptsächlichste Erkrankungen am Atmungsapparat

Mastkalb		Zuchtkalb		Ammenkuh-Kalb	
Geburt	– Blutsauerstoffmangel – Schluckpneumonie	Geburt	– Blutsauerstoffmangel – Schluckpneumonie	Geburt	– Blutsauerstoffmangel – Schluckpneumonie
1. und 2. Monat	– Rhinitis und enzootische Kälberpneumonie – infektiöse Rhinotracheitis – Mucosal disease – Nekrobazillose des Kehlkopfes – Pneumonie durch Aspiration oder Fremdkörper	1. Monat und bis Absetzen	– Rhinitis und enzootische Kälberpneumonie – infektiöse Rhinotracheitis – Mucosal disease – Nekrobazillose des Kehlkopfes – Pneumonie durch Aspiration oder Fremdkörper	Vor Weidegang	– Rhinitis und enzootische Kälberpneumonie – infektiöse Rhinotracheitis – Mucosal disease – Nekrobazillose des Kehlkopfes
3. Monat und später	wie oben, dazu – Nasenbluten (Blutfleckenkrankheit)			Bei Weidegang und später	wie oben, dazu – Lungenwurmbefall

Chronologie des Auftretens krankhafter Störungen

- *Syndrom:* Anzahl von Symptomen und morphologischen Veränderungen, funktionell oder biochemisch am Organismus auftretend, eigentlich aber unvereinbar, die als ein krankhafter Gesamtzustand zu betrachten sind (mit prinzipiell verschiedener Ätiologie).

In einigen Tabellen, und zwar in jeder Kategorie, werden Affektionen, Erkrankungen oder

Tabelle VII/4   Hauptsächlichste Erkrankungen des Herzens und Blutes

Mastkalb		Zuchtkalb		Ammenkuh-Kalb	
Geburt	*Angeborene Herzschäden* – Lageanomalien oder Ektokardie – Verschiedene Anomalien der Herzform *Angeborene Blutveränderungen* – Hämophilie (Bluterkrankheit) – Koagulationsmängel durch Mangel an Vitamin K – Hämolyse durch Isosensibilisierung des Fötus-Mutterkomplexes	Geburt	*Angeborene Herzschäden* – Lageanomalien oder Ektokardie – Verschiedene Anomalien der Herzform *Angeborene Blutveränderungen* – Hämophilie (Bluterkrankheit) – Koagulationsmängel durch Mangel an Vitamin K – Hämolyse durch Isosensibilisierung des Fötus-Mutterkomplexes	Geburt	*Angeborene Herzschäden* – Lageanomalien oder Ektokardie – Verschiedene Anomalien der Herzform – Erhöhung der Atemfrequenz durch Sauerstoffmangel *Angeborene Blutveränderungen* – Hämophilie (Bluterkrankheit) – Koagulationsmängel durch Mangel an Vitamin K – Hämolyse durch Isosensibilisierung des Fötus-Mutterkomplexes
1. und 2. Monat	*Herzschäden* angeboren: Anomalien der Herzform erworben: – Herzbeutelentzündung – Entzündung des Endokards – Herzmuskelentzündung – degenerative Herzmuskelentartung (Kupfermangel) Muskelentartung – Dyspnoe = Stoffwechsel-Muskelentartung *Blutveränderungen* – Anämie durch Mangel an Fe, Cu, Vitamin B_{12} – hämolytische Anämie durch Vergiftung (Kupfer) – Hämorrhagie durch Vergiftung mit Rattenbekämpfungsmitteln – Leukose	1. Monat und bis Absetzen	*Herzschäden* angeboren: Anomalien der Herzform erworben: – Herzbeutelentzündung – Entzündung des Endokards – Herzmuskelentzündung – degenerative Herzmuskelentartung (Kupfermangel) *Blutveränderungen* – Anämie durch Mangel an Fe, Cu, Vitamin B_{12} – hämolytische Anämie durch Vergiftung (Kupfer, Kaltwasser) – Hämorrhagie durch Vergiftung mit Rattenbekämpfungsmitteln – Leukose	Vor Weidegang und danach	*Herzschäden* angeboren: Anomalien der Herzform erworben: – Herzbeutelentzündung – Entzündung des Endokards – Herzmuskelentzündung – degenerative Herzmuskelentartung (Kupfermangel) Muskelentartung – Dyspnoe = Stoffwechsel-Muskelentartung *Blutveränderungen* – Anämie durch Mangel an Fe, Cu, Vitamin B_{12} – hämolytische Anämie durch Vergiftung (Kupfer, Kaltwasser) – Hämorrhagie durch Vergiftung mit Rattenbekämpfungsmitteln – Leukose
3. Monat und später	wie oben, dazu – Blutfleckenkrankheit			Bei Weidegang und danach	*Herzschäden*, wie oben *Blutveränderungen*, wie oben, dazu – Anämie durch Mangel an Kobalt oder Eisen (Wurmbefall im Magen-Darm-Apparat) – hämolytische Anämie durch Vergiftung (Quecksilber), Infektion (Leptospirose) und parasitäre Erkrankungen (Babesiose)

Tabelle VII/5   Hauptsächlichste Erkrankungen am Nervensystem

	Mastkalb		Zuchtkalb		Ammenkuh-Kalb
Geburt	*Angeborene Anomalien* morphologisch, z. B. – Wasserkopf, Wasserhirn, allein oder mit anderen Mißbildungen (Gaumenspalte, Gelenkdegeneration) funktionell, z. B. – Lähmung der Nachhand, plötzlich oder fortschreitend, mehr oder weniger spastisch – Bewegungsstörung, plötzlich oder fortschreitend, mit oder ohne Seh- oder Kleinhirnstörungen *Nervöse Störungen*, z. T. als Folgen von Hämorrhagien, von Druck und Verletzungen des zentralen oder peripheren Nervensystems bei Schwergeburt	Geburt	*Angeborene Anomalien* morphologisch, z. B. – Wasserkopf, Wasserhirn, allein oder mit anderen Mißbildungen (Gaumenspalte, Gelenkdegeneration) funktionell, z. B. – Lähmung der Nachhand, plötzlich oder fortschreitend, mehr oder weniger spastisch – Bewegungsstörung, plötzlich oder fortschreitend, mit oder ohne Seh- oder Kleinhirnstörungen *Nervöse Störungen*, z. T. als Folgen von Hämorrhagien, von Druck und Verletzungen des zentralen oder peripheren Nervensystems bei Schwergeburt	Geburt	*Angeborene Anomalien* morphologisch, z. B. – Wasserkopf, Wasserhirn, allein oder mit anderen Mißbildungen (Gaumenspalte, Gelenkdegeneration) funktionell, z. B. – Lähmung der Nachhand, plötzlich oder fortschreitend, mehr oder weniger spastisch – Bewegungsstörung, plötzlich oder fortschreitend, mit oder ohne Seh- oder Kleinhirnstörungen *Nervöse Störungen*, z. T. als Folgen von Hämorrhagien, von Druck und Verletzungen des zentralen oder peripheren Nervensystems bei Schwergeburt
1. Monat	– Gehirnhautkomplikationen bei neonatalen Magen-Darminfektionen (Colibacillose, Salmonellose, Enterotoxämie) – Listeriose – Gehirnhautentzündung bei infektiöser Rhinotracheitis – Tetanus, vom Nabel ausgehend – Toxoplasmose – spastische Lähmung des M. gastrocnemius – Hypokalzämie, Hypomagnesiämie – Mangel an Vitamin A und B, Cu (Gehirnrinden-Nekrose) – Vergiftung (Blei, Insektizide, Furoxone)	Ansteigende Phase der Milchaufnahme bis zum Maximum	– Gehirnhautkomplikationen bei neonatalen Magen-Darminfektionen (Colibacillose, Salmonellose, Enterotoxämie) – Listeriose – Gehirnhautentzündung bei infektiöser Rhinotracheitis – Tetanus, vom Nabel ausgehend – Toxoplasmose – spastische Lähmung des M. gastrocnemius – Mangel an Vitamin A und B, Cu (Gehirnrinden-Nekrose) – Vergiftung (Blei, Insektizide, Furoxone)	Vor Weidegang	– Gehirnhautkomplikationen bei neonatalen Magen-Darminfektionen (Colibacillose, Salmonellose, Enterotoxämie) – Listeriose – Gehirnhautentzündung bei infektiöser Rhinotracheitis – Tetanus, vom Nabel ausgehend – Toxoplasmose – spastische Lähmung des M. gastrocnemius – Mangel an Vitamin A und B, Cu (Gehirnrinden-Nekrose) – Vergiftung (Blei, Insektizide)
2. Monat	– Listeriose – Gehirnhautentzündung bei infektiöser Rhinotracheitis – Tetanus nach Verletzungen – spastische Lähmung des M. gastrocnemius – Hypokalzämie – Hypomagnesämie – Mangel an Vitamin A und B – Vergiftung (Blei, Insektizide)	Absteigende Phase der Milchaufnahme bis zum Absetzen	– Enterotoxämie – Listeriose – Gehirnhautentzündung bei infektiöser Rhinotracheitis – Tetanus nach Verletzungen – spastische Lähmung des M. gastrocnemius – Vitamin-A-Mangel – Pansenazidose und Vitamin-B-Mangel (Gehirnrinden-Nekrose) – Pansen-Alkalose – Vergiftung (Blei, Insektizide)	Bei Weidegang und danach	– Enterotoxämie – Listeriose – Gehirnhautentzündung bei infektiöser Rhinotracheitis – Tollwut – Tetanus nach Verletzungen – Botulismus – fortschreitende Bewegungsstörung bei Charolais-Kälbern – spastische Lähmung des M. gastrocnemius – Vitamin-B-Mangel (Gehirnrinden-Nekrose) – Pansen-Alkalose – Vergiftung (Blei, Insektizide)
3. Monat und später	wie oben, dazu – Enterotoxämie – Hitzschlag – Übersäuerung				

Chronologie des Auftretens krankhafter Störungen

Syndrome in Beziehung zum anatomischen, pathologischen und ätiologischen Ursprung aufgeführt, z. B.: Stomatitis, Gastritis, Tympanie des Pansens, Durchfall ..., und nicht nach der Häufigkeit des Auftretens. Für die Häufigkeit des Auftretens kann man keine Einordnung vornehmen, besonders weil viele Krankheiten sporadisch vorkommen.

Tabelle VII/6 Hauptsächlichste Schäden am Auge

	Mastkalb		Zuchtkalb		Ammenkuh-Kalb
Geburt	*Angeborene Anomalien,* selten isoliert, z. B. Funktionelle Anomalien: – Schielen, Glotzaugigkeit Räumliche Anomalien: – Fehlen oder Verkleinerung des Augapfels Strukturelle Anomalien: – Entropium – Hautzyste – Färbungsfehler der Iris – grauer Star – Mißbildung der Retina – Degeneration des Augennervs – Spaltbildung	Geburt	*Angeborene Anomalien,* selten isoliert, z. B. Funktionelle Anomalien: – Schielen, Glotzaugigkeit Räumliche Anomalien: – Fehlen oder Verkleinerung des Augapfels Strukturelle Anomalien: – Entropium – Hautzyste – Färbungsfehler der Iris – grauer Star – Mißbildung der Retina – Degeneration des Augennervs – Spaltbildung	Geburt	*Angeborene Anomalien,* selten isoliert, z. B. Funktionelle Anomalien: – Schielen, Glotzaugigkeit Räumliche Anomalien: – Fehlen oder Verkleinerung des Augapfels Strukturelle Anomalien: – Entropium – Hautzyste – Färbungsfehler der Iris – grauer Star – Mißbildung der Retina – Degeneration des Augennervs – Spaltbildung
1. Monat	– Konjunktivitis oder Keratokonjunktivitis durch physikalische oder chemische Reizung, Vitamin-A-Mangel oder Symptome der Atemerkrankung – grauer Star nach neonataler Colibacillose – Netzhautentzündung, Papillarödem nach Gehirnhautentzündung, Gehirnödem, A-Avitaminose – Augenzittern nach Gehirnhautentzündung, nach Mangel an Mg, Ca oder Vitamin B (Gehirnrinden-Nekrose)	1. Monat und bis zum Absetzen	– Konjunktivitis oder Keratokonjunktivitis durch physikalische oder chemische Reizung, Vitamin-A-Mangel oder Symptome der Atemerkrankung – grauer Star nach neonataler Colibacillose – Netzhautentzündung, Papillarödem nach Gehirnhautentzündung, Gehirnödem, A-Avitaminose – Augenzittern nach Gehirnhautentzündung, nach Mangel an Mg, Ca oder Vitamin B (Gehirnrinden-Nekrose)	Vor Weidegang	– Konjunktivitis oder Keratokonjunktivitis durch physikalische oder chemische Reizung, Vitamin-A-Mangel oder Symptome der Atemerkrankung – grauer Star nach neonataler Colibacillose – Netzhautentzündung, Papillarödem nach Gehirnhautentzündung, Gehirnödem, A-Avitaminose – Augenzittern nach Gehirnhautentzündung, nach Mangel an Mg, Ca oder Vitamin B (Gehirnrinden-Nekrose)
2. Monat und später	– Konjunktivitis oder Keratokonjunktivitis durch physikalische oder chemische Reizung, Vitamin-A-Mangel oder Symptome der Atemerkrankung – Netzhautentzündung, Papillarödem nach Gehirnhautentzündung, Gehirnödem, A-Avitaminose – Augenzittern nach Gehirnhautentzündung, nach Mangel an Mg, Ca oder Vit. B (Gehirnrinden-Nekrose)			Bei Weidegang und danach	wie oben, dazu – enzootische infektiöse Keratokonjunktivitis mit starken Läsionen (Konjunktivitis, Keratitis, geschwürig oder nicht, Panophthalmie) oder chronisch (Hornhautentzündung, Hornhautnarbe, grauer Star)

Tabelle VII/7 Hauptsächlichste Erkrankungen des Bewegungsapparates

Mastkalb		Zuchtkalb		Ammenkuh-Kalb	
Geburt	*Zahlreiche angeborene Miß- und Fehlbildungen, z. B.:* Skelett – gestörtes Knorpelwachstum – Marmorknochenkrankheit – Cyphose Gelenke – Beweglichkeitseinschränkung der Gelenke mit oder ohne Gaumenspalte oder Wasserkopf – Syndrom der Polyarthritis (Kälberschwäche-Syndrom) Muskeln – Atrophie oder Hypertrophie Klauen – mehr oder weniger Fehlen der Hornschuhe – Vielzehigkeit – Verwachsung der Zehen *Folgeerscheinungen einer Schwergeburt:* – Knochenbrüche – Verrenkungen – Muskelrisse – Abreißen der Klaue	Geburt	*Zahlreiche angeborene Miß- und Fehlbildungen, z. B.:* Skelett – gestörtes Knorpelwachstum – Marmorknochenkrankheit – Cyphose Gelenke – Beweglichkeitseinschränkung der Gelenke mit oder ohne Gaumenspalte oder Wasserkopf – Syndrom der Polyarthritis (Kälberschwäche-Syndrom) Muskeln – Atrophie oder Hypertrophie Klauen – mehr oder weniger Fehlen der Hornschuhe – Vielzehigkeit – Verwachsung der Zehen *Folgeerscheinungen einer Schwergeburt:* – Knochenbrüche – Verrenkungen – Muskelrisse – Abreißen der Klaue	Geburt	*Zahlreiche angeborene Miß- und Fehlbildungen, z. B.:* Skelett – gestörtes Knorpelwachstum – Marmorknochenkrankheit – Cyphose Gelenke – Beweglichkeitseinschränkung der Gelenke mit oder ohne Gaumenspalte oder Wasserkopf – Syndrom der Polyarthritis (Kälberschwäche-Syndrom) Muskeln – Atrophie oder Hypertrophie Klauen – mehr oder weniger Fehlen der Hornschuhe – Vielzehigkeit – Verwachsung der Zehen *Folgeerscheinungen einer Schwergeburt:* – Knochenbrüche – Verrenkungen – Muskelrisse – Abreißen der Klaue
1. Monat	Skelett – Knochenmarkentzündung, Folge von Brüchen oder Salmonellose Gelenke – Arthritis oder Polyarthritis, Folge einer neonatalen Infektion (Nabelentzündung, Enteritis, Bronchopneumonie) Muskeln – spastische Lähmung des M. gastrocnemius	1. Monat und bis zum Absetzen	Skelett – Knochenmarkentzündung, Folge von Brüchen oder Salmonellose – Rachitis – Knochenschwund Gelenke – Arthritis oder Polyarthritis, Folge einer neonatalen Infektion (Nabelentzündung, Enteritis, Bronchopneumonie) – Gelenkdegeneration (Manganmangel) Muskeln – spastische Lähmung des M. gastrocnemius	Vor Weidegang	Skelett – Knochenmarkentzündung, Folge von Brüchen oder Salmonellose – Rachitis – Knochenschwund Gelenke – Arthritis oder Polyarthritis, Folge einer neonatalen Infektion (Nabelentzündung, Enteritis, Bronchopneumonie) – Gelenkdegeneration (Manganmangel) Muskeln – spastische Lähmung des M. gastrocnemius – stoffwechselbedingte Muskelerkrankung

Tabelle VII/7 Fortsetzung

Mastkalb		Zuchtkalb		Ammenkuh-Kalb	
		1. Monat und bis zum Absetzen	Klauen – Brüche der Phalangen – Zerrung, Verrenkung, Arthritis der Vorder- oder Hinterphalangen oder dazwischen – Panaritium – Hautentzündung – Sohlengeschwüre – Lederhautablösung – Klauenfäule – Klauennekrose	Vor Weidegang	Klauen – Brüche der Phalangen – Zerrung, Verrenkung, Arthritis der Vorder- oder Hinterphalangen oder dazwischen – Panaritium – Hautentzündung – Sohlengeschwüre – Lederhautablösung – Klauenfäule – Klauennekrose
2. Monat und später	Skelett – Rachitis – Knochenschwund Gelenke – Arthritis oder Polyarthritis, Folge einer Infektion des Nabels, des Darmes oder der Lunge – Gelenkdegeneration durch übermäßiges Wachstum Muskeln – spastische Lähmung des M. gastrocnemius – Zusammenziehung der Kniegelenkstrecker – stoffwechselbedingte Muskelerkrankungen (Se, Vitamin E) Klauen – Brüche der Phalangen – Zerrung, Verrenkung, Arthritis, Gelenkdegeneration der Vorder- oder Hinterphalangen oder dazwischen – Sohlengeschwüre – Lederhautablösung			Bei Weidegang und danach	Skelett – Brüche – Knochenmarkentzündung, Folge von Brüchen oder Salmonellose – Rachitis – Knochenschwund – Marmorknochenkrankheit Gelenke – Arthritis von einer neonatalen Infektion (Nabelentzündung), Enteritis, Bronchopneumonie) – Gelenkdegeneration (Manganmangel) – Hüftverlagerung Muskeln – spastische Lähmung des M. gastrocnemius – stoffwechselbedingte Muskelerkrankungen (Se, Vitamin E) – Milzbrandsymptome Bakterieller Milzbrand Klauen – Brüche der Phalangen – Zerrung, Verrenkung, Arthritis der Vorder- oder Hinterphalangen oder dazwischen – Panaritium – Hautentzündung – Sohlengeschwüre – Lederhautablösung – Klauenfäule – Klauennekrose

Tabelle VII/8 Hauptsächlichste Erkrankungen der Haut

Mastkalb		Zuchtkalb		Ammenkuh-Kalb	
Geburt	Zahlreiche und unterschiedliche Anomalien, z. B.: – Haarlosigkeit (erblich, Mangel an Jod) – Fischschuppenkrankheit – Unvollständige Hautbildung – Zellschwund in Oberhaut	Geburt	Zahlreiche und unterschiedliche Anomalien, z. B.: – Haarlosigkeit (erblich, Mangel an Jod) – Fischschuppenkrankheit – Unvollständige Hautbildung – Zellschwund in Oberhaut	Geburt	Zahlreiche und unterschiedliche Anomalien, z. B.: – Haarlosigkeit (erblich, Mangel an Jod) – Fischschuppenkrankheit – Unvollständige Hautbildung – Zellschwund in Oberhaut
1. Monat	– erhöhte Schweißabsonderung (Fieber, Herzschwäche) – Haarlosigkeit mit Talgaustritt – Hautverhornung (Vitamin-A- und Zinkmangel) – umschriebene Hautverhornung (chlorierte Öle) – Pocken, Vakzinia-Virus – Papillome – Läuse – Räude – Schorfbildung	1. Monat und bis zum Absetzen	– erhöhte Schweißabsonderung (Fieber, Herzschwäche) – Haarlosigkeit mit Talgaustritt – Hautverhornung (Vitamin-A- und Zinkmangel) – umschriebene Hautverhornung (chlorierte Öle) – Verminderung des Hämoglobins (Kupfermangel) – Papillome – Läuse – Räude – Schorfbildung	Vor Weidegang	– erhöhte Schweißabsonderung (Fieber, Herzschwäche) – Hautverhornung (Vitamin-A- und Zinkmangel) – umschriebene Hautverhornung (chlorierte Öle) – Pocken, Vakzinia-Virus – Papillome – Läuse – Räude – Schorfbildung
2. Monat und später	wie oben, dazu – vermehrte Schweißsekretion (stoffwechselbedingte Muskelerkrankungen) – Blutungen (Blutfleckenkrankheit)			Bei Weidegang und danach	– erhöhte Schweißabsonderung (Herzschwäche) – vermehrte Schweißsekretion (stoffwechselbedingte Muskelerkrankungen) – angeborene hyperämische Hautrötung – Hautverhornung (Zinkmangel) – Verminderung des Hämoglobins (Kupfermangel) – Papillome – Räude – Schorfbildung

VIII Prophylaxepläne

Kapitel 1 Gesundheitsprogramme

P. Marque, J. Farges, P. Mercier

Keine organisierte Tierhaltung kann die Bedeutung der Gesundheit für den Erfolg der Produktion verneinen. So hat man in den letzten Jahren in allen Gebieten die Aufstellung und Anwendung von Prophylaxeplänen nachweisen können.

Ein Prophylaxeplan ist eine zeitliche Aufstellung von Maßnahmen zur Verhütung von Einzel- oder Bestandserkrankungen in einer Produktionseinheit. Er faßt sowohl Haltungsprophylaxe als auch medizinische Maßnahmen zusammen. Aus ökonomischen Gründen und besonders bei der Endbeurteilung spielt die Haltungsprophylaxe häufig eine größere Rolle als die medizinische.

Tatsächlich bedingen medizinisch-prophylaktische Maßnahmen stets einen Kostenaufwand, der manchmal nicht mit dem Erlös aus der Produktion vereinbar ist, vor allem wenn sie nur Verzögerungstaktik gegenüber Krankheitsvorkommen bedeuten. Die Haltungsprophylaxe hat einen weitaus höheren Wirkungsgrad. Werden die biologisch-physiologischen Grundregeln eingehalten und die Möglichkeiten und Grenzen der Produktion richtig erkannt, lassen sich Faktoren ausschließen, die bei ihrer Häufung beim Tier eine Sturzflut von Unregelmäßigkeiten auslösen können, mit mehr oder weniger schweren Entwicklungsstörungen oder nachfolgenden krankhaften Auswirkungen.

Die *Kälberproduktion* ist in Frankreich in *zwei Hauptrichtungen* organisiert:
- Produktion von Mastkälbern, aufgezogen mit Milchaustauschern, im Alter von 3 bis 4 Monaten zum Schlachten abgeliefert;
- Produktion von Zuchtkälbern, früh abgesetzt und zur Reproduktion vorgesehen, und Abgabe der nicht zur Zucht benötigten Kälber an die Mastbetriebe.

Bislang beziehen sich die Prophylaxeprogramme hauptsächlich auf diese beiden Produktionstypen. Deswegen sollen sie auch auf den folgenden Seiten entwickelt und dargestellt werden. Allerdings beruhen solche Programme größtenteils auf Erfahrungswerten, besonders hinsichtlich der medizinischen Prophylaxe. Das hängt mit dem Mangel an wissenschaftlichen Grundsatzarbeiten zu zootechnischen und veterinärmedizinischen Fragen für beide Produktionsrichtungen zusammen. Auch die Einsatzmöglichkeiten, die unter Umständen sehr allgemein, gelegentlich oft unsicher sind, können nur als zuverlässig angesehen werden, wenn sie auf vorhergehenden Krankheitsfällen in der betreffenden Aufzuchtanlage und auf den technischen Voraussetzungen des Halters fußen.

Die Unterschiede im französischen tierärztlichen pharmazeutischen Schrifttum, das Fehlen von genauen Beobachtungen, die sich auf die Prophylaxe beziehen, gestatten in der Mehrheit der Fälle nicht, genaue Angaben über die Anwendung, die Art des Wirkungsprinzips und ihre Einordnung zu liefern. Im vollen Bewußtsein dieser Unvollkommenheiten, stellen die Prophylaxepläne nur Vorschläge dar, die möglichst die Gesundheit und

Produktion in den industriemäßigen Aufzuchtanlagen gewährleisten sollen. In bezug auf die Mast- und Zuchtkälber in kleinen Betrieben und unter traditionellen Produktionsbedingungen, wie sie in den meisten Gebieten Frankreichs gegeben sind, behalten die alten Richtlinien dann ihren Wert, wenn sie sich in besonderen Fällen bewährt haben. Die Bemühungen sollten sich in erster Linie auf die Periode kurz vor und nach der Geburt richten. Alle praktischen Erfahrungen zeigen, daß die Überlebenschancen des Kalbes in der Hauptsache vom Erfolg in diesen beiden Etappen abhängen. Weiterhin müssen besonders der Gesundheitszustand der Muttertiere überwacht werden (Allgemeininfektionen oder parasitäre Erkrankungen, Euterentzündungen), ihre Fütterung (ausgewogen im Rohfaser- und Energieangebot), das Abkalben (Vorbeuge gegen Erstickungsgefahr des Kalbes) und die Kolostralphase (Hygiene und Entwicklung der Zitzen).

Mastkälber in industriemäßiger Haltung

Vor dem Einstallen

Nach der Ausstallung der vorhergehenden Belegung muß der Stall gelüftet und gereinigt werden, einschließlich Buchtenwände und Roste. Reparaturarbeiten sind auszuführen. Die gesamte Stalleinheit ist zu desinfizieren, die Nager- und Insektenbekämpfung ist durchzuführen.

Die *Reinigung* ist eine Vorbedingung für die Wirksamkeit der Desinfektion; sie beginnt mit gründlicher Staubbeseitigung und Naßreinigung von Material und Raum. Sie wird durch Abbürsten oder Besprühen mit einer Lösung fortgesetzt, die Detergentien enthält. Die *Desinfektion* soll nach einer Abtrocknungszeit von 24 Stunden durchgeführt werden. Die zur Desinfektion verwendeten Mittel, als Lösung oder Aerosol, müssen ein breites Wirkungsspektrum gegenüber Infektionen aufweisen, dürfen für Mensch und Tier nicht toxisch sein und sollen eine gute Langzeitwirkung und desodorierende Kraft besitzen. Die Schadnagerbekämpfung ist mehrmals während der Haltungsperiode durchzuführen.

Die *Insektizide* sollen Stoffe sein, deren Wirksamkeit und Unschädlichkeit wie bei den Desinfektionsmitteln einzuordnen ist. Sind diese Arbeiten beendet, schließt sich eine Belegungspause an, die unbedingt zur Vorbereitung auf die neue Einstallung gehört. Es wird abgeraten, diese Serviceperiode auf weniger als 8 bis 10 Tage festzulegen.

Am Vorabend der Ankunft der Tiere muß der Stall aufgeheizt werden, um eine Raumtemperatur von 16 bis 18 °C zu erreichen, bei einer relativen Luftfeuchtigkeit von etwa 70 % und einer Luftgeschwindigkeit von 0,20 m/s. Eine gut funktionierende Desinfektionswanne vor jeder Eingangstür des Stallgebäudes ist ein unbedingt notwendiges Hindernis gegen Kontaminationen. Sie verhindert das Einschleppen von Erregern mit dem Schuhwerk der Betreuer, hält unangemeldete Besucher zurück und zeugt vom Willen des Verantwortlichen zur Disziplin.

Beim Einstallen
Auswahl der Tiere

Bei der Einstallung oder besser im Abkalbezentrum soll die Auswahl der Kälber vor Aufnahme in den Aufzuchtstall nach folgenden Gesichtspunkten vorgenommen werden:
- nach ihrer *Körpermasse*, z. B. etwa 45 kg bei Friesen- und 50 kg bei Normannenkälbern;
- nach ihrem *Alter*: zwischen 8. und 15. Lebenstag (mit 8 bis 10 Tagen Vorhandensein der Schneidezähne, Durchbruch der Eckzähne mit 10 Tagen, Abfallen der Nabelschnur mit 12 Tagen);
- nach ihrem *Gesundheitszustand:* Tiere mit folgenden Anomalien sind zurückzuweisen oder mit Vorbehalt zurückzustellen:
  – Hinterhand durch dünnflüssigen Kot beschmutzt,

- Nabelgegend verdickt und schmerzhaft,
- Auswurf, Tränenfluß und/oder Atmungsschwierigkeiten,
- Gelenksschwellungen und/oder Lahmheit,
- Schwäche, Unterkühlung der Extremitäten, schlechter Gesamtzustand, rauhes Fell.

Fütterung der Kälber

Die erste Tränke soll dem jungen Tier lediglich den Flüssigkeitsersatz ermöglichen (2 Liter Wasser mit 50 g Milchpulver und 2,5 g Kochsalz je Liter). Für die zweite und dritte Tränke, in der gleichen Menge, ist kein Salz zuzusetzen.

Kälber, die durch den Wechsel der Haltungsbedingungen und den Transport geschädigt erscheinen, erhalten als erste Tränke in 2 Litern: 5 g Glukose, 5 g Kochsalz, 5 g Natriumkarbonat.

Danach bemißt man die Rationen nach dem Körperzustand des Kalbes und der Dauer der Mastzeit.

Medizinische Prophylaxe

Systematische Verabreichung i. m. eines Vitamingemischs aus A, D_3, E: 1 bis 2 Millionen IE Vitamin A, 250 000 bis 300 000 IE Vitamin D_3, 250 bis 300 IE Vitamin E, für die schwächsten Kälber zusätzlich die Vitamine C und B.

Verabreichung eines Insektizids (Organophosphat) als Pulver auf die Haut zur Bekämpfung von Läusen und Räude.

In der Anpassungsperiode bis zur 3. Woche

Überwachung der Umweltverhältnisse

- Temperatur zwischen 14 und 16 °C,
- Luftfeuchtigkeit zwischen 75 und 80 %,
- Luftumwälzung je Stunde:
  im Winter 15 bis 50 m^3/100 kg,
  im Sommer 150 bis 200 m^3/100 kg.

Überwachung der Fütterung

Die Gewöhnung der Kälber an die Tränke und die Dauerkontrolle des Milchautomaten müssen sorgfältig durchgeführt werden; sie stellen die beste Vorsorge gegen Verdauungs- und/oder Wachstumsstörungen dar.

Die Wasserqualität ist ein wichtiges Element des gesundheitlichen und entwicklungsmäßigen Erfolges einer Herde. Das Wasser, das zur Herstellung der Tränke dient, muß Trinkwasserqualität haben und eisenarm (weniger als 0,2 mg/l) sein.

Medizinische Propyhlaxe

Die systematische Supplementierung der Tränke mit einem medikamentellen »Praemix« aus Antibiotika gehört zur allgemeinen Praxis der Verhütung von infektiösen gastrointestinalen oder enzootischen Atemerkrankungen. Die endgültige Auswahl und die Verabreichungszeit des Praemixes oder gleichartiger wirkungssteigernder Mittel hängt von vorhergehenden Krankheitszügen in der Aufzuchtanlage und von den technischen Mitteln ab. So variiert z. B. beim Framycetin und Spiramycin die Dosis zwischen 80 und 200 ppm, beim Neomycin und Tetracyclin zwischen 80 und 500 ppm.

Am Ende der Eingewöhnungsperiode ist eine erneute *Ektoparasitenbehandlung* angezeigt. Die ausschließlich orale Verabreichung eines Spulwurmmittels ist meistens nicht gerechtfertigt.

Verschiedene *Vakzinierungen* werden häufig durchgeführt, ihre Anwendung muß aber durch die epidemiologische Situation im Versorgungsgebiet und im Mastbetrieb selbst bestimmt sein. Die üblichen sind auf die Vorbeuge gegen Salmonellosen (herdenspezifische oder allgemeine inaktivierte Vakzine), Enterotoxämien (Formol- oder Adsorbatvakzine) sowie Atemerkrankungen (virusattenuierte oder -inaktivierte, bakterieninaktivierte Vakzine) gerichtet.

Während der Wachstumsphase bis 80 Tage

Überwachung der Umweltverhältnisse

Die äußerste Wachsamkeit muß in der Hitzeperiode walten, in der das Kalb sich sehr empfindlich zeigt. Das Scheren erlaubt, die Wärmeabgabe durch die Haut zu erhöhen und erleichtert die Bekämpfung von Ektoparasiten. Außerdem schränkt es das Beknabbern und seine Folgen ein (Trichobezoare).

Überwachung der Fütterung

Vom 30. Tag bis zum Schlachten ist der Ausfall einer Mahlzeit am Sonntagabend eine diätetische und für das Personal soziale Maßnahme. Auf alle Fälle muß aber während der Hitzeperiode das Tränken mit der gleichen Menge wie bei der Mahlzeit davor eingehalten werden, aber mit einem Milchpulverzusatz nicht über 50 g/Liter. Übrigens erhöht man während des Eckzahndurchbruchs die Tränkmenge um 1 Liter am Morgen und 1 bis 1,5 Liter am Abend und teilt die Salztränke am Mittag zu.

Medizinische Prophylaxe

Als Gegengewicht zur Belastung durch die Vakzinierungen wird sie in der vorhergehenden Periode vorgenommen. Nach dem 40. Tag ist eine i. m. Injektion mit 500 mg Eisendextran bei allen Tieren mit einem niedrigen Hämatokritwert von 30 % und darunter anzuraten. Die Dosis sollte proportional der Stärke der Anämie sein, die bei der Ermittlung gemessen wird.

Die orale Verabreichung von lipotropen (Fettablagerung verhütenden) Substanzen ab 60. Tag an 3 bis 5 aufeinanderfolgenden Tagen dient – wie die vorhergehende Aktion – zur Verhütung von »Blockierungs«-Erscheinungen. Der Einsatz von Anabolika zur Stärkung der Lebenskraft war bislang noch nicht sehr effektiv. Anabolika sollten nur dann angewendet werden, wenn es der Zustand der Tiere rechtfertigt, wobei man den Schlachttermin beachten muß.

Endphase bis zur Schlachtung

Überwachung der Umweltverhältnisse

Die Grunddaten stimmen mit denen der vorherigen Periode überein.

Überwachung der Fütterung

Die Futtermenge für jede Mahlzeit entspricht etwa dem Höchstumfang, der für das Tier zuträglich ist. Unter diesen Bedingungen muß jede verweigerte Tränke durch eine solche gleichen Volumens, aber verminderter Konzentration ersetzt werden, der man gegebenenfalls Leberschutzmittel zufügt.

Medizinische Prophylaxe

Von jeder parenteralen Einverleibung von Arzneimitteln ist abzuraten, außer in dringlichen Fällen. Die Qualität des Schlachtkörpers auf dem Schlachthof ist abhängig vom psychischen und physischen Zustand des Tieres; Transportmanipulationen und Wartezeiten sind auf das geringste Maß zu reduzieren. Die Verabreichung einer energiereichen Mahlzeit wird oft vor dem Abtransport vorgenommen: Tränke von 4 Liter Wasser mit 100 g Milchpulver und 250 g Glukose.

Kälberaufzucht bei Ammenkuhhaltung

Vor dem Einstallen
Gleiche Maßnahmen wie bei Mastkälbern.

Beim Einstallen

Auswahl der Tiere
Voraussetzungen entsprechend denen bei Mastkälbern. Man soll stets auf eine bessere Körperverfassung und auf eine etwas höhere Körpermasse (50 kg) achten.

Fütterung der Kälber
Vergleichbar mit der vorher beschriebenen für Mastkälber in industriemäßiger Haltung.

Medizinische Prophylaxe
Außer den Verabreichungen für Mastkälber werden regelmäßige Injektionen von Eisendextran und einer Suspension von Vitamin E und Selen durchgeführt.

Während der Wachstumsphase bei Milchhaltung vor dem Einstallen der Tiere

Überwachung der Umweltverhältnisse

Die gleichen wesentlichen Empfehlungen. Nach der Eingewöhnungsphase wird die Raumtemperatur um 1 bis 2 °C unter die für Mastkälber gesenkt. Es ist gut, die Übereinstimmung der anderen Parameter in Abhängigkeit von der gewählten Raumtemperatur zu überwachen.

Überwachung der Fütterung

Der Fütterungsplan mit Eimer oder einem mechanischen Milchverteiler muß genauestens eingehalten werden. Am Ende der ersten Woche müssen die jungen Kälber ein Aufzuchtfutter zur Verfügung haben, das ihren Nahrungsbedürfnissen und auch ihrem Geschmack entspricht, ferner Heu guter Qualität und leicht erreichbares Trinkwasser.

Medizinische Prophylaxe

Die Chemoprophylaxe, Vakzinierung, Ekto- und Endoparasitenbekämpfung können so wie vorher durchgeführt werden.

Während der ausklingenden Milchphase bis zum Absetzen

Die Umwelt- und Fütterungsbedingungen müssen immer ein besonderes Sorgenkind des Betreuers oder verantwortlichen Technikers sein. Das Absetzen darf in der Mehrzahl der Fälle nur ins Auge gefaßt werden, wenn 30 bis 45 kg Milchpulver insgesamt und täglich 800 g Aufzuchtfutter aufgenommen wurden. Wenn sich aus verschiedenen Gründen das Absetzen schwierig gestaltet, muß man es besonders sorgfältig überwachen und die Funktionsfähigkeit der Mägen durch Per-os-Gaben von getrocknetem Pansenextrakt erleichtern. Injektionen von Eisendextran, Selen, Vitamin E, anderen Vitaminen (A, D_3, B) und Spurenelementen (Cu, Co, Zn, Mn) oder ihre orale Eingabe erleichtern die Gewöhnung der Tiere an die Trockenfütterung. Antibiotika-Supplementierungen zur Unterstützung über das Konzentratfutter vermögen manchmal beginnende Atemerkrankungen zu unterbinden (Tylosin oder Spiramycin, 20 bis 100 ppm, Tetracyclin, 20 bis 200 ppm, für 8 bis 15 Tage eingesetzt).

Nährwert und gesundheitliche Qualität des Kalbfleisches IX

Qualität des Kalbfleisches Kapitel 1

C. LABIE, M. EECKHOUTTE

Obwohl Frankreich in Europa das Land mit der größten Kalbfleischproduktion ist – seine Produktion umfaßt mehr als 50 % der gesamten Kalbfleischproduktion der EG – stellt man im Gegensatz dazu einen sehr deutlichen Rückgang des Verzehrs dieser Fleischart bei den Käufern fest. Nach verschiedenen statistischen Angaben von Untersuchungsausschüssen und des Landwirtschaftsministeriums sank der durchschnittliche Pro-Kopf-Verbrauch von 8,3 kg im Jahre 1963 auf 6,1 kg im Jahre 1973, während man in der gleichen Periode einen gleichbleibenden Verzehr von Rindfleisch (22,2 kg je Kopf der Bevölkerung) notierte und sogar einen klaren Anstieg bei Schweine- und Geflügelfleisch. Diese auffällige Verringerung erklärt sich unter anderem durch eine starke Konkurrenz von Putenfleisch in verschiedenen Verarbeitungsformen, durch eine Erhöhung der Fleischpreise in den 70er Jahren und besonders nach Angaben der Verbraucher durch einen Rückgang der »Qualität« des Kalbfleisches.

Die *Qualität* des Kalbfleisches ist die Hauptfrage, mit der sich auch die französischen Konsumenten beschäftigen. Wegen seines Gewichtes in der breiten Öffentlichkeit wird der Begriff »Qualität« zu oft leider falsch ausgelegt, besonders bei Nahrungsmitteln; die Bewertung wechselt naturgemäß mit dem Verbraucher. Im Fall des Kalbfleisches sind die beiden Partner, die mit den Problemen der Qualität konfrontiert sind, der Produzent und der Verbraucher. Die Verarbeitungsindustrien sind an diesem Nahrungsmittel, dessen Einkaufspreis zu hoch ist, wenig interessiert; sie können mehr oder weniger nur das Fleisch magerer oder selektierter Kälber gebrauchen, das für die Schaufenster der Schlächtereien nicht geeignet ist.

Der Erzeuger versucht vor allem, einen Schlachtkörper mit hohem Fleischanteil anzubieten, während der Käufer sein Interesse auf den Sinneseindruck, d. h. die Farbe und die Zartheit des Fleisches, konzentriert.

Diese Ansichten sind so unterschiedlich, daß man nur zu einer unvollständigen und ungenügenden Definition des Begriffs »Qualität des Kalbfleisches« kommt. Die gegenwärtigen Marktbedingungen sind jedoch so, daß sie den Erzeuger vor allem zu Bemühungen veranlassen, sich den Wünschen des Konsumenten zu fügen, zumal andere Absatzmöglichkeiten für Schlachtkälber fehlen.

Das Wort Qualität kommt von dem lateinischen Wort »qualitas« und bedeutet »ein bestimmter zusätzlicher Umstand« und »ein bestimmter Originalbegriff«, der nicht im eigentlichen Wortsinn erklärt werden kann. Nach dem Lexikon von Larousse: Qualität = »Begriff der Umgangssprache, der in allgemeiner Form das ausdrückt, was eine Sache so oder so macht, nämlich gut oder schlecht«. Wörtlich ist es einfacher zu verstehen: »das, was macht, daß eine Sache so ist«.

In einem anderen Nachschlagewerk ist der Versuch einer Definition klarer ausgearbeitet: »Wenn man von der Qualität der Handelsware spricht, dann ist sie es, die eine Sache mehr oder weniger empfehlenswert macht,

z. B. für den menschlichen Gebrauch oder Geschmack als zwei verschiedener Sachen der gleichen Art; es ist ein mehr oder weniger großer Schritt auf den Stufen praktischer Werte.« Die obigen verschiedenen Definitionen zeigen deutlich, daß es schwierig ist, von der Qualität des Kalbfleisches zu sprechen, denn der *Qualitätsbegriff*« ist notwendigerweise relativ, subjektiv und zufällig:

• Er ist *relativ*, denn er kann von ökonomischen Umständen (Preisgefüge der Produktion, Importen usw.) abhängen, die das Gleichgewicht von Angebot und Nachfrage durcheinanderbringen. In einer Periode der Fleischknappheit läßt sich alles verkaufen; wenn dagegen der Markt satt ist, rückt der Begriff der Qualität in den Vordergrund. Es handelt sich übrigens um ein sehr allgemeines Phänomen, das sich mit besonderer Härte auf den »unelastischen« Märkten ausbreitet, vor allem bei den Lebensmitteln tierischer Herkunft (Fleisch, Milch und Milchprodukte, Eier und Eierprodukte, Geflügel).

• Er ist *subjektiv*, denn er ändert sich mit dem Geschmack, den Lebensgewohnheiten, den Verzehrssitten und auch mit dem Informationsgrad oder der gesellschaftlichen Stellung eines jeden von uns. Das geflügelte Wort »de gustibus et coloribus non disputandum« findet stets seine Rechtfertigung.

• Er ist *zufällig*, da sich seine Grundsatzkriterien im Laufe der Zeit entwickeln; unsere industrielle und städtische Zivilisation hat neue Wege der Ernährung beschritten, besonders durch eine Erhöhung des allgemeinen Gesundheitsstatus, eine »Vereinfachung« der Ernährung und eine Standardisierung der Hauptnahrungsmittel, die die gesundheitlichen Belange des Konsumenten berücksichtigen. Parallel und beinahe paradox dazu bieten die letzteren eine Art Widerstand gegen diese Forderungen und formulieren ihre Unabhängigkeit durch die Suche nach »natürlichen Produkten«. Dies ist besonders deutlich beim Kalbfleisch. In der letzten Zeit, ermutigt durch die öffentlichen Medien, vermehren sich die Erzeugergemeinschaften mit »Kälberaufzucht bei der Mutter« (Limousin, Lauraguais, St. Gaudens), um eine Konkurrenz gegen die industriemäßige Aufzucht zu bilden, die in großen Teilen des Landes in Mißkredit geraten ist, wobei das Kalbfleisch in Mitleidenschaft gezogen wird.

Alle diese Betrachtungen machen deutlich, daß der Begriff der Qualität des Kalbfleisches sich je nach Verbraucher ändert. Seine ganze Bedeutung wird nur in dem Maße ausgeschöpft, wie das Wort Qualität durch ein Begleitwort vervollständigt wird, das das betreffende Kriterium in Betracht zieht *(Handelsqualität, Hygienequalität, Nährwertqualität)* und man diesem Kriterium Werte zuordnet, die aus einer konkreten, meßbaren und vor allem objektiven Beurteilung stammen.

Die Notwendigkeit der »Objektivität« in einer kritischen Untersuchung der drei Aspekte der Qualität des Kalbfleisches wird sich leider mit bemerkenswerten Unterschieden in der diesbezüglichen Wichtigkeit der Abschnitte dieses Buches überschneiden. Die Frage der *Handelsqualität* z. B., trotz des ökonomischen Interesses, das sich anbietet, ist bislang noch sehr schlecht definiert; sie war noch kein Gegenstand wirklich tiefschürfender Untersuchungen, sie ist verdächtigt, statistischen Analysen zu unterliegen, denn das Zusammentragen ernster Informationen zu verschiedenen Situationen des Marktes scheitert an zahlreichen Widerständen, deren hauptsächlichsten die Unkenntnis des Erzeugers, das Mißtrauen der Handelsleute, die geographische Verschiedenheit der Beurteilungskriterien, die Uneinheitlichkeit der Konsumenten sind, besonders wenn sie sich auf die »Sensationspresse« berufen.

Die *Hygienequalität* und *Nährwertqualität* des Kalbfleisches sind dagegen Gegenstand wissenschaftlicher Arbeiten, die mit Sorgfalt und Objektivität angefertigt wurden und denen man brauchbare Informationen entnehmen kann, wenn man auch gegenteilige Aussagen beachtet oder rein hypothetische Schlüsse.

Handelsqualität

Die »Handelsqualität« des Fleisches ist das Kriterium, das den Wert beim Kauf oder Verkauf dieses Lebensmittels in den Verhandlungen zwischen Erzeuger und Fleischindustrie zu bestimmen erlaubt. Der Begriff »Fleisch« entspricht hier dem lebenden Schlachttier oder dem zum Verbrauch fertigen Schlachtkörper.

Es ist unbestreitbar, daß dem Erzeuger das Kalb von guter Qualität zum höchsten Preis von Großhändlern oder Einzelschlächtern abgekauft werden soll. Jedoch haben die ländlichen Berufsorganisationen, um zu einer besseren Übereinstimmung aller Schlachthöfe im Lande und einer gerechteren Bezahlung der Erzeuger zu kommen, erreicht, daß die Schlachtkörper durch Agrarexperten klassifiziert werden.

Erinnern wir uns, daß die Schlachtkälber in Frankreich in zwei Kategorien eingeteilt sind: Kälber aus der industriemäßigen Haltung und Kälber bei der Mutter (Ammenkuh-Haltung). Die ersteren werden in Buchten gehalten und mit Milchaustauschern gefüttert, auf der Basis von entfettetem Milchpulver mit Zusatz von tierischen oder pflanzlichen Fetten und mit verschiedenen Elementen angereichert (Vitaminen, Mineralstoffen, Antibiotika); let-

Tabelle IX/1 Klassifizierung nach der Muskelbildung

		Hauptklassen				Sonderklasse
		U	R	O	P	E
Muskelbildung		Sehr gut	Gut	Befriedigend	Ausreichend	Spitze
Profile und Bemuskelung		Profile gesamt konvex, einige, außer Keulen, können geradlinig sein, Muskulatur fest und dick	Alle Profile zumindest geradlinig, Muskulatur gut ausgebildet	Profile mit Ausnahmen geradlinig, vereinzelt konkav. Muskulatur mittlerer Ausbildung	Profile konkav. Muskelentwicklung schlechter	Alle Profile konvex mit bester Ausbildung in allen Teilen
Keule	Keule, gesamt	Abgerundet und massig	Etwas länglich, aber massig	Länglich, mittlere Dicke	Länglich, flach	Kurz, sehr rund und massig
Keule	Nuß	Abgerundet und massig	Weniger rund, aber noch massig	Weniger massig	Massigkeit wenig ausgebildet	Sehr abgerundet und massig
Keule	Haxe	Bemuskelt und rund	Ziemlich gut ausgebildet	–	–	Kurz, sehr bemuskelt und rund
Keule	Oberschale	Rund, lang und dick	Weniger rund, aber noch lang	Geradlinig, mangelnde Masse	Konkav, Masse fehlt	Sehr rund, lang und dick
Lenden- und Nierenstück		Immer lang und dick, Lende und Nieren bilden keine ausgesprochenen Hügel	Lang und dick, Nierenstück braucht nicht groß zu sein, aber dick	Oft schmal, Dicke fehlt, ohne hohl zu sein	Schmal und hohl	Sehr lang und dick, Lende und Niere bilden Muskelhügel
Vorderteil	Schulter	Abgerundet und bemuskelt	Bemuskelt	Wenig bemuskelt	Mager, Knochen werden sichtbar	Sehr abgerundet, sehr dick bemuskelt
Vorderteil	Kotelett	Immer lang und dick	Ziemlich dick	Weniger dick	Hohl	Lang und sehr fleischig

tere dagegen werden als Saugkälber mit Muttermilch aufgezogen.

Am Ende der Mast – ganz gleich in welcher von beiden Formen – werden die Tiere zur Schlachtung abgegeben und die Schlachtkörper nach Untersuchung durch Vertreter des Veterinärdienstes in »Qualitätsklassen« eingestuft nach den *Europa-Bewertungstabellen,* zusammengestellt durch Ministerratsbeschluß vom 8. Juni 1976.

Tabelle IX/2 Klassifizierung nach dem Mastzustand

Kategorie	Bezeichnung	Beschreibung
1	Mager	Keine Spur von Fett, weder innen noch außen am Schlachtkörper
2	Wenig Außenfett	Das Fett auf der Oberfläche ist ungenügend; die Muskulatur ist fast überall zu sehen; ein dünnes Fetthäutchen bedeckt einige Partien des Schlachtkörpers
3	Außenfett vorhanden	Dünne Fettschicht über den ganzen Schlachtkörper verbreitet. Sie kann am Rücken etwas dicker sein
4	Fett	Die Außenschichten des Fettes sind etwas stärker. Das Fett bedeckt den ganzen Schlachtkörper
5	Sehr fett	Dicke Außenfettauflage

Tabelle IX/3 Klassifizierung nach der Fleischfarbe

Klasse	Bezeichnung
1	Weiß
2	Hellrot
3	Rosa
4	Rot

Diese Tabellen enthalten folgende drei Kriterien:
- Die Ausbildung oder Entwicklung der Muskeln; fünf Kategorien sind aufgestellt, bezeichnet mit den Buchstaben E.U.R.O.P. Sie werden an den wertvollen Stücken des Schlachtkörpers (Keule, Lenden-, Nierenstück, Schulter) eingeschätzt und mit Begriffen des »Profils« ausgedrückt (konvex, geradlinig, konkav); sie beziehen sich auf die Dicke der Muskulatur (Tab. IX/1).
- Der Mastgrad, auch Ausmästungsgrad, der sich nach der Ausbildung des Unterhautfettgewebes richtet. Man unterscheidet fünf Stufen der Mast, deren Definition in Tabelle IX/2 wiedergegeben ist.
- Die Fleischfarbe, die weiß, hellrot, rosa und rot sein kann (Tab. IX/3).

Die Verfügung vom 23. September 1974 macht die Klassifizierung und Kennzeichnung des Kalbfleisches obligatorisch. Sie sieht vor,
– daß diese Untersuchungen nach der Fleischbeschau durchgeführt werden im Beisein des Tierbesitzers;
– die Absicht des Verkaufs, die Durchführung des Verkaufs, den Verkauf von Schlachtkörpern oder Körperhälften zu untersagen, wenn sie nicht den Qualitätsstempel tragen;
– daß die Kontrolle der obigen Verfahren von durch das Landwirtschaftsministerium beauftragten Vertretern durchzuführen ist.

Schließlich bestimmt eine Verordnung vom 20. März 1975, daß erstens diese Regelung für die Gattung Rind mit Wirkung vom 1. Januar 1977 in Kraft tritt, zweitens die Kennzeichnung entweder mit unschädlicher Stempelfarbe vorzunehmen ist, oder auch mit anderen passenden Verfahren, und aus Buchstaben oder Ziffern bestehen soll, die außen auf der Keule und in der Schultergegend angebracht werden.

Diese Bewertungstabelle erlaubt nicht nur, die Qualität der Schlachtkörper von Kälbern einzuschätzen, indem man eine gemeinsame Sprache zwischen Erzeuger und Käufer zu finden erleichtert, sondern es ist ihr Ziel von Anfang an, in einfacher Form möglichst genau den Trend der Preisentwicklung des Fleisches durch Aufstellung einer *Inlandbewertungstabelle* deutlich zu machen. Dies wird erreicht durch die Ergebnisse von fünf regionalen Bewertungskommissionen, dienstlich tätig auf den Märkten von Paris, Remes, Limoges, Toulouse und Lyon. Die Bewertungen werden für jede repräsentative Kategorie der Schlachtkörper von Kälbern vorgenommen, die in der gemeinsamen Liste stehen und für jede Kategorie ausgedrückt sind, in kg-Tierkörper vor der Schlachtung, die Sonderklasse eingeschlossen. Sie teilt sich in drei Stufen: niedrig, hoch und mittel; die letzte stellt die am häufigsten vorkommende Stufe dar.

Wenn diese Bewertung auch eine bessere

Kenntnis des Marktpreises vermittelt, ist sie doch nicht als vollkommen anzusehen. Zunächst resultieren die Bewertungen aus gegensätzlichen Meinungen der einzelnen Kommissionsmitglieder; dann sind die obigen Märkte Stätten der Geschäfte von Zwischenhändlern (Beauftragten, Viehhändlern, Großabnehmern, Schlächtern, Ladenfleischern), bei denen nur die Erzeuger ausgeschlossen sind; und schließlich werden die Preise in kg-Lebendmasse, einschließlich der Sonderklasse, ausgedrückt. Diese können stark von einer Jahreszeit zur anderen variieren, sind abhängig von internationalen wirtschaftspolitischen Gegebenheiten (Kurs des Fettes, der Haut) und wirken so auf den Fleischpreis beim Kauf ein. Diese Besonderheiten bei der Anwendung der Inlandbewertung des Kalbfleisches bedeuten eine Verringerung seines Wertes für den Erzeuger und sind deshalb vorwiegend ein Mittel, die Handelschancen zwischen den professionellen Fleischeinkäufern zu verbessern.

Gesundheitliche Qualität

Das zum Verzehr bestimmte Kalbfleisch muß gesund sein. Es darf weder Parasiten noch Mikroorganismen oder toxische Substanzen enthalten, deren Vorhandensein eine gesundheitliche Gefahr für den Konsumenten darstellen könnte.

Wie alle Lebensmittel tierischer Herkunft kann auch das Kalbfleisch mit Mikroorganismen oder chemischen Rückständen während seiner Lebenszeit kontaminiert werden, vom Aufzuchtbetrieb bis zu seiner tischfertigen Zubereitung. Es ist unmöglich, hier eine spezielle Untersuchung der verschiedenen Erkrankungen durchzuführen, die sich der Mensch beim Verzehr von Kalbfleisch zuziehen könnte; wir werden nur die Gesundheitsprobleme ansprechen, die derzeit besonders aktuell sind.

Parasitäre Erkrankungen

Von allen parasitären Erkrankungen ist z. B. sowohl in ökonomischer als auch gesundheitlicher Hinsicht der Bandwurmbefall des Menschen durch *Taenia saginata* die wichtigste, hervorgerufen durch Anreicherung des Rindfleisches mit *Cysticercus bovis* und Verzehr in halbrohem Zustand, was den Parasiten erlaubt, lebensfähig zu bleiben.

Erhebungen des Gesundheitsministeriums über den Verkauf von Wurmmitteln zeigen, daß z. B. in Frankreich der Bandwurmbefall ziemlich verbreitet ist (2 Fälle auf 1000 Einwohner), sowohl unter der städtischen als auch der ländlichen Bevölkerung.

Das Risiko einer Kontamination von erwachsenen Rindern durch die Eier von *Taenia saginata* ist ebenfalls bedeutend. Man muß mit einer Reihe von Faktoren rechnen, die die Verstreuung dieser Parasiten auf dem Erdboden und im Stall begünstigen:
– das »wilde« Zelten der »Naturfreunde«;
– die Vermehrung der Zeltplätze ohne geeignete Sanitäranlagen;
– die Einleitung von städtischen Abwässern in die natürlichen Gewässer ohne antiparasitäre Behandlung und die Verwendung dieses Wassers als Tränke auf Rinderweideplätzen;
– im bäuerlichen Milieu die menschliche Defäkation in die Einstreu oder die Kontamination durch schmutzige Hände und Kleidung. Diese Art der Kontamination spielt in den Kälberaufzuchten die größte Rolle; tatsächlich genügt ein einziger Bandwurmausscheider unter den Betreuern der Tiere, um eine bedeutende Anzahl von ihnen zu kontaminieren.

Diese Leichtigkeit, die Tänieneier zu verstreuen, hat ein steigendes Umsichgreifen der Finnenkrankheit (= Parasitose der gestreiften Rindermuskulatur infolge des Vorhandenseins von Zysten, lebend oder abgestorben, von *Cysticercus bovis*, Larve von *Taenia sagi-*

nata) des Rindes zur Folge, wie Statistiken des Landwirtschaftsministeriums (Leitung des Veterinärdienstes) zeigen:
- die Zahl der auf den Schlachthöfen durch die Fleischbeschau festgestellten Rinder mit Finnen stieg bereits von 1968 bis 1973 um das Achtfache (5600 Fälle 1958; mehr als 40 000 im Jahre 1973);
- bei den mit Parasiten befallenen Rindern zeigen die Schlachtkörper von Kälbern sehr häufig eine massive Besiedelung mit lebenden Finnen. Das erklärt sich daraus, daß die industriemäßig gehaltenen Kälber immer neuen Kontaminationen ausgesetzt sind und die Lebensdauer der Zystizerken 8 bis 9 Monate beträgt.

Da der Mensch sich durch den Verzehr von Parasiten enthaltenden Fleisch die Krankheit zuzieht, besteht die Prophylaxe gegen die menschliche Täniasis darin, den Entwicklungskreislauf des Parasiten zu unterbrechen. Das erfolgt, indem man die Schlachtkörper der Rinder, die mit Parasiten befallen sind, auf dem Schlachthof beanstandet. Aus diesem Grunde sieht die französische Regelung bei der *Zystizerkose des Rindes* folgende Maßnahmen vor:

- Die Beschau sämtlicher auf den Schlachthöfen geschlachteter Rinder ist obligatorisch mit genauester Untersuchung aller über 6 Wochen alten Tiere auf zystöse Veränderungen (lebende Larven; abgestorbene Larven) an den Vorzugsstellen: Herz, Zunge, Kaumuskeln, Zwerchfell, Speiseröhre.
- Das Auffinden einer oder mehrere lebender Zysten zieht die Beschlagnahme des Schlachtkörpers nach sich.

Es ist jedoch die Freigabe für den menschlichen Verzehr möglich nach Behandlung durch Gefrieren (mindestens 10 Tage bei $-10\,°C$ oder darunter), wenn die Besiedlung des Schlachtkörpers unmerkbar ist (weniger als eine Finnenlarve/$10 cm^2$ des Muskelteils). Nach Behandlung ist das Fleisch mit dem Beschaustempel des Schlachthofes zu versehen.

- Das Auffinden einer oder mehrerer abgestorbener Finnen, ohne daß es möglich ist, eine lebende nach eingehender Untersuchung des Muskelapparates zu entdecken, zieht nur die Beschlagnahme des Schlachtkörpers oder der betroffenen Teile nach sich. Der Schlachtkörper kann für den Inlandkonsum freigegeben (abgestempelt) werden ohne vorhergehende Behandlung. Insgesamt ist das vom hygienischen Standpunkt her zu bemängeln.

Mikrobielle Erkrankungen

Unter den mikrobiellen Erkrankungen, die durch das Kalbfleisch übertragen werden, spielen die toxisch-infektiösen durch Salmonellen eine herausragende Rolle. Salmonellosen haben eine typische Symptomatologie. Nach einer Inkubationsphase (18 bis 72 Stunden) tritt die Erkrankung mit Erhöhung der Körpertemperatur (39 bis 40 °C) auf, begleitet von den üblichen Fiebersymptomen (Schüttelfrost, Kopfschmerzen) und von schweren gastro-intestinalen Störungen (Koliken, Erbrechen, stinkendem Durchfall mit schnell fortschreitender Dehydration).

So wie man sehr schwere Fälle (choleraartig) beobachten kann, kommen auch atypische Formen vor: Hautausschläge, Niereninsuffizienz oder Leberschäden. Die Wiederherstellung dauert einige Tage, aber es kann auch vorkommen, daß die bakteriologische Sanierung nicht eintritt und die Kranken Dauerausscheider bleiben.

Unter den verdächtigen Fleischsorten, die obige Erscheinungen hervorbringen können, nimmt das Kalbfleisch wohl einen bevorzugten Platz ein. Tatsächlich findet man seit den letzten Jahren in steigendem Maße, sowohl in Frankreich als auch in anderen Ländern, Salmonellen *(S. dublin, S. typhimurium)* bei Erkrankungen von Mastkälbern.

Diese Situation kann erklärt werden durch die Entwicklung der Haltungsmethoden, die eine Kontamination »intra vitam« der Tiere erleichtert, durch die Verfütterung von ungenügend behandelten Futtermehlen mit Inhaltsstoffen tierischer Herkunft (Fleischmehle, Knochenmehle, Fischmehl, Federmehle, Talg...), durch Tränken der Kälber mit verschmutztem Wasser (Flußwasser, kontaminiert durch städtische Abwässer oder Abwässer der Nahrungsmittelindustrie, die selbst viel Salmonellen enthalten); durch Wasser, das durch Abwässer aus industriellen Aufzuchtanlagen verunreinigt wird, durch Kot aus den Stallungen, vom Transport oder den Sammelbuchten der Schlachthöfe.

Wie andere Nahrungsmittel tierischer Herkunft kann auch das Kalbfleisch »post-mortem« Kontaminationen ausgesetzt sein, die schleichender auftreten. Sie beginnen auf dem Schlachthof durch eine oberflächliche Verschmutzung des Fleisches beim Enthäuten und besonders beim Ausnehmen; sie manifestieren sich während des Fleischtransportes, sehr häufig in den Fahrzeugen, die schmutzig und in schlechtem Zustand sind, manchmal sogar in den Transportern für Lebendvieh stattfinden. Kontaminationen durch menschliche Dauerausscheider, deren Zahl ansteigt, kommen beim Ausschneiden auf Holztischen vor, die schlecht instandgehalten sind, bei unsauberem Material und durch Bereitung der Mahlzeiten auf solchen Tischen.

Obwohl die *Gefahren der Kontamination* des Kalbfleisches mit Salmonellen offensichtlich sind, bedeutet das nicht, daß diese Fleischsorte in stärkerem Grade für diese Art toxischer Infektion empfänglich ist als andere.

Was die *Empfänglichkeit* betrifft, müssen zwei Bedingungen erfüllt sein:

– Der Erreger muß genügend Zeit haben, sich in großer Menge zu entwickeln. Die Salmonellosen treten nur nach Aufnahme von mehreren Millionen Erregern/g Nahrung auf! Eine derartige Kontamination ist nur möglich, wenn das Fleisch mehrere Tage bei einer Temperatur von 15 bis 20 °C aufbewahrt wurde, die für eine Keimvermehrung besonders günstig ist.

– Die Erreger müssen lebend aufgenommen werden, durch einen empfänglichen Konsumenten, denn die Salmonellosen resultieren aus einer Vermehrung der Mikroorganismen im Darm (bis zu 10^9 Keime/g Darminhalt) und einer Toxinfreisetzung durch Lysis dieser Erreger. Diese Folge ist die Voraussetzung für das Wirken der Salmonellen im Fleisch und wird durch das Kochen nicht aufgehoben.

Wenn es auch nicht üblich ist, Kalbfleisch wenig gekocht zu verzehren, kann man doch nicht erwarten, einen vollen Sterilisationseffekt wie beim traditionellen Durchkochen zu erreichen. So steigt z. B. die Temperatur beim Braten im Kern nicht über 70 bis 75 °C, und es bleibt daher eine ganze Anzahl Keime am Leben. Die individuelle Anfälligkeit hängt vom Immunstatus des Einzeltieres gegenüber Salmonellen ab; nur die Vakzinierung kann eine gewisse Immunität vermitteln, allerdings immer schwach und zeitlich begrenzt.

Aus diesen Bemerkungen über die Ätiologie der alimentären toxischen Infektionen kann man *prophylaktische Maßnahmen* ableiten:

- Zuerst ist der Verbrauch von Fleisch kranker Tiere auszuschließen. Die Lebendbeschau vermag Tiere mit Erkrankungen des Magen-Darmapparates zu erkennen; die Fleischbeschau bemüht sich, spezifische Symptome der Salmonellose aufzudecken (kongestive oder hämorrhagische Gastroenteritis; Miliarnekrose der Leber, der Milz; Darmgeschwüre; Arthritis). Wohl gemerkt, im Zweifelsfall und besonders bei Notschlachtungen muß eine bakteriologische Fleischuntersuchung durchgeführt werden, um eine Kontamination mit Salmonellen als Folge einer latenten Infektion des Tieres festzustellen.

- Es ist auszuschließen, daß gesundes Fleisch im Verlaufe der Schlachtung oder der Verarbeitung und in Gemeinschaftsküchen kontaminiert wird. Die Vorbeuge vor »post-mortalen«-Kontaminationen beruht auf Hygienevorschriften auf den Schlachthöfen, bei den Transporten von verderblichen Lebensmitteln und bei der Vorbereitung von Mahlzeiten in Großküchen.

• Da beide Komplexe von Vorbeugungsmaßnahmen nicht allein eine absolute Garantie geben können im Hinblick auf das Vorhandensein von unbekannten Salmonellenträgern, menschlicher oder tierischer Art, ist es unerläßlich, für eine Verhinderung des Erregerwachstums im Fleisch Vorsorge zu treffen.

Um der Vermehrung der Salmonellen im Frischfleisch entgegen zu wirken, gilt als Hauptregel, auf die *Temperatur* bei der Aufbewahrung zu achten. Die Anwendung fester Regeln, die besagen, daß man einerseits die Schlachtkörper auf dem Schlachthof sofort auf +7°C herunterkühlen soll und diese Temperatur in den Transportfahrzeugen halten muß, und andererseits die Verarbeitungsräume für Fleisch eine Klimatisierung von max. +10°C haben sollen, soll verhindern, daß wenige Erreger bei einr Initialkontamination sich so stark vermehren können, um eine Gefahr für den Konsumenten darzustellen. Eine unentbehrliche Zerstörung der Erreger kann noch durch ein langes Kochen des Fleisches bei hohen Temperaturen vorgenommen werden; es ist besonders wichtig, daß das Kochen dem Verzehr kurz vorhergehen muß, um die Vermehrung solcher Keime zu verhindern, die besonders thermoresistent sind.

Trotz der Gefahren einer verhältnismäßig häufigen Kontamination des Kalbfleisches mit Salmonellen ist es sicher, daß unter Berücksichtigung der üblichen Arten der Zubereitung, einfacher Maßnahmen und einiger Hygienebeschränkungen, das Kalbfleisch hinter anderen Fleischsorten, z. B. Geflügelfleisch, Pferde- und Schweinefleisch, in der Ätiologie der Salmonellosen zurücksteht.

Toxische Substanzen

Von den Beanstandungen, die der Konsument beim Kalbfleisch erhebt, sind die am häufigsten, bei denen es um die »Rückstände« von verschiedenen toxischen Substanzen geht. Besonders handelt es sich um Hormone, Antibiotika und Pestizide.

Hormone

Der Konsument macht bei Rückständen im Kalbfleisch keinen Unterschied, ob es sich um Hormone, Oestrogene, Anabolika oder Implantate handelt. Diese Termini haben aber eine ganz besondere Bedeutung, so daß es notwenig ist, sie an dieser Stelle definitiv zu unterscheiden.

Die »*Hormone*« sind natürliche Substanzen, die in kleinen Mengen von verschiedenen Organen bei Tier und Mensch ausgeschieden werden, um bestimmte Organfunktionen zu koordinieren. So greift z. B. das Oestradiol in den Ablauf des weiblichen Brunstzyklus ein, während das Testosteron für den männlichen Sexualcharakter verantwortlich ist. Diese Stoffe werden je nach den Bedürfnissen des Organismus sezerniert, sehr schnell aufgenommen oder ausgeschieden, so daß man nur sehr schwache Spuren im verzehrsfähigen Fleisch wiederfinden kann. Außerdem wird ein großer Teil dieser Rückstände durch Kochen zerstört.

Die »*Oestrogene*« sind natürliche oder künstliche Substanzen, die imstande sind, den weiblichen Oestrus auszulösen. Bei erwachsenen weiblichen Tieren wird der Oestrus normalerweise durch Oestrogene, z. B. Oestradiol, in Gang gehalten, bei nicht geschlechtsreifen weiblichen Tieren werden ähnliche Ergebnisse durch synthetische Stoffe erreicht, z. B. Diäthylstilboestrol (DES) oder das Dienoestrol, die wie die Hormone nur in sehr schwachen Dosierungen angewendet werden. Die synthetischen Substanzen werden im Gegensatz zu den natürlichen Hormonen nur langsam vom tierischen Organismus abgebaut. Man kann sie als Rückstände im Fleisch wiederfinden, so daß sie unter Umständen ein Risiko für den Konsumenten darstellen.

Die »*Anabolika*« sind Stoffe, die die Syntheseprozesse im Stoffwechsel erhöhen und auf diese Weise das Wachstum der Gewebe, besonders der Muskeln, verstärken. Diese Eigenschaft wird von den Produzenten genutzt, um das Wachstum der Tiere, die Schlachtausbeute und damit die Rentabilität zu verbessern.

Der häufig anzutreffende Irrtum besteht darin, daß man Anabolika und Oestrogene gleich setzt. Wenn auch einzelne natürliche Hormone (Östradiol) und synthetische Oestrogene (DES) eine gemeinsame oestrogene und anabolische Aktivität haben, gibt es auch anabolische Substanzen, die überhaupt keine oestrogene Wirkung aufweisen.

Schließlich bezeichnet der Begriff »Implantat« pharmazeutische Angebote von Medikamenten, die nicht unbedingt Hormone sind; sie haben oft den Charakter von Kristallen und werden in Form von »Pellets« unter der Haut des Tieres »implantiert«; es wird so eine langsame Resorption ermöglicht, um die Wirkungszeit zu verlängern. Bei der Kälberaufzucht benutzt man häufig derartige Mittel auf Vitamin- oder Mineralstoffbasis, aber auch als Anabolika und Oestrogene.

Die *anabolischen Eigenschaften* der Oestrogene sind vom ökonomischen Standpunkt aus interessant. Sie verbessern die Proteinsynthese, also die Fleischbildung, bei den noch nicht geschlechtsreifen Tieren, deren natürliche Hormone mengenmäßig noch zu gering sind, um das Wachstum beeinflussen zu können. So verwenden seit mehr als zwanzig Jahren die Produzenten von Geflügel, Schweinen und Kälbern diese Substanzen, die, um wirksam zu sein, dem Körper dauernd und in schwacher Dosierung zur Verfügung stehen müssen. Daher werden sie entweder i. m. implantiert oder täglich mit dem Futterr (10 mg/Tier) verabreicht. Im letzten Fall kann man nur synthetische Oestrogene anwenden, die über den Verdauungsweg wirksam sind. Unter diesen Bedingungen sind die Ergebnisse bedeutsam, beim Kalb wird dadurch ein Muskelzuwachs von 15 bis 20 % erreicht, ohne Zunahme des Fettanteils.

Leider hinterlassen synthetische Oestrogene einen Rückstand im Fleisch, der eventuell eine erhöhte physiologische Aktivität hervorrufen kann und über den Verdauungsweg absorbierbar ist. Der Verzehr von Kalbfleisch, das solche Substanzen erhält, kann für den Menschen eine Gefahr darstellen, die einzukalkulieren ist.

Zahlreiche Untersuchungen von Fleisch und Leber über die *Oestrogenrückstände* bei Kälbern nach üblicher Dosierung während der Aufzucht zeigen, daß man keine Rückstände mehr findet, wenn die Resorption nach medikamenteller Verabreichung 10 Tage vor dem Schlachten völlig beendet ist. Falls die Nachlässigkeit des Produzenten Rückstände zulassen könnte, wären diese so schwach (einige μ/kg Fleisch), daß der Kalbfleischverzehrer weder die Risiken einer Hormonbeeinflussung noch die Gefahr einer Krebserkrankung eingeht. Es konnte gezeigt werden, daß die Verabreichung von Stilboestrol p. o. das Auftreten von Gesäugekrebs begünstigt, wenn die tägliche Dosis 0,07 μg betrug. Auf den Menschen bezogen müßte dieser täglich ungefähr 140 μg Stilboestrol absorbieren, d. h., daß er mehrere Kilogramm Kalbfleisch oder Leber konsumieren muß.

Man darf daher die Gefahren eventueller Oestrogenrückstände im Kalbfleisch nicht unbedacht hochspielen. Andererseits bleibt die Tatsache, daß die Existenz, sogar in geringen Spuren, aktiver physiologischer Substanzen durch die Hygienesachverständigen als eine Quelle potentieller Gefahren für den Konsumenten betrachtet wird. Darum haben die Gesundheitsbehörden, im Interesse der Konsumenten, eine Verordnung über die Anwendung der Oestrogene verabschiedet, deren Anliegen ein Ausgleich zwischen den ökonomischen Belangen und der öffentlichen Gesundheit ist. In Anwendung der Verfügung vom 13. August 1965, »ist die Verwendung von Stoffen mit oestrogener Wirkung bei den Tieren verboten, deren Fleisch und Produkte für den menschlichen Genuß bestimmt sind; aber dieses Verbot gilt nicht, wenn die Stoffe zu therapeutischen Zwecken verordnet werden...«

Während vieler Jahre war die strikte Anwendung dieser Regelung eine zu strenge Beschränkung und häufig Anlaß zu Schwierigkeiten, und das hat die Hintergehung und die mißbräuchliche Verwendung künstlicher Stubstanzen begünstigt und somit das Kalbfleisch noch mehr in Mißkredit gebracht. Die Verordnung vom 16. Oktober 1973, die die Ausführungen der A. M. vom 10. Februar 1973 genauer formulierte, dürfte eine glücklichere Lösung dieses Problems herbeigeführt haben. Die Hauptpunkte dieser Regelung sind folgende:

– Man muß einen Unterschied zwischen natürlichen Oestrogenen (Steroiden) und synthetischen Oestrogenen (Nichtsteroiden) machen; letztere sind die gefährlicheren, da sie über den Verdauungsweg wirken und schwerer vom menschlichen Körper abgebaut werden;
– man darf diese Substanzen nur auf schriftliches tierärztliches Rezept verabreichen, das sich auf Anordnungen bis zur Schlachtung erstrecken muß; die Anweisung gilt für das Einzeltier bei synthetischen Oestrogenen, bei natürlichen Oestrogenen kann sie für die gesamte Herde gegeben werden;
– es ist unbedingt notwendig, eine Frist zwischen letzter Behandlung und Schlachtung einzuhalten;
– die Untersuchung auf Rückstände im Fleisch und den Organen von Tieren, die mit nichtsteroiden Oestrogenen behandelt wurden, ist obligatorisch; wenn die Menge der Rückstände an diesen Oestrogenen 0,01 ppm übersteigt, sind die Schlachtkörper aus dem Verkehr zu ziehen.

Dank dieser Verordnung kann die Anwendung von oestrogenen Substanzen in der Kälberaufzucht nur von therapeutischen Indikationen herrühren, und die Tierärzte dürfen nur natürliche Substanzen verschreiben, die keine gefährlichen Rückstände im Fleisch hinterlassen.
Die so interpretierte Verfügung wurde durch ein Gesetz vom 27. November 1976 abgelöst, das verbot, Stoffe mit Oestrogencharakter bei Tieren einzusetzen, deren Fleisch zum menschlichen Verzehr bestimmt ist, außer wenn obige Produkte bei erwachsenen weiblichen Tieren zur Regelung ihres Geschlechtszyklus verordnet werden.
Die Verwendung von Oestrogenen, steroider oder nichtsteroider Struktur, ist in Frankreich bei Kälbern verboten; Rückstände an solchen Substanzen (über den festgelegten Grenzen) ziehen die Vernichtung der Lebensmittel mit Strafverfolgung nach sich.

Antibiotika
Antibiotika können im Kalbfleisch nach Verabreichung an das lebende Tier im Futter oder als Medikament wiedergefunden werden.
Seitdem MOORE u. JUCKES (1947) den ökonomischen Wert der in kleinen Dosen (20 ppm) verabreichten Antibiotika im Tierfutter festgestellt hatten, hat die Einmischung dieser Stoffe in das Futter von Schlachttieren immer wieder zu Kontroversen zwischen Produzenten und Hygienikern geführt. Die Kälberproduktion, besonders die in industriellen Anlagen, profitierte mehr als die anderer Tiergattungen von der »medikamentellen« Antibiotikasupplementierung. Sie hat zum Ziel, den vielfältigen Streßeinflüssen (Transport, Anpassung) und neuen Krankheitserscheinungen bei dieser Haltungsform (von denen einige sicher von der Konzentration herrühren) zu begegnen oder ein um 10 bis 12 % schnelleres Wachstum zu erreichen unter der Voraussetzung, daß die Antibiotikasupplementierung nur einen zootechnischen Zweck hat.
Bei dieser Anwendungsform sind die Möglichkeiten, Rückstände im Fleisch zu finden, sehr gering. Voraussetzung ist, daß der Produzent streng die Vorschriften einhält, die die Liste der erlaubten Stoffe, die Bedingungen für die Einmischung ins Futter, die Vorsichtsmaßnahmen bei der Zuteilung des Futters an das Kalb und besonders die Wartefrist zwischen der Beendigung der Antibiotikaverabrei-

chung und der Schlachtung des Kalbes umfaßt.

Abgesehen vom Schutzeffekt der Antibiotikasupplementierung gegenüber größeren Störungen, die in bestimmten Aufzuchtperioden des Kalbes (Absetzen, Vakzinierungen) auftreten können, stellt sie keineswegs das Allheilmittel dar, das verschiedene unerfahrene Produzenten erhoffen. Infektionen bleiben in dieser Haltungsform häufig, besonders Gastroenteritis und Pneumonien.

Die Behandlung dieser Affektionen bedingt eine Verabreichung von Antibiotika in hohen Dosen, was in diesem Fall unvermeidlich Rückstandsprobleme nach sich zieht, besonders wenn das Tier kurz vorm Schlachten steht.

Um die volle Bedeutung zu verstehen, muß man daran erinnern, daß unabhängig von der Art der Eingabe des Medikaments dieses über den Stoffwechsel (übrigens häufig unbekannt) in die Blutbahn gelangt und sich im Fleisch und in den Organen ablagert. Es dauert mehrere Tage (6 bis 15 Tage je nach den Substanzen), bis die Rückstände durch Kot oder Urin eliminiert sind; manchmal überdauern sie im Fett oder in anderen Geweben einige Wochen (Tetrazykline).

Es ist also unbedingt notwendig, daß die Personen, die Kälbern Antibiotika verabreichen, über deren besondere Stoffwechseleigenschaften informiert sind, um vor allem die Wartefristen zwischen Behandlung und Schlachtung des Tieres einzuhalten, um so das Risiko auszuschalten, daß das Fleisch Antibiotikarückstände enthält.

Wird die medizinische Behandlung von einem Tierarzt verordnet und durchgeführt, werden obige Regeln stets beachtet; dagegen ist es nicht dasselbe, wenn der Produzent auf eigene Faust bei seinen Kälbern – ohne tierärztliche Auswahl und Kontrolle – die zahllosen Antibiotika einsetzt, die ihm von den Händlern oder den Technikern seiner Betriebsvereinigung geliefert werden.

Letzteres trifft besonders für Mastkälberbetriebe zu, aus denen der größte Teil der Produktion stammt. So kann auch das Vorhandensein von Antibiotikarückständen im Kalbfleisch erklärt werden, was Probleme sowohl bei der Untersuchung als auch für die öffentliche Gesundheit schafft.

Schwierigkeiten bereitet es auch für die *bakteriologische Untersuchung von Schlachtkörpern* kranker Tiere, wenn sie Antibiotikarückstände enthalten. Diese hemmen die Entwicklung der Erreger während der normalen Dauer der bakteriologischen Untersuchung und verfälschen so das Ergebnis. Es besteht die Gefahr der Freigabe eines Fleisches, das eine Erregerflora enthält, die sich entwickeln kann, sobald die Hemmwirkung zu Ende ist. Darum muß man bei der bakteriologischen Fleischbeschau gleichzeitig auf Antibiotika untersuchen, um die Ergebnisse der Erregerisolierung richtig zu interpretieren und zu korrigieren.

Für die *öffentliche Gesundheit* können die im Kalbfleisch enthaltenen Antibiotikarückstände verschiedene Folgen haben, besonders da sie durch den üblichen Kochvorgang nicht zerstört werden.

- Es können allergische Zustände bei vorher sensibilisierten Konsumenten bereits durch Minimaldosen an Rückständen von Penizillin, Streptomyzin, Tetrazyklin, Oleandomyzin vorkommen. Sie äußern sich besonders in Dermatose oder Gelenkschmerzen, können aber auch in schwerer Form mit starker Urtikaria, Kolaps, Lungenödem ... auftreten.
- Die mikrobiellen Gefahren sind zumeist vorherrschend. Die Verwendung eines antibiotikahaltigen Futters und besonders der unkontrollierte Einsatz von Antibiotika in therapeutischer Dosierung sichern durch die Mechanismen der Adaptation, der Übertragung der Resistenz, der Chromosomenmutation bei den Tieren die Selektion von antibiotikaresistenten Keimen der Banalflora oder pathogener Erreger. Diese Mikroorganismen können sich im Fleisch von scheinbar gesunden Tieren ansiedeln, eine bakterielle Darmstörung her-

beiführen, und Verschmutzungen durch Kotpartikel können so auf den Konsumenten übertragen werden. Dies führt zu verschiedenen Erkrankungen (Infektionen, futterbedingte toxische Infektionen, usw.), deren therapeutische Behandlung auf Schwierigkeiten wegen der Antibiotikaresistenz der verantwortlichen Keimflora stoßen könnte.

Diese Situation ist nicht übertrieben; sie entspricht häufigen Erfahrungen der Ärzte. Sie gilt allerdings nicht nur für das Fleisch des Kalbes, und die gleichen Erscheinungen lassen sich auf andere Fleischsorten (Schwein, Geflügel), aber auch auf Milch und Milchprodukte übertragen.

Die Gefahr von *Antibiotikarückständen in Nahrungsmitteln* tierischer Herkunft wird nicht unterbunden, so lange es nicht zu einem Verbot der Beimischung von Antibiotika zu Futtermitteln kommt, wie es in Amerika geschehen ist (F.D.A.: Food and Drug Administration), indem man an den gesunden Menschenverstand der Produzenten appeliert, die Verabreichung von Antibiotika nur unter tierärztlicher Kontrolle durchzuführen und die Wartefristen einzuhalten, die auf Grund kontrollierter Versuche festgesetzt sind.

Pestizide

Die Pestizide werden in großen Mengen gegen Pflanzenschädlinge und Überträger von menschlichen und tierischen Erkrankungen eingesetzt. Nach ihren Eigenschaften werden sie unterteilt in Herbizide, Fungizide und Rodentizide. Die am häufigsten verwendeten Präparate sind *Organophosphate* und *Organochloride*.

Diese Substanzen können als Rückstände in vielen Nahrungsmitteln tierischer Herkunft (Milch, Eier, Talg, Fleisch ...) wiedergefunden werden. In bezug auf das Fleisch ist das Kalb besonders einer Reihe von Kontaminationen ausgesetzt. So führt z. B. die Angewohnheit, Stallwände oder Buchtengatter zu belecken, nach einer Stalldesinfektion zur Aufnahme großer Mengen des Desinfektionsmittels. Außerdem sind Kontaminationen durch Milchaustauscher oder kutane Behandlungen gegen Räude zu befürchten. Diese Erkrankung wird tatsächlich in zunehmendem Maße bei Kälbern in Buchthaltung beobachtet, wo sie durch den Spieltrieb der Tiere und eine mangelhafte Stalldesinfektion begünstigt wird.

Man muß in diesem Zusammenhang nochmals betonen, daß eine *wirkungsvolle Serviceperiode* aus folgenden Elementen bestehen muß: gründliche Reinigung der Räumlichkeiten (Fußboden, Wände, Buchtengatter, feste Stalleinrichtung), Desinfektion, Nagerbekämpfung und Belegungspause von mindestens 15 Tagen. Jede Nachlässigkeit in der Durchführung dieser Arbeiten hat ein Rentabilitätsgefälle im Betriebsergebnis und das Aufkommen einer lokalen Mikroben- und Parasitenflora zur Folge. Letztere ist neben anderen Hautaffektionen immer schwierig auszumerzen.

Die *wirksamsten Insektizide* sind die zusammengesetzten Organochloride DDT und HCH. Sie müssen ohne Ausnahme zugunsten der Organophosphate abgelehnt werden wegen ihrer chemischen Stabilität und ihrer Fettlöslichkeit, was eine Anhäufung in den Fettgeweben hervorruft und damit eine Gefahr für den Konsumenten darstellt.

Die den Organochloriden eigentümlichen Gefahren können sich in »chronischer Toxizität« äußern, hervorgerufen von wiederholter Absorption minimaler Dosen über einen langen Zeitraum oder während des ganzen Lebens (TRUHAUT).

Nach WASSERMANN werden die Schädigungen durch chlorhaltige Insektizide von Nervenstörungen (psychische Störungen; Reizstörungen), Hautveränderungen (Ekzemen), Allergien und Kreisläufsymptomen beherrscht. Diese klassischen Angaben wurden in den letzten Jahren durch experimentelle Untersuchungen an Laboratoriumstieren ergänzt. DURHAM richtet die Aufmerksamkeit auf das Vorkommen von Mißbildungen oder krebserregenden Stoffen, Folgen des Auftretens einer enzymatischen Induktion, die die Umbildung gewisser Fremdstoffe (Barbiturate) im Organismus erhöht, aber auch einiger Steroide (Cholesterol) durch Bildung von zyklischen Derivaten, die in der Struktur den Krebserregern ähnlich sind.

Um den Risiken der Rückstände aus Organochloriden im Fleisch zu begegnen, ist die Verwendung dieser Substanzen seit einigen Jahren streng reglementiert:
- eine Verordnung vom 15. Oktober 1969 untersagt ihre Verwendung bei der Desinfektion von allen Tierunterkünften oder bei der Herstellung von Futtermitteln;
- die Bestimmung vom 6. August 1971 sieht vor, daß Organochloride nur zu therapeutischen Zwecken auf tierärztliche Anweisung eingesetzt werden dürfen und daß eine Frist von drei Jahren zwischen der letzten Applikation und der Schlachtung des Tieres oder dem Verkauf von Lebensmitteln, aus Teilen dieses Tieres gewonnen, liegen muß.

Diese Verfügung untersagt also, in einer indirekten Form, die Anwendung von Insektiziden mit Chloridbestandteilen in den Kälberaufzuchten, denn diese Tiere werden zwischen 3 und 8 Monaten danach geschlachtet. Es sind jedoch Nachlässigkeit oder Täuschungen in Betracht zu ziehen. Daher müssen die Schlachtkälber einer Lebendbeurteilung unterzogen werden, um besonders Räudefälle nachzuweisen, und man muß sich dann mit allen verfügbaren Mitteln informieren (Umfragen; Insektizidspuren im Unterhautfett), ob die Tiere nicht doch behandelt wurden, was eine Beschlagnahme des Fleisches rechtfertigen würde.

Nährwertqualität

Unter der Bezeichnung »Nährwertqualität« verstehen wir »die verschiedenen Eigenschaften, die das Kalbfleisch zum Nahrungsmittel machen«. Das schließt einerseits die *chemische Zusammensetzung* dieses Fleisches ein, von der sein Nährwert abhängt, andererseits den *sensorischen Wert,* der von der Wahl und Einschätzung des Konsumenten abhängt.

Bei der Wahl eines Fleischstückes wird der Verbraucher, abgesehen vom Preis, von stark subjektiven Gründen geleitet, die aus familiären Gewohnheiten, sozialen Ansichten, und besonders Anpreisungen des Schlächters herrühren, dessen Sachverstand höher eingeschätzt wird als der des Wissenschaftlers ... So kommt es, daß das Kalbfleisch gern als ein Fleisch
- zur Krankenkost, empfohlen für Kinder, Alte und Rekonvaleszenten;
- für Abmagerungskuren, das übrigens in gewissen Diätvorschriften zu den energiearmen Gerichten gezählt wird;
- das leichtverdaulich ist und für Menschen mit Magenbeschwerden geeignet sei,

betrachtet wird.

Bei einer Aufstellung der *chemischen Zusammensetzung* unterscheidet sich das Kalbfleisch aber kaum von anderen Fleischsorten, bis auf den Gehalt an Lipiden, der sehr gering ist (Tab. IX/4). Wenn man nur den Energiegehalt des Kalbfleisches betrachtet, ist er ein wenig niedriger als der beim Fleisch anderer Schlachttiere, was sich aus dem geringeren Lipidgehalt erklärt.

Der *Nährwert* eines Fleisches ist sehr stark an den Gehalt an Proteinen und ihre Verwertung durch den menschlichen Organismus gebunden. In dieser Beziehung ist man überrascht, im Gegensatz zur Meinung des Konsumenten, daß das Kalbfleisch nicht den ersten Platz bei einer Analyse des Ernährungskoeffizienten im Stoffwechsel einnimmt (Tab. IX/5). Dieser geringere Nährwert des Kalbfleisches kann mit dem höheren Gehalt der Musklatur des jungen Tieres an Bindegewebe erklärt werden (Tab. IX/6).

Die Proteine des Bindegewebes enthalten weniger essentielle Aminosäuren als die Muskelproteine; sie enthalten weniger Methionin, Tryptophan und Threonin, obwohl sie einen

Tabelle IX/4 Zusammensetzung des Kalbfleisches (in Prozent) im Vergleich zum ausgewachsenen Rind und zu anderen Tieren

Fleisch			Wasser	Eiweiß	Fett	Asche	Energie in 100 g	Autoren
Kalb	Keule		68	19,1	12	1,0	190	Hart und
	Schulter		70	19,4	10	1,0	170	Fischer, 1971
	Kotelett		70	19,0	15	1,3	140	
	Lende		69	19,2	11	1,0	175	Drieux, Ferrando
	Nuß		70	19,5	9	1,0	160	und Jacquot, 1962
	Haxe		68	19,1	12	1,0	186	
	Schulter		75,86–77,44	20,24–22,01	0,34–0,86	1,08–1,55		Grau, 1968
	Kotelett		76 –78,31	19,48–22,25	0,32–0,72	1,07–1,52		
	Schlacht-	mager	72,7	20,5	5,4	1,1	142	Souci, Fachmann
	körper	halbfett	69,6	19,7	9,5	1,0	177	und Kraut, 1962
		fett	67,1	18,9	13,1	0,9	207	
Rind			55–69	16,2–19,9	11–28	0,8–1,0	180–320	Hart und
Schwein			49–58	13,5–16,4	21–37	0,7–0,9	300–390	Fischer, 1971
Hammel			48–65	12,8–18,6	16–37	0,8–0,9	220–380	

Tabelle IX/5 Nährwert des Kalbfleisches im Vergleich zu anderen Eiweißträgern

	Rind	Schwein	Kalb	Milch	Ei	Autoren
Biologischer Wert	69–79	74–75	62	90	94	Mitchell, 1948
Gesamtnutzungskoeffizient	76	71–79	62	86	94	Mitchell, 1948
Proteinwirksamkeit	3,2	3,0	2,9	2,9	3,8	Hoagland und Snider, 1926

Tabelle IX/6 Gehalt an Bindegewebe verschiedener Fleischteilstücke bei der Zerlegung des Kalbes im Vergleich zum Rind (ausgehend vom Hydroxyprolinniveau) (Dvorak und Vognarova, 1969)

Aus-	Hydroxyprolin in % der Proteine		Kollagen in % der Proteine	
schnitt	Rind	Kalb	Rind	Kalb
Filet	0,40	0,73	3,2	5,84
Keule	0,58	1,45	4,64	11,60
Lende	0,90	1,23	7,20	9,84
Schulter	1,68	1,40	13,44	11,20
Brust	1,99	2,68	15,92	21,44
Rippen	1,64	2,60	13,12	20,80
Hals	1,69	2,19	13,52	16,80
Haxe	3,59	3,04	28,72	24,32

Tabelle IX/7 Zusammensetzung der Proteine des Bindegewebes und der Muskelfasern

Aminosäure		Bindegewebe		Muskelfasern	
		Kollagen	Elastin	Myosin	Myogen
Essentielle Aminosäuren	Phenylalanin	2,4	5,7	4,3	3,1
	Isoleuzin	2,1	4,3	15,6	7,9
	Leuzin	3,5	8,4		11,5
	Lysin	4,9	0,4	11,9	9,5
	Methionin	0,8	0,03	3,4	1,2
	Threonin	2,3	1,2	5,1	6,5
	Tryptophan	0,01	0,01	0,8	2,3
	Valin	2,8	18,4	2,6	7,4
Nichtessentielle Aminosäuren	Hydroxyprolin	13,4	1,8	0	0
	Glyzin	23,6		4,5	
	Prolin	15,3		6,0	
	Alanin	9,2		4,0	
	Tyrosin	0,3		3,4	
	Arginin	8,8		7,7	

höheren Gehalt an verschiedenen nichtessentiellen Aminosäuren, z. B. Glyzin und Prolin, haben (Tab. IX/7).

Neben seinem *diätetischen Aspekt* wird der Verzehr von Kalbfleisch von vielen Franzosen durch die Auffassung gerechtfertigt, daß kein anderes Lebensmittel höher eingeordnet wird. Die gastronomische Anziehungskraft, die dieses Nahrungsmittel ausübt, ist an eine Reihe von inneren Werten gebunden, nämlich an seine Farbe, seine Zartheit, seine Saftigkeit und seinen Geruch.

Farbe

Von allen Faktoren, die die Wahl des Konsumenten motivieren, steht die Farbe an erster Stelle, denn sie wirkt unmittelbar auf die Sinne ein; mehr noch ist dieses Kriterium oft ausschlaggebend, da der Käufer häufig – zu Recht oder Unrecht – die Qualität des Fleisches von der Farbe abhängig macht. Die helle Farbe des Kalbfleisches ist in seinem Kopf besonders mit der Vorstellung verknüpft »von einer ausschließlichen Milchfütterung, die für die Gewinnung eines vollkommenen Kalbfleisches als notwendig gehalten wird, das sich gut zum Kochen eignet und einen charakteristischen Geschmack hat« (CRAPLET).

Die Farbe des Fleisches, wahrgenommen durch das Auge des Käufers, ist die Folge der Widerspiegelung ultravioletter Strahlen des weißen Lichtes, eine Widerspiegelung, deren Intensität von den Farbstoffen des Fleisches und der Fleischstruktur abhängt. Die *Farbgebung des Fleisches* rührt her vom Gehalt an Myoglobin, Chromoprotein aus Globin und prosthetischen Gruppen, Hämgruppen aus der Kombination von Eisen und Protoporphirin.

Dieses Fleischpigment hat drei verschiedene Tönungen:
– das reduzierte Myoglobin, in normaler Form, von Purpurfärbung, in dem das Eisen zweiwertig ist;
– das Oxymyoglobin, in oxydierter Form, als dreiwertiges Eisen, mit intensiver Rotfärbung;
– das Metmyoglobin, in Form von Eisenhyperoxyd, von rotbrauner Färbung, stabil, irreversibel bis gegen sehr kräftige Reduktionsmittel (Sulfite, in Frankreich verboten).

Diese Aufstellung der Zusammensetzung und die verschiedenen Entwicklungsstadien des Myoglobins lassen erkennen, daß die Färbung des Kalbfleisches – zeitweilig oder bei der Untersuchung – vom Zustand des Farbpigments (reduziert oder oxydiert) und seiner Stärke abhängt: je höher der Gehalt des Fleisches an Myoglobin, desto röter ist es.

So ist die Fleischfarbe immer kräftiger, wenn sich das Myoglobin in reduziertem Zustand vorfindet; diese Form trifft man im »Kern« des Fleisches an, und das erklärt die kräftigere Färbung der inneren Teile eines Fleischstückes, wenn es der Schlächter bei der Auslage anschneidet. Im Gegensatz dazu wird an der Außenseite des Stückes, die der Luft ausgesetzt ist, das Myoglobin durch Oxydation in Oxymyoglobin von viel hellerer und glänzenderer Farbe umgewandelt. War aber das Fleisch einer zu langen Konservierung mit starkem Wasserverlust ausgesetzt, dann treten Oxydationsvorgänge beim Myoglobin und die Bildung von Metmyoglobin mit einer dunkleren Farbe auf, von rotbraun bis braun, je nach der Grundfarbe des Fleisches, die aber nur einen geringen Einfluß hat. Dieses Phänomen läßt sich vermeiden, wenn man das Fleisch vorher schneidet und es zum Verkauf in einem Plastbeutel mit schwacher Sauerstoffpermeabilität und für Wasserdampf undurchlässig abpackt. Das Myoglobin wird vor der Oxydation geschont und die Austrocknung der Oberfläche vermieden.

Auf jeden Fall kann man nach den angeführten Gegebenheiten die Farbe des Fleisches genau nur an der Oberfläche eines frischen Anschnitts beurteilen.

Der *Gehalt der Muskulatur an Myoglobin* hat also einen Einfluß auf die Fleischfarbe, wie es

		Gehalt an Myoglobin-Eisen in µg/g Muskel
Rind	(Durchschnitt)	15,0
Kalb	sehr hell	2,0
	hell (hellrosa)	2,4
	rosa (blaß)	2,8
	rosa	3,3
	dunkelrosa	3,8
	rot	4,8

die nebenstehenden Angaben von CHARPENTIER und DUMONT beweisen:
Es ist also wichtig, die Faktoren zu kennen, die für den *Gehalt an Myoglobin im Kalbfleisch* maßgebend sein können, da sie dessen Handelsqualität bedingen:
- Die *anatomische Lage des Muskels* ist einer der ersten Faktoren; man kann häufig Unterschiede in der Farbe der einzelnen Muskeln beim gleichen Tier feststellen, manchmal sogar Farbunterschiede beim gleichen Muskel. Diese Feststellung überrascht insofern nicht, weil ein Muskel aus roten und weißen Fasern nebeneinander besteht, die ersten reich an Myoglobin mit einem aeroben Stoffwechsel, die zweiten arm an Myoglobin mit anaerobem Stoffwechsel. Bestehen die Muskeln zu mehr als 40% aus Fasern vom ersten Typ, sind sie dunkel (Zwerchfellmuskeln, Streckmuskeln, Großer Lendenmuskel, Zwischenrippenmuskeln). Beträgt ihr Anteil weniger als 30%, sind sie hell (Spinalmuskeln, Keulenmuskulatur).
- Die jeweilige *Rasse* ist ebenfalls von Einfluß. DUMONT stellte fest, daß von Kälbern gleichen Alters und vergleichbarer Lebendmasse die Muskelfarbe von Normannenkälbern über der von Limousin- oder Charolaiskälbern liegt.
- Der Myoglobingehalt ist auch eine *Funktion des Alters*. LAWRIE wies nach, daß in allen Muskeln der Myoglobingehalt mit dem Alter des Tieres ansteigt. Dies hängt mit der Aktivität der Muskeln zusammen, die den Gehalt an Myoglobin in nennenswerten Proportionen erhöht; dieses Phänomen ist übrigens bei den Kälberproduzenten gut bekannt, indem sie die Bewegungen der Kälber einschränken, um die Muskeln »weiß« zu halten.
- Schließlich ist die *Fütterung* als ein wesentlicher Faktor hervorzuheben in dem Sinne, daß die Kälber in einem Eisenmangelzustand gehalten werden müssen, um weißes Fleisch zu erzielen. Bei den nur mit Milch aufgezogenen Kälbern gibt es einen natürlichen Eisenmangel, da die Milch stets eisenarm ist. Jede Zufügung von Eisen im Futter oder durch Injektion würde fehl am Platze sein, denn sie zieht sehr schnell eine Myoglobinsynthese nach sich und eine Dunkelfärbung des Fleisches. Der Erfolg der Mastkälberaufzucht besteht somit in der Beherrschung der Verabreichung von Eisen an die Tiere; jeder Überschuß beeinträchtigt die Handelsqualität des Schlachtkörpers, jeder Mangel macht wiederum das Tier zahlreichen Krankheitsangriffen und schließlich auch Infektionen gegenüber anfällig.

Neben dem Gehalt an Myoglobin ist der zweite Faktor, der die Fleischfarbe beträchtlich beeinflussen kann, die »*Struktur*« *des Muskelgewebes*.
Nach der Terminologie von CALLOW kann das Muskelgewebe eine »offene« (die mit niedrigen pH-Werten korrespondiert) oder eine »geschlossene« (mit hohen pH-Werten) Struktur haben. Nach der »Struktur« stellt man bei gleichem Pigmentgehalt und chemischer Zusammensetzung desselben (reduziert, durch Oxygenasen beeinflußt oder oxydiert) folgende *Veränderungen der Fleischfärbung* fest:
- Bei erhöhtem pH-Wert des Fleisches (7,0 bis 6,6) ist auch die Wasserretention der Proteine hoch und die Peptidketten sind von einer weiten Hydrathülle umgeben; die Muskelfasern, reich an Wasser, sind eng gegeneinander gepreßt (geschlossene Struktur) und können tief von den Lichtstrahlen durchdrungen werden, was eine geringere Lichtreflexion zur Folge hat und das Fleisch dunkler erscheinen läßt.
- Bei niedrigem pH-Wert des Fleisches sinkt die Wasserretention und die Peptidketten verlieren mehr und mehr ihre Hydrathülle. Das »frei« werdende Wasser hat die Tendenz, in die Bindegewebszwischenräume zu versickern; die Muskelfasern erscheinen zusammengezogen, die einen spreizen sich von den anderen (offene Struktur) ab, werden verdickt und reflektieren einen großen Teil des Lichts, das Fleisch erhält eine hellere Färbung.

Diese Wirkung des pH-Wertes auf die Fleischfärbung setzt sich weiterhin bei der *postmortalen Glykolyse* fort. War vor dem Schlachten die Menge an Muskelglykogen gering, ist der letzte pH-Wert des Fleisches höher (6,2 bis 6,4) und das Fleisch erscheint kräftiger in der Farbe. Ist dagegen Muskelglykogen ausreichend vorhanden, erreicht der letzte pH-Wert nur 5,4 bis 5,6 und das Fleisch sieht heller aus. Daraus ist ersichtlich, daß die Mastkälber vor dem Schlachten eine Ruhepause von 18 bis 24 Stunden haben müssen, die ihnen erlaubt, ihre Reserven an Muskelglykogen wieder herzustellen und damit ein helles Fleisch zu bilden. Demgegenüber ergeben abgemattete Tiere oder solche unter Streß (lange Transporte, Schläge) häufig dunkelrote Schlachtkörper.

Insgesamt zeigt sich die Färbung des Kalbfleisches als eine schwierig zu beherrschende Eigenschaft, denn sie ist die Summe zahlreicher Faktoren, die sowohl zu Lebzeiten als auch nach dem Schlachten auftreten. Das ist auch der Grund, warum in der industriellen Mastkälberproduktion, trotz des strengen Regimes bei der Unterbringung und Fütterung der Tiere, die Bemühungen um besonders helles Kalbfleisch rein zufällig bleiben. Das liegt vor allem an dem noch häufigen Auftreten von Krankheiten bzw. Fehlen von Vorsichtsmaßnahmen beim Transport zum Schlachthof.

Zartheit

Das besonders vom Käufer gefragte Qualitätsmerkmal »Zartheit« besteht in der Leichtigkeit, das Fleisch beim Verzehrer zu zerkleinern. Sie gehört zu den charakteristischen Eigenschaften der Bestandteile des Fleisches: dem Bindegewebe und den Muskelfasern.

Um das Zusammenwirken zu begreifen und vielleicht lenken zu können, muß man die Besonderheiten dieser Elemente kennen (Tab. IX/8).

Das Bindegewebe hat hauptsächlich eine Stützfunktion. Es umhüllt den Muskel mit einer mehr oder weniger dicken Membran, dem Epymysium; von seiner Innenfläche erstrecken sich dünne Lamellen, das Perimysium, die den Muskel in Bündel teilen; schließlich ist jedes Bündel selbst wieder in kleinere Partien geteilt durch Bindegewebszüge, die ein sehr feines Netz bilden, das Endomysium, das jede Muskelfaser, mit der es in Berührung kommt, mit mehr oder weniger feinen Fäden umspinnt (Abb. IX/1).

Histologisch besteht das Bindegewebe in der

Qualität des Kalbfleisches

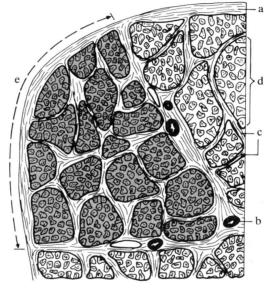

Tabelle IX/8 Spannungsgrad verschiedener Muskeln (SIMONE u. a., 1959)

Muskel	Färse 18 Monate	Ochse 30 Monate
halb gespannt	3,91	3,35
entspannt	6,20	5,60

Abb. IX/1 Querschnitt durch ein gestreiftes Muskelfragment (nach KRÖLLING und GRAU)
a Epimysium
b Perimysium
c Endomysium
d Muskelfaser
e Muskelstrang

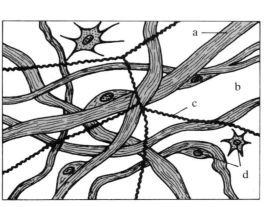

Abb. IX/2 Wesentlichste Bestandteile des lockeren Bindegewebes
a Kollagenfaserstrang
b Grundsubstanz
c Elastische Fasern
d Bindegewebszellen

Hauptsache aus Fasern und elastischen Fäden, die durch in der Grundsubstanz eingebettetes Kollagen, Elastin, Retikulin mehr oder weniger fest zusammengehalten werden (Abb. IX/2).

Der wichtigste Bestandteil des Bindegewebes, das *Kollagen*, bietet interessante Einzelheiten für den Aufbau des Fleisches: es ist wenig elastisch, koaguliert und zieht sich bei trockener Hitze (Braten, Backen) zusammen, was die Erhöhung der Zähigkeit und die Deformierungen erklärt, die bei Fleischstücken mit viel Kollagen nach dem Erhitzen auftreten. Bei längerem Kochen in Wasser oder Dampf wandelt es sich dagegen in Gelantine und verliert so seine mechanische Widerstandskraft; schließlich läßt es sich nur schwer durch Diastase im Verdauungsapparat hydrolysieren.

Auf Grund dieser Eigenschaften spielt das Kollagen eine wesentliche Rolle bei der Zartheit. Es gilt als allgemeine Regel, je reicher die Fleischstücke an Bindegewebe sind, um so mehr leisten sie beim Kauen Widerstand.

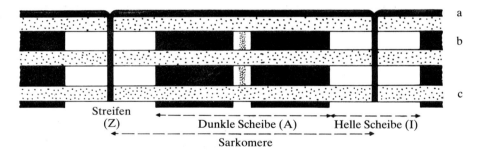

Abb. IX/3 Schematischer Aufbau der Myofibrillen der gestreiften Muskulatur

Man muß allerdings nicht nur die Masse des Bindegewebes, sondern auch seine »Dichte« in Betracht ziehen. Das kommt daher, weil die straffen Formen des Bindegewebes (Aponeurosen, Umhüllungen, Sehnen), unabhängig vom Sitz und vom Alter des Tieres, immer reich an Kollagenbestandteilen mit elastischen Fasern dazwischen sind. Ihre mechanische Widerstandskraft ist so groß, daß sie beim Kauen nur zerrissen oder zermalmt werden können. Dagegen beeinflußt beim lockeren Bindegewebe, inter- oder intramuskulär, das Alter des Tieres merklich die Dichte.

Beim Kalb ist das Bindegewebe umfangreicher als beim heranwachsenden oder erwachsenen Tier (Kollagengehalt im langen Rückenmuskel: 0,67% beim Kalb; 0,42% beim erwachsenen oder alten Tier; WILSON u. a., 1954). Es besteht aus feinen Kollagenfasern, nicht eng aneinanderliegend, kaum Anastomosen bildend, eingebettet in reichlich Grundsubstanz, so daß Fleischstücke verschiedener Art beim Kalb zarter sind als bei der Kuh oder dem Ochsen.

Die *Muskelfaser* ist die strukturelle und funktionelle Einheit des glatten und gestreiften Muskelgewebes. Sie ist ein längliches Gebilde, mehrere hundert μm lang, zylindrisch oder spindelförmig, begrenzt vom Sarkolemm, dessen Sarkoplasma mit eng aneinanderliegenden Myofibrillen ausgefüllt ist, die parallel in Richtung der Muskelfaser angeordnet sind.

Im Lichtmikroskop zeigen die Myofibrillen eine Querstreifung, bedingt durch eine regelmäßige Abfolge von Sarkomeren, deren jede aus einer dunklen Scheibe (A) und zwei hellen Halbscheiben (I) besteht, die in der Mitte durch einen dichten Streifen (Z) getrennt sind, der ein »Skelett« quer zur Richtung der Fibrille darzustellen scheint (Abb. IX/3). Das Elektronenmikroskop zeigt im Inneren der Myofibrillen ein sechseckiges Netzwerk aus Proteinmolekülen, von denen die einen aus Myosin (Durchmesser $100 \cdot 10^{-8}$ cm), die anderen, kleineren (Durchmesser $50 \cdot 10^{-8}$ cm), aus Aktin geformt sind (Abb. IX/4). Diese Proteine sind in einem veränderlichen System angeordnet, um die chemische Energie in mechanische umzusetzen, die für die Muskelkontraktion erforderlich ist. Im Zustand der Ruhe sind die Aktin- und Myosinfasern getrennt und der Muskel ist schlaff; während der Kontraktion vereinigen sie sich in einem *Aktomyosinkomplex*, der die Verkürzung der Muskelfasern und die Härte des Muskels bewirkt.

Es scheint gerade so, daß die Muskelfasern, wie das Bindegewebe, den physikalischen Zustand des Muskels beeinflussen: entsprechend dem Kontraktionszustand oder dem Entspannungsgrad wird der Muskel hart, starr oder weich ungeformt sein.

Auf alle Fälle sind diese Erscheinungen zu Lebzeiten des Tieres und nach dem Tod verschieden. In den lebenden Muskelfasern ist die Abfolge von Kontraktion und Entspannung mit den zyklischen Prozessen des Abbaus und Wiederaufbaus von ATP und Glykogen verbunden. Nach dem Tode des Tieres wird die Resynthese von ATP wegen des endgültigen Abbaus des Glykogens zu Milchsäure unmöglich; es treten dann stabile Komplexbildungen als »Aktomyosine« auf, die irreversibel sind, und der Muskel verbleibt im Stadium der Totenstarre *(rigor mortis)*.

Wird das Fleisch in diesem Zustand zum Verzehr bereitet, ist es stets hart, zäh, trocken (starker Wasserverlust beim Kochen) und kann einen leicht pikanten Geschmack (Milchsäure) haben. Zum Verschwinden dieses »Rigor mortis«-Zustandes ist der Abbau bzw. die Zerstörung des Aktomyosinkomplexes erforderlich. Das ist durch eine mechanische Zerstörung der Muskelfasern (Weichmachen, Zerklopfen) möglich, aber beim Kalbfleisch wenig gebräuchlich. Man muß deshalb das natürliche Phänomen der Reifung des Fleisches nutzen, das sich aus der Tätigkeit der intrazellulären proteolytischen Diastasen ergibt: den *Kathepsinen*. Diese sind in den Zellkörperchen, den Lysosomen, lokalisiert, deren Struktur sich aus einer lipoproteiden Membran und einem an Enzymen reichen Inhalt (»Enzymzisternen«) zusammensetzt. Nach dem Tod gehen sie infolge der Zerstörung der lysosomalen Membran durch Absinken des Muskel-pH während der Totenstarre ins Sarkoplasma über.

Die proteolytische Aktivität der Diastasen wirkt sich besonders gegen das Kontraktionssystem (Aktin–Myosin) aus; seine strukturelle Organisation wird teilweise verändert und hat

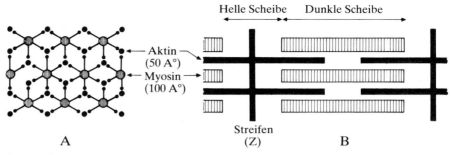

Abb. IX/4 Anordnung der Aktin- und Myosinnetze in den Sarkomeren
A Längsschnitt (nach HUXLEY und HANSEN, 1960)
B Querschnitt (nach BENDALL, 1964)

dann eine »Abschwächung« und »Erweichung« der gesamten myofibrillären Gebilde zur Folge. Das macht das Fleisch weicher und zarter.

Wenn sich auch die Veränderungen der Myofibrillen der verschiedenen Muskeln des Schlachtkörpers sehr ähnlich sind, muß man jedoch genauer sagen, daß die Muskelkathepsine nur einen schwachen proteolytischen Einfluß auf das Kollagen haben. Demzufolge sind in Hinblick auf die Zartheit die an Kollagen armen Muskeln nach der Reifung zarter als die an Bindegewebe reichen Muskeln. Die Reifung des Fleisches unter dem Einfluß der muskulären Kathepsine ist durch zwei Hauptfaktoren bedingt: pH-Wert und die Temperatur des Fleisches.

Die Kathepsine der Muskulatur entwickeln ihre höchste proteolytische Wirksamkeit bei einem pH-Wert zwischen 5,5 und 5,8; bei pH über 6,0 geht die Aktivität zurück und bei 7,0 und darüber wird sie völlig gehemmt.

Demzufolge kann der letzte pH-Wert des Fleisches die Intensität der Proteolyse und damit seine Zartheit beeinflussen. Diese Erscheinung ist in der derzeitigen Untersuchungspraxis gut bekannt. Das trifft z. B. bei »gestreßtem« Fleisch zu, das von Tieren stammt, die ohne Ruhezeit geschlachtet wurden und vorher einer starken Muskelbeanspruchung unterlagen und deren Glykogenreserven der Muskulatur erschöpft sind. Bei diesen Tieren tritt die Totenstarre fast sofort ein infolge der Zerstörung des ATP vor dem Tode und der unzureichenden Säuerung der Muskeln (pH

6,2 bis 6,4), was die Wirkung der Kathepsine abschwächt. Unter diesen Bedingungen unterliegt das Fleisch nicht dem Reifungsprozeß, bleibt hart und erscheint dunkler (geschlossene Struktur).

Die *Aufbewahrungstemperatur des Fleisches* beeinflußt stets die proteolytische Aktivität der Kathepsine; diese ist am höchsten bei Temperaturen von 33 bis 38 °C und verringert sich mit sinkender Temperatur. Das muß auch beachtet werden, wenn man die Schlachtkörper abkühlt: um den gleichen Zartheitsgrad zu halten, muß man das Fleisch etwa 48 Stunden bei Raumtemperatur (20 bis 22 °C), eine Woche bei 7 °C und 15 Tage bei 0 °C aufbewahren. Daraus ergibt sich, daß Kalbfleisch wegen seiner Eigenstruktur Vorteile aufweist (reich an lockerem Bindegewebe), nach dem Schlachten durch die Aufbewahrungsbedingungen noch verbessert werden kann (gute Säuerung der Muskulatur; Konservierungstemperatur günstig für die Wirkung der Kathepsine; langsame Reifung).

Untersuchungen von MARSH und LAWRIE haben ergeben, daß dieses Problem besser durch die Entwicklung einer entsprechenden Technologie auf dem Schlachthof gelöst werden könnte. Tatsächlich ist die relative Länge des Muskels beim Eintritt der Totenstarre ein wesentlicher Faktor für die Zartheit. LOEKLER und HOAGLAND haben bewiesen, daß ein bei Eintritt des »rigor mortis« entspannter Muskel nach der Reifung ein zarteres Fleisch ergibt, als ein Muskel, der sich erst zusammenzieht.

Man kennt mindestens zwei Faktoren der verschiedenen *Stufen der Muskelkontraktion »post mortem«*:

• Zunächst hängt es von der Methode des Aufhängens der Schlachtkörper ab, die verschiedenen Muskelpartien eine mehr oder weniger große Möglichkeit gibt, sich zusammenzuziehen. Die klassische Art des Aufhängens der Schlachtkörper an der Achillessehne gibt allen Muskeln der Keule (Keulenmuskeln) und zahlreichen Muskeln der Lende (Oberarmmuskeln) die Möglichkeit der Kontraktion. Wenn dagegen der Aufhängerhaken im »foramen obturatum« der Schambeinregion des Hüftbeins angebracht wird, hängen die Hintergliedmaßen nach unten, so daß sich die Keulen und Oberarmmuskeln im Entspannungszustand bei Eintritt der Totenstarre befinden. Unter diesen Bedingungen wird die Zartheit des Fleisches in der angegebenen Form verbessert.

• Die zweite Ursache der Muskelkontraktion ist der Kälteschock *(cold shortening)* oder die Kontraktion durch Kälte. Dies ist ein Phänomen, das auftritt, wenn die Muskeln vor der Totenstarre einer Temperatur unter 15 °C ausgesetzt werden. Die Verkürzung der Muskelfasern ist bedeutender, und sogar nach der Reifung bleibt die Zartheit vermindert. Man steht so vor einem schwierigen technischen Problem. Das schnelle Einfrieren des Fleisches, das empfohlen wird, um nicht nur die Hygienequalität des Schlachtkörpers durch Hemmung der Mikroflora zu verbessern, sondern auch die Masseverluste durch Austrocknung zu begrenzen, hat Konsequenzen für die Zartheit des Fleisches. Die Nachteile wiegen um so schwerer, da die durch »cold shortening« erfaßten Muskeln an der Oberfläche des Schlachtkörpers liegen, unter denen es eine Reihe wertvoller Teilstücke (Lenden, Keule, Schulter) gibt.

Selbst wenn alle Bedingungen für die Lieferung eines zarten Fleisches an den Kunden erfüllt sind, bleibt noch, daß die gewünschte Zartheit durch das Kochen unter Umständen verändert werden kann. Tatsächlich besteht das Risiko, daß je nach der *Intensität des Kochvorgangs* die strukturellen Elemente des Fleisches, Muskelfasern sowie Bindegewebe, mehr oder weniger denaturiert werden können. Bei den Muskelfasern koagulieren durch die Hitze die Proteine (Aktin, Myosin, lösliche Proteine), was den Austritt eines großen Teils des von ihrer Oberfläche adsorbierten Wassers veranlaßt und dem Fleisch eine gewisse Zähigkeit verleiht. Ebenso muß man, um ihm eine gewisse Zartheit zu bewahren, beim Braten das Fleisch »einschneiden«, um die Koagulation der Proteine an der Außenfläche zu veranlassen, was das Austreten des Fleischsaftes aus den inneren Partien verhindert. Wenn der Kern des Fleischstücks saftig bleiben soll, muß man zu langes Kochen und zu hohe Temperatur vermeiden, sonst koagulieren die Proteine und werden hart und faserig. Diese Umwandlung verläuft ungefähr bei 65 bis 70 °C.

Diese Beschreibung paßt nur auf einen Muskel, der wenig Bindegewebe hat, denn letzteres reagiert auf Kochen anders. Wenn man Kollagen erhitzt, zieht es sich zunächst zusammen (bei 70 °C), was die Härte des Fleisches erhöht. Beim Kochen in viel Wasser (Ragout, Brühfleisch, gedämpftes Kalb) und danach beim Erhitzen auf 100 °C durchdrängt sich das Kollagen mit Wasser und wird zu Gelatine, die in das Fleischstück eindringt, trotz der Proteinkoagulation der Muskelfasern.

Es scheint also, daß für ein Fleischstück mit viel Bindegewebsfasern (Stück 2. Qualität) das schnelle Kochen bei hohen Temperaturen ungünstig ist. Um ein ausreichendes Kochen des Kollagens zu erzielen, muß man Temperaturen anwenden, bei denen die Muskelproteine koagulieren und das Kollagen sich stark zusammenzieht und eine starke Spannung auslöst. Beide Phänomen wirken synergistisch an der Erhöhung der Härte des Fleisches nach dem Kochen. Dagegen wandelt ein langsames Kochen bei 90 bis 100 °C das Kollagen durch Lösung in Gelatine und liefert Stücke, die sich leicht kauen lassen. Man muß hier in Erinnerung rufen, daß die thermische Stabilität des Kollagens mit seiner Polymerisationsstufe, also mit dem Alter des Tieres, wächst. Bei mehr als 8 Monate alten Tieren, die teilweise »Kälber« genannt werden (Lyoner Kälber in Frankreich; Fleischkälber in Spanien, in Südamerika...), hat das Kollagen, das am Perimysium und Endomysium beteiligt ist, die gleichen Charakteristika wie das Kollagen des Bindegewebes erwachsener Rinder. In diesen Fällen muß man die Fleischstücke mit viel Bindegewebe bei hohen Temperaturen und sehr lange kochen, um eine ausreichende Zartheit zu erlangen.

Nach allen diese Ausführungen ist ersichtlich, daß die Zartheit des Fleisches ein schwer zu beherrschendes Merkmal ist. Es hängt von zahlreichen Faktoren ab, die den Tierhalter, die Bedingungen der Aufbereitung und Konservierung des Fleisches nach dem Schlachten betreffen sowie die Art des Kochens und schließlich an letzter Stelle den Verbraucher selbst, dessen Geschmack und Kauvermögen sehr verschieden sind und die unterschiedlichen Beurteilungen des gleichen Lebensmittels erklären können.

Saftigkeit

Die Saftigkeit oder der Wassergehalt des Fleisches hängen mit der Wahrnehmung des Austretens von Muskelsaft beim Kauen zusammen. Je größer die Menge Muskelsaft ist, desto mehr erscheint das Fleisch »feucht« oder »saftig«.

Dieses Phänomen ist besonders für die geschmackliche Einschätzung des Fleisches wichtig: tatsächlich erscheint ein saftiges Fleisch auch zarter, denn die mit Saft vollgesogenen Muskelfasern lassen sich viel leichter durch die Zähne zerdrücken als trockene Fasern; auch ist es schmackhafter, denn die Geschmacksreize kommen in Lösung leichter mit den Geschmacksknospen der Zungen- und Gaumenschleimhaut in Berührung.

Jedoch gibt es bei der Einschätzung dieser Eigentümlichkeit zwei aufeinanderfolgende Phänomene, denen man bei der Beurteilung der Rolle des Fleisches Rechnung tragen muß:
– Es ist der Eindruck der Feuchtigkeit, der am Anfang des Kauens wahrgenommen und der durch das schnelle Freisetzen des Muskelsaftes des Fleisches bewirkt wird.
– Es kommt zu einer starken Speichelsekretion unter dem Einfluß des Fleischfetts, die aber auch eine Wahrnehmung der Saftigkeit, jedoch indirekt, ist (WEIR; LAWRI).

Nährwert und gesundheitliche
Qualität des Kalbfleisches

Tabelle IX/9 Prozentuale Fleischzusammensetzung junger Rinder, die mit Östrogen behandelt wurden (LAWRIE, 1960)

	Kontrolle	Östrogenbehandelt
Wasser	74,12	74,88
Fett	3,37	2,42
Eiweiß	19,25	19,31
Asche	1,01	1,02
Wassergehalt des fettfreien Fleisches	76,70	76,73

Tabelle IX/10 Masseverlust des Kalbfleisches in Prozent, 8 Tage nach dem Schlachten (GRANDADAM u. a., 1975)

	Kontrolle	Östrogenbehandelt
Beim Braten	21,08	21,31
Beim Kochen in Wasser von 105 °C	19,53	16,82
Wasserentzug durch Dampf von 105 °C	77,46	76,89

Man versteht also, warum Kalbfleischstücke zum Braten, die immer mager sind, beim Kauen zuerst den Eindruck der Saftigkeit und unmittelbar danach den der Trockenheit vermitteln; genauso ist es erklärbar, warum ein mit Fett durchwachsenes Rindfleischstück (Suppenfleisch) nach dem Kochen saftiger scheint als ein gleiches Stück, ebenfalls gut abgehangen, von einem mageren Schlachtkörper.

Derzeit betrifft die strengste und häufigste Kritik des Konsumenten am Kalbfleisch den extremen *Saftverlust* beim Kochen mit einem sehr starken *Einschrumpfen* des Stückes in der Bratpfanne oder dem Topf und dem Empfinden von Trockenheit beim Kauen.

Alle diese Eigentümlichkeiten sind nach Meinung der Verbraucher die Folge eines zu hohen Wassergehaltes im Kalbfleisch (»Wasserschlucker«). Man schließt daraus, daß solche Produkte einen geringeren Nährwert haben und führt dies auf die derzeitigen Aufzuchtverfahren bei Mastkälbern, besonders die Anwendung »industrieller« Futtermittel sowie von Futterzusätzen (Antibiotika, Oestrogene...) zurück. Bestehen diese Einwände zu Recht?

Nichts berechtigt zu den Vorwürfen gegenüber »industriell« hergestellten Mischfuttermitteln und Antibiotika. In allen rationellen Aufzuchtanlagen für Masttiere (Geflügel, Schweine, Jungrinder, Lämmer) werden sie eingesetzt, ohne daß das Fleisch durch den Käufer wegen eines zu hohen Wassergehalts abgewertet wird!...

In bezug auf die Oestrogene, die praktisch nur bei Mastkälbern angewendet werden, haben zuverlässige Untersuchungen gezeigt, daß sie den Wassergehalt im Fleisch oder den Wasserverlust beim Kochen nicht erhöhen, wie die Werte von 74,12 % gegenüber 74,88 % ausweisen (Tab. IX/9).

Der einzige bewiesene Effekt, der auch das Interesse an den oestrogenen Substanzen rechtfertigt, ist eine Verbesserung des Wachstumsvermögens und der Entwicklung der Mastkälber durch eine schnellere Proteinsynthese im Bereich der Muskeln.

Um das Austreten des Muskelsafts beim Kalbfleisch zu erklären, genügt es, sich auf objektive Tatsachen zu berufen. Die Saftigkeit eines Kalbfleischstücks mit normalem Wassergehalt ist, wie bei allen Fleischsorten, eine Funktion seines »*Wasserretentionsvermögens*«, d. h. seiner Fähigkeit, das Wasser im Körper während verschiedener Veränderungen zu halten (Tab. IX/10).

Der *Wassergehalt des Muskels* besteht aus zwei Fraktionen:
– »gebundenes« Wasser, unmittelbar im Zusammenhang mit der Hydratation der Proteine; es stellt nur 5 % des Totalwassers dar;
– »freies« Wasser in den Netzmaschen der Proteinmoleküle, aber nicht an sie gebunden; es kann mehr oder weniger leicht durch verschiedene physikalische (Druck, Entwässerung) oder chemische (Zufügung von Entwässerern) Vorgänge oder auch durch eine Netzverschiebung der Proteine mobilisiert werden.

So kann man leicht die Unterschiede in der Saftigkeit des Kalbfleisches durch das Eingreifen von Faktoren erklären, die die Wasserretention verändern, ohne daß dadurch Unterschiede im Wassergehalt des Fleisches auftreten müssen:

• Bei Fleisch im Zustand der Totenstarre z. B. gibt es eine sehr beachtliche Verminderung der Wasserretention, resultierend einmal aus der Verringerung von ATP, aus der Polymerisation der Proteine der Myofibrillen (Aktomyosine) und aus der Senkung des pH-Wertes auf etwa 5,5, einen Wert, der dem isoelektrischen Punkt der meisten Muskelproteine entspricht. Dagegen ist in einem abgehangenen Fleisch die Wasserretention wegen des hohen pH-Wertes und der Zerreißung der Proteinketten der Myofibrillen, des Sarkoplasmanetzes und des Kollagenstromas viel höher (LAWRIE; GOLL).

• Das Kochen, das die Denaturierung der Proteine des Sarkoplasmas und der Myofibrillen und deren Kontraktion bewirkt, hat auch einen erheblichen Abfall der Wasserrentention zur Folge und ist von einem Fleischsaftaustritt begleitet. Die Menge des ausgetretenen Saftes hängt von der Kerntemperatur, von der Kochdauer (bei gleicher Temperatur wächst die Exsudation mit der Kochdauer) und vom Fettdurchwachs des Fleisches (ein mageres Fleisch verliert 4mal soviel Wasser wie ein fettes; BOUTON u. a., 1958) ab.

Diese unvermeidlichen Erscheinungen können merklich verringert werden, wenn die Oberflächenproteine des Fleischstückes sehr schnell koagulieren, denn sie bilden dann ein dünnes, undurchdringliches Häutchen, das ein Austreten des Fleischsaftes aus dem Innern verhindert. Um dem Fleisch die Saftigkeit zu erhalten, ist es also notwendig, seine Oberfläche möglichst rasch einer hohen Temperatur auszusetzen, und daher wird angeraten, den Braten gleich in eine sehr heiße Bratröhre zu schieben, das Kalbsschnitzel bei hoher Hitze zu grillen oder in siedendem Fett zu braten, die für das Ragout bestimmten Stücke »kurz anzuschmoren« und wenn man in Wasser kocht die Stücke in kochendes und nicht in kaltes Wasser zu bringen.

Dank dieser verschiedenen wissenschaftlich begründeten Tatsachen könnte man die starke Entsaftung des Kalbfleisches beim Kochen eher mit der Entwicklung der sozialökonomischen Bedingungen des Verzehrs begründen als durch die Art der Aufzucht und Haltung des Tieres:

– Der Fleischer zieht es vor, um seinen Gewinn zu erhöhen (Verringerung des Kühlverlustes; Verkleinerung der Investitionskosten), das Kalbfleisch frisch geschlachtet zu verkaufen, also noch während der Totenstarre;

– die Hausfrau hat nicht mehr die Gewohnheit, das Fleisch in ihrem Gefrierschrank reifen zu lassen, und sie hat auch nicht die Zeit, den Erhitzungsvorgang so zu regeln, daß er immer dem Zubereitungszustand des Fleischstücks angepaßt ist...

Alle Anstrengungen sind darauf gerichtet, eine maximale Retraktion der Muskelfasern zu erzielen bei einem Fleisch, dessen Wasserhaltevermögen sehr gering ist...

– was die Benutzung einer eigenen Kühltruhe betrifft, so kann dies die Situation häufig erschweren. Wenige Hausfrauen beachten die Gebrauchsvorschriften genau, und bei einem Kalbfleisch im Zustand der Totenstarre hat das langsame Einfrieren die Bildung großer Eiskristalle zur Folge, die beim Auftauen eine so große Flüssigkeitsmenge ergeben, daß das Fleisch diese Menge nicht aufnehmen kann... Damit würde ein weiteres Argument erklärt werden, warum das Fleisch »zu wässerig« ist.

Aroma

Das »Aroma« des Fleisches ist ein komplexer *sensorischer Begriff*; es hängt von der *Geruchs- und Geschmacksempfindung* des Konsumenten ab und beruht auf dem Vorhandensein von flüchtigen oder löslichen Bestandteilen, die die Nervenendigungen im Nasenrachenraum reizen.

Wie alle subjektiven Eigenschaften ist das Aroma des Kalbfleisches schwer einzuschätzen. Allerdings haben besonders Untersuchungen von LANDMANN und BALTZER über das Fleischaroma erlaubt, die Wichtigkeit einiger Substanzen zu erkennen, die die Rolle der Vorstufen des Aromas spielen, ebenso wie die Art der Reaktionen, die diese Substanzen hervorbringen.

Die Vorstufen des Fleischaromas, die man vom rohen Fleisch durch Dialyse oder Gelfiltration isolieren kann, bestehen aus Stoffen mit niedriger Molekularmasse und sind wasserlöslich. Die am häufigsten gefundenen Substanzen sind Inositsäure und Glykoproteine, die durch Hydrolyse Aminosäuren (Serin, Alanin, β-Alanin, Isoleuzin, Glutaminsäure) und niedrig molekulare Zucker (Glukose, Ribose, Xylose) ergeben.

Die Freisetzung der Aromavorstufen findet hauptsächlich im Verlauf der Fleischreifung

ZUSAMMENFASSUNG

Es war beabsichtigt, die Qualität des Kalbfleisches in dieser Form zu beschreiben. Trotz vieler Bemühungen haben Produzenten, Händler und Wissenschaftler noch keine befriedigende Antwort auf zahlreiche Probleme geben können, was die wachsenden Schwierigkeiten sowohl bei der Produktion, der Vermarktung als auch bei den wechselnden und nicht immer zu erfüllenden Ansprüchen der Verbraucher erklärt. Diese Studie läßt viele Fragen offen, trotz der Zitierung verschiedener Tatsachen, die der vergleichsweise knappen Literatur entnommen wurden (Kalbfleisch wird in der BRD und in England verhältnismäßig wenig gegessen). Es wurde versucht, eine gewisse Anzahl von Faktoren aufzuhellen, die für die derzeitige Situation bei der Kalbfleischproduktion maßgebend sind, und einerseits den Produzenten sowie andererseits den Konsumenten in ihrer Verantwortlichkeit für die Erklärung der Probleme herausstellen.

Tabelle IX/11 Fettsäurenzusammensetzung im Fett des Kalbfleisches im Vergleich zu anderen Tierarten (OSTRANDER u. DUGAN, 1962)

		Gesättigte Fettsäuren %	Oleinsäure %	Linolensäure %	Linolsäure %	Arachidonsäure %	Pentasäuren %	Jodzahl
Intermuskuläres Fett	Milchkalb	49,7	43,3	1,3	0,6	0,2	0,1	44,3
	Rind	52,1	41,9	1,2	0,2	0,0	0,0	47,6
	Schwein	43,1	44,9	6,8	0,4	0,4	0,0	54,5
	Hammel	58,9	33,2	1,5	0,8	0,1	0,1	37,1
Intramuskuläres Fett	Milchkalb	51,0	34,1	4,2	2,0	2,1	1,3	54,9
	Rind	59,3	42,6	1,1	0,3	0,2	0,1	51,0
	Schwein	44,8	45,2	4,2	0,4	0,4	0,1	53,3
	Hammel	46,7	41,6	2,7	1,5	0,8	0,7	55,5

statt, durch einen schrittweisen Abbau von ADP (= Adenosin-Diphosphat) und vom AMP (= Adenosin-Monophosphat) nach folgendem Schema:

ADP → AMP → IMP (= Inosin-Monophosphat) → Inosin → Hypoxanthin.

Die beiden letzten Stoffe sind die wesentlichen Elemente des Aromas beim abgehangenen Fleisch. Nach GISSE soll IMP für die Empfindung der Fülle und Hitze verantwortlich sein, die sich im Munde beim Fleischverzehr bildet und die jedoch bei einem gewissen Niveau (über 200 ppm) in einen unerwünschten Geschmack, mehr oder weniger faulig, übergeht.

Die Art und die Dauer des Kochens beeinflussen auch Natur und Intensität des Fleischaromas. Die Hitze wirkt auf die Veränderungen der chemischen Zusammensetzung der Proteine (Polymerisation; Freisetzung von SH_2; Bildung des MAILLARD-Komplexes zwischen Aminosäuren und Zucker) und besonders auf die Fette ein, wodurch flüchtige Teilchen verschiedener Art entstehen auf Grund der Unterschiede in der Fettzusammensetzung des Fleisches bei den einzelnen Masttieren.

Das Fett in und um die Muskeln beim Kalb hat eine von anderen Masttieren verschiedene Zusammensetzung, besonders im Gehalt an ungesättigten Fettsäuren, die beim Erhitzen am empfindlichsten sind. Das könnte teilweise das besondere Aroma dieses Fleisches erklären, weil ein spezifischer Geruchsfaktor fehlt.

Kapitel 2 Einfluß verschiedener Produkte auf den alimentären und hygienischen Wert des Kalbfleisches

R. FERRANDO

Bei der Erzeugung von hellem Fleisch entsprechend den Forderungen des Konsumenten ergeben sich Widersprüche. Sie bestehen erstens in den schlechteren physiologischen Bedingungen, zweitens wäre man verpflichtet, auf Kunstgriffe zurückzugreifen, die hygienisch sicher akzeptabel sind, aber ökonomisch und psychologisch verschieden ausgelegt werden können. Wie kommt also die Einwirkung bestimmter technischer Verfahren auf den Nährwert des Kalbfleisches in der Kritik weg, die häufig auch von besonders tendenziösen Informationen beeinflußt ist? Es ist in der Tat wesentlich, bestimmte Techniken, die sich schwer in den aktuellen Stand der Kälberproduktion einfügen, genauer zu überprüfen, ob sie tatsächlich einen schädlichen Einfluß auf die Ernährungsqualität und die hygienischen Bedingungen des Fleisches haben. Darum erinnern wir an die für die Fleischqualität mitgeteilten Normen, auch auf die Gefahr, Angaben anderer zu wiederholen.

Nährwertqualitäten

Wir schrieben bereits 1951 zusammen mit JACQUOT: »Es gibt nicht ein einziges Fleisch, sondern viele.« Obwohl es sich um ein Tier, nämlich das Kalb, handelt, bleibt diese Behauptung eindeutig. Entsprechend der Lage der Fleischteile im Schlachtkörper, dem Alter des Tieres und der Fleischbehandlung können sich der Nährwert, der Geschmack und die Saftigkeit verändern. Die Anweisungen zur Verordnung des Landwirtschaftsministeriums vom 24. Oktober 1961, die sich auf Vergleiche der Beschaffenheit und Merkmale von Schlachtkörpern der Klasse »extra« und der Klasse I »Auswahl« beziehen, spezifizieren die Eigenschaften der *Qualität der Kälber,* aus denen folgende Punkte ausgewählt werden:
- In bezug auf den Fettgehalt »geht es nicht darum, die Verteilung des Muskelfettes zu untersuchen; das Fleisch der jungen Rinder kann durchsetzt von Fettstreifen oder Fettinseln sein«.
- »Ein gutes Fett muß geruchlos sein, von fester Konsistenz und mattweißer Farbe. Diese Färbung wird als hoher Qualitätsfaktor betrachtet . . .« Die Niere muß ganz in Fett eingehüllt sein.
- »Als höchste Feinheit (des Fleisches) wird eine samtartige Oberfläche angesehen mit leichtem Feuchtigkeitsschimmer.«

»Das Optimum der Konsistenz ist durch einen ganz leichten Widerstand gegenüber einem Druck mit dem Finger charakterisiert, bezeichnet als Zartheit.«

»Die beste Farbe ist rosa, sehr matt oder hell mit irisierenden Reflexen.« Diese Farbe, übrigens sehr veränderlich, findet sich bei gewissen Schlägen von Geburt an, wie man es bei Mastkälbern der Rasse »Pie rouge de la Flandre orientale« gesehen hat [3].

Bei 10 Tage alten Kälbern sind die Blutwerte sehr unterschiedlich. Der *Hämoglobingehalt* kann von 5 g/100 ml bis 16,99 g/100 ml steigen; das gleiche gilt für die Hämatokritwerte (von 20 bis 69,9), wobei sie sich meistens zwischen 35 bis 54,9 bewegen. Man kann also annehmen, daß der Mangel an Einheitlichkeit bei der Fleischfarbe einer Gruppe von Kälbern, die gleich aufgezogen, mit den gleichen Milchaustauschern gefüttert, mit dem gleichen Wasser getränkt, dem hämatologischen Zustand der Tiere bei der Geburt und nicht der Fütterung angerechnet werden muß, und daß diese biochemischen Unterschiede auch in der späteren gesundheitlichen Verfassung des Tieres eine Rolle spielen. Es wurde stets eine gute Korrelation zwischen der *Fleischfarbe* eines Kalbes von 8 Tagen und den *Hämatokritwerten* festgestellt [1]. Es besteht außerdem eine enge Beziehung ($r = 0,97$) zwischen der Dichte des Blutes und dem Hämatokrit. Nach diesen Angaben könnte man die Farbe des Fleisches bei der Schlachtung voraussagen.

Die *Zusammensetzung des Fleisches* eines Kalbes von 45 bis 136 kg in Prozenten gibt Tabelle IX/12 wieder.

Man kann nur feststellen, daß der Käufer eines Stück Kalbfleisches, egal in welcher Art es aufgezogen wurde, eine nicht unbeträchtliche Menge Wasser mit erwirbt, genau wie bei jedem anderen jungen Fleisch. In gewissen Fällen stellt dies einen Nachteil bei der Zube-

Nährwert und gesundheitliche Qualität des Kalbfleisches

Tabelle IX/12 Veränderung der Zusammensetzung des Fleisches in % in Abhängigkeit von der Körpermasse

Bestandteile	Körpermasse in kg		
	45	90	136
Wasser	71,84	70,43	65,82
Trockensubstanz	28,16	29,57	34,26
Eiweiß (N × 6,25)	19,89	19,14	18,77
Fett	4,00	6,01	11,19
Mineralstoffe	4,26	4,42	4,30

Tabelle IX/13 Zusammensetzung verschiedener Teilstücke des Schlachtkörpers (je 100 g Originalsubstanz)

		Lende	Nuß	Oberschenkel
Wasser	g	69	70	68
Eiweiß	g	19,2	19,5	19,1
Fett	g	11	9	12
Ca	mg	11	11	11
P	mg	207	210	206
Fe	mg	2,9	2,9	2,9
Energie	kcal	180	160	186

Tabelle IX/14 Gehalt an Saft und Eiweiß im Fleisch des Kalbes nach unterschiedlichen Anabolikagaben

Geschlecht und Behandlung	Saftigkeit in % nicht entfettetes Frischfleisch*	Saftigkeit in % entfettetes Fleisch*	Eiweißstoffe in %
Bullenkalb behandelt: 24 mg DES (2 ×)	60,2	75,6	18,70
Bullenkalb behandelt: 20 mg Östradiol + 200 mg Testosteron (2 ×)	60,5	77,7	16,79
Kuhkalb behandelt: 20 mg Östradiol + 200 mg Progesteron (2 ×)	64,4	76,9	18,25
Bullenkalb, Kontrolle	59,4	76,6	17,80
Kuhkalb, Kontrolle	65,8	78,1	18,10

* Mittelwert aus 10 Proben

reitung dar. Man muß jedoch betonen, daß der Prozentgehalt der Eiweißstoffe des jungen Fleisches gegenüber dem von Fleisch erwachsener Rinder etwas höher liegt: 18,7 bis 19,9 % gegenüber 15 bis 16 % bei einem Tier von 550 bis 680 kg. Man weiß, daß das Wachstum auf Kosten des Wassergehaltes des Schlachtkörpers geht. Die Verfahren der Kälberaufzucht modifizieren die Unterschiede in der Zusammensetzung des Fleisches nicht, bevor es gekocht wird. Es tritt einfach, wie wir noch sehen werden, eine Freisetzung von Wasser im Augenblick des Kochens ein.

Die Zusammensetzung der verschiedenen *Partien des Kalbfleisches* ist in Tabelle IX/13 angegeben.

Im Vergleich zum Fleisch des ausgewachsenen Rindes ist der Gehalt an Eiweiß, wie bereits erwähnt, etwas höher. Der Gehalt an Kalzium, Phosphor und sogar an Eisen ist beinahe gleich. Im Gegensatz dazu ist der Energiegehalt in 100 g Fleisch deutlich niedriger infolge des geringen Fettgehaltes beim jungen Tier. Nur die Rindsnuß (194 kcal/100 g) gleicht in diesem Merkmal der Kalbsnuß. In jedem Fall ist es ein Irrtum zu glauben, daß die Behandlung mit irgendwelchen Anabolika den Wassergehalt des Schlachtkörpers beim Kalb erhöht, da dieses Fleisch von Natur aus reich an Flüssigkeit ist. Diäthylstilboestrol (DES) hatte keinen Einfluß auf den Wassergehalt des Körpers, dessen Ersatz lediglich verzögert wurde (Zahlen S. 445 u. r.) [17].

Bei den verschiedensten Untersuchungen, die von uns angestellt wurden, haben wir niemals Unterschiede in der Zusammensetzung des rohen Fleisches gefunden, welchen Behandlungen das Kalb auch unterzogen wurde. Tabelle IX/14 faßt die gewonnenen Ergebnisse zusammen.

Die Analysen von rohem und gekochtem Fleisch, das von unbehandelten Kälbern stammte, haben keine Unterschiede in der Zusammensetzung ergeben (Tab. IX/15). Die experimentelle Verwendung einer Ration mit 20 % lyophilisiertem Kalbfleisch bei Ratten zeigte ein ausgezeichnetes Aminosäurengleichgewicht, wenn das Methionin als limitierender Faktor im Fleisch in Rechnung gestellt wurde [5]. Man beobachtete stets, daß die verschiedenen Behandlungen während der Aufzucht der Tiere nichts am Stickstoffgleichgewicht des Fleisches verändern. Es scheint sogar, daß gemäß den Schlußfolgerungen eines Symposiums der FAO/OMS (1975) Anabolika die Aufnahme von Stickstoff durch die Gewebe begünstigen und sie dadurch reicher an Eiweißstoffen werden [4].

Man kann es als sicher ansehen, daß eine Behandlung mit Anabolika den Nährwert des Kalbfleisches nicht verändert. Die verschiedenen Reaktionen während des Kochvorgangs bei Temperaturen von 80 °C und etwas dar-

über haben keinen Einfluß auf den Wassergehalt und folglich auch nicht auf die Saftigkeit eines Stücks von einem Kalb, das mit ihnen behandelt wurde [15]. Die Angaben in Tabelle IX/16 bestätigen dies.
Die Differenzen in Tabelle IX/16 sind nicht signifikant, ebenso wie in den Tabellen IX/15 und IX/14.
Es scheint jedoch, daß das Kochen bei 80°C nicht mit den Angaben bei sehr hoher Temperatur übereinstimmt. Diese Daten sind nach unseren Beobachtungen auch bei Fleisch verändert, das vorher unterschiedlich behandelt wurde. Die Fleischproben wurden in einem Topf mit Deckel ein Stunde lang gekocht unter gleichen Bedingungen wie im Haushalt, wobei die nebenstehend genannten Mengen Fleischsaft austraten.
Diese Ergebnisse wurden auch bei Oestradiolbehandlung bestätigt [9]. Ebenso bleibt die Verbindung Oestradiol–Trenbolon (20 mg + 140 mg) ohne Wirkung auf den Masseverlust beim Kochen, wenn es sich um ein Bratenstück (großer Schenkel- und Lendenmuskel) oder Suppenfleisch (großer Schenkel-, Lenden- und Unterschulterblattmuskel) handelt. Die angewendeten Temperaturen waren 230°C für eine Stunde für den Braten und 105°C für die gleiche Zeit beim Suppenfleisch.
Bei diesen Versuchen stellt man auch keine signifikanten Unterschiede im Gehalt an Mineralstoffen (Na; K; Mg; Fe; Se) bei Kälbern fest, gleich welcher Behandlung sie unterworfen wurden. Der Gehalt an Na und K ist je nach dem untersuchten Muskel unterschiedlich; Eisen ist je nach Tier und Muskelpartie verschieden, hält sich aber ganz normal; Selen bleibt konstant; die Dauer der Fleischlagerung erhöht den Magnesiumgehalt.
In bezug auf das Aroma und den Geschmack des Fleisches verändert die Behandlung mit DES im Vergleich zu Kontrollen überhaupt nichts [13].
Wir haben von Versuchen über den Geschmack von Kalbfleisch, mit Anabolika behandelt, berichtet [5]. Ob es sich um warm oder kalt verzehrtes Fleisch handelt, es war unmöglich, die kleinste Differenz sichtbar zu machen. Die beste Durchschnittsnote mußte dem warmen Bratenstück von Bullenkälbern, behandelt mit Oestradiol–Progesteronimplantaten, zugesprochen werden. Auf die weiblichen Kälber, behandelt oder nicht, entfielen beim Verkosten die wenigsten Punkte. Bei einer zweiten Versuchsreihe, in der nur unbehandeltes Fleisch oder solches von Bullenkälbern mit Oestradiol–Progesteron geprüft wurde, waren die Rückschlüsse etwas ungenauer als beim ersten Versuch. Man kann also einschätzen, daß vom organoleptischen Standpunkt aus eine Implantation von Anabolika, gleichgültig welcher Art, keine Veränderung hervorruft, selbst wenn der Wasserverlust während des Kochens beträchtlich ist. Im Hinblick auf den Eiweißgehalt sind die Auswirkungen der Anabolikabehandlung für den Konsumenten gleich Null, da es sich nur um analytische Werte handelt oder um Versuche bei Labortieren, mit Ausnahme des Fleisches von Kälbern, behandelt mit DES. Dieses Mittel verändert zwar die Zusammensetzung des Fleisches nicht, aber die eventuellen Rückstände haben einen statistisch gesicherten Rückgang im Proteinumsatz zur Folge. Das Fleisch hat also einen geringeren Nährwert, wenn man die Deckung des Eiweißbedarfs des Konsumenten betrachtet.

Tabelle IX/15 Zusammensetzung von rohem und gekochtem Kalbfleisch mit oder ohne Implantaten [6]

	Bullenkalb, Kontrolle		Bullenkalb mit Östradiol-Progesteron (20 + 200 mg) 2 × behandelt	
	roh	gekocht	roh	gekocht
Saftigkeit	75,2	62,6	75,2	64,7
Trockensubstanz	24,7	37,3	24,6	35,3
Eiweiß	22,5	34,9	23,5	33,5
Fett	1,4	3,2	1,1	1,8
Hydroxyprolin*	0,28		0,25	

* Der Gehalt an Hydroxyprolin zeigt, daß der Gehalt an Kollagen verhältnismäßig gering ist

Tabelle IX/16 Safthaltevermögen des Fleisches von mit Anabolika behandelten Kälbern

Behandlung	Dosis mg	Masseverlust in % nach dem Erhitzen auf 80°C
Kontrolle		30,2 ± 3,1
Östradiol	20	30,7 ± 2,3
Östradiol + Testosteron	20 200	29,5 ± 2,2
Östradiol + Trenbolon	20 140	30,5 ± 2,1
Östradiol + Progesteron	20 200	30,3 ± 2,7

Kalbfleisch
– mit DES behandelt:
  120 ml*   aus 965 g = 12,0%
– mit Oestradiol – Progesteron behandelt:
  0,3–0,5 ml* aus 710 g = 0,4%
– mit Oestradiol – Testosteron behandelt:
  115 ml*   aus 827 g = 13,0%

* entfetteter Fleischsaft

Gesundheitliche Qualität

Wir werden nicht im einzelnen auf die Toxizitätsuntersuchungen der Rückstände (1971 bis 1974) eingehen, die wir mit Fleisch und Lebern von Kälbern, die verschiedene Anabolika erhielten, an Mäusen und Ratten als Versuchstiere durchgeführt haben. Man kann auf Grund der Gesamtergebnisse feststellen [8], daß das Fleisch und die Leber von Kälbern, die entweder mit der Mischung Oestradiol – Progesteron (20 mg + 200 mg) oder Oestradiol – Testeron (20 mg + 200 mg) implantiert wurden, keine Schädigungen bei den Versuchstieren ergaben. Die Verfütterung von Fleisch und Leber für ein Jahr an Mäuse und für 24 Monate an Ratten brachten keine Verzögerung des Wachstums, keine Veränderung am Geschlechtsapparat oder in der Reproduktionsfunktion, wie man sie bei Fleisch und nach einer gewissen Zeit (2. Wurf) bei der Leber von Kälbern beobachtet, die mit DES (24 mg mit Wiederholung) behandelt wurden. Schließlich hat keines der verwendeten Anabolika Erscheinungen der Krebserregung verursacht. Der Prozentsatz des Auftretens von gutartigen Fibroadenomen am Gesäuge, normalerweise bei alten Ratten festgestellt, war bei allen Gruppen gleich. Der Gehalt der Rückstände in den Geweben der Kälber von natürlichen Anabolika, die während der Aufzucht eingesetzt wurden, ist kaum höher als normal in Geweben von Tieren ohne Behandlung (Tab. IX/17).

Die Rückstände an DES, gemessen durch chemische oder biochemische Methoden, sind nicht sehr hoch, aber die *Toxizität der Rückstände* macht doch ihre besondere Unzuträglichkeit klar, obwohl mit der gleichen Technik die Unschädlichkeit der natürlichen Anabolika bewiesen wird. Gegenwärtig ist die Verwendung von DES in Frankreich verboten, man kann also die Konsumenten durchaus beruhigen. Das ist übrigens die Entscheidung einer Kommission des Landwirtschaftsministeriums. Genauso fielen auch die Beschlüsse interparlamentarischer und interprofessionaler Kommissionen aus und des »Obersten Hygienerates Frankreichs« über die Fütterung der Tiere.

Ist das *Problem der Anabolika* nicht unter anderem besonders ein solches der gesundheitlichen Qualität des Kalbfleisches?

Es steht außer Zweifel – und das wird von den Produzenten bestätigt –, daß die völlige Herausnahme der Anabolika die Produzenten zur Verwendung von Antibiotika in hohen therapeutischen Dosen veranlaßt, um sich vor gesundheitlichen Risiken zu schützen und eine Steigerung der Produktivität zu erzielen. Wenn man die hohen Kosten für die angewendeten Behandlungen beim Kalb (50 bis 60 Francs/Kalb, Angaben 1973!) betrachtet, kann man nur sehr reserviert gegenüber den Folgen eines Verbots der Anabolika sein.

Betrachtungen über die anzuwendenden therapeutischen Dosierungen beim Kalb ließen

Tabelle IX/17 Rückstände von steroiden Anabolika im Fleisch nach HEINRITZI (1974) und HOFFMAN und KARG (1975) [10, 11], Ergebnisse in ppb (1 µg/kg)

Anabolika	Gewebe	Tiere	
		Kontrolle	Behandelt
Östron	Muskel	0,075	0,084
	Leber	0,204	0,271
	Niere	0,047	0,081
	Fett	0,338	0,224
Östradiol	Muskel	0,113	0,177
	Leber	0,073	0,108
	Niere	0,011	0,029
	Fett	0,184	0,208
Progesteron	Muskel	0,247	0,515
	Leber	0,269	0,325
	Niere	0,456	0,619
Testosteron	Fett	0,222	0,420
Trenbolon	Fleisch	–	0,125
		–	0,477

Überschreitungen und Irrtümer in Erscheinung treten. Wir erinnern uns an die Konsequenzen, die alle europäischen Länder interessieren und die auf der XXIII. Internationalen Pharmazeutischen Tagung im September 1973 in Paris zur Sprache kamen [7]: WENZEL fand nach Untersuchung an 2103 Schlachtkörpern auf 11 Schlachthöfen der BRD in 84,4 % der geschlachteten Kälber Antibiotikarückstände. 1970 stellte GISSKE im gleichen Land fest, daß von 1500 untersuchten Kälbern 67,3 % mit Antibiotika behandelt waren und bei der gleichen Anzahl von Schweinen nur 2,3 %. Eine vorhergehende Erhebung in Holland 1964 bis 1965 durch VON SCHOTHORST und fußend auf dem Antibiotikagehalt im Harn von Schlachttieren ergab, daß 77 % der Kälber behandelt waren, gegenüber 1 % der Rinder und etwa 0,2 % der Schweine. Broiler werden bei industrieller Haltung niemals behandelt. GOTZE u. a. (1973) untersuchten die Nieren, Lebern und Muskeln von 1015 Schweinen und Kälbern, geschlachtet unter normalen Bedingungen mit voll tauglichen Schlachtkörpern, und fanden Rückstände bei 2,86 % Schweinen und 55,14 % Kälbern. Diese Tiere kamen aus der BRD, der DDR, aus Belgien und Holland. Bei 9 Importen aus den EG-Ländern zeigten 50 bis 83 % der untersuchten Tiere eine positive Reaktion. Es muß betont werden, daß fehlende gesetzliche Regelungen auf diesem Gebiet sich besonders nachteilig auswirkten.

In Frankreich wurden Untersuchungen (8 mit einfacher Wiederholung, 8 mit zweifacher) mit finanzieller Unterstützung des Nationalen Gesundheitsamtes und des Medizinischen Untersuchungsinstituts durchgeführt. Die Untersucher schätzten ein, daß in bezug auf Antibiotika der Prozentsatz der Tiere mit Rückständen »unbeachtet bleiben könnte, wenn die Anwendungsvorschriften in jedem Fall eingehalten werden«. Sie vermuten, daß »die Mehrheit der Rückstände in den Proben auf den Schlachthöfen auf einer Behandlung zu kurz vor der Schlachtung beruht«. Ihre Ergebnisse entsprechen denen anderer Autoren aus anderen Ländern. Sie führen z. B. TAKACS u. KOVACS an, die vermuten, ausgehend von Daten, die in den Nieren nach Angaben des Veterinärdienstes auf Grund bakteriostatischer Untersuchungen auf verschiedene Erreger gefunden wurden, daß 42,8 % der Kälber kurz vor dem Schlachten behandelt wurden. Man muß aber auch festhalten nach den Arbeiten von FRÈRES u. a., daß die Anwesenheit von Substanzen mit antibiotischer Aktivität nicht immer das Auftreten von pathogenen Keimen unterdrückt. Dieses, so fügen die Untersucher hinzu, »kann von einer mangelnden Sensibilität des Erregers gegenüber dem verwendeten Antibiotikum herrühren, oder daß die verabreichte Dosis zu schwach war, um eine bakteriostatische Wirkung zu erzielen«.

Fügen wir tschechische Arbeiten hinzu, die klarmachen, daß Antibiotika-Rückstände nach therapeutischen Dosierungen bei 70,5 % von 105 geschlachteten Kälbern und bei 83,9 % von 31 Kälbern, die an der Krankheit gestorben waren, gefunden wurden [14]. Es ist interessant, daß die Rückstände sich häufig in der Gallenblase und den Nieren lokalisieren.

Insgesamt gesehen stehen die Spezialisten auf dem Standpunkt, daß man die Ergebnisse über Dosierungen vorsichtig interpretieren muß. Bestimmte Verbindungen haben unter den Medikamenten und in den Geweben eine Sonderstellung; sie lassen nur schwer eine totale Extraktion zu. Man muß immer wieder darauf verweisen, daß die Rückstände unbedeutend oder sogar gleich Null sind, wenn die Frist zwischen Behandlung und Schlachtung genau eingehalten wird. Auch ist immer wieder festzustellen, daß eine potentielle Gefahr nicht von den in der Aufzucht erlaubten Zusatzmitteln herrührt, deren Gebrauch unter Kontrolle steht, sondern von therapeutischen Maßnahmen ohne zeitliche Begrenzung.

ZUSAMMENFASSUNG

Wir können nichts anderes feststellen als im Anfang dieses Kapitels und an die Widersprüche erinnern, die die Produktion von weißem Kalbfleisch beherrschen. Diese Widersprüche, wie unqualifizierte Äußerungen in den Medien, bringen ohne Zweifel immer noch ein Fleisch in Mißkredit, das schließlich nicht besser oder schlechter ist als das von anderen Tierarten. Zur Erzeugung von Kalbfleisch werden die Kälber in modernen Aufzuchtanlagen aufgezogen unter industriemäßigen Bedingungen, ohne die ihre Produktion heute unmöglich wäre. Die Tierärzte haben zu diesen Haltungsformen ihre Zustimmung gegeben und bemühen sich, die Hygiene und Fütterung immer besser zu gestalten. Amtliche Stellen haben die Aufgabe, dieses zu kontrollieren und für eine realistische Sicht bei der Information zu sorgen.

Nährwert und gesundheitliche
Qualität des Kalbfleisches

LITERATUR

[1] CHARPENTIER, J., 1970 – Early diagnosis of the meat color veal. J. anim. Sci., 31, 1099–1101.

[2] DRIEUX, H.; FERRANDO, R.; JACQUOT, R., 1962 – Caractéristiques alimentaires de la viande de boucherie. Les Monographies alimentaires. Vigot Frères édit., Paris, 1 vol., 180 pages.

[3] EECKHOUT, W.; CASTEELS, M.; BUYSE, F., 1969 – L'anémie et la couleur de la viande chez les veaux à l'engrais de la race Pie Rouge de la Flandre orientale. Ann. Zootechn., 18 (3), 263–276.

[4] FAO/OMS, 1975 – Rapport du Symposium FAO/OMS sur l'emploi des anabolisants en production animale et sur leurs incidences pour la santé publique. Rome.

[5] FERRANDO, R., 1973 – Etude concernant les œstrogènes et, en particulier, la toxicité de relais de quelques-uns d'entre eux classiquement employés en implants chez le veau de boucherie. Proc. Int. Meeting on use of œstrogens in cattle breeding. Ecole Nationale vétérinaire Alfort. R. Ferrando édit., 49–73.

[6] FERRANDO, R.; BOIVIN, M. (Mme), 1973 – Qualités et composition de viandes de veaux diversement implantés. Proc. Int. Meeting on use of œstrogens in cattle breeding. Ecole nationale vétérinaire Alfort. R. Ferrando édit., 27–29.

[7] FERRANDO, R., 1974 – Les résidus dus aux thérapeutiques dans les produits d'origine animale destinés à l'Homme. XIIIe Journées pharmaceutiques internationales de Paris. 17–21 septembre 1973, 109–120.

[8] FERRANDO, R.; VALETTE, J. P.; HENRY, N.; BOIVIN, R.; PARODI, A., 1974 – Toxicité de relais des viandes et foies provenant de veaux traités avec diverses hormones. Résultats globaux. C. R. Acad. Sc. Paris, Série D 278 (16), 2067–2070.

[8a] FRÈRES, D.; VALDEBOUZE, P. (Melle), 1969 – Recherches de résidus à activité antibiotique dans les tissus animaux. Bull. Acad. Vét., 42, 835–845.

[8b] FRÈRES, D.; VALDEBOUZE, P. (Melle); DELORT-LAVAL, J., 1971 – Recherches de résidus à activité antibiotique dans les tissus animaux. Enquête sur les viandes du commerce. Bull. Acad. Vét., 44, 123–124.

[9] GRANDADAM, J. A.; SCHEID, J. P.; DRIEUX, H.; DEROY, R., 1975 – Influence de différentes préparations anabolisantes sur la qualité de la viande de veau. Rec. Méd. Vét., 151 (6), 355–362.

[10] HEINRITZI, K. H., 1974 – Développement des méthodes de dosage d'œstrone, 17 œstradiol et progestérone dans les différents tissus du veau et leur application dans le cadre des recherches de résidus. Thèse Dr. Vét., Münich, 1974.

[11] HOFFMANN, B.; KARG, H., 1975 – Metabolic rate of anabolic agents and residue levels in meat from treated animals. fao/who Symposium on the use of anabolic agents in animal production and its public health aspects. Rome, 17–19 march.

[12] JAQUOT, R.; FERRANDO, R., 1952 – Les caractéristiques alimentaires de la viande. Ann. Nutr. & Aliment., 6, 275–351.

[13] KISEL. I. V., 1971 – Sb. Rab. Leningrad Vet. Institute, n° 32, 224–230.

[14] MALIKOVA, M.; BARTAS, J.; HABRDA, J.; STRAZNIKY, M., 1974 – Rezidua antimikrobialnich latek v mase a organech nutné porazených a uhynulych telat. Veterinarni Medicina Prague, 47, 433–442.

[15] MOERMAN, P. C., 1973 – Water binding capacity of the musculus psoas minor from calves treated with anabolics. Proc. int. Meeting on use of œstrogens in cattle breeding. Ecole nationale vétérinaire Alfort. R. Ferrando édit., p. 30.

[16] MULLING, M., 1974 – Considérations sur les mesures thérapeutiques applicables aux veaux. Informations Méd. Vét., (1), 22–32.

[17] PRESTON, R. L., 1969 – Influence of diethylstilbestrol on body water space in ruminants. Proc. Soc. exp. Biol. Med., 132, 401–404.

Anmerkungen zur Ökonomie X

Ökonomie der Produktion von Mastkälbern in Frankreich

Kapitel 1

L. MAZENC

Das Mastkalb ... man könnte diesen Satz ergänzen mit: traditionsgemäß durch französische Erzeuger produziert und durch französische Konsumenten gekauft.

Diese Produktion, charakteristisch für sog. Entwicklungszentren einer vielfältigen Kultur, war besonders bedeutend für die Regionen Mittel- und Südwestfrankreichs. Auch folkloristische Traditionen und ein Festhalten am Überlieferten trugen zur Ausbildung dieser Produktion bei!

Im Laufe der Jahre 1960 bis 1965 trat neben dem »traditionell erzeugten Kalb« das »industriell produzierte Kalb« auf dem Markt auf. Ab diesem Zeitpunkt konnte die Kälberproduktion nicht mehr eine Frage der herkömmlichen Haltung sein. Das Mastkalb wurde zum Symbol der Verschwendung und blieb es auch – für alle diejenigen, die die Nachfrage der Konsumenten auf ein Energieproblem zurückführen und glauben, daß man Rindfleisch erhält, wenn man den »Getreidefresser« nicht verzehrt.

Es scheint tatsächlich unökonomisch, ja sogar unsinnig, Tiere mit 100 kg Körpermasse zu schlachten, wenn sie nach einem Jahr 300 kg wiegen. Das stimmt auf den ersten Blick, besonders wenn man unberücksichtigt läßt, daß während dieser 12 Monate neben Investitionen und Zinsen Kosten für die Fütterung, Haltung und Pflege aufgewendet werden müssen, um schließlich einen Preis von z. B. 11 Franken/kg anstelle von 13 oder 14 Franken zu erzielen. Die Preisdifferenz beruht auf der unterschiedlichen »Qualität« und aus dem Umstand, daß beim Kalb der gesamte Schlachtkörper zum Verbraucher kommt, im zweiten Fall aber nur die wertvollen Fleischteilstücke leicht einen Abnehmer finden. Dazu kommen noch das Verhalten der Konsumenten, ihre Geschmacksgewohnheiten und gelegentlich ihre Ablehnung, und die Medien mit ihren nicht immer sachlich begründeten Veröffentlichungen, die den Fleischmarkt in Frankreich bestimmen.

Wir werden versuchen, die aktuellen Verhältnisse der Kälberproduktion zu analysieren, die teilweise Ergebnis der traditionellen Verwendung sind, und werden auch die grundsätzlichen Entwicklungstendenzen darlegen.

In den letzten Jahren hat man bestimmte Veränderungen in der Methode und territorialen Gliederung der Produktion von Mastkälbern feststellen können, aber auch im Angebot und der Nachfrage: Eine irrtümliche Auslegung dieser Begriffe hat verschiedentlich zu dem Schluß geführt, daß Mastkälberproduktion abzulehnen ist. Handelt es sich hierbei um eine Tendenz oder um eine vorübergehende Erscheinung?

Man darf dabei nicht übersehen, daß das Mastkalb nur einen Teil des ganzen Fleischmarktes darstellt. Sicher ein verwickeltes Zusammenspiel, gekennzeichnet durch das zyklische Auf und Ab von Verlust und Gewinn mit einer vielfachen Rückwirkung auf den Produ-

Anmerkungen zur Ökonomie

zenten, den Händler und besonders den Konsumenten. Die Unzulänglichkeiten auf dem Fleischmarkt sind ein lange bekanntes Phänomen, was das Auftreten von konjunkturellen Spitzen nicht ausschließt. Aber die Verantwortlichen für die Landwirtschaftspolitik machen auf diesem Gebiet nicht immer genügend Unterschiede zwischen relativer und wirklicher Konjunktur und den festen Entwicklungsbedingungen. Generell ist anzustreben, die Produktion unter dem Gesichtspunkt eines langzeitlichen Prozesses ohne Spitzen für kurze Zeit zu organisieren. Zugleich darf nicht vergessen werden, daß die Erzeugung von »Kalbfleisch« und die von »Fleisch erwachsener Rinder« miteinander verbunden ist. Jede Beeinflussung des einen Produktionszweiges bleibt nicht ohne Auswirkung auf den anderen.

Nach diesen einleitenden Betrachtungen stellt sich die Frage:
Was ist ein Kalb? Es gibt hierzu eine offizielle Begriffsbestimmung. Nach der Richtlinie Nr. 805/68 der EG vom 27. Juni 1968 unterscheidet man:
– *Kalb.* Ein Lebewesen der Gattung Hausrind, dessen Lebendmasse bei 220 kg oder darunter liegt und das noch keine bleibenden Zähne hat.
– *Fleisch des Kalbes.* Das Fleisch der Gattung Hausrind als Schlachtkörper ist nur dann als Kalbfleisch zu betrachten, wenn die Farbe dieses Fleisches typisch hell und die Masse des Schlachtkörpers einschließlich Niere mit Nierenfett, aber ohne andere Innereien, unter oder gleich 130 kg beträgt.

Es ist allerdings statthaft, daß bei der modernen Haltungstechnik verschiedene Tiere diese Massemenge überschreiten mit einem oberen Limit von 20 % (etwa bis 156 kg), unter der Voraussetzung, daß das Fleisch die typische helle Farbe hat.

In Frankreich hat die offizielle Begriffsbestimmung große Bedeutung, aber nach der Landwirtschaftlichen Jahresstatistik (Rindererhebungen, Bestandstruktur, Vakzinationen) ist das Kalb ein Tier der Gattung Hausrind von weniger als 6 Monaten mit Unterteilungen in drei Kategorien nach der *Lebendmasse*.

Bei der Einschätzung der *Schlachtkörper* spielt die Masse ebenfalls eine Rolle. Es kommt vor, daß ein Tier von 160 kg Lebendmasse mit einer Schlachtausbeute von 65 %, also 114 kg Schlachtkörpermasse, lebend in die Kategorie »schwer« und geschlachtet in die Kategorie »mittel« eingestuft werden muß!

Dieser Mangel in der klaren Abgrenzung der Begriffe kann zu Zweideutigkeiten in der Auslegung der Statistik führen. Obwohl Frankreich der größte Produzent und Konsument von Kalbfleisch in der EG (sowohl im Gesamtaufkommen als auch im Prokopfverbrauch) ist, räumen Länder wie Holland und Dänemark dem Kalb einen relativ großen Platz bei den landwirtschaftlichen Endprodukten (Tab. X/1) ein. Sie weisen einen höheren Anteil bei den Rinderschlachtungen für Kälber aus (Tab. X/2).

Wenn wir die in der gleichen Jahresstatistik veröffentlichten Zahlen über die mittlere Le-

---

Unterteilungen nach Lebendmasse
< 100 kg leichtes Kalb
100–150 kg mittelschweres Kalb
> 150 kg schweres Kalb

Einschätzung der Schlachtkörper nach der Masse
< 80 kg leichter Schlachtkörper
80–120 kg mittelschwerer Schlachtkörper
> 120 kg schwerer Schlachtkörper

Tabelle X/1 Prozentualer Anteil der Rinderproduktion an der Gesamtproduktion (wertmäßig auch Preis) in EG-Ländern am Beispiel des Jahres 1973

Land	Tierproduktion gesamt	davon Rinderproduktion	Kälberproduktion
EG	55,1	14,1	–
Frankreich	53,1	10,7	4,4
BRD	69,1	15,1	2,0
Italien	37,9	9,1	–
Holland	68,1	9,4	5,5
Belgien	65,1	14,0	3,0
Luxemburg	75,0	24,8	1,1
England	68,0	17,3	0,1
Irland	–	–	–
Dänemark	78,4	7,9	6,4

(entnommen aus: Eurostatistik 1974)

bendmasse der Tiere betrachten (Tab. X/3), sind große Unterschiede festzustellen. Im Juli 1973 lag z. B. die mittlere Lebendmasse zwischen 42 und 173 kg; das bedeutet eine Variationsbreite von 131 kg = 123 % von der mittleren Lebendmasse in der EG.

Ohne die besonderen Verhältnisse in Großbritannien in Betracht zu ziehen, stellt sich die Frage, ob man das französische und das dänische Kalb miteinander vergleichen kann (das übrigens in der Lebendmasseeinteilung nicht mehr mit der offiziellen Definition übereinstimmt). Es ist offensichtlich, daß mit dem gleichen Begriff zwei verschiedene Produkte bezeichnet werden.

Wie es auch sei, das Kalb wird produziert, gehandelt und verzehrt. Wenn diese drei Stufen auch äußerlich (mehr oder weniger gut) getrennt sein können, ist es jedoch klar, daß sie ökonomisch miteinander verbunden sind und daß jede Veränderung des Kaufwillens der Konsumenten nicht ohne Einfluß auf die Höhe der Produktion und umgekehrt sein wird. Indessen trennen wir sie aus alten Gewohnheiten und stellen das Problem »Kalb« unter drei Aspekten dar:

– Kalb und Tierproduzent: das Angebot
– Kalb und Konsument: die Nachfrage
– Kalb und Zwischenhändler: die Vermarktung

Tabelle X/2 Prozentualer Anteil der Kälberschlachtungen an den Gesamtrinderschlachtungen in EG-Ländern am Beispiel der Jahre 1956 bis 1973

Land	1956–1960	1970	1971	1972	1973
EWG	47,8	36,0	34,8	33,8	32,1
EG	–	31,3	30,5	29,1	27,7
Frankreich	60,9	52,0	50,0	49,1	47,0
BRD	39,1	19,0	18,3	18,1	15,4
Italien	36,2	25,0	24,1	21,3	21,4
Holland	52,5	52,0	53,5	56,9	57,6
Belgien/Luxemburg	30,1	26,0	26,0	25,6	22,6
England		9,0	6,6	4,2	4,1
Irland		–	0,54	0,51	0,45
Dänemark	–	56,0	55,0	53,4	51,2

(entnommen aus: Eurostatistik, 1973 und 1974)

Tabelle X/3 Durchschnittliche Schlachtkörpermasse (einschl. Körperfett) von Kälbern in EG-Ländern am Beispiel der Jahre 1956 bis 1973 (Angaben in kg)

Land	1956–1960	1970	1971	1972	1973
EWG	–	91	93	96	103
EG	–	91	94	99	106
Frankreich	63	90	93	97	102
BRD	44	77	78	84	89
Italien	72	96	97	97	106
Holland	47	102	103	106	112
Belgien/Luxemburg	71	95	97	101	105
England		31	31	33	42
Irland		91	91	91	91
Dänemark		127	135	149	173

(entnommen aus: Eurostatistik, 1973 und 1974)

Kalb und Tierproduzent: Angebot und seine Entwicklung

So wie das Endprodukt Gegenstand unbestimmter Begriffsbestimmungen ist, hat auch die Haltung von Mastkälbern mehrere Aspekte. Es ist zu unterscheiden:

• Das Kalb »bei der Mutter« oder auch »Saugkalb«.
Es handelt sich um ein Kalb, das in beinahe allen Fällen in einem Stall bei der Mutter gehalten wird, ausschließlich mit natürlicher Milch gefüttert wird, die es bei der Mutter saugt, und, wenn deren Milchleistung sinkt, bei einer anderen Kuh, wobei man diese Ergänzungsfütterung als »Ammenhaltung« bezeichnet.

• Das Kalb in »Boxen oder Buchten industrieller Anlagen«, gefüttert mit Milchaustauschern.

Entsprechend der Haltungsform sind somit zwei Kategorien bzw. zwei Unterabteilungen zu unterscheiden:

• Das Kalb bei der Mutter aufgezogen; die Einflüsse der Haltung bleiben weitgehend unwirksam.

• Das Kalb von der Mutter getrennt aufgezogen, entweder in Einzelboxen oder in Buchten mit 10 bis 50 Tieren (mehrere Boxen können

Anmerkungen zur Ökonomie

sich im gleichen Stall befinden). Der Produzent arbeitet im allgemeinen unter Kontrakt und kümmert sich um die Versorgung und den Absatz seiner Tiere ebenso wie um die Versorgung mit industriell hergestelltem Milchaustauschfutter.

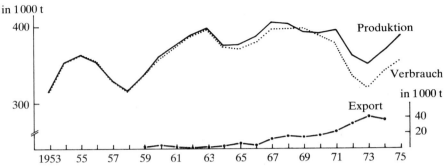

Abb. X/1 Frankreichs Inlandproduktion und -verbrauch von Mastkälbern (in 1000 t) und Gesamtexport (lebende Kälber und Fleisch, in 1000 t)

Bis 1963 wurden alle Mastkälber als Saugkälber gehalten; heute werden mindestens 70 % mit Milchaustauschern ernährt: rund 25 % entfallen davon auf Bauernhöfe, 45 % auf industriemäßige Mastanlagen.

Das Angebot von Milchaustauschfutter auf dem Markt hat also die Produktionsmethode stark beeinflußt.

Die Produktion von Mastkälbern ist keine statische Angelegenheit; sie verändert sich, sie entwickelt sich, und sie kann als ein Zeichen für wirtschaftliche Gesundheit gewertet werden. Im allgemeinen Prozeß des ökonomischen Wachstums ist Unbeweglichkeit ein Faktor für Rezession.

Im Verlaufe der Zeit hat sich das *Kalbfleischangebot* durch
– Veränderungen in der Aufzuchtform bzw. Aufzuchtmethode,
– eine neue territoriale Verteilung,
– neue Zwischenhändler sowie
– neue Produkte

entwickelt. Diese verschiedenen Veränderungen des Angebots wollen wir kurz untersuchen und mit einem Überblick über die ökonomischen Ergebnisse dieses Produktionszweiges verbinden.

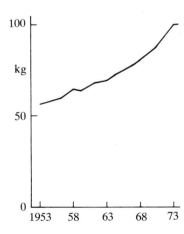

Abb. X/2 Veränderung der durchschnittlichen Schlachtkörpermasse von Kälbern

Veränderungen über mehrere Jahre und saisonbedingt

Die Untersuchung der Produktionskurve (Abb. X/1) erlaubt, das zyklische Verhalten und das Auftreten von Höchst- und Tiefstwerten während einer »Periode« von sechs bis sieben Jahren sichtbar zu machen. Diese Variabilität der Produktion tritt in Verbindung mit drei Tendenzen auf, bezogen auf einen Vergleichszeitraum von 1953/54/55 bis 1973/74/75, aber auf jeweils 10 Jahre. Für diesen Zeitraum sind eine
– Verringerung der Tierzahlen um 28 %,
– Erhöhung der Gesamttonnage um etwa 7 % sowie
– Erhöhung der mittleren Lebendmasse der Kälber um 60 %
festzustellen.

Es war die *Erhöhung der Lebendmasse* der Tiere (Abb. X/2), die eine leichte *Vergrößerung des Produktionsumfanges* erlaubte, obwohl die Zahl der Tiere niedriger war. Wenn das Kalb »statistisch gesehen« 1975 mehr wog als 1955, dann hat das zwei Ursachen. Einerseits wurden höhere Schlachtkörpermassen durch die Verbesserung der Produktionstechnik erzielt und durch die Reaktionen der Produzenten angesichts der Entwicklung der Marktbedingungen; andererseits erschienen auf dem Kälbermarkt Tiere der Milchrassen,

Entwicklung der durchschnittlichen Lebendmasse der Schlachtkörper

Jahr	Region	kg
1968	Morbihan	46
	Finistère	48
	Ille-et-Vilaine	62
1974	Bretagne	94
	Tarn	107
	Creuse	105
	Aveyron	102
	Lot	96
	Mittlere Pyrenäen	105

die ausschließlich mit Milchaustauschern gefüttert und sehr bald nach der Geburt geschlachtet wurden (sie werden übrigens allgemein als »Crevards« bezeichnet).

Neben Variationen über einen langen Zeitraum wie z. B. dem Anstieg der durchschnittlichen Lebendmasse der Kälber ändert sich die Produktion auch während des Jahres und bleibt nicht einheitlich. Zahlenmäßig gibt es ein Maximum im Sommer (Abb. X/4). Das ist die Folge einer ungleichen Herdenstruktur. Der Bedeutung der Herdenzusammensetzung entspricht der Zugang an Tieren drei oder vier Monate später.

Auch die Durchschnittsmasse der Tiere unterliegt saisonalen Schwankungen, besonders in den Regionen, in denen Saugkälber gehalten werden. Sie sind im Winter leichter, weil die Milch knapper ist; die Körpermasse steigt im Sommer oder Anfang des Herbstes wieder an (Abb. X/5). Die Tiere, die in dieser Zeit gehandelt werden, sind häufig etwas älter, weil man die Kälber ein oder zwei Wochen länger hält, wenn die Milch wieder reichlicher fließt. Außerdem läßt man bei niedrigem Milchpreis lieber das Kalb saugen, als die Kuh zu melken.

Unterschiede in der Aufzucht (Haltung)

Zusätzlich zu den Lebendmassevariationen der Tiere war eine bestimmte Entwicklung in bezug auf das Geschlecht und die Rasse der Mastkälber zu beobachten: es zeichnet sich eine Vergrößerung der Körperproportionen bei den weiblichen Tieren und eine Überzahl von Kälbern der Milchrassen (Tab. X/4) ab, beides Merkmale, die miteinander verknüpft sind. Infolge Fehlens einer echten Fleischpolitik in Frankreich wurde die Mastkälberproduktion mehr und mehr zu einem Nebenzweig der Milcherzeugung. Der Milchproduzent hatte nach Absicherung der Reproduktion für die jungen weiblichen Kälber keine andere Verwendung als ihre Abgabe zur Mast. Demgegenüber ermöglichen die Kälber von Fleischrassen eine bessere Verwertung gegenüber denen von Milchrassen als Mastbullen, Mastochsen und als Mastfärsen.

Neben der Entwicklung der Art des Produkts gab es auch Veränderungen in den Haltungstechnologien. Die wichtigste war ohne jeden Zweifel die Einführung der Milchaustauscher, die es gestattete, die Kälber getrennt von ihrer Mutter aufzuziehen, sei es im gleichen Stall oder an einem anderen Ort. Die Aufzucht wurde in Ställen mit Einzelboxen und individueller Fütterung durchgeführt oder in Buchten mit einem mechanischen Milchverteilautomaten.

Selbst bei der traditionellen Kälberaufzucht waren während dieses Zeitraumes bestimmte Veränderungen festzustellen, die sich auf die Fütterung der Milchkühe beziehen. Die Mehrzahl der Produzenten von Mastkälbern

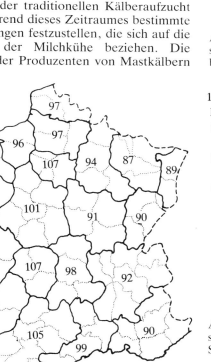

Abb. X/3 Durchschnittliche Schlachtkörpermasse von Kälbern im Jahre 1974 in verschiedenen Bezirken

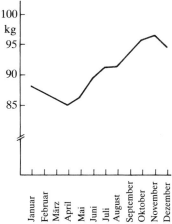

Abb. X/4 Übersicht über die saisonalen Unterschiede der Kälberschlachtungen (in 1000 Stück)

Abb. X/5 Saisonale Unterschiede in der durchschnittlichen Schlachtkörpermasse von Kälbern

Anmerkungen zur Ökonomie

Tabelle X/4 Prozentuale Entwicklung der Mastkälberproduktion in Frankreich, getrennt nach dem Geschlecht, am Beispiel der Jahre 1969 bis 1975

Jahr	Bullen- kälber	Färsen- kälber
1969	66,7	33,3
1970	64,8	35,2
1971	63,6	36,4
1972	64,0	36,0
1973	62,8	37,2
1974	63,3	36,7
1975	63,1	36,9

beschränkte sich nicht auf die traditionelle Fütterung mit wirtschaftseigenen Futtermitteln. Bei einer Umfrage in einer Region im Südwesten, in der die Kälber bei der Mutter aufgezogen wurden, ergab sich, daß 80 % der Produzenten an die Mutterkühe ein Ergänzungsfutter zu unterschiedlicher Zeit verabreichen: 6 % ganzjährig, 13 % während der Trächtigkeit, 14 % während der Laktation, 26 % nur nach dem ersten Laktationsmonat, 14 % am Ende der Trächtigkeit und während der ganzen Laktation, 27 % während der Trächtigkeit und nach dem ersten Monat der Laktation.

Sicherlich gibt eine solche Unterschiedlichkeit keine absolut sicheren Anhaltspunkte, man kann aber darin die Absicht erkennen, den besten Weg zu suchen.

Neue geographische Verteilung

Solange das Kalb ausschließlich als Saugkalb bei der Mutter aufgezogen wurde, stimmte die Lokalisierung der Kälberproduktion mit der Zentralisierung des Verbrauchs überein. Alle Regionen produzierten entsprechend ihrem örtlichen Konsum mit Ausnahme des Südwestens, der auch die Verbraucherzentren, besonders Paris, belieferte, wie auch die Touristenorte der Cote d'Azur.

Mit der Möglichkeit, Kälber nicht nur als Saugkälber aufzuziehen, änderte sich auch die geographische Verteilung der Produktion, und es kam zu einer sehr starken Konzentration in bestimmten Regionen aus ökonomischen und nicht aus biologischen Gründen. So konnte zwischen 1964 und 1974 der Westen, Großproduzent von Milch, infolge des Überanfalls von 8 Tage alten Kälbern, seine Produktion um 50 % vergrößern, ebenso wie der Südwesten, der das bessere Handelsnetz besaß. Demgegenüber trat in anderen Gebieten eine Verminderung ein. Im Südwesten ist für den Zeitraum von 1955 bis 1965, dem Jahrzehnt, das der Herstellung von Milchaustauschern vorausging, eine beachtliche Steigerung der Kälberproduktion festzustellen. Aus den amtlichen Schlachtstatistiken läßt sich ablesen, daß sich für das Gebiet Mittlere Pyrenäen die Zahl der Schlachtungen um 17,3 % und des Schlachtaufkommens um 43,8 % erhöhte, während für Gesamtfrankreich die entsprechenden Zahlen bei 13,6 % bzw. 10,3 % lagen. Bereits 1974 brachten vier Regionen (Bretagne 13,7 %, Mittlere Pyrenäen 13,1 %, Limousin 11,6 % und Aquitaine 10,1 %) rund 48,5 % der Gesamttonnage an geschlachteten Mastkälbern in Frankreich auf.

Neue Handelsbeziehungen

Die Möglichkeit der Produktion von Mastkälbern ausschließlich mit Milchaustauschern hat den Begriff des Tierhalters ebenso geändert wie die Beziehungen zwischen diesem und den anderen Kräften des Marktes. Sicherlich kann der traditionelle Tierhalter ein Milchkalb im Alter von 8 bis 10 Tagen kaufen, es in seinem Stall mit Milchaustauscher aufziehen und auf dem Markt an einen Schlächter verkaufen, wie er es mit den Tieren macht, die in seinem eigenen Bestand zu Welt kommen und bei der Mutter aufgezogen werden. Der Zukauf eines Milchkalbes im Alter von 8 Tagen – »repoupet« (Püppchen) genannt – war schon immer im Südwesten üblich, um überschüssige Milch zu verbrauchen. Dafür gab es seit langem Handelsverfahren.

Will der Tierhalter jedoch eine ganze Kälberherde mästen, ergibt sich eine Reihe von Problemen. Zunächst muß er eine Herde homogener, 8 Tage alter Kälber bekommen; dann muß er im Rahmen seines Finanzplanes die notwendigen Futtermittel erwerben. Es werden auch während der Mastzeit andere Schwierigkeiten auftreten, z. B. Fütterungsprobleme oder Krankheiten. Wenn dann die Tiere zum Verkauf reif sind, muß er einen Käufer für den gesamten Stapel finden. Unter solchen Bedingungen gibt es nur sehr wenige Tierhalter, die allein mit allen Schwierigkeiten fertig werden. Damit die Kälberproduktion sich industriemäßig entwickeln kann, muß eine feste Kooperative vorhanden sein, die auch über die notwendigen finanziellen Mittel verfügt. Deshalb sind Futtermittelfirmen, privat oder genossenschaftlich, an der Produktion von Mastkälbern beteiligt, ähnlich wie in der Geflügel- und Schweineproduktion.

Man darf auch die Bemühungen von Viehhändlern, die sich auf den Handel mit 8 Tage alten Kälbern spezialisiert haben, nicht außer acht lassen. Es handelt sich hierbei zumeist um eine Vertragsproduktion, abgeschlossen zwischen den Produzenten und Futtermittelherstellern. Je nach Art des Vertrags haben wir eine kontraktlich gebundene Produktion in Einzel- oder Gemeinschaftsform. In beiden Fällen steht der Mäster der Kälber in Beziehung zu einer Körperschaft, die ihm die 8 Tage alten Kälber und das Futter liefert, die Finanzierung absichert und das technische Management zur Verfügung stellt. Der Betreiber einer industriellen Kälberhaltung braucht somit kein klassischer »Aufzüchter« mehr zu sein. Vielleicht ist es sogar vorteilhaft, kaum vorhergehende Erfahrung zu haben, um den Ratschlägen der Techniker in dieser neuen Haltungsform bedingungslos zu folgen. Wenn auch viele landwirtschaftliche Berater in ihr Arbeitsfeld ein oder mehrere industriemäßige Kälbermastanlagen einbezogen haben, so gibt es andererseits Laien, die sich in die Materie eingearbeitet haben und oft ... mit Erfolg.

Ein neues Produkt?

Man hat häufig erwogen, ob ein mit Milchaustauscher aufgezogenes Kalb als Konkurrent eines Saugkalbes anzusehen ist. Tatsächlich ist es richtiger zu sagen, daß es eine Ergänzung dieser Produktion ist, deren Umfang im Weltmaßstab seit einigen Jahren rückläufig ist. Geht man nach den geltenden Kriterien Farbe und Preis, liegt eine völlige Übereinstimmung mit dem gleichaltrigen »Saugkalb« vor. Um dies zu illustrieren, werden nebenstehend die Ergebnisse einer Erhebung im Südwesten wiedergegeben (nach dem Muster des französischen Klassifizierungsschemas [1972]).

Ausgedrückt in französischer Währung und mit dem Verkaufspreis verglichen waren die in Tabelle X/5 ausgewiesenen Preise für 1 kg Schlachtkörper festzustellen.

Der Unterschied liegt somit hauptsächlich in der Durchschnittsmasse der Tiere. Diese Klassifizierungen und Preise beziehen sich bei mit Muttermilch aufgezogenen Kälbern auf Tiere mit einer Lebendmasse von 180 bis 200 kg, bei mit Milchaustauschern aufgezogenen Kälbern auf eine mittlere Lebendmasse von 150 kg.

Ökonomische Ergebnisse

Nach diesem Überblick über die Entwicklung des Angebots sollen einige Angaben über die ökonomischen Resultate dieses Produktionszweiges folgen. Dazu dienen zwei Erhebungen aus dem Südwesten, die bereits 1965 und 1971 an 1364 bzw. 6521 Kälbern angestellt wurden [1, 2]. Die Resultate werden mit solchen aus den Niederlanden für die Zeit von 1962 bis 1971 [3] verglichen (Tab. X/6). Der Bruttoerlös ist nicht gleichmäßig auf das ganze Jahr verteilt. Das kommt daher, daß im Jahre 1971 Variationen von großer Breite auftraten mit einem Minimum von 75 frs im Juli und zwei Spitzen von 110 frs im November und 95 frs im April. Die beiden Faktoren, die diese Verschiebungen am meisten beeinflußten, waren der Fleischpreis und der Preis für den Tiereinsatz für die 8 Tage alten Kälber. Beide Preise schwankten im gleichen Verhältnis, aber nicht mit gleicher Intensität. Um einen konstanten Bruttoerlös aufrechtzuhalten, war für das Jahr 1971 eine Erhöhung des Fleischpreises um 1 fr/kg zum Ausgleich der Erhöhung des Preises für den Tiereinsatz um 100 frs einzukalkulieren und umgekehrt.

Für das bei der Mutter aufgezogene Kalb ist das Problem schwieriger zu lösen, denn eine spezielle Rechnungsführung ist selten, wie Untersuchungen in landwirtschaftlichen Ein-

Klassifizierung der Schlachtkälber nach einer Erhebung im Südwesten Frankreichs [1]

		1970* %	1971** %
Klasse	F + R	4	6
	A	50	44
	N	34	37
	C	12	14
Farbe	weiß	60	61
	rosa	30	29
	rot	10	9

* bei 60 000 Tieren
** bei 73 000 Tieren

Tabelle X/5 Vergleich der Preisentwicklung für Schlachtkälber in Frankreich am Beispiel der Jahre 1964 bis 1972 (in frs/kg)

Jahr	Mittel aus Sonderklasse + 1. Qualität	Mastkalb aus industriemäßiger Anlage
1964	7,8	8,1
1965	8,4	8,1
1966	8,6	8,3
1967	8,0	8,0
1968	8,6	8,5
1969	9,2	9,3
1970	9,7	9,7
1971	10,2	10,5
1972	12,4	12,8

Tabelle X/6 Vergleich von technischen und ökonomischen Daten der Kälberproduktion zwischen den Niederlanden und Frankreich am Beispiel der Jahre 1965 und 1971

Daten			Niederlande		Frankreich	
			1965	1971	1965	1971
Lebendmasse des Kalbes	Kauf	kg	37,5	39,2	42,0	50,0
	Verkauf	kg	151,0	163,9	126,0	152,0
Verkaufsindex			1,62	1,63	1,46	1,52
Verlust in %			5,1	3,0	4,0	2,0
Bruttoprodukt*			703,7	1014,4	640,0	1009,0
abzüglich:	Kaufpreis/Kalb		264,6	430,0	260,0	490,0
	Futterkosten		373,9	477,4	290,0	408,0
	Tierarztkosten + Verluste		16,3	13,9	20,0	20,0
	Verschiedenes		9,4	9,9	13,0	10,0
	Zinsbelastung		7,8	18,8	7,0	18,0
verbleibt:	Bruttoerlös		31,7	64,4	50,0	63,0
verfügbar für:	Instandhaltung		20,4	24,6	17,0	22,0
	Arbeitslohn		11,3	39,8	33,0	41,0

* Wertangaben vergleichbar in franz. frs

Tabelle X/7 Vergleich einiger ökonomischer Daten in Abhängigkeit von der Lage und Größe der Betriebe (Angaben in frs)

Daten	Tiefenlage		Höhenlage	
	< 30 ha	> 30 ha	< 30 ha	> 30 ha
Bruttoprodukt/Rind	2297	2439	2226	2190
Bruttoprodukt/Kuh	2345	2665	2258	2398
Bruttoprodukt/ha LN	2783	2695	2488	1973
Bruttoerlös/Rind	2119	2216	2029	1941

richtungen im Rahmen der Rinderproduktion zeigen, die häufig mit anderen tierischen und pflanzlichen Produktionszweigen gekoppelt sind. Eine Untersuchung in der landwirtschaftlichen Genossenschaft von Villefranche de Rouergue (Aveyron) erbrachte 1971 bei einer Erhebung in 138 Betrieben ein Bruttoprodukt/ha von 1610 frs, das einer Produktion von 2680 l Milch im Jahr entsprach, aber mit starker Streuung, mit 1101 frs für die schlechtesten Betriebe und 3000 frs für die Betriebe der Spitzengruppe, was mehr als 4800 l Milch/Jahr bedeutet.

In der Limousin, die stark auf die Rinderproduktion spezialisiert ist, konnten wir bei Untersuchungen in 41 Betrieben, in denen die Rinderproduktion 73 bis 80 % der Gesamtproduktion ausmacht, die in Tabelle X/7 ausgewiesenen Verhältnisse feststellen [4].

Untersuchung von 600 mastkälberproduzierenden Betrieben in den mittleren Pyrenäen im Jahr 1974

Verhältnis Umsatz Kalb / Umsatz Rind	% der Betriebe	Verkaufte Kälber im Jahr	% der Betriebe
< 25 %	5	5– 9	34
25–49 %	17	10–14	29
50–75 %	35	15–19	19
> 75 %	43	> 20	16

Kalb und Konsument: Nachfrage

Frankreich ist der größte Produzent von Mastkälbern in der Welt. Der Franzose steht im Weltmaßstab in der ersten Reihe der Kalbfleischverzehrer. Sein Verbrauch schwankte bereits in den 70er Jahren zwischen 6 bis 8 kg je Jahr; Italien steht an zweiter Stelle mit etwas unter 4 kg. Bei einem durchschnittlichen Verzehr von 2 kg in der BRD und den Beneluxländern handelt es sich um einen Nebenverbrauch (Verbrauch in den USA 1,0 kg, in Kanada 1,6 kg, in Neuseeland 3,4 kg).

Das letzte Jahrzehnt war von Andeutungen auf einen Rückgang der Nachfrage in Frankreich beherrscht. Seit 1972 ist zwar der Prokopfverbrauch auf weniger als 7 kg gesunken, aber darin eine Abneigung der Franzosen gegenüber dem Kalb zu sehen und das Ende dieser Produktion vorauszusagen, wäre leichtfertig. Die Zahlen in Tabelle X/8 und ein Vergleich der Entwicklung von Produktion und Verbrauch (Abb. X/1) zeigen, daß die Franzosen verbraucht haben, was produziert wurde, und eine Verringerung der Konsumtion mit der Erhöhung des Exports einherging.

In der Tat stellt das Mastkalb einen besonderen Markt dar, bei dem es kein Angleichen des Angebots an die Nachfrage gibt, sondern vielmehr eine Angleichung des Verbrauchs an die Produktion. Zumeist sind die Verbrauchsanalysen nur auf die Menge bezogen, und wenn man den Wert einbezieht, erfolgt das in den Preisrelationen des Produkts. Denn Preis und Menge sind durch die Beziehung verbunden: Umfang der Nachfrage oder Ausgaben des Verbrauchers = Menge × Grundpreis. In einem Land, in dem das Existenzminimum weit überschritten ist, urteilt der durchschnittliche Verbraucher häufiger nach Begriffen wie Budget und Kosten als nach »Kalorienwert«. Aber noch wichtiger ist es, daß die betreffenden Produkte eine besondere Qualität haben. Daher werden wir die Nachfrage nach Kalbfleisch im Rahmen des Gesamtfleischverbrauchs analysieren in Abhängigkeit vom Einkommen und in Beziehung zu anderen Fleischarten.

Wirkung einer Erhöhung der Einkommen

Zunächst müssen wir uns einer Gesetzmäßigkeit erinnern, die aussagt, daß mit steigendem Einkommen des Verbrauchers der Teil zum Kauf von Nahrungsmitteln sinkt. So hat z. B. in Frankreich 1959 bei einer Gesamtausgabe von 100 frs der Verbraucher 37,3 frs für Lebensmittel aufgewendet, 1972 waren es nicht mehr als 26,8 frs.

Um den Einfluß der Unterschiede im Einkommen auf die Nachfrage darstellen zu können, müssen die durchschnittliche Verbrauchstendenz und die Einkommensentwicklung bekannt sein.

Die *durchschnittliche Verbrauchstendenz* ist der Teil des verfügbaren Nationaleinkommens, der zum Verbrauch von irgend etwas bestimmt ist. In dem hier interessierenden Fall wird es der Teil des Nationaleinkommens sein, der zum Erwerb von Fleisch und besonders von Kalbfleisch dient. Die *Einkommensentwicklung* erlaubt, den Einfluß des verfügbaren Einkommens auf die relative Höhe der Ausgaben für den Verbrauch von irgend etwas zu messen. Die verschiedenen Produkte lassen sich nach den Unterschieden in der Nachfrage einteilen, die proportional den Einkünften sind, aber auch darüber bzw. darunter liegen können.

Aus einer Untersuchung [5] aus den zwei vorhergehenden Jahrzehnten haben wir stabile und feste Verhaltensweisen herausgefunden. Über diese Periode ist die Durchschnittsentwicklung des Verbrauchs praktisch konstant geblieben mit einer Schwankungsbreite von 9,6 % für alle Fleischsorten, von 3 % für Rindfleisch und von 1,45 % für Kalbfleisch.

Für den gleichen Zeitraum konnte eine bemerkenswerte Konstanz in der Nachfrage nach Fleisch entsprechend den verfügbaren Einkommen nachgewiesen werden. Für Fleisch gesamt gab es eine Entwicklung praktisch gleich 1, für Kalbfleisch von 1,01. (Für alle Nahrungsmittel zusammen betrug die Entwicklung 0,4. Zahlenmäßig nur gering waren die Artikel, deren Schwankung gleich blieb oder über 1 lag.)

Trotzdem der Anteil der Nahrungsmittel allgemein in den Ausgaben für den Verbrauch zurückging, stieg der Teil der Ausgaben für Fleisch im Nahrungsmittelbudget an; er betrug 30 % im Jahre 1950 und stieg auf etwa 37 % Ende der 70er Jahre. Allerdings ist diese Verbrauchsstruktur für das ganze Land nicht einheitlich, sondern je nach Wohngegend verschieden. So ist z. B. im Norden der Verzehr von Rind- und Pferdefleisch höher, der Kalbfleischverzehr dagegen gering. Wenn man die östliche Mittelregion mit einem großen Verbrauch von »St. Etienner und Lyoner Kälbern« (in den Verbrauchsstatistiken zwar als Kälber gerechnet, in Wirklichkeit aber junge Rinder) ausschließt, besteht im Südwesten, im Gebiet von Paris und im Westen ein Pro-Kopf-Verbrauch, der 10 bis 15 % über dem Landesdurchschnitt liegt, während der Osten um 7 %, das Zentrum um 17 % und der Norden sogar um 40 % darunter bleiben. Dieser Verbrauch

Tabelle X/8 Entwicklung des jährlichen Verzehrs von Kalbfleisch in Frankreich (kg/Einwohner) im Verlaufe der Jahre 1956 bis 1975

Jahr	kg	Jahr	kg
1956	7,6	1966	7,3
1957	7,0	1967	7,5
1958	6,7	1968	7,5
1959	6,9	1969	7,5
1960	7,5	1970	7,3
1961	7,8	1971	7,0
1962	7,9	1972	6,5
1963	7,9	1973	6,1
1964	7,3	1974	6,4
1965	7,2	1975	6,6

Anmerkungen zur Ökonomie

ist auch nach dem Grad der Verstädterung verschieden. Für die ländlichen Gemeinden um Paris war bei einer Erhöhung des Verzehrs an Rind- und Kalbfleisch eine Minderung am Verzehr von Schweinefleisch festzustellen.

Übrigens gibt es trotz einer sehr großen durchschnittlichen Einkommensbreite auch einen starken Unterschied im Verbrauch je nach der beruflich-sozialen Stellung. Mengenmäßig variierte der Kalbfleischverzehr um das Einfache bis Doppelte bei den in der Landwirtschaft Beschäftigten bis zu den höher gestellten oder aus der Industrie kommenden Berufsgruppen. Neben einer Variation der Mengen schwankten auch die Preise. Die Haushalte der besser gestellten Kreise kauften im Durchschnitt ihr Kalbfleisch teurer ein.

Wirkungen des unterschiedlichen Aufwandes

Gemessen am Aufwand scheint die Nachfrage nach Kalbfleisch noch für einige Jahre abgesichert. Da sich dieser Aufwand auf die Menge × Preis bezieht, folgt daraus, daß ein Anwachsen des Aufwandes sowohl von einer Erhöhung der verzehrten Mengen herstammen kann als auch von einem Preisanstieg.

Verschiedentlich wird festgestellt, daß mit steigendem Preis der Konsument mehr und mehr auf verarbeitete Produkte umsteigt. Dies ist für viele Produkte richtig, aber für Fleisch (vor allem von Mastkälbern) lassen sich noch bestimmte Vorteile ins Feld führen.

In der Zeit von 1958 bis 1968 erhöhten sich die Preise um 50% bei Kalb und um 38% bei Rind, während mengenmäßig eine Erhöhung um 30% bei Kalb und um 28% bei ausgewachsenen Rindern nachgewiesen werden konnte. Eine leichte Steigerung trat sicher dadurch auf, daß man das Fleisch häufiger ohne Knochen handelte.

Die Abbildung X/6 gibt die Entwicklung des relativen Preises verschiedener Fleischsorten zwischen 1959 und 1974 an [7] und zeigt, daß nicht nur das Kalbfleisch eine Entwicklung über dem Preisniveau der Nahrungsmittel hatte, sondern gegenüber anderen Fleischsorten die Spitze behauptete. Andererseits kann es, obwohl die »Nachfrage« weltweit noch stark ist, infolge des Preisanstieges zu einer Verminderung der Menge kommen, wie aus Abbildung X/7 zu ersehen ist. Eine solche Verringerung könnte sich stärker auswirken, wenn der Verbraucher eine Veränderung in der Qualität des Produkts feststellt und parallel dazu Ersatzprodukte mit einem niedrigeren Preis angeboten werden.

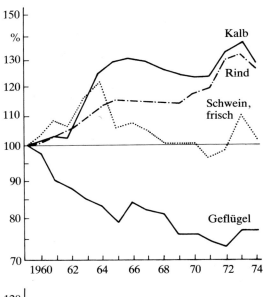

Abb. X/6 Veränderung des Preises für verschiedene Fleischsorten (1959 = 100%)

Abb. X/7 Entwicklung des Preises (in %) für Kalbfleisch im Vergleich zum Pro-Kopf-Verbrauch (1966 = 100%)

Kalb und Zwischenhändler: Vermarktung

Die Vermarktung des Mastkalbes ist ein fester Teil des »Vieh- und Fleischhandels«, der in der gesamten Landwirtschaftsproduktion ohne Zweifel die engsten und längsten Fäden im Handelsnetz hat. Im allgemeinen rechnet man dies der Unorganisiertheit des Marktes an, eigentlich unzulässig in einer Zeit der Rationalisierung, daß diese Produkte durch viele Zwischenhändler gehen und es große Preisunterschiede zwischen dem kg/Lebendvieh und einem Kalbssteak oder -schnitzel im Laden des Schlächters gibt.

Vier besondere Charakteristiken »des Fleisches« gestatten es an erster Stelle, die Preisdifferenzen zwischen den einzelnen Stufen des Handels und die Unbeweglichkeit des Vermarktungssystems zu erklären: das »Fleisch« (Lebendtier, Schlachtkörper, Schnitzel) ist ein Gesamtprodukt; sein Preis ist hoch und beherrscht die relativ schwachen Marktpreise; die Ware ist schwer einzuschätzen und verliert mit der Lagerung an Wert.

Unter Beachtung dieser Gesichtspunkte hat es nicht an Ansätzen gemangelt, die Fleischmarktprobleme zu lösen. Von den verschiedenen Versuchen verdient eine von den Landwirten ausgehende Initiative besondere Beachtung: das ist die des *SICA-Fleisches* (SICA = Kollektive Landwirtschaftliche Interessengemeinschaft). Diese Aktion greift übrigens in das Gebiet der Entwicklung der Vermarktungsstruktur ein und will den Handel zugunsten der Erzeuger gestalten.

Versuch der Beherrschung des Marktes durch den Produzenten: das SICA-Fleisch

Die Leitidee für die Entstehung dieser Gesellschaft war, ein Führungsinstrument zu schaffen und für eine bessere Marktorganisation zu arbeiten mit dem Ziel, dem Produzenten einen gerechten Preis zu ermöglichen. Um das zu erreichen, ist das Hauptziel zunächst gewesen, einen höheren Preis für den Produzenten zu erreichen, um ihm so eine genügende ökonomische Grundlage zu schaffen und die Produktion zu organisieren.

Tatsächlich muß man sich fragen, ob dieses angestrebte Ziel erreicht wurde. Hierbei stellte man fest, daß der Durchschnittspreis, verlangt vom Landwirt, sich kaum vom Preis unterscheidet, der vom üblichen Handel gezahlt wurde. Jede Veränderung des Handelssystems führt zur Anhäufung spezifischer Kosten. Es gibt dafür zahlreiche Ursachen, von denen einzelne im professionellen Handel manchmal gar nicht vorhanden sind. Es ist schade, daß die SICA, wenn sie die Tätigkeit der ihnen naturgemäß feindlich gegenüberstehenden Händler ausüben will, statt eine Übereinkunft zu erzielen, sich in Konkurrenz zu ihnen stellt, sowohl im Preis ihrer Lieferungen als auch im Absatzgebiet. Dazu kommt, daß die Aufträge, die von der SICA übernommen wurden und deren Kosten in Rechnung gestellt werden mußten, gelegentlich weniger ertragsgünstig von ihnen durchgeführt wurden als von den Händlern des privaten Sektors, der schon lange auf Rentabilität ausgerichtet ist. Unabhängig davon hat die SICA doch das Verdienst gehabt, die Front der Unorganisiertheit des Vieh- und Fleischmarktes anzugreifen. Man muß das Ergebnis ihrer Tätigkeit mehr im Erwecken eines Verständnisses beim Erzeuger für die Probleme der Vermarktung sehen als in der spektakulären Realisierung.

Entwicklung der Handelsstrukturen

»Die Innung der Fleischer ist vielleicht das treueste Überbleibsel des Handwerks in Frankreich seit Jahrhunderten, mit ihrer guten Arbeitstradition, ihrer soliden Berufserfahrung und ihrer starren Unbeweglichkeit« konnte ROBERT MALSAGNE schreiben.

In der Tat war der Fleischmarkt lange Zeit einzigartig durch das Bestehen von besonderen Handelsstrukturen. Diese Strukturen sind durch die Dauerhaftigkeit vorherrschender traditioneller Gepflogenheiten und durch eine

Anmerkungen zur Ökonomie

äußerst umfassende Preisbildung für die verschiedenen Handelsstadien charakterisiert. Diese Ungewöhnlichkeit hat verschiedene Ursachen: Fehlen oder Unzulänglichkeiten der Klassifizierung, keine offiziellen Notierungen, Einschalten von Kleinhändlern und der Öffentlichkeit während der gesamten Vermarktung.

Die Kleinhändler haben immer nach außen ihr eigenes Gesicht neben dem familiären und handwerklichen ihres Unternehmens gehabt. Übrigens haben sich bis auf die letzten Jahre die großen Firmen vom Fleischmarkt (wie vom gesamten Nahrungsmittelhandel) zurückgehalten, denn es handelte sich um eine unterschiedliche und verderbliche Ware, deren zahlreiche Unterarten keine sehr großen Posten beim Verkauf zuließen. Die Verbesserung der Lebensbedingungen, die Erhöhung der Verbrauchsmengen und die Entwicklung der Technik, die eine Industrialisierung der Produktion und der Weiterverarbeitung des Fleisches gestatteten, haben die großen Firmen veranlaßt, ihren Anspruch geltend zu machen. Man trug zu einer Konzentration der Produkte durch Integration (häufig durch die großen Futtermittelhersteller), der Schlachtung und Zerlegung durch industrielle Verarbeitungsbetriebe und beim Verkauf im einzelnen durch eine große Vielfalt bei.

Diese *Konzentration* wurde immer mehr begünstigt durch die Entwicklung eines neuen Verbrauchers: die »Gemeinschaftsküchen«. Die Einrichtung einer durchgehenden Arbeitszeit bei Unternehmen und Verwaltungen, eine vermehrte Einstellung von weiblichen Arbeitskräften, die Verlängerung der Ausbildung, die Dezentralisierungen der Fachrichtungen haben beträchtlich zur Zunahme der Mahlzeiten außer Hause beigetragen.

Das Kalb wird besonders geschätzt in den Gemeinschaftseinrichtungen, denn sie können den Schlachtkörper im Ganzen erwerben: die Zartheit, oft über den Geschmack gestellt, schafft eine gute Aufnahme dieses Fleisches beim Angebot in der Kantine. Jedoch ist der Leiter einer Gemeinschaftseinrichtung viel stärker als ein Restaurantleiter an die Größe der Portionen und den Preis des Essens gebunden, außerdem reagiert die Nachfrage in den Kantinen viel sensibler auf Preisverschiebungen.

So hatte eine direkte Erhebung in dem Ballungsgebiet um Toulouse ergeben, daß bereits 1971 13 % der Kalbfleischtonnage in Gemeinschaftseinrichtungen verzehrt wurden; ein Jahr später war dieser Wert infolge eines sehr starken Preisanstieges auf 3 % gesunken.

In bezug auf die bereits erwähnte Verteilung unterscheidet sich das Kalb kaum von anderen Fleischarten, wie die Tabelle X/9 zeigt. So verkörpert der traditionelle Fleischverkauf immer noch mehr als 70 % des Kleinhandelsmarktes. Aber die Mengen, die durch die Kleinhändler verkauft werden, sind nahezu konstant, und es sind besonders die neuen Gesichtspunkte des Verkaufs, vor allem die großen Absatzgebiete, die von der Ausweitung des Marktes am Rande der großen Städte profitieren.

Jedoch zwingt der Konkurrenzkampf die Kleinhändler dazu, ihre Verkaufskraft besser in Geltung zu bringen und man stellt eine gewisse Spezialisierung in ihrer Tätigkeit fest. Tatsächlich kommen sich die Kleinhändler/ Schlächter/Großhändler von Vieh nicht ins Gehege außer in einzelnen ländlichen Gebieten, und die Kleinhändler beschränken sich mehr und mehr auf den Verkauf von Teilstücken. Aber da man ständig den Umsatz erhöhen und sich dem Wechsel der Verbrauchsgewohnheiten angleichen muß, versucht der Kleinhändler nicht nur Fleisch zu verkaufen, sondern mehr und mehr auch andere Nahrungsmittel.

Wenn diese verschiedenen Geschäfte auch im wesentlichen nur einen geringen Teil des Gesamtumsatzes ausmachen, sind sie ein indirekter Beitrag zu seiner Entwicklung. Indem sie die Rolle eines »Ersatzteillagers für Gemischtwaren« spielen, gelingt es ihnen spürbar, die

Tabelle X/9 Prozentuale Aufteilung der Kleinverkäufe (Haushalte) auf die verschiedenen Handelsformen am Beispiel des Jahres 1972 in Frankreich

Handelsform	Fleisch gesamt	Kalb gesamt
Märkte	7,2	8,8
Schlächter	73,8	71,2
Kaufhausabteilungen	6,8	6,8
Einzelhändler	6,6	7,0
Genossenschaften	1,3	1,4
Kleinhändler	3,5	4,2
Großhändler	0,7	0,7

Menge des gehandelten Fleisches zu vergrößern. Man hat häufig behauptet, daß in den großen Absatzgebieten der Zweig »Schlachtfleisch« den Ruf der Nahrungsmittelbranche begründete. Praktisch ist diese Erscheinung entgegengesetzt zu dem, was man bei den Kleinhändlern beobachten kann.

Im Gegensatz zur Entwicklung des Kleinhandels beobachtet man beim Großhändler über eine gewisse Konzentration hinaus manchmal eine Anhäufung von Tätigkeiten, der klassische Großhändler verwandelt sich zuweilen von einem Händler in einen Schlächter.

Diese Differenzierung in den Tätigkeiten zwischen dem Groß- und Kleinhändler, die auftreten kann, kommt als Anhängsel zu den Marktgepflogenheiten vor, als vorausschaubarer Umsatz, um die Kosten in bezug auf die verschiedenen Tätigkeiten zu decken.

Handelsumsatz:
Hoffnungen und Illusionen des Erzeugers [6]

Vereinfacht ist anzunehmen, daß es zwischen Produzenten und Konsumenten zwei Vermittler (Groß- und Kleinhändler) gibt, drei Märkte (für die Produktion, für den Großabsatz und für den Kleinhandel) und also auch drei Preisstufen. Durch Gegenüberstellung dieser drei Preise läßt sich das Preisgefüge zwischen den beiden Vermittlern feststellen, wobei es sich um Bruttopreise handelt.

Wird dieses Preisgefüge unter dem Gesichtspunkt der Saisonunterschiede untersucht, können wir vermuten, daß es Beziehungen zwischen den Produkten des Händlers und den Händlern des gleichen Produkts gibt (Abb. X/8 und X/9). So ist es beim Groß- wie beim Kleinhändler. Wenn sich die Marktlage für Rinder günstig gestaltet, ist sie beim Kalb schlecht und umgekehrt (denn der Klein- wie der Großhändler versuchen mit allen Anstrengungen, die Minderung ihrer Einkünfte in Grenzen zu halten und schaffen »Ausgleich« zwischen den Produkten). Wenn z. B. der Preis für Kalb (oder Rind) durch den Groß-

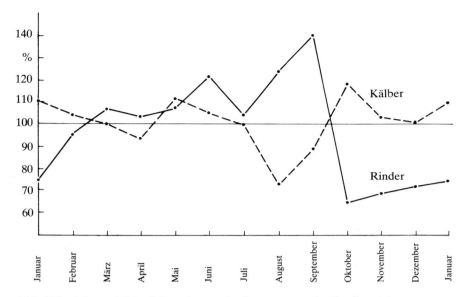

Abb. X/8 Jahreszeitliche Schwankungen im Bruttoumsatz des Großhandels (Rinder, Kälber)

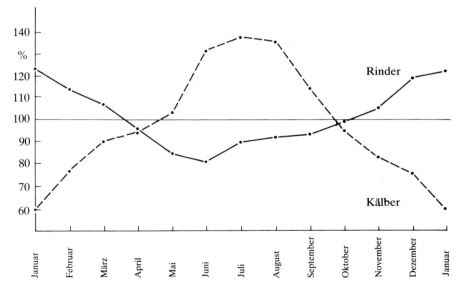

Abb. X/9 Jahreszeitliche Schwankungen im Bruttoumsatz des Kleinhandels (Rinder, Kälber)

händler angehoben wird, ist er beim Kleinhändler für das gleiche Produkt niedrig und umgekehrt.

Die logische Folgerung dieses Antagonismus zwischen Groß- und Kleinhändlern, was das Gesamtpreisgefüge und seine Einwirkung auf den Handel allgemein betrifft, ist ein annähernd gleichbleibendes Preisniveau, das vorausschaubar ist: Es schwankt zwischen 25 und 30 % des Kaufpreises für den Verbraucher. Der Kostenteil beträgt etwa 2/3 beim Klein- und 1/3 beim Großhandel.

Wenn man die Nettogewinne betrachtet, so schwanken sie um 1 % bei den Groß- und 5 % bei den Kleinhändlern (3 % in den Großabsatzgebieten).

Dies ist nicht ungewöhnlich hoch, und die landwirtschaftlichen Organisationen, die sich auf den Fleischhandel eingelassen haben, konnten dies bestätigen.

Das Gesamtpreisgefüge zeigt auch die Fragwürdigkeit von Aktionen, den Kleinhandelspreis durch eine Verminderung der Handelsunkosten zu senken; um den Verkaufspreis um 10 % herunterzudrücken (was die unterste Grenze zu sein scheint), müßte man die Kosten um ein Drittel reduzieren!

Eine Senkung des Kleinhandelspreises bedeutet nicht gleichzeitig eine Erhöhung des Gewinns des Produzenten als Folge der Kostenverminderung beim Handel. Sicherlich bedeutet dies auf keinen Fall, daß alles im derzeitigen Handelssystem vollkommen ist. Im Gegenteil! Aber der wichtigste Faktor für den Gewinn ist die Beherrschung des Angebots und die Abstimmung der Produktion. Es scheint, daß die Möglichkeiten der industriemäßigen Mastkälberproduktion ein Element zur *Regulierung des Mastkälbermarktes* für eine bessere Produktion sein könnten.

Die Bedeutung der industriemäßigen Mastkälberproduktion kann glauben machen, daß die Produktion von Saugkälbern völlig ausgeschaltet ist. Das ist wenig wahrscheinlich, denn mehr als 20 % der Kuhherden bestehen aus Reproduktionstieren, deren Nachkommen werden nicht mit Milchaustauschern aufgezogen. Mehr noch, der nationale Kälberkonsum ist keine Randerscheinung, sondern ein Teil des Marktes. Neben einer Massenkonsumtion, der eine Massenaufzucht in industriemäßigen Anlagen entsprechen müßte, findet man »Feinschmecker«, die eben »Qualitätsprodukte« verlangen, als Abnehmer für die »Saugkälber«. Wenn das industriemäßig traditionell aufgezogene Mastkalb möglicherweise ein Konkurrent des mittelmäßig traditionell aufgezogenen Kalbes sein kann, so steht die Frage nicht mehr, wenn es sich um »sehr gute Kälber« handelt. Es gibt dann zwei sich ergänzende Produkte.

Das *Saugkalb* ... das *Kalb mit Milchaustauschern* aufgezogen ..., es gibt da keinen Widerspruch. Angesichts eines kritischen Verbrauchers müssen Wille und Disziplin bei den Erzeugern gemeinsam aufgebracht werden, damit die Kälberproduktion ihren Platz auf dem Markt behaupten kann.

LITERATUR

[1] Codis, R., 1972 – Le veau de batterie dans le Sud-Ouest. C.T.G.R.E.F., Section Elevage, Toulouse.
[2] Chataigner, J., 1974 – Le veau de batterie: évolution des conditions de la production de 1963 à 1973. Laboratoire d'Economie rurale I.N.R.A., Toulouse.
[3] Jaar Kalfsvleesproduktie 1962–1972. Landbouw Economisch Instituut. Mars. 1973.
[4] Etude Economique de la production de veaux de lait en Limousin, campagne 1972–1973. C.T.G.R.E.F. de Clermont-Ferrand – Laboratoire d'Economie de l'Elevage I.N.R.A. – C.R.Z.V. Theix Clermont-Ferrand – Etude Nr. 21, S. 26–31.
[5] Mazenc, L., 1972 – Le marché de la viande bovine. Thèse de doctorat. Université des Sciences Sociales de Toulouse, Buch 1, S. 14.
[6] Mazenc, L., 1973 – Analyse des marges de commercialisation en France, en Republic Fédérale Allemagne et en Italie. Laboratoire d'Economie rurale, Toulouse.
[7] Les cahiers du Bureau Agricole Commun (B.A.C.) 74/4. Relation consommation – prix. Cas de la viande, S. 16.

Anhang XI

Katalog über die Erbschäden beim Kalb

Jeder einzelne Schaden wird nach folgendem Schema dargestellt:
- Name
- betroffene Rasse(n)
- Datum des Auftretens
- oder bei Fehlen: Datum der Beschreibung(en)
- Ort des Auftretens
- erbliche Einordnung
- Besonderheiten, Synonyme usw.
- Literaturangabe

Kreislauf und Blut
- Verlagerung der Herzkammern – Hereford – 1958 bis 1962 – USA (Neu-Mexiko) – Autosomal rezessiv – [1].
- Aneurisma der Darmarterien – Groningen – 1960 und 1961 – Holland – Autosomal rezessiv mit unvollständiger Durchschlagskraft – [1].

Verdauungsapparat und seine Anhänge
- Verlagerung des Afters – Ganjam – 1936 und 1937 – Indien – ? – [1].
- Fehlen des Kolons (Aplasie) – Frisonne (USA-Zweig) – 1961 – USA (Nordkarolina) – ? – Erkrankung genannt »Duocaecum« – [1].
- Frühsterblichkeit infolge Leberschäden – Jersey (USA) – 1947 – USA – Autosomal rezessiv – [1].
- Verschluß oder Fehlen des Ileums (Atresie) – Schwedisches Hochgebirgsrind – 1954 und 1955 – Schweden – Autosomal rezessiv – [1].

Weiblicher Geschlechtsapparat
- Unterentwicklung der Müllerschen Gänge (Hypoplasie) (Shorthorn-Typ) – Shorthorn – seit 1952 – England (und Belgien) – Autosomal rezessiv mit unvollständiger Durchschlagskraft – Synonym: Weißfärsen-Krankheit, White Heifer disease – [1].
- Unterentwicklung der Müllerschen Gänge (Frisonne–Typ) – Frisonne (europäisch-schwedischer und amerikanischer Zweig) – 1926 (USA) und 1956 (Schweden und USA) – Autosomal rezessiv – ähnlich der White Heifer disease der Shorthorn – [1].
- Unterentwicklung des Genitaltrakts – Ungarisches Rotbuntes Rind – seit 1957 – Ungarn – ? – [1].
- Free-Martinismus* – viele Rassen – seit 1916 (Lillie) – gesamte Welt – leukozytärer und Keimdrüsen-Chimärismus (XX-XY) – möglichst frühe Merzung – [5].
- Unterentwicklung der Keimdrüsen – Schwedisches Hochgebirgsrind, Finnisches Hornloses Rind – seit 1934 – Schweden, Finnland – ohne Zweifel ein pleiotroper Charakter, rezessiv mit unvollständiger Durchschlagskraft des autosomalen Gens, das die weiße Farbe der Rasse bestimmt – tritt bei beiden Geschlechtern auf, besonders linksseitig – [1].
- Bestehenbleiben des Hymens – Chianina (Variation Perusa) – seit 1948 – Italien – ? – [16].
- Fehlen des Eutergewebes (Aplasie) – Braunvieh der Schweizer Alpen – seit 1952 – Schweiz – Autosomal dominant mit unvollständiger Durchschlagskraft, auf das weibliche Geschlecht begrenzt – [1].
- Vergrößerung des Eutergewebes (Hypermastie) – Frisonne (europäisch-schwedischer Zweig) – 1934 – Schweden – ohne Zweifel Autosomal dominant, auf das weibliche Geschlecht begrenzt – [1].
- Auftreten von Afterzitzen (Hyperthelie) (Typ Murbodner) – Österreichische Murbodnerrasse – 1959 – Österreich – Autosomal dominant mit unvollständiger Durchschlagskraft, auf das weibliche Geschlecht begrenzt – [1].
- Auftreten von Afterzitzen (Typ Europäisches Rotbuntes Rind) – Deutsches Rotbuntes Rind – 1956 – BRD – Autosomal dominant, auf das weib-

liche Geschlecht begrenzt? – in einem Fall mit Verdoppelung einer Vordergliedmaße verknüpft – [1].
- Unterentwicklung des Euterparenchyms (Hypoplasie) – Friesenrind in Deutschland – 1949 bis 1951 – BRD – Autosomal dominant, auf das weibliche Geschlecht begrenzt – [1].
- Fehlen von Zitzen (Hypothelie) – Guernsey-Rind in USA – 1932 – USA (Ohio) – Autosomal rezessiv – ebenfalls beim Bullen schwach bemerkbar – [1].
- Verengung der Zitzenkanäle (von vorn nach hinten) – Frisonne (niederländischer Zweig) – seit 1949 – Holland – ? ebenfalls beim Bullen schwach bemerkbar – [1].
- Zusammenwachsen der Zitzen – Hereford, USA seit 1941 – USA (Süd-Dakota) – Autosomal rezessiv auf weibliches Geschlecht begrenzt – Beobachtung bei weibl. Tieren mit einem Jahr und älter – bei Heterozygoten – Verengung der Zitzenkanäle – ? – [1].
- Flaschenzitzen – Rotbuntes Rind in BRD – 1963 – BRD – Autosomal rezessiv auf weibliches Geschlecht begrenzt – ? – [1].
- Trichterzitzen – Friesenrind (europäischer Zweig in BRD) – 1954 – BRD – Autosomal dominant mit unterschiedlicher Durchschlagskraft? – »Tellerzitze« zwischen »normal« und »Trichter« – [1].
- Degeneration der Keimdrüsen, des Urogenitalgangs und der Klitoris (Autosomales XX/XY-Syndrom) – mehrere Rassen z. B.: Holsteiner- und Simmentaler Rind – 1967 bis 1973 – USA und BRD – Mosaikmuster 60, XY/60, XX (verschiedene Gewebe), keine heterosexuellen Zwillinge, bei 4 Fällen sind 3 Nichtzwillinge und 1 weibl. Zwilling – homosexuell – Phänotyp verschieden: wirklicher Hermaphrodismus, männlicher Pseudohermaphrodismus, Free-Martinismus, Fehlen der Geschlechtsorgane. Ätiologie: Doppelbefruchtung und Absterben eines Embryos nach Gefäßanastomose, oder wahrscheinlicher: Vereinigung von 2 Eiern oder von 1 Ei und 1 Polkörperchen, von denen einer X-Träger und der andere Y-Träger ist – [18, 40].
- Weiblicher Pseudohermaphrodismus und wirklicher Hermaphrodismus – Simmentaler- und Holsteiner Rind – 1973 und 1970 – BRD und USA (New York) – Chimärismus 60, XX/90, XXY (verschiedene Gewebe) – [16, 29].
- Fehlerhafte Keimdrüsenausbildung (Dysgenesie)* – Kreuzung zwischen Charolais und Monbêliard – 1973 – Frankreich (Lyon) – ? – »Weiblicher« Phänotyp mit Karyotyp 60, XY – Analogie mit Unterentwicklung des Genitaltrakts? – [23].
- Fehlerhafte Keimdrüsenausbildung – Schwedisches Rotbuntes Rind – 1967 – Schweden – ? (Mutation, Wirkungen der Genformation im Falle der Translokation oder Verlagerung) – »Weiblicher« Phänotyp mit Karyotyp 60, X – [42].

Männlicher Geschlechtsapparat
- Degeneration der Hoden – Norwegisches Rotbuntes Rind – 1966 – Norwegen – Rezessiv gebunden an das Geschlecht oder Autosomal dominant mit begrenzter Wirkung beim männlichen Geschlecht – Hermaphrodismus mit Karyotyp 60, XY – [1].
- Degeneration der Hoden – Friesenrind (europäischer Zweig in der BRD) – 1971 – BRD – ? – Weiblicher Phänotyp mit Karyotyp 60, XY – [14].
- Bauchhoden (Kryptorchismus) und Verkürzung des Penis – Fleckvieh – 1967 – BRD – Chimärismus der Hodenzellen: 60, XY – 62, XX – [17].
- Beidseitige Unterentwicklung und unvollkommener Abstieg der Hoden – ? – 1969 – Südafrika – Leukozytärer Chimärismus 60, XX/60, XY – Zwilling: die Schwester des Tieres war Free-Martin von zweifelsfreier hormonaler Ätiologie (Chimärismus). Gewöhnlich ist das männliche Tier von normalem Phänotyp und fruchtbar – [19].
- Degeneration der Hoden – Frisonne (europäischer Zweig in Polen) – 1968 – Polen – ? – Pseudohermaphrodismus mit Karyotyp 60, XY – [24].
- Unterentwicklung der Geschlechtsdrüsen (Hypoplasie) – Schwedisches Gebirgsrind, Finnisches Hornloses Rind – seit 1934 – Schweden und Finnland – Zweifellos ein pleiotropes Merkmal, rezessiv mit unvollständiger Durchschlagskraft des autosomalen Gens, das die weiße Rassenfarbe bestimmt – bei beiden Geschlechtern und besonders linksseitig – [1].
- Penisfraktur – Chianina – 1956 – Italien – ? – Diagnose nach Geschlechtsreife – Synonym: Impotenz – [1] und [26].
- Mangelndes Ausschachtungsvermögen des Penis – Frisonne (europäischer Zweig in Holland) – 1937 und 1942 – Holland – Autosomal rezessiv mit Begrenzung auf das männliche Geschlecht – Diagnose nach Geschlechtsreife – [1].
- Verengung der Vorhaut (Phimosis) (Dauerstörung) – Aberdeen-Angus und Fleisch-Shorthorn

in den USA – 1964 – USA – ? – Diagnose nach Geschlechtsreife – [1].
- Eingezogener Penis – Friesenrind (europäischer Zweig in BRD) – 1959 bis 1965 – BRD – Autosomal dominant mit Begrenzung auf das männliche Geschlecht – nach Geschlechtsreife, Begattung ist unmöglich – [1].
- Keimdrüsenunterfunktion (Hypogonadismus)* – Simmentaler Rind – ? – und eine Kreuzung Charolais-Limousin – Frison – 1969, 1970, 1972, 1975 – BRD, Belgien, Frankreich (Tarn) – 1. Fall: Mosaikbildung XXY/XX/XY – 2. Fall: XXY – 3. Fall: Mosaikbildung XXY/XY – 4. Fall: XY – analog zum Klinefelter Syndrom beim Menschen – [16], [40], [41].

Skelett, Muskeln, Bewegungsapparat

- Riesenwuchs (Akromegalie) – Schwedisches Rotbuntes Rind in Schweden – 1960 bis 1966 – Schweden – Autosomal rezessiv – Verlängerung der Tragezeit – [1].
- Schwanzlosigkeit (Anurie) – Dänisches Rotbuntes Rind – seit 1930 – Dänemark – ? – Riesenkälber ohne Knorpelwachstum, verlängerte Tragezeit – [1].
- Schwanzverkürzung (Brachyurie) (Typ Frisonne) – Frisonne (europäischer Zweig in Ägypten) – 1964 – Ägypten – Autosomal rezessiv – [1].
- Schwanzverkürzung (Typ einheimisches Thailandrind) – Rasse Thailandrind – 1960 – Süd-Thailand – ? – [1].
- Bruch des Schwanzes (Typ Braunvieh der Alpen) – Braunes Allgäuer Rind – 1935 – Allgäu – Autosomal dominant – [1].
- Bruch des Schwanzes (Typ Rotes Hornloses Rind) – Rotes Hornloses Rind in den USA – 1936 – USA (Florida) – Autosomal rezessiv – [1].
- Unbeweglichkeit des Schwanzes (Typ Braunes Alpenrind) – Braunes Alpenrind in den USA – seit 1935 – USA – Autosomal rezessiv – [1].
- Unbeweglichkeit des Schwanzes (Typ Jersey) – Jerseyrinder in USA – seit 1935 – USA – Autosomal rezessiv – [1].
- Wirbelspaltung (Spina bifida) – Norwegisches Rotes Rind in Norwegen – 1966 – Norwegen – Autosomal dominant mit unvollständiger Durchschlagskraft – [1].
- Verkürzung der Wirbelsäule (Brachyspina) (Typ einheimisches Islandrind) – Islandrind in Island – 1935 – Island – Autosomal rezessiv – Vergleichbar mit der Brachyspina vom Typ Oplandaise? – [1].
- Verkürzung der Wirbelsäule (Typ Oplandaise) – Oplandaiser Rind in Norwegen – 1930 – Norwegen – Autosomal rezessiv – vergleichbar mit der vorigen Angabe? – [1].
- Verformung der Rippen – Italienisches Pisarind – 1956 – Italien (Pisa) – ? – [1].
- Lösung der Wirbel – Frisonne (europäischer Zweig in Polen) – 1964 – Polen – Autosomal rezessiv – [1].
- Nabelbruch – Frisonne (amerikanischer Zweig in USA und Kanada und europäischer Zweig in Indonesien) – seit 1930 – USA (Idaho), Kanada (Ontario), Indonesien – Autosomal rezessiv – [1].
- Muskelhypertrophie* – Zahlreiche Rassen: Frisonne, Rotbuntes Niederungsrind, Shorthorn, Schwarzbuntes Niederungsrind, Maine – Anjou, Charolaise, Blonde d'Aquitaine, Große und Mittlere Belgier, Italienische Piemonteser, Aberdeen Angus und amerikanische Hereford, verschiedene spanische Rassen – seit Ende des letzten Jahrhunderts – Holland, England, Deutschland, Belgien, Italien, Frankreich, Spanien, Amerika – Autosomal dominant mit unvollständiger Durchschlagskraft – Synonyma: Culard, Doppellender, Double Muscles, A groppa di Cavallo, Culones – derzeitig Benutzung von Doppellenderbullen zur künstlichen Besamung – Hoher Prozentsatz von polyploiden Zellen (Charolais) [1] und [9].
- Versteifung der Hüfte (Ankylose) (Typ Jersey) – Jerseyrinder in USA – seit 1931 – USA (Kalifornien) – Autosomal rezessiv – [1].
- Versteifung der Hüfte (Typ europäisches Rotbuntes Rind) – Rotbuntes Rind in Ungarn – 1959 – Ungarn – Autosomal dominant mit unvollständiger Durchschlagskraft – [1].
- Versteifung der Gliedmaßen – Einheimisches Japanrind in Japan – 1959 – Japan – Autosomal rezessiv – [1].
- Versteifung und Knorpelschwund der Gliedmaßen – Aberdeen-Angus in England – ? – England (Ecosse) – Autosomal dominant mit unvollständiger Durchschlagskraft – [1].
- Versteifung und Verdrehung der Gliedmaßen – Norwegische Rinder – seit 1928 und 1941 – 1942 – Norwegen – Autosomal rezessiv – [1].
- Versteifung der Gliedmaßen und Gaumenspalte – Charolaisrind in Frankreich – Untersuchungen seit 1967 – Frankreich – Autosomal rezessiv – [1].
- Knorpelschwund (Dyschondroplasie) der Gliedmaßen – Freiburger Rind in der Schweiz – seit 1950 – Schweiz – Autosomal rezessiv – Homo-

zygote werden »Schlitten-Kalb« (veau traîneur) genannt – [1].
- Versteifung der Vordergliedmaßen – Jersey in Neuseeland – 1950 – Neuseeland (Nord Auckland) – Autosomal rezessiv – [1].
- Fehlen der Gliedmaßen (Ektromelie) – Braunes Hochgebirgsrind in der Türkei – 1960 – Türkei (Bursa) – Autosomal rezessiv – Synonym: Beinlosigkeit – [1].
- Fehlen der Gliedmaßen und Kopfmißbildung* – Frisonne (europäischer Zweig) – seit 1927 – Schweden, Holland, Israel, Indonesien, England, Frankreich, Ägypten, Deutschland – Autosomal rezessiv – Synonyma: Akroteriasis congenita, Beinlosigkeit – [1].
- Überbeugung des Kniegelenkes – Brasilrind – 1945 – Brasilien (Sao Paulo) – Autosomal rezessiv – [1].
- Bänderverkürzung der Gliedmaßen – Milchshorthorn in Kanada – 1951 und 1952 – Kanada – Autosomal rezessiv – [1].
- Klauenverschlag – Jersey in USA und Südafrika – seit 1943 – USA (Kalifornien) und Südafrika – Autosomal rezessiv – Synonym: Laminitis (Südafrika) – [1].
- Klauenverbiegung – Jerseyrind in USA – ? – USA (Kansas) – ? – [1].
- Stummelbeine – Einheimisches Schwedenrind – 1927 bis 1934 – Schweden – Autosomal rezessiv – [1].
- Überzählige Zehen (Polydaktylie) (Typ Frisonne in USA) – Frisonne (amerikanischer Zweig in USA) – 1921 – USA (Illinois) – Autosomal dominant – [1].
- Überzählige Zehen (Typ Hereford) – Hereford in USA – 1945 – USA (Utah) – rezessiv gebunden ans Geschlecht? – [1].
- Überzählige Zehen (Typ Normandie)* – Normandierind in Frankreich – 1962 – Frankreich (Yonne) – Autosomal dominant mit unvollständiger Durchschlagskraft – [1].
- Überzählige Zehen (Typ Rotbuntes Schwedenrind) – Schwedisches Rotbuntes Rind in Schweden – 1963 – Schweden (Orebro) – Autosomal dominant mit unvollständiger Durchschlagskraft – [1].
- Verkürzung der Gliedmaßen (Brachymelie) – Braunes Höhenrind in UdSSR – 1932 – UdSSR – Autosomal rezessiv – [1].
- Verwachsen der Zehen (Syndaktylie) (Typ Frisonne) – Frisonne (Amerikanischer Zweig in USA) – seit 1948 – USA (Kansas) – Autosomal rezessiv mit unvollständiger Durchschlagskraft – [1] und [28].
- Verwachsen der Zehen (Typ Hariana) – Harianarinder in Indien – 1937 bis 1941 – Indien (Muttra, Vereinigte Provinzen) – Autosomal rezessiv – [1].
- Verwachsen der Zehen (Typ einheimisches Japanrind) – Einheimisches Japanrind in Japan – 1931 bis 1948 – Japan (Okayama und Tottori) – Autosomal rezessiv – [1].
- Verwachsen der Zehen (Typ Europäisches Rotbuntes Rind) – Europäisches Rotbuntes Rind in Österreich – 1956 – Österreich – Autosomal dominant mit unvollständiger Durchschlagskraft – [1].
- Versteifung der Gliedmaßen – Guernsey-Rind in USA – 1958 – USA (Iowa) – Autosomal rezessiv – Experimentelle Affektion (Inzuchtversuch) – [1].
- Versteifung der Vordergliedmaßen – Friesenrind (europäischer Zweig in Deutschland, der UdSSR und Brasilien) – 1935, 1938, 1951 – Deutschland, UdSSR, Brasilien – Autosomal rezessiv – [1].
- Versteifung der Vordergliedmaßen und Schwierigkeiten beim Schlucken – Frisonne (europäischer Zweig in Dänemark) – 1960 – Dänemark – Autosomal dominant mit unvollständiger Durchschlagskraft – [1].
- Hemmung des Knorpelwachstums (Achondroplasie) (Typ: Aberdeen-Angus) – Aberdeen-Angus in USA – seit 1941 – USA (Nebraska) – Autosomal rezessiv – [1].
- Hemmung des Knorpelwachstums (Typ Dexter) – Dexterrind, Herefordrind, Jerseyrind, Shorthornrind – seit 1904 – England, Schweiz (Dexter), USA (Texas: Hereford, Kalifornien: Jersey) – Autosomal dominant mit mittlerer Dominanz (Verdichtung), Letal rezessiv (Fehlen); Letal homozygot als »Bulldogge« bezeichnet; die betroffenen Herefordrinder werden »Duck-leged« genannt; der »Guinea-Typ« der Rinder der Florida Rasse ist der Anomalie bei den Dexterrindern vergleichbar – [1].
- Hemmung des Knorpelwachstums (Typ Frisonne I)* – Frisonne (europäischer Zweig in England, Deutschland, Schweden, Frankreich und vielleicht amerikanischer Zweig in USA) – seit 1927 – Frankreich, Deutschland, Schweden, England, Holland, USA – Autosomal rezessiv – das betroffene Kalb heißt »Bulldogge« – [1].
- Hemmung des Knorpelwachstums (Typ Frisonne II) – Friesenrind (europäischer Zweig in BRD) – seit 1949 – BRD – Autosomal dominant? – in deutsch »Pummel« – [1].
- Hemmung des Knorpelwachstums (Typ Guern-

sey) – Guernseyrind in England – seit 1948 – England (Guernsey-Insel) – Autosomal rezessiv – [1].
- Hemmung des Knorpelwachstums (Typ nördliches und mittleres Belgisches Rind) – Nord- und Mittelbelgien – 1967 – Belgien – Autosomal rezessiv – [1].
- Hemmung des Knorpelwachstums (Typ Hereford I) – Herefordrind in USA, (Aberdeen-Angus und Brahmanrind in USA?) – Untersuchungen erst seit 1950 – USA – Autosomal rezessiv – Synonyma: Schnarcher Zwerg, Bulldog Zwerg, Knirps, Preßziegel – [1] und [31].
- Hemmung des Knorpelwachstums (Typ Hereford II) – Herefordrind in USA (Nebraska) – Autosomal rezessiv – Synonym: Zahnbißmangel – [1].
- Hemmung des Knorpelwachstums (Typ Jaroslawl) – Jaroslawler Rind in UdSSR – seit 1934 – UdSSR – Autosomal rezessiv – [1].
- Hemmung des Knorpelwachstums (Typ Jersey) – Jerseyrind in USA seit 1927 – USA (Kalifornien) – Autosomal rezessiv – experimentelle Affektion (Inzuchtversuch) – [1].
- Hemmung des Knorpelwachstums (Typ Nganda) – Ngandarind in Uganda – 1933 – Uganda – Autosomal rezessiv? – Synonym: »Bulldogge« – [1].
- Hemmung des Knorpelwachstums (Typ Shorthorn) – Fleisch-Shorthorn in USA – seit 1940 – USA (Colorado, Nebraska, Kansas) – Autosomal dominant – es handelt sich vielleicht um das Dexter-Gen – Analogie mit der »Wackelente« der texanischen Herefordrinder – [1].
- Hemmung des Knorpelwachstums (Typ Schwedisches Rotbuntes) – Schwedisches Rotbuntes Rind in Schweden – 1953 – Schweden – Autosomal dominant – [1].
- Hemmung des Knorpelwachstums (Typ Telemark) – Telemarkrind in Norwegen – seit 1924 – Norwegen – Autosomal rezessiv – Linkagetest mit Dexter negativ – [1].
- Hemmung des Knorpelwachstums (Typ Tux-Zillertal) – Tux-Zillertalrinder in Österreich – 1925 – Österreich – ? – [1].
- Hemmung des Knorpelwachstums und Schwanzlosigkeit – Fleisch-Shorthorn in USA – 1940 – USA (Nebraska) – Autosomal rezessiv – örtliche Bezeichnung: »Stumpy« – [1].
- Hemmung des Knorpelwachstums und Hermaphrodismus – Jersey in USA – 1943 – USA (Ohio) – ? – [1].
- Allgemeine Gelenkversteifung (Ankylose) – Frisonne (amerikanischer Zweig in USA und europäischer Zweig in Deutschland) – 1931 – USA – Später auch in Deutschland – USA (Minnesota) und Deutschland – Autosomal rezessiv – [1].
- Allgemeine Gelenkversteifung und Gaumenspalte (Typ Friesland) – Friesenrind (europäischer Zweig in Deutschland) – 1940 – Deutschland – Autosomal rezessiv – [1].
- Allgemeine Gelenkversteifung und Gaumenspalte (Typ Hereford) – Herefordrind in USA – 1967 – USA – Autosomal rezessiv – [1].
- Allgemeine Gelenkversteifung und Gelenkwasserbildung – Frisonne (europäischer Zweig in Neuseeland) – 1940 bis 1949 – Neuseeland – Autosomal rezessiv – [1].
- Mangelnder Verschluß der Leibeshöhle (Schistosomie) – Friesenrind (europäischer Zweig in Deutschland) – seit 1937 – Deutschland (Pommern) – Autosomal rezessiv – [1].
- Anlage zur degenerativen Stoffwechsel-Myopathie des Kalbes* – Verschiedene Rassen, besonders die Limousinerinder – 1974 – Gesamte Welt – Vererbung umfassend (»besonderes genetisches Umfeld«) – [3].
- Hemmung des Knorpelwachstums (Typ Romagnol) – Romagnolrind in Italien – seit 1950 – Italien – Autosomal rezessiv oder dominant mit unvollständiger Durchschlagskraft? – (LAUVERGNE) oder Chromosomenanomalie: Translokation 1–28? (RUGIATI und FEDRIGO – mehrere Schweregrade [1] und [4].
- Angeborene beidseitige Rückgradverkrümmung* – Charolais – 1972 – Frankreich – Lyon – ? – Zentromerenfusion 1–29 – Beziehung möglich? – [10].
- Lumbalparalyse – Fleckvieh – 1970 – BRD – Trisomie X (mit Veranlagung in der Familie zu meiotischen Störungen) – Der Vater der betreffenden Linie hat bei den Nachkommen zahlreiche Anormalitäten hervorgebracht (Skelett, Herz, Kopf ...) und ein Kalb vom Karyotyp 61, XXY – [15].
- Verkürzung der Sehnen – Braunvieh in den Alpen – 1973 – Schweiz – ? – [25].
- Knorpeldystrophie – Angus, Hereford – 1974 – USA (Kansas) – Autosomal rezessiv – [28].
- Gliedmaßenverstümmelung mit Fehlen der Tibia (Hemimelie) – Gallowayrind in England und USA – 1948 und 1974 – England (Ecosse) und USA (Kansas) – Autosomal rezessiv – [1] und [28].
- Verwachsen der Zehen (Typ Chianina in USA) –

Chianinarind – 1974 – USA (Kansas) – Autosomal rezessiv mit unvollständiger Durchschlagskraft – Vergleich anatomisch mit der Zehenverwachsung vom Typ Frisonne – [28].
- Marmorknochenkrankheit (Osteopetrose) – Aberdeen-Angus – 1971 – USA (Kansas) – Autosomal rezessiv – Verbunden mit Brachygnathien analog zu der angeborenen Osteopetrose des Menschen – [28] und [36].
- Hemmung des Knorpelwachstums (Typ Rote Dänen) – Dänisches Rotbuntes Rind – 1974 – Dänemark – Autosomal rezessiv – [27].

Auge
- Fehlen des Augapfels (Anophtalmie) – Frisonne (europäischer Zweig in Ägypten) – 1964 – Ägypten – Autosomal rezessiv – Auftreten seit dem Versuch der Verbesserung der einheimischen Rasse der Baladirinder – [1].
- Fehlen des Augapfels – Einheimisches Japanrind in Japan – 1949 – Japan – Autosomal rezessiv – [1].
- Linsentrübung (Katarakt) (Typ Amerikanisches Frisonne) – Frisonne (amerikanischer Zweig in USA) – 1919 und 1920 – USA (Chicago) – Autosomal rezessiv – [1].
- Linsentrübung (Typ Jersey) – Jerseyrind in USA und Kanada – 1943, 1948, 1949, 1951 – USA (Kalifornien, New York) und Kanada (Quebec, Ontario) – Autosomal rezessiv – [1].
- Linsentrübung und Hornhautnarbe – Frisonne (europäischer Zweig in Neuseeland) – 1960 – Neuseeland – Autosomal dominant mit vollständiger oder unvollständiger Durchschlagskraft – [1].
- Blindheit mit Atrophie des Sehnervs – Einheimische Japanrasse in Japan – 1949 – Japan – Autosomal rezessiv – [1].
- Blindheit (Amaurosis) – keine bestimmte Rasse in Neuseeland – 1950 – Neuseeland – Autosomal rezessiv – [1].
- Hornhautnarbe (Leukoma) (Typ Braunvieh der Alpen) – Braunes Alpenrind – seit 1956 – Schweiz – Autosomal dominant mit unvollständiger oder rezessiver Durchschlagskraft – [1 25].
- Hornhautnarbe (Typ Frisonne) – Friesenrind (europäischer Zweig in BRD und England) – seit 1953 und 1959 – BRD und England – Autosomal rezessiv – [1].
- Nachtblindheit – Milchshorthorn in USA – 1926 – USA (Oklahoma) – Autosomal rezessiv – [1].
- Schielen (Strabismus) (Typ Jersey) – Jerseyrinder in USA – seit 1928 – USA (Kalifornien) – Autosomal rezessiv – Experimentelle Affektion (Inzuchtversuch) – Strabismus deutlich mit 6–12 Monaten, mit Anophtalmie – es besteht ein vielleicht erblicher Strabismus bei erwachsenen Shorthornrindern – [1].
- Blindheit – ? – 1974 – UdSSR – Autosomal dominant – [34].
- Verkleinerung des Augapfels (Mikrophthalmie) – (Weiße) Shorthorn – 1963 – USA – ? – Verbunden mit anderen Anomalien (Wasserkopf, Gaumenspalte) – [38].

Nervensystem
- Bewegungsstörungen vom Gehirn-Rückenmark ausgehend (Typ Hereford) – Herefordrind in Kanada – 1957 – Kanada – Autosomal rezessiv? – [1].
- Bewegungsstörungen vom Gehirn-Rückenmark ausgehend (Typ Shorthorn) – Shorthornrind in Kanada und USA – seit 1957 – Kanada und USA (Montana) – Autosomal rezessiv – [1].
- Bewegungsstörungen mit Unterentwicklung des Kleinhirns (Typ Frisonne) – Frisonne (amerikanischer Zweig in USA) – 1958 – USA (Idaho) – Autosomal rezessiv – Verbunden mit Gehirnschwund – [1].
- Bewegungsstörungen mit Unterentwicklung des Kleinhirns (Typ Hereford) – Herefordrind in England – 1936, 1938 und 1939 – England – Autosomal rezessiv – [1].
- Bewegungsstörungen mit Unterentwicklung des Kleinhirns (Typ Jersey) – Jerseyrind in USA, Kanada und Polen – 1937, 1952 und 1964 – USA (Kalifornien), Kanada, Polen – Autosomal rezessiv – Experimentelle Affektion in USA (Inzuchtversuch) – [1].
- Bewegungsstörungen mit Unterentwicklung des Kleinhirns (Typ Shorthorn) – Shorthornrind in Australien – 1962 und 1963 – Australien (Staat Victoria) – Autosomal rezessiv – [1].
- Gehirnschwund (Mikroenzephalie) – Herefordrind in Neuseeland – 1958 – Neuseeland (Gisborne) – Autosomal rezessiv – [1].
- Fallsucht (Epilepsie) (Typ Braunvieh) – Braunvieh in USA – seit 1930 – USA – Autosomal dominant mit unvollständiger Durchschlagskraft – [1].
- Fallsucht (Typ Rotes Schwedenvieh) – Rotes Schwedenrind in Schweden – 1943 – Schweden – Autosomal rezessiv – [1].
- Wasserkopf (Hydrozephalie) (Typ Ayrshire) – Ayrshirerind in USA – 1909, 1913, 1961, 1967 –

- USA (Kansas, Pennsylvanien) – Autosomal rezessiv – Analog zum WILSONsyndrom des Menschen – [1].
- Wasserkopf (Typ Frisonne) – Frisonne (amerikanischer Zweig in USA und Kanada) – ? und 1956 – USA und Kanada – Autosomal rezessiv (unvollständige Durchschlagskraft des Gens bei den Heterozygoten) – Wahrscheinlich Ähnlichkeit zwischen den Fällen in Amerika und Kanada – [1].
- Wasserkopf (Typ Hereford) – Herefordrind in USA – 1959, 1961, 1962, 1964 – USA (Neu-Mexiko, Nebraska) – Autosomal rezessiv – Verbindung mit schweren Augenanomalien; viele experimentelle Kreuzungen durchgeführt – [1].
- Wasserkopf (Typ Jersey) – Jerseyrind in USA – 1953 – USA – ? – Mißbildung hervorrufende Affektion? (Mangel an Karotin bei den weiblichen Kälbern) – [1].
- Wasserkopf (Typ Marchienne) – Marschrind in Italien – 1949 bis 1952 – Italien – Autosomal rezessiv – [1].
- Nervenlähme der Hintergliedmaßen (Paralyse) – Rotes Dänenrind in Dänemark – seit 1930 – Dänemark – Autosomal rezessiv – Bemühungen um eine wirksame Bereinigung – [1].
- Nervenlähme der Hintergliedmaßen und Hornhautnarbe – Hornloses Norwegerrind – 1936 bis 1942 – Norwegen – Autosomal rezessiv – [1].
- Nervenlähme des Schwanzes – Rotes Niederungsrind in Holland – 1954 – Holland – Autosomal rezessiv – [1].
- Dauerkrämpfe (Typ Hereford) – Herefordrind in USA – seit 1952 – USA (Tennessee) – Autosomal rezessiv – Experimentelle Affektion (Inzuchtversuch) – Synonym: »Doddler« – [1].
- Zeitweilige Krämpfe (Typ Frisonne) – Friesenrind (europäischer Zweig in Deutschland) – 1937 – Deutschland – Autosomal rezessiv – [1].
- Zeitweilige Krämpfe (Typ Jersey) – Jerseyrind in USA – 1944 – USA – Autosomal rezessiv – Systematisch durchgeführte Inzucht bei den fraglichen Herden – [1].
- Gesichtszucken (Typ Jersey) – Jerseyrind in Südafrika – 1964 – Südafrika – Autosomal rezessiv – [1].
- Gesichtszucken (Typ Zentraleuropäisches Rotbuntes) – Rotbuntes Rind in Deutschland – 1935, 1939, 1940, 1952, 1955 – Deutschland – ? – [1].
- Wasserkopf und Herzschäden* – Limousinerind in Frankreich – 1969 – Frankreich (Tarn) – Autosomal dominant mit unvollständiger Durchschlagskraft – [2].
- Krampfartige Nervenlähmung* – Zahlreiche Rassen (Frisonne, Rotbuntes Niederungsrind, Zentraleuropäisches Rotbuntes, Rote Dänen, Aberdeen-Angus usw.) – seit 1932 – Gesamte Welt – ? – tritt mit Geburt auf, charakteristisch mit 4 Monaten – [1] und [3].
- Schwere Anomalien des zentralen Nervensystems – Rotbuntes und Schwarzbuntes Rind in Deutschland – 1971 – BRD – bei 25 Kälbern: 1 Zentromerenfusion (1–29), 1 Tandemfusion, 23 Mosaikmuster, diplo-tetraploid – [12].
- Spinale Bewegungsstörungen – Afrikarassen – 1969 – Südafrika – ? – [33].

Kopf

- Hasenscharte – Shorthornrind in USA und Kanada – 1952, 1958, 1962 – USA (Kansas) und Kanada (Ontario) – Autosomal dominant mit sehr schwacher Durchschlagskraft? – [1].
- Hasenscharte mit Gaumenspalte – Rotes Niederungsrind in Holland und Polen – 1950 und 1965 – Holland (Eindhoven) und Polen – Autosomal rezessiv – Synonym: Cheilopalatoschisis – [1].
- Anomalie der Entwicklung der Schneidezähne – Frisonne (amerikanischer Zweig in USA) – 1918 – USA (Wiskonsin) – Autosomal dominant mit unvollständiger Durchschlagskraft – haarlose Stellen an Kopf und Schwanz – [1].
- Fehlen des Unterkiefers (Agnathie) – Jersey in USA – seit 1937 – USA (Kentucky) – Autosomal rezessiv – [1].
- Verkürzung des Unterkiefers (Brachygnathie) – Milchshorthornrind in USA, Neuseeland, England – seit 1937 – USA (Ohio), Neuseeland, England (Nottingham) – Autosomal rezessiv – Synonyma: »Impacted Molars, Papageienschnabel« – [1].
- Fehlen des Kiefergelenks – Einheimisches Japanrind in Japan – 1949 – Japan – Autosomal rezessiv? – [1].
- Vorkiefrigkeit (Prognathismus) – Friesenrind (europäischer Zweig in BRD) – 1966 und 1967 – BRD – Autosomal dominant mit unvollständiger Durchschlagskraft – [1].
- Kurzschädeligkeit (Brachyzephalie) – Rotbuntes Rind in Zentraleuropa oder Friesenrind (europäischer Zweig in BRD) – seit 1947 – BRD – Synonym: »Mopsig« – [1].
- Kurzschädeligkeit und Vorkiefrigkeit – Jersey-

- rind in USA – 1949 – USA (Columbia in Florida) – Autosomal dominant – Verminderung der Sehkraft (gleichsam Blindheit) – [1].
- Seitliche Verbiegungen der Kopfknochen – Jerseyrind in Südafrika – seit 1951 – Südafrika – Autosomal rezessiv – [1].
- Ramskopf* – Limousinerind in Frankreich – seit 1957 – Frankreich – Autosomal dominant mit unvollständiger Durchschlagskraft – [1].
- Fehlen der Nasenöffnungen – Braunes Höhenrind in Jugoslawien – 1936 – Jugoslawien (Kroatien) – Autosomal dominant mit unvollständiger Durchschlagskraft – Synonym: »Atresia nasium« – [1].
- Verdoppelung der Ohren – Brahmanrind in USA – 1924 – USA (Texas) – Autosomal dominant mit unvollständiger Durchschlagskraft – [1].
- Verkürzung des Unterkiefers – Zentraleuropäisches Rotbuntes Rind in Rumänien – 1963 bis 1967 – Rumänien – Autosomal rezessiv – Normaler Karyotyp – [8].
- Geschwülste in den Ohren (Typ Ayrshire) – Ayrshirerind in Japan und Neuseeland – 1915 und 1957 – Japan und Neuseeland – Autosomal dominant von mittlerer Dominanz – [1].
- Geschwülste in den Ohren (Typ Jersey) – Jerseyrind in USA – 1922 – USA (Texas) – Autosomal dominant – [1].
- Geschwülste in den Ohren (Typ Norwegen) – Norwegerrind in Norwegen – seit 1923 – Norwegen (Ostfold) – Autosomal dominant mit unvollständiger Durchschlagskraft – unbekannte Homozygotie – [1].
- Verkürzung des Unterkiefers – Rotbunt, Holstein, Fleckvieh und Rotvieh, Braune Schweizer – 1968, 1969, 1970, 1971, 1972 – BRD, Japan, USA (New York) – Autosomale Trisomie (Nr. 28?) – oft mit schweren Mißbildungen verknüpft – [7] und [21].
- Hasenscharte – Braunvieh – 1973 – Schweiz – ? – [25].

Haut und -anhänge

- Lose Hornhaut – Frankenrind in BRD – 1955 und 1957 – BRD – Autosomal rezessiv mit unvollständiger Durchschlagskraft – [1].
- Unvollständige Hornhautbildung (Keratogenese) – Rotes Niederungsrind in Holland – seit 1955 – Holland – Autosomal rezessiv – Auftreten mit 1 bis 12 Monaten – Schädigungen am Grund der Maulhöhle, des Schlundes und der Vormägen (symptomatische Analogie zur MKS) – [1].
- Bindegewebsdefekt (Dermatosparaxie) – Nördliches und Mittleres Belgisches Rind – 1959 und 1967 – Belgien – Autosomal rezessiv – [1] und [32].
- Unvollständige Oberhautbildung (Epitheliogenese) (Typ Frisonne und Ayrshire) – Frisonne (amerikanischer und europäischer Zweig), Ayrshirerind in USA – seit 1912 – USA (Frisonne: Wisconsin, Ayrshire, New York) – Autosomal rezessiv – [1].
- Unvollständige Epithelbildung (Typ Rote Schweden) – Rotes Schwedenrind in Schweden – 1956 – Schweden – Autosomal rezessiv – [1].
- Klauenzwischenhautbildung – Frankenvieh, Frisonne, Rotes Niederungsrind in BRD, Rotes Ungarisches Rind – 1953, 1955, 1960, 1961, 1962 und 1964 – BRD und Ungarn – ? – [1].
- Exudative und nekrotische Hauterkrankung – (Dermatose) – Frisonne (europäischer Zweig in England) – 1951 bis 1961 – England – Autosomal rezessiv – erste Symptome mit 6 bis 10 Wochen – [1].
- Fischschuppenkrankheit (Ichthyosis) (Typ Rote Dänen) – Rotes Dänenrind in Dänemark – 1890 und 1960 – Dänemark – Autosomal rezessiv – [1].
- Fischschuppenkrankheit (Typ Frisonne) – Frisonne (amerikanischer Zweig in Kanada) – seit 1955 – Kanada (Ontario) – Autosomal rezessiv – [1].
- Fischschuppenkrankheit (Typ Einheimische Japaner) – Einheimisches Japanrind in Japan – 1952 – Japan – Autosomal rezessiv – verbunden mit mangelnder Schilddrüsensekretion – [1].
- Fischschuppenkrankheit (Typ Norweger) – Leichtes Norwegerrind in Norwegen – 1940 bis 1948 – Norwegen (Vestfold) – Autosomal rezessiv – [1].
- Unvollständige Epithelbildung der Zunge – Frisonne (europäischer Zweig in Holland) – seit 1930 – Holland – Autosomal rezessiv – Synonym: »Gladde Tongue« (glatte Zunge); Veränderungen sind verbunden mit solchen an Haut und Klauen, Eisenmangel, Verkleinerung der Blutkörperchen – [1].
- Fehlen der Behaarung (Alopezie) (Typ Frisonne) – Frisonne (europäischer Zweig in Schweden, Deutschland und England) – seit 1927 – Schweden (Slöinge), Deutschland, England – Autosomal rezessiv – Ausmerzung erfolgreich in Schweden – [1].
- Fehlen der Behaarung (Typ Guernsey) – Guern-

seyrind in USA – 1953 und 1963 – USA (New York, Kalifornien) – Autosomal rezessiv – [1].
- Fehlen der Behaarung (Typ Jersey) – Jerseyrind in USA – 1943 – USA (Ohio) – Autosomal rezessiv – [1].
- Fehlen der Behaarung (Typ Pinzgau) – Pinzgauer Rind in Rumänien und Österreich – 1962 und 1967 – Rumänien (Nassaud) und Österreich – Autosomal rezessiv – [1].
- Fehlen der Behaarung und Zähne* – Maine-Anjourind oder Normandierind in Frankreich – 1947 bis 1948 – Frankreich – rezessiv ans Geschlecht gebunden – Anomalie vergleichbar der beim Menschen bekannten – [1].
- Fehlen der Behaarung, Kieferverkürzung mit Fehlen der Zähne – Jerseyrind in USA – 1935 – USA (Texas und Kalifornien) – Autosomal rezessiv – in Texas, experimentelle Affektion (Inzuchtversuch) – [1].
- Fortschreitendes Fehlen der Behaarung, streifenweise – Frisonne (amerikanischer Zweig) – 1953 – USA (Kansas) – Dominant gebunden ans Geschlecht mit letaler Wirkung, falls keine Kompensation durch ein normales Homolog erfolgt – Tiere bei Geburt fast normal – [1].
- Fortschreitendes Fehlen der Behaarung in diffuser Form – Frisonne (europäischer Zweig in England) – seit 1947 – England – Autosomal rezessiv – Haarausfall beginnt mit etwa 6 Monaten – [1].
- Fehlen der Behaarung (Typ Finnland) – Hornloses Finnlandrind in Finnland (Hailnotoinsel) – 1960 und 1961 – Autosomal rezessiv – verlängerte Tragezeit – [1].
- Lockenhaar (Typ Ayrshire) – Ayrshirerind in USA – seit 1942 – USA (Kansas) – Autosomal dominant – Synonym: »Karakul« – Tiere sonst normal – [1].
- Lockenhaar (Typ Europäisches Rotbuntes) – Europäisches Rotbuntes Rind in der Schweiz – 1966 – Schweiz – ? – Synonym: »Frisierkälber« – Erbanlagenträger eliminiert – [1].
- Lockenhaar (Typ Einheimische Schweden) – Einheimisches Schwedenrind – 1942 – Schweden (Gävleborg) – Autosomal dominant – Synonym: »Karakul« – [1].
- Unvollständiger Pigmentmangel (Albinismus) – Frisonne (amerikanischer Zweig in USA, später in Japan) – seit 1920 – USA (Minnesota, Wiskonsin), Japan – Autosomal rezessiv – Synonym: »Ghost-Pattern« (Geistertier) – [1].
- Pigmentmangel mit »Glasauge« – Herefordrind in USA – seit 1951 – USA (Kansas) – Autosomal dominant – in England »Glass-eyed albinism« (Glasaugenalbinismus) – [1].
- Fast vollständiger (sub-total) Pigmentmangel (Typ Braunvieh) – Braunes Höhenrind in Schweizer Alpen – seit 1958 – Schweiz – Autosomal rezessiv – lichtscheu – [1] und [25].
- Fast vollständiger Pigmentmangel (Typ Braunes Alpenvieh) – Braunes Höhenrind in Italienischen Alpen – seit 1967 – Italien – Autosomal rezessiv – sicherlich identisch mit voriger Angabe – [26].
- Fast vollständiger Pigmentmangel (Typ Europäisch Frisonne) – Frisonne (europäischer Zweig in Deutschland, später in Holland) – seit 1926 – Holland, Deutschland (Niederschlesien) – Autosomal rezessiv – lichtscheu – [1].
- Fast vollständiger Pigmentmangel und Syndrom der Aleutenkrankheit – Herefordrind in USA – seit 1958 – USA (Washington) – Autosomal rezessiv – verminderte Lebensfähigkeit – (Aleutenkrankheit = Anormalität der neutrophilen und basophilen Leukozyten) – [1].
- Totaler Pigmentmangel (Typ Braunvieh) – Braunes Höhenrind in Deutschen Alpen und (vielleicht) in Österreich – seit 1930 und 1931 – Deutschland (Württemberg) und Österreich – Autosomal rezessiv – Lichtscheu – [1]. Gleichheit mit dem Typ »sub-total« (1974) nachgewiesen – [29].
- Totaler Pigmentmangel (Typ Murbodner) – Murbodnerrind in Österreich – 1959 – Österreich – Autosomal rezessiv – [1].
- Vermehrte Behaarung – Frisonne (europäischer Zweig in Deutschland und Indonesien) – seit 1943 – Deutschland (Hannover) und Indonesien – Autosomal dominant – Störung des Wärmehaushalts, verminderte Leistung – [1].
- Verminderte Behaarung (Typ Guernsey) – Guernseyrind in USA – seit 1951 – USA (Kalifornien) – Autosomal rezessiv – Tragezeit verlängert – [1].
- Verminderte Behaarung (Typ Hereford) – Hornloses Herefordrind in USA und Australien – seit 1926, 1950 und 1953 – USA (Oklahoma, Kalifornien) und Australien – Autosomal rezessiv – schwacher Wuchs, Sonnenempfindlichkeit, Wildtiercharakter – [1].
- Verminderte Behaarung (Typ Japan) – Einheimisches Japanrind in Japan – 1949 – Japan – Autosomal rezessiv – totgeborene Kälber – [1].
- Verminderte Behaarung (Typ Rotes Niederungs-

vieh) – Rotes Niederungsrind in Luxemburg – 1958 – Luxemburg – Autosomal rezessiv – Lebensfähigkeit normal – [1].
- Haarlosigkeit (Typ Braunes Alpenvieh) – Braunes Höhenrind in Alpen – 1973 – Schweiz – ? – [25].
- Pigmentmangel (Typ Schweizer Fleckvieh) – Rotes Schweizer Fleckvieh in der Schweiz – seit 1969 – Schweiz – Autosomal rezessiv – Genetisch verschieden vom »fast vollständigen Pigmentmangel« des Braunen Alpenviehs in der Schweiz – [27] und [35].
- Vermehrte Pigmentablagerung (Melanismus) – Balirind – seit 1962 – Indonesien – Autosomal dominant – [30].

Drüsen mit innerer Sekretion
- Kropfbildung – Afrikandervieh – seit 1928 – Südafrika – Autosomal rezessiv – [1].

Verschiedenes
- Zell-Wassereinlagerung (Hydropisie) (Typ Ayrshire) – Ayrshirerind – seit 1936 – Finnland, Neuseeland, Kanada, England, USA – Autosomal rezessiv mit unvollständiger Durchschlagskraft – Synonym: »Dropsy« (Tröpfchen) – [1].
- Zell-Wassereinlagerung (Typ Frisonne) – Frisonne (europäischer Zweig in Schweden und Holland) – seit 1935 – Schweden und Holland – Autosomal rezessiv – [1].
- Blutstoffwechselstörung (Porphyrie) (Typ Hereford) – Herefordrind in USA (Arkansas) – ? – andere Porphyrien treten nur bei älteren Tieren auf (Typ Frisonne, Typ Shorthorn) – [1].
- Blutstoffwechselstörung (Typ Jamaika) – Schwarzes und rotes Jamaikarind – 1958 – Jamaika – Autosomal rezessiv – andere Porphyrien treten nur bei älteren Tieren auf (Typ Frisonne, Typ Shorthorn) – [1].
- Mumifikation des Fetus – Rotes Dänenrind in Dänemark – 1930 und 1953 – Dänemark – Autosomal rezessiv – [1].
- Debilität – Braunes Höhenrind in Rumänien – 1958 – Rumänien – Autosomal mit unvollständiger Durchschlagskraft – [1].
- Autosomaler Letalfaktor – Frisonne (amerikanischer Zweig in USA – 1953 und 1956 – USA (Nevada) – Autosomal rezessiv – [1].
- Geschlechtsgebundener Letalfehler – Anglerrind in Deutschland – 1940 – Deutschland – rezessiv mit X-Faktor? – [1].

- Zwergwuchs (Nanismus) (Typ Afrika) – mehrere bodenständige Rassen in Afrika – 1953 – Gesamtafrika – ? – Früher mehr verbreitet – [1].
- Zwergwuchs (Typ Frisonne) – Frisonne (europäischer Zweig in BRD) – 1959 – BRD (Mariensee) – Autosomal rezessiv – leicht zu erkennen mit etwa einem Jahr – [1].
- Zwergwuchs (Typ Einheimische Japaner) – Einheimisches Japanrind in Japan – 1949 – Japan – Autosomal dominant – [1].
- Zwergwuchs (Typ Jersey) – Jerseyrind in USA – ? – USA (Kalifornien) – Autosomal rezessiv – Experimentelle Affektion (Inzuchtversuch) – nach Ablauf eines Jahres erkennbar – [1].
- Zwergwuchs (Typ Europäisches Rotvieh) – Europäisches Rotbuntes Rind in BRD – 1967 – BRD – Autosomal rezessiv – durchschnittliche Geburtsmasse: 7,6 kg (sonst rassenmäßig 48 kg) – [1].
- Zwergwuchs (Typ Puerto Rico) – Einheimisches Puertoricaner Rind in Puerto Rico – 1949 – Puerto Rico – ? – [1].
- Zwergwuchs (Typ Braunes Höhenvieh)* – Braunes Höhenrind – 1970 – Frankreich (Toulouse) – ? – Anteil der polyploiden Zellen erhöht (13,42 %, normal 2 % bis 6 %) – euploide Zellen von normalem Karyotyp – [11].
- Zwergwuchs – ? – 1972 – Rumänien – Autosomale Trisomie (23) – [20].
- Zwergwuchs (Typ Hereford) – Herefordrind – 1956 – USA (Kalifornien) – komplexe genetische Bestimmung? – [22].
- Verschiedene anatomische Mißbildungen, darunter Kieferverkürzung (Brachygnatie) – Holsteiner Rind – 1969 – Japan – Autosomale Trisomie – [13].
- ROBERTSONsche Translokationen verschiedener Rassen* – 1966 – ganze Erde – verschiedene Typen der Zentromerenfusion, besonders 1–29 – [43].

Anmerkung: Die in Frankreich beobachteten Fälle sind mit einem * gekennzeichnet.

LITERATUR

[1] LAUVERGNE, J. J., 1968 – Catalogue des anomalies héréditaires des bovins (Bos taurus L.), Bull. tech. Génét. anim. (Inst. nation. Rech. agron. Fr.).
[2] LAUVERGNE, J. J. et PAVAUX, C., 1969 – Hydrocéphalie et cardiopathie héréditaires en race bovine limousine. Ann. Génét. Sél. anim., 1, (2), 109–117.
[3] DAVID, H. J. M., 1974 – Contribution à l'étude comparée des myopathies héréditaires du bétail et des animaux de basse-cour. Thèse, Doct. vét., Toulouse.
[4] RUGIATI, S. et FEDRIGO, M., 1968 – Alteragione cromosomica riscontata in a toor acondoplasico di razza Romagnola. L'Ateneo parmense. Acta bio-medica, 39, (4), 1–16.
[5] BERTRAND, M., 1971 – Les anomalies chromosomiques an pathologie vétérinaire. Rev. Méd. Vét., 122, 12, 1227.
[6] DUNN, H. O.; MC ENTEE, K.; HANSEL, W., 1970 – Diploid-triploid chimerism in a bovine true hermaphrodite. Cytogenetics. 9, 245–259.
[7] DUNN, H. O.; JOHNSON, R. H. Jr., 1972 – A 61, XY cell-line in a calf with extreme brachygnathia. J. Dairy Science, 55, (4), 524–526.
[8] GLUHOVSCHI, N.; BISTRICEANU, M.; CODREANU, N.; BRATU, M., 1968 – Contribution à l'étude cytogénétique du brachygnathisme inférieur chez les Bovins et du mécanisme de la transmission héréditaire de cette malformation. Rec. Méd. Vét., 144, (9), 829–836.
[9] POPESCU, C. P., 1968 – Observations cytogénétiques chez les Bovins charolais normaux et culards. Ann. Génét. Sél. anim., 11, 262–264.
[10] FROGET, Jh.; COULON, J.; NAIN, M. C.; DALBIEZ, J. M., 1972 – Anomalie chromosomique de type fusion centrique chez un veau charolais. Bull. Soc. sci. vét. et Méd. comparée, 74, 131–135.
[11] DARRE, R.; QUEINNEC, G.; BERLAND, H. M., 1970 – Sur en cas de nanisme dans l'espèce bovine. Etude cytogénétique. Rev. Méd. Vét., 121, (12), 1115.
[12] HERZOG, A.; HÖHN, H., 1971 – Zytogenetische Befunde bei angeborenen Anomalien des Zentralnervensystems des Rindes. Ann. Génét., Sél. anim., 3, (3), 225–234.
[13] MORI, M.; SASAKI, M.; MAKINO, S.; ISHIKAWA, T.; KAWATA, K., 1969 – Autosomal trisomy in a malformed new-born calf. Proc. Japan Acad., 45, 955–959.
[14] RIECK, G. W., 1971 – Die testikuläre Feminisierung beim Rind als Sterilitätsursache von Färsen. Zuchthyg., 6, 145–154.
[15] RIECK, G. W.; HÖHN, H.; HERZOG, A., 1970 – X, Trisomie beim Rind mit Anzeichen familiärer Disposition für Meiosestörungen. Cytogenetics, 9, (6), 401–409.
[16] RIECK, G. W.; HÖHN, H.; HERZOG, A., 1969 – Hypogonadismus, intermittierender Kryptorchismus und segmentäre Aplasie der ductus Wolffii bei einem männlichen Rind mit XXY-/XX-/X-Gonosomen-Konstellation bzw. XXY-/XX-/X-Gonosomen-Mosaik. Dtsch. tierärztl. Wschr., 76, 133–138.
[17] HOFFMAN, R., 1967 – Chromosomenanomalie der Hodenzellen eines kryptorchiden Kalbes 60-XY-/62-XX-Chimärismus). Berliner und Münchener tierärzt. Wschr., 80, (20), 390–391.
[18] DUNN, H. O.; KENNEY, R. M.; LEIN, D. H., 1968 – XX/XY chimerism in a bovine true hermaphrodite: insight into the understanding of free martinism. Cytogenetics, 7, (5), 390–402.
[19] GERNEKE, W. H., 1969 – Sterility in a bull, co-twin to a freemartin. J. S. Afr. Vet. med. Ass., 40, (3), 279–283.
[20] GLUHOVSCHI, N.; BISTRICEANU, M.; PALICICA, R.; CODREANU, N.; MARSCHANG, F.; BRATU, M., 1972 – Contribution à l'étude chimique et cytogénétique du nanisme chez le bœuf. Informations de Médecine vétérinaire, 2, 107–116.
[21] HERZOG, A.; HÖHN, H., 1971 – Autosomale Trisomie bei der letalen Brachygnathie des Rindes. Cytogenetics, 10, 347–355.
[22] LEUCHTENBERGER, C.; SCHRADER, F.; HUGUES-SCHRADER, S.; GRÉGORY, P. W., 1956 – Certain cytochemical and cytological aspects of Dwarfism in cattle. J. Morphol., 99, 481–512 (cf. p. 506).
[23] BASTIEN, G.; DALBIEZ, J. M.; NAIN, M. C., 1973 – A propos d'un cas d'intersexualité constaté chezune génisse. Bull. Soc. Sci. vét. et méd. comparée, Lyon, 75, (2), 145.
[24] MAIK, H., 1968 – A case of pseudohermaphrodisismus in a heifer with the normal karyotype 60, XY. Polskie archiwum weterynaryjne, 11, (2), 361–368.
[25] WINZENRIED, H. U.; LAUVERGNE, J. J.; MOREL, J., 1974 – Résultats d'une enquête sur les anomalies congénitales dans la race Brune des Alpes en Suisse. Schweiz. Arch. Tierheilk., 116, 525–532.
[26] SUCCI, G.; LAUVERGNE, J. J., 1973 – Les mutants géniques à effets visibles dans les races bovines d'Italie. Ann. Génét. Sél. anim., 5, (3), 299–312.
[27] WINZENRIED, H. U.; LAUVERGNE, J. J., 1973 – Recherche sur les gènes à effets visibles sur les bovins. Schweiz. Arch. Tierheilk., 115, (2), 95–105.
[28] LEIPOLD, H. W.; OJO, S. A.; HUTON, K., 1974 – Genetic defects of the sqeletal system in cattle. I congreso mundial de genetica aplicada a la produccion ganadera, Madrid, 3, 35–40.
[29] LAUVERGNE, J. J.; WINZENRIED, H. U.; SUCCI, G., 1974 – Nouvelles précisions sur l'albinisme en race Brune des Alpes. I congreso mundial de genetica aplicada a la production ganadera, Madrid, 3, 41–45.
[30] DARMADJA, D.; OKA, L., 1974 – Melanism and its inheritance in Bali cattle. I congreso mundial de genetica aplicada a la produccion ganadera, Madrid, 3, 115–119.
[31] BENJAMIN, B. R.; STRINGAME, E. W., 1969 – Snorter dwarfism in the bovine, Can. J. Genet. Cytol., 11, (3), 609–612.
[32] HANSET, R.; LAPIÈRE, C. M., 1974 – Inheritance of dermatosparaxis in the Calf. J. Hered., 65, (6), 356–358.
[33] VON MALTITZ, L.; BASSON, P. A.; VAN DER MERWE, J. L. de B., 1969 – Suspected hereditary spinal ataxia in Cattle, J. S, Afr. Vet. med. Ass., 40, 33–36.

[34] GOLDMANN, I. L.; EHRNST, L. K.; ZHIGACHEV, A. I.; MASILOVA-KHOROSHILOVA, I. P., 1974 – Une forme rare de cécité d'origine génétique chez le veau. Dokl. vsesojuz. Akad. selskochoz. Nauk. V. I. Lenina S.S.S.R., 7, 28–30.

[35] WEBER, W.; LAUVERGNE, J. J.; WINZENRIED, H. U., 1973 – Albinisme héréditaire en race tachetée rouge de Suisse, Schweiz. Archiv. Tierheilk. 115, (3), 142–144.

[36] LEIPOLD, H. W.; HUSTON, K.; DENNIS, S. M.; GUFFY, M. M., 1971 – Hereditary osteopetrosis in Aberdeen-Angus calves –I– Pathological changes, Ann. Génét., Sél. anim., (3), 245–253.

[37] ANDRESEN, E., 1974 – Dwarfism in red danish cattle (bovine achondroplasia: type RDM, Nord. Vet. Med., 26, 681–691.

[38] ANONYME, 1968 – Congenital eye defects in cattle, Modern veterinary practice, 49, 12, 36–39.

[39] RIECK, G. W., 1973 – Femininer Pseudohermaphroditismus mit diploid-triploidem Chromosomen-Chimärismus beim Rind (Auszug), Zuchthygiene, 8, (2), 91.

[40] RIECK, G. W., 1973 – Numérical aberration of gonosomes and reproductive failure in cattle. Colloque INSERM, Paris. Les accidents chromosomiques de la reproduction pp. 165–187.

[41] QUEINNEC, et coll. – Hypogonadisme de type Klinefelter chez les bovins, à propos d'un métis Charolais, Limousin, Frison de Soual (à paraître).

[42] HENRICSON, B.; AKESSON, A., 1967 – Two heifers with gonadal dysgenesis and the sex chromosomal constitution XY, Acta Vet. Scand., 8, 262–272.

[43] GUSTAVSSON, J., 1974 – Chromosomal Polymorphism, 1er Congrès mondial de Génétique appliquée à l'élevage, Madrid, 1, 191–199.

Sachwortverzeichnis

Abgräser 167
Abkalbedatum 167
Abkalberate 196
Abmagerung 231
Absetzen 172
Absetzzeitpunkt 172
Abwehrmechanismen 217
Abwehrmechanismen, Beeinflussung der 221, 222
Abwehrmittel 218
Abwehrmittel der Atmungsorgane 217
Acholeplasma laidlawii 273
Achondroplasie 359
Adenohypophyse 103
Adenosintriphosphorsäure 89, 90
Adenoviren 274
Adjuvantien, Einsatz von 286
Affektionen, erworbene 383
Aflatoxikose 346, 347
Aftermißbildungen 402
Agnathie 390
Akarizide 319
Aktinnetz 437
Allgemeiner Krankheitsbegriff 192, 193
Alkalose 100
Alopezie 362
Alter des Kalbes 196
Altersbestimmung 31, 40, 41
Aminosäuren, essentielle und halbessentielle 137, 138
Ammenkuhhaltung 417
Ammenkühe 168
Amprolium 316
Amylase 334
Amylolyse 136
Anabolika 116, 117, 426
Anabolikagaben 444
Anabolika, gesetzliche Bestimmungen 120
Anabolika, Grundwirkungen der 118
Anabolikanachweis 120
Anabolika, pharmazeutische Formen der 120
Anabolika, pharmakologische Eigenschaften der 118
Anabolika, Struktur der 117
Anabolikaproblematik 446
Anabolische Eigenschaften 427
Anämie 311, 338, 340
Anämie, allgemeine 379
Anämie, hämolytische 324
Anämie, periphere 379
Anatomie 26

Anatomische Tafeln 26
Ancylostomatiden 315
Androgene 116
Anhangdrüsen 371
Ankylose 357
Anodontie 362
Anomalien, angeborene 382
Anomalien des Augapfels 388
Anopluren 311
Anoxie 376
Anoxie, fötale 376
Anpassungsperiode 416
Anthrax, bakterieller 394
Anthrax-Erkrankungen 394
Anthrax-Myositis 394
Antibiotikaanwendung 428
Antibiotikarückstände 429, 430
Antibiotikatherapie 243
Antigene, Beschaffenheit der 284
Antigene, Wahl der 284
Antihelminthika 315
Antiinfektiöse Wirkung 119
Antikoagulantien 345
Antikoagulantientyp 346
Antikörper 198
Antikörperbildung 256
Antikörper, spezifische 207
Antirotavirus-Antikörper-Titer 255
Anusmißbildung 402
Arbeitsleistung 21
Aroma 441
Arterien 46
Arthritis 393
Arthrogrypose 391
Askaridose 313, 314
Aspergillose 318
Aspergillus fumigatus 187
Ataxie 383
Atemfrequenz 321
Atemzentrum, Anregung 282
Atmung 100
Atmungsapparat 220, 375
Atmungsapparat, Schwächung des 220
Atmungsfaktoren 218
Atmungsfunktionen 221
Atmungsinsuffizienz 281
Atmungsorgane 217
Atmungsorgane, Infektion der 265
Atmungsreflexe 376
ATP 89, 90
Aufbewahrungstemperatur des Fleisches 438
Aufblähungen 366
Aufzuchtfuttermittel 126, 132, 133, 158

Aufzuchtfuttermittel, Zusammensetzung der 129
Aufzucht, intensive 159
Aufzuchtkälber 22
Aufzuchtunterschiede 453
Aufzuchtverfahren 164
Auge 388
Auge, funktionelle Anomalien 388
Augenerkrankungen, angeborene 388
Ausschuhen 395
Auswahl der Kälber 415
Austreibungsphase 37
Avitaminose 329

Baucheingeweide 62, 63
Bauchhöhle 60, 61
Bauchspeicheldrüse 55
Bartflechte 319
Becken 43
Beckenmuskeln 45
Beinverdrehung, angeborene 359
Behaglichkeitsindex 97
Belüftung 229, 230
Benzimidazol-Derivate 315
Bestandsentwicklung 18
Bestandskonzeption 19
Betreuung 196
Betriebsstoffwechsel 99
Bewegungsapparat 390
Bewegungsstörungen, frühe 383
Bewegungsstörungen, späte 383
Bindegewebsanteil 432, 435
Bindehautentzündung 389
Biochemische Werte 124
Biologische Luftverunreinigung 219
Blättermagen 33
Bleitoxizität 343
Bleivergiftungen 343
Blei, Wirkungsmechanismus 343
Blindheit 115
Blockierung 373
Blutharnstoffgehalt 322
Blutkarotinspiegel 328
Blutkrankheiten 379
Blutkreislauf 38
Blutkreislauf des Kalbes 38
Blutlipide 124
Blut-Mg-Werte 325
Blutparameter 123, 322
Blutproben 325
Blutstauungen 384
Blutvolumen 70
Blutwerte 123
Blutzusammensetzung 322
Bogenstellung 403

Botulismus 387
Bovine Parasitosen 319
Bovine Rhinotracheitis 265
Bronchitis verminosa 317
Bronchopneumonie 377
Brucellose 187
Brüche 399
Brusteingeweide 62, 63
Brustkorb 43, 58, 59
Brustnerven 51
Bulldoggenschnauze 401

Calciumversorgung 327
Candida 317
Candidiose 317
Carotingehalt der Plazenta 329
Carotinoide 328
Cardiovaskuläre Funktionen 68
Chemische Luftverunreinigung 219
Chemoprophylaxe 286
Chimärismus 351
Chlamydien 273
Chlor 93
Chlordan 347
Chorioptesräude 310
Chrom 337
Chromosomen 350
Chromosomenmutation 350
Chromosomenpaar 352
Chromosomensatz 351
Chronologie der Erkrankungen am Nervensystem 409
Chronologie der Erkrankungen des Bewegungsapparates 411
Chronologie der Erkrankungen des Harnapparates 407
Chronologie der Erkrankungen des Herzens und Blutes 408
Chronologie der Erkrankungen des Verdauungsapparates 406
Chronologie der Hauterkrankungen 413
Chronologie der Schäden am Auge 410
Clavatoxikose 346
Cobalt 338
Cobaltzufuhr 339
Cold shortening 438
Colibacillose 186
Cooperia 315
Coronaviren 251, 252
Coronaviren, Diagnostik 253
Coronavirus 249
Cumarinderivate 345
Cumaphos 310

Anhang

Darmkrankheiten 370
Darmmotorik 76
Darmsekretion 80
DDT 347
Dehydratation 316, 321
Depigmentierung 340
Depoteffekt 342
Dermatomykosen 312, 319
Dermatomykosen, Behandlung 313
Dermatomykosen des Menschen 319
Dermatitis 309
Dermatosen, nichtinfektiöse 397
Dermatosen, parasitäre 397
Diarrhoe 249, 259, 322, 325
Diarrhoe, kolibazillosebedingte 328
Dictyocaulus viviparus 317
Diktyokaulose 317
Disaccharidasen 334
Doppellender 356
Doppellendigkeit 356
Drüsen mit innerer Sekretion 73
Durchfall 262
Durchfallerkrankungen 186
Durchfallfrequenz 328
Durchfallursachen 262
Durchfallwirkung 236
Durst 322
Durstgefühl 322
Dysgenesie 354
Dyspepsien 366
Dyspnoe 322

E.-coli-Stämme 238
Eihülle 29
Eimeria 315
Eingeweide eines Embryos 34, 35
Eingeweideerkrankungen 370
Einzelbox 161
Einzeltierhaltung 312
Eisen 93, 337
Eisenmangel 337, 341
Eisenreserve 264
Eiweißquelle 149
Eiweißsynthese 324
Eiweißzusatz 152
Ektoparasiten 311
Embryo 30
Embryonale Entwicklung 28
Embryonales Wachstum 30, 106
Emphysem 279
Endokrine Drüsen 54
Endokrine Reaktionen 54
Endotoxin 240

Endotoxinschock 240
Energiegehalt der Ration 184
Energiekonzentration der Ration 184
Energiezufuhr 89
Energiezusatz 152
Enteritis, chronisch-
  katarrhalische 314
Enterotoxämie 235
Enteroviren 274
Entwicklung 104
Entwicklung der Blastozyste 28
Entwicklung der Eizelle 28
Entwicklungsfehler 401
Entzündliche Hyperämie 279
Entzündungen, bakteriell 384
Entzündungen, parasitär 385
Entzündungen, virös 384
Entzündungserscheinungen 384
Enzootische Aborte 273
Enzootische Infektionen,
  Erreger 272, 273
Enzymaktivität des Plasmas 124
Enzymatische Aktivität 71, 79
Enzymatischer Stärkeabbau 136
Enzyme 333
Enzymmangel 333
Enzymsysteme 336
Ephidrose 396
Epidemiologie 174, 195
Epilepsie 387
Epistasie 377
Erbkrankheiten 348, 353
Erblichkeit 353
Erblichkeitsgrad 11, 112
Erbschädenkatalog 463
Ergänzungsprotein 152
Ergotismus 346
Erhaltungsstoffwechsel 99
Erkrankungen der
  Atmungsorgane 216
Erkrankung, protozoäre 320
Erkrankungsbilder,
  respiratorische 279
Ernährung des Kalbes 184
Ernährungsstörungen 184, 320
Ernährungsstreß 221
Erregerpassage 272
Ersatzfette 127
Escherichia coli 238
Escherichia-coli-Stämme 239
Experimentelle Pathogenität 275
Exterieur 39
Exterieurbeurteilung 39
Evaporation 321
Farbgebung des Fleisches 433
Fehlgärungen 263
Fermentation im Pansen 144, 145
Fette 85, 127

Fettauswahl 134
Fettemulsion 135
Fette, Verdauung und
  Absorption 85, 86
Fettgewebe 108
Fettlebersyndrom 373
Fettqualität 261
Fettsäurezusammensetzung 134, 442
Fettzusatz 130, 131
Fischproteinkonzentrate 140
Fleischaroma 441
Fleischfarbe 433
Fleischproduktion 20
Fleischqualität 419
Fleischrassen 357
Fleischzusammensetzung 431, 432, 443, 444
Fötales Alter 31
Fötaler Blutkreislauf 38
Fötale Entwicklung 29
Fötale Wachstumsfaktoren 108
Fötus 30, 31, 36
Frakturen 398
Free Martin 353
Freemartinismus 353
Fremdkörper-Pneumonie 377
Frühabsetzen der Kälber 164
Frühreife 106
Funktioneller Streß 221
Funktionelle Störungen 387
Futteraufnahme 142
Futteraufwand 149, 231
Futterbevorzugung 142
Futterdurchgang 143
Futtereinheit 184
Futtereinheit, Französische 184
Futtereiweiß 327
Futterenergie 89
Futterkosten 163
Futtermischungen für
  Schlachtkälber 129
Futtermittelanalyse 340
Futtermittelart 325
Futterration 143
Futterstruktur 325
Futterverwertung 149, 151
Fütterungsplan 165
Fütterungstechnik 162, 163, 196, 227
Fütterungsverfahren 227

Gallensalze 79
Gallensekretion 79
Gamogonie-Phase 320
Gangrän 377
Ganzkörper 67
Gastritis, noduläre 315
Gastroenteritis 213
Gastro-duodenale Motorik 76
Gastroknemius-Kontraktion 383

Gaumenspalte 401
Gaumenspalte, erbliche 357
Gebäudedesinfektion 162
Gebrauchskreuzung 357
Gehirn 64
Gen 352
Genabweichung 352
Geninterferenzen 353
Genetische Faktoren 350
Genetische Krankheits-
  erscheinungen 350
Genetische Störungen 348, 349
Gelenke 393
Gelenkkontrakturen 391
Gelenkversteifung 357
Genosom 352
Gesamtsterblichkeit 175
Geschlechtshormone 116
Geschlechtshormone, männliche 116
Geschlechtshormone, weibliche 116
Geschmack 142
Geschwüre 367
Gesundheitliche Qualität 423, 446
Gesundheitsprogramme 414
Gewebedifferenzierung 105
Gewebeentwicklung 107
Gewebestruktur des Muskels 434
Gewebewachstum 105
Giftpflanzen 342
Gliedmaßeninnervierung 52
Gliedmaßenmuskeln 45
Gliedmaßenstellung, fehlerhafte 403
Gliedmaßenverstümmelung 358
Glukokortikoide 226
Glykämie 146
Glykogenspeicherung 334
Gonmutation 351
Grauer Star 390
Griseofulvin 313, 319
Grobfutter 153, 369
Grobfutterart 154
Growth hormone –
  release hormone 114
Growth hormone – release inhibiting
  hormone 114
Grundfuttermittel 153
Grundumsatz 97
Grünfutter 155
Gruppenpathologie 224
Gruppenpathologie, Kriterien 230

Haarausfall 311, 340
Haarkleid 396
Haarlinge 311
Haarlingsbefall 311
Haarlosigkeit 362
Haematidrose 396
Halboffenställe 159
Hals 39, 57

Sachwortverzeichnis

Halsnerven 51
Haltung 453
Haltungsbedingungen 112
Haltungstechnik 230
Hämatokritwert 337
Hämatologischer Wert 123
Hämorrhagien 384
Hämorrhagische Syndrome 381
Hämostasestörungen 381
Handelsbeziehungen 454
Handelsqualität 421
Handelsstrukturen 459
Handelsumsatz für Kalbfleisch 461
Harnapparaterkrankungen 374
Harnblasenruptur 326
Harnsteinbildung 375
Harnsteine 325
Harnstoff 149, 150
Harnstoffverwertung 150
Hauptarterien 46
Hauptvenen 48
Haut 396
Hauterkrankungen 232
Hautkrankheiten 309
Hauttalgabsonderung 397
HCH 347
Helminthen 315
Helminthen, Entwicklungszyklus 313
Helminthose 313
Hepatosen 373
Hexosen, Absorption der 85
Herdengröße 195
Heritabilität 111, 112, 353
Heritabilitätskoeffizient 353
Hermaphrodismus 402
Hernien 399
Herpes circinatus 319
Heu 153
Herz 65
Herz, Ausbildungsanomalien 378
Herzinnervierung 70
Herz-Kreislaufsystem 378
Herz, Lageanomalien 378
Herzleistung 69
Herzschäden, angeborene 378
Herzschäden, erworbene 379
Hintergliedmaßen 39
Hintergliedmaßennerven 51
Hitzebehandlung 138, 139
Hitzeschock 321
Hodenbruch 399
Hodenhypoplasie 355
Hormone 426
Hormonelle Adjuvantien 117
Hornhautentzündung 389
Hornhauttrübung 389
Hospitalismus 224
Hüftluxation 392
Humorale Immunität 198, 203

Hundespulwurm 313
Hustenreflex 268
Hydrozephalie 361, 382
Hygiene 162, 230
Hygieneprophylaxe 244
Hyperhidrose 396
Hyperkeratose 397
Hyperparathyreoidismus 326
Hypersensibilität 200
Hyperthermie 279, 322
Hypertonischer Wasserverlust 215
Hypokalzämie 324, 330, 331
Hypomagnesämie 323, 324
Hypoplasie der Hoden 355
Hypotonischer Wasserverlust 213
Hypovitaminose 329

IBR 291
IBR-Behandlung 306
IBR-Diagnostik 298, 299, 300
IBR, Erkrankungsformen 296
IBR, generalisierte Form 296
IBR-Immunisierung 302
IBR-Immunität 301
IBR, meningoenzephalitische
 Form 296
IBR-Prophylaxe 304
IBR/IPV-Empfänglichkeit 297
IBR/IPV-Virus 292
IBR/IPV-Virusstämme 292, 293
Imidithiazol-Derivate 315
Immunabwehr, Anregung der 283
Immunisierung 208, 209, 284
Immunisierung, aktive 284
Immunisierung gegen bakterielle
 Infektionen 286
Immunisierung im Uterus 204
Immunisierung, passive 284
Immunisierung,
 Wechselwirkungen 210, 211
Immunität 200
Immunität, humorale 198
Immunität, passive 207
Immunitätsübertragung 205
Immunität, zelluläre 200, 202
Immunglobuline 191, 199
Immunglobuline, Synthese der 204
Immunglobulingehalt 191
Immunglobulinklassen 191
Immunglobulinkonzentration 205
Immunglobulinpassage 206
Immunkompetenz 201
Immunmangelstatus 222
Immunologie, allgemeine 198
Immun-Prophylaxe 244
Immunreaktionen 198, 201
Immunschutz 184
Impfung 285
Indandionabkömmlinge 345

Individuelle Faktoren 191
Industriemäßige Haltung 415
Infektabwehr 284
Infektion, pränatale 313
Infektiöse Keratokonjunktivitis 299
Infektiöser Streß 221
Infektiöse Rhinotracheitis 377
Innere Organe 64
Insektizide, systemische 312
Intoxikation 342, 348
Intrauterine Immunisierung 245
Intrauterines Wachstum 106
Ionenbelastung 219
Ionengleichgewicht 388
IPV 291
Isokolibazillose 237

Jod 93, 337
Jodmangel 339
Juckreiz 309

Kalb 450
Kalbfleisch 419
Kalbfleisch, Nährwert 432
Kalbfleischverzehr 457
Kalbfleisch, Zusammensetzung 432
Kälberaufzucht 417
Kälberbox 161
Kälberernährung 169
Kälberfütterung 162
Kälberproduktion 22, 449
Kälberproduktion, Aufwand 458
Kälberproduktion, saisonale 452
Kälber, Selektion der 159
Kälberschlachtungen 451
Kälbersterblichkeit 174, 179
Kälberstall 160, 161
Kälbertypen 22
Kalium 93
Kalkkonkrementbildung 326
Kalorimetrie, direkte 98
Kalorimetrie, indirekte 99
Kälteschock 438
Kalzium 93
Kardiopathie 361
Katarakt 390
Karyotyp 351
Keimdrüsenunterentwicklung 355
Keimfurchung 28
Keratokonjunktivitis 299
Kerntemperatur 99
Klassifizierung nach dem
 Mastzustand 422
Klassifizierung nach der
 Fleischfarbe 422
Klassifizierung nach der
 Muskelbildung 421
Klauen 395
Klauenerkrankungen 395

Klinefelter Syndrom 355
Klinefelter Typ 355
Kniescheiben-Luxation 394
Knochen 108
Knochengerüst 393
Koagulation 139
Kochprozeß 442
Kohlenhydrate 84, 127, 334
Kohlenhydratverdauung 84, 85
Kokzidien 316, 320
Kokzidiose 315
Kolibazillose 366
Kolienterotoxämie 237
Koliinfektion 237
Koliinfektion,
 enterale Formen 241, 242
Koliinfektion,
 exogene Einflüsse 240, 241
Koliinfektion, Vakzination
 der Kälber 246
Koliinfektion, Vakzinierung 244
Koliruhr 238, 239
Kolisepsis 237
Koliseptikämie 237, 239, 243
Kollagen 436
Kolonmotorik 77
Kolostrale Antikörperpassage 271
Kolostrale Immunglobuline 205, 242
Kolostrum 184, 185
Kolostrumgabe 185
Konkrementbildung 325
Konzentratbeifütterung 154
Konzentrate 369
Konzentratfutteraufnahme 171
Konzentratfutter, chemische
 Zusammensetzung 143
Konzentratfuttermittel 153
Konzentratfutter, physikalische
 Form 143
Konzentrate, Verwertung der 148
Kopf 39, 56
Kopfmuskeln 44
Kopfnerven 51
Kopfskelett 42
Kopfverstümmelung 158
Koproskopische Untersuchung 315
Körpermängel 159
Körpermasse 196
Körpermasse beim Absetzen 173
Körpertemperatur 70
Körperwachstum 110
Kotyledonen, histologischer
 Aufbau 29

Anhang

Kraniofaziale Dysplasie 362
Krankheit 193
Krankheitsbehandlung 364
Krankheitsversorgung 398
Krampf, tonischer 323
Kreuzbeinnerven 51
Kropfbildung 339, 340
Kuhmilch, Vitamingehalt 327
Kupfer 93, 337
Kupfermangel 338, 341
Kupferunterversorgung 338
Kupfervergiftung 344
Kupfer, Wirkungsmechanismus 344

Labgerinnung 263
Labmagen 33
Labmagenentzündung 366
Labmagengeschwüre 367
Labmagenstörungen 367
Labmagenschleimhaut 368
Lactase-Aktivität 334
Lage des Fötus im Uterus 37
Lähmung 361
Lähmung der Nachhand 382
Lamina propria mucosae 252
Laryngitis 377
Läuse 311
Läusebefall 311
Läuseplage 311
Lebendmasse 450
Lebendmasseentwicklung 452
Lebendmasseunterteilung 450
Leber 65, 371
Leberentzündung 371
Leberentzündung, generalisierte 372
Leberverfettung 373
Lecksucht 387
Leistenbruch 399
Lendennerven 51
Leptospirose 372
Lindan 347
Linse, Loslösung der 389
Lipidkonzentration 262
Listeriose 384
Lokale Immunisation 206
Luftfeuchtigkeit 100, 219
Luftverunreinigung 219
Luftvolumen 228
Lunge 65
Lungenabszeß 279
Lungenaspergillose 318
Lungenerkrankung 220, 375
Lungenfunktionen 223

Lungenleistung 69
Lungenödem 279
Lymphgefäße 50
Lymphknoten 50
Lymphoides System 201
Lymphsystem 50

Magenanordnung 33
Magen-Darm-Erkrankungen 231, 235
Magen-Darm-Erkrankungen, nichtinfektiöse 259
Magen-Darm-Kanal 34
Magen-Darm-Strongyliden 317
Magen-Darm-Strongylosen 314
Magen-Darm-Trakt 235
Magen-Darm-Trakt, bakterielle Infektionen 235
Magendurchlauf 76
Magenentleerung 264
Magenentwicklung 72
Magenerkrankungen 365, 366
Magenkapazität 33
Magenkontraktionen 65
Magennerven 53
Magensystem, schematisch 144
Magermilch 139
Magermilchpulver 126
Magnesium 92
Magnesium, extrazelluläres 324
Magnesiummangel 323
Magnesiumspiegel 323
Mahlzeiten, Anzahl der 148
Mallophagen 311
Mangan 337
Manganmangel 339
Mangelerkrankungen 320
Mangelsymptome 330
Mangelzustände 386
Massentierhaltung 224
Massentierhaltung, Einflußfaktoren 227
Mastkälber 22, 449
Mastkälbermarkt, Regulierung 462
Mastkälberproduktion, Entwicklung 454
Mastklassen 422
Maulhöhlenerkrankungen 364, 365
Mechanischer Streß 221
Mechanische Störungen 263
Mehrzickigkeit 358
Mekonium 184
Melanose 374
Metmyoglobin 433
Mg-Verabreichung 323
Mikrobismus 229
Mikroorganismeneiweiß 140
Milbenübertragung 310
Milch 170

Milchaustauscher 83, 367
Milchaustauschfuttermittel 130, 131
Milcheiweiß, Verdaulichkeit 88
Milchernährung 185
Milchleistung 170
Milcherzeugnisse 126
Milchgerinnung 263
Milchmenge 147
Milchnahrung 83
Milchperiode 185
Milchproduktion 19
Milchrasse 24
Milchsäure-Azidose 228
Milchtränke, bakterielle Verunreinigung 261
Milchtränke, fehlerhafte Zusammensetzung 261, 262
Milchtränke, Herstellung 259
Milchtränke, Qualität der 259
Milchtränke, Temperatur 260
Milchtränke, TS-Gehalt 260
Milchtränke, Veränderungen 261
Milchtränke, Verabreichungsform 260
Milchunverträglichkeit 334
Milchverteilung 147
Milchzusammensetzung 146
Milben 309
Milz 64
Milzbrand 394
Mineralstoffe 128
Mineralstoffe, Verdauung der 91
Mineralstoffimbalancen 325
Mineralstoffversorgung 264
Mischinfektionen 273
Mißbildung der Keimdrüsen 354
Mißbildung der Kopfknochen 358
Mißbildungen 401
MKS 364
Moraxella bovis 299
Mucosal Disease 249, 366, 395
Muskeldystrophie 369
Muskelentwicklung 357
Muskelhypertrophie 356, 357
Muskelkontraktion post mortem 438
Muskeln 107
Muskelsaft 439
Muskelschädigung, degenerative 392
Muskulatur 44
Mutterkornvergiftungen 346
Mutterkuhherden 169
Mütterliche Faktoren 191
Molke 139
Mycoplasma bovirhinis 273
Mykosen 317
Mykotikosen 346
Mykotoxine 346, 373, 397
Myofibrillen, Aufbau der 436
Myoglobin 433

Myoglobingehalt der Muskeln 433
Myopathie 340
Myosinnetz 437

Nabelbruch 399
Nabelentzündung 400
Nabelpflege 196
Nabelstrangpersistenz 401
Nabelvenenentzündung 371, 400
Nachhandlähmung 382
Nährstoffabsorption 83
Nährstoffumsetzung 83
Nährwert 431
Nährwertqualität 431, 443
Nahrungsfaktoren 184
Nahrungsproteine 87
Nahrungsproteine, Verdaulichkeit der 88
Nanismus 363
Nasenhämorrhagie 377
Nasenhöhle 217
Na-Stoffwechselstörungen 325
Natrium 93
Natriumstoffwechsel 325
Nebennieren 55
Nebennierenfunktion 226
Nebennierenmark 103
Nebennierenrinde 102
Nekrobazillose 377
Nekrose der Großhirnrinde 386
Neonatales Wachstum 112
Nervensystem 382
Nervensystem, autonomes 73
Netzbildung 32
Netzhautablösung 389
Netzhautentzündung 390
Netzhöhle 32
Netzmagen 33
Neugeborenen-Durchfälle 208
Neugeborenen-Schwäche 390
Neuro-endokrine Funktion 72
Neurohypophyse 103
N-haltige Stoffe 87
Nichtinfektiöse Magen-Darm-Erkrankungen 259
Nicht-Milch-Proteine 140
Nicht-Milch-Proteinquellen 127
Nieren 64
Nierenentzündung, interstitielle 374
Nierensekretion 71
NPN 149
N-Retention 119
Nutzungsrichtungen 24
N-Verwertung 90, 91, 118

Oberflächeninnervierung 51
Oberflächenmuskulatur 44
Oberkieferverkürzung 401
Obstruktion der Harnwege 326

Sachwortverzeichnis

Ökonomische Daten 456
Ösophagitis 317
Östrogenanwendung 428
Östrogene 116, 426
Oozyste 316
Opisthotonus 323
Organophosphate 347
Organbildung 32, 34
Organstörungen 383
Organbildung, fehlerhafte 401
Osteohämochromatose 390
Osteomalazie 330
Osteomyelitis 393
Osteopathie 390
Osteopertose 390
Ostertagiose 315
Ostertagia 315
Oxalatsteinbildung 326
Oxymyoglobin 433
Pankreas 371
Pankreasaktivität 103
Pankreasinsuffizienz 371
Pankreassekretion 71, 80
Pansen 33
Pansengase, Bildung der 369
Panseninhalt,
  Entwicklung der 144
Pansenstörungen 370
Pansen-Tympanie 369
Pansenvolumen 142
Papageienschnabel 401
Papillarödem 390
Papillomatose 397
Parainfluenza-3-Virus 275
Parasitäre Hautkrankheiten 309
Parasiten, direkte und indirekte
  Übertragung 319
Parasiten, monoxene 315
Parasitosen, bovine 319
Parasitose, Nachweis der 314
Pasteurella haemolytica 273
Pasteurella multocida 273
Pathogene E.-coli-Stämme 242
Pathogenetik 352
Pestizide 430
Pestizidrückstände 430
Pflanzenschutzmittel 345
Phänotypisches Bild 230
Phosphataufnahme 326, 327
Phosphatazuteinbildung 326
Phosphor 92
Phosphorüberschuß 326
Pigmenturien 375
Phymose 402
pH-Wert des Fleisches 434
Plasmakupferspiegel 340
Plasmamagnesiumspiegel 323

Plasmanatriumspiegel 322
Plasmaprotein 124
Plasmazinkkonzentration 341
Plazentare Wachstumsfaktoren 109
Pleuritis exsudativa 279
Pleuritis sicca 279
Pneumopathie 319
Polydaktylie 358
Polypnoe 100
Postnatales Wachstum 110
Prädilektionsstellen 311
Pränatale Entwicklung 107
Pränatale Vakzination 245
Prägeanzeit 318
Preisveränderungen
  für Kalbfleisch 458
Probatozephalie 362
Produktionsqualität 25
Produktionsrichtungen 19
Prophylaxe 162
Prophylaxepläne 414
Proteine 137
Proteine, Verdaulichkeit der 89
Proteinverwertung 151
Psoroptesräude 309
Psoroptes-Milbe 310
Psychischer Streß 221
Psycholeptika 232
Pyridoxin 333
Pyrimidinabkömmlinge 315

Qualitätsbegriff 420
Qualitätsklassen 422
Qualitätsverlust 194
Quarantänestalle 159
Quarantänestalle, Normen 159
Quetschungen 384

Rachitis 330, 393
Räude 309, 310, 319
Räudebehandlung 319
Räudemilben 310
Rasse 196
Ration, Verdaulichkeit der 145
Rauhfutter 153
Regenbogenhaut,
  Verfärbung der 389
Rein-Raus-Methode 230
Rektumminißbildung 402
Relative Luftfeuchtigkeit 228
Reproduktionsstörungen 350
Respirationsapparat,
  Allergietypen 277
Respirationsapparat,
  allergische Reaktionen 277
Respirationstrakt, enzootische
  Infektionen 268

Respirationstrakt, Krankheits-
  verlauf 268
Respiratorische Erkrankungen 216
Respiratorische Erkrankungen,
  ätiologische Aspekte 269
Respiratorische Erkrankungen,
  Bekämpfung der 281
Respiratorische Erkrankungen,
  intensive Haltungsformen 270
Respiratorische Erkrankungen,
  Manifestationsformen 269
Respiratorische Erkrankungen,
  Prophylaxe 283
Respiratorische Erkrankungen,
  Stallhygiene 270
Respiratorische Funktionen 68
Respiratorische Infektionen,
  Entwicklung der 276
Respiratorische Infektionen,
  Hypothesen 276
Respiratorische Infektionen,
  Immunantwort 278
Respiratorische Infektionen,
  Sensibilisierung 278
Respiratorisches Syndrom 267
Rezepturen 132, 133
Rezepturen, Aufzuchtkälber 128
Rezepturen, Schlachtkälber 129
Rhinotracheitis 265, 266
Rhinotracheitis, infektiöse 291
Riboflavin 333
Rickettsia bovis 299
Rinderbestände 18
Rinderproduktion 17, 450
Rinderrassen 19
Rinderrassen, französische 19
Rinderschlachtungen 20
Rindertrichophytie 312
Rindfleischproduktion 24
ROBERTSON-Translokation 351,
  363
Rodentizide 345
Rodentizidtoxizität 346
Rohfaserverdaulichkeit 146
Rotavirus 249, 250
Rotavirus, Antigen-
  verwandtschaft 256
Rotavirus, Diagnostik 253
Rote Blutkörperchen 379
Rückstände 427, 446
Rückstandsuntersuchung 427
Rumpf 39
Rumpfmuskeln 44

Saccharase 334
Saftigkeit 439
Saftverlust 440

Salmonella dublin 188, 236
Salmonella typhimurium 188, 236
Salmonellosen 236
Salmonelloseprophylaxe 236
Sammelbox 161
Sammelmilch 20
Sarcoptes scabiei 319
Sarkoptesräude 309
Saugkälber 166, 462
Saugsucht 387
Schädagerbekämpfung 345
Schaumbildung 366
Schiefhals 390
Schilddrüse 55
Schilddrüsenaktivität 103
Schilddrüsenfunktion 115
Schimmelpilze 319
Schizogonie 316
Schlachtkälber 22, 23
Schlachtkälberproduktion 23, 158
Schlachtkörper 66, 67, 450
Schlachtkörpereinschätzung 450
Schlachtkörpermasse,
  Veränderungen 452
Schlachtmasse 25
Schließreflex der Schlundrinne 79
Schlundrinne 78
Schlundrinnenverlauf 144
Schlundrinnenverschluß 78
Schweißabsonderung,
  Störung der 396
Sebornoische Alopezie 397
Sektion 337
Selen 337
Selenmangel 332, 342
Serodiagnostik 280
Serumtherapie 243
Silage 154
Skelett 42
Sojakorn 140
Somatomedin 112, 114
Somatostatin 113
Somatotropin 113
Spastische Paralyse 361, 383
Spasmen 404
Spezialrasse 24
Spulwurmbedarf 313
Spulwurmbefall 313
Spulwurmeier 313
Spurenelementbedarf 337, 341
Spurenelemente 336
Spurenelementgehalt
  der Kuhmilch 337
Spurenelementmangel 336, 337

479

Anhang

Spurenelementmangel, Diagnostik 340
Stallausrüstung 161
Stallhygiene 233, 270
Stall- und Klimabedingungen 196
Stallqualität 228
Stellsitzung 403
Sterblichkeit 189
Sterblichkeit, Beeinflussung der 178, 179
Sterblichkeitsfaktoren 180, 182, 183
Sterblichkeitsursachen 174, 175, 189
STH 112
STH-Sekretion 114
STH-Wirkung 113
Stickstoffverwertung 90, 91
Stoffwechselmyopathie, degenerative 360
Stoffwechselmyopathie, Prädisposition zur 360
Stoffwechselstörungen 320, 349
Stomatitis 364
Streß 220, 227
Streßfaktoren 220
Streßbursachen 227
Streßzustände 220, 225
Strongyliden 314, 315
Tägliche Zunahme 110
Teilstücke, Zusammensetzung der 444
Temperaturschwankungen 218
Tetanieirisk 325
Tetanie, hypomagnesiämische 324
Tetanierisiko 324
Tetanus 387
Tetanustoxine 387
Thermische Neutralität 97
Thermischer Streß 221
Thermisches Gleichgewicht 98
Thermoregulation 96, 321
Thermoregulatorische Zentren 101
Thiamin 333
Thiaminmangel 324, 333, 386
Thrombozyten-Kapillar- blutungen 380
Thymus 54
Thyroxin 109
Tierbewegungen 225
Tierkünfte 271
Tierkonzentrationen 312
Tierzusammenstellung 271

T-Lymphozyten 200
Todesursachen bei Kälbern 188
Togaviren 275
Topographie des Fötus 37
Totenstarre 440
Totgeburten 177, 357
Toxoplasma gondii 320
Toxoplasmatrager 320
Toxoplasmose 320
Toxoplasmoseprophylaxe 320
Tracheobronchitis 318
Trächtigkeit 36
Transfaktoren 350, 364
Transportrisiken 225
Transportstreß 221, 232
Traumatische Einflüsse 398
Traumen 383
Trichophon 310
Trichophytie-Infektion 313
Trichostrongylose 366
Trockengrünfutter 154
Trockenstehperiode 196
Trypanie 369
Typenställe 161
Umgebungstemperatur 228
Umsetzbare Energie 89
Umwelt 225, 228
Umwelteinflüsse 112, 226, 228
Umweltfaktoren 190
Umweltgestaltung 225
Unterbringung 159
Unterkieferverkürzung 401
Untersuchung, koproskopische 315
Urolithiasis 325
Uterus 36
Uterustopographie 36
Uteruswachstum 106
Vakzination 318
Vakzination der Kühe 196
Vakzinierung 286
Verbrauchstendenzen 457
Verbrauchsangabe 152
Verbiegung der Knochen 401
Verdaulichkeit 145
Verdaulichkeit der Kohlenhydrate 84
Verdaulichkeit der Ration 145
Verdauung 83
Verdauungsapparat 75
Verdauungsausschluß 84
Verdauungsenzyme 334
Verdauungsfunktionen 71
Verdauungsmikroben 80
Verdauungssprozeß 74
Verdauungssäfte 71
Verdauungsstörungen 231, 259, 366

Verdauungstrakt, Virusinfektion 249
Verdunstung 100
Verenden 175, 176
Verendungen, infektiöse Ursachen 192
Verendungen, Ursachen von 186
Vergiftungen 342, 387
Vergiftungen durch Mineralstoffe 343
Verhaltensstörungen 231, 232
Verhaltensweisen 74
Verkürzung des Oberkiefers 401
Verkürzung des Unterkiefers 401
Vermarktungsprinzipien 459
Verstümmelung der Gliedmaßen 358
Verunreinigung der Luft 219
Viruszusteigerung 272
Virusdiarrhoe 249
Virusdiarrhoe, Prophylaxe 255
Virusenteritiden 254
Virusinfektion 249
Vitamin A 328
Vitamin-A-Avitaminose 329
Vitamin-A-Gaben 329
Vitamin-A-Hypovitaminose 329
Vitamin-A-Zufuhr 328
Vitamin B_1 333
Vitamin B_6 333
Vitamin B_{12} 337, 338
Vitamin-B_{12}-Avitaminose 338
Vitaminbedarf 327, 328
Vitamin D 330
Vitamin-D-Bedarf 331
Vitamin-D-Mangel, immunologische erscheinungen 332
Vitamin-D-Mangel 330
Vitamin-D-Überdosierung 332
Vitamin-D-Quellen 331
Vitamin D, Wirkungs- mechanismus 331
Vitamin E 332
Vitamin-E-Avitaminose 332
Vitamine 128
Vitamine, fettlösliche 328
Vitamine, wasserlösliche 333
Vitamingehalt 330
Vitamingehalt der Kuhmilch 327
Vitaminmangel 327
Vitaminmangelerscheinungen 330
Vitaminmangelsymptome 330
Vollmilch 139
Vordergliedmaßen 39
Vordergliedmaßennerven 51
Vorfötus 30
Vormagensystem, Störung 368

Wachstum 104
Wachstum, Definition 104, 105
Wachstum von Saugkälbern 172, 173
Wachstumsbeeinflussung durch Anabolika 118
Wachstumsfaktoren 108, 109
Wachstumshormone 112
Wachstumsimpuls 107
Wachstumsintensität 105
Wachstumsrhythmus 105
Wachstumskoeffizient 118
Wachstumsstörungen 349
Wachstumsverschiedenheiten 111
Wärmeabgabe 98
Wärmeerzeugung 97, 98
Wärmeregulierung 70
Wärmeverluste 321
Wasserbilanz 321
Wassergehalt des Muskels 440
Wasserhaushalt, Störung des 321
Wassermangel 321
Wasserverdunstung 321
Wasserverlust 213
Weak calf syndrom 390
Weidefütterung 169
Weidefutteraufnahme 170
Weideinfektion 317
Weichtieren 317
Weiße Blutkörperchen- Leukose 381
Wiederkauen 72
Wiederkäuergerechtes Futter 150
Wiederkauvorgang 72
Wirbelsäule 42
Wirtschaftseigenes Futter 153
Wirtsreaktion, immunologische 318
Wurmbronchitis 317
Zahnlosigkeit 362
Zartheit 435
Zehen 393
Zellreaktion 200
Zenkersche Degeneration 332
ZENKERsche Muskeldegeneration 339
Zentralnervensystem 72
Zentraltemperatur 99
Anregung 282
Zink 93, 337
Zinkmangel 339, 342
Zinkvergiftung 345
Zinktoxizität 345
Zucker 127
Zuckerauswahl 135
Zwerchfellbruch 400
Zwergenbildung 363
Zwickenbildung 353
Zystizerkose 320